2002
14TH EDITION

STANDARD GUIDE TO CARS & PRICES

PRICES FOR COLLECTOR VEHICLES 1901-1994

EDITED BY RON KOWALKE & KEN BUTTOLPH

National Advisory Panel

Published by

krause publications

700 E. State Street • Iola, WI 54990-0001
Telephone: 715/445-2214

Please call or write for our free catalog of automotive publications.
Our toll-free number to place an order or obtain a free catalog is 800-258-0929 or please use our regular business telephone 715-445-2214.

Library of Congress Catalog Number: 89-80091
ISBN: 0-87349-306-0
Printed in the United States of America

Table of Contents

Introduction

The market for cars more than 15 years old may be stronger than ever. Some buyers of pre-1985 cars are collectors who purchase vehicles that they particularly enjoy, or feel are likely to increase in value the older they get. Other buyers prefer the looks, size, performance, and reliability of what they think of as yesterday's better-built automobiles.

With a typical year 2002 model selling for around $20,000, many Americans find themselves priced out of the new-car market. Late-model used cars are pricey too, although often short on distinctive looks and roominess. The older cars may use more fuel, but their purchase prices are typically a whole lot less.

New cars and late-model used cars tend to depreciate rapidly in value. Many can't tow large trailers or mobile homes. Their high-tech engineering is often expensive to maintain or repair. In contrast, well-kept older cars are mechanically simpler, but often very powerful. In addition, they generally *appreciate* in value as they grow more scarce and collectible. Even insuring them is generally cheaper.

Selecting a car and paying the right price for it are two considerations old-car buyers face. What should you look for when inspecting a collector car to buy? What are some of the pros and cons of buying a collector car at auction? How much can I spend in restoring my collector vehicle without exceeding its current cash value?

The 2002 edition of **Standard Guide to Cars & Prices**, from Krause Publications, answers these questions and many more. It shows the most popular models made between 1901 and 1994 and points out what they sell for today in six different, graded conditions.

Contained herein are the same data gathered for publication in **Old Cars Price Guide**, a highly-specialized magazine used by collectors, dealers, appraisers, auctioneers, lenders, and insurers to determine valid pricing levels for older vehicles. Representing up-to-date market research, it is presented in a convenient-sized format that is easy to read, easy to use, and easy to store on your bookshelf.

1956 Studebaker Golden Hawk hardtop.

How old car prices are gathered

Thousands of old cars change hands each year. People who follow these transactions include collectors, collector car dealers and auctioneers. They can often estimate the value of an old car, within a range of plus or minus 10 percent, with amazing accuracy.

The Standard Guide to Cars & Prices has been produced by Krause Publications of Iola, Wis., a company involved in publishing specialized books and magazines upon which collectors, dealers and auctioneers regularly rely.

Figures listed in this book should be taken as "ballpark" prices. They are amounts that fall within a reasonable range of each car's value to buyers and sellers. The figures are not to be interpreted as "wholesale" or "retail." Rather, they reflect what an informed buyer might pay a knowledgeable seller for his car in an arm's length transaction without duress to either party. Special cases, where nostalgia or other factors enter into the picture, must be judged on an individual basis.

This guide can help you to decide which old car you'd like to own and how much to pay for it based on year, make, model and condition. It provides a consensus of old car values determined by careful research.

Research sources used to compile these data include:

- Advertised asking prices
- Documented private sales
- Professional appraisers
- Collector car auction results
- **Old Cars Price Guide** advisors
- Contact with dealers
- Contact with collectors
- Networking with value sources

1936 Cadillac Model 90 convertible sedan, powered by a V-16 engine.

Abbreviations

Alphabetical

A/C .... Air Conditioning
Aero .... Aerodynamic
Auto .... Automatic Transmission
A/W or A-W .... All-Weather
Berl .... Berline
Brgm .... Brougham
Brn .... Brunn
BT .... Boattail
Bus .... Business (as in Bus Cpe)
Cabr .... Cabriolet
C.C. .... Close-Coupled
cid .... Cubic Inch Displacement
Clb .... Club (as in Clb Cpe/Clb Cab)
Cpe .... Coupe
Coll .... Collapsible (as in Semi-Coll)
Cont .... Continental
Conv .... Convertible
Ctry .... Country
Cus .... Custom
DC .... Dual-Cowl
Darr .... Darrin
DeL .... Deluxe
Der .... Derham
deV .... deVille
DHC .... Drop Head Coupe
Dly .... Delivery (as in Sed Dly)
Dtrch .... Dietrich
DuW .... Dual Windshield
DW .... Division Window
Encl .... Enclosed
FBk .... Fastback
FHC .... Fixed Head Coupe
FI .... Fuel Injection
FmL .... Formal
FWD .... Front-Wheel Drive
GT .... Gran Turismo (Grand Touring)
GW .... Gull-Wing
HBk .... Hatchback
Hemi .... Hemispherical-head engine
Hlbrk .... Holbrook
hp .... Horsepower
HT .... Hardtop
Imp .... Imperial
IPC .... Indy (Indianapolis) Pace Car
IROC .... International Race of Champions
Jud .... Judkins
Lan .... Landau
Lan'let .... Landaulet
LBx .... Long Box (pickup truck bed)
LeB or Leb .... LeBaron
LHD .... Left-Hand Drive
Limo .... Limousine
Ltd .... Limited
Lke .... Locke
LWB .... Long-Wheelbase
Mk .... Mark (I, II, III, etc)
O/D .... Overdrive
Opt .... Option(s)
OW .... Opera Window
P .... Passenger (as in 3P Cpe)
Phae .... Phaeton
PU .... Pickup Truck
R/A .... Ram Air (Pontiac)
Rbt .... Runabout
Rds .... Roadster
Ret .... Retractable
RHD .... Right-Hand Drive
Rlstn or Roll .... Rollston
R/S .... Rumbleseat
Saloon .... British for sedan
SMt(s) .... Sidemount(s)
Sednt .... Sedanet
Spds .... Speedster
Spec or Spl .... Special
Spt .... Sport
S/R .... Sunroof
Sta Wag .... Station Wagon
Std .... Standard
Sub .... Suburban
Sup .... Super
SWB .... Short-Wheelbase
T-bird .... Thunderbird
T-top .... T-Top Roof
Trg .... Touring Car (not Targa)
Turbo .... Equipped with turbocharger(s)
Twn .... Town (as in Twn Sed)
V-4, -6, -8 .... V-block engine
Vic .... Victoria
W .... Window (as in 3W Cpe)
WW .... Wire Wheels
W'by .... Willoughby
Woodie .... Wood-body Car
Wtrhs .... Waterhouse

Numerical

1/2T .... One-Half Ton Truck
2d .... Two-Door (also 4d, 6d, etc.)
2P .... Two-Passenger (also 3P, 4P, etc.)
2S .... Two-Seat (also 3S, 4S, etc.)
2x4V .... Two Four-barrel Carbs
3x2V .... Three Two-barrel Carbs/Tri-Power
3W .... Three-Window (also 4W, 5W, etc.)
4-cyl .. In-Line Four Engine (also 6-, 8-, etc.)
4-Spd . 4-Speed Transmission (also 3-, 5-, etc.)
4V .... Four-barrel Carburetor
4x4 .... Four-wheel drive (not FWD)
8/9P .... Eight or Nine Passenger

HOW TO USE CARS & PRICES

Price estimates are listed for cars in six different states of condition. These conditions (1-6) are illustrated and explained in the **VEHICLE CONDITION SCALE** on the following three pages.

Prices are for complete vehicles; not parts cars, except as noted. Modified-car prices are not included, but can be estimated by figuring the cost of restoring to original condition and adjusting the figures shown here.

Appearing below is a section of chart taken from the **CARS & PRICES** price estimate listings to illustrate the following elements:

A. MAKE: The make of car, or marque name, appears in large, boldface type at the beginning of each price section.

B. DESCRIPTION: The extreme left-hand column indicates vehicle year, model name, body type, engine configuration and, in some cases, wheelbase.

C. CONDITION CODE: The six columns to the right are headed by the numbers one through six (1-6) that correspond to the conditions described in the VEHICLE CONDITION SCALE on the following three pages.

D. PRICE: The price estimates, in dollars, appear below their respective condition code headings and across from the vehicle descriptions.

A. MAKE **D. PRICE**

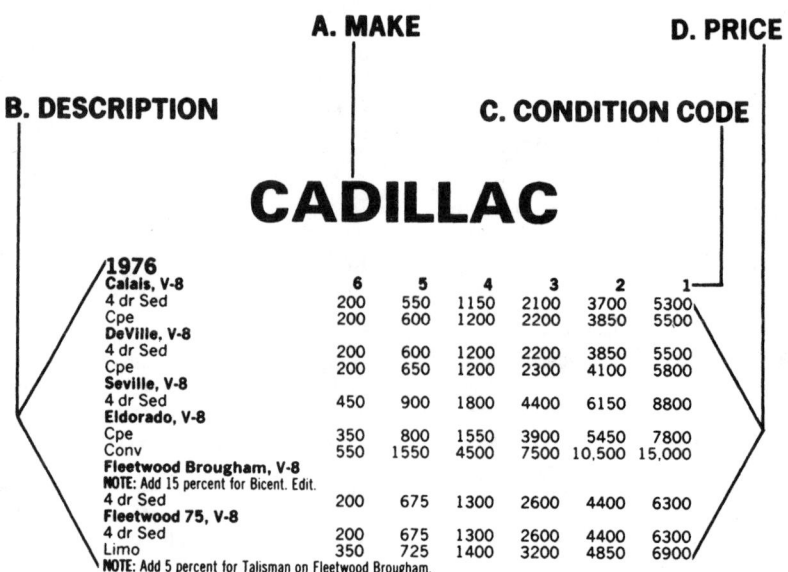

B. DESCRIPTION **C. CONDITION CODE**

CADILLAC

1976						
Calais, V-8	**6**	**5**	**4**	**3**	**2**	**1**
4 dr Sed	200	550	1150	2100	3700	5300
Cpe	200	600	1200	2200	3850	5500
DeVille, V-8						
4 dr Sed	200	600	1200	2200	3850	5500
Cpe	200	650	1200	2300	4100	5800
Seville, V-8						
4 dr Sed	450	900	1800	4400	6150	8800
Eldorado, V-8						
Cpe	350	800	1550	3900	5450	7800
Conv	550	1550	4500	7500	10,500	15,000
Fleetwood Brougham, V-8						
NOTE: Add 15 percent for Bicent. Edit.						
4 dr Sed	200	675	1300	2600	4400	6300
Fleetwood 75, V-8						
4 dr Sed	200	675	1300	2600	4400	6300
Limo	350	725	1400	3200	4850	6900

NOTE: Add 5 percent for Talisman on Fleetwood Brougham.

VEHICLE CONDITION SCALE

1) EXCELLENT: Restored to current maximum professional standards of quality in every area, or perfect original with components operating and appearing as new. A 95-plus point show vehicle that is not driven.

2) FINE: Well-restored, or a combination of superior restoration and excellent original. Also, an *extremely* well-maintained original showing very minimal wear.

3) VERY GOOD: Completely operable original or "older restoration" showing wear. Also, a good amateur restoration, all presentable and serviceable inside and out. Plus, combinations of well-done restoration and good operable components or a partially restored vehicle with all parts necessary to complete and/or valuable NOS parts.

4) GOOD: A drivable vehicle needing no or only minor work to be functional. Also, a deteriorated restoration or a very poor amateur restoration. All components may need restoration to be "excellent," but the vehicle is mostly usable "as is."

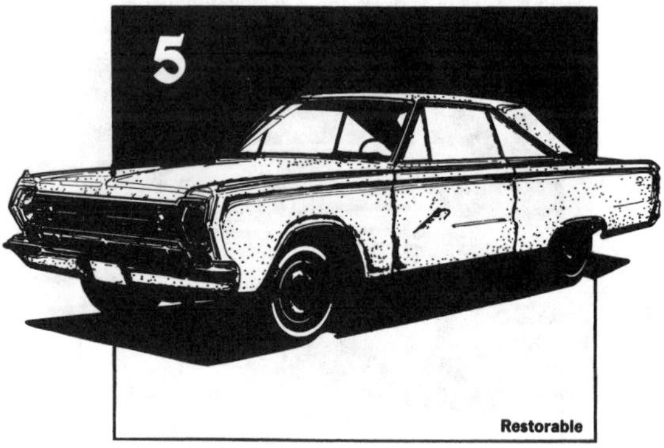

5) RESTORABLE: Needs *complete* restoration of body, chassis and interior. May or may not be running, but isn't weathered, wrecked or stripped to the point of being useful only for parts.

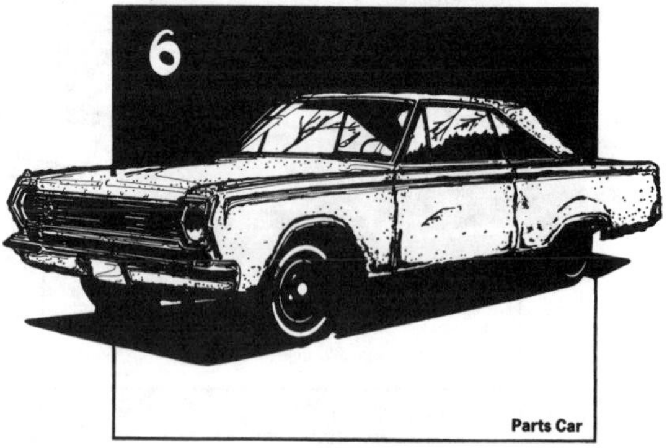

6) PARTS VEHICLE: May or may not be running, but is weathered, wrecked and/or stripped to the point of being useful primarily for parts.

Collector Car Value Myths

The Standard Guide to Cars & Prices is brought to you by the staff of *Old Cars Weekly News & Marketplace* and *Old Cars Price Guide*. Throughout the years, valuable lessons have been learned. It has become our practice to share these insights with old car hobbyists, whether they be novices or veterans. The following are frequently asked questions from our readers. Our purpose is to point out some of the foibles that we may all have fallen victim to in the collector car hobby.

1. Your prices are too low.

This statement, or its contradiction (see next item), crops up depending on which side of the buyer/seller fence the speaker is currently sitting on. Pricing that was perfectly acceptable when a certain collector vehicle was purchased becomes "too low" at selling time, and vice versa.

2. Your prices are too high.

This opinion is most often expressed by the hobbyist who is looking for his next collector car and hasn't been able to find what he wants at a reasonable (read "steal") price. Remember, regardless of what pricing may appear in the Standard Guide to Cars & Prices, it still takes a willing buyer and a willing seller arriving at a mutually agreeable price to make a deal a go.

3. It really has low mileage for its age, only 150,000.

Let's face it, while this amounts to an average of only 6,000 miles per year on a 25-year-old vehicle, it's still a total of six times around the world. If the car were

1938 Hudson Model 112 convertible, Indy 500 pace car. (Indianapolis Motor Speed-

1964 and 1994 Chevrolet Impala SS models.

five years old we would consider this high mileage. The fact that it is 25 years old doesn't change this. It has still been subjected to a good deal of exposure and wear. Unless an extensive restoration of vital systems and components has been performed, high mileage has a negative effect on the car's value.

4. Oh yes, it's original. All we did was replace the battery, tires, exhaust system, floor pans, rear quarters, chrome, interior and paint it a color my wife liked.

Strictly speaking, the term "original" means unaltered from new. Fine examples of such cars more than a few years old are rare treasures, indeed. However, vehicles can be restored authentically by the use of parts, fabrics, paints, tire size and type, etc., that are faithful to the original. Unfortunately, too often individual "restorations" take shortcuts or make exceptions in these areas and the results can merely be nice cars that are anything but original.

5. My neighbor told me that if I keep my '76 Aspen one more year it'll be a Classic.

Wrong. There are no guarantees that any particular car will become what we refer to as a "capital C" Classic. The designation Classic can only be made by the Classic Car Club of America (CCCA). The CCCA has certain criteria that must be met in order for a particular vehicle to acquire this designation. There are also internal procedures whereby CCCA members may petition to have their cars recognized as a Classic. This designation has thus far been granted only to a select few produced between 1925 and 1948. The term "classic" (with lower case "c") is used by people both in and out of the hobby to apply to any old car.

6. Is my car collectible?

We maintain a collectible car is any car someone chooses to collect. There are vast differences in the relative popularity, however, of the vehicles individuals choose to preserve. The economic laws of supply and demand apply here. Corvettes, two-passenger Thunderbirds, Cadillac convertibles, Mercedes-Benz SLs and Mopar muscle cars are examples of the more popular – and therefore more valuable – collectible cars. This does not mean you should not preserve and enjoy your '68 Rambler American four-door sedan, with its six-cylinder engine and automatic transmission, if you think it's a great car. Just don't expect it to be worth as much as a '57 Chevrolet Bel Air convertible now or in the near future.

7. My car must really be rare. I've never seen another four-door sedan like it at a car show.

With some exceptions, this is a misconception. Typically, four-door sedans, make by make and model for model, were built in greater numbers than any other body style. They are roomy and practical family vehicles. Collectors, however, tend to prefer sportier two-door models, especially those with convertible tops. This drives current prices for the more desired models upward. Since it costs essentially the same to restore four-door and two-door vehicles, knowledgeable hobbyists invest money in a two-door vehicle.

8. Mine is one of only three left!

Who says so? There are a few examples of make/model/option combinations produced in limited numbers that were simple to keep track of over the years. But these are the exceptions. Most survival rate figures are based upon formulas devised for vehicle attrition estimations, and use various assumptions. The estimates are reasonable guesses, but guesses none the less. Some survival rate

1959 DeSoto Firedome Sportsman four-door hardtop.

estimates may be based on vehicle registrations reported by state motor vehicle licensing departments. Even if an individual or group were able to obtain information from all 50 states, U.S. territories and protectorates, these figures would only reflect vehicles held in America and only those currently registered. This evaluation disregards non-registered cars stuffed away in barns, garages, basements or other places. With few exceptions, the actual number of surviving examples of virtually any make or model is not and cannot be known.

9. One of our favorites is actually a response to the question:

"Does it have any rust?"

The response we often hear is:

"Not now, we had it all fixed."

Penetrating, damaging rust is the most insidious condition that can exist in a collector car. It is initially more widespread than apparent, and one of the most difficult problems to cure in an authentic manner. Often, a rust "cure" takes the form of a mere cover-up, rather than removal and replacement of the damaged components. Rust in a car is like the tip of an iceberg: What you see is only a tiny portion of what actually lies beneath the surface. Remember, a car with its rust covered up is still a rusty car.

10. My husband is the only one who ever drove it.

So what? Was he the the world's greatest driver? Is the car so difficult to drive that no one else can? We have never quite understood why so many wives (and widows) think this particular fact should have a positive influence on the value of a car. After all, the husband in question may actually have been a terrible driver and the vehicle condemned to a tortured and abused existence.

11. I have one just like it, except mine is a four-door sedan.

Guess again. To say that a '61 Olds Dynamic 88 four-door sedan (Standard Guide to Cars & Prices condition No. 1 price $10,500) is "just like" the same year's Starfire convertible (SGCP Condition No. 1 price $36,000) is to entirely miss the point. It is true, both cars were built by the same division of General Motors during the same model year. They may even use some identical body and trim parts, but their collector desirability levels are worlds apart. The flashier, glitzier convertible is more sought after than the plain vanilla, utilitarian sedan. Once again, the law of supply and demand applies. This is a part of the collector car market that is misunderstood by many, particularly non-hobbyists, who own an old vehicle and just know it's worth a ton of money. Hobbyists often find themselves trying to strike a reasonable bargain with such old car owners.

DOMESTIC CARS

AMC

NOTE: AMC listings follow NASH listings.

AMERICAN AUSTIN-BANTAM

1930-1931 American Austin 4-cyl., 15 hp, 75" wb						
2d Rds	720	2,160	3,600	7,200	12,600	18,000
2d Cpe	560	1,680	2,800	5,600	9,800	14,000
2d DeL Cpe	580	1,740	2,900	5,800	10,150	14,500
1932 American Austin 4-cyl., 15 hp, 75" wb						
2d Rbt	720	2,160	3,600	7,200	12,600	18,000
2d Bus Cpe	560	1,680	2,800	5,600	9,800	14,000
2d Cabr	680	2,040	3,400	6,800	11,900	17,000
2d Std Cpe	568	1,704	2,840	5,680	9,940	14,200
2d DeL Cpe	580	1,740	2,900	5,800	10,150	14,500
1933 American Austin 4-cyl., 15 hp, 75" wb						
2d Rds	720	2,160	3,600	7,200	12,600	18,000
2d Bus Cpe	560	1,680	2,800	5,600	9,800	14,000
2d Spl Cpe	600	1,800	3,000	6,000	10,500	15,000
2d Cpe	580	1,740	2,900	5,800	10,150	14,500
1934 American Austin 4-cyl., 15 hp, 75" wb						
2d Bus Cpe	560	1,680	2,800	5,600	9,800	14,000
2d Std Cpe	572	1,716	2,860	5,720	10,010	14,300
2d DeL Cpe	580	1,740	2,900	5,800	10,150	14,500
1935 American Austin 4-cyl., 15 hp, 75" wb						
2d Bus Cpe	540	1,620	2,700	5,400	9,450	13,500
2d Std Cpe	560	1,680	2,800	5,600	9,800	14,000
2d DeL Cpe	580	1,740	2,900	5,800	10,150	14,500
1938 American Bantam Model 60, 4-cyl., 19 hp, 75" wb						
2d Rds	680	2,040	3,400	6,800	11,900	17,000
2d Cpe	540	1,620	2,700	5,400	9,450	13,500
1939 American Bantam Model 60, 4-cyl., 20 hp, 75" wb						
2d Std Cpe	520	1,560	2,600	5,200	9,100	13,000
2d Std Rds	660	1,980	3,300	6,600	11,550	16,500
2d Spl Cpe	540	1,620	2,700	5,400	9,450	13,500
2d Spl Rds	700	2,100	3,500	7,000	12,250	17,500
2d Spds	740	2,220	3,700	7,400	12,950	18,500
2d DeL Cpe	560	1,680	2,800	5,600	9,800	14,000
2d DeL Rds	760	2,280	3,800	7,600	13,300	19,000
2d DeL Spds	800	2,400	4,000	8,000	14,000	20,000
2d Sta Wag	640	1,920	3,200	6,400	11,200	16,000
1940-1941 American Bantam Model 65, 4-cyl., 22 hp, 75" wb						
2d Std Cpe	520	1,560	2,600	5,200	9,100	13,000
2d Master Cpe	540	1,620	2,700	5,400	9,450	13,500
2d Master Rds	680	2,040	3,400	6,800	11,900	17,000
2d Conv Cpe	620	1,860	3,100	6,200	10,850	15,500
2d Conv Sed	700	2,100	3,500	7,000	12,250	17,500
2d Sta Wag	680	2,040	3,400	6,800	11,900	17,000

AUBURN

1904 Model A						
Tr	1,360	4,080	6,800	13,600	23,800	34,000
1905 Model B, 2-cyl.						
Tr	1,320	3,960	6,600	13,200	23,100	33,000
1906 Model C, 2-cyl.						
Tr	1,320	3,960	6,600	13,200	23,100	33,000
1907 Model D, 2-cyl.						
Tr	1,320	3,960	6,600	13,200	23,100	33,000
1908 Model G, 2-cyl., 24 hp						
Tr	1,320	3,960	6,600	13,200	23,100	33,000
1908 Model H, 2-cyl.						
Tr	1,360	4,080	6,800	13,600	23,800	34,000
1908 Model K, 2-cyl.						
Rbt	1,400	4,200	7,000	14,000	24,500	35,000
1909 Model G, 2-cyl., 24 hp						
Tr	1,360	4,080	6,800	13,600	23,800	34,000
1909 Model H, 2-cyl.						
Tr	1,360	4,080	6,800	13,600	23,800	34,000
1909 Model K						
Rbt	1,320	3,960	6,600	13,200	23,100	33,000

	6	5	4	3	2	1
1909 Model B, 4-cyl., 25-30 hp						
Tr	1,320	3,960	6,600	13,200	23,100	33,000
1909 Model C, 4-cyl.						
Tr	1,400	4,200	7,000	14,000	24,500	35,000
1909 Model D, 4-cyl.						
Rbt	1,440	4,320	7,200	14,400	25,200	36,000
1910 Model G, 2-cyl., 24 hp						
Tr	1,280	3,840	6,400	12,800	22,400	32,000
1910 Model H, 2-cyl.						
Tr	1,320	3,960	6,600	13,200	23,100	33,000
1910 Model K, 2-cyl.						
Rbt	1,360	4,080	6,800	13,600	23,800	34,000
1910 Model B, 4-cyl., 25-30 hp						
Tr	1,360	4,080	6,800	13,600	23,800	34,000
1910 Model C, 4-cyl.						
Tr	1,320	3,960	6,600	13,200	23,100	33,000
1910 Model D, 4-cyl.						
Rbt	1,360	4,080	6,800	13,600	23,800	34,000
1910 Model X, 4-cyl., 35-40 hp						
Tr	1,360	4,080	6,800	13,600	23,800	34,000
1910 Model R, 4-cyl.						
Tr	1,400	4,200	7,000	14,000	24,500	35,000
1910 Model S, 4-cyl.						
Rds	1,400	4,200	7,000	14,000	24,500	35,000
1911 Model G, 2-cyl., 24 hp						
Tr	1,280	3,840	6,400	12,800	22,400	32,000
1911 Model K, 2-cyl.						
Rbt	1,320	3,960	6,600	13,200	23,100	33,000
1911 Model L, 4-cyl., 25-30 hp						
Tr	1,320	3,960	6,600	13,200	23,100	33,000
1911 Model F, 4-cyl.						
Tr	1,320	3,960	6,600	13,200	23,100	33,000
1911 Model N, 4-cyl., 40 hp						
Tr	1,360	4,080	6,800	13,600	23,800	34,000
1911 Model Y, 4-cyl.						
Tr	1,320	3,960	6,600	13,200	23,100	33,000
1911 Model T, 4-cyl.						
Tr	1,320	3,960	6,600	13,200	23,100	33,000
1911 Model M, 4-cyl.						
Rds	1,360	4,080	6,800	13,600	23,800	34,000
1912 Model 6-50, 6-cyl.						
Tr	1,400	4,200	7,000	14,000	24,500	35,000
1912 Model 40H, 4-cyl., 35-40 hp						
Tr	1,320	3,960	6,600	13,200	23,100	33,000
1912 Model 40M, 4-cyl., 35-40 hp						
Rds	1,320	3,960	6,600	13,200	23,100	33,000
1912 Model 40N, 4-cyl., 35-40 hp						
Tr	1,360	4,080	6,800	13,600	23,800	34,000
1912 Model 35L, 4-cyl., 30 hp						
Tr	1,280	3,840	6,400	12,800	22,400	32,000
1912 Model 30L, 4-cyl., 30 hp						
Rds	1,320	3,960	6,600	13,200	23,100	33,000
Tr	1,360	4,080	6,800	13,600	23,800	34,000
1913 Model 33M, 4-cyl., 33 hp						
Rds	1,360	4,080	6,800	13,600	23,800	34,000
1913 Model 33L, 4-cyl., 33 hp						
Tr	1,400	4,200	7,000	14,000	24,500	35,000
1913 Model 40A, 4-cyl., 40 hp						
Rds	1,400	4,200	7,000	14,000	24,500	35,000
1913 Model 40L, 4-cyl.						
Tr	1,440	4,320	7,200	14,400	25,200	36,000
1913 Model 45, 6-cyl., 45 hp						
Tr	1,440	4,320	7,200	14,400	25,200	36,000
1913 Model 45B, 6-cyl., 45 hp						
Rds	1,400	4,200	7,000	14,000	24,500	35,000
T&C	1,280	3,840	6,400	12,800	22,400	32,000
Cpe	1,240	3,720	6,200	12,400	21,700	31,000
1913 Model 50, 6-cyl., 50 hp						
Tr	1,480	4,440	7,400	14,800	25,900	37,000

	6	5	4	3	2	1
1914 Model 4-40, 4-cyl., 40 hp						
Rds	1,280	3,840	6,400	12,800	22,400	32,000
Tr	1,320	3,960	6,600	13,200	23,100	33,000
Cpe	1,120	3,360	5,600	11,200	19,600	28,000
1914 Model 4-41, 4-cyl., 40 hp						
Tr	1,360	4,080	6,800	13,600	23,800	34,000
1914 Model 6-45, 6-cyl., 45 hp						
Rds	1,360	4,080	6,800	13,600	23,800	34,000
Tr	1,400	4,200	7,000	14,000	24,500	35,000
1914 Model 6-46, 6-cyl., 45 hp						
Tr	1,440	4,320	7,200	14,400	25,200	36,000
1915 Model 4-36, 4-cyl., 36 hp						
Rds	1,280	3,840	6,400	12,800	22,400	32,000
Tr	1,320	3,960	6,600	13,200	23,100	33,000
1915 Model 4-43, 4-cyl., 43 hp						
Rds	1,320	3,960	6,600	13,200	23,100	33,000
Tr	1,360	4,080	6,800	13,600	23,800	34,000
1915 Model 6-40, 6-cyl., 50 hp						
Rds	1,400	4,200	7,000	14,000	24,500	35,000
Tr	1,440	4,320	7,200	14,400	25,200	36,000
Cpe	1,160	3,480	5,800	11,600	20,300	29,000
1915 Model 6-47, 6-cyl., 47 hp						
Rds	1,360	4,080	6,800	13,600	23,800	34,000
Tr	1,400	4,200	7,000	14,000	24,500	35,000
1916 Model 4-38, 4-cyl., 38 hp						
Rds	1,320	3,960	6,600	13,200	23,100	33,000
Tr	1,360	4,080	6,800	13,600	23,800	34,000
1916 Model 6-38						
Rds	1,360	4,080	6,800	13,600	23,800	34,000
Tr	1,400	4,200	7,000	14,000	24,500	35,000
1916 Model 6-40, 6-cyl., 40 hp						
Rds	1,440	4,320	7,200	14,400	25,200	36,000
Tr	1,480	4,440	7,400	14,800	25,900	37,000
1916 Model Union 4-36, 6-cyl., 36 hp						
Tr	1,440	4,320	7,200	14,400	25,200	36,000
1917 Model 6-39, 6-cyl., 39 hp						
Rds	1,240	3,720	6,200	12,400	21,700	31,000
Tr	1,280	3,840	6,400	12,800	22,400	32,000
1917 Model 6-44, 6-cyl., 44 hp						
Rds	1,280	3,840	6,400	12,800	22,400	32,000
Tr	1,320	3,960	6,600	13,200	23,100	33,000
1917 Model 4-36, 4-cyl., 36 hp						
Rds	1,200	3,600	6,000	12,000	21,000	30,000
Tr	1,240	3,720	6,200	12,400	21,700	31,000
1918 Model 6-39, 6-cyl.						
Tr	1,160	3,480	5,800	11,600	20,300	29,000
Rds	1,160	3,480	5,800	11,600	20,300	29,000
Spt Tr	1,200	3,600	6,000	12,000	21,000	30,000
1918 Model 6-44, 6-cyl.						
Tr	1,160	3,480	5,800	11,600	20,300	29,000
Rds	1,160	3,480	5,800	11,600	20,300	29,000
Spt Tr	1,200	3,600	6,000	12,000	21,000	30,000
Sed	840	2,520	4,200	8,400	14,700	21,000
1919 Model 6-39						
Tr	1,160	3,480	5,800	11,600	20,300	29,000
Rds	1,160	3,480	5,800	11,600	20,300	29,000
Cpe	760	2,280	3,800	7,600	13,300	19,000
Sed	800	2,400	4,000	8,000	14,000	20,000
1920 Model 6-39, 6-cyl.						
Tr	1,160	3,480	5,800	11,600	20,300	29,000
Spt Tr	1,200	3,600	6,000	12,000	21,000	30,000
Rds	1,200	3,600	6,000	12,000	21,000	30,000
Sed	880	2,640	4,400	8,800	15,400	22,000
Cpe	920	2,760	4,600	9,200	16,100	23,000
1921 Model 6-39						
Tr	1,160	3,480	5,800	11,600	20,300	29,000
Spt Tr	1,240	3,720	6,200	12,400	21,700	31,000
Rds	1,240	3,720	6,200	12,400	21,700	31,000
Cabr	1,240	3,720	6,200	12,400	21,700	31,000
Sed	880	2,640	4,400	8,800	15,400	22,000
Cpe	920	2,760	4,600	9,200	16,100	23,000
1922 Model 6-51, 6-cyl.						
Tr	1,240	3,720	6,200	12,400	21,700	31,000

	6	5	4	3	2	1
Rds	1,280	3,840	6,400	12,800	22,400	32,000
Spt Tr	1,280	3,840	6,400	12,800	22,400	32,000
Sed	920	2,760	4,600	9,200	16,100	23,000
Cpe	960	2,880	4,800	9,600	16,800	24,000
1923 Model 6-43, 6-cyl.						
Tr	1,280	3,840	6,400	12,800	22,400	32,000
Sed	880	2,640	4,400	8,800	15,400	22,000
1923 Model 6-63, 6-cyl.						
Tr	1,320	3,960	6,600	13,200	23,100	33,000
Spt Tr	1,360	4,080	6,800	13,600	23,800	34,000
Brgm	920	2,760	4,600	9,200	16,100	23,000
Sed	880	2,640	4,400	8,800	15,400	22,000
1923 Model 6-51, 6-cyl.						
Phae	1,360	4,080	6,800	13,600	23,800	34,000
Tr	1,320	3,960	6,600	13,200	23,100	33,000
Spt Tr	1,400	4,200	7,000	14,000	24,500	35,000
Brgm	960	2,880	4,800	9,600	16,800	24,000
Sed	920	2,760	4,600	9,200	16,100	23,000
1924 Model 6-43, 6-cyl.						
Tr	1,280	3,840	6,400	12,800	22,400	32,000
Spt Tr	1,320	3,960	6,600	13,200	23,100	33,000
Sed	880	2,640	4,400	8,800	15,400	22,000
Cpe	920	2,760	4,600	9,200	16,100	23,000
2d	880	2,640	4,400	8,800	15,400	22,000
1924 Model 6-63, 6-cyl.						
Tr	1,320	3,960	6,600	13,200	23,100	33,000
Spt Tr	1,400	4,200	7,000	14,000	24,500	35,000
Sed	920	2,760	4,600	9,200	16,100	23,000
Brgm	960	2,880	4,800	9,600	16,800	24,000
1925 Model 8-36, 8-cyl.						
Tr	1,520	4,560	7,600	15,200	26,600	38,000
2d Brgm	880	2,640	4,400	8,800	15,400	22,000
4d Sed	880	2,640	4,400	8,800	15,400	22,000
1925 Model 6-43, 6-cyl.						
Phae	1,440	4,320	7,200	14,400	25,200	36,000
Spt Phae	1,480	4,440	7,400	14,800	25,900	37,000
Cpe	960	2,880	4,800	9,600	16,800	24,000
4d Sed	920	2,760	4,600	9,200	16,100	23,000
2d Sed	880	2,640	4,400	8,800	15,400	22,000
1925 Model 6-66, 6-cyl.						
Rds	1,440	4,320	7,200	14,400	25,200	36,000
Brgm	840	2,520	4,200	8,400	14,700	21,000
4d	880	2,640	4,400	8,800	15,400	22,000
Tr	1,480	4,440	7,400	14,800	25,900	37,000
1925 Model 8-88, 8-cyl.						
Rds	1,480	4,440	7,400	14,800	25,900	37,000
4d Sed 5P	920	2,760	4,600	9,200	16,100	23,000
4d Sed 7P	920	2,760	4,600	9,200	16,100	23,000
Brgm	880	2,640	4,400	8,800	15,400	22,000
Tr	1,480	4,440	7,400	14,800	25,900	37,000
1926 Model 4-44, 4-cyl., 42 hp						
Tr	1,400	4,200	7,000	14,000	24,500	35,000
Rds	1,440	4,320	7,200	14,400	25,200	36,000
Cpe	1,120	3,360	5,600	11,200	19,600	28,000
4d Sed	1,080	3,240	5,400	10,800	18,900	27,000
1926 Model 6-66, 6-cyl., 48 hp						
Rds	1,560	4,680	7,800	15,600	27,300	39,000
Tr	1,520	4,560	7,600	15,200	26,600	38,000
Brgm	1,080	3,240	5,400	10,800	18,900	27,000
4d Sed	1,120	3,360	5,600	11,200	19,600	28,000
Cpe	1,160	3,480	5,800	11,600	20,300	29,000
1926 Model 8-88, 8-cyl., 88 hp, 129" wb						
Rds	1,640	4,920	8,200	16,400	28,700	41,000
Tr	1,600	4,800	8,000	16,000	28,000	40,000
Cpe	1,200	3,600	6,000	12,000	21,000	30,000
Brgm	1,120	3,360	5,600	11,200	19,600	28,000
5P Sed	1,120	3,360	5,600	11,200	19,600	28,000
7P Sed	1,140	3,420	5,700	11,400	19,950	28,500
1926 Model 8-88, 8-cyl., 88 hp, 146" wb						
7P Sed	1,160	3,480	5,800	11,600	20,300	29,000
1927 Model 6-66, 6-cyl., 66 hp						
Rds	1,560	4,680	7,800	15,600	27,300	39,000
Tr	1,520	4,560	7,600	15,200	26,600	38,000
Brgm	1,120	3,360	5,600	11,200	19,600	28,000
Sed	1,160	3,480	5,800	11,600	20,300	29,000

	6	5	4	3	2	1
1927 Model 8-77, 8-cyl., 77 hp						
Rds	1,600	4,800	8,000	16,000	28,000	40,000
Tr	1,560	4,680	7,800	15,600	27,300	39,000
Brgm	1,160	3,480	5,800	11,600	20,300	29,000
Sed	1,160	3,480	5,800	11,600	20,300	29,000
1927 Model 8-88, 8-cyl., 88 hp, 129" WB						
Tr	1,680	5,040	8,400	16,800	29,400	42,000
Rds	1,720	5,160	8,600	17,200	30,100	43,000
Cpe	1,240	3,720	6,200	12,400	21,700	31,000
Brgm	1,120	3,360	5,600	11,200	19,600	28,000
Sed	1,120	3,360	5,600	11,200	19,600	28,000
Spt Sed	1,160	3,480	5,800	11,600	20,300	29,000
1927 Model 8-88, 8-cyl., 88 hp, 146" wb						
7P Sed	1,160	3,480	5,800	11,600	20,300	29,000
Tr	1,720	5,160	8,600	17,200	30,100	43,000
1928 Model 6-66, 6-cyl., 66 hp						
Rds	1,720	5,160	8,600	17,200	30,100	43,000
Cabr	1,680	5,040	8,400	16,800	29,400	42,000
Sed	1,120	3,360	5,600	11,200	19,600	28,000
Spt Sed	1,160	3,480	5,800	11,600	20,300	29,000
1928 Model 8-77, 8-cyl., 77 hp						
Rds	1,760	5,280	8,800	17,600	30,800	44,000
Cabr	1,720	5,160	8,600	17,200	30,100	43,000
Sed	1,160	3,480	5,800	11,600	20,300	29,000
Spt Sed	1,200	3,600	6,000	12,000	21,000	30,000
1928 Model 8-88, 8-cyl., 88 hp						
Rds	1,800	5,400	9,000	18,000	31,500	45,000
Tr	1,760	5,280	8,800	17,600	30,800	44,000
Cabr	1,760	5,280	8,800	17,600	30,800	44,000
Sed	1,160	3,480	5,800	11,600	20,300	29,000
Spt Sed	1,200	3,600	6,000	12,000	21,000	30,000
1928 Model 8-88, 8-cyl., 88 hp, 136" wb						
7P Sed	1,240	3,720	6,200	12,400	21,700	31,000
1928 SECOND SERIES Model 76, 6-cyl.						
Rds	1,960	5,880	9,800	19,600	34,300	49,000
Cabr	1,880	5,640	9,400	18,800	32,900	47,000
Sed	1,200	3,600	6,000	12,000	21,000	30,000
Spt Sed	1,240	3,720	6,200	12,400	21,700	31,000
1928 Model 88, 8-cyl.						
Spds	3,440	10,320	17,200	34,400	60,200	86,000
Rds	2,240	6,720	11,200	22,400	39,200	56,000
Cabr	1,880	5,640	9,400	18,800	32,900	47,000
Sed	1,200	3,600	6,000	12,000	21,000	30,000
Spt Sed	1,240	3,720	6,200	12,400	21,700	31,000
Phae	2,160	6,480	10,800	21,600	37,800	54,000
1928 Model 115, 8-cyl.						
Spds	3,680	11,040	18,400	36,800	64,400	92,000
Rds	2,360	7,080	11,800	23,600	41,300	59,000
Cabr	2,120	6,360	10,600	21,200	37,100	53,000
Sed	1,280	3,840	6,400	12,800	22,400	32,000
Spt Sed	1,320	3,960	6,600	13,200	23,100	33,000
Phae	2,280	6,840	11,400	22,800	39,900	57,000
1929 Model 76, 6-cyl.						
Rds	2,080	6,240	10,400	20,800	36,400	52,000
Tr	2,000	6,000	10,000	20,000	35,000	50,000
Cabr	1,960	5,880	9,800	19,600	34,300	49,000
Vic	1,360	4,080	6,800	13,600	23,800	34,000
Sed	1,200	3,600	6,000	12,000	21,000	30,000
Spt Sed	1,240	3,720	6,200	12,400	21,700	31,000
1929 Model 88, 8-cyl.						
Spds	4,000	12,000	20,000	40,000	70,000	100,000
Rds	3,040	9,120	15,200	30,400	53,200	76,000
Tr	2,640	7,920	13,200	26,400	46,200	66,000
Cabr	2,720	8,160	13,600	27,200	47,600	68,000
Vic	1,440	4,320	7,200	14,400	25,200	36,000
Sed	1,200	3,600	6,000	12,000	21,000	30,000
Spt Sed	1,240	3,720	6,200	12,400	21,700	31,000
Phae	2,880	8,640	14,400	28,800	50,400	72,000
1929 Model 115, 8-cyl.						
Spds	4,640	13,920	23,200	46,400	81,200	116,000
Rds	3,280	9,840	16,400	32,800	57,400	82,000
Cabr	2,840	8,520	14,200	28,400	49,700	71,000
Vic	1,480	4,440	7,400	14,800	25,900	37,000
Sed	1,200	3,600	6,000	12,000	21,000	30,000
Spt Sed	1,240	3,720	6,200	12,400	21,700	31,000
Phae	3,120	9,360	15,600	31,200	54,600	78,000

	6	5	4	3	2	1
1929 Model 6-80, 6-cyl.						
Tr	2,600	7,800	13,000	26,000	45,500	65,000
Cabr	2,640	7,920	13,200	26,400	46,200	66,000
Vic	1,280	3,840	6,400	12,800	22,400	32,000
Sed	1,200	3,600	6,000	12,000	21,000	30,000
Spt Sed	1,240	3,720	6,200	12,400	21,700	31,000
1929 Model 8-90, 8-cyl.						
Spds	4,640	13,920	23,200	46,400	81,200	116,000
Tr	3,120	9,360	15,600	31,200	54,600	78,000
Cabr	3,160	9,480	15,800	31,600	55,300	79,000
Phae	3,440	10,320	17,200	34,400	60,200	86,000
Vic	1,480	4,440	7,400	14,800	25,900	37,000
Sed	1,240	3,720	6,200	12,400	21,700	31,000
Spt Sed	1,280	3,840	6,400	12,800	22,400	32,000
1929 Model 120, 8-cyl.						
Spds	5,200	15,600	26,000	52,000	91,000	130,000
Cabr	3,480	10,440	17,400	34,800	60,900	87,000
Phae	3,520	10,560	17,600	35,200	61,600	88,000
Vic	1,560	4,680	7,800	15,600	27,300	39,000
Sed	1,280	3,840	6,400	12,800	22,400	32,000
7P Sed	1,360	4,080	6,800	13,600	23,800	34,000
Spt Sed	1,320	3,960	6,600	13,200	23,100	33,000
1930 Model 6-85, 6-cyl.						
Cabr	3,400	10,200	17,000	34,000	59,500	85,000
Sed	1,280	3,840	6,400	12,800	22,400	32,000
Spt Sed	1,320	3,960	6,600	13,200	23,100	33,000
1930 Model 8-95, 8-cyl.						
Cabr	3,440	10,320	17,200	34,400	60,200	86,000
Phae	3,520	10,560	17,600	35,200	61,600	88,000
Sed	1,360	4,080	6,800	13,600	23,800	34,000
Spt Sed	1,400	4,200	7,000	14,000	24,500	35,000
1930 Model 125, 8-cyl.						
Cabr	3,520	10,560	17,600	35,200	61,600	88,000
Phae	3,560	10,680	17,800	35,600	62,300	89,000
Sed	1,400	4,200	7,000	14,000	24,500	35,000
Spt Sed	1,440	4,320	7,200	14,400	25,200	36,000
1931 Model 8-98, 8-cyl., Standard, 127" wb						
Spds	4,400	13,200	22,000	44,000	77,000	110,000
Cabr	3,560	10,680	17,800	35,600	62,300	89,000
Phae	3,600	10,800	18,000	36,000	63,000	90,000
Cpe	1,440	4,320	7,200	14,400	25,200	36,000
2d Brgm	1,320	3,960	6,600	13,200	23,100	33,000
5P Sed	1,360	4,080	6,800	13,600	23,800	34,000
1931 Model 8-98, 8-cyl., 136" wb						
7P Sed	1,400	4,200	7,000	14,000	24,500	35,000
1931 Model 8-98A, 8-cyl., Custom, 127" wb						
Spds	4,640	13,920	23,200	46,400	81,200	116,000
Cabr	3,840	11,520	19,200	38,400	67,200	96,000
Phae	4,000	12,000	20,000	40,000	70,000	100,000
Cpe	1,600	4,800	8,000	16,000	28,000	40,000
2d Brgm	1,480	4,440	7,400	14,800	25,900	37,000
4d Sed	1,520	4,560	7,600	15,200	26,600	38,000
1931 Model 8-98, 8-cyl., 136" wb						
7P Sed	1,600	4,800	8,000	16,000	28,000	40,000
1932 Model 8-100, 8-cyl., Custom, 127" wb						
Spds	5,040	15,120	25,200	50,400	88,200	126,000
Cabr	4,240	12,720	21,200	42,400	74,200	106,000
Phae	4,320	12,960	21,600	43,200	75,600	108,000
Cpe	1,640	4,920	8,200	16,400	28,700	41,000
2d Brgm	1,520	4,560	7,600	15,200	26,600	38,000
4d Sed	1,560	4,680	7,800	15,600	27,300	39,000
1932 Model 8-100, 8-cyl., 136" wb						
7P Sed	1,680	5,040	8,400	16,800	29,400	42,000
1932 Model 8-100A, 8-cyl., Custom Dual Ratio, 127" wb						
Spds	5,600	16,800	28,000	56,000	98,000	140,000
Cabr	5,200	15,600	26,000	52,000	91,000	130,000
Phae	5,440	16,320	27,200	54,400	95,200	136,000
Cpe	1,760	5,280	8,800	17,600	30,800	44,000
2d Brgm	1,600	4,800	8,000	16,000	28,000	40,000
4d Sed	1,640	4,920	8,200	16,400	28,700	41,000
1932 Model 8-100A, 8-cyl., 136" wb						
7P Sed	1,760	5,280	8,800	17,600	30,800	44,000
1932 Model 12-160, 12-cyl., Standard						
Spds	6,000	18,000	30,000	60,000	105,000	150,000
Cabr	5,800	17,400	29,000	58,000	101,500	145,000

	6	5	4	3	2	1
Phae	6,000	18,000	30,000	60,000	105,000	150,000
Cpe	2,040	6,120	10,200	20,400	35,700	51,000
2d Brgm	1,600	4,800	8,000	16,000	28,000	40,000
4d Sed	1,640	4,920	8,200	16,400	28,700	41,000
1932 Model 12-160A, 12-cyl., Custom Dual Ratio						
Spds	6,400	19,200	32,000	64,000	112,000	160,000
Cabr	6,200	18,600	31,000	62,000	108,500	155,000
Phae	6,400	19,200	32,000	64,000	112,000	160,000
Cpe	2,360	7,080	11,800	23,600	41,300	59,000
2d Brgm	1,800	5,400	9,000	18,000	31,500	45,000
4d Sed	1,840	5,520	9,200	18,400	32,200	46,000
1933 Model 8-101, 8-cyl., Standard, 127" wb						
Spds	4,000	12,000	20,000	40,000	70,000	100,000
Cabr	3,120	9,360	15,600	31,200	54,600	78,000
Phae	3,360	10,080	16,800	33,600	58,800	84,000
Cpe	1,520	4,560	7,600	15,200	26,600	38,000
2d Brgm	1,320	3,960	6,600	13,200	23,100	33,000
4d Sed	1,360	4,080	6,800	13,600	23,800	34,000
1933 Model 8-101, 8-cyl., 136" wb						
7P Sed	1,400	4,200	7,000	14,000	24,500	35,000
1933 Model 8-101A, 8-cyl., Custom Dual Ratio, 127" wb						
Spds	4,640	13,920	23,200	46,400	81,200	116,000
Cabr	3,440	10,320	17,200	34,400	60,200	86,000
Phae	3,520	10,560	17,600	35,200	61,600	88,000
Cpe	1,680	5,040	8,400	16,800	29,400	42,000
2d Brgm	1,400	4,200	7,000	14,000	24,500	35,000
4d Sed	1,440	4,320	7,200	14,400	25,200	36,000
1933 Model 8-101A, 8-cyl., 136" wb						
7P Sed	1,520	4,560	7,600	15,200	26,600	38,000
1933 Model 8-105, 8-cyl., Salon Dual Ratio						
Spds	4,800	14,400	24,000	48,000	84,000	120,000
Cabr	4,240	12,720	21,200	42,400	74,200	106,000
Phae	4,080	12,240	20,400	40,800	71,400	102,000
2d Brgm	1,600	4,800	8,000	16,000	28,000	40,000
4d Sed	1,520	4,560	7,600	15,200	26,600	38,000
1933 Model 12-161, 12-cyl., Standard						
Spds	5,440	16,320	27,200	54,400	95,200	136,000
Cabr	5,200	15,600	26,000	52,000	91,000	130,000
Phae	5,360	16,080	26,800	53,600	93,800	134,000
Cpe	1,840	5,520	9,200	18,400	32,200	46,000
2d Brgm	1,640	4,920	8,200	16,400	28,700	41,000
4d Sed	1,680	5,040	8,400	16,800	29,400	42,000
1933 Model 12-161A, 12-cyl., Custom Dual Ratio						
Spds	5,800	17,400	29,000	58,000	101,500	145,000
Cabr	5,600	16,800	28,000	56,000	98,000	140,000
Phae	5,800	17,400	29,000	58,000	101,500	145,000
Cpe	2,000	6,000	10,000	20,000	35,000	50,000
2d Brgm	1,800	5,400	9,000	18,000	31,500	45,000
4d Sed	1,920	5,760	9,600	19,200	33,600	48,000
1933 Model 12-165, 12-cyl., Salon Dual Ratio						
Spds	6,000	18,000	30,000	60,000	105,000	150,000
Cabr	5,800	17,400	29,000	58,000	101,500	145,000
Phae	6,000	18,000	30,000	60,000	105,000	150,000
2d Brgm	1,920	5,760	9,600	19,200	33,600	48,000
4d Sed	1,960	5,880	9,800	19,600	34,300	49,000
1934 Model 652X, 6-cyl., Standard						
Cabr	2,560	7,680	12,800	25,600	44,800	64,000
2d Brgm	1,080	3,240	5,400	10,800	18,900	27,000
4d Sed	1,120	3,360	5,600	11,200	19,600	28,000
1934 Model 652Y, 6-cyl., Custom						
Cabr	3,040	9,120	15,200	30,400	53,200	76,000
Phae	3,200	9,600	16,000	32,000	56,000	80,000
2d Brgm	1,600	4,800	8,000	16,000	28,000	40,000
4d Sed	1,560	4,680	7,800	15,600	27,300	39,000
1934 Model 850X, 8-cyl., Standard						
Cabr	3,120	9,360	15,600	31,200	54,600	78,000
2d Brgm	1,640	4,920	8,200	16,400	28,700	41,000
4d Sed	1,600	4,800	8,000	16,000	28,000	40,000
1934 Model 850Y, 8-cyl., Dual Ratio						
Cabr	5,800	17,400	29,000	58,000	101,500	145,000
Phae	6,000	18,000	30,000	60,000	105,000	150,000
2d Brgm	1,840	5,520	9,200	18,400	32,200	46,000
4d Sed	1,960	5,880	9,800	19,600	34,300	49,000
1934 Model 1250, 12-cyl., Salon Dual Ratio						
Cabr	6,000	18,000	30,000	60,000	105,000	150,000

	6	5	4	3	2	1
Phae	6,200	18,600	31,000	62,000	108,500	155,000
2d Brgm	1,960	5,880	9,800	19,600	34,300	49,000
4d Sed	2,000	6,000	10,000	20,000	35,000	50,000
1935 Model 6-653, 6-cyl., Standard						
Cabr	2,800	8,400	14,000	28,000	49,000	70,000
Phae	3,280	9,840	16,400	32,800	57,400	82,000
Cpe	1,600	4,800	8,000	16,000	28,000	40,000
2d Brgm	1,520	4,560	7,600	15,200	26,600	38,000
4d Sed	1,480	4,440	7,400	14,800	25,900	37,000
1935 Model 6-653, 6-cyl., Custom Dual Ratio						
Cabr	3,040	9,120	15,200	30,400	53,200	76,000
Phae	3,360	10,080	16,800	33,600	58,800	84,000
Cpe	1,680	5,040	8,400	16,800	29,400	42,000
2d Brgm	1,560	4,680	7,800	15,600	27,300	39,000
4d Sed	1,520	4,560	7,600	15,200	26,600	38,000
1935 Model 6-653, 6-cyl., Salon Dual Ratio						
Cabr	3,280	9,840	16,400	32,800	57,400	82,000
Phae	3,520	10,560	17,600	35,200	61,600	88,000
Cpe	1,720	5,160	8,600	17,200	30,100	43,000
2d Brgm	1,600	4,800	8,000	16,000	28,000	40,000
4d Sed	1,640	4,920	8,200	16,400	28,700	41,000
1935 Model 8-851, 8-cyl., Standard						
Cabr	3,040	9,120	15,200	30,400	53,200	76,000
Phae	3,040	9,120	15,200	30,400	53,200	76,000
Cpe	1,760	5,280	8,800	17,600	30,800	44,000
2d Brgm	1,640	4,920	8,200	16,400	28,700	41,000
4d Sed	1,680	5,040	8,400	16,800	29,400	42,000
1935 Model 8-851, 8-cyl., Custom Dual Ratio						
Cabr	3,200	9,600	16,000	32,000	56,000	80,000
Phae	3,280	9,840	16,400	32,800	57,400	82,000
Cpe	1,800	5,400	9,000	18,000	31,500	45,000
2d Brgm	1,680	5,040	8,400	16,800	29,400	42,000
4d Sed	1,720	5,160	8,600	17,200	30,100	43,000
1935 Model 8-851, 8-cyl., Salon Dual Ratio						
Cabr	3,440	10,320	17,200	34,400	60,200	86,000
Phae	3,440	10,320	17,200	34,400	60,200	86,000
Cpe	1,760	5,280	8,800	17,600	30,800	44,000
2d Brgm	1,640	4,920	8,200	16,400	28,700	41,000
4d Sed	1,680	5,040	8,400	16,800	29,400	42,000
1935 Model 8-851, 8-cyl., Supercharged Dual Ratio						
Spds	6,600	19,800	33,000	66,000	115,500	165,000
Cabr	4,000	12,000	20,000	40,000	70,000	100,000
Phae	4,080	12,240	20,400	40,800	71,400	102,000
Cpe	1,840	5,520	9,200	18,400	32,200	46,000
2d Brgm	1,720	5,160	8,600	17,200	30,100	43,000
4d Sed	1,760	5,280	8,800	17,600	30,800	44,000
1936 Model 6-654, 6-cyl., Standard						
Cabr	3,040	9,120	15,200	30,400	53,200	76,000
Phae	3,040	9,120	15,200	30,400	53,200	76,000
Cpe	1,640	4,920	8,200	16,400	28,700	41,000
2d Brgm	1,600	4,800	8,000	16,000	28,000	40,000
4d Sed	1,560	4,680	7,800	15,600	27,300	39,000
1936 Model 6-654, 6-cyl., Custom Dual Ratio						
Cabr	3,200	9,600	16,000	32,000	56,000	80,000
Phae	3,280	9,840	16,400	32,800	57,400	82,000
Cpe	1,720	5,160	8,600	17,200	30,100	43,000
2d Brgm	1,600	4,800	8,000	16,000	28,000	40,000
4d Sed	1,640	4,920	8,200	16,400	28,700	41,000
1936 Model 6-654, 6-cyl., Salon Dual Ratio						
Cabr	4,400	13,200	22,000	44,000	77,000	110,000
Phae	4,480	13,440	22,400	44,800	78,400	112,000
Cpe	1,760	5,280	8,800	17,600	30,800	44,000
2d Brgm	1,640	4,920	8,200	16,400	28,700	41,000
4d Sed	1,680	5,040	8,400	16,800	29,400	42,000
1936 Model 8-852, 8-cyl., Standard						
Cabr	4,800	14,400	24,000	48,000	84,000	120,000
Phae	4,880	14,640	24,400	48,800	85,400	122,000
Cpe	1,800	5,400	9,000	18,000	31,500	45,000
2d Brgm	1,680	5,040	8,400	16,800	29,400	42,000
4d Sed	1,720	5,160	8,600	17,200	30,100	43,000
1936 Model 8-852, 8-cyl., Custom Dual Ratio						
Cabr	4,960	14,880	24,800	49,600	86,800	124,000
Phae	5,040	15,120	25,200	50,400	88,200	126,000
Cpe	1,880	5,640	9,400	18,800	32,900	47,000
2d Brgm	1,720	5,160	8,600	17,200	30,100	43,000
4d Sed	1,760	5,280	8,800	17,600	30,800	44,000

	6	5	4	3	2	1
1936 Model 8-852, 8-cyl., Salon Dual Ratio						
Cabr	5,040	15,120	25,200	50,400	88,200	126,000
Phae	5,120	15,360	25,600	51,200	89,600	128,000
Cpe	1,920	5,760	9,600	19,200	33,600	48,000
2d Brgm	1,760	5,280	8,800	17,600	30,800	44,000
4d Sed	1,800	5,400	9,000	18,000	31,500	45,000
1936 Model 8, 8-cyl., Supercharged Dual Ratio						
Spds	6,600	19,800	33,000	66,000	115,500	165,000
Cabr	5,120	15,360	25,600	51,200	89,600	128,000
Phae	5,200	15,600	26,000	52,000	91,000	130,000
Cpe	2,000	6,000	10,000	20,000	35,000	50,000
2d Brgm	1,800	5,400	9,000	18,000	31,500	45,000
4d Sed	1,840	5,520	9,200	18,400	32,200	46,000

BUICK

	6	5	4	3	2	1
1904 Model B, 2-cyl.						
Tr			value not estimable			
1905 Model C, 2-cyl.						
Tr	1,760	5,280	8,800	17,600	30,800	44,000
1906 Model F & G, 2-cyl.						
Tr	1,720	5,160	8,600	17,200	30,100	43,000
Rds	1,680	5,040	8,400	16,800	29,400	42,000
1907 Model F & G, 2-cyl.						
Tr	1,720	5,160	8,600	17,200	30,100	43,000
Rds	1,680	5,040	8,400	16,800	29,400	42,000
1907 Model D, S, K & H, 4-cyl.						
Tr	1,760	5,280	8,800	17,600	30,800	44,000
Rds	1,720	5,160	8,600	17,200	30,100	43,000
1908 Model F & G, 2-cyl.						
Tr	1,960	5,880	9,800	19,600	34,300	49,000
Rds	1,920	5,760	9,600	19,200	33,600	48,000
1908 Model D & S, 4-cyl.						
Tr	1,800	5,400	9,000	18,000	31,500	45,000
Rds	1,840	5,520	9,200	18,400	32,200	46,000
1908 Model 10, 4-cyl.						
Tr	1,760	5,280	8,800	17,600	30,800	44,000
1908 Model 5, 4-cyl.						
Tr	1,960	5,880	9,800	19,600	34,300	49,000
1909 Model G, (only 6 built in 1909).						
Rds	2,000	6,000	10,000	20,000	35,000	50,000
1909 Model F & G						
Tr	1,920	5,760	9,600	19,200	33,600	48,000
Rds	1,960	5,880	9,800	19,600	34,300	49,000
1909 Model 10, 4-cyl.						
Tr	1,880	5,640	9,400	18,800	32,900	47,000
Rds	1,920	5,760	9,600	19,200	33,600	48,000
1909 Model 16 & 17, 4-cyl.						
Rds	1,960	5,880	9,800	19,600	34,300	49,000
Tr	1,920	5,760	9,600	19,200	33,600	48,000
1910 Model 6, 2-cyl.						
Tr	1,760	5,280	8,800	17,600	30,800	44,000
1910 Model F, 2-cyl.						
Tr	1,680	5,040	8,400	16,800	29,400	42,000
1910 Model 14, 2-cyl.						
Rds	1,640	4,920	8,200	16,400	28,700	41,000
1910 Model 10, 4-cyl.						
Tr	1,560	4,680	7,800	15,600	27,300	39,000
Rds	1,560	4,680	7,800	15,600	27,300	39,000
1910 Model 19, 4-cyl.						
Tr	1,800	5,400	9,000	18,000	31,500	45,000
1910 Model 16 & 17, 4-cyl.						
Rds	1,760	5,280	8,800	17,600	30,800	44,000
Tr	1,720	5,160	8,600	17,200	30,100	43,000
1910 Model 7, 4-cyl.						
Tr	1,920	5,760	9,600	19,200	33,600	48,000
1910 Model 41, 4-cyl.						
Limo	1,720	5,160	8,600	17,200	30,100	43,000
1911 Model 14, 2-cyl.						
Rds	1,520	4,560	7,600	15,200	26,600	38,000
1911 Model 21, 4-cyl.						
Tr	1,560	4,680	7,800	15,600	27,300	39,000

	6	5	4	3	2	1
1911 Model 26 & 27, 4-cyl.						
Rds	1,600	4,800	8,000	16,000	28,000	40,000
Tr	1,520	4,560	7,600	15,200	26,600	38,000
1911 Model 32 & 33						
Rds	1,560	4,680	7,800	15,600	27,300	39,000
Tr	1,520	4,560	7,600	15,200	26,600	38,000
1911 Model 38 & 39, 4-cyl.						
Rds	1,680	5,040	8,400	16,800	29,400	42,000
Tr	1,720	5,160	8,600	17,200	30,100	43,000
Limo	2,360	7,080	11,800	23,600	41,300	59,000
1912 Model 34, 35 & 36, 4-cyl.						
Rds	1,480	4,440	7,400	14,800	25,900	37,000
Tr	1,520	4,560	7,600	15,200	26,600	38,000
1912 Model 28 & 29, 4-cyl.						
Rds	1,520	4,560	7,600	15,200	26,600	38,000
Tr	1,560	4,680	7,800	15,600	27,300	39,000
1912 Model 43, 4-cyl.						
Tr	1,600	4,800	8,000	16,000	28,000	40,000
1913 Model 30 & 31, 4-cyl.						
Rds	1,440	4,320	7,200	14,400	25,200	36,000
Tr	1,480	4,440	7,400	14,800	25,900	37,000
1913 Model 40, 4-cyl.						
Tr	1,560	4,680	7,800	15,600	27,300	39,000
1913 Model 24 & 25, 4-cyl.						
Rds	1,560	4,680	7,800	15,600	27,300	39,000
Tr	1,600	4,800	8,000	16,000	28,000	40,000
1914 Model B-24 & B-25, 4-cyl.						
Rds	1,480	4,440	7,400	14,800	25,900	37,000
Tr	1,520	4,560	7,600	15,200	26,600	38,000
1914 Model B-36, B-37 & B-38, 4-cyl.						
Rds	1,520	4,560	7,600	15,200	26,600	38,000
Tr	1,560	4,680	7,800	15,600	27,300	39,000
Cpe	1,440	4,320	7,200	14,400	25,200	36,000
1914 Model B-55, 6-cyl.						
7P Tr	1,600	4,800	8,000	16,000	28,000	40,000
1915 Model C-24 & C-25, 4-cyl.						
Rds	1,520	4,560	7,600	15,200	26,600	38,000
Tr	1,560	4,680	7,800	15,600	27,300	39,000
1915 Model C-36 & C-37, 4-cyl.						
Rds	1,560	4,680	7,800	15,600	27,300	39,000
Tr	1,600	4,800	8,000	16,000	28,000	40,000
1915 Model C-54 & C-55, 6-cyl.						
Rds	1,600	4,800	8,000	16,000	28,000	40,000
Tr	1,640	4,920	8,200	16,400	28,700	41,000
1916 Model D-54 & D-55, 6-cyl.						
Rds	1,520	4,560	7,600	15,200	26,600	38,000
Tr	1,560	4,680	7,800	15,600	27,300	39,000
1916-1917 Model D-34 & D-35, 4-cyl.						
Rds	1,440	4,320	7,200	14,400	25,200	36,000
Tr	1,480	4,440	7,400	14,800	25,900	37,000
1916-1917 Model D-44 & D-45, 6-cyl.						
Rds	1,480	4,440	7,400	14,800	25,900	37,000
Tr	1,520	4,560	7,600	15,200	26,600	38,000
1916-1917 Model D-46 & D-47, 6-cyl.						
Conv Cpe	1,360	4,080	6,800	13,600	23,800	34,000
Sed	1,080	3,240	5,400	10,800	18,900	27,000
1918 Model E-34 & E-35, 4-cyl.						
Rds	1,320	3,960	6,600	13,200	23,100	33,000
Tr	1,360	4,080	6,800	13,600	23,800	34,000
1918 Model E-37, 4-cyl.						
Sed	1,040	3,120	5,200	10,400	18,200	26,000
1918 Model E-44, E-45 & E-49, 6-cyl.						
Rds	1,360	4,080	6,800	13,600	23,800	34,000
Tr	1,400	4,200	7,000	14,000	24,500	35,000
7P Tr	1,440	4,320	7,200	14,400	25,200	36,000
1918 Model E-46, E-47 & E-50, 6-cyl.						
Conv Cpe	1,280	3,840	6,400	12,800	22,400	32,000
Sed	1,080	3,240	5,400	10,800	18,900	27,000
7P Sed	1,100	3,300	5,500	11,000	19,250	27,500
1919 Model H-44, H-45 & H-49, 6-cyl.						
2d Rds	1,320	3,960	6,600	13,200	23,100	33,000
4d Tr	1,360	4,080	6,800	13,600	23,800	34,000

	6	5	4	3	2	1
4d 7P Tr	1,400	4,200	7,000	14,000	24,500	35,000
1919 Model H-46, H-47 & H-50, 6-cyl.						
2d Cpe	1,120	3,360	5,600	11,200	19,600	28,000
4d Sed	960	2,880	4,800	9,600	16,800	24,000
4d 7P Sed	1,000	3,000	5,000	10,000	17,500	25,000
1920 Model K, 6-cyl.						
2d Cpe K-46	1,040	3,120	5,200	10,400	18,200	26,000
4d Sed K-47	880	2,640	4,400	8,800	15,400	22,000
2d Rds K-44	1,320	3,960	6,600	13,200	23,100	33,000
4d Tr K-49	1,280	3,840	6,400	12,800	22,400	32,000
4d Tr K-45	1,240	3,720	6,200	12,400	21,700	31,000
4d 7P Sed K-50	920	2,760	4,600	9,200	16,100	23,000
1921 Series 40, 6-cyl.						
2d Rds	1,320	3,960	6,600	13,200	23,100	33,000
4d Tr	1,280	3,840	6,400	12,800	22,400	32,000
4d 7P Tr	1,320	3,960	6,600	13,200	23,100	33,000
2d Cpe	800	2,400	4,000	8,000	14,000	20,000
4d Sed	760	2,280	3,800	7,600	13,300	19,000
2d Ewb Cpe	840	2,520	4,200	8,400	14,700	21,000
4d 7P Sed	800	2,400	4,000	8,000	14,000	20,000
1921-1922 Series 30, 4-cyl.						
2d Rds	1,240	3,720	6,200	12,400	21,700	31,000
4d Tr	1,200	3,600	6,000	12,000	21,000	30,000
2d Cpe OS	760	2,280	3,800	7,600	13,300	19,000
4d Sed	680	2,040	3,400	6,800	11,900	17,000
1921-1922 Series 40, 6-cyl.						
2d Rds	1,320	3,960	6,600	13,200	23,100	33,000
4d Tr	1,280	3,840	6,400	12,800	22,400	32,000
4d 7P Tr	1,320	3,960	6,600	13,200	23,100	33,000
4d Sed	720	2,160	3,600	7,200	12,600	18,000
2d Cpe	880	2,640	4,400	8,800	15,400	22,000
4d 7P Sed	840	2,520	4,200	8,400	14,700	21,000
4d 50 7P Limo	920	2,760	4,600	9,200	16,100	23,000
1923 Series 30, 4-cyl.						
2d Rds	1,120	3,360	5,600	11,200	19,600	28,000
2d Spt Rds	1,160	3,480	5,800	11,600	20,300	29,000
4d Tr	1,120	3,360	5,600	11,200	19,600	28,000
2d Cpe	800	2,400	4,000	8,000	14,000	20,000
4d Sed	720	2,160	3,600	7,200	12,600	18,000
4d Tr Sed	760	2,280	3,800	7,600	13,300	19,000
1923 Series 40, 6-cyl.						
2d Rds	1,200	3,600	6,000	12,000	21,000	30,000
4d Tr	1,160	3,480	5,800	11,600	20,300	29,000
4d 7P Tr	1,200	3,600	6,000	12,000	21,000	30,000
2d Cpe	880	2,640	4,400	8,800	15,400	22,000
4d Sed	800	2,400	4,000	8,000	14,000	20,000
1923 Master Series 50, 6-cyl.						
2d Spt Rds	1,240	3,720	6,200	12,400	21,700	31,000
4d Spt Tr	1,280	3,840	6,400	12,800	22,400	32,000
4d 7P Sed	880	2,640	4,400	8,800	15,400	22,000
1924 Standard Series 30, 4-cyl.						
2d Rds	1,200	3,600	6,000	12,000	21,000	30,000
4d Tr	1,240	3,720	6,200	12,400	21,700	31,000
2d Cpe	840	2,520	4,200	8,400	14,700	21,000
4d Sed	760	2,280	3,800	7,600	13,300	19,000
1924 Master Series 40, 6-cyl.						
2d Rds	1,240	3,720	6,200	12,400	21,700	31,000
4d Tr	1,280	3,840	6,400	12,800	22,400	32,000
4d 7P Tr	1,320	3,960	6,600	13,200	23,100	33,000
2d Cpe	880	2,640	4,400	8,800	15,400	22,000
4d Sed	800	2,400	4,000	8,000	14,000	20,000
4d Demi Sed	820	2,460	4,100	8,200	14,350	20,500
1924 Master Series 50, 6-cyl.						
2d Spt Rds	1,280	3,840	6,400	12,800	22,400	32,000
4d Spt Tr	1,320	3,960	6,600	13,200	23,100	33,000
2d Cabr Cpe	1,240	3,720	6,200	12,400	21,700	31,000
4d Town Car	1,000	3,000	5,000	10,000	17,500	25,000
4d 7P Sed	920	2,760	4,600	9,200	16,100	23,000
4d Brgm Sed	960	2,880	4,800	9,600	16,800	24,000
4d Limo	1,040	3,120	5,200	10,400	18,200	26,000
1925 Standard Series 20, 6-cyl.						
2d Rds	1,160	3,480	5,800	11,600	20,300	29,000
2d Spt Rds	1,200	3,600	6,000	12,000	21,000	30,000
2d Encl Rds	1,240	3,720	6,200	12,400	21,700	31,000
4d Tr	1,160	3,480	5,800	11,600	20,300	29,000
4d Encl Tr	1,200	3,600	6,000	12,000	21,000	30,000

1913 Auburn Model 33L touring

1936 Auburn 852 Supercharged sedan

1905 Buick Model C touring

	6	5	4	3	2	1
2d Bus Cpe	960	2,880	4,800	9,600	16,800	24,000
2d Cpe	980	2,940	4,900	9,800	17,150	24,500
4d Sed	880	2,640	4,400	8,800	15,400	22,000
4d Demi Sed	900	2,700	4,500	9,000	15,750	22,500
1925 Master Series 40, 6-cyl.						
2d Rds	1,240	3,720	6,200	12,400	21,700	31,000
2d Encl Rds	1,280	3,840	6,400	12,800	22,400	32,000
4d Tr	1,280	3,840	6,400	12,800	22,400	32,000
4d Encl Tr	1,320	3,960	6,600	13,200	23,100	33,000
2d Cpe	1,000	3,000	5,000	10,000	17,500	25,000
2d Sed	880	2,640	4,400	8,800	15,400	22,000
4d Sed	920	2,760	4,600	9,200	16,100	23,000
1925 Master Series 50, 6-cyl.						
2d Spt Rds	1,280	3,840	6,400	12,800	22,400	32,000
4d Spt Tr	1,320	3,960	6,600	13,200	23,100	33,000
2d Cabr Cpe	1,320	3,960	6,600	13,200	23,100	33,000
4d 7P Sed	1,000	3,000	5,000	10,000	17,500	25,000
4d Limo	1,040	3,120	5,200	10,400	18,200	26,000
4d Brgm Sed	1,080	3,240	5,400	10,800	18,900	27,000
4d Town Car	1,160	3,480	5,800	11,600	20,300	29,000
1926 Standard Series, 6-cyl.						
2d Rds	1,200	3,600	6,000	12,000	21,000	30,000
4d Tr	1,240	3,720	6,200	12,400	21,700	31,000
2d 2P Cpe	1,080	3,240	5,400	10,800	18,900	27,000
2d 4P Cpe	1,040	3,120	5,200	10,400	18,200	26,000
2d Sed	920	2,760	4,600	9,200	16,100	23,000
4d Sed	960	2,880	4,800	9,600	16,800	24,000
1926 Master Series, 6-cyl.						
2d Rds	1,240	3,720	6,200	12,400	21,700	31,000
4d Tr	1,280	3,840	6,400	12,800	22,400	32,000
2d Spt Rds	1,280	3,840	6,400	12,800	22,400	32,000
4d Spt Tr	1,320	3,960	6,600	13,200	23,100	33,000
2d 4P Cpe	1,120	3,360	5,600	11,200	19,600	28,000
2d Spt Cpe	1,160	3,480	5,800	11,600	20,300	29,000
2d Sed	1,040	3,120	5,200	10,400	18,200	26,000
4d Sed	1,080	3,240	5,400	10,800	18,900	27,000
4d Brgm	1,120	3,360	5,600	11,200	19,600	28,000
4d 7P Sed	1,160	3,480	5,800	11,600	20,300	29,000
1927 Series 115, 6-cyl.						
2d Rds	1,200	3,600	6,000	12,000	21,000	30,000
4d Tr	1,240	3,720	6,200	12,400	21,700	31,000
2d 2P Cpe	1,040	3,120	5,200	10,400	18,200	26,000
2d 4P RS Cpe	1,080	3,240	5,400	10,800	18,900	27,000
2d Spt Cpe	1,040	3,120	5,200	10,400	18,200	26,000
2d Sed	920	2,760	4,600	9,200	16,100	23,000
4d Sed	960	2,880	4,800	9,600	16,800	24,000
4d Brgm	1,000	3,000	5,000	10,000	17,500	25,000
1927 Series 120, 6-cyl.						
2d 4P Cpe	1,080	3,240	5,400	10,800	18,900	27,000
2d Sed	960	2,880	4,800	9,600	16,800	24,000
4d Sed	1,000	3,000	5,000	10,000	17,500	25,000
1927 Series 128, 6-cyl.						
2d Spt Rds	1,320	3,960	6,600	13,200	23,100	33,000
4d Spt Tr	1,360	4,080	6,800	13,600	23,800	34,000
2d Conv	1,240	3,720	6,200	12,400	21,700	31,000
2d 5P Cpe	1,120	3,360	5,600	11,200	19,600	28,000
2d Spt Cpe RS	1,160	3,480	5,800	11,600	20,300	29,000
4d 7P Sed	1,040	3,120	5,200	10,400	18,200	26,000
4d Brgm	1,080	3,240	5,400	10,800	18,900	27,000
1928 Series 115, 6-cyl.						
2d Rds	1,200	3,600	6,000	12,000	21,000	30,000
4d Tr	1,240	3,720	6,200	12,400	21,700	31,000
2d 2P Cpe	960	2,880	4,800	9,600	16,800	24,000
2d Spt Cpe	1,000	3,000	5,000	10,000	17,500	25,000
2d Sed	880	2,640	4,400	8,800	15,400	22,000
4d Sed	920	2,760	4,600	9,200	16,100	23,000
4d Brgm	960	2,880	4,800	9,600	16,800	24,000
1928 Series 120, 6-cyl.						
2d Cpe	1,000	3,000	5,000	10,000	17,500	25,000
4d Sed	920	2,760	4,600	9,200	16,100	23,000
4d Brgm	960	2,880	4,800	9,600	16,800	24,000
1928 Series 128, 6-cyl.						
2d Spt Rds	1,360	4,080	6,800	13,600	23,800	34,000
4d Spt Tr	1,400	4,200	7,000	14,000	24,500	35,000
2d 5P Cpe	1,000	3,000	5,000	10,000	17,500	25,000
2d Spt Cpe	1,040	3,120	5,200	10,400	18,200	26,000
4d 7P Sed	960	2,880	4,800	9,600	16,800	24,000

	6	5	4	3	2	1
4d Brgm	1,000	3,000	5,000	10,000	17,500	25,000
1929 Series 116, 6-cyl.						
4d Spt Tr	1,360	4,080	6,800	13,600	23,800	34,000
2d Bus Cpe	960	2,880	4,800	9,600	16,800	24,000
2d RS Cpe	1,040	3,120	5,200	10,400	18,200	26,000
2d Sed	760	2,280	3,800	7,600	13,300	19,000
4d Sed	800	2,400	4,000	8,000	14,000	20,000
1929 Series 121, 6-cyl.						
2d Spt Rds	1,400	4,200	7,000	14,000	24,500	35,000
2d Bus Cpe	1,000	3,000	5,000	10,000	17,500	25,000
2d RS Cpe	1,080	3,240	5,400	10,800	18,900	27,000
2d 4P Cpe	1,040	3,120	5,200	10,400	18,200	26,000
4d Sed	840	2,520	4,200	8,400	14,700	21,000
4d CC Sed	860	2,580	4,300	8,600	15,050	21,500
1929 Series 129, 6-cyl.						
2d Conv	1,440	4,320	7,200	14,400	25,200	36,000
4d Spt Tr	1,480	4,440	7,400	14,800	25,900	37,000
4d 7P Tr	1,360	4,080	6,800	13,600	23,800	34,000
2d 5P Cpe	1,040	3,120	5,200	10,400	18,200	26,000
4d CC Sed	960	2,880	4,800	9,600	16,800	24,000
4d 7P Sed	1,000	3,000	5,000	10,000	17,500	25,000
4d Limo	1,040	3,120	5,200	10,400	18,200	26,000
1930 Series 40, 6-cyl.						
2d Rds	1,480	4,440	7,400	14,800	25,900	37,000
4d Phae	1,520	4,560	7,600	15,200	26,600	38,000
2d Bus Cpe	1,080	3,240	5,400	10,800	18,900	27,000
2d RS Cpe	1,200	3,600	6,000	12,000	21,000	30,000
2d Sed	860	2,580	4,300	8,600	15,050	21,500
4d Sed	880	2,640	4,400	8,800	15,400	22,000
1930 Series 50, 6-cyl.						
2d 4P Cpe	1,120	3,360	5,600	11,200	19,600	28,000
4d Sed	880	2,640	4,400	8,800	15,400	22,000
1930 Series 60, 6-cyl.						
2d RS Rds	1,560	4,680	7,800	15,600	27,300	39,000
4d 7P Tr	1,600	4,800	8,000	16,000	28,000	40,000
2d RS Spt Cpe	1,280	3,840	6,400	12,800	22,400	32,000
2d 5P Cpe	1,200	3,600	6,000	12,000	21,000	30,000
4d Sed	920	2,760	4,600	9,200	16,100	23,000
4d 7P Sed	960	2,880	4,800	9,600	16,800	24,000
4d Limo	1,000	3,000	5,000	10,000	17,500	25,000
1930 Marquette - Series 30, 6-cyl.						
2d Spt Rds	1,280	3,840	6,400	12,800	22,400	32,000
4d Phae	1,320	3,960	6,600	13,200	23,100	33,000
2d Bus Cpe	1,000	3,000	5,000	10,000	17,500	25,000
2d RS Cpe	1,080	3,240	5,400	10,800	18,900	27,000
2d Sed	760	2,280	3,800	7,600	13,300	19,000
4d Sed	780	2,340	3,900	7,800	13,650	19,500
1931 Series 50, 8-cyl.						
2d Spt Rds	1,560	4,680	7,800	15,600	27,300	39,000
4d Phae	1,600	4,800	8,000	16,000	28,000	40,000
2d Bus Cpe	1,160	3,480	5,800	11,600	20,300	29,000
2d RS Cpe	1,200	3,600	6,000	12,000	21,000	30,000
2d Sed	880	2,640	4,400	8,800	15,400	22,000
4d Sed	920	2,760	4,600	9,200	16,100	23,000
2d Conv	1,600	4,800	8,000	16,000	28,000	40,000
1931 Series 60, 8-cyl.						
2d Spt Rds	1,640	4,920	8,200	16,400	28,700	41,000
4d Phae	1,680	5,040	8,400	16,800	29,400	42,000
2d Bus Cpe	1,200	3,600	6,000	12,000	21,000	30,000
2d RS Cpe	1,240	3,720	6,200	12,400	21,700	31,000
4d Sed	960	2,880	4,800	9,600	16,800	24,000
1931 Series 80, 8-cyl.						
2d Cpe	1,280	3,840	6,400	12,800	22,400	32,000
4d Sed	1,040	3,120	5,200	10,400	18,200	26,000
4d 7P Sed	1,080	3,240	5,400	10,800	18,900	27,000
1931 Series 90, 8-cyl.						
2d Spt Rds	1,960	5,880	9,800	19,600	34,300	49,000
4d 7P Tr	1,920	5,760	9,600	19,200	33,600	48,000
2d 5P Cpe	1,440	4,320	7,200	14,400	25,200	36,000
2d RS Cpe	1,400	4,200	7,000	14,000	24,500	35,000
2d Conv	1,880	5,640	9,400	18,800	32,900	47,000
4d 5P Sed	1,160	3,480	5,800	11,600	20,300	29,000
4d 7P Sed	1,200	3,600	6,000	12,000	21,000	30,000
4d Limo	1,240	3,720	6,200	12,400	21,700	31,000
1932 Series 50, 8-cyl.						
4d Spt Phae	1,680	5,040	8,400	16,800	29,400	42,000

	6	5	4	3	2	1
2d Conv	1,720	5,160	8,600	17,200	30,100	43,000
2d Phae	1,760	5,280	8,800	17,600	30,800	44,000
2d Bus Cpe	1,080	3,240	5,400	10,800	18,900	27,000
2d RS Cpe	1,120	3,360	5,600	11,200	19,600	28,000
2d Vic Cpe	1,160	3,480	5,800	11,600	20,300	29,000
4d Sed	920	2,760	4,600	9,200	16,100	23,000
4d Spt Sed	960	2,880	4,800	9,600	16,800	24,000
1932 Series 60, 8-cyl.						
4d Spt Phae	1,800	5,400	9,000	18,000	31,500	45,000
2d Conv	1,840	5,520	9,200	18,400	32,200	46,000
2d Phae	1,880	5,640	9,400	18,800	32,900	47,000
2d Bus Cpe	1,120	3,360	5,600	11,200	19,600	28,000
2d RS Cpe	1,160	3,480	5,800	11,600	20,300	29,000
2d Vic Cpe	1,200	3,600	6,000	12,000	21,000	30,000
4d Sed	1,000	3,000	5,000	10,000	17,500	25,000
1932 Series 80, 8-cyl.						
2d Vic Cpe	1,120	3,360	5,600	11,200	19,600	28,000
4d Sed	1,040	3,120	5,200	10,400	18,200	26,000
1932 Series 90, 8-cyl.						
4d 7P Sed	1,360	4,080	6,800	13,600	23,800	34,000
4d Limo	1,440	4,320	7,200	14,400	25,200	36,000
4d Clb Sed	1,400	4,200	7,000	14,000	24,500	35,000
4d Spt Phae	2,120	6,360	10,600	21,200	37,100	53,000
2d Phae	2,080	6,240	10,400	20,800	36,400	52,000
2d Conv Cpe	2,160	6,480	10,800	21,600	37,800	54,000
2d RS Cpe	1,480	4,440	7,400	14,800	25,900	37,000
2d Vic Cpe	1,520	4,560	7,600	15,200	26,600	38,000
4d 5P Sed	1,360	4,080	6,800	13,600	23,800	34,000
1933 Series 50, 8-cyl.						
2d Conv	1,440	4,320	7,200	14,400	25,200	36,000
2d Bus Cpe	960	2,880	4,800	9,600	16,800	24,000
2d RS Spt Cpe	1,000	3,000	5,000	10,000	17,500	25,000
2d Vic Cpe	1,080	3,240	5,400	10,800	18,900	27,000
4d Sed	920	2,760	4,600	9,200	16,100	23,000
1933 Series 60, 8-cyl.						
2d Conv Cpe	1,440	4,320	7,200	14,400	25,200	36,000
4d Phae	1,480	4,440	7,400	14,800	25,900	37,000
2d Spt Cpe	1,080	3,240	5,400	10,800	18,900	27,000
2d Vic Cpe	1,240	3,720	6,200	12,400	21,700	31,000
4d Sed	1,040	3,120	5,200	10,400	18,200	26,000
1933 Series 80, 8-cyl.						
2d Conv	1,640	4,920	8,200	16,400	28,700	41,000
4d Phae	1,720	5,160	8,600	17,200	30,100	43,000
2d Spt Cpe	1,320	3,960	6,600	13,200	23,100	33,000
2d Vic	1,360	4,080	6,800	13,600	23,800	34,000
4d Sed	1,120	3,360	5,600	11,200	19,600	28,000
1933 Series 90, 8-cyl.						
2d Vic	1,520	4,560	7,600	15,200	26,600	38,000
4d 5P Sed	1,280	3,840	6,400	12,800	22,400	32,000
4d 7P Sed	1,320	3,960	6,600	13,200	23,100	33,000
4d Clb Sed	1,400	4,200	7,000	14,000	24,500	35,000
4d Limo	1,480	4,440	7,400	14,800	25,900	37,000
1934 Special Series 40, 8-cyl.						
2d Bus Cpe	1,000	3,000	5,000	10,000	17,500	25,000
2d RS Cpe	1,040	3,120	5,200	10,400	18,200	26,000
2d Tr Sed	920	2,760	4,600	9,200	16,100	23,000
4d Tr Sed	1,000	3,000	5,000	10,000	17,500	25,000
4d Sed	960	2,880	4,800	9,600	16,800	24,000
1934 Series 50, 8-cyl.						
2d Conv	1,640	4,920	8,200	16,400	28,700	41,000
2d Bus Cpe	1,120	3,360	5,600	11,200	19,600	28,000
2d Spt Cpe	1,200	3,600	6,000	12,000	21,000	30,000
2d Vic Cpe	1,280	3,840	6,400	12,800	22,400	32,000
4d Sed	1,000	3,000	5,000	10,000	17,500	25,000
1934 Series 60, 8-cyl.						
2d Conv	1,680	5,040	8,400	16,800	29,400	42,000
4d Phae	1,640	4,920	8,200	16,400	28,700	41,000
2d Spt Cpe	1,240	3,720	6,200	12,400	21,700	31,000
2d Vic	1,320	3,960	6,600	13,200	23,100	33,000
4d Sed	1,040	3,120	5,200	10,400	18,200	26,000
4d Clb Sed	1,120	3,360	5,600	11,200	19,600	28,000
1934 Series 90, 8-cyl.						
2d Conv	1,760	5,280	8,800	17,600	30,800	44,000
4d Phae	1,720	5,160	8,600	17,200	30,100	43,000
4d Spt Cpe	1,240	3,720	6,200	12,400	21,700	31,000
4d 5P Sed	1,160	3,480	5,800	11,600	20,300	29,000

	6	5	4	3	2	1
4d 7P Sed	1,200	3,600	6,000	12,000	21,000	30,000
4d Clb Sed	1,240	3,720	6,200	12,400	21,700	31,000
4d Limo	1,280	3,840	6,400	12,800	22,400	32,000
2d Vic	1,360	4,080	6,800	13,600	23,800	34,000
1935 Special Series 40, 8-cyl.						
2d Conv	1,520	4,560	7,600	15,200	26,600	38,000
2d Bus Cpe	1,040	3,120	5,200	10,400	18,200	26,000
2d RS Spt Cpe	1,120	3,360	5,600	11,200	19,600	28,000
2d Sed	920	2,760	4,600	9,200	16,100	23,000
2d Tr Sed	960	2,880	4,800	9,600	16,800	24,000
4d Sed	960	2,880	4,800	9,600	16,800	24,000
4d Tr Sed	1,000	3,000	5,000	10,000	17,500	25,000
1935 Series 50, 8-cyl.						
2d Conv	1,560	4,680	7,800	15,600	27,300	39,000
2d Bus Cpe	1,080	3,240	5,400	10,800	18,900	27,000
2d Spt Cpe	1,120	3,360	5,600	11,200	19,600	28,000
2d Vic	1,200	3,600	6,000	12,000	21,000	30,000
4d Sed	1,000	3,000	5,000	10,000	17,500	25,000
1935 Series 60, 8-cyl.						
2d Conv	1,520	4,560	7,600	15,200	26,600	38,000
4d Phae	1,480	4,440	7,400	14,800	25,900	37,000
2d Vic	1,280	3,840	6,400	12,800	22,400	32,000
4d Sed	1,040	3,120	5,200	10,400	18,200	26,000
4d Clb Sed	1,120	3,360	5,600	11,200	19,600	28,000
2d Spt Cpe	1,240	3,720	6,200	12,400	21,700	31,000
1935 Series 90, 8-cyl.						
2d Conv	1,600	4,800	8,000	16,000	28,000	40,000
4d Phae	1,560	4,680	7,800	15,600	27,300	39,000
2d Spt Cpe	1,280	3,840	6,400	12,800	22,400	32,000
2d Vic	1,320	3,960	6,600	13,200	23,100	33,000
4d 5P Sed	1,200	3,600	6,000	12,000	21,000	30,000
4d 7P Sed	1,200	3,600	6,000	12,000	21,000	30,000
4d Limo	1,280	3,840	6,400	12,800	22,400	32,000
4d Clb Sed	1,240	3,720	6,200	12,400	21,700	31,000
1936 Special Series 40, 8-cyl.						
2d Conv	1,520	4,560	7,600	15,200	26,600	38,000
2d Bus Cpe	1,040	3,120	5,200	10,400	18,200	26,000
2d RS Cpe	1,080	3,240	5,400	10,800	18,900	27,000
2d Sed	960	2,880	4,800	9,600	16,800	24,000
4d Sed	960	2,880	4,800	9,600	16,800	24,000
1936 Century Series 60, 8-cyl.						
2d Conv	1,600	4,800	8,000	16,000	28,000	40,000
2d RS Cpe	1,200	3,600	6,000	12,000	21,000	30,000
2d Sed	1,040	3,120	5,200	10,400	18,200	26,000
4d Sed	1,120	3,360	5,600	11,200	19,600	28,000
1936 Roadmaster Series 80, 8-cyl.						
4d Phae	1,560	4,680	7,800	15,600	27,300	39,000
4d Sed	1,160	3,480	5,800	11,600	20,300	29,000
1936 Limited Series 90, 8-cyl.						
4d Sed	1,200	3,600	6,000	12,000	21,000	30,000
4d 7P Sed	1,240	3,720	6,200	12,400	21,700	31,000
4d Fml Sed	1,280	3,840	6,400	12,800	22,400	32,000
4d 7P Limo	1,360	4,080	6,800	13,600	23,800	34,000
1937 Special Series 40, 8-cyl.						
2d Conv	1,800	5,400	9,000	18,000	31,500	45,000
4d Phae	1,680	5,040	8,400	16,800	29,400	42,000
2d Bus Cpe	1,000	3,000	5,000	10,000	17,500	25,000
2d Spt Cpe	1,040	3,120	5,200	10,400	18,200	26,000
2d FBk	960	2,880	4,800	9,600	16,800	24,000
2d Sed	920	2,760	4,600	9,200	16,100	23,000
4d FBk Sed	960	2,880	4,800	9,600	16,800	24,000
4d Sed	960	2,880	4,800	9,600	16,800	24,000
1937 Century Series 60, 8-cyl.						
2d Conv	1,880	5,640	9,400	18,800	32,900	47,000
4d Phae	1,800	5,400	9,000	18,000	31,500	45,000
2d Spt Cpe	1,120	3,360	5,600	11,200	19,600	28,000
2d FBk	1,000	3,000	5,000	10,000	17,500	25,000
2d Sed	1,000	3,000	5,000	10,000	17,500	25,000
4d FBk Sed	1,040	3,120	5,200	10,400	18,200	26,000
4d Sed	1,040	3,120	5,200	10,400	18,200	26,000
1937 Roadmaster Series 80, 8-cyl.						
4d Sed	1,080	3,240	5,400	10,800	18,900	27,000
4d Fml Sed	1,120	3,360	5,600	11,200	19,600	28,000
4d Phae	1,800	5,400	9,000	18,000	31,500	45,000
1937 Limited Series 90, 8-cyl.						
4d Sed	1,120	3,360	5,600	11,200	19,600	28,000

	6	5	4	3	2	1
4d 7P Sed	1,160	3,480	5,800	11,600	20,300	29,000
4d Fml Sed	1,200	3,600	6,000	12,000	21,000	30,000
4d Limo	1,320	3,960	6,600	13,200	23,100	33,000
1938 Special Series 40, 8-cyl.						
2d Conv	1,840	5,520	9,200	18,400	32,200	46,000
4d Phae	1,760	5,280	8,800	17,600	30,800	44,000
2d Bus Cpe	1,000	3,000	5,000	10,000	17,500	25,000
2d Spt Cpe	1,040	3,120	5,200	10,400	18,200	26,000
2d FBk	960	2,880	4,800	9,600	16,800	24,000
2d Sed	960	2,880	4,800	9,600	16,800	24,000
4d FBk Sed	1,000	3,000	5,000	10,000	17,500	25,000
4d Sed	1,000	3,000	5,000	10,000	17,500	25,000
1938 Century Series 60, 8-cyl.						
2d Conv	1,960	5,880	9,800	19,600	34,300	49,000
4d Phae	1,880	5,640	9,400	18,800	32,900	47,000
2d Spt Cpe	1,120	3,360	5,600	11,200	19,600	28,000
2d Sed	1,040	3,120	5,200	10,400	18,200	26,000
4d FBk Sed	1,040	3,120	5,200	10,400	18,200	26,000
4d Sed	1,080	3,240	5,400	10,800	18,900	27,000
1938 Roadmaster Series 80, 8-cyl.						
4d Phae	1,960	5,880	9,800	19,600	34,300	49,000
4d FBk Sed	1,160	3,480	5,800	11,600	20,300	29,000
4d Sed	1,200	3,600	6,000	12,000	21,000	30,000
4d Fml Sed	1,240	3,720	6,200	12,400	21,700	31,000
1938 Limited Series 90, 8-cyl.						
4d Sed	1,280	3,840	6,400	12,800	22,400	32,000
4d 7P Sed	1,320	3,960	6,600	13,200	23,100	33,000
4d Limo	1,440	4,320	7,200	14,400	25,200	36,000
1939 Special Series 40, 8-cyl.						
2d Conv	1,960	5,880	9,800	19,600	34,300	49,000
4d Phae	1,840	5,520	9,200	18,400	32,200	46,000
2d Bus Cpe	1,080	3,240	5,400	10,800	18,900	27,000
2d Spt Cpe	1,120	3,360	5,600	11,200	19,600	28,000
2d Sed	1,000	3,000	5,000	10,000	17,500	25,000
4d Sed	1,000	3,000	5,000	10,000	17,500	25,000
1939 Century Series 60, 8-cyl.						
2d Conv	2,040	6,120	10,200	20,400	35,700	51,000
4d Phae	1,960	5,880	9,800	19,600	34,300	49,000
2d Spt Cpe	1,200	3,600	6,000	12,000	21,000	30,000
2d Sed	1,080	3,240	5,400	10,800	18,900	27,000
4d Sed	1,080	3,240	5,400	10,800	18,900	27,000
1939 Roadmaster Series 80, 8-cyl.						
4d Phae FBk	2,080	6,240	10,400	20,800	36,400	52,000
4d Phae	2,120	6,360	10,600	21,200	37,100	53,000
4d FBk Sed	1,200	3,600	6,000	12,000	21,000	30,000
4d Sed	1,200	3,600	6,000	12,000	21,000	30,000
4d Fml Sed	1,280	3,840	6,400	12,800	22,400	32,000
1939 Limited Series 90, 8-cyl.						
4d 8P Sed	1,280	3,840	6,400	12,800	22,400	32,000
4d Sed	1,360	4,080	6,800	13,600	23,800	34,000
4d Limo	1,240	3,720	6,200	12,400	21,700	31,000
1940 Special Series 40, 8-cyl.						
2d Conv	2,000	6,000	10,000	20,000	35,000	50,000
4d Phae	1,920	5,760	9,600	19,200	33,600	48,000
2d Bus Cpe	1,040	3,120	5,200	10,400	18,200	26,000
2d Spt Cpe	1,120	3,360	5,600	11,200	19,600	28,000
2d Sed	1,000	3,000	5,000	10,000	17,500	25,000
4d Sed	1,000	3,000	5,000	10,000	17,500	25,000
1940 Super Series 50, 8-cyl.						
2d Conv	1,960	5,880	9,800	19,600	34,300	49,000
4d Phae	1,880	5,640	9,400	18,800	32,900	47,000
2d Cpe	1,160	3,480	5,800	11,600	20,300	29,000
4d Sed	1,000	3,000	5,000	10,000	17,500	25,000
4d Sta Wag	1,440	4,320	7,200	14,400	25,200	36,000
1940 Century Series 60, 8-cyl.						
2d Conv	2,040	6,120	10,200	20,400	35,700	51,000
4d Phae	1,960	5,880	9,800	19,600	34,300	49,000
2d Bus Cpe	1,200	3,600	6,000	12,000	21,000	30,000
2d Spt Cpe	1,240	3,720	6,200	12,400	21,700	31,000
4d Sed	1,080	3,240	5,400	10,800	18,900	27,000
1940 Roadmaster Series 70, 8-cyl.						
2d Conv	2,300	6,850	11,400	22,800	39,900	57,000
2d Cpe	1,280	3,840	6,400	12,800	22,400	32,000
4d Sed	1,160	3,480	5,800	11,600	20,300	29,000
4d Phae	2,300	6,850	11,400	22,800	39,900	57,000

	6	5	4	3	2	1
1940 Limited Series 80, 8-cyl.						
4d FBk Phae	2,080	6,240	10,400	20,800	36,400	52,000
4d Phae	2,120	6,360	10,600	21,200	37,100	53,000
4d FBk Sed	1,280	3,840	6,400	12,800	22,400	32,000
4d Sed	1,360	4,080	6,800	13,600	23,800	34,000
4d Fml Sed	1,400	4,200	7,000	14,000	24,500	35,000
4d Fml FBk	1,440	4,320	7,200	14,400	25,200	36,000
1940 Limited Series 90, 8-cyl.						
4d 7P Sed	1,400	4,200	7,000	14,000	24,500	35,000
4d Fml Sed	1,440	4,320	7,200	14,400	25,200	36,000
4d Limo	1,440	4,320	7,200	14,400	25,200	36,000
1941 Special Series 40-A, 8-cyl.						
2d Conv	2,040	6,120	10,200	20,400	35,700	51,000
2d Bus Cpe	1,000	3,000	5,000	10,000	17,500	25,000
2d Spt Cpe	1,040	3,120	5,200	10,400	18,200	26,000
4d Sed	960	2,880	4,800	9,600	16,800	24,000
1941 Special Series 40-B, 8-cyl.						
2d Bus Cpe	1,080	3,240	5,400	10,800	18,900	27,000
2d S'net	1,120	3,360	5,600	11,200	19,600	28,000
4d Sed	1,000	3,000	5,000	10,000	17,500	25,000
4d Sta Wag	1,440	4,320	7,200	14,400	25,200	36,000
NOTE: Add 5 percent for SSE.						
1941 Super Series 50, 8-cyl.						
2d Conv	2,120	6,360	10,600	21,200	37,100	53,000
4d Phae	2,200	6,600	11,000	22,000	38,500	55,000
2d Cpe	1,140	3,420	5,700	11,400	19,950	28,500
4d Sed	1,040	3,120	5,200	10,400	18,200	26,000
1941 Century Series 60, 8-cyl.						
2d Bus Cpe	1,160	3,480	5,800	11,600	20,300	29,000
2d S'net	1,200	3,600	6,000	12,000	21,000	30,000
4d Sed	1,120	3,360	5,600	11,200	19,600	28,000
1941 Roadmaster Series 70, 8-cyl.						
2d Conv	2,360	7,080	11,800	23,600	41,300	59,000
4d Phae	2,360	7,080	11,800	23,600	41,300	59,000
2d Cpe	1,240	3,720	6,200	12,400	21,700	31,000
4d Sed	1,160	3,480	5,800	11,600	20,300	29,000
1941 Limited Series 90, 8-cyl.						
4d 7P Sed	1,520	4,560	7,600	15,200	26,600	38,000
4d Sed	1,280	3,840	6,400	12,800	22,400	32,000
4d Fml Sed	1,400	4,200	7,000	14,000	24,500	35,000
4d Limo	1,520	4,560	7,600	15,200	26,600	38,000
1942 Special Series 40-A, 8-cyl.						
2d Bus Cpe	880	2,640	4,400	8,800	15,400	22,000
2d S'net	940	2,820	4,700	9,400	16,450	23,500
2d 3P S'net	900	2,700	4,500	9,000	15,750	22,500
2d Conv	1,440	4,320	7,200	14,400	25,200	36,000
4d Sed	880	2,640	4,400	8,800	15,400	22,000
1942 Special Series 40-B, 8-cyl.						
2d 3P S'net	960	2,880	4,800	9,600	16,800	24,000
2d S'net	1,000	3,000	5,000	10,000	17,500	25,000
4d Sed	880	2,640	4,400	8,800	15,400	22,000
4d Sta Wag	1,400	4,200	7,000	14,000	24,500	35,000
1942 Super Series 50, 8-cyl.						
2d Conv	2,000	6,000	10,000	20,000	35,000	50,000
2d S'net	1,040	3,120	5,200	10,400	18,200	26,000
4d Sed	900	2,700	4,500	9,000	15,750	22,500
1942 Century Series 60, 8-cyl.						
2d S'net	1,080	3,240	5,400	10,800	18,900	27,000
4d Sed	940	2,820	4,700	9,400	16,450	23,500
1942 Roadmaster Series 70, 8-cyl.						
2d Conv	2,280	6,840	11,400	22,800	39,900	57,000
2d S'net	1,120	3,360	5,600	11,200	19,600	28,000
4d Sed	1,040	3,120	5,200	10,400	18,200	26,000
1942 Limited Series 90, 8-cyl.						
4d 8P Sed	1,080	3,240	5,400	10,800	18,900	27,000
4d Sed	1,040	3,120	5,200	10,400	18,200	26,000
4d Fml Sed	1,120	3,360	5,600	11,200	19,600	28,000
4d Limo	1,160	3,480	5,800	11,600	20,300	29,000
1946-1948 Special Series 40, 8-cyl.						
2d S'net	960	2,880	4,800	9,600	16,800	24,000
4d Sed	840	2,520	4,200	8,400	14,700	21,000
1946-1948 Super Series 50, 8-cyl.						
2d Conv	2,120	6,360	10,600	21,200	37,100	53,000
2d S'net	1,000	3,000	5,000	10,000	17,500	25,000
4d Sed	900	2,700	4,500	9,000	15,750	22,500

	6	5	4	3	2	1
4d Sta Wag	1,440	4,320	7,200	14,400	25,200	36,000
1946-1948 Roadmaster Series 70, 8-cyl.						
2d Conv	2,480	7,440	12,400	24,800	43,400	62,000
2d S'net	1,120	3,360	5,600	11,200	19,600	28,000
4d Sed	1,040	3,120	5,200	10,400	18,200	26,000
4d Sta Wag	1,560	4,680	7,800	15,600	27,300	39,000
1949 Special Series 40, 8-cyl.						
2d S'net	1,000	3,000	5,000	10,000	17,500	25,000
4d Sed	880	2,640	4,400	8,800	15,400	22,000
1949 Super Series 50, 8-cyl.						
2d Conv	2,120	6,360	10,600	21,200	37,100	53,000
2d S'net	1,000	3,000	5,000	10,000	17,500	25,000
4d Sed	960	2,880	4,800	9,600	16,800	24,000
4d Sta Wag	1,440	4,320	7,200	14,400	25,200	36,000
1949 Roadmaster Series 70, 8-cyl.						
2d Conv	2,440	7,320	12,200	24,400	42,700	61,000
2d Riv HT	1,480	4,440	7,400	14,800	25,900	37,000
2d S'net	1,120	3,360	5,600	11,200	19,600	28,000
4d Sed	1,080	3,240	5,400	10,800	18,900	27,000
4d Sta Wag	1,600	4,800	8,000	16,000	28,000	40,000
NOTE: Add 10 percent for sweap spear side trim on late 1949 Roadmaster models.						
1950 Special Series 40, 8-cyl., 121-1/2" wb						
2d Bus Cpe	720	2,160	3,600	7,200	12,600	18,000
2d S'net	840	2,520	4,200	8,400	14,700	21,000
4d S'net	760	2,280	3,800	7,600	13,300	19,000
4d Tr Sed	720	2,160	3,600	7,200	12,600	18,000
1950 Special DeLuxe Series 40, 8-cyl., 121-1/2" wb						
2d S'net	880	2,640	4,400	8,800	15,400	22,000
4d S'net	800	2,400	4,000	8,000	14,000	20,000
4d Tr Sed	760	2,280	3,800	7,600	13,300	19,000
1950 Super Series 50, 8-cyl.						
2d Conv	1,400	4,200	7,000	14,000	24,500	35,000
2d Riv HT	1,000	3,000	5,000	10,000	17,500	25,000
2d S'net	920	2,760	4,600	9,200	16,100	23,000
4d Sed	800	2,400	4,000	8,000	14,000	20,000
4d Sta Wag	1,400	4,200	7,000	14,000	24,500	35,000
1950 Roadmaster Series 70, 8-cyl.						
2d Conv	1,800	5,400	9,000	18,000	31,500	45,000
2d Riv HT	1,280	3,840	6,400	12,800	22,400	32,000
2d S'net	1,040	3,120	5,200	10,400	18,200	26,000
4d Sed 71	840	2,520	4,200	8,400	14,700	21,000
4d Sed 72	880	2,640	4,400	8,800	15,400	22,000
4d Sta Wag	1,480	4,440	7,400	14,800	25,900	37,000
4d Riv Sed DeL	880	2,640	4,400	8,800	15,400	22,000
1951-1952 Special Series 40, 8-cyl., 121-1/2" wb						
2d Bus Cpe (1951 only)	720	2,160	3,600	7,200	12,600	18,000
2d Sed (1951 only)	680	2,040	3,400	6,800	11,900	17,000
4d Sed	680	2,040	3,400	6,800	11,900	17,000
2d Spt Cpe	720	2,160	3,600	7,200	12,600	18,000
1951-1952 Special DeLuxe Series 40, 8-cyl., 121-1/2" wb						
4d Sed	720	2,160	3,600	7,200	12,600	18,000
2d Sed	720	2,160	3,600	7,200	12,600	18,000
2d Riv HT	1,000	3,000	5,000	10,000	17,500	25,000
2d Conv	1,320	3,960	6,600	13,200	23,100	33,000
1951-1952 Super Series 50, 8-cyl.						
2d Conv	1,400	4,200	7,000	14,000	24,500	35,000
2d Riv HT	1,120	3,360	5,600	11,200	19,600	28,000
4d Sta Wag	1,400	4,200	7,000	14,000	24,500	35,000
2d S'net (1951 only)	880	2,640	4,400	8,800	15,400	22,000
4d Sed	800	2,400	4,000	8,000	14,000	20,000
1951-1952 Roadmaster Series 70, 8-cyl.						
2d Conv	1,520	4,560	7,600	15,200	26,600	38,000
2d Riv HT	1,280	3,840	6,400	12,800	22,400	32,000
4d Sta Wag	1,440	4,320	7,200	14,400	25,200	36,000
4d Riv Sed	880	2,640	4,400	8,800	15,400	22,000
1953 Special Series 40, 8-cyl.						
4d Sed	760	2,280	3,800	7,600	13,300	19,000
2d Sed	768	2,304	3,840	7,680	13,440	19,200
2d Riv HT	1,000	3,000	5,000	10,000	17,500	25,000
2d Conv	1,400	4,200	7,000	14,000	24,500	35,000
1953 Super Series 50, V-8						
2d Riv HT	1,160	3,480	5,800	11,600	20,300	29,000
2d Conv	1,440	4,320	7,200	14,400	25,200	36,000
4d Sta Wag	1,440	4,320	7,200	14,400	25,200	36,000
4d Riv Sed	800	2,400	4,000	8,000	14,000	20,000

	6	5	4	3	2	1
1953 Roadmaster Series 70, V-8						
2d Riv HT	1,320	3,960	6,600	13,200	23,100	33,000
2d Skylark	2,600	7,800	13,000	26,000	45,500	65,000
2d Conv	1,560	4,680	7,800	15,600	27,300	39,000
4d DeL Sta Wag	1,480	4,440	7,400	14,800	25,900	37,000
4d Riv Sed	880	2,640	4,400	8,800	15,400	22,000
1954 Special Series 40, V-8						
4d Sed	680	2,040	3,400	6,800	11,900	17,000
2d Sed	680	2,040	3,400	6,800	11,900	17,000
2d Riv HT	1,080	3,240	5,400	10,800	18,900	27,000
2d Conv	1,440	4,320	7,200	14,400	25,200	36,000
4d Sta Wag	760	2,280	3,800	7,600	13,300	19,000
1954 Century Series 60, V-8						
4d DeL	720	2,160	3,600	7,200	12,600	18,000
2d Riv HT	1,200	3,600	6,000	12,000	21,000	30,000
2d Conv	1,680	5,040	8,400	16,800	29,400	42,000
4d Sta Wag	800	2,400	4,000	8,000	14,000	20,000
1954 Super Series 50, V-8						
4d Sed	680	2,040	3,400	6,800	11,900	17,000
2d Riv HT	1,120	3,360	5,600	11,200	19,600	28,000
2d Conv	1,480	4,440	7,400	14,800	25,900	37,000
1954 Roadmaster Series 70, V-8						
4d Sed	720	2,160	3,600	7,200	12,600	18,000
2d Riv HT	1,320	3,960	6,600	13,200	23,100	33,000
2d Conv	1,680	5,040	8,400	16,800	29,400	42,000
1954 Skylark Series, V-8						
2d Spt Conv	2,320	6,960	11,600	23,200	40,600	58,000
1955 Special Series 40, V-8						
4d Sed	680	2,040	3,400	6,800	11,900	17,000
4d Riv HT	800	2,400	4,000	8,000	14,000	20,000
2d Sed	680	2,040	3,400	6,800	11,900	17,000
2d Riv HT	1,160	3,480	5,800	11,600	20,300	29,000
2d Conv	1,720	5,160	8,600	17,200	30,100	43,000
4d Sta Wag	800	2,400	4,000	8,000	14,000	20,000
1955 Century Series 60, V-8						
4d Sed	720	2,160	3,600	7,200	12,600	18,000
4d Riv HT	840	2,520	4,200	8,400	14,700	21,000
2d Riv HT	1,240	3,720	6,200	12,400	21,700	31,000
2d Conv	1,800	5,400	9,000	18,000	31,500	45,000
4d Sta Wag	840	2,520	4,200	8,400	14,700	21,000
1955 Super Series 50, V-8						
4d Sed	720	2,160	3,600	7,200	12,600	18,000
2d Riv HT	1,200	3,600	6,000	12,000	21,000	30,000
2d Conv	1,720	5,160	8,600	17,200	30,100	43,000
1955 Roadmaster Series 70, V-8						
4d Sed	800	2,400	4,000	8,000	14,000	20,000
2d Riv HT	1,320	3,960	6,600	13,200	23,100	33,000
2d Conv	1,920	5,760	9,600	19,200	33,600	48,000
1956 Special Series 40, V-8						
4d Sed	680	2,040	3,400	6,800	11,900	17,000
4d Riv HT	840	2,520	4,200	8,400	14,700	21,000
2d Sed	680	2,040	3,400	6,800	11,900	17,000
2d Riv HT	1,160	3,480	5,800	11,600	20,300	29,000
2d Conv	1,760	5,280	8,800	17,600	30,800	44,000
4d Sta Wag	800	2,400	4,000	8,000	14,000	20,000
1956 Century Series 60, V-8						
4d Sed	720	2,160	3,600	7,200	12,600	18,000
4d Riv HT	920	2,760	4,600	9,200	16,100	23,000
2d Riv HT	1,240	3,720	6,200	12,400	21,700	31,000
2d Conv	1,840	5,520	9,200	18,400	32,200	46,000
4d Sta Wag	840	2,520	4,200	8,400	14,700	21,000
1956 Super Series 50						
4d Sed	720	2,160	3,600	7,200	12,600	18,000
4d Riv HT	1,000	3,000	5,000	10,000	17,500	25,000
2d Riv HT	1,200	3,600	6,000	12,000	21,000	30,000
2d Conv	1,720	5,160	8,600	17,200	30,100	43,000
1956 Roadmaster Series 70, V-8						
4d Sed	760	2,280	3,800	7,600	13,300	19,000
4d Riv HT	1,080	3,240	5,400	10,800	18,900	27,000
2d Riv HT	1,280	3,840	6,400	12,800	22,400	32,000
2d Conv	1,880	5,640	9,400	18,800	32,900	47,000
1957 Special Series 40, V-8						
4d Sed	640	1,920	3,200	6,400	11,200	16,000
4d Riv HT	840	2,520	4,200	8,400	14,700	21,000
2d Sed	640	1,920	3,200	6,400	11,200	16,000

	6	5	4	3	2	1
2d Riv HT	1,120	3,360	5,600	11,200	19,600	28,000
2d Conv	1,640	4,920	8,200	16,400	28,700	41,000
4d Sta Wag	880	2,640	4,400	8,800	15,400	22,000
4d HT Wag	1,080	3,240	5,400	10,800	18,900	27,000
1957 Century Series 60, V-8						
4d Sed	680	2,040	3,400	6,800	11,900	17,000
4d Riv HT	880	2,640	4,400	8,800	15,400	22,000
2d Riv HT	1,240	3,720	6,200	12,400	21,700	31,000
2d Conv	1,720	5,160	8,600	17,200	30,100	43,000
4d HT Wag	1,160	3,480	5,800	11,600	20,300	29,000
1957 Super Series 50, V-8						
4d Riv HT	920	2,760	4,600	9,200	16,100	23,000
2d Riv HT	1,240	3,720	6,200	12,400	21,700	31,000
2d Conv	1,680	5,040	8,400	16,800	29,400	42,000
1957 Roadmaster Series 70, V-8						
4d Riv HT	960	2,880	4,800	9,600	16,800	24,000
2d Riv HT	1,320	3,960	6,600	13,200	23,100	33,000
2d Conv	1,760	5,280	8,800	17,600	30,800	44,000
NOTE: Add 5 percent for 75 Series.						
1958 Special Series 40, V-8						
4d Sed	600	1,800	3,000	6,000	10,500	15,000
4d Riv HT	720	2,160	3,600	7,200	12,600	18,000
2d Sed	600	1,800	3,000	6,000	10,500	15,000
2d Riv HT	960	2,880	4,800	9,600	16,800	24,000
2d Conv	1,160	3,480	5,800	11,600	20,300	29,000
4d Sta Wag	640	1,920	3,200	6,400	11,200	16,000
4d HT Wag	840	2,520	4,200	8,400	14,700	21,000
1958 Century Series 60, V-8						
4d Sed	640	1,920	3,200	6,400	11,200	16,000
4d Riv HT	760	2,280	3,800	7,600	13,300	19,000
2d Riv HT	1,080	3,240	5,400	10,800	18,900	27,000
2d Conv	1,240	3,720	6,200	12,400	21,700	31,000
4d HT Wag	920	2,760	4,600	9,200	16,100	23,000
1958 Super Series 50, V-8						
4d Riv HT	800	2,400	4,000	8,000	14,000	20,000
2d Riv HT	1,120	3,360	5,600	11,200	19,600	28,000
1958 Roadmaster Series 75, V-8						
4d Riv HT	840	2,520	4,200	8,400	14,700	21,000
2d Riv HT	1,160	3,480	5,800	11,600	20,300	29,000
2d Conv	1,400	4,200	7,000	14,000	24,500	35,000
1958 Limited Series 700, V-8						
4d Riv HT	920	2,760	4,600	9,200	16,100	23,000
2d Riv HT	1,280	3,840	6,400	12,800	22,400	32,000
2d Conv	1,840	5,520	9,200	18,400	32,200	46,000
1959 LeSabre Series 4400, V-8						
4d Sed	600	1,800	3,000	6,000	10,500	15,000
4d HT	680	2,040	3,400	6,800	11,900	17,000
2d Sed	608	1,824	3,040	6,080	10,640	15,200
2d HT	800	2,400	4,000	8,000	14,000	20,000
2d Conv	1,160	3,480	5,800	11,600	20,300	29,000
4d Sta Wag	680	2,040	3,400	6,800	11,900	17,000
1959 Invicta Series 4600, V-8						
4d Sed	640	1,920	3,200	6,400	11,200	16,000
4d HT	720	2,160	3,600	7,200	12,600	18,000
2d HT	840	2,520	4,200	8,400	14,700	21,000
2d Conv	1,280	3,840	6,400	12,800	22,400	32,000
4d Sta Wag	720	2,160	3,600	7,200	12,600	18,000
1959 Electra Series 4700, V-8						
4d Sed	680	2,040	3,400	6,800	11,900	17,000
4d HT	760	2,280	3,800	7,600	13,300	19,000
2d HT	920	2,760	4,600	9,200	16,100	23,000
1959 Electra 225 Series 4800, V-8						
4d Riv HT 6W	720	2,160	3,600	7,200	12,600	18,000
4d HT 4W	760	2,280	3,800	7,600	13,300	19,000
2d Conv	1,400	4,200	7,000	14,000	24,500	35,000
1960 LeSabre Series 4400, V-8						
4d Sed	600	1,800	3,000	6,000	10,500	15,000
4d HT	680	2,040	3,400	6,800	11,900	17,000
2d Sed	608	1,824	3,040	6,080	10,640	15,200
2d HT	840	2,520	4,200	8,400	14,700	21,000
2d Conv	1,200	3,600	6,000	12,000	21,000	30,000
4d Sta Wag	640	1,920	3,200	6,400	11,200	16,000
1960 Invicta Series 4600, V-8						
4d Sed	640	1,920	3,200	6,400	11,200	16,000
4d HT	720	2,160	3,600	7,200	12,600	18,000

	6	5	4	3	2	1
2d HT	880	2,640	4,400	8,800	15,400	22,000
2d Conv	1,320	3,960	6,600	13,200	23,100	33,000
4d Sta Wag	680	2,040	3,400	6,800	11,900	17,000
1960 Electra Series 4700, V-8						
4d Riv HT 6W	760	2,280	3,800	7,600	13,300	19,000
4d HT 4W	800	2,400	4,000	8,000	14,000	20,000
2d HT	920	2,760	4,600	9,200	16,100	23,000
1960 Electra 225 Series 4800, V-8						
4d Riv HT 6W	800	2,400	4,000	8,000	14,000	20,000
4d HT 4W	840	2,520	4,200	8,400	14,700	21,000
2d Conv	1,400	4,200	7,000	14,000	24,500	35,000
NOTE: Add 5 percent for bucket seat option.						
1961 Special Series 4000, V-8, 112" wb						
4d Sed	560	1,680	2,800	5,600	9,800	14,000
2d Cpe	600	1,800	3,000	6,000	10,500	15,000
4d Sta Wag	600	1,800	3,000	6,000	10,500	15,000
1961 Special DeLuxe Series 4100, V-8, 112" wb						
4d Sed	580	1,740	2,900	5,800	10,150	14,500
2d Skylark Cpe	640	1,920	3,200	6,400	11,200	16,000
4d Sta Wag	640	1,920	3,200	6,400	11,200	16,000
NOTE: Deduct 5 percent for V-6.						
1961 LeSabre Series 4400, V-8						
4d Sed	600	1,800	3,000	6,000	10,500	15,000
4d HT	640	1,920	3,200	6,400	11,200	16,000
2d Sed	600	1,800	3,000	6,000	10,500	15,000
2d HT	680	2,040	3,400	6,800	11,900	17,000
2d Conv	1,040	3,120	5,200	10,400	18,200	26,000
4d Sta Wag	640	1,920	3,200	6,400	11,200	16,000
1961 Invicta Series 4600, V-8						
4d HT	640	1,920	3,200	6,400	11,200	16,000
2d HT	720	2,160	3,600	7,200	12,600	18,000
2d Conv	1,120	3,360	5,600	11,200	19,600	28,000
1961 Electra Series 4700, V-8						
4d Sed	620	1,860	3,100	6,200	10,850	15,500
4d HT	640	1,920	3,200	6,400	11,200	16,000
2d HT	680	2,040	3,400	6,800	11,900	17,000
1961 Electra 225 Series 4800, V-8						
4d Riv HT 6W	640	1,920	3,200	6,400	11,200	16,000
4d Riv HT 4W	660	1,980	3,300	6,600	11,550	16,500
2d Conv	1,280	3,840	6,400	12,800	22,400	32,000
1962 Special Series 4000, V-6, 112.1" wb						
4d Sed	584	1,752	2,920	5,840	10,220	14,600
2d Cpe	620	1,860	3,100	6,200	10,850	15,500
2d Conv	840	2,520	4,200	8,400	14,700	21,000
4d Sta Wag	600	1,800	3,000	6,000	10,500	15,000
1962 Special DeLuxe Series 4100, V-8, 112.1" wb						
4d Sed	600	1,800	3,000	6,000	10,500	15,000
2d Conv	920	2,760	4,600	9,200	16,100	23,000
4d Sta Wag	640	1,920	3,200	6,400	11,200	16,000
1962 Special Skylark Series 4300, V-8, 112.1" wb						
2d HT	620	1,860	3,100	6,200	10,850	15,500
2d Conv	960	2,880	4,800	9,600	16,800	24,000
1962 LeSabre Series 4400, V-8						
4d Sed	600	1,800	3,000	6,000	10,500	15,000
4d HT	640	1,920	3,200	6,400	11,200	16,000
2d Sed	600	1,800	3,000	6,000	10,500	15,000
2d HT	720	2,160	3,600	7,200	12,600	18,000
1962 Invicta Series 4600, V-8						
4d HT	640	1,920	3,200	6,400	11,200	16,000
2d HT	760	2,280	3,800	7,600	13,300	19,000
2d HT Wildcat	800	2,400	4,000	8,000	14,000	20,000
2d Conv	1,120	3,360	5,600	11,200	19,600	28,000
4d Sta Wag*	640	1,920	3,200	6,400	11,200	16,000
NOTE: Add 10 percent for bucket seat option where offered.						
1962 Electra 225 Series 4800, V-8						
4d Sed	600	1,800	3,000	6,000	10,500	15,000
4d Riv HT 6W	680	2,040	3,400	6,800	11,900	17,000
4d HT 4W	720	2,160	3,600	7,200	12,600	18,000
2d HT	840	2,520	4,200	8,400	14,700	21,000
2d Conv	1,280	3,840	6,400	12,800	22,400	32,000
1963 Special Series 4000, V-6, 112" wb						
4d Sed	584	1,752	2,920	5,840	10,220	14,600
2d Cpe	588	1,764	2,940	5,880	10,290	14,700
2d Conv	760	2,280	3,800	7,600	13,300	19,000

	6	5	4	3	2	1
4d Sta Wag	600	1,800	3,000	6,000	10,500	15,000
1963 Special DeLuxe Series 4100, V-6, 112" wb						
4d Sed	588	1,764	2,940	5,880	10,290	14,700
4d Sta Wag	620	1,860	3,100	6,200	10,850	15,500
1963 Special DeLuxe Series 4100, V-8, 112" wb						
4d Sed	592	1,776	2,960	5,920	10,360	14,800
4d Sta Wag	632	1,896	3,160	6,320	11,060	15,800
1963 Special Skylark Series 4300, V-8, 112" wb						
2d HT	660	1,980	3,300	6,600	11,550	16,500
2d Conv	800	2,400	4,000	8,000	14,000	20,000
1963 LeSabre Series 4400, V-8						
4d Sed	588	1,764	2,940	5,880	10,290	14,700
4d HT	640	1,920	3,200	6,400	11,200	16,000
2d Sed	580	1,740	2,900	5,800	10,150	14,500
2d HT	720	2,160	3,600	7,200	12,600	18,000
4d Sta Wag	600	1,800	3,000	6,000	10,500	15,000
2d Conv	920	2,760	4,600	9,200	16,100	23,000
1963 Invicta Series 4600, V-8						
4d Sta Wag	660	1,980	3,300	6,600	11,550	16,500
1963 Wildcat Series 4600, V-8						
4d HT	660	1,980	3,300	6,600	11,550	16,500
2d HT	760	2,280	3,800	7,600	13,300	19,000
2d Conv	1,040	3,120	5,200	10,400	18,200	26,000
1963 Electra 225 Series 4800, V-8						
4d Sed	580	1,740	2,900	5,800	10,150	14,500
4d HT 6W	640	1,920	3,200	6,400	11,200	16,000
4d HT 4W	660	1,980	3,300	6,600	11,550	16,500
2d HT	800	2,400	4,000	8,000	14,000	20,000
2d Conv	1,120	3,360	5,600	11,200	19,600	28,000
1963 Riviera Series 4700, V-8						
2d HT	880	2,640	4,400	8,800	15,400	22,000
1964 Special Series 4000, V-6, 115" wb						
4d Sed	520	1,560	2,600	5,200	9,100	13,000
2d Cpe	528	1,584	2,640	5,280	9,240	13,200
2d Conv	760	2,280	3,800	7,600	13,300	19,000
4d Sta Wag	540	1,620	2,700	5,400	9,450	13,500
1964 Special Deluxe Series 4100, V-6, 115" wb						
4d Sed	532	1,596	2,660	5,320	9,310	13,300
2d Cpe	540	1,620	2,700	5,400	9,450	13,500
4d Sta Wag	560	1,680	2,800	5,600	9,800	14,000
1964 Special Skylark Series 4300, V-6, 115" wb						
4d Sed	540	1,620	2,700	5,400	9,450	13,500
2d HT	560	1,680	2,800	5,600	9,800	14,000
2d Conv	840	2,520	4,200	8,400	14,700	21,000
1964 Special Series 4000, V-8, 115" wb						
4d Sed	540	1,620	2,700	5,400	9,450	13,500
2d Cpe	544	1,632	2,720	5,440	9,520	13,600
2d Conv	840	2,520	4,200	8,400	14,700	21,000
4d Sta Wag	568	1,704	2,840	5,680	9,940	14,200
1964 Special DeLuxe Series 4100, V-8, 115" wb						
4d Sed	548	1,644	2,740	5,480	9,590	13,700
2d Cpe	552	1,656	2,760	5,520	9,660	13,800
4d Sta Wag	580	1,740	2,900	5,800	10,150	14,500
1964 Skylark Series 4300, V-8, 115" wb						
4d Sed	560	1,680	2,800	5,600	9,800	14,000
2d HT	600	1,800	3,000	6,000	10,500	15,000
2d Conv	960	2,880	4,800	9,600	16,800	24,000
1964 Skylark Series 4200, V-8, 120" wb						
4d Spt Wag	560	1,680	2,800	5,600	9,800	14,000
4d Cus Spt Wag	568	1,704	2,840	5,680	9,940	14,200
1964 LeSabre Series 4400, V-8						
4d Sed	568	1,704	2,840	5,680	9,940	14,200
4d HT	580	1,740	2,900	5,800	10,150	14,500
2d HT	720	2,160	3,600	7,200	12,600	18,000
2d Conv	960	2,880	4,800	9,600	16,800	24,000
4d Spt Wag	612	1,836	3,060	6,120	10,710	15,300
1964 Wildcat Series 4600, V-8						
4d Sed	572	1,716	2,860	5,720	10,010	14,300
4d HT	660	1,980	3,300	6,600	11,550	16,500
2d HT	800	2,400	4,000	8,000	14,000	20,000
2d Conv	1,000	3,000	5,000	10,000	17,500	25,000
1964 Electra 225 Series 4800, V-8						
4d Sed	576	1,728	2,880	5,760	10,080	14,400
4d HT 6W	620	1,860	3,100	6,200	10,850	15,500

1930 Buick Series 50 sedan

1937 Buick Special sedan

1976 Buick LeSabre Custom hardtop

	6	5	4	3	2	1
4d HT 4W	640	1,920	3,200	6,400	11,200	16,000
2d HT	760	2,280	3,800	7,600	13,300	19,000
2d Conv	1,040	3,120	5,200	10,400	18,200	26,000
1964 Riviera Series 4700, V-8						
2d HT	880	2,640	4,400	8,800	15,400	22,000
1965 Special, V-6, 115" wb						
4d Sed	380	1,140	1,900	3,800	6,650	9,500
2d Cpe	384	1,152	1,920	3,840	6,720	9,600
2d Conv	720	2,160	3,600	7,200	12,600	18,000
4d Sta Wag	420	1,260	2,100	4,200	7,350	10,500
1965 Special DeLuxe, V-6, 115" wb						
4d Sed	428	1,284	2,140	4,280	7,490	10,700
4d Sta Wag	436	1,308	2,180	4,360	7,630	10,900
1965 Skylark, V-6, 115" wb						
4d Sed	520	1,560	2,600	5,200	9,100	13,000
2d Cpe	532	1,596	2,660	5,320	9,310	13,300
2d HT	572	1,716	2,860	5,720	10,010	14,300
2d Conv	840	2,520	4,200	8,400	14,700	21,000
1965 Special, V-8, 115" wb						
4d Sed	428	1,284	2,140	4,280	7,490	10,700
2d Cpe	432	1,296	2,160	4,320	7,560	10,800
2d Conv	880	2,640	4,400	8,800	15,400	22,000
4d Sta Wag	428	1,284	2,140	4,280	7,490	10,700
1965 Special DeLuxe, V-8, 115" wb						
4d Sed	436	1,308	2,180	4,360	7,630	10,900
4d Sta Wag	520	1,560	2,600	5,200	9,100	13,000
1965 Skylark, V-8, 115" wb						
4d Sed	532	1,596	2,660	5,320	9,310	13,300
2d Cpe	540	1,620	2,700	5,400	9,450	13,500
2d HT	592	1,776	2,960	5,920	10,360	14,800
2d Conv	920	2,760	4,600	9,200	16,100	23,000

NOTE: Add 20 percent for Skylark Gran Sport Series (400 CID/325hp V-8). Deduct 5 percent for V-6.

	6	5	4	3	2	1
1965 Sport Wagon, V-8, 120" wb						
4d 2S Sta Wag	544	1,632	2,720	5,440	9,520	13,600
4d 3S Sta Wag	548	1,644	2,740	5,480	9,590	13,700
1965 Custom Sport Wagon, V-8, 120" wb						
4d 2S Sta Wag	552	1,656	2,760	5,520	9,660	13,800
4d 3S Sta Wag	556	1,668	2,780	5,560	9,730	13,900
1965 LeSabre, V-8, 123" wb						
4d Sed	404	1,212	2,020	4,040	7,070	10,100
4d HT	412	1,236	2,060	4,120	7,210	10,300
2d HT	532	1,596	2,660	5,320	9,310	13,300
1965 LeSabre Custom, V-8, 123" wb						
4d Sed	412	1,236	2,060	4,120	7,210	10,300
4d HT	436	1,308	2,180	4,360	7,630	10,900
2d HT	600	1,800	3,000	6,000	10,500	15,000
2d Conv	760	2,280	3,800	7,600	13,300	19,000
1965 Wildcat, V-8, 126" wb						
4d Sed	432	1,296	2,160	4,320	7,560	10,800
4d HT	532	1,596	2,660	5,320	9,310	13,300
2d HT	680	2,040	3,400	6,800	11,900	17,000
1965 Wildcat DeLuxe, V-8, 126" wb						
4d Sed	520	1,560	2,600	5,200	9,100	13,000
4d HT	540	1,620	2,700	5,400	9,450	13,500
2d HT	700	2,100	3,500	7,000	12,250	17,500
2d Conv	800	2,400	4,000	8,000	14,000	20,000
1965 Wildcat Custom, V-8, 126" wb						
4d HT	552	1,656	2,760	5,520	9,660	13,800
2d HT	720	2,160	3,600	7,200	12,600	18,000
2d Conv	840	2,520	4,200	8,400	14,700	21,000
1965 Electra 225, V-8, 126" wb						
4d Sed	532	1,596	2,660	5,320	9,310	13,300
4d HT	572	1,716	2,860	5,720	10,010	14,300
2d HT	700	2,100	3,500	7,000	12,250	17,500
1965 Electra 225 Custom, V-8, 126" wb						
4d Sed	540	1,620	2,700	5,400	9,450	13,500
4d HT	584	1,752	2,920	5,840	10,220	14,600
2d HT	628	1,884	3,140	6,280	10,990	15,700
2d Conv	840	2,520	4,200	8,400	14,700	21,000
1965 Riviera, V-8, 117" wb						
2d HT	760	2,280	3,800	7,600	13,300	19,000
2d HT GS	800	2,400	4,000	8,000	14,000	20,000

NOTE: Add 20 percent for 400.

	6	5	4	3	2	1
1966 Special, V-6, 115" wb						
4d Sed	360	1,080	1,800	3,600	6,300	9,000
2d Cpe	364	1,092	1,820	3,640	6,370	9,100
2d Conv	760	2,280	3,800	7,600	13,300	19,000
4d Sta Wag	360	1,080	1,800	3,600	6,300	9,000
1966 Special DeLuxe, V-6, 115" wb						
4d Sed	364	1,092	1,820	3,640	6,370	9,100
2d Cpe	368	1,104	1,840	3,680	6,440	9,200
2d HT	412	1,236	2,060	4,120	7,210	10,300
4d Sta Wag	364	1,092	1,820	3,640	6,370	9,100
1966 Skylark, V-6, 115" wb						
4d HT	376	1,128	1,880	3,760	6,580	9,400
2d Cpe	380	1,140	1,900	3,800	6,650	9,500
2d HT	432	1,296	2,160	4,320	7,560	10,800
2d Conv	800	2,400	4,000	8,000	14,000	20,000
1966 Special, V-8, 115" wb						
4d Sed	372	1,116	1,860	3,720	6,510	9,300
2d Cpe	376	1,128	1,880	3,760	6,580	9,400
2d Conv	760	2,280	3,800	7,600	13,300	19,000
4d Sta Wag	372	1,116	1,860	3,720	6,510	9,300
1966 Special DeLuxe, V-8						
4d Sed	380	1,140	1,900	3,800	6,650	9,500
2d Cpe	392	1,176	1,960	3,920	6,860	9,800
2d HT	432	1,296	2,160	4,320	7,560	10,800
4d Sta Wag	380	1,140	1,900	3,800	6,650	9,500
1966 Skylark, V-8						
4d HT	400	1,200	2,000	4,000	7,000	10,000
2d Cpe	404	1,212	2,020	4,040	7,070	10,100
2d HT	532	1,596	2,660	5,320	9,310	13,300
2d Conv	840	2,520	4,200	8,400	14,700	21,000
1966 Skylark Gran Sport, V-8, 115" wb						
2d Cpe	640	1,920	3,200	6,400	11,200	16,000
2d HT	880	2,640	4,400	8,800	15,400	22,000
2d Conv	920	2,760	4,600	9,200	16,100	23,000
1966 Sport Wagon, V-8, 120" wb						
4d 2S Sta Wag	416	1,248	2,080	4,160	7,280	10,400
4d 3S Sta Wag	420	1,260	2,100	4,200	7,350	10,500
4d 2S Cus Sta Wag	424	1,272	2,120	4,240	7,420	10,600
4d 3S Cus Sta Wag	432	1,296	2,160	4,320	7,560	10,800
1966 LeSabre, V-8, 123" wb						
4d Sed	372	1,116	1,860	3,720	6,510	9,300
4d HT	412	1,236	2,060	4,120	7,210	10,300
2d HT	560	1,680	2,800	5,600	9,800	14,000
1966 LeSabre Custom, V-8, 123" wb						
4d Sed	388	1,164	1,940	3,880	6,790	9,700
4d HT	412	1,236	2,060	4,120	7,210	10,300
2d HT	580	1,740	2,900	5,800	10,150	14,500
2d Conv	840	2,520	4,200	8,400	14,700	21,000
1966 Wildcat, V-8, 126" wb						
4d Sed	392	1,176	1,960	3,920	6,860	9,800
4d HT	432	1,296	2,160	4,320	7,560	10,800
2d HT	600	1,800	3,000	6,000	10,500	15,000
2d Conv	880	2,640	4,400	8,800	15,400	22,000
1966 Wildcat Custom, V-8, 126" wb						
4d Sed	396	1,188	1,980	3,960	6,930	9,900
4d HT	450	1,350	2,250	4,500	7,850	11,200
2d HT	620	1,860	3,100	6,200	10,850	15,500
2d Conv	920	2,760	4,600	9,200	16,100	23,000
NOTE: Add 20 percent for Wildcat Gran Sport Series.						
1966 Electra 225, V-8, 126" wb						
4d Sed	432	1,296	2,160	4,320	7,560	10,800
4d HT	532	1,596	2,660	5,320	9,310	13,300
2d HT	640	1,920	3,200	6,400	11,200	16,000
1966 Electra 225 Custom, V-8						
4d Sed	432	1,296	2,160	4,320	7,560	10,800
4d HT	552	1,656	2,760	5,520	9,660	13,800
2d HT	660	1,980	3,300	6,600	11,550	16,500
2d Conv	960	2,880	4,800	9,600	16,800	24,000
1966 Riviera, V-8						
2d HT GS	680	2,040	3,400	6,800	11,900	17,000
2d HT	640	1,920	3,200	6,400	11,200	16,000
NOTE: Add 20 percent for 400. Not available in Riviera.						
1967 Special, V-6, 115" wb						
4d Sed	276	828	1,380	2,760	4,830	6,900

	6	5	4	3	2	1
2d Cpe	360	1,080	1,800	3,600	6,300	9,000
4d Sta Wag	272	816	1,360	2,720	4,760	6,800
1967 Special DeLuxe, V-6, 115" wb						
4d Sed	360	1,080	1,800	3,600	6,300	9,000
2d HT	400	1,200	2,000	4,000	7,000	10,000
1967 Skylark, V-6, 115" wb						
2d Cpe	392	1,176	1,960	3,920	6,860	9,800
1967 Special, V-8, 115" wb						
4d Sed	364	1,092	1,820	3,640	6,370	9,100
2d Cpe	380	1,140	1,900	3,800	6,650	9,500
4d Sta Wag	368	1,104	1,840	3,680	6,440	9,200
1967 Special DeLuxe, V-8, 115" wb						
4d Sed	368	1,104	1,840	3,680	6,440	9,200
2d HT	420	1,260	2,100	4,200	7,350	10,500
4d Sta Wag	372	1,116	1,860	3,720	6,510	9,300
1967 Skylark, V-8, 115" wb						
4d Sed	372	1,116	1,860	3,720	6,510	9,300
4d HT	380	1,140	1,900	3,800	6,650	9,500
2d Cpe	400	1,200	2,000	4,000	7,000	10,000
2d HT	520	1,560	2,600	5,200	9,100	13,000
2d Conv	800	2,400	4,000	8,000	14,000	20,000
1967 Sport Wagon, V-8, 120" wb						
4d 2S Sta Wag	364	1,092	1,820	3,640	6,370	9,100
4d 3S Sta Wag	368	1,104	1,840	3,680	6,440	9,200
1967 Gran Sport 340, V-8, 115" wb						
2d HT	640	1,920	3,200	6,400	11,200	16,000
1967 Gran Sport 400, V-8, 115" wb						
2d Cpe	560	1,680	2,800	5,600	9,800	14,000
2d HT	660	1,980	3,300	6,600	11,550	16,500
2d Conv	840	2,520	4,200	8,400	14,700	21,000
1967 LeSabre, V-8, 123" wb						
4d Sed	376	1,128	1,880	3,760	6,580	9,400
4d HT	384	1,152	1,920	3,840	6,720	9,600
2d HT	520	1,560	2,600	5,200	9,100	13,000
1967 LeSabre Custom, V-8, 123" wb						
4d Sed	384	1,152	1,920	3,840	6,720	9,600
4d HT	392	1,176	1,960	3,920	6,860	9,800
2d HT	540	1,620	2,700	5,400	9,450	13,500
2d Conv	760	2,280	3,800	7,600	13,300	19,000
1967 Wildcat, V-8, 126" wb						
4d Sed	392	1,176	1,960	3,920	6,860	9,800
4d HT	400	1,200	2,000	4,000	7,000	10,000
2d HT	560	1,680	2,800	5,600	9,800	14,000
2d Conv	800	2,400	4,000	8,000	14,000	20,000
1967 Wildcat Custom, V-8, 126" wb						
4d HT	400	1,250	2,100	4,200	7,350	10,500
2d HT	580	1,740	2,900	5,800	10,150	14,500
2d Conv	880	2,640	4,400	8,800	15,400	22,000
1967 Electra 225, V-8, 126" wb						
4d Sed	388	1,164	1,940	3,880	6,790	9,700
4d HT	450	1,300	2,200	4,400	7,700	11,000
2d HT	600	1,800	3,000	6,000	10,500	15,000
1967 Electra 225 Custom, V-8, 126" wb						
4d Sed	404	1,212	2,020	4,040	7,070	10,100
4d HT	450	1,400	2,300	4,600	8,050	11,500
2d HT	620	1,860	3,100	6,200	10,850	15,500
2d Conv	960	2,880	4,800	9,600	16,800	24,000
1967 Riviera Series, V-8						
2d HT GS	660	1,980	3,300	6,600	11,550	16,500
2d HT	640	1,920	3,200	6,400	11,200	16,000

NOTE: Add 20 percent for 400. Not available in Riviera.

1968 Special DeLuxe, V-6, 116" wb, 2d 112" wb						
4d Sed	268	804	1,340	2,680	4,690	6,700
2d Sed	272	816	1,360	2,720	4,760	6,800
1968 Skylark, V-6, 116" wb, 2d 112" wb						
4d Sed	272	816	1,360	2,720	4,760	6,800
2d HT	380	1,140	1,900	3,800	6,650	9,500
1968 Special DeLuxe, V-8, 116" wb, 2d 112" wb						
4d Sed	272	816	1,360	2,720	4,760	6,800
2d Sed	276	828	1,380	2,760	4,830	6,900
4d Sta Wag	276	828	1,380	2,760	4,830	6,900
1968 Skylark, V-8, 116" wb, 2d 112" wb						
4d Sed	276	828	1,380	2,760	4,830	6,900
4d HT	360	1,080	1,800	3,600	6,300	9,000

	6	5	4	3	2	1
1968 Skylark Custom, V-8, 116" wb, 2d 112" wb						
4d Sed	360	1,080	1,800	3,600	6,300	9,000
4d HT	372	1,116	1,860	3,720	6,510	9,300
2d HT	400	1,200	2,000	4,000	7,000	10,000
2d Conv	760	2,280	3,800	7,600	13,300	19,000
1968 Sport Wagon, V-8, 121" wb						
4d 2S Sta Wag	372	1,116	1,860	3,720	6,510	9,300
4d 3S Sta Wag	376	1,128	1,880	3,760	6,580	9,400
1968 Gran Sport GS 350, V-8, 112" wb						
2d HT	660	1,980	3,300	6,600	11,550	16,500
1968 Gran Sport GS 400, V-8, 112" wb						
2d HT	680	2,040	3,400	6,800	11,900	17,000
2d Conv	800	2,400	4,000	8,000	14,000	20,000
NOTE: Add 15 percent for Skylark GS Calif. Spl.						
1968 LeSabre, V-8, 123" wb						
4d Sed	372	1,116	1,860	3,720	6,510	9,300
4d HT	384	1,152	1,920	3,840	6,720	9,600
2d HT	540	1,620	2,700	5,400	9,450	13,500
1968 LeSabre Custom, V-8, 123" wb						
4d Sed	376	1,128	1,880	3,760	6,580	9,400
4d HT	388	1,164	1,940	3,880	6,790	9,700
2d HT	560	1,680	2,800	5,600	9,800	14,000
2d Conv	800	2,400	4,000	8,000	14,000	20,000
1968 Wildcat, V-8, 126" wb						
4d Sed	380	1,140	1,900	3,800	6,650	9,500
4d HT	392	1,176	1,960	3,920	6,860	9,800
2d HT	580	1,740	2,900	5,800	10,150	14,500
1968 Wildcat Custom, V-8, 126" wb						
4d HT	404	1,212	2,020	4,040	7,070	10,100
2d HT	600	1,800	3,000	6,000	10,500	15,000
2d Conv	880	2,640	4,400	8,800	15,400	22,000
1968 Electra 225, V-8, 126" wb						
4d Sed	400	1,200	2,000	4,000	7,000	10,000
4d HT	416	1,248	2,080	4,160	7,280	10,400
2d HT	620	1,860	3,100	6,200	10,850	15,500
1968 Electra 225 Custom, V-8, 126" wb						
4d Sed	404	1,212	2,020	4,040	7,070	10,100
4d HT	420	1,260	2,100	4,200	7,350	10,500
2d HT	640	1,920	3,200	6,400	11,200	16,000
2d Conv	960	2,880	4,800	9,600	16,800	24,000
1968 Riviera Series, V-8						
2d HT GS	660	1,980	3,300	6,600	11,550	16,500
2d HT	640	1,920	3,200	6,400	11,200	16,000
NOTE: Add 20 percent for 400. Not available in Riviera.						
1969 Special DeLuxe, V-6, 116" wb, 2d 112" wb						
4d Sed	268	804	1,340	2,680	4,690	6,700
2d Sed	264	792	1,320	2,640	4,620	6,600
1969 Skylark, V-6, 116" wb, 2d 112" wb						
4d Sed	272	816	1,360	2,720	4,760	6,800
2d HT	360	1,080	1,800	3,600	6,300	9,000
1969 Special DeLuxe, V-8, 116" wb, 2d 112" wb						
4d Sed	272	816	1,360	2,720	4,760	6,800
2d Sed	268	804	1,340	2,680	4,690	6,700
4d Sta Wag	272	816	1,360	2,720	4,760	6,800
1969 Skylark, V-8, 116" wb, 2d 112" wb						
4d Sed	276	828	1,380	2,760	4,830	6,900
2d HT	400	1,200	2,000	4,000	7,000	10,000
1969 Skylark Custom, V-8, 116" wb, 2d 112" wb						
4d Sed	360	1,080	1,800	3,600	6,300	9,000
4d HT	364	1,092	1,820	3,640	6,370	9,100
2d HT	520	1,560	2,600	5,200	9,100	13,000
2d Conv	720	2,160	3,600	7,200	12,600	18,000
1969 Gran Sport GS 350, V-8, 112" wb						
2d Calif GS	640	1,920	3,200	6,400	11,200	16,000
2d HT	680	2,040	3,400	6,800	11,900	17,000
1969 Gran Sport GS 400, V-8, 112" wb						
2d HT	720	2,160	3,600	7,200	12,600	18,000
2d Conv	880	2,640	4,400	8,800	15,400	22,000
NOTE: Add 30 percent for Stage I option.						
1969 Sport Wagon, V-8, 121" wb						
4d 2S Sta Wag	364	1,092	1,820	3,640	6,370	9,100
4d 3S Sta Wag	368	1,104	1,840	3,680	6,440	9,200

	6	5	4	3	2	1
1969 LeSabre, V-8, 123.2" wb						
4d Sed	368	1,104	1,840	3,680	6,440	9,200
4d HT	372	1,116	1,860	3,720	6,510	9,300
2d HT	420	1,260	2,100	4,200	7,350	10,500
1969 LeSabre Custom, V-8, 123.2" wb						
4d Sed	372	1,116	1,860	3,720	6,510	9,300
4d HT	376	1,128	1,880	3,760	6,580	9,400
2d HT	520	1,560	2,600	5,200	9,100	13,000
2d Conv	720	2,160	3,600	7,200	12,600	18,000
1969 Wildcat, V-8, 123.2" wb						
4d Sed	380	1,140	1,900	3,800	6,650	9,500
4d HT	388	1,164	1,940	3,880	6,790	9,700
2d HT	540	1,620	2,700	5,400	9,450	13,500
1969 Wildcat Custom, V-8, 123.2" wb						
4d HT	396	1,188	1,980	3,960	6,930	9,900
2d HT	560	1,680	2,800	5,600	9,800	14,000
2d Conv	760	2,280	3,800	7,600	13,300	19,000
1969 Electra 225, V-8, 126.2" wb						
4d Sed	384	1,152	1,920	3,840	6,720	9,600
4d HT	388	1,164	1,940	3,880	6,790	9,700
2d HT	580	1,740	2,900	5,800	10,150	14,500
1969 Electra 225 Custom, V-8, 126.2" wb						
4d Sed	392	1,176	1,960	3,920	6,860	9,800
4d HT	404	1,212	2,020	4,040	7,070	10,100
2d HT	600	1,800	3,000	6,000	10,500	15,000
2d Conv	920	2,760	4,600	9,200	16,100	23,000
1969 Riviera Series, V-8						
2d GS HT	660	1,980	3,300	6,600	11,550	16,500
2d HT	640	1,920	3,200	6,400	11,200	16,000
NOTE: Add 20 percent for 400. Not available in Riviera.						
1970 Skylark, V-6, 116" wb, 2d 112" wb						
4d Sed	272	816	1,360	2,720	4,760	6,800
2d Sed	268	804	1,340	2,680	4,690	6,700
1970 Skylark 350, V-6, 116" wb, 2d 112" wb						
4d Sed	276	828	1,380	2,760	4,830	6,900
2d HT	380	1,140	1,900	3,800	6,650	9,500
1970 Skylark, V-8, 116" wb, 2d 112" wb						
4d Sed	276	828	1,380	2,760	4,830	6,900
2d Sed	272	816	1,360	2,720	4,760	6,800
1970 Skylark 350, V-8, 116" wb, 2d 112.2" wb						
4d Sed	360	1,080	1,800	3,600	6,300	9,000
2d HT	420	1,260	2,100	4,200	7,350	10,500
1970 Skylark Custom, V-8, 116" wb, 2d 112" wb						
4d Sed	364	1,092	1,820	3,640	6,370	9,100
4d HT	368	1,104	1,840	3,680	6,440	9,200
2d HT	540	1,620	2,700	5,400	9,450	13,500
2d Conv	880	2,640	4,400	8,800	15,400	22,000
1970 Gran Sport GS, V-8, 112" wb						
2d HT	680	2,040	3,400	6,800	11,900	17,000
1970 Gran Sport GS 455, V-8, 112" wb						
2d HT	720	2,160	3,600	7,200	12,600	18,000
2d Conv	920	2,760	4,600	9,200	16,100	23,000
NOTE: Add 40 percent for Stage I 455.						
1970 GSX, V-8, 455, 112" wb						
2d HT	960	2,880	4,800	9,600	16,800	24,000
1970 Sport Wagon, V-8, 116" wb						
2S Sta Wag	368	1,104	1,840	3,680	6,440	9,200
1970 LeSabre, V-8, 124" wb						
4d Sed	376	1,128	1,880	3,760	6,580	9,400
4d HT	384	1,152	1,920	3,840	6,720	9,600
2d HT	520	1,560	2,600	5,200	9,100	13,000
1970 LeSabre Custom, V-8, 124" wb						
4d Sed	380	1,140	1,900	3,800	6,650	9,500
4d HT	388	1,164	1,940	3,880	6,790	9,700
2d HT	540	1,620	2,700	5,400	9,450	13,500
2d Conv	720	2,160	3,600	7,200	12,600	18,000
1970 LeSabre Custom 455, V-8, 124" wb						
4d Sed	388	1,164	1,940	3,880	6,790	9,700
4d HT	400	1,200	2,000	4,000	7,000	10,000
2d HT	552	1,656	2,760	5,520	9,660	13,800
1970 Estate Wagon, V-8, 124" wb						
4d 2S Sta Wag	380	1,140	1,900	3,800	6,650	9,500
4d 3S Sta Wag	392	1,176	1,960	3,920	6,860	9,800

	6	5	4	3	2	1
1970 Wildcat Custom, V-8, 124" wb						
4d HT	396	1,188	1,980	3,960	6,930	9,900
2d HT	560	1,680	2,800	5,600	9,800	14,000
2d Conv	760	2,280	3,800	7,600	13,300	19,000
1970 Electra 225, V-8, 127" wb						
4d Sed	392	1,176	1,960	3,920	6,860	9,800
4d HT	408	1,224	2,040	4,080	7,140	10,200
2d HT	580	1,740	2,900	5,800	10,150	14,500
1970 Electra Custom 225, V-8, 127" wb						
4d Sed	396	1,188	1,980	3,960	6,930	9,900
4d HT	416	1,248	2,080	4,160	7,280	10,400
2d HT	600	1,800	3,000	6,000	10,500	15,000
2d Conv	920	2,760	4,600	9,200	16,100	23,000
1970 Riviera Series, V-8						
2d GS Cpe	640	1,920	3,200	6,400	11,200	16,000
2d HT Cpe	620	1,860	3,100	6,200	10,850	15,500
NOTE: Add 40 percent for 455, except in Riviera.						
1971-1972 Skylark, V-8, 116" wb, 2d 112" wb						
4d Sed	248	744	1,240	2,480	4,340	6,200
2d Sed	244	732	1,220	2,440	4,270	6,100
2d HT	360	1,080	1,800	3,600	6,300	9,000
1971-1972 Skylark 350, V-8, 116" wb, 2d 112" wb						
4d Sed	256	768	1,280	2,560	4,480	6,400
2d HT	400	1,200	2,000	4,000	7,000	10,000
1971-1972 Skylark Custom, V-8						
4d Sed	252	756	1,260	2,520	4,410	6,300
4d HT	260	780	1,300	2,600	4,550	6,500
2d HT	520	1,560	2,600	5,200	9,100	13,000
2d Conv	720	2,160	3,600	7,200	12,600	18,000
1971-1972 Gran Sport, 350, V-8						
2d HT	680	2,040	3,400	6,800	11,900	17,000
2d Conv	880	2,640	4,400	8,800	15,400	22,000
2d HT GSX	960	2,880	4,800	9,600	16,800	24,000
NOTE: Add 40 percent for Stage I & 20 percent for GS-455 options. Add 15 percent for folding sunroof.						
1971-1972 Sport Wagon, V-8, 116" wb						
4d 2S Sta Wag	216	648	1,080	2,160	3,780	5,400
1971-1972 LeSabre						
4d Sed	232	696	1,160	2,320	4,060	5,800
4d HT	240	720	1,200	2,400	4,200	6,000
2d HT	248	744	1,240	2,480	4,340	6,200
1971-1972 LeSabre Custom, V-8						
4d Sed	236	708	1,180	2,360	4,130	5,900
4d HT	244	732	1,220	2,440	4,270	6,100
2d HT	256	768	1,280	2,560	4,480	6,400
2d Conv	680	2,040	3,400	6,800	11,900	17,000
1971-1972 Centurion, V-8						
4d HT	252	756	1,260	2,520	4,410	6,300
2d HT	264	792	1,320	2,640	4,620	6,600
2d Conv	720	2,160	3,600	7,200	12,600	18,000
1971-1972 Estate Wagon, V-8, 124" wb						
4d 2S Sta Wag	240	720	1,200	2,400	4,200	6,000
4d 3S Sta Wag	244	732	1,220	2,440	4,270	6,100
1971-1972 Electra 225, V-8, 127" wb						
4d HT	256	768	1,280	2,560	4,480	6,400
2d HT	268	804	1,340	2,680	4,690	6,700
1971-1972 Electra Custom 225, V-8						
4d HT	260	780	1,300	2,600	4,550	6,500
2d HT	360	1,080	1,800	3,600	6,300	9,000
1971-1972 Riviera, V-8						
2d HT GS	420	1,260	2,100	4,200	7,350	10,500
2d HT	380	1,140	1,900	3,800	6,650	9,500
1971-1972 Wagons						
4d 2S Wag	252	756	1,260	2,520	4,410	6,300
4d 4S Wag	256	768	1,280	2,560	4,480	6,400
NOTE: Add 40 percent for 455.						
1973 Apollo, 6-cyl., 111" wb						
4d Sed	208	624	1,040	2,080	3,640	5,200
2d Sed	216	648	1,080	2,160	3,780	5,400
2d HBk	224	672	1,120	2,240	3,920	5,600
1973 Apollo, V-8						
4d Sed	212	636	1,060	2,120	3,710	5,300
2d Sed	220	660	1,100	2,200	3,850	5,500

	6	5	4	3	2	1
2d HBk	228	684	1,140	2,280	3,990	5,700
1973 Century, V-8, 116" wb, 2d 112" wb						
2d Cpe	224	672	1,120	2,240	3,920	5,600
4d Sed	220	660	1,100	2,200	3,850	5,500
4d 3S Sta Wag	216	648	1,080	2,160	3,780	5,400
1973 Century Luxus, V-8						
4d HT	224	672	1,120	2,240	3,920	5,600
2d Cpe	228	684	1,140	2,280	3,990	5,700
4d 3S Wag	220	660	1,100	2,200	3,850	5,500
1973 Century Regal, V-8						
2d HT	260	780	1,300	2,600	4,550	6,500
NOTE: Add 30 percent for Gran Sport pkg. Add 70 percent for GS Stage I, 455 option.						
1973 LeSabre, V-8, 124" wb						
4d Sed	204	612	1,020	2,040	3,570	5,100
4d HT	208	624	1,040	2,080	3,640	5,200
2d HT	220	660	1,100	2,200	3,850	5,500
1973 LeSabre Custom, V-8						
4d Sed	228	684	1,140	2,280	3,990	5,700
4d HT	232	696	1,160	2,320	4,060	5,800
2d HT	252	756	1,260	2,520	4,410	6,300
4d 3S Est Wag	228	684	1,140	2,280	3,990	5,700
1973 Centurion, V-8						
4d HT	236	708	1,180	2,360	4,130	5,900
2d HT	256	768	1,280	2,560	4,480	6,400
2d Conv	580	1,740	2,900	5,800	10,150	14,500
1973 Electra 225, V-8, 127" wb						
4d HT	240	720	1,200	2,400	4,200	6,000
2d HT	268	804	1,340	2,680	4,690	6,700
1973 Electra Custom 225, V-8						
4d HT	244	732	1,220	2,440	4,270	6,100
2d HT	272	816	1,360	2,720	4,760	6,800
1973 Riviera, V-8						
2d HT GS	400	1,200	2,000	4,000	7,000	10,000
2d HT	360	1,080	1,800	3,600	6,300	9,000
1974 Apollo, 6-cyl., 111" wb						
4d Sed	204	612	1,020	2,040	3,570	5,100
2d Sed	204	612	1,020	2,040	3,570	5,100
2d HBk	208	624	1,040	2,080	3,640	5,200
1974 Apollo, V-8, 111" wb						
4d Sed	248	744	1,240	2,480	4,340	6,200
2d Sed	248	744	1,240	2,480	4,340	6,200
2d HBk	252	756	1,260	2,520	4,410	6,300
1974 Century, V-8						
2d Cpe	224	672	1,120	2,240	3,920	5,600
4d HT	220	660	1,100	2,200	3,850	5,500
4d Sta Wag	220	660	1,100	2,200	3,850	5,500
1974 Century Luxus, V-8, 112" wb						
2d HT	220	660	1,100	2,200	3,850	5,500
4d HT	216	648	1,080	2,160	3,780	5,400
4d Sta Wag	216	648	1,080	2,160	3,780	5,400
1974 Gran Sport, V-8						
2d Cpe	240	720	1,200	2,400	4,200	6,000
1974 Century Regal, V-8, 112" wb						
2d HT	244	732	1,220	2,440	4,270	6,100
4d HT	232	696	1,160	2,320	4,060	5,800
1974 LeSabre						
4d Sed	228	684	1,140	2,280	3,990	5,700
4d HT	232	696	1,160	2,320	4,060	5,800
2d HT	236	708	1,180	2,360	4,130	5,900
1974 LeSabre, V-8, 123" wb						
4d Sed	264	792	1,320	2,640	4,620	6,600
4d HT	268	804	1,340	2,680	4,690	6,700
2d HT	276	828	1,380	2,760	4,830	6,900
1974 LeSabre Luxus, V-8, 123" wb						
4d Sed	268	804	1,340	2,680	4,690	6,700
4d HT	272	816	1,360	2,720	4,760	6,800
2d HT	280	840	1,400	2,800	4,900	7,000
2d Conv	560	1,680	2,800	5,600	9,800	14,000
1974 Estate Wagon, V-8						
4d Sta Wag	272	816	1,360	2,720	4,760	6,800
1974 Electra 225, V-8						
2d HT	368	1,104	1,840	3,680	6,440	9,200
4d HT	268	804	1,340	2,680	4,690	6,700

	6	5	4	3	2	1
1974 Electra 225 Custom, V-8						
2d HT	376	1,128	1,880	3,760	6,580	9,400
4d HT	276	828	1,380	2,760	4,830	6,900
1974 Electra Limited, V-8						
2d HT	384	1,152	1,920	3,840	6,720	9,600
4d HT	364	1,092	1,820	3,640	6,370	9,100
1974 Riviera, V-8						
2d HT	380	1,140	1,900	3,800	6,650	9,500

NOTE: Add 10 percent for Apollo GSX. Add 10 percent for Century Grand Sport. Add 15 percent for Century GS-455. Add 20 percent for GS-455 Stage I. Add 5 percent for sunroof. Add 15 percent for Riviera GS or Stage I.

	6	5	4	3	2	1
1975 Skyhawk, V-6						
2d "S" HBk	200	650	1,050	2,100	3,700	5,300
2d HBk	212	636	1,060	2,120	3,710	5,300
1975 Apollo, V-8						
4d Sed	208	624	1,040	2,080	3,640	5,200
4d "SR" Sed	200	650	1,050	2,100	3,700	5,300
1975 Skylark, V-8						
2d Cpe	216	648	1,080	2,160	3,780	5,400
2d HBk	220	660	1,100	2,200	3,850	5,500
2d "SR" Cpe	200	650	1,100	2,200	3,850	5,500
2d "SR" HBk	200	650	1,100	2,250	3,900	5,600
1975 Century, V-8						
4d Sed	204	612	1,020	2,040	3,570	5,100
2d Cpe	204	612	1,020	2,040	3,570	5,100
4d Cus Sed	216	648	1,080	2,160	3,780	5,400
2d Cus Cpe	220	660	1,100	2,200	3,850	5,500
4d 2S Sta Wag	204	612	1,020	2,040	3,570	5,100
4d 3S Sta Wag	208	624	1,040	2,080	3,640	5,200
1975 Regal, V-8						
4d Sed	212	636	1,060	2,120	3,710	5,300
2d Cpe	212	636	1,060	2,120	3,710	5,300
1975 LeSabre, V-8						
4d Sed	216	648	1,080	2,160	3,780	5,400
4d HT	224	672	1,120	2,240	3,920	5,600
2d Cpe	220	660	1,100	2,200	3,850	5,500
1975 LeSabre Custom, V-8						
4d Sed	224	672	1,120	2,240	3,920	5,600
4d HT	236	708	1,180	2,360	4,130	5,900
2d Cpe	236	708	1,180	2,360	4,130	5,900
2d Conv	560	1,680	2,800	5,600	9,800	14,000
1975 Estate Wagon, V-8						
4d 2S Sta Wag	228	684	1,140	2,280	3,990	5,700
4d 3S Sta Wag	236	708	1,180	2,360	4,130	5,900
1975 Electra 225 Custom, V-8						
4d HT	240	720	1,200	2,400	4,200	6,000
2d Cpe	248	744	1,240	2,480	4,340	6,200
1975 Electra 225 Limited, V-8						
4d HT	244	732	1,220	2,440	4,270	6,100
2d Cpe	256	768	1,280	2,560	4,480	6,400
1975 Riviera, V-8						
2d HT	260	780	1,300	2,600	4,550	6,500

NOTE: Add 15 percent for Park Avenue DeLuxe. Add 5 percent for Park Avenue, Century, GS or Riviera GS options.

	6	5	4	3	2	1
1976 Skyhawk, V-6						
2d HBk	176	528	880	1,760	3,080	4,400
1976 Skylark S, V-8						
2d Cpe	184	552	920	1,840	3,220	4,600
1976 Skylark, V-8						
4d Sed	184	552	920	1,840	3,220	4,600
2d Cpe	188	564	940	1,880	3,290	4,700
2d HBk	192	576	960	1,920	3,360	4,800
1976 Skylark SR, V-8						
4d Sed	188	564	940	1,880	3,290	4,700
2d Cpe	192	576	960	1,920	3,360	4,800
2d HBk	196	588	980	1,960	3,430	4,900
1976 Century Special, V-6						
2d Cpe	180	540	900	1,800	3,150	4,500
1976 Century, V-8						
4d Sed	200	600	1,000	2,000	3,500	5,000
2d Cpe	188	564	940	1,880	3,290	4,700
1976 Century Custom, V-8						
4d Sed	208	624	1,040	2,080	3,640	5,200

	6	5	4	3	2	1
2d Cpe	192	576	960	1,920	3,360	4,800
4d 2S Sta Wag	184	552	920	1,840	3,220	4,600
4d 3S Sta Wag	188	564	940	1,880	3,290	4,700
1976 Regal, V-8						
4d Sed	212	636	1,060	2,120	3,710	5,300
2d Cpe	196	588	980	1,960	3,430	4,900
1976 LeSabre, V-6						
4d Sed	216	648	1,080	2,160	3,780	5,400
4d HT	200	600	1,000	2,000	3,500	5,000
2d Cpe	204	612	1,020	2,040	3,570	5,100
1976 LeSabre Custom, V-8						
4d Sed	220	660	1,100	2,200	3,850	5,500
4d HT	208	624	1,040	2,080	3,640	5,200
2d Cpe	212	636	1,060	2,120	3,710	5,300
1976 Estate, V-8						
4d 2S Sta Wag	220	660	1,100	2,200	3,850	5,500
4d 3S Sta Wag	224	672	1,120	2,240	3,920	5,600
1976 Electra 225, V-8						
4d HT	228	684	1,140	2,280	3,990	5,700
2d Cpe	220	660	1,100	2,200	3,850	5,500
1976 Electra 225 Custom, V-8						
4d HT	236	708	1,180	2,360	4,130	5,900
2d Cpe	228	684	1,140	2,280	3,990	5,700
1976 Riviera, V-8						
2d Spt Cpe	240	720	1,200	2,400	4,200	6,000
NOTE: Deduct 5 percent for 6-cylinder.						
1977 Skyhawk, V-6						
2d HBk	120	360	600	1,200	2,100	3,000
1977 Skylark S, V-8						
2d Cpe	128	384	640	1,280	2,240	3,200
1977 Skylark, V-8						
4d Sed	128	384	640	1,280	2,240	3,200
2d Cpe	132	396	660	1,320	2,310	3,300
2d HBk	136	408	680	1,360	2,380	3,400
1977 Skylark SR, V-8						
4d Sed	132	396	660	1,320	2,310	3,300
2d Cpe	136	408	680	1,360	2,380	3,400
2d HBk	140	420	700	1,400	2,450	3,500
1977 Century, V-8						
4d Sed	160	480	800	1,600	2,800	4,000
2d Cpe	164	492	820	1,640	2,870	4,100
1977 Century Special, V-6						
2d Cpe	168	504	840	1,680	2,940	4,200
1977 Century Custom, V-8						
4d Sed	164	492	820	1,640	2,870	4,100
2d Cpe	168	504	840	1,680	2,940	4,200
4d 2S Sta Wag	156	468	780	1,560	2,730	3,900
4d 3S Sta Wag	160	480	800	1,600	2,800	4,000
1977 Regal, V-8						
4d Sed	172	516	860	1,720	3,010	4,300
2d Cpe	176	528	880	1,760	3,080	4,400
1977 LeSabre, V-8						
4d Sed	164	492	820	1,640	2,870	4,100
2d Cpe	168	504	840	1,680	2,940	4,200
1977 LeSabre Custom, V-8						
4d Sed	168	504	840	1,680	2,940	4,200
2d Cpe	172	516	860	1,720	3,010	4,300
2d Spt Cpe	176	528	880	1,760	3,080	4,400
1977 Electra 225, V-8						
4d Sed	176	528	880	1,760	3,080	4,400
2d Cpe	180	540	900	1,800	3,150	4,500
1977 Electra 225 Limited, V-8						
4d Sed	184	552	920	1,840	3,220	4,600
2d Cpe	192	576	960	1,920	3,360	4,800
1977 Riviera, V-8						
2d Cpe	196	588	980	1,960	3,430	4,900
NOTE: Deduct 5 percent for V-6.						
1978 Skyhawk						
2d "S" HBk	150	400	650	1,300	2,250	3,200
2d HBk	136	408	680	1,360	2,380	3,400
1978 Skylark						
2d "S" Cpe	150	400	650	1,300	2,300	3,300

	6	5	4	3	2	1
4d Sed	136	408	680	1,360	2,380	3,400
2d Cpe	136	408	680	1,360	2,380	3,400
2d HBk	140	420	700	1,400	2,450	3,500
1978 Skylark Custom						
4d Sed	136	408	680	1,360	2,380	3,400
2d Cpe	140	420	700	1,400	2,450	3,500
2d HBk	144	432	720	1,440	2,520	3,600
1978 Century Special						
4d Sed	140	420	700	1,400	2,450	3,500
2d Cpe	144	432	720	1,440	2,520	3,600
Sta Wag	136	408	680	1,360	2,380	3,400
1978 Century Custom						
4d Sed	144	432	720	1,440	2,520	3,600
2d Cpe	148	444	740	1,480	2,590	3,700
Sta Wag	140	420	700	1,400	2,450	3,500
1978 Century Sport						
2d Cpe	156	468	780	1,560	2,730	3,900
1978 Century Limited						
4d Sed	152	456	760	1,520	2,660	3,800
2d Cpe	156	468	780	1,560	2,730	3,900
1978 Regal						
2d Cpe	148	444	740	1,480	2,590	3,700
Spt Cpe	152	456	760	1,520	2,660	3,800
1978 Regal Limited						
2d Cpe	160	480	800	1,600	2,800	4,000
1978 LeSabre						
4d Sed	148	444	740	1,480	2,590	3,700
2d Cpe	152	456	760	1,520	2,660	3,800
2d Spt Turbo Cpe	164	492	820	1,640	2,870	4,100
1978 LeSabre Custom						
4d Sed	152	456	760	1,520	2,660	3,800
2d Cpe	156	468	780	1,560	2,730	3,900
1978 Estate Wagon						
4d Sta Wag	148	444	740	1,480	2,590	3,700
1978 Electra 225						
4d Sed	156	468	780	1,560	2,730	3,900
2d Cpe	168	504	840	1,680	2,940	4,200
1978 Electra Limited						
4d Sed	160	480	800	1,600	2,800	4,000
2d Cpe	180	540	900	1,800	3,150	4,500
1978 Electra Park Avenue						
4d Sed	168	504	840	1,680	2,940	4,200
2d Cpe	192	576	960	1,920	3,360	4,800
1978 Riviera						
2d Cpe	220	660	1,100	2,200	3,850	5,500
NOTE: Deduct 5 percent for 6-cyl.						
1979 Skyhawk, V-6						
2d HBk	140	420	700	1,400	2,450	3,500
2d "S" HBk	150	400	700	1,350	2,400	3,400
1979 Skylark "S", V-8						
2d "S" Cpe	150	400	650	1,300	2,300	3,300
1979 Skylark, V-8						
4d Sed	140	420	700	1,400	2,450	3,500
2d Cpe	140	420	700	1,400	2,450	3,500
2d HBk	144	432	720	1,440	2,520	3,600
1979 Skylark Custom, V-8						
4d Sed	144	432	720	1,440	2,520	3,600
2d Cpe	144	432	720	1,440	2,520	3,600
1979 Century Special, V-8						
4d Sed	144	432	720	1,440	2,520	3,600
2d Cpe	140	420	700	1,400	2,450	3,500
4d Sta Wag	144	432	720	1,440	2,520	3,600
1979 Century Custom, V-8						
4d Sed	148	444	740	1,480	2,590	3,700
2d Cpe	144	432	720	1,440	2,520	3,600
4d Sta Wag	148	444	740	1,480	2,590	3,700
1979 Century Sport, V-8						
2d Cpe	160	480	800	1,600	2,800	4,000
1979 Century Limited, V-8						
4d Sed	156	468	780	1,560	2,730	3,900

NOTE: Deduct 7 percent for 6-cyl.

	6	5	4	3	2	1
1979 Regal, V-6						
2d Cpe	156	468	780	1,560	2,730	3,900
1979 Regal Sport Turbo, V-6						
2d Cpe	176	528	880	1,760	3,080	4,400
1979 Regal, V-8						
2d Cpe	160	480	800	1,600	2,800	4,000
1979 Regal Limited, V-8 & V-6						
2d Cpe V-6	156	468	780	1,560	2,730	3,900
2d Cpe V-8	168	504	840	1,680	2,940	4,200
1979 LeSabre, V-8						
4d Sed	156	468	780	1,560	2,730	3,900
2d Cpe	152	456	760	1,520	2,660	3,800
1979 LeSabre Limited, V-8						
4d Sed	160	480	800	1,600	2,800	4,000
2d Cpe	156	468	780	1,560	2,730	3,900
NOTE: Deduct 7 percent for V-6.						
1979 LeSabre Sport Turbo, V-6						
2d Cpe	180	540	900	1,800	3,150	4,500
1979 LeSabre Estate Wagon						
4d Sta Wag	160	480	800	1,600	2,800	4,000
1979 Electra 225, V-8						
4d Sed	164	492	820	1,640	2,870	4,100
2d Cpe	172	516	860	1,720	3,010	4,300
1979 Electra Limited, V-8						
4d Sed	172	516	860	1,720	3,010	4,300
2d Cpe	184	552	920	1,840	3,220	4,600
1979 Electra Park Avenue, V-8						
4d Sed	184	552	920	1,840	3,220	4,600
2d Cpe	196	588	980	1,960	3,430	4,900
1979 Riviera, V-8						
2d "S" Cpe	400	1,200	2,000	4,000	7,000	10,000
NOTE: Deduct 10 percent for V-6.						
1980 Skyhawk, V-6						
2d HBk S	148	444	740	1,480	2,590	3,700
2d HBk	152	456	760	1,520	2,660	3,800
1980 Skylark, V-6						
4d Sed	152	456	760	1,520	2,660	3,800
2d Cpe	156	468	780	1,560	2,730	3,900
4d Sed LTD	156	468	780	1,560	2,730	3,900
2d Cpe LTD	160	480	800	1,600	2,800	4,000
4d Sed Spt	164	492	820	1,640	2,870	4,100
2d Cpe Spt	168	504	840	1,680	2,940	4,200
NOTE: Deduct 10 percent for 4-cyl.						
1980 Century, V-8						
4d Sed	144	432	720	1,440	2,520	3,600
2d Cpe	152	456	760	1,520	2,660	3,800
4d Sta Wag Est	148	444	740	1,480	2,590	3,700
2d Cpe Spt	156	468	780	1,560	2,730	3,900
NOTE: Deduct 12 percent for V-6.						
1980 Regal, V-8						
2d Cpe	156	468	780	1,560	2,730	3,900
2d Cpe LTD	160	480	800	1,600	2,800	4,000
NOTE: Deduct 12 percent for V-6.						
1980 Regal Turbo, V-6						
2d Cpe	220	660	1,100	2,200	3,850	5,500
1980 LeSabre, V-8						
4d Sed	164	492	820	1,640	2,870	4,100
2d Cpe	168	504	840	1,680	2,940	4,200
4d Sed LTD	172	516	860	1,720	3,010	4,300
2d Cpe LTD	176	528	880	1,760	3,080	4,400
4d Sta Wag Est	172	516	860	1,720	3,010	4,300
1980 LeSabre Turbo, V-6						
2d Cpe Spt	196	588	980	1,960	3,430	4,900
1980 Electra, V-8						
4d Sed Ltd	184	552	920	1,840	3,220	4,600
2d Cpe Ltd	188	564	940	1,880	3,290	4,700
4d Sed Park Ave	188	564	940	1,880	3,290	4,700
2d Cpe Park Ave	192	576	960	1,920	3,360	4,800
4d Sta Wag Est	196	588	980	1,960	3,430	4,900
1980 Riviera S Turbo, V-6						
2d Cpe	248	744	1,240	2,480	4,340	6,200

1986 Buick Riviera T-type hardtop

1924 Cadillac V-63 Imperial sedan (Suburban)

1957 Cadillac 62 convertible

	6	5	4	3	2	1
1980 Riviera, V-8						
2d Cpe	400	1,200	2,000	4,000	7,000	10,000
1981 Skylark, V-6						
4d Sed Spt	168	504	840	1,680	2,940	4,200
2d Cpe Spt	172	516	860	1,720	3,010	4,300
NOTE: Deduct 10 percent for 4-cyl. Deduct 5 percent for lesser models.						
1981 Century, V-8						
4d Sed Ltd	152	456	760	1,520	2,660	3,800
4d Sta Wag Est	156	468	780	1,560	2,730	3,900
NOTE: Deduct 12 percent for V-6. Deduct 5 percent for lesser models.						
1981 Regal, V-8						
2d Cpe	156	468	780	1,560	2,730	3,900
2d Cpe Ltd	160	480	800	1,600	2,800	4,000
NOTE: Deduct 12 percent for V-6.						
1981 Regal Turbo, V-6						
2d Cpe Spt	224	672	1,120	2,240	3,920	5,600
1981 LeSabre, V-8						
4d Sed Ltd	172	516	860	1,720	3,010	4,300
2d Cpe Ltd	176	528	880	1,760	3,080	4,400
4d Sta Wag Est	180	540	900	1,800	3,150	4,500
NOTE: Deduct 12 percent for V-6 except Estate Wag. Deduct 5 percent for lesser models.						
1981 Electra, V-8						
4d Sed Ltd	176	528	880	1,760	3,080	4,400
2d Cpe Ltd	180	540	900	1,800	3,150	4,500
4d Sed Park Ave	184	552	920	1,840	3,220	4,600
2d Cpe Park Ave	188	564	940	1,880	3,290	4,700
4d Sta Wag Est	188	564	940	1,880	3,290	4,700
NOTE: Deduct 15 percent for V-6 except Estate Wag.						
1981 Riviera, V-8						
2d Cpe	400	1,200	2,000	4,000	7,000	10,000
1981 Riviera, V-6						
2d Cpe	380	1,140	1,900	3,800	6,650	9,500
2d Cpe Turbo T-Type	388	1,164	1,940	3,880	6,790	9,700
1982 Skyhawk, 4-cyl.						
4d Sed Ltd	156	468	780	1,560	2,730	3,900
2d Cpe Ltd	160	480	800	1,600	2,800	4,000
NOTE: Deduct 5 percent for lesser models.						
1982 Skylark, V-6						
4d Sed Spt	176	528	880	1,760	3,080	4,400
2d Cpe Spt	180	540	900	1,800	3,150	4,500
NOTE: Deduct 10 percent for 4-cyl. Deduct 5 percent for lesser models.						
1982 Regal, V-6						
4d Sed	176	528	880	1,760	3,080	4,400
2d Cpe	180	540	900	1,800	3,150	4,500
2d Cpe Turbo	220	660	1,100	2,200	3,850	5,500
2d Grand Natl	1,040	3,120	5,200	10,400	18,200	26,000
4d Sed Ltd	188	564	940	1,880	3,290	4,700
2d Cpe Ltd	192	576	960	1,920	3,360	4,800
4d Sta Wag	192	576	960	1,920	3,360	4,800
NOTE: Add 10 percent for T-top option.						
1982 Century, V-6						
4d Sed Ltd	196	588	980	1,960	3,430	4,900
2d Cpe Ltd	200	600	1,000	2,000	3,500	5,000
NOTE: Deduct 10 percent for 4-cyl. Deduct 5 percent for lesser models.						
1982 LeSabre, V-8						
4d Sed Ltd	196	588	980	1,960	3,430	4,900
2d Cpe Ltd	200	600	1,000	2,000	3,500	5,000
4d Sta Wag Est	200	600	1,000	2,000	3,500	5,000
NOTE: Deduct 12 percent for V-6 except Estate Wag. Deduct 5 percent for lesser models.						
1982 Electra, V-8						
4d Sed Ltd	196	588	980	1,960	3,430	4,900
2d Cpe Ltd	204	612	1,020	2,040	3,570	5,100
4d Sed Park Ave	208	624	1,040	2,080	3,640	5,200
2d Cpe Park Ave	216	648	1,080	2,160	3,780	5,400
4d Sta Wag Est	216	648	1,080	2,160	3,780	5,400
NOTE: Deduct 15 percent for V-6 except Estate Wag.						
1982 Riviera, V-6						
2d Cpe	380	1,140	1,900	3,800	6,650	9,500
2d Cpe T-Type	392	1,176	1,960	3,920	6,860	9,800
2d Conv	840	2,520	4,200	8,400	14,700	21,000

	6	5	4	3	2	1
1982 Riviera, V-8						
2d Cpe	400	1,200	2,000	4,000	7,000	10,000
2d Conv	880	2,640	4,400	8,800	15,400	22,000
1983 Skyhawk, 4-cyl.						
4d Sed Ltd	168	504	840	1,680	2,940	4,200
2d Cpe Ltd	172	516	860	1,720	3,010	4,300
4d Sta Wag Ltd	172	516	860	1,720	3,010	4,300
2d Cpe T-Type	196	588	980	1,960	3,430	4,900
NOTE: Deduct 5 percent for lesser models.						
1983 Skylark, V-6						
4d Sed Ltd	168	504	840	1,680	2,940	4,200
2d Cpe Ltd	172	516	860	1,720	3,010	4,300
2d Cpe T-Type	204	612	1,020	2,040	3,570	5,100
NOTE: Deduct 10 percent for 4-cyl except T Type. Deduct 5 percent for lesser models.						
1983 Century, V-6						
4d Sed T-Type	200	600	1,000	2,000	3,500	5,000
2d Cpe T-Type	220	660	1,100	2,200	3,850	5,500
NOTE: Deduct 12 percent for 4-cyl except T Type. Deduct 5 percent for lesser models.						
1983 Regal, V-6						
4d Sed T-Type	232	696	1,160	2,320	4,060	5,800
2d Cpe T-Type	248	744	1,240	2,480	4,340	6,200
4d Sta Wag	188	564	940	1,880	3,290	4,700
NOTE: Add 10 percent for T-top option. Deduct 5 percent for lesser models.						
1983 LeSabre, V-8						
4d Sed Ltd	208	624	1,040	2,080	3,640	5,200
2d Cpe Ltd	212	636	1,060	2,120	3,710	5,300
4d Sta Wag	212	636	1,060	2,120	3,710	5,300
NOTE: Deduct 12 percent for V-6 except Estate. Deduct 5 percent for lesser models.						
1983 Electra, V-8						
4d Sed Ltd	208	624	1,040	2,080	3,640	5,200
2d Cpe Ltd	212	636	1,060	2,120	3,710	5,300
4d Sed Park Ave	216	648	1,080	2,160	3,780	5,400
2d Cpe Park Ave	220	660	1,100	2,200	3,850	5,500
4d Sta Wag Est	220	660	1,100	2,200	3,850	5,500
NOTE: Deduct 15 percent for V-6.						
1983 Riviera, V-6						
2d Cpe	380	1,140	1,900	3,800	6,650	9,500
2d Conv	840	2,520	4,200	8,400	14,700	21,000
2d T-Type	420	1,260	2,100	4,200	7,350	10,500
NOTE: Add 20 percent for XX option.						
1983 Riviera, V-8						
2d Cpe	424	1,272	2,120	4,240	7,420	10,600
2d Conv	880	2,640	4,400	8,800	15,400	22,000
1984 Skyhawk Limited, 4-cyl.						
4d Sed	172	516	860	1,720	3,010	4,300
2d Sed	172	516	860	1,720	3,010	4,300
4d Sta Wag	172	516	860	1,720	3,010	4,300
NOTE: Deduct 5 percent for lesser models.						
1984 Skyhawk T-Type, 4-cyl.						
2d Sed	200	600	1,000	2,000	3,500	5,000
1984 Skylark Limited, V-6						
4d Sed	176	528	880	1,760	3,080	4,400
2d Sed	180	540	900	1,800	3,150	4,500
NOTE: Deduct 5 percent for lesser models. Deduct 8 percent for 4-cyl.						
1984 Skylark T-Type, V-6						
2d Sed	208	624	1,040	2,080	3,640	5,200
1984 Century Limited, 4-cyl.						
NOTE: Deduct 5 percent for lesser models. Deduct 8 percent for 4-cyl.						
1984 Century Limited, V-6						
4d Sed	180	540	900	1,800	3,150	4,500
2d Sed	184	552	920	1,840	3,220	4,600
4d Sta Wag Est	184	552	920	1,840	3,220	4,600
1984 Century T-Type, V-6						
4d Sed	204	612	1,020	2,040	3,570	5,100
2d Sed	224	672	1,120	2,240	3,920	5,600
1984 Regal, V-6						
4d Sed	176	528	880	1,760	3,080	4,400
2d Sed	180	540	900	1,800	3,150	4,500
2d Grand Natl	800	2,400	4,000	8,000	14,000	20,000
1984 Regal Limited, V-6						
4d Sed	180	540	900	1,800	3,150	4,500

	6	5	4	3	2	1
2d Sed	184	552	920	1,840	3,220	4,600
1984 Regal T-Type, V-6						
2d Sed	240	720	1,200	2,400	4,200	6,000
1984 LeSabre Custom, V-8						
4d Sed	208	624	1,040	2,080	3,640	5,200
2d Sed	208	624	1,040	2,080	3,640	5,200
1984 LeSabre Limited, V-8						
4d Sed	212	636	1,060	2,120	3,710	5,300
2d Sed	212	636	1,060	2,120	3,710	5,300
NOTE: Deduct 10 percent for V-6 cyl.						
1984 Electra Limited, V-8						
4d Sed	224	672	1,120	2,240	3,920	5,600
2d Sed	228	684	1,140	2,280	3,990	5,700
4d Est Wag	228	684	1,140	2,280	3,990	5,700
1984 Electra Park Avenue, V-8						
4d Sed	224	672	1,120	2,240	3,920	5,600
2d Sed	228	684	1,140	2,280	3,990	5,700
NOTE: Deduct 10 percent for V-6 cyl.						
1984 Riviera, V-6						
2d Cpe	384	1,152	1,920	3,840	6,720	9,600
2d Conv	860	2,580	4,300	8,600	15,050	21,500
1984 Riviera, V-8						
2d Cpe	400	1,200	2,000	4,000	7,000	10,000
2d Conv	900	2,700	4,500	9,000	15,750	22,500
1984 Riviera T-Type, V-6 Turbo						
2d Cpe	396	1,188	1,980	3,960	6,930	9,900
1985 Skyhawk, 4-cyl.						
4d Sed Ltd	176	528	880	1,760	3,080	4,400
2d Ltd	176	528	880	1,760	3,080	4,400
4d Sta Wag Ltd	176	528	880	1,760	3,080	4,400
2d T-Type	204	612	1,020	2,040	3,570	5,100
NOTE: Deduct 5 percent for lesser models.						
1985 Skylark, V-6						
4d Cus Sed	176	528	880	1,760	3,080	4,400
4d Sed Ltd	180	540	900	1,800	3,150	4,500
NOTE: Deduct 10 percent for 4-cyl.						
1985 Century, V-6						
4d Sed Ltd	184	552	920	1,840	3,220	4,600
2d Ltd	184	552	920	1,840	3,220	4,600
4d Sta Wag Est	192	576	960	1,920	3,360	4,800
4d Sed T-Type	220	660	1,100	2,200	3,850	5,500
2d T-Type	228	684	1,140	2,280	3,990	5,700
NOTE: Deduct 10 percent for 4-cyl. where available. Deduct 5 percent for lesser models.						
1985 Somerset Regal, V-6						
2d Cus	188	564	940	1,880	3,290	4,700
2d Ltd	192	576	960	1,920	3,360	4,800
NOTE: Deduct 10 percent for 4-cyl.						
1985 Regal, V-6						
2d	184	552	920	1,840	3,220	4,600
2d Ltd	188	564	940	1,880	3,290	4,700
2d T-Type	240	720	1,200	2,400	4,200	6,000
2d T-Type Grand Natl	680	2,040	3,400	6,800	11,900	17,000
1985 LeSabre, V-8						
4d Sed Ltd	216	648	1,080	2,160	3,780	5,400
2d Ltd	216	648	1,080	2,160	3,780	5,400
4d Sta Wag Est	228	684	1,140	2,280	3,990	5,700
4d Electra Sta Wag Est	232	696	1,160	2,320	4,060	5,800
NOTE: Deduct 20 percent for V-6. Deduct 5 percent for lesser models.						
1985 Electra, V-6						
4d Sed	220	660	1,100	2,200	3,850	5,500
2d	224	672	1,120	2,240	3,920	5,600
1985 Electra Park Avenue, V-6						
4d Sed	224	672	1,120	2,240	3,920	5,600
2d Sed	228	684	1,140	2,280	3,990	5,700
1985 Electra T-Type, V-6						
4d Sed	232	696	1,160	2,320	4,060	5,800
2d	236	708	1,180	2,360	4,130	5,900
1985 Riviera T-Type, V-6						
2d Turbo	396	1,188	1,980	3,960	6,930	9,900
1985 Riviera, V-8						
2d	400	1,200	2,000	4,000	7,000	10,000
Conv	920	2,760	4,600	9,200	16,100	23,000

	6	5	4	3	2	1
NOTE: Deduct 30 percent for diesel where available.						
1986 Skyhawk, 4-cyl.						
4d Cus Sed	176	528	880	1,760	3,080	4,400
2d Cus Cpe	172	516	860	1,720	3,010	4,300
4d Cus Sta Wag	180	540	900	1,800	3,150	4,500
4d Ltd Sed	180	540	900	1,800	3,150	4,500
2d Cpe Ltd	176	528	880	1,760	3,080	4,400
4d Sta Wag Ltd	184	552	920	1,840	3,220	4,600
2d Spt HBk	188	564	940	1,880	3,290	4,700
2d T-Type HBk	192	576	960	1,920	3,360	4,800
2d T-Type Cpe	188	564	940	1,880	3,290	4,700
1986 Skylark, V-6						
2d Cus Cpe	176	528	880	1,760	3,080	4,400
4d Sed Ltd	180	540	900	1,800	3,150	4,500
1986 Somerset, V-6						
2d Cus Cpe	192	576	960	1,920	3,360	4,800
2d Cpe T-Type	208	624	1,040	2,080	3,640	5,200
1986 Century Custom						
2d Cpe	196	588	980	1,960	3,430	4,900
4d Sed	192	576	960	1,920	3,360	4,800
4d Sta Wag	200	600	1,000	2,000	3,500	5,000
1986 Century Limited, V-6						
2d Cpe	200	600	1,000	2,000	3,500	5,000
4d Sed	196	588	980	1,960	3,430	4,900
4d Sta Wag	204	612	1,020	2,040	3,570	5,100
4d Sed T-Type	216	648	1,080	2,160	3,780	5,400
1986 Regal, V-6						
2d Cpe, V-8	188	564	940	1,880	3,290	4,700
2d Cpe Ltd, V-8	196	588	980	1,960	3,430	4,900
2d Cpe T-Type	400	1,200	2,000	4,000	7,000	10,000
2d T-Type Grand Natl	760	2,280	3,800	7,600	13,300	19,000
1986 LeSabre Custom, V-6						
2d Cpe	220	660	1,100	2,200	3,850	5,500
4d Sed	216	648	1,080	2,160	3,780	5,400
1986 LeSabre Limited						
2d Cpe Grand Natl	680	2,040	3,400	6,800	11,900	17,000
2d Cpe	224	672	1,120	2,240	3,920	5,600
4d Sed	220	660	1,100	2,200	3,850	5,500
4d Sta Wag Est, V-8	240	720	1,200	2,400	4,200	6,000
1986 Electra, V-6						
2d Cpe	224	672	1,120	2,240	3,920	5,600
4d Sed	224	672	1,120	2,240	3,920	5,600
1986 Electra Park Avenue, V-6						
2d Cpe	228	684	1,140	2,280	3,990	5,700
4d Sed	228	684	1,140	2,280	3,990	5,700
4d Sed T-Type	236	708	1,180	2,360	4,130	5,900
4d Sta Wag Est	248	744	1,240	2,480	4,340	6,200
1986 Riviera, V-6						
2d Cpe	392	1,176	1,960	3,920	6,860	9,800
2d Cpe T-Type	400	1,200	2,000	4,000	7,000	10,000
NOTE: Add 10 percent for deluxe models. Deduct 5 percent for smaller engines where available.						
1987 Skyhawk, 4-cyl.						
4d Cus Sed	176	528	880	1,760	3,080	4,400
2d Cus Cpe	172	516	860	1,720	3,010	4,300
4d Cus Sta Wag	180	540	900	1,800	3,150	4,500
4d Sed Ltd	180	540	900	1,800	3,150	4,500
2d Cpe Ltd	176	528	880	1,760	3,080	4,400
4d Sta Wag Ltd	184	552	920	1,840	3,220	4,600
Spt HBk	188	564	940	1,880	3,290	4,700
NOTE: Add 5 percent for Turbo.						
1987 Somerset, 4-cyl.						
2d Cus Cpe	196	588	980	1,960	3,430	4,900
2d Cpe Ltd	200	600	1,000	2,000	3,500	5,000
NOTE: Add 10 percent for V-6.						
1987 Skylark						
4d Cus Sed	188	564	940	1,880	3,290	4,700
4d Sed Ltd	192	576	960	1,920	3,360	4,800
NOTE: Add 10 percent for V-6.						
1987 Century, 4-cyl.						
4d Cus Sed	196	588	980	1,960	3,430	4,900
2d Cus Cpe	192	576	960	1,920	3,360	4,800
4d Cus Sta Wag	200	600	1,000	2,000	3,500	5,000
4d Sed Ltd	200	600	1,000	2,000	3,500	5,000
2d Cpe Ltd	196	588	980	1,960	3,430	4,900

	6	5	4	3	2	1
4d Sta Wag Est	204	612	1,020	2,040	3,570	5,100
NOTE: Add 10 percent for V-6.						
1987 Regal, V-6						
2d Cpe	200	600	1,000	2,000	3,500	5,000
2d Cpe Ltd	204	612	1,020	2,040	3,570	5,100
2d Cpe Turbo T	760	2,280	3,800	7,600	13,300	19,000
2d Cpe Turbo T Ltd	800	2,400	4,000	8,000	14,000	20,000
2d Cpe Turbo Grand Natl	960	2,880	4,800	9,600	16,800	24,000
2d Cpe GNX	1,480	4,440	7,400	14,800	25,900	37,000
1987 Regal, V-8						
2d Cpe	232	696	1,160	2,320	4,060	5,800
2d Cpe Ltd	236	708	1,180	2,360	4,130	5,900
1987 LeSabre, V-6						
4d Sed	220	660	1,100	2,200	3,850	5,500
4d Cus Sed	224	672	1,120	2,240	3,920	5,600
2d Cus Cpe	220	660	1,100	2,200	3,850	5,500
2d Cpe T-Type	228	684	1,140	2,280	3,990	5,700
1987 LeSabre, V-8						
4d Sta Wag	244	732	1,220	2,440	4,270	6,100
1987 Electra, V-6						
4d Sed Ltd	232	696	1,160	2,320	4,060	5,800
4d Sed Park Ave	240	720	1,200	2,400	4,200	6,000
2d Cpe Park Ave	236	708	1,180	2,360	4,130	5,900
4d Sed T-Type	240	720	1,200	2,400	4,200	6,000
1987 Electra, V-8						
4d Sta Wag Est	248	744	1,240	2,480	4,340	6,200
1987 Riviera, V-6						
2d Cpe	400	1,200	2,000	4,000	7,000	10,000
2d Cpe T-Type	408	1,224	2,040	4,080	7,140	10,200
1988 Skyhawk, 4-cyl.						
4d Sed	184	552	920	1,840	3,220	4,600
2d Cpe	180	540	900	1,800	3,150	4,500
2d Cpe SE	192	576	960	1,920	3,360	4,800
4d Sta Wag	188	564	940	1,880	3,290	4,700
1988 Skylark, 4-cyl.						
4d Cus Sed	188	564	940	1,880	3,290	4,700
2d Cus Cpe	192	576	960	1,920	3,360	4,800
4d Sed Ltd	192	576	960	1,920	3,360	4,800
2d Cpe Ltd	196	588	980	1,960	3,430	4,900
NOTE: Add 10 percent for V-6.						
1988 Century, 4-cyl.						
4d Cus Sed	188	564	940	1,880	3,290	4,700
2d Cus Cpe	192	576	960	1,920	3,360	4,800
4d Cus Sta Wag	196	588	980	1,960	3,430	4,900
4d Sed Ltd	192	576	960	1,920	3,360	4,800
2d Cpe Ltd	196	588	980	1,960	3,430	4,900
4d Sta Wag Ltd	200	600	1,000	2,000	3,500	5,000
NOTE: Add 10 percent for V-6.						
1988 Regal, V-6						
2d Cus Cpe	240	720	1,200	2,400	4,200	6,000
2d Cpe Ltd	260	780	1,300	2,600	4,550	6,500
1988 LeSabre, V-6						
2d Cpe	220	660	1,100	2,200	3,850	5,500
4d Cus Sed	240	720	1,200	2,400	4,200	6,000
2d Cpe Ltd	252	756	1,260	2,520	4,410	6,300
4d Sed Ltd	248	744	1,240	2,480	4,340	6,200
2d Cpe T-Type	256	768	1,280	2,560	4,480	6,400
4d Sta Wag, V-8	264	792	1,320	2,640	4,620	6,600
1988 Electra, V-6						
4d Sed Ltd	260	780	1,300	2,600	4,550	6,500
4d Sed Park Ave	368	1,104	1,840	3,680	6,440	9,200
4d Sed T-Type	360	1,080	1,800	3,600	6,300	9,000
4d Sta Wag, V-8	388	1,164	1,940	3,880	6,790	9,700
1988 Riviera, V-6						
2d Cpe	376	1,128	1,880	3,760	6,580	9,400
2d Cpe T-Type	408	1,224	2,040	4,080	7,140	10,200
1988 Reatta, V-6						
2d Cpe	600	1,800	3,000	6,000	10,500	15,000
1989 Skyhawk, 4-cyl.						
4d Sed	192	576	960	1,920	3,360	4,800
2d Cpe	188	564	940	1,880	3,290	4,700
2d SE Cpe	208	624	1,040	2,080	3,640	5,200
4d Sta Wag	200	600	1,000	2,000	3,500	5,000

	6	5	4	3	2	1
1989 Skylark, 4-cyl.						
2d Cus Cpe	200	600	1,000	2,000	3,500	5,000
2d Cpe Ltd	208	624	1,040	2,080	3,640	5,200
4d Cus Sed	216	648	1,080	2,160	3,780	5,400
4d Sed Ltd	224	672	1,120	2,240	3,920	5,600
1989 Skylark, V-6						
2d Cus Cpe	204	612	1,020	2,040	3,570	5,100
2d Cpe Ltd	212	636	1,060	2,120	3,710	5,300
4d Cus Sed	220	660	1,100	2,200	3,850	5,500
4d Sed Ltd	228	684	1,140	2,280	3,990	5,700
1989 Century, 4-cyl.						
4d Cus Sed	208	624	1,040	2,080	3,640	5,200
4d Sed Ltd	216	648	1,080	2,160	3,780	5,400
2d Cus	212	636	1,060	2,120	3,710	5,300
4d Cus Sta Wag	224	672	1,120	2,240	3,920	5,600
4d Sta Wag Ltd	228	684	1,140	2,280	3,990	5,700
1989 Century, V-6						
4d Cus Sed	212	636	1,060	2,120	3,710	5,300
4d Sed Ltd	220	660	1,100	2,200	3,850	5,500
2d Cus	216	648	1,080	2,160	3,780	5,400
4d Cus Sta Wag	228	684	1,140	2,280	3,990	5,700
4d Sta Wag Ltd	232	696	1,160	2,320	4,060	5,800
1989 Regal, V-6						
2d Cus	272	816	1,360	2,720	4,760	6,800
2d Ltd	276	828	1,380	2,760	4,830	6,900
1989 LeSabre, V-6						
2d	272	816	1,360	2,720	4,760	6,800
2d Ltd	276	828	1,380	2,760	4,830	6,900
2d T-Type	380	1,140	1,900	3,800	6,650	9,500
4d Cus	268	804	1,340	2,680	4,690	6,700
4d Ltd	272	816	1,360	2,720	4,760	6,800
4d Sta Wag, V-8	368	1,104	1,840	3,680	6,440	9,200
1989 Electra, V-6						
4d Sed Ltd	396	1,188	1,980	3,960	6,930	9,900
4d Park Ave	436	1,308	2,180	4,360	7,630	10,900
4d Park Ave Ultra	600	1,800	3,000	6,000	10,500	15,000
4d T-Type	420	1,260	2,100	4,200	7,350	10,500
4d Sta Wag, V-8	540	1,620	2,700	5,400	9,450	13,500
1989 Riviera, V-6						
2d Cpe	520	1,560	2,600	5,200	9,100	13,000
1989 Reatta, V-6						
2d Cpe	600	1,800	3,000	6,000	10,500	15,000
1990 Skylark, 4-cyl.						
2d Cpe	220	660	1,100	2,200	3,850	5,500
4d Sed	224	672	1,120	2,240	3,920	5,600
2d Cus Cpe	228	684	1,140	2,280	3,990	5,700
4d Cus Sed	232	696	1,160	2,320	4,060	5,800
2d Gran Spt Cpe	240	720	1,200	2,400	4,200	6,000
4d LE Sed	240	720	1,200	2,400	4,200	6,000
NOTE: Add 10 percent for V-6 where available.						
1990 Century, 4-cyl.						
2d Cus	260	780	1,300	2,600	4,550	6,500
4d Cus	264	792	1,320	2,640	4,620	6,600
4d Cus Sta Wag	272	816	1,360	2,720	4,760	6,800
4d Ltd Sed	272	816	1,360	2,720	4,760	6,800
4d Ltd Sta Wag	360	1,080	1,800	3,600	6,300	9,000
NOTE: Add 10 percent for V-6 where available.						
1990 Regal, V-6						
2d Cus Cpe	380	1,140	1,900	3,800	6,650	9,500
2d Ltd Cpe	400	1,200	2,000	4,000	7,000	10,000
1990 LeSabre, V-6						
2d Cpe	400	1,200	2,000	4,000	7,000	10,000
4d Cus Sed	404	1,212	2,020	4,040	7,070	10,100
2d Ltd Cpe	420	1,260	2,100	4,200	7,350	10,500
4d Ltd Sed	424	1,272	2,120	4,240	7,420	10,600
1990 Estate, V-8						
4d Sta Wag	520	1,560	2,600	5,200	9,100	13,000
1990 Electra, V-6						
4d Ltd Sed	520	1,560	2,600	5,200	9,100	13,000
4d Park Ave	540	1,620	2,700	5,400	9,450	13,500
4d Ultra Sed	640	1,920	3,200	6,400	11,200	16,000
4d T-Type Sed	540	1,620	2,700	5,400	9,450	13,500
1990 Riviera, V-6						
2d Cpe	540	1,620	2,700	5,400	9,450	13,500

	6	5	4	3	2	1
1990 Reatta, V-6						
2d Cpe	600	1,800	3,000	6,000	10,500	15,000
2d Conv	800	2,400	4,000	8,000	14,000	20,000
1991 Skylark, 4-cyl.						
2d Cpe	200	600	1,000	2,000	3,500	5,000
4d Sed	204	612	1,020	2,040	3,570	5,100
2d Cus Cpe	204	612	1,020	2,040	3,570	5,100
4d Cus Sed	208	624	1,040	2,080	3,640	5,200
2d Gran Spt Cpe	220	660	1,100	2,200	3,850	5,500
4d LE Sed	224	672	1,120	2,240	3,920	5,600
NOTE: Add 10 percent for V-6 where available.						
1991 Century, 4-cyl.						
4d Spl Sed	204	612	1,020	2,040	3,570	5,100
4d Cus Sed	208	624	1,040	2,080	3,640	5,200
2d Cus Cpe	204	612	1,020	2,040	3,570	5,100
4d Cus Sta Wag	216	648	1,080	2,160	3,780	5,400
4d Ltd Sed	212	636	1,060	2,120	3,710	5,300
4d Ltd Sta Wag	224	672	1,120	2,240	3,920	5,600
NOTE: Add 10 percent for V-6 where available.						
1991 Regal, V-6						
4d Cus Sed	256	768	1,280	2,560	4,480	6,400
2d Cus Cpe	252	756	1,260	2,520	4,410	6,300
4d Ltd Sed	264	792	1,320	2,640	4,620	6,600
2d Ltd Cpe	260	780	1,300	2,600	4,550	6,500
1991 LeSabre, V-6						
2d Cpe	272	816	1,360	2,720	4,760	6,800
4d Cus Sed	276	828	1,380	2,760	4,830	6,900
4d Ltd Sed	376	1,128	1,880	3,760	6,580	9,400
2d Ltd Cpe	372	1,116	1,860	3,720	6,510	9,300
1991 Roadmaster, V-8						
4d Est Sta Wag	540	1,620	2,700	5,400	9,450	13,500
1991 Park Avenue, V-6						
4d Sed	420	1,260	2,100	4,200	7,350	10,500
4d Ultra Sed	520	1,560	2,600	5,200	9,100	13,000
1991 Riviera, V-6						
2d Cpe	540	1,620	2,700	5,400	9,450	13,500
1991 Reatta, V-6						
2d Cpe	680	2,040	3,400	6,800	11,900	17,000
2d Conv	840	2,520	4,200	8,400	14,700	21,000
1992 Skylark, 4-cyl.						
2d Quad 4 Cpe	220	660	1,100	2,200	3,850	5,500
4d Quad 4 Sed	220	660	1,100	2,200	3,850	5,500
2d Cpe	240	720	1,200	2,400	4,200	6,000
4d Sed	240	720	1,200	2,400	4,200	6,000
2d Gran Spt Cpe	260	780	1,300	2,600	4,550	6,500
4d Gran Spt Sed	260	780	1,300	2,600	4,550	6,500
NOTE: Add 10 percent for V-6 where available.						
1992 Century, 4-cyl.						
4d Spl Sed	240	720	1,200	2,400	4,200	6,000
4d Cus Sed	248	744	1,240	2,480	4,340	6,200
2d Cus Cpe	260	780	1,300	2,600	4,550	6,500
4d Sed Ltd	360	1,080	1,800	3,600	6,300	9,000
4d Cus Sta Wag	368	1,104	1,840	3,680	6,440	9,200
4d Ltd Sta Wag	380	1,140	1,900	3,800	6,650	9,500
NOTE: Add 10 percent for V-6 where available.						
1992 Regal, V-6						
4d Cus Sed	360	1,080	1,800	3,600	6,300	9,000
2d Cus Cpe	360	1,080	1,800	3,600	6,300	9,000
4d Ltd Sed	380	1,140	1,900	3,800	6,650	9,500
2d Ltd Cpe	380	1,140	1,900	3,800	6,650	9,500
4d Gran Spt Sed	400	1,200	2,000	4,000	7,000	10,000
2d Gran Spt Cpe	400	1,200	2,000	4,000	7,000	10,000
1992 LeSabre, V-6						
4d Cus Sed	400	1,200	2,000	4,000	7,000	10,000
4d Ltd Sed	420	1,260	2,100	4,200	7,350	10,500
1992 Roadmaster, V-8						
4d Sed	520	1,560	2,600	5,200	9,100	13,000
4d Ltd Sed	540	1,620	2,700	5,400	9,450	13,500
4d Est Sta Wag	560	1,680	2,800	5,600	9,800	14,000
1992 Park Avenue, V-6						
4d Sed	540	1,620	2,700	5,400	9,450	13,500
4d Ultra Sed	560	1,680	2,800	5,600	9,800	14,000
1992 Riviera, V-6						
2d Cpe	600	1,800	3,000	6,000	10,500	15,000

	6	5	4	3	2	1
1993 Skylark, 4-cyl. & V-6						
2d Cus Cpe	228	684	1,140	2,280	3,990	5,700
4d Cus Sed	228	684	1,140	2,280	3,990	5,700
2d Ltd Cpe	232	696	1,160	2,320	4,060	5,800
4d Ltd Sed	232	696	1,160	2,320	4,060	5,800
2d Gran Spt Cpe, V-6 only	236	708	1,180	2,360	4,130	5,900
4d Gran Spt Sed, V-6 only	236	708	1,180	2,360	4,130	5,900
1993 Century, 4-cyl.						
2d Cus Cpe	244	732	1,220	2,440	4,270	6,100
4d Spl Sed	244	732	1,220	2,440	4,270	6,100
4d Cus Sed	248	744	1,240	2,480	4,340	6,200
4d Ltd Sed	252	756	1,260	2,520	4,410	6,300
4d Ltd Sta Wag	260	780	1,300	2,600	4,550	6,500
1993 Century, V-6						
2d Cus Cpe	252	756	1,260	2,520	4,410	6,300
4d Spl Sed	252	756	1,260	2,520	4,410	6,300
4d Cus Sed	256	768	1,280	2,560	4,480	6,400
4d Ltd Sed	260	780	1,300	2,600	4,550	6,500
4d Ltd Sta Wag	268	804	1,340	2,680	4,690	6,700
1993 Regal, V-6						
2d Cus Cpe	364	1,092	1,820	3,640	6,370	9,100
2d Ltd Cpe	368	1,104	1,840	3,680	6,440	9,200
2d Gran Spt Cpe	372	1,116	1,860	3,720	6,510	9,300
4d Cus Sed	364	1,092	1,820	3,640	6,370	9,100
4d Ltd Sed	368	1,104	1,840	3,680	6,440	9,200
4d Gran Spt Sed	372	1,116	1,860	3,720	6,510	9,300
1993 LeSabre, V-6						
4d Cus Sed	408	1,224	2,040	4,080	7,140	10,200
4d Ltd Sed	424	1,272	2,120	4,240	7,420	10,600
1993 Roadmaster, V-8						
4d Sed	528	1,584	2,640	5,280	9,240	13,200
4d Ltd Sed	548	1,644	2,740	5,480	9,590	13,700
4d Est Sta Wag	580	1,740	2,900	5,800	10,150	14,500
1993 Park Avenue, V-6						
4d Sed	540	1,620	2,700	5,400	9,450	13,500
4d Ultra Sed	568	1,704	2,840	5,680	9,940	14,200
1993 Riviera, V-6						
2d Cpe	608	1,824	3,040	6,080	10,640	15,200
1994 Skylark, 4-cyl. & V-6						
2d Cus Cpe	228	684	1,140	2,280	3,990	5,700
4d Cus Sed	232	696	1,160	2,320	4,060	5,800
4d Ltd	240	720	1,200	2,400	4,200	6,000
2d Gran Spt Cpe	264	792	1,320	2,640	4,620	6,600
4d Gran Spt Sed	268	804	1,340	2,680	4,690	6,700
1994 Century, 4-cyl. & V-6						
4d Special	260	780	1,300	2,600	4,550	6,500
4d Sta Wag Special	280	840	1,400	2,800	4,900	7,000
4d Cus	264	792	1,320	2,640	4,620	6,600
2d Cus	260	780	1,300	2,600	4,550	6,500
4d Ltd	280	840	1,400	2,800	4,900	7,000
4d Ltd Sta Wag	288	864	1,440	2,880	5,040	7,200
1994 Regal, V-6						
4d Cus Sed	324	972	1,620	3,240	5,670	8,100
2d Cus Sed	320	960	1,600	3,200	5,600	8,000
4d Ltd Sed	340	1,020	1,700	3,400	5,950	8,500
2d Ltd Cpe	336	1,008	1,680	3,360	5,880	8,400
4d Gran Spt Sed	380	1,140	1,900	3,800	6,650	9,500
2d Gran Spt Cpe	376	1,128	1,880	3,760	6,580	9,400
1994 LeSabre, V-6						
4d Cus Sed	328	984	1,640	3,280	5,740	8,200
4d Ltd Sed	336	1,008	1,680	3,360	5,880	8,400
1994 Roadmaster, V-8						
4d Sed	360	1,080	1,800	3,600	6,300	9,000
4d Ltd Sed	336	1,008	1,680	3,360	5,880	8,400
1994 Park Avenue, V-6						
4d Sed	368	1,104	1,840	3,680	6,440	9,200
4d Ultra Sed	384	1,152	1,920	3,840	6,720	9,600
1994 Riviera, V-6						
2d Cpe	420	1,260	2,100	4,200	7,350	10,500

CADILLAC

	6	5	4	3	2	1
1903 Model A, 1-cyl.						
Rbt	1,680	5,040	8,400	16,800	29,400	42,000
1903 Model A, 1-cyl.						
Tonn Rbt	1,720	5,160	8,600	17,200	30,100	43,000
1904 Model A, 1-cyl.						
Rbt	1,660	4,980	8,300	16,600	29,050	41,500
Tonn Rbt	1,680	5,040	8,400	16,800	29,400	42,000
1904 Model B, 1-cyl.						
Rbt	1,680	5,040	8,400	16,800	29,400	42,000
Tr	1,720	5,160	8,600	17,200	30,100	43,000
1905 Models B-E						
Rbt	1,640	4,920	8,200	16,400	28,700	41,000
Tonn Rbt	1,680	5,040	8,400	16,800	29,400	42,000
1905 Model D, 4-cyl.						
Rbt	1,720	5,160	8,600	17,200	30,100	43,000
Tonn Rbt	1,760	5,280	8,800	17,600	30,800	44,000
1905 Model F, 1-cyl.						
Tr	1,560	4,680	7,800	15,600	27,300	39,000
1906 Model K-M, 1-cyl.						
Rbt	1,560	4,680	7,800	15,600	27,300	39,000
Tr	1,600	4,800	8,000	16,000	28,000	40,000
1906 Model H, 4-cyl.						
Rbt	1,600	4,800	8,000	16,000	28,000	40,000
Tr	1,640	4,920	8,200	16,400	28,700	41,000
1906 Model L, 4-cyl.						
7P Tr	1,720	5,160	8,600	17,200	30,100	43,000
Limo	1,640	4,920	8,200	16,400	28,700	41,000
1907 Model G, 4-cyl. 20 hp.						
Rbt	1,560	4,680	7,800	15,600	27,300	39,000
Tr	1,600	4,800	8,000	16,000	28,000	40,000
Limo	1,520	4,560	7,600	15,200	26,600	38,000
1907 Model H, 4-cyl. 30 hp.						
Tr	1,640	4,920	8,200	16,400	28,700	41,000
Limo	1,600	4,800	8,000	16,000	28,000	40,000
1907 Model K-M, 1-cyl.						
Rbt	1,480	4,440	7,400	14,800	25,900	37,000
Tr	1,520	4,560	7,600	15,200	26,600	38,000
1908 Model G, 4-cyl. 25 hp.						
Rbt	1,560	4,680	7,800	15,600	27,300	39,000
Tr	1,600	4,800	8,000	16,000	28,000	40,000
1908 Model H, 4-cyl. 30 hp.						
Rbt	1,640	4,920	8,200	16,400	28,700	41,000
Tr	1,680	5,040	8,400	16,800	29,400	42,000
Cpe	1,560	4,680	7,800	15,600	27,300	39,000
Limo	1,520	4,560	7,600	15,200	26,600	38,000
1908 Model S-T, 1-cyl.						
Rbt	1,520	4,560	7,600	15,200	26,600	38,000
Tr	1,560	4,680	7,800	15,600	27,300	39,000
Cpe	1,440	4,320	7,200	14,400	25,200	36,000
1909 Model 30, 4-cyl.						
Rds	1,560	4,680	7,800	15,600	27,300	39,000
demi T&C	1,600	4,800	8,000	16,000	28,000	40,000
Tr	1,640	4,920	8,200	16,400	28,700	41,000
1909 Model T, 1-cyl.						
Tr	1,480	4,440	7,400	14,800	25,900	37,000
1910 Model 30, 4-cyl.						
Rds	1,680	5,040	8,400	16,800	29,400	42,000
demi T&C	1,720	5,160	8,600	17,200	30,100	43,000
Tr	1,640	4,920	8,200	16,400	28,700	41,000
Limo	1,560	4,680	7,800	15,600	27,300	39,000
1911 Model 30, 4-cyl.						
Rds	1,680	5,040	8,400	16,800	29,400	42,000
demi T&C	1,720	5,160	8,600	17,200	30,100	43,000
Tr	1,760	5,280	8,800	17,600	30,800	44,000
Cpe	1,600	4,800	8,000	16,000	28,000	40,000
Limo	1,640	4,920	8,200	16,400	28,700	41,000
1912 Model 30, 4-cyl.						
Rds	1,880	5,640	9,400	18,800	32,900	47,000
4P Phae	1,920	5,760	9,600	19,200	33,600	48,000
5P Tr	1,960	5,880	9,800	19,600	34,300	49,000

	6	5	4	3	2	1
Cpe	1,640	4,920	8,200	16,400	28,700	41,000
Limo	1,720	5,160	8,600	17,200	30,100	43,000
1913 Model 30, 4-cyl.						
Rds	1,880	5,640	9,400	18,800	32,900	47,000
Phae	1,920	5,760	9,600	19,200	33,600	48,000
Torp	1,960	5,880	9,800	19,600	34,300	49,000
5P Tr	2,000	6,000	10,000	20,000	35,000	50,000
6P Tr	2,040	6,120	10,200	20,400	35,700	51,000
Cpe	1,600	4,800	8,000	16,000	28,000	40,000
Limo	1,720	5,160	8,600	17,200	30,100	43,000
1914 Model 30, 4-cyl.						
Rds	1,920	5,760	9,600	19,200	33,600	48,000
Phae	1,960	5,880	9,800	19,600	34,300	49,000
5P Tr	2,000	6,000	10,000	20,000	35,000	50,000
7P Tr	2,040	6,120	10,200	20,400	35,700	51,000
Lan Cpe	1,640	4,920	8,200	16,400	28,700	41,000
Encl dr Limo	1,720	5,160	8,600	17,200	30,100	43,000
Limo	1,760	5,280	8,800	17,600	30,800	44,000
1915 Model 51, V-8						
Rds	2,000	6,000	10,000	20,000	35,000	50,000
Sal Tr	2,040	6,120	10,200	20,400	35,700	51,000
7P Tr	2,080	6,240	10,400	20,800	36,400	52,000
3P Cpe	1,600	4,800	8,000	16,000	28,000	40,000
Sed Brgm	1,560	4,680	7,800	15,600	27,300	39,000
7P Limo	1,760	5,280	8,800	17,600	30,800	44,000
Berl Limo	1,840	5,520	9,200	18,400	32,200	46,000
1916 Model 53, V-8						
Rds	1,960	5,880	9,800	19,600	34,300	49,000
5P Tr	2,000	6,000	10,000	20,000	35,000	50,000
7P Tr	2,040	6,120	10,200	20,400	35,700	51,000
3P Cpe	1,600	4,800	8,000	16,000	28,000	40,000
Sed Brgm	1,560	4,680	7,800	15,600	27,300	39,000
7P Limo	1,760	5,280	8,800	17,600	30,800	44,000
Berl Limo	1,840	5,520	9,200	18,400	32,200	46,000
1917 Model 55, V-8						
Rds	1,960	5,880	9,800	19,600	34,300	49,000
Clb Rds	2,000	6,000	10,000	20,000	35,000	50,000
Conv	1,920	5,760	9,600	19,200	33,600	48,000
Cpe	1,560	4,680	7,800	15,600	27,300	39,000
Vic	1,600	4,800	8,000	16,000	28,000	40,000
Brgm	1,560	4,680	7,800	15,600	27,300	39,000
Limo	1,680	5,040	8,400	16,800	29,400	42,000
Imp Limo	1,760	5,280	8,800	17,600	30,800	44,000
7P Lan'let	1,840	5,520	9,200	18,400	32,200	46,000
1918-19 Type 57, V-8						
Rds	1,920	5,760	9,600	19,200	33,600	48,000
Phae	1,960	5,880	9,800	19,600	34,300	49,000
Tr	1,880	5,640	9,400	18,800	32,900	47,000
Conv Vic	1,840	5,520	9,200	18,400	32,200	46,000
Brgm	1,520	4,560	7,600	15,200	26,600	38,000
Limo	1,560	4,680	7,800	15,600	27,300	39,000
Twn Limo	1,600	4,800	8,000	16,000	28,000	40,000
Lan'let	1,680	5,040	8,400	16,800	29,400	42,000
Twn Lan'let	1,760	5,280	8,800	17,600	30,800	44,000
Imp Limo	1,720	5,160	8,600	17,200	30,100	43,000
1920-1921 Type 59, V-8						
Rds	1,800	5,400	9,000	18,000	31,500	45,000
Phae	1,840	5,520	9,200	18,400	32,200	46,000
Tr	1,760	5,280	8,800	17,600	30,800	44,000
Vic	1,440	4,320	7,200	14,400	25,200	36,000
Sed	1,400	4,200	7,000	14,000	24,500	35,000
Cpe	1,440	4,320	7,200	14,400	25,200	36,000
Sub	1,400	4,200	7,000	14,000	24,500	35,000
Limo	1,560	4,680	7,800	15,600	27,300	39,000
Twn Brgm	1,600	4,800	8,000	16,000	28,000	40,000
Imp Limo	1,640	4,920	8,200	16,400	28,700	41,000

NOTE: Coupe and Town Brougham dropped for 1921.

	6	5	4	3	2	1
1922-1923 Type 61, V-8						
Rds	1,680	5,040	8,400	16,800	29,400	42,000
Phae	1,720	5,160	8,600	17,200	30,100	43,000
Tr	1,680	5,040	8,400	16,800	29,400	42,000
Cpe	1,400	4,200	7,000	14,000	24,500	35,000
Vic	1,440	4,320	7,200	14,400	25,200	36,000
5P Cpe	1,320	3,960	6,600	13,200	23,100	33,000
Sed	1,280	3,840	6,400	12,800	22,400	32,000
Sub	1,480	4,440	7,400	14,800	25,900	37,000
7P Limo	1,520	4,560	7,600	15,200	26,600	38,000

	6	5	4	3	2	1
Imp Limo	1,560	4,680	7,800	15,600	27,300	39,000
Lan'let Sed	1,600	4,800	8,000	16,000	28,000	40,000
1924-1925 V-63, V-8						
Rds	1,720	5,160	8,600	17,200	30,100	43,000
Phae	1,840	5,520	9,200	18,400	32,200	46,000
Tr	1,680	5,040	8,400	16,800	29,400	42,000
Vic	1,400	4,200	7,000	14,000	24,500	35,000
Cpe	1,360	4,080	6,800	13,600	23,800	34,000
Limo	1,300	3,900	6,500	13,000	22,750	32,500
Twn Brgm	1,320	3,960	6,600	13,200	23,100	33,000
Imp Sed	1,280	3,840	6,400	12,800	22,400	32,000
Custom models, (V-8 introduced Oct., 1924).						
Cpe	1,320	3,960	6,600	13,200	23,100	33,000
5P Cpe	1,360	4,080	6,800	13,600	23,800	34,000
5P Sed	1,340	4,020	6,700	13,400	23,450	33,500
Sub	1,320	3,960	6,600	13,200	23,100	33,000
Imp Sub	1,340	4,020	6,700	13,400	23,450	33,500
Other models, V-8.						
7P Sed	1,320	3,960	6,600	13,200	23,100	33,000
Vic	1,340	4,020	6,700	13,400	23,450	33,500
Lan Sed	1,360	4,080	6,800	13,600	23,800	34,000
2d Sed	1,200	3,600	6,000	12,000	21,000	30,000
8P Imp Sed	1,240	3,720	6,200	12,400	21,700	31,000
(All Custom and post-Dec. 1924 models have scrolled radiators).						
1926-1927 Series 314, V-8						
Cpe	1,600	4,800	8,000	16,000	28,000	40,000
Vic	1,640	4,920	8,200	16,400	28,700	41,000
5P Brgm	1,600	4,800	8,000	16,000	28,000	40,000
5P Sed	1,280	3,840	6,400	12,800	22,400	32,000
7P Sed	1,320	3,960	6,600	13,200	23,100	33,000
Imp Sed	1,280	3,840	6,400	12,800	22,400	32,000
1926-1927 Custom Line, V-8						
Rds	3,440	10,320	17,200	34,400	60,200	86,000
Tr	3,440	10,320	17,200	34,400	60,200	86,000
Phae	3,520	10,560	17,600	35,200	61,600	88,000
Cpe	2,000	6,000	10,000	20,000	35,000	50,000
Sed	1,720	5,160	8,600	17,200	30,100	43,000
Sub	1,760	5,280	8,800	17,600	30,800	44,000
Imp Sed	1,920	5,760	9,600	19,200	33,600	48,000
1927 Series 314 Std., V-8, 132" wb						
Spt Cpe	1,760	5,280	8,800	17,600	30,800	44,000
Cpe	1,640	4,920	8,200	16,400	28,700	41,000
Sed 5P	1,320	3,960	6,600	13,200	23,100	33,000
Sed 7P	1,360	4,080	6,800	13,600	23,800	34,000
Victoria 4P	1,680	5,040	8,400	16,800	29,400	42,000
Spt Sed	1,400	4,200	7,000	14,000	24,500	35,000
Brgm	1,320	3,960	6,600	13,200	23,100	33,000
Imp	1,400	4,200	7,000	14,000	24,500	35,000
1927 Std. Series, V-8, 132" wb						
7P Sed	1,360	4,080	6,800	13,600	23,800	34,000
1927 Custom, 138" wb						
RS Rds	3,040	9,120	15,200	30,400	53,200	76,000
RS Conv	2,480	7,440	12,400	24,800	43,400	62,000
Phae	3,280	9,840	16,400	32,800	57,400	82,000
Spt Phae	3,440	10,320	17,200	34,400	60,200	86,000
Tr	3,200	9,600	16,000	32,000	56,000	80,000
Conv	2,480	7,440	12,400	24,800	43,400	62,000
Cpe	1,840	5,520	9,200	18,400	32,200	46,000
5P Sed	1,440	4,320	7,200	14,400	25,200	36,000
Sub	1,480	4,440	7,400	14,800	25,900	37,000
Imp Sed	1,520	4,560	7,600	15,200	26,600	38,000
Brn Twn Cabr	1,520	4,560	7,600	15,200	26,600	38,000
Wilby Twn Cabr	1,680	5,040	8,400	16,800	29,400	42,000
1927 Fleetwood Bodies						
Limo Brgm	1,880	5,640	9,400	18,800	32,900	47,000
Twn Cabr	1,960	5,880	9,800	19,600	34,300	49,000
Trans Twn Cabr	2,120	6,360	10,600	21,200	37,100	53,000
Coll Twn Cabr	2,160	6,480	10,800	21,600	37,800	54,000
Vic	1,840	5,520	9,200	18,400	32,200	46,000
1928 Fisher Custom Line, V-8, 140" wb						
Rds	4,240	12,720	21,200	42,400	74,200	106,000
Tr	4,320	12,960	21,600	43,200	75,600	108,000
Phae	4,400	13,200	22,000	44,000	77,000	110,000
Spt Phae	4,640	13,920	23,200	46,400	81,200	116,000
Conv RS	3,840	11,520	19,200	38,400	67,200	96,000
2P Cpe	1,760	5,280	8,800	17,600	30,800	44,000

1969 Cadillac Coupe deVille hardtop

1979 Cadillac Fleetwood Brougham sedan

1986 Cadillac Sedan deVille sedan

	6	5	4	3	2	1
5P Cpe	1,640	4,920	8,200	16,400	28,700	41,000
Twn Sed	1,560	4,680	7,800	15,600	27,300	39,000
Sed	1,520	4,560	7,600	15,200	26,600	38,000
7P Sed	1,560	4,680	7,800	15,600	27,300	39,000
5P Imp Sed	1,600	4,800	8,000	16,000	28,000	40,000
Imp Cabr	4,000	12,000	20,000	40,000	70,000	100,000
7P Imp Sed	2,560	7,680	12,800	25,600	44,800	64,000
7P Imp Cabr	4,400	13,200	22,000	44,000	77,000	110,000
1928 Fisher Fleetwood Line, V-8, 140" wb						
Sed	1,680	5,040	8,400	16,800	29,400	42,000
5P Cabr	4,240	12,720	21,200	42,400	74,200	106,000
5P Imp Cabr	4,400	13,200	22,000	44,000	77,000	110,000
7P Sed	1,760	5,280	8,800	17,600	30,800	44,000
7P Cabr	4,320	12,960	21,600	43,200	75,600	108,000
7P Imp Cabr	4,480	13,440	22,400	44,800	78,400	112,000
Trans Twn Cabr	4,400	13,200	22,000	44,000	77,000	110,000
Trans Limo Brgm	3,040	9,120	15,200	30,400	53,200	76,000
1929 Series 341-B, V-8, 140" wb						
Rds	4,400	13,200	22,000	44,000	77,000	110,000
Phae	4,560	13,680	22,800	45,600	79,800	114,000
Spt Phae	4,960	14,880	24,800	49,600	86,800	124,000
Tr	4,000	12,000	20,000	40,000	70,000	100,000
Conv	4,000	12,000	20,000	40,000	70,000	100,000
2P Cpe	2,800	8,400	14,000	28,000	49,000	70,000
5P Cpe	2,280	6,840	11,400	22,800	39,900	57,000
5P Sed	1,880	5,640	9,400	18,800	32,900	47,000
7P Sed	1,840	5,520	9,200	18,400	32,200	46,000
Twn Sed	1,920	5,760	9,600	19,200	33,600	48,000
7P Imp Sed	1,960	5,880	9,800	19,600	34,300	49,000
1929 Fleetwood Custom Line, V-8, 140" wb						
Sed	1,880	5,640	9,400	18,800	32,900	47,000
Sed Cabr	4,640	13,920	23,200	46,400	81,200	116,000
5P Imp Sed	2,160	6,480	10,800	21,600	37,800	54,000
7P Imp Sed	2,200	6,600	11,000	22,000	38,500	55,000
Trans Twn Cabr	4,000	12,000	20,000	40,000	70,000	100,000
Trans Limo Brgm	3,040	9,120	15,200	30,400	53,200	76,000
Clb Cabr	4,240	12,720	21,200	42,400	74,200	106,000
A/W Phae	5,040	15,120	25,200	50,400	88,200	126,000
A/W State Imp	5,040	15,120	25,200	50,400	88,200	126,000
1930 Series 353, V-8, 140" wb Fisher Custom Line						
Conv	4,400	13,200	22,000	44,000	77,000	110,000
2P Cpe	2,880	8,640	14,400	28,800	50,400	72,000
Twn Sed	1,880	5,640	9,400	18,800	32,900	47,000
Sed	1,840	5,520	9,200	18,400	32,200	46,000
7P Sed	1,920	5,760	9,600	19,200	33,600	48,000
7P Imp Sed	2,160	6,480	10,800	21,600	37,800	54,000
5P Cpe	2,240	6,720	11,200	22,400	39,200	56,000
1930 Fleetwood Line, V-8						
Rds	5,040	15,120	25,200	50,400	88,200	126,000
5P Sed	1,960	5,880	9,800	19,600	34,300	49,000
Sed Cabr	4,400	13,200	22,000	44,000	77,000	110,000
5P Imp	2,160	6,480	10,800	21,600	37,800	54,000
7P Sed	1,960	5,880	9,800	19,600	34,300	49,000
7P Imp	2,160	6,480	10,800	21,600	37,800	54,000
Trans Cabr	5,120	15,360	25,600	51,200	89,600	128,000
Trans Limo Brgm	4,880	14,640	24,400	48,800	85,400	122,000
Clb Cabr	5,040	15,120	25,200	50,400	88,200	126,000
A/W Phae	5,440	16,320	27,200	54,400	95,200	136,000
A/W State Imp	5,600	16,800	28,000	56,000	98,000	140,000
1930 Fleetwood Custom Line, V-16, 148" wb						
Rds	13,200	39,600	66,000	132,000	231,000	330,000
Phae	14,000	42,000	70,000	140,000	245,000	350,000
1930 "Flat Windshield" Models						
A/W Phae	14,200	42,600	71,000	142,000	248,500	355,000
Conv	13,200	39,600	66,000	132,000	231,000	330,000
Cpe	5,040	15,120	25,200	50,400	88,200	126,000
Clb Sed	4,800	14,400	24,000	48,000	84,000	120,000
5P OS Sed	4,800	14,400	24,000	48,000	84,000	120,000
5P Sed Cabr	11,200	33,600	56,000	112,000	196,000	280,000
Imp Cabr	11,200	33,600	56,000	112,000	196,000	280,000
7P Sed	5,040	15,120	25,200	50,400	88,200	126,000
7P Imp Sed	5,200	15,600	26,000	52,000	91,000	130,000
Twn Cabr 4212	11,400	34,200	57,000	114,000	199,500	285,000
Twn Cabr 4220	11,400	34,200	57,000	114,000	199,500	285,000
Twn Cabr 4225	11,400	34,200	57,000	114,000	199,500	285,000
Limo Brgm	8,200	24,600	41,000	82,000	143,500	205,000
Twn Brgm 05	8,200	24,600	41,000	82,000	143,500	205,000

	6	5	4	3	2	1
1930 "Cane-bodied" Model						
Twn Brgm	8,200	24,600	41,000	82,000	143,500	205,000
1930 Madame X Models						
A/W Phae	15,000	45,000	75,000	150,000	262,500	375,000
Conv	14,400	43,200	72,000	144,000	252,000	360,000
Cpe	7,400	22,200	37,000	74,000	129,500	185,000
5P OS Imp	7,000	21,000	35,000	70,000	122,500	175,000
5P Imp	6,800	20,400	34,000	68,000	119,000	170,000
Twn Cabr 4312	12,800	38,400	64,000	128,000	224,000	320,000
Twn Cabr 4320	12,800	38,400	64,000	128,000	224,000	320,000
Twn Cabr 4325	12,800	38,400	64,000	128,000	224,000	320,000
Limo Brgm	9,600	28,800	48,000	96,000	168,000	240,000
1931 Series 355, V-8, 134" wb Fisher Bodies						
Rds	5,120	15,360	25,600	51,200	89,600	128,000
Phae	4,880	14,640	24,400	48,800	85,400	122,000
2P Cpe	3,040	9,120	15,200	30,400	53,200	76,000
5P Cpe	2,960	8,880	14,800	29,600	51,800	74,000
Sed	1,960	5,880	9,800	19,600	34,300	49,000
Twn Sed	2,040	6,120	10,200	20,400	35,700	51,000
7P Sed	2,120	6,360	10,600	21,200	37,100	53,000
Imp Limo	2,160	6,480	10,800	21,600	37,800	54,000
1931 Fleetwood Bodies, V-8						
Rds	5,440	16,320	27,200	54,400	95,200	136,000
Conv	5,440	16,320	27,200	54,400	95,200	136,000
Phae	5,800	17,400	29,000	58,000	101,500	145,000
A/W Phae	6,000	18,000	30,000	60,000	105,000	150,000
1931 Series 370, V-12, 140" wb						
Rds	9,000	27,000	45,000	90,000	157,500	225,000
Phae	9,000	27,000	45,000	90,000	157,500	225,000
Conv	8,400	25,200	42,000	84,000	147,000	210,000
A/W Phae	9,200	27,600	46,000	92,000	161,000	230,000
2P Cpe	5,800	17,400	29,000	58,000	101,500	145,000
5P Cpe	5,600	16,800	28,000	56,000	98,000	140,000
Sed	4,800	14,400	24,000	48,000	84,000	120,000
Twn Sed	5,040	15,120	25,200	50,400	88,200	126,000
1931 Series 370, V-12, 143" wb						
7P Sed	5,440	16,320	27,200	54,400	95,200	136,000
Imp Sed	5,600	16,800	28,000	56,000	98,000	140,000
1931 Series V-16, 148" wb						
2P Rds	14,400	43,200	72,000	144,000	252,000	360,000
Phae	14,600	43,800	73,000	146,000	255,500	365,000
A/W Phae	5,040	15,120	25,200	50,400	88,200	126,000
4476 Cpe	6,000	18,000	30,000	60,000	105,000	150,000
4276 Cpe	6,000	18,000	30,000	60,000	105,000	150,000
5P Cpe	5,800	17,400	29,000	58,000	101,500	145,000
Conv	14,600	43,800	73,000	146,000	255,500	365,000
4361 Clb Sed	6,800	20,400	34,000	68,000	119,000	170,000
4161 Clb Sed	6,800	20,400	34,000	68,000	119,000	170,000
4330 Imp	7,000	21,000	35,000	70,000	122,500	175,000
4330 Sed	3,840	11,520	19,200	38,400	67,200	96,000
4130 Sed	4,000	12,000	20,000	40,000	70,000	100,000
4130 Imp	4,000	12,000	20,000	40,000	70,000	100,000
4335 Sed Cabr	12,200	36,600	61,000	122,000	213,500	305,000
4355 Imp Cabr	12,400	37,200	62,000	124,000	217,000	310,000
4155 Sed Cabr	12,400	37,200	62,000	124,000	217,000	310,000
4155 Imp Cabr	13,000	39,000	65,000	130,000	227,500	325,000
4375 Sed	3,840	11,520	19,200	38,400	67,200	96,000
4175 Sed	4,000	12,000	20,000	40,000	70,000	100,000
4375 Imp	4,240	12,720	21,200	42,400	74,200	106,000
4175 Imp	4,400	13,200	22,000	44,000	77,000	110,000
4312 Twn Cabr	12,400	37,200	62,000	124,000	217,000	310,000
4320 Twn Cabr	12,400	37,200	62,000	124,000	217,000	310,000
4220 Twn Cabr	12,400	37,200	62,000	124,000	217,000	310,000
4325 Twn Cabr	12,200	36,600	61,000	122,000	213,500	305,000
4225 Twn Cabr	12,200	36,600	61,000	122,000	213,500	305,000
4391 Limo Brgm	8,800	26,400	44,000	88,000	154,000	220,000
4291 Limo Brgm	9,200	27,600	46,000	92,000	161,000	230,000
4264 Twn Brgm	9,400	28,200	47,000	94,000	164,500	235,000
4264B Twn Brgm C/N	9,600	28,800	48,000	96,000	168,000	240,000
1932 Series 355B, V-8, 134" wb						
Rds	4,720	14,160	23,600	47,200	82,600	118,000
Conv	4,080	12,240	20,400	40,800	71,400	102,000
2P Cpe	2,160	6,480	10,800	21,600	37,800	54,000
Sed	1,800	5,400	9,000	18,000	31,500	45,000
1932 Fisher Line, 140" wb						
Std Phae	4,240	12,720	21,200	42,400	74,200	106,000
DW Phae	4,240	12,720	21,200	42,400	74,200	106,000

	6	5	4	3	2	1
DC Spt Phae	4,400	13,200	22,000	44,000	77,000	110,000
A/W Phae	4,400	13,200	22,000	44,000	77,000	110,000
Cpe	2,360	7,080	11,800	23,600	41,300	59,000
Spec Sed	1,840	5,520	9,200	18,400	32,200	46,000
Twn Sed	1,880	5,640	9,400	18,800	32,900	47,000
Imp Sed	1,960	5,880	9,800	19,600	34,300	49,000
1932 Fleetwood Bodies, 140" wb						
Sed	1,960	5,880	9,800	19,600	34,300	49,000
Twn Cpe	2,440	7,320	12,200	24,400	42,700	61,000
7P Sed	2,160	6,480	10,800	21,600	37,800	54,000
7P Limo	2,440	7,320	12,200	24,400	42,700	61,000
5P Twn Car	4,240	12,720	21,200	42,400	74,200	106,000
Twn Cabr	4,400	13,200	22,000	44,000	77,000	110,000
Limo Brgm	2,640	7,920	13,200	26,400	46,200	66,000
1932 Series 370B, V-12, 134" wb						
Rds	7,600	22,800	38,000	76,000	133,000	190,000
Conv	7,200	21,600	36,000	72,000	126,000	180,000
2P Cpe	2,800	8,400	14,000	28,000	49,000	70,000
Std Sed	2,160	6,480	10,800	21,600	37,800	54,000
1932 Series 370B, V-12, 140" wb Fisher Bodies						
Std Phae	7,400	22,200	37,000	74,000	129,500	185,000
Spl Phae	7,600	22,800	38,000	76,000	133,000	190,000
Spt Phae	8,000	24,000	40,000	80,000	140,000	200,000
A/W Phae	7,800	23,400	39,000	78,000	136,500	195,000
5P Cpe	3,200	9,600	16,000	32,000	56,000	80,000
Spl Sed	3,040	9,120	15,200	30,400	53,200	76,000
Twn Sed	2,640	7,920	13,200	26,400	46,200	66,000
7P Sed	2,720	8,160	13,600	27,200	47,600	68,000
7P Imp	2,800	8,400	14,000	28,000	49,000	70,000
1932 Series 370B, V-12, 140" wb Fleetwood Bodies						
Tr	8,800	26,400	44,000	88,000	154,000	220,000
Conv	9,000	27,000	45,000	90,000	157,500	225,000
Sed	3,440	10,320	17,200	34,400	60,200	86,000
Twn Cpe	3,520	10,560	17,600	35,200	61,600	88,000
7P Sed	3,120	9,360	15,600	31,200	54,600	78,000
Limo	3,440	10,320	17,200	34,400	60,200	86,000
5P Twn Cabr	8,600	25,800	43,000	86,000	150,500	215,000
7P Twn Cabr	8,800	26,400	44,000	88,000	154,000	220,000
Limo Brgm	7,200	21,600	36,000	72,000	126,000	180,000
1932 Series 452B, V-16, 143" wb Fisher Bodies						
Rds	12,000	36,000	60,000	120,000	210,000	300,000
Conv	10,800	32,400	54,000	108,000	189,000	270,000
Cpe	8,200	24,600	41,000	82,000	143,500	205,000
Std Sed	7,200	21,600	36,000	72,000	126,000	180,000
1932 Series 452B, V-16, 149" wb Fisher Bodies						
Std Phae	13,800	41,400	69,000	138,000	241,500	345,000
Spl Phae	14,000	42,000	70,000	140,000	245,000	350,000
Spt Phae	13,800	41,400	69,000	138,000	241,500	345,000
A/W Phae	14,000	42,000	70,000	140,000	245,000	350,000
1932 Fleetwood Bodies, V-16						
5P Sed	8,600	25,800	43,000	86,000	150,500	215,000
Imp Limo	9,400	28,200	47,000	94,000	164,500	235,000
Twn Cpe	9,600	28,800	48,000	96,000	168,000	240,000
7P Sed	9,400	28,200	47,000	94,000	164,500	235,000
7P Twn Cabr	13,600	40,800	68,000	136,000	238,000	340,000
5P Twn Cabr	13,400	40,200	67,000	134,000	234,500	335,000
Limo Brgm	8,800	26,400	44,000	88,000	154,000	220,000
1933 Series 355C, V-8, 134" wb Fisher Bodies						
Rds	4,400	13,200	22,000	44,000	77,000	110,000
Conv	3,840	11,520	19,200	38,400	67,200	96,000
Cpe	1,960	5,880	9,800	19,600	34,300	49,000
1933 Series 355C, V-8, 140" wb Fisher Bodies						
Phae	4,080	12,240	20,400	40,800	71,400	102,000
A/W Phae	4,240	12,720	21,200	42,400	74,200	106,000
5P Cpe	2,000	6,000	10,000	20,000	35,000	50,000
Sed	1,920	5,760	9,600	19,200	33,600	48,000
Twn Sed	1,960	5,880	9,800	19,600	34,300	49,000
7P Sed	2,000	6,000	10,000	20,000	35,000	50,000
Imp Sed	2,120	6,360	10,600	21,200	37,100	53,000
1933 Series 355C, V-8, 140" wb Fleetwood Line						
5P Sed	1,960	5,880	9,800	19,600	34,300	49,000
7P Sed	2,000	6,000	10,000	20,000	35,000	50,000
Limo	2,120	6,360	10,600	21,200	37,100	53,000
5P Twn Cabr	4,080	12,240	20,400	40,800	71,400	102,000
7P Twn Cabr	4,240	12,720	21,200	42,400	74,200	106,000
Limo Brgm	2,480	7,440	12,400	24,800	43,400	62,000

	6	5	4	3	2	1
1933 Series 370C, V-12, 134" wb Fisher Bodies						
Rds	4,800	14,400	24,000	48,000	84,000	120,000
Conv	4,640	13,920	23,200	46,400	81,200	116,000
Cpe	2,960	8,880	14,800	29,600	51,800	74,000
1933 Series, 370C, V-12, 140" wb Fisher Bodies						
Phae	4,720	14,160	23,600	47,200	82,600	118,000
A/W Phae	4,800	14,400	24,000	48,000	84,000	120,000
5P Cpe	3,120	9,360	15,600	31,200	54,600	78,000
Sed	2,640	7,920	13,200	26,400	46,200	66,000
Twn Sed	2,640	7,920	13,200	26,400	46,200	66,000
7P Sed	2,480	7,440	12,400	24,800	43,400	62,000
Imp Sed	2,720	8,160	13,600	27,200	47,600	68,000
1933 Series 370C, V-12, 140" wb Fleetwood Line						
Sed	2,720	8,160	13,600	27,200	47,600	68,000
7P Sed	2,720	8,160	13,600	27,200	47,600	68,000
Limo	2,800	8,400	14,000	28,000	49,000	70,000
5P Twn Cabr	4,800	14,400	24,000	48,000	84,000	120,000
7P Twn Cabr	4,880	14,640	24,400	48,800	85,400	122,000
7P Limo Brgm	3,200	9,600	16,000	32,000	56,000	80,000
1933 Series 452C, V-16, 154" wb						
DC Spt Phae	10,400	31,200	52,000	104,000	182,000	260,000
1933 Fleetwood Bodies, 149" wb						
Conv	10,200	30,600	51,000	102,000	178,500	255,000
A/W Phae	10,400	31,200	52,000	104,000	182,000	260,000
Sed	7,200	21,600	36,000	72,000	126,000	180,000
7P Sed	7,200	21,600	36,000	72,000	126,000	180,000
Twn Cab	9,000	27,000	45,000	90,000	157,500	225,000
7P Twn Cab	8,800	26,400	44,000	88,000	154,000	220,000
7P Limo	7,400	22,200	37,000	74,000	129,500	185,000
Limo Brgm	7,400	22,200	37,000	74,000	129,500	185,000
5P Twn Cpe	7,000	21,000	35,000	70,000	122,500	175,000
Imp Cab	9,200	27,600	46,000	92,000	161,000	230,000
1934 Series 355D, V-8, 128" wb Fisher Bodies						
Conv	3,040	9,120	15,200	30,400	53,200	76,000
Conv Sed	3,120	9,360	15,600	31,200	54,600	78,000
2P Cpe	1,960	5,880	9,800	19,600	34,300	49,000
Twn Cpe	1,760	5,280	8,800	17,600	30,800	44,000
Sed	1,680	5,040	8,400	16,800	29,400	42,000
Twn Sed	1,720	5,160	8,600	17,200	30,100	43,000
1934 Series 355D, V-8, 136" wb Fisher Bodies						
Conv	3,200	9,600	16,000	32,000	56,000	80,000
Conv Sed	3,280	9,840	16,400	32,800	57,400	82,000
Cpe	2,040	6,120	10,200	20,400	35,700	51,000
Sed	1,680	5,040	8,400	16,800	29,400	42,000
Twn Sed	1,720	5,160	8,600	17,200	30,100	43,000
7P Sed	1,960	5,880	9,800	19,600	34,300	49,000
Imp Sed	2,160	6,480	10,800	21,600	37,800	54,000
1934 Series 355D, V-8, 146" wb Fleetwood bodies with straight windshield						
Sed	1,760	5,280	8,800	17,600	30,800	44,000
Twn Sed	1,800	5,400	9,000	18,000	31,500	45,000
7P Sed	1,840	5,520	9,200	18,400	32,200	46,000
7P Limo	1,920	5,760	9,600	19,200	33,600	48,000
Imp Cab	3,760	11,280	18,800	37,600	65,800	94,000
7P Imp Cab	3,840	11,520	19,200	38,400	67,200	96,000
1934 Series 355D, V-8, 146" wb Fleetwood bodies with modified "V" windshield						
Conv	3,440	10,320	17,200	34,400	60,200	86,000
Aero Cpe	3,200	9,600	16,000	32,000	56,000	80,000
Cpe	2,360	7,080	11,800	23,600	41,300	59,000
Spl Sed	1,960	5,880	9,800	19,600	34,300	49,000
Spl Twn Sed	2,000	6,000	10,000	20,000	35,000	50,000
Conv Sed Div	3,840	11,520	19,200	38,400	67,200	96,000
7P Spl Sed	2,040	6,120	10,200	20,400	35,700	51,000
Spl Limo	2,120	6,360	10,600	21,200	37,100	53,000
Sp Twn Cab	3,840	11,520	19,200	38,400	67,200	96,000
7P Twn Cab	3,920	11,760	19,600	39,200	68,600	98,000
5P Spl Imp Cab	3,920	11,760	19,600	39,200	68,600	98,000
7P Spl Imp Cab	4,000	12,000	20,000	40,000	70,000	100,000
Limo Brgm	3,040	9,120	15,200	30,400	53,200	76,000
1934 Series 370D, V-12, 146" wb Fleetwood bodies with straight windshield						
Sed	2,360	7,080	11,800	23,600	41,300	59,000
Twn Sed	2,400	7,200	12,000	24,000	42,000	60,000
7P Sed	2,440	7,320	12,200	24,400	42,700	61,000
7P Limo	2,560	7,680	12,800	25,600	44,800	64,000
5P Imp Cab	4,240	12,720	21,200	42,400	74,200	106,000
7P Imp Cab	4,320	12,960	21,600	43,200	75,600	108,000

	6	5	4	3	2	1
1934 Series 370D, V-12, 146" wb Fleetwood bodies with modified "V" windshield						
Conv	3,920	11,760	19,600	39,200	68,600	98,000
Aero Cpe	3,600	10,800	18,000	36,000	63,000	90,000
RS Cpe	2,560	7,680	12,800	25,600	44,800	64,000
Spl Sed	2,400	7,200	12,000	24,000	42,000	60,000
Spl Twn Sed	2,480	7,440	12,400	24,800	43,400	62,000
Conv Sed	4,400	13,200	22,000	44,000	77,000	110,000
7P Spl Sed	2,560	7,680	12,800	25,600	44,800	64,000
Spec Limo	2,640	7,920	13,200	26,400	46,200	66,000
5P Twn Cab	4,240	12,720	21,200	42,400	74,200	106,000
7P Twn Cab	4,320	12,960	21,600	43,200	75,600	108,000
5P Spl Imp Cab	4,400	13,200	22,000	44,000	77,000	110,000
7P Spl Imp Cab	4,720	14,160	23,600	47,200	82,600	118,000
1934 Series 452D, V-16, 154" wb Fleetwood bodies with straight windshield						
Sed	5,800	17,400	29,000	58,000	101,500	145,000
Twn Sed	6,000	18,000	30,000	60,000	105,000	150,000
7P Sed	6,000	18,000	30,000	60,000	105,000	150,000
Limo	6,200	18,600	31,000	62,000	108,500	155,000
5P Imp Cab	7,600	22,800	38,000	76,000	133,000	190,000
1934 Series 452D, V-16, 154" wb Fleetwood bodies with modified "V" windshield						
4P Conv	8,000	24,000	40,000	80,000	140,000	200,000
Aero Cpe	7,600	22,800	38,000	76,000	133,000	190,000
RS Cpe	9,200	27,600	46,000	92,000	161,000	230,000
Spl Sed	8,800	26,400	44,000	88,000	154,000	220,000
Spl Twn Sed	6,200	18,600	31,000	62,000	108,500	155,000
Conv Sed	9,000	27,000	45,000	90,000	157,500	225,000
7P Spl Sed	6,000	18,000	30,000	60,000	105,000	150,000
Spl Limo	6,400	19,200	32,000	64,000	112,000	160,000
5P Twn Cab	7,400	22,200	37,000	74,000	129,500	185,000
7P Twn Cab	7,600	22,800	38,000	76,000	133,000	190,000
5P Spl Imp Cab	7,800	23,400	39,000	78,000	136,500	195,000
7P Spl Imp Cab	8,000	24,000	40,000	80,000	140,000	200,000
Limo Brgm	6,800	20,400	34,000	68,000	119,000	170,000
1934 Series 355E, V-8, 128" wb Fisher Bodies						
RS Conv	3,040	9,120	15,200	30,400	53,200	76,000
Conv Sed	3,120	9,360	15,600	31,200	54,600	78,000
RS Cpe	1,960	5,880	9,800	19,600	34,300	49,000
5P Twn Cpe	1,760	5,280	8,800	17,600	30,800	44,000
Sed	1,680	5,040	8,400	16,800	29,400	42,000
Twn Sed	1,720	5,160	8,600	17,200	30,100	43,000
1935 Series 355E, V-8, 136" wb Fisher Bodies						
RS Conv	2,800	8,400	14,000	28,000	49,000	70,000
Conv Sed	2,720	8,160	13,600	27,200	47,600	68,000
RS Cpe	2,280	6,840	11,400	22,800	39,900	57,000
Sed	1,840	5,520	9,200	18,400	32,200	46,000
Twn Sed	1,880	5,640	9,400	18,800	32,900	47,000
7P Sed	1,960	5,880	9,800	19,600	34,300	49,000
Imp Sed	2,160	6,480	10,800	21,600	37,800	54,000
1935 Series 355E, V-8, 146" wb Fleetwood bodies with straight windshield						
Sed	1,760	5,280	8,800	17,600	30,800	44,000
Twn Sed	1,800	5,400	9,000	18,000	31,500	45,000
7P Sed	1,840	5,520	9,200	18,400	32,200	46,000
Limo	1,920	5,760	9,600	19,200	33,600	48,000
5P Imp Cabr	3,760	11,280	18,800	37,600	65,800	94,000
7P Imp Cabr	3,840	11,520	19,200	38,400	67,200	96,000
1935 Series 355E, V-8, 146" wb Fleetwood bodies with modified "V" windshield						
4P Conv	3,440	10,320	17,200	34,400	60,200	86,000
4P Cpe	2,360	7,080	11,800	23,600	41,300	59,000
Spl Sed	1,960	5,880	9,800	19,600	34,300	49,000
Spl Twn Sed	2,000	6,000	10,000	20,000	35,000	50,000
Conv Sed	3,840	11,520	19,200	38,400	67,200	96,000
7P Spl Sed	2,040	6,120	10,200	20,400	35,700	51,000
Spl Limo	2,120	6,360	10,600	21,200	37,100	53,000
5P Twn Cabr	3,840	11,520	19,200	38,400	67,200	96,000
7P Twn Cabr	3,920	11,760	19,600	39,200	68,600	98,000
5P Imp Cabr	3,920	11,760	19,600	39,200	68,600	98,000
7P Imp Cabr	4,000	12,000	20,000	40,000	70,000	100,000
Limo Brgm	3,040	9,120	15,200	30,400	53,200	76,000
1935 Series 370E, V-12, 146" wb Fleetwood bodies with straight windshield						
Sed	2,360	7,080	11,800	23,600	41,300	59,000
Twn Sed	2,400	7,200	12,000	24,000	42,000	60,000
7P Sed	2,440	7,320	12,200	24,400	42,700	61,000
Limo	2,560	7,680	12,800	25,600	44,800	64,000
5P Imp Cabr	4,240	12,720	21,200	42,400	74,200	106,000

	6	5	4	3	2	1
7P Imp Cabr	4,320	12,960	21,600	43,200	75,600	108,000
1935 Series 370E, V-12, 146" wb Fleetwood bodies with modified "V" windshield						
Conv	3,920	11,760	19,600	39,200	68,600	98,000
4P Cpe	2,560	7,680	12,800	25,600	44,800	64,000
Spl Sed	2,400	7,200	12,000	24,000	42,000	60,000
Spl Twn Sed	2,480	7,440	12,400	24,800	43,400	62,000
Conv Sed	4,400	13,200	22,000	44,000	77,000	110,000
7P Spl Sed	2,560	7,680	12,800	25,600	44,800	64,000
7P Spl Limo	2,640	7,920	13,200	26,400	46,200	66,000
5P Twn Cabr	4,240	12,720	21,200	42,400	74,200	106,000
7P Twn Cabr	4,320	12,960	21,600	43,200	75,600	108,000
5P Spl Imp Cabr	4,400	13,200	22,000	44,000	77,000	110,000
7P Spl Imp Cabr	4,720	14,160	23,600	47,200	82,600	118,000
Limo Brgm	3,840	11,520	19,200	38,400	67,200	96,000
1935 Series 452E, V-16, 154" wb Fleetwood bodies with straight windshield						
Sed	5,800	17,400	29,000	58,000	101,500	145,000
Twn Sed	6,000	18,000	30,000	60,000	105,000	150,000
7P Sed	6,000	18,000	30,000	60,000	105,000	150,000
7P Limo	6,200	18,600	31,000	62,000	108,500	155,000
5P Imp Cabr	7,600	22,800	38,000	76,000	133,000	190,000
7P Imp Cabr	7,800	23,400	39,000	78,000	136,500	195,000
1935 Series 452D, V-16, 154" wb Fleetwood bodies with modified "V" windshield						
2-4P Cpe	8,800	26,400	44,000	88,000	154,000	220,000
4P Cpe	9,000	27,000	45,000	90,000	157,500	225,000
Spl Sed	8,800	26,400	44,000	88,000	154,000	220,000
Spl Twn Sed	6,200	18,600	31,000	62,000	108,500	155,000
7P Spl Sed	6,000	18,000	30,000	60,000	105,000	150,000
Spl Limo	6,400	19,200	32,000	64,000	112,000	160,000
5P Twn Cabr	7,400	22,200	37,000	74,000	129,500	185,000
7P Twn Cab	7,600	22,800	38,000	76,000	133,000	190,000
5P Spl Imp Cabr	7,800	23,400	39,000	78,000	136,500	195,000
7P Spl Imp Cabr	8,000	24,000	40,000	80,000	140,000	200,000
Limo Brgm	6,800	20,400	34,000	68,000	119,000	170,000
5P Conv	8,400	25,200	42,000	84,000	147,000	210,000
Conv Sed	8,600	25,800	43,000	86,000	150,500	215,000
1936 Series 60, V-8, 121" wb						
2d Conv	2,560	7,680	12,800	25,600	44,800	64,000
2d 2P Cpe	1,360	4,080	6,800	13,600	23,800	34,000
4d Tr Sed	1,120	3,360	5,600	11,200	19,600	28,000
1936 Series 70, V-8, 131" wb, Fleetwood bodies						
2d Conv	2,800	8,400	14,000	28,000	49,000	70,000
2d 2P Cpe	1,400	4,200	7,000	14,000	24,500	35,000
4d Conv Sed	2,880	8,640	14,400	28,800	50,400	72,000
4d Tr Sed	1,280	3,840	6,400	12,800	22,400	32,000
1936 Series 75, V-8, 138" wb, Fleetwood bodies						
4d Sed	1,680	5,040	8,400	16,800	29,400	42,000
4d Tr Sed	1,720	5,160	8,600	17,200	30,100	43,000
4d Conv Sed	3,040	9,120	15,200	30,400	53,200	76,000
4d Fml Sed	1,680	5,040	8,400	16,800	29,400	42,000
4d Twn Sed	1,720	5,160	8,600	17,200	30,100	43,000
4d 7P Sed	1,760	5,280	8,800	17,600	30,800	44,000
4d 7P Tr Sed	1,880	5,640	9,400	18,800	32,900	47,000
4d Imp Sed	1,920	5,760	9,600	19,200	33,600	48,000
4d Imp Tr Sed	1,960	5,880	9,800	19,600	34,300	49,000
4d Twn Car	2,160	6,480	10,800	21,600	37,800	54,000
1936 Series 80, V-12, 131" wb, Fleetwood bodies						
2d Conv	3,200	9,600	16,000	32,000	56,000	80,000
4d Conv Sed	3,280	9,840	16,400	32,800	57,400	82,000
2d Cpe	1,960	5,880	9,800	19,600	34,300	49,000
4d Tr Sed	1,840	5,520	9,200	18,400	32,200	46,000
1936 Series 85, V-12, 138" wb, Fleetwood bodies						
4d Sed	1,880	5,640	9,400	18,800	32,900	47,000
4d Tr Sed	1,920	5,760	9,600	19,200	33,600	48,000
4d Conv Sed	3,040	9,120	15,200	30,400	53,200	76,000
4d Fml Sed	2,040	6,120	10,200	20,400	35,700	51,000
4d Twn Sed	2,080	6,240	10,400	20,800	36,400	52,000
4d 7P Sed	2,040	6,120	10,200	20,400	35,700	51,000
4d 7P Tr Sed	2,080	6,240	10,400	20,800	36,400	52,000
4d Imp Sed	2,160	6,480	10,800	21,600	37,800	54,000
4d Imp Tr Sed	2,240	6,720	11,200	22,400	39,200	56,000
4d Twn Car	2,560	7,680	12,800	25,600	44,800	64,000
1936 Series 90, V-16, 154" wb, Fleetwood bodies						
2d 2P Conv	5,200	15,600	26,000	52,000	91,000	130,000
4d Conv Sed	5,440	16,320	27,200	54,400	95,200	136,000
2d 2P Cpe	4,000	12,000	20,000	40,000	70,000	100,000

	6	5	4	3	2	1
2d Aero Cpe	4,560	13,680	22,800	45,600	79,800	114,000
4d Sed	3,840	11,520	19,200	38,400	67,200	96,000
4d Twn Sed	3,840	11,520	19,200	38,400	67,200	96,000
4d 7P Sed	3,920	11,760	19,600	39,200	68,600	98,000
4d 5P Imp Cabr	5,600	16,800	28,000	56,000	98,000	140,000
4d 7P Imp Cabr	5,600	16,800	28,000	56,000	98,000	140,000
4d Imp Sed	5,800	17,400	29,000	58,000	101,500	145,000
4d Twn Cabr	6,000	18,000	30,000	60,000	105,000	150,000
4d Twn Lan	5,440	16,320	27,200	54,400	95,200	136,000
4d 5P Conv	5,600	16,800	28,000	56,000	98,000	140,000
1937 Series 60, V-8, 124" wb						
2d Conv	2,360	7,080	11,800	23,600	41,300	59,000
4d Conv Sed	2,440	7,320	12,200	24,400	42,700	61,000
2d 2P Cpe	1,360	4,080	6,800	13,600	23,800	34,000
4d Tr Sed	1,160	3,480	5,800	11,600	20,300	29,000
1937 Series 65, V-8, 131" wb						
4d Tr Sed	1,240	3,720	6,200	12,400	21,700	31,000
1937 Series 70, V-8, 131" wb, Fleetwood bodies						
2d Conv	2,560	7,680	12,800	25,600	44,800	64,000
4d Conv Sed	2,480	7,440	12,400	24,800	43,400	62,000
2d Spt Cpe	1,480	4,440	7,400	14,800	25,900	37,000
4d Tr Sed	1,320	3,960	6,600	13,200	23,100	33,000
1937 Series 75, V-8, 138" wb, Fleetwood bodies						
4d Tr Sed	1,440	4,320	7,200	14,400	25,200	36,000
4d Twn Sed	1,480	4,440	7,400	14,800	25,900	37,000
4d Conv Sed	2,800	8,400	14,000	28,000	49,000	70,000
4d Fml Sed	1,560	4,680	7,800	15,600	27,300	39,000
4d Spl Tr Sed	1,600	4,800	8,000	16,000	28,000	40,000
4d Spl Imp Tr Sed	1,640	4,920	8,200	16,400	28,700	41,000
4d 7P Tr Sed	1,680	5,040	8,400	16,800	29,400	42,000
4d 7P Imp	1,640	4,920	8,200	16,400	28,700	41,000
4d Bus Tr Sed	1,600	4,800	8,000	16,000	28,000	40,000
4d Bus Imp	1,960	5,880	9,800	19,600	34,300	49,000
4d Twn Car	2,640	7,920	13,200	26,400	46,200	66,000
1937 4d Series 85, V-12, 138" wb, Fleetwood bodies						
4d Tr Sed	1,960	5,880	9,800	19,600	34,300	49,000
4d Twn Sed	2,000	6,000	10,000	20,000	35,000	50,000
4d Conv Sed	3,200	9,600	16,000	32,000	56,000	80,000
4d 7P Tr Sed	2,080	6,240	10,400	20,800	36,400	52,000
4d Imp Tr Sed	2,280	6,840	11,400	22,800	39,900	57,000
4d Twn Car	2,960	8,880	14,800	29,600	51,800	74,000
1937 Series 90, V-16, 154" wb, Fleetwood bodies						
2d 2P Conv	6,200	18,600	31,000	62,000	108,500	155,000
2d 5P Conv	6,200	18,600	31,000	62,000	108,500	155,000
4d Conv Sed	6,200	18,600	31,000	62,000	108,500	155,000
2d Cpe	4,400	13,200	22,000	44,000	77,000	110,000
4d Twn Sed	4,000	12,000	20,000	40,000	70,000	100,000
4d 7P Sed	4,080	12,240	20,400	40,800	71,400	102,000
4d Limo	4,320	12,960	21,600	43,200	75,600	108,000
4d 5P Imp Cabr	6,000	18,000	30,000	60,000	105,000	150,000
4d 5P Twn Cabr	6,200	18,600	31,000	62,000	108,500	155,000
4d 7P Imp Cabr	6,200	18,600	31,000	62,000	108,500	155,000
4d 7P Twn Cabr	6,400	19,200	32,000	64,000	112,000	160,000
2d Aero Cpe	4,720	14,160	23,600	47,200	82,600	118,000
4d Limo Brgm	4,400	13,200	22,000	44,000	77,000	110,000
4d Fml Sed	4,640	13,920	23,200	46,400	81,200	116,000
1938 Series 60, V-8, 124" wb						
2d Conv	2,480	7,440	12,400	24,800	43,400	62,000
4d Conv Sed	2,520	7,560	12,600	25,200	44,100	63,000
2d 2P Cpe	1,360	4,080	6,800	13,600	23,800	34,000
4d Tr Sed	1,320	3,960	6,600	13,200	23,100	33,000
1938 Series 60 Special, V-8, 127" wb						
4d Tr Sed	1,560	4,680	7,800	15,600	27,300	39,000
1938 Series 65, V-8, 132" wb						
4d Tr Sed	1,360	4,080	6,800	13,600	23,800	34,000
4d Div Tr Sed	1,560	4,680	7,800	15,600	27,300	39,000
4d Conv Sed	2,800	8,400	14,000	28,000	49,000	70,000
1938 Series 75, V-8, 141" wb, Fleetwood bodies						
2d Conv	2,880	8,640	14,400	28,800	50,400	72,000
4d Conv Sed	2,960	8,880	14,800	29,600	51,800	74,000
2d 2P Cpe	1,960	5,880	9,800	19,600	34,300	49,000
2d 5P Cpe	1,880	5,640	9,400	18,800	32,900	47,000
4d Tr Sed	1,560	4,680	7,800	15,600	27,300	39,000
4d Div Tr Sed	1,640	4,920	8,200	16,400	28,700	41,000
4d Twn Sed	1,600	4,800	8,000	16,000	28,000	40,000
4d Fml Sed	1,600	4,800	8,000	16,000	28,000	40,000
4d 7P Fml Sed	1,760	5,280	8,800	17,600	30,800	44,000

	6	5	4	3	2	1
4d 7P Tr Sed	1,680	5,040	8,400	16,800	29,400	42,000
4d Imp Tr Sed	1,720	5,160	8,600	17,200	30,100	43,000
4d 8P Tr Sed	1,720	5,160	8,600	17,200	30,100	43,000
4d 8P Imp Tr Sed	1,760	5,280	8,800	17,600	30,800	44,000
4d Twn Car	2,400	7,200	12,000	24,000	42,000	60,000
1938 Series 90, V-16, 141" wb, Fleetwood bodies						
2d Conv	4,240	12,720	21,200	42,400	74,200	106,000
4d Conv Sed Trk	4,320	12,960	21,600	43,200	75,600	108,000
2d 2P Cpe	3,040	9,120	15,200	30,400	53,200	76,000
2d 5P Cpe	3,120	9,360	15,600	31,200	54,600	78,000
4d Tr Sed	2,800	8,400	14,000	28,000	49,000	70,000
4d Twn Sed	2,880	8,640	14,400	28,800	50,400	72,000
4d Div Tr Sed	3,040	9,120	15,200	30,400	53,200	76,000
4d 7P Tr Sed	2,960	8,880	14,800	29,600	51,800	74,000
4d Imp Tr Sed	3,120	9,360	15,600	31,200	54,600	78,000
4d Fml Sed	3,120	9,360	15,600	31,200	54,600	78,000
4d Fml Sed Trk	3,200	9,600	16,000	32,000	56,000	80,000
4d Twn Car	3,840	11,520	19,200	38,400	67,200	96,000
1939 Series 61, V-8, 126" wb						
2d Conv	2,640	7,920	13,200	26,400	46,200	66,000
4d Conv Sed	2,720	8,160	13,600	27,200	47,600	68,000
2d Cpe	1,360	4,080	6,800	13,600	23,800	34,000
4d Tr Sed	1,240	3,720	6,200	12,400	21,700	31,000
1939 Series 60 Special, V-8, 127" wb, Fleetwood						
4d Sed	1,760	5,280	8,800	17,600	30,800	44,000
4d S/R Sed	1,840	5,520	9,200	18,400	32,200	46,000
4d S/R Imp Sed	1,960	5,880	9,800	19,600	34,300	49,000
1939 Series 75, V-8, 141" wb, Fleetwood bodies						
2d Conv	3,120	9,360	15,600	31,200	54,600	78,000
4d Conv Sed Trk	3,200	9,600	16,000	32,000	56,000	80,000
2d 4P Cpe	1,560	4,680	7,800	15,600	27,300	39,000
2d 5P Cpe	1,600	4,800	8,000	16,000	28,000	40,000
4d Tr Sed	1,480	4,440	7,400	14,800	25,900	37,000
4d Div Tr Sed	1,520	4,560	7,600	15,200	26,600	38,000
4d Twn Sed Trk	1,560	4,680	7,800	15,600	27,300	39,000
4d Fml Sed Trk	1,600	4,800	8,000	16,000	28,000	40,000
4d 7P Fml Sed Trk	1,680	5,040	8,400	16,800	29,400	42,000
4d 7P Tr Sed	1,640	4,920	8,200	16,400	28,700	41,000
4d 7P Tr Imp Sed	1,680	5,040	8,400	16,800	29,400	42,000
4d Bus Tr Sed	1,560	4,680	7,800	15,600	27,300	39,000
4d 8P Tr Imp Sed	1,760	5,280	8,800	17,600	30,800	44,000
4d Twn Car Trk	1,800	5,400	9,000	18,000	31,500	45,000
1939 Series 90, V-16, 141" wb, Fleetwood bodies						
2d Conv	4,000	12,000	20,000	40,000	70,000	100,000
4d Conv Sed	4,400	13,200	22,000	44,000	77,000	110,000
2d 4P Cpe	3,440	10,320	17,200	34,400	60,200	86,000
2d 5P Cpe	3,360	10,080	16,800	33,600	58,800	84,000
4d 5P Tr Sed	2,800	8,400	14,000	28,000	49,000	70,000
4d Twn Sed Trk	2,880	8,640	14,400	28,800	50,400	72,000
4d Div Tr Sed	2,880	8,640	14,400	28,800	50,400	72,000
4d 7P Tr Sed	2,880	8,640	14,400	28,800	50,400	72,000
4d 7P Imp Tr Sed	2,960	8,880	14,800	29,600	51,800	74,000
4d Fml Sed Trk	2,960	8,880	14,800	29,600	51,800	74,000
4d 7P Fml Sed Trk	3,040	9,120	15,200	30,400	53,200	76,000
4d Twn Car Trk	3,600	10,800	18,000	36,000	63,000	90,000
1940 Series 62, V-8, 129" wb						
2d Conv	2,800	8,400	14,000	28,000	49,000	70,000
4d Conv Sed	2,880	8,640	14,400	28,800	50,400	72,000
2d Cpe	1,400	4,200	7,000	14,000	24,500	35,000
4d Sed	1,080	3,240	5,400	10,800	18,900	27,000
1940 Series 60 Special, V-8, 127" wb, Fleetwood						
4d Sed	1,720	5,160	8,600	17,200	30,100	43,000
4d S/R Sed	1,800	5,400	9,000	18,000	31,500	45,000
4d Imp Sed	1,800	5,400	9,000	18,000	31,500	45,000
4d S/R Imp Sed	1,880	5,640	9,400	18,800	32,900	47,000
4d MB Twn Car	2,160	6,480	10,800	21,600	37,800	54,000
4d LB Twn Car	2,160	6,480	10,800	21,600	37,800	54,000
1940 Series 72, V-8, 138" wb, Fleetwood						
4d Sed	1,680	5,040	8,400	16,800	29,400	42,000
4d 4P Imp Sed	1,720	5,160	8,600	17,200	30,100	43,000
4d 7P Sed	1,760	5,280	8,800	17,600	30,800	44,000
4d 7P Bus Sed	1,680	5,040	8,400	16,800	29,400	42,000
4d 7P Imp Sed	1,760	5,280	8,800	17,600	30,800	44,000
4d 7P Fml Sed	1,800	5,400	9,000	18,000	31,500	45,000
4d 7P Bus Imp	1,720	5,160	8,600	17,200	30,100	43,000
4d 5P Fml Sed	1,840	5,520	9,200	18,400	32,200	46,000

	6	5	4	3	2	1
1940 Series 75, V-8, 141" wb, Fleetwood						
2d Conv	3,200	9,600	16,000	32,000	56,000	80,000
4d Conv Sed	3,280	9,840	16,400	32,800	57,400	82,000
2d 2P Cpe	2,400	7,200	12,000	24,000	42,000	60,000
2d 5P Cpe	2,360	7,080	11,800	23,600	41,300	59,000
4d Sed	2,280	6,840	11,400	22,800	39,900	57,000
4d 5P Imp Sed	2,360	7,080	11,800	23,600	41,300	59,000
4d 7P Sed	2,320	6,960	11,600	23,200	40,600	58,000
4d 7P Imp Sed	2,400	7,200	12,000	24,000	42,000	60,000
4d 5P Fml Sed	2,360	7,080	11,800	23,600	41,300	59,000
4d 7P Fml Sed	2,440	7,320	12,200	24,400	42,700	61,000
4d Twn Sed	2,560	7,680	12,800	25,600	44,800	64,000
4d Twn Car	2,560	7,680	12,800	25,600	44,800	64,000
1940 Series 90, V-16, 141" wb, Fleetwood						
2d Conv	4,640	13,920	23,200	46,400	81,200	116,000
4d Conv Sed	4,720	14,160	23,600	47,200	82,600	118,000
2d 2P Cpe	3,440	10,320	17,200	34,400	60,200	86,000
2d 5P Cpe	3,360	10,080	16,800	33,600	58,800	84,000
4d Sed	3,280	9,840	16,400	32,800	57,400	82,000
4d 7P Sed	3,360	10,080	16,800	33,600	58,800	84,000
4d 7P Imp Sed	3,360	10,080	16,800	33,600	58,800	84,000
4d 5P Fml Sed	3,520	10,560	17,600	35,200	61,600	88,000
4d 7P Fml Sed	3,520	10,560	17,600	35,200	61,600	88,000
4d 5P Twn Sed	3,600	10,800	18,000	36,000	63,000	90,000
4d 7P Twn Car	3,600	10,800	18,000	36,000	63,000	90,000
1941 Series 61, V-8, 126" wb						
2d FBk	1,080	3,240	5,400	10,800	18,900	27,000
2d DeL FBk	1,120	3,360	5,600	11,200	19,600	28,000
4d Sed FBk	1,000	3,000	5,000	10,000	17,500	25,000
4d DeL Sed FBk	1,160	3,480	5,800	11,600	20,300	29,000
1941 Series 62, V-8, 126" wb						
2d Conv	2,560	7,680	12,800	25,600	44,800	64,000
4d Conv Sed	2,480	7,440	12,400	24,800	43,400	62,000
2d Cpe	1,320	3,960	6,600	13,200	23,100	33,000
2d DeL Cpe	1,360	4,080	6,800	13,600	23,800	34,000
4d Sed	920	2,760	4,600	9,200	16,100	23,000
4d DeL Sed	960	2,880	4,800	9,600	16,800	24,000
1941 Series 63, V-8, 126" wb						
4d Sed FBk	1,160	3,480	5,800	11,600	20,300	29,000
1941 Series 60 Special, V-8, 126" wb, Fleetwood						
4d Sed	1,720	5,160	8,600	17,200	30,100	43,000
4d S/R Sed	1,840	5,520	9,200	18,400	32,200	46,000
NOTE: Add $1,500 for division window.						
1941 Series 67, V-8, 138" wb						
4d 5P Sed	1,080	3,240	5,400	10,800	18,900	27,000
4d Imp Sed	1,120	3,360	5,600	11,200	19,600	28,000
4d 7P Sed	1,080	3,240	5,400	10,800	18,900	27,000
4d 7P Imp Sed	1,160	3,480	5,800	11,600	20,300	29,000
1941 Series 75, V-8, 136- 1/2" wb						
4d 5P Sed	1,120	3,360	5,600	11,200	19,600	28,000
4d 5P Imp Sed	1,180	3,540	5,900	11,800	20,650	29,500
4d 7P Sed	1,180	3,540	5,900	11,800	20,650	29,500
4d 9P Bus Sed	1,160	3,480	5,800	11,600	20,300	29,000
4d 7P Imp Sed	1,200	3,600	6,000	12,000	21,000	30,000
4d Bus Imp Sed	1,120	3,360	5,600	11,200	19,600	28,000
4d 5P Fml Sed	1,200	3,600	6,000	12,000	21,000	30,000
4d 7P Fml Sed	1,200	3,600	6,000	12,000	21,000	30,000
1942 Series 61, V-8, 126" wb						
2d FBk	1,120	3,360	5,600	11,200	19,600	28,000
4d FBk	880	2,640	4,400	8,800	15,400	22,000
1942 Series 62, V-8, 129" wb						
2d DeL FBk	1,180	3,540	5,900	11,800	20,650	29,500
2d FBk	1,160	3,480	5,800	11,600	20,300	29,000
2d DeL Conv Cpe	2,080	6,240	10,400	20,800	36,400	52,000
4d Sed	920	2,760	4,600	9,200	16,100	23,000
4d DeL Sed	960	2,880	4,800	9,600	16,800	24,000
1942 Series 63, V-8, 126" wb						
4d FBk	920	2,760	4,600	9,200	16,100	23,000
1942 Series 60 Special, V-8, 133" wb, Fleetwood						
4d Sed	1,120	3,360	5,600	11,200	19,600	28,000
4d Imp Sed	1,160	3,480	5,800	11,600	20,300	29,000
1942 Series 67, V-8, 139" wb						
4d 5P Sed	920	2,760	4,600	9,200	16,100	23,000
4d 5P Sed Div	1,040	3,120	5,200	10,400	18,200	26,000
4d 7P Sed	960	2,880	4,800	9,600	16,800	24,000

	6	5	4	3	2	1
4d 7P Sed Imp	1,040	3,120	5,200	10,400	18,200	26,000
1942 Series 75, V-8, 136" wb, Fleetwood						
4d 5P Imp	1,040	3,120	5,200	10,400	18,200	26,000
4d 5P Imp Sed	1,080	3,240	5,400	10,800	18,900	27,000
4d 7P Sed	1,040	3,120	5,200	10,400	18,200	26,000
4d 9P Bus Sed	1,040	3,120	5,200	10,400	18,200	26,000
4d 7P Imp Sed	1,120	3,360	5,600	11,200	19,600	28,000
4d 9P Bus Imp	1,080	3,240	5,400	10,800	18,900	27,000
4d 5P Fml Sed	1,160	3,480	5,800	11,600	20,300	29,000
4d 7P Fml Sed	1,200	3,600	6,000	12,000	21,000	30,000
1946-1947 Series 61, V-8, 126" wb						
2d FBk	1,160	3,480	5,800	11,600	20,300	29,000
4d FBk	960	2,880	4,800	9,600	16,800	24,000
1946-1947 Series 62, V-8, 129" wb						
2d Conv	2,280	6,840	11,400	22,800	39,900	57,000
2d FBk	1,200	3,600	6,000	12,000	21,000	30,000
4d 5P Sed	1,000	3,000	5,000	10,000	17,500	25,000
1946-1947 Series 60 Special, V-8, 133" wb, Fleetwood						
4d 6P Sed	1,080	3,240	5,400	10,800	18,900	27,000
1946-1947 Series 75, V-8, 136" wb, Fleetwood						
4d 5P Sed	1,160	3,480	5,800	11,600	20,300	29,000
4d 7P Sed	1,200	3,600	6,000	12,000	21,000	30,000
4d 7P Imp Sed	1,360	4,080	6,800	13,600	23,800	34,000
4d 9P Bus Sed	1,200	3,600	6,000	12,000	21,000	30,000
4d 9P Bus Imp	1,280	3,840	6,400	12,800	22,400	32,000
1948 Series 61, V-8, 126" wb						
2d FBk	1,120	3,360	5,600	11,200	19,600	28,000
4d 5P Sed	1,000	3,000	5,000	10,000	17,500	25,000
1948 Series 62, V-8, 126" wb						
2d Conv	2,360	7,080	11,800	23,600	41,300	59,000
2d Clb Cpe	1,160	3,480	5,800	11,600	20,300	29,000
4d 5P Sed	1,080	3,240	5,400	10,800	18,900	27,000
1948 Series 60 Special, V-8, 133" wb, Fleetwood						
4d Sed	1,160	3,480	5,800	11,600	20,300	29,000
1948 Series 75, V-8, 136" wb, Fleetwood						
4d 5P Sed	1,160	3,480	5,800	11,600	20,300	29,000
4d 7P Sed	1,200	3,600	6,000	12,000	21,000	30,000
4d 7P Imp Sed	1,360	4,080	6,800	13,600	23,800	34,000
4d 9P Bus Sed	1,200	3,600	6,000	12,000	21,000	30,000
4d 9P Bus Imp	1,280	3,840	6,400	12,800	22,400	32,000
1949 Series 61, V-8, 126" wb						
2d FBk	1,160	3,480	5,800	11,600	20,300	29,000
4d Sed	1,040	3,120	5,200	10,400	18,200	26,000
1949 Series 62, V-8, 126" wb						
2d FBk	1,200	3,600	6,000	12,000	21,000	30,000
4d 5P Sed	1,120	3,360	5,600	11,200	19,600	28,000
2d HT Cpe DeV	1,720	5,160	8,600	17,200	30,100	43,000
2d Conv	2,440	7,320	12,200	24,400	42,700	61,000
1949 Series 60 Special, V-8, 133" wb, Fleetwood						
4d 5P Sed	1,200	3,600	6,000	12,000	21,000	30,000
1949 Series 75, V-8, 136" wb, Fleetwood						
4d 5P Sed	1,200	3,600	6,000	12,000	21,000	30,000
4d 7P Sed	1,240	3,720	6,200	12,400	21,700	31,000
4d 7P Imp Sed	1,400	4,200	7,000	14,000	24,500	35,000
4d 9P Bus Sed	1,240	3,720	6,200	12,400	21,700	31,000
4d 9P Bus Imp	1,320	3,960	6,600	13,200	23,100	33,000
1950-1951 Series 61, V-8						
4d 5P Sed	880	2,640	4,400	8,800	15,400	22,000
2d HT Cpe	1,360	4,080	6,800	13,600	23,800	34,000
1950-1951 Series 62, V-8						
4d 5P Sed	920	2,760	4,600	9,200	16,100	23,000
2d HT Cpe	1,120	3,360	5,600	11,200	19,600	28,000
2d HT Cpe DeV	1,600	4,800	8,000	16,000	28,000	40,000
2d Conv	1,840	5,520	9,200	18,400	32,200	46,000
1950-1951 Series 60S, V-8						
4d Sed	1,120	3,360	5,600	11,200	19,600	28,000
1950-1951 Series 75, Fleetwood						
4d 8P Sed	1,160	3,480	5,800	11,600	20,300	29,000
1950-1951 Series 75 Fleetwood						
4d 8P Imp	1,240	3,720	6,200	12,400	21,700	31,000
1952 Series 62, V-8						
4d Sed	920	2,760	4,600	9,200	16,100	23,000
2d HT	1,080	3,240	5,400	10,800	18,900	27,000
2d HT Cpe DeV	1,600	4,800	8,000	16,000	28,000	40,000

	6	5	4	3	2	1
2d Conv	1,880	5,640	9,400	18,800	32,900	47,000
1952 Series 60S, V-8						
4d Sed	1,120	3,360	5,600	11,200	19,600	28,000
1952 Series 75, V-8, Fleetwood						
4d Sed	1,160	3,480	5,800	11,600	20,300	29,000
4d Imp Sed	1,240	3,720	6,200	12,400	21,700	31,000
1953 Series 62, V-8						
4d Sed	880	2,640	4,400	8,800	15,400	22,000
2d HT	1,320	3,960	6,600	13,200	23,100	33,000
2d HT Cpe DeV	1,680	5,040	8,400	16,800	29,400	42,000
2d Conv	1,840	5,520	9,200	18,400	32,200	46,000
2d Eldo Conv	3,280	9,840	16,400	32,800	57,400	82,000
1953 Series 60S, V-8						
4d Sed	1,360	4,080	6,800	13,600	23,800	34,000
1953 Series 75, V-8, Fleetwood						
4d 7P Sed	1,400	4,200	7,000	14,000	24,500	35,000
4d Imp Sed	1,480	4,440	7,400	14,800	25,900	37,000
1954 Series 62, V-8						
4d Sed	880	2,640	4,400	8,800	15,400	22,000
2d HT	1,240	3,720	6,200	12,400	21,700	31,000
2d HT Cpe DeV	1,600	4,800	8,000	16,000	28,000	40,000
2d Conv	2,080	6,240	10,400	20,800	36,400	52,000
2d Eldo Conv	2,480	7,440	12,400	24,800	43,400	62,000
1954 Series 60S, V-8						
4d Sed	1,200	3,600	6,000	12,000	21,000	30,000
1954 Series 75, V-8, Fleetwood						
4d 7P Sed	1,320	3,960	6,600	13,200	23,100	33,000
4d 7P Imp Sed	1,400	4,200	7,000	14,000	24,500	35,000
1955 Series 62, V-8						
4d Sed	880	2,640	4,400	8,800	15,400	22,000
2d HT	1,520	4,560	7,600	15,200	26,600	38,000
2d HT Cpe DeV	1,640	4,920	8,200	16,400	28,700	41,000
2d Conv	2,080	6,240	10,400	20,800	36,400	52,000
2d Eldo Conv	1,840	5,520	9,200	18,400	32,200	46,000
1955 Series 60S, V-8						
4d Sed	1,200	3,600	6,000	12,000	21,000	30,000
1955 Series 75, V-8, Fleetwood						
4d 7P Sed	1,320	3,960	6,600	13,200	23,100	33,000
4d 7P Imp Sed	1,400	4,200	7,000	14,000	24,500	35,000
1956 Series 62, V-8						
4d Sed	880	2,640	4,400	8,800	15,400	22,000
2d HT	1,560	4,680	7,800	15,600	27,300	39,000
4d HT Sed DeV	1,320	3,960	6,600	13,200	23,100	33,000
2d HT Cpe DeV	1,680	5,040	8,400	16,800	29,400	42,000
2d Conv	2,120	6,360	10,600	21,200	37,100	53,000
2d HT Eldo Sev	1,800	5,400	9,000	18,000	31,500	45,000
2d Brtz Conv	2,080	6,240	10,400	20,800	36,400	52,000
1956 Series 60S, V-8						
4d Sed	1,200	3,600	6,000	12,000	21,000	30,000
1956 Series 75, V-8, Fleetwood						
4d 7P Sed	1,320	3,960	6,600	13,200	23,100	33,000
4d 7P Imp Sed	1,400	4,200	7,000	14,000	24,500	35,000
1957 Series 62, V-8						
4d HT	720	2,160	3,600	7,200	12,600	18,000
2d HT	1,400	4,200	7,000	14,000	24,500	35,000
2d HT Cpe DeV	1,520	4,560	7,600	15,200	26,600	38,000
4d HT Sed DeV	1,320	3,960	6,600	13,200	23,100	33,000
2d Conv	1,800	5,400	9,000	18,000	31,500	45,000
1957 Eldorado, V-8						
2d HT Sev	1,440	4,320	7,200	14,400	25,200	36,000
2d Brtz Conv	1,800	5,400	9,000	18,000	31,500	45,000
1957 Fleetwood 60 Special, V-8						
4d HT	960	2,880	4,800	9,600	16,800	24,000
1957 Eldorado Brougham, V-8						
4d HT	1,320	3,960	6,600	13,200	23,100	33,000
1957 Series 75						
4d 8P Sed	1,000	3,000	5,000	10,000	17,500	25,000
4d 8P Imp Sed	1,080	3,240	5,400	10,800	18,900	27,000
1958 Series 62, V-8						
4d HT Sh Dk	640	1,920	3,200	6,400	11,200	16,000
4d 6W Sed	920	2,760	4,600	9,200	16,100	23,000
4d Sed DeV	960	2,880	4,800	9,600	16,800	24,000
2d HT	1,240	3,720	6,200	12,400	21,700	31,000

1933 LaSalle 345C town sedan

1937 LaSalle Series 50 convertible sedan

1966 Checker Marathon sedan

	6	5	4	3	2	1
2d HT Cpe DeV	1,320	3,960	6,600	13,200	23,100	33,000
2d Conv	1,720	5,160	8,600	17,200	30,100	43,000
1958 Eldorado, V-8						
2d HT Sev	1,360	4,080	6,800	13,600	23,800	34,000
2d Brtz Conv	1,840	5,520	9,200	18,400	32,200	46,000
1958 Fleetwood 60 Special, V-8						
4d HT	1,120	3,360	5,600	11,200	19,600	28,000
1958 Eldorado Brougham, V-8						
4d HT	1,480	4,440	7,400	14,800	25,900	37,000
1958 Series 75						
4d 8P Sed	920	2,760	4,600	9,200	16,100	23,000
4d 8P Imp Sed	1,000	3,000	5,000	10,000	17,500	25,000
1959 Series 62, V-8						
4d 4W HT	920	2,760	4,600	9,200	16,100	23,000
4d 6W HT	880	2,640	4,400	8,800	15,400	22,000
2d HT	1,120	3,360	5,600	11,200	19,600	28,000
2d Conv	2,040	6,120	10,200	20,400	35,700	51,000
1959 Series 62 DeVille, V-8						
2d HT Cpe DeV	1,400	4,200	7,000	14,000	24,500	35,000
4d 4W HT	1,000	3,000	5,000	10,000	17,500	25,000
4d 6W HT	960	2,880	4,800	9,600	16,800	24,000
1959 Series Eldorado, V-8						
4d HT Brgm	1,400	4,200	7,000	14,000	24,500	35,000
2d HT Sev	1,560	4,680	7,800	15,600	27,300	39,000
2d Brtz Conv	2,720	8,160	13,600	27,200	47,600	68,000
1959 Fleetwood 60 Special, V-8						
4d 6P Sed	1,160	3,480	5,800	11,600	20,300	29,000
1959 Fleetwood Series 75, V-8						
4d 9P Sed	1,240	3,720	6,200	12,400	21,700	31,000
4d Limo	1,320	3,960	6,600	13,200	23,100	33,000
1960 Series 62, V-8						
4d 4W HT	920	2,760	4,600	9,200	16,100	23,000
4d 6W HT	880	2,640	4,400	8,800	15,400	22,000
2d HT	1,200	3,600	6,000	12,000	21,000	30,000
2d Conv	1,920	5,760	9,600	19,200	33,600	48,000
1960 Series 62 DeVille, V-8						
4d 4W Sed	960	2,880	4,800	9,600	16,800	24,000
4d 6W Sed	920	2,760	4,600	9,200	16,100	23,000
2d HT Cpe DeV	1,280	3,840	6,400	12,800	22,400	32,000
1960 Eldorado Series, V-8						
4d HT Brgm	1,400	4,200	7,000	14,000	24,500	35,000
2d HT Sev	1,520	4,560	7,600	15,200	26,600	38,000
2d Brtz Conv	2,480	7,440	12,400	24,800	43,400	62,000
1960 Fleetwood 60 Special, V-8						
4d 6P HT	1,240	3,720	6,200	12,400	21,700	31,000
1960 Fleetwood Series 75, V-8						
4d 9P Sed	1,160	3,480	5,800	11,600	20,300	29,000
4d Limo	1,240	3,720	6,200	12,400	21,700	31,000
1961 Series 62, V-8						
4d 4W HT	580	1,740	2,900	5,800	10,150	14,500
4d 6W HT	576	1,728	2,880	5,760	10,080	14,400
2d HT	840	2,520	4,200	8,400	14,700	21,000
2d Conv	1,360	4,080	6,800	13,600	23,800	34,000
1961 Series 62 DeVille, V-8						
4d 4W HT	588	1,764	2,940	5,880	10,290	14,700
4d 6W HT	584	1,752	2,920	5,840	10,220	14,600
4d HT Sh Dk	580	1,740	2,900	5,800	10,150	14,500
2d HT Cpe DeV	960	2,880	4,800	9,600	16,800	24,000
1961 Eldorado Series, V-8						
2d Brtz Conv	1,560	4,680	7,800	15,600	27,300	39,000
1961 Fleetwood 60 Special, V-8						
4d 6P HT	880	2,640	4,400	8,800	15,400	22,000
1961 Fleetwood Series 75, V-8						
4d 9P Sed	840	2,520	4,200	8,400	14,700	21,000
4d 9P Limo	1,040	3,120	5,200	10,400	18,200	26,000
1962 Series 62, V-8						
4d 4W HT	588	1,764	2,940	5,880	10,290	14,700
4d 6W HT	580	1,740	2,900	5,800	10,150	14,500
4d HT Sh Dk	580	1,740	2,900	5,800	10,150	14,500
2d HT	880	2,640	4,400	8,800	15,400	22,000
2d Conv	1,360	4,080	6,800	13,600	23,800	34,000
1962 Series 62 DeVille, V-8						
4d 4W HT	760	2,280	3,800	7,600	13,300	19,000

	6	5	4	3	2	1
4d 6W HT	700	2,100	3,500	7,000	12,250	17,500
4d HT Pk Ave	740	2,220	3,700	7,400	12,950	18,500
2d HT Cpe DeV	960	2,880	4,800	9,600	16,800	24,000
1962 Eldorado Series, V-8						
2d Brtz Conv	1,560	4,680	7,800	15,600	27,300	39,000
1962 Fleetwood 60 Special, V-8						
4d 6P HT	840	2,520	4,200	8,400	14,700	21,000
1962 Fleetwood 75 Series, V-8						
4d 9P Sed	880	2,640	4,400	8,800	15,400	22,000
4d 9P Limo	1,040	3,120	5,200	10,400	18,200	26,000
1963 Series 62, V-8						
4d 4W HT	600	1,800	3,000	6,000	10,500	15,000
4d 6W HT	584	1,752	2,920	5,840	10,220	14,600
2d HT	720	2,160	3,600	7,200	12,600	18,000
2d Conv	1,120	3,360	5,600	11,200	19,600	28,000
1963 Series 62 DeVille, V-8						
4d 4W HT	640	1,920	3,200	6,400	11,200	16,000
4d 6W HT	624	1,872	3,120	6,240	10,920	15,600
4d HT Pk Ave	620	1,860	3,100	6,200	10,850	15,500
2d HT Cpe DeV	920	2,760	4,600	9,200	16,100	23,000
1963 Eldorado Series, V-8						
2d Brtz Conv	1,320	3,960	6,600	13,200	23,100	33,000
1963 Fleetwood 60 Special, V-8						
4d 6P HT	680	2,040	3,400	6,800	11,900	17,000
1963 Fleetwood 75 Series, V-8						
4d 9P Sed	760	2,280	3,800	7,600	13,300	19,000
4d 9P Limo	920	2,760	4,600	9,200	16,100	23,000
1964 Series 62, V-8						
4d 4W HT	640	1,920	3,200	6,400	11,200	16,000
4d 6W HT	632	1,896	3,160	6,320	11,060	15,800
2d HT	800	2,400	4,000	8,000	14,000	20,000
1964 Series 62 DeVille, V-8						
4d 4W HT	648	1,944	3,240	6,480	11,340	16,200
4d 6W HT	640	1,920	3,200	6,400	11,200	16,000
2d HT Cpe DeV	960	2,880	4,800	9,600	16,800	24,000
2d Conv	1,160	3,480	5,800	11,600	20,300	29,000
1964 Eldorado Series, V-8						
2d Conv	1,360	4,080	6,800	13,600	23,800	34,000
1964 Fleetwood 60 Special, V-8						
4d 6P HT	800	2,400	4,000	8,000	14,000	20,000
1964 Fleetwood 75 Series, V-8						
4d 9P Sed	800	2,400	4,000	8,000	14,000	20,000
4d 9P Limo	920	2,760	4,600	9,200	16,100	23,000
1965 Calais Series, V-8						
4d Sed	552	1,656	2,760	5,520	9,660	13,800
4d HT	560	1,680	2,800	5,600	9,800	14,000
2d HT	640	1,920	3,200	6,400	11,200	16,000
1965 DeVille Series, V-8						
6P Sed	560	1,680	2,800	5,600	9,800	14,000
4d HT	576	1,728	2,880	5,760	10,080	14,400
2d HT	720	2,160	3,600	7,200	12,600	18,000
2d Conv	920	2,760	4,600	9,200	16,100	23,000
1965 Fleetwood 60 Special, V-8						
4d 6P Sed	660	1,980	3,300	6,600	11,550	16,500
4d Brgm Sed	680	2,040	3,400	6,800	11,900	17,000
1965 Fleetwood Eldorado, V-8						
2d Conv	1,120	3,360	5,600	11,200	19,600	28,000
1965 Fleetwood 75 Series, V-8						
4d 9P Sed	800	2,400	4,000	8,000	14,000	20,000
4d 9P Limo	920	2,760	4,600	9,200	16,100	23,000
1966 Calais Series, V-8						
4d Sed	552	1,656	2,760	5,520	9,660	13,800
4d HT	560	1,680	2,800	5,600	9,800	14,000
2d HT	640	1,920	3,200	6,400	11,200	16,000
1966 DeVille Series, V-8						
4d Sed	560	1,680	2,800	5,600	9,800	14,000
4d HT	568	1,704	2,840	5,680	9,940	14,200
2d HT	720	2,160	3,600	7,200	12,600	18,000
2d Conv	920	2,760	4,600	9,200	16,100	23,000
1966 Eldorado, V-8						
2d Conv	1,120	3,360	5,600	11,200	19,600	28,000
1966 Fleetwood Brougham, V-8						
4d Sed	640	1,920	3,200	6,400	11,200	16,000

	6	5	4	3	2	1
1966 Sixty Special, V-8						
4d Sed	640	1,920	3,200	6,400	11,200	16,000
1966 Seventy Five, V-8						
4d Sed	760	2,280	3,800	7,600	13,300	19,000
4d Limo	920	2,760	4,600	9,200	16,100	23,000
1967 Calais, V-8, 129.5" wb						
4d HT	560	1,680	2,800	5,600	9,800	14,000
2d HT	620	1,860	3,100	6,200	10,850	15,500
1967 DeVille, V-8, 129.5" wb						
4d HT	584	1,752	2,920	5,840	10,220	14,600
2d HT	680	2,040	3,400	6,800	11,900	17,000
2d Conv	920	2,760	4,600	9,200	16,100	23,000
1967 Fleetwood Eldorado, V-8, 120" wb						
2d HT	680	2,040	3,400	6,800	11,900	17,000
1967 Sixty-Special, V-8, 133" wb						
4d Sed	600	1,800	3,000	6,000	10,500	15,000
1967 Fleetwood Brougham, V-8, 133" wb						
4d Sed	600	1,800	3,000	6,000	10,500	15,000
1967 Seventy-Five Series, V-8, 149.8" wb						
4d Sed	640	1,920	3,200	6,400	11,200	16,000
4d Limo	680	2,040	3,400	6,800	11,900	17,000
1968 Calais, V-8, 129.5" wb						
2d HT	620	1,860	3,100	6,200	10,850	15,500
4d HT	564	1,692	2,820	5,640	9,870	14,100
1968 DeVille, V-8, 129.5" wb						
4d Sed	568	1,704	2,840	5,680	9,940	14,200
4d HT	584	1,752	2,920	5,840	10,220	14,600
2d HT	680	2,040	3,400	6,800	11,900	17,000
2d Conv	920	2,760	4,600	9,200	16,100	23,000
1968 Fleetwood Eldorado, V-8, 120" wb						
2d HT	680	2,040	3,400	6,800	11,900	17,000
1968 Sixty-Special, V-8, 133" wb						
4d Sed	600	1,800	3,000	6,000	10,500	15,000
1968 Fleetwood Brougham, V-8, 133" wb						
4d Sed	600	1,800	3,000	6,000	10,500	15,000
1968 Series 75, V-8, 149.8" wb						
4d Sed	640	1,920	3,200	6,400	11,200	16,000
4d Limo	680	2,040	3,400	6,800	11,900	17,000
1969-1970 Calais, V-8, 129.5" wb						
2d HT	540	1,620	2,700	5,400	9,450	13,500
4d HT	420	1,260	2,100	4,200	7,350	10,500
1969-1970 DeVille, V-8, 129.5" wb						
4d Sed	424	1,272	2,120	4,240	7,420	10,600
4d HT	436	1,308	2,180	4,360	7,630	10,900
2d HT	540	1,620	2,700	5,400	9,450	13,500
2d Conv	800	2,400	4,000	8,000	14,000	20,000
1969-1970 Fleetwood Eldorado, V-8, 120" wb						
2d HT	640	1,920	3,200	6,400	11,200	16,000
1969-1970 Sixty-Special, V-8, 133" wb						
4d Sed	560	1,680	2,800	5,600	9,800	14,000
4d Brgm	580	1,740	2,900	5,800	10,150	14,500
1969-1970 Series 75, V-8, 149.8" wb						
4d Sed	580	1,740	2,900	5,800	10,150	14,500
4d Limo	600	1,800	3,000	6,000	10,500	15,000
1971-1972 Calais						
2d HT	552	1,656	2,760	5,520	9,660	13,800
4d HT	428	1,284	2,140	4,280	7,490	10,700
1971-1972 DeVille						
2d HT	580	1,740	2,900	5,800	10,150	14,500
4d HT	528	1,584	2,640	5,280	9,240	13,200
1971-1972 Fleetwood 60 Special						
4d Brgm	552	1,656	2,760	5,520	9,660	13,800
1971-1972 Fleetwood 75						
4d 9P Sed	552	1,656	2,760	5,520	9,660	13,800
4d Limo	572	1,716	2,860	5,720	10,010	14,300
1971-1972 Fleetwood Eldorado						
2d HT	600	1,800	3,000	6,000	10,500	15,000
2d Conv	760	2,280	3,800	7,600	13,300	19,000
1973 Calais, V-8						
2d HT	420	1,260	2,100	4,200	7,350	10,500
4d HT	412	1,236	2,060	4,120	7,210	10,300

	6	5	4	3	2	1
1973 DeVille, V-8						
2d HT	520	1,560	2,600	5,200	9,100	13,000
4d HT	432	1,296	2,160	4,320	7,560	10,800
1973 Fleetwood 60S, V-8						
4d Brgm Sed	436	1,308	2,180	4,360	7,630	10,900
1973 Fleetwood Eldorado, V-8						
2d HT	560	1,680	2,800	5,600	9,800	14,000
2d Conv	760	2,280	3,800	7,600	13,300	19,000
1973 Fleetwood 75, V-8						
NOTE: Add 20 percent for Pace Car Edition.						
4d Sed	540	1,620	2,700	5,400	9,450	13,500
4d Limo	560	1,680	2,800	5,600	9,800	14,000
1974 Calais, V-8						
2d HT	416	1,248	2,080	4,160	7,280	10,400
4d HT	408	1,224	2,040	4,080	7,140	10,200
1974 DeVille, V-8						
2d HT	436	1,308	2,180	4,360	7,630	10,900
4d HT	428	1,284	2,140	4,280	7,490	10,700
1974 Fleetwood Brougham, V-8						
4d Sed	432	1,296	2,160	4,320	7,560	10,800
1974 Fleetwood Eldorado, V-8						
2d HT	560	1,680	2,800	5,600	9,800	14,000
2d Conv	800	2,400	4,000	8,000	14,000	20,000
1974 Fleetwood 75, V-8						
4d Sed	540	1,620	2,700	5,400	9,450	13,500
4d Limo	560	1,680	2,800	5,600	9,800	14,000
NOTE: Add 20 percent for Talisman Brougham. Add 10 percent for padded top on Series 75. Add 10 percent for sunroof on DeVille/60/Eldorado.						
1975 Calais, V-8						
2d HT	428	1,284	2,140	4,280	7,490	10,700
4d HT	412	1,236	2,060	4,120	7,210	10,300
1975 DeVille, V-8						
2d HT	436	1,308	2,180	4,360	7,630	10,900
4d HT	420	1,260	2,100	4,200	7,350	10,500
1975 Fleetwood Brougham, V-8						
4d Sed	420	1,260	2,100	4,200	7,350	10,500
1975 Fleetwood Eldorado, V-8						
2d HT	560	1,680	2,800	5,600	9,800	14,000
2d Conv	800	2,400	4,000	8,000	14,000	20,000
1975 Fleetwood 75, V-8						
4d Sed	540	1,620	2,700	5,400	9,450	13,500
4d Limo	560	1,680	2,800	5,600	9,800	14,000
1976 Calais, V-8						
2d HT	400	1,200	2,000	4,000	7,000	10,000
4d HT	392	1,176	1,960	3,920	6,860	9,800
1976 DeVille, V-8						
2d HT	412	1,236	2,060	4,120	7,210	10,300
4d HT	400	1,200	2,000	4,000	7,000	10,000
1976 Seville, V-8						
4d Sed	572	1,716	2,860	5,720	10,010	14,300
1976 Eldorado, V-8						
2d Cpe	600	1,800	3,000	6,000	10,500	15,000
2d Brtz Cpe	640	1,920	3,200	6,400	11,200	16,000
2d Conv	880	2,640	4,400	8,800	15,400	22,000
NOTE: Add 15 percent for Bicent. Edit.						
1976 Fleetwood Brougham, V-8						
4d Sed	372	1,116	1,860	3,720	6,510	9,300
1976 Fleetwood 75, V-8						
4d Sed	380	1,140	1,900	3,800	6,650	9,500
4d Limo	400	1,200	2,000	4,000	7,000	10,000
NOTE: Add 5 percent for Talisman on Fleetwood Brougham.						
1977 DeVille, V-8						
2d Cpe	360	1,080	1,800	3,600	6,300	9,000
4d Sed	360	1,080	1,800	3,600	6,300	9,000
1977 Seville, V-8						
4d Sed	400	1,200	2,000	4,000	7,000	10,000
1977 Eldorado, V-8						
2d Cpe	520	1,560	2,600	5,200	9,100	13,000
2d Brtz Cpe	640	1,920	3,200	6,400	11,200	16,000
1977 Fleetwood Brougham, V-8						
4d Sed	400	1,200	2,000	4,000	7,000	10,000

	6	5	4	3	2	1
1977 Fleetwood 75, V-8						
4d Sed	408	1,224	2,040	4,080	7,140	10,200
4d Limo	420	1,260	2,100	4,200	7,350	10,500
1978 Seville						
4d Sed	384	1,152	1,920	3,840	6,720	9,600
1978 DeVille						
2d Cpe	268	804	1,340	2,680	4,690	6,700
4d Sed	244	732	1,220	2,440	4,270	6,100
1978 Eldorado						
2d Cpe	560	1,680	2,800	5,600	9,800	14,000
2d Brtz Cpe	680	2,040	3,400	6,800	11,900	17,000
1978 Fleetwood Brougham						
4d Sed	272	816	1,360	2,720	4,760	6,800
1978 Fleetwood Limo						
4d	388	1,164	1,940	3,880	6,790	9,700
4d Fml	396	1,188	1,980	3,960	6,930	9,900
1979 Seville, V-8						
4d Sed	400	1,200	2,000	4,000	7,000	10,000
NOTE: Add 10 percent for Elegant'e.						
1979 DeVille, V-8						
2d Cpe	360	1,080	1,800	3,600	6,300	9,000
4d Sed	248	744	1,240	2,480	4,340	6,200
NOTE: Add 5 percent for Phaeton Special Edition.						
1979 Eldorado, V-8						
2d Cpe	560	1,680	2,800	5,600	9,800	14,000
NOTE: Add 15 percent for Biarritz.						
1979 Fleetwood Brougham, V-8						
4d Sed	260	780	1,300	2,600	4,550	6,500
1979 Fleetwood Limo						
4d Sed	388	1,164	1,940	3,880	6,790	9,700
4d Fml Sed	396	1,188	1,980	3,960	6,930	9,900
NOTE: Deduct 12 percent for diesel.						
1980 Seville, V-8						
4d Sed	376	1,128	1,880	3,760	6,580	9,400
1980 DeVille, V-8						
2d Cpe	360	1,080	1,800	3,600	6,300	9,000
4d Sed	256	768	1,280	2,560	4,480	6,400
1980 Eldorado, V-8						
2d Cpe	560	1,680	2,800	5,600	9,800	14,000
NOTE: Add 15 percent for Biarritz.						
1980 Fleetwood Brougham, V-8						
2d Cpe	380	1,140	1,900	3,800	6,650	9,500
4d Sed	276	828	1,380	2,760	4,830	6,900
1980 Fleetwood, V-8						
4d Limo	396	1,188	1,980	3,960	6,930	9,900
4d Fml	364	1,092	1,820	3,640	6,370	9,100
1981 Seville, V-8						
4d Sed	260	780	1,300	2,600	4,550	6,500
1981 DeVille, V-8						
2d Cpe	244	732	1,220	2,440	4,270	6,100
4d Sed	220	660	1,100	2,200	3,850	5,500
1981 Eldorado, V-8						
2d Cpe	520	1,560	2,600	5,200	9,100	13,000
NOTE: Add 15 percent for Biarritz.						
1981 Fleetwood Brougham, V-8						
2d Cpe	264	792	1,320	2,640	4,620	6,600
4d Sed	240	720	1,200	2,400	4,200	6,000
1981 Fleetwood, V-8						
4d Limo	360	1,080	1,800	3,600	6,300	9,000
4d Fml	368	1,104	1,840	3,680	6,440	9,200
NOTE: Deduct 10 percent for V-6 where available.						
1982 Cimarron, 4-cyl.						
4d Sed	208	624	1,040	2,080	3,640	5,200
1982 Seville, V-8						
4d Sed	264	792	1,320	2,640	4,620	6,600
1982 DeVille, V-8						
2d Cpe	252	756	1,260	2,520	4,410	6,300
4d Sed	228	684	1,140	2,280	3,990	5,700
1982 Eldorado, V-8						
2d Cpe	520	1,560	2,600	5,200	9,100	13,000

	6	5	4	3	2	1
NOTE: Add 15 percent for Biarritz.						
1982 Fleetwood Brougham, V-8						
2d Cpe	272	816	1,360	2,720	4,760	6,800
4d Sed	248	744	1,240	2,480	4,340	6,200
1982 Fleetwood, V-8						
4d Limo	368	1,104	1,840	3,680	6,440	9,200
4d Fml	376	1,128	1,880	3,760	6,580	9,400
NOTE: Deduct 10 percent for V-6 where available.						
1983 Cimarron, 4-cyl.						
4d Sed	220	660	1,100	2,200	3,850	5,500
1983 Seville, V-8						
4d Sed	268	804	1,340	2,680	4,690	6,700
1983 DeVille, V-8						
2d Cpe	260	780	1,300	2,600	4,550	6,500
4d Sed	236	708	1,180	2,360	4,130	5,900
1983 Eldorado, V-8						
2d Cpe	520	1,560	2,600	5,200	9,100	13,000
NOTE: Add 15 percent for Biarritz.						
1983 Fleetwood Brougham, V-8						
2d Cpe	360	1,080	1,800	3,600	6,300	9,000
4d Sed	256	768	1,280	2,560	4,480	6,400
1983 Fleetwood, V-8						
4d Limo	376	1,128	1,880	3,760	6,580	9,400
4d Fml	384	1,152	1,920	3,840	6,720	9,600
1984 Cimarron, 4-cyl.						
4d Sed	224	672	1,120	2,240	3,920	5,600
1984 Seville, V-8						
4d Sed	272	816	1,360	2,720	4,760	6,800
1984 DeVille, V-8						
2d Sed	264	792	1,320	2,640	4,620	6,600
4d Sed	240	720	1,200	2,400	4,200	6,000
1984 Eldorado, V-8						
2d Cpe	520	1,560	2,600	5,200	9,100	13,000
2d Conv	960	2,880	4,800	9,600	16,800	24,000
NOTE: Add 15 percent for Biarritz.						
1984 Fleetwood Brougham, V-8						
2d Sed	360	1,080	1,800	3,600	6,300	9,000
4d Sed	260	780	1,300	2,600	4,550	6,500
1984 Fleetwood, V-8						
4d Sed	380	1,140	1,900	3,800	6,650	9,500
4d Fml Limo	388	1,164	1,940	3,880	6,790	9,700
1985 Cimarron, V-6						
4d Sed	228	684	1,140	2,280	3,990	5,700
NOTE: Deduct 15 percent for 4-cyl.						
1985 Seville, V-8						
4d Sed	276	828	1,380	2,760	4,830	6,900
1985 DeVille, V-8						
2d Cpe	264	792	1,320	2,640	4,620	6,600
4d Sed	244	732	1,220	2,440	4,270	6,100
1985 Eldorado, V-8						
2d Cpe	520	1,560	2,600	5,200	9,100	13,000
Conv	960	2,880	4,800	9,600	16,800	24,000
NOTE: Add 15 percent for Biarritz.						
1985 Fleetwood, V-8						
2d Cpe	276	828	1,380	2,760	4,830	6,900
4d Sed	268	804	1,340	2,680	4,690	6,700
1985 Fleetwood Brougham, V-8						
2d Cpe	388	1,164	1,940	3,880	6,790	9,700
4d Sed	392	1,176	1,960	3,920	6,860	9,800
1985 Fleetwood 75, V-8						
4d Limo	420	1,260	2,100	4,200	7,350	10,500
NOTE: Deduct 30 percent for diesel where available.						
1986 Cimarron						
4d Sed	232	696	1,160	2,320	4,060	5,800
1986 Seville						
4d Sed	360	1,080	1,800	3,600	6,300	9,000
1986 DeVille						
2d Cpe	248	744	1,240	2,480	4,340	6,200
4d Sed	244	732	1,220	2,440	4,270	6,100

	6	5	4	3	2	1
1986 Fleetwood						
2d Cpe	392	1,176	1,960	3,920	6,860	9,800
4d Sed	388	1,164	1,940	3,880	6,790	9,700
1986 Fleetwood 75						
4d Limo	420	1,260	2,100	4,200	7,350	10,500
4d Fml Limo	436	1,308	2,180	4,360	7,630	10,900
1986 Fleetwood Brougham						
4d Sed	392	1,176	1,960	3,920	6,860	9,800
1986 Eldorado						
2d Cpe	528	1,584	2,640	5,280	9,240	13,200
1987 Cimarron						
4d Sed, 4-cyl.	236	708	1,180	2,360	4,130	5,900
4d Sed, V-6	240	720	1,200	2,400	4,200	6,000
1987 Seville, V-8						
4d Sed	364	1,092	1,820	3,640	6,370	9,100
1987 DeVille, V-8						
4d Sed	252	756	1,260	2,520	4,410	6,300
2d Cpe	248	744	1,240	2,480	4,340	6,200
1987 Fleetwood, V-8						
4d Sed d'Elegance	396	1,188	1,980	3,960	6,930	9,900
4d Sed, 60 Spl	400	1,200	2,000	4,000	7,000	10,000
1987 Eldorado, V-8						
2d Cpe	524	1,572	2,620	5,240	9,170	13,100
1987 Brougham, V-8						
4d Sed	416	1,248	2,080	4,160	7,280	10,400
1987 Fleetwood 75 Series, V-8						
4d Limo	580	1,740	2,900	5,800	10,150	14,500
4d Fml	560	1,680	2,800	5,600	9,800	14,000
1987 Allante, V-8						
2d Conv	920	2,760	4,600	9,200	16,100	23,000
1988 Cimarron, V-6						
4d Sed	220	660	1,100	2,200	3,850	5,500
1988 Seville, V-8						
4d Sed	540	1,620	2,700	5,400	9,450	13,500
1988 DeVille, V-8						
2d Cpe	424	1,272	2,120	4,240	7,420	10,600
4d Sed	424	1,272	2,120	4,240	7,420	10,600
1988 Fleetwood, V-8						
4d Sed d'Elegance	540	1,620	2,700	5,400	9,450	13,500
4d Sed 60 Spl	580	1,740	2,900	5,800	10,150	14,500
1988 Brougham, V-8						
4d Sed	600	1,800	3,000	6,000	10,500	15,000
1988 Eldorado, V-8						
2d Cpe	540	1,620	2,700	5,400	9,450	13,500
1988 Allante, V-8						
2d Conv	960	2,880	4,800	9,600	16,800	24,000
1989 Seville, V-8						
4d Sed	640	1,920	3,200	6,400	11,200	16,000
1989 DeVille, V-8						
2d Cpe	648	1,944	3,240	6,480	11,340	16,200
4d Sed	644	1,932	3,220	6,440	11,270	16,100
1989 Fleetwood, V-8						
2d Cpe	700	2,100	3,500	7,000	12,250	17,500
4d Sed	696	2,088	3,480	6,960	12,180	17,400
4d Sed 605	656	1,968	3,280	6,560	11,480	16,400
4d Sed Brgm	580	1,740	2,900	5,800	10,150	14,500
1989 Eldorado, V-8						
2d Cpe	672	2,016	3,360	6,720	11,760	16,800
1989 Allante, V-8						
2d Conv	950	2,900	4,800	9,600	16,800	24,000
1990 Seville, V-8						
4d Sed	560	1,680	2,800	5,600	9,800	14,000
4d Sed STS	640	1,920	3,200	6,400	11,200	16,000
1990 DeVille, V-8						
2d Cpe	580	1,740	2,900	5,800	10,150	14,500
4d Sed	568	1,704	2,840	5,680	9,940	14,200
1990 Fleetwood, V-8						
2d Cpe	620	1,860	3,100	6,200	10,850	15,500
4d Sed	628	1,884	3,140	6,280	10,990	15,700
4d Sed 605	680	2,040	3,400	6,800	11,900	17,000

	6	5	4	3	2	1
1990 Eldorado, V-8						
2d Cpe	640	1,920	3,200	6,400	11,200	16,000
1990 Brougham, V-8						
4d Sed	640	1,920	3,200	6,400	11,200	16,000
1990 Allante						
2d Conv	960	2,880	4,800	9,600	16,800	24,000
NOTE: Add $3,000 for hardtop.						
1991 Seville, V-8						
4d Sed	560	1,680	2,800	5,600	9,800	14,000
4d Trg Sed	600	1,800	3,000	6,000	10,500	15,000
1991 DeVille, V-8						
4d Sed	540	1,620	2,700	5,400	9,450	13,500
4d Trg Sed	580	1,740	2,900	5,800	10,150	14,500
2d Cpe	536	1,608	2,680	5,360	9,380	13,400
1991 Fleetwood, V-8						
2d Cpe	560	1,680	2,800	5,600	9,800	14,000
4d Sed	560	1,680	2,800	5,600	9,800	14,000
4d Sed 605	580	1,740	2,900	5,800	10,150	14,500
1991 Eldorado, V-8						
2d Cpe	600	1,800	3,000	6,000	10,500	15,000
1991 Brougham, V-8						
4d Sed	600	1,800	3,000	6,000	10,500	15,000
1991 Allante, V-8						
2d Conv	960	2,880	4,800	9,600	16,800	24,000
NOTE: Add $3,000 for hardtop.						
1992 Seville, V-8						
4d Sed	680	2,040	3,400	6,800	11,900	17,000
4d STS Sed	720	2,160	3,600	7,200	12,600	18,000
1992 DeVille, V-8						
4d Sed	600	1,800	3,000	6,000	10,500	15,000
2d Cpe	600	1,800	3,000	6,000	10,500	15,000
4d Trg Sed	640	1,920	3,200	6,400	11,200	16,000
1992 Fleetwood, V-8						
4d Sed	640	1,920	3,200	6,400	11,200	16,000
2d Cpe	640	1,920	3,200	6,400	11,200	16,000
4d Sed 605	680	2,040	3,400	6,800	11,900	17,000
1992 Eldorado, V-8						
2d Cpe	720	2,160	3,600	7,200	12,600	18,000
1992 Brougham, V-8						
4d Sed	680	2,040	3,400	6,800	11,900	17,000
1992 Allante, V-8						
2d Conv	1,120	3,360	5,600	11,200	19,600	28,000
NOTE: Add $1,500 for hardtop.						
1993 Seville, V-8						
4d Sed	680	2,040	3,400	6,800	11,900	17,000
4d STS Sed	720	2,160	3,600	7,200	12,600	18,000
1993 DeVille, V-8						
2d Cpe	608	1,824	3,040	6,080	10,640	15,200
4d Sed	620	1,860	3,100	6,200	10,850	15,500
4d Trg Sed	640	1,920	3,200	6,400	11,200	16,000
1993 Fleetwood, V-8						
4d Sed	700	2,100	3,500	7,000	12,250	17,500
1993 Sixty Special, V-8						
4d Sed	680	2,040	3,400	6,800	11,900	17,000
1993 Eldorado, V-8						
2d Cpe	728	2,184	3,640	7,280	12,740	18,200
1993 Allante, V-8						
2d Conv	1,160	3,480	5,800	11,600	20,300	29,000
1994 Seville, V-8						
4d Sed SLS	660	1,980	3,300	6,600	11,550	16,500
4d Sed STS	700	2,100	3,500	7,000	12,250	17,500
1994 DeVille, V-8						
4d Sed	560	1,680	2,800	5,600	9,800	14,000
4d Sed Concours	620	1,860	3,100	6,200	10,850	15,500
1994 Fleetwood, V-8						
4d Sed	640	1,920	3,200	6,400	11,200	16,000
1994 Eldorado, V-8						
2d Cpe	640	1,920	3,200	6,400	11,200	16,000
2d Cpe Trg	660	1,980	3,300	6,600	11,550	16,500

	6	5	4	3	2	1
LASALLE						
1927 Series 303, V-8, 125" wb						
2d RS Rds	2,960	8,880	14,800	29,600	51,800	74,000
4d Phae	3,040	9,120	15,200	30,400	53,200	76,000
4d Spt Phae	3,120	9,360	15,600	31,200	54,600	78,000
2d 2P Conv Cpe	2,640	7,920	13,200	26,400	46,200	66,000
2d RS Cpe	1,760	5,280	8,800	17,600	30,800	44,000
2d 4P Vic	1,560	4,680	7,800	15,600	27,300	39,000
4d Sed	1,120	3,360	5,600	11,200	19,600	28,000
4d Twn Sed	1,200	3,600	6,000	12,000	21,000	30,000
1927 Series 303, V-8, 134" wb						
4d Imp Sed	1,320	3,960	6,600	13,200	23,100	33,000
4d 7P Sed	1,280	3,840	6,400	12,800	22,400	32,000
4d 7P Imp Sed	1,360	4,080	6,800	13,600	23,800	34,000
1928 Series 303, V-8, 125" wb						
2d Rds	2,960	8,880	14,800	29,600	51,800	74,000
4d Phae	3,040	9,120	15,200	30,400	53,200	76,000
4d Spt Phae	3,120	9,360	15,600	31,200	54,600	78,000
2d Conv	2,640	7,920	13,200	26,400	46,200	66,000
2d Bus Cpe	1,520	4,560	7,600	15,200	26,600	38,000
2d RS Cpe	1,760	5,280	8,800	17,600	30,800	44,000
2d Vic	1,480	4,440	7,400	14,800	25,900	37,000
4d 5P Sed	1,360	4,080	6,800	13,600	23,800	34,000
4d Fam Sed	1,280	3,840	6,400	12,800	22,400	32,000
4d Twn Sed	1,320	3,960	6,600	13,200	23,100	33,000
1928 Series 303, V-8, 134" wb						
2d 5P Cpe	1,680	5,040	8,400	16,800	29,400	42,000
4d Cabr Sed	2,880	8,640	14,400	28,800	50,400	72,000
4d Imp Sed	1,800	5,400	9,000	18,000	31,500	45,000
4d 7P Sed	1,760	5,280	8,800	17,600	30,800	44,000
4d Fam Sed	1,600	4,800	8,000	16,000	28,000	40,000
4d Imp Fam Sed	1,800	5,400	9,000	18,000	31,500	45,000
1928 Series 303, V-8, 125" wb Fleetwood Line						
2d Bus Cpe	1,720	5,160	8,600	17,200	30,100	43,000
4d Sed	1,600	4,800	8,000	16,000	28,000	40,000
4d Twn Cabr	2,880	8,640	14,400	28,800	50,400	72,000
4d Trans Twn Cabr	2,960	8,880	14,800	29,600	51,800	74,000
1929 Series 328, V-8, 125" wb						
2d Rds	2,960	8,880	14,800	29,600	51,800	74,000
4d Phae	3,040	9,120	15,200	30,400	53,200	76,000
4d Spt Phae	3,120	9,360	15,600	31,200	54,600	78,000
4d Trans FW Twn Cabr	2,640	7,920	13,200	26,400	46,200	66,000
1929 Series 328, V-8, 134" wb						
2d Conv	2,880	8,640	14,400	28,800	50,400	72,000
2d RS Cpe	1,920	5,760	9,600	19,200	33,600	48,000
2d 5P Cpe	1,800	5,400	9,000	18,000	31,500	45,000
4d Sed	1,680	5,040	8,400	16,800	29,400	42,000
4d Fam Sed	1,720	5,160	8,600	17,200	30,100	43,000
4d Twn Sed	1,760	5,280	8,800	17,600	30,800	44,000
4d 7P Sed	1,760	5,280	8,800	17,600	30,800	44,000
4d 7P Imp Sed	1,800	5,400	9,000	18,000	31,500	45,000
4d Conv Lan Cabr	3,360	10,080	16,800	33,600	58,800	84,000
4d FW Trans Twn Cabr 1	3,360	10,080	16,800	33,600	58,800	84,000
1930 Series 340, V-8, 134" wb Fisher Line						
2d Conv	2,960	8,880	14,800	29,600	51,800	74,000
2d RS Cpe	2,120	6,360	10,600	21,200	37,100	53,000
2d Cpe	1,920	5,760	9,600	19,200	33,600	48,000
4d Sed	1,720	5,160	8,600	17,200	30,100	43,000
4d Imp Sed	1,760	5,280	8,800	17,600	30,800	44,000
4d 7P Sed	1,800	5,400	9,000	18,000	31,500	45,000
4d 7P Imp Sed	1,920	5,760	9,600	19,200	33,600	48,000
1930 Series 340, V-8, 134" wb Fleetwood Line						
2d RS Rds	3,400	10,200	17,000	34,000	59,500	85,000
1930 Fleetcliffe						
4d Phae	3,320	9,960	16,600	33,200	58,100	83,000
4d 7P Tr	2,840	8,520	14,200	28,400	49,700	71,000
1930 Fleetlands						
4d A/W Phae	3,520	10,560	17,600	35,200	61,600	88,000
1930 Fleetway						
4d S'net Cabr 4081	2,800	8,400	14,000	28,000	49,000	70,000

	6	5	4	3	2	1
1930 Fleetwind						
4d S'net Cabr 4082	2,800	8,400	14,000	28,000	49,000	70,000
1931 Series 345A, V-8, 134" wb Fisher Line						
2d RS Cpe	2,320	6,960	11,600	23,200	40,600	58,000
2d Cpe	2,200	6,600	11,000	22,000	38,500	55,000
4d Sed	1,760	5,280	8,800	17,600	30,800	44,000
4d Twn Sed	1,800	5,400	9,000	18,000	31,500	45,000
4d 7P Sed	1,840	5,520	9,200	18,400	32,200	46,000
4d 7P Imp Sed	1,880	5,640	9,400	18,800	32,900	47,000
1931 Series 345A, V-8, 134" wb Fleetwood Line						
2d RS Rds	3,400	10,200	17,000	34,000	59,500	85,000
2d Conv	3,120	9,360	15,600	31,200	54,600	78,000
4d Tr	3,120	9,360	15,600	31,200	54,600	78,000
4d A/W Phae	3,600	10,800	18,000	36,000	63,000	90,000
4d S'net Cabr 4081	2,800	8,400	14,000	28,000	49,000	70,000
4d S'net Cabr 4082	2,800	8,400	14,000	28,000	49,000	70,000
1932 Series 345B, V-8, 130" wb						
2d Conv	2,840	8,520	14,200	28,400	49,700	71,000
2d RS Cpe	2,120	6,360	10,600	21,200	37,100	53,000
2d Twn Cpe	1,920	5,760	9,600	19,200	33,600	48,000
4d Sed	1,520	4,560	7,600	15,200	26,600	38,000
1932 Series 345B, V-8, 136" wb						
4d 7P Sed	1,520	4,560	7,600	15,200	26,600	38,000
4d 7P Imp Sed	1,920	5,760	9,600	19,200	33,600	48,000
4d 7P Twn Sed	1,960	5,880	9,800	19,600	34,300	49,000
1933 Series 345C, V-8, 130" wb						
2d Conv	2,480	7,440	12,400	24,800	43,400	62,000
2d RS Cpe	1,760	5,280	8,800	17,600	30,800	44,000
2d Twn Cpe	1,640	4,920	8,200	16,400	28,700	41,000
4d Sed	1,480	4,440	7,400	14,800	25,900	37,000
1933 Series 345C, V-8, 136" wb						
4d Twn Sed	1,920	5,760	9,600	19,200	33,600	48,000
4d Sed	1,600	4,800	8,000	16,000	28,000	40,000
4d 7P Imp Sed	1,560	4,680	7,800	15,600	27,300	39,000
1934 Series 350, 8-cyl., 119" wb						
2d Conv	2,160	6,480	10,800	21,600	37,800	54,000
2d Cpe	1,480	4,440	7,400	14,800	25,900	37,000
4d Clb Sed	1,200	3,600	6,000	12,000	21,000	30,000
4d Sed	1,160	3,480	5,800	11,600	20,300	29,000
1935 Series 50, 8-cyl., 120" wb						
2d Conv	2,280	6,840	11,400	22,800	39,900	57,000
2d Cpe	1,360	4,080	6,800	13,600	23,800	34,000
2d Sed	1,000	3,000	5,000	10,000	17,500	25,000
4d Sed	1,040	3,120	5,200	10,400	18,200	26,000
1936 Series 50, 8-cyl., 120" wb, LaSalle						
2d Conv	2,080	6,240	10,400	20,800	36,400	52,000
2d RS Cpe	1,280	3,840	6,400	12,800	22,400	32,000
2d Sed	920	2,760	4,600	9,200	16,100	23,000
4d Sed	960	2,880	4,800	9,600	16,800	24,000
1937 Series 50, V-8, 124" wb, LaSalle						
2d Conv	2,160	6,480	10,800	21,600	37,800	54,000
2d Conv Sed	2,240	6,720	11,200	22,400	39,200	56,000
4P Cpe	1,280	3,840	6,400	12,800	22,400	32,000
2d Sed	960	2,880	4,800	9,600	16,800	24,000
4d Sed	1,000	3,000	5,000	10,000	17,500	25,000
1938 Series 50, V-8, 124" wb, LaSalle						
2d Conv	2,160	6,480	10,800	21,600	37,800	54,000
4d Conv Sed	2,240	6,720	11,200	22,400	39,200	56,000
4P Cpe	1,320	3,960	6,600	13,200	23,100	33,000
2d Sed	1,000	3,000	5,000	10,000	17,500	25,000
4d Sed	1,040	3,120	5,200	10,400	18,200	26,000
1939 Series 50, V-8, 120" wb						
2d Conv	2,160	6,480	10,800	21,600	37,800	54,000
4d Conv Sed	2,240	6,720	11,200	22,400	39,200	56,000
2d Cpe	1,320	3,960	6,600	13,200	23,100	33,000
2d Sed	1,000	3,000	5,000	10,000	17,500	25,000
2d S/R Sed	1,020	3,060	5,100	10,200	17,850	25,500
4d Sed	1,040	3,120	5,200	10,400	18,200	26,000
4d S/R Sed	1,060	3,180	5,300	10,600	18,550	26,500
1940 Series 50, V-8, 123" wb						
2d Conv	2,160	6,480	10,800	21,600	37,800	54,000
4d Conv Sed	2,240	6,720	11,200	22,400	39,200	56,000
2d Cpe	1,360	4,080	6,800	13,600	23,800	34,000
2d Sed	1,000	3,000	5,000	10,000	17,500	25,000
2d S/R Sed	1,020	3,060	5,100	10,200	17,850	25,500

	6	5	4	3	2	1
4d Sed	1,040	3,120	5,200	10,400	18,200	26,000
4d S/R Sed	1,060	3,180	5,300	10,600	18,550	26,500
1940 "Special" Series 52 LaSalle, V-8, 123" wb						
2d Conv	2,160	6,480	10,800	21,600	37,800	54,000
4d Conv Sed	2,240	6,720	11,200	22,400	39,200	56,000
2d Cpe	1,400	4,200	7,000	14,000	24,500	35,000
4d Sed	1,040	3,120	5,200	10,400	18,200	26,000

CHECKER

1960 Checker Superba Std.						
Sed	520	1,560	2,600	5,200	9,100	13,000
Sta Wag	524	1,572	2,620	5,240	9,170	13,100
1960 Checker Superba Spl.						
Sed	524	1,572	2,620	5,240	9,170	13,100
Sta Wag	528	1,584	2,640	5,280	9,240	13,200
1961 Checker Superba						
Sed	520	1,560	2,600	5,200	9,100	13,000
Sta Wag	524	1,572	2,620	5,240	9,170	13,100
1961 Checker Marathon						
Sed	524	1,572	2,620	5,240	9,170	13,100
Sta Wag	528	1,584	2,640	5,280	9,240	13,200
1962 Checker Superba						
Sed	520	1,560	2,600	5,200	9,100	13,000
Sta Wag	524	1,572	2,620	5,240	9,170	13,100
1962 Checker Marathon						
Sed	524	1,572	2,620	5,240	9,170	13,100
Sta Wag	528	1,584	2,640	5,280	9,240	13,200
1963 Checker Superba						
Sed	524	1,572	2,620	5,240	9,170	13,100
Sta Wag	528	1,584	2,640	5,280	9,240	13,200
1963 Checker Marathon						
Sed	524	1,572	2,620	5,240	9,170	13,100
Sta Wag	528	1,584	2,640	5,280	9,240	13,200
Limo	540	1,620	2,700	5,400	9,450	13,500
1964 Checker Marathon						
Sed	520	1,560	2,600	5,200	9,100	13,000
Sta Wag	524	1,572	2,620	5,240	9,170	13,100
Limo	544	1,632	2,720	5,440	9,520	13,600
Aerobus	528	1,584	2,640	5,280	9,240	13,200
1965 Marathon Series						
Sed	536	1,608	2,680	5,360	9,380	13,400
DeL Sed	520	1,560	2,600	5,200	9,100	13,000
Sta Wag	524	1,572	2,620	5,240	9,170	13,100
Limo	540	1,620	2,700	5,400	9,450	13,500
1966 Marathon Series						
Sed	520	1,560	2,600	5,200	9,100	13,000
DeL Sed	524	1,572	2,620	5,240	9,170	13,100
Sta Wag	528	1,584	2,640	5,280	9,240	13,200
Limo	540	1,620	2,700	5,400	9,450	13,500
1967 Marathon Series						
Sed	520	1,560	2,600	5,200	9,100	13,000
Sta Wag	524	1,572	2,620	5,240	9,170	13,100
1968 Marathon Series						
Sed	520	1,560	2,600	5,200	9,100	13,000
DeL Sed	524	1,572	2,620	5,240	9,170	13,100
Sta Wag	528	1,584	2,640	5,280	9,240	13,200
1969 Marathon Series						
Sed	520	1,560	2,600	5,200	9,100	13,000
DeL Sed	524	1,572	2,620	5,240	9,170	13,100
Sta Wag	528	1,584	2,640	5,280	9,240	13,200
Limo	540	1,620	2,700	5,400	9,450	13,500
1970 Marathon Series						
Sed	520	1,560	2,600	5,200	9,100	13,000
Sta Wag	528	1,584	2,640	5,280	9,240	13,200
DeL Sed	524	1,572	2,620	5,240	9,170	13,100
Limo	540	1,620	2,700	5,400	9,450	13,500
1971 Marathon Series						
Sed	420	1,260	2,100	4,200	7,350	10,500
Sta Wag	528	1,584	2,640	5,280	9,240	13,200
DeL Sed	520	1,560	2,600	5,200	9,100	13,000
Limo	540	1,620	2,700	5,400	9,450	13,500

NOTE: Add 5 percent for V-8.

1915 Chevrolet Series H roadster

1937 Chevrolet Master two-door town sedan

1950 Chevrolet Styleline Deluxe sedan

	6	5	4	3	2	1
1972 Marathon Series						
Sed	420	1,260	2,100	4,200	7,350	10,500
Sta Wag	528	1,584	2,640	5,280	9,240	13,200
DeL Sed	520	1,560	2,600	5,200	9,100	13,000
NOTE: Add 5 percent for V-8.						
1973 Marathon Series						
Sed	420	1,260	2,100	4,200	7,350	10,500
Sta Wag	524	1,572	2,620	5,240	9,170	13,100
DeL Sed	520	1,560	2,600	5,200	9,100	13,000
NOTE: Add 5 percent for V-8.						
1974 Marathon Series						
Sed	420	1,260	2,100	4,200	7,350	10,500
Sta Wag	524	1,572	2,620	5,240	9,170	13,100
DeL Sed	520	1,560	2,600	5,200	9,100	13,000
NOTE: Add 5 percent for V-8.						
1975 Marathon Series						
Sed	400	1,200	2,000	4,000	7,000	10,000
Sta Wag	404	1,212	2,020	4,040	7,070	10,100
DeL Sed	408	1,224	2,040	4,080	7,140	10,200
1976 Marathon Series						
4d Sed	396	1,188	1,980	3,960	6,930	9,900
4d Sed DeL	416	1,248	2,080	4,160	7,280	10,400
1977 Marathon Series						
4d Sed	384	1,152	1,920	3,840	6,720	9,600
4d Sed DeL	404	1,212	2,020	4,040	7,070	10,100
1978 Marathon Series						
4d Sed	384	1,152	1,920	3,840	6,720	9,600
4d Sed DeL	404	1,212	2,020	4,040	7,070	10,100
1979 Marathon Series						
4d Sed	384	1,152	1,920	3,840	6,720	9,600
4d Sed DeL	404	1,212	2,020	4,040	7,070	10,100
1980 Marathon Series						
4d Sed	388	1,164	1,940	3,880	6,790	9,700
4d Sed DeL	408	1,224	2,040	4,080	7,140	10,200
1981 Marathon Series						
4d Sed	388	1,164	1,940	3,880	6,790	9,700
4d Sed DeL	408	1,224	2,040	4,080	7,140	10,200
1982 Marathon Series						
4d Sed	388	1,164	1,940	3,880	6,790	9,700
4d Sed DeL	408	1,224	2,040	4,080	7,140	10,200

CHEVROLET

	6	5	4	3	2	1
1912 Classic Series, 6-cyl.						
Tr	1,400	4,200	7,000	14,000	24,500	35,000
1913 Classic Series, 6-cyl.						
Tr	1,300	3,900	6,500	13,000	22,750	32,500
1914 Series H2 & H4, 4-cyl.						
Rds	1,080	3,240	5,400	10,800	18,900	27,000
Tr	1,100	3,300	5,500	11,000	19,250	27,500
1914 Series C, 6-cyl.						
Tr	1,240	3,720	6,200	12,400	21,700	31,000
1914 Series L, 6-cyl.						
Tr	1,440	4,320	7,200	14,400	25,200	36,000
1915 Series H2 & H4, 4-cyl.						
Rds	1,000	3,000	5,000	10,000	17,500	25,000
Tr	1,080	3,240	5,400	10,800	18,900	27,000
1915 Series H3, 4-cyl.						
2P Rds	1,120	3,360	5,600	11,200	19,600	28,000
1915 Series L, 6-cyl.						
Tr	1,400	4,200	7,000	14,000	24,500	35,000
1916 Series 490, 4-cyl.						
Tr	920	2,760	4,600	9,200	16,100	23,000
1916 Series H2, 4-cyl.						
Rds	860	2,580	4,300	8,600	15,050	21,500
Torp Rds	920	2,760	4,600	9,200	16,100	23,000
1916 Series H4, 4-cyl.						
Tr	1,000	3,000	5,000	10,000	17,500	25,000
1917 Series F2 & F5, 4-cyl.						
Rds	840	2,520	4,200	8,400	14,700	21,000
Tr	880	2,640	4,400	8,800	15,400	22,000

	6	5	4	3	2	1
1917 Series 490, 4-cyl.						
Rds	800	2,400	4,000	8,000	14,000	20,000
Tr	800	2,400	4,000	8,000	14,000	20,000
HT Tr	840	2,520	4,200	8,400	14,700	21,000
1917 Series D2 & D5, V-8						
Rds	1,160	3,480	5,800	11,600	20,300	29,000
Tr	1,200	3,600	6,000	12,000	21,000	30,000
1918 Series 490, 4-cyl.						
Tr	840	2,520	4,200	8,400	14,700	21,000
Rds	800	2,400	4,000	8,000	14,000	20,000
Cpe	400	1,200	2,000	4,000	7,000	10,000
Sed	360	1,080	1,800	3,600	6,300	9,000
1918 Series FA, 4-cyl.						
Rds	840	2,520	4,200	8,400	14,700	21,000
Tr	880	2,640	4,400	8,800	15,400	22,000
Sed	400	1,200	2,000	4,000	7,000	10,000
1918 Series D, V-8						
4P Rds	1,160	3,480	5,800	11,600	20,300	29,000
Tr	1,200	3,600	6,000	12,000	21,000	30,000
1919 Series 490, 4-cyl.						
Rds	680	2,040	3,400	6,800	11,900	17,000
Tr	720	2,160	3,600	7,200	12,600	18,000
Sed	388	1,164	1,940	3,880	6,790	9,700
Cpe	380	1,140	1,900	3,800	6,650	9,500
1919 Series FB, 4-cyl.						
Rds	760	2,280	3,800	7,600	13,300	19,000
Tr	800	2,400	4,000	8,000	14,000	20,000
Cpe	520	1,560	2,600	5,200	9,100	13,000
2d Sed	420	1,260	2,100	4,200	7,350	10,500
4d Sed	400	1,200	2,000	4,000	7,000	10,000
1920 Series 490, 4-cyl.						
Rds	680	2,040	3,400	6,800	11,900	17,000
Tr	720	2,160	3,600	7,200	12,600	18,000
Sed	420	1,260	2,100	4,200	7,350	10,500
Cpe	520	1,560	2,600	5,200	9,100	13,000
1920 Series FB, 4-cyl.						
Rds	760	2,280	3,800	7,600	13,300	19,000
Tr	800	2,400	4,000	8,000	14,000	20,000
Sed	540	1,620	2,700	5,400	9,450	13,500
Cpe	560	1,680	2,800	5,600	9,800	14,000
1921 Series 490, 4-cyl.						
Rds	840	2,520	4,200	8,400	14,700	21,000
Tr	840	2,520	4,200	8,400	14,700	21,000
Cpe	520	1,560	2,600	5,200	9,100	13,000
C-D Sed	540	1,620	2,700	5,400	9,450	13,500
1921 Series FB, 4-cyl.						
Rds	860	2,580	4,300	8,600	15,050	21,500
Tr	880	2,640	4,400	8,800	15,400	22,000
Cpe	560	1,680	2,800	5,600	9,800	14,000
4d Sed	540	1,620	2,700	5,400	9,450	13,500
1922 Series 490, 4-cyl.						
Rds	840	2,520	4,200	8,400	14,700	21,000
Tr	880	2,640	4,400	8,800	15,400	22,000
Cpe	560	1,680	2,800	5,600	9,800	14,000
Utl Cpe	540	1,620	2,700	5,400	9,450	13,500
Sed	520	1,560	2,600	5,200	9,100	13,000
1922 Series FB, 4-cyl.						
Rds	840	2,520	4,200	8,400	14,700	21,000
Tr	880	2,640	4,400	8,800	15,400	22,000
Sed	520	1,560	2,600	5,200	9,100	13,000
Cpe	560	1,680	2,800	5,600	9,800	14,000
1923 Superior B, 4-cyl.						
Rds	840	2,520	4,200	8,400	14,700	21,000
Tr	880	2,640	4,400	8,800	15,400	22,000
Sed	520	1,560	2,600	5,200	9,100	13,000
2d Sed	520	1,560	2,600	5,200	9,100	13,000
Utl Cpe	540	1,620	2,700	5,400	9,450	13,500
DeL Tr	600	1,800	3,000	6,000	10,500	15,000
1924 Superior, 4-cyl.						
Rds	840	2,520	4,200	8,400	14,700	21,000
Tr	880	2,640	4,400	8,800	15,400	22,000
DeL Tr	900	2,700	4,500	9,000	15,750	22,500
Sed	420	1,260	2,100	4,200	7,350	10,500
DeL Sed	432	1,296	2,160	4,320	7,560	10,800
2P Cpe	540	1,620	2,700	5,400	9,450	13,500

	6	5	4	3	2	1
4P Cpe	520	1,560	2,600	5,200	9,100	13,000
DeL Cpe	528	1,584	2,640	5,280	9,240	13,200
2d Sed	420	1,260	2,100	4,200	7,350	10,500
1925 Superior K, 4-cyl.						
Rds	1,000	3,000	5,000	10,000	17,500	25,000
Tr	1,040	3,120	5,200	10,400	18,200	26,000
Cpe	560	1,680	2,800	5,600	9,800	14,000
Sed	520	1,560	2,600	5,200	9,100	13,000
2d Sed	520	1,560	2,600	5,200	9,100	13,000
1926 Superior V, 4-cyl.						
Rds	1,040	3,120	5,200	10,400	18,200	26,000
Tr	1,040	3,120	5,200	10,400	18,200	26,000
Cpe	600	1,800	3,000	6,000	10,500	15,000
Sed	560	1,680	2,800	5,600	9,800	14,000
2d Sed	560	1,680	2,800	5,600	9,800	14,000
Lan Sed	580	1,740	2,900	5,800	10,150	14,500
1927 Model AA, 4-cyl.						
Rds	1,080	3,240	5,400	10,800	18,900	27,000
Tr	1,040	3,120	5,200	10,400	18,200	26,000
Utl Cpe	588	1,764	2,940	5,880	10,290	14,700
2d Sed	560	1,680	2,800	5,600	9,800	14,000
Sed	560	1,680	2,800	5,600	9,800	14,000
Lan Sed	580	1,740	2,900	5,800	10,150	14,500
Cabr	840	2,520	4,200	8,400	14,700	21,000
Imp Lan	760	2,280	3,800	7,600	13,300	19,000
1928 Model AB, 4-cyl.						
Rds	1,080	3,240	5,400	10,800	18,900	27,000
Tr	1,080	3,240	5,400	10,800	18,900	27,000
Utl Cpe	600	1,800	3,000	6,000	10,500	15,000
Sed	580	1,740	2,900	5,800	10,150	14,500
2d Sed	580	1,740	2,900	5,800	10,150	14,500
Cabr	880	2,640	4,400	8,800	15,400	22,000
Imp Lan	760	2,280	3,800	7,600	13,300	19,000
Conv Cabr	960	2,880	4,800	9,600	16,800	24,000
1929 Model AC, 6-cyl.						
Rds	1,120	3,360	5,600	11,200	19,600	28,000
Tr	1,160	3,480	5,800	11,600	20,300	29,000
Cpe	720	2,160	3,600	7,200	12,600	18,000
Spt Cpe	760	2,280	3,800	7,600	13,300	19,000
Sed	600	1,800	3,000	6,000	10,500	15,000
Imp Sed	640	1,920	3,200	6,400	11,200	16,000
Conv Lan	1,000	3,000	5,000	10,000	17,500	25,000
2d Sed	600	1,800	3,000	6,000	10,500	15,000
Conv Cabr	1,040	3,120	5,200	10,400	18,200	26,000
1930 Model AD, 6-cyl.						
Rds	1,240	3,720	6,200	12,400	21,700	31,000
Spt Rds	1,200	3,600	6,000	12,000	21,000	30,000
Phae	1,200	3,600	6,000	12,000	21,000	30,000
2d Sed	600	1,800	3,000	6,000	10,500	15,000
Cpe	720	2,160	3,600	7,200	12,600	18,000
Spt Cpe	760	2,280	3,800	7,600	13,300	19,000
Clb Sed	660	1,980	3,300	6,600	11,550	16,500
Spec Sed	640	1,920	3,200	6,400	11,200	16,000
Sed	620	1,860	3,100	6,200	10,850	15,500
Con Lan	1,000	3,000	5,000	10,000	17,500	25,000
1931 Model AE, 6-cyl.						
Rds	1,360	4,080	6,800	13,600	23,800	34,000
Spt Rds	1,400	4,200	7,000	14,000	24,500	35,000
Cabr	1,280	3,840	6,400	12,800	22,400	32,000
Phae	1,320	3,960	6,600	13,200	23,100	33,000
2d Sed	640	1,920	3,200	6,400	11,200	16,000
5P Cpe	760	2,280	3,800	7,600	13,300	19,000
5W Cpe	800	2,400	4,000	8,000	14,000	20,000
Spt Cpe	880	2,640	4,400	8,800	15,400	22,000
Cpe	840	2,520	4,200	8,400	14,700	21,000
2d DeL Sed	720	2,160	3,600	7,200	12,600	18,000
Sed	660	1,980	3,300	6,600	11,550	16,500
Spl Sed	720	2,160	3,600	7,200	12,600	18,000
Lan Phae	1,160	3,480	5,800	11,600	20,300	29,000
1932 Model BA Standard, 6-cyl.						
Rds	1,480	4,440	7,400	14,800	25,900	37,000
Phae	1,480	4,440	7,400	14,800	25,900	37,000
Lan Phae	1,440	4,320	7,200	14,400	25,200	36,000
3W Cpe	880	2,640	4,400	8,800	15,400	22,000
5W Cpe	920	2,760	4,600	9,200	16,100	23,000
Spt Cpe	960	2,880	4,800	9,600	16,800	24,000
2d Sed	680	2,040	3,400	6,800	11,900	17,000

	6	5	4	3	2	1
Sed	720	2,160	3,600	7,200	12,600	18,000
5P Cpe	920	2,760	4,600	9,200	16,100	23,000
1932 Model BA DeLuxe, 6-cyl.						
Spt Rds	1,520	4,560	7,600	15,200	26,600	38,000
Lan Phae	1,480	4,440	7,400	14,800	25,900	37,000
Cabr	1,440	4,320	7,200	14,400	25,200	36,000
3W Bus Cpe	920	2,760	4,600	9,200	16,100	23,000
5W Cpe	960	2,880	4,800	9,600	16,800	24,000
Spt Cpe	1,000	3,000	5,000	10,000	17,500	25,000
2d Sed	720	2,160	3,600	7,200	12,600	18,000
Sed	760	2,280	3,800	7,600	13,300	19,000
Spl Sed	800	2,400	4,000	8,000	14,000	20,000
5P Cpe	960	2,880	4,800	9,600	16,800	24,000
1933 Mercury, 6-cyl.						
2P Cpe	680	2,040	3,400	6,800	11,900	17,000
RS Cpe	720	2,160	3,600	7,200	12,600	18,000
2d Sed	540	1,620	2,700	5,400	9,450	13,500
1933 Master Eagle, 6-cyl.						
Spt Rds	1,320	3,960	6,600	13,200	23,100	33,000
Phae	1,360	4,080	6,800	13,600	23,800	34,000
2P Cpe	680	2,040	3,400	6,800	11,900	17,000
Spt Cpe	720	2,160	3,600	7,200	12,600	18,000
2d Sed	552	1,656	2,760	5,520	9,660	13,800
2d Trk Sed	560	1,680	2,800	5,600	9,800	14,000
Sed	560	1,680	2,800	5,600	9,800	14,000
Conv	1,280	3,840	6,400	12,800	22,400	32,000
1934 Standard, 6-cyl.						
Sed	540	1,620	2,700	5,400	9,450	13,500
Spt Rds	1,200	3,600	6,000	12,000	21,000	30,000
Phae	1,240	3,720	6,200	12,400	21,700	31,000
Cpe	680	2,040	3,400	6,800	11,900	17,000
2d Sed	536	1,608	2,680	5,360	9,380	13,400
1934 Master, 6-cyl.						
Spt Rds	1,240	3,720	6,200	12,400	21,700	31,000
Bus Cpe	720	2,160	3,600	7,200	12,600	18,000
Spt Cpe	760	2,280	3,800	7,600	13,300	19,000
2d Sed	564	1,692	2,820	5,640	9,870	14,100
Twn Sed	596	1,788	2,980	5,960	10,430	14,900
Sed	576	1,728	2,880	5,760	10,080	14,400
Conv	1,200	3,600	6,000	12,000	21,000	30,000
1935 Standard, 6-cyl.						
Rds	1,040	3,120	5,200	10,400	18,200	26,000
Phae	1,120	3,360	5,600	11,200	19,600	28,000
Cpe	660	1,980	3,300	6,600	11,550	16,500
2d Sed	580	1,740	2,900	5,800	10,150	14,500
Sed	592	1,776	2,960	5,920	10,360	14,800
1935 Master, 6-cyl.						
5W Cpe	680	2,040	3,400	6,800	11,900	17,000
Spt Cpe	700	2,100	3,500	7,000	12,250	17,500
2d Sed	588	1,764	2,940	5,880	10,290	14,700
Sed	600	1,800	3,000	6,000	10,500	15,000
Spt Sed	608	1,824	3,040	6,080	10,640	15,200
Twn Sed	592	1,776	2,960	5,920	10,360	14,800
1936 Standard, 6-cyl.						
Cpe	660	1,980	3,300	6,600	11,550	16,500
Sed	580	1,740	2,900	5,800	10,150	14,500
Spt Sed	592	1,776	2,960	5,920	10,360	14,800
2d Sed	576	1,728	2,880	5,760	10,080	14,400
Cpe PU	720	2,160	3,600	7,200	12,600	18,000
Conv	920	2,760	4,600	9,200	16,100	23,000
1936 Master, 6-cyl.						
5W Cpe	700	2,100	3,500	7,000	12,250	17,500
Spt Cpe	740	2,220	3,700	7,400	12,950	18,500
2d Sed	588	1,764	2,940	5,880	10,290	14,700
Twn Sed	592	1,776	2,960	5,920	10,360	14,800
Sed	596	1,788	2,980	5,960	10,430	14,900
Spt Sed	600	1,800	3,000	6,000	10,500	15,000
1937 Master, 6-cyl.						
Conv	1,320	3,960	6,600	13,200	23,100	33,000
Cpe	720	2,160	3,600	7,200	12,600	18,000
Cpe PU	760	2,280	3,800	7,600	13,300	19,000
2d Sed	640	1,920	3,200	6,400	11,200	16,000
2d Twn Sed	660	1,980	3,300	6,600	11,550	16,500
4d Trk Sed	648	1,944	3,240	6,480	11,340	16,200
4d Spt Sed	652	1,956	3,260	6,520	11,410	16,300

	6	5	4	3	2	1
1937 Master DeLuxe, 6-cyl.						
Cpe	740	2,220	3,700	7,400	12,950	18,500
Spt Cpe	780	2,340	3,900	7,800	13,650	19,500
2d Sed	600	1,800	3,000	6,000	10,500	15,000
2d Twn Sed	604	1,812	3,020	6,040	10,570	15,100
4d Trk Sed	600	1,800	3,000	6,000	10,500	15,000
4d Spt Sed	604	1,812	3,020	6,040	10,570	15,100
1938 Master, 6-cyl.						
Conv	1,360	4,080	6,800	13,600	23,800	34,000
Cpe	720	2,160	3,600	7,200	12,600	18,000
Cpe PU	760	2,280	3,800	7,600	13,300	19,000
2d Sed	640	1,920	3,200	6,400	11,200	16,000
2d Twn Sed	644	1,932	3,220	6,440	11,270	16,100
4d Sed	640	1,920	3,200	6,400	11,200	16,000
4d Spt Sed	644	1,932	3,220	6,440	11,270	16,100
1938 Master DeLuxe, 6-cyl.						
Cpe	740	2,220	3,700	7,400	12,950	18,500
Spt Cpe	780	2,340	3,900	7,800	13,650	19,500
2d Sed	644	1,932	3,220	6,440	11,270	16,100
2d Twn Sed	648	1,944	3,240	6,480	11,340	16,200
4d Sed	644	1,932	3,220	6,440	11,270	16,100
4d Spt Sed	648	1,944	3,240	6,480	11,340	16,200
1939 Master 85, 6-cyl.						
Cpe	720	2,160	3,600	7,200	12,600	18,000
2d Sed	612	1,836	3,060	6,120	10,710	15,300
2d Twn Sed	616	1,848	3,080	6,160	10,780	15,400
4d Sed	612	1,836	3,060	6,120	10,710	15,300
4d Spt Sed	616	1,848	3,080	6,160	10,780	15,400
Sta Wag	1,080	3,240	5,400	10,800	18,900	27,000
1939 Master DeLuxe, 6-cyl.						
Cpe	740	2,220	3,700	7,400	12,950	18,500
Spt Cpe	760	2,280	3,800	7,600	13,300	19,000
2d Sed	652	1,956	3,260	6,520	11,410	16,300
2d Twn Sed	656	1,968	3,280	6,560	11,480	16,400
4d Sed	652	1,956	3,260	6,520	11,410	16,300
4d Spt Sed	616	1,848	3,080	6,160	10,780	15,400
Sta Wag	1,000	3,000	5,000	10,000	17,500	25,000
1940 Master 85, 6-cyl.						
2d Cpe	760	2,280	3,800	7,600	13,300	19,000
2d Twn Sed	624	1,872	3,120	6,240	10,920	15,600
4d Spt Sed	620	1,860	3,100	6,200	10,850	15,500
4d Sta Wag	1,200	3,600	6,000	12,000	21,000	30,000
1940 Master DeLuxe, 6-cyl.						
2d Cpe	780	2,340	3,900	7,800	13,650	19,500
Spt Cpe	800	2,400	4,000	8,000	14,000	20,000
2d Twn Sed	640	1,920	3,200	6,400	11,200	16,000
4d Spt Sed	640	1,920	3,200	6,400	11,200	16,000
1940 Special DeLuxe, 6-cyl.						
2d Cpe	800	2,400	4,000	8,000	14,000	20,000
2d Spt Cpe	820	2,460	4,100	8,200	14,350	20,500
2d Twn Sed	660	1,980	3,300	6,600	11,550	16,500
4d Spt Sed	656	1,968	3,280	6,560	11,480	16,400
2d Conv	1,520	4,560	7,600	15,200	26,600	38,000
4d Sta Wag	1,280	3,840	6,400	12,800	22,400	32,000
1941 Master DeLuxe, 6-cyl.						
2P Cpe	720	2,160	3,600	7,200	12,600	18,000
4P Cpe	740	2,220	3,700	7,400	12,950	18,500
2d Twn Sed	616	1,848	3,080	6,160	10,780	15,400
4d Spt Sed	612	1,836	3,060	6,120	10,710	15,300
1941 Special DeLuxe, 6-cyl.						
2P Cpe	760	2,280	3,800	7,600	13,300	19,000
4P Cpe	800	2,400	4,000	8,000	14,000	20,000
2d Sed	664	1,992	3,320	6,640	11,620	16,600
4d Spt Sed	660	1,980	3,300	6,600	11,550	16,500
4d Flt Sed	700	2,100	3,500	7,000	12,250	17,500
2d Conv	1,640	4,920	8,200	16,400	28,700	41,000
4d Sta Wag	1,600	4,800	8,000	16,000	28,000	40,000
2d Cpe PU	760	2,280	3,800	7,600	13,300	19,000
1942 Master DeLuxe, 6-cyl.						
2P Cpe	700	2,100	3,500	7,000	12,250	17,500
4P Cpe	720	2,160	3,600	7,200	12,600	18,000
2d Cpe PU	740	2,220	3,700	7,400	12,950	18,500
2d Twn Sed	632	1,896	3,160	6,320	11,060	15,800
1942 Special DeLuxe, 6-cyl.						
2P Cpe	740	2,220	3,700	7,400	12,950	18,500
2d 5P Cpe	760	2,280	3,800	7,600	13,300	19,000

	6	5	4	3	2	1
2d Twn Sed	640	1,920	3,200	6,400	11,200	16,000
4d Spt Sed	644	1,932	3,220	6,440	11,270	16,100
2d Conv	1,480	4,440	7,400	14,800	25,900	37,000
4d Sta Wag	1,200	3,600	6,000	12,000	21,000	30,000
1942 Fleetline, 6-cyl.						
2d Aero	720	2,160	3,600	7,200	12,600	18,000
4d Spt Mstr	680	2,040	3,400	6,800	11,900	17,000
1946-1948 Stylemaster, 6-cyl.						
2d Bus Cpe	740	2,220	3,700	7,400	12,950	18,500
2d Spt Cpe	760	2,280	3,800	7,600	13,300	19,000
2d Twn Sed	640	1,920	3,200	6,400	11,200	16,000
4d Spt Sed	644	1,932	3,220	6,440	11,270	16,100
1946-1948 Fleetmaster, 6-cyl.						
2d Spt Cpe	760	2,280	3,800	7,600	13,300	19,000
2d Twn Sed	656	1,968	3,280	6,560	11,480	16,400
4d Spt Sed	660	1,980	3,300	6,600	11,550	16,500
2d Conv	1,520	4,560	7,600	15,200	26,600	38,000
4d Sta Wag	1,200	3,600	6,000	12,000	21,000	30,000
1946-1948 Fleetline, 6-cyl.						
2d Aero	720	2,160	3,600	7,200	12,600	18,000
4d Spt Mstr	680	2,040	3,400	6,800	11,900	17,000
1949-1950 Styleline Special, 6-cyl.						
2d Bus Cpe	640	1,920	3,200	6,400	11,200	16,000
2d Spt Cpe	660	1,980	3,300	6,600	11,550	16,500
2d Sed	604	1,812	3,020	6,040	10,570	15,100
4d Sed	608	1,824	3,040	6,080	10,640	15,200
1949-1950 Fleetline Special, 6-cyl.						
2d Sed	608	1,824	3,040	6,080	10,640	15,200
4d Sed	612	1,836	3,060	6,120	10,710	15,300
1949-1950 Styleline DeLuxe, 6-cyl.						
Spt Cpe	680	2,040	3,400	6,800	11,900	17,000
2d Sed	612	1,836	3,060	6,120	10,710	15,300
4d Sed	616	1,848	3,080	6,160	10,780	15,400
2d HT Bel Air (1950 only)	900	2,700	4,500	9,000	15,750	22,500
2d Conv	1,400	4,200	7,000	14,000	24,500	35,000
4d Woodie Wag (1949 only)	880	2,640	4,400	8,800	15,400	22,000
4d Mtl Sta Wag	680	2,040	3,400	6,800	11,900	17,000
1949-1950 Fleetline DeLuxe, 6-cyl.						
2d Sed	656	1,968	3,280	6,560	11,480	16,400
4d Sed	660	1,980	3,300	6,600	11,550	16,500
1951-1952 Styleline Special, 6-cyl.						
2d Bus Cpe	660	1,980	3,300	6,600	11,550	16,500
2d Spt Cpe	668	2,004	3,340	6,680	11,690	16,700
2d Sed	612	1,836	3,060	6,120	10,710	15,300
4d Sed	608	1,824	3,040	6,080	10,640	15,200
1951-1952 Styleline DeLuxe, 6-cyl.						
2d Spt Cpe	720	2,160	3,600	7,200	12,600	18,000
2d Sed	632	1,896	3,160	6,320	11,060	15,800
4d Sed	628	1,884	3,140	6,280	10,990	15,700
2d HT Bel Air	880	2,640	4,400	8,800	15,400	22,000
2d Conv	1,440	4,320	7,200	14,400	25,200	36,000
1951-1952 Fleetline Special, 6-cyl.						
2d Sed	576	1,728	2,880	5,760	10,080	14,400
4d Sed (1951 only)	572	1,716	2,860	5,720	10,010	14,300
4d Sta Wag	680	2,040	3,400	6,800	11,900	17,000
1951-1952 Fleetline DeLuxe, 6-cyl.						
2d Sed	644	1,932	3,220	6,440	11,270	16,100
4d Sed (1951 only)	640	1,920	3,200	6,400	11,200	16,000
1953 Special 150, 6-cyl.						
2d Bus Cpe	600	1,800	3,000	6,000	10,500	15,000
2d Clb Cpe	612	1,836	3,060	6,120	10,710	15,300
2d Sed	568	1,704	2,840	5,680	9,940	14,200
4d Sed	564	1,692	2,820	5,640	9,870	14,100
4d Sta Wag	680	2,040	3,400	6,800	11,900	17,000
1953 DeLuxe 210, 6-cyl.						
2d Clb Cpe	680	2,040	3,400	6,800	11,900	17,000
2d Sed	620	1,860	3,100	6,200	10,850	15,500
4d Sed	616	1,848	3,080	6,160	10,780	15,400
2d HT	920	2,760	4,600	9,200	16,100	23,000
2d Conv	1,480	4,440	7,400	14,800	25,900	37,000
4d Sta Wag	700	2,100	3,500	7,000	12,250	17,500
4d 210 Townsman Sta Wag	708	2,124	3,540	7,080	12,390	17,700

	6	5	4	3	2	1
1953 Bel Air						
2d Sed	664	1,992	3,320	6,640	11,620	16,600
4d Sed	660	1,980	3,300	6,600	11,550	16,500
2d HT	960	2,880	4,800	9,600	16,800	24,000
2d Conv	1,600	4,800	8,000	16,000	28,000	40,000
1954 Special 150, 6-cyl.						
2d Utl Sed	560	1,680	2,800	5,600	9,800	14,000
2d Sed	568	1,704	2,840	5,680	9,940	14,200
4d Sed	564	1,692	2,820	5,640	9,870	14,100
4d Sta Wag	680	2,040	3,400	6,800	11,900	17,000
1954 Special 210, 6-cyl.						
2d Sed	620	1,860	3,100	6,200	10,850	15,500
2d Sed Delray	680	2,040	3,400	6,800	11,900	17,000
4d Sed	616	1,848	3,080	6,160	10,780	15,400
4d Sta Wag	700	2,100	3,500	7,000	12,250	17,500
1954 Bel Air, 6-cyl.						
2d Sed	668	2,004	3,340	6,680	11,690	16,700
4d Sed	664	1,992	3,320	6,640	11,620	16,600
2d HT	960	2,880	4,800	9,600	16,800	24,000
2d Conv	1,640	4,920	8,200	16,400	28,700	41,000
4d Sta Wag	800	2,400	4,000	8,000	14,000	20,000
1955 Model 150, V-8						
2d Utl Sed	580	1,740	2,900	5,800	10,150	14,500
2d Sed	604	1,812	3,020	6,040	10,570	15,100
4d Sed	600	1,800	3,000	6,000	10,500	15,000
4d Sta Wag	640	1,920	3,200	6,400	11,200	16,000
1955 Model 210, V-8						
2d Sed	640	1,920	3,200	6,400	11,200	16,000
2d Sed Delray	680	2,040	3,400	6,800	11,900	17,000
4d Sed	600	1,800	3,000	6,000	10,500	15,000
2d HT	1,120	3,360	5,600	11,200	19,600	28,000
2d Sta Wag	660	1,980	3,300	6,600	11,550	16,500
4d Sta Wag	648	1,944	3,240	6,480	11,340	16,200
1955 Bel Air, V-8						
2d Sed	688	2,064	3,440	6,880	12,040	17,200
4d Sed	680	2,040	3,400	6,800	11,900	17,000
2d HT	1,280	3,840	6,400	12,800	22,400	32,000
2d Conv	2,280	6,840	11,400	22,800	39,900	57,000
2d Nomad	1,080	3,240	5,400	10,800	18,900	27,000
4d Sta Wag	760	2,280	3,800	7,600	13,300	19,000

NOTE: Add 10 percent for A/C; 15 percent for "Power-Pack". Deduct 10 percent for 6-cyl.

	6	5	4	3	2	1
1956 Model 150, V-8						
2d Utl Sed	560	1,680	2,800	5,600	9,800	14,000
2d Sed	580	1,740	2,900	5,800	10,150	14,500
4d Sed	572	1,716	2,860	5,720	10,010	14,300
2d Sta Wag	600	1,800	3,000	6,000	10,500	15,000
1956 Model 210, V-8						
2d Sed	608	1,824	3,040	6,080	10,640	15,200
2d Sed Delray	660	1,980	3,300	6,600	11,550	16,500
4d Sed	600	1,800	3,000	6,000	10,500	15,000
4d HT	640	1,920	3,200	6,400	11,200	16,000
2d HT	1,080	3,240	5,400	10,800	18,900	27,000
2d Sta Wag	612	1,836	3,060	6,120	10,710	15,300
4d Sta Wag	600	1,800	3,000	6,000	10,500	15,000
4d 9P Sta Wag	604	1,812	3,020	6,040	10,570	15,100
1956 Bel Air, V-8						
2d Sed	648	1,944	3,240	6,480	11,340	16,200
4d Sed	640	1,920	3,200	6,400	11,200	16,000
4d HT	720	2,160	3,600	7,200	12,600	18,000
2d HT	1,240	3,720	6,200	12,400	21,700	31,000
2d Conv	2,160	6,480	10,800	21,600	37,800	54,000
2d Nomad	1,000	3,000	5,000	10,000	17,500	25,000
4d 9P Sta Wag	760	2,280	3,800	7,600	13,300	19,000

NOTE: Add 10 percent for A/C; 15 percent for "Power-Pack". Deduct 10 percent for 6-cyl. Add 15 percent for dual 4 barrel carbs.

	6	5	4	3	2	1
1957 Model 150, V-8						
2d Utl Sed	560	1,680	2,800	5,600	9,800	14,000
2d Sed	580	1,740	2,900	5,800	10,150	14,500
4d Sed	572	1,716	2,860	5,720	10,010	14,300
2d Sta Wag	620	1,860	3,100	6,200	10,850	15,500
1957 Model 210, V-8						
2d Sed	628	1,884	3,140	6,280	10,990	15,700
2d Sed Delray	660	1,980	3,300	6,600	11,550	16,500
4d Sed	620	1,860	3,100	6,200	10,850	15,500
4d HT	640	1,920	3,200	6,400	11,200	16,000
2d HT	1,000	3,000	5,000	10,000	17,500	25,000

	6	5	4	3	2	1
2d Sta Wag	660	1,980	3,300	6,600	11,550	16,500
4d Sta Wag	640	1,920	3,200	6,400	11,200	16,000
4d 9P Sta Wag	644	1,932	3,220	6,440	11,270	16,100

1957 Bel Air, V-8

	6	5	4	3	2	1
2d Sed	680	2,040	3,400	6,800	11,900	17,000
4d Sed	672	2,016	3,360	6,720	11,760	16,800
4d HT	720	2,160	3,600	7,200	12,600	18,000
2d HT	1,320	3,960	6,600	13,200	23,100	33,000
2d Conv	2,360	7,080	11,800	23,600	41,300	59,000
2d Nomad	1,080	3,240	5,400	10,800	18,900	27,000
4d Sta Wag	760	2,280	3,800	7,600	13,300	19,000

NOTE: Add 10 percent for A/C; 15 percent for "Power-Pack" and 20 percent for F.I. Deduct 10 percent for 6-cyl. Add 15 percent for dual 4 barrel carbs.

1958 Delray, V-8

	6	5	4	3	2	1
2d Utl Sed	532	1,596	2,660	5,320	9,310	13,300
2d Sed	540	1,620	2,700	5,400	9,450	13,500
4d Sed	540	1,620	2,700	5,400	9,450	13,500

1958 Biscayne, V-8

	6	5	4	3	2	1
2d Sed	548	1,644	2,740	5,480	9,590	13,700
4d Sed	544	1,632	2,720	5,440	9,520	13,600

1958 Bel Air, V-8

	6	5	4	3	2	1
2d Sed	628	1,884	3,140	6,280	10,990	15,700
4d Sed	624	1,872	3,120	6,240	10,920	15,600
4d HT	680	2,040	3,400	6,800	11,900	17,000
2d HT	760	2,280	3,800	7,600	13,300	19,000
2d Impala	1,480	4,440	7,400	14,800	25,900	37,000
2d Imp Conv	2,240	6,720	11,200	22,400	39,200	56,000

1958 Station Wagons, V-8

	6	5	4	3	2	1
2d Yeo	604	1,812	3,020	6,040	10,570	15,100
4d Yeo	600	1,800	3,000	6,000	10,500	15,000
4d 6P Brookwood	612	1,836	3,060	6,120	10,710	15,300
4d 9P Brookwood	616	1,848	3,080	6,160	10,780	15,400
4d Nomad	680	2,040	3,400	6,800	11,900	17,000

NOTE: Add 10 percent for "Power-Pack" & dual exhaust on 283 V-8. Add 20 percent for 348. Add 30 percent for 348 Tri-Power set up. Add 15 percent for A/C. Deduct 10 percent for 6-cyl.

1959 Biscayne, V-8

	6	5	4	3	2	1
2d Utl Sed	520	1,560	2,600	5,200	9,100	13,000
2d Sed	528	1,584	2,640	5,280	9,240	13,200
4d Sed	532	1,596	2,660	5,320	9,310	13,300

1959 Bel Air, V-8

	6	5	4	3	2	1
2d Sed	548	1,644	2,740	5,480	9,590	13,700
4d Sed	552	1,656	2,760	5,520	9,660	13,800
4d HT	600	1,800	3,000	6,000	10,500	15,000

1959 Impala, V-8

	6	5	4	3	2	1
4d Sed	560	1,680	2,800	5,600	9,800	14,000
4d HT	640	1,920	3,200	6,400	11,200	16,000
2d HT	1,000	3,000	5,000	10,000	17,500	25,000
2d Conv	1,520	4,560	7,600	15,200	26,600	38,000

1959 Station Wagons, V-8

	6	5	4	3	2	1
2d Brookwood	600	1,800	3,000	6,000	10,500	15,000
4d Brookwood	560	1,680	2,800	5,600	9,800	14,000
4d Parkwood	576	1,728	2,880	5,760	10,080	14,400
4d Kingswood	600	1,800	3,000	6,000	10,500	15,000
4d Nomad	620	1,860	3,100	6,200	10,850	15,500

NOTE: Add 10 percent for A/C. Add 5 percent for 4-speed transmission. Deduct 10 percent for 6-cyl. Add 30 percent for 348 Tri-Power set up.

1960 Biscayne, V-8

	6	5	4	3	2	1
2d Utl Sed	412	1,236	2,060	4,120	7,210	10,300
2d Sed	424	1,272	2,120	4,240	7,420	10,600
4d Sed	428	1,284	2,140	4,280	7,490	10,700

1960 Biscayne Fleetmaster, V-8

	6	5	4	3	2	1
2d Sed	432	1,296	2,160	4,320	7,560	10,800
4d Sed	436	1,308	2,180	4,360	7,630	10,900

1960 Bel Air, V-8

	6	5	4	3	2	1
2d Sed	532	1,596	2,660	5,320	9,310	13,300
4d Sed	536	1,608	2,680	5,360	9,380	13,400
4d HT	580	1,740	2,900	5,800	10,150	14,500
2d HT	640	1,920	3,200	6,400	11,200	16,000

1960 Impala, V-8

	6	5	4	3	2	1
4d Sed	552	1,656	2,760	5,520	9,660	13,800
4d HT	640	1,920	3,200	6,400	11,200	16,000
2d HT	920	2,760	4,600	9,200	16,100	23,000
2d Conv	1,480	4,440	7,400	14,800	25,900	37,000

	6	5	4	3	2	1
1960 Station Wagons, V-8						
2d Brookwood	600	1,800	3,000	6,000	10,500	15,000
4d Brookwood	560	1,680	2,800	5,600	9,800	14,000
4d Kingswood	572	1,716	2,860	5,720	10,010	14,300
4d Parkwood	580	1,740	2,900	5,800	10,150	14,500
4d Nomad	600	1,800	3,000	6,000	10,500	15,000

NOTE: Add 10 percent for A/C. Deduct 10 percent for 6-cyl. Add 30 percent for 348 Tri-Power set up.

	6	5	4	3	2	1
1961 Biscayne, V-8						
2d Utl Sed	396	1,188	1,980	3,960	6,930	9,900
2d Sed	420	1,260	2,100	4,200	7,350	10,500
4d Sed	404	1,212	2,020	4,040	7,070	10,100
1961 Bel Air, V-8						
2d Sed	428	1,284	2,140	4,280	7,490	10,700
4d Sed	424	1,272	2,120	4,240	7,420	10,600
4d HT	560	1,680	2,800	5,600	9,800	14,000
2d HT	920	2,760	4,600	9,200	16,100	23,000
1961 Impala, V-8						
2d Sed	520	1,560	2,600	5,200	9,100	13,000
4d Sed	524	1,572	2,620	5,240	9,170	13,100
4d HT	580	1,740	2,900	5,800	10,150	14,500
2d HT*	840	2,520	4,200	8,400	14,700	21,000
2d Conv*	1,320	3,960	6,600	13,200	23,100	33,000
1961 Station Wagons, V-8						
4d Brookwood	540	1,620	2,700	5,400	9,450	13,500
4d Parkwood	560	1,680	2,800	5,600	9,800	14,000
4d Nomad	640	1,920	3,200	6,400	11,200	16,000

NOTE: Add 10 percent for "Power-Pack" & dual exhaust on 283 V-8. Add 15 percent for A/C. Add 35 percent for 348 CID. Add 40 percent for Super Sport option. Add 50 percent for 409 V-8. Deduct 10 percent for 6-cyl.

	6	5	4	3	2	1
1962 Chevy II, 4 & 6-cyl.						
2d Sed	404	1,212	2,020	4,040	7,070	10,100
4d Sed	400	1,200	2,000	4,000	7,000	10,000
2d HT	720	2,160	3,600	7,200	12,600	18,000
2d Conv	880	2,640	4,400	8,800	15,400	22,000
4d Sta Wag	540	1,620	2,700	5,400	9,450	13,500
1962 Biscayne, V-8						
2d Sed	416	1,248	2,080	4,160	7,280	10,400
4d Sed	420	1,260	2,100	4,200	7,350	10,500
4d Sta Wag	532	1,596	2,660	5,320	9,310	13,300
1962 Bel Air, V-8						
2d Sed	424	1,272	2,120	4,240	7,420	10,600
4d Sed	428	1,284	2,140	4,280	7,490	10,700
2d HT	960	2,880	4,800	9,600	16,800	24,000
4d Sta Wag	600	1,800	3,000	6,000	10,500	15,000

NOTE: Add 10 percent for "Power-Pack" & dual exhaust on 283 V-8. Add 15 percent for A/C. Add 35 percent for 348 CID. Add 40 percent for Super Sport option. Add 50 percent for 409 V-8. Deduct 10 percent for 6-cyl.

	6	5	4	3	2	1
1962 Impala, V-8						
4d Sed	520	1,560	2,600	5,200	9,100	13,000
4d HT	600	1,800	3,000	6,000	10,500	15,000
2d HT*	920	2,760	4,600	9,200	16,100	23,000
2d Conv*	1,320	3,960	6,600	13,200	23,100	33,000
4d Sta Wag	640	1,920	3,200	6,400	11,200	16,000

NOTE: Add 15 percent for Super Sport option. Add 15 percent for Power-Pack & dual exhaust. Add 15 percent for A/C. Add 35 percent for 409 CID. Deduct 10 percent for 6-cyl. except Chevy II.

	6	5	4	3	2	1
1963 Chevy II and Nova, 4 & 6-cyl.						
4d Sed	388	1,164	1,940	3,880	6,790	9,700
2d HT*	680	2,040	3,400	6,800	11,900	17,000
2d Conv*	840	2,520	4,200	8,400	14,700	21,000
4d Sta Wag	520	1,560	2,600	5,200	9,100	13,000

NOTE: Add 15 percent for Super Sport option.

	6	5	4	3	2	1
1963 Biscayne, V-8						
2d Sed	380	1,140	1,900	3,800	6,650	9,500
4d Sed	384	1,152	1,920	3,840	6,720	9,600
4d Sta Wag	420	1,260	2,100	4,200	7,350	10,500
1963 Bel Air, V-8						
2d Sed	384	1,152	1,920	3,840	6,720	9,600
4d Sed	388	1,164	1,940	3,880	6,790	9,700
4d Sta Wag	520	1,560	2,600	5,200	9,100	13,000
1963 Impala, V-8						
4d Sed	520	1,560	2,600	5,200	9,100	13,000
4d HT	600	1,800	3,000	6,000	10,500	15,000
2d HT*	1,040	3,120	5,200	10,400	18,200	26,000
2d Conv*	1,360	4,080	6,800	13,600	23,800	34,000

	6	5	4	3	2	1
4d Sta Wag	600	1,800	3,000	6,000	10,500	15,000

NOTE: Add 15 percent for "Power-Pack" & dual exhaust. Add 15 percent for A/C. Add 35 percent for 409 CID. Add 15 percent for Super Sport option. Deduct 10 percent for 6-cyl. except Chevy II.

1964 Chevy II and Nova, 4 & 6-cyl.

2d Sed	392	1,176	1,960	3,920	6,860	9,800
4d Sed	396	1,188	1,980	3,960	6,930	9,900
2d HT	680	2,040	3,400	6,800	11,900	17,000
4d Sta Wag	528	1,584	2,640	5,280	9,240	13,200

NOTE: Add 10 percent for 8-cyl.

1964 Nova Super Sport Series, 6-cyl.

2d HT	800	2,400	4,000	8,000	14,000	20,000

NOTE: Add 25 percent for V-8. Add 10 percent for 4-speed transmission.

1964 Chevelle

2d Sed	380	1,140	1,900	3,800	6,650	9,500
4d Sed	384	1,152	1,920	3,840	6,720	9,600
2d Sta Wag	536	1,608	2,680	5,360	9,380	13,400
4d Sta Wag	528	1,584	2,640	5,280	9,240	13,200

1964 Malibu Series, V-8

4d Sed	384	1,152	1,920	3,840	6,720	9,600
2d HT*	800	2,400	4,000	8,000	14,000	20,000
2d Conv*	1,240	3,720	6,200	12,400	21,700	31,000
4d Sta Wag	520	1,560	2,600	5,200	9,100	13,000

NOTE: Add 15 percent for Super Sport option. Deduct 10 percent for 6-cyl.

1964 Biscayne, V-8

2d Sed	380	1,140	1,900	3,800	6,650	9,500
4d Sed	384	1,152	1,920	3,840	6,720	9,600
4d Sta Wag	420	1,260	2,100	4,200	7,350	10,500

1964 Bel Air, V-8

2d Sed	384	1,152	1,920	3,840	6,720	9,600
4d Sed	388	1,164	1,940	3,880	6,790	9,700
4d Sta Wag	560	1,680	2,800	5,600	9,800	14,000

1964 Impala, V-8

4d Sed	420	1,260	2,100	4,200	7,350	10,500
4d HT	580	1,740	2,900	5,800	10,150	14,500
2d HT*	960	2,880	4,800	9,600	16,800	24,000
2d Conv*	1,400	4,200	7,000	14,000	24,500	35,000
4d Sta Wag	640	1,920	3,200	6,400	11,200	16,000

NOTE: Add 15 percent for Super Sport option. Add 15 percent for Power-Pack & dual exhaust. Add 15 percent for A/C. Add 35 percent for 409 CID. Deduct 10 percent for 6-cyl.

1965 Chevy II, V-8

4d Sed	384	1,152	1,920	3,840	6,720	9,600
2d Sed	384	1,152	1,920	3,840	6,720	9,600
4d Sta Wag	392	1,176	1,960	3,920	6,860	9,800

1965 Nova Series, V-8

4d Sed	388	1,164	1,940	3,880	6,790	9,700
2d HT	680	2,040	3,400	6,800	11,900	17,000
4d Sta Wag	520	1,560	2,600	5,200	9,100	13,000

1965 Nova Super Sport, V-8

2d Spt Cpe	800	2,400	4,000	8,000	14,000	20,000

1965 Chevelle

2d Sed	376	1,128	1,880	3,760	6,580	9,400
4d Sed	380	1,140	1,900	3,800	6,650	9,500
2d Sta Wag	540	1,620	2,700	5,400	9,450	13,500
4d Sta Wag	540	1,620	2,700	5,400	9,450	13,500

1965 Malibu, V-8

4d Sed	392	1,176	1,960	3,920	6,860	9,800
2d HT	840	2,520	4,200	8,400	14,700	21,000
2d Conv	1,280	3,840	6,400	12,800	22,400	32,000
4d Sta Wag	524	1,572	2,620	5,240	9,170	13,100

1965 Malibu Super Sport, V-8

2d HT	1,000	3,000	5,000	10,000	17,500	25,000
2d Conv	1,360	4,080	6,800	13,600	23,800	34,000

NOTE: Add 100 percent for RPO Z16 SS-396 option on hardtop only. Add 35 percent for 396 CID, 325 hp.

1965 Biscayne, V-8

2d Sed	376	1,128	1,880	3,760	6,580	9,400
4d Sed	380	1,140	1,900	3,800	6,650	9,500
4d Sta Wag	388	1,164	1,940	3,880	6,790	9,700

1965 Bel Air, V-8

2d Sed	392	1,176	1,960	3,920	6,860	9,800
4d Sed	396	1,188	1,980	3,960	6,930	9,900
4d Sta Wag	420	1,260	2,100	4,200	7,350	10,500

	6	5	4	3	2	1
1965 Impala, V-8						
4d Sed	520	1,560	2,600	5,200	9,100	13,000
4d HT*	580	1,740	2,900	5,800	10,150	14,500
2d HT	800	2,400	4,000	8,000	14,000	20,000
2d Conv	1,160	3,480	5,800	11,600	20,300	29,000
4d Sta Wag	540	1,620	2,700	5,400	9,450	13,500
1965 Impala Super Sport, V-8						
2d HT	840	2,520	4,200	8,400	14,700	21,000
2d Conv	1,280	3,840	6,400	12,800	22,400	32,000

NOTE: Add 20 percent for "Power-Pack" & dual exhaust. Add 15 percent for A/C. Add 35 percent for 409 CID. Add 35 percent for 396 CID, 325 hp. Add 50 percent for 396 CID, 425 hp. Add 40 percent for 409 CID, 340 hp. Add 50 percent for 409 CID, 400 hp. Deduct 10 percent for 6-cyl. Add 10 percent for Caprice models.

	6	5	4	3	2	1
1966 Chevy II Series 100						
2d Sed	384	1,152	1,920	3,840	6,720	9,600
4d Sed	388	1,164	1,940	3,880	6,790	9,700
4d Sta Wag	396	1,188	1,980	3,960	6,930	9,900
1966 Nova Series, V-8						
2d HT	560	1,680	2,800	5,600	9,800	14,000
4d Sed	392	1,176	1,960	3,920	6,860	9,800
4d Sta Wag	400	1,200	2,000	4,000	7,000	10,000
1966 Nova Super Sport						
2d HT	800	2,400	4,000	8,000	14,000	20,000

NOTE: Add 60 percent for High Performance pkg.

	6	5	4	3	2	1
1966 Chevelle						
2d Sed	376	1,128	1,880	3,760	6,580	9,400
4d Sed	380	1,140	1,900	3,800	6,650	9,500
4d Sta Wag	388	1,164	1,940	3,880	6,790	9,700
1966 Malibu, V-8						
4d Sed	392	1,176	1,960	3,920	6,860	9,800
4d HT	400	1,200	2,000	4,000	7,000	10,000
2d HT	840	2,520	4,200	8,400	14,700	21,000
2d Conv	1,120	3,360	5,600	11,200	19,600	28,000
4d Sta Wag	400	1,200	2,000	4,000	7,000	10,000
1966 Super Sport, "396" V-8						
2d HT	1,200	3,600	6,000	12,000	21,000	30,000
2d Conv	1,500	4,550	7,600	15,200	26,600	38,000

NOTE: Deduct 10 percent for 6-cyl Chevelle. Add 10 percent for 396 CID, 360 hp. Add 30 percent for 396 CID, 375 hp.

	6	5	4	3	2	1
1966 Biscayne, V-8						
2d Sed	380	1,140	1,900	3,800	6,650	9,500
4d Sed	384	1,152	1,920	3,840	6,720	9,600
4d Sta Wag	392	1,176	1,960	3,920	6,860	9,800
1966 Bel Air, V-8						
2d Sed	400	1,200	2,000	4,000	7,000	10,000
4d Sed	404	1,212	2,020	4,040	7,070	10,100
4d 3S Wag	520	1,560	2,600	5,200	9,100	13,000
1966 Impala, V-8						
4d Sed	420	1,260	2,100	4,200	7,350	10,500
4d HT	580	1,740	2,900	5,800	10,150	14,500
2d HT	880	2,640	4,400	8,800	15,400	22,000
2d Conv	1,120	3,360	5,600	11,200	19,600	28,000
4d Sta Wag	600	1,800	3,000	6,000	10,500	15,000
1966 Impala Super Sport, V-8						
2d HT	1,000	3,000	5,000	10,000	17,500	25,000
2d Conv	1,240	3,720	6,200	12,400	21,700	31,000
1966 Caprice, V-8						
4d HT	680	2,040	3,400	6,800	11,900	17,000
2d HT	920	2,760	4,600	9,200	16,100	23,000
4d Sta Wag	640	1,920	3,200	6,400	11,200	16,000

NOTE: Add 35 percent for 396 CID. Add 40 percent for 427 CID, 390 hp. Add 50 percent for 427 CID, 425 hp. Add approx. 40 percent for 427 CID engine when available. Add 15 percent for A/C.

	6	5	4	3	2	1
1967 Chevy II, 100, V-8, 110" wb						
2d Sed	372	1,116	1,860	3,720	6,510	9,300
4d Sed	376	1,128	1,880	3,760	6,580	9,400
4d Sta Wag	384	1,152	1,920	3,840	6,720	9,600
1967 Chevy II Nova, V-8, 110" wb						
4d Sed	380	1,140	1,900	3,800	6,650	9,500
2d HT	660	1,980	3,300	6,600	11,550	16,500
4d Sta Wag	420	1,260	2,100	4,200	7,350	10,500
1967 Chevy II Nova SS, V-8, 110" wb						
2d HT	700	2,100	3,500	7,000	12,250	17,500

NOTE: Add 60 percent for High Performance pkg.

1962 Chevrolet Impala sport sedan (four-door hardtop)

1974 Chevrolet Chevelle Laguna S3 hardtop

1985 Chevrolet Camaro IROC-Z coupe

	6	5	4	3	2	1
1967 Chevelle 300, V-8, 115" wb						
2d Sed	376	1,128	1,880	3,760	6,580	9,400
4d Sed	380	1,140	1,900	3,800	6,650	9,500
1967 Chevelle 300 DeLuxe, V-8, 115" wb						
2d Sed	388	1,164	1,940	3,880	6,790	9,700
4d Sed	392	1,176	1,960	3,920	6,860	9,800
4d Sta Wag	520	1,560	2,600	5,200	9,100	13,000
1967 Chevelle Malibu, V-8, 115" wb						
4d Sed	400	1,200	2,000	4,000	7,000	10,000
4d HT	520	1,560	2,600	5,200	9,100	13,000
2d HT	760	2,280	3,800	7,600	13,300	19,000
2d Conv	1,080	3,240	5,400	10,800	18,900	27,000
4d Sta Wag	420	1,260	2,100	4,200	7,350	10,500

NOTE: Add 50 percent for 327 CID, 325 hp.

	6	5	4	3	2	1
1967 Chevelle Concours, V-8, 115" wb						
4d Sta Wag	540	1,620	2,700	5,400	9,450	13,500
1967 Chevelle Super Sport 396, 115" wb						
2d HT	1,200	3,600	6,000	12,000	21,000	30,000
2d Conv	1,360	4,080	6,800	13,600	23,800	34,000

NOTE: Add 10 percent for 396 CID, 350 hp. Add 30 percent for 396 CID, 375 hp.

	6	5	4	3	2	1
1967 Biscayne, V-8, 119" wb						
2d Sed	380	1,140	1,900	3,800	6,650	9,500
4d Sed	384	1,152	1,920	3,840	6,720	9,600
4d Sta Wag	420	1,260	2,100	4,200	7,350	10,500
1967 Bel Air, V-8, 119" wb						
2d Sed	408	1,224	2,040	4,080	7,140	10,200
4d Sed	412	1,236	2,060	4,120	7,210	10,300
4d 3S Sta Wag	520	1,560	2,600	5,200	9,100	13,000
1967 Impala, V-8, 119" wb						
4d Sed	420	1,260	2,100	4,200	7,350	10,500
4d HT	520	1,560	2,600	5,200	9,100	13,000
2d HT	720	2,160	3,600	7,200	12,600	18,000
2d Conv	1,080	3,240	5,400	10,800	18,900	27,000
4d 3S Sta Wag	560	1,680	2,800	5,600	9,800	14,000
1967 Impala SS, V-8, 119" wb						
2d HT	760	2,280	3,800	7,600	13,300	19,000
2d Conv	1,080	3,240	5,400	10,800	18,900	27,000
1967 Caprice, V-8, 119" wb						
2d HT	800	2,400	4,000	8,000	14,000	20,000
4d HT	640	1,920	3,200	6,400	11,200	16,000
4d 3S Sta Wag	600	1,800	3,000	6,000	10,500	15,000

NOTE: Add approximately 40 percent for SS-427 engine options when available in all series. Add 40 percent for SS-396 option. Add 15 percent for A/C.

	6	5	4	3	2	1
1967 Camaro, V-8						
2d IPC	1,320	3,960	6,600	13,200	23,100	33,000
2d Cpe	880	2,640	4,400	8,800	15,400	22,000
2d Conv	1,120	3,360	5,600	11,200	19,600	28,000
2d Z28 Cpe	1,680	5,040	8,400	16,800	29,400	42,000
2d Yenko Cpe	3,120	9,360	15,600	31,200	54,600	78,000

NOTE: Deduct 5 percent for Six, (when available). Add 10 percent for Rally Sport Package, (when available; except incl. w/Indy Pace Car). Add 10 percent for SS-350 (when available; except incl. w/Indy Pace Car). Add 15 percent for SS-396 (L-35/325 hp; when available). Add 35 percent for SS-396 (L-78/375 hp; when available). Add 10 percent for A/C.

	6	5	4	3	2	1
1968 Nova 307 V8						
2d Cpe	392	1,176	1,960	3,920	6,860	9,800
4d Sed	360	1,080	1,800	3,600	6,300	9,000

NOTE: Deduct 5 percent for 4 or 6-cyl. Add 25 percent for SS package. Add 25 percent for 327 CID. Add 30 percent for 350 CID. Add 35 percent for 396 CID engine.

	6	5	4	3	2	1
1968 Chevelle 300						
2d Sed	256	768	1,280	2,560	4,480	6,400
4d Sta Wag	260	780	1,300	2,600	4,550	6,500
1968 Chevelle 300 DeLuxe						
4d Sed	256	768	1,280	2,560	4,480	6,400
4d HT	276	828	1,380	2,760	4,830	6,900
2d Cpe	256	768	1,280	2,560	4,480	6,400
4d Sta Wag	360	1,080	1,800	3,600	6,300	9,000
1968 Chevelle Malibu						
4d Sed	260	780	1,300	2,600	4,550	6,500
4d HT	380	1,140	1,900	3,800	6,650	9,500
2d HT	680	2,040	3,400	6,800	11,900	17,000
2d Conv	1,080	3,240	5,400	10,800	18,900	27,000
4d Sta Wag	380	1,140	1,900	3,800	6,650	9,500

NOTE: Add 10 percent for 396 CID, 350 hp. Add 30 percent for 396 CID, 375 hp.

	6	5	4	3	2	1
1968 Chevelle Concours Estate						
4d Sta Wag	400	1,200	2,000	4,000	7,000	10,000
1968 Chevelle SS-396						
2d HT	1,040	3,120	5,200	10,400	18,200	26,000
2d Conv	1,320	3,960	6,600	13,200	23,100	33,000
1968 Biscayne						
2d Sed	256	768	1,280	2,560	4,480	6,400
4d Sed	260	780	1,300	2,600	4,550	6,500
4d Sta Wag	360	1,080	1,800	3,600	6,300	9,000
1968 Bel Air						
2d Sed	260	780	1,300	2,600	4,550	6,500
4d Sed	264	792	1,320	2,640	4,620	6,600
4d 2S Sta Wag	380	1,140	1,900	3,800	6,650	9,500
4d 3S Sta Wag	400	1,200	2,000	4,000	7,000	10,000
1968 Impala						
4d Sed	380	1,140	1,900	3,800	6,650	9,500
4d HT	408	1,224	2,040	4,080	7,140	10,200
2d HT	560	1,680	2,800	5,600	9,800	14,000
2d Cus Cpe	580	1,740	2,900	5,800	10,150	14,500
2d Conv	1,040	3,120	5,200	10,400	18,200	26,000
4d 2S Sta Wag	520	1,560	2,600	5,200	9,100	13,000
4d 3S Sta Wag	524	1,572	2,620	5,240	9,170	13,100
1968 Caprice						
4d HT	520	1,560	2,600	5,200	9,100	13,000
2d HT	640	1,920	3,200	6,400	11,200	16,000
4d 2S Sta Wag	540	1,620	2,700	5,400	9,450	13,500
4d 3S Sta Wag	560	1,680	2,800	5,600	9,800	14,000
1968 Chevelle 300						

NOTE: Only 1,270 Nova 4's were built in 1968.

	6	5	4	3	2	1
1968 Camaro, V-8						
2d Cpe	760	2,280	3,800	7,600	13,300	19,000
2d Conv	920	2,760	4,600	9,200	16,100	23,000
2d Z28	1,040	3,120	5,200	10,400	18,200	26,000
2d Yenko Cpe	2,560	7,680	12,800	25,600	44,800	64,000

NOTE: Deduct 5 percent for Six (when available). Add 10 percent for A/C. Add 15 percent for Rally Sport Package (when available). Add 25 percent for SS package. Add 15 percent for SS-350 (when available; except Z-28). Add 25 percent for SS-396 (L35/325 hp; when available). Add 35 percent for SS-396 (L78/375 hp; when available). Add 40 percent for SS-396 (L89; when available). Add approx. 40 percent for 427 engine options when available.

	6	5	4	3	2	1
1969 Nova Four						
2d Cpe	212	636	1,060	2,120	3,710	5,300
4d Sed	208	624	1,040	2,080	3,640	5,200
1969 Nova Six						
2d Cpe	216	648	1,080	2,160	3,780	5,400
4d Sed	212	636	1,060	2,120	3,710	5,300
1969 Chevy II, Nova V-8						
2d Cpe	220	660	1,100	2,200	3,850	5,500
4d Sed	216	648	1,080	2,160	3,780	5,400
2d Yenko Cpe	2,400	7,200	12,000	24,000	42,000	60,000

NOTE: Add 25 percent for Nova SS. Add 30 percent for 350 CID. Add 35 percent for 396 CID. Add 10 percent for Impala "SS". Add 25 percent for other "SS" equipment pkgs.

	6	5	4	3	2	1
1969 Chevelle 300 DeLuxe						
4d Sed	200	600	1,000	2,000	3,500	5,000
2d HT	380	1,140	1,900	3,800	6,650	9,500
2d Cpe	220	660	1,100	2,200	3,850	5,500
4d Nomad	228	684	1,140	2,280	3,990	5,700
4d Dual Nomad	240	720	1,200	2,400	4,200	6,000
4d GB Wag	220	660	1,100	2,200	3,850	5,500
4d 6P GB Dual Wag	220	660	1,100	2,200	3,850	5,500
4d 9P GB Dual Wag	224	672	1,120	2,240	3,920	5,600
1969 Chevelle Malibu, Concours, V-8						
4d Sed	220	660	1,100	2,200	3,850	5,500
4d HT	240	720	1,200	2,400	4,200	6,000
2d HT	640	1,920	3,200	6,400	11,200	16,000
Conv	920	2,760	4,600	9,200	16,100	23,000
4d HT	380	1,140	1,900	3,800	6,650	9,500
4d 9P Estate	224	672	1,120	2,240	3,920	5,600
4d 6P Estate	220	660	1,100	2,200	3,850	5,500

NOTE: Add 10 percent for 396 CID, 350 hp. Add 30 percent for 396 CID, 375 hp.

	6	5	4	3	2	1
1969 Chevelle Malibu SS-396						
2d HT	920	2,760	4,600	9,200	16,100	23,000
2d Conv	1,160	3,480	5,800	11,600	20,300	29,000

NOTE: Add 60 percent for Yenko Hardtop.

	6	5	4	3	2	1
1969 Biscayne						
2d Sed	200	600	1,000	2,000	3,500	5,000
4d Sed	196	588	980	1,960	3,430	4,900
4d Sta Wag	208	624	1,040	2,080	3,640	5,200
1969 Bel Air						
2d Sed	220	660	1,100	2,200	3,850	5,500
4d Sed	200	600	1,000	2,000	3,500	5,000
4d 6P Sta Wag	224	672	1,120	2,240	3,920	5,600
4d 9P Sta Wag	232	696	1,160	2,320	4,060	5,800
1969 Impala, V-8						
4d Sed	220	660	1,100	2,200	3,850	5,500
4d HT	360	1,080	1,800	3,600	6,300	9,000
2d HT	420	1,260	2,100	4,200	7,350	10,500
2d Cus Cpe	428	1,284	2,140	4,280	7,490	10,700
2d Conv	760	2,280	3,800	7,600	13,300	19,000
4d 6P Sta Wag	232	696	1,160	2,320	4,060	5,800
4d 9P Sta Wag	240	720	1,200	2,400	4,200	6,000
NOTE: Add 35 percent for Impala SS 427 option.						
1969 Caprice, V-8						
4d HT	400	1,200	2,000	4,000	7,000	10,000
2d Cus Cpe	540	1,620	2,700	5,400	9,450	13,500
4d 6P Sta Wag	240	720	1,200	2,400	4,200	6,000
4d 9P Sta Wag	360	1,080	1,800	3,600	6,300	9,000
1969 Camaro, V-8						
2d Spt Cpe	800	2,400	4,000	8,000	14,000	20,000
2d Conv	1,000	3,000	5,000	10,000	17,500	25,000
2d Z28	1,000	3,000	5,000	10,000	17,500	25,000
2d IPC	1,160	3,480	5,800	11,600	20,300	29,000
2d ZL-1*	3,040	9,120	15,200	30,400	53,200	76,000
2d Yenko	1,960	5,880	9,800	19,600	34,300	49,000
NOTE: Deduct 5 percent for Six, (when available). Add 5 percent for Rally Sport (except incl. w/Indy Pace Car). Add 10 percent for SS-350 (when avail.; except incl. w/Indy Pace Car). Add 25 percent for SS-396 (L78/375 hp; when available). Add 55 percent for SS-396 (L89/375 hp; alum. heads; when available). Add approx. 40 percent for 427 engine options when available. The specially trimmed coupe with the aluminum 427 block.						
1970 Nova Four						
2d Cpe	200	600	1,000	2,000	3,500	5,000
4d Sed	196	588	980	1,960	3,430	4,900
1970 Nova Six						
2d Cpe	204	612	1,020	2,040	3,570	5,100
4d Sed	200	600	1,000	2,000	3,500	5,000
1970 Nova, V-8						
2d Cpe	208	624	1,040	2,080	3,640	5,200
4d Sed	204	612	1,020	2,040	3,570	5,100
2d Yenko Cpe	2,240	6,720	11,200	22,400	39,200	56,000
NOTE: Add 25 percent for SS option.						
1970 Chevelle						
2d Cpe	272	816	1,360	2,720	4,760	6,800
4d Sed	220	660	1,100	2,200	3,850	5,500
4d Nomad	240	720	1,200	2,400	4,200	6,000
1970 Greenbrier						
4d 6P Sta Wag	220	660	1,100	2,200	3,850	5,500
4d 8P Sta Wag	220	660	1,100	2,200	3,850	5,500
1970 Malibu, V-8						
4d Sed	224	672	1,120	2,240	3,920	5,600
4d HT	240	720	1,200	2,400	4,200	6,000
2d HT	600	1,800	3,000	6,000	10,500	15,000
2d Conv	880	2,640	4,400	8,800	15,400	22,000
4d Concours Est Wag	264	792	1,320	2,640	4,620	6,600
1970 Chevelle Malibu SS 396						
2d HT	1,000	3,000	5,000	10,000	17,500	25,000
2d Conv	1,200	3,600	6,000	12,000	21,000	30,000
1970 Chevelle Malibu SS 454						
2d HT	1,160	3,480	5,800	11,600	20,300	29,000
2d Conv	1,360	4,080	6,800	13,600	23,800	34,000
NOTE: Add 30 percent for 396 CID, 375 hp. Add 50 percent for LS6 engine option.						
1970 Monte Carlo						
2d HT	720	2,160	3,600	7,200	12,600	18,000
NOTE: Add 35 percent for SS 454.						
1970 Biscayne						
4d Sed	188	564	940	1,880	3,290	4,700
4d Sta Wag	192	576	960	1,920	3,360	4,800

	6	5	4	3	2	1
1970 Bel Air						
4d Sed	204	612	1,020	2,040	3,570	5,100
4d 6P Sta Wag	212	636	1,060	2,120	3,710	5,300
4d 9P Sta Wag	220	660	1,100	2,200	3,850	5,500
1970 Impala, V-8						
4d Sed	232	696	1,160	2,320	4,060	5,800
4d HT	380	1,140	1,900	3,800	6,650	9,500
2d Spt Cpe	400	1,200	2,000	4,000	7,000	10,000
2d Cus Cpe	400	1,200	2,000	4,000	7,000	10,000
2d Conv	640	1,920	3,200	6,400	11,200	16,000
4d 6P Sta Wag	260	780	1,300	2,600	4,550	6,500
4d 9P Sta Wag	360	1,080	1,800	3,600	6,300	9,000
1970 Caprice, V-8						
4d HT	400	1,200	2,000	4,000	7,000	10,000
2d Cus Cpe	540	1,620	2,700	5,400	9,450	13,500
4d 6P Sta Wag	368	1,104	1,840	3,680	6,440	9,200
4d 9P Sta Wag	380	1,140	1,900	3,800	6,650	9,500

NOTE: Add 35 percent for SS 454 option. Add 25 percent for Rally Sport and/or Super Sport options.

	6	5	4	3	2	1
1970 Camaro, V-8						
2d Cpe	600	1,800	3,000	6,000	10,500	15,000
2d Z28	760	2,280	3,800	7,600	13,300	19,000

NOTE: Deduct 5 percent for Six, (except Z28). Add 35 percent for the 375 horsepower 396, (L78 option). Add 35 percent for Rally Sport and/or Super Sport options.

	6	5	4	3	2	1
1971 Vega						
2d Sed	200	600	1,000	2,000	3,500	5,000
2d HBk	204	612	1,020	2,040	3,570	5,100
2d Kammback	208	624	1,040	2,080	3,640	5,200

NOTE: Add 5 percent for GT.

	6	5	4	3	2	1
1971 Nova, V-8						
4d Sed	200	600	1,000	2,000	3,500	5,000
2d Sed	208	624	1,040	2,080	3,640	5,200
2d SS	272	816	1,360	2,720	4,760	6,800
1971 Chevelle						
2d HT	600	1,800	3,000	6,000	10,500	15,000
2d Malibu HT	800	2,400	4,000	8,000	14,000	20,000
2d Malibu Conv	1,000	3,000	5,000	10,000	17,500	25,000
4d HT	400	1,200	2,000	4,000	7,000	10,000
4d Sed	220	660	1,100	2,200	3,850	5,500
4d Concours Est Wag	360	1,080	1,800	3,600	6,300	9,000
1971 Chevelle Malibu SS						
2d HT	840	2,520	4,200	8,400	14,700	21,000
2d Conv	1,080	3,240	5,400	10,800	18,900	27,000
1971 Chevelle Malibu SS-454						
2d HT	960	2,880	4,800	9,600	16,800	24,000
2d Conv	1,200	3,600	6,000	12,000	21,000	30,000
1971 Monte Carlo						
2d HT	720	2,160	3,600	7,200	12,600	18,000

NOTE: Add 35 percent for SS 454. Add 25 percent for SS 402 engine option.

	6	5	4	3	2	1
1971 Biscayne, V-8, 121" wb						
4d Sed	192	576	960	1,920	3,360	4,800
1971 Bel Air, V-8, 121" wb						
4d Sed	208	624	1,040	2,080	3,640	5,200
1971 Impala, V-8, 121" wb						
4d Sed	220	660	1,100	2,200	3,850	5,500
4d HT	248	744	1,240	2,480	4,340	6,200
2d HT	400	1,200	2,000	4,000	7,000	10,000
2d HT Cus	408	1,224	2,040	4,080	7,140	10,200
2d Conv	760	2,280	3,800	7,600	13,300	19,000
1971 Caprice, V-8, 121" wb						
4d HT	360	1,080	1,800	3,600	6,300	9,000
2d HT	420	1,260	2,100	4,200	7,350	10,500
1971 Station Wagons, V-8, 125" wb						
4d Brookwood 2-S	216	648	1,080	2,160	3,780	5,400
4d Townsman 3-S	228	684	1,140	2,280	3,990	5,700
4d Kingswood 3-S	236	708	1,180	2,360	4,130	5,900
4d Est 3-S	240	720	1,200	2,400	4,200	6,000

NOTE: Add 35 percent for SS 454 option.

	6	5	4	3	2	1
1971 Camaro, V-8						
2d Cpe	600	1,800	3,000	6,000	10,500	15,000
2d Z28	720	2,160	3,600	7,200	12,600	18,000

NOTE: Add 35 percent for Rally Sport and/or Super Sport options.

	6	5	4	3	2	1
1972 Vega						
2d Sed	200	600	1,000	2,000	3,500	5,000

	6	5	4	3	2	1
2d HBk	204	612	1,020	2,040	3,570	5,100
2d Kammback	208	624	1,040	2,080	3,640	5,200

NOTE: Add 15 percent for GT.

1972 Nova

	6	5	4	3	2	1
4d Sed	208	624	1,040	2,080	3,640	5,200
2d Sed	212	636	1,060	2,120	3,710	5,300

NOTE: Add 25 percent for SS.

1972 Chevelle

	6	5	4	3	2	1
2d Malibu HT	720	2,160	3,600	7,200	12,600	18,000
2d Malibu Conv	1,000	3,000	5,000	10,000	17,500	25,000
4d HT	400	1,200	2,000	4,000	7,000	10,000
4d Sed	220	660	1,100	2,200	3,850	5,500
4d Concours Est Wag	360	1,080	1,800	3,600	6,300	9,000

1972 Chevelle Malibu SS

	6	5	4	3	2	1
2d HT	840	2,520	4,200	8,400	14,700	21,000
2d Conv	1,080	3,240	5,400	10,800	18,900	27,000

1972 Chevelle Malibu SS-454

	6	5	4	3	2	1
2d HT	920	2,760	4,600	9,200	16,100	23,000
2d Conv	1,160	3,480	5,800	11,600	20,300	29,000

1972 Monte Carlo

	6	5	4	3	2	1
2d HT	720	2,160	3,600	7,200	12,600	18,000

NOTE: Add 35 percent for 454 CID engine. Add 25 percent for 402 engine option.

1972 Biscayne, V-8, 121" wb

	6	5	4	3	2	1
4d Sed	192	576	960	1,920	3,360	4,800

1972 Bel Air, V-8, 121" wb

	6	5	4	3	2	1
4d Sed	196	588	980	1,960	3,430	4,900

1972 Impala, V-8, 121" wb

	6	5	4	3	2	1
4d Sed	208	624	1,040	2,080	3,640	5,200
4d HT	248	744	1,240	2,480	4,340	6,200
2d HT Cus	400	1,200	2,000	4,000	7,000	10,000
2d HT	380	1,140	1,900	3,800	6,650	9,500
2d Conv	680	2,040	3,400	6,800	11,900	17,000

1972 Caprice, V-8, 121" wb

	6	5	4	3	2	1
4d Sed	220	660	1,100	2,200	3,850	5,500
4d HT	380	1,140	1,900	3,800	6,650	9,500
2d HT	420	1,260	2,100	4,200	7,350	10,500

1972 Station Wagons, V-8, 125" wb

	6	5	4	3	2	1
4d Brookwood 2-S	228	684	1,140	2,280	3,990	5,700
4d Townsman 3-S	236	708	1,180	2,360	4,130	5,900
4d Kingswood 3-S	240	720	1,200	2,400	4,200	6,000
4d Est 3-S	260	780	1,300	2,600	4,550	6,500

NOTE: Add 35 percent for 454 option. Add 30 percent for 402 option.

1972 Camaro, V-8

	6	5	4	3	2	1
2d Cpe	640	1,920	3,200	6,400	11,200	16,000
2d Z28	760	2,280	3,800	7,600	13,300	19,000

NOTE: Add 35 percent for Rally Sport and/or Super Sport options.

1973 Vega

	6	5	4	3	2	1
2d Sed	224	672	1,120	2,240	3,920	5,600
2d HBk	204	612	1,020	2,040	3,570	5,100
2d Sta Wag	208	624	1,040	2,080	3,640	5,200

1973 Nova Custom V8

	6	5	4	3	2	1
2d Cpe	216	648	1,080	2,160	3,780	5,400
4d Sed	212	636	1,060	2,120	3,710	5,300
2d HBk	220	660	1,100	2,200	3,850	5,500

1973 Chevelle Malibu V8

	6	5	4	3	2	1
2d Cpe	224	672	1,120	2,240	3,920	5,600
4d Sed	220	660	1,100	2,200	3,850	5,500

NOTE: Add 15 percent for SS option.

1973 Laguna V8

	6	5	4	3	2	1
4d Sed	224	672	1,120	2,240	3,920	5,600
2d Cpe	380	1,140	1,900	3,800	6,650	9,500
4d 3S DeL Sta Wag	200	600	1,000	2,000	3,500	5,000
4d 3S Malibu Sta Wag	204	612	1,020	2,040	3,570	5,100
4d 3S Malibu Est Wag	208	624	1,040	2,080	3,640	5,200
4d 3S Laguna Sta Wag	220	660	1,100	2,200	3,850	5,500
4d 3S Laguna Est Wag	228	684	1,140	2,280	3,990	5,700

1973 Monte Carlo V8

	6	5	4	3	2	1
2d Cpe	380	1,140	1,900	3,800	6,650	9,500
2d Cpe Lan	400	1,200	2,000	4,000	7,000	10,000

1973 Bel Air

	6	5	4	3	2	1
4d	224	672	1,120	2,240	3,920	5,600
4d 2S Bel Air Sta Wag	216	648	1,080	2,160	3,780	5,400
4d 3S Bel Air Sta Wag	220	660	1,100	2,200	3,850	5,500

	6	5	4	3	2	1
1973 Impala V8						
2d Cpe Spt	260	780	1,300	2,600	4,550	6,500
2d Cpe Cus	268	804	1,340	2,680	4,690	6,700
4d Sed	228	684	1,140	2,280	3,990	5,700
4d HT	240	720	1,200	2,400	4,200	6,000
4d 3S Impala Wag	240	720	1,200	2,400	4,200	6,000
1973 Caprice Classic V8						
2d Cpe	360	1,080	1,800	3,600	6,300	9,000
4d Sed	228	684	1,140	2,280	3,990	5,700
4d HT	260	780	1,300	2,600	4,550	6,500
2d Conv	800	2,400	4,000	8,000	14,000	20,000
4d 3S Caprice Est Wag	260	780	1,300	2,600	4,550	6,500
1973 Camaro, V-8						
2d Cpe	640	1,920	3,200	6,400	11,200	16,000
2d Z28	720	2,160	3,600	7,200	12,600	18,000

NOTE: Add 35 percent for Rally Sport and/or Super Sport options.

	6	5	4	3	2	1
1974 Vega						
2d Cpe	200	600	1,000	2,000	3,500	5,000
2d HBk	204	612	1,020	2,040	3,570	5,100
2d Sta Wag	208	624	1,040	2,080	3,640	5,200
1974 Nova						
2d Cpe	216	648	1,080	2,160	3,780	5,400
2d HBk	224	672	1,120	2,240	3,920	5,600
4d Sed	216	648	1,080	2,160	3,780	5,400
1974 Nova Custom						
2d Cpe	220	660	1,100	2,200	3,850	5,500
2d HBk	224	672	1,120	2,240	3,920	5,600
4d Sed	220	660	1,100	2,200	3,850	5,500

NOTE: Add 10 percent for Spirit of America option where applied.

	6	5	4	3	2	1
1974 Malibu						
2d Col Cpe	240	720	1,200	2,400	4,200	6,000
4d Col Sed	224	672	1,120	2,240	3,920	5,600
4d Sta Wag	208	624	1,040	2,080	3,640	5,200
1974 Malibu Classic						
2d Col Cpe	228	684	1,140	2,280	3,990	5,700
2d Lan Cpe	216	648	1,080	2,160	3,780	5,400
4d Col Sed	204	612	1,020	2,040	3,570	5,100
4d Sta Wag	200	600	1,000	2,000	3,500	5,000
1974 Malibu Classic Estate						
4d Sta Wag	204	612	1,020	2,040	3,570	5,100
1974 Laguna Type S-3, V-8						
2d Cpe	420	1,260	2,100	4,200	7,350	10,500
1974 Monte Carlo						
2d "S" Cpe	350	1,100	1,800	3,600	6,300	9,000
2d Lan	380	1,140	1,900	3,800	6,650	9,500
1974 Bel Air						
4d Sed	200	600	1,000	2,000	3,500	5,000
4d Sta Wag	200	600	1,000	2,000	3,500	5,000
1974 Impala						
4d Sed	212	636	1,060	2,120	3,710	5,300
4d HT Sed	232	696	1,160	2,320	4,060	5,800
2d Spt Cpe	260	780	1,300	2,600	4,550	6,500
2d Cus Cpe	272	816	1,360	2,720	4,760	6,800
4d Sta Wag	204	612	1,020	2,040	3,570	5,100
1974 Caprice Classic						
4d Sed	216	648	1,080	2,160	3,780	5,400
4d HT Sed	240	720	1,200	2,400	4,200	6,000
2d Cus Cpe	368	1,104	1,840	3,680	6,440	9,200
2d Conv	840	2,520	4,200	8,400	14,700	21,000
4d Sta Wag	220	660	1,100	2,200	3,850	5,500

NOTE: Add 20 percent for Nova SS package. Add 12 percent for Malibu with canopy roof. Add 20 percent for 454 V-8. Add 15 percent for Nova with 185 horsepower V-8. Add 25 percent for Impala "Spirit of America" Sport Coupe.

	6	5	4	3	2	1
1974 Camaro, V-8						
2d Cpe	620	1,860	3,100	6,200	10,850	15,500
2d LT Cpe	640	1,920	3,200	6,400	11,200	16,000

NOTE: Add 10 percent for Z28 option.

	6	5	4	3	2	1
1975 Vega						
2d Cpe	200	600	1,000	2,000	3,500	5,000
2d HBk	204	612	1,020	2,040	3,570	5,100
2d Lux Cpe	204	612	1,020	2,040	3,570	5,100
4d Sta Wag	208	624	1,040	2,080	3,640	5,200
4d Est Wag	212	636	1,060	2,120	3,710	5,300
2d Cosworth	320	960	1,600	3,200	5,600	8,000

	6	5	4	3	2	1
1975 Nova						
2d "S" Cpe	200	600	1,000	2,050	3,550	5,100
2d Cpe	204	612	1,020	2,040	3,570	5,100
2d HBk	208	624	1,040	2,080	3,640	5,200
4d Sed	208	624	1,040	2,080	3,640	5,200
1975 Nova Custom						
2d Cpe	208	624	1,040	2,080	3,640	5,200
2d HBk	212	636	1,060	2,120	3,710	5,300
4d Sed	208	624	1,040	2,080	3,640	5,200
1975 Nova LN, V-8						
4d Sed	212	636	1,060	2,120	3,710	5,300
2d Cpe	216	648	1,080	2,160	3,780	5,400
1975 Monza						
2d 2 plus 2	220	660	1,100	2,200	3,850	5,500
2d Twn Cpe	208	624	1,040	2,080	3,640	5,200
1975 Malibu						
2d Col Cpe	220	660	1,100	2,200	3,850	5,500
2d Col Sed	200	600	1,000	2,000	3,500	5,000
4d Sta Wag	204	612	1,020	2,040	3,570	5,100
1975 Malibu Classic						
2d Col Cpe	240	720	1,200	2,400	4,200	6,000
2d Lan	248	744	1,240	2,480	4,340	6,200
4d Col Sed	208	624	1,040	2,080	3,640	5,200
4d Sta Wag	204	612	1,020	2,040	3,570	5,100
4d Est Wag	208	624	1,040	2,080	3,640	5,200
1975 Laguna Type S-3, V-8						
2d Cpe	520	1,560	2,600	5,200	9,100	13,000
1975 Monte Carlo						
2d "S" Cpe	400	1,150	1,900	3,800	6,650	9,500
2d Lan	400	1,200	2,000	4,000	7,000	10,000
1975 Bel Air						
4d Sed	204	612	1,020	2,040	3,570	5,100
4d Sta Wag	200	600	1,000	2,000	3,500	5,000
1975 Impala						
4d Sed	212	636	1,060	2,120	3,710	5,300
4d HT	216	648	1,080	2,160	3,780	5,400
2d Spt Cpe	240	720	1,200	2,400	4,200	6,000
2d Cus Cpe	244	732	1,220	2,440	4,270	6,100
2d Lan	260	780	1,300	2,600	4,550	6,500
4d Sta Wag	216	648	1,080	2,160	3,780	5,400
1975 Caprice Classic						
4d Sed	216	648	1,080	2,160	3,780	5,400
4d HT	220	660	1,100	2,200	3,850	5,500
2d Cus Cpe	260	780	1,300	2,600	4,550	6,500
2d Lan	260	780	1,300	2,600	4,550	6,500
2d Conv	800	2,400	4,000	8,000	14,000	20,000
4d Sta Wag	240	720	1,200	2,400	4,200	6,000

NOTE: Add 10 percent for Nova SS. Add 15 percent for SS option on Chevelle wagon. Add 20 percent for Monte Carlo or Laguna 454. Add 15 percent for 454 Caprice. Add 15 percent for canopy top options. Add 10 percent for Monza V-8.

	6	5	4	3	2	1
1975 Camaro, V-8						
Cpe	560	1,680	2,800	5,600	9,800	14,000
Type LT	600	1,800	3,000	6,000	10,500	15,000

NOTE: Add 30 percent for Camaro R/S.

	6	5	4	3	2	1
1976 Chevette, 4-cyl.						
2d Scooter	188	564	940	1,880	3,290	4,700
2d HBk	196	588	980	1,960	3,430	4,900
1976 Vega, 4-cyl.						
2d Sed	200	600	1,000	2,000	3,500	5,000
2d HBk	204	612	1,020	2,040	3,570	5,100
2d Cosworth HBk	400	1,200	2,000	4,000	7,000	10,000
2d Sta Wag	208	624	1,040	2,080	3,640	5,200
2d Est Sta Wag	212	636	1,060	2,120	3,710	5,300
1976 Nova, V-8						
2d Cpe	204	612	1,020	2,040	3,570	5,100
2d HBk	208	624	1,040	2,080	3,640	5,200
4d Sed	200	600	1,000	2,000	3,500	5,000
1976 Nova Concours, V-8						
2d Cpe	208	624	1,040	2,080	3,640	5,200
2d HBk	212	636	1,060	2,120	3,710	5,300
4d Sed	204	612	1,020	2,040	3,570	5,100
1976 Monza, 4-cyl.						
2d Twn Cpe	196	588	980	1,960	3,430	4,900
2d HBk	196	588	980	1,960	3,430	4,900

	6	5	4	3	2	1
1976 Malibu, V-8						
2d Sed	204	612	1,020	2,040	3,570	5,100
4d Sed	200	600	1,000	2,000	3,500	5,000
4d 2S Sta Wag ES	200	600	1,000	2,000	3,500	5,000
4d 3S Sta Wag ES	200	600	1,000	2,000	3,500	5,000
1976 Malibu Classic, V-8						
2d Sed	220	660	1,100	2,200	3,850	5,500
2d Lan Cpe	228	684	1,140	2,280	3,990	5,700
4d Sed	200	600	1,000	2,000	3,500	5,000
1976 Laguna Type S-3, V-8						
2d Cpe	420	1,260	2,100	4,200	7,350	10,500
1976 Monte Carlo, V-8						
2d Cpe	380	1,140	1,900	3,800	6,650	9,500
2d Lan Cpe	400	1,200	2,000	4,000	7,000	10,000
1976 Impala, V-8						
4d Sed	192	576	960	1,920	3,360	4,800
4d Spt Sed	196	588	980	1,960	3,430	4,900
2d Cus Cpe	220	660	1,100	2,200	3,850	5,500
4d 2S Sta Wag	196	588	980	1,960	3,430	4,900
4d 3S Sta Wag	200	600	1,000	2,000	3,500	5,000
1976 Caprice Classic, V-8						
4d Sed	200	600	1,000	2,000	3,500	5,000
4d Spt Sed	204	612	1,020	2,040	3,570	5,100
2d Cpe	260	780	1,300	2,600	4,550	6,500
2d Lan Cpe	268	804	1,340	2,680	4,690	6,700
4d 2S Sta Wag	200	600	1,000	2,000	3,500	5,000
4d 3S Sta Wag	204	612	1,020	2,040	3,570	5,100
1976 Camaro, V-8						
2d Cpe	520	1,560	2,600	5,200	9,100	13,000
2d Cpe LT	560	1,680	2,800	5,600	9,800	14,000
1977 Chevette, 4-cyl.						
2d HBk	164	492	820	1,640	2,870	4,100
1977 Vega, 4-cyl.						
2d Spt Cpe	172	516	860	1,720	3,010	4,300
2d HBk	176	528	880	1,760	3,080	4,400
2d Sta Wag	180	540	900	1,800	3,150	4,500
2d Est Wag	184	552	920	1,840	3,220	4,600
1977 Nova, V-8						
2d Cpe	180	540	900	1,800	3,150	4,500
2d HBk	184	552	920	1,840	3,220	4,600
4d Sed	176	528	880	1,760	3,080	4,400
1977 Nova Concours, V-8						
2d Cpe	184	552	920	1,840	3,220	4,600
2d HBk	188	564	940	1,880	3,290	4,700
4d Sed	180	540	900	1,800	3,150	4,500
1977 Monza, 4-cyl.						
2d Twn Cpe	180	540	900	1,800	3,150	4,500
2d HBk	180	540	900	1,800	3,150	4,500
1977 Malibu, V-8						
2d Cpe	176	528	880	1,760	3,080	4,400
4d Sed	180	540	900	1,800	3,150	4,500
4d 2S Sta Wag	164	492	820	1,640	2,870	4,100
3S Sta Wag	168	504	840	1,680	2,940	4,200
1977 Malibu Classic, V-8						
2d Cpe	180	540	900	1,800	3,150	4,500
2d Lan Cpe	200	600	1,000	2,000	3,500	5,000
4d Sed	184	552	920	1,840	3,220	4,600
4d 2S Sta Wag	172	516	860	1,720	3,010	4,300
4d 3S Sta Wag	176	528	880	1,760	3,080	4,400
1977 Monte Carlo, V-8						
2d Cpe	260	780	1,300	2,600	4,550	6,500
2d Lan Cpe	360	1,080	1,800	3,600	6,300	9,000
1977 Impala, V-8						
2d Cpe	200	600	1,000	2,000	3,500	5,000
4d Sed	180	540	900	1,800	3,150	4,500
4d 2S Sta Wag	180	540	900	1,800	3,150	4,500
4d 3S Sta Wag	184	552	920	1,840	3,220	4,600
1977 Caprice Classic, V-8						
2d Cpe	208	624	1,040	2,080	3,640	5,200
4d Sed	188	564	940	1,880	3,290	4,700
4d 2S Sta Wag	184	552	920	1,840	3,220	4,600
4d 3S Sta Wag	188	564	940	1,880	3,290	4,700
1977 Camaro, V-8						
2d Spt Cpe	400	1,200	2,000	4,000	7,000	10,000

	6	5	4	3	2	1
2d Spt Cpe LT	420	1,260	2,100	4,200	7,350	10,500
2d Spt Cpe Z28	520	1,560	2,600	5,200	9,100	13,000
1978 Chevette						
2d Scooter	152	456	760	1,520	2,660	3,800
2d HBk	152	456	760	1,520	2,660	3,800
4d HBk	156	468	780	1,560	2,730	3,900
1978 Nova						
2d Cpe	176	528	880	1,760	3,080	4,400
2d HBk	176	528	880	1,760	3,080	4,400
4d Sed	172	516	860	1,720	3,010	4,300
1978 Nova Custom						
2d Cpe	180	540	900	1,800	3,150	4,500
4d Sed	176	528	880	1,760	3,080	4,400
1978 Monza						
2d Cpe 2 plus 2	184	552	920	1,840	3,220	4,600
2d "S" Cpe	200	550	900	1,800	3,150	4,500
2d Cpe	176	528	880	1,760	3,080	4,400
4d Sta Wag	164	492	820	1,640	2,870	4,100
4d Est Wag	168	504	840	1,680	2,940	4,200
2d Spt Cpe 2 plus 2	200	600	1,000	2,000	3,500	5,000
2d Spt Cpe	192	576	960	1,920	3,360	4,800
1978 Malibu						
2d Spt Cpe	184	552	920	1,840	3,220	4,600
4d Sed	180	540	900	1,800	3,150	4,500
4d Sta Wag	180	540	900	1,800	3,150	4,500
1978 Malibu Classic						
2d Spt Cpe	188	564	940	1,880	3,290	4,700
4d Sed	184	552	920	1,840	3,220	4,600
4d Sta Wag	184	552	920	1,840	3,220	4,600
1978 Monte Carlo, V-8						
2d Cpe	240	720	1,200	2,400	4,200	6,000
1978 Impala						
2d Cpe	200	600	1,000	2,000	3,500	5,000
4d Sed	188	564	940	1,880	3,290	4,700
4d Sta Wag	188	564	940	1,880	3,290	4,700
1978 Caprice Classic						
2d Cpe	212	636	1,060	2,120	3,710	5,300
4d Sed	200	600	1,000	2,000	3,500	5,000
4d Sta Wag	204	612	1,020	2,040	3,570	5,100
1978 Camaro, V-8						
2d Cpe	240	720	1,200	2,400	4,200	6,000
2d LT Cpe	260	780	1,300	2,600	4,550	6,500
2d Z28 Cpe	360	1,080	1,800	3,600	6,300	9,000
1979 Chevette, 4-cyl.						
4d HBk	156	468	780	1,560	2,730	3,900
2d HBk	156	468	780	1,560	2,730	3,900
2d Scooter	152	456	760	1,520	2,660	3,800
1979 Nova, V-8						
4d Sed	176	528	880	1,760	3,080	4,400
2d Sed	172	516	860	1,720	3,010	4,300
2d HBk	180	540	900	1,800	3,150	4,500
1979 Nova Custom, V-8						
4d Sed	180	540	900	1,800	3,150	4,500
2d Sed	176	528	880	1,760	3,080	4,400
NOTE: Deduct 5 percent for 6-cyl.						
1979 Monza, 4-cyl.						
2d 2 plus 2 HBk	188	564	940	1,880	3,290	4,700
2d	184	552	920	1,840	3,220	4,600
4d Sta Wag	168	504	840	1,680	2,940	4,200
2d Spt 2 plus 2 HBk	192	576	960	1,920	3,360	4,800
1979 Malibu, V-8						
4d Sed	184	552	920	1,840	3,220	4,600
2d Spt Cpe	192	576	960	1,920	3,360	4,800
4d Sta Wag	188	564	940	1,880	3,290	4,700
1979 Malibu Classic, V-8						
4d Sed	188	564	940	1,880	3,290	4,700
2d Spt Cpe	196	588	980	1,960	3,430	4,900
2d Lan Cpe	200	600	1,000	2,000	3,500	5,000
4d Sta Wag	192	576	960	1,920	3,360	4,800
NOTE: Deduct 5 percent for 6-cyl.						
1979 Monte Carlo, V-8						
2d Spt Cpe	240	720	1,200	2,400	4,200	6,000
2d Lan Cpe	260	780	1,300	2,600	4,550	6,500
NOTE: Deduct 10 percent for 6-cyl.						

	6	5	4	3	2	1
1979 Impala, V-8						
4d Sed	192	576	960	1,920	3,360	4,800
2d Sed	188	564	940	1,880	3,290	4,700
2d Lan Cpe	196	588	980	1,960	3,430	4,900
4d 2S Sta Wag	188	564	940	1,880	3,290	4,700
4d 3S Sta Wag	192	576	960	1,920	3,360	4,800
1979 Caprice Classic, V-8						
4d Sed	200	600	1,000	2,000	3,500	5,000
2d Sed	204	612	1,020	2,040	3,570	5,100
2d Lan Cpe	208	624	1,040	2,080	3,640	5,200
4d 2S Sta Wag	204	612	1,020	2,040	3,570	5,100
4d 3S Sta Wag	208	624	1,040	2,080	3,640	5,200
NOTE: Deduct 15 percent for 6-cyl.						
1979 Camaro, V-8						
2d Spt Cpe	232	696	1,160	2,320	4,060	5,800
2d Rally Cpe	256	768	1,280	2,560	4,480	6,400
2d Berlinetta Cpe	264	792	1,320	2,640	4,620	6,600
2d Z28 Cpe	276	828	1,380	2,760	4,830	6,900
NOTE: Deduct 20 percent for 6-cyl.						
1980 Chevette, 4-cyl.						
2d HBk Scooter	120	360	600	1,200	2,100	3,000
2d HBk	124	372	620	1,240	2,170	3,100
4d HBk	128	384	640	1,280	2,240	3,200
1980 Citation, 6-cyl.						
4d HBk	140	420	700	1,400	2,450	3,500
2d HBk	136	408	680	1,360	2,380	3,400
2d Cpe	144	432	720	1,440	2,520	3,600
2d Cpe Clb	148	444	740	1,480	2,590	3,700
NOTE: Deduct 10 percent for 4-cyl.						
1980 Monza, 4-cyl.						
2d HBk 2 plus 2	136	408	680	1,360	2,380	3,400
2d HBk Spt 2 plus 2	144	432	720	1,440	2,520	3,600
2d Cpe	140	420	700	1,400	2,450	3,500
NOTE: Add 10 percent for V-6.						
1980 Malibu, V-8						
4d Sed	144	432	720	1,440	2,520	3,600
2d Cpe Spt	152	456	760	1,520	2,660	3,800
4d Sta Wag	148	444	740	1,480	2,590	3,700
NOTE: Deduct 10 percent for V-6.						
1980 Malibu Classic, V-8						
4d Sed	148	444	740	1,480	2,590	3,700
2d Cpe Spt	156	468	780	1,560	2,730	3,900
2d Cpe Lan	160	480	800	1,600	2,800	4,000
4d Sta Wag	152	456	760	1,520	2,660	3,800
NOTE: Deduct 10 percent for 6-cyl.						
1980 Camaro, 6-cyl.						
2d Cpe Spt	244	732	1,220	2,440	4,270	6,100
2d Cpe RS	252	756	1,260	2,520	4,410	6,300
2d Cpe Berlinetta	256	768	1,280	2,560	4,480	6,400
1980 Camaro, V-8						
2d Cpe Spt	260	780	1,300	2,600	4,550	6,500
2d Cpe RS	268	804	1,340	2,680	4,690	6,700
2d Cpe Berlinetta	272	816	1,360	2,720	4,760	6,800
2d Cpe Z28	360	1,080	1,800	3,600	6,300	9,000
1980 Monte Carlo, 6-cyl.						
2d Cpe Spt	216	648	1,080	2,160	3,780	5,400
2d Cpe Lan	220	660	1,100	2,200	3,850	5,500
1980 Monte Carlo, V-8						
2d Cpe Spt	272	816	1,360	2,720	4,760	6,800
2d Cpe Lan	276	828	1,380	2,760	4,830	6,900
1980 Impala, V-8						
4d Sed	156	468	780	1,560	2,730	3,900
2d Cpe	160	480	800	1,600	2,800	4,000
4d 2S Sta Wag	160	480	800	1,600	2,800	4,000
4d 3S Sta Wag	164	492	820	1,640	2,870	4,100
NOTE: Deduct 12 percent for 6-cyl. sedan and coupe only.						
1980 Caprice Classic, V-8						
4d Sed	160	480	800	1,600	2,800	4,000
2d Cpe	168	504	840	1,680	2,940	4,200
2d Cpe Lan	176	528	880	1,760	3,080	4,400
4d 2S Sta Wag	164	492	820	1,640	2,870	4,100
4d 3S Sta Wag	168	504	840	1,680	2,940	4,200

	6	5	4	3	2	1
1981 Chevette, 4-cyl.						
2d HBk Scooter	124	372	620	1,240	2,170	3,100
2d HBk	128	384	640	1,280	2,240	3,200
4d HBk	132	396	660	1,320	2,310	3,300
1981 Citation, 6-cyl.						
4d HBk	144	432	720	1,440	2,520	3,600
2d HBk	140	420	700	1,400	2,450	3,500
NOTE: Deduct 10 percent for 4-cyl.						
1981 Malibu, V-8						
4d Sed Spt	148	444	740	1,480	2,590	3,700
2d Cpe Spt	152	456	760	1,520	2,660	3,800
4d Sta Wag	152	456	760	1,520	2,660	3,800
NOTE: Deduct 10 percent for 6-cyl.						
1981 Malibu Classic, V-8						
4d Sed Spt	152	456	760	1,520	2,660	3,800
2d Cpe Spt	156	468	780	1,560	2,730	3,900
2d Cpe Lan	160	480	800	1,600	2,800	4,000
4d Sta Wag	156	468	780	1,560	2,730	3,900
1981 Camaro, 6-cyl.						
2d Cpe Spt	248	744	1,240	2,480	4,340	6,200
2d Cpe Berlinetta	256	768	1,280	2,560	4,480	6,400
1981 Camaro, V-8						
2d Cpe Spt	264	792	1,320	2,640	4,620	6,600
2d Cpe Berlinetta	272	816	1,360	2,720	4,760	6,800
2d Cpe Z28	368	1,104	1,840	3,680	6,440	9,200
1981 Monte Carlo, 6-cyl.						
2d Cpe Spt	260	780	1,300	2,600	4,550	6,500
2d Cpe Lan	264	792	1,320	2,640	4,620	6,600
1981 Monte Carlo, V-8						
2d Cpe Spt	276	828	1,380	2,760	4,830	6,900
2d Cpe Lan	360	1,080	1,800	3,600	6,300	9,000
1981 Impala, V-8						
4d Sed	160	480	800	1,600	2,800	4,000
2d Cpe	164	492	820	1,640	2,870	4,100
4d 2S Sta Wag	164	492	820	1,640	2,870	4,100
4d 3S Sta Wag	168	504	840	1,680	2,940	4,200
NOTE: Deduct 12 percent for 6-cyl. sedan and coupe only.						
1981 Caprice Classic, V-8						
4d Sed	168	504	840	1,680	2,940	4,200
2d Cpe	172	516	860	1,720	3,010	4,300
2d Cpe Lan	180	540	900	1,800	3,150	4,500
4d 2S Sta Wag	172	516	860	1,720	3,010	4,300
4d 3S Sta Wag	176	528	880	1,760	3,080	4,400
NOTE: Deduct 15 percent for 6-cyl. sedan and coupe only.						
1982 Chevette, 4-cyl.						
2d HBk	136	408	680	1,360	2,380	3,400
4d HBk	140	420	700	1,400	2,450	3,500
NOTE: Deduct 5 percent for lesser models.						
1982 Cavalier, 4-cyl.						
4d Sed CL	160	480	800	1,600	2,800	4,000
2d Cpe CL	164	492	820	1,640	2,870	4,100
2d Hatch CL	168	504	840	1,680	2,940	4,200
4d Sta Wag CL	168	504	840	1,680	2,940	4,200
NOTE: Deduct 5 percent for lesser models.						
1982 Citation, 6-cyl.						
4d HBk	152	456	760	1,520	2,660	3,800
2d HBk	148	444	740	1,480	2,590	3,700
2d Cpe	152	456	760	1,520	2,660	3,800
NOTE: Deduct 10 percent for 4-cyl.						
1982 Malibu, V-8						
4d Sed	164	492	820	1,640	2,870	4,100
4d Sta Wag	168	504	840	1,680	2,940	4,200
NOTE: Deduct 10 percent for 6-cyl.						
1982 Celebrity, 6-cyl.						
4d Sed	168	504	840	1,680	2,940	4,200
2d Cpe	172	516	860	1,720	3,010	4,300
NOTE: Deduct 10 percent for 6-cyl.						
1982 Camaro, 6-cyl.						
2d Cpe Spt	252	756	1,260	2,520	4,410	6,300
2d Cpe Berlinetta	260	780	1,300	2,600	4,550	6,500
1982 Camaro, V-8						
2d Cpe Spt	268	804	1,340	2,680	4,690	6,700

1991 Chevrolet Caprice Classic LTZ sedan

1966 Chevrolet Corvair Corsa convertible

1953 Chevrolet Corvette roadster

	6	5	4	3	2	1
2d Cpe Berlinetta	276	828	1,380	2,760	4,830	6,900
2d Cpe Z28	376	1,128	1,880	3,760	6,580	9,400
NOTE: Add 20 percent for Indy pace car.						
1982 Monte Carlo, 6-cyl.						
2d Cpe Spt	268	804	1,340	2,680	4,690	6,700
1982 Monte Carlo, V-8						
2d Cpe Spt	364	1,092	1,820	3,640	6,370	9,100
1982 Impala, V-8						
4d Sed	176	528	880	1,760	3,080	4,400
4d 2S Sta Wag	176	528	880	1,760	3,080	4,400
4d 3S Sta Wag	180	540	900	1,800	3,150	4,500
NOTE: Deduct 12 percent for 6-cyl. on sedan only.						
1982 Caprice Classic, V-8						
4d Sed	184	552	920	1,840	3,220	4,600
2d Spt Cpe	188	564	940	1,880	3,290	4,700
4d 3S Sta Wag	188	564	940	1,880	3,290	4,700
NOTE: Deduct 15 percent for 6-cyl. sedan and coupe only.						
1983 Chevette, 4-cyl.						
2d HBk	140	420	700	1,400	2,450	3,500
4d HBk	144	432	720	1,440	2,520	3,600
NOTE: Deduct 5 percent for lesser models.						
1983 Cavalier, 4-cyl.						
4d Sed CS	156	468	780	1,560	2,730	3,900
2d Cpe CS	160	480	800	1,600	2,800	4,000
2d HBk CS	164	492	820	1,640	2,870	4,100
4d Sta Wag CS	164	492	820	1,640	2,870	4,100
NOTE: Deduct 5 percent for lesser models.						
1983 Citation, 6-cyl.						
4d HBk	152	456	760	1,520	2,660	3,800
2d HBk	148	444	740	1,480	2,590	3,700
2d Cpe	152	456	760	1,520	2,660	3,800
NOTE: Deduct 10 percent for 4-cyl.						
1983 Malibu, V-8						
4d Sed	168	504	840	1,680	2,940	4,200
4d Sta Wag	172	516	860	1,720	3,010	4,300
NOTE: Deduct 10 percent for 6-cyl.						
1983 Celebrity, V-6						
4d Sed	172	516	860	1,720	3,010	4,300
2d Cpe	176	528	880	1,760	3,080	4,400
NOTE: Deduct 10 percent for 4-cyl.						
1983 Camaro, 6-cyl.						
2d Cpe Spt	256	768	1,280	2,560	4,480	6,400
2d Cpe Berlinetta	264	792	1,320	2,640	4,620	6,600
1983 Camaro, V-8						
2d Cpe Spt	272	816	1,360	2,720	4,760	6,800
2d Cpe Berlinetta	360	1,080	1,800	3,600	6,300	9,000
2d Cpe Z28	380	1,140	1,900	3,800	6,650	9,500
1983 Monte Carlo, 6-cyl.						
2d Cpe Spt	232	696	1,160	2,320	4,060	5,800
1983 Monte Carlo, V-8						
2d Cpe Spt SS	272	816	1,360	2,720	4,760	6,800
2d Cpe Spt	248	744	1,240	2,480	4,340	6,200
1983 Impala, V-8						
4d Sed	180	540	900	1,800	3,150	4,500
NOTE: Deduct 12 percent for 6-cyl.						
1983 Caprice Classic, V-8						
4d Sed	188	564	940	1,880	3,290	4,700
4d Sta Wag	188	564	940	1,880	3,290	4,700
NOTE: Deduct 15 percent for 6-cyl.						
1984 Chevette CS, 4-cyl.						
2d HBk	144	432	720	1,440	2,520	3,600
NOTE: Deduct 10 percent for V-6 cyl. Deduct 5 percent for lesser models.						
1984 Cavalier, 4-cyl.						
4d Sed	148	444	740	1,480	2,590	3,700
4d Sta Wag	160	480	800	1,600	2,800	4,000
1984 Cavalier Type 10, 4-cyl.						
2d Sed	152	456	760	1,520	2,660	3,800
2d HBk	156	468	780	1,560	2,730	3,900
2d Conv	220	660	1,100	2,200	3,850	5,500
1984 Cavalier CS, 4-cyl.						
4d Sed	156	468	780	1,560	2,730	3,900

	6	5	4	3	2	1
4d Sta Wag	160	480	800	1,600	2,800	4,000
1984 Citation, V-6						
4d HBk	164	492	820	1,640	2,870	4,100
2d HBk	164	492	820	1,640	2,870	4,100
2d Cpe	168	504	840	1,680	2,940	4,200
NOTE: Deduct 5 percent for 4-cyl.						
1984 Celebrity, V-6						
4d Sed	160	480	800	1,600	2,800	4,000
2d Sed	160	480	800	1,600	2,800	4,000
4d Sta Wag	164	492	820	1,640	2,870	4,100
NOTE: Deduct 5 percent for 4-cyl.						
1984 Camaro, V-8						
2d Cpe	264	792	1,320	2,640	4,620	6,600
2d Cpe Berlinetta	272	816	1,360	2,720	4,760	6,800
2d Cpe Z28	364	1,092	1,820	3,640	6,370	9,100
NOTE: Deduct 10 percent for V-6 cyl.						
1984 Monte Carlo, V-8						
2d Cpe	240	720	1,200	2,400	4,200	6,000
2d Cpe SS	268	804	1,340	2,680	4,690	6,700
NOTE: Deduct 15 percent for V-6 cyl.						
1984 Impala, V-8						
4d Sed	188	564	940	1,880	3,290	4,700
NOTE: Deduct 10 percent for V-6 cyl.						
1984 Caprice Classic, V-8						
4d Sed	196	588	980	1,960	3,430	4,900
2d Sed	200	600	1,000	2,000	3,500	5,000
4d Sta Wag	196	588	980	1,960	3,430	4,900
NOTE: Deduct 10 percent for V-6 cyl.						
1985 Sprint, 3-cyl.						
2d HBk	140	420	700	1,400	2,450	3,500
1985 Chevette, 4-cyl.						
4d HBk	144	432	720	1,440	2,520	3,600
2d HBk	140	420	700	1,400	2,450	3,500
NOTE: Deduct 20 percent for diesel.						
1985 Spectrum, 4-cyl.						
4d HBk	144	432	720	1,440	2,520	3,600
2d HBk	144	432	720	1,440	2,520	3,600
1985 Nova, 4-cyl.						
4d HBk	144	432	720	1,440	2,520	3,600
1985 Cavalier						
2d T Type Cpe	168	504	840	1,680	2,940	4,200
2d T Type HBk	172	516	860	1,720	3,010	4,300
T Type Conv	220	660	1,100	2,200	3,850	5,500
NOTE: Deduct 10 percent for 4-cyl. Deduct 5 percent for lesser models.						
1985 Citation, V-6						
4d HBk	168	504	840	1,680	2,940	4,200
2d HBk	168	504	840	1,680	2,940	4,200
NOTE: Deduct 10 percent for 4-cyl.						
1985 Celebrity, V-6						
4d Sed	172	516	860	1,720	3,010	4,300
2d Cpe	172	516	860	1,720	3,010	4,300
4d Sta Wag	176	528	880	1,760	3,080	4,400
NOTE: Deduct 10 percent for 4-cyl. Deduct 30 percent for diesel.						
1985 Camaro, V-8						
2d Cpe Spt	268	804	1,340	2,680	4,690	6,700
2d Cpe Berlinetta	276	828	1,380	2,760	4,830	6,900
2d Cpe Z28	368	1,104	1,840	3,680	6,440	9,200
2d Cpe IROC-Z	384	1,152	1,920	3,840	6,720	9,600
NOTE: Deduct 30 percent for 4-cyl. Deduct 20 percent for V-6.						
1985 Monte Carlo, V-8						
2d Cpe Spt	244	732	1,220	2,440	4,270	6,100
2d Cpe SS	272	816	1,360	2,720	4,760	6,800
NOTE: Deduct 20 percent for V-6 where available.						
1985 Impala, V-8						
4d Sed	192	576	960	1,920	3,360	4,800
NOTE: Deduct 20 percent for V-6.						
1985 Caprice Classic, V-8						
4d Sed	200	600	1,000	2,000	3,500	5,000
2d Cpe	200	600	1,000	2,000	3,500	5,000
4d Sta Wag	208	624	1,040	2,080	3,640	5,200
NOTE: Deduct 20 percent for V-6. Deduct 30 percent for diesel.						

	6	5	4	3	2	1
1986 Chevette						
2d Cpe	144	432	720	1,440	2,520	3,600
4d Sed	148	444	740	1,480	2,590	3,700
1986 Nova						
4d Sed	148	444	740	1,480	2,590	3,700
4d HBk	152	456	760	1,520	2,660	3,800
1986 Cavalier						
2d Cpe	160	480	800	1,600	2,800	4,000
4d Sed	164	492	820	1,640	2,870	4,100
4d Sta Wag	168	504	840	1,680	2,940	4,200
2d Conv	240	720	1,200	2,400	4,200	6,000
1986 Cavalier Z24						
2d Cpe	232	696	1,160	2,320	4,060	5,800
2d HBk	228	684	1,140	2,280	3,990	5,700
1986 Camaro						
2d Cpe	272	816	1,360	2,720	4,760	6,800
2d Cpe Berlinetta	360	1,080	1,800	3,600	6,300	9,000
2d Cpe Z28	380	1,140	1,900	3,800	6,650	9,500
2d Cpe IROC-Z	400	1,200	2,000	4,000	7,000	10,000
1986 Celebrity						
2d Cpe	176	528	880	1,760	3,080	4,400
4d Sed	180	540	900	1,800	3,150	4,500
4d Sta Wag	184	552	920	1,840	3,220	4,600
1986 Monte Carlo						
2d Cpe	260	780	1,300	2,600	4,550	6,500
2d Cpe LS	280	840	1,400	2,800	4,900	7,000
1986 Monte Carlo SS						
2d Cpe	400	1,200	2,000	4,000	7,000	10,000
2d Cpe Aero	560	1,680	2,800	5,600	9,800	14,000
1986 Caprice						
4d Sed	220	660	1,100	2,200	3,850	5,500
1986 Caprice Classic						
2d Cpe	228	684	1,140	2,280	3,990	5,700
4d Sed	224	672	1,120	2,240	3,920	5,600
4d Sta Wag	240	720	1,200	2,400	4,200	6,000
1986 Caprice Classic Brougham						
4d Sed	236	708	1,180	2,360	4,130	5,900
4d Sed LS	240	720	1,200	2,400	4,200	6,000
1987 Sprint, 3-cyl.						
2d HBk	144	432	720	1,440	2,520	3,600
4d HBk	148	444	740	1,480	2,590	3,700
2d HBk ER	148	444	740	1,480	2,590	3,700
2d HBk Turbo	152	456	760	1,520	2,660	3,800
1987 Chevette, 4-cyl.						
2d HBk	144	432	720	1,440	2,520	3,600
4d HBk	148	444	740	1,480	2,590	3,700
1987 Spectrum, 4-cyl.						
2d HBk	156	468	780	1,560	2,730	3,900
4d HBk	156	468	780	1,560	2,730	3,900
2d HBk EX	152	456	760	1,520	2,660	3,800
4d HBk Turbo	160	480	800	1,600	2,800	4,000
1987 Nova, 4-cyl.						
4d HBk	152	456	760	1,520	2,660	3,800
4d Sed	156	468	780	1,560	2,730	3,900
1987 Cavalier, 4-cyl.						
4d Sed	160	480	800	1,600	2,800	4,000
2d Cpe	156	468	780	1,560	2,730	3,900
4d Sta Wag	164	492	820	1,640	2,870	4,100
4d Sed GS	164	492	820	1,640	2,870	4,100
2d HBk GS	160	480	800	1,600	2,800	4,000
4d Sta Wag GS	168	504	840	1,680	2,940	4,200
4d Sed RS	168	504	840	1,680	2,940	4,200
2d Cpe RS	164	492	820	1,640	2,870	4,100
2d HBk RS	164	492	820	1,640	2,870	4,100
2d Conv RS	248	744	1,240	2,480	4,340	6,200
4d Sta Wag	168	504	840	1,680	2,940	4,200
NOTE: Add 10 percent for V-6.						
1987 Cavalier Z24 V-6						
2d Spt Cpe	236	708	1,180	2,360	4,130	5,900
2d Spt HBk	232	696	1,160	2,320	4,060	5,800
1987 Beretta						
2d Cpe 4-cyl.	188	564	940	1,880	3,290	4,700
2d Cpe V-6	200	600	1,000	2,000	3,500	5,000

	6	5	4	3	2	1
1987 Corsica						
4d Sed 4-cyl.	192	576	960	1,920	3,360	4,800
4d Sed V-6	204	612	1,020	2,040	3,570	5,100
1987 Celebrity						
4d Sed 4-cyl.	184	552	920	1,840	3,220	4,600
2d Cpe 4-cyl.	180	540	900	1,800	3,150	4,500
4d Sta Wag 4-cyl.	188	564	940	1,880	3,290	4,700
4d Sed V-6	192	576	960	1,920	3,360	4,800
2d Cpe V-6	188	564	940	1,880	3,290	4,700
4d Sta Wag V-6	196	588	980	1,960	3,430	4,900
1987 Camaro						
2d Cpe V-6	276	828	1,380	2,760	4,830	6,900
2d Cpe LT V-6	360	1,080	1,800	3,600	6,300	9,000
2d Cpe V-8	368	1,104	1,840	3,680	6,440	9,200
2d Cpe LT V-8	372	1,116	1,860	3,720	6,510	9,300
2d Cpe Z28 V-8	388	1,164	1,940	3,880	6,790	9,700
2d Cpe IROC-Z V-8	408	1,224	2,040	4,080	7,140	10,200
2d Conv IROC-Z V-8	800	2,400	4,000	8,000	14,000	20,000

NOTE: Add 20 percent for 350 V-8 where available. Add 10 percent for Anniversary Edition.

	6	5	4	3	2	1
1987 Monte Carlo						
2d Cpe LS V-6	264	792	1,320	2,640	4,620	6,600
2d Cpe LS V-8	272	816	1,360	2,720	4,760	6,800
2d Cpe SS V-8	400	1,200	2,000	4,000	7,000	10,000
2d Cpe Aero V-8	520	1,560	2,600	5,200	9,100	13,000
1987 Caprice, V-6						
4d Sed	224	672	1,120	2,240	3,920	5,600
1987 Caprice Classic V-6						
4d Sed	232	696	1,160	2,320	4,060	5,800
2d Cpe	228	684	1,140	2,280	3,990	5,700
4d Sed Brgm	236	708	1,180	2,360	4,130	5,900
2d Cpe Brgm	232	696	1,160	2,320	4,060	5,800
1987 Caprice, V-8						
4d Sed	232	696	1,160	2,320	4,060	5,800
4d Sta Wag	244	732	1,220	2,440	4,270	6,100
1987 Caprice Classic V-8						
4d Sed	240	720	1,200	2,400	4,200	6,000
2d Cpe	236	708	1,180	2,360	4,130	5,900
4d Sta Wag	252	756	1,260	2,520	4,410	6,300
4d Sed Brgm	244	732	1,220	2,440	4,270	6,100
2d Cpe Brgm	240	720	1,200	2,400	4,200	6,000
1988 Sprint, 3-cyl.						
2d HBk	120	360	600	1,200	2,100	3,000
4d HBk	128	384	640	1,280	2,240	3,200
2d Metro	112	336	560	1,120	1,960	2,800
2d Turbo	116	348	580	1,160	2,030	2,900
1988 Spectrum, 4-cyl.						
2d HBk Express	108	324	540	1,080	1,890	2,700
4d Sed	116	348	580	1,160	2,030	2,900
2d HBk	112	336	560	1,120	1,960	2,800
4d Turbo Sed	124	372	620	1,240	2,170	3,100
1988 Nova, 4-cyl.						
5d HBk	140	420	700	1,400	2,450	3,500
4d Sed	136	408	680	1,360	2,380	3,400
4d Sed Twin Cam	164	492	820	1,640	2,870	4,100
1988 Cavalier						
4d Sed	136	408	680	1,360	2,380	3,400
2d Cpe	144	432	720	1,440	2,520	3,600
4d Sta Wag	136	408	680	1,360	2,380	3,400
4d RS Sed	156	468	780	1,560	2,730	3,900
2d RS Cpe	160	480	800	1,600	2,800	4,000
2d Z24 Cpe V-6	200	600	1,000	2,000	3,500	5,000
2d Z24 Conv V-6	240	720	1,200	2,400	4,200	6,000
1988 Beretta, 4-cyl.						
2d Cpe	168	504	840	1,680	2,940	4,200
2d Cpe V-6	180	540	900	1,800	3,150	4,500
1988 Corsica, V-4						
4d Sed	160	480	800	1,600	2,800	4,000
4d Sed V-6	172	516	860	1,720	3,010	4,300
1988 Celebrity, 4-cyl.						
4d Sed	144	432	720	1,440	2,520	3,600
2d Cpe	140	420	700	1,400	2,450	3,500
4d Sta Wag	156	468	780	1,560	2,730	3,900
4d Sed V-6	156	468	780	1,560	2,730	3,900
2d Cpe V-6	152	456	760	1,520	2,660	3,800
4d Sta Wag V-6	164	492	820	1,640	2,870	4,100
1988 Monte Carlo						
2d Cpe V-6	220	660	1,100	2,200	3,850	5,500

	6	5	4	3	2	1
2d Cpe V-8	240	720	1,200	2,400	4,200	6,000
2d SS Cpe V-8	520	1,560	2,600	5,200	9,100	13,000
1988 Caprice, V-6						
4d Sed	200	600	1,000	2,000	3,500	5,000
4d Classic Sed	220	660	1,100	2,200	3,850	5,500
4d Brgm Sed	240	720	1,200	2,400	4,200	6,000
4d LS Brgm Sed	260	780	1,300	2,600	4,550	6,500
1988 Caprice, V-8						
4d Sed	240	720	1,200	2,400	4,200	6,000
4d Classic Sed	260	780	1,300	2,600	4,550	6,500
4d Sta Wag	360	1,080	1,800	3,600	6,300	9,000
4d Brgm Sed	368	1,104	1,840	3,680	6,440	9,200
4d LS Brgm Sed	380	1,140	1,900	3,800	6,650	9,500
1988 Camaro V-6						
2d Cpe	220	660	1,100	2,200	3,850	5,500
1988 Camaro, V-8						
2d Cpe	240	720	1,200	2,400	4,200	6,000
2d Conv	560	1,680	2,800	5,600	9,800	14,000
2d IROC-Z Cpe	420	1,260	2,100	4,200	7,350	10,500
2d IROC-Z Conv	680	2,040	3,400	6,800	11,900	17,000
1989 Cavalier, 4-cyl.						
4d Sed	184	552	920	1,840	3,220	4,600
2d VL Cpe	168	504	840	1,680	2,940	4,200
2d Cpe	180	540	900	1,800	3,150	4,500
4d Sta Wag	192	576	960	1,920	3,360	4,800
2d Z24 Cpe, V-6	276	828	1,380	2,760	4,830	6,900
2d Z24 Conv, V-6	528	1,584	2,640	5,280	9,240	13,200
1989 Beretta						
2d Cpe, 4-cyl.	208	624	1,040	2,080	3,640	5,200
2d Cpe, V-6	244	732	1,220	2,440	4,270	6,100
2d GT Cpe, V-6	248	744	1,240	2,480	4,340	6,200
1989 Corsica 4-cyl.						
4d NBk	188	564	940	1,880	3,290	4,700
4d HBk	192	576	960	1,920	3,360	4,800
1989 V-6						
4d NBk	208	624	1,040	2,080	3,640	5,200
4d NBk LTZ	232	696	1,160	2,320	4,060	5,800
4d HBk	212	636	1,060	2,120	3,710	5,300
1989 Celebrity 4-cyl.						
4d Sed	180	540	900	1,800	3,150	4,500
4d Sta Wag	188	564	940	1,880	3,290	4,700
1989 V-6						
4d Sed	184	552	920	1,840	3,220	4,600
4d Sta Wag	196	588	980	1,960	3,430	4,900
1989 Caprice, V-8						
4d Sed	248	744	1,240	2,480	4,340	6,200
4d Sed Classic	264	792	1,320	2,640	4,620	6,600
4d Classic Brgm Sed	288	864	1,440	2,880	5,040	7,200
4d Classic Sta Wag	420	1,260	2,100	4,200	7,350	10,500
4d LS Sed	408	1,224	2,040	4,080	7,140	10,200
1989 Camaro V-6						
2d RS Cpe	240	720	1,200	2,400	4,200	6,000
1989 Camaro, V-8						
2d RS Cpe	260	780	1,300	2,600	4,550	6,500
2d RS Conv	640	1,920	3,200	6,400	11,200	16,000
2d IROC-Z Cpe	340	1,020	1,700	3,400	5,950	8,500
2d IROC-Z Conv	720	2,160	3,600	7,200	12,600	18,000
1990 Cavalier, 4-cyl.						
2d Cpe	168	504	840	1,680	2,940	4,200
4d Sed	172	516	860	1,720	3,010	4,300
4d Sta Wag	176	528	880	1,760	3,080	4,400
2d Z24, V-6	260	780	1,300	2,600	4,550	6,500
1990 Beretta, 4-cyl.						
2d Cpe	208	624	1,040	2,080	3,640	5,200
2d GTZ Cpe	248	744	1,240	2,480	4,340	6,200
NOTE: Add 10 percent for V-6. Add 10 percent for Pace car.						
1990 Corsica, 4-cyl.						
4d LT	192	576	960	1,920	3,360	4,800
4d LT HBk	196	588	980	1,960	3,430	4,900
4d LTZ	240	720	1,200	2,400	4,200	6,000
NOTE: Add 10 percent for V-6.						
1990 Celebrity, 4-cyl.						
4d Sta Wag	200	600	1,000	2,000	3,500	5,000
NOTE: Add 10 percent for V-6.						

	6	5	4	3	2	1
1990 Lumina, 4-cyl.						
2d Cpe	220	660	1,100	2,200	3,850	5,500
4d Sed	220	660	1,100	2,200	3,850	5,500
2d Euro Cpe	260	780	1,300	2,600	4,550	6,500
4d Euro Sed	260	780	1,300	2,600	4,550	6,500
1990 Caprice, V-8						
4d Sed	260	780	1,300	2,600	4,550	6,500
4d Classic Sed	400	1,200	2,000	4,000	7,000	10,000
4d Classic Sta Wag	420	1,260	2,100	4,200	7,350	10,500
4d Brgm Sed	420	1,260	2,100	4,200	7,350	10,500
4d LS Sed	520	1,560	2,600	5,200	9,100	13,000
1990 Camaro V-6						
2d RS Cpe	240	720	1,200	2,400	4,200	6,000
1990 Camaro, V-8						
2d RS Cpe	264	792	1,320	2,640	4,620	6,600
2d RS Conv	600	1,800	3,000	6,000	10,500	15,000
2d IROC-Z Cpe	520	1,560	2,600	5,200	9,100	13,000
2d IROC-Z Conv	680	2,040	3,400	6,800	11,900	17,000
1991 Cavalier, 4-cyl.						
4d VL Sed	140	420	700	1,400	2,450	3,500
2d VL Cpe	136	408	680	1,360	2,380	3,400
4d VL Sta Wag	144	432	720	1,440	2,520	3,600
4d RS Sta Wag	152	456	760	1,520	2,660	3,800
2d RS Cpe	148	444	740	1,480	2,590	3,700
2d RS Conv, V-6	360	1,080	1,800	3,600	6,300	9,000
4d RS Sta Wag	156	468	780	1,560	2,730	3,900
2d Z24, V-6	240	720	1,200	2,400	4,200	6,000
NOTE: Add 10 percent for V-6.						
1991 Beretta, 4-cyl.						
2d Cpe	180	540	900	1,800	3,150	4,500
2d GT Cpe, V-6	272	816	1,360	2,720	4,760	6,800
2d GTZ Cpe	260	780	1,300	2,600	4,550	6,500
4d NBk Corsica	160	480	800	1,600	2,800	4,000
4d HBk Corsica	168	504	840	1,680	2,940	4,200
NOTE: Add 10 percent for V-6.						
1991 Lumina, 4-cyl.						
4d Sed	188	564	940	1,880	3,290	4,700
2d Cpe	192	576	960	1,920	3,360	4,800
NOTE: Add 10 percent for V-6.						
4d Euro Sed, V-6	228	684	1,140	2,280	3,990	5,700
2d Euro Sed, V-6	276	828	1,380	2,760	4,830	6,900
2d Z34 Cpe, V-6	380	1,140	1,900	3,800	6,650	9,500
1991 Camaro, V-6						
2d Cpe	240	720	1,200	2,400	4,200	6,000
2d Conv	560	1,680	2,800	5,600	9,800	14,000
1991 Camaro, V-8						
2d RS Cpe	260	780	1,300	2,600	4,550	6,500
2d RS Conv	580	1,740	2,900	5,800	10,150	14,500
2d Z28 Cpe	420	1,260	2,100	4,200	7,350	10,500
2d Z28 Conv	660	1,980	3,300	6,600	11,550	16,500
1991 Caprice, V-8						
4d Sed	236	708	1,180	2,360	4,130	5,900
4d Sta Wag	380	1,140	1,900	3,800	6,650	9,500
4d Sed Classic	372	1,116	1,860	3,720	6,510	9,300
NOTE: Add 15 percent LTZ Sed option.						
1992 Cavalier, 4-cyl.						
4d VL Sed	200	600	1,000	2,000	3,500	5,000
2d VL Cpe	200	600	1,000	2,000	3,500	5,000
4d VL Sta Wag	204	612	1,020	2,040	3,570	5,100
4d RS Sed	208	624	1,040	2,080	3,640	5,200
2d RS Cpe	240	720	1,200	2,400	4,200	6,000
2d RS Conv	380	1,140	1,900	3,800	6,650	9,500
4d RS Sta Wag	200	600	1,000	2,000	3,500	5,000
2d Z24 Cpe V-6	260	780	1,300	2,600	4,550	6,500
2d Z24 Conv V-6	420	1,260	2,100	4,200	7,350	10,500
NOTE: Add 10 percent for V-6 where available.						
1992 Beretta, 4-cyl.						
2d Cpe	220	660	1,100	2,200	3,850	5,500
2d GT Cpe	240	720	1,200	2,400	4,200	6,000
2d GTZ Cpe	260	780	1,300	2,600	4,550	6,500
NOTE: Add 10 percent for V-6 where available.						
1992 Corsica						
4d LT Sed	208	624	1,040	2,080	3,640	5,200
NOTE: Add 10 percent for V-6 where available.						

	6	5	4	3	2	1
1992 Lumina, 4-cyl.						
4d Sed	220	660	1,100	2,200	3,850	5,500
2d Cpe	220	660	1,100	2,200	3,850	5,500
4d Euro Sed V-6	240	720	1,200	2,400	4,200	6,000
2d Euro Cpe V-6	240	720	1,200	2,400	4,200	6,000
2d Z34 Cpe V-6	400	1,200	2,000	4,000	7,000	10,000
NOTE: Add 10 percent for V-6 where available.						
1992 Camaro, V-6						
2d RS Cpe	400	1,200	2,000	4,000	7,000	10,000
2d RS Conv	600	1,800	3,000	6,000	10,500	15,000
2d Z28 Cpe	540	1,620	2,700	5,400	9,450	13,500
2d Z28 Conv	680	2,040	3,400	6,800	11,900	17,000
NOTE: Add 10 percent for V-8 where available.						
1992 Caprice, V-8						
4d Sed	240	720	1,200	2,400	4,200	6,000
4d Classic Sed	260	780	1,300	2,600	4,550	6,500
4d Sta Wag	360	1,080	1,800	3,600	6,300	9,000
1993 Cavalier, 4-cyl.						
2d VL Cpe	204	612	1,020	2,040	3,570	5,100
4d VL Sed	208	624	1,040	2,080	3,640	5,200
4d VL Sta Wag	220	660	1,100	2,200	3,850	5,500
2d RS Cpe	212	636	1,060	2,120	3,710	5,300
2d RS Conv	216	648	1,080	2,160	3,780	5,400
4d RS Sed	220	660	1,100	2,200	3,850	5,500
4d RS Sta Wag	228	684	1,140	2,280	3,990	5,700
1993 Cavalier, V-6						
2d Z24 Cpe	260	780	1,300	2,600	4,550	6,500
2d Z24 Conv	428	1,284	2,140	4,280	7,490	10,700
1993 Beretta, 4-cyl.						
2d Cpe	248	744	1,240	2,480	4,340	6,200
2d GT Cpe	252	756	1,260	2,520	4,410	6,300
2d GTZ Cpe	256	768	1,280	2,560	4,480	6,400
1993 Beretta, V-6						
2d Cpe	252	756	1,260	2,520	4,410	6,300
2d GT Cpe	256	768	1,280	2,560	4,480	6,400
2d GTZ Cpe	260	780	1,300	2,600	4,550	6,500
1993 Corsica, 4-cyl.						
4d NBk	212	636	1,060	2,120	3,710	5,300
4d HBk	220	660	1,100	2,200	3,850	5,500
1993 Corsica, V-6						
4d NBk	216	648	1,080	2,160	3,780	5,400
4d HBk	224	672	1,120	2,240	3,920	5,600
1993 Lumina, 4-cyl. & V-6						
2d Cpe	224	672	1,120	2,240	3,920	5,600
4d Sed, 4-cyl.	232	696	1,160	2,320	4,060	5,800
4d Sed	240	720	1,200	2,400	4,200	6,000
4d Euro Sed	248	744	1,240	2,480	4,340	6,200
2d Euro Cpe	404	1,212	2,020	4,040	7,070	10,100
2d Z34 Cpe	408	1,224	2,040	4,080	7,140	10,200
1993 Camaro						
2d Cpe, V-6	420	1,260	2,100	4,200	7,350	10,500
2d Cpe Z28, V-8	540	1,620	2,700	5,400	9,450	13,500
1993 Caprice, V-8						
4d Sed	248	744	1,240	2,480	4,340	6,200
4d LS Sed	264	792	1,320	2,640	4,620	6,600
4d Sta Wag	272	816	1,360	2,720	4,760	6,800
1994 Cavalier, 4-cyl.						
4d VL Sed	180	540	900	1,800	3,150	4,500
2d VL Cpe	168	504	840	1,680	2,940	4,200
4d RS Sed	200	600	1,000	2,000	3,500	5,000
2d RS Cpe	192	576	960	1,920	3,360	4,800
4d RS Sta Wag	204	612	1,020	2,040	3,570	5,100
2d RS Conv	280	840	1,400	2,800	4,900	7,000
2d Z24 Cpe, V-6	244	732	1,220	2,440	4,270	6,100
2d Z24 Conv, V-6	320	960	1,600	3,200	5,600	8,000
1994 Beretta & Corsica, 4-cyl. & V-6						
2d Cpe	220	660	1,100	2,200	3,850	5,500
2d Cpe Z26	260	780	1,300	2,600	4,550	6,500
4d Sed	208	624	1,040	2,080	3,640	5,200
1994 Lumina, V-6						
4d Sed	260	780	1,300	2,600	4,550	6,500
4d Euro Sed	288	864	1,440	2,880	5,040	7,200
2d Euro Cpe	284	852	1,420	2,840	4,970	7,100
2d Z34 Cpe	320	960	1,600	3,200	5,600	8,000

	6	5	4	3	2	1
1994 Camaro						
2d Cpe, V-6	340	1,020	1,700	3,400	5,950	8,500
2d Conv, V-6	380	1,140	1,900	3,800	6,650	9,500
2d Z28 Cpe, V-8	420	1,260	2,100	4,200	7,350	10,500
2d Z28 Conv, V-8	500	1,500	2,500	5,000	8,750	12,500
1994 Caprice Classic, V-8						
4d Sed	340	1,020	1,700	3,400	5,950	8,500
4d LS Sed	380	1,140	1,900	3,800	6,650	9,500
4d Sta Wag	420	1,260	2,100	4,200	7,350	10,500
4d Impala Sed	680	2,040	3,400	6,800	11,900	17,000

CORVAIR

1960 Standard, 6-cyl.						
4d Sed	400	1,200	2,000	4,000	7,000	10,000
2d Cpe	420	1,260	2,100	4,200	7,350	10,500
1960 DeLuxe, 6-cyl.						
4d Sed	404	1,212	2,020	4,040	7,070	10,100
2d Cpe	428	1,284	2,140	4,280	7,490	10,700
1960 Monza, 6-cyl.						
2d Cpe	608	1,824	3,040	6,080	10,640	15,200
1961 Series 500, 6-cyl.						
4d Sed	400	1,200	2,000	4,000	7,000	10,000
2d Cpe	420	1,260	2,100	4,200	7,350	10,500
4d Sta Wag	412	1,236	2,060	4,120	7,210	10,300
1961 Series 700, 6-cyl.						
4d Sed	416	1,248	2,080	4,160	7,280	10,400
2d Cpe	520	1,560	2,600	5,200	9,100	13,000
4d Sta Wag	428	1,284	2,140	4,280	7,490	10,700
1961 Monza, 6-cyl.						
4d Sed	424	1,272	2,120	4,240	7,420	10,600
2d Cpe	580	1,740	2,900	5,800	10,150	14,500
1961 Greenbrier, 6-cyl.						
4d Spt Wag	520	1,560	2,600	5,200	9,100	13,000
NOTE: Add $1,200 for A/C.						
1962-1963 Series 500, 6-cyl.						
2d Cpe	424	1,272	2,120	4,240	7,420	10,600
1962-1963 Series 700, 6-cyl.						
4d Sed	424	1,272	2,120	4,240	7,420	10,600
2d Cpe	524	1,572	2,620	5,240	9,170	13,100
4d Sta Wag (1962 only)	432	1,296	2,160	4,320	7,560	10,800
1962-1963 Series 900 Monza, 6-cyl.						
4d Sed	524	1,572	2,620	5,240	9,170	13,100
2d Cpe	584	1,752	2,920	5,840	10,220	14,600
2d Conv	640	1,920	3,200	6,400	11,200	16,000
4d Sta Wag (1962 only)	528	1,584	2,640	5,280	9,240	13,200
1962-1963 Monza Spyder, 6-cyl.						
2d Cpe	604	1,812	3,020	6,040	10,570	15,100
2d Conv	660	1,980	3,300	6,600	11,550	16,500
1962-1963 Greenbrier, 6-cyl.						
4d Spt Wag	432	1,296	2,160	4,320	7,560	10,800
NOTE: Add $1,600 for K.O. wire wheels. Add $800. for A/C.						
1964 Series 500, 6-cyl.						
2d Cpe	412	1,236	2,060	4,120	7,210	10,300
1964 Series 700, 6-cyl.						
4d Sed	424	1,272	2,120	4,240	7,420	10,600
1964 Series 900 Monza, 6-cyl.						
4d Sed	520	1,560	2,600	5,200	9,100	13,000
2d Cpe	592	1,776	2,960	5,920	10,360	14,800
2d Conv	620	1,860	3,100	6,200	10,850	15,500
1964 Monza Spyder, 6-cyl.						
2d Cpe	604	1,812	3,020	6,040	10,570	15,100
2d Conv	660	1,980	3,300	6,600	11,550	16,500
1964 Greenbrier, 6-cyl.						
4d Spt Wag	524	1,572	2,620	5,240	9,170	13,100
NOTE: Add $1,600 for K.O. wire wheels. Add $800 for A/C except Spyder.						
1965 Series 500, 6-cyl.						
4d HT	372	1,116	1,860	3,720	6,510	9,300
2d HT	408	1,224	2,040	4,080	7,140	10,200
1965 Monza Series, 6-cyl.						
4d HT	400	1,200	2,000	4,000	7,000	10,000

	6	5	4	3	2	1
2d HT	560	1,680	2,800	5,600	9,800	14,000
2d Conv	640	1,920	3,200	6,400	11,200	16,000

NOTE: Add 20 percent for 140 hp engine.

1965 Corsa Series, 6-cyl.

2d HT	560	1,680	2,800	5,600	9,800	14,000
2d Conv	660	1,980	3,300	6,600	11,550	16,500

NOTE: Add 30 percent for 180 hp engine.

1965 Greenbrier, 6-cyl.

4d Spt Wag	420	1,260	2,100	4,200	7,350	10,500

NOTE: Add $1,000 for A/C.

1966 Series 500, 6-cyl.

4d HT	380	1,140	1,900	3,800	6,650	9,500
2d HT	416	1,248	2,080	4,160	7,280	10,400

1966 Monza Series, 6-cyl.

4d HT	408	1,224	2,040	4,080	7,140	10,200
2d HT	560	1,680	2,800	5,600	9,800	14,000
2d Conv	660	1,980	3,300	6,600	11,550	16,500

NOTE: Add 20 percent for 140 hp engine.

1966 Corsa Series, 6-cyl.

2d HT	584	1,752	2,920	5,840	10,220	14,600
2d Conv	680	2,040	3,400	6,800	11,900	17,000

NOTE: Add 30 percent for 180 hp engine. Add $1,000 for A/C.

1967 Series 500, 6-cyl.

2d HT	400	1,200	2,000	4,000	7,000	10,000
4d HT	380	1,140	1,900	3,800	6,650	9,500

1967 Monza, 6-cyl.

4d HT	408	1,224	2,040	4,080	7,140	10,200
2d HT	560	1,680	2,800	5,600	9,800	14,000
2d Conv	640	1,920	3,200	6,400	11,200	16,000

NOTE: Add $1,000 for A/C. Add 20 percent for 140 hp engine.

1968 Series 500, 6-cyl.

2d HT	400	1,200	2,000	4,000	7,000	10,000

1968 Monza, 6-cyl.

2d HT	560	1,680	2,800	5,600	9,800	14,000
2d Conv	680	2,040	3,400	6,800	11,900	17,000

NOTE: Add 20 percent for 140 hp engine.

1969 Series 500, 6-cyl.

2d HT	520	1,560	2,600	5,200	9,100	13,000

1969 Monza

2d HT	620	1,860	3,100	6,200	10,850	15,500
2d Conv	680	2,040	3,400	6,800	11,900	17,000

NOTE: Add 20 percent for 140 hp engine.

CORVETTE

1953

6-cyl. Conv	4,200	12,600	21,000	42,000	73,500	105,000

NOTE: Add $1,800 & up for access. hardtop.

1954

6-cyl. Conv	3,500	10,600	17,600	35,200	61,500	88,000

NOTE: Add $1,800 & up for access. hardtop.

1955

6-cyl. Conv	3,500	10,600	17,600	35,200	61,500	88,000
8-cyl. Conv	3,600	10,800	18,000	36,000	63,000	90,000

NOTE: Add $1,800 & up for access. hardtop.

1956

Conv	3,200	9,600	16,000	32,000	56,000	80,000

NOTE: All post-1955 Corvettes are V-8 powered. Add $1,800 & up for removable hardtop. Add 20 percent for two 4 barrel carbs.

1957

Conv	3,250	9,700	16,200	32,400	56,700	81,000

NOTE: Add $1,800 for hardtop. Add 50 percent for F.I., 250 hp. Add 75 percent for F.I., 283 hp. Add 25 percent for two 4 barrel carbs, 245 hp. Add 35 percent for two 4 barrel carbs, 270 hp. Add 15 percent for 4-speed transmission. Add 150 percent for 579E option.

1958

Conv	2,800	8,400	14,000	28,000	49,000	70,000

NOTE: Add $1,800 for hardtop. Add 25 percent for two 4 barrel carbs, 245 hp. Add 35 percent for two 4 barrel carbs, 270 hp. Add 40 percent for F.I., 250 hp. Add 60 percent for F.I., 290 hp.

	6	5	4	3	2	1
1959						
Conv	2,450	7,300	12,200	24,400	42,700	61,000

NOTE: Add $1,800 for hardtop. Add 40 percent for F.I., 250 hp. Add 60 percent for F.I., 290 hp. Add 25 percent for two 4 barrel carbs, 245 hp. Add 35 percent for two 4 barrel carbs, 270 hp.

	6	5	4	3	2	1
1960						
Conv	2,450	7,300	12,200	24,400	42,700	61,000

NOTE: Add $1,800 for hardtop. Add 40 percent for F.I., 275 hp. Add 60 percent for F.I., 315 hp. Add 25 percent for two 4 barrel carbs, 245 hp. Add 35 percent for two 4 barrel carbs, 270 hp.

	6	5	4	3	2	1
1961						
Conv	2,500	7,450	12,400	24,800	43,400	62,000

NOTE: Add $1,800 for hardtop. Add 40 percent for F.I., 275 hp. Add 60 percent for F.I., 315 hp. Add 25 percent for two 4 barrel carbs, 245 hp. Add 35 percent for two 4 barrel carbs, 270 hp.

	6	5	4	3	2	1
1962						
Conv	2,500	7,550	12,600	25,200	44,100	63,000

NOTE: Add $1,800 for hardtop; 30 percent for F.I.

	6	5	4	3	2	1
1963						
Spt Cpe	2,050	6,100	10,200	20,400	35,700	51,000
Conv	2,100	6,250	10,400	20,800	36,400	52,000
GS			value not estimable			

NOTE: Add 30 percent for F.I.; $4,500 for A/C. Add $1,800 for hardtop; $3,000 for knock off wheels. Z06 option, value not estimable.

	6	5	4	3	2	1
1964						
Spt Cpe	1,900	5,650	9,400	18,800	32,900	47,000
Conv	2,100	6,250	10,400	20,800	36,400	52,000

NOTE: Add 30 percent for F.I.; $4,500 for A/C. Add 30 percent for 327 CID, 365 hp. Add $1,800 for hardtop; $3,000 for knock off wheels.

	6	5	4	3	2	1
1965						
Spt Cpe	1,900	5,650	9,400	18,800	32,900	47,000
Conv	2,100	6,250	10,400	20,800	36,400	52,000

NOTE: Add 40 percent for F.I.; $4,500 for A/C. Add 60 percent for 396 CID. Add $3,000 for knock off wheels. Add $1,800 for hardtop.

	6	5	4	3	2	1
1966						
Spt Cpe	1,900	5,650	9,400	18,800	32,900	47,000
Conv	2,100	6,250	10,400	20,800	36,400	52,000

NOTE: Add $4,500 for A/C.; 20 percent for 427 engine - 390 hp. Add 50 percent for 427 engine - 425 hp. Add $3,000 for knock off wheels; $1,800 for hardtop.

	6	5	4	3	2	1
1967						
Spt Cpe	1,900	5,750	9,600	19,200	33,600	48,000
Conv	2,100	6,350	10,600	21,200	37,100	53,000

NOTE: Add $4,500 for A/C. L88 & L89 option not estimable, 30 percent for 427 engine - 390 hp. Add 50 percent for 427 engine - 400 hp, 70 percent for 427 engine - 435 hp; $4,000 for aluminum wheels; $1,800 for hardtop.

	6	5	4	3	2	1
1968						
Spt Cpe	1,400	4,200	7,000	14,000	24,500	35,000
Conv	1,550	4,700	7,800	15,600	27,300	39,000

NOTE: Add 40 percent for L89 427 - 435 hp aluminum head option. L88 engine option not estimable. Add 40 percent for 427, 400 hp.

	6	5	4	3	2	1
1969						
Spt Cpe	1,400	4,200	7,000	14,000	24,500	35,000
Conv	1,550	4,700	7,800	15,600	27,300	39,000

NOTE: Add 40 percent for 427 - 435 hp aluminum head option. L88 engine option not estimable. Add 40 percent for 427, 400 hp.

	6	5	4	3	2	1
1970						
Spt Cpe	1,350	4,100	6,800	13,600	23,800	34,000
Conv	1,500	4,550	7,600	15,200	26,600	38,000

NOTE: Add 70 percent for LT-1 option. ZR1 option not estimable.

	6	5	4	3	2	1
1971						
Spt Cpe	1,300	3,950	6,600	13,200	23,100	33,000
Conv	1,500	4,450	7,400	14,800	25,900	37,000

NOTE: Add 50 percent for LT-1 option; 30 percent for LS 5 option; 75 percent for LS 6 option.

	6	5	4	3	2	1
1972						
Spt Cpe	1,300	3,950	6,600	13,200	23,100	33,000
Conv	1,500	4,450	7,400	14,800	25,900	37,000

NOTE: Add 50 percent for LT-1 option. Add 30 percent for LS 5 option. Add 25 percent for air on LT-1.

	6	5	4	3	2	1
1973						
Spt Cpe	1,250	3,700	6,200	12,400	21,700	31,000
Conv	1,400	4,200	7,000	14,000	24,500	35,000

NOTE: Add 10 percent for L82. Add 25 percent for LS4.

	6	5	4	3	2	1
1974						
Spt Cpe	1,100	3,350	5,600	11,200	19,600	28,000

	6	5	4	3	2	1
Conv	1,300	3,950	6,600	13,200	23,100	33,000

NOTE: Add 10 percent for L82. Add 25 percent for LS4.

1975

Spt Cpe	1,150	3,500	5,800	11,600	20,300	29,000
Conv	1,400	4,200	7,000	14,000	24,500	35,000

NOTE: Add 10 percent for L82.

1976

Cpe	1,100	3,350	5,600	11,200	19,600	28,000

NOTE: Add 10 percent for L82.

1977

Cpe	1,100	3,350	5,600	11,200	19,600	28,000

NOTE: Add 10 percent for L82.

1978

Cpe	1,300	3,850	6,400	12,800	22,400	32,000

NOTE: Add 10 percent for anniversary model. Add 25 percent for pace car. Add 10 percent for L82 engine option.

1979

Cpe	1,150	3,500	5,800	11,600	20,300	29,000

NOTE: Add 10 percent for L82 engine option.

1980

Cpe	1,150	3,500	5,800	11,600	20,300	29,000

NOTE: Add 20 percent for L82 engine option.

1981

Cpe	1,150	3,500	5,800	11,600	20,300	29,000

1982

2d HBK	1,200	3,600	6,000	12,000	21,000	30,000

NOTE: Add 20 percent for Collector Edition.

1983

NOTE: None manufactured.

1984

2d HBk	1,100	3,250	5,400	10,800	18,900	27,000

1985

2d HBk	1,100	3,250	5,400	10,800	18,900	27,000

1986

2d HBk	1,100	3,350	5,600	11,200	19,600	28,000
Conv	1,300	3,850	6,400	12,800	22,400	32,000

NOTE: Add 10 percent for pace car.

1987

2d HBk	1,100	3,350	5,600	11,200	19,600	28,000
Conv	1,300	3,850	6,400	12,800	22,400	32,000

1988

2d Cpe	1,100	3,300	5,500	11,000	19,300	27,500
Conv	1,200	3,600	6,000	12,000	21,000	30,000

1989

2d Cpe	1,100	3,350	5,600	11,200	19,600	28,000
Conv	1,250	3,700	6,200	12,400	21,700	31,000

1990

2d HBk	1,100	3,250	5,400	10,800	18,900	27,000
Conv	1,250	3,700	6,200	12,400	21,700	31,000
2d HBk ZR1	1,950	5,900	9,800	19,600	34,300	49,000

1991

2d HBk	1,300	3,950	6,600	13,200	23,100	33,000
Conv	1,450	4,300	7,200	14,400	25,200	36,000
2d HBk ZR1	2,100	6,250	10,400	20,800	36,400	52,000

1992

2d HBk Cpe	1,350	4,100	6,800	13,600	23,800	34,000
2d Conv	1,500	4,450	7,400	14,800	25,900	37,000
2d ZR1 Cpe	2,100	6,350	10,600	21,200	37,100	53,000

1993

2d Cpe	1,400	4,200	7,000	14,000	24,500	35,000
2d ZR1 Cpe	2,150	6,500	10,800	21,600	37,800	54,000
2d Conv	1,550	4,700	7,800	15,600	27,300	39,000

1994

2d Cpe	900	2,650	4,400	8,800	15,400	22,000
2d Conv	1,000	3,000	5,000	10,000	17,500	25,000
2d ZR1 Cpe	1,650	4,900	8,200	16,400	28,700	41,000

1969 Chevrolet Corvette T-top coupe

1992 Chevrolet Corvette coupe

1926 Chrysler Imperial 80 roadster

CHRYSLER

	6	5	4	3	2	1
1924 Model B, 6-cyl., 112.75" wb						
2d Rds	920	2,760	4,600	9,200	16,100	23,000
4d Phae	960	2,880	4,800	9,600	16,800	24,000
4d Tr	880	2,640	4,400	8,800	15,400	22,000
2d RS Cpe	640	1,920	3,200	6,400	11,200	16,000
4d Sed	560	1,680	2,800	5,600	9,800	14,000
2d Brgm	580	1,740	2,900	5,800	10,150	14,500
4d Imp Sed	600	1,800	3,000	6,000	10,500	15,000
4d Crw Imp	640	1,920	3,200	6,400	11,200	16,000
4d T&C	720	2,160	3,600	7,200	12,600	18,000
1925 Model B-70, 6-cyl., 112.75" wb						
2d Rds	920	2,760	4,600	9,200	16,100	23,000
4d Phae	960	2,880	4,800	9,600	16,800	24,000
4d Tr	880	2,640	4,400	8,800	15,400	22,000
2d Roy Cpe	640	1,920	3,200	6,400	11,200	16,000
4d Sed	560	1,680	2,800	5,600	9,800	14,000
2d Brgm	580	1,740	2,900	5,800	10,150	14,500
4d Imp Sed	600	1,800	3,000	6,000	10,500	15,000
4d Crw Imp	640	1,920	3,200	6,400	11,200	16,000
4d T&C	720	2,160	3,600	7,200	12,600	18,000
1926 Series 58, 4-cyl., 109" wb						
2d Rds	880	2,640	4,400	8,800	15,400	22,000
4d Tr	920	2,760	4,600	9,200	16,100	23,000
2d Clb Cpe	620	1,860	3,100	6,200	10,850	15,500
2d Sed	568	1,704	2,840	5,680	9,940	14,200
4d Sed	544	1,632	2,720	5,440	9,520	13,600
1926 Series 60, 6-cyl., 109" wb						
Introduced: May, 1926.						
2d Rds	880	2,640	4,400	8,800	15,400	22,000
4d Tr	920	2,760	4,600	9,200	16,100	23,000
2d Cpe	620	1,860	3,100	6,200	10,850	15,500
2d Sed	592	1,776	2,960	5,920	10,360	14,800
4d Lthr Tr Sed	600	1,800	3,000	6,000	10,500	15,000
4d Sed	584	1,752	2,920	5,840	10,220	14,600
4d Lan Sed	592	1,776	2,960	5,920	10,360	14,800
1926 Series G-70, 6-cyl., 112.75" wb						
2d Rds	920	2,760	4,600	9,200	16,100	23,000
4d Phae	960	2,880	4,800	9,600	16,800	24,000
2d Roy Cpe	660	1,980	3,300	6,600	11,550	16,500
2d Sed	600	1,800	3,000	6,000	10,500	15,000
4d Lthr Trm Sed	620	1,860	3,100	6,200	10,850	15,500
2d Brgm	660	1,980	3,300	6,600	11,550	16,500
4d Sed	620	1,860	3,100	6,200	10,850	15,500
4d Roy Sed	668	2,004	3,340	6,680	11,690	16,700
4d Crw Sed	680	2,040	3,400	6,800	11,900	17,000
1926 Series E-80 Imperial, 6-cyl., 120" wb						
2d RS Rds	1,040	3,120	5,200	10,400	18,200	26,000
4d Phae	1,080	3,240	5,400	10,800	18,900	27,000
2d Cpe	760	2,280	3,800	7,600	13,300	19,000
4d 5P Sed	720	2,160	3,600	7,200	12,600	18,000
4d 7P Sed	760	2,280	3,800	7,600	13,300	19,000
4d Berl	780	2,340	3,900	7,800	13,650	19,500
1927 Series I-50, 4-cyl., 106" wb						
2d 2P Rds	880	2,640	4,400	8,800	15,400	22,000
2d RS Rds	920	2,760	4,600	9,200	16,100	23,000
4d Tr	880	2,640	4,400	8,800	15,400	22,000
2d Cpe	620	1,860	3,100	6,200	10,850	15,500
2d Sed	580	1,740	2,900	5,800	10,150	14,500
4d Lthr Trm Sed	600	1,800	3,000	6,000	10,500	15,000
4d Sed	572	1,716	2,860	5,720	10,010	14,300
4d Lan Sed	580	1,740	2,900	5,800	10,150	14,500
1927 Series H-60, 6-cyl., 109" wb						
2d 2P Rds	1,000	3,000	5,000	10,000	17,500	25,000
2d RS Rds	1,040	3,120	5,200	10,400	18,200	26,000
4d Tr	1,000	3,000	5,000	10,000	17,500	25,000
2d 2P Cpe	640	1,920	3,200	6,400	11,200	16,000
2d RS Cpe	660	1,980	3,300	6,600	11,550	16,500
2d Sed	604	1,812	3,020	6,040	10,570	15,100
4d Lthr Trm Sed	620	1,860	3,100	6,200	10,850	15,500
4d Sed	564	1,692	2,820	5,640	9,870	14,100
1927 Series "Finer" 70, 6-cyl., 112.75" wb						
2d RS Rds	1,000	3,000	5,000	10,000	17,500	25,000
4d Phae	1,050	3,100	5,200	10,400	18,200	26,000

	6	5	4	3	2	1
4d Spt Phae	1,100	3,250	5,400	10,800	18,900	27,000
4d Cus Spt Phae	1,100	3,350	5,600	11,200	19,600	28,000
2d RS Cabr	950	2,900	4,800	9,600	16,800	24,000
2d 2P Cpe	650	1,900	3,200	6,400	11,200	16,000
2d RS Cpe	650	2,000	3,300	6,600	11,600	16,500
2d 4P Cpe	600	1,850	3,100	6,200	10,900	15,500
2d Brgm	600	1,850	3,100	6,250	10,900	15,600
4d Lan Brgm	650	1,900	3,150	6,300	11,000	15,700
4d Roy Sed	650	1,900	3,150	6,300	11,100	15,800
4d Crw Sed	650	1,900	3,200	6,350	11,100	15,900

1927-Early 1928 Series E-80 Imperial, 6-cyl., 120" & 127" wb

	6	5	4	3	2	1
2d RS Rds	1,200	3,600	6,000	12,000	21,000	30,000
2d Spt Rds	1,240	3,720	6,200	12,400	21,700	31,000
4d 5P Phae	1,240	3,720	6,200	12,400	21,700	31,000
4d Spt Phae	1,280	3,840	6,400	12,800	22,400	32,000
4d 7P Phae	1,200	3,600	6,000	12,000	21,000	30,000
2d RS Cabr	1,160	3,480	5,800	11,600	20,300	29,000
2d Bus Cpe	760	2,280	3,800	7,600	13,300	19,000
2d 4P Cpe	780	2,340	3,900	7,800	13,650	19,500
2d 5P Cpe	720	2,160	3,600	7,200	12,600	18,000
4d Std Sed	644	1,932	3,220	6,440	11,270	16,100
4d Sed	640	1,920	3,200	6,400	11,200	16,000
4d Lan Sed	680	2,040	3,400	6,800	11,900	17,000
4d 7P Sed	688	2,064	3,440	6,880	12,040	17,200
4d Limo	760	2,280	3,800	7,600	13,300	19,000
4d T&C	800	2,400	4,000	8,000	14,000	20,000

1928 Series 52, 4-cyl., 106" wb

	6	5	4	3	2	1
2d RS Rds	1,080	3,240	5,400	10,800	18,900	27,000
4d Tr	660	1,980	3,300	6,600	11,550	16,500
2d Clb Cpe	620	1,860	3,100	6,200	10,850	15,500
2d DeL Cpe	680	2,040	3,400	6,800	11,900	17,000
2d Sed	640	1,920	3,200	6,400	11,200	16,000
4d Sed	640	1,920	3,200	6,400	11,200	16,000
4d DeL Sed	632	1,896	3,160	6,320	11,060	15,800

1928 Series 62, 6-cyl., 109" wb

	6	5	4	3	2	1
2d RS Rds	1,120	3,360	5,600	11,200	19,600	28,000
4d Tr	1,080	3,240	5,400	10,800	18,900	27,000
2d Bus Cpe	660	1,980	3,300	6,600	11,550	16,500
2d RS Cpe	700	2,100	3,500	7,000	12,250	17,500
2d Sed	640	1,920	3,200	6,400	11,200	16,000
4d Sed	632	1,896	3,160	6,320	11,060	15,800
4d Lan Sed	644	1,932	3,220	6,440	11,270	16,100

1928 Series 72, 6-cyl., 120.5" wb

	6	5	4	3	2	1
2d RS Rds	1,080	3,240	5,400	10,800	18,900	27,000
2d Spt Rds	1,160	3,480	5,800	11,600	20,300	29,000
2d Conv	1,000	3,000	5,000	10,000	17,500	25,000
2d RS Cpe	720	2,160	3,600	7,200	12,600	18,000
2d 4P Cpe	680	2,040	3,400	6,800	11,900	17,000
4d CC Sed	680	2,040	3,400	6,800	11,900	17,000
4d Roy Sed	640	1,920	3,200	6,400	11,200	16,000
4d Crw Sed	680	2,040	3,400	6,800	11,900	17,000
4d Twn Sed	700	2,100	3,500	7,000	12,250	17,500
4d LeB Imp Twn Cabr	800	2,400	4,000	8,000	14,000	20,000

1928 Series 80 L Imperial, 6-cyl., 136" wb

	6	5	4	3	2	1
2d RS Rds	1,160	3,480	5,800	11,600	20,300	29,000
4d Sed	680	2,040	3,400	6,800	11,900	17,000
4d Twn Sed	700	2,100	3,500	7,000	12,250	17,500
4d 7P Sed	720	2,160	3,600	7,200	12,600	18,000
4d Limo	760	2,280	3,800	7,600	13,300	19,000

1928 Series 80 L Imperial, 6-cyl., 136" wb, Custom Bodies

	6	5	4	3	2	1
4d LeB DC Phae	2,480	7,440	12,400	24,800	43,400	62,000

1928 Series 80 L Imperial, 6-cyl., 136" wb, Custom Bodies

	6	5	4	3	2	1
4d LeB CC Conv Sed	2,200	6,600	11,000	22,000	38,500	55,000
2d LeB RS Conv	2,080	6,240	10,400	20,800	36,400	52,000
2d LeB Clb Cpe	1,160	3,480	5,800	11,600	20,300	29,000
2d LeB Twn Cpe	1,120	3,360	5,600	11,200	19,600	28,000
4d LeB Lan Limo	1,960	5,880	9,800	19,600	34,300	49,000
4d Der Conv Sed	2,160	6,480	10,800	21,600	37,800	54,000
4d Dtrch Conv Sed	2,360	7,080	11,800	23,600	41,300	59,000
4d 4P Dtrch Phae	2,480	7,440	12,400	24,800	43,400	62,000

1928 Series 80 L Imperial, 6-cyl., 136" wb, Custom Bodies

	6	5	4	3	2	1
4d 7P Dtrch Phae	2,480	7,440	12,400	24,800	43,400	62,000

	6	5	4	3	2	1
1928 Series 80 L Imperial, 6-cyl., 136" wb, Custom Bodies						
4d Dtrch Sed	1,400	4,200	7,000	14,000	24,500	35,000
4d Lke Phae	1,960	5,880	9,800	19,600	34,300	49,000
1929 Series 65, 6-cyl., 112.75" wb						
2d RS Rds	1,200	3,600	6,000	12,000	21,000	30,000
4d Tr	1,240	3,720	6,200	12,400	21,700	31,000
2d Bus Cpe	880	2,640	4,400	8,800	15,400	22,000
2d RS Cpe	920	2,760	4,600	9,200	16,100	23,000
2d Sed	760	2,280	3,800	7,600	13,300	19,000
4d Sed	780	2,340	3,900	7,800	13,650	19,500
1929 Series 75, 6-cyl.						
2d RS Rds	1,360	4,080	6,800	13,600	23,800	34,000
4d 5P Phae	1,400	4,200	7,000	14,000	24,500	35,000
4d DC Phae	1,440	4,320	7,200	14,400	25,200	36,000
4d 7P Phae	1,360	4,080	6,800	13,600	23,800	34,000
2d RS Conv	1,320	3,960	6,600	13,200	23,100	33,000
4d Conv Sed	1,280	3,840	6,400	12,800	22,400	32,000
2d RS Cpe	920	2,760	4,600	9,200	16,100	23,000
2d Cpe	880	2,640	4,400	8,800	15,400	22,000
4d Roy Sed	800	2,400	4,000	8,000	14,000	20,000
4d Crw Sed	840	2,520	4,200	8,400	14,700	21,000
4d Twn Sed	860	2,580	4,300	8,600	15,050	21,500
1929-30 Series 80 L Imperial, 6-cyl., 136" wb						
2d RS Rds	2,520	7,560	12,600	25,200	44,100	63,000
4d Lke DC Spt Phae	2,800	8,400	14,000	28,000	49,000	70,000
4d Lke 7P Phae	2,640	7,920	13,200	26,400	46,200	66,000
4d Lke Conv Sed	2,560	7,680	12,800	25,600	44,800	64,000
2d Lke RS Conv	2,240	6,720	11,200	22,400	39,200	56,000
2d 2P Cpe	1,040	3,120	5,200	10,400	18,200	26,000
2d RS Cpe	1,160	3,480	5,800	11,600	20,300	29,000
4d Sed	920	2,760	4,600	9,200	16,100	23,000
4d Twn Sed	960	2,880	4,800	9,600	16,800	24,000
4d 7P Sed	920	2,760	4,600	9,200	16,100	23,000
4d Limo	1,080	3,240	5,400	10,800	18,900	27,000
1930-1931 (through December) Series Six, 6-cyl., 109" wb						
(Continued through Dec. 1930.)						
2d RS Rds	1,160	3,480	5,800	11,600	20,300	29,000
4d Tr	1,120	3,360	5,600	11,200	19,600	28,000
2d RS Conv	1,080	3,240	5,400	10,800	18,900	27,000
2d Bus Cpe	800	2,400	4,000	8,000	14,000	20,000
2d Roy Cpe	840	2,520	4,200	8,400	14,700	21,000
4d Roy Sed	760	2,280	3,800	7,600	13,300	19,000
1930-1931 Series 66, 6-cyl., 112-3/4" wb						
(Continued through May 1931).						
2d RS Rds	1,200	3,600	6,000	12,000	21,000	30,000
4d Phae	1,240	3,720	6,200	12,400	21,700	31,000
2d Bus Cpe	840	2,520	4,200	8,400	14,700	21,000
2d Roy Cpe	860	2,580	4,300	8,600	15,050	21,500
2d Brgm	760	2,280	3,800	7,600	13,300	19,000
4d Roy Sed	800	2,400	4,000	8,000	14,000	20,000
1930-1931 Series 70, 6 cyl., 116-1/2" wb						
(Continued through Feb. 1931.)						
2d RS Rds	1,360	4,080	6,800	13,600	23,800	34,000
2d RS Conv	1,240	3,720	6,200	12,400	21,700	31,000
4d Phae	1,400	4,200	7,000	14,000	24,500	35,000
2d Bus Cpe	840	2,520	4,200	8,400	14,700	21,000
2d Roy Cpe	860	2,580	4,300	8,600	15,050	21,500
2d Brgm	800	2,400	4,000	8,000	14,000	20,000
4d Roy Sed	840	2,520	4,200	8,400	14,700	21,000
1930-1931 Series 77, 6-cyl., 124.5" wb						
2d RS Rds	1,840	5,520	9,200	18,400	32,200	46,000
4d DC Phae	1,640	4,920	8,200	16,400	28,700	41,000
2d RS Conv	1,440	4,320	7,200	14,400	25,200	36,000
2d Bus Cpe	880	2,640	4,400	8,800	15,400	22,000
2d Roy RS Cpe	900	2,700	4,500	9,000	15,750	22,500
2d Crw Cpe	880	2,640	4,400	8,800	15,400	22,000
4d Roy Sed	840	2,520	4,200	8,400	14,700	21,000
4d Crw Sed	880	2,640	4,400	8,800	15,400	22,000
1931-1932 New Series Six, CM, 6-cyl., 116" wb						
(Produced Jan. - Dec. 1931.)						
2d RS Rds	1,400	4,200	7,000	14,000	24,500	35,000
4d Tr	1,360	4,080	6,800	13,600	23,800	34,000
2d RS Conv	1,320	3,960	6,600	13,200	23,100	33,000
2d Bus Cpe	880	2,640	4,400	8,800	15,400	22,000
2d Roy Cpe	900	2,700	4,500	9,000	15,750	22,500

	6	5	4	3	2	1
4d Roy Sed	840	2,520	4,200	8,400	14,700	21,000

1931-1932 Series 70, 6-cyl., 116-1/2" wb

2d Bus Cpe	900	2,700	4,500	9,000	15,750	22,500
2d Roy Cpe	920	2,760	4,600	9,200	16,100	23,000
2d Brgm	880	2,640	4,400	8,800	15,400	22,000
4d Roy Sed	880	2,640	4,400	8,800	15,400	22,000

1931-1932 First Series, CD, 8-cyl., 80 hp, 124" wb

(Built 7/17/30 - 1/31.)

2d RS Rds	1,480	4,440	7,400	14,800	25,900	37,000
2d Spt Rds	1,600	4,800	8,000	16,000	28,000	40,000
2d Conv	1,440	4,320	7,200	14,400	25,200	36,000
2d Cpe	1,040	3,120	5,200	10,400	18,200	26,000
2d Spl Cpe	1,000	3,000	5,000	10,000	17,500	25,000
4d Roy Sed	880	2,640	4,400	8,800	15,400	22,000
4d Spl Roy Sed	920	2,760	4,600	9,200	16,100	23,000

1931-1932 Second Series, CD, 8-cyl., 88 hp, 124" wb

(Built 2/2/31 - 5/18/31.)

2d RS Spt Rds	2,200	6,600	11,000	22,000	38,500	55,000
4d Lke DC Phae	2,080	6,240	10,400	20,800	36,400	52,000
2d RS Conv	1,800	5,400	9,000	18,000	31,500	45,000
2d Roy Cpe	1,120	3,360	5,600	11,200	19,600	28,000
2d Spl Roy Cpe	1,080	3,240	5,400	10,800	18,900	27,000
4d Roy Sed	880	2,640	4,400	8,800	15,400	22,000

1931-1932 Second Series CD

4d Spl Roy Sed	920	2,760	4,600	9,200	16,100	23,000

1931-1932 DeLuxe Series, CD, 8-cyl., 100 hp, 124" wb

(Built 5/19/31 - 11/31.)

2d RS Rds	2,000	6,000	10,000	20,000	35,000	50,000
4d Lke DC Phae	1,920	5,760	9,600	19,200	33,600	48,000
2d RS Conv	1,800	5,400	9,000	18,000	31,500	45,000
2d RS Cpe	1,160	3,480	5,800	11,600	20,300	29,000
2d Roy Cpe	1,120	3,360	5,600	11,200	19,600	28,000
4d Sed	880	2,640	4,400	8,800	15,400	22,000

1931-1932 Imperial, CG, 8-cyl., 125 hp, 145" wb

(Built July 17, 1930 thru Dec . 1931.)

1931-1932 Standard Line

4d CC Sed	1,840	5,520	9,200	18,400	32,200	46,000
4d 5P Sed	1,240	3,720	6,200	12,400	21,700	31,000
4d 7P Sed	1,240	3,720	6,200	12,400	21,700	31,000
4d Limo	1,360	4,080	6,800	13,600	23,800	34,000

1931-1932 Custom Line

2d LeB RS Rds	11,600	34,800	58,000	116,000	203,000	290,000
4d LeB DC Phae	11,400	34,200	57,000	114,000	199,500	285,000
4d LeB Conv Sed	11,200	33,600	56,000	112,000	196,000	280,000
2d LeB RS Cpe	4,000	12,000	20,000	40,000	70,000	100,000
2d Wths Conv Vic	10,400	31,200	52,000	104,000	182,000	260,000
2d LeB Conv Spds	10,000	30,000	50,000	100,000	175,000	250,000

1932 Second Series, CI, 6-cyl., 116-1/2" wb

(Begun 1/1/32).

2d RS Rds	1,240	3,720	6,200	12,400	21,700	31,000
4d Phae	1,200	3,600	6,000	12,000	21,000	30,000
2d RS Conv	1,160	3,480	5,800	11,600	20,300	29,000
4d Conv Sed	1,200	3,600	6,000	12,000	21,000	30,000
2d Bus Cpe	920	2,760	4,600	9,200	16,100	23,000
2d RS Cpe	960	2,880	4,800	9,600	16,800	24,000
4d Sed	840	2,520	4,200	8,400	14,700	21,000

1932 Series CP, 8-cyl., 125" wb, 100 hp

(Began 1/1/32).

2d RS Conv	1,360	4,080	6,800	13,600	23,800	34,000
4d Conv Sed	1,400	4,200	7,000	14,000	24,500	35,000
2d RS Cpe	1,120	3,360	5,600	11,200	19,600	28,000
2d Cpe	1,040	3,120	5,200	10,400	18,200	26,000
4d Sed	880	2,640	4,400	8,800	15,400	22,000
4d LeB T&C	1,040	3,120	5,200	10,400	18,200	26,000

1932 Imperial Series, CH, 8-cyl., 135" wb, 125 hp

(Began 1/1/32.)

1932 Standard Line

4d Conv Sed	7,600	22,800	38,000	76,000	133,000	190,000
2d RS Cpe	2,480	7,440	12,400	24,800	43,400	62,000
4d Sed	1,800	5,400	9,000	18,000	31,500	45,000

1932 Imperial Series, CL, 8-cyl., 146" wb, 125 hp

(Began 1/1/32.)

	6	5	4	3	2	1
1932 Custom Line - LeBaron bodies						
2d RS Conv	10,800	32,400	54,000	108,000	189,000	270,000
4d DC Phae	12,000	36,000	60,000	120,000	210,000	300,000
4d Conv Sed	11,800	35,400	59,000	118,000	206,500	295,000
1933 Series CO, 6-cyl., 116.5" wb						
2d RS Conv	1,080	3,240	5,400	10,800	18,900	27,000
4d Conv Sed	1,240	3,720	6,200	12,400	21,700	31,000
2d Bus Cpe	960	2,880	4,800	9,600	16,800	24,000
2d RS Cpe	1,040	3,120	5,200	10,400	18,200	26,000
2d Brgm	880	2,640	4,400	8,800	15,400	22,000
4d Sed	880	2,640	4,400	8,800	15,400	22,000
1933 Royal Series CT, 8-cyl., 119.5" wb						
2d RS Conv	1,360	4,080	6,800	13,600	23,800	34,000
4d Conv Sed	1,400	4,200	7,000	14,000	24,500	35,000
2d Bus Cpe	1,040	3,120	5,200	10,400	18,200	26,000
2d RS Cpe	1,080	3,240	5,400	10,800	18,900	27,000
4d Sed	920	2,760	4,600	9,200	16,100	23,000
4d 7P Sed	960	2,880	4,800	9,600	16,800	24,000
1933 Imperial Series CQ, 8-cyl., 126" wb						
2d RS Conv	1,600	4,800	8,000	16,000	28,000	40,000
4d Conv Sed	1,680	5,040	8,400	16,800	29,400	42,000
2d RS Cpe	1,160	3,480	5,800	11,600	20,300	29,000
2d 5P Cpe	1,120	3,360	5,600	11,200	19,600	28,000
4d Sed	1,040	3,120	5,200	10,400	18,200	26,000
1933 Imperial Custom, Series CL, 8-cyl., 146" wb						
2d RS Conv	10,000	30,000	50,000	100,000	175,000	250,000
4d WS Phae	10,400	31,200	52,000	104,000	182,000	260,000
4d CC Sed	2,720	8,160	13,600	27,200	47,600	68,000
1934 Series CA, 6-cyl., 117" wb						
2d RS Conv	1,520	4,560	7,600	15,200	26,600	38,000
2d Bus Cpe	1,000	3,000	5,000	10,000	17,500	25,000
2d RS Cpe	1,040	3,120	5,200	10,400	18,200	26,000
2d Brgm	880	2,640	4,400	8,800	15,400	22,000
4d Sed	840	2,520	4,200	8,400	14,700	21,000
1934 Series CB, 6-cyl., 121" wb						
4d Conv Sed	1,760	5,280	8,800	17,600	30,800	44,000
4d CC Sed	960	2,880	4,800	9,600	16,800	24,000
1934 Airflow, Series CU, 8-cyl., 123" wb						
2d Cpe	1,480	4,440	7,400	14,800	25,900	37,000
2d Brgm	1,360	4,080	6,800	13,600	23,800	34,000
4d Sed	1,280	3,840	6,400	12,800	22,400	32,000
4d Twn Sed	1,320	3,960	6,600	13,200	23,100	33,000
1934 Imperial Airflow, Series CV, 8-cyl., 128" wb						
2d Cpe	1,640	4,920	8,200	16,400	28,700	41,000
4d Sed	1,320	3,960	6,600	13,200	23,100	33,000
4d Twn Sed	1,400	4,200	7,000	14,000	24,500	35,000
1934 Imperial Custom Airflow, Series CX, 8-cyl., 137.5" wb						
4d Sed	1,960	5,880	9,800	19,600	34,300	49,000
4d Twn Sed	2,000	6,000	10,000	20,000	35,000	50,000
4d Limo	2,480	7,440	12,400	24,800	43,400	62,000
4d Twn Limo	2,640	7,920	13,200	26,400	46,200	66,000
1934 Imperial Custom Airflow, Series CW, 8-cyl., 146.5" wb						
4d Sed	5,200	15,600	26,000	52,000	91,000	130,000
4d Twn Sed	5,440	16,320	27,200	54,400	95,200	136,000
4d Limo	5,520	16,560	27,600	55,200	96,600	138,000
1935 Airstream Series C-6, 6-cyl., 118" wb						
2d RS Conv	1,320	3,960	6,600	13,200	23,100	33,000
2d Bus Cpe	880	2,640	4,400	8,800	15,400	22,000
2d RS Cpe	920	2,760	4,600	9,200	16,100	23,000
4d Tr Brgm	800	2,400	4,000	8,000	14,000	20,000
4d Sed	760	2,280	3,800	7,600	13,300	19,000
4d Tr Sed	760	2,280	3,800	7,600	13,300	19,000
1935 Airstream Series CZ, 8-cyl., 121" wb						
2d Bus Cpe	920	2,760	4,600	9,200	16,100	23,000
2d RS Cpe	960	2,880	4,800	9,600	16,800	24,000
2d Tr Brgm	840	2,520	4,200	8,400	14,700	21,000
4d Sed	800	2,400	4,000	8,000	14,000	20,000
4d Tr Sed	800	2,400	4,000	8,000	14,000	20,000
1935 Airstream DeLuxe Series CZ, 121" wb						
2d RS Conv	1,360	4,080	6,800	13,600	23,800	34,000
2d Bus Cpe	960	2,880	4,800	9,600	16,800	24,000
2d RS Cpe	1,000	3,000	5,000	10,000	17,500	25,000
2d Tr Brgm	900	2,700	4,500	9,000	15,750	22,500
4d Sed	820	2,460	4,100	8,200	14,350	20,500
4d Tr Sed	820	2,460	4,100	8,200	14,350	20,500

	6	5	4	3	2	1
1935 Airstream DeLuxe, Series CZ, 8-cyl., 133" wb						
4d Trav Sed	860	2,580	4,300	8,600	15,050	21,500
4d 7P Sed	860	2,580	4,300	8,600	15,050	21,500
1935 Airflow Series C-1, 8-cyl., 123" wb						
2d Bus Cpe	1,440	4,320	7,200	14,400	25,200	36,000
2d Cpe	1,480	4,440	7,400	14,800	25,900	37,000
4d Sed	1,200	3,600	6,000	12,000	21,000	30,000
1935 Imperial Airflow Series C-2, 8-cyl., 128" wb						
2d Cpe	1,560	4,680	7,800	15,600	27,300	39,000
4d Sed	1,280	3,840	6,400	12,800	22,400	32,000
1935 Imperial Custom Airflow Series C-3, 8-cyl., 137" wb						
4d Sed	1,360	4,080	6,800	13,600	23,800	34,000
4d Twn Sed	1,400	4,200	7,000	14,000	24,500	35,000
4d Sed Limo	1,720	5,160	8,600	17,200	30,100	43,000
4d Twn Limo	1,800	5,400	9,000	18,000	31,500	45,000
1935 Imperial Custom Airflow Series C-W, 8-cyl., 146.5" wb						
4d Sed	4,240	12,720	21,200	42,400	74,200	106,000
4d Sed Limo	4,320	12,960	21,600	43,200	75,600	108,000
4d Twn Limo	4,400	13,200	22,000	44,000	77,000	110,000
1936 Airstream Series C-7, 6-cyl., 118" wb						
2d RS Conv	1,200	3,600	6,000	12,000	21,000	30,000
4d Conv Sed	1,240	3,720	6,200	12,400	21,700	31,000
2d Bus Cpe	920	2,760	4,600	9,200	16,100	23,000
2d RS Cpe	960	2,880	4,800	9,600	16,800	24,000
2d Tr Brgm	840	2,520	4,200	8,400	14,700	21,000
4d Tr Sed	880	2,640	4,400	8,800	15,400	22,000
1936 Airstream DeLuxe Series C-8, 8-cyl., 121" wb						
2d RS Conv	1,280	3,840	6,400	12,800	22,400	32,000
4d Conv Sed	1,360	4,080	6,800	13,600	23,800	34,000
2d Bus Cpe	960	2,880	4,800	9,600	16,800	24,000
2d RS Cpe	1,000	3,000	5,000	10,000	17,500	25,000
2d Tr Brgm	880	2,640	4,400	8,800	15,400	22,000
4d Tr Sed	880	2,640	4,400	8,800	15,400	22,000
1936 Airstream DeLuxe, Series C-8, 8-cyl., 133" wb						
4d Trav Sed	900	2,700	4,500	9,000	15,750	22,500
4d Sed	880	2,640	4,400	8,800	15,400	22,000
4d Sed Limo	920	2,760	4,600	9,200	16,100	23,000
4d LeB Twn Sed	960	2,880	4,800	9,600	16,800	24,000
1936 Airflow, 8-cyl., 123" wb						
2d Cpe	1,360	4,080	6,800	13,600	23,800	34,000
4d Sed	1,160	3,480	5,800	11,600	20,300	29,000
1936 Imperial Airflow, 8-cyl., 128" wb						
2d Cpe	1,440	4,320	7,200	14,400	25,200	36,000
4d Sed	1,200	3,600	6,000	12,000	21,000	30,000
1936 Imperial Custom Airflow, 8-cyl., 137" wb						
4d Sed	1,280	3,840	6,400	12,800	22,400	32,000
4d Sed Limo	1,400	4,200	7,000	14,000	24,500	35,000
1936 Imperial Custom Airflow, 8-cyl., 146.5" wb						
4d 8P Sed	5,200	15,600	26,000	52,000	91,000	130,000
4d Sed Limo	5,440	16,320	27,200	54,400	95,200	136,000
1937 Royal, 6-cyl., 116" wb						
2d RS Conv	1,160	3,480	5,800	11,600	20,300	29,000
4d Conv Sed	1,280	3,840	6,400	12,800	22,400	32,000
2d Bus Cpe	840	2,520	4,200	8,400	14,700	21,000
2d RS Cpe	880	2,640	4,400	8,800	15,400	22,000
2d Brgm	760	2,280	3,800	7,600	13,300	19,000
2d Tr Brgm	800	2,400	4,000	8,000	14,000	20,000
4d Sed	760	2,280	3,800	7,600	13,300	19,000
4d Tr Sed	768	2,304	3,840	7,680	13,440	19,200
1937 Royal, 6-cyl., 133" wb						
4d Sed	800	2,400	4,000	8,000	14,000	20,000
4d Sed Limo	840	2,520	4,200	8,400	14,700	21,000
4d Der T&C	1,040	3,120	5,200	10,400	18,200	26,000
1937 Airflow, 8-cyl., 128" wb						
2d Cpe	1,360	4,080	6,800	13,600	23,800	34,000
4d Sed	1,280	3,840	6,400	12,800	22,400	32,000
1937 Imperial, 8-cyl., 121" wb						
2d RS Conv	1,280	3,840	6,400	12,800	22,400	32,000
4d Conv Sed	1,360	4,080	6,800	13,600	23,800	34,000
2d Bus Cpe	960	2,880	4,800	9,600	16,800	24,000
2d RS Cpe	1,000	3,000	5,000	10,000	17,500	25,000
2d Tr Brgm	1,000	3,000	5,000	10,000	17,500	25,000
4d Tr Sed	960	2,880	4,800	9,600	16,800	24,000

	6	5	4	3	2	1
1937 Imperial Custom, 8-cyl., 140" wb						
4d 5P Sed	1,160	3,480	5,800	11,600	20,300	29,000
4d 7P Sed	1,240	3,720	6,200	12,400	21,700	31,000
4d Sed Limo	1,680	5,040	8,400	16,800	29,400	42,000
4d Twn Limo	1,720	5,160	8,600	17,200	30,100	43,000
1937 Custom Built Models						
4d Der Fml Conv Twn Car	3,760	11,280	18,800	37,600	65,800	94,000
4d Der Conv Vic	3,600	10,800	18,000	36,000	63,000	90,000
1937 Imperial Custom Airflow, 8-cyl., 146.5" wb						
4d Sed Limo			value not estimable			
1938 Royal, 6-cyl., 119" wb						
2d RS Conv	1,080	3,240	5,400	10,800	18,900	27,000
4d Conv Sed	1,120	3,360	5,600	11,200	19,600	28,000
2d Bus Cpe	880	2,640	4,400	8,800	15,400	22,000
2d RS Cpe	920	2,760	4,600	9,200	16,100	23,000
2d Brgm	760	2,280	3,800	7,600	13,300	19,000
2d Tr Brgm	880	2,640	4,400	8,800	15,400	22,000
4d Sed	760	2,280	3,800	7,600	13,300	19,000
4d Tr Sed	800	2,400	4,000	8,000	14,000	20,000
1938 4d Royal, 6-cyl., 136" wb						
4d 7P Sed	840	2,520	4,200	8,400	14,700	21,000
4d 7P Limo Sed	880	2,640	4,400	8,800	15,400	22,000
1938 Imperial, 8-cyl., 125" wb						
2d RS Conv	1,200	3,600	6,000	12,000	21,000	30,000
4d Conv Sed	1,280	3,840	6,400	12,800	22,400	32,000
2d Bus Cpe	960	2,880	4,800	9,600	16,800	24,000
2d RS Cpe	1,000	3,000	5,000	10,000	17,500	25,000
4d Tr Brgm	880	2,640	4,400	8,800	15,400	22,000
4d Tr Sed	920	2,760	4,600	9,200	16,100	23,000
1938 New York Special, 8-cyl., 125" wb						
4d Tr Sed	880	2,640	4,400	8,800	15,400	22,000
1938 Imperial Custom, 8-cyl., 144" wb						
4d 5P Sed	1,120	3,360	5,600	11,200	19,600	28,000
4d Sed	1,080	3,240	5,400	10,800	18,900	27,000
4d Limo Sed	1,240	3,720	6,200	12,400	21,700	31,000
1938 Derham customs on C-20 chassis						
4d Twn Sed	1,400	4,200	7,000	14,000	24,500	35,000
4d Twn Limo	1,600	4,800	8,000	16,000	28,000	40,000
2d Conv Vic	3,440	10,320	17,200	34,400	60,200	86,000
4d Conv Sed	3,680	11,040	18,400	36,800	64,400	92,000
1939 Royal, 6-cyl., 119" wb						
2d Cpe	800	2,400	4,000	8,000	14,000	20,000
2d Vic Cpe	840	2,520	4,200	8,400	14,700	21,000
2d Brgm	680	2,040	3,400	6,800	11,900	17,000
4d Sed	720	2,160	3,600	7,200	12,600	18,000
1939 Royal, 6-cyl., 136" wb						
4d 7P Sed	760	2,280	3,800	7,600	13,300	19,000
4d Limo	800	2,400	4,000	8,000	14,000	20,000
1939 Royal Windsor, 6-cyl., 119" wb						
2d Cpe	840	2,520	4,200	8,400	14,700	21,000
2d Vic Cpe	880	2,640	4,400	8,800	15,400	22,000
2d Clb Cpe	920	2,760	4,600	9,200	16,100	23,000
4d Sed	680	2,040	3,400	6,800	11,900	17,000
1939 Imperial, 8-cyl., 125" wb						
2d Cpe	840	2,520	4,200	8,400	14,700	21,000
2d Vic Cpe	880	2,640	4,400	8,800	15,400	22,000
2d Brgm	680	2,040	3,400	6,800	11,900	17,000
4d Sed	760	2,280	3,800	7,600	13,300	19,000
1939 New Yorker, 8-cyl., 125" wb						
2d Cpe	880	2,640	4,400	8,800	15,400	22,000
2d Vic Cpe	920	2,760	4,600	9,200	16,100	23,000
2d Clb Cpe	920	2,760	4,600	9,200	16,100	23,000
4d Sed	760	2,280	3,800	7,600	13,300	19,000
1939 Saratoga, 8-cyl., 125" wb						
2d Clb Cpe	920	2,760	4,600	9,200	16,100	23,000
4d Sed	800	2,400	4,000	8,000	14,000	20,000
1939 Imperial Custom, 8-cyl., 144" wb						
4d 5P Sed	1,120	3,360	5,600	11,200	19,600	28,000
4d 7P Sed	1,160	3,480	5,800	11,600	20,300	29,000
4d Limo	1,200	3,600	6,000	12,000	21,000	30,000
1939 Special Derham customs on C-24 chassis						
4d 7P Tr	1,440	4,320	7,200	14,400	25,200	36,000
4d Conv Sed	2,800	8,400	14,000	28,000	49,000	70,000

	6	5	4	3	2	1
4d Conv T&C	2,880	8,640	14,400	28,800	50,400	72,000
1940 Royal, 6-cyl., 122.5" wb						
2d 3P Cpe	760	2,280	3,800	7,600	13,300	19,000
2d 6P Cpe	780	2,340	3,900	7,800	13,650	19,500
2d Vic Sed	692	2,076	3,460	6,920	12,110	17,300
4d Sed	680	2,040	3,400	6,800	11,900	17,000
1940 Royal, 6-cyl., 139.5" wb						
4d 8P Sed	720	2,160	3,600	7,200	12,600	18,000
4d 8P Limo	760	2,280	3,800	7,600	13,300	19,000
1940 Windsor, 6-cyl., 122.5" wb						
2d Conv Cpe	1,120	3,360	5,600	11,200	19,600	28,000
2d 3P Cpe	800	2,400	4,000	8,000	14,000	20,000
2d 6P Cpe	820	2,460	4,100	8,200	14,350	20,500
2d Vic Sed	692	2,076	3,460	6,920	12,110	17,300
4d Sed	700	2,100	3,500	7,000	12,250	17,500
1940 Windsor, 6-cyl., 139.5" wb						
4d 8P Sed	720	2,160	3,600	7,200	12,600	18,000
4d 8P Limo	760	2,280	3,800	7,600	13,300	19,000
1940 Traveler, 8-cyl., 128" wb						
2d 3P Cpe	840	2,520	4,200	8,400	14,700	21,000
2d 6P Cpe	880	2,640	4,400	8,800	15,400	22,000
2d Vic Sed	732	2,196	3,660	7,320	12,810	18,300
4d Sed	720	2,160	3,600	7,200	12,600	18,000
1940 Saratoga, 8-cyl., 128.5" wb						
4d Sed	800	2,400	4,000	8,000	14,000	20,000
4d Fml Sed Div	840	2,520	4,200	8,400	14,700	21,000
4d T&C Der	1,000	3,000	5,000	10,000	17,500	25,000
1940 New Yorker, 8-cyl., 128.5" wb						
2d Conv Cpe	1,240	3,720	6,200	12,400	21,700	31,000
2d 3P Cpe	920	2,760	4,600	9,200	16,100	23,000
2d 6P Cpe	960	2,880	4,800	9,600	16,800	24,000
2d Vic Sed	772	2,316	3,860	7,720	13,510	19,300
4d Sed	760	2,280	3,800	7,600	13,300	19,000
4d Fml Sed Div	840	2,520	4,200	8,400	14,700	21,000
1940 Crown Imperial, 8-cyl., 145.5" wb						
4d 6P Sed	960	2,880	4,800	9,600	16,800	24,000
4d 6P Twn Limo	1,080	3,240	5,400	10,800	18,900	27,000
4d 8P Twn Limo	1,080	3,240	5,400	10,800	18,900	27,000
4d 8P Sed	1,000	3,000	5,000	10,000	17,500	25,000
4d 8P Sed Limo	1,080	3,240	5,400	10,800	18,900	27,000
4d 8P Limo	1,120	3,360	5,600	11,200	19,600	28,000
4d Nwpt Parade Phae	11,000	33,000	55,000	110,000	192,500	275,000
2d Thunderbolt	11,000	33,000	55,000	110,000	192,500	275,000
1941 Royal, 6-cyl., 121.5" wb						
2d 3P Cpe	740	2,220	3,700	7,400	12,950	18,500
2d 6P Clb Cpe	760	2,280	3,800	7,600	13,300	19,000
2d Brgm	640	1,920	3,200	6,400	11,200	16,000
4d Sed	660	1,980	3,300	6,600	11,550	16,500
4d Twn Sed	680	2,040	3,400	6,800	11,900	17,000
4d T&C Wag	1,200	3,600	6,000	12,000	21,000	30,000
1941 Royal, 6-cyl., 139.5" wb						
4d 8P Sed	680	2,040	3,400	6,800	11,900	17,000
4d 8P Limo Sed	720	2,160	3,600	7,200	12,600	18,000
1941 Windsor, 6-cyl., 121.5" wb						
2d Conv Cpe	1,160	3,480	5,800	11,600	20,300	29,000
2d 3P Cpe	840	2,520	4,200	8,400	14,700	21,000
2d 6P Clb Cpe	860	2,580	4,300	8,600	15,050	21,500
2d Brgm	680	2,040	3,400	6,800	11,900	17,000
4d Sed	720	2,160	3,600	7,200	12,600	18,000
4d Twn Sed	760	2,280	3,800	7,600	13,300	19,000
1941 Windsor, 6-cyl., 139.5" wb						
4d 8P Sed	800	2,400	4,000	8,000	14,000	20,000
4d 8P Sed Limo	840	2,520	4,200	8,400	14,700	21,000
1941 Saratoga, 8-cyl., 127.5" wb						
2d 3P Cpe	880	2,640	4,400	8,800	15,400	22,000
2d 6P Clb Cpe	900	2,700	4,500	9,000	15,750	22,500
2d Brgm	720	2,160	3,600	7,200	12,600	18,000
4d Sed	760	2,280	3,800	7,600	13,300	19,000
4d Twn Sed	780	2,340	3,900	7,800	13,650	19,500
1941 New Yorker, 8-cyl., 127.5" wb						
2d Conv Cpe	1,280	3,840	6,400	12,800	22,400	32,000
3P Cpe	960	2,880	4,800	9,600	16,800	24,000
2d 6P Cpe	1,000	3,000	5,000	10,000	17,500	25,000
2d Brgm	760	2,280	3,800	7,600	13,300	19,000

	6	5	4	3	2	1
4d Sed	800	2,400	4,000	8,000	14,000	20,000
4d Twn Sed	820	2,460	4,100	8,200	14,350	20,500
4d 6P Sed	840	2,520	4,200	8,400	14,700	21,000
4d 8P Sed	880	2,640	4,400	8,800	15,400	22,000
4d 8P Sedan Limo	1,000	3,000	5,000	10,000	17,500	25,000
4d 8P Limo	1,040	3,120	5,200	10,400	18,200	26,000
4d Laudalet Limo	1,240	3,720	6,200	12,400	21,700	31,000
4d LeB Twn Limo	1,320	3,960	6,600	13,200	23,100	33,000

1941 New Yorker Special/Crown Imperial, 8-cyl., 127.5" wb

4d Twn Sed	1,040	3,120	5,200	10,400	18,200	26,000

C-33 series.

1942 Royal, 6-cyl., 121.5" wb

2d 3P Cpe	720	2,160	3,600	7,200	12,600	18,000
2d 6P Clb Cpe	740	2,220	3,700	7,400	12,950	18,500
2d Brgm	620	1,860	3,100	6,200	10,850	15,500
4d Sed	640	1,920	3,200	6,400	11,200	16,000
4d Twn Sed	660	1,980	3,300	6,600	11,550	16,500

1942 Royal, 6-cyl., 139.5" wb

4d 8P Sed	652	1,956	3,260	6,520	11,410	16,300
4d 8P Limo	672	2,016	3,360	6,720	11,760	16,800

1942 Windsor, 6-cyl., 121.5" wb

2d Conv Cpe	1,000	3,000	5,000	10,000	17,500	25,000
2d 3P Cpe	780	2,340	3,900	7,800	13,650	19,500
2d 6P Cpe	800	2,400	4,000	8,000	14,000	20,000
2d Brgm	640	1,920	3,200	6,400	11,200	16,000
4d Sed	660	1,980	3,300	6,600	11,550	16,500
4d Twn Sed	640	1,920	3,200	6,400	11,200	16,000
4d 6P T&C Wag	1,560	4,680	7,800	15,600	27,300	39,000
4d 9P T&C Wag	1,640	4,920	8,200	16,400	28,700	41,000

1942 Windsor, 6-cyl., 139.5" wb

4d 8P Sed	672	2,016	3,360	6,720	11,760	16,800
4d 8P Limo	692	2,076	3,460	6,920	12,110	17,300

1942 Saratoga, 8-cyl., 127.5" wb

2d 6P Cpe	860	2,580	4,300	8,600	15,050	21,500
2d 3P Cpe	840	2,520	4,200	8,400	14,700	21,000
2d Brgm	652	1,956	3,260	6,520	11,410	16,300
4d Sed	656	1,968	3,280	6,560	11,480	16,400
4d Twn Sed	712	2,136	3,560	7,120	12,460	17,800

1942 New Yorker, 8-cyl., 127.5" wb

2d Conv Cpe	1,120	3,360	5,600	11,200	19,600	28,000
2d Der Conv Cpe	1,480	4,440	7,400	14,800	25,900	37,000
2d 6P Cpe	900	2,700	4,500	9,000	15,750	22,500
2d 3P Cpe	880	2,640	4,400	8,800	15,400	22,000
2d Brgm	672	2,016	3,360	6,720	11,760	16,800
4d Sed	676	2,028	3,380	6,760	11,830	16,900
4d Twn Sed	732	2,196	3,660	7,320	12,810	18,300

1942 Crown Imperial, 8-cyl., 145.5" wb

4d 6P Sed	760	2,280	3,800	7,600	13,300	19,000
4d 8P Sed	800	2,400	4,000	8,000	14,000	20,000
4d 8P Sed Limo	880	2,640	4,400	8,800	15,400	22,000

1942 Derham Customs

4d Conv Sed	1,440	4,320	7,200	14,400	25,200	36,000
4d T&C	1,080	3,240	5,400	10,800	18,900	27,000
4d Fml T&C	1,120	3,360	5,600	11,200	19,600	28,000

1946-1948 Royal Series, 6-cyl., 121.5" wb

2d Cpe	760	2,280	3,800	7,600	13,300	19,000
2d Clb Cpe	780	2,340	3,900	7,800	13,650	19,500
2d Sed	640	1,920	3,200	6,400	11,200	16,000
4d Sed	640	1,920	3,200	6,400	11,200	16,000

1946-1948 Royal Series, 6-cyl., 139.5" wb

4d Sed	740	2,220	3,700	7,400	12,950	18,500
4d Limo	820	2,460	4,100	8,200	14,350	20,500

1946-1948 Windsor Series, 6-cyl., 121.5" wb

2d Conv	1,200	3,600	6,000	12,000	21,000	30,000
2d Cpe	800	2,400	4,000	8,000	14,000	20,000
2d Clb Cpe	820	2,460	4,100	8,200	14,350	20,500
2d Sed	640	1,920	3,200	6,400	11,200	16,000
4d Sed	648	1,944	3,240	6,480	11,340	16,200
4d Trav Sed	656	1,968	3,280	6,560	11,480	16,400

1946-1948 Windsor Series, 6-cyl., 139.5" wb

4d Sed	780	2,340	3,900	7,800	13,650	19,500
4d Limo	840	2,520	4,200	8,400	14,700	21,000

1946-1948 Saratoga Series, 8-cyl., 127.5" wb

2d 3P Cpe	820	2,460	4,100	8,200	14,350	20,500
2d Clb Cpe	840	2,520	4,200	8,400	14,700	21,000

	6	5	4	3	2	1
2d Sed	668	2,004	3,340	6,680	11,690	16,700
4d Sed	672	2,016	3,360	6,720	11,760	16,800
1946-1948 New Yorker, 8-cyl., 127.5" wb						
2d Conv	1,320	3,960	6,600	13,200	23,100	33,000
2d Cpe	800	2,400	4,000	8,000	14,000	20,000
2d Clb Cpe	820	2,460	4,100	8,200	14,350	20,500
2d Sed	672	2,016	3,360	6,720	11,760	16,800
4d Sed	680	2,040	3,400	6,800	11,900	17,000
1946-1948 Town & Country						
2d Conv	3,600	10,800	18,000	36,000	63,000	90,000
4d Sed	1,960	5,880	9,800	19,600	34,300	49,000
1946-1948 Imperial C-40						
4d Limo	920	2,760	4,600	9,200	16,100	23,000
4d 8P Sed	880	2,640	4,400	8,800	15,400	22,000
1949 Royal - Second Series, 6-cyl., 125.5" wb						
First Series 1949 is the same as 1948.						
2d Clb Cpe	720	2,160	3,600	7,200	12,600	18,000
4d Sed	660	1,980	3,300	6,600	11,550	16,500
4d Sta Wag	1,120	3,360	5,600	11,200	19,600	28,000
1949 Royal - Second Series, 6-cyl., 139.5" wb						
4d Sed	672	2,016	3,360	6,720	11,760	16,800
1949 Windsor - Second Series, 6-cyl., 125.5" wb						
2d Conv	1,080	3,240	5,400	10,800	18,900	27,000
2d Clb Cpe	740	2,220	3,700	7,400	12,950	18,500
4d Sed	668	2,004	3,340	6,680	11,690	16,700
1949 Windsor - Second Series, 6-cyl., 139.5" wb						
4d Sed	720	2,160	3,600	7,200	12,600	18,000
4d Limo	760	2,280	3,800	7,600	13,300	19,000
1949 Saratoga - Second Series, 8-cyl., 131.5" wb						
2d Clb Cpe	740	2,220	3,700	7,400	12,950	18,500
4d Sed	640	1,920	3,200	6,400	11,200	16,000
1949 New Yorker - Second Series, 8-cyl., 131.5" wb						
2d Conv	1,160	3,480	5,800	11,600	20,300	29,000
2d Clb Cpe	760	2,280	3,800	7,600	13,300	19,000
4d Sed	680	2,040	3,400	6,800	11,900	17,000
1949 Town & Country - Second Series, 8-cyl., 131.5" wb						
2d Conv	2,560	7,680	12,800	25,600	44,800	64,000
1949 Imperial - Second Series, 8-cyl., 131.5" wb						
4d Sed Der	840	2,520	4,200	8,400	14,700	21,000
1949 Crown Imperial, 8-cyl., 145.5" wb						
4d 8P Sed	880	2,640	4,400	8,800	15,400	22,000
4d Limo	960	2,880	4,800	9,600	16,800	24,000
1950 Royal Series, 6-cyl., 125.5" wb						
4d Sed	632	1,896	3,160	6,320	11,060	15,800
4d Clb Cpe	680	2,040	3,400	6,800	11,900	17,000
4d T&C Sta Wag	1,080	3,240	5,400	10,800	18,900	27,000
4d Sta Wag	1,160	3,480	5,800	11,600	20,300	29,000
1950 Royal Series, 6-cyl., 139.5" wb						
4d Sed	680	2,040	3,400	6,800	11,900	17,000
1950 Windsor Series, 6-cyl., 125.5" wb						
2d Conv	1,120	3,360	5,600	11,200	19,600	28,000
2d HT	880	2,640	4,400	8,800	15,400	22,000
2d Clb Cpe	740	2,220	3,700	7,400	12,950	18,500
4d Sed	640	1,920	3,200	6,400	11,200	16,000
4d Trav Sed	644	1,932	3,220	6,440	11,270	16,100
1950 Windsor Series, 6-cyl., 139.5" wb						
4d Sed	720	2,160	3,600	7,200	12,600	18,000
4d Limo	800	2,400	4,000	8,000	14,000	20,000
1950 Saratoga, 8-cyl., 131.5" wb						
2d Clb Cpe	720	2,160	3,600	7,200	12,600	18,000
4d Sed	648	1,944	3,240	6,480	11,340	16,200
1950 New Yorker, 8-cyl., 131.5" wb						
2d Conv	1,280	3,840	6,400	12,800	22,400	32,000
2d HT	1,040	3,120	5,200	10,400	18,200	26,000
2d Clb Cpe	720	2,160	3,600	7,200	12,600	18,000
4d Sed	680	2,040	3,400	6,800	11,900	17,000
1950 Town & Country, 8-cyl., 131.5" wb						
2d HT	1,960	5,880	9,800	19,600	34,300	49,000
1950 Imperial, 8-cyl., 131.5" wb						
4d Sed	760	2,280	3,800	7,600	13,300	19,000
1950 Crown Imperial, 8-cyl., 145.5" wb						
4d Sed	800	2,400	4,000	8,000	14,000	20,000
4d Limo	880	2,640	4,400	8,800	15,400	22,000

	6	5	4	3	2	1
1951-1952 Windsor Series, 6-cyl., 125.5" wb						
2d Clb Cpe	720	2,160	3,600	7,200	12,600	18,000
4d Sed	620	1,860	3,100	6,200	10,850	15,500
4d T&C Sta Wag	1,080	3,240	5,400	10,800	18,900	27,000
1951-1952 Windsor Series, 6-cyl., 139.5" wb						
4d Sed	620	1,860	3,100	6,200	10,850	15,500
1951-1952 Windsor DeLuxe, 6-cyl., 125.5" wb						
2d Conv	1,040	3,120	5,200	10,400	18,200	26,000
2d HT	880	2,640	4,400	8,800	15,400	22,000
2d Clb Cpe (1951 only)	720	2,160	3,600	7,200	12,600	18,000
4d Sed	624	1,872	3,120	6,240	10,920	15,600
4d Trav Sed	640	1,920	3,200	6,400	11,200	16,000
1951-1952 Windsor DeLuxe, 6-cyl., 139.5" wb						
4d Sed	660	1,980	3,300	6,600	11,550	16,500
4d Limo	680	2,040	3,400	6,800	11,900	17,000
1951-1952 Saratoga, 8-cyl., 125.5" wb						
2d Conv (1952 only)	1,040	3,120	5,200	10,400	18,200	26,000
2d HT Nwpt (1952 only)	920	2,760	4,600	9,200	16,100	23,000
2d Clb Cpe (1951 only)	760	2,280	3,800	7,600	13,300	19,000
4d Sed	700	2,100	3,500	7,000	12,250	17,500
4d T&C Sta Wag (1951 only)	1,120	3,360	5,600	11,200	19,600	28,000
1951-1952 Windsor or Saratoga, 8-cyl., 125.5" wb						
4d Sed	740	2,220	3,700	7,400	12,950	18,500
2d Clb Cpe (1952 only)	740	2,220	3,700	7,400	12,950	18,500
4d T&C Sta Wag (1952 only)	1,040	3,120	5,200	10,400	18,200	26,000
4d Limo (1951 only)	820	2,460	4,100	8,200	14,350	20,500
1951-1952 New Yorker, 8-cyl., 131.5" wb						
2d Conv	1,160	3,480	5,800	11,600	20,300	29,000
2d HT	960	2,880	4,800	9,600	16,800	24,000
2d Clb Cpe (1951 only)	820	2,460	4,100	8,200	14,350	20,500
4d Sed	780	2,340	3,900	7,800	13,650	19,500
4d T&C Sta Wag (1951 only)	1,120	3,360	5,600	11,200	19,600	28,000
1951-1952 Imperial, 8-cyl., 131.5" wb						
2d Conv (1951 only)	1,120	3,360	5,600	11,200	19,600	28,000
2d HT	1,000	3,000	5,000	10,000	17,500	25,000
2d Clb Cpe	840	2,520	4,200	8,400	14,700	21,000
4d Sed	820	2,460	4,100	8,200	14,350	20,500
1951-1952 Crown Imperial, 8-cyl., 145.5" wb						
4d Sed	800	2,400	4,000	8,000	14,000	20,000
4d Limo	920	2,760	4,600	9,200	16,100	23,000
1953 Windsor Series, 6-cyl., 125.5" wb						
2d Clb Cpe	680	2,040	3,400	6,800	11,900	17,000
4d Sed	640	1,920	3,200	6,400	11,200	16,000
4d T&C Sta Wag	1,040	3,120	5,200	10,400	18,200	26,000
1953 Windsor Series, 6-cyl., 139.5" wb						
4d Sed	644	1,932	3,220	6,440	11,270	16,100
1953 Windsor DeLuxe Series, 6-cyl., 125.5" wb						
2d Conv	920	2,760	4,600	9,200	16,100	23,000
2d HT	840	2,520	4,200	8,400	14,700	21,000
4d Sed	652	1,956	3,260	6,520	11,410	16,300
1953 New Yorker, 8-cyl., 125.5" wb						
2d Clb Cpe	740	2,220	3,700	7,400	12,950	18,500
2d HT	920	2,760	4,600	9,200	16,100	23,000
4d Sed	672	2,016	3,360	6,720	11,760	16,800
4d T&C Sta Wag	1,080	3,240	5,400	10,800	18,900	27,000
1953 New Yorker, 8-cyl., 139.5" wb						
4d Sed	692	2,076	3,460	6,920	12,110	17,300
1953 New Yorker Deluxe, 8-cyl., 125.5" wb						
2d Conv	1,120	3,360	5,600	11,200	19,600	28,000
2d HT	960	2,880	4,800	9,600	16,800	24,000
2d Clb Cpe	760	2,280	3,800	7,600	13,300	19,000
4d Sed	684	2,052	3,420	6,840	11,970	17,100
1953 Custom Imperial Series, 8-cyl., 133.5" wb						
4d Sed	760	2,280	3,800	7,600	13,300	19,000
4d Twn Limo	840	2,520	4,200	8,400	14,700	21,000
1953 Custom Imperial, 8-cyl., 131.5" wb						
2d HT	1,160	3,480	5,800	11,600	20,300	29,000
1953 Crown Imperial, 8-cyl., 145.5" wb						
4d Sed	820	2,460	4,100	8,200	14,350	20,500
4d Limo	880	2,640	4,400	8,800	15,400	22,000

1946 Chrysler Windsor convertible

1958 Chrysler Imperial Crown four-door hardtop

1972 Chrysler Town & Country station wagon

	6	5	4	3	2	1
1954 Windsor DeLuxe Series, 6-cyl., 125.5" wb						
2d Conv	1,120	3,360	5,600	11,200	19,600	28,000
2d HT	960	2,880	4,800	9,600	16,800	24,000
2d Clb Cpe	700	2,100	3,500	7,000	12,250	17,500
4d Sed	640	1,920	3,200	6,400	11,200	16,000
4d T&C Sta Wag	960	2,880	4,800	9,600	16,800	24,000
1954 Windsor DeLuxe Series, 6-cyl., 139.5" wb						
4d Sed	700	2,100	3,500	7,000	12,250	17,500
1954 New Yorker Series, 8-cyl., 125.5" wb						
2d HT	1,040	3,120	5,200	10,400	18,200	26,000
2d Clb Cpe	760	2,280	3,800	7,600	13,300	19,000
4d Sed	700	2,100	3,500	7,000	12,250	17,500
4d T&C Sta Wag	1,000	3,000	5,000	10,000	17,500	25,000
1954 New Yorker Series, 8-cyl., 139.5" wb						
4d Sed	720	2,160	3,600	7,200	12,600	18,000
1954 New Yorker DeLuxe Series, 8-cyl., 125.5" wb						
2d Conv	1,360	4,080	6,800	13,600	23,800	34,000
2d HT	1,080	3,240	5,400	10,800	18,900	27,000
2d Clb Cpe	720	2,160	3,600	7,200	12,600	18,000
4d Sed	740	2,220	3,700	7,400	12,950	18,500
1954 Custom Imperial Line, 8-cyl., 133.5" wb						
4d Sed	840	2,520	4,200	8,400	14,700	21,000
4d Limo	920	2,760	4,600	9,200	16,100	23,000
1954 Custom Imperial Line, 8-cyl., 131" wb						
2d HT Newport	1,160	3,480	5,800	11,600	20,300	29,000
1954 Crown Imperial Line, 8-cyl., 145.5" wb						
4d Sed	860	2,580	4,300	8,600	15,050	21,500
4d Limo	960	2,880	4,800	9,600	16,800	24,000
1955 Windsor DeLuxe Series, V-8, 126" wb						
2d Conv	1,280	3,840	6,400	12,800	22,400	32,000
2d HT Newport	1,000	3,000	5,000	10,000	17,500	25,000
2d HT Nassau	960	2,880	4,800	9,600	16,800	24,000
4d Sed	680	2,040	3,400	6,800	11,900	17,000
4d T&C Sta Wag	880	2,640	4,400	8,800	15,400	22,000
1955 New Yorker Deluxe Series, V-8, 126" wb						
2d Conv	1,400	4,200	7,000	14,000	24,500	35,000
2d HT St. Regis	1,040	3,120	5,200	10,400	18,200	26,000
2d HT Newport	1,000	3,000	5,000	10,000	17,500	25,000
4d Sed	720	2,160	3,600	7,200	12,600	18,000
4d T&C Sta Wag	960	2,880	4,800	9,600	16,800	24,000
1955 300 Series, V-8, 126" wb						
2d Spt Cpe	1,600	4,800	8,000	16,000	28,000	40,000
1955 Imperial Series, V-8						
4d Sed	760	2,280	3,800	7,600	13,300	19,000
2d HT Newport	1,160	3,480	5,800	11,600	20,300	29,000
1955 Crown Imperial Series, V-8						
4d 8P Sed	920	2,760	4,600	9,200	16,100	23,000
4d 8P Limo	1,080	3,240	5,400	10,800	18,900	27,000
1956 Windsor Series, V-8						
2d Conv	1,240	3,720	6,200	12,400	21,700	31,000
2d HT Newport	1,040	3,120	5,200	10,400	18,200	26,000
2d HT Nassau	1,000	3,000	5,000	10,000	17,500	25,000
4d HT	760	2,280	3,800	7,600	13,300	19,000
4d Sed	680	2,040	3,400	6,800	11,900	17,000
4d T&C Sta Wag	920	2,760	4,600	9,200	16,100	23,000
1956 New Yorker Series, V-8						
2d Conv	1,360	4,080	6,800	13,600	23,800	34,000
2d HT St. Regis	1,120	3,360	5,600	11,200	19,600	28,000
2d HT Newport	1,080	3,240	5,400	10,800	18,900	27,000
4d HT	880	2,640	4,400	8,800	15,400	22,000
4d Sed	720	2,160	3,600	7,200	12,600	18,000
4d T&C Sta Wag	960	2,880	4,800	9,600	16,800	24,000
1956 300 Letter Series "B", V-8						
2d HT	1,600	4,800	8,000	16,000	28,000	40,000
1956 Imperial Line, V-8						
4d Sed	760	2,280	3,800	7,600	13,300	19,000
4d HT S Hamp	880	2,640	4,400	8,800	15,400	22,000
2d HT S Hamp	1,160	3,480	5,800	11,600	20,300	29,000
1956 Crown Imperial Line, V-8						
4d 8P Sed	960	2,880	4,800	9,600	16,800	24,000
4d 8P Limo	1,040	3,120	5,200	10,400	18,200	26,000
1957 Windsor Series, V-8						
2d HT	960	2,880	4,800	9,600	16,800	24,000
4d HT	760	2,280	3,800	7,600	13,300	19,000

	6	5	4	3	2	1
4d Sed	640	1,920	3,200	6,400	11,200	16,000
4d T&C Sta Wag	720	2,160	3,600	7,200	12,600	18,000
1957 Saratoga Series, V-8						
2d HT	1,040	3,120	5,200	10,400	18,200	26,000
4d HT	840	2,520	4,200	8,400	14,700	21,000
4d Sed	660	1,980	3,300	6,600	11,550	16,500
1957 New Yorker Series, V-8						
2d Conv	1,360	4,080	6,800	13,600	23,800	34,000
2d HT	1,160	3,480	5,800	11,600	20,300	29,000
4d HT	880	2,640	4,400	8,800	15,400	22,000
4d Sed	680	2,040	3,400	6,800	11,900	17,000
4d T&C Sta Wag	760	2,280	3,800	7,600	13,300	19,000
1957 300 Letter Series "C", V-8						
2d Conv	2,080	6,240	10,400	20,800	36,400	52,000
2d HT	1,720	5,160	8,600	17,200	30,100	43,000
1957 Imperial Line, V-8						
2d HT S Hamp	1,080	3,240	5,400	10,800	18,900	27,000
4d HT S Hamp	960	2,880	4,800	9,600	16,800	24,000
4d Sed	880	2,640	4,400	8,800	15,400	22,000
1957 Crown Imperial Line, V-8						
2d Conv	1,320	3,960	6,600	13,200	23,100	33,000
2d HT S Hamp	1,120	3,360	5,600	11,200	19,600	28,000
4d HT S Hamp	1,000	3,000	5,000	10,000	17,500	25,000
4d Sed	920	2,760	4,600	9,200	16,100	23,000
1957 Imperial LeBaron Line, V-8						
4d Sed	960	2,880	4,800	9,600	16,800	24,000
4d HT S Hamp	1,040	3,120	5,200	10,400	18,200	26,000
1957 Crown Imperial Ghia, V-8						
4d 8P Limo	1,200	3,600	6,000	12,000	21,000	30,000
1958 Windsor Series, V-8						
2d HT	920	2,760	4,600	9,200	16,100	23,000
4d HT	720	2,160	3,600	7,200	12,600	18,000
4d Sed	640	1,920	3,200	6,400	11,200	16,000
4d T&C Sta Wag	740	2,220	3,700	7,400	12,950	18,500
1958 Saratoga Series, V-8						
2d HT	960	2,880	4,800	9,600	16,800	24,000
4d HT	760	2,280	3,800	7,600	13,300	19,000
4d Sed	680	2,040	3,400	6,800	11,900	17,000
1958 New Yorker Series, V-8						
2d Conv	1,440	4,320	7,200	14,400	25,200	36,000
2d HT	1,040	3,120	5,200	10,400	18,200	26,000
4d HT	800	2,400	4,000	8,000	14,000	20,000
4d Sed	720	2,160	3,600	7,200	12,600	18,000
4d 6P T&C Sta Wag	740	2,220	3,700	7,400	12,950	18,500
4d 9P T&C Sta Wag	748	2,244	3,740	7,480	13,090	18,700
1958 300 Letter Series "D"						
2d Conv	2,120	6,360	10,600	21,200	37,100	53,000
2d HT	1,760	5,280	8,800	17,600	30,800	44,000
NOTE: Add 40 percent for EFI.						
1958 Imperial Line, V-8						
2d HT S Hamp	1,040	3,120	5,200	10,400	18,200	26,000
4d HT S Hamp	920	2,760	4,600	9,200	16,100	23,000
4d Sed	880	2,640	4,400	8,800	15,400	22,000
1958 Crown Imperial Line, V-8						
2d Conv	1,280	3,840	6,400	12,800	22,400	32,000
2d HT S Hamp	1,120	3,360	5,600	11,200	19,600	28,000
4d HT S Hamp	960	2,880	4,800	9,600	16,800	24,000
4d Sed	920	2,760	4,600	9,200	16,100	23,000
1958 Imperial LeBaron Line, V-8						
4d Sed	960	2,880	4,800	9,600	16,800	24,000
4d HT S Hamp	1,040	3,120	5,200	10,400	18,200	26,000
1958 Crown Imperial Ghia, V-8						
4d Limo	1,200	3,600	6,000	12,000	21,000	30,000
1959 Windsor Series, V-8						
2d Conv	1,040	3,120	5,200	10,400	18,200	26,000
2d HT	840	2,520	4,200	8,400	14,700	21,000
4d HT	680	2,040	3,400	6,800	11,900	17,000
4d Sed	600	1,800	3,000	6,000	10,500	15,000
1959 Town & Country Series, V-8						
4d 6P Sta Wag	660	1,980	3,300	6,600	11,550	16,500
4d 9P Sta Wag	628	1,884	3,140	6,280	10,990	15,700
1959 Saratoga Series, V-8						
4d Sed	600	1,800	3,000	6,000	10,500	15,000
4d HT	720	2,160	3,600	7,200	12,600	18,000

	6	5	4	3	2	1
2d HT	880	2,640	4,400	8,800	15,400	22,000
1959 New Yorker Series, V-8						
2d Conv	1,360	4,080	6,800	13,600	23,800	34,000
2d HT	960	2,880	4,800	9,600	16,800	24,000
4d HT	760	2,280	3,800	7,600	13,300	19,000
4d Sed	620	1,860	3,100	6,200	10,850	15,500
1959 Town & Country, V-8						
4d 6P Sta Wag	720	2,160	3,600	7,200	12,600	18,000
4d 9P Sta Wag	728	2,184	3,640	7,280	12,740	18,200
1959 300 Letter Series "E", V-8						
2d Conv	2,000	6,000	10,000	20,000	35,000	50,000
2d HT	1,760	5,280	8,800	17,600	30,800	44,000
1959 Imperial Custom Line, V-8						
4d Sed	720	2,160	3,600	7,200	12,600	18,000
4d HT S Hamp	840	2,520	4,200	8,400	14,700	21,000
2d HT S Hamp	1,040	3,120	5,200	10,400	18,200	26,000
1959 Crown Imperial Line, V-8						
2d Conv	1,280	3,840	6,400	12,800	22,400	32,000
2d HT S Hamp	1,120	3,360	5,600	11,200	19,600	28,000
4d Sed	760	2,280	3,800	7,600	13,300	19,000
4d HT S Hamp	880	2,640	4,400	8,800	15,400	22,000
1959 Imperial LeBaron Line, V-8						
4d Sed	800	2,400	4,000	8,000	14,000	20,000
4d HT S Hamp	920	2,760	4,600	9,200	16,100	23,000
1959 Crown Imperial Ghia, V-8						
4d Limo	1,200	3,600	6,000	12,000	21,000	30,000
1960 Windsor Series, V-8						
2d Conv	800	2,400	4,000	8,000	14,000	20,000
2d HT	640	1,920	3,200	6,400	11,200	16,000
4d HT	600	1,800	3,000	6,000	10,500	15,000
4d Sed	560	1,680	2,800	5,600	9,800	14,000
1960 Town & Country Series, V-8						
4d 9P Sta Wag	608	1,824	3,040	6,080	10,640	15,200
4d 6P Sta Wag	600	1,800	3,000	6,000	10,500	15,000
1960 Saratoga Series, V-8						
2d HT	680	2,040	3,400	6,800	11,900	17,000
4d HT	640	1,920	3,200	6,400	11,200	16,000
4d Sed	568	1,704	2,840	5,680	9,940	14,200
1960 New Yorker Series, V-8						
2d Conv	920	2,760	4,600	9,200	16,100	23,000
2d HT	760	2,280	3,800	7,600	13,300	19,000
4d HT	680	2,040	3,400	6,800	11,900	17,000
4d Sed	580	1,740	2,900	5,800	10,150	14,500
1960 Town & Country Series, V-8, 126" wb						
4d 9P Sta Wag	648	1,944	3,240	6,480	11,340	16,200
4d 6P Sta Wag	640	1,920	3,200	6,400	11,200	16,000
1960 300 Letter Series "F", V-8						
2d Conv	2,560	7,680	12,800	25,600	44,800	64,000
2d HT	2,080	6,240	10,400	20,800	36,400	52,000

NOTE: 300 Letter Series cars containing the Pont-A-Mousson 4-speed transmission, the value is not estimable.

	6	5	4	3	2	1
1960 Custom Imperial Line, V-8						
2d HT S Hamp	760	2,280	3,800	7,600	13,300	19,000
4d HT S Hamp	680	2,040	3,400	6,800	11,900	17,000
4d Sed	600	1,800	3,000	6,000	10,500	15,000
1960 Crown Imperial Line, V-8						
2d Conv	1,280	3,840	6,400	12,800	22,400	32,000
2d HT S Hamp	1,040	3,120	5,200	10,400	18,200	26,000
4d HT S Hamp	840	2,520	4,200	8,400	14,700	21,000
4d Sed	720	2,160	3,600	7,200	12,600	18,000
1960 Imperial LeBaron Line						
4d Sed	740	2,220	3,700	7,400	12,950	18,500
4d HT S Hamp	860	2,580	4,300	8,600	15,050	21,500
1960 Crown Imperial Ghia, V-8						
4d Limo	1,200	3,600	6,000	12,000	21,000	30,000
1961 Newport Series, V-8						
2d Conv	720	2,160	3,600	7,200	12,600	18,000
2d HT	600	1,800	3,000	6,000	10,500	15,000
4d HT	580	1,740	2,900	5,800	10,150	14,500
4d Sed	540	1,620	2,700	5,400	9,450	13,500
4d 6P Sta Wag	560	1,680	2,800	5,600	9,800	14,000
4d 9P Sta Wag	564	1,692	2,820	5,640	9,870	14,100

	6	5	4	3	2	1
1961 Windsor Series, V-8						
2d HT	620	1,860	3,100	6,200	10,850	15,500
4d HT	600	1,800	3,000	6,000	10,500	15,000
4d Sed	560	1,680	2,800	5,600	9,800	14,000
1961 New Yorker Series, V-8						
2d Conv	800	2,400	4,000	8,000	14,000	20,000
2d HT	640	1,920	3,200	6,400	11,200	16,000
4d HT	600	1,800	3,000	6,000	10,500	15,000
4d Sed	580	1,740	2,900	5,800	10,150	14,500
4d 6P Sta Wag	600	1,800	3,000	6,000	10,500	15,000
4d 9P Sta Wag	604	1,812	3,020	6,040	10,570	15,100
1961 300 Letter Series "G", V-8						
2d Conv	2,000	6,000	10,000	20,000	35,000	50,000
2d HT	1,600	4,800	8,000	16,000	28,000	40,000
NOTE: Add 20 percent for 400HP engine.						
1961 Custom Imperial Line, V-8						
2d HT S Hamp	660	1,980	3,300	6,600	11,550	16,500
4d HT S Hamp	600	1,800	3,000	6,000	10,500	15,000
1961 Crown Imperial Line, V-8						
2d Conv	960	2,880	4,800	9,600	16,800	24,000
2d HT S Hamp	680	2,040	3,400	6,800	11,900	17,000
4d HT S Hamp	620	1,860	3,100	6,200	10,850	15,500
1961 Imperial LeBaron Line, V-8						
4d HT S Hamp	640	1,920	3,200	6,400	11,200	16,000
1961 Crown Imperial Ghia, V-8						
4d Limo	1,120	3,360	5,600	11,200	19,600	28,000
1962 Newport Series, V-8						
4d Sed	544	1,632	2,720	5,440	9,520	13,600
4d HT	560	1,680	2,800	5,600	9,800	14,000
2d Conv	680	2,040	3,400	6,800	11,900	17,000
2d HT	620	1,860	3,100	6,200	10,850	15,500
4d 6P HT Wag	600	1,800	3,000	6,000	10,500	15,000
4d 9P HT Wag	608	1,824	3,040	6,080	10,640	15,200
1962 300 Series						
2d Conv	800	2,400	4,000	8,000	14,000	20,000
2d HT	640	1,920	3,200	6,400	11,200	16,000
4d HT	600	1,800	3,000	6,000	10,500	15,000
1962 300 Letter Series "H", V-8						
2d Conv	1,960	5,880	9,800	19,600	34,300	49,000
2d HT	1,560	4,680	7,800	15,600	27,300	39,000
1962 New Yorker Series, V-8						
4d Sed	560	1,680	2,800	5,600	9,800	14,000
4d HT	620	1,860	3,100	6,200	10,850	15,500
4d 6P HT Wag	640	1,920	3,200	6,400	11,200	16,000
4d 9P HT Wag	648	1,944	3,240	6,480	11,340	16,200
1962 Custom Imperial Line, V-8						
2d HT S Hamp	680	2,040	3,400	6,800	11,900	17,000
4d HT S Hamp	600	1,800	3,000	6,000	10,500	15,000
1962 Crown Imperial Line, V-8						
2d Conv	920	2,760	4,600	9,200	16,100	23,000
2d HT S Hamp	640	1,920	3,200	6,400	11,200	16,000
4d HT S Hamp	620	1,860	3,100	6,200	10,850	15,500
1962 Imperial LeBaron Line, V-8						
4d HT S Hamp	640	1,920	3,200	6,400	11,200	16,000
1963 Newport Series, V-8						
2d Conv	720	2,160	3,600	7,200	12,600	18,000
2d HT	620	1,860	3,100	6,200	10,850	15,500
4d HT	560	1,680	2,800	5,600	9,800	14,000
4d Sed	544	1,632	2,720	5,440	9,520	13,600
4d 6P Sta Wag	600	1,800	3,000	6,000	10,500	15,000
4d 9P Sta Wag	608	1,824	3,040	6,080	10,640	15,200
1963 300 Series, "383" V-8						
2d Conv	800	2,400	4,000	8,000	14,000	20,000
2d HT	660	1,980	3,300	6,600	11,550	16,500
4d HT	580	1,740	2,900	5,800	10,150	14,500
1963 300 "Pacesetter" Series, "383" V-8						
2d Conv	800	2,400	4,000	8,000	14,000	20,000
2d HT	640	1,920	3,200	6,400	11,200	16,000
1963 300 Letter Series "J", "413" V-8						
2d HT	1,200	3,600	6,000	12,000	21,000	30,000
1963 New Yorker Series, V-8						
4d Sed	560	1,680	2,800	5,600	9,800	14,000
4d HT	580	1,740	2,900	5,800	10,150	14,500
4d HT Salon	588	1,764	2,940	5,880	10,290	14,700

	6	5	4	3	2	1
4d 6P Sta Wag	628	1,884	3,140	6,280	10,990	15,700
4d 9P Sta Wag	628	1,884	3,140	6,280	10,990	15,700
1963 Custom Imperial Line, V-8						
2d HT S Hamp	660	1,980	3,300	6,600	11,550	16,500
4d HT S Hamp	600	1,800	3,000	6,000	10,500	15,000
1963 Crown Imperial Line, V-8						
2d Conv	840	2,520	4,200	8,400	14,700	21,000
2d HT S Hamp	660	1,980	3,300	6,600	11,550	16,500
4d HT S Hamp	600	1,800	3,000	6,000	10,500	15,000
1963 Imperial LeBaron Line, V-8						
4d HT S Hamp	640	1,920	3,200	6,400	11,200	16,000
1963 Crown Imperial Ghia, V-8						
4d 8P Sed	760	2,280	3,800	7,600	13,300	19,000
4d 8P Limo	960	2,880	4,800	9,600	16,800	24,000
1964 Newport Series, V-8						
2d Conv	680	2,040	3,400	6,800	11,900	17,000
2d HT	600	1,800	3,000	6,000	10,500	15,000
4d HT	560	1,680	2,800	5,600	9,800	14,000
4d Sed	544	1,632	2,720	5,440	9,520	13,600
1964 Town & Country Series, V-8						
4d 9P Sta Wag	580	1,740	2,900	5,800	10,150	14,500
4d 6P Sta Wag	576	1,728	2,880	5,760	10,080	14,400
1964 300 Series						
2d Conv	800	2,400	4,000	8,000	14,000	20,000
2d HT	620	1,860	3,100	6,200	10,850	15,500
4d HT	580	1,740	2,900	5,800	10,150	14,500
1964 300 Letter Series "K", V-8						
2d Conv	1,440	4,320	7,200	14,400	25,200	36,000
2d HT	1,200	3,600	6,000	12,000	21,000	30,000
NOTE: Add 10 percent for two 4-barrel carbs.						
1964 New Yorker Series, V-8						
4d Sed	580	1,740	2,900	5,800	10,150	14,500
4d HT	600	1,800	3,000	6,000	10,500	15,000
4d HT Salon	620	1,860	3,100	6,200	10,850	15,500
1964 Town & Country Series, V-8						
4d 9P HT Wag	648	1,944	3,240	6,480	11,340	16,200
4d 6P HT Wag	640	1,920	3,200	6,400	11,200	16,000
1964 Imperial Crown, V-8						
2d Conv	880	2,640	4,400	8,800	15,400	22,000
2d HT	680	2,040	3,400	6,800	11,900	17,000
4d HT	620	1,860	3,100	6,200	10,850	15,500
1964 Imperial LeBaron, V-8						
4d HT	700	2,100	3,500	7,000	12,250	17,500
1964 Crown Imperial Ghia, V-8						
4d Limo	940	2,820	4,700	9,400	16,450	23,500
1965 Newport Series, V-8						
2d Conv	700	2,100	3,500	7,000	12,250	17,500
2d HT	620	1,860	3,100	6,200	10,850	15,500
4d HT	580	1,740	2,900	5,800	10,150	14,500
4d Sed	544	1,632	2,720	5,440	9,520	13,600
4d 6W Sed	532	1,596	2,660	5,320	9,310	13,300
1965 Town & Country Series, V-8						
4d 6P Wag	600	1,800	3,000	6,000	10,500	15,000
4d 9P Wag	608	1,824	3,040	6,080	10,640	15,200
1965 300 Series						
2d Conv	760	2,280	3,800	7,600	13,300	19,000
2d HT	640	1,920	3,200	6,400	11,200	16,000
4d HT	580	1,740	2,900	5,800	10,150	14,500
1965 300 Letter Series "L", V-8						
2d Conv	1,320	3,960	6,600	13,200	23,100	33,000
2d HT	1,160	3,480	5,800	11,600	20,300	29,000
1965 New Yorker Series, V-8						
2d HT	660	1,980	3,300	6,600	11,550	16,500
4d HT	600	1,800	3,000	6,000	10,500	15,000
4d 6W Sed	560	1,680	2,800	5,600	9,800	14,000
1965 Town & Country Series, V-8						
4d 6P Wag	640	1,920	3,200	6,400	11,200	16,000
4d 9P Wag	648	1,944	3,240	6,480	11,340	16,200
1965 Crown Imperial Line, V-8						
2d Conv	840	2,520	4,200	8,400	14,700	21,000
2d HT	680	2,040	3,400	6,800	11,900	17,000
4d HT	640	1,920	3,200	6,400	11,200	16,000

	6	5	4	3	2	1
1965 Imperial LeBaron Line, V-8						
4d HT	700	2,100	3,500	7,000	12,250	17,500
1965 Crown Imperial Ghia, V-8						
4d Limo	960	2,880	4,800	9,600	16,800	24,000
1966 Newport Series, V-8						
2d Conv	760	2,280	3,800	7,600	13,300	19,000
2d HT	640	1,920	3,200	6,400	11,200	16,000
4d HT	600	1,800	3,000	6,000	10,500	15,000
4d Sed	560	1,680	2,800	5,600	9,800	14,000
4d 6W Sed	560	1,680	2,800	5,600	9,800	14,000
1966 Town & Country Series, V-8						
4d 6P Sta Wag	640	1,920	3,200	6,400	11,200	16,000
4d 9P Sta Wag	648	1,944	3,240	6,480	11,340	16,200
1966 Chrysler 300, V-8						
2d Conv	960	2,880	4,800	9,600	16,800	24,000
2d HT	760	2,280	3,800	7,600	13,300	19,000
4d HT	640	1,920	3,200	6,400	11,200	16,000
1966 New Yorker, V-8						
2d HT	660	1,980	3,300	6,600	11,550	16,500
4d HT	640	1,920	3,200	6,400	11,200	16,000
4d 6W Sed	620	1,860	3,100	6,200	10,850	15,500
1966 Imperial, V-8						
2d Conv	880	2,640	4,400	8,800	15,400	22,000
2d HT	720	2,160	3,600	7,200	12,600	18,000
4d HT	680	2,040	3,400	6,800	11,900	17,000
1966 Imperial LeBaron, V-8						
4d HT	760	2,280	3,800	7,600	13,300	19,000
1967 Newport, V-8, 124" wb						
2d Conv	760	2,280	3,800	7,600	13,300	19,000
2d HT	660	1,980	3,300	6,600	11,550	16,500
4d HT	620	1,860	3,100	6,200	10,850	15,500
4d Sed	564	1,692	2,820	5,640	9,870	14,100
4d Sta Wag	660	1,980	3,300	6,600	11,550	16,500
1967 Newport Custom, V-8, 124" wb						
2d HT	660	1,980	3,300	6,600	11,550	16,500
4d HT	620	1,860	3,100	6,200	10,850	15,500
4d Sed	568	1,704	2,840	5,680	9,940	14,200
1967 300, V-8, 124" wb						
2d Conv	880	2,640	4,400	8,800	15,400	22,000
2d HT	700	2,100	3,500	7,000	12,250	17,500
4d HT	640	1,920	3,200	6,400	11,200	16,000
1967 New Yorker, V-8, 124" wb						
2d HT	680	2,040	3,400	6,800	11,900	17,000
4d HT	640	1,920	3,200	6,400	11,200	16,000
4d Sed	580	1,740	2,900	5,800	10,150	14,500
1967 Imperial, V-8, 127" wb						
2d Conv	960	2,880	4,800	9,600	16,800	24,000
4d Sed	700	2,100	3,500	7,000	12,250	17,500
1967 Imperial Crown						
4d HT	720	2,160	3,600	7,200	12,600	18,000
2d HT	820	2,460	4,100	8,200	14,350	20,500
1968 Newport, V-8, 124" wb						
2d Conv	760	2,280	3,800	7,600	13,300	19,000
2d HT	680	2,040	3,400	6,800	11,900	17,000
4d HT	640	1,920	3,200	6,400	11,200	16,000
4d Sed	600	1,800	3,000	6,000	10,500	15,000
1968 Newport Custom, V-8, 124" wb						
2d HT	680	2,040	3,400	6,800	11,900	17,000
4d HT	600	1,800	3,000	6,000	10,500	15,000
4d Sed	588	1,764	2,940	5,880	10,290	14,700
1968 300, V-8, 124" wb						
2d Conv	920	2,760	4,600	9,200	16,100	23,000
2d HT	700	2,100	3,500	7,000	12,250	17,500
4d HT	640	1,920	3,200	6,400	11,200	16,000
1968 Town & Country, V-8, 122" wb						
4d Sta Wag	660	1,980	3,300	6,600	11,550	16,500
1968 New Yorker, V-8, 124" wb						
2d HT	700	2,100	3,500	7,000	12,250	17,500
4d HT	660	1,980	3,300	6,600	11,550	16,500
4d Sed	600	1,800	3,000	6,000	10,500	15,000
1968 Imperial, V-8, 127" wb						
2d Conv	960	2,880	4,800	9,600	16,800	24,000
2d HT	820	2,460	4,100	8,200	14,350	20,500
4d HT	720	2,160	3,600	7,200	12,600	18,000

	6	5	4	3	2	1
4d Sed	660	1,980	3,300	6,600	11,550	16,500
1968 Imperial LeBaron						
4d HT	780	2,340	3,900	7,800	13,650	19,500
1969 Newport, V-8, 124" wb						
2d Conv	680	2,040	3,400	6,800	11,900	17,000
2d HT	320	960	1,600	3,200	5,600	8,000
4d HT	268	804	1,340	2,680	4,690	6,700
4d Sed	248	744	1,240	2,480	4,340	6,200
1969 Newport Custom, V-8, 124" wb						
2d HT	328	984	1,640	3,280	5,740	8,200
4d HT	272	816	1,360	2,720	4,760	6,800
4d Sed	252	756	1,260	2,520	4,410	6,300
1969 300, V-8, 124" wb						
2d Conv	720	2,160	3,600	7,200	12,600	18,000
2d HT	520	1,560	2,600	5,200	9,100	13,000
4d HT	380	1,140	1,900	3,800	6,650	9,500
1969 New Yorker, V-8, 124" wb						
2d HT	520	1,560	2,600	5,200	9,100	13,000
4d HT	360	1,080	1,800	3,600	6,300	9,000
4d Sed	272	816	1,360	2,720	4,760	6,800
1969 Town & Country, V-8, 122" wb						
4d Sta Wag	360	1,080	1,800	3,600	6,300	9,000
1969 Imperial Crown, V-8, 127" wb						
2d HT	520	1,560	2,600	5,200	9,100	13,000
4d HT	380	1,140	1,900	3,800	6,650	9,500
4d Sed	360	1,080	1,800	3,600	6,300	9,000
1969 Imperial LeBaron						
2d HT	540	1,620	2,700	5,400	9,450	13,500
4d HT	380	1,140	1,900	3,800	6,650	9,500
1970 Newport, V-8, 124" wb						
2d HT	420	1,260	2,100	4,200	7,350	10,500
2d Conv	620	1,860	3,100	6,200	10,850	15,500
4d HT	360	1,080	1,800	3,600	6,300	9,000
4d Sed	268	804	1,340	2,680	4,690	6,700
1970 Newport Custom						
2d HT	400	1,200	2,000	4,000	7,000	10,000
4d HT	388	1,164	1,940	3,880	6,790	9,700
4d Sed	360	1,080	1,800	3,600	6,300	9,000
1970 300, V-8, 124" wb						
2d Conv	800	2,400	4,000	8,000	14,000	20,000
2d HT Hurst	680	2,040	3,400	6,800	11,900	17,000
2d HT	520	1,560	2,600	5,200	9,100	13,000
4d HT	420	1,260	2,100	4,200	7,350	10,500
1970 New Yorker, V-8, 124" wb						
2d HT	540	1,620	2,700	5,400	9,450	13,500
4d HT	400	1,200	2,000	4,000	7,000	10,000
4d Sed	380	1,140	1,900	3,800	6,650	9,500
1970 Town & Country, V-8, 122" wb						
4d Sta Wag	380	1,140	1,900	3,800	6,650	9,500
1970 Imperial Crown, V-8, 127" wb						
2d HT	560	1,680	2,800	5,600	9,800	14,000
4d HT	420	1,260	2,100	4,200	7,350	10,500
1970 Imperial LeBaron, V-8, 127" wb						
2d HT	580	1,740	2,900	5,800	10,150	14,500
4d HT	520	1,560	2,600	5,200	9,100	13,000
1971 Newport Royal, V-8, 124" wb						
2d HT	240	720	1,200	2,400	4,200	6,000
4d HT	196	588	980	1,960	3,430	4,900
4d Sed	192	576	960	1,920	3,360	4,800
1971 Newport, V-8, 124" wb						
2d HT	360	1,080	1,800	3,600	6,300	9,000
4d HT	208	624	1,040	2,080	3,640	5,200
4d Sed	196	588	980	1,960	3,430	4,900
1971 Newport Custom						
2d HT	380	1,140	1,900	3,800	6,650	9,500
4d HT	220	660	1,100	2,200	3,850	5,500
4d Sed	200	600	1,000	2,000	3,500	5,000
1971 300						
2d HT	400	1,200	2,000	4,000	7,000	10,000
4d HT	208	624	1,040	2,080	3,640	5,200
1971 New Yorker						
2d HT	400	1,200	2,000	4,000	7,000	10,000
4d HT	240	720	1,200	2,400	4,200	6,000

	6	5	4	3	2	1
4d Sed	204	612	1,020	2,040	3,570	5,100
1971 Town & Country						
4d Sta Wag	220	660	1,100	2,200	3,850	5,500
1971 Imperial LeBaron						
2d HT	420	1,260	2,100	4,200	7,350	10,500
4d HT	260	780	1,300	2,600	4,550	6,500
1972 Newport Royal						
2d HT	260	780	1,300	2,600	4,550	6,500
4d HT	200	600	1,000	2,000	3,500	5,000
4d Sed	176	528	880	1,760	3,080	4,400
1972 Newport Custom						
2d HT	360	1,080	1,800	3,600	6,300	9,000
4d HT	220	660	1,100	2,200	3,850	5,500
4d Sed	180	540	900	1,800	3,150	4,500
1972 New Yorker Brougham						
2d HT	380	1,140	1,900	3,800	6,650	9,500
4d HT	240	720	1,200	2,400	4,200	6,000
4d Sed	200	600	1,000	2,000	3,500	5,000
1972 Town & Country						
4d Sta Wag	220	660	1,100	2,200	3,850	5,500
1972 Imperial LeBaron						
2d HT	320	960	1,600	3,200	5,600	8,000
4d HT	260	780	1,300	2,600	4,550	6,500
1973 Newport, V-8, 124" wb						
2d HT	220	660	1,100	2,200	3,850	5,500
4d HT	160	480	800	1,600	2,800	4,000
4d Sed	152	456	760	1,520	2,660	3,800
1973 Newport Custom, V-8						
2d HT	228	684	1,140	2,280	3,990	5,700
4d HT	164	492	820	1,640	2,870	4,100
4d Sed	160	480	800	1,600	2,800	4,000
1973 New Yorker Brougham, V-8						
2d HT	240	720	1,200	2,400	4,200	6,000
4d HT	180	540	900	1,800	3,150	4,500
4d Sed	164	492	820	1,640	2,870	4,100
1973 Town & Country, V-8						
4d 3S Sta Wag	152	456	760	1,520	2,660	3,800
1973 Imperial LeBaron, V-8						
2d HT	248	744	1,240	2,480	4,340	6,200
4d HT	188	564	940	1,880	3,290	4,700
1974 Newport, V-8						
2d HT	192	576	960	1,920	3,360	4,800
4d HT	140	420	700	1,400	2,450	3,500
4d Sed	136	408	680	1,360	2,380	3,400
1974 Newport Custom, V-8						
2d HT	200	600	1,000	2,000	3,500	5,000
4d HT	148	444	740	1,480	2,590	3,700
4d Sed	144	432	720	1,440	2,520	3,600
1974 New Yorker, V-8						
4d Sed	148	444	740	1,480	2,590	3,700
4d HT	168	504	840	1,680	2,940	4,200
1974 New Yorker Brougham, V-8						
2d HT	208	624	1,040	2,080	3,640	5,200
4d HT	160	480	800	1,600	2,800	4,000
4d Sed	156	468	780	1,560	2,730	3,900
1974 Town & Country, V-8						
4d 3S Sta Wag	156	468	780	1,560	2,730	3,900
1974 Imperial LeBaron						
2d HT	216	648	1,080	2,160	3,780	5,400
4d HT	172	516	860	1,720	3,010	4,300
NOTE: Add 20 percent for Crown Coupe package (Orig. price $542.).						
1975 Cordoba, V-8						
2d HT	220	660	1,100	2,200	3,850	5,500
1975 Newport, V-8						
2d HT	180	540	900	1,800	3,150	4,500
4d HT	140	420	700	1,400	2,450	3,500
4d Sed	136	408	680	1,360	2,380	3,400
1975 Newport Custom, V-8						
2d HT	184	552	920	1,840	3,220	4,600
4d HT	144	432	720	1,440	2,520	3,600
4d Sed	140	420	700	1,400	2,450	3,500

	6	5	4	3	2	1
1975 New Yorker Brougham, V-8						
2d HT	192	576	960	1,920	3,360	4,800
4d HT	152	456	760	1,520	2,660	3,800
4d Sed	144	432	720	1,440	2,520	3,600
1975 Town & Country, V-8						
4d 3S Sta Wag	144	432	720	1,440	2,520	3,600
1975 Imperial LeBaron						
2d HT	204	612	1,020	2,040	3,570	5,100
4d HT	160	480	800	1,600	2,800	4,000
NOTE: Add 20 percent for Crown Coupe package (Orig. price $569.).						
1976 Cordoba, V-8						
2d HT	240	720	1,200	2,400	4,200	6,000
1976 Newport, V-8						
2d HT	188	564	940	1,880	3,290	4,700
4d HT	156	468	780	1,560	2,730	3,900
4d Sed	140	420	700	1,400	2,450	3,500
1976 Newport Custom, V-8						
2d HT	200	600	1,000	2,000	3,500	5,000
4d HT	152	456	760	1,520	2,660	3,800
4d Sed	144	432	720	1,440	2,520	3,600
1976 Town & Country, V-8						
4d 2S Sta Wag	144	432	720	1,440	2,520	3,600
4d 3S Sta Wag	148	444	740	1,480	2,590	3,700
1976 New Yorker Brougham, V-8						
2d HT	208	624	1,040	2,080	3,640	5,200
4d HT	152	456	760	1,520	2,660	3,800
1977 LeBaron, V-8						
2d Cpe	160	480	800	1,600	2,800	4,000
4d Sed	152	456	760	1,520	2,660	3,800
1977 LeBaron Medallion, V-8						
2d Cpe	168	504	840	1,680	2,940	4,200
4d Sed	160	480	800	1,600	2,800	4,000
1977 Cordoba, V-8						
2d HT	220	660	1,100	2,200	3,850	5,500
1977 Newport, V-8						
2d HT	180	540	900	1,800	3,150	4,500
4d HT	152	456	760	1,520	2,660	3,800
4d Sed	144	432	720	1,440	2,520	3,600
1977 Town & Country, V-8						
4d 2S Sta Wag	148	444	740	1,480	2,590	3,700
4d 3S Sta Wag	152	456	760	1,520	2,660	3,800
1977 New Yorker Brougham, V-8						
2d HT	188	564	940	1,880	3,290	4,700
4d HT	156	468	780	1,560	2,730	3,900
1978 LeBaron						
2d Cpe	144	432	720	1,440	2,520	3,600
2d "S" Cpe	150	400	700	1,400	2,450	3,500
4d "S" Cpe	150	400	700	1,400	2,450	3,500
4d Sed	140	420	700	1,400	2,450	3,500
1978 Town & Country						
4d Sta Wag	140	420	700	1,400	2,450	3,500
1978 LeBaron Medallion						
2d Cpe	148	444	740	1,480	2,590	3,700
4d Sed	144	432	720	1,440	2,520	3,600
1978 Cordoba						
2d Cpe	220	660	1,100	2,200	3,850	5,500
1978 Newport						
2d Cpe	152	456	760	1,520	2,660	3,800
4d Sed	148	444	740	1,480	2,590	3,700
1978 New Yorker Brougham						
2d Cpe	160	480	800	1,600	2,800	4,000
4d Sed	156	468	780	1,560	2,730	3,900
1979 LeBaron, V-8						
2d Cpe	144	432	720	1,440	2,520	3,600
4d Sed	140	420	700	1,400	2,450	3,500
1979 LeBaron Salon, V-8						
2d Cpe	148	444	740	1,480	2,590	3,700
4d Sed	144	432	720	1,440	2,520	3,600
1979 LeBaron Medallion, V-8						
2d Cpe	156	468	780	1,560	2,730	3,900
4d Sed	152	456	760	1,520	2,660	3,800

	6	5	4	3	2	1
1979 LeBaron Town & Country						
4d Sta Wag	152	456	760	1,520	2,660	3,800
NOTE: Deduct 5 percent for 6-cyl.						
1979 Cordoba, V-8						
2d Cpe	208	624	1,040	2,080	3,640	5,200
NOTE: Add 20 percent for 300 option.						
1979 Newport, V-8						
4d Sed	156	468	780	1,560	2,730	3,900
NOTE: Deduct 7 percent for 6-cyl.						
1979 New Yorker, V-8						
4d Sed	164	492	820	1,640	2,870	4,100
1980 LeBaron, V-8						
2d Cpe Medallion	160	480	800	1,600	2,800	4,000
4d Sed Medallion	156	468	780	1,560	2,730	3,900
4d Sta Wag T&C	160	480	800	1,600	2,800	4,000
NOTE: Deduct 5 percent for lesser models.						
1980 Cordoba, V-8						
2d Cpe Specialty	240	720	1,200	2,400	4,200	6,000
2d Cpe Spl Crown	260	780	1,300	2,600	4,550	6,500
2d Cpe Spl LS	236	708	1,180	2,360	4,130	5,900
NOTE: Deduct 12 percent for 6-cyl.						
1980 Newport, V-8						
4d Sed	172	516	860	1,720	3,010	4,300
1980 New Yorker, V-8						
4d Sed	180	540	900	1,800	3,150	4,500
1981 LeBaron, V-8						
2d Cpe Medallion	164	492	820	1,640	2,870	4,100
4d Sed Medallion	160	480	800	1,600	2,800	4,000
4d Sta Wag T&C	164	492	820	1,640	2,870	4,100
NOTE: Deduct 12 percent for 6-cyl. Deduct 5 percent for lesser models.						
1981 Cordoba, V-8						
2d Cpe Specialty LS	240	720	1,200	2,400	4,200	6,000
2d Cpe Specialty	244	732	1,220	2,440	4,270	6,100
NOTE: Deduct 12 percent for 6-cyl.						
1981 Newport, V-8						
4d Sed	176	528	880	1,760	3,080	4,400
NOTE: Deduct 10 percent for 6-cyl.						
1981 New Yorker, V-8						
4d Sed	184	552	920	1,840	3,220	4,600
1981 Imperial, V-8						
2d Cpe	240	720	1,200	2,400	4,200	6,000
1982 LeBaron, 4-cyl.						
2d Conv	240	720	1,200	2,400	4,200	6,000
2d Cpe Specialty	160	480	800	1,600	2,800	4,000
4d Sed Medallion	164	492	820	1,640	2,870	4,100
4d Sed	160	480	800	1,600	2,800	4,000
2d Conv Medallion	240	720	1,200	2,400	4,200	6,000
2d Cpe Spec Medallion	164	492	820	1,640	2,870	4,100
4d Sta Wag T&C	176	528	880	1,760	3,080	4,400
1982 Cordoba, V-8						
2d Cpe Specialty LS	244	732	1,220	2,440	4,270	6,100
2d Cpe Specialty	248	744	1,240	2,480	4,340	6,200
NOTE: Deduct 12 percent for 6-cyl.						
1982 New Yorker, V-8						
4d Sed	196	588	980	1,960	3,430	4,900
NOTE: Deduct 11 percent for 6-cyl.						
1982 Imperial, V-8						
2d Cpe Luxury	240	720	1,200	2,400	4,200	6,000
1983 LeBaron, 4-cyl.						
2d Conv	244	732	1,220	2,440	4,270	6,100
2d Conv T&C Marc Cross	264	792	1,320	2,640	4,620	6,600
2d Cpe	164	492	820	1,640	2,870	4,100
4d Sed	164	492	820	1,640	2,870	4,100
4d Sta Wag T&C	180	540	900	1,800	3,150	4,500
4d Limo	196	588	980	1,960	3,430	4,900
1983 E Class, 4-cyl.						
4d Sed	180	540	900	1,800	3,150	4,500
1983 Cordoba, V-8						
2d Cpe	252	756	1,260	2,520	4,410	6,300
NOTE: Deduct 12 percent for 6-cyl.						

	6	5	4	3	2	1
1983 New Yorker, 4-cyl.						
4d Sed	192	576	960	1,920	3,360	4,800
1983 New Yorker Fifth Avenue, V-8						
4d Sed	196	588	980	1,960	3,430	4,900
4d Sed Luxury	200	600	1,000	2,000	3,500	5,000
NOTE: Deduct 12 percent for 6-cyl.						
1983 Executive						
4d Limo	220	660	1,100	2,200	3,850	5,500
1983 Imperial, V-8						
2d Cpe	240	720	1,200	2,400	4,200	6,000
1984 LeBaron, 4-cyl.						
2d Conv	248	744	1,240	2,480	4,340	6,200
2d Conv Marc Cross	268	804	1,340	2,680	4,690	6,700
2d Conv T&C Marc Cross	264	792	1,320	2,640	4,620	6,600
2d Sed	164	492	820	1,640	2,870	4,100
4d Sed	164	492	820	1,640	2,870	4,100
4d Sta Wag T&C	168	504	840	1,680	2,940	4,200
1984 Laser, 4-cyl.						
2d HBk	168	504	840	1,680	2,940	4,200
2d HBk XE	172	516	860	1,720	3,010	4,300
1984 E Class, 4-cyl.						
4d Sed	180	540	900	1,800	3,150	4,500
1984 New Yorker, 4-cyl.						
4d Sed	192	576	960	1,920	3,360	4,800
1984 New Yorker Fifth Avenue, V-8						
4d Sed	200	600	1,000	2,000	3,500	5,000
1984 Executive						
4d Limo	220	660	1,100	2,200	3,850	5,500
1985 LeBaron, 4-cyl.						
2d Conv	248	744	1,240	2,480	4,340	6,200
2d Conv Marc Cross	268	804	1,340	2,680	4,690	6,700
2d Conv T&C Marc Cross	272	816	1,360	2,720	4,760	6,800
2d Cpe	164	492	820	1,640	2,870	4,100
4d Sed	168	504	840	1,680	2,940	4,200
4d Sta Wag T&C	172	516	860	1,720	3,010	4,300
1985 Laser, 4-cyl.						
2d HBk	172	516	860	1,720	3,010	4,300
2d HBk XE	176	528	880	1,760	3,080	4,400
1985 LeBaron GTS, 4-cyl.						
4d Spt	184	552	920	1,840	3,220	4,600
4d Spt Premium	188	564	940	1,880	3,290	4,700
1985 New Yorker, 4-cyl.						
4d	196	588	980	1,960	3,430	4,900
1985 Fifth Avenue, V-8						
4d Sed	204	612	1,020	2,040	3,570	5,100
1985 Executive						
4d Limo	220	660	1,100	2,200	3,850	5,500
1986 Laser						
2d HBk	172	516	860	1,720	3,010	4,300
1986 LeBaron						
2d Conv	248	744	1,240	2,480	4,340	6,200
2d Marc Cross Conv	280	840	1,400	2,800	4,900	7,000
2d Conv T&C Marc Cross	272	816	1,360	2,720	4,760	6,800
2d Cpe	184	552	920	1,840	3,220	4,600
4d Sed	188	564	940	1,880	3,290	4,700
4d T&C Sta Wag	192	576	960	1,920	3,360	4,800
1986 New Yorker						
4d Sed	200	600	1,000	2,000	3,500	5,000
1986 Fifth Avenue						
4d Sed	208	624	1,040	2,080	3,640	5,200
1986 Executive						
4d Limo	220	660	1,100	2,200	3,850	5,500
NOTE: Add 10 percent for deluxe models. Deduct 5 percent for smaller engines.						
1987 LeBaron						
2d Conv	260	780	1,300	2,600	4,550	6,500
2d Cpe	168	504	840	1,680	2,940	4,200
2d Cpe Premium	172	516	860	1,720	3,010	4,300
4d Sed	172	516	860	1,720	3,010	4,300
4d HBk Spt GTS	180	540	900	1,800	3,150	4,500

1984 Chrysler Laser XE Turbo hatchback

1994 Chrysler New Yorker sedan

1932 Cord L29 convertible sedan

	6	5	4	3	2	1
4d HBk Spt Prem GTS	184	552	920	1,840	3,220	4,600
4d Sta Wag	176	528	880	1,760	3,080	4,400
NOTE: Add 5 percent for 2.2 Turbo engine.						
1987 Conquest, 4-cyl. Turbo						
2d HBk	172	516	860	1,720	3,010	4,300
1987 New Yorker, 4-cyl.						
4d Sed	220	660	1,100	2,200	3,850	5,500
1987 New Yorker, V-6						
4d Sed	188	564	940	1,880	3,290	4,700
4d Sed Lan	196	588	980	1,960	3,430	4,900
NOTE: Add 5 percent for 2.2 Turbo engine. Add 10 percent for V-6.						
1987 Fifth Avenue, V-8						
4d Sed	240	720	1,200	2,400	4,200	6,000
1988 LeBaron, 4-cyl.						
2d Conv	272	816	1,360	2,720	4,760	6,800
2d Cpe	152	456	760	1,520	2,660	3,800
2d Cpe Prem	180	540	900	1,800	3,150	4,500
4d Sed	132	396	660	1,320	2,310	3,300
4d HBk GTS	128	384	640	1,280	2,240	3,200
4d HBk Prem GTS	140	420	700	1,400	2,450	3,500
4d Sta Wag T&C	168	504	840	1,680	2,940	4,200
1988 Conquest, 4-cyl.						
2d HBk	160	480	800	1,600	2,800	4,000
1988 New Yorker, 4-cyl., Turbo						
4d Sed	184	552	920	1,840	3,220	4,600
1988 New Yorker, V-6						
4d Sed	208	624	1,040	2,080	3,640	5,200
4d Sed Landau	224	672	1,120	2,240	3,920	5,600
1988 Fifth Avenue,V-8						
4d Sed	272	816	1,360	2,720	4,760	6,800
1989 LeBaron, 4-cyl.						
2d Conv	360	1,080	1,800	3,600	6,300	9,000
2d Conv Prem	400	1,200	2,000	4,000	7,000	10,000
2d Cpe	224	672	1,120	2,240	3,920	5,600
2d Prem	232	696	1,160	2,320	4,060	5,800
4d HBk	220	660	1,100	2,200	3,850	5,500
4d HBk Prem	228	684	1,140	2,280	3,990	5,700
2d Conv	360	1,080	1,800	3,600	6,300	9,000
1989 Conquest, 4-cyl.						
2d HBk	240	720	1,200	2,400	4,200	6,000
1989 New Yorker, V-6						
4d Sed	264	792	1,320	2,640	4,620	6,600
4d Lan Sed	272	816	1,360	2,720	4,760	6,800
1989 Fifth Avenue, V-8						
4d Sed	368	1,104	1,840	3,680	6,440	9,200
1989 TC, 4-cyl. Turbo by Maserati						
2d Conv	840	2,520	4,200	8,400	14,700	21,000
1990 LeBaron 4-cyl.						
2d Conv	260	780	1,300	2,600	4,550	6,500
2d Cpe	200	600	1,000	2,000	3,500	5,000
1990 V-6						
2d Conv	360	1,080	1,800	3,600	6,300	9,000
2d Prem Conv	380	1,140	1,900	3,800	6,650	9,500
2d Cpe	220	660	1,100	2,200	3,850	5,500
2d Prem Cpe	240	720	1,200	2,400	4,200	6,000
4d Sed	220	660	1,100	2,200	3,850	5,500
1990 New Yorker, V-6						
4d Sed	260	780	1,300	2,600	4,550	6,500
4d Lan Sed	360	1,080	1,800	3,600	6,300	9,000
4d Fifth Ave Sed	400	1,200	2,000	4,000	7,000	10,000
1990 Imperial, V-6						
4d Sed	520	1,560	2,600	5,200	9,100	13,000
1990 TC, V-6 by Maserati						
2d Conv	760	2,280	3,800	7,600	13,300	19,000
1991 TC, V-6 by Maserati						
2d Conv	800	2,400	4,000	8,000	14,000	20,000
1991 LeBaron, 4-cyl.						
2d Conv	260	780	1,300	2,600	4,550	6,500
2d Cpe	180	540	900	1,800	3,150	4,500
1991 V-6						
2d LX Conv	360	1,080	1,800	3,600	6,300	9,000
2d LX Cpe	200	600	1,000	2,000	3,500	5,000

	6	5	4	3	2	1
4d Sed	220	660	1,100	2,200	3,850	5,500
1991 New Yorker & Imperial, V-6						
4d Salon Sed	248	744	1,240	2,480	4,340	6,200
4d Fifth Ave Sed	260	780	1,300	2,600	4,550	6,500
4d Imperial Sed	368	1,104	1,840	3,680	6,440	9,200
1992 LeBaron, 4-cyl.						
2d Cpe	220	660	1,100	2,200	3,850	5,500
2d Conv	360	1,080	1,800	3,600	6,300	9,000
4d Sed	216	648	1,080	2,160	3,780	5,400
4d Lan Sed	220	660	1,100	2,200	3,850	5,500
2d LX Cpe	380	1,140	1,900	3,800	6,650	9,500
2d LX Conv	240	720	1,200	2,400	4,200	6,000
4d LX Sed	260	780	1,300	2,600	4,550	6,500
NOTE: Add 10 percent for V-6 where available.						
1992 New Yorker, V-6						
4d Salom Sed	360	1,080	1,800	3,600	6,300	9,000
4d Fifth Ave Sed	380	1,140	1,900	3,800	6,650	9,500
1992 Imperial, V-6						
4d Sed	420	1,260	2,100	4,200	7,350	10,500
1993 LeBaron, 4-cyl.						
4d Sed	224	672	1,120	2,240	3,920	5,600
2d Cpe	220	660	1,100	2,200	3,850	5,500
2d LE Conv	364	1,092	1,820	3,640	6,370	9,100
1993 LeBaron, V-6						
4d LE Sed	228	684	1,140	2,280	3,990	5,700
4d Landau Sed	232	696	1,160	2,320	4,060	5,800
2d Cpe	232	696	1,160	2,320	4,060	5,800
2d LX Cpe	236	708	1,180	2,360	4,130	5,900
2d Conv	376	1,128	1,880	3,760	6,580	9,400
2d LX Conv	384	1,152	1,920	3,840	6,720	9,600
1993 Concorde, V-6						
4d Sed	260	780	1,300	2,600	4,550	6,500
1993 New Yorker, V-6						
4d Salom Sed	364	1,092	1,820	3,640	6,370	9,100
4d Fifth Ave Sed	380	1,140	1,900	3,800	6,650	9,500
1993 Imperial, V-6						
4d Sed	424	1,272	2,120	4,240	7,420	10,600
1994 LeBaron						
4d LE Sed, 4-cyl.	240	720	1,200	2,400	4,200	6,000
4d LE Sed, V-6	260	780	1,300	2,600	4,550	6,500
4d Landau Sed, V-6	280	840	1,400	2,800	4,900	7,000
2d GTC Conv, V-6	288	864	1,440	2,880	5,040	7,200
1994 Concorde, V-6						
4d Sed	300	900	1,500	3,000	5,250	7,500
1994 New Yorker, V-6						
4d Sed	320	960	1,600	3,200	5,600	8,000
1994 LHS, V-6						
4d Sed	360	1,080	1,800	3,600	6,300	9,000

CORD

1930 Series L-29, 8-cyl., 137.5" wb						
4d 5P Sed	3,200	9,600	16,000	32,000	56,000	80,000
4d 5P Brgm	3,280	9,840	16,400	32,800	57,400	82,000
2d 4P Conv 2-4 Pas	6,800	20,400	34,000	68,000	119,000	170,000
4d Conv Sed	7,000	21,000	35,000	70,000	122,500	175,000
1931 Series L-29, 8-cyl., 137.5" wb						
4d 5P Sed	3,280	9,840	16,400	32,800	57,400	82,000
4d 5P Brgm	3,360	10,080	16,800	33,600	58,800	84,000
2d 2-4P Cabr	6,800	20,400	34,000	68,000	119,000	170,000
4d Conv Sed	7,000	21,000	35,000	70,000	122,500	175,000
1932 Series L-29, 8-cyl., 137.5" wb						
4d 5P Sed	3,280	9,840	16,400	32,800	57,400	82,000
4d 5P Brgm	3,360	10,080	16,800	33,600	58,800	84,000
2d 2-4P Conv	6,800	20,400	34,000	68,000	119,000	170,000
4d Conv Sed	7,000	21,000	35,000	70,000	122,500	175,000
1933-34-35 (Not Manufacturing)						
4d Phae	5,520	16,560	27,600	55,200	96,600	138,000
1936 Model 810, 8-cyl., 125" wb						
4d West Sed	2,560	7,680	12,800	25,600	44,800	64,000
4d Bev Sed	2,480	7,440	12,400	24,800	43,400	62,000
2d Sportsman	5,520	16,560	27,600	55,200	96,600	138,000
2d Phae	5,520	16,560	27,600	55,200	96,600	138,000

	6	5	4	3	2	1
1937 Model 812, 8-cyl., 125" wb						
4d West Sed	2,560	7,680	12,800	25,600	44,800	64,000
4d Bev Sed	2,480	7,440	12,400	24,800	43,400	62,000
2d Sportsman	5,520	16,560	27,600	55,200	96,600	138,000
2d Phae	5,520	16,560	27,600	55,200	96,600	138,000
1937 Model 812, 8-cyl., 132" wb						
4d Cus Bev	2,480	7,440	12,400	24,800	43,400	62,000
4d Cus Berline	2,560	7,680	12,800	25,600	44,800	64,000

NOTE: Add 40 percent for S/C Models.

CROSLEY

1939 2-cyl., 80" wb						
Conv	240	720	1,200	2,400	4,200	6,000
1940 2-cyl., 80" wb						
Conv	240	720	1,200	2,400	4,200	6,000
Sed	188	564	940	1,880	3,290	4,700
Sta Wag	204	612	1,020	2,040	3,570	5,100
1941 2-cyl., 80" wb						
Conv	240	720	1,200	2,400	4,200	6,000
Sed	188	564	940	1,880	3,290	4,700
Sta Wag	204	612	1,020	2,040	3,570	5,100
1942 4-cyl., 80" wb						
Conv	240	720	1,200	2,400	4,200	6,000
Sed	188	564	940	1,880	3,290	4,700
Sta Wag	200	600	1,000	2,000	3,500	5,000
1946-47-48 4-cyl., 80" wb						
Conv	360	1,080	1,800	3,600	6,300	9,000
Sed	240	720	1,200	2,400	4,200	6,000
Sta Wag	252	756	1,260	2,520	4,410	6,300
1949 4-cyl., 80" wb						
Conv	380	1,140	1,900	3,800	6,650	9,500
Sed	240	720	1,200	2,400	4,200	6,000
Sta Wag	252	756	1,260	2,520	4,410	6,300
1950 Standard, 4-cyl., 80" wb						
Conv	380	1,140	1,900	3,800	6,650	9,500
Sed	240	720	1,200	2,400	4,200	6,000
Sta Wag	252	756	1,260	2,520	4,410	6,300
1950 Super, 4-cyl., 80" wb						
Conv	384	1,152	1,920	3,840	6,720	9,600
Sed	244	732	1,220	2,440	4,270	6,100
Sta Wag	256	768	1,280	2,560	4,480	6,400
1950 Hot Shot, 4-cyl., 85" wb						
Rds	420	1,260	2,100	4,200	7,350	10,500
1951 Standard, 4-cyl., 80" wb						
Cpe	240	720	1,200	2,400	4,200	6,000
Sta Wag	252	756	1,260	2,520	4,410	6,300
1951 Super, 4-cyl., 80" wb						
Conv	380	1,140	1,900	3,800	6,650	9,500
Sed	248	744	1,240	2,480	4,340	6,200
Sta Wag	256	768	1,280	2,560	4,480	6,400
1951 Hot Shot, 4-cyl., 85" wb						
Rds	420	1,260	2,100	4,200	7,350	10,500
1952 Standard, 4-cyl., 80" wb						
Cpe	240	720	1,200	2,400	4,200	6,000
Sta Wag	252	756	1,260	2,520	4,410	6,300
1952 Super, 4-cyl., 80" wb						
Conv	384	1,152	1,920	3,840	6,720	9,600
Sed	244	732	1,220	2,440	4,270	6,100
Sta Wag	252	756	1,260	2,520	4,410	6,300
1952 Hot Shot, 4-cyl., 85" wb						
Rds	420	1,260	2,100	4,200	7,350	10,500

DESOTO

1929 Model K, 6-cyl.						
2d Rds	1,280	3,840	6,400	12,800	22,400	32,000
4d Phae	1,320	3,960	6,600	13,200	23,100	33,000
2d Bus Cpe	700	2,100	3,500	7,000	12,250	17,500
2d DeL Cpe	680	2,040	3,400	6,800	11,900	17,000
2d Sed	588	1,764	2,940	5,880	10,290	14,700
4d Sed	588	1,764	2,940	5,880	10,290	14,700
4d DeL Sed	600	1,800	3,000	6,000	10,500	15,000

	6	5	4	3	2	1
1930 Model CK, 6-cyl.						
2d Rds	1,240	3,720	6,200	12,400	21,700	31,000
4d Tr	1,280	3,840	6,400	12,800	22,400	32,000
2d Bus Cpe	680	2,040	3,400	6,800	11,900	17,000
2d DeL Cpe	700	2,100	3,500	7,000	12,250	17,500
2d Sed	560	1,680	2,800	5,600	9,800	14,000
4d Sed	580	1,740	2,900	5,800	10,150	14,500
1930 Model CF, 8-cyl.						
2d Rds	1,280	3,840	6,400	12,800	22,400	32,000
4d Phae	1,320	3,960	6,600	13,200	23,100	33,000
2d Bus Cpe	700	2,100	3,500	7,000	12,250	17,500
2d DeL Cpe	720	2,160	3,600	7,200	12,600	18,000
4d Sed	620	1,860	3,100	6,200	10,850	15,500
4d DeL Sed	640	1,920	3,200	6,400	11,200	16,000
2d Conv	1,240	3,720	6,200	12,400	21,700	31,000
1931 Model SA, 6-cyl.						
2d Rds	1,280	3,840	6,400	12,800	22,400	32,000
4d Phae	1,320	3,960	6,600	13,200	23,100	33,000
2d Cpe	680	2,040	3,400	6,800	11,900	17,000
2d DeL Cpe	740	2,220	3,700	7,400	12,950	18,500
2d Sed	600	1,800	3,000	6,000	10,500	15,000
4d Sed	608	1,824	3,040	6,080	10,640	15,200
4d DeL Sed	620	1,860	3,100	6,200	10,850	15,500
2d Conv	1,240	3,720	6,200	12,400	21,700	31,000
1931 Model CF, 8-cyl.						
2d Rds	1,320	3,960	6,600	13,200	23,100	33,000
2d Bus Cpe	760	2,280	3,800	7,600	13,300	19,000
2d DeL Cpe	780	2,340	3,900	7,800	13,650	19,500
4d Sed	632	1,896	3,160	6,320	11,060	15,800
4d DeL Sed	640	1,920	3,200	6,400	11,200	16,000
2d Conv	1,280	3,840	6,400	12,800	22,400	32,000
1932 SA, 6-cyl., 109" wb						
4d Phae	1,360	4,080	6,800	13,600	23,800	34,000
2d Rds	1,320	3,960	6,600	13,200	23,100	33,000
2d Cpe	780	2,340	3,900	7,800	13,650	19,500
2d DeL Cpe	800	2,400	4,000	8,000	14,000	20,000
2d Conv	1,280	3,840	6,400	12,800	22,400	32,000
2d Sed	600	1,800	3,000	6,000	10,500	15,000
4d Sed	608	1,824	3,040	6,080	10,640	15,200
4d DeL Sed	620	1,860	3,100	6,200	10,850	15,500
1932 SC, 6-cyl., 112" wb						
2d Conv Sed	1,280	3,840	6,400	12,800	22,400	32,000
2d Rds	1,320	3,960	6,600	13,200	23,100	33,000
4d Phae	1,360	4,080	6,800	13,600	23,800	34,000
2d Conv	1,240	3,720	6,200	12,400	21,700	31,000
2d Bus Cpe	760	2,280	3,800	7,600	13,300	19,000
2d RS Cpe	780	2,340	3,900	7,800	13,650	19,500
4d Sed	640	1,920	3,200	6,400	11,200	16,000
4d DeL Sed	660	1,980	3,300	6,600	11,550	16,500
1932 CF, 8-cyl., 114" wb						
2d Rds	1,360	4,080	6,800	13,600	23,800	34,000
2d Bus Cpe	780	2,340	3,900	7,800	13,650	19,500
2d DeL Cpe	800	2,400	4,000	8,000	14,000	20,000
4d Brgm	640	1,920	3,200	6,400	11,200	16,000
4d Sed	660	1,980	3,300	6,600	11,550	16,500
4d DeL Sed	680	2,040	3,400	6,800	11,900	17,000
1933 SD, 6-cyl.						
2d Conv	1,200	3,600	6,000	12,000	21,000	30,000
2d Conv Sed	1,280	3,840	6,400	12,800	22,400	32,000
2d 2P Cpe	680	2,040	3,400	6,800	11,900	17,000
2d RS Cpe	700	2,100	3,500	7,000	12,250	17,500
2d DeL Cpe	700	2,100	3,500	7,000	12,250	17,500
2d Std Brgm	588	1,764	2,940	5,880	10,290	14,700
4d Cus Brgm	600	1,800	3,000	6,000	10,500	15,000
4d Sed	580	1,740	2,900	5,800	10,150	14,500
4d Cus Sed	592	1,776	2,960	5,920	10,360	14,800
1934 Airflow SE, 6-cyl.						
2d Cpe	820	2,460	4,100	8,200	14,350	20,500
4d Brgm	780	2,340	3,900	7,800	13,650	19,500
4d Sed	740	2,220	3,700	7,400	12,950	18,500
4d Twn Sed	780	2,340	3,900	7,800	13,650	19,500
1935 Airstream, 6-cyl.						
2d Bus Cpe	700	2,100	3,500	7,000	12,250	17,500
2d Cpe	720	2,160	3,600	7,200	12,600	18,000
2d Conv	1,200	3,600	6,000	12,000	21,000	30,000
2d Sed	560	1,680	2,800	5,600	9,800	14,000
2d Tr Sed	564	1,692	2,820	5,640	9,870	14,100

	6	5	4	3	2	1
4d Sed	552	1,656	2,760	5,520	9,660	13,800
4d Tr Sed	560	1,680	2,800	5,600	9,800	14,000
1935 Airflow, 6-cyl.						
2d Bus Cpe	800	2,400	4,000	8,000	14,000	20,000
2d Cpe	840	2,520	4,200	8,400	14,700	21,000
4d Sed	720	2,160	3,600	7,200	12,600	18,000
4d Twn Sed	760	2,280	3,800	7,600	13,300	19,000
1936 DeLuxe Airstream S-1, 6-cyl.						
2d Bus Cpe	700	2,100	3,500	7,000	12,250	17,500
4d Tr Brgm	592	1,776	2,960	5,920	10,360	14,800
4d Tr Sed	604	1,812	3,020	6,040	10,570	15,100
1936 Custom Airstream S-1, 6-cyl.						
2d Bus Cpe	720	2,160	3,600	7,200	12,600	18,000
2d Cpe	740	2,220	3,700	7,400	12,950	18,500
2d Conv	1,280	3,840	6,400	12,800	22,400	32,000
4d Tr Brgm	608	1,824	3,040	6,080	10,640	15,200
4d Tr Sed	616	1,848	3,080	6,160	10,780	15,400
4d Conv Sed	1,200	3,600	6,000	12,000	21,000	30,000
4d Trv Sed	628	1,884	3,140	6,280	10,990	15,700
4d 7P Sed	632	1,896	3,160	6,320	11,060	15,800
1936 Airflow III S-2, 6-cyl.						
2d Cpe	820	2,460	4,100	8,200	14,350	20,500
4d Sed	700	2,100	3,500	7,000	12,250	17,500
1937 S-3, 6-cyl.						
2d Conv	1,280	3,840	6,400	12,800	22,400	32,000
4d Conv Sed	1,320	3,960	6,600	13,200	23,100	33,000
2d Bus Cpe	680	2,040	3,400	6,800	11,900	17,000
2d Cpe	700	2,100	3,500	7,000	12,250	17,500
4d Brgm	576	1,728	2,880	5,760	10,080	14,400
4d Tr Brgm	580	1,740	2,900	5,800	10,150	14,500
4d Sed	584	1,752	2,920	5,840	10,220	14,600
4d Tr Sed	588	1,764	2,940	5,880	10,290	14,700
4d 7P Sed	592	1,776	2,960	5,920	10,360	14,800
4d Limo	640	1,920	3,200	6,400	11,200	16,000
1938 S-5, 6-cyl.						
2d Conv	1,280	3,840	6,400	12,800	22,400	32,000
4d Conv Sed	1,320	3,960	6,600	13,200	23,100	33,000
2d Bus Cpe	680	2,040	3,400	6,800	11,900	17,000
2d Cpe	700	2,100	3,500	7,000	12,250	17,500
4d Tr Brgm	592	1,776	2,960	5,920	10,360	14,800
4d Sed	600	1,800	3,000	6,000	10,500	15,000
4d Tr Sed	604	1,812	3,020	6,040	10,570	15,100
4d 7P Sed	624	1,872	3,120	6,240	10,920	15,600
4d Limo	680	2,040	3,400	6,800	11,900	17,000
1939 S-6 DeLuxe, 6-cyl.						
2d Bus Cpe	700	2,100	3,500	7,000	12,250	17,500
2d Cpe	720	2,160	3,600	7,200	12,600	18,000
4d Tr Sed	592	1,776	2,960	5,920	10,360	14,800
4d Tr Sed	600	1,800	3,000	6,000	10,500	15,000
4d Limo	680	2,040	3,400	6,800	11,900	17,000
1939 S-6 Custom, 6-cyl.						
2d Cpe	720	2,160	3,600	7,200	12,600	18,000
2d Cus Cpe	740	2,220	3,700	7,400	12,950	18,500
2d Cus Clb Cpe	760	2,280	3,800	7,600	13,300	19,000
2d Tr Sed	620	1,860	3,100	6,200	10,850	15,500
4d Tr Sed	624	1,872	3,120	6,240	10,920	15,600
4d 7P Sed	628	1,884	3,140	6,280	10,990	15,700
4d Limo	720	2,160	3,600	7,200	12,600	18,000
1940 S-7 DeLuxe, 6-cyl.						
2d Bus Cpe	720	2,160	3,600	7,200	12,600	18,000
2d Cpe	740	2,220	3,700	7,400	12,950	18,500
2d Tr Sed	628	1,884	3,140	6,280	10,990	15,700
4d Tr Sed	640	1,920	3,200	6,400	11,200	16,000
4d 7P Sed	700	2,100	3,500	7,000	12,250	17,500
1940 S-7 Custom, 6-cyl.						
2d Conv	1,200	3,600	6,000	12,000	21,000	30,000
2d 2P Cpe	760	2,280	3,800	7,600	13,300	19,000
2d Clb Cpe	780	2,340	3,900	7,800	13,650	19,500
2d Sed	640	1,920	3,200	6,400	11,200	16,000
4d Sed	600	1,800	3,000	6,000	10,500	15,000
4d 7P Sed	660	1,980	3,300	6,600	11,550	16,500
4d Limo	680	2,040	3,400	6,800	11,900	17,000
1941 S-8 DeLuxe, 6-cyl.						
2d Bus Cpe	720	2,160	3,600	7,200	12,600	18,000
2d Cpe	740	2,220	3,700	7,400	12,950	18,500
2d Sed	640	1,920	3,200	6,400	11,200	16,000

	6	5	4	3	2	1
4d Sed	644	1,932	3,220	6,440	11,270	16,100
2d 7P Sed	680	2,040	3,400	6,800	11,900	17,000
1941 S-8 Custom, 6-cyl.						
2d Conv	1,240	3,720	6,200	12,400	21,700	31,000
2d Cpe	740	2,220	3,700	7,400	12,950	18,500
2d Clb Cpe	760	2,280	3,800	7,600	13,300	19,000
2d Brgm	652	1,956	3,260	6,520	11,410	16,300
4d Sed	656	1,968	3,280	6,560	11,480	16,400
4d Twn Sed	660	1,980	3,300	6,600	11,550	16,500
4d 7P Sed	700	2,100	3,500	7,000	12,250	17,500
4d Limo	720	2,160	3,600	7,200	12,600	18,000
1942 S-10 DeLuxe, 6-cyl.						
2d Bus Cpe	700	2,100	3,500	7,000	12,250	17,500
2d Cpe	720	2,160	3,600	7,200	12,600	18,000
2d Sed	644	1,932	3,220	6,440	11,270	16,100
4d Sed	648	1,944	3,240	6,480	11,340	16,200
4d Twn Sed	652	1,956	3,260	6,520	11,410	16,300
4d 7P Sed	704	2,112	3,520	7,040	12,320	17,600
1942 2d S-10 Custom, 6-cyl.						
2d Conv	1,200	3,600	6,000	12,000	21,000	30,000
2d Cpe	720	2,160	3,600	7,200	12,600	18,000
2d Clb Cpe	780	2,340	3,900	7,800	13,650	19,500
4d Brgm	660	1,980	3,300	6,600	11,550	16,500
4d Sed	664	1,992	3,320	6,640	11,620	16,600
4d Twn Sed	680	2,040	3,400	6,800	11,900	17,000
4d 7P Sed	720	2,160	3,600	7,200	12,600	18,000
4d Limo	728	2,184	3,640	7,280	12,740	18,200
1946-1948 S-11 DeLuxe, 6-cyl.						
2d Cpe	660	1,980	3,300	6,600	11,550	16,500
2d Clb Cpe	720	2,160	3,600	7,200	12,600	18,000
2d Sed	600	1,800	3,000	6,000	10,500	15,000
4d Sed	612	1,836	3,060	6,120	10,710	15,300
1946-1948 S-11 Custom, 6-cyl.						
2d Conv	1,160	3,480	5,800	11,600	20,300	29,000
2d Clb Cpe	740	2,220	3,700	7,400	12,950	18,500
2d Sed	612	1,836	3,060	6,120	10,710	15,300
4d Sed	620	1,860	3,100	6,200	10,850	15,500
4d 7P Sed	640	1,920	3,200	6,400	11,200	16,000
4d Limo	680	2,040	3,400	6,800	11,900	17,000
4d Sub	700	2,100	3,500	7,000	12,250	17,500
1949 S-13 DeLuxe, 6-cyl.						
First Series values and same as 1947-48.						
2d Clb Cpe	680	2,040	3,400	6,800	11,900	17,000
4d Sed	620	1,860	3,100	6,200	10,850	15,500
4d C-A Sed	628	1,884	3,140	6,280	10,990	15,700
4d Sta Wag	840	2,520	4,200	8,400	14,700	21,000
1949 S-13 Custom, 6-cyl.						
2d Conv	1,000	3,000	5,000	10,000	17,500	25,000
2d Clb Cpe	700	2,100	3,500	7,000	12,250	17,500
4d Sed	640	1,920	3,200	6,400	11,200	16,000
4d 8P Sed	660	1,980	3,300	6,600	11,550	16,500
4d Sub	760	2,280	3,800	7,600	13,300	19,000
1950 S-14 DeLuxe, 6-cyl.						
2d Clb Cpe	660	1,980	3,300	6,600	11,550	16,500
4d Sed	620	1,860	3,100	6,200	10,850	15,500
4d C-A Sed	628	1,884	3,140	6,280	10,990	15,700
4d 8P Sed	640	1,920	3,200	6,400	11,200	16,000
1950 S-14 Custom, 6-cyl.						
2d Conv	1,080	3,240	5,400	10,800	18,900	27,000
2d HT Sptman	840	2,520	4,200	8,400	14,700	21,000
2d Clb Cpe	680	2,040	3,400	6,800	11,900	17,000
4d Sed	640	1,920	3,200	6,400	11,200	16,000
4d 6P Sta Wag	840	2,520	4,200	8,400	14,700	21,000
4d Stl Sta Wag	760	2,280	3,800	7,600	13,300	19,000
4d 8P Sed	672	2,016	3,360	6,720	11,760	16,800
4d Sub Sed	660	1,980	3,300	6,600	11,550	16,500
1951-1952 DeLuxe, 6-cyl., 125.5" wb						
4d Sed	612	1,836	3,060	6,120	10,710	15,300
2d Clb Cpe	660	1,980	3,300	6,600	11,550	16,500
4d C-A Sed	612	1,836	3,060	6,120	10,710	15,300
1951-1952 DeLuxe, 6-cyl., 139.5" wb						
4d Sed	616	1,848	3,080	6,160	10,780	15,400
1951-1952 Custom, 6-cyl., 125.5" wb						
4d Sed	620	1,860	3,100	6,200	10,850	15,500
2d Clb Cpe	680	2,040	3,400	6,800	11,900	17,000
2d HT Sptman	920	2,760	4,600	9,200	16,100	23,000

	6	5	4	3	2	1
2d Conv	1,080	3,240	5,400	10,800	18,900	27,000
4d Sta Wag	840	2,520	4,200	8,400	14,700	21,000
1951-1952 Custom, 6-cyl., 139.5" wb						
4d Sed	628	1,884	3,140	6,280	10,990	15,700
4d Sub	640	1,920	3,200	6,400	11,200	16,000
1951-1952 Firedome, V-8, 125.5" wb (1952 only)						
4d Sed	640	1,920	3,200	6,400	11,200	16,000
2d Clb Cpe	760	2,280	3,800	7,600	13,300	19,000
2d HT Sptman	960	2,880	4,800	9,600	16,800	24,000
2d Conv	1,200	3,600	6,000	12,000	21,000	30,000
4d Sta Wag	840	2,520	4,200	8,400	14,700	21,000
1951-1952 Firedome, V-8, 139.5" wb (1952 only)						
4d 8P Sed	660	1,980	3,300	6,600	11,550	16,500
1953-1954 Powermaster Six, 6-cyl., 125.5" wb						
4d Sed	600	1,800	3,000	6,000	10,500	15,000
2d Clb Cpe	620	1,860	3,100	6,200	10,850	15,500
4d Sta Wag	616	1,848	3,080	6,160	10,780	15,400
2d HT Sptman (1953 only)	840	2,520	4,200	8,400	14,700	21,000
1953-1954 Powermaster Six, 6-cyl., 139.5" wb						
4d Sed	592	1,776	2,960	5,920	10,360	14,800
1953-1954 Firedome, V-8, 125.5" wb						
4d Sed	624	1,872	3,120	6,240	10,920	15,600
2d Clb Cpe	660	1,980	3,300	6,600	11,550	16,500
2d HT Sptman	960	2,880	4,800	9,600	16,800	24,000
2d Conv	1,200	3,600	6,000	12,000	21,000	30,000
4d Sta Wag	800	2,400	4,000	8,000	14,000	20,000
1953-1954 Firedome, V-8, 139.5" wb						
4d Sed	612	1,836	3,060	6,120	10,710	15,300
1955 Firedome, V-8						
4d Sed	612	1,836	3,060	6,120	10,710	15,300
2d HT	880	2,640	4,400	8,800	15,400	22,000
2d HT Sptman	1,040	3,120	5,200	10,400	18,200	26,000
2d Conv	1,200	3,600	6,000	12,000	21,000	30,000
4d Sta Wag	1,000	3,000	5,000	10,000	17,500	25,000
1955 Fireflite, V-8						
4d Sed	632	1,896	3,160	6,320	11,060	15,800
2d HT Sptman	1,080	3,240	5,400	10,800	18,900	27,000
2d Conv	1,240	3,720	6,200	12,400	21,700	31,000
1956 Firedome, V-8						
4d Sed	580	1,740	2,900	5,800	10,150	14,500
4d HT Sev	680	2,040	3,400	6,800	11,900	17,000
4d HT Sptman	800	2,400	4,000	8,000	14,000	20,000
2d HT Sev	960	2,880	4,800	9,600	16,800	24,000
2d HT Sptman	1,040	3,120	5,200	10,400	18,200	26,000
2d Conv	1,240	3,720	6,200	12,400	21,700	31,000
4d Sta Wag	840	2,520	4,200	8,400	14,700	21,000
1956 Fireflite, V-8						
4d Sed	600	1,800	3,000	6,000	10,500	15,000
4d HT Sptman	800	2,400	4,000	8,000	14,000	20,000
2d HT Sptman	1,080	3,240	5,400	10,800	18,900	27,000
2d Conv	1,280	3,840	6,400	12,800	22,400	32,000
2d Conv IPC	1,400	4,200	7,000	14,000	24,500	35,000
1956 Adventurer						
2d HT	1,120	3,360	5,600	11,200	19,600	28,000
1957 Firesweep, V-8, 122" wb						
4d Sed	560	1,680	2,800	5,600	9,800	14,000
4d HT Sptman	680	2,040	3,400	6,800	11,900	17,000
2d HT Sptman	920	2,760	4,600	9,200	16,100	23,000
4d 2S Sta Wag	620	1,860	3,100	6,200	10,850	15,500
4d 3S Sta Wag	628	1,884	3,140	6,280	10,990	15,700
1957 Firedome, V-8, 126" wb						
4d Sed	520	1,560	2,600	5,200	9,100	13,000
4d HT Sptman	720	2,160	3,600	7,200	12,600	18,000
2d HT Sptman	960	2,880	4,800	9,600	16,800	24,000
2d Conv	1,280	3,840	6,400	12,800	22,400	32,000
1957 Fireflite, V-8, 126" wb						
4d Sed	540	1,620	2,700	5,400	9,450	13,500
4d HT Sptman	760	2,280	3,800	7,600	13,300	19,000
2d HT Sptman	1,000	3,000	5,000	10,000	17,500	25,000
2d Conv	1,520	4,560	7,600	15,200	26,600	38,000
4d 2S Sta Wag	640	1,920	3,200	6,400	11,200	16,000
4d 3S Sta Wag	648	1,944	3,240	6,480	11,340	16,200
1957 Fireflite Adventurer, 126" wb						
2d HT	1,280	3,840	6,400	12,800	22,400	32,000

	6	5	4	3	2	1
2d Conv	1,840	5,520	9,200	18,400	32,200	46,000
1958 Firesweep, V-8						
4d Sed	560	1,680	2,800	5,600	9,800	14,000
4d HT Sptman	680	2,040	3,400	6,800	11,900	17,000
2d HT Sptman	800	2,400	4,000	8,000	14,000	20,000
2d Conv	1,240	3,720	6,200	12,400	21,700	31,000
4d 2S Sta Wag	600	1,800	3,000	6,000	10,500	15,000
4d 3S Sta Wag	608	1,824	3,040	6,080	10,640	15,200
1958 Firedome, V-8						
4d Sed	568	1,704	2,840	5,680	9,940	14,200
4d HT Sptman	760	2,280	3,800	7,600	13,300	19,000
2d HT Sptman	840	2,520	4,200	8,400	14,700	21,000
2d Conv	1,320	3,960	6,600	13,200	23,100	33,000
1958 Fireflite, V-8						
4d Sed	580	1,740	2,900	5,800	10,150	14,500
4d HT Sptman	800	2,400	4,000	8,000	14,000	20,000
2d HT Sptman	920	2,760	4,600	9,200	16,100	23,000
2d Conv	1,520	4,560	7,600	15,200	26,600	38,000
4d 2S Sta Wag	620	1,860	3,100	6,200	10,850	15,500
4d 3S Sta Wag	624	1,872	3,120	6,240	10,920	15,600
1958 Adventurer, V-8						
2d HT	1,120	3,360	5,600	11,200	19,600	28,000
2d Conv	1,800	5,400	9,000	18,000	31,500	45,000
1959 Firesweep, V-8						
4d Sed	520	1,560	2,600	5,200	9,100	13,000
4d HT Sptman	680	2,040	3,400	6,800	11,900	17,000
2d HT Sptman	760	2,280	3,800	7,600	13,300	19,000
2d Conv	1,040	3,120	5,200	10,400	18,200	26,000
4d 2S Sta Wag	580	1,740	2,900	5,800	10,150	14,500
4d 3S Sta Wag	588	1,764	2,940	5,880	10,290	14,700
1959 Firedome, V-8						
4d Sed	540	1,620	2,700	5,400	9,450	13,500
4d HT Sptman	720	2,160	3,600	7,200	12,600	18,000
2d HT Sptman	800	2,400	4,000	8,000	14,000	20,000
2d Conv	1,160	3,480	5,800	11,600	20,300	29,000
1959 Fireflite, V-8						
4d Sed	560	1,680	2,800	5,600	9,800	14,000
4d HT Sptman	760	2,280	3,800	7,600	13,300	19,000
2d HT Sptman	840	2,520	4,200	8,400	14,700	21,000
2d Conv	1,280	3,840	6,400	12,800	22,400	32,000
4d 2S Sta Wag	588	1,764	2,940	5,880	10,290	14,700
4d 3S Sta Wag	592	1,776	2,960	5,920	10,360	14,800
1959 Adventurer, V-8						
2d HT	880	2,640	4,400	8,800	15,400	22,000
2d Conv	1,520	4,560	7,600	15,200	26,600	38,000
1960 Fireflite, V-8						
4d Sed	540	1,620	2,700	5,400	9,450	13,500
4d HT	580	1,740	2,900	5,800	10,150	14,500
2d HT	620	1,860	3,100	6,200	10,850	15,500
1960 Adventurer, V-8						
4d Sed	560	1,680	2,800	5,600	9,800	14,000
4d HT	640	1,920	3,200	6,400	11,200	16,000
2d HT	720	2,160	3,600	7,200	12,600	18,000
1961 Fireflite, V-8						
4d HT	660	1,980	3,300	6,600	11,550	16,500
2d HT	760	2,280	3,800	7,600	13,300	19,000

DODGE

1914 4-cyl., 110" wb						
(Serial # 1-249.)						
4d Tr	920	2,760	4,600	9,200	16,100	23,000
1915 4-cyl., 110" wb						
2d Rds	880	2,640	4,400	8,800	15,400	22,000
4d Tr	920	2,760	4,600	9,200	16,100	23,000
1916 4-cyl., 110" wb						
2d Rds	880	2,640	4,400	8,800	15,400	22,000
2d W.T. Rds	920	2,760	4,600	9,200	16,100	23,000
4d Tr	960	2,880	4,800	9,600	16,800	24,000
4d W.T. Tr	1,000	3,000	5,000	10,000	17,500	25,000
1917 4-cyl., 114" wb						
2d Rds	840	2,520	4,200	8,400	14,700	21,000
2d W.T. Rds	880	2,640	4,400	8,800	15,400	22,000
4d Tr	920	2,760	4,600	9,200	16,100	23,000
4d W.T. Tr	960	2,880	4,800	9,600	16,800	24,000

	6	5	4	3	2	1
2d Cpe	580	1,740	2,900	5,800	10,150	14,500
4d C.D. Sed	560	1,680	2,800	5,600	9,800	14,000
1918 4-cyl., 114" wb						
2d Rds	840	2,520	4,200	8,400	14,700	21,000
2d W.T. Rds	880	2,640	4,400	8,800	15,400	22,000
4d Tr	920	2,760	4,600	9,200	16,100	23,000
4d W.T. Tr	960	2,880	4,800	9,600	16,800	24,000
2d Cpe	560	1,680	2,800	5,600	9,800	14,000
4d Sed	540	1,620	2,700	5,400	9,450	13,500
1919 4-cyl., 114" wb						
2d Rds	800	2,400	4,000	8,000	14,000	20,000
4d Tr	840	2,520	4,200	8,400	14,700	21,000
2d Cpe	560	1,680	2,800	5,600	9,800	14,000
2d Rex Cpe	580	1,740	2,900	5,800	10,150	14,500
4d Rex Sed	536	1,608	2,680	5,360	9,380	13,400
4d Sed	540	1,620	2,700	5,400	9,450	13,500
4d Dep Hk	520	1,560	2,600	5,200	9,100	13,000
2d Sed Dely	560	1,680	2,800	5,600	9,800	14,000
1920 4-cyl., 114" wb						
2d Rds	760	2,280	3,800	7,600	13,300	19,000
4d Tr	780	2,340	3,900	7,800	13,650	19,500
2d Cpe	400	1,200	2,000	4,000	7,000	10,000
4d Sed	380	1,140	1,900	3,800	6,650	9,500
1921 4-cyl., 114" wb						
2d Rds	760	2,280	3,800	7,600	13,300	19,000
4d Tr	780	2,340	3,900	7,800	13,650	19,500
2d Cpe	400	1,200	2,000	4,000	7,000	10,000
4d Sed	380	1,140	1,900	3,800	6,650	9,500
1922 1st series, 4-cyl., 114" wb, (low hood models)						
2d Rds	760	2,280	3,800	7,600	13,300	19,000
4d Tr	780	2,340	3,900	7,800	13,650	19,500
2d Cpe	400	1,200	2,000	4,000	7,000	10,000
4d Sed	380	1,140	1,900	3,800	6,650	9,500
1922 2nd series, 4-cyl., 114" wb, (high hood models)						
2d Rds	780	2,340	3,900	7,800	13,650	19,500
4d Tr	800	2,400	4,000	8,000	14,000	20,000
2d Bus Cpe	380	1,140	1,900	3,800	6,650	9,500
4d Bus Sed	364	1,092	1,820	3,640	6,370	9,100
4d Sed	360	1,080	1,800	3,600	6,300	9,000
1923 4-cyl., 114" wb						
2d Rds	720	2,160	3,600	7,200	12,600	18,000
4d Tr	740	2,220	3,700	7,400	12,950	18,500
2d Bus Cpe	372	1,116	1,860	3,720	6,510	9,300
4d Bus Sed	368	1,104	1,840	3,680	6,440	9,200
4d Sed	360	1,080	1,800	3,600	6,300	9,000
1924 4-cyl., 116" wb						
2d Rds	760	2,280	3,800	7,600	13,300	19,000
4d Tr	780	2,340	3,900	7,800	13,650	19,500
2d Bus Cpe	400	1,200	2,000	4,000	7,000	10,000
2d 4P Cpe	408	1,224	2,040	4,080	7,140	10,200
4d Bus Sed	400	1,200	2,000	4,000	7,000	10,000
4d Sed	400	1,200	2,000	4,000	7,000	10,000
1924 Special Series (deluxe equip. - introduced Jan. 1924)						
2d Rds	720	2,160	3,600	7,200	12,600	18,000
4d Tr	760	2,280	3,800	7,600	13,300	19,000
2d Bus Cpe	400	1,200	2,000	4,000	7,000	10,000
2d 4P Cpe	420	1,260	2,100	4,200	7,350	10,500
4d Bus Sed	400	1,200	2,000	4,000	7,000	10,000
4d Sed	404	1,212	2,020	4,040	7,070	10,100
1925 4-cyl., 116" wb						
2d Rds	720	2,160	3,600	7,200	12,600	18,000
2d Spl Rds	740	2,220	3,700	7,400	12,950	18,500
4d Tr	760	2,280	3,800	7,600	13,300	19,000
4d Spl Tr	780	2,340	3,900	7,800	13,650	19,500
2d Bus Cpe	420	1,260	2,100	4,200	7,350	10,500
2d Spl Bus Cpe	428	1,284	2,140	4,280	7,490	10,700
2d 4P Cpe	416	1,248	2,080	4,160	7,280	10,400
2d Sp Cpe	420	1,260	2,100	4,200	7,350	10,500
4d Bus Sed	400	1,200	2,000	4,000	7,000	10,000
4d Spl Bus Sed	404	1,212	2,020	4,040	7,070	10,100
4d Sed	408	1,224	2,040	4,080	7,140	10,200
4d Spl Sed	412	1,236	2,060	4,120	7,210	10,300
2d Sed	400	1,200	2,000	4,000	7,000	10,000
2d Spl Sed	404	1,212	2,020	4,040	7,070	10,100
1926 4-cyl., 116" wb						
2d Rds	700	2,100	3,500	7,000	12,250	17,500

	6	5	4	3	2	1
2d Spl Rds	720	2,160	3,600	7,200	12,600	18,000
2d Spt Rds	728	2,184	3,640	7,280	12,740	18,200
4d Tr	700	2,100	3,500	7,000	12,250	17,500
4d Spl Tr	720	2,160	3,600	7,200	12,600	18,000
4d Spt Tr	760	2,280	3,800	7,600	13,300	19,000
2d Cpe	400	1,200	2,000	4,000	7,000	10,000
2d Spl Cpe	420	1,260	2,100	4,200	7,350	10,500
2d Sed	392	1,176	1,960	3,920	6,860	9,800
2d Spl Sed	400	1,200	2,000	4,000	7,000	10,000
4d Bus Sed	388	1,164	1,940	3,880	6,790	9,700
4d Spl Bus Sed	404	1,212	2,020	4,040	7,070	10,100
4d Sed	396	1,188	1,980	3,960	6,930	9,900
4d Spl Sed	400	1,200	2,000	4,000	7,000	10,000
4d DeL Sed	404	1,212	2,020	4,040	7,070	10,100
1927-28 4-cyl., 116" wb						
2d Rds	700	2,100	3,500	7,000	12,250	17,500
2d Spl Rds	720	2,160	3,600	7,200	12,600	18,000
2d Spt Rds	740	2,220	3,700	7,400	12,950	18,500
2d Cabr	680	2,040	3,400	6,800	11,900	17,000
4d Tr	680	2,040	3,400	6,800	11,900	17,000
4d Spl Tr	700	2,100	3,500	7,000	12,250	17,500
4d Spt Tr	720	2,160	3,600	7,200	12,600	18,000
2d Cpe	404	1,212	2,020	4,040	7,070	10,100
2d Spl Cpe	420	1,260	2,100	4,200	7,350	10,500
4d Sed	400	1,200	2,000	4,000	7,000	10,000
4d Spl Sed	404	1,212	2,020	4,040	7,070	10,100
4d DeL Sed	408	1,224	2,040	4,080	7,140	10,200
4d A-P Sed	420	1,260	2,100	4,200	7,350	10,500
1928 "Fast Four", 4-cyl., 108" wb						
2d Cabr	650	1,900	3,200	6,400	11,200	16,000
2d Cpe	550	1,600	2,650	5,300	9,250	13,200
4d Sed	500	1,550	2,600	5,200	9,100	13,000
4d DeL Sed	500	1,550	2,600	5,250	9,150	13,100
1928 Standard Series, 6-cyl., 110" wb						
2d Cabr	700	2,100	3,500	7,000	12,250	17,500
2d Cpe	560	1,680	2,800	5,600	9,800	14,000
4d Sed	540	1,620	2,700	5,400	9,450	13,500
4d DeL Sed	560	1,680	2,800	5,600	9,800	14,000
1928 Victory Series, 6-cyl., 112" wb						
4d Tr	880	2,640	4,400	8,800	15,400	22,000
2d Cpe	580	1,740	2,900	5,800	10,150	14,500
2d RS Cpe	600	1,800	3,000	6,000	10,500	15,000
4d Brgm	580	1,740	2,900	5,800	10,150	14,500
1928 Series 2249, Standard 6-cyl., 116" wb						
2d Cabr	880	2,640	4,400	8,800	15,400	22,000
4d Brgm	576	1,728	2,880	5,760	10,080	14,400
4d Sed	540	1,620	2,700	5,400	9,450	13,500
4d DeL Sed	560	1,680	2,800	5,600	9,800	14,000
1928 Series 2251, Senior 6-cyl., 116" wb						
2d Cabr	960	2,880	4,800	9,600	16,800	24,000
2d Spt Cabr	1,000	3,000	5,000	10,000	17,500	25,000
2d RS Cpe	580	1,740	2,900	5,800	10,150	14,500
2d Spt Cpe	600	1,800	3,000	6,000	10,500	15,000
4d Sed	560	1,680	2,800	5,600	9,800	14,000
4d Spt Sed	580	1,740	2,900	5,800	10,150	14,500
1929 Standard Series, 6-cyl., 110" wb						
2d Bus Cpe	660	1,980	3,300	6,600	11,550	16,500
2d Cpe	680	2,040	3,400	6,800	11,900	17,000
4d Sed	620	1,860	3,100	6,200	10,850	15,500
4d DeL Sed	640	1,920	3,200	6,400	11,200	16,000
4d Spt DeL Sed	660	1,980	3,300	6,600	11,550	16,500
4d A-P Sed	668	2,004	3,340	6,680	11,690	16,700
1929 Victory Series, 6-cyl., 112" wb						
2d Rds	1,120	3,360	5,600	11,200	19,600	28,000
2d Spt Rds	1,160	3,480	5,800	11,600	20,300	29,000
4d Tr	1,160	3,480	5,800	11,600	20,300	29,000
4d Spt Tr	1,200	3,600	6,000	12,000	21,000	30,000
2d Cpe	660	1,980	3,300	6,600	11,550	16,500
2d DeL Cpe	680	2,040	3,400	6,800	11,900	17,000
4d Sed	600	1,800	3,000	6,000	10,500	15,000
4d Spt Sed	620	1,860	3,100	6,200	10,850	15,500
1929 Standard Series DA, 6-cyl., 63 hp, 112" wb						
(Introduced Jan. 1, 1929.)						
2d Rds	1,160	3,480	5,800	11,600	20,300	29,000
2d Spt Rds	1,200	3,600	6,000	12,000	21,000	30,000
4d Phae	1,240	3,720	6,200	12,400	21,700	31,000
4d Spt Phae	1,280	3,840	6,400	12,800	22,400	32,000

	6	5	4	3	2	1
2d Bus Cpe	680	2,040	3,400	6,800	11,900	17,000
2d DeL RS Cpe	700	2,100	3,500	7,000	12,250	17,500
2d Vic	660	1,980	3,300	6,600	11,550	16,500
4d Brgm	600	1,800	3,000	6,000	10,500	15,000
4d Sed	580	1,740	2,900	5,800	10,150	14,500
4d DeL Sed	592	1,776	2,960	5,920	10,360	14,800
4d DeL Spt Sed	600	1,800	3,000	6,000	10,500	15,000
1929 Senior Series, 6-cyl., 120" wb						
2d Rds	1,200	3,600	6,000	12,000	21,000	30,000
2d 2P Cpe	700	2,100	3,500	7,000	12,250	17,500
2d RS Spt Cpe	740	2,220	3,700	7,400	12,950	18,500
2d Vic Brgm	700	2,100	3,500	7,000	12,250	17,500
4d Sed	660	1,980	3,300	6,600	11,550	16,500
4d Spt Sed	680	2,040	3,400	6,800	11,900	17,000
4d Lan Sed	700	2,100	3,500	7,000	12,250	17,500
4d Spt Lan Sed	716	2,148	3,580	7,160	12,530	17,900
1930 Series DA, 6-cyl., 112" wb						
2d Rds	1,280	3,840	6,400	12,800	22,400	32,000
4d Phae	1,320	3,960	6,600	13,200	23,100	33,000
2d Bus Cpe	640	1,920	3,200	6,400	11,200	16,000
2d DeL Cpe	660	1,980	3,300	6,600	11,550	16,500
2d Vic	668	2,004	3,340	6,680	11,690	16,700
4d Brgm	640	1,920	3,200	6,400	11,200	16,000
2d Sed	628	1,884	3,140	6,280	10,990	15,700
4d Sed	632	1,896	3,160	6,320	11,060	15,800
4d DeL Sed	640	1,920	3,200	6,400	11,200	16,000
2d RS Rds	1,320	3,960	6,600	13,200	23,100	33,000
2d RS Cpe	740	2,220	3,700	7,400	12,950	18,500
4d Lan Sed	660	1,980	3,300	6,600	11,550	16,500
1930 Series DD, 6-cyl., 109" wb						
(Introduced Jan. 1, 1930.)						
2d RS Rds	1,240	3,720	6,200	12,400	21,700	31,000
4d Phae	1,280	3,840	6,400	12,800	22,400	32,000
2d RS Conv	1,280	3,840	6,400	12,800	22,400	32,000
2d Bus Cpe	760	2,280	3,800	7,600	13,300	19,000
2d RS Cpe	800	2,400	4,000	8,000	14,000	20,000
4d Sed	620	1,860	3,100	6,200	10,850	15,500
1930 Series DC, 8-cyl., 114" wb						
(Introduced Jan. 1, 1930.)						
2d Rds	1,280	3,840	6,400	12,800	22,400	32,000
2d RS Conv	1,240	3,720	6,200	12,400	21,700	31,000
4d Phae	1,320	3,960	6,600	13,200	23,100	33,000
2d Bus Cpe	780	2,340	3,900	7,800	13,650	19,500
2d RS Cpe	820	2,460	4,100	8,200	14,350	20,500
4d Sed	640	1,920	3,200	6,400	11,200	16,000
1931 Series DH, 6-cyl., 114" wb						
(Introduced Dec. 1, 1930.)						
2d Rds	1,320	3,960	6,600	13,200	23,100	33,000
2d RS Conv	1,280	3,840	6,400	12,800	22,400	32,000
2d Bus Cpe	760	2,280	3,800	7,600	13,300	19,000
2d RS Cpe	800	2,400	4,000	8,000	14,000	20,000
4d Sed	580	1,740	2,900	5,800	10,150	14,500
1931 Series DG, 8-cyl., 118.3" wb						
(Introduced Jan. 1, 1931.)						
2d RS Rds	1,400	4,200	7,000	14,000	24,500	35,000
2d RS Conv	1,320	3,960	6,600	13,200	23,100	33,000
4d Phae	1,400	4,200	7,000	14,000	24,500	35,000
2d RS Cpe	840	2,520	4,200	8,400	14,700	21,000
4d Sed	720	2,160	3,600	7,200	12,600	18,000
2d 5P Cpe	840	2,520	4,200	8,400	14,700	21,000
1932 Series DL, 6-cyl., 114.3" wb						
(Introduced Jan. 1, 1932.)						
2d RS Conv	1,240	3,720	6,200	12,400	21,700	31,000
2d Bus Cpe	800	2,400	4,000	8,000	14,000	20,000
2d RS Cpe	840	2,520	4,200	8,400	14,700	21,000
4d Sed	660	1,980	3,300	6,600	11,550	16,500
1932 Series DK, 8-cyl., 122" wb						
(Introduced Jan. 1, 1932.)						
2d Conv	1,280	3,840	6,400	12,800	22,400	32,000
4d Conv Sed	1,360	4,080	6,800	13,600	23,800	34,000
2d RS Cpe	860	2,580	4,300	8,600	15,050	21,500
2d 5P Cpe	820	2,460	4,100	8,200	14,350	20,500
4d Sed	680	2,040	3,400	6,800	11,900	17,000
1933 Series DP, 6-cyl., 111.3" wb						
2d RS Conv	1,360	4,080	6,800	13,600	23,800	34,000

1952 Crosley Super convertible

1939 DeSoto Series S6 sedan

1949 DeSoto Custom convertible coupe

	6	5	4	3	2	1
2d Bus Cpe	780	2,340	3,900	7,800	13,650	19,500
2d RS Cpe	800	2,400	4,000	8,000	14,000	20,000
4d Sed	660	1,980	3,300	6,600	11,550	16,500
4d Brgm	668	2,004	3,340	6,680	11,690	16,700
4d DeL Brgm	680	2,040	3,400	6,800	11,900	17,000

NOTE: Second Series DP introduced April 5, 1933 increasing WB from 111" to 115" included in above.

1933 Series DO, 8-cyl., 122" wb

2d RS Conv	1,480	4,440	7,400	14,800	25,900	37,000
4d Conv Sed	1,480	4,440	7,400	14,800	25,900	37,000
2d RS Cpe	880	2,640	4,400	8,800	15,400	22,000
2d Cpe	860	2,580	4,300	8,600	15,050	21,500
4d Sed	740	2,220	3,700	7,400	12,950	18,500

1934 DeLuxe Series DR, 6-cyl., 117" wb

2d RS Conv	1,360	4,080	6,800	13,600	23,800	34,000
2d Bus Cpe	820	2,460	4,100	8,200	14,350	20,500
2d RS Cpe	840	2,520	4,200	8,400	14,700	21,000
2d Sed	660	1,980	3,300	6,600	11,550	16,500
4d Sed	648	1,944	3,240	6,480	11,340	16,200

1934 Series DS, 6-cyl., 121" wb

4d Conv Sed	1,400	4,200	7,000	14,000	24,500	35,000
4d Brgm	680	2,040	3,400	6,800	11,900	17,000

1934 DeLuxe Series DRXX, 6-cyl., 117" wb

(Introduced June 2, 1934.)

2d Conv	1,320	3,960	6,600	13,200	23,100	33,000
2d Bus Cpe	840	2,520	4,200	8,400	14,700	21,000
2d Cpe	860	2,580	4,300	8,600	15,050	21,500
2d Sed	644	1,932	3,220	6,440	11,270	16,100
4d Sed	640	1,920	3,200	6,400	11,200	16,000

1935 Series DU, 6-cyl., 116" wb - 128" wb, (*)

2d RS Conv	1,240	3,720	6,200	12,400	21,700	31,000
2d Cpe	700	2,100	3,500	7,000	12,250	17,500
2d RS Cpe	720	2,160	3,600	7,200	12,600	18,000
2d Sed	584	1,752	2,920	5,840	10,220	14,600
2d Tr Sed	588	1,764	2,940	5,880	10,290	14,700
4d Sed	592	1,776	2,960	5,920	10,360	14,800
4d Tr Sed	600	1,800	3,000	6,000	10,500	15,000
4d Car Sed (*)	612	1,836	3,060	6,120	10,710	15,300
4d 7P Sed (*)	632	1,896	3,160	6,320	11,060	15,800

1936 Series D2, 6-cyl., 116" wb - 128" wb, (*)

2d RS Conv	1,240	3,720	6,200	12,400	21,700	31,000
4d Conv Sed	1,280	3,840	6,400	12,800	22,400	32,000
2d 2P Cpe	700	2,100	3,500	7,000	12,250	17,500
2d RS Cpe	720	2,160	3,600	7,200	12,600	18,000
2d Sed	572	1,716	2,860	5,720	10,010	14,300
2d Tr Sed	576	1,728	2,880	5,760	10,080	14,400
4d Sed	576	1,728	2,880	5,760	10,080	14,400
4d Tr Sed	580	1,740	2,900	5,800	10,150	14,500
4d 7P Sed (*)	592	1,776	2,960	5,920	10,360	14,800

1937 Series D5, 6-cyl., 115" wb - 132" wb, (*)

2d RS Conv	1,120	3,360	5,600	11,200	19,600	28,000
4d Conv Sed	1,160	3,480	5,800	11,600	20,300	29,000
2d Bus Cpe	700	2,100	3,500	7,000	12,250	17,500
2d RS Cpe	720	2,160	3,600	7,200	12,600	18,000
2d Sed	572	1,716	2,860	5,720	10,010	14,300
2d Tr Sed	584	1,752	2,920	5,840	10,220	14,600
4d Sed	584	1,752	2,920	5,840	10,220	14,600
4d Tr Sed	592	1,776	2,960	5,920	10,360	14,800
4d 7P Sed (*)	620	1,860	3,100	6,200	10,850	15,500
4d Limo (*)	640	1,920	3,200	6,400	11,200	16,000

1938 Series D8, 6-cyl., 115" wb - 132" wb, (*)

2d Conv Cpe	1,160	3,480	5,800	11,600	20,300	29,000
4d Conv Sed	1,200	3,600	6,000	12,000	21,000	30,000
2d Bus Cpe	680	2,040	3,400	6,800	11,900	17,000
2d Cpe 2-4	720	2,160	3,600	7,200	12,600	18,000
2d Sed	580	1,740	2,900	5,800	10,150	14,500
2d Tr Sed	588	1,764	2,940	5,880	10,290	14,700
4d Sed	600	1,800	3,000	6,000	10,500	15,000
4d Tr Sed	604	1,812	3,020	6,040	10,570	15,100
4d Sta Wag	652	1,956	3,260	6,520	11,410	16,300
4d 7P Sed (*)	640	1,920	3,200	6,400	11,200	16,000
4d Limo	664	1,992	3,320	6,640	11,620	16,600

1939 Special Series D11S, 6-cyl., 117" wb

2d Cpe	692	2,076	3,460	6,920	12,110	17,300
2d Sed	572	1,716	2,860	5,720	10,010	14,300
4d Sed	580	1,740	2,900	5,800	10,150	14,500

	6	5	4	3	2	1
1939 DeLuxe Series D11, 6-cyl., 117" wb - 134" wb, (*)						
2d Cpe	720	2,160	3,600	7,200	12,600	18,000
2d A/S Cpe	800	2,400	4,000	8,000	14,000	20,000
2d Twn Cpe	760	2,280	3,800	7,600	13,300	19,000
2d Sed	580	1,740	2,900	5,800	10,150	14,500
4d Sed	588	1,764	2,940	5,880	10,290	14,700
4d Ewb Sed (*)	672	2,016	3,360	6,720	11,760	16,800
4d Limo (*)	680	2,040	3,400	6,800	11,900	17,000
1940 Special Series D17, 6-cyl., 119.5" wb						
2d Cpe	700	2,100	3,500	7,000	12,250	17,500
2d Sed	600	1,800	3,000	6,000	10,500	15,000
4d Sed	608	1,824	3,040	6,080	10,640	15,200
1940 DeLuxe Series D14, 6-cyl., 119.5" wb - 139.5" wb, (*)						
2d Conv	1,200	3,600	6,000	12,000	21,000	30,000
2d Cpe	720	2,160	3,600	7,200	12,600	18,000
2d 4P Cpe	740	2,220	3,700	7,400	12,950	18,500
2d Sed	620	1,860	3,100	6,200	10,850	15,500
4d Sed	632	1,896	3,160	6,320	11,060	15,800
4d Ewb Sed (*)	636	1,908	3,180	6,360	11,130	15,900
4d Limo (*)	640	1,920	3,200	6,400	11,200	16,000
1941 DeLuxe Series D19, 6-cyl., 119.5" wb						
2d Cpe	680	2,040	3,400	6,800	11,900	17,000
2d Sed	612	1,836	3,060	6,120	10,710	15,300
4d Sed	620	1,860	3,100	6,200	10,850	15,500
1941 Custom Series D19, 6-cyl., 119.5" wb - 137.5" wb, (*)						
2d Conv	1,200	3,600	6,000	12,000	21,000	30,000
2d Clb Cpe	700	2,100	3,500	7,000	12,250	17,500
2d Brgm	628	1,884	3,140	6,280	10,990	15,700
4d Sed	624	1,872	3,120	6,240	10,920	15,600
4d Twn Sed	632	1,896	3,160	6,320	11,060	15,800
4d 7P Sed (*)	636	1,908	3,180	6,360	11,130	15,900
4d Limo (*)	652	1,956	3,260	6,520	11,410	16,300
1942 DeLuxe Series D22, 6-cyl., 119.5" wb						
2d Cpe	672	2,016	3,360	6,720	11,760	16,800
2d Clb Cpe	680	2,040	3,400	6,800	11,900	17,000
2d Sed	600	1,800	3,000	6,000	10,500	15,000
4d Sed	604	1,812	3,020	6,040	10,570	15,100
1942 Custom Series D22, 6-cyl., 119.5" wb - 137.5" wb, (*)						
2d Conv	1,120	3,360	5,600	11,200	19,600	28,000
2d Clb Cpe	720	2,160	3,600	7,200	12,600	18,000
2d Brgm	660	1,980	3,300	6,600	11,550	16,500
4d Sed	652	1,956	3,260	6,520	11,410	16,300
4d Twn Sed	656	1,968	3,280	6,560	11,480	16,400
4d 7P Sed (*)	672	2,016	3,360	6,720	11,760	16,800
4d Limo (*)	720	2,160	3,600	7,200	12,600	18,000
1946-1948 DeLuxe Series D24, 6-cyl., 119.5" wb						
2d Cpe	600	1,800	3,000	6,000	10,500	15,000
2d Sed	568	1,704	2,840	5,680	9,940	14,200
4d Sed	572	1,716	2,860	5,720	10,010	14,300
1946-1948 Custom Series D24, 6-cyl., 119.5" wb - 137.5" wb, (*)						
2d Conv	1,120	3,360	5,600	11,200	19,600	28,000
2d Clb Cpe	620	1,860	3,100	6,200	10,850	15,500
4d Sed	580	1,740	2,900	5,800	10,150	14,500
4d Twn Sed	584	1,752	2,920	5,840	10,220	14,600
4d 7P Sed (*)	588	1,764	2,940	5,880	10,290	14,700
1949 Series D29 Wayfarer, 6-cyl., 115" wb						
First Series 1949 is the same as 1948.						
2d Rds	1,160	3,480	5,800	11,600	20,300	29,000
2d Bus Cpe	580	1,740	2,900	5,800	10,150	14,500
2d Sed	564	1,692	2,820	5,640	9,870	14,100
1949 Series D30 Meadowbrook, 6-cyl., 123.5" wb						
4d Sed	560	1,680	2,800	5,600	9,800	14,000
1949 Series D30 Coronet, 6-cyl., 123.5" wb - 137.5" wb, (*)						
2d Conv	1,080	3,240	5,400	10,800	18,900	27,000
2d Clb Cpe	600	1,800	3,000	6,000	10,500	15,000
4d Sed	572	1,716	2,860	5,720	10,010	14,300
4d Twn Sed	580	1,740	2,900	5,800	10,150	14,500
4d Sta Wag	720	2,160	3,600	7,200	12,600	18,000
4d 8P Sed (*)	620	1,860	3,100	6,200	10,850	15,500
1950 Series D33 Wayfarer, 6-cyl., 115" wb						
2d Rds	1,160	3,480	5,800	11,600	20,300	29,000
2d Cpe	600	1,800	3,000	6,000	10,500	15,000
2d Sed	568	1,704	2,840	5,680	9,940	14,200
1950 Series D34 Meadowbrook, 6-cyl., 123.5" wb						
4d Sed	560	1,680	2,800	5,600	9,800	14,000

	6	5	4	3	2	1
1950 Series D34 Coronet, 123.5" wb - 137.5" wb, (*)						
2d Conv	1,160	3,480	5,800	11,600	20,300	29,000
2d Clb Cpe	600	1,800	3,000	6,000	10,500	15,000
2d HT Dipl	760	2,280	3,800	7,600	13,300	19,000
4d Sed	568	1,704	2,840	5,680	9,940	14,200
4d Twn Sed	576	1,728	2,880	5,760	10,080	14,400
4d Sta Wag	800	2,400	4,000	8,000	14,000	20,000
4d Mtl Sta Wag	680	2,040	3,400	6,800	11,900	17,000
4d 8P Sed (*)	624	1,872	3,120	6,240	10,920	15,600
1951-1952 Wayfarer Series D41, 6-cyl., 115" wb						
2d Rds (1951 only)	1,080	3,240	5,400	10,800	18,900	27,000
2d Sed	520	1,560	2,600	5,200	9,100	13,000
2d Cpe	560	1,680	2,800	5,600	9,800	14,000
1951-1952 Meadowbrook Series D42, 6-cyl., 123.5" wb						
4d Sed	540	1,620	2,700	5,400	9,450	13,500
1951-1952 Coronet Series D42, 6-cyl., 123.5" wb						
4d Sed	548	1,644	2,740	5,480	9,590	13,700
2d Clb Cpe	584	1,752	2,920	5,840	10,220	14,600
2d HT Dipl	840	2,520	4,200	8,400	14,700	21,000
2d Conv	1,080	3,240	5,400	10,800	18,900	27,000
4d Mtl Sta Wag	680	2,040	3,400	6,800	11,900	17,000
4d 8P Sed	564	1,692	2,820	5,640	9,870	14,100
1953 Meadowbrook Special, 6-cyl., disc 4/53						
4d Sed	572	1,716	2,860	5,720	10,010	14,300
2d Clb Cpe	580	1,740	2,900	5,800	10,150	14,500
1953 Series D46 Meadowbrook, 6-cyl., 119" wb						
4d Sed	580	1,740	2,900	5,800	10,150	14,500
2d Clb Cpe	584	1,752	2,920	5,840	10,220	14,600
2d Sub	580	1,740	2,900	5,800	10,150	14,500
1953 Coronet, 6-cyl., 119" wb						
4d Sed	588	1,764	2,940	5,880	10,290	14,700
2d Clb Cpe	592	1,776	2,960	5,920	10,360	14,800
1953 Series D44 Coronet, V-8, 119" wb						
4d Sed	600	1,800	3,000	6,000	10,500	15,000
2d Clb Cpe	604	1,812	3,020	6,040	10,570	15,100
1953 Series D48 Coronet, V-8, 119" wb - 114" wb, (*)						
2d HT Dipl	800	2,400	4,000	8,000	14,000	20,000
2d Conv	1,080	3,240	5,400	10,800	18,900	27,000
2d Sta Wag (*)	640	1,920	3,200	6,400	11,200	16,000
1954 Series D51-1 Meadowbrook, 6-cyl., 119" wb						
4d Sed	592	1,776	2,960	5,920	10,360	14,800
2d Clb Cpe	592	1,776	2,960	5,920	10,360	14,800
1954 Series D51-2 Coronet, 6-cyl., 119" wb						
4d Sed	596	1,788	2,980	5,960	10,430	14,900
2d Clb Cpe	600	1,800	3,000	6,000	10,500	15,000
1954 Series D52 Coronet, 6-cyl., 114" wb						
2d Sub	620	1,860	3,100	6,200	10,850	15,500
4d 6P Sta Wag	680	2,040	3,400	6,800	11,900	17,000
4d 8P Sta Wag	720	2,160	3,600	7,200	12,600	18,000
1954 Series D50-1 Meadowbrook, V-8, 119" wb						
4d Sed	592	1,776	2,960	5,920	10,360	14,800
2d Clb Cpe	600	1,800	3,000	6,000	10,500	15,000
1954 Series D50-2 Coronet, V-8, 119" wb						
4d Sed	612	1,836	3,060	6,120	10,710	15,300
2d Clb Cpe	620	1,860	3,100	6,200	10,850	15,500
1954 Series D53-2 Coronet, V-8, 114" wb						
2d Sub	612	1,836	3,060	6,120	10,710	15,300
4d 2S Sta Wag	700	2,100	3,500	7,000	12,250	17,500
4d 3S Sta Wag	740	2,220	3,700	7,400	12,950	18,500
1954 Series D50-3 Royal, V-8, 119" wb						
4d Sed	680	2,040	3,400	6,800	11,900	17,000
2d Clb Cpe	680	2,040	3,400	6,800	11,900	17,000
1954 Series D53-3 Royal, V-8, 114" wb						
2d HT	920	2,760	4,600	9,200	16,100	23,000
2d Conv	1,120	3,360	5,600	11,200	19,600	28,000
2d Pace Car Replica Conv	1,240	3,720	6,200	12,400	21,700	31,000
1955 Coronet, V-8, 120" wb						
4d Sed	592	1,776	2,960	5,920	10,360	14,800
2d Sed	588	1,764	2,940	5,880	10,290	14,700
2d HT	920	2,760	4,600	9,200	16,100	23,000
2d Sub Sta Wag	640	1,920	3,200	6,400	11,200	16,000
4d 6P Sta Wag	660	1,980	3,300	6,600	11,550	16,500
4d 8P Sta Wag	668	2,004	3,340	6,680	11,690	16,700

NOTE: Deduct 5 percent for 6-cyl. models.

	6	5	4	3	2	1
1955 Royal, V-8, 120" wb						
4d Sed	592	1,776	2,960	5,920	10,360	14,800
2d HT	960	2,880	4,800	9,600	16,800	24,000
4d 6P Sta Wag	680	2,040	3,400	6,800	11,900	17,000
4d 8P Sta Wag	700	2,100	3,500	7,000	12,250	17,500
1955 Custom Royal, V-8, 120" wb						
4d Sed	640	1,920	3,200	6,400	11,200	16,000
4d Lancer	760	2,280	3,800	7,600	13,300	19,000
2d HT	1,000	3,000	5,000	10,000	17,500	25,000
2d Conv	1,160	3,480	5,800	11,600	20,300	29,000
NOTE: Deduct 5 percent for 6-cyl. models. Add 10 percent for La-Femme.						
1956 Coronet, V-8, 120" wb						
4d Sed	580	1,740	2,900	5,800	10,150	14,500
4d HT	640	1,920	3,200	6,400	11,200	16,000
2d Clb Sed	600	1,800	3,000	6,000	10,500	15,000
2d HT	880	2,640	4,400	8,800	15,400	22,000
2d Conv	1,240	3,720	6,200	12,400	21,700	31,000
2d Sub Sta Wag	640	1,920	3,200	6,400	11,200	16,000
4d 6P Sta Wag	648	1,944	3,240	6,480	11,340	16,200
4d 8P Sta Wag	660	1,980	3,300	6,600	11,550	16,500
NOTE: Deduct 5 percent for 6-cyl. models.						
1956 Royal, V-8, 120" wb						
4d Sed	624	1,872	3,120	6,240	10,920	15,600
4d HT	680	2,040	3,400	6,800	11,900	17,000
2d HT	960	2,880	4,800	9,600	16,800	24,000
2d Sub Sta Wag	660	1,980	3,300	6,600	11,550	16,500
4d 6P Sta Wag	668	2,004	3,340	6,680	11,690	16,700
4d 8P Sta Wag	676	2,028	3,380	6,760	11,830	16,900
1956 Custom Royal, V-8, 120" wb						
4d Sed	628	1,884	3,140	6,280	10,990	15,700
4d HT	760	2,280	3,800	7,600	13,300	19,000
2d HT	1,040	3,120	5,200	10,400	18,200	26,000
2d Conv	1,360	4,080	6,800	13,600	23,800	34,000
NOTE: Add 30 percent for D500 option. Add 10 percent for Golden Lancer. Add 10 percent for La-Femme or Texan options.						
1957 Coronet, V-8, 122" wb						
4d Sed	588	1,764	2,940	5,880	10,290	14,700
4d HT	620	1,860	3,100	6,200	10,850	15,500
2d Sed	592	1,776	2,960	5,920	10,360	14,800
2d HT	880	2,640	4,400	8,800	15,400	22,000
NOTE: Deduct 5 percent for 6-cyl. models.						
1957 Coronet Lancer						
2d Conv	1,320	3,960	6,600	13,200	23,100	33,000
1957 Royal, V-8, 122" wb						
4d Sed	596	1,788	2,980	5,960	10,430	14,900
4d HT	660	1,980	3,300	6,600	11,550	16,500
2d HT	1,120	3,360	5,600	11,200	19,600	28,000
1957 Royal Lancer						
2d Conv	1,480	4,440	7,400	14,800	25,900	37,000
1957 Custom Royal, V-8, 122" wb						
4d Sed	600	1,800	3,000	6,000	10,500	15,000
4d HT	620	1,860	3,100	6,200	10,850	15,500
2d HT	1,160	3,480	5,800	11,600	20,300	29,000
4d 6P Sta Wag	600	1,800	3,000	6,000	10,500	15,000
4d 9P Sta Wag	608	1,824	3,040	6,080	10,640	15,200
2d Sub Sta Wag	620	1,860	3,100	6,200	10,850	15,500
1957 Custom Royal Lancer						
2d Conv	1,600	4,800	8,000	16,000	28,000	40,000
NOTE: Add 30 percent for D500 option.						
1958 Coronet, V-8, 122" wb						
4d Sed	520	1,560	2,600	5,200	9,100	13,000
4d HT	568	1,704	2,840	5,680	9,940	14,200
2d Sed	524	1,572	2,620	5,240	9,170	13,100
2d HT	840	2,520	4,200	8,400	14,700	21,000
2d Conv	1,240	3,720	6,200	12,400	21,700	31,000
NOTE: Deduct 5 percent for 6-cyl. models.						
1958 Royal						
4d Sed	540	1,620	2,700	5,400	9,450	13,500
4d HT	580	1,740	2,900	5,800	10,150	14,500
2d HT	960	2,880	4,800	9,600	16,800	24,000
1958 Custom Royal						
4d Sed	560	1,680	2,800	5,600	9,800	14,000
4d HT	600	1,800	3,000	6,000	10,500	15,000
2d HT	960	2,880	4,800	9,600	16,800	24,000

	6	5	4	3	2	1
2d Conv	1,520	4,560	7,600	15,200	26,600	38,000
4d 6P Sta Wag	600	1,800	3,000	6,000	10,500	15,000
4d 9P Sta Wag	608	1,824	3,040	6,080	10,640	15,200
4d 6P Cus Wag	620	1,860	3,100	6,200	10,850	15,500
4d 9P Cus Wag	628	1,884	3,140	6,280	10,990	15,700
2d Sub Sta Wag	612	1,836	3,060	6,120	10,710	15,300

NOTE: Add 30 percent for D500 option. Add 50 percent for E.F.I . Super D500. Add 20 percent for Regal Lancer.

1959 Coronet

Eight cylinder models

4d Sed	528	1,584	2,640	5,280	9,240	13,200
4d HT	588	1,764	2,940	5,880	10,290	14,700
2d Sed	532	1,596	2,660	5,320	9,310	13,300
2d HT	800	2,400	4,000	8,000	14,000	20,000
2d Conv	1,240	3,720	6,200	12,400	21,700	31,000

NOTE: Deduct 10 percent for 6-cyl. models.

1959 Royal

4d Sed	524	1,572	2,620	5,240	9,170	13,100
4d HT	564	1,692	2,820	5,640	9,870	14,100
2d HT	840	2,520	4,200	8,400	14,700	21,000

1959 Custom Royal

4d Sed	540	1,620	2,700	5,400	9,450	13,500
4d HT	580	1,740	2,900	5,800	10,150	14,500
2d HT	880	2,640	4,400	8,800	15,400	22,000
2d Conv	1,440	4,320	7,200	14,400	25,200	36,000

1959 Sierra

4d 6P Sta Wag	600	1,800	3,000	6,000	10,500	15,000
4d 9P Sta Wag	608	1,824	3,040	6,080	10,640	15,200
4d 6P Cus Wag	608	1,824	3,040	6,080	10,640	15,200
4d 9P Cus Wag	612	1,836	3,060	6,120	10,710	15,300

NOTE: Add 30 percent for D500 option.

1960 Seneca, V-8, 118" wb

Dart Series

4d Sed	408	1,224	2,040	4,080	7,140	10,200
2d Sed	404	1,212	2,020	4,040	7,070	10,100
4d Sta Wag	540	1,620	2,700	5,400	9,450	13,500

1960 Pioneer, V-8, 118" wb

4d Sed	424	1,272	2,120	4,240	7,420	10,600
2d Sed	428	1,284	2,140	4,280	7,490	10,700
2d HT	628	1,884	3,140	6,280	10,990	15,700
4d 6P Sta Wag	560	1,680	2,800	5,600	9,800	14,000
4d 9P Sta Wag	568	1,704	2,840	5,680	9,940	14,200

1960 Phoenix, V-8, 118" wb

4d Sed	528	1,584	2,640	5,280	9,240	13,200
4d HT	640	1,920	3,200	6,400	11,200	16,000
2d HT	720	2,160	3,600	7,200	12,600	18,000
2d Conv	880	2,640	4,400	8,800	15,400	22,000

1960 Matador

Dodge Series

4d Sed	532	1,596	2,660	5,320	9,310	13,300
4d HT	660	1,980	3,300	6,600	11,550	16,500
2d HT	760	2,280	3,800	7,600	13,300	19,000
4d 6P Sta Wag	576	1,728	2,880	5,760	10,080	14,400
4d 9P Sta Wag	584	1,752	2,920	5,840	10,220	14,600

1960 Polara

4d Sed	540	1,620	2,700	5,400	9,450	13,500
4d HT	628	1,884	3,140	6,280	10,990	15,700
2d HT	760	2,280	3,800	7,600	13,300	19,000
2d Conv	920	2,760	4,600	9,200	16,100	23,000
4d 6P Sta Wag	584	1,752	2,920	5,840	10,220	14,600
4d 9P Sta Wag	592	1,776	2,960	5,920	10,360	14,800

NOTE: Deduct 5 percent for 6-cyl. models. Add 30 percent for D500 option.

1961 Lancer, 6-cyl., 106.5" wb

4d Sed	400	1,200	2,000	4,000	7,000	10,000
2d HT	528	1,584	2,640	5,280	9,240	13,200
2d Spt Cpe	416	1,248	2,080	4,160	7,280	10,400

1961 Lancer 770

NOTE: Add 10 percent for Hyper Pak 170-180 hp engine option, and 20 percent for Hyper Pak 225-200 hp.

4d Sta Wag	400	1,200	2,000	4,000	7,000	10,000

1961 Seneca, V-8, 118" wb

Dart Series

4d Sed	408	1,224	2,040	4,080	7,140	10,200

	6	5	4	3	2	1
2d Sed	404	1,212	2,020	4,040	7,070	10,100
4d Sta Wag	520	1,560	2,600	5,200	9,100	13,000

1961 Pioneer, V-8, 118" wb

4d Sed	412	1,236	2,060	4,120	7,210	10,300
2d Sed	404	1,212	2,020	4,040	7,070	10,100
2d HT	540	1,620	2,700	5,400	9,450	13,500
4d 6P Sta Wag	536	1,608	2,680	5,360	9,380	13,400
4d 9P Sta Wag	540	1,620	2,700	5,400	9,450	13,500

1961 Phoenix, V-8, 118" wb

4d Sed	412	1,236	2,060	4,120	7,210	10,300
4d HT	560	1,680	2,800	5,600	9,800	14,000
2d HT	600	1,800	3,000	6,000	10,500	15,000
2d Conv	760	2,280	3,800	7,600	13,300	19,000

1961 Polara

4d Sed	428	1,284	2,140	4,280	7,490	10,700
4d HT	580	1,740	2,900	5,800	10,150	14,500
2d HT	660	1,980	3,300	6,600	11,550	16,500
2d Conv	800	2,400	4,000	8,000	14,000	20,000
4d 6P Sta Wag	540	1,620	2,700	5,400	9,450	13,500
4d 9P Sta Wag	544	1,632	2,720	5,440	9,520	13,600

NOTE: Deduct 5 percent for 6-cyl. models. Add 30 percent for D500 option. Add 30 percent for Ram Charger "413".

1962 Lancer, 6-cyl., 106.5" wb

4d Sed	392	1,176	1,960	3,920	6,860	9,800
2d Sed	388	1,164	1,940	3,880	6,790	9,700
4d Sta Wag	400	1,200	2,000	4,000	7,000	10,000

1962 Lancer 770, 6-cyl., 106.5" wb

4d Sed	396	1,188	1,980	3,960	6,930	9,900
2d Sed	392	1,176	1,960	3,920	6,860	9,800
4d Sta Wag	408	1,224	2,040	4,080	7,140	10,200
2d GT Cpe	520	1,560	2,600	5,200	9,100	13,000

1962 Dart, V-8, 116" wb

Dart Series

4d Sed	404	1,212	2,020	4,040	7,070	10,100
2d Sed	400	1,200	2,000	4,000	7,000	10,000
2d HT	420	1,260	2,100	4,200	7,350	10,500
4d 6P Sta Wag	436	1,308	2,180	4,360	7,630	10,900
4d 9P Sta Wag	420	1,260	2,100	4,200	7,350	10,500

1962 Dart 440, V-8, 116" wb

4d Sed	408	1,224	2,040	4,080	7,140	10,200
4d HT	428	1,284	2,140	4,280	7,490	10,700
2d HT	520	1,560	2,600	5,200	9,100	13,000
2d Conv	750	2,300	3,800	7,600	13,300	19,000
4d 6P Sta Wag	420	1,260	2,100	4,200	7,350	10,500
4d 9P Sta Wag	424	1,272	2,120	4,240	7,420	10,600

1962 Polara 500, V-8, 116" wb

4d HT	520	1,560	2,600	5,200	9,100	13,000
2d HT	540	1,620	2,700	5,400	9,450	13,500
2d Conv	800	2,400	4,000	8,000	14,000	20,000

NOTE: Add 20 percent for Daytona 500 pace car.

1962 Custom 880, V-8, 122" wb

4d Sed	412	1,236	2,060	4,120	7,210	10,300
4d HT	540	1,620	2,700	5,400	9,450	13,500
2d HT	560	1,680	2,800	5,600	9,800	14,000
2d Conv	720	2,160	3,600	7,200	12,600	18,000
4d 6P Sta Wag	420	1,260	2,100	4,200	7,350	10,500
4d 9P Sta Wag	428	1,284	2,140	4,280	7,490	10,700

NOTE: Deduct 5 percent for 6-cyl. models. Add 75 percent for Ram Charger "413".

1963 Dart 170, 6-cyl., 111" wb

4d Sed	368	1,104	1,840	3,680	6,440	9,200
2d Sed	364	1,092	1,820	3,640	6,370	9,100
4d Sta Wag	380	1,140	1,900	3,800	6,650	9,500

1963 Dart 270, 6-cyl., 111" wb

4d Sed	372	1,116	1,860	3,720	6,510	9,300
2d Sed	368	1,104	1,840	3,680	6,440	9,200
2d Conv	560	1,680	2,800	5,600	9,800	14,000
4d Sta Wag	388	1,164	1,940	3,880	6,790	9,700

1963 Dart GT

2d HT	600	1,800	3,000	6,000	10,500	15,000
2d Conv	750	2,300	3,800	7,600	13,300	19,000

1963 Dodge, 330/440, V-8, 119" wb

4d Sed	384	1,152	1,920	3,840	6,720	9,600
2d Sed	388	1,164	1,940	3,880	6,790	9,700
2d HT	520	1,560	2,600	5,200	9,100	13,000
4d 6P Sta Wag	420	1,260	2,100	4,200	7,350	10,500

	6	5	4	3	2	1
4d 9P Sta Wag	424	1,272	2,120	4,240	7,420	10,600
1963 Polara, 318 cid V-8, 119" wb						
4d Sed	396	1,188	1,980	3,960	6,930	9,900
4d HT	416	1,248	2,080	4,160	7,280	10,400
2d HT	540	1,620	2,700	5,400	9,450	13,500
2d Conv	560	1,680	2,800	5,600	9,800	14,000
1963 Polara 500, 383 cid V-8, 119" wb						
2d HT	580	1,740	2,900	5,800	10,150	14,500
2d Conv	700	2,100	3,500	7,000	12,250	17,500
1963 880, V-8, 122" wb						
4d Sed	416	1,248	2,080	4,160	7,280	10,400
4d HT	520	1,560	2,600	5,200	9,100	13,000
2d HT	560	1,680	2,800	5,600	9,800	14,000
2d Conv	680	2,040	3,400	6,800	11,900	17,000
4d 6P Sta Wag	424	1,272	2,120	4,240	7,420	10,600
4d 9P Sta Wag	428	1,284	2,140	4,280	7,490	10,700
NOTE: Deduct 5 percent for 6-cyl. models. Add 75 percent for Ramcharger 426.						
1964 Dart 170, 6-cyl., 111" wb						
4d Sed	368	1,104	1,840	3,680	6,440	9,200
2d Sed	364	1,092	1,820	3,640	6,370	9,100
4d Sta Wag	380	1,140	1,900	3,800	6,650	9,500
1964 Dart 270, 6-cyl., 106" wb						
4d Sed	372	1,116	1,860	3,720	6,510	9,300
2d Sed	368	1,104	1,840	3,680	6,440	9,200
2d Conv	680	2,040	3,400	6,800	11,900	17,000
4d Sta Wag	384	1,152	1,920	3,840	6,720	9,600
1964 Dart GT						
2d HT	620	1,860	3,100	6,200	10,850	15,500
2d Conv	900	2,650	4,400	8,800	15,400	22,000
1964 Dodge, V-8, 119" wb						
4d Sed	384	1,152	1,920	3,840	6,720	9,600
2d Sed	388	1,164	1,940	3,880	6,790	9,700
2d HT	520	1,560	2,600	5,200	9,100	13,000
4d 6P Sta Wag	420	1,260	2,100	4,200	7,350	10,500
4d 9P Sta Wag	424	1,272	2,120	4,240	7,420	10,600
1964 Polara, V-8, 119" wb						
4d Sed	412	1,236	2,060	4,120	7,210	10,300
4d HT	416	1,248	2,080	4,160	7,280	10,400
2d HT	580	1,740	2,900	5,800	10,150	14,500
2d Conv	760	2,280	3,800	7,600	13,300	19,000
1964 880, V-8, 122" wb						
4d Sed	428	1,284	2,140	4,280	7,490	10,700
4d HT	432	1,296	2,160	4,320	7,560	10,800
2d HT	600	1,800	3,000	6,000	10,500	15,000
2d Conv	780	2,340	3,900	7,800	13,650	19,500
4d 6P Sta Wag	424	1,272	2,120	4,240	7,420	10,600
4d 9P Sta Wag	428	1,284	2,140	4,280	7,490	10,700
NOTE: Add 50 percent for 426 street wedge. Add 75 percent for 426 Ramcharger. Add 30 percent for Polara 500 option. Deduct 5 percent for 6-cyl. models.						
1965 Dart, V8, 106" wb						
4d Sed	368	1,104	1,840	3,680	6,440	9,200
2d Sed	364	1,092	1,820	3,640	6,370	9,100
4d Sta Wag	380	1,140	1,900	3,800	6,650	9,500
1965 Dart 270, V-8, 106" wb						
4d Sed	372	1,116	1,860	3,720	6,510	9,300
2d Sed	368	1,104	1,840	3,680	6,440	9,200
2d HT	520	1,560	2,600	5,200	9,100	13,000
2d Conv	750	2,300	3,800	7,600	13,300	19,000
4d Sta Wag	384	1,152	1,920	3,840	6,720	9,600
1965 Dart GT						
2d HT	700	2,100	3,500	7,000	12,250	17,500
2d Conv	1,000	3,000	5,000	10,000	17,500	25,000
1965 Coronet, V-8, 117" wb						
4d Sed	376	1,128	1,880	3,760	6,580	9,400
2d Sed	372	1,116	1,860	3,720	6,510	9,300
1965 Coronet Deluxe, V-8, 117" wb						
4d Sed	384	1,152	1,920	3,840	6,720	9,600
2d Sed	380	1,140	1,900	3,800	6,650	9,500
4d Sta Wag	400	1,200	2,000	4,000	7,000	10,000
1965 Coronet 440, V-8, 117" wb						
4d Sed	388	1,164	1,940	3,880	6,790	9,700
2d HT	600	1,800	3,000	6,000	10,500	15,000
2d Conv	900	2,750	4,600	9,200	16,100	23,000
4d 6P Sta Wag	420	1,260	2,100	4,200	7,350	10,500

	6	5	4	3	2	1
4d 9P Sta Wag	424	1,272	2,120	4,240	7,420	10,600
1965 Coronet 500, V-8, 117" wb						
2d HT	620	1,860	3,100	6,200	10,850	15,500
2d Conv	1,050	3,100	5,200	10,400	18,200	26,000
1965 Polara, V-8, 121" wb						
4d Sed	388	1,164	1,940	3,880	6,790	9,700
4d HT	396	1,188	1,980	3,960	6,930	9,900
2d HT	540	1,620	2,700	5,400	9,450	13,500
2d Conv	820	2,460	4,100	8,200	14,350	20,500
4d 6P Sta Wag	424	1,272	2,120	4,240	7,420	10,600
4d 9P Sta Wag	428	1,284	2,140	4,280	7,490	10,700
1965 Custom 880, V-8, 121" wb						
4d Sed	392	1,176	1,960	3,920	6,860	9,800
4d HT	380	1,140	1,900	3,800	6,650	9,500
2d HT	580	1,740	2,900	5,800	10,150	14,500
2d Conv	880	2,640	4,400	8,800	15,400	22,000
4d 6P Sta Wag	428	1,284	2,140	4,280	7,490	10,700
4d 9P Sta Wag	432	1,296	2,160	4,320	7,560	10,800
1965 Monaco, V-8, 121" wb						
2d HT	560	1,680	2,800	5,600	9,800	14,000
NOTE: Deduct 5 percent for 6-cyl. models. Autos equipped with 426 Hemi, value inestimable.						
1966 Dart, 6-cyl., 111" wb						
4d Sed	372	1,116	1,860	3,720	6,510	9,300
2d Sed	368	1,104	1,840	3,680	6,440	9,200
4d Sta Wag	380	1,140	1,900	3,800	6,650	9,500
1966 Dart 270, V-8, 111" wb						
4d Sed	376	1,128	1,880	3,760	6,580	9,400
2d Sed	372	1,116	1,860	3,720	6,510	9,300
2d HT	544	1,632	2,720	5,440	9,520	13,600
2d Conv	850	2,500	4,200	8,400	14,700	21,000
4d Sta Wag	384	1,152	1,920	3,840	6,720	9,600
1966 Dart GT, V-8, 111" wb						
2d HT	640	1,920	3,200	6,400	11,200	16,000
2d Conv	950	2,900	4,800	9,600	16,800	24,000
NOTE: Add 30 percent for 273 V-8, 275 hp engine option.						
1966 Coronet, V-8, 117" wb						
4d Sed	360	1,080	1,800	3,600	6,300	9,000
2d Sed	360	1,080	1,800	3,600	6,300	9,000
1966 Coronet DeLuxe, V-8, 117" wb						
4d Sed	368	1,104	1,840	3,680	6,440	9,200
2d Sed	364	1,092	1,820	3,640	6,370	9,100
4d Sta Wag	320	960	1,600	3,200	5,600	8,000
1966 Coronet 440, V-8, 117" wb						
4d Sed	372	1,116	1,860	3,720	6,510	9,300
2d HT	560	1,680	2,800	5,600	9,800	14,000
2d Conv	900	2,650	4,400	8,800	15,400	22,000
4d Sta Wag	380	1,140	1,900	3,800	6,650	9,500
1966 Coronet 500, V-8, 117" wb						
4d Sed	372	1,116	1,860	3,720	6,510	9,300
2d HT	580	1,740	2,900	5,800	10,150	14,500
2d Conv	950	2,900	4,800	9,600	16,800	24,000
NOTE: Deduct 5 percent for all Dodge 6-cyl.						
1966 Polara, V-8, 121" wb						
4d Sed	376	1,128	1,880	3,760	6,580	9,400
4d HT	396	1,188	1,980	3,960	6,930	9,900
2d HT	540	1,620	2,700	5,400	9,450	13,500
2d Conv	600	1,800	3,000	6,000	10,500	15,000
4d Sta Wag	428	1,284	2,140	4,280	7,490	10,700
1966 Monaco, V-8, 121" wb						
NOTE: Add 10 percent for Polara 500 option.						
4d Sed	376	1,128	1,880	3,760	6,580	9,400
4d HT	520	1,560	2,600	5,200	9,100	13,000
2d HT	544	1,632	2,720	5,440	9,520	13,600
4d Sta Wag	432	1,296	2,160	4,320	7,560	10,800
1966 Monaco 500						
2d HT	564	1,692	2,820	5,640	9,870	14,100
1966 Charger, 117" wb						
2d HT	900	2,750	4,600	9,200	16,100	23,000
NOTE: Autos equipped with 426 Hemi, value inestimable.						
1967 Dart, 6-cyl., 111" wb						
4d Sed	368	1,104	1,840	3,680	6,440	9,200
2d Sed	364	1,092	1,820	3,640	6,370	9,100

	6	5	4	3	2	1
1967 Dart 270, 6-cyl., 111" wb						
4d Sed	372	1,116	1,860	3,720	6,510	9,300
2d HT	400	1,200	2,000	4,000	7,000	10,000
1967 Dart GT, V-8						
2d HT	640	1,920	3,200	6,400	11,200	16,000
2d Conv	950	2,900	4,800	9,600	16,800	24,000
1967 Coronet DeLuxe, V-8, 117" wb						
4d Sed	360	1,080	1,800	3,600	6,300	9,000
2d Sed	364	1,092	1,820	3,640	6,370	9,100
4d Sta Wag	384	1,152	1,920	3,840	6,720	9,600
1967 Coronet 440, V-8, 117" wb						
4d Sed	372	1,116	1,860	3,720	6,510	9,300
2d HT	560	1,680	2,800	5,600	9,800	14,000
2d Conv	900	2,750	4,600	9,200	16,100	23,000
4d Sta Wag	388	1,164	1,940	3,880	6,790	9,700
1967 Coronet 500, V-8, 117" wb						
4d Sed	376	1,128	1,880	3,760	6,580	9,400
2d HT	600	1,800	3,000	6,000	10,500	15,000
2d Conv	950	2,900	4,800	9,600	16,800	24,000
1967 Coronet R/T, V-8, 117" wb						
2d HT	840	2,520	4,200	8,400	14,700	21,000
2d Conv	1,150	3,500	5,800	11,600	20,300	29,000
1967 Charger, V-8, 117 " wb						
2d HT	950	2,900	4,800	9,600	16,800	24,000
1967 Polara, V-8, 122" wb						
4d Sed	372	1,116	1,860	3,720	6,510	9,300
4d HT	380	1,140	1,900	3,800	6,650	9,500
2d HT	420	1,260	2,100	4,200	7,350	10,500
2d Conv	660	1,980	3,300	6,600	11,550	16,500
4d Sta Wag	400	1,200	2,000	4,000	7,000	10,000
1967 Polara 500, V-8, 122" wb						
2d HT	520	1,560	2,600	5,200	9,100	13,000
2d Conv	700	2,050	3,400	6,800	11,900	17,000
1967 Monaco, V-8, 122" wb						
4d Sed	400	1,200	2,000	4,000	7,000	10,000
4d HT	404	1,212	2,020	4,040	7,070	10,100
2d HT	540	1,620	2,700	5,400	9,450	13,500
4d Sta Wag	420	1,260	2,100	4,200	7,350	10,500
1967 Monaco 500, V-8, 122" wb						
2d HT	580	1,740	2,900	5,800	10,150	14,500
NOTE: Add 40 percent for 440 Magnum. Autos equipped with 426 Hemi, value inestimable.						
1968 Dart, 6-cyl., 111" wb						
4d Sed	376	1,128	1,880	3,760	6,580	9,400
2d Sed	372	1,116	1,860	3,720	6,510	9,300
1968 Dart 270, 6-cyl., 111" wb						
2d HT	400	1,200	2,000	4,000	7,000	10,000
4d Sed	380	1,140	1,900	3,800	6,650	9,500
1968 Dart, V-8, 111" wb						
4d Sed	388	1,164	1,940	3,880	6,790	9,700
2d HT	524	1,572	2,620	5,240	9,170	13,100
1968 Dart GT						
2d HT	620	1,860	3,100	6,200	10,850	15,500
2d Conv	900	2,650	4,400	8,800	15,400	22,000
1968 Dart GT Sport 340, 111" wb						
2d HT	760	2,280	3,800	7,600	13,300	19,000
2d Conv	1,100	3,350	5,600	11,200	19,600	28,000
1968 Dart GT Sport 383, 111" wb						
2d HT	840	2,520	4,200	8,400	14,700	21,000
2d Conv	1,150	3,500	5,800	11,600	20,300	29,000
1968 Coronet DeLuxe, V-8, 117" wb						
4d Sed	372	1,116	1,860	3,720	6,510	9,300
2d Sed	368	1,104	1,840	3,680	6,440	9,200
4d Sta Wag	400	1,200	2,000	4,000	7,000	10,000
1968 Coronet 440						
2d Sed	376	1,128	1,880	3,760	6,580	9,400
2d HT	620	1,860	3,100	6,200	10,850	15,500
4d Sed	380	1,140	1,900	3,800	6,650	9,500
4d Sta Wag	412	1,236	2,060	4,120	7,210	10,300
1968 Coronet 500						
4d Sed	380	1,140	1,900	3,800	6,650	9,500
2d HT	640	1,920	3,200	6,400	11,200	16,000
2d Conv	900	2,750	4,600	9,200	16,100	23,000
4d Sta Wag	420	1,260	2,100	4,200	7,350	10,500

	6	5	4	3	2	1
1968 Coronet Super Bee, V-8, 117" wb						
2d Sed	1,300	3,850	6,400	12,800	22,400	32,000
1968 Coronet R/T						
2d HT	1,500	4,550	7,600	15,200	26,600	38,000
2d Conv	1,650	4,900	8,200	16,400	28,700	41,000
1968 Charger						
2d HT	1,300	3,850	6,400	12,800	22,400	32,000
1968 Charger R/T						
2d HT	1,450	4,300	7,200	14,400	25,200	36,000
1968 Polara, V-8, 122" wb						
4d Sed	376	1,128	1,880	3,760	6,580	9,400
2d HT	524	1,572	2,620	5,240	9,170	13,100
4d HT	424	1,272	2,120	4,240	7,420	10,600
2d Conv	700	2,100	3,500	7,000	12,250	17,500
4d Sta Wag	432	1,296	2,160	4,320	7,560	10,800
1968 Polara 500						
2d HT	540	1,620	2,700	5,400	9,450	13,500
2d Conv	720	2,160	3,600	7,200	12,600	18,000
1968 Monaco						
2d HT	608	1,824	3,040	6,080	10,640	15,200
4d HT	520	1,560	2,600	5,200	9,100	13,000
4d Sed	400	1,200	2,000	4,000	7,000	10,000
4d Sta Wag	520	1,560	2,600	5,200	9,100	13,000
1968 Monaco 500						
2d HT	620	1,860	3,100	6,200	10,850	15,500
NOTE: Add 40 percent for 440 Magnum. Autos equipped with 426 Hemi, value inestimable.						
1969 Dart V-8						
2d HT	240	720	1,200	2,400	4,200	6,000
4d Sed	272	816	1,360	2,720	4,760	6,800
1969 Dart Swinger						
2d HT	392	1,176	1,960	3,920	6,860	9,800
1969 Dart Swinger 340						
2d HT	780	2,340	3,900	7,800	13,650	19,500
1969 Dart Custom, V-8, 111" wb						
4d Sed	360	1,080	1,800	3,600	6,300	9,000
2d HT	416	1,248	2,080	4,160	7,280	10,400
1969 Dart GT						
2d HT	900	2,650	4,400	8,800	15,400	22,000
2d Conv	1,100	3,350	5,600	11,200	19,600	28,000
1969 Dart GT Sport 340						
2d HT	1,000	3,000	5,000	10,000	17,500	25,000
2d Conv	1,300	3,850	6,400	12,800	22,400	32,000
1969 Dart GT Sport 383, 111" wb						
2d HT (383 hp)	1,150	3,500	5,800	11,600	20,300	29,000
2d Conv (330 hp)	1,250	3,700	6,200	12,400	21,700	31,000
1969 Dart GT Sport 440, 111" wb						
2d HT	1,250	3,700	6,200	12,400	21,700	31,000
1969 Coronet DeLuxe, V-8, 117" wb						
4d Sed	268	804	1,340	2,680	4,690	6,700
2d Sed	264	792	1,320	2,640	4,620	6,600
4d Sta Wag	276	828	1,380	2,760	4,830	6,900
1969 Coronet 440						
2d Sed	268	804	1,340	2,680	4,690	6,700
2d HT	750	2,200	3,700	7,400	13,000	18,500
4d Sed	272	816	1,360	2,720	4,760	6,800
4d Sta Wag	276	828	1,380	2,760	4,830	6,900
1969 Coronet 500						
2d HT	750	2,300	3,800	7,600	13,300	19,000
2d Conv	1,100	3,350	5,600	11,200	19,600	28,000
4d Sta Wag	276	828	1,380	2,760	4,830	6,900
4d Sed	360	1,080	1,800	3,600	6,300	9,000
1969 Coronet Super Bee, V-8						
2d HT	1,250	3,700	6,200	12,400	21,700	31,000
2d Cpe (base 440/375)	1,200	3,600	6,000	12,000	21,000	30,000
NOTE: Add 75 percent for Super Bee six pack.						
1969 Coronet R/T						
2d HT	1,300	3,950	6,600	13,200	23,100	33,000
2d Conv	1,550	4,700	7,800	15,600	27,300	39,000
1969 Charger						
2d HT	1,300	3,850	6,400	12,800	22,400	32,000
1969 Charger SE						
2d HT	1,100	3,350	5,600	11,200	19,600	28,000

	6	5	4	3	2	1
1969 Charger 500						
2d HT	1,500	4,450	7,400	14,800	25,900	37,000
1969 Charger R/T						
2d HT	1,250	3,700	6,200	12,400	21,700	31,000
1969 Charger Daytona						
2d HT	2,500	7,550	12,600	25,200	44,100	63,000
1969 Polara, V-8						
4d Sed	248	744	1,240	2,480	4,340	6,200
2d HT	364	1,092	1,820	3,640	6,370	9,100
4d HT	256	768	1,280	2,560	4,480	6,400
2d Conv	584	1,752	2,920	5,840	10,220	14,600
4d Sta Wag	260	780	1,300	2,600	4,550	6,500
1969 Polara 500						
2d HT	384	1,152	1,920	3,840	6,720	9,600
2d Conv	604	1,812	3,020	6,040	10,570	15,100
1969 Monaco						
2d HT	388	1,164	1,940	3,880	6,790	9,700
4d HT	272	816	1,360	2,720	4,760	6,800
4d Sed	248	744	1,240	2,480	4,340	6,200
4d Sta Wag	244	732	1,220	2,440	4,270	6,100

NOTE: Add 40 percent for 440 Magnum 440/1x4V. Autos equipped with 426 Hemi, value inestimable. Add 20 percent for 383 engine. Add 75 percent for 440/3x2V.

	6	5	4	3	2	1
1970 Dart, V-8, 111" wb						
4d Sed	232	696	1,160	2,320	4,060	5,800
2d HT Swinger	360	1,080	1,800	3,600	6,300	9,000
1970 Dart Custom						
4d Sed	236	708	1,180	2,360	4,130	5,900
2d HT	360	1,080	1,800	3,600	6,300	9,000
1970 Dart Swinger 340						
2d HT	650	2,000	3,300	6,650	11,600	16,600
1970 Challenger, V-8, 110" wb						
2d HT	950	2,900	4,800	9,600	16,800	24,000
2d HT Fml	1,000	3,000	5,000	10,000	17,500	25,000
2d Conv	1,150	3,500	5,800	11,600	20,300	29,000
1970 Challenger R/T						
2d HT	1,050	3,100	5,200	10,400	18,200	26,000
2d HT Fml	1,100	3,250	5,400	10,800	18,900	27,000
2d Conv	1,300	3,850	6,400	12,800	22,400	32,000
1970 Challenger T/A						
2d Cpe	1,650	4,900	8,200	16,400	28,700	41,000
1970 Coronet, V-8, 117" wb						
4d Sed	228	684	1,140	2,280	3,990	5,700
2d Sed	232	696	1,160	2,320	4,060	5,800
4d Sta Wag	228	684	1,140	2,280	3,990	5,700
1970 Coronet 440						
2d HT	650	1,900	3,200	6,400	11,200	16,000
4d Sed	240	720	1,200	2,400	4,200	6,000
2d Sed	244	732	1,220	2,440	4,270	6,100
4d Sta Wag	232	696	1,160	2,320	4,060	5,800
1970 Coronet 500						
4d Sed	260	780	1,300	2,600	4,550	6,500
2d HT	700	2,050	3,400	6,800	11,900	17,000
2d Conv	1,000	3,000	5,000	10,000	17,500	25,000
4d Sta Wag	240	720	1,200	2,400	4,200	6,000
1970 Coronet Super Bee						
2d HT	1,150	3,500	5,800	11,600	20,300	29,000
2d Cpe	1,100	3,250	5,400	10,800	18,900	27,000
1970 Coronet R/T						
2d HT	1,350	4,100	6,800	13,600	23,800	34,000
2d Conv	1,700	5,050	8,400	16,800	29,400	42,000
1970 Charger						
2d HT	1,150	3,500	5,800	11,600	20,300	29,000
2d HT 500	1,300	3,850	6,400	12,800	22,400	32,000
2d HT R/T	1,450	4,300	7,200	14,400	25,200	36,000
1970 Polara, V-8, 122" wb						
2d HT	360	1,080	1,800	3,600	6,300	9,000
4d HT	240	720	1,200	2,400	4,200	6,000
2d Conv	560	1,680	2,800	5,600	9,800	14,000
4d Sed	240	720	1,200	2,400	4,200	6,000
1970 Polara Custom						
4d Sed	248	744	1,240	2,480	4,340	6,200
2d HT	380	1,140	1,900	3,800	6,650	9,500
4d HT	228	684	1,140	2,280	3,990	5,700

1918
Dodge
Model 30
touring

1935 Dodge Model DU touring sedan

1955 Dodge Custom Royal Lancer convertible

	6	5	4	3	2	1
1970 Monaco						
4d Sed	240	720	1,200	2,400	4,200	6,000
2d HT	280	840	1,400	2,800	4,900	7,000
4d HT	224	672	1,120	2,240	3,920	5,600
4d Sta Wag	220	660	1,100	2,200	3,850	5,500

NOTE: Add 40 percent for 440 Magnum. 440/1x4V autos equipped with 426 Hemi, value inestimable. Add 20 percent for 383 engine. Add 60 percent for 440/3x2V.

	6	5	4	3	2	1
1971 Demon						
2d Cpe	220	660	1,100	2,200	3,850	5,500
2d 340 Cpe	260	780	1,300	2,600	4,550	6,500
1971 Dart						
4d Cus Sed	212	636	1,060	2,120	3,710	5,300
1971 Swinger						
2d HT	400	1,200	2,000	4,000	7,000	10,000
1971 Challenger						
2d HT	760	2,280	3,800	7,600	13,300	19,000
2d Conv	1,100	3,350	5,600	11,200	19,600	28,000
2d HT R/T	950	2,900	4,800	9,600	16,800	24,000
1971 Coronet Brougham						
4d Sed	184	552	920	1,840	3,220	4,600
4d Sta Wag	188	564	940	1,880	3,290	4,700
1971 Charger						
2d HT 500	1,000	3,000	5,000	10,000	17,500	25,000
2d HT	900	2,750	4,600	9,200	16,100	23,000
2d Super Bee HT	1,050	3,100	5,200	10,400	18,200	26,000
2d HT R/T	1,100	3,350	5,600	11,200	19,600	28,000
2d HT SE	1,100	3,250	5,400	10,800	18,900	27,000
1971 Polara Brougham						
4d HT	188	564	940	1,880	3,290	4,700
2d HT	192	576	960	1,920	3,360	4,800
1971 Monaco						
4d HT	188	564	940	1,880	3,290	4,700
2d HT	196	588	980	1,960	3,430	4,900
4d Sta Wag	192	576	960	1,920	3,360	4,800

NOTE: Add 40 percent for 440 Magnum. Autos equipped with 426 Hemi, value inestimable. Add 50 percent for 440/3x2V.

	6	5	4	3	2	1
1972 Colt						
4d Sed	180	540	900	1,800	3,150	4,500
2d Cpe	184	552	920	1,840	3,220	4,600
2d HT	200	600	1,000	2,000	3,500	5,000
4d Sta Wag	180	540	900	1,800	3,150	4,500
1972 Dart						
4d Sed	216	648	1,080	2,160	3,780	5,400
2d Demon 340 Cpe	520	1,560	2,600	5,200	9,100	13,000
1972 Swinger						
2d HT	400	1,200	2,000	4,000	7,000	10,000
1972 Challenger						
2d HT	720	2,160	3,600	7,200	12,600	18,000
2d HT Rallye	760	2,280	3,800	7,600	13,300	19,000
1972 Coronet						
4d Sed	188	564	940	1,880	3,290	4,700
4d Sta Wag	184	552	920	1,840	3,220	4,600
1972 Charger						
2d Sed	600	1,800	3,000	6,000	10,500	15,000
2d HT	608	1,824	3,040	6,080	10,640	15,200
2d HT SE	680	2,040	3,400	6,800	11,900	17,000

NOTE: Add 20 percent for Rallye.

	6	5	4	3	2	1
1972 Polara, V-8						
4d Sed	180	540	900	1,800	3,150	4,500
4d HT	188	564	940	1,880	3,290	4,700
2d HT	200	600	1,000	2,000	3,500	5,000
4d Sta Wag	188	564	940	1,880	3,290	4,700
1972 Polara Custom						
4d Sed	188	564	940	1,880	3,290	4,700
4d HT	196	588	980	1,960	3,430	4,900
2d HT	220	660	1,100	2,200	3,850	5,500
4d 2S Sta Wag	208	624	1,040	2,080	3,640	5,200
4d 3S Sta Wag	212	636	1,060	2,120	3,710	5,300
1972 Monaco						
4d Sed	192	576	960	1,920	3,360	4,800
4d HT	196	588	980	1,960	3,430	4,900
2d HT	228	684	1,140	2,280	3,990	5,700
4d 2S Sta Wag	216	648	1,080	2,160	3,780	5,400

	6	5	4	3	2	1
4d 3S Sta Wag	220	660	1,100	2,200	3,850	5,500
NOTE: Add 60 percent for 440/3x2V.						
1973 Colt						
4d Sed	180	540	900	1,800	3,150	4,500
2d Cpe	176	528	880	1,760	3,080	4,400
2d HT	188	564	940	1,880	3,290	4,700
4d Sta Wag	180	540	900	1,800	3,150	4,500
2d HT GT	200	600	1,000	2,000	3,500	5,000
1973 Dart						
4d Sed	184	552	920	1,840	3,220	4,600
2d Cpe	204	612	1,020	2,040	3,570	5,100
1973 Dart Sport						
2d Cpe	224	672	1,120	2,240	3,920	5,600
1973 Dart Sport "340"						
2d Cpe	250	800	1,300	2,600	4,550	6,500
1973 Dart Custom						
2d Cpe	208	624	1,040	2,080	3,640	5,200
1973 Swinger						
2d HT	272	816	1,360	2,720	4,760	6,800
2d Spl HT	256	768	1,280	2,560	4,480	6,400
1973 Challenger						
2d HT	680	2,040	3,400	6,800	11,900	17,000
2d Rallye HT	720	2,160	3,600	7,200	12,600	18,000
1973 Coronet						
4d Sed	164	492	820	1,640	2,870	4,100
4d Sta Wag	168	504	840	1,680	2,940	4,200
1973 Coronet Custom						
4d Sed	176	528	880	1,760	3,080	4,400
4d Sta Wag	180	540	900	1,800	3,150	4,500
1973 Crestwood						
4d 6P Sta Wag	184	552	920	1,840	3,220	4,600
4d 9P Sta Wag	188	564	940	1,880	3,290	4,700
1973 Charger						
2d Cpe	540	1,620	2,700	5,400	9,450	13,500
2d HT	560	1,680	2,800	5,600	9,800	14,000
2d "SE" HT	550	1,700	2,850	5,700	9,950	14,200
2d Rallye	580	1,740	2,900	5,800	10,150	14,500
1973 Polara						
4d Sed	168	504	840	1,680	2,940	4,200
2d HT	184	552	920	1,840	3,220	4,600
4d Sta Wag	168	504	840	1,680	2,940	4,200
1973 Polara Custom						
4d Sed	176	528	880	1,760	3,080	4,400
2d HT	192	576	960	1,920	3,360	4,800
4d HT Sed	188	564	940	1,880	3,290	4,700
4d 2S Sta Wag	172	516	860	1,720	3,010	4,300
4d 3S Sta Wag	176	528	880	1,760	3,080	4,400
1973 Monaco						
4d Sed	180	540	900	1,800	3,150	4,500
4d HT Sed	188	564	940	1,880	3,290	4,700
2d HT	204	612	1,020	2,040	3,570	5,100
4d 2S Sta Wag	172	516	860	1,720	3,010	4,300
4d 3S Sta Wag	180	540	900	1,800	3,150	4,500
1974 Colt						
4d Sed	160	480	800	1,600	2,800	4,000
2d Cpe	156	468	780	1,560	2,730	3,900
2d HT	168	504	840	1,680	2,940	4,200
2d Sta Wag	160	480	800	1,600	2,800	4,000
2d HT GT	180	540	900	1,800	3,150	4,500
4d Sta Wag	160	480	800	1,600	2,800	4,000
1974 Dart						
4d Sed	188	564	940	1,880	3,290	4,700
2d Spt Cpe	208	624	1,040	2,080	3,640	5,200
1974 Dart Sport "360"						
2d Cpe	200	650	1,100	2,250	3,900	5,600
1974 Dart Special Edition						
2d HT	204	612	1,020	2,040	3,570	5,100
4d Sed	200	600	1,000	2,000	3,500	5,000
1974 Dart Custom						
4d Sed	192	576	960	1,920	3,360	4,800
1974 Swinger						
2d HT	196	588	980	1,960	3,430	4,900

	6	5	4	3	2	1
1974 Swinger Special						
2d HT	200	600	1,000	2,000	3,500	5,000
1974 Challenger						
2d HT	640	1,920	3,200	6,400	11,200	16,000
1974 Coronet						
4d Sta Wag	180	540	900	1,800	3,150	4,500
1974 Coronet Custom						
4d Sed	176	528	880	1,760	3,080	4,400
4d Sta Wag	176	528	880	1,760	3,080	4,400
1974 Coronet Crestwood						
4d Sta Wag	184	552	920	1,840	3,220	4,600
1974 Charger						
2d Cpe	264	792	1,320	2,640	4,620	6,600
2d HT	300	900	1,500	3,000	5,250	7,500
2d "SE" HT	300	950	1,600	3,200	5,600	8,000
1974 Monaco						
4d Sed	172	516	860	1,720	3,010	4,300
2d HT Cpe	180	540	900	1,800	3,150	4,500
4d Sta Wag	172	516	860	1,720	3,010	4,300
1974 Monaco Custom						
4d Sed	180	540	900	1,800	3,150	4,500
2d HT	192	576	960	1,920	3,360	4,800
4d HT Sed	188	564	940	1,880	3,290	4,700
4d 2S Sta Wag	176	528	880	1,760	3,080	4,400
4d 3S Sta Wag	180	540	900	1,800	3,150	4,500
1974 Monaco Brougham						
2d Sed	184	552	920	1,840	3,220	4,600
2d HT	200	600	1,000	2,000	3,500	5,000
4d HT Sed	192	576	960	1,920	3,360	4,800
4d 2S Sta Wag	184	552	920	1,840	3,220	4,600
4d 3S Sta Wag	192	576	960	1,920	3,360	4,800
1975 Dart						
4d Sed	148	444	740	1,480	2,590	3,700
1975 Dart Sport						
2d Cpe	164	492	820	1,640	2,870	4,100
1975 Swinger						
2d HT	212	636	1,060	2,120	3,710	5,300
2d Spl HT	152	456	760	1,520	2,660	3,800
1975 Dart Custom						
4d Sed	172	516	860	1,720	3,010	4,300
2d "360" Cpe	200	600	1,000	2,050	3,550	5,100
1975 Dart S.E.						
2d HT	184	552	920	1,840	3,220	4,600
4d Sed	164	492	820	1,640	2,870	4,100
1975 Coronet						
2d HT	172	516	860	1,720	3,010	4,300
4d Sed	148	444	740	1,480	2,590	3,700
4d Sta Wag	156	468	780	1,560	2,730	3,900
1975 Coronet Custom						
2d HT	180	540	900	1,800	3,150	4,500
4d Sed	152	456	760	1,520	2,660	3,800
4d Sta Wag	156	468	780	1,560	2,730	3,900
1975 Coronet Brougham						
2d HT	184	552	920	1,840	3,220	4,600
1975 Crestwood						
4d Sta Wag	164	492	820	1,640	2,870	4,100
1975 Charger S.E.						
2d HT	212	636	1,060	2,120	3,710	5,300
1975 Monaco						
2d HT	188	564	940	1,880	3,290	4,700
4d Sed	152	456	760	1,520	2,660	3,800
4d Sta Wag	156	468	780	1,560	2,730	3,900
1975 Royal Monaco						
2d HT	196	588	980	1,960	3,430	4,900
4d Sed	160	480	800	1,600	2,800	4,000
4d HT Sed	184	552	920	1,840	3,220	4,600
4d 2S Sta Wag	160	480	800	1,600	2,800	4,000
4d 3S Sta Wag	164	492	820	1,640	2,870	4,100
1975 Royal Monaco Brougham						
2d Cpe	200	600	1,000	2,000	3,500	5,000
4d Sed	164	492	820	1,640	2,870	4,100
4d HT Sed	188	564	940	1,880	3,290	4,700
4d 2S Sta Wag	168	504	840	1,680	2,940	4,200

	6	5	4	3	2	1
4d 3S Sta Wag	172	516	860	1,720	3,010	4,300
1976 Colt, 4-cyl.						
4d Sed	124	372	620	1,240	2,170	3,100
2d Cpe	128	384	640	1,280	2,240	3,200
2d HT Carousel	140	420	700	1,400	2,450	3,500
4d Sta Wag	128	384	640	1,280	2,240	3,200
2d HT GT	136	408	680	1,360	2,380	3,400
1976 Dart Sport, 6-cyl.						
2d Spt Cpe	136	408	680	1,360	2,380	3,400
1976 Dart Swinger Special, 6-cyl.						
2d HT	140	420	700	1,400	2,450	3,500
1976 Dart, 6-cyl.						
4d Sed	132	396	660	1,320	2,310	3,300
2d Swinger	136	408	680	1,360	2,380	3,400
2d HT	144	432	720	1,440	2,520	3,600
1976 Aspen, V-8						
4d Sed	136	408	680	1,360	2,380	3,400
2d Spt Cpe	144	432	720	1,440	2,520	3,600
4d Sta Wag	140	420	700	1,400	2,450	3,500
1976 Aspen Custom, V-8						
4d Sed	140	420	700	1,400	2,450	3,500
2d Spt Cpe	148	444	740	1,480	2,590	3,700
1976 Aspen Special Edition, V-8						
4d Sed	144	432	720	1,440	2,520	3,600
2d Spt Cpe	152	456	760	1,520	2,660	3,800
4d Sta Wag	148	444	740	1,480	2,590	3,700
1976 Coronet, V-8						
4d Sed	136	408	680	1,360	2,380	3,400
4d 2S Sta Wag	132	396	660	1,320	2,310	3,300
4d 3S Sta Wag	136	408	680	1,360	2,380	3,400
1976 Coronet Brougham, V-8						
4d Sed	140	420	700	1,400	2,450	3,500
1976 Crestwood, V-8						
4d 2S Sta Wag	136	408	680	1,360	2,380	3,400
4d 3S Sta Wag	140	420	700	1,400	2,450	3,500
1976 Charger, V-8						
2d HT	188	564	940	1,880	3,290	4,700
2d HT Spt	192	576	960	1,920	3,360	4,800
1976 Charger Special Edition, V-8						
2d HT	196	588	980	1,960	3,430	4,900
1976 Monaco, V-8						
4d Sed	156	468	780	1,560	2,730	3,900
4d Sta Wag	148	444	740	1,480	2,590	3,700
1976 Royal Monaco, V-8						
4d Sed	160	480	800	1,600	2,800	4,000
2d HT	168	504	840	1,680	2,940	4,200
4d 2S Sta Wag	160	480	800	1,600	2,800	4,000
4d 3S Sta Wag	164	492	820	1,640	2,870	4,100
1976 Royal Monaco Brougham, V-8						
4d Sed	144	432	720	1,440	2,520	3,600
2d HT	168	504	840	1,680	2,940	4,200
4d Sta Wag	164	492	820	1,640	2,870	4,100
1977 Colt, 4-cyl.						
4d Sed	128	384	640	1,280	2,240	3,200
2d Cpe	132	396	660	1,320	2,310	3,300
2d Cus Cpe	136	408	680	1,360	2,380	3,400
2d HT Carousel	144	432	720	1,440	2,520	3,600
4d Sta Wag	132	396	660	1,320	2,310	3,300
2d HT GT	140	420	700	1,400	2,450	3,500
1977 Aspen, V-8						
4d Sed	140	420	700	1,400	2,450	3,500
2d Spt Cpe	148	444	740	1,480	2,590	3,700
4d Sta Wag	136	408	680	1,360	2,380	3,400
1977 Aspen Custom, V-8						
4d Sed	144	432	720	1,440	2,520	3,600
2d Spt Cpe	152	456	760	1,520	2,660	3,800
1977 Aspen Special Edition, V-8						
4d Sed	148	444	740	1,480	2,590	3,700
2d Spt Cpe	160	480	800	1,600	2,800	4,000
4d Sta Wag	152	456	760	1,520	2,660	3,800
1977 Monaco, V-8						
4d Sed	140	420	700	1,400	2,450	3,500
2d HT	152	456	760	1,520	2,660	3,800

	6	5	4	3	2	1
4d 2S Sta Wag	136	408	680	1,360	2,380	3,400
4d 3S Sta Wag	140	420	700	1,400	2,450	3,500
1977 Monaco Brougham, V-8						
4d Sed	148	444	740	1,480	2,590	3,700
2d HT	160	480	800	1,600	2,800	4,000
1977 Monaco Crestwood, V-8						
4d 2S Sta Wag	136	408	680	1,360	2,380	3,400
4d 3S Sta Wag	140	420	700	1,400	2,450	3,500
1977 Charger Special Edition, V-8						
2d HT	204	612	1,020	2,040	3,570	5,100
1977 Diplomat, V-8						
4d Sed	168	504	840	1,680	2,940	4,200
2d Cpe	176	528	880	1,760	3,080	4,400
1977 Diplomat Medallion, V-8						
4d Sed	176	528	880	1,760	3,080	4,400
2d Cpe	184	552	920	1,840	3,220	4,600
1977 Royal Monaco, V-8						
4d Sed	172	516	860	1,720	3,010	4,300
2d HT	180	540	900	1,800	3,150	4,500
4d Sta Wag	176	528	880	1,760	3,080	4,400
1977 Royal Monaco Brougham, V-8						
4d Sed	148	444	740	1,480	2,590	3,700
2d HT	172	516	860	1,720	3,010	4,300
4d 2S Sta Wag	164	492	820	1,640	2,870	4,100
4d 3S Sta Wag	168	504	840	1,680	2,940	4,200
1978 Omni						
4d HBk	132	396	660	1,320	2,310	3,300
1978 Colt						
4d Sed	128	384	640	1,280	2,240	3,200
2d Cpe	132	396	660	1,320	2,310	3,300
2d Cus Cpe	136	408	680	1,360	2,380	3,400
4d Sta Wag	128	384	640	1,280	2,240	3,200
1978 Aspen						
4d Sed	140	420	700	1,400	2,450	3,500
2d Cpe	144	432	720	1,440	2,520	3,600
4d Sta Wag	140	420	700	1,400	2,450	3,500
1978 Monaco						
4d Sed	144	432	720	1,440	2,520	3,600
2d Cpe	148	444	740	1,480	2,590	3,700
4d 3S Sta Wag	148	444	740	1,480	2,590	3,700
4d 2S Sta Wag	144	432	720	1,440	2,520	3,600
1978 Monaco Brougham						
4d Sed	148	444	740	1,480	2,590	3,700
2d Cpe	152	456	760	1,520	2,660	3,800
4d 3S Sta Wag	152	456	760	1,520	2,660	3,800
4d 2S Sta Wag	148	444	740	1,480	2,590	3,700
1978 Charger SE						
2d Cpe	208	624	1,040	2,080	3,640	5,200
1978 Magnum XE						
2d Cpe	212	636	1,060	2,120	3,710	5,300
1978 Challenger						
2d Cpe	224	672	1,120	2,240	3,920	5,600
1978 Diplomat						
4d "S" Sed	150	450	800	1,550	2,750	3,900
2d "S" Cpe	150	500	800	1,600	2,800	4,000
4d Sed	160	480	800	1,600	2,800	4,000
2d Cpe	164	492	820	1,640	2,870	4,100
4d Sta Wag	160	480	800	1,600	2,800	4,000
1978 Diplomat Medallion						
4d Sed	164	492	820	1,640	2,870	4,100
2d Cpe	168	504	840	1,680	2,940	4,200
1979 Omni, 4-cyl.						
4d HBk	128	384	640	1,280	2,240	3,200
2d HBk	132	396	660	1,320	2,310	3,300
1979 Colt, 4-cyl.						
2d HBk	124	372	620	1,240	2,170	3,100
2d Cus HBk	128	384	640	1,280	2,240	3,200
2d Cpe	132	396	660	1,320	2,310	3,300
4d Sed	128	384	640	1,280	2,240	3,200
4d Sta Wag	132	396	660	1,320	2,310	3,300
1979 Aspen, V-8						
4d Sed	144	432	720	1,440	2,520	3,600
2d Cpe	148	444	740	1,480	2,590	3,700

	6	5	4	3	2	1
4d Sta Wag	144	432	720	1,440	2,520	3,600

NOTE: Deduct 5 percent for 6-cyl.

1979 Magnum XE, V-8

2d Cpe	220	660	1,100	2,200	3,850	5,500

1979 Challenger, 4-cyl.

2d Cpe	228	684	1,140	2,280	3,990	5,700

1979 Diplomat, V-8

4d Sed	156	468	780	1,560	2,730	3,900
2d Cpe	160	480	800	1,600	2,800	4,000

1979 Diplomat Salon, V-8

4d Sed	160	480	800	1,600	2,800	4,000
2d Cpe	164	492	820	1,640	2,870	4,100
4d Sta Wag	160	480	800	1,600	2,800	4,000

1979 Diplomat Medallion, V-8

4d Sed	168	504	840	1,680	2,940	4,200
2d Cpe	172	516	860	1,720	3,010	4,300

NOTE: Deduct 5 percent for 6-cyl.

1979 St. Regis, V-8

4d Sed	176	528	880	1,760	3,080	4,400

NOTE: Deduct 5 percent for 6-cyl.

1980 Omni, 4-cyl.

4d HBk	140	420	700	1,400	2,450	3,500
2d HBk 2 plus 2 024	156	468	780	1,560	2,730	3,900

1980 Colt, 4-cyl.

2d HBk	136	408	680	1,360	2,380	3,400
2d HBk Cus	140	420	700	1,400	2,450	3,500
4d Sta Wag	144	432	720	1,440	2,520	3,600

1980 Aspen, 6-cyl.

4d Sed Spl	152	456	760	1,520	2,660	3,800
2d Cpe Spl	156	468	780	1,560	2,730	3,900

1980 Aspen, V-8

4d Sed	160	480	800	1,600	2,800	4,000
2d Cpe	164	492	820	1,640	2,870	4,100
4d Sta Wag	164	492	820	1,640	2,870	4,100

NOTE: Deduct 10 percent for 6-cyl.

1980 Challenger

2d Cpe	184	552	920	1,840	3,220	4,600

1980 Diplomat, V-8

4d Sed Salon	144	432	720	1,440	2,520	3,600
2d Cpe Salon	148	444	740	1,480	2,590	3,700
4d Sta Wag Salon	156	468	780	1,560	2,730	3,900

NOTE: Deduct 5 percent for lesser models.

4d Sed Medallion	148	444	740	1,480	2,590	3,700
2d Cpe Medallion	152	456	760	1,520	2,660	3,800

NOTE: Deduct 10 percent for 6-cyl.

1980 Mirada, V-8

2d Cpe Specialty S	236	708	1,180	2,360	4,130	5,900
2d Cpe Specialty	244	732	1,220	2,440	4,270	6,100

NOTE: Deduct 12 percent for 6-cyl.

1980 St. Regis, V-8

4d Sed	164	492	820	1,640	2,870	4,100

NOTE: Deduct 12 percent for 6-cyl.

1981 Omni, 4-cyl.

4d HBk	152	456	760	1,520	2,660	3,800
2d HBk 024	164	492	820	1,640	2,870	4,100

NOTE: Deduct 5 percent for lesser models.

1981 Colt, 4-cyl.

2d HBk	140	420	700	1,400	2,450	3,500
2d HBk DeL	144	432	720	1,440	2,520	3,600
2d HBk Cus	148	444	740	1,480	2,590	3,700

1981 Aries, 4-cyl.

4d Sed SE	156	468	780	1,560	2,730	3,900
2d Sed SE	160	480	800	1,600	2,800	4,000
4d Sta Wag SE	168	504	840	1,680	2,940	4,200

NOTE: Deduct 5 percent for lesser models.

1981 Challenger, 4-cyl.

2d Cpe	180	540	900	1,800	3,150	4,500

1981 Diplomat, V-8

4d Sed Medallion	156	468	780	1,560	2,730	3,900
2d Cpe Medallion	160	480	800	1,600	2,800	4,000
4d Sta Wag	164	492	820	1,640	2,870	4,100

NOTE: Deduct 5 percent for lesser models. Deduct 10 percent for 6-cyl.

	6	5	4	3	2	1
1981 Mirada, V-8						
2d Cpe	240	720	1,200	2,400	4,200	6,000
NOTE: Deduct 12 percent for 6-cyl.						
1981 St. Regis, V-8						
4d Sed	168	504	840	1,680	2,940	4,200
NOTE: Deduct 12 percent for 6-cyl.						
1982 Colt, 4-cyl.						
2d HBk Cus	160	480	800	1,600	2,800	4,000
4d HBk Cus	156	468	780	1,560	2,730	3,900
NOTE: Deduct 5 percent for lesser models.						
1982 Omni, 4-cyl.						
4d HBk Euro	172	516	860	1,720	3,010	4,300
2d HBk 024 Charger	180	540	900	1,800	3,150	4,500
NOTE: Deduct 5 percent for lesser models.						
1982 Aries, 4-cyl.						
4d Sed SE	156	468	780	1,560	2,730	3,900
2d Cpe SE	168	504	840	1,680	2,940	4,200
4d Sta Wag SE	176	528	880	1,760	3,080	4,400
NOTE: Deduct 5 percent for lesser models.						
1982 400, 4-cyl.						
2d Cpe Specialty LS	168	504	840	1,680	2,940	4,200
4d Sed LS	172	516	860	1,720	3,010	4,300
2d Conv	220	660	1,100	2,200	3,850	5,500
NOTE: Deduct 5 percent for lesser models.						
1982 Challenger, 4-cyl.						
2d Cpe	188	564	940	1,880	3,290	4,700
1982 Diplomat, V-8						
4d Sed	164	492	820	1,640	2,870	4,100
4d Sed Medallion	172	516	860	1,720	3,010	4,300
NOTE: Deduct 10 percent for 6-cyl.						
1982 Mirada, V-8						
2d Cpe Specialty	244	732	1,220	2,440	4,270	6,100
NOTE: Deduct 12 percent for 6-cyl.						
1983 Colt, 4-cyl.						
4d HBk Cus	156	468	780	1,560	2,730	3,900
2d HBk Cus	168	504	840	1,680	2,940	4,200
NOTE: Deduct 5 percent for lesser models.						
1983 Omni, 4-cyl.						
4d HBk	160	480	800	1,600	2,800	4,000
4d HBk Cus	172	516	860	1,720	3,010	4,300
1983 Charger, 4-cyl.						
2d HBk	176	528	880	1,760	3,080	4,400
2d HBk 2 plus 2	184	552	920	1,840	3,220	4,600
2d HBk Shelby	220	660	1,100	2,200	3,850	5,500
1983 Aries, 4-cyl.						
4d Sed SE	160	480	800	1,600	2,800	4,000
2d Sed SE	156	468	780	1,560	2,730	3,900
4d Sta Wag SE	180	540	900	1,800	3,150	4,500
NOTE: Deduct 5 percent for lesser models.						
1983 Challenger, 4-cyl.						
2d Cpe	192	576	960	1,920	3,360	4,800
1983 400, 4-cyl.						
4d Sed	168	504	840	1,680	2,940	4,200
2d Cpe	164	492	820	1,640	2,870	4,100
2d Conv	228	684	1,140	2,280	3,990	5,700
1983 600, 4-cyl.						
4d Sed	176	528	880	1,760	3,080	4,400
4d Sed ES	184	552	920	1,840	3,220	4,600
1983 Diplomat, V-8						
4d Sed	168	504	840	1,680	2,940	4,200
4d Sed Medallion	176	528	880	1,760	3,080	4,400
NOTE: Deduct 10 percent for 6-cyl.						
1983 Mirada, V-8						
2d Cpe Specialty	248	744	1,240	2,480	4,340	6,200
NOTE: Deduct 12 percent for 6-cyl.						
1984 Colt, 4-cyl.						
4d HBk DL	168	504	840	1,680	2,940	4,200
2d HBk DL	164	492	820	1,640	2,870	4,100
4d Sta Wag	160	480	800	1,600	2,800	4,000
NOTE: Deduct 5 percent for lesser models.						

	6	5	4	3	2	1
1984 Omni, 4-cyl.						
4d HBk GLH	168	504	840	1,680	2,940	4,200
NOTE: Deduct 5 percent for lesser models.						
1984 Charger, 4-cyl.						
2d HBk	176	528	880	1,760	3,080	4,400
2d HBk 2 plus 2	184	552	920	1,840	3,220	4,600
2d HBk Shelby	220	660	1,100	2,200	3,850	5,500
1984 Aries, 4-cyl.						
4d Sed SE	164	492	820	1,640	2,870	4,100
2d Sed SE	168	504	840	1,680	2,940	4,200
4d Sta Wag SE	172	516	860	1,720	3,010	4,300
NOTE: Deduct 5 percent for lesser models.						
1984 Conquest, 4-cyl. Turbo						
2d HBk	180	540	900	1,800	3,150	4,500
1984 Daytona, 4-cyl.						
2d HBk	180	540	900	1,800	3,150	4,500
2d HBk Turbo	188	564	940	1,880	3,290	4,700
2d HBk Turbo Z	196	588	980	1,960	3,430	4,900
1984 600, 4-cyl.						
4d Sed	176	528	880	1,760	3,080	4,400
2d Sed	176	528	880	1,760	3,080	4,400
4d Sed ES	180	540	900	1,800	3,150	4,500
2d Conv	232	696	1,160	2,320	4,060	5,800
2d Conv ES	248	744	1,240	2,480	4,340	6,200
1984 Diplomat, V-8						
4d Sed	176	528	880	1,760	3,080	4,400
4d Sed SE	184	552	920	1,840	3,220	4,600
1985 Colt, 4-cyl.						
4d Sed DL	156	468	780	1,560	2,730	3,900
2d HBk DL	160	480	800	1,600	2,800	4,000
4d Sed Premiere	160	480	800	1,600	2,800	4,000
4d Sta Wag Vista	180	540	900	1,800	3,150	4,500
4d Sta Wag Vista 4WD	220	660	1,100	2,200	3,850	5,500
NOTE: Deduct 5 percent for lesser models.						
1985 Omni, 4-cyl.						
4d HBk GLH	172	516	860	1,720	3,010	4,300
NOTE: Deduct 5 percent for lesser models.						
1985 Charger, 4-cyl.						
2d HBk	196	588	980	1,960	3,430	4,900
2d HBk 2 plus 2	204	612	1,020	2,040	3,570	5,100
2d HBk Shelby	220	660	1,100	2,200	3,850	5,500
1985 Aries, 4-cyl.						
4d Sed LE	168	504	840	1,680	2,940	4,200
2d Sed LE	168	504	840	1,680	2,940	4,200
4d Sta Wag LE	176	528	880	1,760	3,080	4,400
NOTE: Deduct 5 percent for lesser models.						
1985 Conquest, 4-cyl.						
2d HBk Turbo	184	552	920	1,840	3,220	4,600
1985 Daytona, 4-cyl.						
2d HBk	184	552	920	1,840	3,220	4,600
2d HBk Turbo	192	576	960	1,920	3,360	4,800
2d HBk Turbo Z	200	600	1,000	2,000	3,500	5,000
1985 600, 4-cyl.						
4d Sed SE	180	540	900	1,800	3,150	4,500
2d Sed	184	552	920	1,840	3,220	4,600
Conv	232	696	1,160	2,320	4,060	5,800
Conv ES Turbo	248	744	1,240	2,480	4,340	6,200
1985 Lancer						
4d HBk	192	576	960	1,920	3,360	4,800
4d HBk ES	196	588	980	1,960	3,430	4,900
1985 Diplomat, V-8						
4d Sed	180	540	900	1,800	3,150	4,500
4d Sed SE	188	564	940	1,880	3,290	4,700
1986 Colt						
4d E Sed	164	492	820	1,640	2,870	4,100
2d E HBk	160	480	800	1,600	2,800	4,000
4d DL Sed	168	504	840	1,680	2,940	4,200
2d DL HBk	164	492	820	1,640	2,870	4,100
4d Premiere Sed	172	516	860	1,720	3,010	4,300
4d Vista Sta Wag	184	552	920	1,840	3,220	4,600
4d Vista Sta Wag 4WD	224	672	1,120	2,240	3,920	5,600
1986 Omni						
4d HBk	168	504	840	1,680	2,940	4,200

	6	5	4	3	2	1
4d HBk GLH	180	540	900	1,800	3,150	4,500
1986 Charger						
2d HBk	200	600	1,000	2,000	3,500	5,000
2d HBk 2 plus 2	212	636	1,060	2,120	3,710	5,300
2d HBk Shelby	228	684	1,140	2,280	3,990	5,700
2d HBk Daytona	216	648	1,080	2,160	3,780	5,400
HBk Daytona Turbo	224	672	1,120	2,240	3,920	5,600
1986 Aries						
2d Sed	172	516	860	1,720	3,010	4,300
4d Sed	172	516	860	1,720	3,010	4,300
1986 Lancer						
4d HBk	196	588	980	1,960	3,430	4,900
1986 600						
2d Cpe	180	540	900	1,800	3,150	4,500
2d Conv	240	720	1,200	2,400	4,200	6,000
2d ES Conv	256	768	1,280	2,560	4,480	6,400
4d Sed	184	552	920	1,840	3,220	4,600
1986 Conquest						
2d HBk	236	708	1,180	2,360	4,130	5,900
1986 Diplomat						
4d Sed	192	576	960	1,920	3,360	4,800
NOTE: Add 10 percent for deluxe models. Deduct 5 percent for smaller engines.						
1987 Colt, 4-cyl.						
4d E Sed	168	504	840	1,680	2,940	4,200
2d E HBk	164	492	820	1,640	2,870	4,100
4d DL Sed	172	516	860	1,720	3,010	4,300
2d DL HBk	168	504	840	1,680	2,940	4,200
4d Sed Premiere	176	528	880	1,760	3,080	4,400
4d Vista Sta Wag	188	564	940	1,880	3,290	4,700
4d Vista Sta Wag 4WD	228	684	1,140	2,280	3,990	5,700
1987 Omni, 4-cyl.						
4d HBk America	168	504	840	1,680	2,940	4,200
2d HBk Charger	180	540	900	1,800	3,150	4,500
2d HBk Charger Shelby	200	600	1,000	2,000	3,500	5,000
1987 Aries, 4-cyl.						
2d Sed	168	504	840	1,680	2,940	4,200
4d Sed	172	516	860	1,720	3,010	4,300
2d LE Sed	172	516	860	1,720	3,010	4,300
4d Sed LE	176	528	880	1,760	3,080	4,400
4d LE Sta Wag	176	528	880	1,760	3,080	4,400
1987 Shadow, 4-cyl.						
2d LBk	172	516	860	1,720	3,010	4,300
4d LBk	176	528	880	1,760	3,080	4,400
NOTE: Add 5 percent for 2.2 Turbo.						
1987 Daytona, 4-cyl.						
2d HBk	192	576	960	1,920	3,360	4,800
2d HBk Pacifica	228	684	1,140	2,280	3,990	5,700
2d HBk Shelby 2	248	744	1,240	2,480	4,340	6,200
1987 600, 4-cyl.						
4d Sed	180	540	900	1,800	3,150	4,500
4d Sed SE	184	552	920	1,840	3,220	4,600
NOTE: Add 5 percent for 2.2 Turbo.						
1987 Lancer, 4-cyl.						
4d HBk	188	564	940	1,880	3,290	4,700
4d HBk ES	192	576	960	1,920	3,360	4,800
NOTE: Add 5 percent for 2.2 Turbo. Add 15 percent for Shelby package.						
1987 Diplomat, V-8						
4d Sed	224	672	1,120	2,240	3,920	5,600
4d Sed SE	232	696	1,160	2,320	4,060	5,800
1988 Colt, 4-cyl.						
3d HBk	88	264	440	880	1,540	2,200
4d E Sed	112	336	560	1,120	1,960	2,800
3d E HBk	104	312	520	1,040	1,820	2,600
4d DL Sed	116	348	580	1,160	2,030	2,900
3d DL HBk	112	336	560	1,120	1,960	2,800
4d DL Sta Wag	120	360	600	1,200	2,100	3,000
4d Sed Premiere	140	420	700	1,400	2,450	3,500
4d Vista Sta Wag	160	480	800	1,600	2,800	4,000
4d Vista Sta Wag 4x4	200	600	1,000	2,000	3,500	5,000
1988 Omni, 4-cyl.						
4d HBk	112	336	560	1,120	1,960	2,800
1988 Aries, 4-cyl.						
2d Sed	112	336	560	1,120	1,960	2,800

	6	5	4	3	2	1
4d Sed	112	336	560	1,120	1,960	2,800
4d Sta Wag	132	396	660	1,320	2,310	3,300
1988 Shadow, 4-cyl.						
2d HBk	128	384	640	1,280	2,240	3,200
4d HBk	136	408	680	1,360	2,380	3,400
1988 Daytona, 4-cyl.						
2d HBk	180	540	900	1,800	3,150	4,500
2d HBk Pacifica	224	672	1,120	2,240	3,920	5,600
2d HBk Shelby Z	240	720	1,200	2,400	4,200	6,000
1988 600, 4-cyl.						
4d Sed	140	420	700	1,400	2,450	3,500
4d SE Sed	156	468	780	1,560	2,730	3,900
1988 Lancer, 4-Cyl.						
4d Spt HBk	168	504	840	1,680	2,940	4,200
4d Spt ES HBk	200	600	1,000	2,000	3,500	5,000

NOTE: Add 5 percent for 2.2 Turbo. Add 15 percent for Shelby package.

1988 Dynasty						
4d Sed 4-cyl.	160	480	800	1,600	2,800	4,000
4d Sed Prem 4-cyl.	172	516	860	1,720	3,010	4,300
4d Sed V-6	180	540	900	1,800	3,150	4,500
4d Sed Prem V-6	184	552	920	1,840	3,220	4,600
1988 Diplomat, V-8						
4d Sed Salon	152	456	760	1,520	2,660	3,800
4d Sed	132	396	660	1,320	2,310	3,300
4d SE Sed	168	504	840	1,680	2,940	4,200
1989 Colt, 4-cyl.						
2d HBk	152	456	760	1,520	2,660	3,800
2d HBk E	156	468	780	1,560	2,730	3,900
2d HBk GT	164	492	820	1,640	2,870	4,100
4d DL Sta Wag	200	600	1,000	2,000	3,500	5,000
4d DL Sta Wag 4x4	216	648	1,080	2,160	3,780	5,400
4d Vista Sta Wag	208	624	1,040	2,080	3,640	5,200
4d Vista Sta Wag 4x4	224	672	1,120	2,240	3,920	5,600
1989 Omni, 4-cyl.						
4d HBk	144	432	720	1,440	2,520	3,600
1989 Aries, 4-cyl.						
4d Sed	140	420	700	1,400	2,450	3,500
2d Sed	136	408	680	1,360	2,380	3,400
1989 Shadow, 4-cyl.						
4d HBk	168	504	840	1,680	2,940	4,200
2d HBk	164	492	820	1,640	2,870	4,100
1989 Daytona, 4-cyl.						
2d HBk	184	552	920	1,840	3,220	4,600
2d ES HBk	200	600	1,000	2,000	3,500	5,000
2d ES HBk Turbo	220	660	1,100	2,200	3,850	5,500
2d HBk Shelby	248	744	1,240	2,480	4,340	6,200
1989 Spirit, 4-cyl.						
4d Sed	168	504	840	1,680	2,940	4,200
4d LE Sed	180	540	900	1,800	3,150	4,500
4d ES Sed Turbo	204	612	1,020	2,040	3,570	5,100
4d ES Sed V-6	204	612	1,020	2,040	3,570	5,100
1989 Lancer, 4-cyl.						
4d Spt HBk	204	612	1,020	2,040	3,570	5,100
4d Spt HBk ES	212	636	1,060	2,120	3,710	5,300
4d Spt HBk Shelby	260	780	1,300	2,600	4,550	6,500

NOTE: Add 5 percent for 2.2 Turbo. Add 15 percent for Shelby package.

1989 Dynasty, 4-cyl.						
4d Sed	184	552	920	1,840	3,220	4,600
1989 V-6						
4d Sed	192	576	960	1,920	3,360	4,800
4d LE Sed	216	648	1,080	2,160	3,780	5,400
1989 Diplomat, V-8						
4d Sed Salon	220	660	1,100	2,200	3,850	5,500
4d SE Sed	224	672	1,120	2,240	3,920	5,600
1990 Colt, 4-cyl.						
2d HBk	152	456	760	1,520	2,660	3,800
2d GL HBk	160	480	800	1,600	2,800	4,000
2d GT HBk	168	504	840	1,680	2,940	4,200
4d DL Sta Wag	184	552	920	1,840	3,220	4,600
4d DL Sta Wag 4x4	220	660	1,100	2,200	3,850	5,500
4d Vista	208	624	1,040	2,080	3,640	5,200
4d Vista 4x4	248	744	1,240	2,480	4,340	6,200

	6	5	4	3	2	1
1990 Omni, 4-cyl.						
4d HBk	140	420	700	1,400	2,450	3,500
1990 Shadow, 4-cyl.						
2d HBk	164	492	820	1,640	2,870	4,100
4d HBk	168	504	840	1,680	2,940	4,200
1990 Daytona, 4-cyl.						
2d HBk	200	600	1,000	2,000	3,500	5,000
2d ES HBk	220	660	1,100	2,200	3,850	5,500
2d ES HBk Turbo	240	720	1,200	2,400	4,200	6,000
2d Shelby HBk	260	780	1,300	2,600	4,550	6,500
NOTE: Add 10 percent for V-6 where available.						
1990 Spirit, 4-cyl.						
4d Sed	160	480	800	1,600	2,800	4,000
4d LE Sed	180	540	900	1,800	3,150	4,500
4d ES Sed Turbo	200	600	1,000	2,000	3,500	5,000
NOTE: Add 10 percent for V-6 where available.						
1990 Monaco, V-6						
4d LE Sed	160	480	800	1,600	2,800	4,000
4d ES Sed	176	528	880	1,760	3,080	4,400
1990 Dynasty, 4-cyl.						
4d Sed	192	576	960	1,920	3,360	4,800
1990 V-6						
4d Sed	220	660	1,100	2,200	3,850	5,500
4d LE Sed	240	720	1,200	2,400	4,200	6,000
1991 Colt, 4-cyl.						
2d HBk	120	360	600	1,200	2,100	3,000
2d GL HBk	140	420	700	1,400	2,450	3,500
4d Vista Sta Wag	180	540	900	1,800	3,150	4,500
4d Vista Sta Wag 4x4	220	660	1,100	2,200	3,850	5,500
1991 Shadow, 4-cyl.						
2d America HBk	140	420	700	1,400	2,450	3,500
4d America HBk	140	420	700	1,400	2,450	3,500
2d HBk	148	444	740	1,480	2,590	3,700
4d HBk	148	444	740	1,480	2,590	3,700
2d Conv	240	720	1,200	2,400	4,200	6,000
2d ES HBk	168	504	840	1,680	2,940	4,200
4d ES HBk	168	504	840	1,680	2,940	4,200
2d ES Conv	260	780	1,300	2,600	4,550	6,500
1991 Daytona, 4-cyl.						
2d HBk	180	540	900	1,800	3,150	4,500
2d ES HBk	184	552	920	1,840	3,220	4,600
1991 Daytona, V-6						
2d HBk	200	600	1,000	2,000	3,500	5,000
2d ES HBk	200	600	1,000	2,000	3,500	5,000
2d IROC HBk	240	720	1,200	2,400	4,200	6,000
1991 Sprint, 4-cyl.						
4d Sed	160	480	800	1,600	2,800	4,000
4d LE Sed	172	516	860	1,720	3,010	4,300
4d ES Sed Turbo	200	600	1,000	2,000	3,500	5,000
4d R/T Turbo Sed	208	624	1,040	2,080	3,640	5,200
1991 Sprint, V-6						
4d Sed	172	516	860	1,720	3,010	4,300
4d LE Sed	184	552	920	1,840	3,220	4,600
4d ES Sed	192	576	960	1,920	3,360	4,800
1991 Monaco, V-6						
4d LE Sed	140	420	700	1,400	2,450	3,500
4d ES Sed	160	480	800	1,600	2,800	4,000
1991 Dynasty						
4d Sed 4-cyl.	180	540	900	1,800	3,150	4,500
4d Sed V-6	200	600	1,000	2,000	3,500	5,000
4d LE Sed V-6	216	648	1,080	2,160	3,780	5,400
1991 Stealth, V-6						
2d LBk	420	1,260	2,100	4,200	7,350	10,500
2d ES LBk	540	1,620	2,700	5,400	9,450	13,500
2d R/T LBk	680	2,040	3,400	6,800	11,900	17,000
2d R/T LBk Turbo 4x4	760	2,280	3,800	7,600	13,300	19,000
1992 Colt, 4-cyl.						
2d HBk	144	432	720	1,440	2,520	3,600
2d GL HBk	160	480	800	1,600	2,800	4,000
1992 Shadow						
4d America HBk	160	480	800	1,600	2,800	4,000
2d America HBk	160	480	800	1,600	2,800	4,000
4d HBk	168	504	840	1,680	2,940	4,200
2d HBk	168	504	840	1,680	2,940	4,200

1967 Dodge Monaco four-door hardtop

1979 Dodge Magnum XE hardtop

1986 Dodge Daytona Turbo Z hatchback with optional Carroll Shelby package

	6	5	4	3	2	1
2d Conv	220	660	1,100	2,200	3,850	5,500
4d ES HBk	200	600	1,000	2,000	3,500	5,000
2d ES HBk	200	600	1,000	2,000	3,500	5,000
2d ES Conv	240	720	1,200	2,400	4,200	6,000
1992 Daytona, 4-cyl.						
2d HBk	200	600	1,000	2,000	3,500	5,000
2d ES HBk	208	624	1,040	2,080	3,640	5,200
2d IROC HBk	240	720	1,200	2,400	4,200	6,000
NOTE: Add 10 percent for V-6 where available.						
1992 Spirit, 4-cyl.						
4d Sed	180	540	900	1,800	3,150	4,500
4d LE Sed	188	564	940	1,880	3,290	4,700
4d ES Turbo Sed	200	600	1,000	2,000	3,500	5,000
NOTE: Add 10 percent for V-6 where available.						
1992 Monaco, V-6						
4d LE Sed	160	480	800	1,600	2,800	4,000
4d ES Sed	180	540	900	1,800	3,150	4,500
1992 Dynasty, V-6						
4d Sed 4-cyl.	180	540	900	1,800	3,150	4,500
4d Sed	220	660	1,100	2,200	3,850	5,500
1992 Stealth, V-6						
2d Cpe	420	1,260	2,100	4,200	7,350	10,500
2d ES Cpe	520	1,560	2,600	5,200	9,100	13,000
2d R/T Cpe	600	1,800	3,000	6,000	10,500	15,000
2d R/T Cpe Turbo 4x4	760	2,280	3,800	7,600	13,300	19,000
1993 Colt						
2d Cpe	152	456	760	1,520	2,660	3,800
4d Sed	156	468	780	1,560	2,730	3,900
2d GL Cpe	156	468	780	1,560	2,730	3,900
4d GL Sed	160	480	800	1,600	2,800	4,000
1993 Shadow						
2d HBk	164	492	820	1,640	2,870	4,100
4d HBk	168	504	840	1,680	2,940	4,200
2d ES HBk	168	504	840	1,680	2,940	4,200
4d ES HBk	172	516	860	1,720	3,010	4,300
2d Conv	220	660	1,100	2,200	3,850	5,500
2d ES Conv	240	720	1,200	2,400	4,200	6,000
1993 Daytona, 4-cyl.						
2d HBk	208	624	1,040	2,080	3,640	5,200
2d ES HBk	212	636	1,060	2,120	3,710	5,300
1993 Daytona, V-6						
2d HBk	216	648	1,080	2,160	3,780	5,400
2d ES HBk	220	660	1,100	2,200	3,850	5,500
2d IROC HBk	240	720	1,200	2,400	4,200	6,000
1993 Spirit, 4-cyl.						
4d Sed	184	552	920	1,840	3,220	4,600
4d ES Sed	188	564	940	1,880	3,290	4,700
1993 Spirit, V-6						
4d Sed	188	564	940	1,880	3,290	4,700
4d ES Sed	192	576	960	1,920	3,360	4,800
1993 Dynasty						
4d Sed, 4-cyl.	192	576	960	1,920	3,360	4,800
4d Sed, V-6	196	588	980	1,960	3,430	4,900
4d LE Sed, V-6	200	600	1,000	2,000	3,500	5,000
1993 Intrepid, V-6						
4d Sed	208	624	1,040	2,080	3,640	5,200
4d ES Sed	216	648	1,080	2,160	3,780	5,400
1993 Stealth, V-6						
2d HBk	424	1,272	2,120	4,240	7,420	10,600
2d ES HBk	524	1,572	2,620	5,240	9,170	13,100
*2d R/T HBk	620	1,860	3,100	6,200	10,850	15,500
*2d R/T HBk, Turbo, 4x4	780	2,340	3,900	7,800	13,650	19,500
1993 Viper, V-10	3,000	9,000	15,000	30,000	52,500	75,000
1994 Colt, 4-cyl.						
2d Sed	180	540	900	1,800	3,150	4,500
4d Sed	200	600	1,000	2,000	3,500	5,000
2d ES Sed	192	576	960	1,920	3,360	4,800
4d ES Sed	208	624	1,040	2,080	3,640	5,200
1994 Shadow, 4-cyl.						
4d HBk	200	600	1,000	2,000	3,500	5,000
2d HBk	196	588	980	1,960	3,430	4,900
4d ES HBk	216	648	1,080	2,160	3,780	5,400
2d ES HBk	212	636	1,060	2,120	3,710	5,300

	6	5	4	3	2	1
1994 Spirit, 4-cyl. & V-6						
4d Sed	208	624	1,040	2,080	3,640	5,200
1994 Intrepid, V-6						
4d Sed	280	840	1,400	2,800	4,900	7,000
4d ES Sed	300	900	1,500	3,000	5,250	7,500
1994 Stealth, V-6						
2d HBk	480	1,440	2,400	4,800	8,400	12,000
2d R/T HBk	540	1,620	2,700	5,400	9,450	13,500
2d R/T HBK, Turbo, 4x4	600	1,800	3,000	6,000	10,500	15,000
1994 Viper, V-10						
	3,000	9,000	15,000	30,000	52,500	75,000

EDSEL

	6	5	4	3	2	1
1958 Ranger Series, V-8, 118" wb						
2d Sed	540	1,620	2,700	5,400	9,450	13,500
4d Sed	540	1,620	2,700	5,400	9,450	13,500
4d HT	580	1,740	2,900	5,800	10,150	14,500
2d HT	680	2,040	3,400	6,800	11,900	17,000
1958 Pacer Series, V-8, 118" wb						
4d Sed	560	1,680	2,800	5,600	9,800	14,000
4d HT	600	1,800	3,000	6,000	10,500	15,000
2d HT	720	2,160	3,600	7,200	12,600	18,000
2d Conv	1,200	3,600	6,000	12,000	21,000	30,000
1958 Corsair Series, V-8, 124" wb						
4d HT	640	1,920	3,200	6,400	11,200	16,000
2d HT	760	2,280	3,800	7,600	13,300	19,000
1958 Citation Series, V-8, 124" wb						
4d HT	720	2,160	3,600	7,200	12,600	18,000
2d HT	840	2,520	4,200	8,400	14,700	21,000
2d Conv	1,400	4,200	7,000	14,000	24,500	35,000
NOTE: Deduct 5 percent for 6-cyl.						
1958 Station Wagons, V-8						
4d Vill	600	1,800	3,000	6,000	10,500	15,000
4d Ber	620	1,860	3,100	6,200	10,850	15,500
4d 9P Vill	608	1,824	3,040	6,080	10,640	15,200
4d 9P Ber	620	1,860	3,100	6,200	10,850	15,500
2d Rdup	560	1,680	2,800	5,600	9,800	14,000
1959 Ranger Series, V-8, 120" wb						
2d Sed	528	1,584	2,640	5,280	9,240	13,200
4d Sed	520	1,560	2,600	5,200	9,100	13,000
4d HT	580	1,740	2,900	5,800	10,150	14,500
2d HT	680	2,040	3,400	6,800	11,900	17,000
1959 Corsair Series, V-8, 120" wb						
4d Sed	540	1,620	2,700	5,400	9,450	13,500
4d HT	600	1,800	3,000	6,000	10,500	15,000
2d HT	720	2,160	3,600	7,200	12,600	18,000
2d Conv	1,160	3,480	5,800	11,600	20,300	29,000
1959 Station Wagons, V-8, 118" wb						
4d Vill	560	1,680	2,800	5,600	9,800	14,000
4d 9P Vill	580	1,740	2,900	5,800	10,150	14,500
NOTE: Deduct 5 percent for 6-cyl.						
1960 Ranger Series, V-8, 120" wb						
2d Sed	528	1,584	2,640	5,280	9,240	13,200
4d Sed	524	1,572	2,620	5,240	9,170	13,100
4d HT	580	1,740	2,900	5,800	10,150	14,500
2d HT	920	2,760	4,600	9,200	16,100	23,000
2d Conv	1,320	3,960	6,600	13,200	23,100	33,000
1960 Station Wagons, V-8, 120" wb						
4d 9P Vill	600	1,800	3,000	6,000	10,500	15,000
4d 6P Vill	600	1,800	3,000	6,000	10,500	15,000
NOTE: Deduct 5 percent for 6-cyl.						

FORD

	6	5	4	3	2	1
Model A 1903, 2-cyl., Ser. No. 1-670, 8 hp						
1904, 2-cyl., Ser. No. 671-1708, 10 hp						
Rbt	1,920	5,760	9,600	19,200	33,600	48,000
Rbt W/ton	1,960	5,880	9,800	19,600	34,300	49,000
Model B 10 hp, 4-cyl.						
Tr			value not estimable			
Model C 10 hp, 2-cyl., Ser. No. 1709-2700						
Rbt	1,920	5,760	9,600	19,200	33,600	48,000

	6	5	4	3	2	1
Rbt W/ton	1,960	5,880	9,800	19,600	34,300	49,000
Dr's Mdl	2,000	6,000	10,000	20,000	35,000	50,000
Model F 16 hp, 2-cyl., (Produced 1904-05-06)						
Tr	2,000	6,000	10,000	20,000	35,000	50,000
Model K 40 hp, 6-cyl., (Produced 1905-06-07-08)						
Tr	3,040	9,120	15,200	30,400	53,200	76,000
Rds	3,040	9,120	15,200	30,400	53,200	76,000
Model N 18 hp, 4-cyl., (Produced 1906-07-08)						
Rbt	1,840	5,520	9,200	18,400	32,200	46,000
Model R 4-cyl., (Produced 1907-08)						
Rbt	1,840	5,520	9,200	18,400	32,200	46,000
Model S 4-cyl.						
Rbt	1,840	5,520	9,200	18,400	32,200	46,000
1908 Model T, 4-cyl., 2 levers, 2 foot pedals (1,000 produced)						
Tr	1,960	5,880	9,800	19,600	34,300	49,000
1909 Model T, 4-cyl.						
Rbt	1,280	3,840	6,400	12,800	22,400	32,000
Tr	1,320	3,960	6,600	13,200	23,100	33,000
Trbt	1,240	3,720	6,200	12,400	21,700	31,000
Cpe	1,160	3,480	5,800	11,600	20,300	29,000
Twn Car	1,360	4,080	6,800	13,600	23,800	34,000
Lan'let	1,240	3,720	6,200	12,400	21,700	31,000
1910 Model T, 4-cyl.						
Rbt	1,240	3,720	6,200	12,400	21,700	31,000
Tr	1,280	3,840	6,400	12,800	22,400	32,000
Cpe	1,120	3,360	5,600	11,200	19,600	28,000
Twn Car	1,160	3,480	5,800	11,600	20,300	29,000
C'ml Rds	1,120	3,360	5,600	11,200	19,600	28,000
1911 Model T, 4-cyl.						
Rbt	1,200	3,600	6,000	12,000	21,000	30,000
Tor Rds	1,240	3,720	6,200	12,400	21,700	31,000
Tr	1,240	3,720	6,200	12,400	21,700	31,000
Trbt	1,200	3,600	6,000	12,000	21,000	30,000
Cpe	1,040	3,120	5,200	10,400	18,200	26,000
Twn Car	1,200	3,600	6,000	12,000	21,000	30,000
C'ml Rds	1,080	3,240	5,400	10,800	18,900	27,000
Dely Van	1,000	3,000	5,000	10,000	17,500	25,000
1912 Model T, 4-cyl.						
Rds	1,160	3,480	5,800	11,600	20,300	29,000
Tor Rds	1,200	3,600	6,000	12,000	21,000	30,000
Tr	1,240	3,720	6,200	12,400	21,700	31,000
Twn Car	1,200	3,600	6,000	12,000	21,000	30,000
Dely Van	1,040	3,120	5,200	10,400	18,200	26,000
C'ml Rds	1,120	3,360	5,600	11,200	19,600	28,000
1913 Model T, 4-cyl.						
Rds	1,160	3,480	5,800	11,600	20,300	29,000
Tr	1,240	3,720	6,200	12,400	21,700	31,000
Twn Car	1,120	3,360	5,600	11,200	19,600	28,000
1914 Model T, 4-cyl.						
Rds	1,160	3,480	5,800	11,600	20,300	29,000
Tr	1,240	3,720	6,200	12,400	21,700	31,000
Twn Car	1,160	3,480	5,800	11,600	20,300	29,000
Cpe	920	2,760	4,600	9,200	16,100	23,000
1915 & early 1916 Model T, 4-cyl., (brass rad.)						
Rds	1,160	3,480	5,800	11,600	20,300	29,000
Tr	1,200	3,600	6,000	12,000	21,000	30,000
Conv Cpe	1,240	3,720	6,200	12,400	21,700	31,000
Ctr dr Sed	960	2,880	4,800	9,600	16,800	24,000
Twn Car	1,120	3,360	5,600	11,200	19,600	28,000
1916 Model T, 4-cyl., (steel rad.)						
Rds	920	2,760	4,600	9,200	16,100	23,000
Tr	960	2,880	4,800	9,600	16,800	24,000
Conv Cpe	1,000	3,000	5,000	10,000	17,500	25,000
Ctr dr Sed	760	2,280	3,800	7,600	13,300	19,000
Twn Car	840	2,520	4,200	8,400	14,700	21,000
1917 Model T, 4-cyl.						
Rds	880	2,640	4,400	8,800	15,400	22,000
Tr	920	2,760	4,600	9,200	16,100	23,000
Conv Cpe	800	2,400	4,000	8,000	14,000	20,000
Twn Car	720	2,160	3,600	7,200	12,600	18,000
Ctr dr Sed	640	1,920	3,200	6,400	11,200	16,000
Cpe	680	2,040	3,400	6,800	11,900	17,000
1918 Model T, 4-cyl.						
Rds	880	2,640	4,400	8,800	15,400	22,000
Tr	920	2,760	4,600	9,200	16,100	23,000

	6	5	4	3	2	1
Cpe	680	2,040	3,400	6,800	11,900	17,000
Twn Car	800	2,400	4,000	8,000	14,000	20,000
Ctr dr Sed	640	1,920	3,200	6,400	11,200	16,000
1919 Model T, 4-cyl.						
Rds	920	2,760	4,600	9,200	16,100	23,000
Tr	960	2,880	4,800	9,600	16,800	24,000
Cpe	680	2,040	3,400	6,800	11,900	17,000
Twn Car	840	2,520	4,200	8,400	14,700	21,000
Ctr dr Sed	680	2,040	3,400	6,800	11,900	17,000
1920-1921 Model T, 4-cyl.						
Rds	920	2,760	4,600	9,200	16,100	23,000
Tr	960	2,880	4,800	9,600	16,800	24,000
Cpe	640	1,920	3,200	6,400	11,200	16,000
Ctr dr Sed	640	1,920	3,200	6,400	11,200	16,000
1922-1923 Model T, 4-cyl.						
Rds	840	2,520	4,200	8,400	14,700	21,000
'22 Tr	880	2,640	4,400	8,800	15,400	22,000
'23 Tr	900	2,700	4,500	9,000	15,750	22,500
Cpe	640	1,920	3,200	6,400	11,200	16,000
4d Sed	540	1,620	2,700	5,400	9,450	13,500
2d Sed	532	1,596	2,660	5,320	9,310	13,300
1924 Model T, 4-cyl.						
Rds	840	2,520	4,200	8,400	14,700	21,000
Tr	900	2,700	4,500	9,000	15,750	22,500
Cpe	680	2,040	3,400	6,800	11,900	17,000
4d Sed	540	1,620	2,700	5,400	9,450	13,500
2d Sed	548	1,644	2,740	5,480	9,590	13,700
Rds PU	720	2,160	3,600	7,200	12,600	18,000
1925 Model T, 4-cyl.						
Rds	840	2,520	4,200	8,400	14,700	21,000
Tr	880	2,640	4,400	8,800	15,400	22,000
Cpe	680	2,040	3,400	6,800	11,900	17,000
2d	540	1,620	2,700	5,400	9,450	13,500
4d	560	1,680	2,800	5,600	9,800	14,000
1926 Model T, 4-cyl.						
Rds	880	2,640	4,400	8,800	15,400	22,000
Tr	920	2,760	4,600	9,200	16,100	23,000
Cpe	680	2,040	3,400	6,800	11,900	17,000
2d	560	1,680	2,800	5,600	9,800	14,000
4d	564	1,692	2,820	5,640	9,870	14,100
1927 Model T, 4-cyl.						
Rds	920	2,760	4,600	9,200	16,100	23,000
Tr	960	2,880	4,800	9,600	16,800	24,000
Cpe	700	2,100	3,500	7,000	12,250	17,500
2d	580	1,740	2,900	5,800	10,150	14,500
4d	572	1,716	2,860	5,720	10,010	14,300
1928 Model A, 4-cyl.						
NOTE: Add 20 percent average for early 'AR' features.						
2d Rds	1,200	3,600	6,000	12,000	21,000	30,000
4d Phae	1,240	3,720	6,200	12,400	21,700	31,000
2d Cpe	680	2,040	3,400	6,800	11,900	17,000
2d Spl Cpe	700	2,100	3,500	7,000	12,250	17,500
2d Bus Cpe	680	2,040	3,400	6,800	11,900	17,000
2d Spt Cpe	720	2,160	3,600	7,200	12,600	18,000
2d Sed	620	1,860	3,100	6,200	10,850	15,500
4d Sed	624	1,872	3,120	6,240	10,920	15,600
1929 Model A, 4-cyl.						
2d Rds	1,200	3,600	6,000	12,000	21,000	30,000
4d Phae	1,240	3,720	6,200	12,400	21,700	31,000
2d Cabr	1,160	3,480	5,800	11,600	20,300	29,000
2d Cpe	660	1,980	3,300	6,600	11,550	16,500
2d Bus Cpe	640	1,920	3,200	6,400	11,200	16,000
2d Spl Cpe	660	1,980	3,300	6,600	11,550	16,500
2d Spt Cpe	700	2,100	3,500	7,000	12,250	17,500
2d Sed	620	1,860	3,100	6,200	10,850	15,500
4d 3W Sed	640	1,920	3,200	6,400	11,200	16,000
4d 5W Sed	620	1,860	3,100	6,200	10,850	15,500
4d DeL Sed	640	1,920	3,200	6,400	11,200	16,000
4d Twn Sed	660	1,980	3,300	6,600	11,550	16,500
4d Taxi	720	2,160	3,600	7,200	12,600	18,000
4d Twn Car	1,000	3,000	5,000	10,000	17,500	25,000
4d Sta Wag	880	2,640	4,400	8,800	15,400	22,000
1930 Model A, 4-cyl.						
2d Rds	1,160	3,480	5,800	11,600	20,300	29,000
2d DeL Rds	1,200	3,600	6,000	12,000	21,000	30,000
4d Phae	1,240	3,720	6,200	12,400	21,700	31,000

	6	5	4	3	2	1
2d DeL Phae	1,280	3,840	6,400	12,800	22,400	32,000
2d Cabr	1,120	3,360	5,600	11,200	19,600	28,000
2d Cpe	640	1,920	3,200	6,400	11,200	16,000
2d DeL Cpe	660	1,980	3,300	6,600	11,550	16,500
2d Spt Cpe	700	2,100	3,500	7,000	12,250	17,500
2d Std Sed	620	1,860	3,100	6,200	10,850	15,500
2d DeL Sed	640	1,920	3,200	6,400	11,200	16,000
2d 3W Cpe	640	1,920	3,200	6,400	11,200	16,000
2d 5W Cpe	620	1,860	3,100	6,200	10,850	15,500
4d DeL Sed	680	2,040	3,400	6,800	11,900	17,000
4d Twn Sed	640	1,920	3,200	6,400	11,200	16,000
2d Vic	800	2,400	4,000	8,000	14,000	20,000
4d Sta Wag	840	2,520	4,200	8,400	14,700	21,000

1931 Model A, 4-cyl.

2d Rds	1,160	3,480	5,800	11,600	20,300	29,000
2d DeL Rds	1,200	3,600	6,000	12,000	21,000	30,000
4d Phae	1,240	3,720	6,200	12,400	21,700	31,000
2d DeL Phae	1,280	3,840	6,400	12,800	22,400	32,000
2d Cabr	1,160	3,480	5,800	11,600	20,300	29,000
2d Conv Sed	1,240	3,720	6,200	12,400	21,700	31,000
2d Cpe	640	1,920	3,200	6,400	11,200	16,000
2d DeL Cpe	680	2,040	3,400	6,800	11,900	17,000
2d Spt Cpe	720	2,160	3,600	7,200	12,600	18,000
2d Sed	620	1,860	3,100	6,200	10,850	15,500
2d DeL Sed	640	1,920	3,200	6,400	11,200	16,000
4d Sed	640	1,920	3,200	6,400	11,200	16,000
4d DeL Sed	680	2,040	3,400	6,800	11,900	17,000
4d Twn Sed	700	2,100	3,500	7,000	12,250	17,500
2d Vic	800	2,400	4,000	8,000	14,000	20,000
4d Sta Wag	840	2,520	4,200	8,400	14,700	21,000

1932 Model B, 4-cyl.

2d Rds	1,400	4,200	7,000	14,000	24,500	35,000
4d Phae	1,440	4,320	7,200	14,400	25,200	36,000
2d Cabr	1,360	4,080	6,800	13,600	23,800	34,000
4d Conv Sed	1,400	4,200	7,000	14,000	24,500	35,000
2d Cpe	1,000	3,000	5,000	10,000	17,500	25,000
2d Spt Cpe	1,040	3,120	5,200	10,400	18,200	26,000
2d Sed	640	1,920	3,200	6,400	11,200	16,000
4d Sed	600	1,800	3,000	6,000	10,500	15,000
2d Vic	1,240	3,720	6,200	12,400	21,700	31,000
2d Sta Wag	1,120	3,360	5,600	11,200	19,600	28,000

1932 Model 18, V-8

2d Rds	1,560	4,680	7,800	15,600	27,300	39,000
2d DeL Rds	1,640	4,920	8,200	16,400	28,700	41,000
4d Phae	1,680	5,040	8,400	16,800	29,400	42,000
4d DeL Phae	1,720	5,160	8,600	17,200	30,100	43,000
2d Cabr	1,520	4,560	7,600	15,200	26,600	38,000
4d Conv Sed	1,560	4,680	7,800	15,600	27,300	39,000
2d Cpe	1,120	3,360	5,600	11,200	19,600	28,000
2d DeL Cpe	1,160	3,480	5,800	11,600	20,300	29,000
2d Spt Cpe	1,200	3,600	6,000	12,000	21,000	30,000
2d Sed	720	2,160	3,600	7,200	12,600	18,000
2d DeL Sed	760	2,280	3,800	7,600	13,300	19,000
4d Sed	680	2,040	3,400	6,800	11,900	17,000
4d DeL Sed	720	2,160	3,600	7,200	12,600	18,000
2d Vic	1,320	3,960	6,600	13,200	23,100	33,000
4d Sta Wag	1,360	4,080	6,800	13,600	23,800	34,000

1933 Model 40, V-8

4d Phae	1,440	4,320	7,200	14,400	25,200	36,000
4d DeL Phae	1,480	4,440	7,400	14,800	25,900	37,000
2d Rds	1,440	4,320	7,200	14,400	25,200	36,000
2d DeL Rds	1,480	4,440	7,400	14,800	25,900	37,000
2d 3W Cpe	880	2,640	4,400	8,800	15,400	22,000
2d 3W DeL Cpe	960	2,880	4,800	9,600	16,800	24,000
2d 5W Cpe	880	2,640	4,400	8,800	15,400	22,000
2d 5W DeL Cpe	1,000	3,000	5,000	10,000	17,500	25,000
2d Cabr	1,360	4,080	6,800	13,600	23,800	34,000
2d Sed	680	2,040	3,400	6,800	11,900	17,000
2d DeL Sed	720	2,160	3,600	7,200	12,600	18,000
4d Sed	600	1,800	3,000	6,000	10,500	15,000
4d DeL Sed	640	1,920	3,200	6,400	11,200	16,000
2d Vic	1,040	3,120	5,200	10,400	18,200	26,000
4d Sta Wag	1,240	3,720	6,200	12,400	21,700	31,000

1933 Model 40, 4-cyl.

NOTE: All models deduct 20 percent average from V-8 models.

1934 Model 40, V-8

2d Rds	1,560	4,680	7,800	15,600	27,300	39,000
4d Phae	1,600	4,800	8,000	16,000	28,000	40,000

	6	5	4	3	2	1
2d Cabr	1,520	4,560	7,600	15,200	26,600	38,000
5W Cpe	880	2,640	4,400	8,800	15,400	22,000
2d 3W DeL Cpe	960	2,880	4,800	9,600	16,800	24,000
2d 5W DeL Cpe	920	2,760	4,600	9,200	16,100	23,000
2d Sed	600	1,800	3,000	6,000	10,500	15,000
2d DeL Sed	620	1,860	3,100	6,200	10,850	15,500
4d Sed	620	1,860	3,100	6,200	10,850	15,500
4d DeL Sed	628	1,884	3,140	6,280	10,990	15,700
2d Vic	1,040	3,120	5,200	10,400	18,200	26,000
4d Sta Wag	1,240	3,720	6,200	12,400	21,700	31,000
1935 Model 48, V-8						
4d Phae	1,440	4,320	7,200	14,400	25,200	36,000
2d Rds	1,400	4,200	7,000	14,000	24,500	35,000
2d Cabr	1,400	4,200	7,000	14,000	24,500	35,000
4d Conv Sed	1,440	4,320	7,200	14,400	25,200	36,000
2d 3W DeL Cpe	1,040	3,120	5,200	10,400	18,200	26,000
2d 5W Cpe	960	2,880	4,800	9,600	16,800	24,000
2d 5W DeL Cpe	1,000	3,000	5,000	10,000	17,500	25,000
2d Sed	608	1,824	3,040	6,080	10,640	15,200
2d DeL Sed	628	1,884	3,140	6,280	10,990	15,700
4d Sed	604	1,812	3,020	6,040	10,570	15,100
4d DeL Sed	624	1,872	3,120	6,240	10,920	15,600
4d Sta Wag	1,240	3,720	6,200	12,400	21,700	31,000
4d C'ham Twn Car	1,240	3,720	6,200	12,400	21,700	31,000
1936 Model 68, V-8						
2d Rds	1,440	4,320	7,200	14,400	25,200	36,000
4d Phae	1,480	4,440	7,400	14,800	25,900	37,000
2d Cabr	1,480	4,440	7,400	14,800	25,900	37,000
2d Clb Cabr	1,400	4,200	7,000	14,000	24,500	35,000
4d Conv Trk Sed	1,440	4,320	7,200	14,400	25,200	36,000
4d Conv Sed	1,400	4,200	7,000	14,000	24,500	35,000
2d 3W Cpe	1,080	3,240	5,400	10,800	18,900	27,000
2d 5W Cpe	1,000	3,000	5,000	10,000	17,500	25,000
2d 5W DeL Cpe	1,040	3,120	5,200	10,400	18,200	26,000
2d Sed	624	1,872	3,120	6,240	10,920	15,600
2d Tr Sed	644	1,932	3,220	6,440	11,270	16,100
2d DeL Sed	644	1,932	3,220	6,440	11,270	16,100
4d Sed	620	1,860	3,100	6,200	10,850	15,500
4d Tr Sed	640	1,920	3,200	6,400	11,200	16,000
4d DeL Sed	660	1,980	3,300	6,600	11,550	16,500
4d DeL Tr Sed	640	1,920	3,200	6,400	11,200	16,000
4d Sta Wag	1,280	3,840	6,400	12,800	22,400	32,000
1937 Model 74, V-8, 60 hp						
2d Sed	564	1,692	2,820	5,640	9,870	14,100
2d Tr Sed	584	1,752	2,920	5,840	10,220	14,600
4d Sed	560	1,680	2,800	5,600	9,800	14,000
4d Tr Sed	580	1,740	2,900	5,800	10,150	14,500
2d Cpe	800	2,400	4,000	8,000	14,000	20,000
2d Cpe PU	840	2,520	4,200	8,400	14,700	21,000
1937 V-8 DeLuxe						
4d Sta Wag	1,240	3,720	6,200	12,400	21,700	31,000
1937 Model 78, V-8, 85 hp						
2d Rds	1,280	3,840	6,400	12,800	22,400	32,000
4d Phae	1,320	3,960	6,600	13,200	23,100	33,000
2d Cabr	1,320	3,960	6,600	13,200	23,100	33,000
2d Clb Cabr	1,360	4,080	6,800	13,600	23,800	34,000
4d Conv Sed	1,400	4,200	7,000	14,000	24,500	35,000
2d Cpe	760	2,280	3,800	7,600	13,300	19,000
2d Clb Cpe	800	2,400	4,000	8,000	14,000	20,000
2d Sed	584	1,752	2,920	5,840	10,220	14,600
2d Tr Sed	604	1,812	3,020	6,040	10,570	15,100
4d Sed	580	1,740	2,900	5,800	10,150	14,500
4d Tr Sed	600	1,800	3,000	6,000	10,500	15,000
4d Sta Wag	1,200	3,600	6,000	12,000	21,000	30,000
1938 Model 81A Standard, V-8						
2d Cpe	740	2,220	3,700	7,400	12,950	18,500
2d Sed	564	1,692	2,820	5,640	9,870	14,100
4d Sed	560	1,680	2,800	5,600	9,800	14,000
4d Sta Wag	1,160	3,480	5,800	11,600	20,300	29,000
1938 Model 81A DeLuxe, V-8						
4d Phae	1,400	4,200	7,000	14,000	24,500	35,000
2d Conv	1,360	4,080	6,800	13,600	23,800	34,000
2d Clb Conv	1,400	4,200	7,000	14,000	24,500	35,000
4d Conv Sed	1,440	4,320	7,200	14,400	25,200	36,000
2d Cpe	720	2,160	3,600	7,200	12,600	18,000
2d Clb Cpe	800	2,400	4,000	8,000	14,000	20,000
2d Sed	604	1,812	3,020	6,040	10,570	15,100
4d Sed	600	1,800	3,000	6,000	10,500	15,000

NOTE: Deduct 10 percent average for 60 hp 82A Ford.

	6	5	4	3	2	1
1939 Standard, V-8						
2d Cpe	840	2,520	4,200	8,400	14,700	21,000
2d Sed	584	1,752	2,920	5,840	10,220	14,600
4d Sed	580	1,740	2,900	5,800	10,150	14,500
4d Sta Wag	1,200	3,600	6,000	12,000	21,000	30,000
1939 DeLuxe, V-8						
2d Conv	1,560	4,680	7,800	15,600	27,300	39,000
4d Conv Sed	1,600	4,800	8,000	16,000	28,000	40,000
2d Cpe	880	2,640	4,400	8,800	15,400	22,000
2d Sed	604	1,812	3,020	6,040	10,570	15,100
4d Sed	600	1,800	3,000	6,000	10,500	15,000
4d Sta Wag	1,240	3,720	6,200	12,400	21,700	31,000
NOTE: Deduct 10 percent average for V-8, 60 hp models.						
1940 Standard & DeLuxe, V-8						
2d Conv	1,680	5,040	8,400	16,800	29,400	42,000
2d Cpe	920	2,760	4,600	9,200	16,100	23,000
2d DeL Cpe	1,000	3,000	5,000	10,000	17,500	25,000
2d Sed	644	1,932	3,220	6,440	11,270	16,100
2d DeL Sed	664	1,992	3,320	6,640	11,620	16,600
4d Sed	640	1,920	3,200	6,400	11,200	16,000
4d DeL Sed	660	1,980	3,300	6,600	11,550	16,500
4d Sta Wag	1,280	3,840	6,400	12,800	22,400	32,000
NOTE: Deduct 10 percent average for V-8, 60 hp models.						
1941 Model 11A Special, V-8						
2d Cpe	840	2,520	4,200	8,400	14,700	21,000
2d Sed	584	1,752	2,920	5,840	10,220	14,600
4d Sed	580	1,740	2,900	5,800	10,150	14,500
1941 DeLuxe						
3P Cpe	920	2,760	4,600	9,200	16,100	23,000
5P Cpe	920	2,760	4,600	9,200	16,100	23,000
2d Sed	644	1,932	3,220	6,440	11,270	16,100
4d Sed	640	1,920	3,200	6,400	11,200	16,000
4d Sta Wag	1,280	3,840	6,400	12,800	22,400	32,000
1941 Super DeLuxe						
2d Conv	1,520	4,560	7,600	15,200	26,600	38,000
3P Cpe	960	2,880	4,800	9,600	16,800	24,000
5P Cpe	960	2,880	4,800	9,600	16,800	24,000
2d Sed	664	1,992	3,320	6,640	11,620	16,600
4d Sed	660	1,980	3,300	6,600	11,550	16,500
4d Sta Wag	1,320	3,960	6,600	13,200	23,100	33,000
NOTE: Deduct 10 percent average for 6-cyl.						
1942 Model 2GA Special, 6-cyl.						
3P Cpe	720	2,160	3,600	7,200	12,600	18,000
2d Sed	564	1,692	2,820	5,640	9,870	14,100
4d Sed	560	1,680	2,800	5,600	9,800	14,000
1942 Model 21A DeLuxe, V-8						
2d Cpe	760	2,280	3,800	7,600	13,300	19,000
5P Cpe	800	2,400	4,000	8,000	14,000	20,000
2d Sed	584	1,752	2,920	5,840	10,220	14,600
4d Sed	580	1,740	2,900	5,800	10,150	14,500
1942 Super DeLuxe						
2d Conv	1,240	3,720	6,200	12,400	21,700	31,000
3P Cpe	800	2,400	4,000	8,000	14,000	20,000
5P Cpe	840	2,520	4,200	8,400	14,700	21,000
2d Sed	580	1,740	2,900	5,800	10,150	14,500
4d Sed	568	1,704	2,840	5,680	9,940	14,200
4d Sta Wag	1,240	3,720	6,200	12,400	21,700	31,000
NOTE: Deduct 10 percent average for 6-cyl.						
1946-1948 Model 89A DeLuxe, V-8						
3P Cpe	720	2,160	3,600	7,200	12,600	18,000
2d Sed	564	1,692	2,820	5,640	9,870	14,100
4d Sed	560	1,680	2,800	5,600	9,800	14,000
1946-1948 Model 89A Super DeLuxe, V-8						
2d Conv	1,280	3,840	6,400	12,800	22,400	32,000
2d Sptman Conv	2,800	8,400	14,000	28,000	49,000	70,000
2d 3P Cpe	760	2,280	3,800	7,600	13,300	19,000
2d 5P Cpe	800	2,400	4,000	8,000	14,000	20,000
2d Sed	584	1,752	2,920	5,840	10,220	14,600
4d Sed	580	1,740	2,900	5,800	10,150	14,500
4d Sta Wag	1,280	3,840	6,400	12,800	22,400	32,000
NOTE: Deduct 5 percent average for 6-cyl.						
1949-1950 DeLuxe, V-8, 114" wb						
2d Bus Cpe	720	2,160	3,600	7,200	12,600	18,000
2d Sed	640	1,920	3,200	6,400	11,200	16,000
4d Sed	640	1,920	3,200	6,400	11,200	16,000

	6	5	4	3	2	1
1949-1950 Custom DeLuxe, V-8, 114" wb						
2d Clb Cpe	760	2,280	3,800	7,600	13,300	19,000
2d Sed	700	2,100	3,500	7,000	12,250	17,500
4d Sed	700	2,100	3,500	7,000	12,250	17,500
2d Crest (1950 only)	800	2,400	4,000	8,000	14,000	20,000
2d Conv	1,200	3,600	6,000	12,000	21,000	30,000
2d Sta Wag	960	2,880	4,800	9,600	16,800	24,000
NOTE: Deduct 5 percent average for 6-cyl.						
1951 DeLuxe, V-8, 114" wb						
2d Bus Cpe	720	2,160	3,600	7,200	12,600	18,000
2d Sed	680	2,040	3,400	6,800	11,900	17,000
4d Sed	680	2,040	3,400	6,800	11,900	17,000
1951 Custom DeLuxe, V-8, 114" wb						
2d Clb Cpe	800	2,400	4,000	8,000	14,000	20,000
2d Sed	760	2,280	3,800	7,600	13,300	19,000
4d Sed	760	2,280	3,800	7,600	13,300	19,000
2d Crest	840	2,520	4,200	8,400	14,700	21,000
2d HT	880	2,640	4,400	8,800	15,400	22,000
2d Conv	1,240	3,720	6,200	12,400	21,700	31,000
2d Sta Wag	880	2,640	4,400	8,800	15,400	22,000
NOTE: Deduct 5 percent average for 6-cyl.						
1952-1953 Mainline, V-8, 115" wb						
2d Bus Cpe	640	1,920	3,200	6,400	11,200	16,000
2d Sed	564	1,692	2,820	5,640	9,870	14,100
4d Sed	560	1,680	2,800	5,600	9,800	14,000
2d Sta Wag	640	1,920	3,200	6,400	11,200	16,000
1952-1953 Customline, V-8, 115" wb						
2d Clb Cpe	720	2,160	3,600	7,200	12,600	18,000
2d Sed	660	1,980	3,300	6,600	11,550	16,500
4d Sed	656	1,968	3,280	6,560	11,480	16,400
4d Sta Wag	720	2,160	3,600	7,200	12,600	18,000
1952-1953 Crestline, 8-cyl., 115" wb						
2d HT	860	2,580	4,300	8,600	15,050	21,500
2d Conv	1,080	3,240	5,400	10,800	18,900	27,000
4d Sta Wag	740	2,220	3,700	7,400	12,950	18,500
NOTE: Deduct 5 percent average for 6-cyl. Add 50 percent for 1953 Indy Pace Car replica convertible.						
1954 Mainline, 8-cyl., 115.5" wb						
2d Bus Cpe	600	1,800	3,000	6,000	10,500	15,000
2d Sed	564	1,692	2,820	5,640	9,870	14,100
4d Sed	560	1,680	2,800	5,600	9,800	14,000
2d Sta Wag	640	1,920	3,200	6,400	11,200	16,000
1954 Customline, V-8, 115.5" wb						
2d Clb Cpe	740	2,220	3,700	7,400	12,950	18,500
2d Sed	700	2,100	3,500	7,000	12,250	17,500
4d Sed	696	2,088	3,480	6,960	12,180	17,400
2/4d Sta Wag	760	2,280	3,800	7,600	13,300	19,000
1954 Crestline, V-8, 115.5" wb						
4d Sed	700	2,100	3,500	7,000	12,250	17,500
2d HT	920	2,760	4,600	9,200	16,100	23,000
2d Sky Cpe	1,160	3,480	5,800	11,600	20,300	29,000
2d Conv	1,240	3,720	6,200	12,400	21,700	31,000
4d Sta Wag	800	2,400	4,000	8,000	14,000	20,000
NOTE: Deduct 5 percent average for 6-cyl.						
1955 Mainline, V-8, 115.5" wb						
2d Bus Sed	544	1,632	2,720	5,440	9,520	13,600
2d Sed	548	1,644	2,740	5,480	9,590	13,700
4d Sed	552	1,656	2,760	5,520	9,660	13,800
1955 Customline, V-8, 115.5" wb						
2d Sed	572	1,716	2,860	5,720	10,010	14,300
4d Sed	576	1,728	2,880	5,760	10,080	14,400
1955 Fairlane, V-8, 115.5" wb						
2d Sed	628	1,884	3,140	6,280	10,990	15,700
4d Sed	632	1,896	3,160	6,320	11,060	15,800
2d HT	880	2,640	4,400	8,800	15,400	22,000
2d Crn Vic	1,240	3,720	6,200	12,400	21,700	31,000
2d Crn Vic Plexi-top	1,360	4,080	6,800	13,600	23,800	34,000
2d Conv	1,560	4,680	7,800	15,600	27,300	39,000
1955 Station Wagon, V-8, 115.5" wb						
2d Custom Ran Wag	680	2,040	3,400	6,800	11,900	17,000
2d Ran Wag	660	1,980	3,300	6,600	11,550	16,500
4d Ctry Sed Customline	680	2,040	3,400	6,800	11,900	17,000
4d Ctry Sed Fairlane	720	2,160	3,600	7,200	12,600	18,000
4d Ctry Sq	760	2,280	3,800	7,600	13,300	19,000

NOTE: Deduct 5 percent average for 6-cyl.

	6	5	4	3	2	1
1956 Mainline, V-8, 115.5" wb						
2d Bus Sed	548	1,644	2,740	5,480	9,590	13,700
2d Sed	556	1,668	2,780	5,560	9,730	13,900
4d Sed	552	1,656	2,760	5,520	9,660	13,800
1956 Customline, V-8, 115.5" wb						
2d Sed	580	1,740	2,900	5,800	10,150	14,500
4d Sed	576	1,728	2,880	5,760	10,080	14,400
2d HT Vic	800	2,400	4,000	8,000	14,000	20,000
1956 Fairlane, V-8, 115.5" wb						
2d Sed	632	1,896	3,160	6,320	11,060	15,800
4d Sed	628	1,884	3,140	6,280	10,990	15,700
4d HT Vic	880	2,640	4,400	8,800	15,400	22,000
2d HT Vic	1,080	3,240	5,400	10,800	18,900	27,000
2d Crn Vic	1,200	3,600	6,000	12,000	21,000	30,000
2d Crn Vic Plexi-top	1,360	4,080	6,800	13,600	23,800	34,000
2d Conv	1,680	5,040	8,400	16,800	29,400	42,000
1956 Station Wagons, V-8, 115.5" wb						
2d Ran Wag	640	1,920	3,200	6,400	11,200	16,000
2d Parklane	840	2,520	4,200	8,400	14,700	21,000
4d Ctry Sed Customline	680	2,040	3,400	6,800	11,900	17,000
4d Ctry Sed Fairlane	720	2,160	3,600	7,200	12,600	18,000
4d Ctry Sq	760	2,280	3,800	7,600	13,300	19,000
NOTE: Deduct 5 percent average for 6-cyl. Add 10 percent for "T-Bird Special" V-8.						
1957 Custom, V-8, 116" wb						
2d Bus Cpe	404	1,212	2,020	4,040	7,070	10,100
2d Sed	416	1,248	2,080	4,160	7,280	10,400
4d Sed	412	1,236	2,060	4,120	7,210	10,300
1957 Custom 300, V-8, 116" wb						
2d Sed	520	1,560	2,600	5,200	9,100	13,000
4d Sed	424	1,272	2,120	4,240	7,420	10,600
1957 Fairlane, V-8, 118" wb						
2d Sed	524	1,572	2,620	5,240	9,170	13,100
4d Sed	520	1,560	2,600	5,200	9,100	13,000
4d HT Vic	760	2,280	3,800	7,600	13,300	19,000
2d Vic HT	840	2,520	4,200	8,400	14,700	21,000
1957 Fairlane 500, V-8, 118" wb						
2d Sed	532	1,596	2,660	5,320	9,310	13,300
4d Sed	528	1,584	2,640	5,280	9,240	13,200
4d HT Vic	760	2,280	3,800	7,600	13,300	19,000
2d HT Vic	920	2,760	4,600	9,200	16,100	23,000
2d Conv	1,400	4,200	7,000	14,000	24,500	35,000
2d Sky HT Conv	1,560	4,680	7,800	15,600	27,300	39,000
1957 Station Wagons, 8-cyl., 116" wb						
2d Ran Wag	560	1,680	2,800	5,600	9,800	14,000
2d DeL Rio Ran	580	1,740	2,900	5,800	10,150	14,500
4d Ctry Sed	680	2,040	3,400	6,800	11,900	17,000
4d Ctry Sq	640	1,920	3,200	6,400	11,200	16,000
NOTE: Deduct 5 percent average for 6-cyl. Add 20 percent for "T-Bird Special" V-8 (Code E). Add 30 percent for Supercharged V-8 (Code F).						
1958 Custom 300, V-8, 116.03" wb						
2d Bus Cpe	268	804	1,340	2,680	4,690	6,700
2d Sed	400	1,200	2,000	4,000	7,000	10,000
4d Sed	372	1,116	1,860	3,720	6,510	9,300
1958 Fairlane, V-8, 116.03" wb						
2d Sed	380	1,140	1,900	3,800	6,650	9,500
4d Sed	376	1,128	1,880	3,760	6,580	9,400
4d HT	680	2,040	3,400	6,800	11,900	17,000
2d HT	720	2,160	3,600	7,200	12,600	18,000
1958 Fairlane 500, V-8, 118.04" wb						
2d Sed	412	1,236	2,060	4,120	7,210	10,300
4d Sed	396	1,188	1,980	3,960	6,930	9,900
4d HT	720	2,160	3,600	7,200	12,600	18,000
2d HT	800	2,400	4,000	8,000	14,000	20,000
2d Conv	1,080	3,240	5,400	10,800	18,900	27,000
2d Sky HT Conv	1,320	3,960	6,600	13,200	23,100	33,000
1958 Station Wagons, V-8, 116.03" wb						
2d Ran	548	1,644	2,740	5,480	9,590	13,700
4d Ran	540	1,620	2,700	5,400	9,450	13,500
4d Ctry Sed	580	1,740	2,900	5,800	10,150	14,500
2d DeL Rio Ran	600	1,800	3,000	6,000	10,500	15,000
4d Ctry Sq	620	1,860	3,100	6,200	10,850	15,500
NOTE: Deduct 5 percent average for 6-cyl.						
1959 Custom 300, V-8, 118" wb						
2d Bus Cpe	380	1,140	1,900	3,800	6,650	9,500
2d Sed	384	1,152	1,920	3,840	6,720	9,600

	6	5	4	3	2	1
4d Sed	380	1,140	1,900	3,800	6,650	9,500
1959 Fairlane, V-8, 118" wb						
2d Sed	276	828	1,380	2,760	4,830	6,900
4d Sed	272	816	1,360	2,720	4,760	6,800
1959 Fairlane 500, V-8, 118" wb						
2d Sed	364	1,092	1,820	3,640	6,370	9,100
4d Sed	360	1,080	1,800	3,600	6,300	9,000
4d HT	660	1,980	3,300	6,600	11,550	16,500
2d HT	780	2,340	3,900	7,800	13,650	19,500
2d Sun Conv	1,240	3,720	6,200	12,400	21,700	31,000
2d Sky HT Conv	1,640	4,920	8,200	16,400	28,700	41,000
1959 Galaxie, V-8, 118" wb						
2d Sed	372	1,116	1,860	3,720	6,510	9,300
4d Sed	368	1,104	1,840	3,680	6,440	9,200
4d HT	700	2,100	3,500	7,000	12,250	17,500
2d HT	820	2,460	4,100	8,200	14,350	20,500
2d Sun Conv	1,240	3,720	6,200	12,400	21,700	31,000
2d Sky HT Conv	1,560	4,680	7,800	15,600	27,300	39,000
1959 Station Wagons, V-8, 118" wb						
2d Ran	420	1,260	2,100	4,200	7,350	10,500
4d Ran	560	1,680	2,800	5,600	9,800	14,000
2d Ctry Sed	600	1,800	3,000	6,000	10,500	15,000
4d Ctry Sed	580	1,740	2,900	5,800	10,150	14,500
4d Ctry Sq	600	1,800	3,000	6,000	10,500	15,000
NOTE: Deduct 5 percent average for 6-cyl.						
1960 Falcon, 6-cyl., 109.5" wb						
2d Sed	244	732	1,220	2,440	4,270	6,100
4d Sed	248	744	1,240	2,480	4,340	6,200
2d Sta Wag	248	744	1,240	2,480	4,340	6,200
4d Sta Wag	252	756	1,260	2,520	4,410	6,300
1960 Fairlane, V-8, 119" wb						
2d Bus Cpe	252	756	1,260	2,520	4,410	6,300
2d Sed	264	792	1,320	2,640	4,620	6,600
4d Sed	260	780	1,300	2,600	4,550	6,500
1960 Fairlane 500, V-8, 119" wb						
2d Sed	268	804	1,340	2,680	4,690	6,700
4d Sed	264	792	1,320	2,640	4,620	6,600
1960 Galaxie, V-8, 119" wb						
2d Sed	380	1,140	1,900	3,800	6,650	9,500
4d Sed	376	1,128	1,880	3,760	6,580	9,400
4d HT	600	1,800	3,000	6,000	10,500	15,000
2d HT	760	2,280	3,800	7,600	13,300	19,000
1960 Galaxie Special, V-8, 119" wb						
2d HT	840	2,520	4,200	8,400	14,700	21,000
2d Sun Conv	1,160	3,480	5,800	11,600	20,300	29,000
1960 Station Wagons, V-8, 119" wb						
2d Ran	532	1,596	2,660	5,320	9,310	13,300
4d Ran	520	1,560	2,600	5,200	9,100	13,000
4d Ctry Sed	540	1,620	2,700	5,400	9,450	13,500
4d Ctry Sq	560	1,680	2,800	5,600	9,800	14,000
NOTE: Deduct 5 percent average for 6-cyl.						
1961 Falcon, 6-cyl., 109.5" wb						
2d Sed	268	804	1,340	2,680	4,690	6,700
4d Sed	272	816	1,360	2,720	4,760	6,800
2d Futura Sed	520	1,560	2,600	5,200	9,100	13,000
2d Sta Wag	276	828	1,380	2,760	4,830	6,900
4d Sta Wag	272	816	1,360	2,720	4,760	6,800
1961 Fairlane, V-8, 119" wb						
2d Sed	272	816	1,360	2,720	4,760	6,800
4d Sed	276	828	1,380	2,760	4,830	6,900
1961 Galaxie, V-8, 119" wb						
2d Sed	276	828	1,380	2,760	4,830	6,900
4d Sed	360	1,080	1,800	3,600	6,300	9,000
4d Vic HT	420	1,260	2,100	4,200	7,350	10,500
2d Vic HT	720	2,160	3,600	7,200	12,600	18,000
2d Star HT	760	2,280	3,800	7,600	13,300	19,000
2d Sun Conv	880	2,640	4,400	8,800	15,400	22,000
1961 Station Wagons, V-8, 119" wb						
4d Ran	420	1,260	2,100	4,200	7,350	10,500
2d Ran	428	1,284	2,140	4,280	7,490	10,700
4d 6P Ctry Sed	520	1,560	2,600	5,200	9,100	13,000
4d Ctry Sq	540	1,620	2,700	5,400	9,450	13,500

NOTE: Deduct 5 percent average for 6-cyl.

	6	5	4	3	2	1
1962 Falcon, 6-cyl., 109.5" wb						
4d Sed	220	660	1,100	2,200	3,850	5,500
2d	216	648	1,080	2,160	3,780	5,400
2d Fut Spt Cpe	560	1,680	2,800	5,600	9,800	14,000
4d Sq Wag	232	696	1,160	2,320	4,060	5,800
1962 Falcon Station Bus, 6-cyl., 109.5" wb						
Sta Bus	212	636	1,060	2,120	3,710	5,300
Clb Wag	216	648	1,080	2,160	3,780	5,400
DeL Wag	220	660	1,100	2,200	3,850	5,500
1962 Fairlane, V-8, 115.5" wb						
4d Sed	216	648	1,080	2,160	3,780	5,400
2d Sed	212	636	1,060	2,120	3,710	5,300
4d Spt Sed	232	696	1,160	2,320	4,060	5,800
1962 Galaxie 500, V-8, 119" wb						
4d Sed	232	696	1,160	2,320	4,060	5,800
4d HT	380	1,140	1,900	3,800	6,650	9,500
2d Sed	228	684	1,140	2,280	3,990	5,700
2d HT	600	1,800	3,000	6,000	10,500	15,000
2d Conv	760	2,280	3,800	7,600	13,300	19,000
1962 Galaxie 500 XL, V-8, 119" wb						
2d HT	680	2,040	3,400	6,800	11,900	17,000
2d Conv	880	2,640	4,400	8,800	15,400	22,000
1962 Station Wagons, V-8, 119" wb						
4d Ranch	380	1,140	1,900	3,800	6,650	9,500
4d Ctry Sed	400	1,200	2,000	4,000	7,000	10,000
4d Ctry Sq	420	1,260	2,100	4,200	7,350	10,500

NOTE: Deduct 5 percent for 6-cyl. Add 30 percent for 406 V-8.

	6	5	4	3	2	1
1963 Falcon, 6-cyl., 109.5" wb						
4d Sed	228	684	1,140	2,280	3,990	5,700
2d Sed	224	672	1,120	2,240	3,920	5,600
2d Spt Sed	240	720	1,200	2,400	4,200	6,000
2d HT	520	1,560	2,600	5,200	9,100	13,000
2d Spt HT	560	1,680	2,800	5,600	9,800	14,000
2d Conv	680	2,040	3,400	6,800	11,900	17,000
2d Spt Conv	720	2,160	3,600	7,200	12,600	18,000
4d Sq Wag	260	780	1,300	2,600	4,550	6,500
4d Sta Wag	240	720	1,200	2,400	4,200	6,000
2d Sta Wag	244	732	1,220	2,440	4,270	6,100

NOTE: Add 10 percent for V-8 models.

	6	5	4	3	2	1
1963 Station Buses, 6-cyl., 90" wb						
Sta Bus	252	756	1,260	2,520	4,410	6,300
Clb Wag	256	768	1,280	2,560	4,480	6,400
DeL Clb Wag	240	720	1,200	2,400	4,200	6,000
1963 Sprint, V-8, 109.5" wb						
2d HT	640	1,920	3,200	6,400	11,200	16,000
2d Conv	760	2,280	3,800	7,600	13,300	19,000
1963 Fairlane, V-8, 115.5" wb						
4d Sed	216	648	1,080	2,160	3,780	5,400
2d Sed	212	636	1,060	2,120	3,710	5,300
2d HT	300	900	1,500	3,000	5,250	7,500
2d Spt Cpe	320	960	1,600	3,200	5,600	8,000
4d Sq Wag	380	1,140	1,900	3,800	6,650	9,500
4d Cus Ran	376	1,128	1,880	3,760	6,580	9,400

NOTE: Add 20 percent for 271 hp V-8.

	6	5	4	3	2	1
1963 Ford 300, V-8, 119" wb						
4d Sed	220	660	1,100	2,200	3,850	5,500
2d Sed	216	648	1,080	2,160	3,780	5,400
1963 Galaxie 500, V-8, 119" wb						
4d Sed	224	672	1,120	2,240	3,920	5,600
4d HT	360	1,080	1,800	3,600	6,300	9,000
2d Sed	220	660	1,100	2,200	3,850	5,500
2d HT	680	2,040	3,400	6,800	11,900	17,000
2d FBk	760	2,280	3,800	7,600	13,300	19,000
2d Conv	840	2,520	4,200	8,400	14,700	21,000
1963 Galaxie 500 XL, V-8, 119" wb						
4d HT	420	1,260	2,100	4,200	7,350	10,500
2d HT	720	2,160	3,600	7,200	12,600	18,000
2d FBk	800	2,400	4,000	8,000	14,000	20,000
2d Conv	920	2,760	4,600	9,200	16,100	23,000
1963 Station Wagons, V-8, 119" wb						
4d Ctry Sed	400	1,200	2,000	4,000	7,000	10,000
4d Ctry Sq	420	1,260	2,100	4,200	7,350	10,500

NOTE: Deduct 5 percent average for 6-cyl. Add 30 percent for 406 & add 40 percent for 427. Add 5 percent for V-8 except Sprint.

1959 Edsel Ranger sedan

1917 Ford Model T touring

1946 Ford Super Deluxe sedan

	6	5	4	3	2	1
1964 Falcon, 6-cyl., 109.5" wb						
4d Sed	224	672	1,120	2,240	3,920	5,600
2d Sed	220	660	1,100	2,200	3,850	5,500
2d HT	420	1,260	2,100	4,200	7,350	10,500
2d Spt HT	580	1,740	2,900	5,800	10,150	14,500
2d Conv	600	1,800	3,000	6,000	10,500	15,000
2d Spt Conv	640	1,920	3,200	6,400	11,200	16,000
4d Sq Wag	260	780	1,300	2,600	4,550	6,500
4d DeL Wag	240	720	1,200	2,400	4,200	6,000
4d Sta	240	720	1,200	2,400	4,200	6,000
2d Sta	244	732	1,220	2,440	4,270	6,100
NOTE: Add 10 percent for V-8 models.						
1964 Station Bus, 6-cyl., 90" wb						
Sta Bus	240	720	1,200	2,400	4,200	6,000
Clb Wag	244	732	1,220	2,440	4,270	6,100
DeL Clb	252	756	1,260	2,520	4,410	6,300
1964 Sprint, V-8, 109.5" wb						
2d HT	620	1,860	3,100	6,200	10,850	15,500
2d Conv	680	2,040	3,400	6,800	11,900	17,000
1964 Fairlane, V-8, 115.5" wb						
4d Sed	208	624	1,040	2,080	3,640	5,200
2d Sed	204	612	1,020	2,040	3,570	5,100
2d HT	540	1,620	2,700	5,400	9,450	13,500
2d Spt HT	580	1,740	2,900	5,800	10,150	14,500
4d Ran Cus	364	1,092	1,820	3,640	6,370	9,100
NOTE: Add 20 percent for 271 hp V-8.						
1964 Fairlane Thunderbolt						
2d Sed			value not estimable			
1964 Custom, V-8, 119" wb						
4d Sed	208	624	1,040	2,080	3,640	5,200
2d Sed	204	612	1,020	2,040	3,570	5,100
1964 Custom 500, V-8, 119" wb						
4d Sed	212	636	1,060	2,120	3,710	5,300
2d Sed	208	624	1,040	2,080	3,640	5,200
1964 Galaxie 500, V-8, 119" wb						
4d Sed	260	780	1,300	2,600	4,550	6,500
4d HT	400	1,200	2,000	4,000	7,000	10,000
2d Sed	256	768	1,280	2,560	4,480	6,400
2d HT	760	2,280	3,800	7,600	13,300	19,000
2d Conv	880	2,640	4,400	8,800	15,400	22,000
1964 Galaxie 500XL, V-8, 119" wb						
4d HT	560	1,680	2,800	5,600	9,800	14,000
2d HT	800	2,400	4,000	8,000	14,000	20,000
2d Conv	1,040	3,120	5,200	10,400	18,200	26,000
1964 Station Wagons, V-8, 119" wb						
4d Ctry Sed	520	1,560	2,600	5,200	9,100	13,000
4d Ctry Sq	540	1,620	2,700	5,400	9,450	13,500
NOTE: Add 40 percent for 427 V-8.						
1965 Falcon, 6-cyl., 109.5" wb						
4d Sed	200	600	1,000	2,000	3,500	5,000
2d Sed	196	588	980	1,960	3,430	4,900
2d HT	360	1,080	1,800	3,600	6,300	9,000
2d Conv	640	1,920	3,200	6,400	11,200	16,000
4d Sq Wag	240	720	1,200	2,400	4,200	6,000
4d DeL Wag	220	660	1,100	2,200	3,850	5,500
4d Sta	200	600	1,000	2,000	3,500	5,000
2d Sta	208	624	1,040	2,080	3,640	5,200
NOTE: Add 10 percent for V-8 models.						
1965 Sprint, V-8, 109.5" wb						
2d HT	600	1,800	3,000	6,000	10,500	15,000
2d Conv	680	2,040	3,400	6,800	11,900	17,000
1965 Falcon Station Buses, 6-cyl., 90" wb						
Sta Bus	204	612	1,020	2,040	3,570	5,100
Clb Wag	212	636	1,060	2,120	3,710	5,300
DeL Wag	220	660	1,100	2,200	3,850	5,500
1965 Fairlane, V-8, 116" wb						
4d Sed	212	636	1,060	2,120	3,710	5,300
2d Sed	208	624	1,040	2,080	3,640	5,200
2d HT	360	1,080	1,800	3,600	6,300	9,000
2d Spt HT	540	1,620	2,700	5,400	9,450	13,500
4d Sta Wag	220	660	1,100	2,200	3,850	5,500
NOTE: Add 10 percent for 271 hp V-8.						
1965 Custom, V-8, 119" wb						
4d Sed	200	600	1,000	2,000	3,500	5,000

	6	5	4	3	2	1
2d Sed	196	588	980	1,960	3,430	4,900
1965 Custom 500, V-8, 119" wb						
4d Sed	204	612	1,020	2,040	3,570	5,100
2d Sed	200	600	1,000	2,000	3,500	5,000
1965 Galaxie 500, V-8, 119" wb						
4d Sed	240	720	1,200	2,400	4,200	6,000
4d HT	380	1,140	1,900	3,800	6,650	9,500
2d HT	560	1,680	2,800	5,600	9,800	14,000
2d Conv	640	1,920	3,200	6,400	11,200	16,000
1965 Galaxie 500 XL, V-8, 119" wb						
2d HT	600	1,800	3,000	6,000	10,500	15,000
2d Conv	680	2,040	3,400	6,800	11,900	17,000
1965 Galaxie 500 LTD, V-8, 119" wb						
4d HT	420	1,260	2,100	4,200	7,350	10,500
2d HT	660	1,980	3,300	6,600	11,550	16,500
1965 Station Wagons, V-8, 119" wb						
4d Ran	260	780	1,300	2,600	4,550	6,500
4d 9P Ctry Sed	360	1,080	1,800	3,600	6,300	9,000
4d 9P Ctry Sq	368	1,104	1,840	3,680	6,440	9,200
NOTE: Add 40 percent for 427 V-8.						
1966 Falcon, 6-cyl., 110.9" wb						
4d Sed	200	600	1,000	2,000	3,500	5,000
2d Clb Cpe	196	588	980	1,960	3,430	4,900
2d Spt Cpe	212	636	1,060	2,120	3,710	5,300
4d 6P Wag	196	588	980	1,960	3,430	4,900
4d Sq Wag	220	660	1,100	2,200	3,850	5,500
1966 Falcon Station Bus, 6-cyl., 90" wb						
Clb Wag	192	576	960	1,920	3,360	4,800
Cus Clb Wag	196	588	980	1,960	3,430	4,900
DeL Clb Wag	200	600	1,000	2,000	3,500	5,000
1966 Fairlane, V-8, 116" wb						
4d Sed	204	612	1,020	2,040	3,570	5,100
2d Clb Cpe	200	600	1,000	2,000	3,500	5,000
1966 Fairlane 500, 6-cyl.						
4d Sed	250	700	1,150	2,300	4,050	5,800
2d Cpe	250	800	1,300	2,600	4,550	6,500
2d HT	450	1,400	2,300	4,600	8,050	11,500
2d Conv	750	2,300	3,800	7,600	13,300	19,000
1966 Fairlane 500 XL, V-8, 116" wb						
2d HT	540	1,620	2,700	5,400	9,450	13,500
2d Conv	840	2,520	4,200	8,400	14,700	21,000
1966 Fairlane 500 GT, V-8, 116" wb						
2d HT	600	1,800	3,000	6,000	10,500	15,000
2d Conv	880	2,640	4,400	8,800	15,400	22,000
1966 Station Wagons, V-8, 113" wb						
6P DeL	200	600	1,000	2,000	3,500	5,000
2d Sq Wag	208	624	1,040	2,080	3,640	5,200
1966 Custom, V-8, 119" wb						
4d Sed	208	624	1,040	2,080	3,640	5,200
2d Sed	204	612	1,020	2,040	3,570	5,100
1966 Galaxie 500, V-8, 119" wb						
4d Sed	240	720	1,200	2,400	4,200	6,000
4d HT	380	1,140	1,900	3,800	6,650	9,500
2d HT	420	1,260	2,100	4,200	7,350	10,500
2d Conv	640	1,920	3,200	6,400	11,200	16,000
1966 Galaxie 500, XL, V-8, 119" wb						
2d HT	540	1,620	2,700	5,400	9,450	13,500
2d Conv	680	2,040	3,400	6,800	11,900	17,000
1966 LTD, V-8, 119" wb						
4d HT	400	1,200	2,000	4,000	7,000	10,000
2d HT	520	1,560	2,600	5,200	9,100	13,000
1966 Galaxie 500, 7-litre V-8, 119" wb						
2d HT	640	1,920	3,200	6,400	11,200	16,000
2d Conv	760	2,280	3,800	7,600	13,300	19,000
NOTE: Add 50 percent for 427 engine option on 7-litre models.						
1966 Station Wagons, V-8, 119" wb						
4d Ran Wag	260	780	1,300	2,600	4,550	6,500
4d Ctry Sed	360	1,080	1,800	3,600	6,300	9,000
4d Ctry Sq	288	864	1,440	2,880	5,040	7,200
NOTE: Add 40 percent for 427 or 30 percent for 428 engine option.						
1967 Falcon, 6-cyl., 111" wb						
4d Sed	200	600	1,000	2,000	3,500	5,000
2d Sed	196	588	980	1,960	3,430	4,900

	6	5	4	3	2	1
4d Sta Wag	200	600	1,000	2,000	3,500	5,000
1967 Futura						
4d Sed	204	612	1,020	2,040	3,570	5,100
2d Clb Cpe	200	600	1,000	2,000	3,500	5,000
2d HT	260	780	1,300	2,600	4,550	6,500
1967 Fairlane						
4d Sed	200	600	1,000	2,000	3,500	5,000
2d Cpe	196	588	980	1,960	3,430	4,900
1967 Fairlane 500, V-8, 116" wb						
4d Sed	204	612	1,020	2,040	3,570	5,100
2d Cpe	200	600	1,000	2,000	3,500	5,000
2d HT	380	1,140	1,900	3,800	6,650	9,500
2d Conv	580	1,740	2,900	5,800	10,150	14,500
4d Wag	200	600	1,000	2,000	3,500	5,000
1967 Fairlane 500 XL, V-8						
2d HT	400	1,200	2,000	4,000	7,000	10,000
2d Conv	680	2,040	3,400	6,800	11,900	17,000
2d HT GT	520	1,560	2,600	5,200	9,100	13,000
2d Conv GT	720	2,160	3,600	7,200	12,600	18,000
1967 Fairlane Wagons						
4d Sta Wag	200	600	1,000	2,000	3,500	5,000
4d 500 Wag	204	612	1,020	2,040	3,570	5,100
4d Sq Wag	212	636	1,060	2,120	3,710	5,300
1967 Ford Custom						
4d Sed	200	600	1,000	2,000	3,500	5,000
2d Sed	196	588	980	1,960	3,430	4,900
1967 Ford Custom 500						
4d Sed	204	612	1,020	2,040	3,570	5,100
2d Sed	200	600	1,000	2,000	3,500	5,000
1967 Galaxie 500, V-8, 119" wb						
4d Sed	212	636	1,060	2,120	3,710	5,300
4d HT	380	1,140	1,900	3,800	6,650	9,500
2d HT	540	1,620	2,700	5,400	9,450	13,500
2d Conv	680	2,040	3,400	6,800	11,900	17,000
1967 Galaxie 500 XL						
2d HT	580	1,740	2,900	5,800	10,150	14,500
2d Conv	720	2,160	3,600	7,200	12,600	18,000
1967 LTD, V-8, 119" wb						
4d HT	520	1,560	2,600	5,200	9,100	13,000
2d HT	600	1,800	3,000	6,000	10,500	15,000
1967 Station Wagons						
4d Ranch	240	720	1,200	2,400	4,200	6,000
4d Ctry Sed	260	780	1,300	2,600	4,550	6,500
4d Ctry Sq	360	1,080	1,800	3,600	6,300	9,000
NOTE: Add 5 percent for V-8. Add 40 percent for 427 or 428 engine option.						
1968 Standard Falcon						
4d Sed	180	540	900	1,800	3,150	4,500
2d Sed	176	528	880	1,760	3,080	4,400
4d Sta Wag	172	516	860	1,720	3,010	4,300
1968 Falcon Futura, 6-cyl., 110.0" wb						
4d Sed	184	552	920	1,840	3,220	4,600
2d Sed	180	540	900	1,800	3,150	4,500
2d Spt Cpe	192	576	960	1,920	3,360	4,800
4d Sta Wag	180	540	900	1,800	3,150	4,500
1968 Fairlane						
4d Sed	184	552	920	1,840	3,220	4,600
2d HT	260	780	1,300	2,600	4,550	6,500
4d Sta Wag	192	576	960	1,920	3,360	4,800
1968 Fairlane 500, V-8, 116" wb						
4d Sed	188	564	940	1,880	3,290	4,700
2d HT	360	1,080	1,800	3,600	6,300	9,000
2d FBk	320	960	1,600	3,200	5,600	8,000
2d Conv	600	1,800	3,000	6,000	10,500	15,000
4d Sta Wag	196	588	980	1,960	3,430	4,900
1968 Torino, V-8, 116" wb						
4d Sed	172	516	860	1,720	3,010	4,300
2d HT	380	1,140	1,900	3,800	6,650	9,500
4d Wag	200	600	1,000	2,000	3,500	5,000
1968 Torino GT, V-8						
2d HT	520	1,560	2,600	5,200	9,100	13,000
2d FBk	600	1,800	3,000	6,000	10,500	15,000
2d Conv	680	2,040	3,400	6,800	11,900	17,000
1968 Custom						
4d Sed	180	540	900	1,800	3,150	4,500

	6	5	4	3	2	1
2d Sed	176	528	880	1,760	3,080	4,400
1968 Custom 500						
4d Sed	184	552	920	1,840	3,220	4,600
2d Sed	180	540	900	1,800	3,150	4,500
1968 Galaxie 500, V-8, 119" wb						
4d Sed	188	564	940	1,880	3,290	4,700
4d HT	192	576	960	1,920	3,360	4,800
2d HT	400	1,200	2,000	4,000	7,000	10,000
2d FBk	560	1,680	2,800	5,600	9,800	14,000
2d Conv	640	1,920	3,200	6,400	11,200	16,000
1968 XL						
2d FBk	600	1,800	3,000	6,000	10,500	15,000
2d Conv	680	2,040	3,400	6,800	11,900	17,000
1968 LTD						
4d Sed	200	600	1,000	2,000	3,500	5,000
4d HT	220	660	1,100	2,200	3,850	5,500
2d HT	420	1,260	2,100	4,200	7,350	10,500
1968 Ranch Wagon						
4d Std Wag	212	636	1,060	2,120	3,710	5,300
4d 500 Wag	216	648	1,080	2,160	3,780	5,400
4d DeL 500 Wag	220	660	1,100	2,200	3,850	5,500
1968 Country Sedan						
4d Std Wag	224	672	1,120	2,240	3,920	5,600
DeL Wag	228	684	1,140	2,280	3,990	5,700
1968 Country Squire						
4d Sta Wag	240	720	1,200	2,400	4,200	6,000
4d DeL Wag	248	744	1,240	2,480	4,340	6,200
NOTE: Add 50 percent for 429 engine option. Add 40 percent for 427 or 428 engine option.						
1969 Falcon Futura, 6-cyl., 111" wb						
2d Spt Cpe	164	492	820	1,640	2,870	4,100
2d Sed	148	444	740	1,480	2,590	3,700
1969 Fairlane 500, V-8, 116" wb						
4d Sed	144	432	720	1,440	2,520	3,600
2d HT	260	780	1,300	2,600	4,550	6,500
2d FBk	240	720	1,200	2,400	4,200	6,000
2d Conv	520	1,560	2,600	5,200	9,100	13,000
1969 Torino, V-8, 116" wb						
4d Sed	160	480	800	1,600	2,800	4,000
2d HT	360	1,080	1,800	3,600	6,300	9,000
1969 Torino GT, V-8						
2d HT	520	1,560	2,600	5,200	9,100	13,000
2d FBk	600	1,800	3,000	6,000	10,500	15,000
2d Conv	720	2,160	3,600	7,200	12,600	18,000
1969 Cobra						
2d HT	760	2,280	3,800	7,600	13,300	19,000
2d FBk	800	2,400	4,000	8,000	14,000	20,000
1969 Galaxie 500, V-8, 121" wb						
4d HT	220	660	1,100	2,200	3,850	5,500
2d HT	260	780	1,300	2,600	4,550	6,500
2d FBk	400	1,200	2,000	4,000	7,000	10,000
2d Conv	600	1,800	3,000	6,000	10,500	15,000
1969 XL						
2d FBk	540	1,620	2,700	5,400	9,450	13,500
2d Conv	640	1,920	3,200	6,400	11,200	16,000
1969 LTD						
4d HT	240	720	1,200	2,400	4,200	6,000
2d HT	380	1,140	1,900	3,800	6,650	9,500
1969 Falcon Wagon, 6-cyl.						
4d Wag	160	480	800	1,600	2,800	4,000
4d Futura Sta Wag	164	492	820	1,640	2,870	4,100
1969 Fairlane, 6-cyl.						
4d Wag	164	492	820	1,640	2,870	4,100
4d 500 Sta Wag	188	564	940	1,880	3,290	4,700
4d Torino Sta Wag	172	516	860	1,720	3,010	4,300
NOTE: Add 30 percent for V-8 where available.						
1969 Custom Ranch Wagon, V-8						
4d Wag	200	600	1,000	2,000	3,500	5,000
4d 500 Sta Wag 2S	204	612	1,020	2,040	3,570	5,100
4d 500 Sta Wag 4S	208	624	1,040	2,080	3,640	5,200
NOTE: Deduct 30 percent for 6-cyl.						
1969 Galaxie 500 Country Sedan, V-8						
4d Wag 2S	208	624	1,040	2,080	3,640	5,200
4d Wag 4S	212	636	1,060	2,120	3,710	5,300

	6	5	4	3	2	1
1969 LTD Country Squire, V-8						
4d Wag 2S	220	660	1,100	2,200	3,850	5,500
4d Wag 4S	224	672	1,120	2,240	3,920	5,600
NOTE: Add 40 percent for 428 engine option. Add 50 percent for 429 engine option.						
1970 Falcon, 6-cyl., 110" wb						
4d Sed	176	528	880	1,760	3,080	4,400
2d Sed	172	516	860	1,720	3,010	4,300
4d Sta Wag	172	516	860	1,720	3,010	4,300
1970-1/2 Falcon, 6-cyl., 117" wb						
4d Sed	184	552	920	1,840	3,220	4,600
2d Sed	176	528	880	1,760	3,080	4,400
4d Sta Wag	180	540	900	1,800	3,150	4,500
1970 Futura, 6-cyl., 110" wb						
4d Sed	188	564	940	1,880	3,290	4,700
2d Sed	180	540	900	1,800	3,150	4,500
4d Sta Wag	180	540	900	1,800	3,150	4,500
NOTE: Add 10 percent for V-8.						
1970 Maverick						
2d Sed	168	504	840	1,680	2,940	4,200
1970 Fairlane 500, V-8, 117" wb						
4d Sed	192	576	960	1,920	3,360	4,800
2d HT	240	720	1,200	2,400	4,200	6,000
4d Sta Wag	188	564	940	1,880	3,290	4,700
1970 Torino, V-8, 117" wb						
4d Sed	196	588	980	1,960	3,430	4,900
4d HT	240	720	1,200	2,400	4,200	6,000
2d HT	300	900	1,500	3,000	5,250	7,500
2d HT Sports Roof	420	1,260	2,100	4,200	7,350	10,500
4d Sta Wag	200	600	1,000	2,000	3,500	5,000
1970 Torino Brougham, V-8, 117" wb						
4d HT	260	780	1,300	2,600	4,550	6,500
2d HT	380	1,140	1,900	3,800	6,650	9,500
4d Sta Wag	192	576	960	1,920	3,360	4,800
1970 Torino GT, V-8, 117" wb						
2d HT	520	1,560	2,600	5,200	9,100	13,000
2d Conv	640	1,920	3,200	6,400	11,200	16,000
1970 Cobra, V-8, 117" wb						
2d HT	920	2,760	4,600	9,200	16,100	23,000
1970 Custom, V-8, 121" wb						
4d Sed	160	480	800	1,600	2,800	4,000
4d Sta Wag	188	564	940	1,880	3,290	4,700
1970 Custom 500, V-8, 121" wb						
4d Sed	164	492	820	1,640	2,870	4,100
4d Sta Wag	192	576	960	1,920	3,360	4,800
1970 Galaxie 500, V-8, 121" wb						
4d Sed	168	504	840	1,680	2,940	4,200
4d HT	220	660	1,100	2,200	3,850	5,500
2d HT	260	780	1,300	2,600	4,550	6,500
4d Sta Wag	196	588	980	1,960	3,430	4,900
2d FBk HT	400	1,200	2,000	4,000	7,000	10,000
1970 XL, V-8, 121" wb						
2d FBk HT	420	1,260	2,100	4,200	7,350	10,500
2d Conv	580	1,740	2,900	5,800	10,150	14,500
1970 LTD, V-8, 121" wb						
4d Sed	172	516	860	1,720	3,010	4,300
4d HT	188	564	940	1,880	3,290	4,700
2d HT	220	660	1,100	2,200	3,850	5,500
4d Sta Wag	200	600	1,000	2,000	3,500	5,000
1970 LTD Brougham, V-8, 121" wb						
4d Sed	176	528	880	1,760	3,080	4,400
4d HT	200	600	1,000	2,000	3,500	5,000
2d HT	240	720	1,200	2,400	4,200	6,000
NOTE: Add 40 percent for 428 engine option. Add 50 percent for 429 engine option.						
1971 Pinto						
2d Rbt	168	504	840	1,680	2,940	4,200
1971 Maverick						
2d Sed	188	564	940	1,880	3,290	4,700
4d Sed	192	576	960	1,920	3,360	4,800
2d Grabber Sed	196	588	980	1,960	3,430	4,900
1971 Torino, V-8, 114" wb, Sta Wag 117" wb						
4d Sed	196	588	980	1,960	3,430	4,900
2d HT	260	780	1,300	2,600	4,550	6,500
4d Sta Wag	196	588	980	1,960	3,430	4,900

	6	5	4	3	2	1
1971 Torino 500, V-8, 114" wb, Sta Wag 117" wb						
4d Sed	200	600	1,000	2,000	3,500	5,000
4d HT	244	732	1,220	2,440	4,270	6,100
2d HT Formal Roof	520	1,560	2,600	5,200	9,100	13,000
2d HT Spt Roof	540	1,620	2,700	5,400	9,450	13,500
4d Sta Wag	200	600	1,000	2,000	3,500	5,000
4d HT Brougham	244	732	1,220	2,440	4,270	6,100
2d HT Brougham	380	1,140	1,900	3,800	6,650	9,500
4d Sq Sta Wag	204	612	1,020	2,040	3,570	5,100
2d HT Cobra	920	2,760	4,600	9,200	16,100	23,000
2d HT GT	640	1,920	3,200	6,400	11,200	16,000
2d Conv	740	2,220	3,700	7,400	12,950	18,500
1971 Custom, V-8, 121" wb						
4d Sed	184	552	920	1,840	3,220	4,600
4d Sta Wag	200	600	1,000	2,000	3,500	5,000
1971 Custom 500, V-8, 121" wb						
4d Sed	188	564	940	1,880	3,290	4,700
4d Sta Wag	204	612	1,020	2,040	3,570	5,100
1971 Galaxie 500, V-8, 121" wb						
4d Sed	196	588	980	1,960	3,430	4,900
4d HT	200	600	1,000	2,000	3,500	5,000
2d HT	220	660	1,100	2,200	3,850	5,500
4d Sta Wag	196	588	980	1,960	3,430	4,900
1971 LTD						
4d Sed	200	600	1,000	2,000	3,500	5,000
4d HT	204	612	1,020	2,040	3,570	5,100
2d HT	220	660	1,100	2,200	3,850	5,500
2d Conv	540	1,620	2,700	5,400	9,450	13,500
Ctry Sq	240	720	1,200	2,400	4,200	6,000
1971 LTD Brougham, V-8, 121" wb						
4d Sed	204	612	1,020	2,040	3,570	5,100
4d HT	220	660	1,100	2,200	3,850	5,500
2d HT	360	1,080	1,800	3,600	6,300	9,000
NOTE: Add 40 percent for 429 engine option.						
1972 Pinto						
2d Sed	176	528	880	1,760	3,080	4,400
3d HBk	180	540	900	1,800	3,150	4,500
2d Wag	184	552	920	1,840	3,220	4,600
1972 Maverick						
4d Sed	176	528	880	1,760	3,080	4,400
2d Sed	180	540	900	1,800	3,150	4,500
2d Grabber Sed	196	588	980	1,960	3,430	4,900
NOTE: Deduct 20 percent for 6-cyl.						
1972 Torino, V-8, 118" wb, 2d 114" wb						
4d Sed	176	528	880	1,760	3,080	4,400
2d HT	260	780	1,300	2,600	4,550	6,500
4d Sta Wag	188	564	940	1,880	3,290	4,700
1972 Gran Torino						
4d	180	540	900	1,800	3,150	4,500
2d HT	380	1,140	1,900	3,800	6,650	9,500
1972 Gran Torino Sport, V-8						
2d HT Formal	420	1,260	2,100	4,200	7,350	10,500
2d HT Sports	400	1,200	2,000	4,000	7,000	10,000
4d Sta Wag	180	540	900	1,800	3,150	4,500
1972 Custom, V-8, 121" wb						
4d Sed	184	552	920	1,840	3,220	4,600
4d Sta Wag	192	576	960	1,920	3,360	4,800
1972 Custom 500, V-8, 121" wb						
4d Sed	188	564	940	1,880	3,290	4,700
4d Sta Wag	200	600	1,000	2,000	3,500	5,000
1972 Galaxie 500, V-8, 121" wb						
4d Sed	192	576	960	1,920	3,360	4,800
4d HT	240	720	1,200	2,400	4,200	6,000
2d HT	360	1,080	1,800	3,600	6,300	9,000
4d Sta Wag	208	624	1,040	2,080	3,640	5,200
1972 LTD, V-8, 121" wb						
4d Sed	196	588	980	1,960	3,430	4,900
4d HT	208	624	1,040	2,080	3,640	5,200
2d HT	380	1,140	1,900	3,800	6,650	9,500
2d Conv	580	1,740	2,900	5,800	10,150	14,500
4d Sta Wag	240	720	1,200	2,400	4,200	6,000
1972 LTD Brougham, V-8, 121" wb						
4d Sed	200	600	1,000	2,000	3,500	5,000
4d HT	268	804	1,340	2,680	4,690	6,700

	6	5	4	3	2	1
2d HT	400	1,200	2,000	4,000	7,000	10,000
NOTE: Add 40 percent for 429 engine option. Add 30 percent for 460 engine option.						
1973 Pinto, 4-cyl.						
2d Sed	152	456	760	1,520	2,660	3,800
2d Rbt	156	468	780	1,560	2,730	3,900
2d Sta Wag	160	480	800	1,600	2,800	4,000
1973 Maverick, V-8						
2d Sed	164	492	820	1,640	2,870	4,100
4d Sed	168	504	840	1,680	2,940	4,200
2d Grabber Sed	188	564	940	1,880	3,290	4,700
1973 Torino, V-8						
4d Sed	156	468	780	1,560	2,730	3,900
2d HT	240	720	1,200	2,400	4,200	6,000
4d Sta Wag	164	492	820	1,640	2,870	4,100
1973 Gran Torino, V-8						
4d	160	480	800	1,600	2,800	4,000
2d HT	260	780	1,300	2,600	4,550	6,500
4d Sta Wag	168	504	840	1,680	2,940	4,200
1973 Gran Torino Sport, V-8						
2d SR HT	400	1,200	2,000	4,000	7,000	10,000
2d FR HT	420	1,260	2,100	4,200	7,350	10,500
4d Sq Wag	180	540	900	1,800	3,150	4,500
1973 Gran Torino Brgm, V-8						
4d	164	492	820	1,640	2,870	4,100
2d HT	400	1,200	2,000	4,000	7,000	10,000
1973 Custom 500, V-8						
4d	164	492	820	1,640	2,870	4,100
4d Sta Wag	168	504	840	1,680	2,940	4,200
1973 Galaxie 500, V-8						
4d	168	504	840	1,680	2,940	4,200
2d HT	228	684	1,140	2,280	3,990	5,700
4d HT	172	516	860	1,720	3,010	4,300
4d Sta Wag	168	504	840	1,680	2,940	4,200
1973 LTD, V-8						
4d	172	516	860	1,720	3,010	4,300
2d HT	240	720	1,200	2,400	4,200	6,000
4d HT	180	540	900	1,800	3,150	4,500
4d Sta Wag	172	516	860	1,720	3,010	4,300
1973 LTD Brgm, V-8						
4d	176	528	880	1,760	3,080	4,400
2d HT	260	780	1,300	2,600	4,550	6,500
4d HT	220	660	1,100	2,200	3,850	5,500
NOTE: Add 30 percent for 429 engine option. Add 30 percent for 460 engine option.						
1974 Pinto						
2d Sed	152	456	760	1,520	2,660	3,800
3d HBk	156	468	780	1,560	2,730	3,900
2d Sta Wag	152	456	760	1,520	2,660	3,800
1974 Maverick, V-8						
2d Sed	164	492	820	1,640	2,870	4,100
4d Sed	168	504	840	1,680	2,940	4,200
2d Grabber Sed	176	528	880	1,760	3,080	4,400
1974 Torino, V-8						
4d Sed	164	492	820	1,640	2,870	4,100
2d HT	228	684	1,140	2,280	3,990	5,700
4d Sta Wag	160	480	800	1,600	2,800	4,000
1974 Gran Torino, V-8						
4d Sed	168	504	840	1,680	2,940	4,200
2d HT	244	732	1,220	2,440	4,270	6,100
4d Sta Wag	164	492	820	1,640	2,870	4,100
1974 Gran Torino Sport, V-8						
2d HT	264	792	1,320	2,640	4,620	6,600
1974 Gran Torino Brgm, V-8						
4d Sed	172	516	860	1,720	3,010	4,300
2d HT	240	720	1,200	2,400	4,200	6,000
1974 Gran Torino Elite, V-8						
2d HT	260	780	1,300	2,600	4,550	6,500
1974 Gran Torino Squire, V-8						
4d Sta Wag	168	504	840	1,680	2,940	4,200
1974 Custom 500						
4d Sed	160	480	800	1,600	2,800	4,000
4d Sta Wag	160	480	800	1,600	2,800	4,000
1974 Galaxie 500, V-8						
4d Sed	164	492	820	1,640	2,870	4,100

	6	5	4	3	2	1
2d HT	188	564	940	1,880	3,290	4,700
4d HT	176	528	880	1,760	3,080	4,400
4d Sta Wag	164	492	820	1,640	2,870	4,100
1974 LTD, V-8						
2d HT	200	600	1,000	2,000	3,500	5,000
4d Sed	168	504	840	1,680	2,940	4,200
4d HT	180	540	900	1,800	3,150	4,500
4d Sta Wag	168	504	840	1,680	2,940	4,200
1974 LTD Brgm, V-8						
4d Sed	168	504	840	1,680	2,940	4,200
2d HT	220	660	1,100	2,200	3,850	5,500
4d HT	200	600	1,000	2,000	3,500	5,000
NOTE: Add 30 percent for 460 engine option.						
1975 Pinto						
2d Sed	160	480	800	1,600	2,800	4,000
3d HBk	164	492	820	1,640	2,870	4,100
2d Sta Wag	160	480	800	1,600	2,800	4,000
1975 Maverick						
2d Sed	176	528	880	1,760	3,080	4,400
4d Sed	180	540	900	1,800	3,150	4,500
2d Grabber Sed	184	552	920	1,840	3,220	4,600
1975 Torino						
2d Cpe	180	540	900	1,800	3,150	4,500
4d Sed	160	480	800	1,600	2,800	4,000
4d Sta Wag	164	492	820	1,640	2,870	4,100
1975 Gran Torino						
2d Cpe	184	552	920	1,840	3,220	4,600
4d Sed	168	504	840	1,680	2,940	4,200
4d Sta Wag	168	504	840	1,680	2,940	4,200
1975 Gran Torino Brougham						
2d Cpe	192	576	960	1,920	3,360	4,800
4d Sed	208	624	1,040	2,080	3,640	5,200
1975 Gran Torino Sport						
2d HT	200	600	1,000	2,000	3,500	5,000
1975 Torino Squire						
4d Sta Wag	172	516	860	1,720	3,010	4,300
1975 Elite						
2d HT	220	660	1,100	2,200	3,850	5,500
1975 Granada						
2d Cpe	172	516	860	1,720	3,010	4,300
4d Sed	148	444	740	1,480	2,590	3,700
2d Ghia Cpe	184	552	920	1,840	3,220	4,600
4d Ghia Sed	180	540	900	1,800	3,150	4,500
1975 Custom 500						
4d Sed	164	492	820	1,640	2,870	4,100
4d Sta Wag	164	492	820	1,640	2,870	4,100
1975 LTD						
2d Cpe	176	528	880	1,760	3,080	4,400
4d Sed	168	504	840	1,680	2,940	4,200
1975 LTD Brougham						
2d Cpe	180	540	900	1,800	3,150	4,500
4d Sed	172	516	860	1,720	3,010	4,300
1975 LTD Landau						
2d Cpe	188	564	940	1,880	3,290	4,700
4d Sed	176	528	880	1,760	3,080	4,400
1975 LTD Station Wagon						
4d Sta Wag	168	504	840	1,680	2,940	4,200
4d Ctry Sq	172	516	860	1,720	3,010	4,300
NOTE: Add 30 percent for 460 engine option.						
1976 Pinto, 4-cyl.						
2d Sed	140	420	700	1,400	2,450	3,500
2d Rbt	144	432	720	1,440	2,520	3,600
2d Sta Wag	148	444	740	1,480	2,590	3,700
2d Sq Wag	152	456	760	1,520	2,660	3,800
NOTE: Add 10 percent for V-6.						
1976 Maverick, V-8						
4d Sed	136	408	680	1,360	2,380	3,400
2d Sed	132	396	660	1,320	2,310	3,300
NOTE: Deduct 5 percent for 6-cyl.						
1976 Torino, V-8						
4d Sed	140	420	700	1,400	2,450	3,500
2d HT	144	432	720	1,440	2,520	3,600

	6	5	4	3	2	1
1976 Gran Torino, V-8						
4d Sed	144	432	720	1,440	2,520	3,600
2d HT	148	444	740	1,480	2,590	3,700
1976 Gran Torino Brougham, V-8						
4d Sed	148	444	740	1,480	2,590	3,700
2d HT	152	456	760	1,520	2,660	3,800
1976 Station Wagons, V-8						
4d 2S Torino	140	420	700	1,400	2,450	3,500
4d 2S Gran Torino	144	432	720	1,440	2,520	3,600
4d 2S Gran Torino Sq	148	444	740	1,480	2,590	3,700
1976 Granada, V-8						
4d Sed	128	384	640	1,280	2,240	3,200
2d Sed	132	396	660	1,320	2,310	3,300
1976 Granada Ghia, V-8						
4d Sed	132	396	660	1,320	2,310	3,300
2d Sed	136	408	680	1,360	2,380	3,400
1976 Elite, V-8						
2d HT	148	444	740	1,480	2,590	3,700
1976 Custom, V-8						
4d Sed	136	408	680	1,360	2,380	3,400
1976 LTD, V-8						
4d Sed	144	432	720	1,440	2,520	3,600
2d Sed	152	456	760	1,520	2,660	3,800
1976 LTD Brougham, V-8						
4d Sed	152	456	760	1,520	2,660	3,800
2d Sed	160	480	800	1,600	2,800	4,000
1976 LTD Landau, V-8						
4d Sed	160	480	800	1,600	2,800	4,000
2d Sed	168	504	840	1,680	2,940	4,200
1976 Station Wagons, V-8						
4d Ranch Wag	144	432	720	1,440	2,520	3,600
4d LTD Wag	152	456	760	1,520	2,660	3,800
4d Ctry Sq Wag	160	480	800	1,600	2,800	4,000
1977 Pinto, 4-cyl.						
2d Sed	144	432	720	1,440	2,520	3,600
2d Rbt	148	444	740	1,480	2,590	3,700
2d Sta Wag	152	456	760	1,520	2,660	3,800
2d Sq Wag	156	468	780	1,560	2,730	3,900
NOTE: Add 5 percent for V-6.						
1977 Maverick, V-8						
4d Sed	140	420	700	1,400	2,450	3,500
2d Sed	136	408	680	1,360	2,380	3,400
NOTE: Deduct 5 percent for 6-cyl.						
1977 Granada, V-8						
4d Sed	128	384	640	1,280	2,240	3,200
2d Sed	132	396	660	1,320	2,310	3,300
1977 Granada Ghia, V-8						
4d Sed	136	408	680	1,360	2,380	3,400
2d Sed	140	420	700	1,400	2,450	3,500
1977 LTD II "S", V-8						
4d Sed	132	396	660	1,320	2,310	3,300
2d Sed	136	408	680	1,360	2,380	3,400
1977 LTD II, V-8						
4d Sed	136	408	680	1,360	2,380	3,400
2d Sed	140	420	700	1,400	2,450	3,500
1977 LTD II Brougham, V-8						
4d Sed	144	432	720	1,440	2,520	3,600
2d Sed	148	444	740	1,480	2,590	3,700
1977 Station Wagons, V-8						
4d 2S LTD II	140	420	700	1,400	2,450	3,500
4d 3S LTD II	144	432	720	1,440	2,520	3,600
4d 3S LTD II Sq	152	456	760	1,520	2,660	3,800
1977 LTD, V-8						
4d Sed	148	444	740	1,480	2,590	3,700
2d Sed	152	456	760	1,520	2,660	3,800
1977 LTD Landau, V-8						
4d Sed	156	468	780	1,560	2,730	3,900
2d Sed	160	480	800	1,600	2,800	4,000
1977 Station Wagons, V-8						
4d 2S LTD	152	456	760	1,520	2,660	3,800
4d 3S LTD	156	468	780	1,560	2,730	3,900
4d 3S Ctry Sq	160	480	800	1,600	2,800	4,000

	6	5	4	3	2	1
1978 Fiesta						
2d HBk	112	336	560	1,120	1,960	2,800
1978 Pinto						
2d	116	348	580	1,160	2,030	2,900
3d Rbt	144	432	720	1,440	2,520	3,600
2d Sta Wag	148	444	740	1,480	2,590	3,700
1978 Fairmont						
4d Sed	124	372	620	1,240	2,170	3,100
2d Sed	120	360	600	1,200	2,100	3,000
2d Cpe Futura	140	420	700	1,400	2,450	3,500
4d Sta Wag	128	384	640	1,280	2,240	3,200
1978 Granada						
4d Sed	128	384	640	1,280	2,240	3,200
2d Sed	124	372	620	1,240	2,170	3,100
1978 LTD II "S"						
4d Sed	100	350	600	1,250	2,150	3,100
2d Cpe	100	350	600	1,200	2,100	3,000
1978 LTD II						
4d Sed	128	384	640	1,280	2,240	3,200
2d Cpe	124	372	620	1,240	2,170	3,100
1978 LTD II Brougham						
4d Sed	132	396	660	1,320	2,310	3,300
2d Cpe	128	384	640	1,280	2,240	3,200
1978 LTD						
4d	144	432	720	1,440	2,520	3,600
2d Cpe	148	444	740	1,480	2,590	3,700
4d 2S Sta Wag	140	420	700	1,400	2,450	3,500
1978 LTD Landau						
4d Sed	152	456	760	1,520	2,660	3,800
2d Cpe	156	468	780	1,560	2,730	3,900
1979 Fiesta, 4-cyl.						
3d HBk	116	348	580	1,160	2,030	2,900
1979 Pinto, V-6						
2d Sed	124	372	620	1,240	2,170	3,100
2d Rbt	144	432	720	1,440	2,520	3,600
2d Sta Wag	144	432	720	1,440	2,520	3,600
2d Sq Wag	148	444	740	1,480	2,590	3,700
NOTE: Deduct 5 percent for 4-cyl.						
1979 Fairmont, 6-cyl.						
4d Sed	128	384	640	1,280	2,240	3,200
2d Sed	124	372	620	1,240	2,170	3,100
2d Cpe	144	432	720	1,440	2,520	3,600
4d Sta Wag	132	396	660	1,320	2,310	3,300
4d Sq Wag	136	408	680	1,360	2,380	3,400
NOTE: Deduct 5 percent for 4-cyl. Add 5 percent for V-8.						
1979 Granada, V-8						
4d Sed	132	396	660	1,320	2,310	3,300
2d Sed	128	384	640	1,280	2,240	3,200
NOTE: Deduct 5 percent for 6-cyl.						
1979 LTD II, V-8						
4d Sed	128	384	640	1,280	2,240	3,200
2d Sed	124	372	620	1,240	2,170	3,100
1979 LTD II Brougham, V-8						
4d Sed	132	396	660	1,320	2,310	3,300
2d Sed	128	384	640	1,280	2,240	3,200
1979 LTD, V-8						
4d Sed	144	432	720	1,440	2,520	3,600
2d Sed	136	408	680	1,360	2,380	3,400
4d 2S Sta Wag	140	420	700	1,400	2,450	3,500
4d 3S Sta Wag	144	432	720	1,440	2,520	3,600
4d 2S Sq Wag	148	444	740	1,480	2,590	3,700
4d 3S Sq Wag	152	456	760	1,520	2,660	3,800
1979 LTD Landau						
4d Sed	152	456	760	1,520	2,660	3,800
2d Sed	144	432	720	1,440	2,520	3,600
1980 Fiesta, 4-cyl.						
2d HBk	124	372	620	1,240	2,170	3,100
1980 Pinto, 4-cyl.						
2d Cpe Pony	128	384	640	1,280	2,240	3,200
2d Sta Wag Pony	136	408	680	1,360	2,380	3,400
2d Cpe	132	396	660	1,320	2,310	3,300
2d HBk	136	408	680	1,360	2,380	3,400
2d Sta Wag	140	420	700	1,400	2,450	3,500

	6	5	4	3	2	1
2d Sta Wag Sq	144	432	720	1,440	2,520	3,600

1980 Fairmont, 6-cyl.

4d Sed	136	408	680	1,360	2,380	3,400
2d Sed	132	396	660	1,320	2,310	3,300
4d Sed Futura	144	432	720	1,440	2,520	3,600
2d Cpe Futura	164	492	820	1,640	2,870	4,100
4d Sta Wag	152	456	760	1,520	2,660	3,800

NOTE: Deduct 10 percent for 4-cyl. Add 12 percent for V-8.

1980 Granada, V-8

4d Sed	156	468	780	1,560	2,730	3,900
2d Sed	152	456	760	1,520	2,660	3,800
4d Sed Ghia	164	492	820	1,640	2,870	4,100
2d Sed Ghia	160	480	800	1,600	2,800	4,000
4d Sed ESS	168	504	840	1,680	2,940	4,200
2d Sed ESS	164	492	820	1,640	2,870	4,100

NOTE: Deduct 10 percent for 6-cyl.

1980 LTD, V-8

4d Sed S	168	504	840	1,680	2,940	4,200
4d Sta Wag	176	528	880	1,760	3,080	4,400
4d Sed	172	516	860	1,720	3,010	4,300
2d Sed	168	504	840	1,680	2,940	4,200
4d Sta Wag	180	540	900	1,800	3,150	4,500
4d Sta Wag CS	188	564	940	1,880	3,290	4,700

1980 LTD Crown Victoria, V-8

4d Sed	184	552	920	1,840	3,220	4,600
2d Sed	180	540	900	1,800	3,150	4,500

1981 Escort, 4-cyl.

2d HBk SS	144	432	720	1,440	2,520	3,600
4d HBk SS	148	444	740	1,480	2,590	3,700

NOTE: Deduct 5 percent for lesser models.

1981 Fairmont, 6-cyl.

2d Sed S	136	408	680	1,360	2,380	3,400
4d Sed	140	420	700	1,400	2,450	3,500
2d Sed	140	420	700	1,400	2,450	3,500
4d Futura	144	432	720	1,440	2,520	3,600
2d Cpe Futura	168	504	840	1,680	2,940	4,200
4d Sta Wag	156	468	780	1,560	2,730	3,900
4d Sta Wag Futura	160	480	800	1,600	2,800	4,000

NOTE: Deduct 10 percent for 4-cyl. Add 12 percent for V-8.

1981 Granada, 6-cyl.

4d Sed GLX	160	480	800	1,600	2,800	4,000
2d Sed GLX	156	468	780	1,560	2,730	3,900

NOTE: Deduct 5 percent for lesser models. Deduct 10 percent for 4-cyl. Add 12 percent for V-8.

1981 LTD, V-8

4d Sed S	172	516	860	1,720	3,010	4,300
4d Sta Wag S	180	540	900	1,800	3,150	4,500
4d Sed	176	528	880	1,760	3,080	4,400
2d Sed	172	516	860	1,720	3,010	4,300
4d Sta Wag	184	552	920	1,840	3,220	4,600
4d Sta Wag CS	192	576	960	1,920	3,360	4,800

1981 LTD Crown Victoria, V-8

4d Sed	192	576	960	1,920	3,360	4,800
2d Sed	188	564	940	1,880	3,290	4,700

NOTE: Deduct 15 percent for 6-cyl.

1982 Escort, 4-cyl.

2d HBk GLX	144	432	720	1,440	2,520	3,600
4d HBk GLX	148	444	740	1,480	2,590	3,700
4d Sta Wag GLX	152	456	760	1,520	2,660	3,800
2d HBk GT	156	468	780	1,560	2,730	3,900

NOTE: Deduct 5 percent for lesser models.

1982 EXP, 4-cyl.

2d Cpe	180	540	900	1,800	3,150	4,500

1982 Fairmont Futura, 4-cyl.

4d Sed	120	360	600	1,200	2,100	3,000
2d Sed	116	348	580	1,160	2,030	2,900
2d Cpe Futura	132	396	660	1,320	2,310	3,300

1982 Fairmont Futura, 6-cyl.

4d Sed	148	444	740	1,480	2,590	3,700
2d Cpe Futura	172	516	860	1,720	3,010	4,300

1982 Granada, 6-cyl.

4d Sed GLX	164	492	820	1,640	2,870	4,100
2d Sed GLX	160	480	800	1,600	2,800	4,000

NOTE: Deduct 10 percent for 4-cyl. Deduct 5 percent for lesser models.

1982 Granada Wagon, 6-cyl.

4d Sta Wag GL	172	516	860	1,720	3,010	4,300

1968 Ford Fairlane 500 convertible

1971 Ford Pinto hatchback

1979 Ford Granada Ghia hardtop

	6	5	4	3	2	1
1982 LTD, V-8						
4d Sed S	176	528	880	1,760	3,080	4,400
4d Sed	180	540	900	1,800	3,150	4,500
2d Sed	176	528	880	1,760	3,080	4,400
1982 LTD Crown Victoria, V-8						
4d Sed	196	588	980	1,960	3,430	4,900
2d Sed	192	576	960	1,920	3,360	4,800
1982 LTD Station Wagon, V-8						
4d Sta Wag S	184	552	920	1,840	3,220	4,600
4d Sta Wag	188	564	940	1,880	3,290	4,700
4d Sta Wag CS	196	588	980	1,960	3,430	4,900
NOTE: Deduct 15 percent for V-6.						
1983 Escort, 4-cyl.						
2d HBk GLX	144	432	720	1,440	2,520	3,600
4d HBk GLX	148	444	740	1,480	2,590	3,700
4d Sta Wag GLX	152	456	760	1,520	2,660	3,800
2d HBk GT	148	444	740	1,480	2,590	3,700
NOTE: Deduct 5 percent for lesser models.						
1983 EXP, 4-cyl.						
2d Cpe	180	540	900	1,800	3,150	4,500
1983 Fairmont Futura, 6-cyl.						
4d Sed	148	444	740	1,480	2,590	3,700
2d Sed	144	432	720	1,440	2,520	3,600
2d Cpe	172	516	860	1,720	3,010	4,300
NOTE: Deduct 5 percent for 4-cyl.						
1983 LTD, 6-cyl.						
4d Sed	168	504	840	1,680	2,940	4,200
4d Sed Brgm	176	528	880	1,760	3,080	4,400
4d Sta Wag	184	552	920	1,840	3,220	4,600
NOTE: Deduct 10 percent for 4-cyl.						
1983 LTD Crown Victoria, V-8						
4d Sed	200	600	1,000	2,000	3,500	5,000
2d Sed	196	588	980	1,960	3,430	4,900
4d Sta Wag	204	612	1,020	2,040	3,570	5,100
1984 Escort, 4-cyl.						
4d HBk LX	140	420	700	1,400	2,450	3,500
2d HBk LX	140	420	700	1,400	2,450	3,500
4d Sta Wag LX	144	432	720	1,440	2,520	3,600
2d HBk GT	144	432	720	1,440	2,520	3,600
2d HBk Turbo GT	152	456	760	1,520	2,660	3,800
NOTE: Deduct 5 percent for lesser models.						
1984 EXP, 4-cyl.						
2d Cpe	160	480	800	1,600	2,800	4,000
2d Cpe L	168	504	840	1,680	2,940	4,200
2d Cpe Turbo	184	552	920	1,840	3,220	4,600
1984 Tempo, 4-cyl.						
2d Sed GLX	140	420	700	1,400	2,450	3,500
4d Sed GLX	140	420	700	1,400	2,450	3,500
NOTE: Deduct 5 percent for lesser models.						
1984 LTD, V-6						
4d Sed	168	504	840	1,680	2,940	4,200
4d Sed Brgm	172	516	860	1,720	3,010	4,300
4d Sta Wag	172	516	860	1,720	3,010	4,300
4d Sed LX, (V-8)	184	552	920	1,840	3,220	4,600
NOTE: Deduct 8 percent for 4-cyl.						
1984 LTD Crown Victoria, V-8						
4d Sed S	188	564	940	1,880	3,290	4,700
4d Sed	196	588	980	1,960	3,430	4,900
2d Sed	196	588	980	1,960	3,430	4,900
4d Sta Wag S	200	600	1,000	2,000	3,500	5,000
4d Sta Wag	204	612	1,020	2,040	3,570	5,100
4d Sta Wag Sq	208	624	1,040	2,080	3,640	5,200
1985 Escort, 4-cyl.						
4d HBk LX	144	432	720	1,440	2,520	3,600
4d Sta Wag LX	144	432	720	1,440	2,520	3,600
2d HBk GT	148	444	740	1,480	2,590	3,700
2d HBk Turbo GT	156	468	780	1,560	2,730	3,900
NOTE: Deduct 5 percent for lesser models.						
1985 EXP, 4-cyl.						
2d Cpe HBk	164	492	820	1,640	2,870	4,100
2d Cpe HBk Luxury	172	516	860	1,720	3,010	4,300
2d Cpe HBk Turbo	188	564	940	1,880	3,290	4,700
NOTE: Deduct 20 percent for diesel.						

	6	5	4	3	2	1
1985 Tempo, 4-cyl.						
2d Sed GLX	140	420	700	1,400	2,450	3,500
4d Sed GLX	140	420	700	1,400	2,450	3,500
NOTE: Deduct 5 percent for lesser models. Deduct 20 percent for diesel.						
1985 LTD						
4d V-6 Sed	172	516	860	1,720	3,010	4,300
4d V-6 Sed Brgm	176	528	880	1,760	3,080	4,400
4d V-6 Sta Wag	176	528	880	1,760	3,080	4,400
4d V-8 Sed LX	188	564	940	1,880	3,290	4,700
NOTE: Deduct 20 percent for 4-cyl. where available.						
1985 LTD Crown Victoria, V-8						
4d Sed S	192	576	960	1,920	3,360	4,800
4d Sed	200	600	1,000	2,000	3,500	5,000
2d Sed	196	588	980	1,960	3,430	4,900
4d Sta Wag S	204	612	1,020	2,040	3,570	5,100
4d Sta Wag	208	624	1,040	2,080	3,640	5,200
4d Sta Wag Ctry Sq	216	648	1,080	2,160	3,780	5,400
1986 Escort						
2d HBk	144	432	720	1,440	2,520	3,600
4d HBk	140	420	700	1,400	2,450	3,500
4d Sta Wag	148	444	740	1,480	2,590	3,700
2d GT HBk	160	480	800	1,600	2,800	4,000
1986 EXP						
2d Cpe	184	552	920	1,840	3,220	4,600
1986 Tempo						
2d Sed	144	432	720	1,440	2,520	3,600
4d Sed	144	432	720	1,440	2,520	3,600
1986 Taurus						
4d Sed	188	564	940	1,880	3,290	4,700
4d Sta Wag	192	576	960	1,920	3,360	4,800
1986 LTD						
4d Sed	208	624	1,040	2,080	3,640	5,200
4d Brgm Sed	208	624	1,040	2,080	3,640	5,200
4d Sta Wag	216	648	1,080	2,160	3,780	5,400
1986 LTD Crown Victoria						
2d Sed	216	648	1,080	2,160	3,780	5,400
4d Sed	216	648	1,080	2,160	3,780	5,400
4d Sta Wag	220	660	1,100	2,200	3,850	5,500
NOTE: Add 10 percent for deluxe models. Deduct 5 percent for smaller engines.						
1987 Escort, 4-cyl.						
2d HBk Pony	148	444	740	1,480	2,590	3,700
2d HBk GL	152	456	760	1,520	2,660	3,800
4d HBk GL	156	468	780	1,560	2,730	3,900
4d Sta Wag GL	156	468	780	1,560	2,730	3,900
2d HBk GT	160	480	800	1,600	2,800	4,000
1987 EXP, 4-cyl.						
2d HBk LX	188	564	940	1,880	3,290	4,700
2d HBk Spt	192	576	960	1,920	3,360	4,800
1987 Tempo						
2d Sed GL	148	444	740	1,480	2,590	3,700
4d Sed GL	152	456	760	1,520	2,660	3,800
2d Sed GL Spt	152	456	760	1,520	2,660	3,800
4d Sed GL Spt	156	468	780	1,560	2,730	3,900
2d Sed LX	156	468	780	1,560	2,730	3,900
4d Sed LX	160	480	800	1,600	2,800	4,000
2d Sed 4WD	180	540	900	1,800	3,150	4,500
4d Sed 4WD	184	552	920	1,840	3,220	4,600
1987 Taurus, 4-cyl.						
4d Sed	192	576	960	1,920	3,360	4,800
4d Sta Wag	196	588	980	1,960	3,430	4,900
1987 Taurus, V-6						
4d Sed L	196	588	980	1,960	3,430	4,900
4d Sta Wag L	200	600	1,000	2,000	3,500	5,000
4d Sed GL	200	600	1,000	2,000	3,500	5,000
4d Sta Wag GL	204	612	1,020	2,040	3,570	5,100
4d Sed LX	204	612	1,020	2,040	3,570	5,100
4d Sta Wag LX	208	624	1,040	2,080	3,640	5,200
1987 LTD Crown Victoria, V-8						
4d Sed S	220	660	1,100	2,200	3,850	5,500
4d Sta Wag S	224	672	1,120	2,240	3,920	5,600
4d Sed	224	672	1,120	2,240	3,920	5,600
2d Cpe	220	660	1,100	2,200	3,850	5,500
4d Sta Wag	224	672	1,120	2,240	3,920	5,600
4d Sta Wag Ctry Sq	232	696	1,160	2,320	4,060	5,800
4d Sed LX	228	684	1,140	2,280	3,990	5,700

	6	5	4	3	2	1
2d Cpe LX	224	672	1,120	2,240	3,920	5,600
4d Sta Wag LX	228	684	1,140	2,280	3,990	5,700
4d Sta Wag Ctry Sq LX	236	708	1,180	2,360	4,130	5,900
1988 Festiva, 4-cyl.						
2d HBk L	92	276	460	920	1,610	2,300
2d HBk L Plus	100	300	500	1,000	1,750	2,500
2d HBk LX	116	348	580	1,160	2,030	2,900
1988 Escort, 4-cyl.						
2d HBk Pony	88	264	440	880	1,540	2,200
2d HBk GL	100	300	500	1,000	1,750	2,500
4d HBk GL	104	312	520	1,040	1,820	2,600
4d Sta Wag GL	116	348	580	1,160	2,030	2,900
2d HBk GT	140	420	700	1,400	2,450	3,500
2d HBk LX	112	336	560	1,120	1,960	2,800
4d HBk LX	116	348	580	1,160	2,030	2,900
4d Sta Wag LX	124	372	620	1,240	2,170	3,100
1988 EXP, 4-cyl.						
2d HBk	120	360	600	1,200	2,100	3,000
1988 Tempo, 4-cyl.						
2d Sed GL	132	396	660	1,320	2,310	3,300
4d Sed GL	140	420	700	1,400	2,450	3,500
2d Sed GLS	140	420	700	1,400	2,450	3,500
4d Sed GLS	144	432	720	1,440	2,520	3,600
4d Sed LX	148	444	740	1,480	2,590	3,700
4d Sed 4x4	180	540	900	1,800	3,150	4,500
1988 Taurus, 4-cyl., V-6						
4d Sed	168	504	840	1,680	2,940	4,200
4d Sed L	176	528	880	1,760	3,080	4,400
4d Sta Wag L	184	552	920	1,840	3,220	4,600
4d Sed GL	180	540	900	1,800	3,150	4,500
4d Sta Wag GL	200	600	1,000	2,000	3,500	5,000
4d Sed LX	220	660	1,100	2,200	3,850	5,500
4d Sta Wag LX	228	684	1,140	2,280	3,990	5,700
1988 LTD Crown Victoria, V-8						
4d Sed	204	612	1,020	2,040	3,570	5,100
4d Sta Wag	212	636	1,060	2,120	3,710	5,300
4d Ctry Sq Sta Wag	232	696	1,160	2,320	4,060	5,800
4d Sed S	212	636	1,060	2,120	3,710	5,300
4d Sed LX	216	648	1,080	2,160	3,780	5,400
4d Sta Wag LX	220	660	1,100	2,200	3,850	5,500
4d Ctry Sq Sta Wag	240	720	1,200	2,400	4,200	6,000
1989 Festiva, 4-cyl.						
2d HBk L	128	384	640	1,280	2,240	3,200
2d HBk L Plus	132	396	660	1,320	2,310	3,300
2d HBk LX	136	408	680	1,360	2,380	3,400
1989 Escort, 4-cyl.						
2d HBk Pony	132	396	660	1,320	2,310	3,300
2d HBk LX	136	408	680	1,360	2,380	3,400
2d HBk GT	152	456	760	1,520	2,660	3,800
4d HBk LX	140	420	700	1,400	2,450	3,500
4d Sta Wag LX	144	432	720	1,440	2,520	3,600
1989 Tempo, 4-cyl.						
2d Sed GL	140	420	700	1,400	2,450	3,500
4d Sed GL	144	432	720	1,440	2,520	3,600
2d Sed GLS	152	456	760	1,520	2,660	3,800
4d Sed GLS	156	468	780	1,560	2,730	3,900
4d Sed LX	168	504	840	1,680	2,940	4,200
4d Sed 4x4	192	576	960	1,920	3,360	4,800
1989 Probe, 4-cyl.						
2d GL HBk	200	600	1,000	2,000	3,500	5,000
2d LX HBk	220	660	1,100	2,200	3,850	5,500
2d GT Turbo HBk	240	720	1,200	2,400	4,200	6,000
1989 Taurus, 4-cyl.						
4d Sed L	184	552	920	1,840	3,220	4,600
4d Sed GL	188	564	940	1,880	3,290	4,700
1989 V-6						
4d Sed L	192	576	960	1,920	3,360	4,800
4d Sta Wag L	200	600	1,000	2,000	3,500	5,000
4d Sed GL	204	612	1,020	2,040	3,570	5,100
4d Sta Wag GL	240	720	1,200	2,400	4,200	6,000
4d Sed LX	232	696	1,160	2,320	4,060	5,800
4d Sta Wag LX	360	1,080	1,800	3,600	6,300	9,000
4d Sed SHO	400	1,200	2,000	4,000	7,000	10,000
1989 LTD Crown Victoria, V-8						
4d Sed S	220	660	1,100	2,200	3,850	5,500
4d Sed	228	684	1,140	2,280	3,990	5,700

	6	5	4	3	2	1
4d Sed LX	252	756	1,260	2,520	4,410	6,300
4d Sta Wag	256	768	1,280	2,560	4,480	6,400
4d Sta Wag LX	260	780	1,300	2,600	4,550	6,500
4d Ctry Sq Sta Wag	264	792	1,320	2,640	4,620	6,600
4d Ctry Sq LX Sta Wag	268	804	1,340	2,680	4,690	6,700
1990 Festiva, 4-cyl.						
2d	112	336	560	1,120	1,960	2,800
2d L	120	360	600	1,200	2,100	3,000
2d LX	140	420	700	1,400	2,450	3,500
1990 Escort, 4-cyl.						
2d Pony HBk	120	360	600	1,200	2,100	3,000
2d LX HBk	140	420	700	1,400	2,450	3,500
4d LX HBk	144	432	720	1,440	2,520	3,600
4d LX Sta Wag	152	456	760	1,520	2,660	3,800
2d GT HBk	164	492	820	1,640	2,870	4,100
1990 Tempo, 4-cyl.						
2d GL Sed	144	432	720	1,440	2,520	3,600
4d GL Sed	148	444	740	1,480	2,590	3,700
2d GLS Sed	160	480	800	1,600	2,800	4,000
4d GLS Sed	164	492	820	1,640	2,870	4,100
4d LX Sed	168	504	840	1,680	2,940	4,200
4d Sed 4x4	220	660	1,100	2,200	3,850	5,500
1990 Probe						
2d GL HBk, 4-cyl.	220	660	1,100	2,200	3,850	5,500
2d LX HBk, V-6	260	780	1,300	2,600	4,550	6,500
2d GT HBk, Turbo	360	1,080	1,800	3,600	6,300	9,000
1990 Taurus, 4-cyl.						
4d L Sed	160	480	800	1,600	2,800	4,000
4d GL Sed	168	504	840	1,680	2,940	4,200
1990 V-6						
4d L Sed	188	564	940	1,880	3,290	4,700
4d L Sta Wag	200	600	1,000	2,000	3,500	5,000
4d GL Sed	196	588	980	1,960	3,430	4,900
4d GL Sta Wag	208	624	1,040	2,080	3,640	5,200
4d LX Sed	232	696	1,160	2,320	4,060	5,800
4d LX Sta Wag	256	768	1,280	2,560	4,480	6,400
4d SHO Sed	360	1,080	1,800	3,600	6,300	9,000
1990 LTD Crown Victoria, V-8						
4d S Sed	220	660	1,100	2,200	3,850	5,500
4d Sed	240	720	1,200	2,400	4,200	6,000
4d LX Sed	260	780	1,300	2,600	4,550	6,500
4d Sta Wag	232	696	1,160	2,320	4,060	5,800
4d LX Sta Wag	248	744	1,240	2,480	4,340	6,200
4d Ctry Sq Sta Wag	260	780	1,300	2,600	4,550	6,500
4d LX Ctry Sq Sta Wag	272	816	1,360	2,720	4,760	6,800
1991 Festiva, 4-cyl.						
2d HBk	124	372	620	1,240	2,170	3,100
2d GL HBk	132	396	660	1,320	2,310	3,300
1991 Escort, 4-cyl.						
2d Pony HBk	140	420	700	1,400	2,450	3,500
2d LX HBk	148	444	740	1,480	2,590	3,700
4d LX HBk	148	444	740	1,480	2,590	3,700
4d LX Sta Wag	156	468	780	1,560	2,730	3,900
2d GT HBk	164	492	820	1,640	2,870	4,100
1991 Tempo, 4-cyl.						
2d L Sed	144	432	720	1,440	2,520	3,600
4d L Sed	144	432	720	1,440	2,520	3,600
2d GL Sed	152	456	760	1,520	2,660	3,800
4d GL Sed	152	456	760	1,520	2,660	3,800
2d GLS Sed	160	480	800	1,600	2,800	4,000
4d GLS Sed	160	480	800	1,600	2,800	4,000
4d LX Sed	168	504	840	1,680	2,940	4,200
4d Sed 4x4	200	600	1,000	2,000	3,500	5,000
1991 Probe, 4-cyl.						
2d GL HBk	188	564	940	1,880	3,290	4,700
2d LX HBk	220	660	1,100	2,200	3,850	5,500
2d GT HBk Turbo	240	720	1,200	2,400	4,200	6,000
1991 Taurus, 4-cyl.						
4d L Sed	144	432	720	1,440	2,520	3,600
4d GL Sed	152	456	760	1,520	2,660	3,800
1991 Taurus, V-6						
4d L Sed	152	456	760	1,520	2,660	3,800
4d L Sta Wag	180	540	900	1,800	3,150	4,500
4d GL Sed	168	504	840	1,680	2,940	4,200
4d GL Sta Wag	220	660	1,100	2,200	3,850	5,500
4d LX Sed	208	624	1,040	2,080	3,640	5,200

	6	5	4	3	2	1
4d LX Sta Wag	260	780	1,300	2,600	4,550	6,500
4d SHO Sed	380	1,140	1,900	3,800	6,650	9,500
1991 LTD Crown Victoria, V-8						
4d S Sed	180	540	900	1,800	3,150	4,500
4d Sed	220	660	1,100	2,200	3,850	5,500
4d LX Sed	240	720	1,200	2,400	4,200	6,000
4d 3S Sta Wag	196	588	980	1,960	3,430	4,900
4d 2S Sta Wag	236	708	1,180	2,360	4,130	5,900
4d LX 3S Sta Wag	256	768	1,280	2,560	4,480	6,400
4d Ctry Sq 3S Sta Wag	208	624	1,040	2,080	3,640	5,200
4d Ctry Sq 2S Sta Wag	248	744	1,240	2,480	4,340	6,200
4d Ctry Sq LX 3S Sta Wag	268	804	1,340	2,680	4,690	6,700
1992 Festiva, 4-cyl.						
2d L HBk	140	420	700	1,400	2,450	3,500
2d GL HBk	152	456	760	1,520	2,660	3,800
1992 Escort, 4-cyl.						
2d HBk	168	504	840	1,680	2,940	4,200
2d LX HBk	168	504	840	1,680	2,940	4,200
4d LX HBk	168	504	840	1,680	2,940	4,200
4d LX Sed	160	480	800	1,600	2,800	4,000
4d LX Sta Wag	176	528	880	1,760	3,080	4,400
4d LX-E Sta Wag	180	540	900	1,800	3,150	4,500
2d GT HBk	200	600	1,000	2,000	3,500	5,000
1992 Tempo, 4-cyl.						
2d GL Cpe	152	456	760	1,520	2,660	3,800
4d GL Sed	156	468	780	1,560	2,730	3,900
4d LX Sed	160	480	800	1,600	2,800	4,000
2d GLS Sed V-6	220	660	1,100	2,200	3,850	5,500
4d GLS Sed V-6	220	660	1,100	2,200	3,850	5,500
1992 Probe, 4-cyl.						
2d GL HBk	220	660	1,100	2,200	3,850	5,500
2d LX HBk V-6	256	768	1,280	2,560	4,480	6,400
2d GT HBk Turbo	260	780	1,300	2,600	4,550	6,500
1992 Taurus, V-6						
4d L Sed	200	600	1,000	2,000	3,500	5,000
4d L Sta Wag	200	600	1,000	2,000	3,500	5,000
4d GL Sed	220	660	1,100	2,200	3,850	5,500
4d GL Sta Wag	220	660	1,100	2,200	3,850	5,500
4d LX Sed	240	720	1,200	2,400	4,200	6,000
4d LX Sta Wag	240	720	1,200	2,400	4,200	6,000
4d SHO Sed	420	1,260	2,100	4,200	7,350	10,500
1992 Crown Victoria, V-8						
4d S Sed	240	720	1,200	2,400	4,200	6,000
4d Sed	260	780	1,300	2,600	4,550	6,500
4d LX Sed	380	1,140	1,900	3,800	6,650	9,500
4d Trg Sed	320	960	1,600	3,200	5,600	8,000
1993 Festiva, 4-cyl.						
2d Sed	144	432	720	1,440	2,520	3,600
1993 Escort, 4-cyl.						
2d HBk	172	516	860	1,720	3,010	4,300
2d LX HBk	176	528	880	1,760	3,080	4,400
2d GT HBk	180	540	900	1,800	3,150	4,500
4d HBk	176	528	880	1,760	3,080	4,400
4d LX Sed	180	540	900	1,800	3,150	4,500
4d LXE Sed	184	552	920	1,840	3,220	4,600
4d LX Sta Wag	188	564	940	1,880	3,290	4,700
1993 Tempo, 4-cyl.						
2d GL Sed	168	504	840	1,680	2,940	4,200
4d GL Sed	172	516	860	1,720	3,010	4,300
4d LX Sed	180	540	900	1,800	3,150	4,500
1993 Probe						
2d HBk, 4-cyl.	244	732	1,220	2,440	4,270	6,100
2d GT HBk, V-6	256	768	1,280	2,560	4,480	6,400
1993 Taurus, V-6						
4d GL Sed	248	744	1,240	2,480	4,340	6,200
4d LX Sed	252	756	1,260	2,520	4,410	6,300
4d GL Sta Wag	264	792	1,320	2,640	4,620	6,600
4d LX Sta Wag	268	804	1,340	2,680	4,690	6,700
4d SHO Sed	380	1,140	1,900	3,800	6,650	9,500
1993 Crown Victoria, V-8						
4d Sed S	284	852	1,420	2,840	4,970	7,100
4d Sed	292	876	1,460	2,920	5,110	7,300
4d LX Sed	296	888	1,480	2,960	5,180	7,400

	6	5	4	3	2	1
1994 Aspire, 4-cyl.						
2d HBk	128	384	640	1,280	2,240	3,200
2d SE HBk	140	420	700	1,400	2,450	3,500
4d HBk	136	408	680	1,360	2,380	3,400
1994 Escort, 4-cyl.						
2d HBk	156	468	780	1,560	2,730	3,900
2d LX HBk	180	540	900	1,800	3,150	4,500
4d LX HBk	180	540	900	1,800	3,150	4,500
2d GT HBk	200	600	1,000	2,000	3,500	5,000
4d LX Sed	188	564	940	1,880	3,290	4,700
4d LX Sta Wag	192	576	960	1,920	3,360	4,800
1994 Tempo, 4-cyl.						
2d GL Sed	168	504	840	1,680	2,940	4,200
4d GL Sed	172	516	860	1,720	3,010	4,300
4d LX Sed	180	540	900	1,800	3,150	4,500
1994 Crown Victoria, V-8						
4d Sed S	288	864	1,440	2,880	5,040	7,200
4d Sed	300	900	1,500	3,000	5,250	7,500
4d LX Sed	320	960	1,600	3,200	5,600	8,000

MUSTANG

1964						
2d HT	940	2,820	4,700	9,400	16,450	23,500
Conv	1,320	3,960	6,600	13,200	23,100	33,000

NOTE: Deduct 20 percent for 6-cyl. Add 20 percent for Challenger Code "K" V-8. First Mustang introduced April 17, 1964 at N.Y. World's Fair.

1965						
2d HT	940	2,820	4,700	9,400	16,450	23,500
Conv	1,320	3,960	6,600	13,200	23,100	33,000
FBk	1,120	3,360	5,600	11,200	19,600	28,000

NOTE: Add 30 percent for 271 hp Hi-perf engine. Add 10 percent for "GT" Package. Add 10 percent for "original pony interior". Deduct 20 percent for 6-cyl.

1965 Shelby GT						
GT-350 FBk	2,320	6,960	11,600	23,200	40,600	58,000
1966						
2d HT	940	2,820	4,700	9,400	16,450	23,500
Conv	1,360	4,080	6,800	13,600	23,800	34,000
FBk	1,200	3,600	6,000	12,000	21,000	30,000

NOTE: Same as 1965.

1966 Shelby GT						
GT-350 FBk	2,120	6,360	10,600	21,200	37,100	53,000
GT-350H FBk	2,200	6,600	11,000	22,000	38,500	55,000
GT-350 Conv	3,040	9,120	15,200	30,400	53,200	76,000
1967						
2d HT	860	2,580	4,300	8,600	15,050	21,500
Conv	1,200	3,600	6,000	12,000	21,000	30,000
FBk	980	2,940	4,900	9,800	17,150	24,500

NOTE: Same as 1964-65 plus. Add 10 percent for 390 cid V-8 (code "S"). Deduct 15 percent for 6-cyl.

1967 Shelby GT						
GT-350 FBk	1,840	5,520	9,200	18,400	32,200	46,000
GT-500 FBk	2,040	6,120	10,200	20,400	35,700	51,000
1968						
2d HT	860	2,580	4,300	8,600	15,050	21,500
Conv	1,200	3,600	6,000	12,000	21,000	30,000
FBk	980	2,940	4,900	9,800	17,150	24,500

NOTE: Same as 1964-67 plus. Add 10 percent for GT-390. Add 50 percent for 427 cid V-8 (code "W"). Add 30 percent for 428 cid V-8 (code "R"). Add 15 percent for "California Special" trim.

1968 Shelby GT						
350 Conv	2,360	7,080	11,800	23,600	41,300	59,000
350 FBk	1,440	4,320	7,200	14,400	25,200	36,000
500 Conv	2,880	8,640	14,400	28,800	50,400	72,000
500 FBk	1,960	5,880	9,800	19,600	34,300	49,000

NOTE: Add 30 percent for KR models.

1969						
2d HT	820	2,460	4,100	8,200	14,350	20,500
Conv	980	2,940	4,900	9,800	17,150	24,500
FBk	900	2,700	4,500	9,000	15,750	22,500

NOTE: Deduct 20 percent for 6-cyl.

Mach 1	1,040	3,120	5,200	10,400	18,200	26,000
Boss 302	1,600	4,800	8,000	16,000	28,000	40,000
Boss 429	2,480	7,440	12,400	24,800	43,400	62,000
Grande	860	2,580	4,300	8,600	15,050	21,500

	6	5	4	3	2	1

NOTE: Same as 1968; plus. Add 40 percent for "R" Code. Add 30 percent for Cobra Jet V-8. Add 40 percent for "Super Cobra Jet" engine.

1969 Shelby GT

	6	5	4	3	2	1
350 Conv	2,320	6,960	11,600	23,200	40,600	58,000
350 FBk	1,680	5,040	8,400	16,800	29,400	42,000
500 Conv	2,640	7,920	13,200	26,400	46,200	66,000
500 FBk	1,800	5,400	9,000	18,000	31,500	45,000

1970

	6	5	4	3	2	1
2d HT	820	2,460	4,100	8,200	14,350	20,500
Conv	960	2,880	4,800	9,600	16,800	24,000
FBk	880	2,640	4,400	8,800	15,400	22,000
Mach 1	960	2,880	4,800	9,600	16,800	24,000
Boss 302	1,520	4,560	7,600	15,200	26,600	38,000
Boss 429	2,400	7,200	12,000	24,000	42,000	60,000
Grande	860	2,580	4,300	8,600	15,050	21,500

NOTE: Add 30 percent for Cobra Jet V-8. Add 40 percent for "Super Cobra Jet". Deduct 20 percent for 6-cyl.

1970 Shelby GT

	6	5	4	3	2	1
350 Conv	2,240	6,720	11,200	22,400	39,200	56,000
350 FBk	1,680	5,040	8,400	16,800	29,400	42,000
500 Conv	2,640	7,920	13,200	26,400	46,200	66,000
500 FBk	1,800	5,400	9,000	18,000	31,500	45,000

1971

	6	5	4	3	2	1
2d HT	640	1,920	3,200	6,400	11,200	16,000
Grande	660	1,980	3,300	6,600	11,550	16,500
Conv	960	2,880	4,800	9,600	16,800	24,000
FBk	880	2,640	4,400	8,800	15,400	22,000
Mach 1	960	2,880	4,800	9,600	16,800	24,000
Boss 351	1,600	4,800	8,000	16,000	28,000	40,000

NOTE: Same as 1970. Deduct 20 percent for 6-cyl.

1972

	6	5	4	3	2	1
2d HT	640	1,920	3,200	6,400	11,200	16,000
Grande	660	1,980	3,300	6,600	11,550	16,500
FBk	800	2,400	4,000	8,000	14,000	20,000
Mach 1	880	2,640	4,400	8,800	15,400	22,000
Conv	920	2,760	4,600	9,200	16,100	23,000

NOTE: Deduct 20 percent for 6-cyl.

1973

	6	5	4	3	2	1
2d HT	620	1,860	3,100	6,200	10,850	15,500
Grande	660	1,980	3,300	6,600	11,550	16,500
FBk	760	2,280	3,800	7,600	13,300	19,000
Mach 1	880	2,640	4,400	8,800	15,400	22,000
Conv	960	2,880	4,800	9,600	16,800	24,000

1974 Mustang II, Mustang Four

	6	5	4	3	2	1
HT Cpe	240	720	1,200	2,400	4,200	6,000
FBk	252	756	1,260	2,520	4,410	6,300
Ghia	252	756	1,260	2,520	4,410	6,300

1974 Mustang Six

	6	5	4	3	2	1
HT Cpe	240	720	1,200	2,400	4,200	6,000
FBk	256	768	1,280	2,560	4,480	6,400
Ghia	256	768	1,280	2,560	4,480	6,400

1974 Mach 1 Six

	6	5	4	3	2	1
FBk	380	1,140	1,900	3,800	6,650	9,500

1975 Mustang

	6	5	4	3	2	1
HT Cpe	240	720	1,200	2,400	4,200	6,000
FBk	252	756	1,260	2,520	4,410	6,300
Ghia	252	756	1,260	2,520	4,410	6,300

1975 Mustang Six

	6	5	4	3	2	1
HT Cpe	244	732	1,220	2,440	4,270	6,100
FBk	256	768	1,280	2,560	4,480	6,400
Ghia	256	768	1,280	2,560	4,480	6,400
Mach 1	380	1,140	1,900	3,800	6,650	9,500

1975 Mustang, V-8

	6	5	4	3	2	1
HT Cpe	364	1,092	1,820	3,640	6,370	9,100
FBk Cpe	368	1,104	1,840	3,680	6,440	9,200
Ghia	380	1,140	1,900	3,800	6,650	9,500
Mach 1	420	1,260	2,100	4,200	7,350	10,500

1976 Mustang II, V-6

	6	5	4	3	2	1
2d	252	756	1,260	2,520	4,410	6,300
3d 2 plus 2	256	768	1,280	2,560	4,480	6,400
2d Ghia	268	804	1,340	2,680	4,690	6,700

NOTE: Deduct 20 percent for 4-cyl. Add 20 percent for V-8. Add 20 percent for Cobra II.

1976 Mach 1, V-6

	6	5	4	3	2	1
3d	360	1,080	1,800	3,600	6,300	9,000

	6	5	4	3	2	1
1977 Mustang II, V-6						
2d	260	780	1,300	2,600	4,550	6,500
3d 2 plus 2	268	804	1,340	2,680	4,690	6,700
2d Ghia	276	828	1,380	2,760	4,830	6,900

NOTE: Deduct 20 percent for 4-cyl. Add 30 percent for Cobra II option. Add 20 percent for V-8.

	6	5	4	3	2	1
1977 Mach 1, V-6						
2d	368	1,104	1,840	3,680	6,440	9,200
1978 Mustang II						
Cpe	244	732	1,220	2,440	4,270	6,100
3d 2 plus 2	252	756	1,260	2,520	4,410	6,300
Ghia Cpe	256	768	1,280	2,560	4,480	6,400
1978 Mach 1, V-6						
Cpe	360	1,080	1,800	3,600	6,300	9,000

NOTE: Add 20 percent for V-8. Add 30 percent for Cobra II option. Add 50 percent for King Cobra option. Deduct 20 percent for 4-cyl.

	6	5	4	3	2	1
1979 V-6						
2d Cpe	248	744	1,240	2,480	4,340	6,200
3d Cpe	252	756	1,260	2,520	4,410	6,300
2d Ghia Cpe	260	780	1,300	2,600	4,550	6,500
1979 V-6						
3d Ghia Cpe	264	792	1,320	2,640	4,620	6,600

NOTE: Add 30 percent for Pace Car package. Add 30 percent for Cobra option.

	6	5	4	3	2	1
1980 6-cyl.						
2d Cpe	212	636	1,060	2,120	3,710	5,300
2d HBk	216	648	1,080	2,160	3,780	5,400
2d Ghia Cpe	224	672	1,120	2,240	3,920	5,600
2d Ghia HBk	228	684	1,140	2,280	3,990	5,700

NOTE: Deduct 20 percent for 4-cyl. Add 30 percent for V-8.

	6	5	4	3	2	1
1981 6-cyl.						
2d S Cpe	196	588	980	1,960	3,430	4,900
2d Cpe	204	612	1,020	2,040	3,570	5,100
2d HBk	208	624	1,040	2,080	3,640	5,200
2d Ghia Cpe	208	624	1,040	2,080	3,640	5,200
2d Ghia HBk	212	636	1,060	2,120	3,710	5,300

NOTE: Deduct 20 percent for 4-cyl. Add 35 percent for V-8.

	6	5	4	3	2	1
1982 4-cyl.						
2d L Cpe	180	540	900	1,800	3,150	4,500
2d GL Cpe	184	552	920	1,840	3,220	4,600
2d GL HBk	188	564	940	1,880	3,290	4,700
2d GLX Cpe	196	588	980	1,960	3,430	4,900
2d GLX HBk	200	600	1,000	2,000	3,500	5,000
1982 6-cyl.						
2d L Cpe	196	588	980	1,960	3,430	4,900
2d GL Cpe	200	600	1,000	2,000	3,500	5,000
2d GL HBk	204	612	1,020	2,040	3,570	5,100
2d GLX Cpe	212	636	1,060	2,120	3,710	5,300
2d GLX HBk	216	648	1,080	2,160	3,780	5,400
1982 V-8						
2d GT HBk	256	768	1,280	2,560	4,480	6,400
1983 4-cyl.						
2d L Cpe	184	552	920	1,840	3,220	4,600
2d GL Cpe	188	564	940	1,880	3,290	4,700
2d GL HBk	196	588	980	1,960	3,430	4,900
2d GLX Cpe	200	600	1,000	2,000	3,500	5,000
2d GLX HBk	204	612	1,020	2,040	3,570	5,100
1983 6-cyl.						
2d GL Cpe	204	612	1,020	2,040	3,570	5,100
2d GL HBk	208	624	1,040	2,080	3,640	5,200
2d GLX Cpe	216	648	1,080	2,160	3,780	5,400
2d GLX HBk	220	660	1,100	2,200	3,850	5,500
2d GLX Conv	240	720	1,200	2,400	4,200	6,000
1983 V-8						
2d GT HBk	360	1,080	1,800	3,600	6,300	9,000
2d GT Conv	400	1,200	2,000	4,000	7,000	10,000
1984 4-cyl.						
2d L Cpe	188	564	940	1,880	3,290	4,700
2d L HBk	192	576	960	1,920	3,360	4,800
2d LX Cpe	192	576	960	1,920	3,360	4,800
2d LX HBk	196	588	980	1,960	3,430	4,900
2d GT Turbo HBk	212	636	1,060	2,120	3,710	5,300
2d GT Turbo Conv	260	780	1,300	2,600	4,550	6,500
1984 V-6						
2d L Cpe	192	576	960	1,920	3,360	4,800

	6	5	4	3	2	1
2d L HBk	196	588	980	1,960	3,430	4,900
2d LX Cpe	196	588	980	1,960	3,430	4,900
2d LX HBk	200	600	1,000	2,000	3,500	5,000
LX 2d Conv	280	840	1,400	2,800	4,900	7,000
1984 V-8						
2d L HBk	200	600	1,000	2,000	3,500	5,000
2d LX Cpe	204	612	1,020	2,040	3,570	5,100
2d LX HBk	204	612	1,020	2,040	3,570	5,100
2d LX Conv	320	960	1,600	3,200	5,600	8,000
2d GT HBk	212	636	1,060	2,120	3,710	5,300
2d GT Conv	340	1,020	1,700	3,400	5,950	8,500
NOTE: Add 20 percent for 20th Anniversary Edition. Add 40 percent for SVO Model.						
1985 4-cyl.						
2d LX	196	588	980	1,960	3,430	4,900
2d LX HBk	200	600	1,000	2,000	3,500	5,000
2d SVO Turbo	240	720	1,200	2,400	4,200	6,000
1985 V-6						
2d LX	204	612	1,020	2,040	3,570	5,100
2d LX HBk	208	624	1,040	2,080	3,640	5,200
2d LX Conv	396	1,188	1,980	3,960	6,930	9,900
1985 V-8						
2d LX	220	660	1,100	2,200	3,850	5,500
2d LX HBk	224	672	1,120	2,240	3,920	5,600
2d LX Conv	420	1,260	2,100	4,200	7,350	10,500
2d GT HBk	400	1,200	2,000	4,000	7,000	10,000
2d GT Conv	560	1,680	2,800	5,600	9,800	14,000
NOTE: Add 40 percent for SVO Model.						
1986 Mustang						
2d Cpe	200	600	1,000	2,000	3,500	5,000
2d HBk	200	600	1,000	2,000	3,500	5,000
2d Conv	380	1,140	1,900	3,800	6,650	9,500
2d Turbo HBk	240	720	1,200	2,400	4,200	6,000
1986 V-8						
2d HBk	240	720	1,200	2,400	4,200	6,000
2d Conv	420	1,260	2,100	4,200	7,350	10,500
2d GT HBk	400	1,200	2,000	4,000	7,000	10,000
2d GT Conv	560	1,680	2,800	5,600	9,800	14,000
NOTE: Add 40 percent for SVO Model.						
1987 4-cyl.						
2d LX Sed	200	600	1,000	2,000	3,500	5,000
2d LX HBk	204	612	1,020	2,040	3,570	5,100
2d LX Conv	360	1,080	1,800	3,600	6,300	9,000
1987 V-8						
2d LX Sed	200	600	1,000	2,000	3,500	5,000
2d LX HBk	204	612	1,020	2,040	3,570	5,100
2d LX Conv	424	1,272	2,120	4,240	7,420	10,600
2d GT HBk	220	660	1,100	2,200	3,850	5,500
2d GT Conv	400	1,200	2,000	4,000	7,000	10,000
1988 V-6						
2d LX Sed	160	480	800	1,600	2,800	4,000
2d LX HBk	168	504	840	1,680	2,940	4,200
2d LX Conv	360	1,080	1,800	3,600	6,300	9,000
1988 V-8						
2d LX Sed	200	600	1,000	2,000	3,500	5,000
2d LX HBk	220	660	1,100	2,200	3,850	5,500
2d LX Conv	400	1,200	2,000	4,000	7,000	10,000
2d GT HBk	380	1,140	1,900	3,800	6,650	9,500
2d GT Conv	560	1,680	2,800	5,600	9,800	14,000
1989 4-cyl.						
2d LX Cpe	180	540	900	1,800	3,150	4,500
2d LX HBk	188	564	940	1,880	3,290	4,700
2d LX Conv	420	1,260	2,100	4,200	7,350	10,500
1989 V-8						
2d LX Spt Cpe	236	708	1,180	2,360	4,130	5,900
2d LX Spt HBk	240	720	1,200	2,400	4,200	6,000
2d LX Spt Conv	560	1,680	2,800	5,600	9,800	14,000
2d GT HBk	388	1,164	1,940	3,880	6,790	9,700
2d GT Conv	680	2,040	3,400	6,800	11,900	17,000
1990 4-cyl.						
2d LX	184	552	920	1,840	3,220	4,600
2d LX HBk	192	576	960	1,920	3,360	4,800
2d LX Conv	380	1,140	1,900	3,800	6,650	9,500
1990 V-8						
2d LX Spt	240	720	1,200	2,400	4,200	6,000

	6	5	4	3	2	1
2d LX HBk Spt	248	744	1,240	2,480	4,340	6,200
2d LX Conv Spt	520	1,560	2,600	5,200	9,100	13,000
2d GT HBk	400	1,200	2,000	4,000	7,000	10,000
2d GT Conv	560	1,680	2,800	5,600	9,800	14,000
1991 4-cyl.						
2d LX Cpe	180	540	900	1,800	3,150	4,500
2d LX HBk	200	600	1,000	2,000	3,500	5,000
2d LX Conv	360	1,080	1,800	3,600	6,300	9,000
1991 V-8						
2d LX Cpe	220	660	1,100	2,200	3,850	5,500
2d LX HBk	240	720	1,200	2,400	4,200	6,000
2d LX Conv	400	1,200	2,000	4,000	7,000	10,000
2d GT HBk	380	1,140	1,900	3,800	6,650	9,500
2d GT Conv	540	1,620	2,700	5,400	9,450	13,500
1992 V-8, 4-cyl.						
2d LX Cpe	200	600	1,000	2,000	3,500	5,000
2d LX HBk	220	660	1,100	2,200	3,850	5,500
2d LX Conv	400	1,200	2,000	4,000	7,000	10,000
1992 V-8						
2d LX Sed	360	1,080	1,800	3,600	6,300	9,000
2d LX HBk	380	1,140	1,900	3,800	6,650	9,500
2d LX Conv	520	1,560	2,600	5,200	9,100	13,000
2d GT HBk	420	1,260	2,100	4,200	7,350	10,500
2d GT Conv	600	1,800	3,000	6,000	10,500	15,000
1993 4-cyl.						
2d LX Cpe	220	660	1,100	2,200	3,850	5,500
2d LX HBk	224	672	1,120	2,240	3,920	5,600
2d LX Conv	408	1,224	2,040	4,080	7,140	10,200
1993 V-8						
2d LX Cpe	360	1,080	1,800	3,600	6,300	9,000
2d LX HBk	368	1,104	1,840	3,680	6,440	9,200
2d LX Conv	552	1,656	2,760	5,520	9,660	13,800
2d GT HBk	400	1,200	2,000	4,000	7,000	10,000
2d GT Conv	620	1,860	3,100	6,200	10,850	15,500
1993 Cobra						
2d HBk	700	2,100	3,500	7,000	12,250	17,500
NOTE: Add 40 percent for Code R.						
1994 V-6						
2d Cpe	320	960	1,600	3,200	5,600	8,000
2d Conv	440	1,320	2,200	4,400	7,700	11,000
1994 GT, V-8						
2d GT Cpe	420	1,260	2,100	4,200	7,350	10,500
2d GT Conv	480	1,440	2,400	4,800	8,400	12,000
1994 Cobra, V-8						
2d Cpe	560	1,680	2,800	5,600	9,800	14,000
2d Conv	640	1,920	3,200	6,400	11,200	16,000

THUNDERBIRD

	6	5	4	3	2	1
1955 102" wb						
Conv	2,560	7,680	12,800	25,600	44,800	64,000
NOTE: Add $1,800 for hardtop.						
1956 102" wb						
Conv	2,480	7,440	12,400	24,800	43,400	62,000
NOTE: Add $1,800 for hardtop. Add 10 percent for 312 engine.						
1957 102" wb						
Conv	2,520	7,560	12,600	25,200	44,100	63,000
NOTE: Add $1,800 for hardtop. Add 60 percent for supercharged V-8 (Code F). Add 20 percent for "T-Bird Special" V-8 (Code E).						
1958 113" wb						
2d HT	1,200	3,600	6,000	12,000	21,000	30,000
Conv	1,600	4,800	8,000	16,000	28,000	40,000
1959 113" wb						
2d HT	1,160	3,480	5,800	11,600	20,300	29,000
Conv	1,560	4,680	7,800	15,600	27,300	39,000
NOTE: Add 30 percent for 430 engine option.						
1960 113" wb						
SR HT	1,120	3,360	5,600	11,200	19,600	28,000
2d HT	1,080	3,240	5,400	10,800	18,900	27,000
Conv	1,560	4,680	7,800	15,600	27,300	39,000
NOTE: Add 30 percent for 430 engine option Code J.						
1961 113" wb						
2d HT	960	2,880	4,800	9,600	16,800	24,000

	6	5	4	3	2	1
Conv	1,400	4,200	7,000	14,000	24,500	35,000
1962 113" wb						
2d HT	960	2,880	4,800	9,600	16,800	24,000
2d Lan HT	1,000	3,000	5,000	10,000	17,500	25,000
Conv	1,360	4,080	6,800	13,600	23,800	34,000
Spt Rds	1,520	4,560	7,600	15,200	26,600	38,000
NOTE: Add 20 percent for 390 engine. Add 40 percent for M Series option.						
1963 113" wb						
2d HT	960	2,880	4,800	9,600	16,800	24,000
2d Lan HT	1,000	3,000	5,000	10,000	17,500	25,000
Conv	1,360	4,080	6,800	13,600	23,800	34,000
Spt Rds	1,520	4,560	7,600	15,200	26,600	38,000
NOTE: Add 5 percent for Monaco option. Add 20 percent for 390 engine. Add 40 percent for M Series option.						
1964 113" wb						
2d HT	800	2,400	4,000	8,000	14,000	20,000
2d Lan HT	840	2,520	4,200	8,400	14,700	21,000
Conv	1,280	3,840	6,400	12,800	22,400	32,000
NOTE: Add 25 percent for Tonneau convertible option.						
1965 113" wb						
2d HT	800	2,400	4,000	8,000	14,000	20,000
2d Lan HT	840	2,520	4,200	8,400	14,700	21,000
Conv	1,280	3,840	6,400	12,800	22,400	32,000
NOTE: Add 5 percent for Special Landau option.						
1966 113" wb						
2d HT Cpe	840	2,520	4,200	8,400	14,700	21,000
2d Twn Lan	920	2,760	4,600	9,200	16,100	23,000
2d HT Twn	880	2,640	4,400	8,800	15,400	22,000
Conv	1,160	3,480	5,800	11,600	20,300	29,000
NOTE: Add 30 percent for 428 engine.						
1967 117" wb						
4d Lan	560	1,680	2,800	5,600	9,800	14,000
1967 115" wb						
2d Lan	600	1,800	3,000	6,000	10,500	15,000
2d HT	608	1,824	3,040	6,080	10,640	15,200
NOTE: Add 30 percent for 428 engine option.						
1968 117" wb						
4d Lan Sed	560	1,680	2,800	5,600	9,800	14,000
1968 115" wb						
4d Lan Sed	580	1,740	2,900	5,800	10,150	14,500
2d Lan HT	588	1,764	2,940	5,880	10,290	14,700
NOTE: Add 30 percent for 429 engine option, Code K or 428 engine.						
1969 117" wb						
4d Lan	560	1,680	2,800	5,600	9,800	14,000
1969 115" wb						
2d Lan HT	588	1,764	2,940	5,880	10,290	14,700
4d Lan	580	1,740	2,900	5,800	10,150	14,500
1970 117" wb						
4d Lan	560	1,680	2,800	5,600	9,800	14,000
1970 115" wb						
2d Lan HT	588	1,764	2,940	5,880	10,290	14,700
4d Lan	580	1,740	2,900	5,800	10,150	14,500
1971 117" wb						
4d HT	560	1,680	2,800	5,600	9,800	14,000
1971 115" wb						
2d HT	580	1,740	2,900	5,800	10,150	14,500
2d Lan HT	588	1,764	2,940	5,880	10,290	14,700
1972 120" wb						
2d HT	540	1,620	2,700	5,400	9,450	13,500
NOTE: Add 20 percent for 429 engine option.						
1973 120" wb						
2d HT	520	1,560	2,600	5,200	9,100	13,000
1974 120" wb						
2d HT	520	1,560	2,600	5,200	9,100	13,000
1975 120" wb						
2d HT	432	1,296	2,160	4,320	7,560	10,800
1976 120" wb						
2d HT	412	1,236	2,060	4,120	7,210	10,300
1977 114" wb						
2d HT	364	1,092	1,820	3,640	6,370	9,100
2d Lan	368	1,104	1,840	3,680	6,440	9,200

1983 Ford LTD sedan

1990 Ford Escort GT hatchback

1964-1/2 Ford Mustang hardtop

	6	5	4	3	2	1
1978 114" wb						
2d HT	380	1,140	1,900	3,800	6,650	9,500
2d Twn Lan	420	1,260	2,100	4,200	7,350	10,500
2d Diamond Jubilee	520	1,560	2,600	5,200	9,100	13,000
NOTE: Add 5 percent for tops.						
1979 V-8, 114" wb						
2d HT	360	1,080	1,800	3,600	6,300	9,000
2d HT Lan	380	1,140	1,900	3,800	6,650	9,500
2d HT Heritage	400	1,200	2,000	4,000	7,000	10,000
NOTE: Add 5 percent for tops.						
1980 V-8, 108" wb						
2d Cpe	240	720	1,200	2,400	4,200	6,000
2d Twn Lan Cpe	252	756	1,260	2,520	4,410	6,300
2d Silver Anniv. Cpe	260	780	1,300	2,600	4,550	6,500
1981 V-8, 108" wb						
2d Cpe	224	672	1,120	2,240	3,920	5,600
2d Twn Lan Cpe	232	696	1,160	2,320	4,060	5,800
2d Heritage Cpe	236	708	1,180	2,360	4,130	5,900
NOTE: Deduct 15 percent for 6-cyl.						
1982 V-8, 108" wb						
2d Cpe	232	696	1,160	2,320	4,060	5,800
2d Twn Lan Cpe	240	720	1,200	2,400	4,200	6,000
2d Heritage Cpe	248	744	1,240	2,480	4,340	6,200
NOTE: Deduct 15 percent for V-6.						
1983 V-6						
2d Cpe	364	1,092	1,820	3,640	6,370	9,100
2d Cpe Heritage	376	1,128	1,880	3,760	6,580	9,400
1983 V-8						
2d Cpe	376	1,128	1,880	3,760	6,580	9,400
2d Cpe Heritage	392	1,176	1,960	3,920	6,860	9,800
1983 4-cyl.						
2d Cpe Turbo	380	1,140	1,900	3,800	6,650	9,500
1984 V-6						
2d Cpe	276	828	1,380	2,760	4,830	6,900
2d Cpe Elan	368	1,104	1,840	3,680	6,440	9,200
2d Cpe Fila	372	1,116	1,860	3,720	6,510	9,300
1984 V-8						
2d Cpe	376	1,128	1,880	3,760	6,580	9,400
2d Cpe Elan	384	1,152	1,920	3,840	6,720	9,600
2d Cpe Fila	388	1,164	1,940	3,880	6,790	9,700
NOTE: Deduct 10 percent for V-6 non turbo.						
1984 4-cyl.						
2d Cpe Turbo	376	1,128	1,880	3,760	6,580	9,400
1985 V-8, 104" wb						
2d Cpe	256	768	1,280	2,560	4,480	6,400
2d Elan Cpe	272	816	1,360	2,720	4,760	6,800
2d Fila Cpe	276	828	1,380	2,760	4,830	6,900
1985 4-cyl. Turbo						
2d Cpe	360	1,080	1,800	3,600	6,300	9,000
NOTE: Deduct 10 percent for V-6 non-turbo.						
1986 104" wb						
2d Cpe	256	768	1,280	2,560	4,480	6,400
2d Elan Cpe	264	792	1,320	2,640	4,620	6,600
2d Turbo Cpe	368	1,104	1,840	3,680	6,440	9,200
1987 V-6, 104" wb						
2d Cpe	260	780	1,300	2,600	4,550	6,500
2d LX Cpe	264	792	1,320	2,640	4,620	6,600
1987 V-8, 104" wb						
2d Cpe	360	1,080	1,800	3,600	6,300	9,000
2d Spt Cpe	368	1,104	1,840	3,680	6,440	9,200
2d LX Cpe	372	1,116	1,860	3,720	6,510	9,300
1987 4-cyl. Turbo						
2d Cpe	368	1,104	1,840	3,680	6,440	9,200
1988 V-6						
2d Cpe	180	540	900	1,800	3,150	4,500
2d LX Cpe	200	600	1,000	2,000	3,500	5,000
1988 V-8						
2d Spt Cpe	220	660	1,100	2,200	3,850	5,500
1988 4-cyl. Turbo						
2d Cpe	188	564	940	1,880	3,290	4,700
NOTE: Add 20 percent for V-8 where available.						

	6	5	4	3	2	1
1989 V-6						
2d Cpe	272	816	1,360	2,720	4,760	6,800
2d LX Cpe	360	1,080	1,800	3,600	6,300	9,000
2d Sup Cpe	520	1,560	2,600	5,200	9,100	13,000
1990 V-6						
2d Cpe	260	780	1,300	2,600	4,550	6,500
2d LX Cpe	360	1,080	1,800	3,600	6,300	9,000
2d Sup Cpe	520	1,560	2,600	5,200	9,100	13,000
1991 V-6						
2d Cpe	240	720	1,200	2,400	4,200	6,000
2d LX Cpe	260	780	1,300	2,600	4,550	6,500
2d Sup Cpe	340	1,020	1,700	3,400	5,950	8,500
1991 V-8						
2d Cpe	360	1,080	1,800	3,600	6,300	9,000
2d LX Cpe	380	1,140	1,900	3,800	6,650	9,500
1992 V-6						
2d Cpe	360	1,080	1,800	3,600	6,300	9,000
2d LX Cpe	368	1,104	1,840	3,680	6,440	9,200
2d Sup Cpe	380	1,140	1,900	3,800	6,650	9,500
1992 V-8						
2d Cpe	364	1,092	1,820	3,640	6,370	9,100
2d Spt Cpe	392	1,176	1,960	3,920	6,860	9,800
2d LX Cpe	380	1,140	1,900	3,800	6,650	9,500
1993 V-6						
2d LX Cpe	372	1,116	1,860	3,720	6,510	9,300
2d Sup Cpe	380	1,140	1,900	3,800	6,650	9,500
1993 V-8						
2d LX Cpe	404	1,212	2,020	4,040	7,070	10,100
1994 V-6						
2d LX Cpe	300	900	1,500	3,000	5,250	7,500
2d Sup Cpe	360	1,080	1,800	3,600	6,300	9,000
1994 V-8						
2d LX Cpe	320	960	1,600	3,200	5,600	8,000

FRANKLIN

1903 Four, 10 hp, 72" wb						
Rbt	1,640	4,920	8,200	16,400	28,700	41,000
1904 Type A, 4-cyl., 12 hp, 82" wb						
2/4P Light Rbt	1,600	4,800	8,000	16,000	28,000	40,000
1904 Type B, 4-cyl., 12 hp, 82" wb						
4P Light Ton	1,600	4,800	8,000	16,000	28,000	40,000
1904 Type C, 4-cyl., 30 hp, 110" wb						
5P Side Entrance Ton	1,600	4,800	8,000	16,000	28,000	40,000
1904 Type D, 4-cyl., 20 hp, 100" wb						
5P Light Tr	1,560	4,680	7,800	15,600	27,300	39,000
1904 Type E, 4-cyl., 12 hp, 74" wb						
2P Gentleman's Rbt	1,520	4,560	7,600	15,200	26,600	38,000
1904 Type F, 4-cyl., 12 hp, 82" wb						
4P Light Ton	1,560	4,680	7,800	15,600	27,300	39,000
1905 Type A, 4-cyl., 12 hp, 80" wb						
Rbt	1,440	4,320	7,200	14,400	25,200	36,000
Detachable Ton	1,480	4,440	7,400	14,800	25,900	37,000
1905 Type B, 4-cyl., 12 hp, 80" wb						
Tr	1,480	4,440	7,400	14,800	25,900	37,000
1905 Type C, 4-cyl., 30 hp, 107" wb						
Tr	1,600	4,800	8,000	16,000	28,000	40,000
1905 Type D, 4-cyl., 20 hp, 100" wb						
Tr	1,560	4,680	7,800	15,600	27,300	39,000
1905 Type E, 4-cyl., 12 hp, 80" wb						
Rbt	1,440	4,320	7,200	14,400	25,200	36,000
1906 Type E, 4-cyl., 12 hp, 81-1						
2P Rbt	1,360	4,080	6,800	13,600	23,800	34,000
1906 Type G, 4-cyl., 12 hp, 88" wb						
5P Tr	1,400	4,200	7,000	14,000	24,500	35,000
1906 Type D, 4-cyl., 20 hp, 100" wb						
5P Tr	1,440	4,320	7,200	14,400	25,200	36,000
5P Limo (115" wb)	1,200	3,600	6,000	12,000	21,000	30,000
1906 Type H, 6-cyl., 30 hp, 114" wb						
5P Tr	1,480	4,440	7,400	14,800	25,900	37,000

	6	5	4	3	2	1
1907 Model G, 4-cyl., 12 hp, 90" wb						
2P Rbt	1,520	4,560	7,600	15,200	26,600	38,000
4P Tr	1,560	4,680	7,800	15,600	27,300	39,000
1907 Model D, 4-cyl., 20 hp, 105" wb						
5P Tr	1,600	4,800	8,000	16,000	28,000	40,000
2P Rbt	1,560	4,680	7,800	15,600	27,300	39,000
5P Lan'let	1,360	4,080	6,800	13,600	23,800	34,000
1907 Model H, 6-cyl., 30 hp, 127" wb						
7P Tr	1,640	4,920	8,200	16,400	28,700	41,000
2P Rbt	1,600	4,800	8,000	16,000	28,000	40,000
5P Limo	1,400	4,200	7,000	14,000	24,500	35,000
1908 Model G, 4-cyl., 16 hp, 90" wb						
Tr	1,480	4,440	7,400	14,800	25,900	37,000
Rbt	1,520	4,560	7,600	15,200	26,600	38,000
Brgm	1,200	3,600	6,000	12,000	21,000	30,000
Lan'let	1,240	3,720	6,200	12,400	21,700	31,000
1908 Model D, 4-cyl., 28 hp, 105" wb						
Tr	1,520	4,560	7,600	15,200	26,600	38,000
Surrey-Seat Rbt	1,480	4,440	7,400	14,800	25,900	37,000
Lan'let	1,280	3,840	6,400	12,800	22,400	32,000
1908 Model H, 6-cyl., 42 hp, 127" wb						
Tr	1,600	4,800	8,000	16,000	28,000	40,000
Limo	1,440	4,320	7,200	14,400	25,200	36,000
Rbt	1,560	4,680	7,800	15,600	27,300	39,000
1909 Model G, 4-cyl., 18 hp, 91-1						
4P Tr	1,480	4,440	7,400	14,800	25,900	37,000
4P Cape Top Tr	1,520	4,560	7,600	15,200	26,600	38,000
Brgm	1,200	3,600	6,000	12,000	21,000	30,000
Lan'let	1,240	3,720	6,200	12,400	21,700	31,000
1909 Model D, 4-cyl., 28 hp, 106" wb						
5P Tr	1,520	4,560	7,600	15,200	26,600	38,000
5P Cape Top Tr	1,560	4,680	7,800	15,600	27,300	39,000
Rbt, Single Rumble	1,600	4,800	8,000	16,000	28,000	40,000
Rbt, Double Rumble	1,640	4,920	8,200	16,400	28,700	41,000
Lan'let	1,360	4,080	6,800	13,600	23,800	34,000
1909 Model H, 6-cyl., 42 hp, 127" wb						
7P Tr	1,560	4,680	7,800	15,600	27,300	39,000
7P Cape Top Tr	1,600	4,800	8,000	16,000	28,000	40,000
Limo	1,480	4,440	7,400	14,800	25,900	37,000
1910 Model G, 4-cyl., 18 hp, 91-1						
5P Tr	1,560	4,680	7,800	15,600	27,300	39,000
4P Rbt	1,520	4,560	7,600	15,200	26,600	38,000
2P Rbt	1,480	4,440	7,400	14,800	25,900	37,000
1910 Model K, 4-cyl., 18 hp, 91-1						
Twn Car	1,440	4,320	7,200	14,400	25,200	36,000
Taxicab	1,360	4,080	6,800	13,600	23,800	34,000
1910 Model D, 4-cyl., 28 hp, 106" wb						
5P Tr	1,600	4,800	8,000	16,000	28,000	40,000
4P Surrey	1,440	4,320	7,200	14,400	25,200	36,000
6P Limo (111-1/2"wb)	1,360	4,080	6,800	13,600	23,800	34,000
Lan'let 6P (111-1/2"wb)	1,400	4,200	7,000	14,000	24,500	35,000
1910 Model H, 6-cyl., 42 hp, 127" wb						
7P Tr	1,640	4,920	8,200	16,400	28,700	41,000
4P Surrey	1,480	4,440	7,400	14,800	25,900	37,000
7P Limo	1,400	4,200	7,000	14,000	24,500	35,000
1911 Model G, 4-cyl., 18 hp, 100" wb						
5P Tr	1,520	4,560	7,600	15,200	26,600	38,000
Torp Phae (108" wb)	1,560	4,680	7,800	15,600	27,300	39,000
1911 Model M, 4-cyl., 25 hp, 108" wb						
5P Tr	1,560	4,680	7,800	15,600	27,300	39,000
7P Limo	1,400	4,200	7,000	14,000	24,500	35,000
7P Lan'let	1,440	4,320	7,200	14,400	25,200	36,000
1911 Model D, 6-cyl., 38 hp, 123" wb						
4P Torp Phae	1,640	4,920	8,200	16,400	28,700	41,000
5P Tr	1,600	4,800	8,000	16,000	28,000	40,000
6P Limo	1,440	4,320	7,200	14,400	25,200	36,000
6P Lan'let	1,480	4,440	7,400	14,800	25,900	37,000
1911 Model H, 6-cyl., 48 hp, 133" wb						
7P Tr	1,680	5,040	8,400	16,800	29,400	42,000
Torp Phae (126" wb)	1,720	5,160	8,600	17,200	30,100	43,000
1912 Model G, 4-cyl., 18 hp, 100" wb						
Rbt	1,560	4,680	7,800	15,600	27,300	39,000

	6	5	4	3	2	1
1912 Model G, 4-cyl., 25 hp, 103" wb						
Tr	1,600	4,800	8,000	16,000	28,000	40,000
1912 Model M, 6-cyl., 30 hp, 116" wb						
Tr	1,680	5,040	8,400	16,800	29,400	42,000
Torp Phae	1,720	5,160	8,600	17,200	30,100	43,000
Rds	1,720	5,160	8,600	17,200	30,100	43,000
1912 Model K-6, 4-cyl., 18 hp, 100" wb						
Taxicab	1,440	4,320	7,200	14,400	25,200	36,000
1912 Model D, 6-cyl., 38 hp, 123" wb						
Tr	1,680	5,040	8,400	16,800	29,400	42,000
Torp Phae	1,720	5,160	8,600	17,200	30,100	43,000
1912 Model H, 6-cyl., 38 hp, 126" wb						
Tr	1,720	5,160	8,600	17,200	30,100	43,000
Limo	1,760	5,280	8,800	17,600	30,800	44,000
1913 Model G, 4-cyl., 18 hp, 100" wb						
2P Rbt	1,680	5,040	8,400	16,800	29,400	42,000
1913 Model G, 4-cyl., 25 hp, 103" wb						
5P Tr	1,680	5,040	8,400	16,800	29,400	42,000
1913 Model M, 6-cyl., 30 hp, 116" wb						
5P Little Six Tr	1,720	5,160	8,600	17,200	30,100	43,000
2P Little Six Vic	1,640	4,920	8,200	16,400	28,700	41,000
1913 Model D, 6-cyl., 38 hp, 123" wb						
5P Tr	1,800	5,400	9,000	18,000	31,500	45,000
4P Torp Phae	1,840	5,520	9,200	18,400	32,200	46,000
1913 Model H, 4-cyl., 38 hp, 126" wb						
7P Tr	1,840	5,520	9,200	18,400	32,200	46,000
7P Limo	1,760	5,280	8,800	17,600	30,800	44,000
1914 Model Six-30, 6-cyl., 31.6 hp, 120" wb						
5P Tr	1,680	5,040	8,400	16,800	29,400	42,000
Rds	1,760	5,280	8,800	17,600	30,800	44,000
Cpe	1,520	4,560	7,600	15,200	26,600	38,000
Sed	1,480	4,440	7,400	14,800	25,900	37,000
Limo	1,600	4,800	8,000	16,000	28,000	40,000
Berlin	1,680	5,040	8,400	16,800	29,400	42,000
1915 Model Six-30, 6-cyl., 31.6 hp, 120" wb						
2P Rds	1,800	5,400	9,000	18,000	31,500	45,000
5P Tr	1,760	5,280	8,800	17,600	30,800	44,000
Cpe	1,520	4,560	7,600	15,200	26,600	38,000
Sed	1,480	4,440	7,400	14,800	25,900	37,000
Berlin	1,680	5,040	8,400	16,800	29,400	42,000
1916 Model Six-30, 6-cyl., 31.6 hp, 120" wb						
5P Tr	1,800	5,400	9,000	18,000	31,500	45,000
3P Rds	1,840	5,520	9,200	18,400	32,200	46,000
5P Sed	1,520	4,560	7,600	15,200	26,600	38,000
4P Doctor's Car	1,560	4,680	7,800	15,600	27,300	39,000
7P Berlin	1,720	5,160	8,600	17,200	30,100	43,000
1917 Series 9, 6-cyl., 25.35 hp, 115" wb						
5P Tr	1,840	5,520	9,200	18,400	32,200	46,000
4P Rds	1,880	5,640	9,400	18,800	32,900	47,000
2P Rbt	1,680	5,040	8,400	16,800	29,400	42,000
7P Limo	1,640	4,920	8,200	16,400	28,700	41,000
5P Sed	1,520	4,560	7,600	15,200	26,600	38,000
7P Twn Car	1,680	5,040	8,400	16,800	29,400	42,000
4P Brgm	1,600	4,800	8,000	16,000	28,000	40,000
4P Cabr	1,800	5,400	9,000	18,000	31,500	45,000
1918 Series 9, 6-cyl., 25.35 hp, 115" wb						
5P Tr	1,840	5,520	9,200	18,400	32,200	46,000
2P Rds	1,880	5,640	9,400	18,800	32,900	47,000
4P Rds	1,880	5,640	9,400	18,800	32,900	47,000
Sed	1,440	4,320	7,200	14,400	25,200	36,000
Brgm	1,480	4,440	7,400	14,800	25,900	37,000
Limo	1,640	4,920	8,200	16,400	28,700	41,000
Twn Car	1,680	5,040	8,400	16,800	29,400	42,000
Cabr	1,800	5,400	9,000	18,000	31,500	45,000
1919 Series 9, 6-cyl., 25.35 hp, 115" wb						
5P Tr	1,840	5,520	9,200	18,400	32,200	46,000
Rbt	1,840	5,520	9,200	18,400	32,200	46,000
4P Rds	1,880	5,640	9,400	18,800	32,900	47,000
Brgm	1,480	4,440	7,400	14,800	25,900	37,000
Sed	1,440	4,320	7,200	14,400	25,200	36,000
Limo	1,640	4,920	8,200	16,400	28,700	41,000
1920 Model 9-B, 6-cyl., 25.3 hp, 115" wb						
5P Tr	1,840	5,520	9,200	18,400	32,200	46,000
4P Rds	1,840	5,520	9,200	18,400	32,200	46,000

	6	5	4	3	2	1
2P Rds	1,800	5,400	9,000	18,000	31,500	45,000
5P Sed	1,440	4,320	7,200	14,400	25,200	36,000
4P Brgm	1,480	4,440	7,400	14,800	25,900	37,000
1921 Model 9-B, 6-cyl., 25 hp, 115" wb						
2P Rbt	1,840	5,520	9,200	18,400	32,200	46,000
4P Rds	1,840	5,520	9,200	18,400	32,200	46,000
5P Tr	1,880	5,640	9,400	18,800	32,900	47,000
2P Conv Rbt	1,920	5,760	9,600	19,200	33,600	48,000
5P Conv Tr	1,960	5,880	9,800	19,600	34,300	49,000
4P Brgm	1,480	4,440	7,400	14,800	25,900	37,000
5P Sed	1,440	4,320	7,200	14,400	25,200	36,000
1922 Model 9-B, 6-cyl., 25 hp, 115" wb						
2P Rds	1,800	5,400	9,000	18,000	31,500	45,000
5P Tr	1,760	5,280	8,800	17,600	30,800	44,000
2P Demi Cpe	1,520	4,560	7,600	15,200	26,600	38,000
5P Demi Cpe	1,520	4,560	7,600	15,200	26,600	38,000
4P Brgm	1,480	4,440	7,400	14,800	25,900	37,000
5P Sed	1,440	4,320	7,200	14,400	25,200	36,000
5P Limo	1,600	4,800	8,000	16,000	28,000	40,000
1923 Model 10, 6-cyl., 25 hp, 115" wb						
5P Tr	1,680	5,040	8,400	16,800	29,400	42,000
2P Rds	1,760	5,280	8,800	17,600	30,800	44,000
5P Demi Sed	1,480	4,440	7,400	14,800	25,900	37,000
4P Brgm	1,520	4,560	7,600	15,200	26,600	38,000
4P Cpe	1,560	4,680	7,800	15,600	27,300	39,000
5P Sed	1,440	4,320	7,200	14,400	25,200	36,000
5P Tr Limo	1,680	5,040	8,400	16,800	29,400	42,000
1924 Model 10-B, 6-cyl., 25 hp, 115" wb						
5P Tr	1,560	4,680	7,800	15,600	27,300	39,000
5P Demi Sed	1,360	4,080	6,800	13,600	23,800	34,000
4P Cpe	1,400	4,200	7,000	14,000	24,500	35,000
5P Brgm	1,400	4,200	7,000	14,000	24,500	35,000
5P Sed	1,320	3,960	6,600	13,200	23,100	33,000
Tr Limo	1,560	4,680	7,800	15,600	27,300	39,000
1925 Model 10-C, 6-cyl., 32 hp, 115" wb						
5P Tr	1,480	4,440	7,400	14,800	25,900	37,000
5P Demi Sed	1,280	3,840	6,400	12,800	22,400	32,000
4P Cpe	1,320	3,960	6,600	13,200	23,100	33,000
4P Brgm	1,280	3,840	6,400	12,800	22,400	32,000
5P Sed	1,240	3,720	6,200	12,400	21,700	31,000
NOTE: Series II introduced spring of 1925.						
1926 Model 11-A, 6-cyl., 32 hp, 119" wb						
5P Sed	1,240	3,720	6,200	12,400	21,700	31,000
5P Spt Sed	1,280	3,840	6,400	12,800	22,400	32,000
4P Cpe	1,320	3,960	6,600	13,200	23,100	33,000
5P Encl Dr Limo	1,480	4,440	7,400	14,800	25,900	37,000
4P Cabr	1,560	4,680	7,800	15,600	27,300	39,000
5P Tr	1,600	4,800	8,000	16,000	28,000	40,000
2P Spt Rbt	1,560	4,680	7,800	15,600	27,300	39,000
5P Cpe Rumble	1,360	4,080	6,800	13,600	23,800	34,000
1927 Model 11-B, 6-cyl., 32 hp, 119" wb						
4P Vic	1,320	3,960	6,600	13,200	23,100	33,000
2P Spt Cpe	1,360	4,080	6,800	13,600	23,800	34,000
4P Tandem Spt	1,520	4,560	7,600	15,200	26,600	38,000
5P Sed	1,240	3,720	6,200	12,400	21,700	31,000
5P Spt Sed	1,280	3,840	6,400	12,800	22,400	32,000
3P Cpe	1,320	3,960	6,600	13,200	23,100	33,000
5P Encl Dr Limo	1,480	4,440	7,400	14,800	25,900	37,000
5P Cabr	2,000	6,000	10,000	20,000	35,000	50,000
5P Tr	1,960	5,880	9,800	19,600	34,300	49,000
2P Spt Rbt	2,040	6,120	10,200	20,400	35,700	51,000
5P Cpe Rumble	1,360	4,080	6,800	13,600	23,800	34,000
1928 Airman, 6-cyl., 46 hp, 119" wb						
3P Cpe	1,440	4,320	7,200	14,400	25,200	36,000
4P Vic	1,400	4,200	7,000	14,000	24,500	35,000
5P Sed	1,280	3,840	6,400	12,800	22,400	32,000
5P Oxford Sed	1,320	3,960	6,600	13,200	23,100	33,000
5P Spt Sed	1,320	3,960	6,600	13,200	23,100	33,000
3/5P Conv	2,040	6,120	10,200	20,400	35,700	51,000
1928 Airman, 6-cyl., 46 hp, 128" wb						
Spt Rbt	2,120	6,360	10,600	21,200	37,100	53,000
Spt Tr	2,080	6,240	10,400	20,800	36,400	52,000
7P Sed	1,280	3,840	6,400	12,800	22,400	32,000
Oxford Sed	1,320	3,960	6,600	13,200	23,100	33,000
7P Tr	1,960	5,880	9,800	19,600	34,300	49,000
7P Limo	1,520	4,560	7,600	15,200	26,600	38,000

	6	5	4	3	2	1
1929 Model 130, 6-cyl., 46 hp, 120" wb						
3/5P Cpe	1,280	3,840	6,400	12,800	22,400	32,000
5P Sed	1,120	3,360	5,600	11,200	19,600	28,000
1929 Model 135, 6-cyl., 60 hp, 125" wb						
3P Cpe	1,320	3,960	6,600	13,200	23,100	33,000
5P Sed	1,160	3,480	5,800	11,600	20,300	29,000
3/5P Conv Cpe	1,960	5,880	9,800	19,600	34,300	49,000
4P Vic Brgm	1,240	3,720	6,200	12,400	21,700	31,000
5P Oxford Sed	1,240	3,720	6,200	12,400	21,700	31,000
5P Spt Sed	1,240	3,720	6,200	12,400	21,700	31,000
1929 Model 137, 6-cyl., 60 hp, 132" wb						
5P Spt Tr	2,120	6,360	10,600	21,200	37,100	53,000
4P Spt Rbt	2,160	6,480	10,800	21,600	37,800	54,000
7P Tr	1,960	5,880	9,800	19,600	34,300	49,000
7P Sed	1,200	3,600	6,000	12,000	21,000	30,000
7P Oxford Sed	1,240	3,720	6,200	12,400	21,700	31,000
7P Limo	1,320	3,960	6,600	13,200	23,100	33,000
1930 Model 145, 6-cyl., 87 hp, 125" wb						
Sed	1,080	3,240	5,400	10,800	18,900	27,000
Cpe	1,160	3,480	5,800	11,600	20,300	29,000
Clb Sed	1,160	3,480	5,800	11,600	20,300	29,000
DeL Sed	1,120	3,360	5,600	11,200	19,600	28,000
Vic Brgm	1,160	3,480	5,800	11,600	20,300	29,000
Conv Cpe	2,040	6,120	10,200	20,400	35,700	51,000
Tr Sed	1,160	3,480	5,800	11,600	20,300	29,000
Pursuit	1,160	3,480	5,800	11,600	20,300	29,000
1930 Model 147, 6-cyl., 87 hp, 132" wb						
Rds	2,360	7,080	11,800	23,600	41,300	59,000
Pirate Tr	2,200	6,600	11,000	22,000	38,500	55,000
Pirate Phae	2,240	6,720	11,200	22,400	39,200	56,000
5P Sed	1,160	3,480	5,800	11,600	20,300	29,000
7P Sed	1,200	3,600	6,000	12,000	21,000	30,000
Limo	1,360	4,080	6,800	13,600	23,800	34,000
Sed Limo	1,400	4,200	7,000	14,000	24,500	35,000
Spds	1,760	5,280	8,800	17,600	30,800	44,000
Conv Spds	2,880	8,640	14,400	28,800	50,400	72,000
Deauville Sed	1,880	5,640	9,400	18,800	32,900	47,000
Twn Car	1,480	4,440	7,400	14,800	25,900	37,000
Cabr	2,560	7,680	12,800	25,600	44,800	64,000
Conv Sed	2,640	7,920	13,200	26,400	46,200	66,000
1931 Series 15, 6-cyl., 100 hp, 125" wb						
Pursuit	1,280	3,840	6,400	12,800	22,400	32,000
5P Sed	1,240	3,720	6,200	12,400	21,700	31,000
Cpe	1,360	4,080	6,800	13,600	23,800	34,000
Oxford Sed	1,260	3,780	6,300	12,600	22,050	31,500
Vic Brgm	1,320	3,960	6,600	13,200	23,100	33,000
Conv Cpe	2,360	7,080	11,800	23,600	41,300	59,000
Twn Sed	1,360	4,080	6,800	13,600	23,800	34,000
1931 Series 15, 6-cyl., 100 hp, 132" wb						
Rds	2,800	8,400	14,000	28,000	49,000	70,000
7P Sed	1,360	4,080	6,800	13,600	23,800	34,000
Spt Salon	1,400	4,200	7,000	14,000	24,500	35,000
Limo	1,480	4,440	7,400	14,800	25,900	37,000
1931 Series 15 DeLuxe, 6-cyl., 100 hp, 132" wb						
5P Tr	2,640	7,920	13,200	26,400	46,200	66,000
7P Tr	2,640	7,920	13,200	26,400	46,200	66,000
Spds	1,880	5,640	9,400	18,800	32,900	47,000
5P Sed	1,400	4,200	7,000	14,000	24,500	35,000
Clb Sed	1,440	4,320	7,200	14,400	25,200	36,000
Conv Cpe	2,640	7,920	13,200	26,400	46,200	66,000
Twn Sed	1,480	4,440	7,400	14,800	25,900	37,000
7P Sed	1,400	4,200	7,000	14,000	24,500	35,000
Limo	1,520	4,560	7,600	15,200	26,600	38,000
1932 Airman, 6-cyl., 100 hp, 132" wb						
Spds	1,760	5,280	8,800	17,600	30,800	44,000
5P Sed	1,320	3,960	6,600	13,200	23,100	33,000
Cpe	1,360	4,080	6,800	13,600	23,800	34,000
Clb Sed	1,340	4,020	6,700	13,400	23,450	33,500
Vic Brgm	1,360	4,080	6,800	13,600	23,800	34,000
Conv Cpe	2,400	7,200	12,000	24,000	42,000	60,000
7P Sed	1,360	4,080	6,800	13,600	23,800	34,000
Limo	1,400	4,200	7,000	14,000	24,500	35,000
Sed Oxford	1,320	3,960	6,600	13,200	23,100	33,000
1933 Olympic, 6-cyl., 100 hp, 118" wb						
5P Sed	1,040	3,120	5,200	10,400	18,200	26,000
4P Cpe	1,120	3,360	5,600	11,200	19,600	28,000
4P Conv Cpe	1,880	5,640	9,400	18,800	32,900	47,000

	6	5	4	3	2	1
1933 Airman, 6-cyl., 100 hp, 132" wb						
4P Spds	1,200	3,600	6,000	12,000	21,000	30,000
5P Sed	1,160	3,480	5,800	11,600	20,300	29,000
5P Cpe	1,240	3,720	6,200	12,400	21,700	31,000
5P Clb Sed	1,200	3,600	6,000	12,000	21,000	30,000
5P Vic Brgm	1,240	3,720	6,200	12,400	21,700	31,000
7P Sed	1,120	3,360	5,600	11,200	19,600	28,000
6P Oxford Sed	1,160	3,480	5,800	11,600	20,300	29,000
7P Limo	1,200	3,600	6,000	12,000	21,000	30,000
1933 Twelve, V-12, 150 hp, 144" wb						
5P Sed	1,960	5,880	9,800	19,600	34,300	49,000
5P Clb Brgm	2,040	6,120	10,200	20,400	35,700	51,000
7P Sed	1,760	5,280	8,800	17,600	30,800	44,000
7P Limo	2,160	6,480	10,800	21,600	37,800	54,000
1934 Olympic, 6-cyl., 100 hp, 118" wb						
Sed	1,040	3,120	5,200	10,400	18,200	26,000
Cpe	1,120	3,360	5,600	11,200	19,600	28,000
Conv Cpe	1,960	5,880	9,800	19,600	34,300	49,000
1934 Airman, 6-cyl., 100 hp, 132" wb						
Sed	1,160	3,480	5,800	11,600	20,300	29,000
Clb Sed	1,200	3,600	6,000	12,000	21,000	30,000
Sed	1,180	3,540	5,900	11,800	20,650	29,500
Oxford Sed	1,220	3,660	6,100	12,200	21,350	30,500
Limo	1,400	4,200	7,000	14,000	24,500	35,000
1934 Twelve, V-12, 150 hp, 144" wb						
Sed	1,960	5,880	9,800	19,600	34,300	49,000
Clb Brgm	2,040	6,120	10,200	20,400	35,700	51,000
Sed	1,760	5,280	8,800	17,600	30,800	44,000
Limo	2,160	6,480	10,800	21,600	37,800	54,000

GARDNER

1920 Model G, 4-cyl., 35 hp, 112" wb						
5P Tr	1,040	3,120	5,200	10,400	18,200	26,000
3P Rds	1,160	3,480	5,800	11,600	20,300	29,000
5P Sed	760	2,280	3,800	7,600	13,300	19,000
1921 Model G, 4-cyl., 35 hp, 112" wb						
3P Rds	840	2,520	4,200	8,400	14,700	21,000
5P Tr	1,040	3,120	5,200	10,400	18,200	26,000
5P Sed	760	2,280	3,800	7,600	13,300	19,000
1922 Four, 35 hp, 112" wb						
3P Rds	1,160	3,480	5,800	11,600	20,300	29,000
5P Tr	1,040	3,120	5,200	10,400	18,200	26,000
5P Sed	760	2,280	3,800	7,600	13,300	19,000
1923 Model 5, 4-cyl., 43 hp, 112" wb						
5P Tr	1,040	3,120	5,200	10,400	18,200	26,000
2P Rds	1,160	3,480	5,800	11,600	20,300	29,000
2P Cpe	920	2,760	4,600	9,200	16,100	23,000
5P Sed	760	2,280	3,800	7,600	13,300	19,000
1924 Model 5, 4-cyl., 43 hp, 112" wb						
3P Rds	1,160	3,480	5,800	11,600	20,300	29,000
5P Tr	1,040	3,120	5,200	10,400	18,200	26,000
5P Spt Tr	1,080	3,240	5,400	10,800	18,900	27,000
3P Cpe	920	2,760	4,600	9,200	16,100	23,000
5P Brgm	800	2,400	4,000	8,000	14,000	20,000
5P Sed	760	2,280	3,800	7,600	13,300	19,000
1925 Model 5, 4-cyl., 44 hp, 112" wb						
5P Tr	1,040	3,120	5,200	10,400	18,200	26,000
3P Rds	1,160	3,480	5,800	11,600	20,300	29,000
5P Std Tr	1,080	3,240	5,400	10,800	18,900	27,000
5P DeL Tr	1,120	3,360	5,600	11,200	19,600	28,000
5P Sed	760	2,280	3,800	7,600	13,300	19,000
4P Cpe	920	2,760	4,600	9,200	16,100	23,000
5P Radio Sed	880	2,640	4,400	8,800	15,400	22,000
1925 Six, 57 hp, 117" wb						
5P Tr	1,080	3,240	5,400	10,800	18,900	27,000
1925 Line 8, 8-cyl., 65 hp, 125" wb						
5P Tr	1,120	3,360	5,600	11,200	19,600	28,000
5P Brgm	840	2,520	4,200	8,400	14,700	21,000
1926 Six, 57 hp, 117" wb						
5P Tr	1,200	3,600	6,000	12,000	21,000	30,000
4P Rds	1,360	4,080	6,800	13,600	23,800	34,000
4P Cabr	1,160	3,480	5,800	11,600	20,300	29,000
5P 4d Brgm	880	2,640	4,400	8,800	15,400	22,000
5P Sed	800	2,400	4,000	8,000	14,000	20,000

	6	5	4	3	2	1
DeL Sed	840	2,520	4,200	8,400	14,700	21,000
1926 Line 8, 65 hp, 125" wb						
5P Tr	1,600	4,800	8,000	16,000	28,000	40,000
4P Rds	1,760	5,280	8,800	17,600	30,800	44,000
4P Cabr	1,560	4,680	7,800	15,600	27,300	39,000
5P 4d Brgm	1,200	3,600	6,000	12,000	21,000	30,000
5P Sed	1,120	3,360	5,600	11,200	19,600	28,000
5P DeL Sed	1,160	3,480	5,800	11,600	20,300	29,000
1927 Model 6-B, 6-cyl., 55 hp, 117" wb						
5P Tr	1,200	3,600	6,000	12,000	21,000	30,000
4P Rds	1,360	4,080	6,800	13,600	23,800	34,000
4P Cabr	1,240	3,720	6,200	12,400	21,700	31,000
5P 4d Brgm	880	2,640	4,400	8,800	15,400	22,000
5P Sed	800	2,400	4,000	8,000	14,000	20,000
1927 Model 8-80, 8-cyl., 70 hp, 122" wb						
4P Rds	1,680	5,040	8,400	16,800	29,400	42,000
5P Sed	1,120	3,360	5,600	11,200	19,600	28,000
Vic Cpe	1,240	3,720	6,200	12,400	21,700	31,000
1927 Model 8-90, 8-cyl., 84 hp, 130" wb						
4P Rds	1,760	5,280	8,800	17,600	30,800	44,000
5P Sed	840	2,520	4,200	8,400	14,700	21,000
5P Brgm	920	2,760	4,600	9,200	16,100	23,000
5P Vic	920	2,760	4,600	9,200	16,100	23,000
1928 Model 8-75, 8-cyl., 65 hp, 122" wb						
4P Rds	1,720	5,160	8,600	17,200	30,100	43,000
Vic	1,240	3,720	6,200	12,400	21,700	31,000
Cpe	1,200	3,600	6,000	12,000	21,000	30,000
5P Clb Sed	1,160	3,480	5,800	11,600	20,300	29,000
5P Sed	1,080	3,240	5,400	10,800	18,900	27,000
1928 Model 8-85, 8-cyl., 74 hp, 125" wb						
4P Rds	1,760	5,280	8,800	17,600	30,800	44,000
5P Brgm	1,240	3,720	6,200	12,400	21,700	31,000
5P Sed	1,120	3,360	5,600	11,200	19,600	28,000
4P Cus Cpe	1,280	3,840	6,400	12,800	22,400	32,000
1928 Model 8-95, 8-cyl., 115 hp, 130" wb						
4P Rds	1,880	5,640	9,400	18,800	32,900	47,000
5P Brgm	1,280	3,840	6,400	12,800	22,400	32,000
5P Sed	1,160	3,480	5,800	11,600	20,300	29,000
4P Cus Cpe	1,320	3,960	6,600	13,200	23,100	33,000
1929-1930 Model 120, 8-cyl., 65 hp, 122" wb						
4P Rds	1,760	5,280	8,800	17,600	30,800	44,000
5P Spt Sed	1,280	3,840	6,400	12,800	22,400	32,000
4P Cpe	1,320	3,960	6,600	13,200	23,100	33,000
5P Sed	1,120	3,360	5,600	11,200	19,600	28,000
1929-1930 Model 125, 8-cyl., 85 hp, 125" wb						
4P Rds	1,880	5,640	9,400	18,800	32,900	47,000
4P Cabr	1,600	4,800	8,000	16,000	28,000	40,000
5P Brgm	1,240	3,720	6,200	12,400	21,700	31,000
5P Sed	1,160	3,480	5,800	11,600	20,300	29,000
4P Vic	1,200	3,600	6,000	12,000	21,000	30,000
Cpe	1,320	3,960	6,600	13,200	23,100	33,000
1929-1930 Model 130, 8-cyl., 115 hp, 130" wb						
4P Rds	1,840	5,520	9,200	18,400	32,200	46,000
4P Cpe	1,360	4,080	6,800	13,600	23,800	34,000
5P Brgm	1,280	3,840	6,400	12,800	22,400	32,000
5P Sed	1,240	3,720	6,200	12,400	21,700	31,000
5P Vic	1,360	4,080	6,800	13,600	23,800	34,000
1930 Model 136, 6-cyl., 70 hp, 122" wb						
Rds	1,800	5,400	9,000	18,000	31,500	45,000
5P Spt Phae	1,720	5,160	8,600	17,200	30,100	43,000
7P Spt Phae	1,760	5,280	8,800	17,600	30,800	44,000
Spt Sed	1,240	3,720	6,200	12,400	21,700	31,000
Cpe	1,360	4,080	6,800	13,600	23,800	34,000
Brgm	1,240	3,720	6,200	12,400	21,700	31,000
5P Sed	1,120	3,360	5,600	11,200	19,600	28,000
7P Sed	1,160	3,480	5,800	11,600	20,300	29,000
1930 Model 140, 8-cyl., 90 hp, 125" wb						
Rds	1,880	5,640	9,400	18,800	32,900	47,000
5P Spt Phae	1,760	5,280	8,800	17,600	30,800	44,000
7P Spt Phae	1,800	5,400	9,000	18,000	31,500	45,000
Spt Sed	1,320	3,960	6,600	13,200	23,100	33,000
Cpe	1,400	4,200	7,000	14,000	24,500	35,000
Brgm	1,280	3,840	6,400	12,800	22,400	32,000
5P Sed	1,160	3,480	5,800	11,600	20,300	29,000
7P Sed	1,200	3,600	6,000	12,000	21,000	30,000

	6	5	4	3	2	1
1930 Model 150, 8-cyl., 126 hp, 130" wb						
Rds	1,960	5,880	9,800	19,600	34,300	49,000
5P Spt Phae	1,880	5,640	9,400	18,800	32,900	47,000
7P Spt Phae	1,920	5,760	9,600	19,200	33,600	48,000
Spt Sed	1,360	4,080	6,800	13,600	23,800	34,000
Cpe	1,440	4,320	7,200	14,400	25,200	36,000
Brgm	1,320	3,960	6,600	13,200	23,100	33,000
5P Sed	1,200	3,600	6,000	12,000	21,000	30,000
7P Sed	1,240	3,720	6,200	12,400	21,700	31,000
1931 Model 136, 6-cyl., 70 hp, 122" wb						
Rds	1,840	5,520	9,200	18,400	32,200	46,000
Spt Sed	1,320	3,960	6,600	13,200	23,100	33,000
Cpe	1,360	4,080	6,800	13,600	23,800	34,000
Sed	1,200	3,600	6,000	12,000	21,000	30,000
1931 Model 148, 6-cyl., 100 hp, 125" wb						
Rds	1,880	5,640	9,400	18,800	32,900	47,000
Phae	1,840	5,520	9,200	18,400	32,200	46,000
Spt Sed	1,400	4,200	7,000	14,000	24,500	35,000
Cpe	1,440	4,320	7,200	14,400	25,200	36,000
Brgm	1,400	4,200	7,000	14,000	24,500	35,000
Sed	1,240	3,720	6,200	12,400	21,700	31,000
1931 Model 158, 8-cyl., 130 hp, 130" wb						
Rds	1,920	5,760	9,600	19,200	33,600	48,000
Cpe	1,480	4,440	7,400	14,800	25,900	37,000
Brgm	1,440	4,320	7,200	14,400	25,200	36,000
Sed	1,280	3,840	6,400	12,800	22,400	32,000

GRAHAM-PAIGE

1928 Model 610, 6-cyl., 111" wb						
Cpe	660	1,980	3,300	6,600	11,550	16,500
4d Sed	592	1,776	2,960	5,920	10,360	14,800
1928 Model 614, 6-cyl., 114" wb						
Cpe	680	2,040	3,400	6,800	11,900	17,000
4d Sed	600	1,800	3,000	6,000	10,500	15,000
1928 Model 619, 6-cyl., 119" wb						
Cpe	700	2,100	3,500	7,000	12,250	17,500
4d Sed	640	1,920	3,200	6,400	11,200	16,000
DeL Cpe	720	2,160	3,600	7,200	12,600	18,000
DeL 4d Sed	660	1,980	3,300	6,600	11,550	16,500
1928 Model 629, 6-cyl., 129" wb						
2P Cpe	720	2,160	3,600	7,200	12,600	18,000
5P Cpe	740	2,220	3,700	7,400	12,950	18,500
Cabr	1,120	3,360	5,600	11,200	19,600	28,000
5P 4d Sed	684	2,052	3,420	6,840	11,970	17,100
4d Twn Sed	648	1,944	3,240	6,480	11,340	16,200
7P 4d Sed	692	2,076	3,460	6,920	12,110	17,300
1928 Model 835, 8-cyl., 137" wb						
Cpe 2P	740	2,220	3,700	7,400	12,950	18,500
Cpe 5P	760	2,280	3,800	7,600	13,300	19,000
Cabr	1,200	3,600	6,000	12,000	21,000	30,000
5P 4d Sed	732	2,196	3,660	7,320	12,810	18,300
7P 4d Sed	736	2,208	3,680	7,360	12,880	18,400
4d Twn Sed	732	2,196	3,660	7,320	12,810	18,300
Limo	748	2,244	3,740	7,480	13,090	18,700
1929 Model 612, 6-cyl., 112" wb						
Rds	1,260	3,780	6,300	12,600	22,050	31,500
Tr	1,280	3,840	6,400	12,800	22,400	32,000
Cpe	680	2,040	3,400	6,800	11,900	17,000
Cabr	1,160	3,480	5,800	11,600	20,300	29,000
2d Sed	640	1,920	3,200	6,400	11,200	16,000
4d Sed	644	1,932	3,220	6,440	11,270	16,100
1929 Model 615, 6-cyl., 115" wb						
Rds	1,280	3,840	6,400	12,800	22,400	32,000
Tour	1,300	3,900	6,500	13,000	22,750	32,500
Cpe	720	2,160	3,600	7,200	12,600	18,000
Cabr	1,200	3,600	6,000	12,000	21,000	30,000
2d Sed	660	1,980	3,300	6,600	11,550	16,500
4d Sed	664	1,992	3,320	6,640	11,620	16,600
1929 Model 621, 6-cyl., 121" wb						
Rds	1,300	3,900	6,500	13,000	22,750	32,500
Tr	1,320	3,960	6,600	13,200	23,100	33,000
Cpe	700	2,100	3,500	7,000	12,250	17,500
Cabr	1,220	3,660	6,100	12,200	21,350	30,500
4d Sed	672	2,016	3,360	6,720	11,760	16,800

	6	5	4	3	2	1
1929 Model 827, 8-cyl., 127" wb						
Rds	1,480	4,440	7,400	14,800	25,900	37,000
Tr	1,520	4,560	7,600	15,200	26,600	38,000
Cpe	800	2,400	4,000	8,000	14,000	20,000
Cabr	1,400	4,200	7,000	14,000	24,500	35,000
4d Sed	720	2,160	3,600	7,200	12,600	18,000
1929 Model 837, 8-cyl., 137" wb						
Tr	1,680	5,040	8,400	16,800	29,400	42,000
Cpe	960	2,880	4,800	9,600	16,800	24,000
5P 4d Sed	880	2,640	4,400	8,800	15,400	22,000
7P 4d Sed	920	2,760	4,600	9,200	16,100	23,000
4d Twn Sed	960	2,880	4,800	9,600	16,800	24,000
Limo	1,040	3,120	5,200	10,400	18,200	26,000
LeB Limo	1,120	3,360	5,600	11,200	19,600	28,000
LeB Twn Car	1,160	3,480	5,800	11,600	20,300	29,000

GRAHAM

1930 Standard, 6-cyl., 115" wb						
Rds	1,600	4,800	8,000	16,000	28,000	40,000
Phae	1,560	4,680	7,800	15,600	27,300	39,000
Cabr	1,360	4,080	6,800	13,600	23,800	34,000
Cpe	760	2,280	3,800	7,600	13,300	19,000
DeL Cpe	800	2,400	4,000	8,000	14,000	20,000
2d Sed	668	2,004	3,340	6,680	11,690	16,700
4d Sed	672	2,016	3,360	6,720	11,760	16,800
4d DeL Sed	680	2,040	3,400	6,800	11,900	17,000
4d Twn Sed	680	2,040	3,400	6,800	11,900	17,000
DeL Twn Sed	688	2,064	3,440	6,880	12,040	17,200
1930 Special, 6-cyl., 115" wb						
Cpe	820	2,460	4,100	8,200	14,350	20,500
R/S Cpe	800	2,400	4,000	8,000	14,000	20,000
4d Sed	720	2,160	3,600	7,200	12,600	18,000
1930 Standard, 8-cyl., 122" and *134" wb						
Cpe	880	2,640	4,400	8,800	15,400	22,000
4d Sed	800	2,400	4,000	8,000	14,000	20,000
Conv Sed	1,640	4,920	8,200	16,400	28,700	41,000
*7P 4d Sed	840	2,520	4,200	8,400	14,700	21,000
1930 Special, 8-cyl., 122" and *134" wb						
Cpe	900	2,700	4,500	9,000	15,750	22,500
4d Sed	820	2,460	4,100	8,200	14,350	20,500
Conv Sed	1,760	5,280	8,800	17,600	30,800	44,000
*7P 4d Sed	880	2,640	4,400	8,800	15,400	22,000
1930 Custom, 8-cyl., 127" wb						
Rds	1,720	5,160	8,600	17,200	30,100	43,000
Phae	1,680	5,040	8,400	16,800	29,400	42,000
Cpe	960	2,880	4,800	9,600	16,800	24,000
Cabr	1,600	4,800	8,000	16,000	28,000	40,000
4d Sed	920	2,760	4,600	9,200	16,100	23,000
1930 Custom, 8-cyl., 137" wb						
Phae	1,800	5,400	9,000	18,000	31,500	45,000
5P 4d Sed	940	2,820	4,700	9,400	16,450	23,500
4d Twn Sed	960	2,880	4,800	9,600	16,800	24,000
7P 4d Sed	980	2,940	4,900	9,800	17,150	24,500
Limo	1,040	3,120	5,200	10,400	18,200	26,000
LeB Limo	1,120	3,360	5,600	11,200	19,600	28,000
LeB Twn Car	1,040	3,120	5,200	10,400	18,200	26,000
1931 Standard, 6-cyl., 115" wb						
Rds	1,560	4,680	7,800	15,600	27,300	39,000
Phae	1,520	4,560	7,600	15,200	26,600	38,000
Bus Cpe	760	2,280	3,800	7,600	13,300	19,000
Cpe	780	2,340	3,900	7,800	13,650	19,500
Spt Cpe	800	2,400	4,000	8,000	14,000	20,000
2d Sed	692	2,076	3,460	6,920	12,110	17,300
4d Twn Sed	696	2,088	3,480	6,960	12,180	17,400
4d Univ Sed	700	2,100	3,500	7,000	12,250	17,500
4d DeL Sed	708	2,124	3,540	7,080	12,390	17,700
4d DeL Twn Sed	720	2,160	3,600	7,200	12,600	18,000
1931 Special, 6-cyl., 115" wb						
Bus Cpe	764	2,292	3,820	7,640	13,370	19,100
Cpe	768	2,304	3,840	7,680	13,440	19,200
4d Sed	736	2,208	3,680	7,360	12,880	18,400
1931 Model 621, 6-cyl., 121" wb						
Rds	1,560	4,680	7,800	15,600	27,300	39,000
Phae	1,520	4,560	7,600	15,200	26,600	38,000
Vic	792	2,376	3,960	7,920	13,860	19,800

	6	5	4	3	2	1
Cpe	840	2,520	4,200	8,400	14,700	21,000
4d Sed	780	2,340	3,900	7,800	13,650	19,500
1931 Standard, 8-cyl., 122" and *134" wb						
Cpe	880	2,640	4,400	8,800	15,400	22,000
4d Sed	820	2,460	4,100	8,200	14,350	20,500
Conv Sed	1,600	4,800	8,000	16,000	28,000	40,000
7P 4d Sed	820	2,460	4,100	8,200	14,350	20,500
5P 4d Sed	820	2,460	4,100	8,200	14,350	20,500
*Limo	880	2,640	4,400	8,800	15,400	22,000
1931 Special 822, 8-cyl., 122" and *134" wb						
Cpe	920	2,760	4,600	9,200	16,100	23,000
4d Sed	840	2,520	4,200	8,400	14,700	21,000
Conv Sed	1,640	4,920	8,200	16,400	28,700	41,000
7P 4d Sed	880	2,640	4,400	8,800	15,400	22,000
5P 4d Sed	880	2,640	4,400	8,800	15,400	22,000
*Limo	920	2,760	4,600	9,200	16,100	23,000
1931 Custom, 8-cyl., 127" wb						
Rds	1,680	5,040	8,400	16,800	29,400	42,000
Phae	1,640	4,920	8,200	16,400	28,700	41,000
Vic	880	2,640	4,400	8,800	15,400	22,000
Cabr	1,560	4,680	7,800	15,600	27,300	39,000
4d Sed	860	2,580	4,300	8,600	15,050	21,500
1931 Custom, 8-cyl., 137" wb						
7P Phae	2,200	6,600	11,000	22,000	38,500	55,000
4d Sed	920	2,760	4,600	9,200	16,100	23,000
LeB Limo	1,080	3,240	5,400	10,800	18,900	27,000
1931 Prosperity, 6-cyl., 113" wb						
Cpe	760	2,280	3,800	7,600	13,300	19,000
Cpe 2-4	800	2,400	4,000	8,000	14,000	20,000
4d Sed	692	2,076	3,460	6,920	12,110	17,300
4d Twn Sed	700	2,100	3,500	7,000	12,250	17,500
1931 Standard, 6-cyl., 115" wb						
Rds	1,520	4,560	7,600	15,200	26,600	38,000
4d Sed	708	2,124	3,540	7,080	12,390	17,700
Bus Cpe	800	2,400	4,000	8,000	14,000	20,000
Cpe 2-4	840	2,520	4,200	8,400	14,700	21,000
4d Twn Sed	720	2,160	3,600	7,200	12,600	18,000
1931 Special, 6-cyl., 115" wb						
Bus Cpe	820	2,460	4,100	8,200	14,350	20,500
Cpe 2-4	860	2,580	4,300	8,600	15,050	21,500
4d Sed	720	2,160	3,600	7,200	12,600	18,000
4d Twn Sed	740	2,220	3,700	7,400	12,950	18,500
1931 Special 820, 8-cyl., 120" wb						
Bus Cpe	860	2,580	4,300	8,600	15,050	21,500
Cpe 2-4	880	2,640	4,400	8,800	15,400	22,000
4d Spt Sed	820	2,460	4,100	8,200	14,350	20,500
4d Sed	800	2,400	4,000	8,000	14,000	20,000
1931 Custom 834, 8-cyl., 134" wb						
4d Sed	860	2,580	4,300	8,600	15,050	21,500
7P 4d Sed	880	2,640	4,400	8,800	15,400	22,000
Limo	920	2,760	4,600	9,200	16,100	23,000
1932 Prosperity, 6-cyl., 113" wb						
Cpe	840	2,520	4,200	8,400	14,700	21,000
Cpe 2-4	880	2,640	4,400	8,800	15,400	22,000
4d Sed	732	2,196	3,660	7,320	12,810	18,300
4d Twn Sed	740	2,220	3,700	7,400	12,950	18,500
1932 Graham, 6-cyl., 113" wb						
Bus Cpe	880	2,640	4,400	8,800	15,400	22,000
Cpe 2-4	920	2,760	4,600	9,200	16,100	23,000
Cabr	1,160	3,480	5,800	11,600	20,300	29,000
4d Sed	760	2,280	3,800	7,600	13,300	19,000
1932 Standard, 6-cyl., 115" wb						
Rds	1,240	3,720	6,200	12,400	21,700	31,000
Bus Cpe	900	2,700	4,500	9,000	15,750	22,500
Cpe 2-4	940	2,820	4,700	9,400	16,450	23,500
4d Sed	800	2,400	4,000	8,000	14,000	20,000
4d Twn Sed	800	2,400	4,000	8,000	14,000	20,000
1932 Special, 6-cyl., 115" wb						
Rds	1,520	4,560	7,600	15,200	26,600	38,000
Bus Cpe	940	2,820	4,700	9,400	16,450	23,500
Cpe 2-4	960	2,880	4,800	9,600	16,800	24,000
4d Sed	760	2,280	3,800	7,600	13,300	19,000
4d Twn Sed	840	2,520	4,200	8,400	14,700	21,000
1932 Model 57, 8-cyl., 123" wb						
Cpe	960	2,880	4,800	9,600	16,800	24,000

1979 Ford Mustang Cobra hatchback

1994 Ford Mustang convertible

1955 Ford Thunderbird convertible

	6	5	4	3	2	1
Cpe 2-4	980	2,940	4,900	9,800	17,150	24,500
4d Sed	860	2,580	4,300	8,600	15,050	21,500
DeL Cpe	1,000	3,000	5,000	10,000	17,500	25,000
DeL Cpe 2-4	1,040	3,120	5,200	10,400	18,200	26,000
Conv Cpe	1,560	4,680	7,800	15,600	27,300	39,000
4d DeL Sed	880	2,640	4,400	8,800	15,400	22,000
1932 Special 820, 8-cyl., 120" wb						
Bus Cpe	1,020	3,060	5,100	10,200	17,850	25,500
Cpe 2-4	1,060	3,180	5,300	10,600	18,550	26,500
4d Spt Sed	900	2,700	4,500	9,000	15,750	22,500
4d Sed	888	2,664	4,440	8,880	15,540	22,200
1932 Special 822, 8-cyl., 122" wb						
4d Sed	920	2,760	4,600	9,200	16,100	23,000
Conv Sed	1,960	5,880	9,800	19,600	34,300	49,000
1932 Custom 834, 8-cyl., 134" wb						
4d Sed	1,080	3,240	5,400	10,800	18,900	27,000
7P 4d Sed	1,120	3,360	5,600	11,200	19,600	28,000
Limo	1,200	3,600	6,000	12,000	21,000	30,000
1933 Graham, 6-cyl., 113" wb						
4d Sed	724	2,172	3,620	7,240	12,670	18,100
4d Twn Sed	732	2,196	3,660	7,320	12,810	18,300
1933 Model 65, 6-cyl., 113" wb						
Bus Cpe	760	2,280	3,800	7,600	13,300	19,000
Cpe 2-4	780	2,340	3,900	7,800	13,650	19,500
Conv Cpe	1,280	3,840	6,400	12,800	22,400	32,000
4d Sed	736	2,208	3,680	7,360	12,880	18,400
1933 Graham, 6-cyl., 118" wb						
Bus Cpe	780	2,340	3,900	7,800	13,650	19,500
Cpe 2-4	800	2,400	4,000	8,000	14,000	20,000
Cabr	1,320	3,960	6,600	13,200	23,100	33,000
4d Sed	740	2,220	3,700	7,400	12,950	18,500
1933 Model 64, 8-cyl., 119" wb						
Bus Cpe	800	2,400	4,000	8,000	14,000	20,000
Cpe 2-4	820	2,460	4,100	8,200	14,350	20,500
Conv Cpe	1,360	4,080	6,800	13,600	23,800	34,000
4d Sed	748	2,244	3,740	7,480	13,090	18,700
1933 Model 57A, 8-cyl., 123" wb						
Cpe	820	2,460	4,100	8,200	14,350	20,500
Cpe 2-4	840	2,520	4,200	8,400	14,700	21,000
4d Sed	756	2,268	3,780	7,560	13,230	18,900
DeL Cpe	860	2,580	4,300	8,600	15,050	21,500
DeL Cpe 2-4	880	2,640	4,400	8,800	15,400	22,000
DeL Conv Cpe	1,440	4,320	7,200	14,400	25,200	36,000
4d DeL Sed	768	2,304	3,840	7,680	13,440	19,200
1933 Custom 57A, 8-cyl., 123" wb						
Cpe	880	2,640	4,400	8,800	15,400	22,000
Cpe 2-4	900	2,700	4,500	9,000	15,750	22,500
4d Sed	780	2,340	3,900	7,800	13,650	19,500
1934 Model 65, 6-cyl., 113" wb						
Cpe	780	2,340	3,900	7,800	13,650	19,500
Cpe 2-4	800	2,400	4,000	8,000	14,000	20,000
Conv Cpe	1,200	3,600	6,000	12,000	21,000	30,000
4d Sed	696	2,088	3,480	6,960	12,180	17,400
1934 Model 64, 6-cyl., 119" wb						
Cpe	780	2,340	3,900	7,800	13,650	19,500
Cpe 2-4	800	2,400	4,000	8,000	14,000	20,000
Conv Cpe	1,240	3,720	6,200	12,400	21,700	31,000
4d Sed	700	2,100	3,500	7,000	12,250	17,500
1934 Model 68, 6-cyl., 116" wb						
Bus Cpe	800	2,400	4,000	8,000	14,000	20,000
Cpe 2-4	820	2,460	4,100	8,200	14,350	20,500
Conv Cpe	1,360	4,080	6,800	13,600	23,800	34,000
4d Sed	704	2,112	3,520	7,040	12,320	17,600
4d Sed Trunk	708	2,124	3,540	7,080	12,390	17,700
1934 Model 67, 8-cyl., 123" wb						
Bus Cpe	820	2,460	4,100	8,200	14,350	20,500
Cpe 2-4	840	2,520	4,200	8,400	14,700	21,000
Conv Cpe	1,400	4,200	7,000	14,000	24,500	35,000
4d Sed	640	1,920	3,200	6,400	11,200	16,000
4d Sed Trunk	728	2,184	3,640	7,280	12,740	18,200
1934 Model 69, 8-cyl., 123" wb						
Bus Cpe	840	2,520	4,200	8,400	14,700	21,000
Cpe 2-4	860	2,580	4,300	8,600	15,050	21,500
Conv Cpe	1,440	4,320	7,200	14,400	25,200	36,000
4d Sed	728	2,184	3,640	7,280	12,740	18,200

	6	5	4	3	2	1
4d Sed Trunk	736	2,208	3,680	7,360	12,880	18,400
1934 Custom 8-71, 8-cyl., 138" wb						
7P 4d Sed	748	2,244	3,740	7,480	13,090	18,700
7P 4d Sed Trunk	760	2,280	3,800	7,600	13,300	19,000
1935 Model 74, 6-cyl., 111" wb						
2d Sed	688	2,064	3,440	6,880	12,040	17,200
4d Sed	692	2,076	3,460	6,920	12,110	17,300
2d DeL Sed	692	2,076	3,460	6,920	12,110	17,300
4d DeL Sed	696	2,088	3,480	6,960	12,180	17,400
1935 Model 68, 6-cyl., 116" wb						
Bus Cpe	780	2,340	3,900	7,800	13,650	19,500
Cpe 3-5	800	2,400	4,000	8,000	14,000	20,000
Conv Cpe	1,160	3,480	5,800	11,600	20,300	29,000
4d Sed	696	2,088	3,480	6,960	12,180	17,400
4d Sed Trunk	700	2,100	3,500	7,000	12,250	17,500
1935 Model 67, 8-cyl., 123" wb						
Cpe	800	2,400	4,000	8,000	14,000	20,000
Cpe 3-5	820	2,460	4,100	8,200	14,350	20,500
Conv Cpe	1,200	3,600	6,000	12,000	21,000	30,000
4d Sed	708	2,124	3,540	7,080	12,390	17,700
4d Sed Trunk	712	2,136	3,560	7,120	12,460	17,800
1935 Model 72, 8-cyl., 123" wb						
Cpe	800	2,400	4,000	8,000	14,000	20,000
Cpe 2-4	820	2,460	4,100	8,200	14,350	20,500
Conv Cpe	1,280	3,840	6,400	12,800	22,400	32,000
4d Sed	712	2,136	3,560	7,120	12,460	17,800
1935 Custom Model 69, Supercharged, 8-cyl., 123" wb						
Cpe	860	2,580	4,300	8,600	15,050	21,500
Cpe 3-5	880	2,640	4,400	8,800	15,400	22,000
Conv Cpe	1,320	3,960	6,600	13,200	23,100	33,000
4d Sed	800	2,400	4,000	8,000	14,000	20,000
4d Sed Trunk	808	2,424	4,040	8,080	14,140	20,200
1935 Model 75, Supercharged, 8-cyl., 123" wb						
Cpe	880	2,640	4,400	8,800	15,400	22,000
Cpe 2-4	920	2,760	4,600	9,200	16,100	23,000
Conv Cpe	1,400	4,200	7,000	14,000	24,500	35,000
4d Sed	840	2,520	4,200	8,400	14,700	21,000
1936 Crusader Model 80, 6-cyl., 111" wb						
2d Sed	684	2,052	3,420	6,840	11,970	17,100
2d Sed Trunk	688	2,064	3,440	6,880	12,040	17,200
4d Sed	688	2,064	3,440	6,880	12,040	17,200
4d Sed Trunk	692	2,076	3,460	6,920	12,110	17,300
1936 Cavalier Model 90, 6-cyl., 115" wb						
Bus Cpe	732	2,196	3,660	7,320	12,810	18,300
Cpe 2-4	740	2,220	3,700	7,400	12,950	18,500
2d Sed	688	2,064	3,440	6,880	12,040	17,200
2d Sed Trunk	692	2,076	3,460	6,920	12,110	17,300
4d Sed	688	2,064	3,440	6,880	12,040	17,200
4d Sed Trunk	696	2,088	3,480	6,960	12,180	17,400
1936 Model 110, Supercharged, 6-cyl., 115" wb						
Cpe	840	2,520	4,200	8,400	14,700	21,000
Cpe 2-4	860	2,580	4,300	8,600	15,050	21,500
2d Sed	780	2,340	3,900	7,800	13,650	19,500
2d Sed Trunk	784	2,352	3,920	7,840	13,720	19,600
4d Sed	780	2,340	3,900	7,800	13,650	19,500
4d Sed Trunk	784	2,352	3,920	7,840	13,720	19,600
4d Cus Sed	800	2,400	4,000	8,000	14,000	20,000
1937 Crusader, 6-cyl., 111" wb						
2d Sed	680	2,040	3,400	6,800	11,900	17,000
2d Sed Trunk	684	2,052	3,420	6,840	11,970	17,100
4d Sed	688	2,064	3,440	6,880	12,040	17,200
4d Sed Trunk	692	2,076	3,460	6,920	12,110	17,300
1937 Cavalier, 6-cyl., 116" wb						
Bus Cpe	800	2,400	4,000	8,000	14,000	20,000
Cpe 3-5	840	2,520	4,200	8,400	14,700	21,000
Conv Cpe	1,240	3,720	6,200	12,400	21,700	31,000
2d Sed	684	2,052	3,420	6,840	11,970	17,100
2d Sed Trunk	688	2,064	3,440	6,880	12,040	17,200
4d Sed	692	2,076	3,460	6,920	12,110	17,300
4d Sed Trunk	696	2,088	3,480	6,960	12,180	17,400
1937 Series 116, Supercharged, 6-cyl., 116" wb						
Bus Cpe	840	2,520	4,200	8,400	14,700	21,000
Cpe 3-5	852	2,556	4,260	8,520	14,910	21,300
Conv Cpe	1,360	4,080	6,800	13,600	23,800	34,000
2d Sed	780	2,340	3,900	7,800	13,650	19,500
2d Sed Trunk	784	2,352	3,920	7,840	13,720	19,600

	6	5	4	3	2	1
4d Sed	784	2,352	3,920	7,840	13,720	19,600
4d Sed Trunk	788	2,364	3,940	7,880	13,790	19,700
1937 Series 120, Custom Supercharged, 6-cyl., 116" and 120" wb						
Bus Cpe	848	2,544	4,240	8,480	14,840	21,200
Cpe 3-5	860	2,580	4,300	8,600	15,050	21,500
Conv Cpe	1,440	4,320	7,200	14,400	25,200	36,000
4d Sed	800	2,400	4,000	8,000	14,000	20,000
4d Sed Trunk	808	2,424	4,040	8,080	14,140	20,200
1938 Standard Model 96, 6-cyl., 120" wb						
4d Sed	668	2,004	3,340	6,680	11,690	16,700
1938 Special Model 96, 6-cyl., 120" wb						
4d Sed	680	2,040	3,400	6,800	11,900	17,000
1938 Model 97, Supercharged, 6-cyl., 120" wb						
4d Sed	700	2,100	3,500	7,000	12,250	17,500
1938 Custom Model 97, Supercharged, 6-cyl., 120" wb						
4d Sed	720	2,160	3,600	7,200	12,600	18,000
1939 Special Model 96, 6-cyl., 120" wb						
Cpe	760	2,280	3,800	7,600	13,300	19,000
2d Sed	708	2,124	3,540	7,080	12,390	17,700
4d Sed	712	2,136	3,560	7,120	12,460	17,800
1939 Custom Special 96, 6-cyl., 120" wb						
Cpe	780	2,340	3,900	7,800	13,650	19,500
2d Sed	712	2,136	3,560	7,120	12,460	17,800
4d Sed	716	2,148	3,580	7,160	12,530	17,900
1939 Model 97, Supercharged, 6-cyl., 120" wb						
Cpe	920	2,760	4,600	9,200	16,100	23,000
2d Sed	880	2,640	4,400	8,800	15,400	22,000
4d Sed	900	2,700	4,500	9,000	15,750	22,500
1939 Custom Model 97, Supercharged, 6-cyl., 120" wb						
Cpe	940	2,820	4,700	9,400	16,450	23,500
2d Sed	900	2,700	4,500	9,000	15,750	22,500
4d Sed	920	2,760	4,600	9,200	16,100	23,000
1940 DeLuxe Model 108, 6-cyl., 120" wb						
Cpe	760	2,280	3,800	7,600	13,300	19,000
2d Sed	716	2,148	3,580	7,160	12,530	17,900
4d Sed	720	2,160	3,600	7,200	12,600	18,000
1940 Custom Model 108, 6-cyl., 120" wb						
Cpe	780	2,340	3,900	7,800	13,650	19,500
2d Sed	720	2,160	3,600	7,200	12,600	18,000
4d Sed	728	2,184	3,640	7,280	12,740	18,200
1940 DeLuxe Model 107, Supercharged, 6-cyl., 120" wb						
Cpe	920	2,760	4,600	9,200	16,100	23,000
2d Sed	900	2,700	4,500	9,000	15,750	22,500
4d Sed	908	2,724	4,540	9,080	15,890	22,700
1940 Custom Model 107, Supercharged, 6-cyl., 120" wb						
Cpe	900	2,700	4,500	9,000	15,750	22,500
2d Sed	908	2,724	4,540	9,080	15,890	22,700
4d Sed	920	2,760	4,600	9,200	16,100	23,000
1941 Custom Hollywood Model 113, 6-cyl., 115" wb						
4d Sed	960	2,880	4,800	9,600	16,800	24,000
1941 Custom Hollywood Model 113, Supercharged, 6-cyl., 115" wb						
4d Sed	1,000	3,000	5,000	10,000	17,500	25,000

HUDSON

1909 Model 20, 4-cyl.						
2d Rds	1,400	4,200	7,000	14,000	24,500	35,000
1910 Model 20, 4-cyl.						
2d Rds	1,360	4,080	6,800	13,600	23,800	34,000
4d Tr	1,360	4,080	6,800	13,600	23,800	34,000
1911 Model 33, 4-cyl.						
2d Rds	1,360	4,080	6,800	13,600	23,800	34,000
2d Tor Rds	1,400	4,200	7,000	14,000	24,500	35,000
4d Pony Ton	1,440	4,320	7,200	14,400	25,200	36,000
4d Tr	1,480	4,440	7,400	14,800	25,900	37,000
1912 Model 33, 4-cyl.						
2d Rds	1,560	4,680	7,800	15,600	27,300	39,000
2d Tor Rds	1,600	4,800	8,000	16,000	28,000	40,000
4d Tr	1,680	5,040	8,400	16,800	29,400	42,000
2d Cpe	1,200	3,600	6,000	12,000	21,000	30,000
4d Limo	1,320	3,960	6,600	13,200	23,100	33,000
1913 Model 37, 4-cyl.						
2d Rds	1,440	4,320	7,200	14,400	25,200	36,000

	6	5	4	3	2	1
2d Tor Rds	1,480	4,440	7,400	14,800	25,900	37,000
4d Tr	1,520	4,560	7,600	15,200	26,600	38,000
2d Cpe	1,160	3,480	5,800	11,600	20,300	29,000
4d Limo	1,280	3,840	6,400	12,800	22,400	32,000
1913 Model 54, 6-cyl.						
2d 2P Rds	1,480	4,440	7,400	14,800	25,900	37,000
2d 5P Rds	1,520	4,560	7,600	15,200	26,600	38,000
2d Tor Rds	1,560	4,680	7,800	15,600	27,300	39,000
4d Tr	1,600	4,800	8,000	16,000	28,000	40,000
4d 7P Tr	1,640	4,920	8,200	16,400	28,700	41,000
2d Cpe	1,240	3,720	6,200	12,400	21,700	31,000
4d Limo	1,320	3,960	6,600	13,200	23,100	33,000
1914 Model 40, 6-cyl.						
2d Rbt	1,320	3,960	6,600	13,200	23,100	33,000
4d Tr	1,400	4,200	7,000	14,000	24,500	35,000
2d Cabr	1,360	4,080	6,800	13,600	23,800	34,000
1914 Model 54, 6-cyl.						
4d 7P Tr	1,440	4,320	7,200	14,400	25,200	36,000
1915 Model 40, 6-cyl.						
2d Rds	1,280	3,840	6,400	12,800	22,400	32,000
4d Phae	1,360	4,080	6,800	13,600	23,800	34,000
4d Tr	1,320	3,960	6,600	13,200	23,100	33,000
2d Cabr	1,320	3,960	6,600	13,200	23,100	33,000
2d Cpe	880	2,640	4,400	8,800	15,400	22,000
4d Limo	960	2,880	4,800	9,600	16,800	24,000
4d Lan Limo	1,000	3,000	5,000	10,000	17,500	25,000
1915 Model 54, 6-cyl.						
4d Phae	1,440	4,320	7,200	14,400	25,200	36,000
4d 7P Tr	1,400	4,200	7,000	14,000	24,500	35,000
4d Sed	920	2,760	4,600	9,200	16,100	23,000
4d Limo	1,040	3,120	5,200	10,400	18,200	26,000
1916 Super Six, 6-cyl.						
2d Rds	1,200	3,600	6,000	12,000	21,000	30,000
2d Cabr	1,240	3,720	6,200	12,400	21,700	31,000
4d Phae	1,280	3,840	6,400	12,800	22,400	32,000
4d Tr Sed	840	2,520	4,200	8,400	14,700	21,000
4d T&C	880	2,640	4,400	8,800	15,400	22,000
1916 Model 54, 6-cyl.						
4d 7P Phae	1,400	4,200	7,000	14,000	24,500	35,000
1917 Super Six, 6-cyl.						
2d Rds	1,120	3,360	5,600	11,200	19,600	28,000
2d Cabr	1,160	3,480	5,800	11,600	20,300	29,000
4d 7P Phae	1,200	3,600	6,000	12,000	21,000	30,000
4d Tr Sed	760	2,280	3,800	7,600	13,300	19,000
4d T&C	880	2,640	4,400	8,800	15,400	22,000
4d Twn Lan	840	2,520	4,200	8,400	14,700	21,000
4d Limo Lan	880	2,640	4,400	8,800	15,400	22,000
1918 Super Six, 6-cyl.						
2d Rds	1,040	3,120	5,200	10,400	18,200	26,000
2d Cabr	1,080	3,240	5,400	10,800	18,900	27,000
4d 4P Phae	1,080	3,240	5,400	10,800	18,900	27,000
4d 5P Phae	1,120	3,360	5,600	11,200	19,600	28,000
2d 4P Cpe	760	2,280	3,800	7,600	13,300	19,000
4d Tr Sed	800	2,400	4,000	8,000	14,000	20,000
4d Sed	800	2,400	4,000	8,000	14,000	20,000
4d Tr Limo	840	2,520	4,200	8,400	14,700	21,000
4d T&C	840	2,520	4,200	8,400	14,700	21,000
4d Limo	880	2,640	4,400	8,800	15,400	22,000
4d Twn Limo	880	2,640	4,400	8,800	15,400	22,000
4d Limo Lan	880	2,640	4,400	8,800	15,400	22,000
4d F F Lan	920	2,760	4,600	9,200	16,100	23,000
1919 Super Six Series O, 6-cyl.						
2d Cabr	920	2,760	4,600	9,200	16,100	23,000
4d 4P Phae	960	2,880	4,800	9,600	16,800	24,000
4d 7P Phae	1,000	3,000	5,000	10,000	17,500	25,000
2d 4P Cpe	640	1,920	3,200	6,400	11,200	16,000
4d Sed	600	1,800	3,000	6,000	10,500	15,000
4d Tr Limo	640	1,920	3,200	6,400	11,200	16,000
4d T&C	680	2,040	3,400	6,800	11,900	17,000
4d Twn Lan	680	2,040	3,400	6,800	11,900	17,000
4d Limo Lan	720	2,160	3,600	7,200	12,600	18,000
1920 Super Six Series 10-12, 6-cyl.						
4d 4P Phae	960	2,880	4,800	9,600	16,800	24,000
4d 7P Phae	1,000	3,000	5,000	10,000	17,500	25,000
2d Cabr	800	2,400	4,000	8,000	14,000	20,000
2d Cpe	600	1,800	3,000	6,000	10,500	15,000

	6	5	4	3	2	1
4d Sed	560	1,680	2,800	5,600	9,800	14,000
4d Tr Limo	640	1,920	3,200	6,400	11,200	16,000
4d Limo	680	2,040	3,400	6,800	11,900	17,000
1921 Super Six, 6-cyl.						
4d 4P Phae	960	2,880	4,800	9,600	16,800	24,000
4d 7P Phae	1,000	3,000	5,000	10,000	17,500	25,000
2d Cabr	800	2,400	4,000	8,000	14,000	20,000
2d 4P Cpe	560	1,680	2,800	5,600	9,800	14,000
4d Sed	520	1,560	2,600	5,200	9,100	13,000
4d Tr Limo	560	1,680	2,800	5,600	9,800	14,000
4d Limo	600	1,800	3,000	6,000	10,500	15,000
1922 Super Six, 6-cyl.						
2d Spds	960	2,880	4,800	9,600	16,800	24,000
4d Phae	920	2,760	4,600	9,200	16,100	23,000
2d Cabr	800	2,400	4,000	8,000	14,000	20,000
2d Cpe	540	1,620	2,700	5,400	9,450	13,500
2d Sed	340	1,020	1,700	3,400	5,950	8,500
4d Sed	340	1,020	1,700	3,400	5,950	8,500
4d Tr Limo	600	1,800	3,000	6,000	10,500	15,000
4d Limo	560	1,680	2,800	5,600	9,800	14,000
1923 Super Six, 6-cyl.						
2d Spds	960	2,880	4,800	9,600	16,800	24,000
4d Phae	920	2,760	4,600	9,200	16,100	23,000
2d Cpe	540	1,620	2,700	5,400	9,450	13,500
2d Sed	340	1,020	1,700	3,400	5,950	8,500
4d Sed	340	1,020	1,700	3,400	5,950	8,500
4d 7P Sed	520	1,560	2,600	5,200	9,100	13,000
1924 Super Six, 6-cyl.						
2d Spds	920	2,760	4,600	9,200	16,100	23,000
4d Phae	880	2,640	4,400	8,800	15,400	22,000
2d Sed	320	960	1,600	3,200	5,600	8,000
4d Sed	324	972	1,620	3,240	5,670	8,100
4d 7P Sed	340	1,020	1,700	3,400	5,950	8,500
1925 Super Six, 6-cyl.						
2d Spds	920	2,760	4,600	9,200	16,100	23,000
4d Phae	880	2,640	4,400	8,800	15,400	22,000
2d Sed	540	1,620	2,700	5,400	9,450	13,500
4d Brgm	560	1,680	2,800	5,600	9,800	14,000
4d Sed	540	1,620	2,700	5,400	9,450	13,500
4d 7P Sed	560	1,680	2,800	5,600	9,800	14,000
1926 Super Six, 6-cyl.						
4d Phae	960	2,880	4,800	9,600	16,800	24,000
2d Sed	560	1,680	2,800	5,600	9,800	14,000
4d Brgm	600	1,800	3,000	6,000	10,500	15,000
4d 7P Sed	580	1,740	2,900	5,800	10,150	14,500
1927 Standard Six, 6-cyl.						
4d Phae	960	2,880	4,800	9,600	16,800	24,000
2d Sed	548	1,644	2,740	5,480	9,590	13,700
2d Spl Sed	560	1,680	2,800	5,600	9,800	14,000
4d Brgm	580	1,740	2,900	5,800	10,150	14,500
4d 7P Sed	580	1,740	2,900	5,800	10,150	14,500
1927 Super Six						
2d Cus Rds	1,480	4,440	7,400	14,800	25,900	37,000
4d Cus Phae	1,520	4,560	7,600	15,200	26,600	38,000
2d Sed	600	1,800	3,000	6,000	10,500	15,000
4d Sed	640	1,920	3,200	6,400	11,200	16,000
4d Cus Brgm	800	2,400	4,000	8,000	14,000	20,000
4d Cus Sed	840	2,520	4,200	8,400	14,700	21,000
1928 First Series, 6-cyl., (Start June, 1927)						
2d Std Sed	540	1,620	2,700	5,400	9,450	13,500
4d Std Sed	548	1,644	2,740	5,480	9,590	13,700
2d Sed	560	1,680	2,800	5,600	9,800	14,000
4d Sed	580	1,740	2,900	5,800	10,150	14,500
2d Rds	960	2,880	4,800	9,600	16,800	24,000
4d Cus Phae	1,080	3,240	5,400	10,800	18,900	27,000
4d Cus Brgm	640	1,920	3,200	6,400	11,200	16,000
4d Cus Sed	680	2,040	3,400	6,800	11,900	17,000
1928 Second Series, 6-cyl., (Start Jan. 1928)						
2d Sed	560	1,680	2,800	5,600	9,800	14,000
4d Sed	580	1,740	2,900	5,800	10,150	14,500
2d RS Cpe	640	1,920	3,200	6,400	11,200	16,000
2d Rds	960	2,880	4,800	9,600	16,800	24,000
4d EWB Sed	580	1,740	2,900	5,800	10,150	14,500
4d Lan Sed	580	1,740	2,900	5,800	10,150	14,500
2d Vic	584	1,752	2,920	5,840	10,220	14,600
4d 7P Sed	600	1,800	3,000	6,000	10,500	15,000

	6	5	4	3	2	1
1929 Series Greater Hudson, 6-cyl., 122" wb						
2d RS Rds	1,560	4,680	7,800	15,600	27,300	39,000
4d Phae	1,640	4,920	8,200	16,400	28,700	41,000
2d Cpe	760	2,280	3,800	7,600	13,300	19,000
2d Sed	720	2,160	3,600	7,200	12,600	18,000
2d Conv	1,440	4,320	7,200	14,400	25,200	36,000
2d Vic	760	2,280	3,800	7,600	13,300	19,000
4d Sed	640	1,920	3,200	6,400	11,200	16,000
4d Twn Sed	660	1,980	3,300	6,600	11,550	16,500
4d Lan Sed	680	2,040	3,400	6,800	11,900	17,000
1929 Series Greater Hudson, 6-cyl., 139" wb						
4d Spt Sed	880	2,640	4,400	8,800	15,400	22,000
4d 7P Sed	960	2,880	4,800	9,600	16,800	24,000
4d Limo	1,040	3,120	5,200	10,400	18,200	26,000
4d DC Phae	1,960	5,880	9,800	19,600	34,300	49,000
1930 Great Eight, 8-cyl., 119" wb						
2d Rds	1,720	5,160	8,600	17,200	30,100	43,000
4d Phae	1,800	5,400	9,000	18,000	31,500	45,000
2d RS Cpe	960	2,880	4,800	9,600	16,800	24,000
2d Sed	760	2,280	3,800	7,600	13,300	19,000
4d Sed	780	2,340	3,900	7,800	13,650	19,500
4d Conv Sed	1,840	5,520	9,200	18,400	32,200	46,000
1930 Great Eight, 8-cyl., 126" wb						
4d Phae	1,920	5,760	9,600	19,200	33,600	48,000
4d Tr Sed	780	2,340	3,900	7,800	13,650	19,500
4d 7P Sed	800	2,400	4,000	8,000	14,000	20,000
4d Brgm	800	2,400	4,000	8,000	14,000	20,000
1931 Greater Eight, 8-cyl., 119" wb						
2d Rds	1,920	5,760	9,600	19,200	33,600	48,000
4d Phae	2,000	6,000	10,000	20,000	35,000	50,000
2d Cpe	720	2,160	3,600	7,200	12,600	18,000
2d Spl Cpe	820	2,460	4,100	8,200	14,350	20,500
2d RS Cpe	840	2,520	4,200	8,400	14,700	21,000
2d Sed	680	2,040	3,400	6,800	11,900	17,000
4d Sed	688	2,064	3,440	6,880	12,040	17,200
4d Twn Sed	720	2,160	3,600	7,200	12,600	18,000
1931 Great Eight, LWB, 8-cyl., 126" wb						
4d Spt Phae	2,080	6,240	10,400	20,800	36,400	52,000
4d Brgm	920	2,760	4,600	9,200	16,100	23,000
4d Fam Sed	920	2,760	4,600	9,200	16,100	23,000
4d 7P Sed	900	2,700	4,500	9,000	15,750	22,500
4d Clb Sed	900	2,700	4,500	9,000	15,750	22,500
4d Tr Sed	800	2,400	4,000	8,000	14,000	20,000
4d Spl Sed	820	2,460	4,100	8,200	14,350	20,500
1932 (Standard) Greater, 8-cyl., 119" wb						
2d 2P Cpe	700	2,100	3,500	7,000	12,250	17,500
2d 4P Cpe	720	2,160	3,600	7,200	12,600	18,000
2d Spl Cpe	760	2,280	3,800	7,600	13,300	19,000
2d Conv	1,400	4,200	7,000	14,000	24,500	35,000
2d Sed	680	2,040	3,400	6,800	11,900	17,000
4d 5P Sed	700	2,100	3,500	7,000	12,250	17,500
4d Twn Sed	704	2,112	3,520	7,040	12,320	17,600
1932 (Sterling) Series, 8-cyl., 132" wb						
4d Spl Sed	760	2,280	3,800	7,600	13,300	19,000
4d Sub	720	2,160	3,600	7,200	12,600	18,000
1932 Major Series, 8-cyl., 132" wb						
4d Phae	1,480	4,440	7,400	14,800	25,900	37,000
4d Tr Sed	760	2,280	3,800	7,600	13,300	19,000
4d Clb Sed	780	2,340	3,900	7,800	13,650	19,500
4d Brgm	820	2,460	4,100	8,200	14,350	20,500
4d 7P Sed	800	2,400	4,000	8,000	14,000	20,000
1933 Pacemaker Super Six, 6-cyl., 113" wb						
2d Conv	1,040	3,120	5,200	10,400	18,200	26,000
4d Phae	1,080	3,240	5,400	10,800	18,900	27,000
2d Bus Cpe	580	1,740	2,900	5,800	10,150	14,500
2d RS Cpe	620	1,860	3,100	6,200	10,850	15,500
2d Sed	520	1,560	2,600	5,200	9,100	13,000
4d Sed	540	1,620	2,700	5,400	9,450	13,500
1933 Pacemaker Standard, 8-cyl., 119" wb						
2d Conv	1,200	3,600	6,000	12,000	21,000	30,000
2d RS Cpe	580	1,740	2,900	5,800	10,150	14,500
2d Sed	540	1,620	2,700	5,400	9,450	13,500
4d Sed	620	1,860	3,100	6,200	10,850	15,500
1933 Pacemaker Major, 8-cyl., 132" wb						
4d Phae	1,280	3,840	6,400	12,800	22,400	32,000
4d Tr Sed	620	1,860	3,100	6,200	10,850	15,500

	6	5	4	3	2	1
4d Brgm	620	1,860	3,100	6,200	10,850	15,500
2d Clb Sed	640	1,920	3,200	6,400	11,200	16,000
4d 7P Sed	660	1,980	3,300	6,600	11,550	16,500
1934 Special, 8-cyl., 116" wb						
2d Conv	1,320	3,960	6,600	13,200	23,100	33,000
2d Bus Cpe	568	1,704	2,840	5,680	9,940	14,200
2d Cpe	580	1,740	2,900	5,800	10,150	14,500
2d RS Cpe	640	1,920	3,200	6,400	11,200	16,000
2d Comp Vic	588	1,764	2,940	5,880	10,290	14,700
2d Sed	580	1,740	2,900	5,800	10,150	14,500
4d Sed	560	1,680	2,800	5,600	9,800	14,000
4d Comp Sed	600	1,800	3,000	6,000	10,500	15,000
1934 DeLuxe Series, 8-cyl., 116" wb						
2d 2P Cpe	580	1,740	2,900	5,800	10,150	14,500
2d RS Cpe	620	1,860	3,100	6,200	10,850	15,500
2d Comp Vic	600	1,800	3,000	6,000	10,500	15,000
2d Sed	592	1,776	2,960	5,920	10,360	14,800
4d Sed	572	1,716	2,860	5,720	10,010	14,300
4d Comp Sed	584	1,752	2,920	5,840	10,220	14,600
1934 Challenger Series, 8-cyl., 116" wb						
2d 2P Cpe	584	1,752	2,920	5,840	10,220	14,600
2d RS Cpe	632	1,896	3,160	6,320	11,060	15,800
2d Conv	1,480	4,440	7,400	14,800	25,900	37,000
2d Sed	584	1,752	2,920	5,840	10,220	14,600
4d Sed	588	1,764	2,940	5,880	10,290	14,700
1934 Major Series, 8-cyl., 123" wb (Special)						
4d Tr Sed	640	1,920	3,200	6,400	11,200	16,000
4d Comp Trs	648	1,944	3,240	6,480	11,340	16,200
1934 (DeLuxe)						
4d Clb Sed	660	1,980	3,300	6,600	11,550	16,500
4d Brgm	648	1,944	3,240	6,480	11,340	16,200
4d Comp Clb Sed	644	1,932	3,220	6,440	11,270	16,100
1935 Big Six, 6-cyl., 116" wb						
2d Conv	1,360	4,080	6,800	13,600	23,800	34,000
2d Cpe	580	1,740	2,900	5,800	10,150	14,500
2d RS Cpe	560	1,680	2,800	5,600	9,800	14,000
4d Tr Brgm	560	1,680	2,800	5,600	9,800	14,000
2d Sed	540	1,620	2,700	5,400	9,450	13,500
4d Sed	560	1,680	2,800	5,600	9,800	14,000
4d Sub Sed	576	1,728	2,880	5,760	10,080	14,400
1935 Eight Special, 8-cyl., 117" wb						
2d Conv	1,400	4,200	7,000	14,000	24,500	35,000
2d Cpe	588	1,764	2,940	5,880	10,290	14,700
2d RS Cpe	620	1,860	3,100	6,200	10,850	15,500
4d Tr Brgm	568	1,704	2,840	5,680	9,940	14,200
2d Sed	564	1,692	2,820	5,640	9,870	14,100
4d Sed	584	1,752	2,920	5,840	10,220	14,600
4d Sub Sed	588	1,764	2,940	5,880	10,290	14,700
1935 Eight DeLuxe Eight Special, 8-cyl., 124" wb						
4d Brgm	584	1,752	2,920	5,840	10,220	14,600
4d Tr Brgm	588	1,764	2,940	5,880	10,290	14,700
4d Clb Sed	580	1,740	2,900	5,800	10,150	14,500
4d Sub Sed	584	1,752	2,920	5,840	10,220	14,600
1935 Eight DeLuxe, 8-cyl., 117" wb						
2d 2P Cpe	592	1,776	2,960	5,920	10,360	14,800
2d RS Cpe	624	1,872	3,120	6,240	10,920	15,600
2d Conv	1,440	4,320	7,200	14,400	25,200	36,000
4d Tr Brgm	572	1,716	2,860	5,720	10,010	14,300
2d Sed	568	1,704	2,840	5,680	9,940	14,200
4d Sed	588	1,764	2,940	5,880	10,290	14,700
4d Sub Sed	592	1,776	2,960	5,920	10,360	14,800
1935 Eight Custom, 8-cyl., 124" wb						
4d Brgm	588	1,764	2,940	5,880	10,290	14,700
4d Tr Brgm	592	1,776	2,960	5,920	10,360	14,800
4d Sed	580	1,740	2,900	5,800	10,150	14,500
Sub Sed	592	1,776	2,960	5,920	10,360	14,800
1935 Late Special, 8-cyl., 124" wb						
4d Brgm	568	1,704	2,840	5,680	9,940	14,200
4d Tr Brgm	572	1,716	2,860	5,720	10,010	14,300
4d Clb Sed	564	1,692	2,820	5,640	9,870	14,100
4d Sub Sed	592	1,776	2,960	5,920	10,360	14,800
1935 Late DeLuxe, 8-cyl., 124" wb						
4d Brgm	572	1,716	2,860	5,720	10,010	14,300
4d Tr Brgm	576	1,728	2,880	5,760	10,080	14,400
4d Clb Sed	568	1,704	2,840	5,680	9,940	14,200
4d Sub Sed	596	1,788	2,980	5,960	10,430	14,900

	6	5	4	3	2	1
1936 Custom Six, 6-cyl., 120" wb						
2d Conv	1,320	3,960	6,600	13,200	23,100	33,000
2d Cpe	580	1,740	2,900	5,800	10,150	14,500
2d RS Cpe	640	1,920	3,200	6,400	11,200	16,000
4d Brgm	560	1,680	2,800	5,600	9,800	14,000
4d Tr Brgm	564	1,692	2,820	5,640	9,870	14,100
4d Sed	560	1,680	2,800	5,600	9,800	14,000
4d Tr Sed	580	1,740	2,900	5,800	10,150	14,500
1936 DeLuxe Eight, Series 64, 8-cyl., 120" wb						
2d Conv	1,440	4,320	7,200	14,400	25,200	36,000
2d Cpe	588	1,764	2,940	5,880	10,290	14,700
2d RS Cpe	576	1,728	2,880	5,760	10,080	14,400
4d Brgm	568	1,704	2,840	5,680	9,940	14,200
4d Tr Brgm	572	1,716	2,860	5,720	10,010	14,300
1936 DeLuxe Eight, Series 66, 8-cyl., 127" wb						
4d Sed	588	1,764	2,940	5,880	10,290	14,700
4d Tr Sed	600	1,800	3,000	6,000	10,500	15,000
1936 Custom Eight, Series 65, 120" wb						
2d 2P Cpe	592	1,776	2,960	5,920	10,360	14,800
2d RS Cpe	620	1,860	3,100	6,200	10,850	15,500
2d Conv	1,440	4,320	7,200	14,400	25,200	36,000
4d Brgm	572	1,716	2,860	5,720	10,010	14,300
4d Tr Brgm	576	1,728	2,880	5,760	10,080	14,400
1936 Custom Eight, Series 67, 127" wb						
4d Sed	584	1,752	2,920	5,840	10,220	14,600
4d Tr Sed	588	1,764	2,940	5,880	10,290	14,700
1937 Custom Six, Series 73, 6-cyl., 122" wb						
2d Conv	1,400	4,200	7,000	14,000	24,500	35,000
2d Conv Brgm	1,440	4,320	7,200	14,400	25,200	36,000
2d Bus Cpe	580	1,740	2,900	5,800	10,150	14,500
2d 3P Cpe	600	1,800	3,000	6,000	10,500	15,000
2d Vic Cpe	620	1,860	3,100	6,200	10,850	15,500
2d Brgm	580	1,740	2,900	5,800	10,150	14,500
2d Tr Brgm	588	1,764	2,940	5,880	10,290	14,700
4d Sed	600	1,800	3,000	6,000	10,500	15,000
4d Tr Sed	604	1,812	3,020	6,040	10,570	15,100
1937 DeLuxe Eight, Series 74, 8-cyl., 122" wb						
2d Cpe	640	1,920	3,200	6,400	11,200	16,000
2d Vic Cpe	660	1,980	3,300	6,600	11,550	16,500
2d Conv	1,400	4,200	7,000	14,000	24,500	35,000
2d Brgm	664	1,992	3,320	6,640	11,620	16,600
2d Tr Brgm	668	2,004	3,340	6,680	11,690	16,700
4d Sed	668	2,004	3,340	6,680	11,690	16,700
4d Tr Sed	672	2,016	3,360	6,720	11,760	16,800
2d Conv Brgm	1,280	3,840	6,400	12,800	22,400	32,000
1937 DeLuxe Eight, Series 76, 8-cyl., 129" wb						
4d Sed	680	2,040	3,400	6,800	11,900	17,000
4d Tr Sed	700	2,100	3,500	7,000	12,250	17,500
1937 Custom Eight, Series 75, 8-cyl., 122" wb						
2d Cpe	640	1,920	3,200	6,400	11,200	16,000
2d Vic Cpe	648	1,944	3,240	6,480	11,340	16,200
2d Conv Cpe	1,440	4,320	7,200	14,400	25,200	36,000
2d Brgm	632	1,896	3,160	6,320	11,060	15,800
2d Tr Brgm	640	1,920	3,200	6,400	11,200	16,000
4d Sed	632	1,896	3,160	6,320	11,060	15,800
4d Tr Sed	636	1,908	3,180	6,360	11,130	15,900
2d Conv Brgm	1,480	4,440	7,400	14,800	25,900	37,000
1937 Custom Eight, Series 77, 8-cyl., 129" wb						
4d Sed	640	1,920	3,200	6,400	11,200	16,000
4d Tr Sed	648	1,944	3,240	6,480	11,340	16,200
1938 Standard Series 89, 6-cyl., 112" wb						
2d Conv	1,400	4,200	7,000	14,000	24,500	35,000
2d Conv Brgm	1,440	4,320	7,200	14,400	25,200	36,000
2d 3P Cpe	640	1,920	3,200	6,400	11,200	16,000
2d Vic Cpe	660	1,980	3,300	6,600	11,550	16,500
4d Brgm	616	1,848	3,080	6,160	10,780	15,400
4d Tr Brgm	620	1,860	3,100	6,200	10,850	15,500
4d Sed	624	1,872	3,120	6,240	10,920	15,600
4d Tr Sed	628	1,884	3,140	6,280	10,990	15,700
1938 Utility Series 89, 6-cyl., 112" wb						
2d Cpe	620	1,860	3,100	6,200	10,850	15,500
2d Sed	592	1,776	2,960	5,920	10,360	14,800
2d Tr Sed	596	1,788	2,980	5,960	10,430	14,900
1938 DeLuxe Series 89, 6-cyl., 112" wb						
2d Conv	1,360	4,080	6,800	13,600	23,800	34,000
2d Conv Brgm	1,400	4,200	7,000	14,000	24,500	35,000

	6	5	4	3	2	1
2d 3P Cpe	680	2,040	3,400	6,800	11,900	17,000
2d Vic Cpe	700	2,100	3,500	7,000	12,250	17,500
4d Brgm	640	1,920	3,200	6,400	11,200	16,000
4d Tr Brgm	648	1,944	3,240	6,480	11,340	16,200
4d Sed	652	1,956	3,260	6,520	11,410	16,300
4d Tr Sed	656	1,968	3,280	6,560	11,480	16,400
1938 Custom Series 83, 6-cyl., 122" wb						
2d Conv	1,400	4,200	7,000	14,000	24,500	35,000
2d Conv Brgm	1,440	4,320	7,200	14,400	25,200	36,000
2d 3P Cpe	700	2,100	3,500	7,000	12,250	17,500
2d Vic Cpe	720	2,160	3,600	7,200	12,600	18,000
4d Brgm	660	1,980	3,300	6,600	11,550	16,500
4d Tr Brgm	664	1,992	3,320	6,640	11,620	16,600
4d Sed	656	1,968	3,280	6,560	11,480	16,400
4d Tr Sed	660	1,980	3,300	6,600	11,550	16,500
1938 4d DeLuxe Series 84, 8-cyl., 122" wb						
2d Conv	1,400	4,200	7,000	14,000	24,500	35,000
2d Conv Brgm	1,440	4,320	7,200	14,400	25,200	36,000
2d 3P Cpe	720	2,160	3,600	7,200	12,600	18,000
2d Vic Cpe	740	2,220	3,700	7,400	12,950	18,500
4d Brgm	688	2,064	3,440	6,880	12,040	17,200
4d Tr Brgm	660	1,980	3,300	6,600	11,550	16,500
4d Tr Sed	640	1,920	3,200	6,400	11,200	16,000
1938 4d Custom Series 85, 8-cyl., 122" wb						
2d 3P Cpe	760	2,280	3,800	7,600	13,300	19,000
2d Vic Cpe	780	2,340	3,900	7,800	13,650	19,500
4d Brgm	720	2,160	3,600	7,200	12,600	18,000
4d Tr Brgm	740	2,220	3,700	7,400	12,950	18,500
4d Sed	700	2,100	3,500	7,000	12,250	17,500
4d Tr Sed	704	2,112	3,520	7,040	12,320	17,600
1938 Country Club Series 87, 8-cyl., 129" wb						
4d Sed	760	2,280	3,800	7,600	13,300	19,000
4d Tr Sed	768	2,304	3,840	7,680	13,440	19,200
1939 DeLuxe Series 112, 6-cyl., 112" wb						
2d Conv	1,360	4,080	6,800	13,600	23,800	34,000
2d Conv Brgm	656	1,968	3,280	6,560	11,480	16,400
2d Trav Cpe	640	1,920	3,200	6,400	11,200	16,000
2d Utl Cpe	660	1,980	3,300	6,600	11,550	16,500
2d 3P Cpe	668	2,004	3,340	6,680	11,690	16,700
2d Vic Cpe	680	2,040	3,400	6,800	11,900	17,000
2d Utl Sed	620	1,860	3,100	6,200	10,850	15,500
4d Tr Brgm	636	1,908	3,180	6,360	11,130	15,900
4d Tr Sed	640	1,920	3,200	6,400	11,200	16,000
4d Sta Wag	1,120	3,360	5,600	11,200	19,600	28,000
1939 4d Pacemaker Series 91, 6-cyl., 118" wb						
2d 3P Cpe	700	2,100	3,500	7,000	12,250	17,500
2d Vic Cpe	720	2,160	3,600	7,200	12,600	18,000
4d Tr Brgm	688	2,064	3,440	6,880	12,040	17,200
4d Tr Sed	680	2,040	3,400	6,800	11,900	17,000
1939 Series 92, 6-cyl., 118" wb						
2d Conv	1,440	4,320	7,200	14,400	25,200	36,000
2d Conv Brgm	1,480	4,440	7,400	14,800	25,900	37,000
2d 3P Cpe	760	2,280	3,800	7,600	13,300	19,000
2d Vic Cpe	780	2,340	3,900	7,800	13,650	19,500
4d Tr Brgm	740	2,220	3,700	7,400	12,950	18,500
4d Tr Sed	720	2,160	3,600	7,200	12,600	18,000
1939 Country Club Series 93, 6-cyl., 122" wb						
2d Conv	1,480	4,440	7,400	14,800	25,900	37,000
2d Conv Brgm	1,520	4,560	7,600	15,200	26,600	38,000
2d 3P Cpe	780	2,340	3,900	7,800	13,650	19,500
2d Vic Cpe	800	2,400	4,000	8,000	14,000	20,000
4d Tr Brgm	780	2,340	3,900	7,800	13,650	19,500
4d Tr Sed	760	2,280	3,800	7,600	13,300	19,000
1939 Big Boy Series 96, 6-cyl., 129" wb						
4d 6P Sed	800	2,400	4,000	8,000	14,000	20,000
4d 7P Sed	812	2,436	4,060	8,120	14,210	20,300
1939 Country Club Series 95, 8-cyl., 122" wb						
2d Conv	1,520	4,560	7,600	15,200	26,600	38,000
2d Conv Brgm	1,560	4,680	7,800	15,600	27,300	39,000
2d 3P Cpe	800	2,400	4,000	8,000	14,000	20,000
2d Vic Cpe	820	2,460	4,100	8,200	14,350	20,500
4d Tr Brgm	792	2,376	3,960	7,920	13,860	19,800
4d Tr Sed	780	2,340	3,900	7,800	13,650	19,500
1939 Custom Series 97, 8-cyl., 129" wb						
4d 5P Tr Sed	808	2,424	4,040	8,080	14,140	20,200
4d 7P Sed	820	2,460	4,100	8,200	14,350	20,500

	6	5	4	3	2	1
1940 Traveler Series 40-T, 6-cyl., 113" wb						
2d Cpe	648	1,944	3,240	6,480	11,340	16,200
2d Vic Cpe	656	1,968	3,280	6,560	11,480	16,400
2d Tr Sed	640	1,920	3,200	6,400	11,200	16,000
4d Tr Sed	644	1,932	3,220	6,440	11,270	16,100
1940 DeLuxe Series, 40-P, 6-cyl., 113" wb						
2d 6P Conv	1,200	3,600	6,000	12,000	21,000	30,000
2d Cpe	664	1,992	3,320	6,640	11,620	16,600
2d Vic Cpe	668	2,004	3,340	6,680	11,690	16,700
2d Tr Sed	648	1,944	3,240	6,480	11,340	16,200
4d Sed	652	1,956	3,260	6,520	11,410	16,300
1940 Super Series 41, 6-cyl., 118" wb						
2d 5P Conv	1,240	3,720	6,200	12,400	21,700	31,000
2d 6P Conv	1,280	3,840	6,400	12,800	22,400	32,000
2d Cpe	720	2,160	3,600	7,200	12,600	18,000
2d Vic Cpe	740	2,220	3,700	7,400	12,950	18,500
2d Tr Sed	640	1,920	3,200	6,400	11,200	16,000
4d Tr Sed	648	1,944	3,240	6,480	11,340	16,200
1940 Country Club Series 43, 6-cyl., 125" wb						
4d 6P Sed	680	2,040	3,400	6,800	11,900	17,000
4d 7P Sed	700	2,100	3,500	7,000	12,250	17,500
1940 Series 44, 8-cyl., 118" wb						
2d 5P Conv	1,280	3,840	6,400	12,800	22,400	32,000
2d 6P Conv	1,320	3,960	6,600	13,200	23,100	33,000
2d Cpe	800	2,400	4,000	8,000	14,000	20,000
2d Vic Cpe	820	2,460	4,100	8,200	14,350	20,500
2d Tr Sed	784	2,352	3,920	7,840	13,720	19,600
4d Tr Sed	788	2,364	3,940	7,880	13,790	19,700
1940 DeLuxe Series 45, 8-cyl., 118" wb						
2d Tr Sed	792	2,376	3,960	7,920	13,860	19,800
4d Tr Sed	796	2,388	3,980	7,960	13,930	19,900
1940 Country Club Eight Series 47, 8-cyl., 125" wb						
4d Tr Sed	804	2,412	4,020	8,040	14,070	20,100
4d 7P Sed	808	2,424	4,040	8,080	14,140	20,200
1940 Big Boy Series 48, 6-cyl., 125" wb						
4d C-A Sed	760	2,280	3,800	7,600	13,300	19,000
4d 7P Sed	768	2,304	3,840	7,680	13,440	19,200
1941 Utility Series 10-C, 6-cyl., 116" wb						
2d Cpe	660	1,980	3,300	6,600	11,550	16,500
2d Sed	620	1,860	3,100	6,200	10,850	15,500
1941 Traveler Series 10-T, 6-cyl., 116" wb						
2d Cpe	680	2,040	3,400	6,800	11,900	17,000
2d Clb Cpe	700	2,100	3,500	7,000	12,250	17,500
2d Sed	628	1,884	3,140	6,280	10,990	15,700
4d Sed	636	1,908	3,180	6,360	11,130	15,900
1941 DeLuxe Series 10-P, 6-cyl., 116" wb						
2d Conv	1,240	3,720	6,200	12,400	21,700	31,000
2d Cpe	720	2,160	3,600	7,200	12,600	18,000
2d Clb Cpe	740	2,220	3,700	7,400	12,950	18,500
2d Sed	644	1,932	3,220	6,440	11,270	16,100
4d Sed	648	1,944	3,240	6,480	11,340	16,200
1941 Super Series 11, 6-cyl., 121" wb						
2d Conv	1,320	3,960	6,600	13,200	23,100	33,000
2d Cpe	740	2,220	3,700	7,400	12,950	18,500
2d Clb Cpe	760	2,280	3,800	7,600	13,300	19,000
2d Sed	656	1,968	3,280	6,560	11,480	16,400
4d Sed	660	1,980	3,300	6,600	11,550	16,500
4d Sta Wag	1,240	3,720	6,200	12,400	21,700	31,000
1941 Commodore Series 12, 6-cyl., 121" wb						
2d Conv	1,360	4,080	6,800	13,600	23,800	34,000
2d Cpe	768	2,304	3,840	7,680	13,440	19,200
2d Clb Cpe	776	2,328	3,880	7,760	13,580	19,400
2d Sed	680	2,040	3,400	6,800	11,900	17,000
4d Sed	684	2,052	3,420	6,840	11,970	17,100
1941 Commodore Series 14, 8-cyl., 121" wb						
2d Conv	1,400	4,200	7,000	14,000	24,500	35,000
2d Cpe	780	2,340	3,900	7,800	13,650	19,500
2d Clb Cpe	788	2,364	3,940	7,880	13,790	19,700
2d Sed	744	2,232	3,720	7,440	13,020	18,600
4d Sed	748	2,244	3,740	7,480	13,090	18,700
4d Sta Wag	1,280	3,840	6,400	12,800	22,400	32,000
1941 Commodore Custom Series 15, 8-cyl., 121" wb						
2d Cpe	792	2,376	3,960	7,920	13,860	19,800
2d Clb Cpe	800	2,400	4,000	8,000	14,000	20,000

	6	5	4	3	2	1
1941 Commodore Custom Series 17, 8-cyl., 128" wb						
4d Sed	752	2,256	3,760	7,520	13,160	18,800
4d 7P Sed	760	2,280	3,800	7,600	13,300	19,000
1941 Big Boy Series 18, 6-cyl., 128" wb						
4d C-A Sed	732	2,196	3,660	7,320	12,810	18,300
4d 7P Sed	740	2,220	3,700	7,400	12,950	18,500
1942 Traveler Series 20-T, 6-cyl., 116" wb						
2d Cpe	660	1,980	3,300	6,600	11,550	16,500
2d Clb Cpe	668	2,004	3,340	6,680	11,690	16,700
2d Sed	624	1,872	3,120	6,240	10,920	15,600
4d Sed	628	1,884	3,140	6,280	10,990	15,700
1942 DeLuxe Series 20-P, 6-cyl., 116" wb						
2d Conv	1,280	3,840	6,400	12,800	22,400	32,000
2d Cpe	708	2,124	3,540	7,080	12,390	17,700
2d Clb Cpe	720	2,160	3,600	7,200	12,600	18,000
2d Sed	640	1,920	3,200	6,400	11,200	16,000
4d Sed	644	1,932	3,220	6,440	11,270	16,100
1942 Super Series 21, 6-cyl., 121" wb						
2d Conv	1,320	3,960	6,600	13,200	23,100	33,000
2d Cpe	720	2,160	3,600	7,200	12,600	18,000
2d Clb Cpe	728	2,184	3,640	7,280	12,740	18,200
2d Sed	664	1,992	3,320	6,640	11,620	16,600
4d Sed	668	2,004	3,340	6,680	11,690	16,700
4d Sta Wag	1,320	3,960	6,600	13,200	23,100	33,000
1942 Commodore Series 22, 6-cyl., 121" wb						
2d Conv	1,400	4,200	7,000	14,000	24,500	35,000
2d Cpe	740	2,220	3,700	7,400	12,950	18,500
2d Clb Cpe	760	2,280	3,800	7,600	13,300	19,000
2d Sed	660	1,980	3,300	6,600	11,550	16,500
4d Sed	664	1,992	3,320	6,640	11,620	16,600
1942 Commodore Series 24, 8-cyl., 121" wb						
2d Conv	1,440	4,320	7,200	14,400	25,200	36,000
2d Cpe	800	2,400	4,000	8,000	14,000	20,000
2d Clb Cpe	820	2,460	4,100	8,200	14,350	20,500
2d Sed	728	2,184	3,640	7,280	12,740	18,200
4d Sed	732	2,196	3,660	7,320	12,810	18,300
1942 Commodore Custom Series 25, 8-cyl., 121" wb						
2d Clb Cpe	824	2,472	4,120	8,240	14,420	20,600
1942 Commodore Series 27, 8-cyl., 128" wb						
4d Sed	740	2,220	3,700	7,400	12,950	18,500
1946-1947 Super Series, 6-cyl., 121" wb						
2d Cpe	716	2,148	3,580	7,160	12,530	17,900
2d Clb Cpe	720	2,160	3,600	7,200	12,600	18,000
2d Conv	1,160	3,480	5,800	11,600	20,300	29,000
2d Sed	632	1,896	3,160	6,320	11,060	15,800
4d Sed	636	1,908	3,180	6,360	11,130	15,900
1946-1947 Commodore Series, 6-cyl., 121" wb						
2d Clb Cpe	744	2,232	3,720	7,440	13,020	18,600
4d Sed	680	2,040	3,400	6,800	11,900	17,000
1946-1947 Super Series, 8-cyl., 121" wb						
2d Clb Cpe	748	2,244	3,740	7,480	13,090	18,700
4d Sed	688	2,064	3,440	6,880	12,040	17,200
1946-1947 Commodore Series, 8-cyl., 121" wb						
2d Clb Cpe	772	2,316	3,860	7,720	13,510	19,300
2d Conv	1,280	3,840	6,400	12,800	22,400	32,000
4d Sed	712	2,136	3,560	7,120	12,460	17,800
1948-1949 Super Series, 6-cyl., 124" wb						
2d Cpe	720	2,160	3,600	7,200	12,600	18,000
2d Clb Cpe	732	2,196	3,660	7,320	12,810	18,300
2d Conv	1,440	4,320	7,200	14,400	25,200	36,000
2d Sed	644	1,932	3,220	6,440	11,270	16,100
4d Sed	640	1,920	3,200	6,400	11,200	16,000
1948-1949 Commodore Series, 6-cyl., 124" wb						
2d Clb Cpe	760	2,280	3,800	7,600	13,300	19,000
2d Conv	1,600	4,800	8,000	16,000	28,000	40,000
4d Sed	700	2,100	3,500	7,000	12,250	17,500
1948-1949 Super Series, 8-cyl., 124" wb						
2d Clb Cpe	780	2,340	3,900	7,800	13,650	19,500
2d Sed (1949 only)	704	2,112	3,520	7,040	12,320	17,600
4d Sed	700	2,100	3,500	7,000	12,250	17,500
1948-1949 Commodore Series, 8-cyl., 124" wb						
2d Clb Cpe	800	2,400	4,000	8,000	14,000	20,000
2d Conv	1,680	5,040	8,400	16,800	29,400	42,000
4d Sed	740	2,220	3,700	7,400	12,950	18,500

1970 Ford Thunderbird landau four-door hardtop

1991 Ford Thunderbird hardtop

1925 Franklin Model 10-C rumble seat coupe

	6	5	4	3	2	1
1950 Pacemaker Series 500, 6-cyl., 119" wb						
2d Bus Cpe	680	2,040	3,400	6,800	11,900	17,000
2d Clb Cpe	720	2,160	3,600	7,200	12,600	18,000
2d Conv	1,560	4,680	7,800	15,600	27,300	39,000
2d Sed	648	1,944	3,240	6,480	11,340	16,200
4d Sed	652	1,956	3,260	6,520	11,410	16,300
1950 DeLuxe Series 50A, 6-cyl., 119" wb						
2d Clb Cpe	768	2,304	3,840	7,680	13,440	19,200
2d Conv	1,600	4,800	8,000	16,000	28,000	40,000
2d Sed	660	1,980	3,300	6,600	11,550	16,500
4d Sed	664	1,992	3,320	6,640	11,620	16,600
1950 Super Six Series 501, 6-cyl., 124" wb						
2d Clb Cpe	780	2,340	3,900	7,800	13,650	19,500
2d Conv	1,640	4,920	8,200	16,400	28,700	41,000
2d Sed	684	2,052	3,420	6,840	11,970	17,100
4d Sed	688	2,064	3,440	6,880	12,040	17,200
1950 Commodore Series 502, 6-cyl., 124" wb						
2d Clb Cpe	800	2,400	4,000	8,000	14,000	20,000
2d Conv	1,680	5,040	8,400	16,800	29,400	42,000
4d Sed	720	2,160	3,600	7,200	12,600	18,000
1950 Super Series 503, 8-cyl., 124" wb						
2d Sed	720	2,160	3,600	7,200	12,600	18,000
2d Clb Cpe	820	2,460	4,100	8,200	14,350	20,500
4d Sed	708	2,124	3,540	7,080	12,390	17,700
1950 Commodore Series 504, 8-cyl., 124" wb						
2d Clb Cpe	840	2,520	4,200	8,400	14,700	21,000
2d Conv	1,760	5,280	8,800	17,600	30,800	44,000
4d Sed	720	2,160	3,600	7,200	12,600	18,000
1951 Pacemaker Custom Series 4A, 6-cyl., 119" wb						
2d Cpe	740	2,220	3,700	7,400	12,950	18,500
2d Clb Cpe	780	2,340	3,900	7,800	13,650	19,500
2d Conv	1,560	4,680	7,800	15,600	27,300	39,000
2d Sed	684	2,052	3,420	6,840	11,970	17,100
4d Sed	680	2,040	3,400	6,800	11,900	17,000
1951 Super Custom Series 5A, 6-cyl., 124" wb						
2d Clb Cpe	800	2,400	4,000	8,000	14,000	20,000
2d Hlywd HT	920	2,760	4,600	9,200	16,100	23,000
2d Conv	1,600	4,800	8,000	16,000	28,000	40,000
2d Sed	700	2,100	3,500	7,000	12,250	17,500
4d Sed	708	2,124	3,540	7,080	12,390	17,700
1951 Commodore Custom Series 6A, 6-cyl., 124" wb						
2d Clb Cpe	820	2,460	4,100	8,200	14,350	20,500
2d Hlywd HT	960	2,880	4,800	9,600	16,800	24,000
2d Conv	1,640	4,920	8,200	16,400	28,700	41,000
4d Sed	784	2,352	3,920	7,840	13,720	19,600
1951 Hornet Series 7A, 6-cyl., 124" wb						
2d Clb Cpe	840	2,520	4,200	8,400	14,700	21,000
2d Hlywd HT	1,000	3,000	5,000	10,000	17,500	25,000
2d Conv	1,720	5,160	8,600	17,200	30,100	43,000
4d Sed	804	2,412	4,020	8,040	14,070	20,100
1951 Commodore Custom Series 8A, 8-cyl., 124" wb						
2d Clb Cpe	860	2,580	4,300	8,600	15,050	21,500
2d Hlywd HT	1,040	3,120	5,200	10,400	18,200	26,000
2d Conv	1,760	5,280	8,800	17,600	30,800	44,000
4d Sed	824	2,472	4,120	8,240	14,420	20,600
1952 Pacemaker Series 4B, 6-cyl., 119" wb						
2d Cpe	748	2,244	3,740	7,480	13,090	18,700
2d Clb Cpe	752	2,256	3,760	7,520	13,160	18,800
2d Sed	700	2,100	3,500	7,000	12,250	17,500
4d Sed	704	2,112	3,520	7,040	12,320	17,600
1952 Wasp Series 5B, 6-cyl., 119" wb						
2d Clb Cpe	760	2,280	3,800	7,600	13,300	19,000
2d Hlywd HT	840	2,520	4,200	8,400	14,700	21,000
2d Conv	1,560	4,680	7,800	15,600	27,300	39,000
2d Sed	704	2,112	3,520	7,040	12,320	17,600
4d Sed	708	2,124	3,540	7,080	12,390	17,700
1952 Commodore Series 6B, 6-cyl., 124" wb						
2d Clb Cpe	764	2,292	3,820	7,640	13,370	19,100
2d Hlywd HT	880	2,640	4,400	8,800	15,400	22,000
2d Conv	1,600	4,800	8,000	16,000	28,000	40,000
4d Sed	720	2,160	3,600	7,200	12,600	18,000
1952 Hornet Series 7B, 6-cyl., 124" wb						
2d Clb Cpe	772	2,316	3,860	7,720	13,510	19,300
2d Hlywd HT	920	2,760	4,600	9,200	16,100	23,000
2d Conv	1,640	4,920	8,200	16,400	28,700	41,000

	6	5	4	3	2	1
4d Sed	724	2,172	3,620	7,240	12,670	18,100
1952 Commodore Series 8B, 8-cyl., 124" wb						
2d Clb Cpe	776	2,328	3,880	7,760	13,580	19,400
2d Hlywd HT	960	2,880	4,800	9,600	16,800	24,000
2d Conv	1,680	5,040	8,400	16,800	29,400	42,000
4d Sed	724	2,172	3,620	7,240	12,670	18,100
1953 Jet Series 1C, 6-cyl., 105" wb						
4d Sed	640	1,920	3,200	6,400	11,200	16,000
1953 Super Jet Series 2C, 6-cyl., 105" wb						
2d Clb Sed	660	1,980	3,300	6,600	11,550	16,500
4d Sed	664	1,992	3,320	6,640	11,620	16,600
1953 Wasp Series 4C, 6-cyl., 119" wb						
2d Clb Cpe	712	2,136	3,560	7,120	12,460	17,800
2d Sed	660	1,980	3,300	6,600	11,550	16,500
4d Sed	664	1,992	3,320	6,640	11,620	16,600
1953 Super Wasp Series 5C, 6-cyl., 119" wb						
2d Clb Cpe	720	2,160	3,600	7,200	12,600	18,000
2d Hlywd HT	840	2,520	4,200	8,400	14,700	21,000
2d Conv	1,560	4,680	7,800	15,600	27,300	39,000
2d Sed	664	1,992	3,320	6,640	11,620	16,600
4d Sed	668	2,004	3,340	6,680	11,690	16,700
1953 Hornet Series 7C, 6-cyl., 124" wb						
2d Clb Cpe	760	2,280	3,800	7,600	13,300	19,000
2d Hlywd HT	904	2,712	4,520	9,040	15,820	22,600
2d Conv	1,680	5,040	8,400	16,800	29,400	42,000
4d Sed	720	2,160	3,600	7,200	12,600	18,000
1954 Jet Series 1D, 6-cyl., 105" wb						
2d Utl Sed	640	1,920	3,200	6,400	11,200	16,000
2d Clb Sed	660	1,980	3,300	6,600	11,550	16,500
4d Sed	656	1,968	3,280	6,560	11,480	16,400
1954 Super Jet Series 2D, 6-cyl., 105" wb						
2d Clb Sed	680	2,040	3,400	6,800	11,900	17,000
4d Sed	676	2,028	3,380	6,760	11,830	16,900
1954 Jet Liner Series 3D, 6-cyl., 105" wb						
2d Clb Sed	688	2,064	3,440	6,880	12,040	17,200
4d Sed	684	2,052	3,420	6,840	11,970	17,100
1954 Wasp Series 4D, 6-cyl., 119" wb						
2d Clb Cpe	700	2,100	3,500	7,000	12,250	17,500
2d Clb Sed	652	1,956	3,260	6,520	11,410	16,300
4d Sed	656	1,968	3,280	6,560	11,480	16,400
1954 Super Wasp Series 5D, 6-cyl., 119" wb						
2d Clb Cpe	708	2,124	3,540	7,080	12,390	17,700
2d Hlywd HT	800	2,400	4,000	8,000	14,000	20,000
2d Conv	1,600	4,800	8,000	16,000	28,000	40,000
2d Clb Sed	664	1,992	3,320	6,640	11,620	16,600
4d Sed	660	1,980	3,300	6,600	11,550	16,500
1954 Hornet Special Series 6D, 6-cyl., 124" wb						
2d Clb Cpe	760	2,280	3,800	7,600	13,300	19,000
2d Clb Sed	684	2,052	3,420	6,840	11,970	17,100
4d Sed	696	2,088	3,480	6,960	12,180	17,400
1954 Hornet Series 7D, 6-cyl., 124" wb						
2d Clb Cpe	800	2,400	4,000	8,000	14,000	20,000
2d Hlywd HT	880	2,640	4,400	8,800	15,400	22,000
2d Brgm Conv	1,720	5,160	8,600	17,200	30,100	43,000
4d Sed	704	2,112	3,520	7,040	12,320	17,600
1954 Italia, 6-cyl.						
2d	1,440	4,320	7,200	14,400	25,200	36,000
1955 Super Wasp, 6-cyl., 114" wb						
4d Sed	620	1,860	3,100	6,200	10,850	15,500
1955 Custom Wasp, 6-cyl., 114" wb						
2d Hlywd HT	800	2,400	4,000	8,000	14,000	20,000
4d Sed	624	1,872	3,120	6,240	10,920	15,600
1955 Hornet Super, 6-cyl., 121" wb						
4d Sed	640	1,920	3,200	6,400	11,200	16,000
1955 Hornet Custom, 6-cyl., 121" wb						
2d Hlywd HT	840	2,520	4,200	8,400	14,700	21,000
4d Sed	660	1,980	3,300	6,600	11,550	16,500
1955 Italia, 6-cyl.						
2d Cpe	1,440	4,320	7,200	14,400	25,200	36,000

NOTE: Add 5 percent for V-8.

For Hudson Rambler prices see AMC.

1956 Super Wasp, 6-cyl., 114" wb						
4d Sed	600	1,800	3,000	6,000	10,500	15,000

	6	5	4	3	2	1
1956 Super Hornet, 6-cyl., 121" wb						
4d Sed	640	1,920	3,200	6,400	11,200	16,000
1956 Custom Hornet, 6-cyl., 121" wb						
2d Hlywd HT	880	2,640	4,400	8,800	15,400	22,000
4d Sed	680	2,040	3,400	6,800	11,900	17,000
1956 Hornet Super Special, 8-cyl., 114" wb						
2d Hlywd HT	920	2,760	4,600	9,200	16,100	23,000
4d Sed	688	2,064	3,440	6,880	12,040	17,200
1956 Hornet Custom, 8-cyl., 121" wb						
2d Hlywd HT	960	2,880	4,800	9,600	16,800	24,000
4d Sed	700	2,100	3,500	7,000	12,250	17,500
NOTE: For Hudson Rambler prices see AMC.						
1957 Hornet Super, 8-cyl., 121" wb						
2d Hlywd HT	920	2,760	4,600	9,200	16,100	23,000
4d Sed	740	2,220	3,700	7,400	12,950	18,500
1957 Hornet Custom, 8-cyl., 121" wb						
2d Hlywd HT	960	2,880	4,800	9,600	16,800	24,000
4d Sed	780	2,340	3,900	7,800	13,650	19,500
NOTE: For Hudson Rambler prices see AMC.						

ESSEX

1919 Model A, 4-cyl.						
2d Rds	680	2,040	3,400	6,800	11,900	17,000
4d Tr	660	1,980	3,300	6,600	11,550	16,500
4d Sed	600	1,800	3,000	6,000	10,500	15,000
1920 4-cyl.						
2d Rds	680	2,040	3,400	6,800	11,900	17,000
4d Tr	660	1,980	3,300	6,600	11,550	16,500
4d Sed	600	1,800	3,000	6,000	10,500	15,000
1921 4-cyl.						
2d Rds	700	2,100	3,500	7,000	12,250	17,500
4d Tr	640	1,920	3,200	6,400	11,200	16,000
2d Cabr	680	2,040	3,400	6,800	11,900	17,000
2d Sed	540	1,620	2,700	5,400	9,450	13,500
4d Sed	544	1,632	2,720	5,440	9,520	13,600
1922 4-cyl.						
4d Tr	640	1,920	3,200	6,400	11,200	16,000
2d Cabr	680	2,040	3,400	6,800	11,900	17,000
2d Sed	540	1,620	2,700	5,400	9,450	13,500
4d Sed	544	1,632	2,720	5,440	9,520	13,600
1923 4-cyl.						
2d Cabr	680	2,040	3,400	6,800	11,900	17,000
4d Phae	640	1,920	3,200	6,400	11,200	16,000
2d Sed	520	1,560	2,600	5,200	9,100	13,000
1924 Six, 6-cyl.						
4d Tr	680	2,040	3,400	6,800	11,900	17,000
2d Sed	520	1,560	2,600	5,200	9,100	13,000
1925 Six, 6-cyl.						
4d Tr	680	2,040	3,400	6,800	11,900	17,000
2d Sed	432	1,296	2,160	4,320	7,560	10,800
1926 Six, 6-cyl.						
4d Tr	680	2,040	3,400	6,800	11,900	17,000
2d Sed	540	1,620	2,700	5,400	9,450	13,500
4d Sed	544	1,632	2,720	5,440	9,520	13,600
1927 Six, 6-cyl.						
4d Tr	760	2,280	3,800	7,600	13,300	19,000
2d Sed	400	1,200	2,000	4,000	7,000	10,000
4d Sed	408	1,224	2,040	4,080	7,140	10,200
1927 Super Six, 6-cyl.						
2d BT Spds	1,080	3,240	5,400	10,800	18,900	27,000
4d Tr	760	2,280	3,800	7,600	13,300	19,000
2d 4P Spds	920	2,760	4,600	9,200	16,100	23,000
2d Cpe	540	1,620	2,700	5,400	9,450	13,500
2d Sed	420	1,260	2,100	4,200	7,350	10,500
4d Sed	424	1,272	2,120	4,240	7,420	10,600
4d DeL Sed	520	1,560	2,600	5,200	9,100	13,000
1928 First Series, 6-cyl.						
2d BT Spds	960	2,880	4,800	9,600	16,800	24,000
2d 4P Spds	920	2,760	4,600	9,200	16,100	23,000
2d Cpe	536	1,608	2,680	5,360	9,380	13,400
2d Sed	424	1,272	2,120	4,240	7,420	10,600
4d Sed	432	1,296	2,160	4,320	7,560	10,800

	6	5	4	3	2	1
1928 Second Series, 6-cyl.						
2d Spt Rds	1,000	3,000	5,000	10,000	17,500	25,000
4d Phae	960	2,880	4,800	9,600	16,800	24,000
2d 2P Cpe	560	1,680	2,800	5,600	9,800	14,000
2d RS Cpe	568	1,704	2,840	5,680	9,940	14,200
2d Sed	424	1,272	2,120	4,240	7,420	10,600
4d Sed	432	1,296	2,160	4,320	7,560	10,800
1929 Challenger Series, 6-cyl.						
2d Rds	1,320	3,960	6,600	13,200	23,100	33,000
2d Phae	1,280	3,840	6,400	12,800	22,400	32,000
2d 2P Cpe	548	1,644	2,740	5,480	9,590	13,700
2d 4P Cpe	556	1,668	2,780	5,560	9,730	13,900
2d Sed	436	1,308	2,180	4,360	7,630	10,900
4d Sed	536	1,608	2,680	5,360	9,380	13,400
2d RS Rds	1,360	4,080	6,800	13,600	23,800	34,000
4d Phae	1,320	3,960	6,600	13,200	23,100	33,000
2d Conv	1,240	3,720	6,200	12,400	21,700	31,000
2d RS Cpe	560	1,680	2,800	5,600	9,800	14,000
4d Twn Sed	564	1,692	2,820	5,640	9,870	14,100
4d DeL Sed	572	1,716	2,860	5,720	10,010	14,300
1930 First Series, Standard, 6-cyl.						
2d Rds	1,480	4,440	7,400	14,800	25,900	37,000
2d Conv	1,320	3,960	6,600	13,200	23,100	33,000
4d Phae	1,360	4,080	6,800	13,600	23,800	34,000
2d 2P Cpe	536	1,608	2,680	5,360	9,380	13,400
2d RS Cpe	560	1,680	2,800	5,600	9,800	14,000
2d Sed	528	1,584	2,640	5,280	9,240	13,200
4d Std Sed	532	1,596	2,660	5,320	9,310	13,300
4d Twn Sed	536	1,608	2,680	5,360	9,380	13,400
1930 Second Series, Standard, 6-cyl.						
2d RS Rds	1,560	4,680	7,800	15,600	27,300	39,000
4d Phae	1,520	4,560	7,600	15,200	26,600	38,000
4d Sun Sed	680	2,040	3,400	6,800	11,900	17,000
4d Tr	1,440	4,320	7,200	14,400	25,200	36,000
2d 2P Cpe	536	1,608	2,680	5,360	9,380	13,400
2d RS Cpe	576	1,728	2,880	5,760	10,080	14,400
2d Sed	400	1,200	2,000	4,000	7,000	10,000
4d Sed	404	1,212	2,020	4,040	7,070	10,100
4d Twn Sed	520	1,560	2,600	5,200	9,100	13,000
4d DeL Sed	536	1,608	2,680	5,360	9,380	13,400
4d Brgm	560	1,680	2,800	5,600	9,800	14,000
1931 Standard, 6-cyl.						
2d BT Rds	2,040	6,120	10,200	20,400	35,700	51,000
4d Phae	1,400	4,200	7,000	14,000	24,500	35,000
2d RS Cpe	640	1,920	3,200	6,400	11,200	16,000
2d 2P Cpe	600	1,800	3,000	6,000	10,500	15,000
4d Sed	536	1,608	2,680	5,360	9,380	13,400
2d Sed	532	1,596	2,660	5,320	9,310	13,300
4d Tr Sed	540	1,620	2,700	5,400	9,450	13,500
1932 Pacemaker, 6-cyl.						
2d Conv	1,280	3,840	6,400	12,800	22,400	32,000
4d Phae	1,360	4,080	6,800	13,600	23,800	34,000
2d 2P Cpe	640	1,920	3,200	6,400	11,200	16,000
2d RS Cpe	716	2,148	3,580	7,160	12,530	17,900
2d Sed	616	1,848	3,080	6,160	10,780	15,400
4d Sed	620	1,860	3,100	6,200	10,850	15,500

TERRAPLANE

1933 Six, 6-cyl., 106" wb						
2d Rds	1,280	3,840	6,400	12,800	22,400	32,000
4d Phae	1,320	3,960	6,600	13,200	23,100	33,000
2d 2P Cpe	640	1,920	3,200	6,400	11,200	16,000
2d RS Cpe	696	2,088	3,480	6,960	12,180	17,400
2d Sed	656	1,968	3,280	6,560	11,480	16,400
4d Sed	664	1,992	3,320	6,640	11,620	16,600
1933 Special Six, 6-cyl., 113" wb						
2d Spt Rds	1,320	3,960	6,600	13,200	23,100	33,000
4d Phae	1,360	4,080	6,800	13,600	23,800	34,000
2d Conv	1,240	3,720	6,200	12,400	21,700	31,000
2d Bus Cpe	692	2,076	3,460	6,920	12,110	17,300
2d RS Cpe	704	2,112	3,520	7,040	12,320	17,600
2d Sed	664	1,992	3,320	6,640	11,620	16,600
4d Sed	672	2,016	3,360	6,720	11,760	16,800
1933 DeLuxe Six, 6-cyl., 113" wb						
2d Conv	1,280	3,840	6,400	12,800	22,400	32,000
2d 2P Cpe	660	1,980	3,300	6,600	11,550	16,500

	6	5	4	3	2	1
2d RS Cpe	720	2,160	3,600	7,200	12,600	18,000
2d Sed	668	2,004	3,340	6,680	11,690	16,700
4d Sed	680	2,040	3,400	6,800	11,900	17,000
1933 Terraplane, 8-cyl.						
2d 2P Rds	1,320	3,960	6,600	13,200	23,100	33,000
2d RS Rds	1,360	4,080	6,800	13,600	23,800	34,000
2d 2P Cpe	712	2,136	3,560	7,120	12,460	17,800
2d RS Cpe	760	2,280	3,800	7,600	13,300	19,000
2d Conv	1,240	3,720	6,200	12,400	21,700	31,000
2d Sed	712	2,136	3,560	7,120	12,460	17,800
4d Sed	720	2,160	3,600	7,200	12,600	18,000
1933 Terraplane DeLuxe Eight, 8-cyl.						
2d Conv	1,320	3,960	6,600	13,200	23,100	33,000
2P Cpe	720	2,160	3,600	7,200	12,600	18,000
2d RS Cpe	780	2,340	3,900	7,800	13,650	19,500
2d Sed	712	2,136	3,560	7,120	12,460	17,800
4d Sed	720	2,160	3,600	7,200	12,600	18,000
1934 Terraplane Challenger KS, 6-cyl., 112" wb						
2P Cpe	656	1,968	3,280	6,560	11,480	16,400
2d RS Cpe	696	2,088	3,480	6,960	12,180	17,400
2d Sed	628	1,884	3,140	6,280	10,990	15,700
4d Sed	640	1,920	3,200	6,400	11,200	16,000
1934 Major Line KU, 6-cyl.						
2P Cpe	660	1,980	3,300	6,600	11,550	16,500
2d RS Cpe	700	2,100	3,500	7,000	12,250	17,500
2d Conv	1,280	3,840	6,400	12,800	22,400	32,000
2d Comp Vic	660	1,980	3,300	6,600	11,550	16,500
2d Sed	600	1,800	3,000	6,000	10,500	15,000
4d Sed	644	1,932	3,220	6,440	11,270	16,100
4d Comp Sed	652	1,956	3,260	6,520	11,410	16,300
1934 Special Line K, 8-cyl.						
2P Cpe	680	2,040	3,400	6,800	11,900	17,000
2d RS Cpe	720	2,160	3,600	7,200	12,600	18,000
2d Conv	1,320	3,960	6,600	13,200	23,100	33,000
2d Comp Vic	664	1,992	3,320	6,640	11,620	16,600
2d Sed	640	1,920	3,200	6,400	11,200	16,000
4d Sed	644	1,932	3,220	6,440	11,270	16,100
4d Comp Sed	652	1,956	3,260	6,520	11,410	16,300
1935 Special G, 6-cyl.						
2P Cpe	656	1,968	3,280	6,560	11,480	16,400
2d RS Cpe	668	2,004	3,340	6,680	11,690	16,700
4d Tr Brgm	648	1,944	3,240	6,480	11,340	16,200
2d Sed	644	1,932	3,220	6,440	11,270	16,100
4d Sed	648	1,944	3,240	6,480	11,340	16,200
4d Sub Sed	652	1,956	3,260	6,520	11,410	16,300
1935 DeLuxe GU, 6-cyl., Big Six						
2d 2P Cpe	660	1,980	3,300	6,600	11,550	16,500
2d RS Cpe	680	2,040	3,400	6,800	11,900	17,000
2d Conv	1,200	3,600	6,000	12,000	21,000	30,000
4d Tr Brgm	664	1,992	3,320	6,640	11,620	16,600
2d Sed	656	1,968	3,280	6,560	11,480	16,400
4d Sed	660	1,980	3,300	6,600	11,550	16,500
4d Sub Sed	668	2,004	3,340	6,680	11,690	16,700
1936 DeLuxe 61, 6-cyl.						
2d Conv	1,200	3,600	6,000	12,000	21,000	30,000
2d 2P Cpe	640	1,920	3,200	6,400	11,200	16,000
2d RS Cpe	680	2,040	3,400	6,800	11,900	17,000
4d Brgm	624	1,872	3,120	6,240	10,920	15,600
2d Tr Brgm	650	1,900	3,200	6,400	11,200	16,000
4d Sed	628	1,884	3,140	6,280	10,990	15,700
4d Tr Sed	632	1,896	3,160	6,320	11,060	15,800
1936 Custom 62, 6-cyl.						
2d Conv	1,240	3,720	6,200	12,400	21,700	31,000
2d 2P Cpe	664	1,992	3,320	6,640	11,620	16,600
2d RS Cpe	720	2,160	3,600	7,200	12,600	18,000
4d Brgm	656	1,968	3,280	6,560	11,480	16,400
2d Tr Brgm	650	2,000	3,300	6,650	11,600	16,600
4d Sed	656	1,968	3,280	6,560	11,480	16,400
4d Tr Sed	660	1,980	3,300	6,600	11,550	16,500
1937 DeLuxe 71, 6-cyl.						
2d Bus Cpe	640	1,920	3,200	6,400	11,200	16,000
2d 3P Cpe	644	1,932	3,220	6,440	11,270	16,100
2d Vic Cpe	656	1,968	3,280	6,560	11,480	16,400
2d Conv	1,160	3,480	5,800	11,600	20,300	29,000
2d Brgm	650	1,900	3,200	6,400	11,200	16,000

	6	5	4	3	2	1
1938 Terraplane Utility Series 80, 6-cyl., 117" wb						
2d 3P Cpe	536	1,608	2,680	5,360	9,380	13,400
2d Sed	524	1,572	2,620	5,240	9,170	13,100
4d Twn Sed	528	1,584	2,640	5,280	9,240	13,200
4d Sed	524	1,572	2,620	5,240	9,170	13,100
2d Tr Sed	550	1,600	2,650	5,300	9,250	13,200
4d Sta Wag	720	2,160	3,600	7,200	12,600	18,000
1938 Terraplane Deluxe Series 81, 6-cyl., 117" wb						
2d 3P Conv	1,160	3,480	5,800	11,600	20,300	29,000
2d Conv Brgm	1,200	3,600	6,000	12,000	21,000	30,000
2d 3P Cpe	544	1,632	2,720	5,440	9,520	13,600
2d Vic Cpe	600	1,800	3,000	6,000	10,500	15,000
4d Brgm	532	1,596	2,660	5,320	9,310	13,300
2d Tr Brgm	500	1,550	2,600	5,250	9,150	13,100
4d Sed	528	1,584	2,640	5,280	9,240	13,200
4d Tr Sed	532	1,596	2,660	5,320	9,310	13,300
1938 Terraplane Super Series 82, 6-cyl., 117" wb						
2d Conv	1,200	3,600	6,000	12,000	21,000	30,000
2d Conv Brgm	1,160	3,480	5,800	11,600	20,300	29,000
2d Vic Cpe	600	1,800	3,000	6,000	10,500	15,000
2d Brgm	600	1,750	2,900	5,750	10,100	14,400
2d Tr Brgm	550	1,700	2,850	5,700	9,950	14,200
4d Sed	572	1,716	2,860	5,720	10,010	14,300
4d Tr Sed	576	1,728	2,880	5,760	10,080	14,400

HUPMOBILE

1909 Model 20, 4-cyl., 16.9 hp, 86" wb						
2d 2P Rbt	1,400	4,200	7,000	14,000	24,500	35,000
1910 Model 20, 4-cyl., 18/20 hp, 86" wb						
2d 2P B Rbt	1,400	4,200	7,000	14,000	24,500	35,000
1911 Model 20, 4-cyl., 20 hp, 86" wb						
2d 2P C Rbt	1,400	4,200	7,000	14,000	24,500	35,000
2d 2P T Torp	1,440	4,320	7,200	14,400	25,200	36,000
4d 4P D Tr	1,480	4,440	7,400	14,800	25,900	37,000
2d 4P F Cpe	1,280	3,840	6,400	12,800	22,400	32,000
1912 Model 20, 4-cyl., 20 hp, 86" wb						
2d 2P Rbt	1,400	4,200	7,000	14,000	24,500	35,000
2d 2P Rds	1,440	4,320	7,200	14,400	25,200	36,000
2d 2P Cpe	1,280	3,840	6,400	12,800	22,400	32,000
1912 Model 32, 4-cyl., 32 hp, 106" wb						
4d 4P Torp Tr	1,480	4,440	7,400	14,800	25,900	37,000
1913 Model 20-C, 4-cyl., 20 hp, 86" wb						
2d 2P Rbt	1,400	4,200	7,000	14,000	24,500	35,000
1913 Model 20-E, 4-cyl., 20 hp, 110" wb						
2d Rds	1,240	3,720	6,200	12,400	21,700	31,000
1913 Model 32, 4-cyl., 32 hp, 106" wb						
4d 5P H Tr	1,440	4,320	7,200	14,400	25,200	36,000
2d 2P H Rds	1,480	4,440	7,400	14,800	25,900	37,000
2d H L Cpe	1,200	3,600	6,000	12,000	21,000	30,000
1913 Model 32, 4-cyl., 32 hp, 126" wb						
4d 6P Tr	1,520	4,560	7,600	15,200	26,600	38,000
1914 Model 32, 4-cyl., 32 hp, 106" wb						
4d 6P HM Tr	1,320	3,960	6,600	13,200	23,100	33,000
2d 2P HR Rds	1,360	4,080	6,800	13,600	23,800	34,000
4d 5P H Tr	1,400	4,200	7,000	14,000	24,500	35,000
2d 3P HAK Cpe	1,120	3,360	5,600	11,200	19,600	28,000
1915 Model 32, 4-cyl., 32 hp, 106" wb						
4d 4P Tr	1,360	4,080	6,800	13,600	23,800	34,000
2d 2P Rds	1,320	3,960	6,600	13,200	23,100	33,000
1915 Model K, 4-cyl., 36 hp, 119" wb						
2d 2P Rds	1,360	4,080	6,800	13,600	23,800	34,000
4d 5P Tr	1,400	4,200	7,000	14,000	24,500	35,000
2d 2P Cpe	1,040	3,120	5,200	10,400	18,200	26,000
4d Limo	1,080	3,240	5,400	10,800	18,900	27,000
1916 Model N, 4-cyl., 22.5 hp, 119" wb						
4d 5P Tr	1,160	3,480	5,800	11,600	20,300	29,000
2d 2P Rds	1,120	3,360	5,600	11,200	19,600	28,000
4d 5P Sed	920	2,760	4,600	9,200	16,100	23,000
4d 5P Year-'Round Tr	1,200	3,600	6,000	12,000	21,000	30,000
2d Year-'Round Cpe	960	2,880	4,800	9,600	16,800	24,000
1916 Model N, 4-cyl., 22.5 hp, 134" wb						
4d 7P Tr	1,320	3,960	6,600	13,200	23,100	33,000
4d 7P Limo	1,040	3,120	5,200	10,400	18,200	26,000

	6	5	4	3	2	1
1917 Model N, 4-cyl., 22 hp, 119" wb						
4d 5P Tr	1,080	3,240	5,400	10,800	18,900	27,000
2d 6P Rds	1,120	3,360	5,600	11,200	19,600	28,000
4d 5P Year-'Round Tr	1,160	3,480	5,800	11,600	20,300	29,000
2d 2P Year-'Round Cpe	760	2,280	3,800	7,600	13,300	19,000
4d 5P Sed	760	2,280	3,800	7,600	13,300	19,000
1917 Model N, 4-cyl., 22.5 hp, 134" wb						
4d 7P Tr	1,200	3,600	6,000	12,000	21,000	30,000
NOTE: Series R introduced October 1917.						
1918 Series R-1, 4-cyl., 16.9 hp, 112" wb						
4d 5P Tr	920	2,760	4,600	9,200	16,100	23,000
2d 2P Rds	880	2,640	4,400	8,800	15,400	22,000
1919 Series R-1,2,3, 4-cyl., 16.9 hp, 112" wb						
4d 5P Tr	960	2,880	4,800	9,600	16,800	24,000
2d 2P Rds	920	2,760	4,600	9,200	16,100	23,000
4d 5P Sed	640	1,920	3,200	6,400	11,200	16,000
2d 4P Cpe	720	2,160	3,600	7,200	12,600	18,000
1920 Series R-3,4,5, 4-cyl., 35 hp, 112" wb						
4d 5P Tr	960	2,880	4,800	9,600	16,800	24,000
2d 2P Rds	920	2,760	4,600	9,200	16,100	23,000
2d 4P Cpe	720	2,160	3,600	7,200	12,600	18,000
4d 5P Sed	640	1,920	3,200	6,400	11,200	16,000
1921 Series R-4,5,6, 4-cyl., 35 hp, 112" wb						
4d 5P Tr	960	2,880	4,800	9,600	16,800	24,000
2d 2P Rds	920	2,760	4,600	9,200	16,100	23,000
2d 4P Cpe	720	2,160	3,600	7,200	12,600	18,000
4d 5P Sed	640	1,920	3,200	6,400	11,200	16,000
1922 Series R-7,8,9,10, 4-cyl., 35 hp, 112" wb						
4d 5P Tr	960	2,880	4,800	9,600	16,800	24,000
2d 2P Rds	920	2,760	4,600	9,200	16,100	23,000
2d 2P Cpe	720	2,160	3,600	7,200	12,600	18,000
2d 4P Cpe	740	2,220	3,700	7,400	12,950	18,500
4d 5P Sed	640	1,920	3,200	6,400	11,200	16,000
1923 Series R-10,11,12, 4-cyl., 35 hp, 112" wb						
4d 5P Tr	920	2,760	4,600	9,200	16,100	23,000
4d 5P Spl Tr	960	2,880	4,800	9,600	16,800	24,000
2d 2P Rds	960	2,880	4,800	9,600	16,800	24,000
2d Spl Rds	1,000	3,000	5,000	10,000	17,500	25,000
4d 5P Sed	640	1,920	3,200	6,400	11,200	16,000
2d 4P Cpe	760	2,280	3,800	7,600	13,300	19,000
2d 2P Cpe	720	2,160	3,600	7,200	12,600	18,000
1924 Series R-12,13, 4-cyl., 39 hp, 115" wb						
4d 5P Tr	880	2,640	4,400	8,800	15,400	22,000
4d 5P Spl Tr	920	2,760	4,600	9,200	16,100	23,000
2d 2P Spl Rds	960	2,880	4,800	9,600	16,800	24,000
2d 2P Cpe	720	2,160	3,600	7,200	12,600	18,000
2d 4P Cpe	760	2,280	3,800	7,600	13,300	19,000
4d 5P Sed	640	1,920	3,200	6,400	11,200	16,000
4d 5P Clb Sed	680	2,040	3,400	6,800	11,900	17,000
1925 Model R-14,15, 4-cyl., 39 hp, 115" wb						
4d 5P Tr	880	2,640	4,400	8,800	15,400	22,000
2d 2P Rds	920	2,760	4,600	9,200	16,100	23,000
2d 2P Cpe	680	2,040	3,400	6,800	11,900	17,000
4d 5P Clb Sed	680	2,040	3,400	6,800	11,900	17,000
4d 5P Sed	640	1,920	3,200	6,400	11,200	16,000
1925 Model E-1, 8-cyl., 60 hp, 118-1/4" wb						
4d 5P Tr	1,080	3,240	5,400	10,800	18,900	27,000
2d 2P Rds	1,120	3,360	5,600	11,200	19,600	28,000
2d 4P Cpe	760	2,280	3,800	7,600	13,300	19,000
4d 5P Sed	680	2,040	3,400	6,800	11,900	17,000
1926 Model A-1, 6-cyl., 50 hp, 114" wb						
4d 5P Tr	880	2,640	4,400	8,800	15,400	22,000
4d 5P Sed	640	1,920	3,200	6,400	11,200	16,000
1926 Model E-2, 8-cyl., 63 hp, 118-1/4" wb						
2d 4P Rds	1,120	3,360	5,600	11,200	19,600	28,000
4d 5P Tr	1,080	3,240	5,400	10,800	18,900	27,000
2d 2P Cpe	760	2,280	3,800	7,600	13,300	19,000
2d 4P Cpe	800	2,400	4,000	8,000	14,000	20,000
4d 5P Sed	680	2,040	3,400	6,800	11,900	17,000
1927 Series A, 6-cyl., 50 hp, 114" wb						
4d 5P Tr	920	2,760	4,600	9,200	16,100	23,000
2d 2P Rds	960	2,880	4,800	9,600	16,800	24,000
4d 5P Sed	640	1,920	3,200	6,400	11,200	16,000
2d 4P Cpe	720	2,160	3,600	7,200	12,600	18,000
4d 5P Brgm	680	2,040	3,400	6,800	11,900	17,000

	6	5	4	3	2	1
1927 Series E-3, 8-cyl., 67 hp, 125" wb						
2d 4P Rds	1,080	3,240	5,400	10,800	18,900	27,000
4d 5P Tr	1,040	3,120	5,200	10,400	18,200	26,000
4d 5P Spt Tr	1,080	3,240	5,400	10,800	18,900	27,000
2d 2P Cpe	760	2,280	3,800	7,600	13,300	19,000
4d 7P Tr	1,000	3,000	5,000	10,000	17,500	25,000
4d 5P Sed	640	1,920	3,200	6,400	11,200	16,000
4d 7P Sed	660	1,980	3,300	6,600	11,550	16,500
4d 5P Berl	680	2,040	3,400	6,800	11,900	17,000
4d 5P Brgm	660	1,980	3,300	6,600	11,550	16,500
2d 5P Vic	680	2,040	3,400	6,800	11,900	17,000
4d Limo Sed	720	2,160	3,600	7,200	12,600	18,000
1928 Century Series A, 6-cyl., 57 hp, 114" wb						
4d 5P Phae	1,080	3,240	5,400	10,800	18,900	27,000
4d 7P Phae	1,040	3,120	5,200	10,400	18,200	26,000
4d 4P Cpe	720	2,160	3,600	7,200	12,600	18,000
4d 5P Sed	640	1,920	3,200	6,400	11,200	16,000
2d 5P Sed	600	1,800	3,000	6,000	10,500	15,000
1928 Century Series M, 8-cyl., 80 hp, 120" wb						
2d Rds	1,200	3,600	6,000	12,000	21,000	30,000
4d 5P Tr	1,160	3,480	5,800	11,600	20,300	29,000
4d 7P Tr	1,120	3,360	5,600	11,200	19,600	28,000
2d 2P Cpe	880	2,640	4,400	8,800	15,400	22,000
4d Brgm	800	2,400	4,000	8,000	14,000	20,000
2d Vic	840	2,520	4,200	8,400	14,700	21,000
4d 5P Sed	680	2,040	3,400	6,800	11,900	17,000
4d 7P Sed	640	1,920	3,200	6,400	11,200	16,000
4d Sed Limo	720	2,160	3,600	7,200	12,600	18,000
1928 Century Series 125 (E-4), 8-cyl., 80 hp, 125" wb						
2d R.S. Rds	1,240	3,720	6,200	12,400	21,700	31,000
4d 5P Tr	1,200	3,600	6,000	12,000	21,000	30,000
4d 7P Tr	1,160	3,480	5,800	11,600	20,300	29,000
2d R.S. Cpe	880	2,640	4,400	8,800	15,400	22,000
4d 5P Brgm	840	2,520	4,200	8,400	14,700	21,000
4d 5P Sed	720	2,160	3,600	7,200	12,600	18,000
4d 7P Sed	680	2,040	3,400	6,800	11,900	17,000
2d Vic	880	2,640	4,400	8,800	15,400	22,000
4d Sed-Limo	800	2,400	4,000	8,000	14,000	20,000

NOTE: Series A and Series E-3 of 1927 carried over as 1928 models. Both Century Series A and M available in custom line.

	6	5	4	3	2	1
1929 Series A, 6-cyl., 57 hp, 114" wb						
4d 5P Tr	1,400	4,200	7,000	14,000	24,500	35,000
2d 4P Rds	1,440	4,320	7,200	14,400	25,200	36,000
4d 7P Tr	1,360	4,080	6,800	13,600	23,800	34,000
4d 5P Brgm	1,000	3,000	5,000	10,000	17,500	25,000
2d 4P Cpe	1,040	3,120	5,200	10,400	18,200	26,000
4d 5P Sed	880	2,640	4,400	8,800	15,400	22,000
2d 2P Cabr	1,320	3,960	6,600	13,200	23,100	33,000
2d 4P Cabr	1,360	4,080	6,800	13,600	23,800	34,000
1929 Series M, 8-cyl., 80 hp, 120" wb						
4d 5P Tr	1,440	4,320	7,200	14,400	25,200	36,000
2d 4P Rds	1,480	4,440	7,400	14,800	25,900	37,000
4d 7P Tr	1,400	4,200	7,000	14,000	24,500	35,000
4d 5P Brgm	1,040	3,120	5,200	10,400	18,200	26,000
2d 4P Cpe	1,080	3,240	5,400	10,800	18,900	27,000
4d 5P Sed	920	2,760	4,600	9,200	16,100	23,000
2d 5P Cabr	1,400	4,200	7,000	14,000	24,500	35,000
4d 5P Twn Sed	1,000	3,000	5,000	10,000	17,500	25,000
4d 7P Sed (130" wb)	1,040	3,120	5,200	10,400	18,200	26,000
4d 7P Limo (130" wb)	1,280	3,840	6,400	12,800	22,400	32,000

NOTE: Both series available in custom line models.

	6	5	4	3	2	1
1930 Model S, 6-cyl., 70 hp, 114" wb						
4d Phae	1,640	4,920	8,200	16,400	28,700	41,000
2d Cpe	1,080	3,240	5,400	10,800	18,900	27,000
4d Sed	920	2,760	4,600	9,200	16,100	23,000
2d Conv Cabr	1,520	4,560	7,600	15,200	26,600	38,000
1930 Model C, 8-cyl., 100 hp, 121" wb						
2d Cpe	1,080	3,240	5,400	10,800	18,900	27,000
4d Sed	960	2,880	4,800	9,600	16,800	24,000
2d Cabr	1,600	4,800	8,000	16,000	28,000	40,000
4d Tr Sed	1,000	3,000	5,000	10,000	17,500	25,000
1930 Model H, 8-cyl., 133 hp, 125" wb						
4d Sed	1,040	3,120	5,200	10,400	18,200	26,000
2d Cpe	1,120	3,360	5,600	11,200	19,600	28,000
2d Cabr	1,640	4,920	8,200	16,400	28,700	41,000
4d Tr Sed	1,040	3,120	5,200	10,400	18,200	26,000

	6	5	4	3	2	1
1930 Model U, 8-cyl., 133 hp, 137" wb						
4d Sed	1,120	3,360	5,600	11,200	19,600	28,000
4d Sed Limo	1,320	3,960	6,600	13,200	23,100	33,000
NOTE: All models available in custom line.						
1931 Century Six, Model S, 70 hp, 114" wb						
4d Phae	1,720	5,160	8,600	17,200	30,100	43,000
2d 2P Cpe	1,080	3,240	5,400	10,800	18,900	27,000
2d 4P Cpe	1,120	3,360	5,600	11,200	19,600	28,000
2d Rds	1,760	5,280	8,800	17,600	30,800	44,000
4d Sed	920	2,760	4,600	9,200	16,100	23,000
2d Cabr	1,520	4,560	7,600	15,200	26,600	38,000
1931 Century Eight, Model L, 90 hp, 118" wb						
4d Phae	1,800	5,400	9,000	18,000	31,500	45,000
2d Rds	1,840	5,520	9,200	18,400	32,200	46,000
2d 2P Cpe	1,080	3,240	5,400	10,800	18,900	27,000
2d 4P Cpe	1,120	3,360	5,600	11,200	19,600	28,000
4d Sed	960	2,880	4,800	9,600	16,800	24,000
2d Cabr	1,560	4,680	7,800	15,600	27,300	39,000
1931 Model C, 8-cyl., 100 hp, 121" wb						
4d Spt Phae	1,960	5,880	9,800	19,600	34,300	49,000
2d 4P Cpe	1,160	3,480	5,800	11,600	20,300	29,000
4d Sed	1,000	3,000	5,000	10,000	17,500	25,000
2d Vic Cpe	1,120	3,360	5,600	11,200	19,600	28,000
2d Cabr	1,600	4,800	8,000	16,000	28,000	40,000
4d Twn Sed	1,080	3,240	5,400	10,800	18,900	27,000
1931 Model H, 8-cyl., 133 hp, 125" wb						
2d Cpe	1,200	3,600	6,000	12,000	21,000	30,000
4d Sed	1,040	3,120	5,200	10,400	18,200	26,000
4d Twn Sed	1,080	3,240	5,400	10,800	18,900	27,000
4d Phae	2,080	6,240	10,400	20,800	36,400	52,000
2d Vic Cpe	1,160	3,480	5,800	11,600	20,300	29,000
2d Cabr	1,640	4,920	8,200	16,400	28,700	41,000
1931 Model U, 8-cyl., 133 hp, 137" wb						
2d Vic Cpe	1,240	3,720	6,200	12,400	21,700	31,000
4d Sed	1,080	3,240	5,400	10,800	18,900	27,000
4d Sed Limo	1,280	3,840	6,400	12,800	22,400	32,000
NOTE: All models available in custom line.						
1932 Series S-214, 6-cyl., 70 hp, 114" wb						
2d Rds	1,800	5,400	9,000	18,000	31,500	45,000
2d Cpe	1,120	3,360	5,600	11,200	19,600	28,000
4d Sed	960	2,880	4,800	9,600	16,800	24,000
2d Cabr	1,720	5,160	8,600	17,200	30,100	43,000
1932 Series B-216, 6-cyl., 75 hp, 116" wb						
4d Phae	1,880	5,640	9,400	18,800	32,900	47,000
2d Rds	1,920	5,760	9,600	19,200	33,600	48,000
2d 2P Cpe	1,120	3,360	5,600	11,200	19,600	28,000
2d 4P Cpe	1,160	3,480	5,800	11,600	20,300	29,000
4d Sed	1,000	3,000	5,000	10,000	17,500	25,000
2d Conv Cabr	1,840	5,520	9,200	18,400	32,200	46,000
1932 Series L-218, 8-cyl., 90 hp, 118" wb						
2d Rds	1,840	5,520	9,200	18,400	32,200	46,000
2d Cpe	1,160	3,480	5,800	11,600	20,300	29,000
4d Sed	1,040	3,120	5,200	10,400	18,200	26,000
2d Cabr	1,800	5,400	9,000	18,000	31,500	45,000
1932 Series C-221, 8-cyl., 100 hp, 121" wb						
4d Sed	1,080	3,240	5,400	10,800	18,900	27,000
2d Vic	1,160	3,480	5,800	11,600	20,300	29,000
4d Twn Sed	1,040	3,120	5,200	10,400	18,200	26,000
1932 Series F-222, 8-cyl., 93 hp, 122" wb						
2d Cabr	1,880	5,640	9,400	18,800	32,900	47,000
2d Cpe	1,160	3,480	5,800	11,600	20,300	29,000
4d Sed	1,080	3,240	5,400	10,800	18,900	27,000
2d Vic	1,200	3,600	6,000	12,000	21,000	30,000
1932 Series H-225, 8-cyl., 133 hp, 125" wb						
4d Sed	1,120	3,360	5,600	11,200	19,600	28,000
1932 Series I-226, 8-cyl., 103 hp, 126" wb						
2d Cpe	1,200	3,600	6,000	12,000	21,000	30,000
2d Cabr Rds	1,920	5,760	9,600	19,200	33,600	48,000
4d Sed	1,120	3,360	5,600	11,200	19,600	28,000
2d Vic	1,240	3,720	6,200	12,400	21,700	31,000
1932 Series V-237, 8-cyl., 133 hp, 137" wb						
2d Vic	1,280	3,840	6,400	12,800	22,400	32,000
4d Sed	1,160	3,480	5,800	11,600	20,300	29,000

NOTE: Series S-214, L-218, C-221, H-225 and V-237 were carryovers of 1931 models. Horsepower of Series F-222 raised to 96 mid-year.

	6	5	4	3	2	1
1933 Series K-321, 6-cyl., 90 hp, 121" wb						
2d Cpe	1,000	3,000	5,000	10,000	17,500	25,000
4d Sed	880	2,640	4,400	8,800	15,400	22,000
2d Vic	960	2,880	4,800	9,600	16,800	24,000
2d Cabr	1,760	5,280	8,800	17,600	30,800	44,000
1933 Series KK-321A, 6-cyl., 90 hp, 121" wb						
2d Cpe	1,040	3,120	5,200	10,400	18,200	26,000
4d Sed	920	2,760	4,600	9,200	16,100	23,000
2d Vic	1,000	3,000	5,000	10,000	17,500	25,000
1933 Series F-322, 8-cyl., 96 hp, 122" wb						
2d Cpe	1,120	3,360	5,600	11,200	19,600	28,000
4d Sed	960	2,880	4,800	9,600	16,800	24,000
2d Vic	1,040	3,120	5,200	10,400	18,200	26,000
2d Cabr	1,800	5,400	9,000	18,000	31,500	45,000
1933 Series I-326, 8-cyl., 109 hp, 126" wb						
2d Cpe	1,080	3,240	5,400	10,800	18,900	27,000
4d Sed	1,000	3,000	5,000	10,000	17,500	25,000
2d Vic	1,040	3,120	5,200	10,400	18,200	26,000
2d Cabr	1,840	5,520	9,200	18,400	32,200	46,000
1934 Series 417-W, 6-cyl., 80 hp, 117" wb						
2d Cpe	960	2,880	4,800	9,600	16,800	24,000
4d Sed	800	2,400	4,000	8,000	14,000	20,000
1934 Series KK-421A, 6-cyl., 90 hp, 121" wb						
4d DeL Sed	880	2,640	4,400	8,800	15,400	22,000
4d Sed	840	2,520	4,200	8,400	14,700	21,000
4d Tr Sed	880	2,640	4,400	8,800	15,400	22,000
2d Cpe	1,080	3,240	5,400	10,800	18,900	27,000
2d Cabr	1,840	5,520	9,200	18,400	32,200	46,000
2d Vic	1,040	3,120	5,200	10,400	18,200	26,000
1934 Series K-421, 6-cyl., 90 hp, 121" wb						
2d Cpe	840	2,520	4,200	8,400	14,700	21,000
4d Sed	800	2,400	4,000	8,000	14,000	20,000
2d Vic	880	2,640	4,400	8,800	15,400	22,000
2d Cabr	1,680	5,040	8,400	16,800	29,400	42,000
1934 Series 421-J, 6-cyl., 93 hp, 121" wb						
2d Cpe	1,080	3,240	5,400	10,800	18,900	27,000
4d Sed	920	2,760	4,600	9,200	16,100	23,000
2d Vic	1,080	3,240	5,400	10,800	18,900	27,000
1934 Series F-442, 8-cyl., 96 hp, 122" wb						
2d Cpe	1,120	3,360	5,600	11,200	19,600	28,000
4d Sed	960	2,880	4,800	9,600	16,800	24,000
2d Vic	1,120	3,360	5,600	11,200	19,600	28,000
2d Cabr	1,720	5,160	8,600	17,200	30,100	43,000
1934 Series I-426, 8-cyl., 109 hp, 126" wb						
2d Cpe	1,160	3,480	5,800	11,600	20,300	29,000
4d Sed	1,000	3,000	5,000	10,000	17,500	25,000
2d Vic	1,160	3,480	5,800	11,600	20,300	29,000
2d Cabr	1,760	5,280	8,800	17,600	30,800	44,000
1934 Series 427-T, 8-cyl., 115 hp, 127" wb						
2d Cpe	1,200	3,600	6,000	12,000	21,000	30,000
4d Sed	1,040	3,120	5,200	10,400	18,200	26,000
2d Vic	1,200	3,600	6,000	12,000	21,000	30,000

NOTE: Series KK-421A, K-421, F-422, I-426 were carryover 1933 models.

	6	5	4	3	2	1
1935 Series 517-W, 6-cyl., 91 hp, 117" wb						
4d Sed	720	2,160	3,600	7,200	12,600	18,000
4d Sed Tr	740	2,220	3,700	7,400	12,950	18,500
1935 Series 518-D, 6-cyl., 91 hp, 118" wb						
4d Sed	740	2,220	3,700	7,400	12,950	18,500
1935 Series 521-J, 6-cyl., 101 hp, 121" wb						
4d Sed	780	2,340	3,900	7,800	13,650	19,500
2d Cpe	820	2,460	4,100	8,200	14,350	20,500
2d Vic	820	2,460	4,100	8,200	14,350	20,500
1935 Series 521-O, 8-cyl., 120 hp, 121" wb						
2d Cpe	820	2,460	4,100	8,200	14,350	20,500
2d Vic	820	2,460	4,100	8,200	14,350	20,500
2d Vic Tr	820	2,460	4,100	8,200	14,350	20,500
4d Sed	740	2,220	3,700	7,400	12,950	18,500
4d Sed Tr	760	2,280	3,800	7,600	13,300	19,000
1935 Series 527-T, 8-cyl., 120 hp, 127-1/2" wb						
4d Sed	820	2,460	4,100	8,200	14,350	20,500
2d Cpe	880	2,640	4,400	8,800	15,400	22,000
2d Vic	920	2,760	4,600	9,200	16,100	23,000

NOTE: All series except 517-W available in deluxe models.

	6	5	4	3	2	1
1936 Series 618-D, 6-cyl., 101 hp, 118" wb						
4d Sed	680	2,040	3,400	6,800	11,900	17,000
4d Tr Sed	700	2,100	3,500	7,000	12,250	17,500
1936 Series 618-G, 6-cyl., 101 hp, 118" wb						
2d Bus Cpe	760	2,280	3,800	7,600	13,300	19,000
2d Cpe	800	2,400	4,000	8,000	14,000	20,000
4d Sed	720	2,160	3,600	7,200	12,600	18,000
2d Sed	680	2,040	3,400	6,800	11,900	17,000
4d Tr Sed	740	2,220	3,700	7,400	12,950	18,500
2d Tr Sed	700	2,100	3,500	7,000	12,250	17,500
1936 Series 621-N, 8-cyl., 120 hp, 121" wb						
2d Cpe	820	2,460	4,100	8,200	14,350	20,500
2d Sed	720	2,160	3,600	7,200	12,600	18,000
4d Sed	740	2,220	3,700	7,400	12,950	18,500
4d Tr Sed	760	2,280	3,800	7,600	13,300	19,000
2d Tr Sed	740	2,220	3,700	7,400	12,950	18,500
1936 Series 621-O, 8-cyl., 120 hp, 121" wb						
2d Cpe	840	2,520	4,200	8,400	14,700	21,000
4d Vic	880	2,640	4,400	8,800	15,400	22,000
4d Tr Vic	900	2,700	4,500	9,000	15,750	22,500
4d Sed	760	2,280	3,800	7,600	13,300	19,000
4d Tr Sed	780	2,340	3,900	7,800	13,650	19,500

NOTE: Series 618-G and 621-N available in custom models. Series 618-D and 621-O available in deluxe models.

1937 Series 621-O, 8-cyl., 120 hp, 121" wb

Although ostensibly there were no 1937 Hupmobiles beginning July 1937, some 1936 style 618-G and 621-N models were run off to use up parts. Some of these cars may have been sold in the U.S. as 1937 models.

1938 Series 822-ES, 6-cyl., 101 hp, 122" wb						
4d Std Sed	560	1,680	2,800	5,600	9,800	14,000
1938 Series 822-E, 6-cyl., 101 hp, 122" wb						
4d Sed	580	1,740	2,900	5,800	10,150	14,500
4d DeL Sed	600	1,800	3,000	6,000	10,500	15,000
4d Cus Sed	620	1,860	3,100	6,200	10,850	15,500
1938 Series 825-H, 8-cyl., 120 hp, 125" wb						
4d Sed	640	1,920	3,200	6,400	11,200	16,000
4d DeL Sed	660	1,980	3,300	6,600	11,550	16,500
4d Cus Sed	680	2,040	3,400	6,800	11,900	17,000
1939 Model R, 6-cyl., 101 hp, 115" wb						
4d Spt Sed	600	1,800	3,000	6,000	10,500	15,000
4d Cus Sed	608	1,824	3,040	6,080	10,640	15,200
1939 Model E, 6-cyl., 101 hp, 122" wb						
4d DeL Sed	620	1,860	3,100	6,200	10,850	15,500
4d Cus Sed	628	1,884	3,140	6,280	10,990	15,700
1939 Model H, 8-cyl., 120 hp, 125" wb						
4d DeL Sed	700	2,100	3,500	7,000	12,250	17,500
4d Cus Sed	708	2,124	3,540	7,080	12,390	17,700

NOTE: The first pilot models of the Skylark were built April, 1939.

1940 Skylark, 6-cyl., 101 hp, 115" wb						
4d Sed	840	2,520	4,200	8,400	14,700	21,000
1941 Series 115-R Skylark, 6-cyl., 101 hp, 115" wb						
4d Sed	880	2,640	4,400	8,800	15,400	22,000

KAISER

1947-1948 Special, 6-cyl.						
4d Sed	760	2,280	3,800	7,600	13,300	19,000
1947-1948 Custom, 6-cyl.						
4d Sed	780	2,340	3,900	7,800	13,650	19,500
1949-1950 Special, 6-cyl.						
4d Sed	792	2,376	3,960	7,920	13,860	19,800
1949-1950 Traveler, 6-cyl.						
4d Sed	800	2,400	4,000	8,000	14,000	20,000
1949-1950 DeLuxe, 6-cyl.						
4d Sed	812	2,436	4,060	8,120	14,210	20,300
4d Conv Sed	1,800	5,400	9,000	18,000	31,500	45,000
1949-1950 Vagabond, 6-cyl.						
4d Sed	960	2,880	4,800	9,600	16,800	24,000
1949-1950 Virginian, 6-cyl.						
4d Sed HT	1,280	3,840	6,400	12,800	22,400	32,000
1951 Special, 6-cyl.						
4d Sed	800	2,400	4,000	8,000	14,000	20,000

1924 Gardner Model 5 roadster

1939 Graham "sharknose" two-door sedan

1947 Hudson Super Six sedan

	6	5	4	3	2	1
4d Trav Sed	812	2,436	4,060	8,120	14,210	20,300
2d Sed	804	2,412	4,020	8,040	14,070	20,100
2d Trav Sed	820	2,460	4,100	8,200	14,350	20,500
2d Bus Cpe	880	2,640	4,400	8,800	15,400	22,000
1951 DeLuxe						
4d Sed	816	2,448	4,080	8,160	14,280	20,400
4d Trav Sed	824	2,472	4,120	8,240	14,420	20,600
2d Sed	820	2,460	4,100	8,200	14,350	20,500
2d Trav Sed	828	2,484	4,140	8,280	14,490	20,700
2d Clb Cpe	960	2,880	4,800	9,600	16,800	24,000
1952 Kaiser DeLuxe, 6-cyl.						
4d Sed	800	2,400	4,000	8,000	14,000	20,000
Ta Sed	820	2,460	4,100	8,200	14,350	20,500
2d Sed	800	2,400	4,000	8,000	14,000	20,000
2d Trav	840	2,520	4,200	8,400	14,700	21,000
2d Bus Cpe	940	2,820	4,700	9,400	16,450	23,500
1952 Kaiser Manhattan, 6-cyl.						
4d Sed	860	2,580	4,300	8,600	15,050	21,500
2d Sed	880	2,640	4,400	8,800	15,400	22,000
2d Clb Cpe	960	2,880	4,800	9,600	16,800	24,000
1952 Virginian, 6-cyl.						
4d Sed	820	2,460	4,100	8,200	14,350	20,500
2d Sed	824	2,472	4,120	8,240	14,420	20,600
2d Clb Cpe	920	2,760	4,600	9,200	16,100	23,000
1953 Carolina, 6-cyl.						
2d Sed	812	2,436	4,060	8,120	14,210	20,300
4d Sed	808	2,424	4,040	8,080	14,140	20,200
1953 Deluxe						
2d Clb Sed	820	2,460	4,100	8,200	14,350	20,500
4d Trav Sed	824	2,472	4,120	8,240	14,420	20,600
4d Sed	816	2,448	4,080	8,160	14,280	20,400
1953 Manhattan, 6-cyl.						
2d Clb Sed	868	2,604	4,340	8,680	15,190	21,700
4d Sed	864	2,592	4,320	8,640	15,120	21,600
1953 Dragon 4d Sed, 6-cyl.						
4d Sed	1,040	3,120	5,200	10,400	18,200	26,000
1954 Early Special, 6-cyl.						
4d Sed	864	2,592	4,320	8,640	15,120	21,600
2d Clb Sed	868	2,604	4,340	8,680	15,190	21,700
1954 Late Special, 6-cyl.						
4d Sed	860	2,580	4,300	8,600	15,050	21,500
2d Clb Sed	864	2,592	4,320	8,640	15,120	21,600
1954 Manhattan, 6-cyl.						
4d Sed	880	2,640	4,400	8,800	15,400	22,000
2d Clb Sed	888	2,664	4,440	8,880	15,540	22,200
1954 Kaiser Darrin Spts Car, 6-cyl.						
2d Spt Car	1,680	5,040	8,400	16,800	29,400	42,000
1955 Manhattan, 6-cyl.						
4d Sed	900	2,700	4,500	9,000	15,750	22,500
2d Clb Sed	904	2,712	4,520	9,040	15,820	22,600

FRAZER

	6	5	4	3	2	1
1947-1948						
4d Sed	780	2,340	3,900	7,800	13,650	19,500
1947-1948 Manhattan, 6-cyl.						
4d Sed	800	2,400	4,000	8,000	14,000	20,000
1949-1950 Manhattan, 6-cyl.						
4d Sed	820	2,460	4,100	8,200	14,350	20,500
4d Conv Sed	1,840	5,520	9,200	18,400	32,200	46,000
1951 Manhattan, 6-cyl.						
4d Sed	760	2,280	3,800	7,600	13,300	19,000
4d Vag	840	2,520	4,200	8,400	14,700	21,000
4d Sed HT	1,080	3,240	5,400	10,800	18,900	27,000
4d Conv Sed	1,840	5,520	9,200	18,400	32,200	46,000

HENRY J

	6	5	4	3	2	1
1951 Four						
2d Sed	684	2,052	3,420	6,840	11,970	17,100
1951 DeLuxe Six						
2d Sed	692	2,076	3,460	6,920	12,110	17,300

	6	5	4	3	2	1
1952 Vagabond, 4-cyl.						
2d Sed	700	2,100	3,500	7,000	12,250	17,500
1952 Vagabond, 6-cyl.						
2d Sed	708	2,124	3,540	7,080	12,390	17,700
1952 Corsair, 4-cyl.						
2d Sed	720	2,160	3,600	7,200	12,600	18,000
1952 Corsair, 6-cyl.						
2d Sed	728	2,184	3,640	7,280	12,740	18,200
1952 Allstate						
2d 4-cyl	724	2,172	3,620	7,240	12,670	18,100
2d DeL Six	732	2,196	3,660	7,320	12,810	18,300
1953 Corsair, 4-cyl.						
2d Sed	700	2,100	3,500	7,000	12,250	17,500
1953 Corsair, 6-cyl.						
2d DeL Sed	708	2,124	3,540	7,080	12,390	17,700
1953 Allstate						
2d Sed 4-cyl	704	2,112	3,520	7,040	12,320	17,600
2d Sed DeL Six	712	2,136	3,560	7,120	12,460	17,800
1954 Corsair, 4-cyl.						
2d Sed	708	2,124	3,540	7,080	12,390	17,700
1954 Corsair Deluxe, 6-cyl.						
2d Sed	712	2,136	3,560	7,120	12,460	17,800

LINCOLN

1920 V-8, 130" - 136" wb						
3P Rds	1,960	5,880	9,800	19,600	34,300	49,000
5P Phae	2,080	6,240	10,400	20,800	36,400	52,000
7P Tr	2,000	6,000	10,000	20,000	35,000	50,000
4P Cpe	1,500	4,500	7,500	15,000	26,250	37,500
5P Sed	1,460	4,380	7,300	14,600	25,550	36,500
Sub Sed	1,460	4,380	7,300	14,600	25,550	36,500
7P Town Car	1,540	4,620	7,700	15,400	26,950	38,500
1921 V-8, 130" - 136" wb						
3P Rds	1,920	5,760	9,600	19,200	33,600	48,000
5P Phae	2,000	6,000	10,000	20,000	35,000	50,000
7P Tr	1,960	5,880	9,800	19,600	34,300	49,000
4P Cpe	1,500	4,500	7,500	15,000	26,250	37,500
4P Sed	1,420	4,260	7,100	14,200	24,850	35,500
5P Sed	1,460	4,380	7,300	14,600	25,550	36,500
Sub Sed	1,460	4,380	7,300	14,600	25,550	36,500
Town Car	1,540	4,620	7,700	15,400	26,950	38,500
1922 V-8, 130" wb						
3P Rds	2,040	6,120	10,200	20,400	35,700	51,000
5P Phae	1,960	5,880	9,800	19,600	34,300	49,000
7P Tr	1,920	5,760	9,600	19,200	33,600	48,000
Conv Tr	1,960	5,880	9,800	19,600	34,300	49,000
4P Cpe	1,540	4,620	7,700	15,400	26,950	38,500
5P Sed	1,500	4,500	7,500	15,000	26,250	37,500
1922 V-8, 136" wb						
Spt Rds	2,000	6,000	10,000	20,000	35,000	50,000
DeL Phae	2,040	6,120	10,200	20,400	35,700	51,000
DeL Tr	1,960	5,880	9,800	19,600	34,300	49,000
Std Sed	1,540	4,620	7,700	15,400	26,950	38,500
Jud Sed	1,580	4,740	7,900	15,800	27,650	39,500
FW Sed	1,580	4,740	7,900	15,800	27,650	39,500
York Sed	1,580	4,740	7,900	15,800	27,650	39,500
4P Jud Sed	1,620	4,860	8,100	16,200	28,350	40,500
7P Jud Limo	1,720	5,160	8,600	17,200	30,100	43,000
Sub Limo	1,800	5,400	9,000	18,000	31,500	45,000
Town Car	1,840	5,520	9,200	18,400	32,200	46,000
FW Limo	1,920	5,760	9,600	19,200	33,600	48,000
Std Limo	1,840	5,520	9,200	18,400	32,200	46,000
FW Cabr	2,120	6,360	10,600	21,200	37,100	53,000
FW Coll Cabr	2,320	6,960	11,600	23,200	40,600	58,000
FW Lan'let	1,920	5,760	9,600	19,200	33,600	48,000
FW Town Car	2,000	6,000	10,000	20,000	35,000	50,000
Holbrk Cabr	2,120	6,360	10,600	21,200	37,100	53,000
Brn Town Car	1,920	5,760	9,600	19,200	33,600	48,000
Brn OD Limo	2,000	6,000	10,000	20,000	35,000	50,000
1923 Model L, V-8						
Tr	1,920	5,760	9,600	19,200	33,600	48,000
Phae	1,960	5,880	9,800	19,600	34,300	49,000
Rds	1,920	5,760	9,600	19,200	33,600	48,000
Cpe	1,620	4,860	8,100	16,200	28,350	40,500

	6	5	4	3	2	1
5P Sed	1,580	4,740	7,900	15,800	27,650	39,500
7P Sed	1,620	4,860	8,100	16,200	28,350	40,500
Limo	1,800	5,400	9,000	18,000	31,500	45,000
OD Limo	1,840	5,520	9,200	18,400	32,200	46,000
Town Car	1,880	5,640	9,400	18,800	32,900	47,000
4P Sed	1,540	4,620	7,700	15,400	26,950	38,500
Berl	1,580	4,740	7,900	15,800	27,650	39,500
FW Cabr	1,880	5,640	9,400	18,800	32,900	47,000
FW Limo	1,840	5,520	9,200	18,400	32,200	46,000
FW Town Car	1,880	5,640	9,400	18,800	32,900	47,000
Jud Cpe	1,620	4,860	8,100	16,200	28,350	40,500
Brn Town Car	1,880	5,640	9,400	18,800	32,900	47,000
Brn OD Limo	1,920	5,760	9,600	19,200	33,600	48,000
Jud 2W Berl	1,620	4,860	8,100	16,200	28,350	40,500
Jud 3W Berl	1,620	4,860	8,100	16,200	28,350	40,500
Holbrk Cabr	2,120	6,360	10,600	21,200	37,100	53,000
1924 V-8						
Tr	1,920	5,760	9,600	19,200	33,600	48,000
Phae	1,960	5,880	9,800	19,600	34,300	49,000
Rds	2,000	6,000	10,000	20,000	35,000	50,000
Cpe	1,660	4,980	8,300	16,600	29,050	41,500
5P Sed	1,580	4,740	7,900	15,800	27,650	39,500
7P Sed	1,540	4,620	7,700	15,400	26,950	38,500
Limo	1,620	4,860	8,100	16,200	28,350	40,500
4P Sed	1,540	4,620	7,700	15,400	26,950	38,500
Town Car	1,720	5,160	8,600	17,200	30,100	43,000
Twn Limo	1,760	5,280	8,800	17,600	30,800	44,000
FW Limo	1,800	5,400	9,000	18,000	31,500	45,000
Jud Cpe	1,580	4,740	7,900	15,800	27,650	39,500
Jud Berl	1,620	4,860	8,100	16,200	28,350	40,500
Brn Cabr	1,880	5,640	9,400	18,800	32,900	47,000
Brn Cpe	1,620	4,860	8,100	16,200	28,350	40,500
Brn OD Limo	1,800	5,400	9,000	18,000	31,500	45,000
Leb Sed	1,840	5,520	9,200	18,400	32,200	46,000
1925 Model L, V-8						
Tr	2,040	6,120	10,200	20,400	35,700	51,000
Spt Tr	2,200	6,600	11,000	22,000	38,500	55,000
Phae	2,080	6,240	10,400	20,800	36,400	52,000
Rds	2,040	6,120	10,200	20,400	35,700	51,000
Cpe	1,680	5,040	8,400	16,800	29,400	42,000
4P Sed	1,320	3,960	6,600	13,200	23,100	33,000
5P Sed	1,280	3,840	6,400	12,800	22,400	32,000
7P Sed	1,280	3,840	6,400	12,800	22,400	32,000
Limo	1,680	5,040	8,400	16,800	29,400	42,000
FW Limo	1,720	5,160	8,600	17,200	30,100	43,000
Jud Cpe	1,540	4,620	7,700	15,400	26,950	38,500
Jud Berl	1,580	4,740	7,900	15,800	27,650	39,500
Brn Cabr	2,080	6,240	10,400	20,800	36,400	52,000
FW Coll Clb Rds	2,040	6,120	10,200	20,400	35,700	51,000
FW Sed	1,840	5,520	9,200	18,400	32,200	46,000
FW Brgm	1,880	5,640	9,400	18,800	32,900	47,000
FW Cabr	2,000	6,000	10,000	20,000	35,000	50,000
3W Jud Berl	1,880	5,640	9,400	18,800	32,900	47,000
4P Jud Cpe	1,880	5,640	9,400	18,800	32,900	47,000
Jud Brgm	1,840	5,520	9,200	18,400	32,200	46,000
Mur OD Limo	2,000	6,000	10,000	20,000	35,000	50,000
Holbrk Brgm	1,920	5,760	9,600	19,200	33,600	48,000
Holbrk Coll	1,960	5,880	9,800	19,600	34,300	49,000
Brn OD Limo	1,960	5,880	9,800	19,600	34,300	49,000
Brn Spt Phae	2,200	6,600	11,000	22,000	38,500	55,000
Brn Lan Sed	1,960	5,880	9,800	19,600	34,300	49,000
Brn Town Car	2,000	6,000	10,000	20,000	35,000	50,000
Brn Pan Brgm	1,960	5,880	9,800	19,600	34,300	49,000
Hume Limo	2,040	6,120	10,200	20,400	35,700	51,000
Hume Cpe	1,880	5,640	9,400	18,800	32,900	47,000
5P Leb Sed	2,000	6,000	10,000	20,000	35,000	50,000
4P Leb Sed	1,920	5,760	9,600	19,200	33,600	48,000
Leb DC Phae	2,640	7,920	13,200	26,400	46,200	66,000
Leb Clb Rds	2,320	6,960	11,600	23,200	40,600	58,000
Leb Limo	1,920	5,760	9,600	19,200	33,600	48,000
Leb Brgm	1,960	5,880	9,800	19,600	34,300	49,000
Leb Twn Brgm	2,000	6,000	10,000	20,000	35,000	50,000
Leb Cabr	2,120	6,360	10,600	21,200	37,100	53,000
Leb Coll Spt Cabr	2,320	6,960	11,600	23,200	40,600	58,000
Lke Cabr	2,240	6,720	11,200	22,400	39,200	56,000
Dtrch Coll Cabr	2,280	6,840	11,400	22,800	39,900	57,000
1926 Model L, V-8						
Tr	2,200	6,600	11,000	22,000	38,500	55,000
Spt Tr	2,400	7,200	12,000	24,000	42,000	60,000

	6	5	4	3	2	1
Phae	2,320	6,960	11,600	23,200	40,600	58,000
Rds	2,240	6,720	11,200	22,400	39,200	56,000
Cpe	1,500	4,500	7,500	15,000	26,250	37,500
4P Sed	1,320	3,960	6,600	13,200	23,100	33,000
5P Sed	1,280	3,840	6,400	12,800	22,400	32,000
7P Sed	1,280	3,840	6,400	12,800	22,400	32,000
Limo	1,540	4,620	7,700	15,400	26,950	38,500
FW Limo	1,580	4,740	7,900	15,800	27,650	39,500
Jud Cpe	1,800	5,400	9,000	18,000	31,500	45,000
Jud Berl	1,760	5,280	8,800	17,600	30,800	44,000
Brn Cabr	2,160	6,480	10,800	21,600	37,800	54,000
Holbrk Coll Cabr	2,200	6,600	11,000	22,000	38,500	55,000
Hume Limo	1,760	5,280	8,800	17,600	30,800	44,000
W'by Limo	1,760	5,280	8,800	17,600	30,800	44,000
W'by Lan'let	1,800	5,400	9,000	18,000	31,500	45,000
Dtrch Sed	1,680	5,040	8,400	16,800	29,400	42,000
Dtrch Coll Cabr	2,240	6,720	11,200	22,400	39,200	56,000
Dtrch Brgm	1,840	5,520	9,200	18,400	32,200	46,000
Dtrch Cpe Rds	2,200	6,600	11,000	22,000	38,500	55,000
3W Jud Berl	1,720	5,160	8,600	17,200	30,100	43,000
Jud Brgm	1,680	5,040	8,400	16,800	29,400	42,000
Brn Phae	2,160	6,480	10,800	21,600	37,800	54,000
Brn Sed	1,660	4,980	8,300	16,600	29,050	41,500
Brn Brgm	1,680	5,040	8,400	16,800	29,400	42,000
Brn Semi-Coll Cabr	2,160	6,480	10,800	21,600	37,800	54,000
2W LeB Sed	1,660	4,980	8,300	16,600	29,050	41,500
3W LeB Sed	1,660	4,980	8,300	16,600	29,050	41,500
LeB Cpe	1,720	5,160	8,600	17,200	30,100	43,000
LeB Spt Cabr	2,200	6,600	11,000	22,000	38,500	55,000
LeB A-W Cabr	2,120	6,360	10,600	21,200	37,100	53,000
LeB Limo	1,800	5,400	9,000	18,000	31,500	45,000
LeB Clb Rds	2,240	6,720	11,200	22,400	39,200	56,000
Lke Rds	2,320	6,960	11,600	23,200	40,600	58,000
Lke Semi-Coll Cabr	2,120	6,360	10,600	21,200	37,100	53,000
Lke Cabr	2,240	6,720	11,200	22,400	39,200	56,000
LeB Conv Phae	2,320	6,960	11,600	23,200	40,600	58,000
LeB Conv	2,320	6,960	11,600	23,200	40,600	58,000
1927 Model L, V-8						
Spt Rds	2,880	8,640	14,400	28,800	50,400	72,000
Spt Tr	2,800	8,400	14,000	28,000	49,000	70,000
Phae	2,960	8,880	14,800	29,600	51,800	74,000
Cpe	1,720	5,160	8,600	17,200	30,100	43,000
2W Sed	1,360	4,080	6,800	13,600	23,800	34,000
3W Sed	1,320	3,960	6,600	13,200	23,100	33,000
Sed	1,280	3,840	6,400	12,800	22,400	32,000
FW Limo	1,840	5,520	9,200	18,400	32,200	46,000
Jud Cpe	1,800	5,400	9,000	18,000	31,500	45,000
Brn Cabr	2,800	8,400	14,000	28,000	49,000	70,000
Holbrk Cabr	2,960	8,880	14,800	29,600	51,800	74,000
Brn Brgm	2,160	6,480	10,800	21,600	37,800	54,000
Dtrch Conv Sed	3,040	9,120	15,200	30,400	53,200	76,000
Dtrch Conv Vic	3,040	9,120	15,200	30,400	53,200	76,000
Brn Conv	2,880	8,640	14,400	28,800	50,400	72,000
Brn Semi-Coll Cabr	2,960	8,880	14,800	29,600	51,800	74,000
Holbrk Coll Cabr	3,040	9,120	15,200	30,400	53,200	76,000
LeB A-W Cabr	3,040	9,120	15,200	30,400	53,200	76,000
LeB A-W Brgm	3,040	9,120	15,200	30,400	53,200	76,000
W'by Semi-Coll Cabr	2,960	8,880	14,800	29,600	51,800	74,000
Jud Brgm	2,160	6,480	10,800	21,600	37,800	54,000
Clb Rds	2,320	6,960	11,600	23,200	40,600	58,000
2W Jud Berl	1,720	5,160	8,600	17,200	30,100	43,000
3W Jud Berl	1,720	5,160	8,600	17,200	30,100	43,000
7P E d Limo	1,880	5,640	9,400	18,800	32,900	47,000
LeB Spt Cabr	3,040	9,120	15,200	30,400	53,200	76,000
W'by Lan'let	2,800	8,400	14,000	28,000	49,000	70,000
W'by Limo	1,920	5,760	9,600	19,200	33,600	48,000
LeB Cpe	1,840	5,520	9,200	18,400	32,200	46,000
Der Spt Sed	1,800	5,400	9,000	18,000	31,500	45,000
Lke Conv Sed	3,040	9,120	15,200	30,400	53,200	76,000
Dtrch Cpe Rds	2,960	8,880	14,800	29,600	51,800	74,000
Dtrch Spt Phae	3,040	9,120	15,200	30,400	53,200	76,000
1928 Model L, V-8						
164 Spt Tr	3,360	10,080	16,800	33,600	58,800	84,000
163 Lke Spt Phae	3,520	10,560	17,600	35,200	61,600	88,000
151 Lke Spt Rds	3,440	10,320	17,200	34,400	60,200	86,000
154 Clb Rds	3,280	9,840	16,400	32,800	57,400	82,000
156 Cpe	2,080	6,240	10,400	20,800	36,400	52,000
144W 2W Sed	1,360	4,080	6,800	13,600	23,800	34,000
144B Sed	1,360	4,080	6,800	13,600	23,800	34,000

	6	5	4	3	2	1
152 Sed	1,320	3,960	6,600	13,200	23,100	33,000
147A Sed	1,320	3,960	6,600	13,200	23,100	33,000
147B Limo	2,080	6,240	10,400	20,800	36,400	52,000
161 Jud Berl	2,160	6,480	10,800	21,600	37,800	54,000
161C Jud Berl	2,160	6,480	10,800	21,600	37,800	54,000
Jud Cpe	2,320	6,960	11,600	23,200	40,600	58,000
159 Brn Cabr	3,360	10,080	16,800	33,600	58,800	84,000
145 Brn Brgm	2,800	8,400	14,000	28,000	49,000	70,000
155A Hlbrk Coll Cabr	3,520	10,560	17,600	35,200	61,600	88,000
155 LeB Spt Cabr	3,920	11,760	19,600	39,200	68,600	98,000
157 W'by Lan'let Berl	3,520	10,560	17,600	35,200	61,600	88,000
160 W'by Limo	3,760	11,280	18,800	37,600	65,800	94,000
162A LeB A-W Cabr	3,600	10,800	18,000	36,000	63,000	90,000
162 LeB A-W Lan'let	3,440	10,320	17,200	34,400	60,200	86,000
Jud Spt Cpe	3,200	9,600	16,000	32,000	56,000	80,000
LeB Cpe	3,360	10,080	16,800	33,600	58,800	84,000
Dtrch Conv Vic	3,760	11,280	18,800	37,600	65,800	94,000
Dtrch Cpe Rds	3,840	11,520	19,200	38,400	67,200	96,000
Dtrch Conv Sed	3,920	11,760	19,600	39,200	68,600	98,000
Holbrk Cabr	3,840	11,520	19,200	38,400	67,200	96,000
W'by Spt Sed	2,000	6,000	10,000	20,000	35,000	50,000
Der Spt Sed	2,000	6,000	10,000	20,000	35,000	50,000
Brn Spt Conv	3,440	10,320	17,200	34,400	60,200	86,000

1929 Model L, V-8 Standard Line

	6	5	4	3	2	1
Lke Spt Rds	3,760	11,280	18,800	37,600	65,800	94,000
Clb Rds	3,680	11,040	18,400	36,800	64,400	92,000
Lke Spt Phae	4,000	12,000	20,000	40,000	70,000	100,000
Lke TWS Spt Phae	4,400	13,200	22,000	44,000	77,000	110,000
Lke Spt Phae TC & WS	4,560	13,680	22,800	45,600	79,800	114,000
Lke Spt Tr	3,840	11,520	19,200	38,400	67,200	96,000
Lke Clb Rds	4,160	12,480	20,800	41,600	72,800	104,000
4P Cpe	2,120	6,360	10,600	21,200	37,100	53,000
Twn Sed	1,400	4,200	7,000	14,000	24,500	35,000
5P Sed	1,360	4,080	6,800	13,600	23,800	34,000
7P Sed	1,320	3,960	6,600	13,200	23,100	33,000
7P Limo	2,080	6,240	10,400	20,800	36,400	52,000
2W Jud Berl	2,240	6,720	11,200	22,400	39,200	56,000
3W Jud Berl	2,200	6,600	11,000	22,000	38,500	55,000
Brn A-W Brgm	3,520	10,560	17,600	35,200	61,600	88,000
Brn Cabr	3,680	11,040	18,400	36,800	64,400	92,000
Brn Non-Coll Cabr	3,520	10,560	17,600	35,200	61,600	88,000
Holbrk Coll Cabr	3,920	11,760	19,600	39,200	68,600	98,000
LeB A-W Cabr	4,000	12,000	20,000	40,000	70,000	100,000
LeB Semi-Coll Cabr	3,520	10,560	17,600	35,200	61,600	88,000
LeB Coll Cabr	3,920	11,760	19,600	39,200	68,600	98,000
W'by Lan'let	2,960	8,880	14,800	29,600	51,800	74,000
W'by Limo	2,800	8,400	14,000	28,000	49,000	70,000
Dtrch Cpe	2,560	7,680	12,800	25,600	44,800	64,000
Dtrch Sed	2,560	7,680	12,800	25,600	44,800	64,000
Dtrch Conv	3,760	11,280	18,800	37,600	65,800	94,000
LeB Spt Sed	2,640	7,920	13,200	26,400	46,200	66,000
LeB Aero Phae	3,760	11,280	18,800	37,600	65,800	94,000
LeB Sal Cabr	3,680	11,040	18,400	36,800	64,400	92,000
Brn Spt Conv	3,760	11,280	18,800	37,600	65,800	94,000
Dtrch Conv Sed	3,920	11,760	19,600	39,200	68,600	98,000
Dtrch Conv Vic	4,000	12,000	20,000	40,000	70,000	100,000

1930 Model L, V-8 Standard Line

	6	5	4	3	2	1
Conv Rds	3,760	11,280	18,800	37,600	65,800	94,000
5P Lke Spt Phae	4,160	12,480	20,800	41,600	72,800	104,000
5P Lke Spt Phae TC & WS	4,240	12,720	21,200	42,400	74,200	106,000
7P Lke Spt Phae	3,920	11,760	19,600	39,200	68,600	98,000
Lke Rds	4,160	12,480	20,800	41,600	72,800	104,000
4P Cpe	2,120	6,360	10,600	21,200	37,100	53,000
Twn Sed	1,400	4,200	7,000	14,000	24,500	35,000
5P Sed	1,360	4,080	6,800	13,600	23,800	34,000
7P Sed	1,320	3,960	6,600	13,200	23,100	33,000
7P Limo	2,080	6,240	10,400	20,800	36,400	52,000

1930 Custom Line

	6	5	4	3	2	1
Jud Cpe	2,480	7,440	12,400	24,800	43,400	62,000
2W Jud Berl	2,880	8,640	14,400	28,800	50,400	72,000
3W Jud Berl	2,880	8,640	14,400	28,800	50,400	72,000
Brn A-W Cabr	3,520	10,560	17,600	35,200	61,600	88,000
Brn Non-Coll Cabr	2,960	8,880	14,800	29,600	51,800	74,000
LeB A-W Cabr	4,400	13,200	22,000	44,000	77,000	110,000
LeB Semi-Coll Cabr	4,160	12,480	20,800	41,600	72,800	104,000
W'by Limo	2,880	8,640	14,400	28,800	50,400	72,000
Dtrch Cpe	2,640	7,920	13,200	26,400	46,200	66,000

	6	5	4	3	2	1
Dtrch Sed	2,640	7,920	13,200	26,400	46,200	66,000
2W W'by Twn Sed	2,640	7,920	13,200	26,400	46,200	66,000
3W W'by Twn Sed	2,800	8,400	14,000	28,000	49,000	70,000
W'by Pan Brgm	2,960	8,880	14,800	29,600	51,800	74,000
LeB Cpe	2,640	7,920	13,200	26,400	46,200	66,000
LeB Conv Rds	4,160	12,480	20,800	41,600	72,800	104,000
LeB Spt Sed	3,360	10,080	16,800	33,600	58,800	84,000
Der Spt Conv	4,240	12,720	21,200	42,400	74,200	106,000
Der Conv Phae	4,320	12,960	21,600	43,200	75,600	108,000
Brn Semi-Coll Cabr	4,160	12,480	20,800	41,600	72,800	104,000
Dtrch Conv Cpe	4,320	12,960	21,600	43,200	75,600	108,000
Dtrch Conv Sed	4,400	13,200	22,000	44,000	77,000	110,000
Wolf Conv Sed	4,400	13,200	22,000	44,000	77,000	110,000

1931 Model K, V-8 Type 201, V-8, 145" wb

202B Spt Phae	4,960	14,880	24,800	49,600	86,800	124,000
202A Spt Phae	5,040	15,120	25,200	50,400	88,200	126,000
203 Spt Tr	4,560	13,680	22,800	45,600	79,800	114,000
214 Conv Rds	4,400	13,200	22,000	44,000	77,000	110,000
206 Cpe	2,560	7,680	12,800	25,600	44,800	64,000
204 Twn Sed	2,280	6,840	11,400	22,800	39,900	57,000
205 Sed	2,200	6,600	11,000	22,000	38,500	55,000
207A Sed	2,200	6,600	11,000	22,000	38,500	55,000
207B Limo	2,640	7,920	13,200	26,400	46,200	66,000
212 Conv Phae	4,560	13,680	22,800	45,600	79,800	114,000
210 Conv Cpe	4,400	13,200	22,000	44,000	77,000	110,000
211 Conv Sed	4,560	13,680	22,800	45,600	79,800	114,000
216 W'by Pan Brgm	2,880	8,640	14,400	28,800	50,400	72,000
213A Jud Berl	2,560	7,680	12,800	25,600	44,800	64,000
213B Jud Berl	2,560	7,680	12,800	25,600	44,800	64,000
Jud Cpe	2,560	7,680	12,800	25,600	44,800	64,000
Brn Cabr	4,400	13,200	22,000	44,000	77,000	110,000
LeB Cabr	4,400	13,200	22,000	44,000	77,000	110,000
W'by Limo	2,880	8,640	14,400	28,800	50,400	72,000
Lke Spt Rds	4,560	13,680	22,800	45,600	79,800	114,000
Der Conv Sed	4,880	14,640	24,400	48,800	85,400	122,000
LeB Conv Rds	4,640	13,920	23,200	46,400	81,200	116,000
Mur DC Phae	5,040	15,120	25,200	50,400	88,200	126,000
Dtrch Conv Sed	5,040	15,120	25,200	50,400	88,200	126,000
Dtrch Conv Cpe	4,960	14,880	24,800	49,600	86,800	124,000
Wtrhs Conv Vic	5,040	15,120	25,200	50,400	88,200	126,000

1932 Model KA, V-8, 8-cyl., 136" wb

Rds	4,240	12,720	21,200	42,400	74,200	106,000
Phae	4,960	14,880	24,800	49,600	86,800	124,000
Twn Sed	2,400	7,200	12,000	24,000	42,000	60,000
Sed	2,320	6,960	11,600	23,200	40,600	58,000
Cpe	2,880	8,640	14,400	28,800	50,400	72,000
Vic	2,800	8,400	14,000	28,000	49,000	70,000
7P Sed	2,800	8,400	14,000	28,000	49,000	70,000
Limo	2,960	8,880	14,800	29,600	51,800	74,000

1932 Model KB, V-12 Standard, 12-cyl., 145" wb

Phae	4,640	13,920	23,200	46,400	81,200	116,000
Spt Phae	4,800	14,400	24,000	48,000	84,000	120,000
Cpe	2,880	8,640	14,400	28,800	50,400	72,000
2W Tr Sed	2,560	7,680	12,800	25,600	44,800	64,000
3W Tr Sed	2,520	7,560	12,600	25,200	44,100	63,000
5P Sed	2,480	7,440	12,400	24,800	43,400	62,000
7P Sed	2,440	7,320	12,200	24,400	42,700	61,000
Limo	2,800	8,400	14,000	28,000	49,000	70,000

1932 Custom, 145" wb

LeB Conv Cpe	5,200	15,600	26,000	52,000	91,000	130,000
2P Dtrch Cpe	3,600	10,800	18,000	36,000	63,000	90,000
4P Dtrch Cpe	3,440	10,320	17,200	34,400	60,200	86,000
Jud Cpe	3,680	11,040	18,400	36,800	64,400	92,000
Jud Berl	3,280	9,840	16,400	32,800	57,400	82,000
W'by Limo	3,360	10,080	16,800	33,600	58,800	84,000
Wtrhs Conv Vic	5,040	15,120	25,200	50,400	88,200	126,000
Dtrch Conv Sed	5,200	15,600	26,000	52,000	91,000	130,000
W'by Twn Brgm	3,920	11,760	19,600	39,200	68,600	98,000
Brn Brgm	3,840	11,520	19,200	38,400	67,200	96,000
Brn Non-Coll Cabr	4,320	12,960	21,600	43,200	75,600	108,000
Brn Semi-Coll Cabr	5,200	15,600	26,000	52,000	91,000	130,000
LeB Twn Cabr	5,600	16,800	28,000	56,000	98,000	140,000
Dtrch Spt Berl	4,400	13,200	22,000	44,000	77,000	110,000
5P Rlstn TwnC	5,040	15,120	25,200	50,400	88,200	126,000
7P Rlstn TwnC	5,040	15,120	25,200	50,400	88,200	126,000
Brn Phae	5,440	16,320	27,200	54,400	95,200	136,000
Brn dbl-entry Spt Sed	4,320	12,960	21,600	43,200	75,600	108,000
Brn A-W Brgm	5,440	16,320	27,200	54,400	95,200	136,000

	6	5	4	3	2	1
Brn Clb Sed	4,320	12,960	21,600	43,200	75,600	108,000
Mur Conv Rds	7,400	22,200	37,000	74,000	129,500	185,000
1933 Model KA, V-12, 12-cyl., 136" wb						
512B Cpe	2,880	8,640	14,400	28,800	50,400	72,000
512A RS Cpe	2,960	8,880	14,800	29,600	51,800	74,000
513A Conv Rds	4,400	13,200	22,000	44,000	77,000	110,000
514 Twn Sed	2,480	7,440	12,400	24,800	43,400	62,000
515 Sed	2,440	7,320	12,200	24,400	42,700	61,000
516 Cpe	2,880	8,640	14,400	28,800	50,400	72,000
517 Sed	2,440	7,320	12,200	24,400	42,700	61,000
517B Limo	2,800	8,400	14,000	28,000	49,000	70,000
518A DC Phae	5,200	15,600	26,000	52,000	91,000	130,000
518B Phae	5,040	15,120	25,200	50,400	88,200	126,000
519 7P Tr	4,880	14,640	24,400	48,800	85,400	122,000
520B RS Rds	4,480	13,440	22,400	44,800	78,400	112,000
520A Rds	4,400	13,200	22,000	44,000	77,000	110,000
1933 Model KB, V-8, 12-cyl., 145" wb						
252A DC Phae	5,440	16,320	27,200	54,400	95,200	136,000
252B Phae	5,200	15,600	26,000	52,000	91,000	130,000
253 7P Tr	5,200	15,600	26,000	52,000	91,000	130,000
Twn Sed	2,560	7,680	12,800	25,600	44,800	64,000
255 5P Sed	2,640	7,920	13,200	26,400	46,200	66,000
256 5P Cpe	2,960	8,880	14,800	29,600	51,800	74,000
257 7P Sed	2,560	7,680	12,800	25,600	44,800	64,000
257B Limo	3,040	9,120	15,200	30,400	53,200	76,000
258C Brn Semi-Coll Cabr	5,040	15,120	25,200	50,400	88,200	126,000
258D Brn Non-Coll Cabr	4,640	13,920	23,200	46,400	81,200	116,000
259 Brn Brgm	3,840	11,520	19,200	38,400	67,200	96,000
260 Brn Conv Cpe	7,400	22,200	37,000	74,000	129,500	185,000
Dtrch Conv Sed	7,600	22,800	38,000	76,000	133,000	190,000
2P Dtrch Cpe	3,760	11,280	18,800	37,600	65,800	94,000
4P Dtrch Cpe	3,760	11,280	18,800	37,600	65,800	94,000
Jud Berl	3,280	9,840	16,400	32,800	57,400	82,000
2P Jud Cpe	3,440	10,320	17,200	34,400	60,200	86,000
4P Jud Cpe	3,440	10,320	17,200	34,400	60,200	86,000
Jud Limo	3,600	10,800	18,000	36,000	63,000	90,000
LeB Conv Rds	6,000	18,000	30,000	60,000	105,000	150,000
W'by Limo	3,600	10,800	18,000	36,000	63,000	90,000
W'by Brgm	3,760	11,280	18,800	37,600	65,800	94,000
1934 Series K, V-12, 12-cyl., 136" wb						
4P Conv Rds	4,480	13,440	22,400	44,800	78,400	112,000
4P Twn Sed	2,200	6,600	11,000	22,000	38,500	55,000
5P Sed	2,560	7,680	12,800	25,600	44,800	64,000
5P Cpe	2,960	8,880	14,800	29,600	51,800	74,000
7P Sed	2,560	7,680	12,800	25,600	44,800	64,000
7P Limo	3,040	9,120	15,200	30,400	53,200	76,000
2P Cpe	3,040	9,120	15,200	30,400	53,200	76,000
5P Conv Phae	4,400	13,200	22,000	44,000	77,000	110,000
4P Cpe	2,800	8,400	14,000	28,000	49,000	70,000
1934 V-12, 145" wb						
Tr	4,320	12,960	21,600	43,200	75,600	108,000
Sed	2,640	7,920	13,200	26,400	46,200	66,000
Limo	2,960	8,880	14,800	29,600	51,800	74,000
2W Jud Berl	3,360	10,080	16,800	33,600	58,800	84,000
3W Jud Berl	3,280	9,840	16,400	32,800	57,400	82,000
Jud Sed Limo	3,040	9,120	15,200	30,400	53,200	76,000
Brn Brgm	3,280	9,840	16,400	32,800	57,400	82,000
Brn Semi-Coll Cabr	4,160	12,480	20,800	41,600	72,800	104,000
Brn Conv Cpe	5,040	15,120	25,200	50,400	88,200	126,000
W'by Limo	2,960	8,880	14,800	29,600	51,800	74,000
LeB Rds	5,040	15,120	25,200	50,400	88,200	126,000
Dtrch Conv Sed	5,440	16,320	27,200	54,400	95,200	136,000
Brn Conv Vic	5,440	16,320	27,200	54,400	95,200	136,000
LeB Cpe	3,280	9,840	16,400	32,800	57,400	82,000
Dtrch Conv Rds	5,040	15,120	25,200	50,400	88,200	126,000
W'by Spt Sed	2,960	8,880	14,800	29,600	51,800	74,000
LeB Conv Cpe	5,040	15,120	25,200	50,400	88,200	126,000
Brn Conv Sed	5,440	16,320	27,200	54,400	95,200	136,000
Brn Cus Phae	5,440	16,320	27,200	54,400	95,200	136,000
Brwstr Non-Coll Cabr	4,240	12,720	21,200	42,400	74,200	106,000
1935 Series K, V-12, 136" wb						
LeB Conv Rds	4,480	13,440	22,400	44,800	78,400	112,000
LeB Cpe	2,520	7,560	12,600	25,200	44,100	63,000
Cpe	2,440	7,320	12,200	24,400	42,700	61,000
Brn Conv Vic	4,560	13,680	22,800	45,600	79,800	114,000
2W Sed	2,080	6,240	10,400	20,800	36,400	52,000

	6	5	4	3	2	1
3W Sed	2,040	6,120	10,200	20,400	35,700	51,000
LeB Conv Phae	4,640	13,920	23,200	46,400	81,200	116,000
1935 V-12, 145" wb						
7P Tr	4,400	13,200	22,000	44,000	77,000	110,000
7P Sed	2,120	6,360	10,600	21,200	37,100	53,000
7P Limo	2,520	7,560	12,600	25,200	44,100	63,000
LeB Conv Sed	5,040	15,120	25,200	50,400	88,200	126,000
Brn Semi-Coll Cabr	4,160	12,480	20,800	41,600	72,800	104,000
Brn Non-Coll Cabr	4,000	12,000	20,000	40,000	70,000	100,000
Brn Brgm	2,520	7,560	12,600	25,200	44,100	63,000
W'by Limo	2,480	7,440	12,400	24,800	43,400	62,000
W'by Spt Sed	2,520	7,560	12,600	25,200	44,100	63,000
2W Jud Berl	2,480	7,440	12,400	24,800	43,400	62,000
3W Jud Berl	2,520	7,560	12,600	25,200	44,100	63,000
Jud Sed Limo	2,560	7,680	12,800	25,600	44,800	64,000
1936 Zephyr, V-12, 122" wb						
4d Sed	1,320	3,960	6,600	13,200	23,100	33,000
2d Sed	1,360	4,080	6,800	13,600	23,800	34,000
1936 12-cyl., 136" wb						
LeB Rds Cabr	3,600	10,800	18,000	36,000	63,000	90,000
2P LeB Cpe	1,960	5,880	9,800	19,600	34,300	49,000
5P Cpe	1,880	5,640	9,400	18,800	32,900	47,000
Brn Conv Vic	3,840	11,520	19,200	38,400	67,200	96,000
2W Sed	1,680	5,040	8,400	16,800	29,400	42,000
3W Sed	1,640	4,920	8,200	16,400	28,700	41,000
LeB Conv Sed	4,000	12,000	20,000	40,000	70,000	100,000
1936 V-12, 145" wb						
7P Tr	4,000	12,000	20,000	40,000	70,000	100,000
7P Sed	1,960	5,880	9,800	19,600	34,300	49,000
7P Limo	2,120	6,360	10,600	21,200	37,100	53,000
LeB Conv Sed W/part	4,240	12,720	21,200	42,400	74,200	106,000
Brn Semi-Coll Cabr	3,840	11,520	19,200	38,400	67,200	96,000
Brn Non-Coll Cabr	3,040	9,120	15,200	30,400	53,200	76,000
Brn Brgm	2,160	6,480	10,800	21,600	37,800	54,000
W'by Limo	2,240	6,720	11,200	22,400	39,200	56,000
W'by Spt Sed	2,080	6,240	10,400	20,800	36,400	52,000
2W Jud Berl	2,160	6,480	10,800	21,600	37,800	54,000
3W Jud Berl	2,200	6,600	11,000	22,000	38,500	55,000
Jud Limo	2,280	6,840	11,400	22,800	39,900	57,000
1937 Zephyr, V-12						
3P Cpe	1,240	3,720	6,200	12,400	21,700	31,000
2d Sed	1,120	3,360	5,600	11,200	19,600	28,000
4d Sed	1,080	3,240	5,400	10,800	18,900	27,000
Twn Sed	1,120	3,360	5,600	11,200	19,600	28,000
1937 Series K, V-12, 136" wb						
LeB Conv Rds	3,440	10,320	17,200	34,400	60,200	86,000
LeB Cpe	1,920	5,760	9,600	19,200	33,600	48,000
W'by Cpe	2,000	6,000	10,000	20,000	35,000	50,000
Brn Conv Vic	3,600	10,800	18,000	36,000	63,000	90,000
2W Sed	1,760	5,280	8,800	17,600	30,800	44,000
3W Sed	1,720	5,160	8,600	17,200	30,100	43,000
1937 V-12, 145" wb						
7P Sed	1,840	5,520	9,200	18,400	32,200	46,000
7P Limo	1,920	5,760	9,600	19,200	33,600	48,000
LeB Conv Sed	3,680	11,040	18,400	36,800	64,400	92,000
LeB Conv Sed W/part	3,840	11,520	19,200	38,400	67,200	96,000
Brn Semi-Coll Cabr	3,440	10,320	17,200	34,400	60,200	86,000
Brn Non-Coll Cabr	2,720	8,160	13,600	27,200	47,600	68,000
Brn Brgm	2,200	6,600	11,000	22,000	38,500	55,000
Brn Tr Cabr	3,600	10,800	18,000	36,000	63,000	90,000
2W Jud Berl	2,160	6,480	10,800	21,600	37,800	54,000
3W Jud Berl	2,120	6,360	10,600	21,200	37,100	53,000
Jud Limo	2,360	7,080	11,800	23,600	41,300	59,000
W'by Tr	2,480	7,440	12,400	24,800	43,400	62,000
W'by Limo	2,320	6,960	11,600	23,200	40,600	58,000
W'by Spt Sed	2,120	6,360	10,600	21,200	37,100	53,000
W'by Cpe	2,200	6,600	11,000	22,000	38,500	55,000
W'by Pan Brgm	2,240	6,720	11,200	22,400	39,200	56,000
Jud Cpe	2,200	6,600	11,000	22,000	38,500	55,000
1938 Zephyr, V-12						
3P Cpe	1,360	4,080	6,800	13,600	23,800	34,000
3P Conv Cpe	1,760	5,280	8,800	17,600	30,800	44,000
4d Sed	880	2,640	4,400	8,800	15,400	22,000
2d Sed	920	2,760	4,600	9,200	16,100	23,000
Conv Sed	2,400	7,200	12,000	24,000	42,000	60,000
Twn Sed	1,000	3,000	5,000	10,000	17,500	25,000

	6	5	4	3	2	1
1938 Series K, V-12, 136" wb						
LeB Conv Rds	3,440	10,320	17,200	34,400	60,200	86,000
LeB Cpe	1,920	5,760	9,600	19,200	33,600	48,000
W'by Cpe	1,960	5,880	9,800	19,600	34,300	49,000
2W Sed	1,760	5,280	8,800	17,600	30,800	44,000
3W Sed	1,720	5,160	8,600	17,200	30,100	43,000
Brn Conv Vic	3,520	10,560	17,600	35,200	61,600	88,000
1938 V-12, 145" wb						
7P Sed	1,800	5,400	9,000	18,000	31,500	45,000
Sed Limo	1,840	5,520	9,200	18,400	32,200	46,000
LeB Conv Sed	3,840	11,520	19,200	38,400	67,200	96,000
LeB Conv Sed W/part	4,000	12,000	20,000	40,000	70,000	100,000
2W Jud Berl	1,840	5,520	9,200	18,400	32,200	46,000
3W Jud Berl	1,880	5,640	9,400	18,800	32,900	47,000
Jud Limo	1,960	5,880	9,800	19,600	34,300	49,000
Brn Tr Cabr	3,920	11,760	19,600	39,200	68,600	98,000
W'by Tr	2,560	7,680	12,800	25,600	44,800	64,000
W'by Spt Sed	1,960	5,880	9,800	19,600	34,300	49,000
Brn Non-Coll Cabr	2,160	6,480	10,800	21,600	37,800	54,000
Brn Semi-Coll Cabr	3,440	10,320	17,200	34,400	60,200	86,000
Brn Brgm	1,960	5,880	9,800	19,600	34,300	49,000
W'by Pan Brgm	1,760	5,280	8,800	17,600	30,800	44,000
W'by Limo	2,160	6,480	10,800	21,600	37,800	54,000
1939 Zephyr, V-12						
3P Cpe	1,320	3,960	6,600	13,200	23,100	33,000
Conv Cpe	2,080	6,240	10,400	20,800	36,400	52,000
2d Sed	960	2,880	4,800	9,600	16,800	24,000
5P Sed	960	2,880	4,800	9,600	16,800	24,000
Conv Sed	2,360	7,080	11,800	23,600	41,300	59,000
Twn Sed	1,000	3,000	5,000	10,000	17,500	25,000
1939 Series K, V-12, 136" wb						
LeB Conv Rds	3,040	9,120	15,200	30,400	53,200	76,000
LeB Cpe	2,000	6,000	10,000	20,000	35,000	50,000
W'by Cpe	2,040	6,120	10,200	20,400	35,700	51,000
2W Sed	1,880	5,640	9,400	18,800	32,900	47,000
3W Sed	1,880	5,640	9,400	18,800	32,900	47,000
Brn Conv Vic	3,040	9,120	15,200	30,400	53,200	76,000
1939 V-12, 145" wb						
2W Jud Berl	1,920	5,760	9,600	19,200	33,600	48,000
3W Jud Berl	1,880	5,640	9,400	18,800	32,900	47,000
Jud Limo	2,000	6,000	10,000	20,000	35,000	50,000
Brn Tr Cabr	2,560	7,680	12,800	25,600	44,800	64,000
7P Sed	1,920	5,760	9,600	19,200	33,600	48,000
7P Limo	2,040	6,120	10,200	20,400	35,700	51,000
LeB Conv Sed	3,840	11,520	19,200	38,400	67,200	96,000
LeB Conv Sed W/part	4,000	12,000	20,000	40,000	70,000	100,000
W'by Spt Sed	2,160	6,480	10,800	21,600	37,800	54,000
1939 V-12, 145" wb, 6 wheels						
Brn Non-Coll Cabr	3,440	10,320	17,200	34,400	60,200	86,000
Brn Semi-Coll Cabr	3,840	11,520	19,200	38,400	67,200	96,000
Brn Brgm	2,280	6,840	11,400	22,800	39,900	57,000
W'by Limo	2,440	7,320	12,200	24,400	42,700	61,000
1940 Zephyr, V-12						
3P Cpe	1,240	3,720	6,200	12,400	21,700	31,000
OS Cpe	1,160	3,480	5,800	11,600	20,300	29,000
Clb Cpe	1,200	3,600	6,000	12,000	21,000	30,000
Conv Clb Cpe	1,800	5,400	9,000	18,000	31,500	45,000
6P Sed	960	2,880	4,800	9,600	16,800	24,000
Twn Limo	1,360	4,080	6,800	13,600	23,800	34,000
Cont Clb Cpe	2,120	6,360	10,600	21,200	37,100	53,000
Cont Conv Cabr	2,640	7,920	13,200	26,400	46,200	66,000
1940 Series K, V-12						
NOTE: Available on special request, black emblems rather than blue.						
1941 Zephyr, V-12						
3P Cpe	1,240	3,720	6,200	12,400	21,700	31,000
OS Cpe	1,160	3,480	5,800	11,600	20,300	29,000
Clb Cpe	1,200	3,600	6,000	12,000	21,000	30,000
Conv Cpe	1,760	5,280	8,800	17,600	30,800	44,000
Cont Cpe	2,080	6,240	10,400	20,800	36,400	52,000
Cont Conv Cabr	2,640	7,920	13,200	26,400	46,200	66,000
6P Sed	960	2,880	4,800	9,600	16,800	24,000
Cus Sed	1,000	3,000	5,000	10,000	17,500	25,000
8P Limo	1,200	3,600	6,000	12,000	21,000	30,000
1942 Zephyr, V-12						
3P Cpe	960	2,880	4,800	9,600	16,800	24,000
Clb Cpe	1,000	3,000	5,000	10,000	17,500	25,000

	6	5	4	3	2	1
Conv Clb Cpe	1,720	5,160	8,600	17,200	30,100	43,000
Cont Cpe	2,080	6,240	10,400	20,800	36,400	52,000
Cont Conv Cabr	2,640	7,920	13,200	26,400	46,200	66,000
6P Sed	880	2,640	4,400	8,800	15,400	22,000
Cus Sed	920	2,760	4,600	9,200	16,100	23,000
8P Limo	1,240	3,720	6,200	12,400	21,700	31,000
1946-1948 8th Series, V-12, 125" wb						
2d Clb Cpe	960	2,880	4,800	9,600	16,800	24,000
2d Conv	1,640	4,920	8,200	16,400	28,700	41,000
4d Sed	880	2,640	4,400	8,800	15,400	22,000
2d Cont Cpe	2,120	6,360	10,600	21,200	37,100	53,000
2d Cont Conv	2,640	7,920	13,200	26,400	46,200	66,000
1949-1950 Model OEL, V-8, 121" wb						
4d Spt Sed	880	2,640	4,400	8,800	15,400	22,000
2d Cpe	1,040	3,120	5,200	10,400	18,200	26,000
2d Lido Cpe (1950 only)	1,240	3,720	6,200	12,400	21,700	31,000
1949-1950 Cosmopolitan, V-8, 125" wb						
4d Town Sed (1949 only)	920	2,760	4,600	9,200	16,100	23,000
4d Spt Sed	940	2,820	4,700	9,400	16,450	23,500
2d Cpe	1,040	3,120	5,200	10,400	18,200	26,000
2d Capri (1950 only)	1,200	3,600	6,000	12,000	21,000	30,000
2d Conv	1,400	4,200	7,000	14,000	24,500	35,000
1951 Model Del, V-8, 121" wb						
4d Spt Sed	920	2,760	4,600	9,200	16,100	23,000
2d Cpe	1,000	3,000	5,000	10,000	17,500	25,000
2d Lido Cpe	1,300	3,900	6,500	13,000	22,750	32,500
1951 Cosmopolitan, V-8, 125" wb						
4d Spt Sed	960	2,880	4,800	9,600	16,800	24,000
2d Cpe	1,040	3,120	5,200	10,400	18,200	26,000
2d Capri	1,160	3,480	5,800	11,600	20,300	29,000
2d Conv	1,440	4,320	7,200	14,400	25,200	36,000
1952-1953 Cosmopolitan Model BH, V-8, 123" wb						
4d Sed	880	2,640	4,400	8,800	15,400	22,000
2d HT	1,080	3,240	5,400	10,800	18,900	27,000
1952-1953 Capri, V-8, 123" wb						
4d Sed	920	2,760	4,600	9,200	16,100	23,000
2d HT	1,120	3,360	5,600	11,200	19,600	28,000
2d Conv	1,440	4,320	7,200	14,400	25,200	36,000
1954 V-8, 123" wb						
4d Sed	880	2,640	4,400	8,800	15,400	22,000
2d HT	1,120	3,360	5,600	11,200	19,600	28,000
1954 Capri, V-8, 123" wb						
4d Sed	880	2,640	4,400	8,800	15,400	22,000
2d HT	1,200	3,600	6,000	12,000	21,000	30,000
2d Conv	1,480	4,440	7,400	14,800	25,900	37,000
1955 V-8, 123" wb						
4d Sed	880	2,640	4,400	8,800	15,400	22,000
2d HT	1,080	3,240	5,400	10,800	18,900	27,000
1955 Capri, V-8, 123" wb						
4d Sed	900	2,700	4,500	9,000	15,750	22,500
2d HT	1,160	3,480	5,800	11,600	20,300	29,000
2d Conv	1,600	4,800	8,000	16,000	28,000	40,000
1956 Capri, V-8, 126" wb						
4d Sed	900	2,700	4,500	9,000	15,750	22,500
2d HT	1,300	3,850	6,400	12,800	22,400	32,000
1956 Premiere, V-8, 126" wb						
4d Sed	920	2,760	4,600	9,200	16,100	23,000
2d HT	1,500	4,450	7,400	14,800	25,900	37,000
2d Conv	1,900	5,650	9,400	18,800	32,900	47,000
1956 Continental Mk II, V-8, 126" wb						
2d HT	1,900	5,750	9,600	19,200	33,600	48,000
1957 Capri, V-8, 126" wb						
4d Sed	760	2,280	3,800	7,600	13,300	19,000
4d HT	840	2,520	4,200	8,400	14,700	21,000
2d HT	1,150	3,500	5,800	11,600	20,300	29,000
1957 Premiere, V-8, 126" wb						
4d Sed	800	2,400	4,000	8,000	14,000	20,000
4d HT	880	2,640	4,400	8,800	15,400	22,000
2d HT	1,250	3,700	6,200	12,400	21,700	31,000
2d Conv	1,800	5,400	9,000	18,000	31,500	45,000
1957 Continental Mk II, V-8, 126" wb						
2d HT	1,760	5,280	8,800	17,600	30,800	44,000

	6	5	4	3	2	1
1958-1959 Capri, V-8, 131" wb						
4d Sed	640	1,920	3,200	6,400	11,200	16,000
4d HT	720	2,160	3,600	7,200	12,600	18,000
2d HT	840	2,520	4,200	8,400	14,700	21,000
1958-1959 Premiere, V-8, 131" wb						
4d Sed	680	2,040	3,400	6,800	11,900	17,000
4d HT	760	2,280	3,800	7,600	13,300	19,000
2d HT	880	2,640	4,400	8,800	15,400	22,000
1958-1959 Continental Mk III and IV, V-8, 131" wb						
4d Sed	760	2,280	3,800	7,600	13,300	19,000
4d HT	840	2,520	4,200	8,400	14,700	21,000
2d HT	960	2,880	4,800	9,600	16,800	24,000
2d Conv	1,250	3,700	6,200	12,400	21,700	31,000
4d Town Car (1959 only)	960	2,880	4,800	9,600	16,800	24,000
4d Limo (1959 only)	1,000	3,000	5,000	10,000	17,500	25,000
1960 Lincoln, V-8, 131" wb						
4d Sed	680	2,040	3,400	6,800	11,900	17,000
4d HT	760	2,280	3,800	7,600	13,300	19,000
2d HT	840	2,520	4,200	8,400	14,700	21,000
1960 Premiere, V-8, 131" wb						
4d Sed	720	2,160	3,600	7,200	12,600	18,000
4d HT	800	2,400	4,000	8,000	14,000	20,000
2d HT	880	2,640	4,400	8,800	15,400	22,000
1960 Continental Mk V, V-8, 131" wb						
4d Sed	800	2,400	4,000	8,000	14,000	20,000
4d HT	880	2,640	4,400	8,800	15,400	22,000
2d HT	1,040	3,120	5,200	10,400	18,200	26,000
2d Conv	1,350	4,100	6,800	13,600	23,800	34,000
4d Town Car	1,000	3,000	5,000	10,000	17,500	25,000
4d Limo	1,040	3,120	5,200	10,400	18,200	26,000
1961-1963 Continental, V-8, 123" wb						
4d Sed	640	1,920	3,200	6,400	11,200	16,000
4d Conv	1,080	3,240	5,400	10,800	18,900	27,000
1964-1965 Continental, V-8, 126" wb						
4d Sed	640	1,920	3,200	6,400	11,200	16,000
4d Conv	1,120	3,360	5,600	11,200	19,600	28,000
4d Exec Limo	720	2,160	3,600	7,200	12,600	18,000
1966 Continental, V-8, 126" wb						
4d Sed	640	1,920	3,200	6,400	11,200	16,000
2d HT	760	2,280	3,800	7,600	13,300	19,000
4d Conv	1,120	3,360	5,600	11,200	19,600	28,000
1967 Continental, V-8, 126" wb						
4d Sed	640	1,920	3,200	6,400	11,200	16,000
2d HT	760	2,280	3,800	7,600	13,300	19,000
4d Conv	1,120	3,360	5,600	11,200	19,600	28,000
1968 Continental, V-8, 126" wb						
4d Sed	600	1,800	3,000	6,000	10,500	15,000
2d HT	720	2,160	3,600	7,200	12,600	18,000
1968 Continental, V-8, 117" wb						
2d HT	760	2,280	3,800	7,600	13,300	19,000
1969 Continental, V-8, 126" wb						
4d Sed	560	1,680	2,800	5,600	9,800	14,000
2d HT	600	1,800	3,000	6,000	10,500	15,000
1969 Continental Mk III, V-8, 117" wb						
2d HT	920	2,760	4,600	9,200	16,100	23,000
1970 Continental						
4d Sed	560	1,680	2,800	5,600	9,800	14,000
2d HT	600	1,800	3,000	6,000	10,500	15,000
1970 Continental Mk III, V-8, 117" wb						
2d HT	940	2,820	4,700	9,400	16,450	23,500
1971 Continental						
4d Sed	560	1,680	2,800	5,600	9,800	14,000
2d	600	1,800	3,000	6,000	10,500	15,000
1971 Mk III						
2d	940	2,820	4,700	9,400	16,450	23,500
1972 Continental						
4d Sed	560	1,680	2,800	5,600	9,800	14,000
2d	600	1,800	3,000	6,000	10,500	15,000
1972 Mk IV						
2d	760	2,280	3,800	7,600	13,300	19,000
1973 Continental, V-8						
2d HT	580	1,740	2,900	5,800	10,150	14,500

1932 Hupmobile B-216 convertible cabriolet

1939 Hupmobile Model H sedan

1951 Kaiser Deluxe club coupe

	6	5	4	3	2	1
4d HT	540	1,620	2,700	5,400	9,450	13,500
1973 Mk IV, V-8						
2d HT	760	2,280	3,800	7,600	13,300	19,000
1974 Continental, V-8						
4d Sed	520	1,560	2,600	5,200	9,100	13,000
2d Cpe	540	1,620	2,700	5,400	9,450	13,500
1974 Mk IV, V-8						
2d HT	720	2,160	3,600	7,200	12,600	18,000
1975 Continental, V-8						
4d Sed	532	1,596	2,660	5,320	9,310	13,300
2d Cpe	540	1,620	2,700	5,400	9,450	13,500
1975 Mk IV, V-8						
2d HT	720	2,160	3,600	7,200	12,600	18,000
1976 Continental, V-8						
4d Sed	520	1,560	2,600	5,200	9,100	13,000
2d Cpe	540	1,620	2,700	5,400	9,450	13,500
1976 Mk IV, V-8						
2d Cpe	720	2,160	3,600	7,200	12,600	18,000
NOTE: Add 10 percent for 460 cid engine.						
1977 Versailles, V-8						
4d Sed	360	1,080	1,800	3,600	6,300	9,000
1977 Continental, V-8						
4d Sed	372	1,116	1,860	3,720	6,510	9,300
2d Cpe	380	1,140	1,900	3,800	6,650	9,500
1977 Mk V, V-8						
2d Cpe	680	2,040	3,400	6,800	11,900	17,000
NOTE: Add 10 percent for 460 cid engine.						
1978 Versailles						
4d Sed	260	780	1,300	2,600	4,550	6,500
1978 Continental						
4d Sed	248	744	1,240	2,480	4,340	6,200
2d Cpe	256	768	1,280	2,560	4,480	6,400
1978 Mk V						
2d Cpe	720	2,160	3,600	7,200	12,600	18,000
NOTE: Add 10 percent for Diamond Jubilee. Add 5 percent for Collector Series. Add 5 percent for Designer Series. Add 10 percent for 460 cid engine.						
1979 Versailles, V-8						
4d Sed	240	720	1,200	2,400	4,200	6,000
1979 Continental, V-8						
4d Sed	260	780	1,300	2,600	4,550	6,500
2d Cpe	268	804	1,340	2,680	4,690	6,700
1979 Mk V, V-8						
2d Cpe	680	2,040	3,400	6,800	11,900	17,000
NOTE: Add 5 percent for Collector Series. Add 5 percent for Designer Series.						
1980 Versailles, V-8						
4d Sed	244	732	1,220	2,440	4,270	6,100
1980 Continental, V-8						
4d Sed	240	720	1,200	2,400	4,200	6,000
2d Cpe	248	744	1,240	2,480	4,340	6,200
1980 Mk VI, V-8						
4d Sed	360	1,080	1,800	3,600	6,300	9,000
2d Cpe	368	1,104	1,840	3,680	6,440	9,200
1981 Town Car, V-8						
4d Sed	232	696	1,160	2,320	4,060	5,800
2d Cpe	236	708	1,180	2,360	4,130	5,900
1981 Mk VI						
4d Sed	240	720	1,200	2,400	4,200	6,000
2d Cpe	248	744	1,240	2,480	4,340	6,200
1982 Town Car, V-8						
4d Sed	260	780	1,300	2,600	4,550	6,500
1982 Mk VI, V-8						
4d Sed	244	732	1,220	2,440	4,270	6,100
2d Cpe	248	744	1,240	2,480	4,340	6,200
1982 Continental, V-8						
4d Sed	520	1,560	2,600	5,200	9,100	13,000
1983 Town Car, V-8						
4d Sed	272	816	1,360	2,720	4,760	6,800
1983 Mk VI, V-8						
2d Cpe	248	744	1,240	2,480	4,340	6,200

	6	5	4	3	2	1
1983 Continental, V-8						
4d Sed	520	1,560	2,600	5,200	9,100	13,000
1984 Town Car, V-8						
4d Sed	276	828	1,380	2,760	4,830	6,900
1984 Mk VII, V-8						
2d Cpe	360	1,080	1,800	3,600	6,300	9,000
2d LSC Cpe	540	1,620	2,700	5,400	9,450	13,500
1984 Continental, V-8						
4d Sed	520	1,560	2,600	5,200	9,100	13,000
1985 Town Car, V-8						
4d Sed	360	1,080	1,800	3,600	6,300	9,000
1985 Mk VII, V-8						
2d Cpe	368	1,104	1,840	3,680	6,440	9,200
2d LSC Cpe	540	1,620	2,700	5,400	9,450	13,500
1985 Continental, V-8						
4d Sed	536	1,608	2,680	5,360	9,380	13,400
1986 Town Car						
4d Sed	380	1,140	1,900	3,800	6,650	9,500
1986 Mk VII						
2d Cpe	520	1,560	2,600	5,200	9,100	13,000
2d LSC Cpe	540	1,620	2,700	5,400	9,450	13,500
1986 Continental						
4d Sed	552	1,656	2,760	5,520	9,660	13,800
NOTE: Add 20 percent for Designer Series.						
1987 Town Car, V-8						
4d Sed	392	1,176	1,960	3,920	6,860	9,800
4d Sed Signature	420	1,260	2,100	4,200	7,350	10,500
4d Sed Cartier	540	1,620	2,700	5,400	9,450	13,500
1987 Mk VII, V-8						
2d Cpe	420	1,260	2,100	4,200	7,350	10,500
2d Cpe LSC	540	1,620	2,700	5,400	9,450	13,500
2d Cpe Bill Blass	560	1,680	2,800	5,600	9,800	14,000
1987 Continental, V-8						
4d Sed	380	1,140	1,900	3,800	6,650	9,500
4d Sed Givenchy	420	1,260	2,100	4,200	7,350	10,500
1988 Town Car, V-8						
4d Sed	400	1,200	2,000	4,000	7,000	10,000
4d Sed Signature	520	1,560	2,600	5,200	9,100	13,000
4d Sed Cartier	540	1,620	2,700	5,400	9,450	13,500
1988 Mk VII, V-8						
2d Cpe LSC	552	1,656	2,760	5,520	9,660	13,800
2d Cpe Bill Blass	556	1,668	2,780	5,560	9,730	13,900
1988 Continental,V-6						
4d Sed	412	1,236	2,060	4,120	7,210	10,300
4d Sed Signature	532	1,596	2,660	5,320	9,310	13,300
1989 Town Car, V-8						
4d Sed	540	1,620	2,700	5,400	9,450	13,500
4d Sed Signature	560	1,680	2,800	5,600	9,800	14,000
4d Sed Cartier	600	1,800	3,000	6,000	10,500	15,000
1989 Mk VII, V-8						
2d Cpe LSC	560	1,680	2,800	5,600	9,800	14,000
2d Cpe Bill Blass	560	1,680	2,800	5,600	9,800	14,000
1989 Continental, V-6						
4d Sed	420	1,260	2,100	4,200	7,350	10,500
4d Sed Signature	540	1,620	2,700	5,400	9,450	13,500
1990 Town Car, V-8						
4d Sed	600	1,800	3,000	6,000	10,500	15,000
4d Sed Signature	640	1,920	3,200	6,400	11,200	16,000
4d Sed Cartier	660	1,980	3,300	6,600	11,550	16,500
1990 Mk VII, V-8						
2d LSC Cpe	560	1,680	2,800	5,600	9,800	14,000
2d Cpe Bill Blass	580	1,740	2,900	5,800	10,150	14,500
1990 Continental, V-6						
4d Sed	520	1,560	2,600	5,200	9,100	13,000
4d Sed Signature	540	1,620	2,700	5,400	9,450	13,500
1991 Town Car, V-8						
4d Sed	520	1,560	2,600	5,200	9,100	13,000
4d Sed Signature	540	1,620	2,700	5,400	9,450	13,500
4d Sed Cartier	580	1,740	2,900	5,800	10,150	14,500
1991 Mk VII, V-8						
2d Cpe LSC	560	1,680	2,800	5,600	9,800	14,000
2d Cpe Bill Blass	580	1,740	2,900	5,800	10,150	14,500

	6	5	4	3	2	1
1991 Continental, V-6						
4d Sed	420	1,260	2,100	4,200	7,350	10,500
4d Sed Signature	520	1,560	2,600	5,200	9,100	13,000
1992 Town Car, V-8						
4d Sed Executive	592	1,776	2,960	5,920	10,360	14,800
4d Sed Signature	600	1,800	3,000	6,000	10,500	15,000
4d Sed Cartier	620	1,860	3,100	6,200	10,850	15,500
1992 Mk VII, V-8						
2d Cpe LSC	640	1,920	3,200	6,400	11,200	16,000
2d Cpe Bill Blass	640	1,920	3,200	6,400	11,200	16,000
1992 Continental, V-6						
4d Executive	400	1,200	2,000	4,000	7,000	10,000
4d Signature	420	1,260	2,100	4,200	7,350	10,500
1993 Town Car, V-8						
4d Sed Executive	600	1,800	3,000	6,000	10,500	15,000
4d Sed Signature	640	1,920	3,200	6,400	11,200	16,000
4d Sed Cartier	660	1,980	3,300	6,600	11,550	16,500
1993 Mk VIII, V-8						
2d Sed Executive	648	1,944	3,240	6,480	11,340	16,200
2d Sed Signature	652	1,956	3,260	6,520	11,410	16,300
1993 Continental, V-6						
4d Sed Executive	600	1,800	3,000	6,000	10,500	15,000
4d Sed Signature	604	1,812	3,020	6,040	10,570	15,100
1994 Town Car, V-8						
4d Sed Executive	520	1,560	2,600	5,200	9,100	13,000
4d Sed Signature	540	1,620	2,700	5,400	9,450	13,500
4d Sed Cartier	580	1,740	2,900	5,800	10,150	14,500
1994 Mark VIII, V-8						
2d Cpe	520	1,560	2,600	5,200	9,100	13,000
1994 Continental, V-6						
4d Sed Executive	440	1,320	2,200	4,400	7,700	11,000
4d Sed Signature	480	1,440	2,400	4,800	8,400	12,000

LOCOMOBILE

1901						
Style 2 Steam Rbt	1,640	4,920	8,200	16,400	28,700	41,000
Style 02 Steam Rbt	1,680	5,040	8,400	16,800	29,400	42,000
Style 3 Buggy Top Rbt	1,720	5,160	8,600	17,200	30,100	43,000
Style 03 Vic Top Rbt	1,720	5,160	8,600	17,200	30,100	43,000
Style 003 Vic Top Rbt	1,720	5,160	8,600	17,200	30,100	43,000
Style 5 Locosurrey	1,760	5,280	8,800	17,600	30,800	44,000
Style 05 Locosurrey	1,800	5,400	9,000	18,000	31,500	45,000
1902						
4P Model A Steam Tr	1,720	5,160	8,600	17,200	30,100	43,000
2/4P Model B Steam Tr	1,760	5,280	8,800	17,600	30,800	44,000
2P Steam Vic	1,640	4,920	8,200	16,400	28,700	41,000
Style No. 2 Std Steam Rbt	1,600	4,800	8,000	16,000	28,000	40,000
Style No. 02 Steam Rbt	1,640	4,920	8,200	16,400	28,700	41,000
4P Style No. 5 Steam Locosurrey	1,720	5,160	8,600	17,200	30,100	43,000
4P Style No. 05 Steam Locosurrey	1,760	5,280	8,800	17,600	30,800	44,000
Style No. 3 Steam Physician's Car	1,650	4,900	8,200	16,400	28,700	41,000
Style No. 03 Steam Stanhope	1,560	4,680	7,800	15,600	27,300	39,000
Style No. 003 Stanhope	1,600	4,800	8,000	16,000	28,000	40,000
Steam Locotrap	1,600	4,800	8,000	16,000	28,000	40,000
Steam Locodelivery	1,640	4,920	8,200	16,400	28,700	41,000
1903 Steam Cars						
Dos-a-Dos	1,680	5,040	8,400	16,800	29,400	42,000
Locosurrey	1,720	5,160	8,600	17,200	30,100	43,000
Rbt	1,640	4,920	8,200	16,400	28,700	41,000
1903 Gasoline Car, 2-cyl., 9 hp, 76" wb						
5P Tonn	1,680	5,040	8,400	16,800	29,400	42,000
1903 Gasoline Car, 4-cyl., 16 hp, 86" wb						
5P Tonn	1,800	5,400	9,000	18,000	31,500	45,000
1904 Steam Cars						
Tr, 85" wb	1,760	5,280	8,800	17,600	30,800	44,000
Tr, 79" wb	1,800	5,400	9,000	18,000	31,500	45,000

	6	5	4	3	2	1
Stanhope, 79" wb	1,640	4,920	8,200	16,400	28,700	41,000
Dos-a-Dos, 79" wb	1,720	5,160	8,600	17,200	30,100	43,000
LWB Rbt	1,680	5,040	8,400	16,800	29,400	42,000
Locosurrey, 75" wb	1,800	5,400	9,000	18,000	31,500	45,000
Spl Surrey, 93" wb	1,840	5,520	9,200	18,400	32,200	46,000
1904 Gasoline Model C, 2-cyl., 9/12 hp, 76" wb						
5P Tonn	1,760	5,280	8,800	17,600	30,800	44,000
5P Canopy Top Tonn	1,920	5,760	9,600	19,200	33,600	48,000
1904 Gasoline Model D, 4-cyl., 16/22 hp, 86" wb						
6/8P Limo	1,520	4,560	7,600	15,200	26,600	38,000
6P King of Belgian Tonn	1,640	4,920	8,200	16,400	28,700	41,000
6P DeL Tonn	1,480	4,440	7,400	14,800	25,900	37,000
1905 Model E, 4-cyl., 15/20 hp, 92" wb						
5P Tr	1,800	5,400	9,000	18,000	31,500	45,000
5P Lan'let	1,720	5,160	8,600	17,200	30,100	43,000
1905 Model D, 4-cyl., 20/25 hp, 96" wb						
7P Tr	1,840	5,520	9,200	18,400	32,200	46,000
1905 Model H, 4-cyl., 30/35 hp, 106" wb						
7P Tr	1,880	5,640	9,400	18,800	32,900	47,000
7P Limo	1,560	4,680	7,800	15,600	27,300	39,000
1905 Model F, 4-cyl., 40/45 hp, 110" wb						
7P Limo	1,600	4,800	8,000	16,000	28,000	40,000
1906 Model E, 4-cyl., 15/20 hp, 93" wb						
5P Tr	1,800	5,400	9,000	18,000	31,500	45,000
2P Fishtail Rbt	1,840	5,520	9,200	18,400	32,200	46,000
5P Limo	1,520	4,560	7,600	15,200	26,600	38,000
1906 Model H, 4-cyl., 30/35 hp, 106" wb						
5/7P Tr	1,880	5,640	9,400	18,800	32,900	47,000
5/7P Limo	1,560	4,680	7,800	15,600	27,300	39,000
1906 Special, 4-cyl., 90 hp, 110" wb						
Vanderbilt Racer			value not estimable			
1907 Model E, 4-cyl., 20 hp, 96" wb						
5P Tr	1,840	5,520	9,200	18,400	32,200	46,000
2P Fishtail Rbt	1,880	5,640	9,400	18,800	32,900	47,000
5P Limo	1,560	4,680	7,800	15,600	27,300	39,000
1907 Model H, 4-cyl., 35 hp, 120" wb						
7P Tr	1,920	5,760	9,600	19,200	33,600	48,000
7P Limo	1,600	4,800	8,000	16,000	28,000	40,000
1907 Special, 4-cyl., 90 hp, 120" wb						
Vanderbilt Racer			value not estimable			
1908 Model E, 4-cyl., 20 hp, 102" wb						
Std Tr	1,880	5,640	9,400	18,800	32,900	47,000
1908 Model E, 4-cyl., 20 hp, 116" wb						
6P Limo	1,560	4,680	7,800	15,600	27,300	39,000
6P Lan'let	1,680	5,040	8,400	16,800	29,400	42,000
1908 Model I, 4-cyl., 40 hp, 123" wb						
3P Rbt	1,960	5,880	9,800	19,600	34,300	49,000
1909 Model 30, 4-cyl., 32 hp, 120" wb						
5P Tr	1,920	5,760	9,600	19,200	33,600	48,000
4P Rbt	1,960	5,880	9,800	19,600	34,300	49,000
1909 Model 40, 4-cyl., 40 hp, 123" wb						
7P Tr	2,000	6,000	10,000	20,000	35,000	50,000
4P Baby Tonn	2,040	6,120	10,200	20,400	35,700	51,000
7P Limo	1,560	4,680	7,800	15,600	27,300	39,000
1910 Model 30(L), 4-cyl., 30 hp, 120" wb						
4P Rds	2,000	6,000	10,000	20,000	35,000	50,000
4P Baby Tonn	1,960	5,880	9,800	19,600	34,300	49,000
5P Tr	1,920	5,760	9,600	19,200	33,600	48,000
Limo	1,560	4,680	7,800	15,600	27,300	39,000
1910 Model 40(I), 4-cyl., 40 hp, 123" wb						
7P Tr	2,240	6,720	11,200	22,400	39,200	56,000
Rbt	2,200	6,600	11,000	22,000	38,500	55,000
7P Limo	1,840	5,520	9,200	18,400	32,200	46,000
7P Lan'let	1,960	5,880	9,800	19,600	34,300	49,000
4P Baby Tonn	2,200	6,600	11,000	22,000	38,500	55,000
1911 Model 30(L), 4-cyl., 32 hp, 120" wb						
5P Tr	2,000	6,000	10,000	20,000	35,000	50,000
4P Baby Tonn	2,080	6,240	10,400	20,800	36,400	52,000
4P Torp	2,120	6,360	10,600	21,200	37,100	53,000
6P Limo	1,640	4,920	8,200	16,400	28,700	41,000
6P Lan'let	1,760	5,280	8,800	17,600	30,800	44,000

	6	5	4	3	2	1
1911 Model 48(M), 6-cyl., 48 hp, 125" wb						
7P Tr	2,280	6,840	11,400	22,800	39,900	57,000
4P Baby Tonn	2,400	7,200	12,000	24,000	42,000	60,000
7P Limo	1,920	5,760	9,600	19,200	33,600	48,000
7P Lan'let	2,040	6,120	10,200	20,400	35,700	51,000
1912 Model 30(L), 4-cyl., 30 hp, 120" wb						
Tr	2,000	6,000	10,000	20,000	35,000	50,000
Baby Tonn	2,040	6,120	10,200	20,400	35,700	51,000
Torp	2,080	6,240	10,400	20,800	36,400	52,000
Limo	1,640	4,920	8,200	16,400	28,700	41,000
Berl	1,800	5,400	9,000	18,000	31,500	45,000
Lan'let	1,920	5,760	9,600	19,200	33,600	48,000
1912 Model 48(M), 6-cyl., 48 hp, 135" wb						
Tr	2,280	6,840	11,400	22,800	39,900	57,000
4P Torp	2,320	6,960	11,600	23,200	40,600	58,000
5P Torp	2,360	7,080	11,800	23,600	41,300	59,000
Limo	1,880	5,640	9,400	18,800	32,900	47,000
Berl	2,040	6,120	10,200	20,400	35,700	51,000
Lan'let	2,160	6,480	10,800	21,600	37,800	54,000
1913 Model 30(L), 4-cyl., 32.4 hp, 120" wb						
4P Torp	2,120	6,360	10,600	21,200	37,100	53,000
5P Tr	2,160	6,480	10,800	21,600	37,800	54,000
Rds	2,120	6,360	10,600	21,200	37,100	53,000
1913 Model 38(R), 6-cyl., 43.8 hp, 128" wb						
4P Torp	2,560	7,680	12,800	25,600	44,800	64,000
5P Tr	2,520	7,560	12,600	25,200	44,100	63,000
Rds	2,560	7,680	12,800	25,600	44,800	64,000
Limo	1,920	5,760	9,600	19,200	33,600	48,000
Lan'let	2,000	6,000	10,000	20,000	35,000	50,000
Berl Limo	2,120	6,360	10,600	21,200	37,100	53,000
Berl Lan'let	2,200	6,600	11,000	22,000	38,500	55,000
1914 Model 38, 6-cyl., 43.8 hp, 132" wb						
4P Torp	2,800	8,400	14,000	28,000	49,000	70,000
5P Tr	2,880	8,640	14,400	28,800	50,400	72,000
2P Rds	2,960	8,880	14,800	29,600	51,800	74,000
7P Limo	2,240	6,720	11,200	22,400	39,200	56,000
7P Lan'let	2,280	6,840	11,400	22,800	39,900	57,000
7P Berl	2,360	7,080	11,800	23,600	41,300	59,000
1914 Model 48, 6-cyl., 48.6 hp, 136 & 140" wb						
7P Tr	2,880	8,640	14,400	28,800	50,400	72,000
6P Torp	2,960	8,880	14,800	29,600	51,800	74,000
2P Rds	3,040	9,120	15,200	30,400	53,200	76,000
7P Limo	2,360	7,080	11,800	23,600	41,300	59,000
7P Lan'let	2,440	7,320	12,200	24,400	42,700	61,000
7P Berl	2,520	7,560	12,600	25,200	44,100	63,000
1915 Model 38, 6-cyl., 43.3 hp, 132" wb						
5P Tr	2,880	8,640	14,400	28,800	50,400	72,000
2P Rds	2,960	8,880	14,800	29,600	51,800	74,000
4P Torp	2,880	8,640	14,400	28,800	50,400	72,000
7P Limo	1,640	4,920	8,200	16,400	28,700	41,000
7P Lan'let	1,680	5,040	8,400	16,800	29,400	42,000
7P Berl	1,720	5,160	8,600	17,200	30,100	43,000
1915 Model 48, 6-cyl., 48.6 hp, 140" wb						
7P Tr	2,960	8,880	14,800	29,600	51,800	74,000
2P Rds	3,040	9,120	15,200	30,400	53,200	76,000
6P Torp	2,960	8,880	14,800	29,600	51,800	74,000
7P Limo	1,680	5,040	8,400	16,800	29,400	42,000
7P Lan'let	1,720	5,160	8,600	17,200	30,100	43,000
7P Berl	1,760	5,280	8,800	17,600	30,800	44,000
1916 Model 38, 6-cyl., 43.35 hp, 140" wb						
7P Tr	3,120	9,360	15,600	31,200	54,600	78,000
6P Tr	3,200	9,600	16,000	32,000	56,000	80,000
7P Limo	1,640	4,920	8,200	16,400	28,700	41,000
7P Lan'let	1,680	5,040	8,400	16,800	29,400	42,000
7P Berl	1,720	5,160	8,600	17,200	30,100	43,000
1916 Model 48, 6-cyl., 48.6 hp, 143" wb						
6P Tr	3,840	11,520	19,200	38,400	67,200	96,000
7P Tr	3,520	10,560	17,600	35,200	61,600	88,000
7P Lan'let	1,800	5,400	9,000	18,000	31,500	45,000
7P Berl	1,840	5,520	9,200	18,400	32,200	46,000
7P Limo	1,760	5,280	8,800	17,600	30,800	44,000
1917 Model 38, 6-cyl., 43.34 hp, 139" wb						
7P Tr	3,680	11,040	18,400	36,800	64,400	92,000
6P Tr	3,840	11,520	19,200	38,400	67,200	96,000
4P Tr	3,920	11,760	19,600	39,200	68,600	98,000
7P Limo	1,760	5,280	8,800	17,600	30,800	44,000

	6	5	4	3	2	1
7P Lan'let	1,800	5,400	9,000	18,000	31,500	45,000
7P Berl	1,880	5,640	9,400	18,800	32,900	47,000
1917 Model 48, 6-cyl., 48.6 hp, 142" wb						
Sportif	6,000	18,000	30,000	60,000	105,000	150,000
6P Tr	3,920	11,760	19,600	39,200	68,600	98,000
7P Tr	3,840	11,520	19,200	38,400	67,200	96,000
7P Lan'let	1,880	5,640	9,400	18,800	32,900	47,000
7P Berl	1,960	5,880	9,800	19,600	34,300	49,000
7P Limo	1,840	5,520	9,200	18,400	32,200	46,000
1918 Model 38, Series Two, 6-cyl., 43.35 hp, 139" wb						
7P Tr	3,680	11,040	18,400	36,800	64,400	92,000
6P Tr	3,760	11,280	18,800	37,600	65,800	94,000
4P Tr	3,840	11,520	19,200	38,400	67,200	96,000
7P Lan'let	1,760	5,280	8,800	17,600	30,800	44,000
7P Berl	1,880	5,640	9,400	18,800	32,900	47,000
7P Limo	1,720	5,160	8,600	17,200	30,100	43,000
1918 Model 48, Series Two, 6-cyl., 48.6 hp, 142" wb						
Sportif	6,000	18,000	30,000	60,000	105,000	150,000
7P Tr	3,840	11,520	19,200	38,400	67,200	96,000
6P Tr	3,920	11,760	19,600	39,200	68,600	98,000
4P Tr	3,920	11,760	19,600	39,200	68,600	98,000
7P Limo	1,840	5,520	9,200	18,400	32,200	46,000
7P Lan'let	1,880	5,640	9,400	18,800	32,900	47,000
7P Berl	1,960	5,880	9,800	19,600	34,300	49,000
1919 Model 48, 6-cyl., 48.6 hp, 142" wb						
7P Tr	3,920	11,760	19,600	39,200	68,600	98,000
Torp	3,920	11,760	19,600	39,200	68,600	98,000
Sportif	6,000	18,000	30,000	60,000	105,000	150,000
Limo	2,160	6,480	10,800	21,600	37,800	54,000
Lan'let	2,240	6,720	11,200	22,400	39,200	56,000
Berl	2,360	7,080	11,800	23,600	41,300	59,000
1920 Model 48, 6-cyl., 142" wb						
4P Spl Tr	4,000	12,000	20,000	40,000	70,000	100,000
4P Tr	3,840	11,520	19,200	38,400	67,200	96,000
7P Tr	3,600	10,800	18,000	36,000	63,000	90,000
7P Limo	2,360	7,080	11,800	23,600	41,300	59,000
7P Lan'let	2,440	7,320	12,200	24,400	42,700	61,000
7P Sed	1,440	4,320	7,200	14,400	25,200	36,000
4P Cabr	1,960	5,880	9,800	19,600	34,300	49,000
5P Semi-Tr	2,360	7,080	11,800	23,600	41,300	59,000
1921 Model 48, 6-cyl., 95 hp, 142" wb						
7P Tr	3,600	10,800	18,000	36,000	63,000	90,000
Sportif	5,800	17,400	29,000	58,000	101,500	145,000
7P Limo	2,360	7,080	11,800	23,600	41,300	59,000
7P Lan	2,440	7,320	12,200	24,400	42,700	61,000
1922 Model 48, 6-cyl., 95 hp, 142" wb						
7P Tr	3,600	10,800	18,000	36,000	63,000	90,000
4P Sportif	5,800	17,400	29,000	58,000	101,500	145,000
6P Limo	2,360	7,080	11,800	23,600	41,300	59,000
Lan'let	2,440	7,320	12,200	24,400	42,700	61,000
DC Phae	5,600	16,800	28,000	56,000	98,000	140,000
Cpe-Limo	2,560	7,680	12,800	25,600	44,800	64,000
Cabr	2,640	7,920	13,200	26,400	46,200	66,000
Sed	1,960	5,880	9,800	19,600	34,300	49,000
1923 Model 48, 6-cyl., 95 hp, 142" wb						
4P Sportif	6,000	18,000	30,000	60,000	105,000	150,000
7P Tr	3,600	10,800	18,000	36,000	63,000	90,000
4P Tr	3,840	11,520	19,200	38,400	67,200	96,000
7P Limo	2,560	7,680	12,800	25,600	44,800	64,000
4P DC Phae	5,600	16,800	28,000	56,000	98,000	140,000
5P Cpe	1,960	5,880	9,800	19,600	34,300	49,000
5P Cabr	2,640	7,920	13,200	26,400	46,200	66,000
7P Sed	1,760	5,280	8,800	17,600	30,800	44,000
1924 Model 48, 6-cyl., 95 hp, 142" wb						
4P Sportif	5,600	16,800	28,000	56,000	98,000	140,000
7P Tr	3,840	11,520	19,200	38,400	67,200	96,000
7P Tr Limo	2,640	7,920	13,200	26,400	46,200	66,000
5P Brgm	2,560	7,680	12,800	25,600	44,800	64,000
Encl Dr Limo	2,480	7,440	12,400	24,800	43,400	62,000
Vic Sed	1,960	5,880	9,800	19,600	34,300	49,000
5P Cabr	2,800	8,400	14,000	28,000	49,000	70,000
1925 Junior 8, 8-cyl., 66 hp, 124" wb						
5P Tr	3,120	9,360	15,600	31,200	54,600	78,000
5P Sed	1,600	4,800	8,000	16,000	28,000	40,000
5P Brgm	2,000	6,000	10,000	20,000	35,000	50,000
4P Rds	3,280	9,840	16,400	32,800	57,400	82,000
4P Cpe	1,800	5,400	9,000	18,000	31,500	45,000

	6	5	4	3	2	1
1925 Model 48, 6-cyl., 103 hp, 142" wb						
4P Sportif	5,800	17,400	29,000	58,000	101,500	145,000
7P Tr	3,920	11,760	19,600	39,200	68,600	98,000
7P Tr Limo	2,720	8,160	13,600	27,200	47,600	68,000
6P Brgm	2,480	7,440	12,400	24,800	43,400	62,000
5P Vic Sed	2,000	6,000	10,000	20,000	35,000	50,000
7P Encl Limo	2,560	7,680	12,800	25,600	44,800	64,000
7P Cabr	2,880	8,640	14,400	28,800	50,400	72,000
1926 Junior 8, 8-cyl., 66 hp, 124" wb						
5P Tr	3,200	9,600	16,000	32,000	56,000	80,000
5P Sed	1,600	4,800	8,000	16,000	28,000	40,000
5P Brgm	1,800	5,400	9,000	18,000	31,500	45,000
4P Rds	3,280	9,840	16,400	32,800	57,400	82,000
4P Cpe	1,880	5,640	9,400	18,800	32,900	47,000
1926 Model 90, 6-cyl., 86 hp, 138" wb						
4P Sportif	5,280	15,840	26,400	52,800	92,400	132,000
4P Rds	5,120	15,360	25,600	51,200	89,600	128,000
5P Vic Cpe	1,880	5,640	9,400	18,800	32,900	47,000
5P Vic Sed	1,800	5,400	9,000	18,000	31,500	45,000
5P Vic Div Sed	2,000	6,000	10,000	20,000	35,000	50,000
7P Brgm	2,080	6,240	10,400	20,800	36,400	52,000
7P Sub Limo	2,120	6,360	10,600	21,200	37,100	53,000
7P Cabr	2,640	7,920	13,200	26,400	46,200	66,000
1926 Model 48, 6-cyl., 103 hp, 138" wb						
4P Sportif	5,520	16,560	27,600	55,200	96,600	138,000
7P Tr	3,920	11,760	19,600	39,200	68,600	98,000
7P Cabr	2,720	8,160	13,600	27,200	47,600	68,000
5P Vic Sed	2,000	6,000	10,000	20,000	35,000	50,000
7P Encl Dr Limo	2,400	7,200	12,000	24,000	42,000	60,000
7P Tr Limo	2,200	6,600	11,000	22,000	38,500	55,000
6P Twn Brgm	2,160	6,480	10,800	21,600	37,800	54,000
1927 Junior 8, 8-cyl., 66 hp, 124" wb						
5P Tr	3,520	10,560	17,600	35,200	61,600	88,000
5P Sed	2,000	6,000	10,000	20,000	35,000	50,000
5P Brgm	2,400	7,200	12,000	24,000	42,000	60,000
4P Rds	3,360	10,080	16,800	33,600	58,800	84,000
4P Cpe	2,480	7,440	12,400	24,800	43,400	62,000
1927 Model 8-80, 8-cyl., 90 hp, 130" wb						
5P Sed	1,800	5,400	9,000	18,000	31,500	45,000
1927 Model 90, 6-cyl., 86 hp, 138" wb						
4P Tr	3,680	11,040	18,400	36,800	64,400	92,000
4P Sportif	5,280	15,840	26,400	52,800	92,400	132,000
4P Rds	4,000	12,000	20,000	40,000	70,000	100,000
5P Vic Cpe	2,480	7,440	12,400	24,800	43,400	62,000
5P Sed	2,200	6,600	11,000	22,000	38,500	55,000
5P Div Sed	2,280	6,840	11,400	22,800	39,900	57,000
7P Sed	2,240	6,720	11,200	22,400	39,200	56,000
7P Brgm	2,480	7,440	12,400	24,800	43,400	62,000
7P Cabr	2,880	8,640	14,400	28,800	50,400	72,000
1927 Model 48, 6-cyl., 103 hp, 138" wb						
4P Sportif	5,520	16,560	27,600	55,200	96,600	138,000
7P Tr	3,760	11,280	18,800	37,600	65,800	94,000
4P Rds	4,080	12,240	20,400	40,800	71,400	102,000
5P Cabr	3,120	9,360	15,600	31,200	54,600	78,000
5P Vic Sed	2,000	6,000	10,000	20,000	35,000	50,000
7P Encl Dr Limo	2,400	7,200	12,000	24,000	42,000	60,000
7P Tr Limo	2,280	6,840	11,400	22,800	39,900	57,000
6P Twn Brgm	2,480	7,440	12,400	24,800	43,400	62,000
1928 Model 8-70, 8-cyl., 70 hp, 122" wb						
5P Sed	1,600	4,800	8,000	16,000	28,000	40,000
5P Brgm	1,680	5,040	8,400	16,800	29,400	42,000
5P DeL Brgm	1,760	5,280	8,800	17,600	30,800	44,000
4P Vic Cpe	1,880	5,640	9,400	18,800	32,900	47,000
1928 Model 8-80, 8-cyl., 90 hp, 130" wb						
5P Spt Phae	2,720	8,160	13,600	27,200	47,600	68,000
5P Sed	1,680	5,040	8,400	16,800	29,400	42,000
5P Brgm	1,760	5,280	8,800	17,600	30,800	44,000
4P Vic Cpe	2,000	6,000	10,000	20,000	35,000	50,000
Spl Rds	2,800	8,400	14,000	28,000	49,000	70,000
4P Collegiate Cpe	2,120	6,360	10,600	21,200	37,100	53,000
7P Tr	2,720	8,160	13,600	27,200	47,600	68,000
Vic Sed	1,760	5,280	8,800	17,600	30,800	44,000
7P Sed, 140" wb	1,680	5,040	8,400	16,800	29,400	42,000
7P Sub, 140" wb	1,760	5,280	8,800	17,600	30,800	44,000
1928 Model 90, 6-cyl., 86 hp, 138" wb						
4P Sportif	3,520	10,560	17,600	35,200	61,600	88,000

	6	5	4	3	2	1
4P Rds	3,120	9,360	15,600	31,200	54,600	78,000
7P Tr	3,040	9,120	15,200	30,400	53,200	76,000
Cpe	2,080	6,240	10,400	20,800	36,400	52,000
5P Vic Sed	1,880	5,640	9,400	18,800	32,900	47,000
5P Div Vic Sed	2,000	6,000	10,000	20,000	35,000	50,000
7P Sub	2,040	6,120	10,200	20,400	35,700	51,000
7P Twn Brgm	2,040	6,120	10,200	20,400	35,700	51,000
7P Cabr	2,720	8,160	13,600	27,200	47,600	68,000
7P Semi-Collapsbl.Cabr	2,640	7,920	13,200	26,400	46,200	66,000

1928 Model 48, 6-cyl., 103 hp, 142" wb

4P Sportif	3,680	11,040	18,400	36,800	64,400	92,000
7P Tr	3,520	10,560	17,600	35,200	61,600	88,000
Rds	3,600	10,800	18,000	36,000	63,000	90,000
7P Cabr	2,800	8,400	14,000	28,000	49,000	70,000
5P Vic Sed	2,800	8,400	14,000	28,000	49,000	70,000
7P Encl Dr Limo	2,720	8,160	13,600	27,200	47,600	68,000
7P Tr Limo	2,880	8,640	14,400	28,800	50,400	72,000
6P Twn Brgm	2,880	8,640	14,400	28,800	50,400	72,000

1929 Model 88, 8-cyl., 115 hp, 130" wb

4P Phae	3,120	9,360	15,600	31,200	54,600	78,000
5P Sed	1,800	5,400	9,000	18,000	31,500	45,000
Vic Cpe	2,400	7,200	12,000	24,000	42,000	60,000
5P Brgm	2,200	6,600	11,000	22,000	38,500	55,000
4P Collegiate Cpe	2,480	7,440	12,400	24,800	43,400	62,000
7P Sed	1,720	5,160	8,600	17,200	30,100	43,000
7P Sub	1,760	5,280	8,800	17,600	30,800	44,000
7P A/W Cabr	2,480	7,440	12,400	24,800	43,400	62,000

1929 Model 90, 6-cyl., 86 hp, 138" wb

4P Sportif	3,520	10,560	17,600	35,200	61,600	88,000
4P Rds	3,520	10,560	17,600	35,200	61,600	88,000
7P Tr	3,200	9,600	16,000	32,000	56,000	80,000
5P Vic Sed	2,400	7,200	12,000	24,000	42,000	60,000
5P Vic Div Sed	2,480	7,440	12,400	24,800	43,400	62,000
6P Twn Brgm	2,560	7,680	12,800	25,600	44,800	64,000
7P Cabr	2,880	8,640	14,400	28,800	50,400	72,000
Semi-Collapsible Cabr	2,800	8,400	14,000	28,000	49,000	70,000

1929 Model 48, 6-cyl., 103 hp, 142" wb

4P Sportif	3,760	11,280	18,800	37,600	65,800	94,000
7P Tr	3,520	10,560	17,600	35,200	61,600	88,000
Rds	3,680	11,040	18,400	36,800	64,400	92,000
7P Cabr	3,120	9,360	15,600	31,200	54,600	78,000
5P Vic Sed	2,480	7,440	12,400	24,800	43,400	62,000
7P Encl Dr Limo	2,640	7,920	13,200	26,400	46,200	66,000
7P Tr Limo	2,720	8,160	13,600	27,200	47,600	68,000
6P Twn Brgm	2,720	8,160	13,600	27,200	47,600	68,000

MARMON

NOTE: Marmon production started in 1902 but the earliest car known to exist is a 1909 speedster. Therefore ballpark values on pre-1909 models are inestimable.

1909-1912 Model 32, 4-cyl., 32 hp, 120" wb

Rds	1,760	5,280	8,800	17,600	30,800	44,000
4P Tr	1,800	5,400	9,000	18,000	31,500	45,000
5P Tr	1,800	5,400	9,000	18,000	31,500	45,000
Spds	1,720	5,160	8,600	17,200	30,100	43,000
Limo	1,640	4,920	8,200	16,400	28,700	41,000

1913 Model 32, 4-cyl., 32 hp, 120" wb

Rds	1,760	5,280	8,800	17,600	30,800	44,000
5P Tr	1,800	5,400	9,000	18,000	31,500	45,000
7P Tr	1,840	5,520	9,200	18,400	32,200	46,000
Spds	1,880	5,640	9,400	18,800	32,900	47,000
Limo	1,640	4,920	8,200	16,400	28,700	41,000

1913 Model 48, 6-cyl., 48 hp, 145" wb

Rds	2,400	7,200	12,000	24,000	42,000	60,000
4P Tr	2,440	7,320	12,200	24,400	42,700	61,000
5P Tr	2,480	7,440	12,400	24,800	43,400	62,000
7P Tr	2,520	7,560	12,600	25,200	44,100	63,000
Spds	2,560	7,680	12,800	25,600	44,800	64,000
Limo	2,280	6,840	11,400	22,800	39,900	57,000

1914 Model 32, 4-cyl., 32 hp, 120" wb

Rds	1,760	5,280	8,800	17,600	30,800	44,000
4P Tr	1,800	5,400	9,000	18,000	31,500	45,000
5P Tr	1,840	5,520	9,200	18,400	32,200	46,000

	6	5	4	3	2	1
Spds	2,080	6,240	10,400	20,800	36,400	52,000
Limo	1,800	5,400	9,000	18,000	31,500	45,000
1914 Model 41, 6-cyl., 41 hp, 132" wb						
Rds	1,880	5,640	9,400	18,800	32,900	47,000
4P Tr	1,920	5,760	9,600	19,200	33,600	48,000
5P Tr	1,960	5,880	9,800	19,600	34,300	49,000
7P Tr	2,000	6,000	10,000	20,000	35,000	50,000
Spds	2,200	6,600	11,000	22,000	38,500	55,000
1914 Model 48, 6-cyl., 48 hp, 145" wb						
Rds	2,240	6,720	11,200	22,400	39,200	56,000
4P Tr	2,280	6,840	11,400	22,800	39,900	57,000
5P Tr	2,320	6,960	11,600	23,200	40,600	58,000
7P Tr	2,360	7,080	11,800	23,600	41,300	59,000
Spds	2,560	7,680	12,800	25,600	44,800	64,000
Limo	2,280	6,840	11,400	22,800	39,900	57,000
Ber Limo	2,320	6,960	11,600	23,200	40,600	58,000
1915 Model 41, 6-cyl., 41 hp, 132" wb						
Rds	1,840	5,520	9,200	18,400	32,200	46,000
4P Tr	1,880	5,640	9,400	18,800	32,900	47,000
5P Tr	1,920	5,760	9,600	19,200	33,600	48,000
7P Tr	1,960	5,880	9,800	19,600	34,300	49,000
Spds	2,160	6,480	10,800	21,600	37,800	54,000
1915 Model 48, 6-cyl., 48 hp, 145" wb						
7P Tr	2,080	6,240	10,400	20,800	36,400	52,000
1916 Model 41, 6-cyl., 41 hp, 132" wb						
Rds	1,800	5,400	9,000	18,000	31,500	45,000
4P Tr	1,840	5,520	9,200	18,400	32,200	46,000
5P Tr	1,880	5,640	9,400	18,800	32,900	47,000
5P Tr	1,920	5,760	9,600	19,200	33,600	48,000
Spds	2,080	6,240	10,400	20,800	36,400	52,000
1916 Model 34, 6-cyl., 34 hp, 136" wb						
Clb Rds	1,760	5,280	8,800	17,600	30,800	44,000
5P Tr	1,800	5,400	9,000	18,000	31,500	45,000
7P Tr	1,840	5,520	9,200	18,400	32,200	46,000
Limo	1,720	5,160	8,600	17,200	30,100	43,000
Lan'let	1,760	5,280	8,800	17,600	30,800	44,000
Sed	1,440	4,320	7,200	14,400	25,200	36,000
Twn Car	1,560	4,680	7,800	15,600	27,300	39,000
1917 Model 34, 6-cyl., 34 hp, 136" wb						
5P Tr	1,440	4,320	7,200	14,400	25,200	36,000
4P Rds	1,400	4,200	7,000	14,000	24,500	35,000
7P Tr	1,520	4,560	7,600	15,200	26,600	38,000
Limo	960	2,880	4,800	9,600	16,800	24,000
Lan'let	1,120	3,360	5,600	11,200	19,600	28,000
Sed	880	2,640	4,400	8,800	15,400	22,000
Twn Car	1,160	3,480	5,800	11,600	20,300	29,000
1918 Model 34, 6-cyl., 34 hp, 136" wb						
5P Tr	1,440	4,320	7,200	14,400	25,200	36,000
4P Rds	1,400	4,200	7,000	14,000	24,500	35,000
7P Tr	1,520	4,560	7,600	15,200	26,600	38,000
Sed	880	2,640	4,400	8,800	15,400	22,000
Limo-Twn Car	1,160	3,480	5,800	11,600	20,300	29,000
Lan'let	1,200	3,600	6,000	12,000	21,000	30,000
Rubay Twn Car	1,320	3,960	6,600	13,200	23,100	33,000
Rubay Limo	1,360	4,080	6,800	13,600	23,800	34,000
1919 Model 34, 6-cyl., 34 hp, 136" wb						
5P Tr	1,440	4,320	7,200	14,400	25,200	36,000
4P Rds	1,400	4,200	7,000	14,000	24,500	35,000
7P Tr	1,520	4,560	7,600	15,200	26,600	38,000
Sed	880	2,640	4,400	8,800	15,400	22,000
Limo	1,120	3,360	5,600	11,200	19,600	28,000
Twn Car	1,200	3,600	6,000	12,000	21,000	30,000
Lan'let	1,240	3,720	6,200	12,400	21,700	31,000
1920 Model 34, 6-cyl., 34 hp, 136" wb						
4P Rds	1,480	4,440	7,400	14,800	25,900	37,000
4P 4d Tr	1,520	4,560	7,600	15,200	26,600	38,000
4P Cpe	880	2,640	4,400	8,800	15,400	22,000
7P Sed	840	2,520	4,200	8,400	14,700	21,000
Twn Car	1,000	3,000	5,000	10,000	17,500	25,000
7P Tr	1,360	4,080	6,800	13,600	23,800	34,000
1921 Model 34, 6-cyl., 34 hp, 136" wb						
4P Rds	1,480	4,440	7,400	14,800	25,900	37,000
7P Tr	1,560	4,680	7,800	15,600	27,300	39,000
2P Spds	1,760	5,280	8,800	17,600	30,800	44,000
4P Cpe	880	2,640	4,400	8,800	15,400	22,000
4P Tr	1,320	3,960	6,600	13,200	23,100	33,000

	6	5	4	3	2	1
7P Sed	840	2,520	4,200	8,400	14,700	21,000
Limo	880	2,640	4,400	8,800	15,400	22,000
Twn Car	1,000	3,000	5,000	10,000	17,500	25,000

1922 Model 34, 6-cyl., 34 hp, 136" wb

	6	5	4	3	2	1
4P Rds	1,360	4,080	6,800	13,600	23,800	34,000
4P Tr	1,400	4,200	7,000	14,000	24,500	35,000
7P Tr	1,440	4,320	7,200	14,400	25,200	36,000
2P Spds	1,640	4,920	8,200	16,400	28,700	41,000
4P Spds	1,600	4,800	8,000	16,000	28,000	40,000
W'by Cpe	960	2,880	4,800	9,600	16,800	24,000
N & M Cpe	840	2,520	4,200	8,400	14,700	21,000
7P N & M Sed	840	2,520	4,200	8,400	14,700	21,000
Rubay Limo	1,240	3,720	6,200	12,400	21,700	31,000
4P N & M Sed	760	2,280	3,800	7,600	13,300	19,000
7P Sub	768	2,304	3,840	7,680	13,440	19,200
Spt Sed	780	2,340	3,900	7,800	13,650	19,500
N & H Sed	880	2,640	4,400	8,800	15,400	22,000
Rubay Twn Car	1,200	3,600	6,000	12,000	21,000	30,000
W'by Limo	1,400	4,200	7,000	14,000	24,500	35,000
W'by Twn Car	1,240	3,720	6,200	12,400	21,700	31,000

NOTE: N & M bodies by Nordyke Marmon Co. (factory custom).

1923 Model 34, 6-cyl., 34 hp, 132" wb

	6	5	4	3	2	1
4P Phae	1,360	4,080	6,800	13,600	23,800	34,000
2P Rds	1,320	3,960	6,600	13,200	23,100	33,000
4P Rds	1,320	3,960	6,600	13,200	23,100	33,000
7P Phae	1,400	4,200	7,000	14,000	24,500	35,000
4P Tr	1,360	4,080	6,800	13,600	23,800	34,000
2P Spds	1,720	5,160	8,600	17,200	30,100	43,000
4P Spds	1,680	5,040	8,400	16,800	29,400	42,000
4P Cpe	840	2,520	4,200	8,400	14,700	21,000
4P Sed	760	2,280	3,800	7,600	13,300	19,000
7P Sed	780	2,340	3,900	7,800	13,650	19,500
7P Limo	1,200	3,600	6,000	12,000	21,000	30,000
Twn Car	1,180	3,540	5,900	11,800	20,650	29,500
Sub Sed	760	2,280	3,800	7,600	13,300	19,000

1924 Model 34, 6-cyl., 34 hp, 132" wb

	6	5	4	3	2	1
Spt Spds	1,720	5,160	8,600	17,200	30,100	43,000
4P Spds	1,680	5,040	8,400	16,800	29,400	42,000
4P Phae	1,480	4,440	7,400	14,800	25,900	37,000
4P Conv Phae	1,520	4,560	7,600	15,200	26,600	38,000
7P Conv Phae	1,560	4,680	7,800	15,600	27,300	39,000
4P Cpe	860	2,580	4,300	8,600	15,050	21,500
4P Sed	760	2,280	3,800	7,600	13,300	19,000
7P Sed	800	2,400	4,000	8,000	14,000	20,000
Sub Sed	760	2,280	3,800	7,600	13,300	19,000
Limo	1,200	3,600	6,000	12,000	21,000	30,000
Twn Car	1,180	3,540	5,900	11,800	20,650	29,500

NOTE: The Phaeton (Phae) is a touring car; the convertible Phaeton (Conv Phae) is a convertible sedan with glass slide-in windows.

NOTE: The following Marmon models are authentic Classic Cars: all 16-cyl., all Models 74 (1925-26); all Models 75 (1927); all Models E75 (1928), 1930 "Big Eight" and 1931 Model "88" and "Big Eight".

1925 Model D-74, 6-cyl., 34 hp, 136" wb

	6	5	4	3	2	1
R/S Rds	2,120	6,360	10,600	21,200	37,100	53,000
5P Phae	2,200	6,600	11,000	22,000	38,500	55,000
7P Tr	1,840	5,520	9,200	18,400	32,200	46,000
Std Sed	960	2,880	4,800	9,600	16,800	24,000
Brgm Cpe	980	2,940	4,900	9,800	17,150	24,500
DeL Cpe	1,000	3,000	5,000	10,000	17,500	25,000
DeL Sed	980	2,940	4,900	9,800	17,150	24,500
7P DeL Sed	1,000	3,000	5,000	10,000	17,500	25,000
5P Sed Limo	1,000	3,000	5,000	10,000	17,500	25,000
7P Sed Limo	1,000	3,000	5,000	10,000	17,500	25,000
7P Std Sed	980	2,940	4,900	9,800	17,150	24,500
4P Vic Cpe	980	2,940	4,900	9,800	17,150	24,500
2P Std Cpe	1,000	3,000	5,000	10,000	17,500	25,000

1926 Model D-74, 6-cyl., 34 hp, 136" wb

	6	5	4	3	2	1
2P Spds	2,120	6,360	10,600	21,200	37,100	53,000
5P Phae	2,200	6,600	11,000	22,000	38,500	55,000
7P Tr	1,840	5,520	9,200	18,400	32,200	46,000
Std Cpe	1,000	3,000	5,000	10,000	17,500	25,000
Std Sed	960	2,880	4,800	9,600	16,800	24,000
5P DeL Sed	980	2,940	4,900	9,800	17,150	24,500
7P Del Sed	1,000	3,000	5,000	10,000	17,500	25,000
Std Vic	1,020	3,060	5,100	10,200	17,850	25,500
Std Brgm	980	2,940	4,900	9,800	17,150	24,500
5P DeL Limo	1,020	3,060	5,100	10,200	17,850	25,500

	6	5	4	3	2	1
7P DeL Limo	1,040	3,120	5,200	10,400	18,200	26,000
Spl Brgm	1,000	3,000	5,000	10,000	17,500	25,000
7P Spl Sed	1,000	3,000	5,000	10,000	17,500	25,000
5P Spl Sed	980	2,940	4,900	9,800	17,150	24,500
1927 Little Marmon Series, 8-cyl., 24 hp						
2P Spds	1,040	3,120	5,200	10,400	18,200	26,000
4P Spds	1,000	3,000	5,000	10,000	17,500	25,000
4d Sed	680	2,040	3,400	6,800	11,900	17,000
2d Sed	660	1,980	3,300	6,600	11,550	16,500
R/S Cpe	760	2,280	3,800	7,600	13,300	19,000
Coll Rds Cpe	1,040	3,120	5,200	10,400	18,200	26,000
4P Brgm	700	2,100	3,500	7,000	12,250	17,500
1927 E-75 Series (Factory-body), 6-cyl., 34 hp, 136" wb						
5P Sed	1,020	3,060	5,100	10,200	17,850	25,500
7P Sed	1,040	3,120	5,200	10,400	18,200	26,000
5P Brgm	1,060	3,180	5,300	10,600	18,550	26,500
R/M Cpe	1,080	3,240	5,400	10,800	18,900	27,000
Twn Cpe	1,100	3,300	5,500	11,000	19,250	27,500
Vic	1,120	3,360	5,600	11,200	19,600	28,000
4P Spds	2,040	6,120	10,200	20,400	35,700	51,000
2P Spds	2,240	6,720	11,200	22,400	39,200	56,000
1927 E-75 Series (Custom Body), 6-cyl., 136" wb						
7P Sed	1,240	3,720	6,200	12,400	21,700	31,000
5P Sed	1,200	3,600	6,000	12,000	21,000	30,000
Limo	1,220	3,660	6,100	12,200	21,350	30,500
7P Spds	2,480	7,440	12,400	24,800	43,400	62,000
1928 Series 68, 8-cyl., 24 hp, 114" wb						
Rds	1,440	4,320	7,200	14,400	25,200	36,000
Sed	700	2,100	3,500	7,000	12,250	17,500
Cpe	780	2,340	3,900	7,800	13,650	19,500
Vic	800	2,400	4,000	8,000	14,000	20,000
1928 Series 78, 8-cyl., 28 hp, 120" wb						
Cpe	840	2,520	4,200	8,400	14,700	21,000
Sed	740	2,220	3,700	7,400	12,950	18,500
Rds	1,440	4,320	7,200	14,400	25,200	36,000
Spds	1,480	4,440	7,400	14,800	25,900	37,000
Coll Cpe	1,080	3,240	5,400	10,800	18,900	27,000
Vic Cpe	880	2,640	4,400	8,800	15,400	22,000
1928 Series 75 Standard Line, 6-cyl., 34 hp						
Twn Cpe	1,080	3,240	5,400	10,800	18,900	27,000
2P Spds	1,640	4,920	8,200	16,400	28,700	41,000
Cpe	1,000	3,000	5,000	10,000	17,500	25,000
Vic	1,040	3,120	5,200	10,400	18,200	26,000
Cpe Rds	1,200	3,600	6,000	12,000	21,000	30,000
Brgm	1,000	3,000	5,000	10,000	17,500	25,000
5P Sed	960	2,880	4,800	9,600	16,800	24,000
7P Sed	980	2,940	4,900	9,800	17,150	24,500
1928 Series 75 Custom Line, 6-cyl., 34 hp						
4P Spds	2,240	6,720	11,200	22,400	39,200	56,000
7P Spds	2,200	6,600	11,000	22,000	38,500	55,000
5P Sed	960	2,880	4,800	9,600	16,800	24,000
7P Sed	1,000	3,000	5,000	10,000	17,500	25,000
Limo	1,020	3,060	5,100	10,200	17,850	25,500
1929 Marmon Roosevelt, 8-cyl., 24 hp, 112.75" wb						
Sed	920	2,760	4,600	9,200	16,100	23,000
Cpe	960	2,880	4,800	9,600	16,800	24,000
Vic Cpe	980	2,940	4,900	9,800	17,150	24,500
Coll Cpe	1,160	3,480	5,800	11,600	20,300	29,000
1929 Series 68, 8-cyl., 28 hp, 114" wb						
Sed	960	2,880	4,800	9,600	16,800	24,000
Coll Cpe	1,320	3,960	6,600	13,200	23,100	33,000
Cpe	1,040	3,120	5,200	10,400	18,200	26,000
Rds	1,760	5,280	8,800	17,600	30,800	44,000
Vic Cpe	1,080	3,240	5,400	10,800	18,900	27,000
1929 Series 78, 8-cyl., 28 hp, 120" wb						
Sed	1,000	3,000	5,000	10,000	17,500	25,000
Cpe	1,080	3,240	5,400	10,800	18,900	27,000
Vic Cpe	1,120	3,360	5,600	11,200	19,600	28,000
Coll Cpe	1,560	4,680	7,800	15,600	27,300	39,000
Rds	1,800	5,400	9,000	18,000	31,500	45,000
6P Spds	1,960	5,880	9,800	19,600	34,300	49,000
1930 Marmon Roosevelt, 8-cyl., 24 hp, 112.75" wb						
Sed	920	2,760	4,600	9,200	16,100	23,000
R/S Cpe	1,000	3,000	5,000	10,000	17,500	25,000
Vic Cpe	960	2,880	4,800	9,600	16,800	24,000
Conv	1,560	4,680	7,800	15,600	27,300	39,000

1954 Kaiser Manhattan sedan

1932 Lincoln Model K sedan

1976 Lincoln Continental Town Coupe hardtop

	6	5	4	3	2	1
1930 Model 8-69, 8-cyl., 25.5 hp, 118" wb						
Sed	960	2,880	4,800	9,600	16,800	24,000
Cpe	1,000	3,000	5,000	10,000	17,500	25,000
Phae	2,000	6,000	10,000	20,000	35,000	50,000
Conv	1,960	5,880	9,800	19,600	34,300	49,000
Brgm	960	2,880	4,800	9,600	16,800	24,000
Clb Sed	1,000	3,000	5,000	10,000	17,500	25,000
1930 Model 8-79, 8-cyl., 32.5 hp, 125" wb						
Sed	960	2,880	4,800	9,600	16,800	24,000
R/S Cpe	1,080	3,240	5,400	10,800	18,900	27,000
Phae	2,200	6,600	11,000	22,000	38,500	55,000
Conv	2,160	6,480	10,800	21,600	37,800	54,000
Brgm	1,040	3,120	5,200	10,400	18,200	26,000
Clb Sed	920	2,760	4,600	9,200	16,100	23,000
1930 Model "Big Eight", 8-cyl., 34 hp, 136" wb						
5P Sed	1,440	4,320	7,200	14,400	25,200	36,000
R/S Cpe	1,680	5,040	8,400	16,800	29,400	42,000
7P Tr	2,360	7,080	11,800	23,600	41,300	59,000
Conv Sed	2,560	7,680	12,800	25,600	44,800	64,000
7P Sed	1,480	4,440	7,400	14,800	25,900	37,000
Limo	1,560	4,680	7,800	15,600	27,300	39,000
Brgm	1,480	4,440	7,400	14,800	25,900	37,000
Clb Sed	1,520	4,560	7,600	15,200	26,600	38,000
1931 Model "Big Eight" (First Series), 8-cyl., 33.8 hp, 136" wb						
5P Sed	1,240	3,720	6,200	12,400	21,700	31,000
Cpe	1,480	4,440	7,400	14,800	25,900	37,000
Tr	1,960	5,880	9,800	19,600	34,300	49,000
Conv Sed	2,440	7,320	12,200	24,400	42,700	61,000
Weyman Sed	value not estimable					
7P Sed	1,280	3,840	6,400	12,800	22,400	32,000
Limo	1,360	4,080	6,800	13,600	23,800	34,000
Brgm	1,280	3,840	6,400	12,800	22,400	32,000
Clb Sed	1,320	3,960	6,600	13,200	23,100	33,000
1931 Model 8-79 (First Series), 8-cyl., 32.5 hp, 125" wb						
5P Sed	960	2,880	4,800	9,600	16,800	24,000
Cpe	1,080	3,240	5,400	10,800	18,900	27,000
Phae	1,960	5,880	9,800	19,600	34,300	49,000
Conv Cpe	1,880	5,640	9,400	18,800	32,900	47,000
Brgm	960	2,880	4,800	9,600	16,800	24,000
Clb Sed	960	2,880	4,800	9,600	16,800	24,000
1931 Model 8-69 (First Series), 8-cyl., 25.3 hp, 118" wb						
Sed	960	2,880	4,800	9,600	16,800	24,000
Cpe	1,040	3,120	5,200	10,400	18,200	26,000
Phae	1,760	5,280	8,800	17,600	30,800	44,000
Conv Cpe	1,720	5,160	8,600	17,200	30,100	43,000
Brgm	920	2,760	4,600	9,200	16,100	23,000
Clb Sed	920	2,760	4,600	9,200	16,100	23,000
1931 Marmon Roosevelt (First Series), 8-cyl., 25.3 hp, 112.75" wb						
Sed	880	2,640	4,400	8,800	15,400	22,000
Cpe	960	2,880	4,800	9,600	16,800	24,000
Vic Cpe	920	2,760	4,600	9,200	16,100	23,000
Conv Cpe	1,560	4,680	7,800	15,600	27,300	39,000
1931 Model 70 (Second Series), 8-cyl., 25.3 hp, 112.75" wb						
Sed	840	2,520	4,200	8,400	14,700	21,000
Cpe	920	2,760	4,600	9,200	16,100	23,000
Vic Cpe	880	2,640	4,400	8,800	15,400	22,000
Conv Cpe	1,520	4,560	7,600	15,200	26,600	38,000

NOTE: Effective with release of the Second Series on January 1, 1931, the Roosevelt became the Marmon Model 70.

	6	5	4	3	2	1
1931 Model 88 (Second Series), 8-cyl., 33.8 hp, 130"-136" wb						
5P Sed	1,260	3,780	6,300	12,600	22,050	31,500
Cpe	1,280	3,840	6,400	12,800	22,400	32,000
Conv Cpe	2,240	6,720	11,200	22,400	39,200	56,000
Spl Sed	1,280	3,840	6,400	12,800	22,400	32,000
Clb Sed	1,240	3,720	6,200	12,400	21,700	31,000
Tr	2,040	6,120	10,200	20,400	35,700	51,000
Spl Cpe	1,380	4,140	6,900	13,800	24,150	34,500
7P Sed	1,260	3,780	6,300	12,600	22,050	31,500
Limo	1,420	4,260	7,100	14,200	24,850	35,500
1931 Series 16 (Second Series), 16-cyl., 62.5 hp, 145" wb						
5P Sed	2,560	7,680	12,800	25,600	44,800	64,000
2P Cpe	2,640	7,920	13,200	26,400	46,200	66,000
5P Cpe	2,640	7,920	13,200	26,400	46,200	66,000
Conv Cpe	5,600	16,800	28,000	56,000	98,000	140,000
Conv Sed	6,400	19,200	32,000	64,000	112,000	160,000
7P Sed	2,720	8,160	13,600	27,200	47,600	68,000

	6	5	4	3	2	1
Limo	2,800	8,400	14,000	28,000	49,000	70,000
C.C. Sed	2,800	8,400	14,000	28,000	49,000	70,000
1932 Series 70, 8-cyl., 25.3 hp, 112.75" wb						
Sed	960	2,880	4,800	9,600	16,800	24,000
Cpe	1,040	3,120	5,200	10,400	18,200	26,000
1932 Series 125, 8-cyl., 33.8 hp, 125" wb						
Sed	1,000	3,000	5,000	10,000	17,500	25,000
Cpe	1,120	3,360	5,600	11,200	19,600	28,000
Conv Cpe	1,920	5,760	9,600	19,200	33,600	48,000
1932 Series 16, 16-cyl., 62.5 hp, 145" wb						
Sed	3,440	10,320	17,200	34,400	60,200	86,000
Cpe	3,600	10,800	18,000	36,000	63,000	90,000
2d Cpe	3,680	11,040	18,400	36,800	64,400	92,000
Conv Cpe	10,800	32,400	54,000	108,000	189,000	270,000
Conv Sed	11,000	33,000	55,000	110,000	192,500	275,000
Sed	3,600	10,800	18,000	36,000	63,000	90,000
Limo	3,840	11,520	19,200	38,400	67,200	96,000
C.C. Sed	3,680	11,040	18,400	36,800	64,400	92,000
1933 Series 16, 16-cyl., 62.5 hp, 145" wb						
Sed	3,440	10,320	17,200	34,400	60,200	86,000
2P Cpe	3,600	10,800	18,000	36,000	63,000	90,000
5P Cpe	3,680	11,040	18,400	36,800	64,400	92,000
Conv Cpe	10,800	32,400	54,000	108,000	189,000	270,000
Conv Sed	11,000	33,000	55,000	110,000	192,500	275,000
Sed	3,600	10,800	18,000	36,000	63,000	90,000
Limo	3,840	11,520	19,200	38,400	67,200	96,000
C.C. Sed	3,680	11,040	18,400	36,800	64,400	92,000

NOTE: Marmon was discontinued after the close of 1933 model year.

MERCURY

1939 Series 99A, V-8, 116" wb						
2d Conv	1,320	3,960	6,600	13,200	23,100	33,000
2d Cpe	900	2,700	4,500	9,000	15,750	22,500
2d Sed	712	2,136	3,560	7,120	12,460	17,800
4d Sed	712	2,136	3,560	7,120	12,460	17,800
1940 Series O9A, V-8, 116" wb						
2d Conv	1,360	4,080	6,800	13,600	23,800	34,000
4d Conv Sed	1,120	3,360	5,600	11,200	19,600	28,000
2d Cpe	940	2,820	4,700	9,400	16,450	23,500
2d Sed	716	2,148	3,580	7,160	12,530	17,900
4d Sed	716	2,148	3,580	7,160	12,530	17,900
1941 Series 19A, V-8, 118" wb						
2d Conv	1,240	3,720	6,200	12,400	21,700	31,000
2d Bus Cpe	780	2,340	3,900	7,800	13,650	19,500
2d 5P Cpe	792	2,376	3,960	7,920	13,860	19,800
2d 6P Cpe	812	2,436	4,060	8,120	14,210	20,300
2d Sed	704	2,112	3,520	7,040	12,320	17,600
4d Sed	700	2,100	3,500	7,000	12,250	17,500
4d Sta Wag	1,320	3,960	6,600	13,200	23,100	33,000
1942 Series 29A, V-8, 118" wb						
2d Conv	1,200	3,600	6,000	12,000	21,000	30,000
2d Bus Cpe	728	2,184	3,640	7,280	12,740	18,200
2d 6P Cpe	740	2,220	3,700	7,400	12,950	18,500
2d Sed	680	2,040	3,400	6,800	11,900	17,000
4d Sed	676	2,028	3,380	6,760	11,830	16,900
4d Sta Wag	1,280	3,840	6,400	12,800	22,400	32,000
NOTE: Add 10 percent for liquamatic drive models.						
1946-1948 Series 69M, V-8, 118" wb						
2d Conv	1,200	3,600	6,000	12,000	21,000	30,000
2d 6P Cpe	780	2,340	3,900	7,800	13,650	19,500
2d Sed	668	2,004	3,340	6,680	11,690	16,700
4d Sed	664	1,992	3,320	6,640	11,620	16,600
4d Sta Wag	1,280	3,840	6,400	12,800	22,400	32,000
2d Sptsman Conv (1946-47 only)	2,000	6,000	10,000	20,000	35,000	50,000
1949-1950 Series OCM, V-8, 118" wb						
2d Conv	1,480	4,440	7,400	14,800	25,900	37,000
2d Cpe	1,120	3,360	5,600	11,200	19,600	28,000
2d Clb Cpe	1,160	3,480	5,800	11,600	20,300	29,000
2d Mon Cpe (1950 only)	1,200	3,600	6,000	12,000	21,000	30,000
4d Sed	760	2,280	3,800	7,600	13,300	19,000
2d Sta Wag	1,160	3,480	5,800	11,600	20,300	29,000
1951 Mercury, V-8, 118" wb						
4d Sed	780	2,340	3,900	7,800	13,650	19,500
2d Cpe	1,160	3,480	5,800	11,600	20,300	29,000

	6	5	4	3	2	1
2d Conv	1,440	4,320	7,200	14,400	25,200	36,000
2d Sta Wag	1,200	3,600	6,000	12,000	21,000	30,000
1951 Monterey, V-8, 118" wb						
2d Clth Cpe	1,240	3,720	6,200	12,400	21,700	31,000
2d Lthr Cpe	1,280	3,840	6,400	12,800	22,400	32,000
1952-1953 Mercury Custom, V-8, 118" wb						
4d Sta Wag (1952 only)	720	2,160	3,600	7,200	12,600	18,000
4d Sed	644	1,932	3,220	6,440	11,270	16,100
2d Sed	680	2,040	3,400	6,800	11,900	17,000
2d HT	1,000	3,000	5,000	10,000	17,500	25,000
1952-1953 Monterey Special Custom, V-8, 118" wb						
4d Sed	652	1,956	3,260	6,520	11,410	16,300
2d HT	1,040	3,120	5,200	10,400	18,200	26,000
2d Conv	1,240	3,720	6,200	12,400	21,700	31,000
4d Sta Wag (1953 only)	800	2,400	4,000	8,000	14,000	20,000
1954 Mercury Custom, V-8, 118" wb						
4d Sed	704	2,112	3,520	7,040	12,320	17,600
2d Sed	700	2,100	3,500	7,000	12,250	17,500
2d HT	1,000	3,000	5,000	10,000	17,500	25,000
1954 Monterey Special Custom, V-8, 118" wb						
4d Sed	712	2,136	3,560	7,120	12,460	17,800
2d HT SV	1,320	3,960	6,600	13,200	23,100	33,000
2d HT	1,040	3,120	5,200	10,400	18,200	26,000
2d Conv	1,320	3,960	6,600	13,200	23,100	33,000
4d Sta Wag	840	2,520	4,200	8,400	14,700	21,000
1955 Custom Series, V-8, 119" wb						
4d Sed	660	1,980	3,300	6,600	11,550	16,500
2d Sed	656	1,968	3,280	6,560	11,480	16,400
2d HT	880	2,640	4,400	8,800	15,400	22,000
4d Sta Wag	680	2,040	3,400	6,800	11,900	17,000
1955 Monterey Series, V-8, 119" wb						
4d Sed	680	2,040	3,400	6,800	11,900	17,000
2d HT	920	2,760	4,600	9,200	16,100	23,000
4d Sta Wag	720	2,160	3,600	7,200	12,600	18,000
1955 Montclair Series, V-8, 119" wb						
4d Sed	700	2,100	3,500	7,000	12,250	17,500
2d HT	1,000	3,000	5,000	10,000	17,500	25,000
2d HT SV	1,320	3,960	6,600	13,200	23,100	33,000
2d Conv	1,360	4,080	6,800	13,600	23,800	34,000
1956 Medalist Series, V-8, 119" wb						
4d Sed	620	1,860	3,100	6,200	10,850	15,500
2d Sed	616	1,848	3,080	6,160	10,780	15,400
2d HT	800	2,400	4,000	8,000	14,000	20,000
1956 Custom Series, V-8, 119" wb						
4d Sed	640	1,920	3,200	6,400	11,200	16,000
2d Sed	648	1,944	3,240	6,480	11,340	16,200
2d HT	840	2,520	4,200	8,400	14,700	21,000
4d HT	720	2,160	3,600	7,200	12,600	18,000
2d Conv	1,280	3,840	6,400	12,800	22,400	32,000
4d Sta Wag	740	2,220	3,700	7,400	12,950	18,500
2d Sta Wag	760	2,280	3,800	7,600	13,300	19,000
1956 Monterey Series, V-8, 119" wb						
4d Sed	660	1,980	3,300	6,600	11,550	16,500
4d Spt Sed	680	2,040	3,400	6,800	11,900	17,000
2d HT	920	2,760	4,600	9,200	16,100	23,000
4d HT	760	2,280	3,800	7,600	13,300	19,000
4d Sta Wag	780	2,340	3,900	7,800	13,650	19,500
1956 Montclair Series, V-8, 119" wb						
4d Spt Sed	700	2,100	3,500	7,000	12,250	17,500
2d HT	1,000	3,000	5,000	10,000	17,500	25,000
4d HT	800	2,400	4,000	8,000	14,000	20,000
2d Conv	1,400	4,200	7,000	14,000	24,500	35,000
1957 Monterey Series, V-8, 122" wb						
4d Sed	620	1,860	3,100	6,200	10,850	15,500
2d Sed	616	1,848	3,080	6,160	10,780	15,400
4d HT	760	2,280	3,800	7,600	13,300	19,000
2d HT	880	2,640	4,400	8,800	15,400	22,000
2d Conv	1,000	3,000	5,000	10,000	17,500	25,000
1957 Montclair Series, V-8, 122" wb						
4d Sed	640	1,920	3,200	6,400	11,200	16,000
4d HT	800	2,400	4,000	8,000	14,000	20,000
2d HT	920	2,760	4,600	9,200	16,100	23,000
2d Conv	1,160	3,480	5,800	11,600	20,300	29,000

	6	5	4	3	2	1
1957 Turnpike Cruiser, V-8, 122" wb						
4d HT	960	2,880	4,800	9,600	16,800	24,000
2d HT	1,160	3,480	5,800	11,600	20,300	29,000
2d Conv	1,400	4,200	7,000	14,000	24,500	35,000
1957 Station Wagons, V-8, 122" wb						
2d Voy HT	960	2,880	4,800	9,600	16,800	24,000
4d Voy HT	940	2,820	4,700	9,400	16,450	23,500
2d Com HT	1,000	3,000	5,000	10,000	17,500	25,000
4d Com HT	980	2,940	4,900	9,800	17,150	24,500
4d Col Pk HT	1,080	3,240	5,400	10,800	18,900	27,000
1958 Mercury, V-8, 122" wb						
4d Sed	560	1,680	2,800	5,600	9,800	14,000
2d Sed	568	1,704	2,840	5,680	9,940	14,200
1958 Monterey, V-8, 122" wb						
4d Sed	568	1,704	2,840	5,680	9,940	14,200
2d Sed	572	1,716	2,860	5,720	10,010	14,300
4d HT	640	1,920	3,200	6,400	11,200	16,000
2d HT	720	2,160	3,600	7,200	12,600	18,000
2d Conv	1,000	3,000	5,000	10,000	17,500	25,000
1958 Montclair, V-8, 122" wb						
4d Sed	560	1,680	2,800	5,600	9,800	14,000
4d HT	760	2,280	3,800	7,600	13,300	19,000
2d HT	920	2,760	4,600	9,200	16,100	23,000
2d Conv	1,080	3,240	5,400	10,800	18,900	27,000
1958 Turnpike Cruiser, V-8, 122" wb						
4d HT	880	2,640	4,400	8,800	15,400	22,000
2d HT	1,040	3,120	5,200	10,400	18,200	26,000
1958 Station Wagons, V-8, 122" wb						
2d Voy HT	920	2,760	4,600	9,200	16,100	23,000
4d Voy HT	900	2,700	4,500	9,000	15,750	22,500
2d Com HT	980	2,940	4,900	9,800	17,150	24,500
4d Com HT	940	2,820	4,700	9,400	16,450	23,500
4d Col Pk HT	1,040	3,120	5,200	10,400	18,200	26,000
1958 Park Lane, V-8, 125" wb						
4d HT	800	2,400	4,000	8,000	14,000	20,000
2d HT	960	2,880	4,800	9,600	16,800	24,000
2d Conv	1,360	4,080	6,800	13,600	23,800	34,000
1959 Monterey, V-8, 126" wb						
4d Sed	540	1,620	2,700	5,400	9,450	13,500
2d Sed	544	1,632	2,720	5,440	9,520	13,600
4d HT	600	1,800	3,000	6,000	10,500	15,000
2d HT	720	2,160	3,600	7,200	12,600	18,000
2d Conv	1,040	3,120	5,200	10,400	18,200	26,000
1959 Montclair, V-8, 126" wb						
4d Sed	560	1,680	2,800	5,600	9,800	14,000
4d HT	640	1,920	3,200	6,400	11,200	16,000
2d HT	800	2,400	4,000	8,000	14,000	20,000
1959 Park Lane, V-8, 128" wb						
4d HT	680	2,040	3,400	6,800	11,900	17,000
2d HT	840	2,520	4,200	8,400	14,700	21,000
2d Conv	1,080	3,240	5,400	10,800	18,900	27,000
1959 Country Cruiser Station Wagons, V-8, 126" wb						
2d Com HT	880	2,640	4,400	8,800	15,400	22,000
4d Com HT	860	2,580	4,300	8,600	15,050	21,500
4d Voy HT	920	2,760	4,600	9,200	16,100	23,000
4d Col Pk HT	940	2,820	4,700	9,400	16,450	23,500
1960 Comet, 6-cyl., 114" wb						
4d Sed	376	1,128	1,880	3,760	6,580	9,400
2d Sed	372	1,116	1,860	3,720	6,510	9,300
4d Sta Wag	380	1,140	1,900	3,800	6,650	9,500
2d Sta Wag	384	1,152	1,920	3,840	6,720	9,600
1960 Monterey, V-8, 126" wb						
4d Sed	380	1,140	1,900	3,800	6,650	9,500
2d Sed	376	1,128	1,880	3,760	6,580	9,400
4d HT	420	1,260	2,100	4,200	7,350	10,500
2d HT	640	1,920	3,200	6,400	11,200	16,000
2d Conv	920	2,760	4,600	9,200	16,100	23,000
1960 Country Cruiser Station Wagons, V-8, 126" wb						
4d Com HT	800	2,400	4,000	8,000	14,000	20,000
4d Col Pk HT	840	2,520	4,200	8,400	14,700	21,000
1960 Montclair, V-8, 126" wb						
4d Sed	392	1,176	1,960	3,920	6,860	9,800
4d HT	600	1,800	3,000	6,000	10,500	15,000
2d HT	680	2,040	3,400	6,800	11,900	17,000

	6	5	4	3	2	1
1960 Park Lane, V-8, 126" wb						
4d HT	640	1,920	3,200	6,400	11,200	16,000
2d HT	760	2,280	3,800	7,600	13,300	19,000
2d Conv	1,120	3,360	5,600	11,200	19,600	28,000
1961 Comet, 6-cyl., 114" wb						
4d Sed	236	708	1,180	2,360	4,130	5,900
2d Sed	232	696	1,160	2,320	4,060	5,800
2d S-22 Cpe	520	1,560	2,600	5,200	9,100	13,000
4d Sta Wag	264	792	1,320	2,640	4,620	6,600
2d Sta Wag	268	804	1,340	2,680	4,690	6,700
1961 Meteor 600, V-8, 120" wb						
4d Sed	232	696	1,160	2,320	4,060	5,800
2d Sed	228	684	1,140	2,280	3,990	5,700
1961 Meteor 800, V-8, 120" wb						
4d Sed	240	720	1,200	2,400	4,200	6,000
4d HT	244	732	1,220	2,440	4,270	6,100
2d Sed	236	708	1,180	2,360	4,130	5,900
2d HT	260	780	1,300	2,600	4,550	6,500
1961 Monterey, V-8, 120" wb						
4d Sed	256	768	1,280	2,560	4,480	6,400
4d HT	260	780	1,300	2,600	4,550	6,500
2d HT	380	1,140	1,900	3,800	6,650	9,500
2d Conv	640	1,920	3,200	6,400	11,200	16,000
1961 Station Wagon, V-8, 120" wb						
4d Com	420	1,260	2,100	4,200	7,350	10,500
4d Col Pk	520	1,560	2,600	5,200	9,100	13,000
1962 Comet, 6-cyl.						
4d Sed	216	648	1,080	2,160	3,780	5,400
2d Sed	212	636	1,060	2,120	3,710	5,300
4d Sta Wag	212	636	1,060	2,120	3,710	5,300
2d Sta Wag	216	648	1,080	2,160	3,780	5,400
2d S-22 Cpe	520	1,560	2,600	5,200	9,100	13,000
4d Vill Sta Wag	220	660	1,100	2,200	3,850	5,500
NOTE: Add 10 percent for Custom line.						
1962 Meteor, 8-cyl.						
4d Sed	220	660	1,100	2,200	3,850	5,500
2d Sed	216	648	1,080	2,160	3,780	5,400
2d S-33 Cpe	380	1,140	1,900	3,800	6,650	9,500
NOTE: Deduct 10 percent for 6-cyl. Add 10 percent for Custom line.						
1962 Monterey, V-8						
4d Sed	224	672	1,120	2,240	3,920	5,600
4d HT Sed	228	684	1,140	2,280	3,990	5,700
2d Sed	216	648	1,080	2,160	3,780	5,400
2d HT	240	720	1,200	2,400	4,200	6,000
2d Conv	560	1,680	2,800	5,600	9,800	14,000
4d Sta Wag	260	780	1,300	2,600	4,550	6,500
NOTE: Add 10 percent for Custom line.						
1962 Custom S-55 Sport Series, V-8						
2d HT	420	1,260	2,100	4,200	7,350	10,500
2d Conv	640	1,920	3,200	6,400	11,200	16,000
NOTE: Add 30 percent for 406 cid.						
1963 Comet, 6-cyl.						
4d Sed	216	648	1,080	2,160	3,780	5,400
2d Sed	212	636	1,060	2,120	3,710	5,300
2d Cus HT	380	1,140	1,900	3,800	6,650	9,500
2d Cus Conv	560	1,680	2,800	5,600	9,800	14,000
2d S-22 Cpe	420	1,260	2,100	4,200	7,350	10,500
2d S-22 HT	540	1,620	2,700	5,400	9,450	13,500
2d S-22 Conv	640	1,920	3,200	6,400	11,200	16,000
4d Sta Wag	216	648	1,080	2,160	3,780	5,400
2d Sta Wag	220	660	1,100	2,200	3,850	5,500
4d Vill Sta Wag	228	684	1,140	2,280	3,990	5,700
NOTE: Add 10 percent for Custom line.						
1963 Meteor, V-8						
4d Sed	220	660	1,100	2,200	3,850	5,500
2d Sed	216	648	1,080	2,160	3,780	5,400
4d Sta Wag	220	660	1,100	2,200	3,850	5,500
2d Cus HT	240	720	1,200	2,400	4,200	6,000
2d S-33 HT	400	1,200	2,000	4,000	7,000	10,000
NOTE: Deduct 10 percent for 6-cyl. Add 10 percent for Custom line.						
1963 Monterey, V-8						
4d Sed	228	684	1,140	2,280	3,990	5,700
4d HT	240	720	1,200	2,400	4,200	6,000
2d Sed	224	672	1,120	2,240	3,920	5,600

	6	5	4	3	2	1
2d HT	244	732	1,220	2,440	4,270	6,100
2d Cus Conv	368	1,104	1,840	3,680	6,440	9,200
2d S-55 HT	520	1,560	2,600	5,200	9,100	13,000
4d S-55 HT	436	1,308	2,180	4,360	7,630	10,900
2d S-55 Conv	680	2,040	3,400	6,800	11,900	17,000
2d Maraud FBk	420	1,260	2,100	4,200	7,350	10,500
2d Mar S-55 FBk	540	1,620	2,700	5,400	9,450	13,500
4d Col Pk	380	1,140	1,900	3,800	6,650	9,500

NOTE: Add 10 percent for Custom line. Add 30 percent for 406 cid. Add 60 percent for 427 cid.

1964 Comet, 6-cyl., 114" wb

4d Sed	240	720	1,200	2,400	4,200	6,000
2d Sed	236	708	1,180	2,360	4,130	5,900
4d Sta Wag	240	720	1,200	2,400	4,200	6,000

1964 Comet 404, 6-cyl., 114" wb

4d Sed	244	732	1,220	2,440	4,270	6,100
2d Sed	240	720	1,200	2,400	4,200	6,000
2d HT	380	1,140	1,900	3,800	6,650	9,500
2d Conv	560	1,680	2,800	5,600	9,800	14,000
4d DeL Wag	248	744	1,240	2,480	4,340	6,200
4d Sta Wag	244	732	1,220	2,440	4,270	6,100

1964 Comet Caliente, V-8 cyl., 114" wb

4d Sed	248	744	1,240	2,480	4,340	6,200
2d HT	560	1,680	2,800	5,600	9,800	14,000
2d Conv	680	2,040	3,400	6,800	11,900	17,000

1964 Comet Cyclone, V-8 cyl., 114" wb

2d HT	640	1,920	3,200	6,400	11,200	16,000

NOTE: Deduct 25 percent for 6-cyl. Caliente.

1964 Monterey, V-8

4d Sed	236	708	1,180	2,360	4,130	5,900
4d HT	244	732	1,220	2,440	4,270	6,100
2d Sed	232	696	1,160	2,320	4,060	5,800
2d HT	252	756	1,260	2,520	4,410	6,300
2d HT FBk	380	1,140	1,900	3,800	6,650	9,500
2d Conv	580	1,740	2,900	5,800	10,150	14,500

1964 Montclair, V-8, 120" wb

4d Sed	240	720	1,200	2,400	4,200	6,000
4d HT FBk	260	780	1,300	2,600	4,550	6,500
2d HT	400	1,200	2,000	4,000	7,000	10,000
2d HT FBk	420	1,260	2,100	4,200	7,350	10,500

1964 Park Lane, V-8, 120" wb

4d Sed	248	744	1,240	2,480	4,340	6,200
4d HT	260	780	1,300	2,600	4,550	6,500
4d HT FBk	380	1,140	1,900	3,800	6,650	9,500
2d HT	520	1,560	2,600	5,200	9,100	13,000
2d HT FBk	560	1,680	2,800	5,600	9,800	14,000
2d Conv	680	2,040	3,400	6,800	11,900	17,000

1964 Station Wagon, V-8, 120" wb

4d Col Pk	540	1,620	2,700	5,400	9,450	13,500
4d Com	536	1,608	2,680	5,360	9,380	13,400

NOTE: Add 10 percent for Marauder. Add 5 percent for bucket seat option where available. Add 60 percent for 427 Super Marauder.

1965 Comet 202, V-8, 114" wb

4d Sed	244	732	1,220	2,440	4,270	6,100
2d Sed	240	720	1,200	2,400	4,200	6,000
4d Sta Wag	244	732	1,220	2,440	4,270	6,100

NOTE: Deduct 20 percent for 6-cyl.

1965 Comet 404

4d Sed	248	744	1,240	2,480	4,340	6,200
2d Sed	244	732	1,220	2,440	4,270	6,100
4d Vill Wag	248	744	1,240	2,480	4,340	6,200
4d Sta Wag	244	732	1,220	2,440	4,270	6,100

1965 Comet Caliente, V-8, 114" wb

4d Sed	252	756	1,260	2,520	4,410	6,300
2d HT	400	1,200	2,000	4,000	7,000	10,000
2d Conv	680	2,040	3,400	6,800	11,900	17,000

1965 Comet Cyclone, V-8, 114" wb

2d HT	640	1,920	3,200	6,400	11,200	16,000

1965 Monterey, V-8, 123" wb

4d Sed	260	780	1,300	2,600	4,550	6,500
4d HT	360	1,080	1,800	3,600	6,300	9,000
4d Brzwy	380	1,140	1,900	3,800	6,650	9,500
2d Sed	256	768	1,280	2,560	4,480	6,400
2d HT	392	1,176	1,960	3,920	6,860	9,800
2d Conv	640	1,920	3,200	6,400	11,200	16,000

	6	5	4	3	2	1
1965 Montclair, V-8, 123" wb						
4d Brzwy	400	1,200	2,000	4,000	7,000	10,000
4d HT	360	1,080	1,800	3,600	6,300	9,000
2d HT	400	1,200	2,000	4,000	7,000	10,000
1965 Park Lane, V-8, 123" wb						
4d Brzwy	420	1,260	2,100	4,200	7,350	10,500
4d HT	400	1,200	2,000	4,000	7,000	10,000
2d HT	420	1,260	2,100	4,200	7,350	10,500
2d Conv	680	2,040	3,400	6,800	11,900	17,000
1965 Station Wagon, V-8, 119" wb						
4d Col Pk	260	780	1,300	2,600	4,550	6,500
4d Com	256	768	1,280	2,560	4,480	6,400
NOTE: Add 60 percent for 427 cid engine.						
1966 Comet Capri, V-8, 116" wb						
4d Sed	248	744	1,240	2,480	4,340	6,200
2d HT	360	1,080	1,800	3,600	6,300	9,000
4d Sta Wag	252	756	1,260	2,520	4,410	6,300
1966 Comet Caliente, V-8, 116" wb						
4d Sed	252	756	1,260	2,520	4,410	6,300
2d HT	520	1,560	2,600	5,200	9,100	13,000
2d Conv	680	2,040	3,400	6,800	11,900	17,000
1966 Comet Cyclone, V-8, 116" wb						
2d HT	560	1,680	2,800	5,600	9,800	14,000
2d Conv	800	2,400	4,000	8,000	14,000	20,000
1966 Comet Cyclone GT/GTA, V-8, 116" wb						
2d HT	640	1,920	3,200	6,400	11,200	16,000
2d Conv	920	2,760	4,600	9,200	16,100	23,000
1966 Comet 202, V-8, 116" wb						
4d Sed	240	720	1,200	2,400	4,200	6,000
2d Sed	248	744	1,240	2,480	4,340	6,200
4d Sta Wag	240	720	1,200	2,400	4,200	6,000
1966 Monterey, V-8, 123" wb						
4d Sed	252	756	1,260	2,520	4,410	6,300
4d Brzwy Sed	360	1,080	1,800	3,600	6,300	9,000
4d HT	380	1,140	1,900	3,800	6,650	9,500
2d Sed	256	768	1,280	2,560	4,480	6,400
2d HT FBk	400	1,200	2,000	4,000	7,000	10,000
2d Conv	580	1,740	2,900	5,800	10,150	14,500
1966 Montclair, V-8, 123" wb						
4d Sed	260	780	1,300	2,600	4,550	6,500
4d HT	388	1,164	1,940	3,880	6,790	9,700
2d HT	400	1,200	2,000	4,000	7,000	10,000
1966 Park Lane, V-8, 123" wb						
4d Brzwy Sed	400	1,200	2,000	4,000	7,000	10,000
4d HT	400	1,200	2,000	4,000	7,000	10,000
2d HT	420	1,260	2,100	4,200	7,350	10,500
2d Conv	680	2,040	3,400	6,800	11,900	17,000
1966 S-55, V-8, 123" wb						
2d HT	560	1,680	2,800	5,600	9,800	14,000
2d Conv	640	1,920	3,200	6,400	11,200	16,000
1966 Station Wagons, V-8, 123" wb						
4d Comm	380	1,140	1,900	3,800	6,650	9,500
4d Col Pk	400	1,200	2,000	4,000	7,000	10,000
NOTE: Add 18 percent for 410 cid engine.						
1967 Comet 202, V-8, 116" wb						
2d Sed	252	756	1,260	2,520	4,410	6,300
4d Sed	256	768	1,280	2,560	4,480	6,400
1967 Capri, V-8, 116" wb						
2d HT	268	804	1,340	2,680	4,690	6,700
4d Sed	252	756	1,260	2,520	4,410	6,300
1967 Caliante, V-8, 116" wb						
4d Sed	272	816	1,360	2,720	4,760	6,800
2d HT	420	1,260	2,100	4,200	7,350	10,500
2d Conv	620	1,860	3,100	6,200	10,850	15,500
1967 Cyclone, V-8, 116" wb						
2d HT	600	1,800	3,000	6,000	10,500	15,000
2d Conv	720	2,160	3,600	7,200	12,600	18,000
1967 Station Wagons, V-8, 113" wb						
4d Voyager	260	780	1,300	2,600	4,550	6,500
4d Villager	264	792	1,320	2,640	4,620	6,600
1967 Cougar, V-8, 111" wb						
2d HT	680	2,040	3,400	6,800	11,900	17,000
2d XR-7 HT	720	2,160	3,600	7,200	12,600	18,000

	6	5	4	3	2	1
1967 Monterey, V-8, 123" wb						
4d Sed	252	756	1,260	2,520	4,410	6,300
4d Brzwy	360	1,080	1,800	3,600	6,300	9,000
2d Conv	600	1,800	3,000	6,000	10,500	15,000
2d HT	360	1,080	1,800	3,600	6,300	9,000
4d HT	260	780	1,300	2,600	4,550	6,500
1967 Montclair, V-8, 123" wb						
4d Sed	256	768	1,280	2,560	4,480	6,400
4d Brzwy	380	1,140	1,900	3,800	6,650	9,500
2d HT	400	1,200	2,000	4,000	7,000	10,000
4d HT	380	1,140	1,900	3,800	6,650	9,500
1967 Park Lane, V-8, 123" wb						
4d Brzwy	400	1,200	2,000	4,000	7,000	10,000
2d Conv	640	1,920	3,200	6,400	11,200	16,000
2d HT	420	1,260	2,100	4,200	7,350	10,500
4d HT	400	1,200	2,000	4,000	7,000	10,000
1967 Brougham, V-8, 123" wb						
4d Brzwy	428	1,284	2,140	4,280	7,490	10,700
4d HT	412	1,236	2,060	4,120	7,210	10,300
1967 Marquis, V-8, 123" wb						
2d HT	520	1,560	2,600	5,200	9,100	13,000
1967 Station Wagons, 119" wb						
4d Commuter	380	1,140	1,900	3,800	6,650	9,500
4d Col Park	400	1,200	2,000	4,000	7,000	10,000

NOTE: Add 10 percent for GT option. Add 15 percent for S-55 performance package. Add 60 percent for 427 cid engine.

	6	5	4	3	2	1
1968 Comet, V-8						
2d HT	360	1,080	1,800	3,600	6,300	9,000
1968 Montego, V-8						
4d Sed	220	660	1,100	2,200	3,850	5,500
2d HT	240	720	1,200	2,400	4,200	6,000
1968 Montego MX						
4d Sta Wag	212	636	1,060	2,120	3,710	5,300
4d Sed	212	636	1,060	2,120	3,710	5,300
2d HT	360	1,080	1,800	3,600	6,300	9,000
2d Conv	580	1,740	2,900	5,800	10,150	14,500
1968 Cyclone, V-8						
2d FBk Cpe	600	1,800	3,000	6,000	10,500	15,000
2d HT	560	1,680	2,800	5,600	9,800	14,000
1968 Cyclone GT 427, V-8						
2d FBk Cpe	920	2,760	4,600	9,200	16,100	23,000
2d HT	880	2,640	4,400	8,800	15,400	22,000
1968 Cyclone GT 428, V-8						
2d FBk Cpe	720	2,160	3,600	7,200	12,600	18,000
1968 Cougar, V-8						
2d HT Cpe	600	1,800	3,000	6,000	10,500	15,000
2d XR-7 Cpe	680	2,040	3,400	6,800	11,900	17,000

NOTE: Add 10 percent for GTE package. Add 5 percent for XR-7G.

	6	5	4	3	2	1
1968 Monterey, V-8						
4d Sed	212	636	1,060	2,120	3,710	5,300
2d Conv	600	1,800	3,000	6,000	10,500	15,000
2d HT	260	780	1,300	2,600	4,550	6,500
4d HT	252	756	1,260	2,520	4,410	6,300
1968 Montclair, V-8						
4d Sed	216	648	1,080	2,160	3,780	5,400
2d HT	268	804	1,340	2,680	4,690	6,700
4d HT	260	780	1,300	2,600	4,550	6,500
1968 Park Lane, V-8						
4d Sed	232	696	1,160	2,320	4,060	5,800
2d Conv	620	1,860	3,100	6,200	10,850	15,500
2d HT	380	1,140	1,900	3,800	6,650	9,500
4d HT	276	828	1,380	2,760	4,830	6,900
1968 Marquis, V-8						
2d HT	400	1,200	2,000	4,000	7,000	10,000
1968 Station Wagons, V-8						
4d Commuter	380	1,140	1,900	3,800	6,650	9,500
4d Col Pk	400	1,200	2,000	4,000	7,000	10,000

NOTE: Deduct 5 percent for six-cylinder engine. Add 5 percent for Brougham package. Add 5 percent for "yacht paneling". Add 40 percent for 427 cid engine. Add 50 percent for 428 cid engine.

	6	5	4	3	2	1
1969 Comet, 6-cyl.						
2d HT	240	720	1,200	2,400	4,200	6,000
1969 Montego, 6-cyl.						
4d Sed	192	576	960	1,920	3,360	4,800

	6	5	4	3	2	1
2d HT	200	600	1,000	2,000	3,500	5,000
1969 Montego MX, V8						
4d Sed	196	588	980	1,960	3,430	4,900
2d HT	240	720	1,200	2,400	4,200	6,000
2d Conv	520	1,560	2,600	5,200	9,100	13,000
4d Sta Wag	220	660	1,100	2,200	3,850	5,500
1969 Cyclone, V-8						
2d HT	520	1,560	2,600	5,200	9,100	13,000
1969 Cyclone CJ, V-8						
2d HT	568	1,704	2,840	5,680	9,940	14,200
1969 Cougar, V-8						
2d HT	560	1,680	2,800	5,600	9,800	14,000
2d Conv	620	1,860	3,100	6,200	10,850	15,500
2d XR-7	600	1,800	3,000	6,000	10,500	15,000
2d XR-7 Conv	660	1,980	3,300	6,600	11,550	16,500
2d HT	720	2,160	3,600	7,200	12,600	18,000
NOTE: Add 30 percent for Boss 302. Add 50 percent for 428 CJ.						
1969 Monterey, V-8						
4d Sed	232	696	1,160	2,320	4,060	5,800
4d HT	236	708	1,180	2,360	4,130	5,900
2d HT	248	744	1,240	2,480	4,340	6,200
2d Conv	400	1,200	2,000	4,000	7,000	10,000
4d Sta Wag	240	720	1,200	2,400	4,200	6,000
1969 Marauder, V-8						
2d HT	380	1,140	1,900	3,800	6,650	9,500
2d X-100 HT	560	1,680	2,800	5,600	9,800	14,000
1969 Marquis, V-8						
4d Sed	236	708	1,180	2,360	4,130	5,900
4d HT	240	720	1,200	2,400	4,200	6,000
2d HT	380	1,140	1,900	3,800	6,650	9,500
2d Conv	600	1,800	3,000	6,000	10,500	15,000
4d Sta Wag	244	732	1,220	2,440	4,270	6,100
1969 Marquis Brougham, V-8						
4d Sed	240	720	1,200	2,400	4,200	6,000
4d HT	260	780	1,300	2,600	4,550	6,500
2d HT	400	1,200	2,000	4,000	7,000	10,000
NOTE: Add 10 percent for Montego/Comet V-8. Add 15 percent for GT option. Add 20 percent for GT Spoiler II. Add 10 percent for bucket seats (except Cougar). Add 10 percent for bench seats (Cougar only). Add 40 percent for "CJ" 428 V-8. Add 50 percent for 429 cid engine.						
1970 Montego						
4d Sed	236	708	1,180	2,360	4,130	5,900
2d HT	240	720	1,200	2,400	4,200	6,000
1970 Montego MX, V-8						
4d Sed	252	756	1,260	2,520	4,410	6,300
2d HT	360	1,080	1,800	3,600	6,300	9,000
4d Sta Wag	240	720	1,200	2,400	4,200	6,000
1970 Montego MX Brougham, V-8						
4d Sed	248	744	1,240	2,480	4,340	6,200
4d HT	260	780	1,300	2,600	4,550	6,500
2d HT	380	1,140	1,900	3,800	6,650	9,500
4d Vill Sta Wag	260	780	1,300	2,600	4,550	6,500
1970 Cyclone, V-8						
2d HT	580	1,740	2,900	5,800	10,150	14,500
1970 Cyclone GT, V-8						
2d HT	620	1,860	3,100	6,200	10,850	15,500
1970 Cyclone Spoiler, V-8						
2d HT	660	1,980	3,300	6,600	11,550	16,500
NOTE: Add 40 percent for 429 V-8 GT and Spoiler.						
1970 Cougar, V-8						
2d HT	580	1,740	2,900	5,800	10,150	14,500
2d Conv	640	1,920	3,200	6,400	11,200	16,000
1970 Cougar XR-7, V-8						
2d HT	640	1,920	3,200	6,400	11,200	16,000
2d Conv	760	2,280	3,800	7,600	13,300	19,000
2d HT	720	2,160	3,600	7,200	12,600	18,000
NOTE: Add 30 percent for Boss 302. Add 50 percent for 428 CJ.						
1970 Monterey, V-8						
4d Sed	240	720	1,200	2,400	4,200	6,000
4d HT	272	816	1,360	2,720	4,760	6,800
2d HT	372	1,116	1,860	3,720	6,510	9,300
2d Conv	540	1,620	2,700	5,400	9,450	13,500
4d Sta Wag	368	1,104	1,840	3,680	6,440	9,200

	6	5	4	3	2	1
1970 Monterey Custom, V-8						
4d Sed	248	744	1,240	2,480	4,340	6,200
4d HT	360	1,080	1,800	3,600	6,300	9,000
2d HT	380	1,140	1,900	3,800	6,650	9,500
1970 Marauder, V-8						
2d HT	400	1,200	2,000	4,000	7,000	10,000
2d X-100 HT	560	1,680	2,800	5,600	9,800	14,000
1970 Marquis, V-8						
4d Sed	252	756	1,260	2,520	4,410	6,300
4d HT	368	1,104	1,840	3,680	6,440	9,200
2d HT	388	1,164	1,940	3,880	6,790	9,700
2d Conv	680	2,040	3,400	6,800	11,900	17,000
4d Sta Wag	240	720	1,200	2,400	4,200	6,000
4d Col Pk	260	780	1,300	2,600	4,550	6,500
1970 Marquis Brougham, V-8						
4d Sed	260	780	1,300	2,600	4,550	6,500
4d HT	360	1,080	1,800	3,600	6,300	9,000
2d HT	388	1,164	1,940	3,880	6,790	9,700
NOTE: Add 50 percent for any 429 engine option.						
1971 Comet, V-8						
4d Sed	204	612	1,020	2,040	3,570	5,100
2d Sed	208	624	1,040	2,080	3,640	5,200
2d HT GT	360	1,080	1,800	3,600	6,300	9,000
1971 Montego, V-8						
4d Sed	200	600	1,000	2,000	3,500	5,000
2d HT	232	696	1,160	2,320	4,060	5,800
1971 Montego MX						
4 Sed	204	612	1,020	2,040	3,570	5,100
2d HT	228	684	1,140	2,280	3,990	5,700
4d Sta Wag	208	624	1,040	2,080	3,640	5,200
1971 Montego MX Brougham						
4d Sed	208	624	1,040	2,080	3,640	5,200
4d HT	224	672	1,120	2,240	3,920	5,600
2d HT	240	720	1,200	2,400	4,200	6,000
4d Villager Sta Wag	220	660	1,100	2,200	3,850	5,500
1971 Cyclone, V-8						
2d HT	520	1,560	2,600	5,200	9,100	13,000
1971 Cyclone GT, V-8						
2d HT	560	1,680	2,800	5,600	9,800	14,000
1971 Cyclone Spoiler, V-8						
2d HT	580	1,740	2,900	5,800	10,150	14,500
NOTE: Add 40 percent for 429 V-8 GT and Spoiler.						
1971 Cougar, V-8						
2d HT	520	1,560	2,600	5,200	9,100	13,000
2d Conv	560	1,680	2,800	5,600	9,800	14,000
1971 Cougar XR-7, V-8						
2d HT	580	1,740	2,900	5,800	10,150	14,500
2d Conv	620	1,860	3,100	6,200	10,850	15,500
1971 Monterey, V-8						
4d Sed	200	600	1,000	2,000	3,500	5,000
4d HT	216	648	1,080	2,160	3,780	5,400
2d HT	248	744	1,240	2,480	4,340	6,200
4d Sta Wag	240	720	1,200	2,400	4,200	6,000
1971 Monterey Custom, V-8						
4d Sed	204	612	1,020	2,040	3,570	5,100
4d HT	220	660	1,100	2,200	3,850	5,500
2d HT	260	780	1,300	2,600	4,550	6,500
1971 Marquis, V-8						
4d Sed	212	636	1,060	2,120	3,710	5,300
4d HT	228	684	1,140	2,280	3,990	5,700
2d HT	360	1,080	1,800	3,600	6,300	9,000
4d Sta Wag	260	780	1,300	2,600	4,550	6,500
1971 Marquis Brougham						
4d Sed	220	660	1,100	2,200	3,850	5,500
4d HT	240	720	1,200	2,400	4,200	6,000
2d HT	380	1,140	1,900	3,800	6,650	9,500
4d Col Pk	220	660	1,100	2,200	3,850	5,500
NOTE: Add 30 percent for 429.						
1972 Comet, V-8						
4d Sed	204	612	1,020	2,040	3,570	5,100
2d Sed	220	660	1,100	2,200	3,850	5,500
1972 Montego, V-8						
4d Sed	200	600	1,000	2,000	3,500	5,000

	6	5	4	3	2	1
2d HT	216	648	1,080	2,160	3,780	5,400
1972 Montego MX, V-8						
4d Sed	208	624	1,040	2,080	3,640	5,200
2d HT	240	720	1,200	2,400	4,200	6,000
4d Sta Wag	212	636	1,060	2,120	3,710	5,300
1972 Montego Brougham, V-8						
4d Sed	212	636	1,060	2,120	3,710	5,300
2d HT	260	780	1,300	2,600	4,550	6,500
4d Sta Wag	216	648	1,080	2,160	3,780	5,400
1972 Montego GT, V-8						
2d HT FBk	360	1,080	1,800	3,600	6,300	9,000
1972 Cougar, V-8						
2d HT	520	1,560	2,600	5,200	9,100	13,000
2d Conv	580	1,740	2,900	5,800	10,150	14,500
1972 Cougar XR-7, V-8						
2d HT	580	1,740	2,900	5,800	10,150	14,500
2d Conv	640	1,920	3,200	6,400	11,200	16,000
1972 Monterey, V-8						
4d Sed	212	636	1,060	2,120	3,710	5,300
4d HT	220	660	1,100	2,200	3,850	5,500
2d HT	240	720	1,200	2,400	4,200	6,000
4d Sta Wag	220	660	1,100	2,200	3,850	5,500
1972 Monterey Custom, V-8						
4d Sed	216	648	1,080	2,160	3,780	5,400
4d HT	240	720	1,200	2,400	4,200	6,000
2d HT	260	780	1,300	2,600	4,550	6,500
1972 Marquis, V-8						
4d Sed	220	660	1,100	2,200	3,850	5,500
4d HT	260	780	1,300	2,600	4,550	6,500
2d HT	380	1,140	1,900	3,800	6,650	9,500
4d Sta Wag	260	780	1,300	2,600	4,550	6,500
1972 Marquis Brougham, V-8						
4d Sed	224	672	1,120	2,240	3,920	5,600
4d HT	228	684	1,140	2,280	3,990	5,700
2d HT	272	816	1,360	2,720	4,760	6,800
4d Col Pk	360	1,080	1,800	3,600	6,300	9,000
1973 Comet, V-8						
4d Sed	204	612	1,020	2,040	3,570	5,100
2d Sed	220	660	1,100	2,200	3,850	5,500
1973 Montego, V-8						
4d Sed	200	600	1,000	2,000	3,500	5,000
2d HT	232	696	1,160	2,320	4,060	5,800
1973 Montego MX, V-8						
4d Sed	204	612	1,020	2,040	3,570	5,100
2d HT	240	720	1,200	2,400	4,200	6,000
1973 Montego MX Brougham, V-8						
4d Sed	208	624	1,040	2,080	3,640	5,200
2d HT	248	744	1,240	2,480	4,340	6,200
1973 Montego GT, V-8						
2d HT	360	1,080	1,800	3,600	6,300	9,000
1973 Montego MX						
4d Village Wag	208	624	1,040	2,080	3,640	5,200
1973 Cougar, V-8						
2d HT	420	1,260	2,100	4,200	7,350	10,500
2d Conv	540	1,620	2,700	5,400	9,450	13,500
1973 Cougar XR-7, V-8						
2d HT	540	1,620	2,700	5,400	9,450	13,500
2d Conv	580	1,740	2,900	5,800	10,150	14,500
1973 Monterey, V-8						
4d Sed	200	600	1,000	2,000	3,500	5,000
2d HT	204	612	1,020	2,040	3,570	5,100
1973 Monterey Custom, V-8						
4d Sed	204	612	1,020	2,040	3,570	5,100
2d HT	240	720	1,200	2,400	4,200	6,000
1973 Marquis, V-8						
4d Sed	212	636	1,060	2,120	3,710	5,300
4d HT	220	660	1,100	2,200	3,850	5,500
2d HT	260	780	1,300	2,600	4,550	6,500
1973 Marquis Brougham, V-8						
4d Sed	216	648	1,080	2,160	3,780	5,400
4d HT	240	720	1,200	2,400	4,200	6,000
2d HT	380	1,140	1,900	3,800	6,650	9,500

1990 Lincoln Town Car Cartier Designer Series sedan

1920 Locomobile Model 48 touring

1923 Marmon Model 34 seven-passenger phaeton

	6	5	4	3	2	1
1973 Station Wagon, V-8						
4d Monterey	212	636	1,060	2,120	3,710	5,300
4d Marquis	216	648	1,080	2,160	3,780	5,400
4d Col Pk	372	1,116	1,860	3,720	6,510	9,300
1974 Comet, V-8						
4d Sed	204	612	1,020	2,040	3,570	5,100
2d Sed	220	660	1,100	2,200	3,850	5,500
1974 Montego, V-8						
4d Sed	208	624	1,040	2,080	3,640	5,200
2d HT	224	672	1,120	2,240	3,920	5,600
1974 Montego MX, V-8						
4d Sed	212	636	1,060	2,120	3,710	5,300
2d HT	228	684	1,140	2,280	3,990	5,700
1974 Montego MX Brougham, V-8						
4d Sed	216	648	1,080	2,160	3,780	5,400
2d HT	236	708	1,180	2,360	4,130	5,900
4d Villager	216	648	1,080	2,160	3,780	5,400
1974 Cougar, V-8						
2d HT	380	1,140	1,900	3,800	6,650	9,500
1974 Monterey, V-8						
4d Sed	204	612	1,020	2,040	3,570	5,100
2d HT	260	780	1,300	2,600	4,550	6,500
1974 Monterey Custom, V-8						
4d Sed	208	624	1,040	2,080	3,640	5,200
2d HT	260	780	1,300	2,600	4,550	6,500
1974 Marquis, V-8						
4d Sed	212	636	1,060	2,120	3,710	5,300
4d HT	220	660	1,100	2,200	3,850	5,500
2d HT	360	1,080	1,800	3,600	6,300	9,000
1974 Marquis Brougham, V-8						
4d Sed	216	648	1,080	2,160	3,780	5,400
4d HT	240	720	1,200	2,400	4,200	6,000
2d HT	360	1,080	1,800	3,600	6,300	9,000
1974 Station Wagons, V-8						
4d Monterey	360	1,080	1,800	3,600	6,300	9,000
4d Marquis	368	1,104	1,840	3,680	6,440	9,200
4d Col Pk	380	1,140	1,900	3,800	6,650	9,500
1975 Bobcat 4-cyl.						
2d HBk	204	612	1,020	2,040	3,570	5,100
4d Sta Wag	200	600	1,000	2,000	3,500	5,000
1975 Comet, V-8						
4d Sed	184	552	920	1,840	3,220	4,600
2d Sed	188	564	940	1,880	3,290	4,700
1975 Monarch, V-8						
4d Sed	196	588	980	1,960	3,430	4,900
2d Cpe	200	600	1,000	2,000	3,500	5,000
1975 Monarch Ghia, V-8						
4d Sed	200	600	1,000	2,000	3,500	5,000
2d Cpe	204	612	1,020	2,040	3,570	5,100
1975 Monarch Grand Ghia, V-8						
4d Sed	208	624	1,040	2,080	3,640	5,200
1975 Montego, V-8						
4d Sed	192	576	960	1,920	3,360	4,800
2d HT	196	588	980	1,960	3,430	4,900
1975 Montego MX, V-8						
4d Sed	196	588	980	1,960	3,430	4,900
2d HT	200	600	1,000	2,000	3,500	5,000
1975 Montego Brougham, V-8						
4d Sed	200	600	1,000	2,000	3,500	5,000
2d HT	204	612	1,020	2,040	3,570	5,100
1975 Station Wagons, V-8						
4d Villager	196	588	980	1,960	3,430	4,900
1975 Cougar, V-8						
2d HT	204	612	1,020	2,040	3,570	5,100
1975 Marquis, V-8						
4d Sed	196	588	980	1,960	3,430	4,900
2d HT	200	600	1,000	2,000	3,500	5,000
1975 Marquis Brougham, V-8						
4d Sed	200	600	1,000	2,000	3,500	5,000
2d HT	204	612	1,020	2,040	3,570	5,100
1975 Grand Marquis, V-8						
4d Sed	204	612	1,020	2,040	3,570	5,100

	6	5	4	3	2	1
2d HT	208	624	1,040	2,080	3,640	5,200
1975 Station Wagons, V-8						
4d Marquis	240	720	1,200	2,400	4,200	6,000
4d Col Pk	360	1,080	1,800	3,600	6,300	9,000
1976 Bobcat, 4-cyl.						
3d HBk	184	552	920	1,840	3,220	4,600
4d Sta Wag	188	564	940	1,880	3,290	4,700
1976 Comet, V-8						
4d Sed	180	540	900	1,800	3,150	4,500
2d Sed	176	528	880	1,760	3,080	4,400
1976 Monarch, V-8						
4d Sed	172	516	860	1,720	3,010	4,300
2d Sed	196	588	980	1,960	3,430	4,900
1976 Monarch Ghia, V-8						
4d Sed	180	540	900	1,800	3,150	4,500
2d Sed	184	552	920	1,840	3,220	4,600
1976 Monarch Grand Ghia, V-8						
4d Sed	196	588	980	1,960	3,430	4,900
1976 Montego, V-8						
4d Sed	184	552	920	1,840	3,220	4,600
2d Cpe	188	564	940	1,880	3,290	4,700
1976 Montego MX, V-8						
4d Sed	192	576	960	1,920	3,360	4,800
2d Cpe	196	588	980	1,960	3,430	4,900
1976 Montego Brougham, V-8						
4d Sed	200	600	1,000	2,000	3,500	5,000
2d Cpe	204	612	1,020	2,040	3,570	5,100
1976 Station Wagons, V-8						
4d Montego MX	188	564	940	1,880	3,290	4,700
4d Montego Vill	192	576	960	1,920	3,360	4,800
1976 Cougar XR7, V-8						
2d HT	192	576	960	1,920	3,360	4,800
1976 Marquis, V-8						
4d Sed	184	552	920	1,840	3,220	4,600
2d Cpe	188	564	940	1,880	3,290	4,700
1976 Marquis Brougham, V-8						
4d Sed	192	576	960	1,920	3,360	4,800
2d Cpe	196	588	980	1,960	3,430	4,900
1976 Grand Marquis, V-8						
4d Sed	200	600	1,000	2,000	3,500	5,000
2d Cpe	204	612	1,020	2,040	3,570	5,100
1976 Station Wagons, V-8						
4d Marquis	220	660	1,100	2,200	3,850	5,500
4d Col Pk	240	720	1,200	2,400	4,200	6,000
1977 Bobcat, 4-cyl.						
3d HBk	148	444	740	1,480	2,590	3,700
4d Sta Wag	152	456	760	1,520	2,660	3,800
4d Vill Wag	156	468	780	1,560	2,730	3,900
NOTE: Add 5 percent for V-6.						
1977 Comet, V-8						
4d Sed	144	432	720	1,440	2,520	3,600
2d Sed	148	444	740	1,480	2,590	3,700
1977 Monarch, V-8						
4d Sed	136	408	680	1,360	2,380	3,400
2d Sed	140	420	700	1,400	2,450	3,500
1977 Monarch Ghia, V-8						
4d Sed	144	432	720	1,440	2,520	3,600
2d Sed	148	444	740	1,480	2,590	3,700
1977 Cougar, V-8						
4d Sed	152	456	760	1,520	2,660	3,800
2d Sed	156	468	780	1,560	2,730	3,900
1977 Cougar Brougham, V-8						
4d Sed	156	468	780	1,560	2,730	3,900
2d Sed	160	480	800	1,600	2,800	4,000
1977 Cougar XR7, V-8						
2d HT	168	504	840	1,680	2,940	4,200
1977 Station Wagons, V-8						
4d Cougar	152	456	760	1,520	2,660	3,800
4d Vill	156	468	780	1,560	2,730	3,900
1977 Marquis, V-8						
4d Sed	156	468	780	1,560	2,730	3,900
2d Sed	160	480	800	1,600	2,800	4,000

	6	5	4	3	2	1
1977 Marquis Brougham, V-8						
4d Sed	156	468	780	1,560	2,730	3,900
2d Sed	160	480	800	1,600	2,800	4,000
1977 Grand Marquis, V-8						
4d HT	164	492	820	1,640	2,870	4,100
2d HT	168	504	840	1,680	2,940	4,200
1977 Station Wagons, V-8						
4d 2S Marquis	168	504	840	1,680	2,940	4,200
4d 3S Marquis	180	540	900	1,800	3,150	4,500
1978 Bobcat						
3d Rbt	144	432	720	1,440	2,520	3,600
4d Sta Wag	148	444	740	1,480	2,590	3,700
1978 Zephyr						
4d Sed	132	396	660	1,320	2,310	3,300
2d Sed	128	384	640	1,280	2,240	3,200
2d Cpe	140	420	700	1,400	2,450	3,500
4d Sta Wag	136	408	680	1,360	2,380	3,400
1978 Monarch						
4d Sed	132	396	660	1,320	2,310	3,300
2d Sed	136	408	680	1,360	2,380	3,400
1978 Cougar						
4d Sed	140	420	700	1,400	2,450	3,500
2d HT	144	432	720	1,440	2,520	3,600
1978 Cougar XR7						
2d HT	164	492	820	1,640	2,870	4,100
1978 Marquis						
4d Sed	152	456	760	1,520	2,660	3,800
2d HT	156	468	780	1,560	2,730	3,900
4d Sta Wag	152	456	760	1,520	2,660	3,800
1978 Marquis Brougham						
4d Sed	156	468	780	1,560	2,730	3,900
2d HT	160	480	800	1,600	2,800	4,000
1978 Grand Marquis						
4d Sed	164	492	820	1,640	2,870	4,100
2d HT	168	504	840	1,680	2,940	4,200
1979 Bobcat, 4-cyl.						
3d Rbt	148	444	740	1,480	2,590	3,700
4d Wag	144	432	720	1,440	2,520	3,600
4d Villager Wag	148	444	740	1,480	2,590	3,700
1979 Capri, 4-cyl.						
2d Cpe	152	456	760	1,520	2,660	3,800
2d Ghia Cpe	160	480	800	1,600	2,800	4,000
NOTE: Add 5 percent for 6-cyl. Add 8 percent for V-8.						
1979 Zephyr, 6-cyl.						
4d Sed	136	408	680	1,360	2,380	3,400
2d Cpe	144	432	720	1,440	2,520	3,600
2d Spt Cpe	152	456	760	1,520	2,660	3,800
4d Sta Wag	140	420	700	1,400	2,450	3,500
NOTE: Add 5 percent for V-8.						
1979 Monarch, V-8						
4d Sed	136	408	680	1,360	2,380	3,400
2d Cpe	144	432	720	1,440	2,520	3,600
NOTE: Deduct 5 percent for 6-cyl.						
1979 Cougar, V-8						
4d Sed	144	432	720	1,440	2,520	3,600
2d HT	148	444	740	1,480	2,590	3,700
2d HT XR7	164	492	820	1,640	2,870	4,100
1979 Marquis, V-8						
4d Sed	152	456	760	1,520	2,660	3,800
2d HT	156	468	780	1,560	2,730	3,900
1979 Marquis Brougham, V-8						
4d Sed	156	468	780	1,560	2,730	3,900
2d HT	160	480	800	1,600	2,800	4,000
1979 Grand Marquis, V-8						
4d Sed	160	480	800	1,600	2,800	4,000
2d HT	164	492	820	1,640	2,870	4,100
1979 Station Wagons, V-8						
4d 3S Marquis	152	456	760	1,520	2,660	3,800
4d 3S Colony Park	160	480	800	1,600	2,800	4,000
1980 Bobcat, 4-cyl.						
2d HBk	140	420	700	1,400	2,450	3,500
2d Sta Wag	144	432	720	1,440	2,520	3,600

	6	5	4	3	2	1
2d Sta Wag Villager	152	456	760	1,520	2,660	3,800
1980 Capri, 6-cyl.						
2d HBk	188	564	940	1,880	3,290	4,700
2d HBk Ghia	200	600	1,000	2,000	3,500	5,000
NOTE: Deduct 10 percent for 4-cyl.						
1980 Zephyr, 6-cyl.						
4d Sed	140	420	700	1,400	2,450	3,500
2d Sed	136	408	680	1,360	2,380	3,400
2d Cpe Z-7	168	504	840	1,680	2,940	4,200
4d Sta Wag	156	468	780	1,560	2,730	3,900
NOTE: Deduct 10 percent for 4-cyl.						
1980 Monarch, V-8						
4d Sed	168	504	840	1,680	2,940	4,200
2d Cpe	164	492	820	1,640	2,870	4,100
NOTE: Deduct 10 percent for 4-cyl.						
1980 Cougar XR7, V-8						
2d Cpe	232	696	1,160	2,320	4,060	5,800
1980 Marquis, V-8						
4d Sed	176	528	880	1,760	3,080	4,400
2d Sed	172	516	860	1,720	3,010	4,300
1980 Marquis Brougham, V-8						
4d Sed	184	552	920	1,840	3,220	4,600
2d Sed	180	540	900	1,800	3,150	4,500
1980 Grand Marquis, V-8						
4d Sed	188	564	940	1,880	3,290	4,700
2d Sed	184	552	920	1,840	3,220	4,600
4d Sta Wag	192	576	960	1,920	3,360	4,800
4d Sta Wag CP	200	600	1,000	2,000	3,500	5,000
1981 Lynx, 4-cyl.						
2d HBk RS	148	444	740	1,480	2,590	3,700
4d HBk RS	152	456	760	1,520	2,660	3,800
2d HBk LS	152	456	760	1,520	2,660	3,800
NOTE: Deduct 5 percent for lesser models.						
1981 Zephyr, 6-cyl.						
4d Sed S	140	420	700	1,400	2,450	3,500
4d Sed	144	432	720	1,440	2,520	3,600
2d Sed	140	420	700	1,400	2,450	3,500
2d Cpe Z-7	172	516	860	1,720	3,010	4,300
4d Sta Wag	160	480	800	1,600	2,800	4,000
NOTE: Deduct 10 percent for 4-cyl.						
1981 Capri, 6-cyl.						
2d HBk	180	540	900	1,800	3,150	4,500
2d HBk GS	188	564	940	1,880	3,290	4,700
NOTE: Deduct 10 percent for 4-cyl.						
1981 Cougar, 6-cyl.						
4d Sed	168	504	840	1,680	2,940	4,200
2d Sed	164	492	820	1,640	2,870	4,100
NOTE: Deduct 10 percent for 4-cyl.						
1981 Cougar XR7, V-8						
2d Cpe	236	708	1,180	2,360	4,130	5,900
NOTE: Deduct 12 percent for 6-cyl.						
1981 Marquis, V-8						
4d Sed	176	528	880	1,760	3,080	4,400
1981 Marquis Brougham, V-8						
4d Sed	184	552	920	1,840	3,220	4,600
2d Sed	180	540	900	1,800	3,150	4,500
1981 Grand Marquis, V-8						
4d Sed	192	576	960	1,920	3,360	4,800
2d Sed	188	564	940	1,880	3,290	4,700
4d Sta Wag	196	588	980	1,960	3,430	4,900
4d Sta Wag CP	196	588	980	1,960	3,430	4,900
1982 Lynx, 4-cyl.						
2d HBk LS	152	456	760	1,520	2,660	3,800
4d HBk LS	156	468	780	1,560	2,730	3,900
4d Sta Wag LS	160	480	800	1,600	2,800	4,000
2d HBk RS	156	468	780	1,560	2,730	3,900
NOTE: Deduct 5 percent for lesser models.						
1982 LN7, 4-cyl.						
2d HBk	184	552	920	1,840	3,220	4,600
1982 Zephyr, 6-cyl.						
4d Sed	148	444	740	1,480	2,590	3,700
2d Cpe Z-7	172	516	860	1,720	3,010	4,300

	6	5	4	3	2	1
4d Sed GS	152	456	760	1,520	2,660	3,800
2d Cpe Z-7 GS	180	540	900	1,800	3,150	4,500
1982 Capri, 6-cyl.						
2d HBk L	212	636	1,060	2,120	3,710	5,300
2d HBk GS	220	660	1,100	2,200	3,850	5,500
1982 Capri, V-8						
2d HBk RS	224	672	1,120	2,240	3,920	5,600
NOTE: Deduct 10 percent for 4-cyl.						
1982 Cougar, 6-cyl.						
4d Sed GS	160	480	800	1,600	2,800	4,000
2d Sed GS	156	468	780	1,560	2,730	3,900
4d Sta Wag GS	168	504	840	1,680	2,940	4,200
4d Sed LS	164	492	820	1,640	2,870	4,100
2d Sed LS	160	480	800	1,600	2,800	4,000
1982 Cougar XR7, V-8						
2d Cpe	240	720	1,200	2,400	4,200	6,000
2d Cpe LS	248	744	1,240	2,480	4,340	6,200
NOTE: Deduct 10 percent for 6-cyl.						
1982 Marquis, V-8						
4d Sed	180	540	900	1,800	3,150	4,500
1982 Marquis Brougham, V-8						
4d Sed	188	564	940	1,880	3,290	4,700
2d Cpe	184	552	920	1,840	3,220	4,600
1982 Grand Marquis, V-8						
4d Sed	196	588	980	1,960	3,430	4,900
2d Cpe	192	576	960	1,920	3,360	4,800
4d Sta Wag	196	588	980	1,960	3,430	4,900
4d Sta Wag CP	200	600	1,000	2,000	3,500	5,000
1983 Lynx, 4-cyl.						
2d HBk LS	152	456	760	1,520	2,660	3,800
4d HBk LS	156	468	780	1,560	2,730	3,900
4d Sta Wag LS	160	480	800	1,600	2,800	4,000
2d HBk RS	156	468	780	1,560	2,730	3,900
4d HBk LTS	160	480	800	1,600	2,800	4,000
NOTE: Deduct 5 percent for lesser models.						
1983 LN7, 4-cyl.						
2d HBk	188	564	940	1,880	3,290	4,700
2d HBk Spt	192	576	960	1,920	3,360	4,800
2d HBk GS	200	600	1,000	2,000	3,500	5,000
2d HBk RS	208	624	1,040	2,080	3,640	5,200
1983 Zephyr, V-6						
4d Sed	152	456	760	1,520	2,660	3,800
2d Cpe Z-7	176	528	880	1,760	3,080	4,400
4d Sed GS	156	468	780	1,560	2,730	3,900
2d Cpe Z-7 GS	184	552	920	1,840	3,220	4,600
NOTE: Deduct 10 percent for 4-cyl.						
1983 Capri, 6-cyl.						
2d HBk L	216	648	1,080	2,160	3,780	5,400
2d HBk GS	224	672	1,120	2,240	3,920	5,600
1983 Capri, V-8						
2d HBk RS	228	684	1,140	2,280	3,990	5,700
NOTE: Deduct 10 percent for 4-cyl.						
1983 Cougar, V-8						
2d Cpe	260	780	1,300	2,600	4,550	6,500
2d Cpe LS	268	804	1,340	2,680	4,690	6,700
NOTE: Deduct 15 percent for V-6.						
1983 Marquis, 4-cyl.						
4d Sed	168	504	840	1,680	2,940	4,200
4d Brgm	176	528	880	1,760	3,080	4,400
1983 Marquis, 6-cyl.						
4d Sed	176	528	880	1,760	3,080	4,400
4d Sta Wag	188	564	940	1,880	3,290	4,700
4d Sed Brgm	192	576	960	1,920	3,360	4,800
4d Sta Wag Brgm	196	588	980	1,960	3,430	4,900
1983 Grand Marquis, V-8						
4d Sed	208	624	1,040	2,080	3,640	5,200
2d Cpe	204	612	1,020	2,040	3,570	5,100
4d Sed LS	216	648	1,080	2,160	3,780	5,400
2d Cpe LS	212	636	1,060	2,120	3,710	5,300
4d Sta Wag	220	660	1,100	2,200	3,850	5,500
1984 Lynx, 4-cyl.						
4d HBk LTS	140	420	700	1,400	2,450	3,500
2d HBk RS	144	432	720	1,440	2,520	3,600

	6	5	4	3	2	1
2d HBk RS Turbo	152	456	760	1,520	2,660	3,800
NOTE: Deduct 5 percent for lesser models.						
1984 Topaz, 4-cyl.						
2d Sed	132	396	660	1,320	2,310	3,300
4d Sed	132	396	660	1,320	2,310	3,300
2d Sed GS	136	408	680	1,360	2,380	3,400
4d Sed GS	136	408	680	1,360	2,380	3,400
1984 Capri, 4-cyl.						
2d HBk GS	176	528	880	1,760	3,080	4,400
2d HBk RS Turbo	192	576	960	1,920	3,360	4,800
2d HBk GS, V-6	184	552	920	1,840	3,220	4,600
2d HBk GS, V-8	192	576	960	1,920	3,360	4,800
2d HBk RS, V-8	200	600	1,000	2,000	3,500	5,000
1984 Cougar, V-6						
2d Cpe	168	504	840	1,680	2,940	4,200
2d Cpe LS	172	516	860	1,720	3,010	4,300
1984 Cougar, V-8						
2d Cpe	180	540	900	1,800	3,150	4,500
2d Cpe LS	192	576	960	1,920	3,360	4,800
2d Cpe XR7	220	660	1,100	2,200	3,850	5,500
1984 Marquis, 4-cyl.						
4d Sed	164	492	820	1,640	2,870	4,100
4d Sed Brgm	168	504	840	1,680	2,940	4,200
1984 Marquis, V-6						
4d Sed	168	504	840	1,680	2,940	4,200
4d Sed Brgm	172	516	860	1,720	3,010	4,300
4d Sta Wag	172	516	860	1,720	3,010	4,300
4d Sta Wag Brgm	176	528	880	1,760	3,080	4,400
1984 Grand Marquis, V-8						
4d Sed	196	588	980	1,960	3,430	4,900
2d Sed	196	588	980	1,960	3,430	4,900
4d Sed LS	200	600	1,000	2,000	3,500	5,000
2d Sed LS	200	600	1,000	2,000	3,500	5,000
4d Sta Wag Colony Park	200	600	1,000	2,000	3,500	5,000
1985 Lynx, 4-cyl.						
2d HBk GS	136	408	680	1,360	2,380	3,400
4d HBk GS	140	420	700	1,400	2,450	3,500
4d Sta Wag GS	140	420	700	1,400	2,450	3,500
NOTE: Deduct 20 percent for diesel. Deduct 5 percent for lesser models.						
1985 Topaz, 4-cyl.						
2d Sed	136	408	680	1,360	2,380	3,400
4d Sed	136	408	680	1,360	2,380	3,400
2d Sed LS	136	408	680	1,360	2,380	3,400
4d Sed LS	140	420	700	1,400	2,450	3,500
NOTE: Deduct 20 percent for diesel.						
1985 Capri, 4-cyl.						
2d HBk GS	180	540	900	1,800	3,150	4,500
2d HBk GS, V-6	184	552	920	1,840	3,220	4,600
2d HBk GS, V-8	196	588	980	1,960	3,430	4,900
2d HBk 5.0 liter, V-8	208	624	1,040	2,080	3,640	5,200
1985 Cougar, V-6						
2d Cpe	172	516	860	1,720	3,010	4,300
2d Cpe LS	176	528	880	1,760	3,080	4,400
2d Cpe, V-8	184	552	920	1,840	3,220	4,600
2d Cpe LS, V-8	196	588	980	1,960	3,430	4,900
2d Cpe XR7 Turbo, 4-cyl.	224	672	1,120	2,240	3,920	5,600
1985 Marquis, V-6						
4d Sed	172	516	860	1,720	3,010	4,300
4d Sed Brgm	176	528	880	1,760	3,080	4,400
4d Sta Wag	176	528	880	1,760	3,080	4,400
4d Sta Wag Brgm	180	540	900	1,800	3,150	4,500
NOTE: Deduct 20 percent for 4-cyl. where available.						
1985 Grand Marquis, V-8						
4d Sed	200	600	1,000	2,000	3,500	5,000
2d Sed	196	588	980	1,960	3,430	4,900
4d Sed LS	204	612	1,020	2,040	3,570	5,100
2d Sed LS	200	600	1,000	2,000	3,500	5,000
4d Sta Wag Colony Park	208	624	1,040	2,080	3,640	5,200
1986 Lynx						
2d HBk	140	420	700	1,400	2,450	3,500
4d HBk	148	444	740	1,480	2,590	3,700

	6	5	4	3	2	1
4d Sta Wag	148	444	740	1,480	2,590	3,700
1986 Capri						
2d HBk	184	552	920	1,840	3,220	4,600
1986 Topaz						
2d Sed	144	432	720	1,440	2,520	3,600
4d Sed	144	432	720	1,440	2,520	3,600
1986 Marquis						
4d Sed	176	528	880	1,760	3,080	4,400
4d Sta Wag	180	540	900	1,800	3,150	4,500
1986 Marquis Brougham						
4d Sed	180	540	900	1,800	3,150	4,500
4d Sta Wag	184	552	920	1,840	3,220	4,600
1986 Cougar						
2d Cpe	192	576	960	1,920	3,360	4,800
2d LS Cpe	200	600	1,000	2,000	3,500	5,000
XR7 2d Cpe	228	684	1,140	2,280	3,990	5,700
1986 Grand Marquis						
2d Sed	204	612	1,020	2,040	3,570	5,100
4d Sed	208	624	1,040	2,080	3,640	5,200
4d Sta Wag	220	660	1,100	2,200	3,850	5,500
NOTE: Add 10 percent for deluxe models. Deduct 5 percent for smaller engines.						
1987 Lynx, 4-cyl.						
2d HBk L	148	444	740	1,480	2,590	3,700
2d HBk GS	152	456	760	1,520	2,660	3,800
4d HBk GS	156	468	780	1,560	2,730	3,900
4d Sta Wag GS	156	468	780	1,560	2,730	3,900
2d HBk XR3	160	480	800	1,600	2,800	4,000
1987 Topaz, 4-cyl.						
2d Sed GS	152	456	760	1,520	2,660	3,800
4d Sed GS	156	468	780	1,560	2,730	3,900
2d Sed GS Spt	156	468	780	1,560	2,730	3,900
4d Sed GS Spt	160	480	800	1,600	2,800	4,000
4d Sed LS	164	492	820	1,640	2,870	4,100
1987 Cougar						
2d Cpe LS, V-6	256	768	1,280	2,560	4,480	6,400
2d Cpe LS, V-8	360	1,080	1,800	3,600	6,300	9,000
2d Cpe XR7, V-8	368	1,104	1,840	3,680	6,440	9,200
NOTE: Add 10 percent for Anniversary Model.						
1987 Sable, V-6						
4d Sed GS	200	600	1,000	2,000	3,500	5,000
4d Sed LS	204	612	1,020	2,040	3,570	5,100
4d Sta Wag GS	204	612	1,020	2,040	3,570	5,100
4d Sta Wag LS	208	624	1,040	2,080	3,640	5,200
1987 Grand Marquis, V-8						
4d Sed GS	228	684	1,140	2,280	3,990	5,700
4d Sta Wag Col Park GS	236	708	1,180	2,360	4,130	5,900
2d Sed LS	228	684	1,140	2,280	3,990	5,700
4d Sed LS	232	696	1,160	2,320	4,060	5,800
4d Sta Wag Col Park LS	240	720	1,200	2,400	4,200	6,000
1988 Tracer, 4-cyl.						
2d HBk	120	360	600	1,200	2,100	3,000
4d HBk	124	372	620	1,240	2,170	3,100
4d Sta Wag	132	396	660	1,320	2,310	3,300
1988 Topaz, 4-cyl.						
2d Sed	128	384	640	1,280	2,240	3,200
4d Sed	132	396	660	1,320	2,310	3,300
4d Sed LS	144	432	720	1,440	2,520	3,600
4d Sed LTS	152	456	760	1,520	2,660	3,800
2d Sed XR5	160	480	800	1,600	2,800	4,000
1988 Cougar						
2d LS V-6	232	696	1,160	2,320	4,060	5,800
2d LS V-8	248	744	1,240	2,480	4,340	6,200
2d XR7 V-8	272	816	1,360	2,720	4,760	6,800
1988 Sable, V-6						
4d Sed GS	184	552	920	1,840	3,220	4,600
4d Sta Wag GS	208	624	1,040	2,080	3,640	5,200
4d Sed LS	192	576	960	1,920	3,360	4,800
4d Sta Wag LS	232	696	1,160	2,320	4,060	5,800
1988 Grand Marquis, V-8						
4d Sed GS	220	660	1,100	2,200	3,850	5,500
4d Sta Wag Col Park GS	232	696	1,160	2,320	4,060	5,800

	6	5	4	3	2	1
4d Sed LS	224	672	1,120	2,240	3,920	5,600
4d Sta Wag Col Park LS	244	732	1,220	2,440	4,270	6,100
1989 Tracer, 4-cyl.						
4d HBk	156	468	780	1,560	2,730	3,900
2d HBk	152	456	760	1,520	2,660	3,800
4d Sta Wag	160	480	800	1,600	2,800	4,000
1989 Topaz, 4-cyl.						
2d Sed GS	144	432	720	1,440	2,520	3,600
4d Sed GS	148	444	740	1,480	2,590	3,700
4d Sed LS	156	468	780	1,560	2,730	3,900
4d Sed LTS	172	516	860	1,720	3,010	4,300
2d Sed XR5	196	588	980	1,960	3,430	4,900
1989 Cougar, V-6						
2d Cpe LS	360	1,080	1,800	3,600	6,300	9,000
2d Cpe XR7	400	1,200	2,000	4,000	7,000	10,000
1989 Sable, V-6						
4d Sed GS	212	636	1,060	2,120	3,710	5,300
4d Sta Wag GS	248	744	1,240	2,480	4,340	6,200
4d Sed LS	236	708	1,180	2,360	4,130	5,900
4d Sta Wag LS	368	1,104	1,840	3,680	6,440	9,200
1989 Grand Marquis, V-8						
4d Sed GS	252	756	1,260	2,520	4,410	6,300
4d Sed LS	256	768	1,280	2,560	4,480	6,400
4d Sta Wag Col Park GS	268	804	1,340	2,680	4,690	6,700
4d Sta Wag Col Park LS	276	828	1,380	2,760	4,830	6,900
1990 Topaz, 4-cyl.						
2d Sed GS	156	468	780	1,560	2,730	3,900
4d Sed GS	160	480	800	1,600	2,800	4,000
4d Sed LS	168	504	840	1,680	2,940	4,200
4d Sed LTS	184	552	920	1,840	3,220	4,600
2d Sed XR5	168	504	840	1,680	2,940	4,200
1990 Cougar, V-6						
2d Cpe LS	260	780	1,300	2,600	4,550	6,500
2d Cpe XR7	360	1,080	1,800	3,600	6,300	9,000
1990 Sable, V-6						
4d Sed GS	220	660	1,100	2,200	3,850	5,500
4d Sed LS	240	720	1,200	2,400	4,200	6,000
4d Sta Wag GS	240	720	1,200	2,400	4,200	6,000
4d Sta Wag LS	260	780	1,300	2,600	4,550	6,500
1990 Grand Marquis, V-8						
4d Sed GS	260	780	1,300	2,600	4,550	6,500
4d Sed LS	360	1,080	1,800	3,600	6,300	9,000
4d Sta Wag GS	360	1,080	1,800	3,600	6,300	9,000
4d Sta Wag LS	380	1,140	1,900	3,800	6,650	9,500
1991 Tracer, 4-cyl.						
4d NBk	140	420	700	1,400	2,450	3,500
4d NBk LTS	148	444	740	1,480	2,590	3,700
4d Sta Wag	156	468	780	1,560	2,730	3,900
1991 Topaz, 4-cyl.						
2d Sed GS	148	444	740	1,480	2,590	3,700
4d Sed GS	148	444	740	1,480	2,590	3,700
4d Sed LS	156	468	780	1,560	2,730	3,900
4d Sed LTS	160	480	800	1,600	2,800	4,000
2d Sed XR5	168	504	840	1,680	2,940	4,200
1991 Capri, 4-cyl.						
2d Conv	200	600	1,000	2,000	3,500	5,000
2d Conv XR2 Turbo	220	660	1,100	2,200	3,850	5,500
1991 Cougar						
2d Cpe LS, V-6	240	720	1,200	2,400	4,200	6,000
2d Cpe LS, V-8	360	1,080	1,800	3,600	6,300	9,000
2d Cpe XR7, V-8	380	1,140	1,900	3,800	6,650	9,500
1991 Sable, V-6						
4d Sed GS	148	444	740	1,480	2,590	3,700
4d Sta Wag GS	156	468	780	1,560	2,730	3,900
4d Sed LS	152	456	760	1,520	2,660	3,800
4d Sta Wag LS	160	480	800	1,600	2,800	4,000
1991 Grand Marquis, V-8						
4d Sed GS	184	552	920	1,840	3,220	4,600
4d Sed LS	192	576	960	1,920	3,360	4,800
1991 Grand Marquis Colony Park, V-8						
4d Sta Wag GS35	220	660	1,100	2,200	3,850	5,500
4d Sta Wag GS25	216	648	1,080	2,160	3,780	5,400

	6	5	4	3	2	1
4d Sta Wag LS35	224	672	1,120	2,240	3,920	5,600
4d Sta Wag LS25	220	660	1,100	2,200	3,850	5,500
1992 Tracer, 4-cyl.						
4d Sed	164	492	820	1,640	2,870	4,100
4d Sed LTS	168	504	840	1,680	2,940	4,200
4d Sta Wag	184	552	920	1,840	3,220	4,600
1992 Topaz, 4-cyl. & V-6						
2d Cpe GS	156	468	780	1,560	2,730	3,900
4d Sed GS	160	480	800	1,600	2,800	4,000
4d Sed LS	168	504	840	1,680	2,940	4,200
4d Sed LTS V-6	224	672	1,120	2,240	3,920	5,600
2d Cpe XR5 V-6	224	672	1,120	2,240	3,920	5,600
1992 Capri, 4-cyl.						
2d Conv	240	720	1,200	2,400	4,200	6,000
2d Conv XR2 Turbo	248	744	1,240	2,480	4,340	6,200
1992 Cougar						
2d Cpe LS, V-6	292	876	1,460	2,920	5,110	7,300
2d Cpe LS, V-8	308	924	1,540	3,080	5,390	7,700
2d Cpe XR7 V-8	316	948	1,580	3,160	5,530	7,900
1992 Sable, V-6						
4d Sed GS	240	720	1,200	2,400	4,200	6,000
4d Sta Wag GS	240	720	1,200	2,400	4,200	6,000
4d Sed LS	248	744	1,240	2,480	4,340	6,200
4d Sta Wag LS	248	744	1,240	2,480	4,340	6,200
1992 Grand Marquis, V-8						
4d Sed GS	280	840	1,400	2,800	4,900	7,000
4d Sed LS	288	864	1,440	2,880	5,040	7,200
1993 Tracer, 4-cyl.						
4d Sed	172	516	860	1,720	3,010	4,300
4d Sta Wag	184	552	920	1,840	3,220	4,600
4d Sed LTS	180	540	900	1,800	3,150	4,500
1993 Topaz, 4-cyl.						
2d Sed GS	168	504	840	1,680	2,940	4,200
4d Sed GS	176	528	880	1,760	3,080	4,400
1993 Capri, 4-cyl.						
2d Conv	280	840	1,400	2,800	4,900	7,000
2d Conv XR2 Turbo	288	864	1,440	2,880	5,040	7,200
1993 Cougar						
2d Cpe XR7, V-6	292	876	1,460	2,920	5,110	7,300
2d Cpe XR7, V-8	302	906	1,510	3,020	5,285	7,550
1993 Sable, V-6						
4d Sed GS	248	744	1,240	2,480	4,340	6,200
4d Sed LS	252	756	1,260	2,520	4,410	6,300
4d Sta Wag GS	260	780	1,300	2,600	4,550	6,500
4d Sta Wag LS	264	792	1,320	2,640	4,620	6,600
1993 Grand Marquis, V-8						
4d Sed GS	288	864	1,440	2,880	5,040	7,200
4d Sed LS	296	888	1,480	2,960	5,180	7,400
1994 Tracer, 4-cyl.						
4d Sed	200	600	1,000	2,000	3,500	5,000
4d Sed LTS	220	660	1,100	2,200	3,850	5,500
4d Sta Wag	240	720	1,200	2,400	4,200	6,000
1994 Topaz, 4-cyl.						
2d Sed GS	212	636	1,060	2,120	3,710	5,300
4d Sed GS	216	648	1,080	2,160	3,780	5,400
1994 Capri, 4-cyl.						
2d Conv	260	780	1,300	2,600	4,550	6,500
2d Conv XR2 Turbo	288	864	1,440	2,880	5,040	7,200
1994 Cougar						
2d Cpe XR7, V-6	260	780	1,300	2,600	4,550	6,500
2d Cpe XR7, V-8	280	840	1,400	2,800	4,900	7,000
1994 Sable, V-6						
4d Sed GS	220	660	1,100	2,200	3,850	5,500
4d Sed LS	240	720	1,200	2,400	4,200	6,000
4d Sta Wag GS	240	720	1,200	2,400	4,200	6,000
4d Sta Wag LS	260	780	1,300	2,600	4,550	6,500
1994 Grand Marquis, V-8						
4d Sed GS	300	900	1,500	3,000	5,250	7,500
4d Sed LS	320	960	1,600	3,200	5,600	8,000

RAMBLER

1902 1-cyl., 4 hp						
2P Rbt	1,640	4,920	8,200	16,400	28,700	41,000

	6	5	4	3	2	1
1903 1-cyl., 6 hp						
2/4P Lt Tr	1,600	4,800	8,000	16,000	28,000	40,000
1904 Model E, 1-cyl., 7 hp, 78" wb						
Rbt	1,440	4,320	7,200	14,400	25,200	36,000
1904 Model G, 1-cyl., 7 hp, 81" wb						
Rbt	1,480	4,440	7,400	14,800	25,900	37,000
1904 Model H, 1-cyl., 7 hp, 81" wb						
Tonn	1,480	4,440	7,400	14,800	25,900	37,000
1904 Model J, 2-cyl., 16 hp, 84" wb						
Rbt	1,520	4,560	7,600	15,200	26,600	38,000
1904 Model K, 2-cyl., 16 hp, 84" wb						
Tonn	1,520	4,560	7,600	15,200	26,600	38,000
1904 Model L, 2-cyl., 16 hp, 84" wb						
Canopy Tonn	1,560	4,680	7,800	15,600	27,300	39,000
1905 Model G, 1-cyl., 8 hp, 81" wb						
Rbt	1,440	4,320	7,200	14,400	25,200	36,000
1905 Model H, 1-cyl., 8 hp, 81" wb						
Tr	1,440	4,320	7,200	14,400	25,200	36,000
1905 Type One, 2-cyl., 18 hp, 90" wb						
Tr	1,480	4,440	7,400	14,800	25,900	37,000
1905 Type Two, 2-cyl., 20 hp, 100" wb						
Surrey	1,520	4,560	7,600	15,200	26,600	38,000
Limo	1,600	4,800	8,000	16,000	28,000	40,000
1906 Model 17, 2-cyl., 10/12 hp, 88" wb						
2P Rbt	1,400	4,200	7,000	14,000	24,500	35,000
1906 Type One, 2-cyl., 18/20 hp, 90" wb						
5P Surrey	1,440	4,320	7,200	14,400	25,200	36,000
1906 Type Two, 2-cyl., 20 hp, 100" wb						
5P Surrey	1,480	4,440	7,400	14,800	25,900	37,000
1906 Type Three, 2-cyl., 18/20 hp, 96" wb						
5P Surrey	1,520	4,560	7,600	15,200	26,600	38,000
1906 Model 14, 4-cyl., 25 hp, 106" wb						
5P Tr	1,560	4,680	7,800	15,600	27,300	39,000
1906 Model 15, 4-cyl., 35/40 hp, 112" wb						
5P Tr	1,640	4,920	8,200	16,400	28,700	41,000
1906 Model 16, 4-cyl., 35/40 hp, 112" wb						
5P Limo	1,520	4,560	7,600	15,200	26,600	38,000
1907 Model 27, 2-cyl., 14/16 hp, 90" wb						
2P Rbt	1,400	4,200	7,000	14,000	24,500	35,000
1907 Model 22, 2-cyl., 20/22 hp, 100" wb						
2P Rbt	1,440	4,320	7,200	14,400	25,200	36,000
1907 Model 21, 2-cyl., 20/22 hp, 100" wb						
5P Tr	1,480	4,440	7,400	14,800	25,900	37,000
1907 Model 24, 4-cyl., 25/30 hp, 108" wb						
5P Tr	1,520	4,560	7,600	15,200	26,600	38,000
1907 Model 25, 4-cyl., 35/40 hp, 112" wb						
5P Tr	1,600	4,800	8,000	16,000	28,000	40,000
1908 Model 31, 2-cyl., 22 hp, 106" wb						
Det Tonneau	1,520	4,560	7,600	15,200	26,600	38,000
1908 Model 34, 4-cyl., 32 hp, 112" wb						
3P Rds	1,560	4,680	7,800	15,600	27,300	39,000
5P Tr	1,600	4,800	8,000	16,000	28,000	40,000
1909 Model 47, 2-cyl., 22 hp, 106" wb						
2P Rbt	1,520	4,560	7,600	15,200	26,600	38,000
1909 Model 41, 2-cyl., 22 hp, 106" wb						
5P Tr	1,560	4,680	7,800	15,600	27,300	39,000
1909 Model 44, 4-cyl., 34 hp, 112" wb						
5P Tr	1,600	4,800	8,000	16,000	28,000	40,000
4P C.C. Tr	1,640	4,920	8,200	16,400	28,700	41,000
1909 Model 45, 4-cyl., 45 hp, 123" wb						
7P Tr	1,840	5,520	9,200	18,400	32,200	46,000
4P C.C. Tr	1,880	5,640	9,400	18,800	32,900	47,000
3P Rds	1,800	5,400	9,000	18,000	31,500	45,000
1910 Model 53, 4-cyl., 34 hp, 109" wb						
Tr	1,720	5,160	8,600	17,200	30,100	43,000
1910 Model 54, 4-cyl., 45 hp, 117" wb						
Tr	1,800	5,400	9,000	18,000	31,500	45,000
1910 Model 55, 4-cyl., 45 hp, 123" wb						
Tr	1,880	5,640	9,400	18,800	32,900	47,000
Limo	1,520	4,560	7,600	15,200	26,600	38,000

	6	5	4	3	2	1
1911 Model 63, 4-cyl., 34 hp, 112" wb						
Tr	1,680	5,040	8,400	16,800	29,400	42,000
Rds	1,640	4,920	8,200	16,400	28,700	41,000
Cpe	1,000	3,000	5,000	10,000	17,500	25,000
Twn Car	1,080	3,240	5,400	10,800	18,900	27,000
1911 Model 64, 4-cyl., 34 hp, 120" wb						
Tr	1,760	5,280	8,800	17,600	30,800	44,000
Toy Tonn	1,800	5,400	9,000	18,000	31,500	45,000
Lan'let	1,400	4,200	7,000	14,000	24,500	35,000
1911 Model 65, 4-cyl., 34 hp, 128" wb						
Tr	1,840	5,520	9,200	18,400	32,200	46,000
Toy Tonn	1,880	5,640	9,400	18,800	32,900	47,000
Limo	1,400	4,200	7,000	14,000	24,500	35,000
1912 Four, 38 hp, 120" wb						
5P Cr Ctry Tr	1,800	5,400	9,000	18,000	31,500	45,000
4P Sub Ctry Clb	1,760	5,280	8,800	17,600	30,800	44,000
2P Rds	1,760	5,280	8,800	17,600	30,800	44,000
4P Sed	1,000	3,000	5,000	10,000	17,500	25,000
7P Gotham Limo	1,200	3,600	6,000	12,000	21,000	30,000
1912 Four, 50 hp, 120" wb						
Ctry Clb	1,840	5,520	9,200	18,400	32,200	46,000
Valkyrie	1,800	5,400	9,000	18,000	31,500	45,000
1912 Four, 50 hp, 128" wb						
Morraine Tr	1,920	5,760	9,600	19,200	33,600	48,000
Metropolitan	1,960	5,880	9,800	19,600	34,300	49,000
Greyhound	1,960	5,880	9,800	19,600	34,300	49,000
Knickerbocker	2,480	7,440	12,400	24,800	43,400	62,000
1913 Four, 42 hp, 120" wb						
2/3P Cr Ctry Rds	1,760	5,280	8,800	17,600	30,800	44,000
4/5P Cr Ctry Tr	1,800	5,400	9,000	18,000	31,500	45,000
4P Inside Drive Cpe	1,120	3,360	5,600	11,200	19,600	28,000
7P Gotham Limo	1,240	3,720	6,200	12,400	21,700	31,000

JEFFERY

	6	5	4	3	2	1
1914 Four, 40 hp, 116" wb						
4d 5P Tr	1,840	5,520	9,200	18,400	32,200	46,000
4d 5P Sed	1,440	4,320	7,200	14,400	25,200	36,000
1914 Four, 27 hp, 120" wb						
2d 2P Rds	1,920	5,760	9,600	19,200	33,600	48,000
4d 4P/5P/7P Tr	1,960	5,880	9,800	19,600	34,300	49,000
1914 Six, 48 hp, 128" wb						
4d 5P Tr	2,360	7,080	11,800	23,600	41,300	59,000
4d 6P Tr	2,400	7,200	12,000	24,000	42,000	60,000
4d 7P Limo	1,560	4,680	7,800	15,600	27,300	39,000
1915 Four, 40 hp, 116" wb						
4d 5P Tr	1,760	5,280	8,800	17,600	30,800	44,000
2d 2P Rds	1,720	5,160	8,600	17,200	30,100	43,000
2d 2P A/W	1,280	3,840	6,400	12,800	22,400	32,000
4d 7P Limo	1,120	3,360	5,600	11,200	19,600	28,000
4d 4P Sed	960	2,880	4,800	9,600	16,800	24,000
1915 Chesterfield Six, 48 hp, 122" wb						
4d 5P Tr	2,160	6,480	10,800	21,600	37,800	54,000
2d 2P Rds	2,080	6,240	10,400	20,800	36,400	52,000
2d 2P A/W	2,040	6,120	10,200	20,400	35,700	51,000
1916 Four, 40 hp, 116" wb						
4d 7P Tr	1,920	5,760	9,600	19,200	33,600	48,000
4d 5P Tr	1,880	5,640	9,400	18,800	32,900	47,000
4d 7P Sed	1,000	3,000	5,000	10,000	17,500	25,000
4d 5P Sed	960	2,880	4,800	9,600	16,800	24,000
2d 3P Rds	1,800	5,400	9,000	18,000	31,500	45,000
1916 Chesterfield Six, 48 hp, 122" wb						
4d 5P Tr	2,240	6,720	11,200	22,400	39,200	56,000
1917 Model 472, 4-cyl., 40 hp, 116" wb						
4d 7P Tr	1,800	5,400	9,000	18,000	31,500	45,000
2d 2P Rds	1,760	5,280	8,800	17,600	30,800	44,000
4d 7P Sed	960	2,880	4,800	9,600	16,800	24,000
1917 Model 671, 6-cyl., 48 hp, 125" wb						
4d 7P Tr	2,160	6,480	10,800	21,600	37,800	54,000
2d 3P Rds	2,120	6,360	10,600	21,200	37,100	53,000
4d 5P Sed	1,240	3,720	6,200	12,400	21,700	31,000

1927 Marmon E-75 limousine sedan with Locke coachwork

1942 Mercury Series 29A station wagon

1967 Mercury Cougar hardtop

	6	5	4	3	2	1

NASH

	6	5	4	3	2	1
1918 Series 680, 6-cyl.						
4d 7P Tr	1,320	3,960	6,600	13,200	23,100	33,000
4d 5P Tr	1,280	3,840	6,400	12,800	22,400	32,000
4d 4P Rds	1,360	4,080	6,800	13,600	23,800	34,000
4d Sed	920	2,760	4,600	9,200	16,100	23,000
2d Cpe	928	2,784	4,640	9,280	16,240	23,200
1919 Series 680, 6-cyl.						
2d Rds	1,320	3,960	6,600	13,200	23,100	33,000
2d Spt Rds	1,280	3,840	6,400	12,800	22,400	32,000
4d 5P Tr	1,360	4,080	6,800	13,600	23,800	34,000
4d 7P Tr	1,400	4,200	7,000	14,000	24,500	35,000
2d 4P Rds	1,360	4,080	6,800	13,600	23,800	34,000
4d Sed	960	2,880	4,800	9,600	16,800	24,000
2d Cpe	980	2,940	4,900	9,800	17,150	24,500
1920 Series 680, 6-cyl.						
4d 5P Tr	1,280	3,840	6,400	12,800	22,400	32,000
2d Rds	1,240	3,720	6,200	12,400	21,700	31,000
4d 7P Tr	1,320	3,960	6,600	13,200	23,100	33,000
2d Cpe	980	2,940	4,900	9,800	17,150	24,500
4d Sed	960	2,880	4,800	9,600	16,800	24,000
4d Spt Tr	1,360	4,080	6,800	13,600	23,800	34,000
1921 Series 680, 6-cyl.						
4d 5P Tr	1,200	3,600	6,000	12,000	21,000	30,000
2d Rds	1,240	3,720	6,200	12,400	21,700	31,000
4d Spt Tr	1,280	3,840	6,400	12,800	22,400	32,000
4d Tr	1,240	3,720	6,200	12,400	21,700	31,000
2d Cpe	980	2,940	4,900	9,800	17,150	24,500
4d Sed	920	2,760	4,600	9,200	16,100	23,000
1921 Series 40, 4-cyl.						
4d Tr	1,160	3,480	5,800	11,600	20,300	29,000
2d Rds	1,200	3,600	6,000	12,000	21,000	30,000
2d Cpe	880	2,640	4,400	8,800	15,400	22,000
4d Sed	800	2,400	4,000	8,000	14,000	20,000
2d Cabr	1,120	3,360	5,600	11,200	19,600	28,000
1922 Series 680, 6-cyl.						
4d 5P Tr	1,200	3,600	6,000	12,000	21,000	30,000
4d 7P Tr	1,240	3,720	6,200	12,400	21,700	31,000
4d 7P Sed	880	2,640	4,400	8,800	15,400	22,000
2d Cpe	960	2,880	4,800	9,600	16,800	24,000
2d Rds	1,280	3,840	6,400	12,800	22,400	32,000
2d Spt	1,320	3,960	6,600	13,200	23,100	33,000
4d 5P Sed	920	2,760	4,600	9,200	16,100	23,000
1922 Series 40, 4-cyl.						
4d Tr	1,160	3,480	5,800	11,600	20,300	29,000
2d Rds	1,200	3,600	6,000	12,000	21,000	30,000
2d Cpe	920	2,760	4,600	9,200	16,100	23,000
4d Sed	760	2,280	3,800	7,600	13,300	19,000
2d Cabr	960	2,880	4,800	9,600	16,800	24,000
Ca'ole	840	2,520	4,200	8,400	14,700	21,000
1923 Series 690, 6-cyl., 121" wb						
2d Rds	1,240	3,720	6,200	12,400	21,700	31,000
4d Tr	1,280	3,840	6,400	12,800	22,400	32,000
4d Spt Tr	1,320	3,960	6,600	13,200	23,100	33,000
4d Sed	760	2,280	3,800	7,600	13,300	19,000
2d Cpe	840	2,520	4,200	8,400	14,700	21,000
1923 Series 690, 6-cyl., 127" wb						
4d Tr	1,280	3,840	6,400	12,800	22,400	32,000
4d Sed	740	2,220	3,700	7,400	12,950	18,500
2d Cpe	860	2,580	4,300	8,600	15,050	21,500
1923 Series 40, 4-cyl.						
4d Tr	1,200	3,600	6,000	12,000	21,000	30,000
2d Rds	1,240	3,720	6,200	12,400	21,700	31,000
4d Spt Tr	1,280	3,840	6,400	12,800	22,400	32,000
Ca'ole	800	2,400	4,000	8,000	14,000	20,000
4d Sed	760	2,280	3,800	7,600	13,300	19,000
1924 Series 690, 6-cyl., 121" wb						
2d Rds	1,240	3,720	6,200	12,400	21,700	31,000
4d Tr	1,200	3,600	6,000	12,000	21,000	30,000
4d Spl DeL	640	1,920	3,200	6,400	11,200	16,000
2d Cpe	720	2,160	3,600	7,200	12,600	18,000
4d Spl Sed	680	2,040	3,400	6,800	11,900	17,000
1924 Series 690, 6-cyl., 127" wb						
4d 7P Tr	1,280	3,840	6,400	12,800	22,400	32,000

	6	5	4	3	2	1
4d 7P Sed	660	1,980	3,300	6,600	11,550	16,500
2d Vic	680	2,040	3,400	6,800	11,900	17,000
1924 4 cyl.						
4d Tr	1,240	3,720	6,200	12,400	21,700	31,000
2d Rds	1,280	3,840	6,400	12,800	22,400	32,000
2d Cab	1,200	3,600	6,000	12,000	21,000	30,000
4d 5P Sed	680	2,040	3,400	6,800	11,900	17,000
4d Sed	640	1,920	3,200	6,400	11,200	16,000
4d Spt Sed	720	2,160	3,600	7,200	12,600	18,000
2d Cpe	760	2,280	3,800	7,600	13,300	19,000
1925 Advanced models, 6-cyl.						
4d Tr	1,120	3,360	5,600	11,200	19,600	28,000
4d 7P Tr	1,160	3,480	5,800	11,600	20,300	29,000
4d Sed	720	2,160	3,600	7,200	12,600	18,000
2d Vic Cpe	760	2,280	3,800	7,600	13,300	19,000
4d 7P Sed	740	2,220	3,700	7,400	12,950	18,500
2d Rds	1,160	3,480	5,800	11,600	20,300	29,000
2d Cpe	720	2,160	3,600	7,200	12,600	18,000
2d Sed	640	1,920	3,200	6,400	11,200	16,000
1925 Special models, 6-cyl.						
4d Tr	1,080	3,240	5,400	10,800	18,900	27,000
4d Sed	680	2,040	3,400	6,800	11,900	17,000
2d Rds	1,120	3,360	5,600	11,200	19,600	28,000
2d Sed	672	2,016	3,360	6,720	11,760	16,800
1925 Light six, (Ajax), 6-cyl.						
4d Tr	920	2,760	4,600	9,200	16,100	23,000
4d Sed	640	1,920	3,200	6,400	11,200	16,000
1926 Advanced models, 6-cyl.						
4d 5P Tr	1,120	3,360	5,600	11,200	19,600	28,000
4d 7P Tr	1,160	3,480	5,800	11,600	20,300	29,000
2d Sed	640	1,920	3,200	6,400	11,200	16,000
4d Sed	648	1,944	3,240	6,480	11,340	16,200
4d 7P Sed	660	1,980	3,300	6,600	11,550	16,500
2d Cpe	676	2,028	3,380	6,760	11,830	16,900
2d Rds	1,160	3,480	5,800	11,600	20,300	29,000
2d Vic Cpe	760	2,280	3,800	7,600	13,300	19,000
1926 Special models, 6-cyl.						
2d Rds	1,080	3,240	5,400	10,800	18,900	27,000
2d Sed	660	1,980	3,300	6,600	11,550	16,500
4d 7P Sed	668	2,004	3,340	6,680	11,690	16,700
2d Cpe	680	2,040	3,400	6,800	11,900	17,000
4d Sed	664	1,992	3,320	6,640	11,620	16,600
2d Spl Rds	1,200	3,600	6,000	12,000	21,000	30,000
1926 Light Six (formerly Ajax)						
4d Tr	960	2,880	4,800	9,600	16,800	24,000
2d Sed	660	1,980	3,300	6,600	11,550	16,500
1927 Standard, 6-cyl.						
4d Tr	960	2,880	4,800	9,600	16,800	24,000
2d Cpe	700	2,100	3,500	7,000	12,250	17,500
2d Sed	664	1,992	3,320	6,640	11,620	16,600
4d Sed	624	1,872	3,120	6,240	10,920	15,600
4d DeL Sed	668	2,004	3,340	6,680	11,690	16,700
1927 Special, 6-cyl.						
2d Rds	1,000	3,000	5,000	10,000	17,500	25,000
4d Tr	960	2,880	4,800	9,600	16,800	24,000
2d Cpe	720	2,160	3,600	7,200	12,600	18,000
2d Sed	680	2,040	3,400	6,800	11,900	17,000
4d Sed	688	2,064	3,440	6,880	12,040	17,200
NOTE: Begin September 1926.						
4d Cav Sed	700	2,100	3,500	7,000	12,250	17,500
4d Sed	696	2,088	3,480	6,960	12,180	17,400
2d RS Cab	920	2,760	4,600	9,200	16,100	23,000
2d RS Rds	960	2,880	4,800	9,600	16,800	24,000
NOTE: Begin January 1927.						
1927 Advanced, 6-cyl.						
2d Rds	1,120	3,360	5,600	11,200	19,600	28,000
4d 5P Tr	1,080	3,240	5,400	10,800	18,900	27,000
4d 7P Tr	1,120	3,360	5,600	11,200	19,600	28,000
2d Cpe	760	2,280	3,800	7,600	13,300	19,000
2d Vic	800	2,400	4,000	8,000	14,000	20,000
2d Sed	680	2,040	3,400	6,800	11,900	17,000
4d Sed	688	2,064	3,440	6,880	12,040	17,200
4d 7P Sed	700	2,100	3,500	7,000	12,250	17,500
NOTE: Begin August 1926.						
2d RS Cpe	840	2,520	4,200	8,400	14,700	21,000
4d Spl Sed	700	2,100	3,500	7,000	12,250	17,500

	6	5	4	3	2	1
4d Amb Sed	708	2,124	3,540	7,080	12,390	17,700
NOTE: Begin January 1927.						
1928 Standard, 6-cyl.						
4d Tr	960	2,880	4,800	9,600	16,800	24,000
2d Cpe	720	2,160	3,600	7,200	12,600	18,000
2d Conv Cabr	1,000	3,000	5,000	10,000	17,500	25,000
2d Sed	660	1,980	3,300	6,600	11,550	16,500
4d Sed	664	1,992	3,320	6,640	11,620	16,600
4d Lan Sed	668	2,004	3,340	6,680	11,690	16,700
1928 Special, 6-cyl.						
4d Tr	936	2,808	4,680	9,360	16,380	23,400
2d RS Rds	1,000	3,000	5,000	10,000	17,500	25,000
2d Cpe	720	2,160	3,600	7,200	12,600	18,000
2d Conv Cabr	1,080	3,240	5,400	10,800	18,900	27,000
2d Vic	840	2,520	4,200	8,400	14,700	21,000
2d Sed	760	2,280	3,800	7,600	13,300	19,000
4d Sed	768	2,304	3,840	7,680	13,440	19,200
4d Cpe	780	2,340	3,900	7,800	13,650	19,500
1928 Advanced, 6-cyl.						
4d Spt Tr	1,200	3,600	6,000	12,000	21,000	30,000
4d Tr	1,160	3,480	5,800	11,600	20,300	29,000
2d RS Rds	1,240	3,720	6,200	12,400	21,700	31,000
2d Cpe	760	2,280	3,800	7,600	13,300	19,000
2d Vic	780	2,340	3,900	7,800	13,650	19,500
2d Sed	692	2,076	3,460	6,920	12,110	17,300
4d Sed	704	2,112	3,520	7,040	12,320	17,600
4d Cpe	720	2,160	3,600	7,200	12,600	18,000
4d 7P Sed	696	2,088	3,480	6,960	12,180	17,400
1929 Standard, 6-cyl.						
4d Sed	648	1,944	3,240	6,480	11,340	16,200
4d Tr	1,080	3,240	5,400	10,800	18,900	27,000
2d Cabr	920	2,760	4,600	9,200	16,100	23,000
2d Sed	648	1,944	3,240	6,480	11,340	16,200
2P Cpe	644	1,932	3,220	6,440	11,270	16,100
4P Cpe	656	1,968	3,280	6,560	11,480	16,400
4d Lan Sed	652	1,956	3,260	6,520	11,410	16,300
1929 Special, 6-cyl.						
2d Sed	680	2,040	3,400	6,800	11,900	17,000
2d 2P Cpe	700	2,100	3,500	7,000	12,250	17,500
2d 4P Cpe	720	2,160	3,600	7,200	12,600	18,000
2d Rds	1,280	3,840	6,400	12,800	22,400	32,000
4d Sed	680	2,040	3,400	6,800	11,900	17,000
2d Cabr	1,040	3,120	5,200	10,400	18,200	26,000
2d Vic	696	2,088	3,480	6,960	12,180	17,400
1929 Advanced, 6-cyl.						
2d Cpe	720	2,160	3,600	7,200	12,600	18,000
2d Cabr	1,200	3,600	6,000	12,000	21,000	30,000
2d Sed	696	2,088	3,480	6,960	12,180	17,400
4d 7P Sed	700	2,100	3,500	7,000	12,250	17,500
4d Amb Sed	712	2,136	3,560	7,120	12,460	17,800
4d Sed	700	2,100	3,500	7,000	12,250	17,500
1930 Single, 6-cyl.						
2d Rds	1,000	3,000	5,000	10,000	17,500	25,000
4d Tr	960	2,880	4,800	9,600	16,800	24,000
2P Cpe	700	2,100	3,500	7,000	12,250	17,500
2d Sed	680	2,040	3,400	6,800	11,900	17,000
4P Cpe	736	2,208	3,680	7,360	12,880	18,400
2d Cabr	960	2,880	4,800	9,600	16,800	24,000
4d Sed	684	2,052	3,420	6,840	11,970	17,100
4d DeL Sed	692	2,076	3,460	6,920	12,110	17,300
4d Lan'let	720	2,160	3,600	7,200	12,600	18,000
1930 Twin-Ign, 6-cyl.						
2d Rds	1,400	4,200	7,000	14,000	24,500	35,000
4d 7P Tr	1,360	4,080	6,800	13,600	23,800	34,000
4d 5P Tr	1,320	3,960	6,600	13,200	23,100	33,000
2d 2P Cpe	680	2,040	3,400	6,800	11,900	17,000
2d 4P Cpe	688	2,064	3,440	6,880	12,040	17,200
2d Sed	640	1,920	3,200	6,400	11,200	16,000
2d Cabr	1,040	3,120	5,200	10,400	18,200	26,000
2d Vic	800	2,400	4,000	8,000	14,000	20,000
4d Sed	696	2,088	3,480	6,960	12,180	17,400
4d 7P Sed	708	2,124	3,540	7,080	12,390	17,700
1930 Twin-Ign, 8-cyl.						
2d Sed	736	2,208	3,680	7,360	12,880	18,400
2d 2P Cpe	860	2,580	4,300	8,600	15,050	21,500
2d 4P Cpe	880	2,640	4,400	8,800	15,400	22,000
2d Vic	960	2,880	4,800	9,600	16,800	24,000

	6	5	4	3	2	1
2d Cabr	1,760	5,280	8,800	17,600	30,800	44,000
4d Sed	740	2,220	3,700	7,400	12,950	18,500
4d Amb Sed	780	2,340	3,900	7,800	13,650	19,500
4d 7P Sed	760	2,280	3,800	7,600	13,300	19,000
4d 7P Limo	800	2,400	4,000	8,000	14,000	20,000
1931 Series 660, 6-cyl.						
4d 5P Tr	1,160	3,480	5,800	11,600	20,300	29,000
2d 2P Cpe	700	2,100	3,500	7,000	12,250	17,500
2d 4P Cpe	708	2,124	3,540	7,080	12,390	17,700
2d Sed	680	2,040	3,400	6,800	11,900	17,000
4d Sed	680	2,040	3,400	6,800	11,900	17,000
1931 Series 870, 8-cyl.						
2d 2P Cpe	760	2,280	3,800	7,600	13,300	19,000
2d 4P Cpe	768	2,304	3,840	7,680	13,440	19,200
4d Conv Sed	2,160	6,480	10,800	21,600	37,800	54,000
2d Sed	728	2,184	3,640	7,280	12,740	18,200
4d Spl Sed	736	2,208	3,680	7,360	12,880	18,400
1931 Series 880 - Twin-Ign, 8-cyl.						
2d 2P Cpe	840	2,520	4,200	8,400	14,700	21,000
2d 4P Cpe	860	2,580	4,300	8,600	15,050	21,500
4d Conv Sed	2,280	6,840	11,400	22,800	39,900	57,000
2d Sed	760	2,280	3,800	7,600	13,300	19,000
4d Twn Sed	780	2,340	3,900	7,800	13,650	19,500
1931 Series 890 - Twin-Ign, 8-cyl.						
4d 7P Tr	1,960	5,880	9,800	19,600	34,300	49,000
2d 2P Cpe	1,080	3,240	5,400	10,800	18,900	27,000
2d 4P Cpe	1,120	3,360	5,600	11,200	19,600	28,000
2d Cabr	2,160	6,480	10,800	21,600	37,800	54,000
2d Vic	960	2,880	4,800	9,600	16,800	24,000
2d Sed	880	2,640	4,400	8,800	15,400	22,000
4d Amb Sed	920	2,760	4,600	9,200	16,100	23,000
4d 7P Sed	960	2,880	4,800	9,600	16,800	24,000
4d 7P Limo	1,040	3,120	5,200	10,400	18,200	26,000
1932 Series 960, 6-cyl.						
4d 5P Tr	1,400	4,200	7,000	14,000	24,500	35,000
2d 2P Cpe	680	2,040	3,400	6,800	11,900	17,000
2d 4P Cpe	700	2,100	3,500	7,000	12,250	17,500
2d Sed	560	1,680	2,800	5,600	9,800	14,000
4d Sed	568	1,704	2,840	5,680	9,940	14,200
1932 Series 970, 8-cyl., 116.5" wb						
2d 2P Cpe	800	2,400	4,000	8,000	14,000	20,000
2d 4P Cpe	820	2,460	4,100	8,200	14,350	20,500
4d Conv Sed	2,320	6,960	11,600	23,200	40,600	58,000
2d Sed	700	2,100	3,500	7,000	12,250	17,500
4d Spl Sed	708	2,124	3,540	7,080	12,390	17,700
1932 Series 980 - Twin-Ign, 8-cyl., 121" wb						
2d 2P Cpe	1,120	3,360	5,600	11,200	19,600	28,000
2d 4P Cpe	1,160	3,480	5,800	11,600	20,300	29,000
4d Conv Sed	2,240	6,720	11,200	22,400	39,200	56,000
4d Sed	1,000	3,000	5,000	10,000	17,500	25,000
4d Twn Sed	1,040	3,120	5,200	10,400	18,200	26,000
1932 Series 990 - Twin-Ign, 8-cyl., 124"-133" wb						
4d 7P Tr	2,080	6,240	10,400	20,800	36,400	52,000
2d 2P Cpe	1,200	3,600	6,000	12,000	21,000	30,000
2d 4P Cpe	1,240	3,720	6,200	12,400	21,700	31,000
2d Cabr	2,160	6,480	10,800	21,600	37,800	54,000
2d Vic	1,200	3,600	6,000	12,000	21,000	30,000
2d Sed	1,040	3,120	5,200	10,400	18,200	26,000
4d Spl Sed	1,120	3,360	5,600	11,200	19,600	28,000
4d Amb Sed	1,160	3,480	5,800	11,600	20,300	29,000
4d 7P Sed	1,120	3,360	5,600	11,200	19,600	28,000
4d Limo	1,320	3,960	6,600	13,200	23,100	33,000
1933 Standard Series						
2d Rds	1,120	3,360	5,600	11,200	19,600	28,000
2d 2P Cpe	620	1,860	3,100	6,200	10,850	15,500
2d 4P Cpe	600	1,800	3,000	6,000	10,500	15,000
4d Sed	560	1,680	2,800	5,600	9,800	14,000
4d Twn Sed	580	1,740	2,900	5,800	10,150	14,500
1933 Special Series, 8-cyl.						
2d Rds	1,280	3,840	6,400	12,800	22,400	32,000
2d 2P Cpe	700	2,100	3,500	7,000	12,250	17,500
2d 4P Cpe	720	2,160	3,600	7,200	12,600	18,000
4d Sed	680	2,040	3,400	6,800	11,900	17,000
4d Conv Sed	1,960	5,880	9,800	19,600	34,300	49,000
4d Twn Sed	720	2,160	3,600	7,200	12,600	18,000

	6	5	4	3	2	1
1933 Advanced Series, 8-cyl.						
2d Cabr	1,560	4,680	7,800	15,600	27,300	39,000
2d 2P Cpe	740	2,220	3,700	7,400	12,950	18,500
2d 4P Cpe	760	2,280	3,800	7,600	13,300	19,000
4d Sed	668	2,004	3,340	6,680	11,690	16,700
4d Conv Sed	2,240	6,720	11,200	22,400	39,200	56,000
2d Vic	780	2,340	3,900	7,800	13,650	19,500
1933 Ambassador Series, 8-cyl.						
2d Cabr	1,960	5,880	9,800	19,600	34,300	49,000
2d Cpe	820	2,460	4,100	8,200	14,350	20,500
4d Sed	780	2,340	3,900	7,800	13,650	19,500
4d Conv Sed	2,360	7,080	11,800	23,600	41,300	59,000
2d Vic	1,240	3,720	6,200	12,400	21,700	31,000
4d 142" Brgm	1,120	3,360	5,600	11,200	19,600	28,000
4d 142" Sed	1,040	3,120	5,200	10,400	18,200	26,000
4d 142" Limo	1,280	3,840	6,400	12,800	22,400	32,000
1934 Big Six, 6-cyl.						
2d Bus Cpe	680	2,040	3,400	6,800	11,900	17,000
2d Cpe	700	2,100	3,500	7,000	12,250	17,500
4d Brgm	640	1,920	3,200	6,400	11,200	16,000
2d Sed	620	1,860	3,100	6,200	10,850	15,500
4d Twn Sed	640	1,920	3,200	6,400	11,200	16,000
4d Tr Sed	636	1,908	3,180	6,360	11,130	15,900
1934 Advanced, 8-cyl.						
2d Bus Cpe	700	2,100	3,500	7,000	12,250	17,500
2d Cpe	720	2,160	3,600	7,200	12,600	18,000
4d Brgm	700	2,100	3,500	7,000	12,250	17,500
2d Sed	720	2,160	3,600	7,200	12,600	18,000
4d Twn Sed	720	2,160	3,600	7,200	12,600	18,000
4d Tr Sed	700	2,100	3,500	7,000	12,250	17,500
1934 Ambassador, 8-cyl.						
4d Brgm	720	2,160	3,600	7,200	12,600	18,000
2d Sed	700	2,100	3,500	7,000	12,250	17,500
4d Tr Sed	708	2,124	3,540	7,080	12,390	17,700
4d 7P Sed	740	2,220	3,700	7,400	12,950	18,500
4d Limo	820	2,460	4,100	8,200	14,350	20,500
1934 Lafayette, 6-cyl.						
2d Sed	600	1,800	3,000	6,000	10,500	15,000
4d Twn Sed	604	1,812	3,020	6,040	10,570	15,100
4d Brgm	612	1,836	3,060	6,120	10,710	15,300
2d Spl Cpe	660	1,980	3,300	6,600	11,550	16,500
2d Spl 4P Cpe	680	2,040	3,400	6,800	11,900	17,000
4d Spl Tr Sed	620	1,860	3,100	6,200	10,850	15,500
4d Spl Sed	628	1,884	3,140	6,280	10,990	15,700
4d Brgm	640	1,920	3,200	6,400	11,200	16,000
1935 Lafayette, 6-cyl.						
2d Bus Cpe	620	1,860	3,100	6,200	10,850	15,500
2d Sed	588	1,764	2,940	5,880	10,290	14,700
4d Brgm	600	1,800	3,000	6,000	10,500	15,000
4d Tr Sed	592	1,776	2,960	5,920	10,360	14,800
4d Twn Sed	596	1,788	2,980	5,960	10,430	14,900
2d Spl Cpe	660	1,980	3,300	6,600	11,550	16,500
4d Spl 6W Sed	620	1,860	3,100	6,200	10,850	15,500
4d 6W Brgm	624	1,872	3,120	6,240	10,920	15,600
1935 Advanced, 6-cyl.						
2d Vic	640	1,920	3,200	6,400	11,200	16,000
4d 6W Sed	600	1,800	3,000	6,000	10,500	15,000
1935 Advanced, 8-cyl.						
2d Vic	728	2,184	3,640	7,280	12,740	18,200
4d 6W Sed	688	2,064	3,440	6,880	12,040	17,200
1935 Ambassador, 8-cyl.						
2d Vic	740	2,220	3,700	7,400	12,950	18,500
4d 6W Sed	700	2,100	3,500	7,000	12,250	17,500
1936 Lafayette, 6-cyl.						
2d Bus Cpe	620	1,860	3,100	6,200	10,850	15,500
2d Cpe	628	1,884	3,140	6,280	10,990	15,700
2d Cabr	920	2,760	4,600	9,200	16,100	23,000
4d Sed	580	1,740	2,900	5,800	10,150	14,500
2d Vic	600	1,800	3,000	6,000	10,500	15,000
4d Tr Sed	584	1,752	2,920	5,840	10,220	14,600
1936 400 Series, 6-cyl.						
2d Bus Cpe	628	1,884	3,140	6,280	10,990	15,700
2d Cpe	640	1,920	3,200	6,400	11,200	16,000
2d Vic	620	1,860	3,100	6,200	10,850	15,500
4d Tr Vic	640	1,920	3,200	6,400	11,200	16,000
4d Sed	584	1,752	2,920	5,840	10,220	14,600

	6	5	4	3	2	1
4d Tr Sed	588	1,764	2,940	5,880	10,290	14,700
2d Spl Bus Cpe	640	1,920	3,200	6,400	11,200	16,000
2d Spl Cpe	660	1,980	3,300	6,600	11,550	16,500
2d Spl Spt Cabr	1,160	3,480	5,800	11,600	20,300	29,000
2d Spl Vic	620	1,860	3,100	6,200	10,850	15,500
2d Spl Tr Vic	640	1,920	3,200	6,400	11,200	16,000
4d Spl Sed	584	1,752	2,920	5,840	10,220	14,600
4d Spl Tr Sed	588	1,764	2,940	5,880	10,290	14,700
1936 Ambassador Series, 6-cyl.						
2d Vic	680	2,040	3,400	6,800	11,900	17,000
4d Tr Sed	640	1,920	3,200	6,400	11,200	16,000
1936 Ambassador Series, 8-cyl.						
4d Tr Sed	680	2,040	3,400	6,800	11,900	17,000
1937 Lafayette 400, 6-cyl.						
2d Bus Cpe	660	1,980	3,300	6,600	11,550	16,500
2d Cpe	680	2,040	3,400	6,800	11,900	17,000
2d A-P Cpe	680	2,040	3,400	6,800	11,900	17,000
2d Cabr	1,080	3,240	5,400	10,800	18,900	27,000
2d Vic Sed	600	1,800	3,000	6,000	10,500	15,000
4d Tr Sed	604	1,812	3,020	6,040	10,570	15,100
1937 Ambassador, 6-cyl.						
2d Bus Cpe	680	2,040	3,400	6,800	11,900	17,000
2d Cpe	700	2,100	3,500	7,000	12,250	17,500
2d A-P Cpe	708	2,124	3,540	7,080	12,390	17,700
2d Cabr	1,200	3,600	6,000	12,000	21,000	30,000
2d Vic Sed	640	1,920	3,200	6,400	11,200	16,000
4d Tr Sed	644	1,932	3,220	6,440	11,270	16,100
1937 Ambassador, 8-cyl.						
2d Bus Cpe	740	2,220	3,700	7,400	12,950	18,500
2d Cpe	760	2,280	3,800	7,600	13,300	19,000
2d A-P Cpe	776	2,328	3,880	7,760	13,580	19,400
2d Cabr	1,280	3,840	6,400	12,800	22,400	32,000
2d Vic Sed	700	2,100	3,500	7,000	12,250	17,500
4d Tr Sed	704	2,112	3,520	7,040	12,320	17,600
1938 Lafayette Master, 6-cyl.						
2d Bus Cpe	664	1,992	3,320	6,640	11,620	16,600
2d Vic	656	1,968	3,280	6,560	11,480	16,400
4d Tr Sed	624	1,872	3,120	6,240	10,920	15,600
1938 DeLuxe, 6-cyl.						
2d Bus Cpe	672	2,016	3,360	6,720	11,760	16,800
2d A-P Cpe	680	2,040	3,400	6,800	11,900	17,000
2d Cabr	1,040	3,120	5,200	10,400	18,200	26,000
2d Vic	660	1,980	3,300	6,600	11,550	16,500
4d Tr Sed	624	1,872	3,120	6,240	10,920	15,600
1938 Ambassador, 6-cyl.						
2d Bus Cpe	660	1,980	3,300	6,600	11,550	16,500
2d A-P Cpe	680	2,040	3,400	6,800	11,900	17,000
2d Cabr	1,160	3,480	5,800	11,600	20,300	29,000
2d Vic	640	1,920	3,200	6,400	11,200	16,000
4d Tr Sed	604	1,812	3,020	6,040	10,570	15,100
1938 Ambassador, 8-cyl.						
2d Bus Cpe	680	2,040	3,400	6,800	11,900	17,000
2d A-P Cpe	700	2,100	3,500	7,000	12,250	17,500
2d Cabr	1,200	3,600	6,000	12,000	21,000	30,000
2d Vic	684	2,052	3,420	6,840	11,970	17,100
4d Tr Sed	680	2,040	3,400	6,800	11,900	17,000
1939 Lafayette, 6-cyl.						
2d Bus Cpe	660	1,980	3,300	6,600	11,550	16,500
2d Sed	640	1,920	3,200	6,400	11,200	16,000
4d Sed	604	1,812	3,020	6,040	10,570	15,100
4d Tr Sed	608	1,824	3,040	6,080	10,640	15,200
2d A-P Cpe	700	2,100	3,500	7,000	12,250	17,500
2d A-P Cabr	1,080	3,240	5,400	10,800	18,900	27,000
NOTE: Add 10 percent for DeLuxe.						
1939 Ambassador, 6-cyl.						
2d Bus Cpe	704	2,112	3,520	7,040	12,320	17,600
2d A-P Cpe	720	2,160	3,600	7,200	12,600	18,000
2d A-P Cabr	1,280	3,840	6,400	12,800	22,400	32,000
2d Sed	628	1,884	3,140	6,280	10,990	15,700
4d Sed	632	1,896	3,160	6,320	11,060	15,800
4d Tr Sed	640	1,920	3,200	6,400	11,200	16,000
1939 Ambassador, 8-cyl.						
2d Bus Cpe	780	2,340	3,900	7,800	13,650	19,500
2d A-P Cpe	784	2,352	3,920	7,840	13,720	19,600
2d A-P Cabr	1,440	4,320	7,200	14,400	25,200	36,000
2d Sed	700	2,100	3,500	7,000	12,250	17,500

	6	5	4	3	2	1
4d Sed	704	2,112	3,520	7,040	12,320	17,600
4d Tr Sed	708	2,124	3,540	7,080	12,390	17,700
1940 DeLuxe Lafayette, 6-cyl.						
2d Bus Cpe	700	2,100	3,500	7,000	12,250	17,500
2d A-P Cpe	704	2,112	3,520	7,040	12,320	17,600
2d A-P Cabr	1,280	3,840	6,400	12,800	22,400	32,000
2d FBk	648	1,944	3,240	6,480	11,340	16,200
4d FBk	644	1,932	3,220	6,440	11,270	16,100
4d Trk Sed	652	1,956	3,260	6,520	11,410	16,300
1940 Ambassador, 6-cyl.						
2d Bus Cpe	744	2,232	3,720	7,440	13,020	18,600
2d A-P Cpe	760	2,280	3,800	7,600	13,300	19,000
2d A-P Cabr	1,520	4,560	7,600	15,200	26,600	38,000
2d FBk	704	2,112	3,520	7,040	12,320	17,600
4d FBk	700	2,100	3,500	7,000	12,250	17,500
4d Trk Sed	712	2,136	3,560	7,120	12,460	17,800
1940 Ambassador, 8-cyl.						
2d Bus Cpe	820	2,460	4,100	8,200	14,350	20,500
2d A-P Cpe	824	2,472	4,120	8,240	14,420	20,600
2d A-P Cabr	1,640	4,920	8,200	16,400	28,700	41,000
2d FBk	760	2,280	3,800	7,600	13,300	19,000
4d FBk	756	2,268	3,780	7,560	13,230	18,900
4d Trk Sed	760	2,280	3,800	7,600	13,300	19,000
1941 Ambassador 600, 6-cyl.						
2d Bus Cpe	720	2,160	3,600	7,200	12,600	18,000
2d FBk	664	1,992	3,320	6,640	11,620	16,600
4d FBk	660	1,980	3,300	6,600	11,550	16,500
2d DeL Bus Cpe	744	2,232	3,720	7,440	13,020	18,600
4d DeL Brgm	700	2,100	3,500	7,000	12,250	17,500
2d DeL FBk	684	2,052	3,420	6,840	11,970	17,100
4d DeL FBk	680	2,040	3,400	6,800	11,900	17,000
4d Tr Sed	688	2,064	3,440	6,880	12,040	17,200
1941 Ambassador, 6-cyl.						
2d Bus Cpe	784	2,352	3,920	7,840	13,720	19,600
2d Spl Bus Cpe	788	2,364	3,940	7,880	13,790	19,700
2d A-P Cabr	1,440	4,320	7,200	14,400	25,200	36,000
2d Brgm	736	2,208	3,680	7,360	12,880	18,400
4d Spl Sed	740	2,220	3,700	7,400	12,950	18,500
4d Spl FBk	736	2,208	3,680	7,360	12,880	18,400
4d DeL FBk	740	2,220	3,700	7,400	12,950	18,500
4d Tr Sed	744	2,232	3,720	7,440	13,020	18,600
1941 Ambassador, 8-cyl.						
2d A-P Cabr	1,480	4,440	7,400	14,800	25,900	37,000
2d DeL Brgm	780	2,340	3,900	7,800	13,650	19,500
4d Spl FBk	784	2,352	3,920	7,840	13,720	19,600
4d DeL FBk	788	2,364	3,940	7,880	13,790	19,700
4d Tr Sed	792	2,376	3,960	7,920	13,860	19,800
1942 Ambassador 600, 6-cyl.						
2d Bus Cpe	708	2,124	3,540	7,080	12,390	17,700
2d Brgm	664	1,992	3,320	6,640	11,620	16,600
2d SS	660	1,980	3,300	6,600	11,550	16,500
4d SS	664	1,992	3,320	6,640	11,620	16,600
4d Tr Sed	668	2,004	3,340	6,680	11,690	16,700
1942 Ambassador, 6-cyl.						
2d Bus Cpe	760	2,280	3,800	7,600	13,300	19,000
2d Brgm	712	2,136	3,560	7,120	12,460	17,800
2d SS	708	2,124	3,540	7,080	12,390	17,700
4d SS	712	2,136	3,560	7,120	12,460	17,800
4d Tr Sed	716	2,148	3,580	7,160	12,530	17,900
1942 Ambassador, 8-cyl.						
2d Bus Cpe	740	2,220	3,700	7,400	12,950	18,500
2d Brgm	720	2,160	3,600	7,200	12,600	18,000
2d SS	712	2,136	3,560	7,120	12,460	17,800
4d SS	716	2,148	3,580	7,160	12,530	17,900
4d Tr Sed	720	2,160	3,600	7,200	12,600	18,000
1946 600, 6-cyl.						
2d Brgm	644	1,932	3,220	6,440	11,270	16,100
4d Sed	640	1,920	3,200	6,400	11,200	16,000
4d Trk Sed	652	1,956	3,260	6,520	11,410	16,300
1946 Ambassador, 6-cyl.						
2d Brgm	700	2,100	3,500	7,000	12,250	17,500
4d Sed	704	2,112	3,520	7,040	12,320	17,600
4d Trk Sed	708	2,124	3,540	7,080	12,390	17,700
4d Sed Suburban	1,160	3,480	5,800	11,600	20,300	29,000
1947 600, 6-cyl.						
2d Brgm	644	1,932	3,220	6,440	11,270	16,100

	6	5	4	3	2	1
4d Sed	640	1,920	3,200	6,400	11,200	16,000
4d Trk Sed	652	1,956	3,260	6,520	11,410	16,300
1947 Ambassador, 6-cyl.						
2d Brgm	700	2,100	3,500	7,000	12,250	17,500
4d Sed	704	2,112	3,520	7,040	12,320	17,600
4d Trk Sed	708	2,124	3,540	7,080	12,390	17,700
4d Sed Suburban	1,200	3,600	6,000	12,000	21,000	30,000
1948 600, 6-cyl.						
DeL Bus Cpe	712	2,136	3,560	7,120	12,460	17,800
4d Sup Sed	664	1,992	3,320	6,640	11,620	16,600
4d Sup Trk Sed	668	2,004	3,340	6,680	11,690	16,700
2d Sup Brgm	668	2,004	3,340	6,680	11,690	16,700
4d Cus Sed	672	2,016	3,360	6,720	11,760	16,800
4d Cus Trk Sed	676	2,028	3,380	6,760	11,830	16,900
2d Cus Brgm	680	2,040	3,400	6,800	11,900	17,000
1948 Ambassador, 6-cyl.						
4d Sed	688	2,064	3,440	6,880	12,040	17,200
4d Trk Sed	692	2,076	3,460	6,920	12,110	17,300
2d Brgm	692	2,076	3,460	6,920	12,110	17,300
4d Sed Suburban	1,240	3,720	6,200	12,400	21,700	31,000
1948 Custom Ambassador, 6-cyl.						
4d Sed	740	2,220	3,700	7,400	12,950	18,500
4d Trk Sed	720	2,160	3,600	7,200	12,600	18,000
2d Brgm	740	2,220	3,700	7,400	12,950	18,500
2d Cabr	1,440	4,320	7,200	14,400	25,200	36,000
1949 600 Super, 6-cyl.						
4d Sed	640	1,920	3,200	6,400	11,200	16,000
2d Sed	644	1,932	3,220	6,440	11,270	16,100
2d Brgm	648	1,944	3,240	6,480	11,340	16,200
1949 600 Super Special, 6-cyl.						
4d Sed	644	1,932	3,220	6,440	11,270	16,100
2d Sed	648	1,944	3,240	6,480	11,340	16,200
2d Brgm	652	1,956	3,260	6,520	11,410	16,300
1949 600 Custom, 6-cyl.						
4d Sed	652	1,956	3,260	6,520	11,410	16,300
2d Sed	656	1,968	3,280	6,560	11,480	16,400
2d Brgm	660	1,980	3,300	6,600	11,550	16,500
1949 Ambassador Super, 6-cyl.						
4d Sed	684	2,052	3,420	6,840	11,970	17,100
2d Sed	688	2,064	3,440	6,880	12,040	17,200
2d Brgm	692	2,076	3,460	6,920	12,110	17,300
1949 Ambassador Super Special, 6-cyl.						
4d Sed	688	2,064	3,440	6,880	12,040	17,200
2d Sed	692	2,076	3,460	6,920	12,110	17,300
2d Brgm	696	2,088	3,480	6,960	12,180	17,400
1949 Ambassador Custom, 6-cyl.						
4d Sed	696	2,088	3,480	6,960	12,180	17,400
2d Sed	700	2,100	3,500	7,000	12,250	17,500
2d Brgm	704	2,112	3,520	7,040	12,320	17,600
1950 Rambler Custom, 6-cyl.						
2d Conv Lan	800	2,400	4,000	8,000	14,000	20,000
2d Sta Wag	660	1,980	3,300	6,600	11,550	16,500
1950 Nash Super Statesman, 6-cyl.						
2d DeL Cpe	652	1,956	3,260	6,520	11,410	16,300
4d Sed	644	1,932	3,220	6,440	11,270	16,100
2d Sed	648	1,944	3,240	6,480	11,340	16,200
2d Clb Cpe	652	1,956	3,260	6,520	11,410	16,300
1950 Nash Custom Statesman, 6-cyl.						
4d Sed	656	1,968	3,280	6,560	11,480	16,400
2d Sed	660	1,980	3,300	6,600	11,550	16,500
2d Clb Cpe	664	1,992	3,320	6,640	11,620	16,600
1950 Ambassador, 6-cyl.						
4d Sed	680	2,040	3,400	6,800	11,900	17,000
2d Sed	688	2,064	3,440	6,880	12,040	17,200
2d Clb Cpe	692	2,076	3,460	6,920	12,110	17,300
1950 Ambassador Custom, 6-cyl.						
4d Sed	696	2,088	3,480	6,960	12,180	17,400
2d Sed	700	2,100	3,500	7,000	12,250	17,500
2d Clb Cpe	704	2,112	3,520	7,040	12,320	17,600
1951 Rambler, 6-cyl.						
2d Utl Wag	660	1,980	3,300	6,600	11,550	16,500
2d Sta Wag	668	2,004	3,340	6,680	11,690	16,700
2d Cus Clb Sed	656	1,968	3,280	6,560	11,480	16,400
2d Cus Conv	800	2,400	4,000	8,000	14,000	20,000
2d Ctry Clb HT	720	2,160	3,600	7,200	12,600	18,000

	6	5	4	3	2	1
2d Cus Sta Wag	680	2,040	3,400	6,800	11,900	17,000
1951 Nash Statesman, 6-cyl.						
2d DeL Bus Cpe	660	1,980	3,300	6,600	11,550	16,500
4d Sup Sed	652	1,956	3,260	6,520	11,410	16,300
2d Sup	648	1,944	3,240	6,480	11,340	16,200
2d Sup Cpe	660	1,980	3,300	6,600	11,550	16,500
2d Cus Cpe	664	1,992	3,320	6,640	11,620	16,600
2d Cus	660	1,980	3,300	6,600	11,550	16,500
1951 Ambassador, 6-cyl.						
4d Sup Sed	688	2,064	3,440	6,880	12,040	17,200
2d Sup	684	2,052	3,420	6,840	11,970	17,100
2d Sup Cpe	692	2,076	3,460	6,920	12,110	17,300
4d Cus Sed	696	2,088	3,480	6,960	12,180	17,400
2d Cus	688	2,064	3,440	6,880	12,040	17,200
2d Cus Cpe	692	2,076	3,460	6,920	12,110	17,300
1951 Nash-Healey						
Spt Rds	1,440	4,320	7,200	14,400	25,200	36,000
1952-1953 Rambler, 6-cyl.						
2d Utl Wag	660	1,980	3,300	6,600	11,550	16,500
2d Sta Wag	668	2,004	3,340	6,680	11,690	16,700
2d Cus Clb Sed	660	1,980	3,300	6,600	11,550	16,500
2d Cus Conv	800	2,400	4,000	8,000	14,000	20,000
2d Cus Ctry Clb HT	720	2,160	3,600	7,200	12,600	18,000
2d Cus Sta Wag	680	2,040	3,400	6,800	11,900	17,000
1952-1953 Nash Statesman, 6-cyl.						
2d Sed	668	2,004	3,340	6,680	11,690	16,700
4d Sed	664	1,992	3,320	6,640	11,620	16,600
2d Cus Ctry Clb	760	2,280	3,800	7,600	13,300	19,000
NOTE: Add 10 percent for Custom.						
1952-1953 Ambassador, 6-cyl.						
2d Sed	680	2,040	3,400	6,800	11,900	17,000
4d Sed	680	2,040	3,400	6,800	11,900	17,000
2d Cus Ctry Clb	800	2,400	4,000	8,000	14,000	20,000
NOTE: Add 10 percent for Custom.						
1952-1953 Nash-Healey						
2d Cpe (1953 only)	1,600	4,800	8,000	16,000	28,000	40,000
2d Spt Rds	1,760	5,280	8,800	17,600	30,800	44,000
1954 Rambler, 6-cyl.						
2d DeL Clb Sed	660	1,980	3,300	6,600	11,550	16,500
2d Sup Clb Sed	664	1,992	3,320	6,640	11,620	16,600
2d Sup Ctry Clb HT	700	2,100	3,500	7,000	12,250	17,500
2d Sup Suburban Sta Wag	672	2,016	3,360	6,720	11,760	16,800
4d Sup Sed (108")	664	1,992	3,320	6,640	11,620	16,600
2d Cus Ctry Clb HT	740	2,220	3,700	7,400	12,950	18,500
2d Cus Conv	840	2,520	4,200	8,400	14,700	21,000
2d Cus Sta Wag	700	2,100	3,500	7,000	12,250	17,500
4d Cus Sed (108")	668	2,004	3,340	6,680	11,690	16,700
4d Cus Wag (108")	704	2,112	3,520	7,040	12,320	17,600
2d Cus Wag (108")	720	2,160	3,600	7,200	12,600	18,000
1954 Nash Statesman, 6-cyl.						
4d Sup Sed	640	1,920	3,200	6,400	11,200	16,000
2d Sup Sed	644	1,932	3,220	6,440	11,270	16,100
4d Cus Sed	648	1,944	3,240	6,480	11,340	16,200
2d Cus Ctry Clb HT	800	2,400	4,000	8,000	14,000	20,000
1954 Nash Ambassador, 6-cyl.						
4d Sup Sed	688	2,064	3,440	6,880	12,040	17,200
2d Sup Sed	692	2,076	3,460	6,920	12,110	17,300
4d Cus Sed	700	2,100	3,500	7,000	12,250	17,500
2d Cus Ctry Clb HT	800	2,400	4,000	8,000	14,000	20,000
NOTE: Add 5 percent for LeMans option.						
1954 Nash-Healey						
2d Cpe	1,660	4,980	8,300	16,600	29,050	41,500
1955 Rambler, 6-cyl.						
2d DeL Clb Sed	660	1,980	3,300	6,600	11,550	16,500
2d DeL Bus Sed	656	1,968	3,280	6,560	11,480	16,400
4d DeL Sed (108")	664	1,992	3,320	6,640	11,620	16,600
2d Sup Clb Sed	664	1,992	3,320	6,640	11,620	16,600
2d Sup Sta Wag	656	1,968	3,280	6,560	11,480	16,400
4d Sup Sed (108")	664	1,992	3,320	6,640	11,620	16,600
4d Sup Crs Ctry (108")	700	2,100	3,500	7,000	12,250	17,500
2d Cus Ctry Clb HT	760	2,280	3,800	7,600	13,300	19,000
4d Cus Sed (108")	668	2,004	3,340	6,680	11,690	16,700
4d Cus Crs Ctry (108")	740	2,220	3,700	7,400	12,950	18,500

	6	5	4	3	2	1
1955 Nash Statesman, 6-cyl.						
4d Sup Sed	660	1,980	3,300	6,600	11,550	16,500
4d Cus Sed	664	1,992	3,320	6,640	11,620	16,600
2d Cus Ctry Clb	780	2,340	3,900	7,800	13,650	19,500
1955 Nash Ambassador, 6-cyl.						
4d Sup Sed	704	2,112	3,520	7,040	12,320	17,600
4d Cus Sed	708	2,124	3,540	7,080	12,390	17,700
2d Cus Ctry Clb	840	2,520	4,200	8,400	14,700	21,000
1955 Nash Ambassador, 8-cyl.						
4d Sup Sed	708	2,124	3,540	7,080	12,390	17,700
4d Cus Sed	748	2,244	3,740	7,480	13,090	18,700
2d Cus Ctry Clb	840	2,520	4,200	8,400	14,700	21,000
1956 Rambler, 6-cyl.						
4d DeL Sed	608	1,824	3,040	6,080	10,640	15,200
4d Sup Sed	612	1,836	3,060	6,120	10,710	15,300
4d Sup Crs Ctry	644	1,932	3,220	6,440	11,270	16,100
4d Cus Sed	648	1,944	3,240	6,480	11,340	16,200
4d Cus HT	680	2,040	3,400	6,800	11,900	17,000
4d Cus Crs Ctry	664	1,992	3,320	6,640	11,620	16,600
4d HT Wag	680	2,040	3,400	6,800	11,900	17,000
1956 Nash Statesman, 6-cyl.						
4d Sup Sed	660	1,980	3,300	6,600	11,550	16,500
1956 Nash Ambassador, 6-cyl.						
4d Sup Sed	680	2,040	3,400	6,800	11,900	17,000
1956 Nash Ambassador, 8-cyl.						
4d Sup Sed	688	2,064	3,440	6,880	12,040	17,200
4d Cus Sed	700	2,100	3,500	7,000	12,250	17,500
2d Cus HT	880	2,640	4,400	8,800	15,400	22,000
1957 Rambler, 6-cyl.						
4d DeL Sed	572	1,716	2,860	5,720	10,010	14,300
4d Sup Sed	580	1,740	2,900	5,800	10,150	14,500
4d Sup HT	600	1,800	3,000	6,000	10,500	15,000
4d Sup Crs Ctry	608	1,824	3,040	6,080	10,640	15,200
4d Cus Sed	576	1,728	2,880	5,760	10,080	14,400
4d Cus Crs Ctry	608	1,824	3,040	6,080	10,640	15,200
1957 Rambler, 8-cyl.						
4d Sup Sed	580	1,740	2,900	5,800	10,150	14,500
4d Sup Crs Ctry Wag	608	1,824	3,040	6,080	10,640	15,200
4d Cus Sed	584	1,752	2,920	5,840	10,220	14,600
4d Cus HT	612	1,836	3,060	6,120	10,710	15,300
4d Cus Crs Ctry Wag	616	1,848	3,080	6,160	10,780	15,400
4d Cus HT Crs Ctry	640	1,920	3,200	6,400	11,200	16,000
1957 Rebel, 8-cyl.						
4d HT	720	2,160	3,600	7,200	12,600	18,000
1957 Nash Ambassador, 8-cyl.						
4d Sup Sed	668	2,004	3,340	6,680	11,690	16,700
2d Sup HT	840	2,520	4,200	8,400	14,700	21,000
4d Cus Sed	680	2,040	3,400	6,800	11,900	17,000
2d Cus HT	880	2,640	4,400	8,800	15,400	22,000

AMC

1958-1959 American DeLuxe, 6-cyl.						
2d Sed	288	864	1,440	2,880	5,040	7,200
2d Sta Wag (1959 only)	292	876	1,460	2,920	5,110	7,300
1958-1959 American Super, 6-cyl.						
2d Sed	292	876	1,460	2,920	5,110	7,300
2d Sta Wag (1959 only)	296	888	1,480	2,960	5,180	7,400
1958-1959 Rambler DeLuxe, 6-cyl.						
4d Sed	288	864	1,440	2,880	5,040	7,200
4d Sta Wag	292	876	1,460	2,920	5,110	7,300
1958-1959 Rambler Super, 6-cyl.						
4d Sed	292	876	1,460	2,920	5,110	7,300
4d HT	300	900	1,500	3,000	5,250	7,500
4d Sta Wag	296	888	1,480	2,960	5,180	7,400
1958-1959 Rambler Custom, 6-cyl.						
4d Sed	308	924	1,540	3,080	5,390	7,700
4d HT	316	948	1,580	3,160	5,530	7,900
4d Sta Wag	300	900	1,500	3,000	5,250	7,500
1958-1959 Rebel Super V-8						
4d Sed DeL (1958 only)	388	1,164	1,940	3,880	6,790	9,700
4d Sed	392	1,176	1,960	3,920	6,860	9,800
4d Sta Wag	396	1,188	1,980	3,960	6,930	9,900

	6	5	4	3	2	1
1958-1959 Rebel Custom, V-8						
4d Sed	396	1,188	1,980	3,960	6,930	9,900
4d HT	400	1,200	2,000	4,000	7,000	10,000
4d Sta Wag	400	1,200	2,000	4,000	7,000	10,000
1958-1959 Ambassador Super, V-8						
4d Sed	428	1,284	2,140	4,280	7,490	10,700
4d Sta Wag	432	1,296	2,160	4,320	7,560	10,800
1958-1959 Ambassador Custom, V-8						
4d Sed	432	1,296	2,160	4,320	7,560	10,800
4d HT	436	1,308	2,180	4,360	7,630	10,900
4d Sta Wag	436	1,308	2,180	4,360	7,630	10,900
4d HT Sta Wag	524	1,572	2,620	5,240	9,170	13,100
1960 American DeLuxe, 6-cyl.						
2d Sed	324	972	1,620	3,240	5,670	8,100
4d Sed	320	960	1,600	3,200	5,600	8,000
2d Sta Wag	328	984	1,640	3,280	5,740	8,200
1960 American Super, 6-cyl.						
2d Sed	328	984	1,640	3,280	5,740	8,200
4d Sed	324	972	1,620	3,240	5,670	8,100
2d Sta Wag	332	996	1,660	3,320	5,810	8,300
1960 American Custom, 6-cyl.						
2d Sed	332	996	1,660	3,320	5,810	8,300
4d Sed	328	984	1,640	3,280	5,740	8,200
2d Sta Wag	336	1,008	1,680	3,360	5,880	8,400
1960 Rambler DeLuxe, 6-cyl.						
4d Sed	324	972	1,620	3,240	5,670	8,100
4d Sta Wag	328	984	1,640	3,280	5,740	8,200
1960 Rambler Super, 6-cyl.						
4d Sed	328	984	1,640	3,280	5,740	8,200
4d 6P Sta Wag	332	996	1,660	3,320	5,810	8,300
4d 8P Sta Wag	336	1,008	1,680	3,360	5,880	8,400
1960 Rambler Custom, 6-cyl.						
4d Sed	332	996	1,660	3,320	5,810	8,300
4d HT	336	1,008	1,680	3,360	5,880	8,400
4d 6P Sta Wag	336	1,008	1,680	3,360	5,880	8,400
4d 8P Sta Wag	340	1,020	1,700	3,400	5,950	8,500
1960 Rebel Super, V-8						
Sed	416	1,248	2,080	4,160	7,280	10,400
4d 6P Sta Wag	420	1,260	2,100	4,200	7,350	10,500
4d 8P Sta Wag	424	1,272	2,120	4,240	7,420	10,600
1960 Rebel Custom, V-8						
4d Sed	420	1,260	2,100	4,200	7,350	10,500
4d HT	424	1,272	2,120	4,240	7,420	10,600
4d 6P Sta Wag	424	1,272	2,120	4,240	7,420	10,600
4d 8P Sta Wag	428	1,284	2,140	4,280	7,490	10,700
1960 Ambassador Super, V-8						
4d Sed	424	1,272	2,120	4,240	7,420	10,600
4d 6P Sta Wag	428	1,284	2,140	4,280	7,490	10,700
4d 8P Sta Wag	432	1,296	2,160	4,320	7,560	10,800
1960 Ambassador Custom, V-8						
4d Sed	428	1,284	2,140	4,280	7,490	10,700
4d HT	436	1,308	2,180	4,360	7,630	10,900
6P Sta Wag	432	1,296	2,160	4,320	7,560	10,800
4d HT Sta Wag	520	1,560	2,600	5,200	9,100	13,000
4d 8P Sta Wag	436	1,308	2,180	4,360	7,630	10,900
1961 American						
4d DeL Sed	280	840	1,400	2,800	4,900	7,000
2d DeL Sed	284	852	1,420	2,840	4,970	7,100
4d DeL Sta Wag	288	864	1,440	2,880	5,040	7,200
2d DeL Sta Wag	284	852	1,420	2,840	4,970	7,100
4d Sup Sed	284	852	1,420	2,840	4,970	7,100
2d Sup Sed	288	864	1,440	2,880	5,040	7,200
4d Sup Sta Wag	292	876	1,460	2,920	5,110	7,300
2d Sup Sta Wag	284	852	1,420	2,840	4,970	7,100
4d Cus Sed	284	852	1,420	2,840	4,970	7,100
2d Cus Sed	288	864	1,440	2,880	5,040	7,200
2d Cus Conv	520	1,560	2,600	5,200	9,100	13,000
4d Cus Sta Wag	288	864	1,440	2,880	5,040	7,200
2d Cus Sta Wag	292	876	1,460	2,920	5,110	7,300
4d 400 Sed	288	864	1,440	2,880	5,040	7,200
2d 400 Conv	528	1,584	2,640	5,280	9,240	13,200
1961 Rambler Classic						
4d DeL Sed	280	840	1,400	2,800	4,900	7,000
4d DeL Sta Wag	284	852	1,420	2,840	4,970	7,100
4d Sup Sed	284	852	1,420	2,840	4,970	7,100

1980 Mercury Monarch Ghia sedan

1992 Mercury Capri XR2 Turbo convertible

1957 Nash Ambassador Country Club hardtop

	6	5	4	3	2	1
4d Sup Sta Wag	288	864	1,440	2,880	5,040	7,200
4d Cus Sed	288	864	1,440	2,880	5,040	7,200
4d Cus Sta Wag	292	876	1,460	2,920	5,110	7,300
4d 400 Sed	292	876	1,460	2,920	5,110	7,300

NOTE: Add 5 percent for V-8.

1961 Ambassador

4d DeL Sed	284	852	1,420	2,840	4,970	7,100
4d Sup Sed	288	864	1,440	2,880	5,040	7,200
5d Sup Sta Wag	292	876	1,460	2,920	5,110	7,300
4d Sup Sta Wag	288	864	1,440	2,880	5,040	7,200
4d Cus Sed	292	876	1,460	2,920	5,110	7,300
5d Cus Sta Wag	300	900	1,500	3,000	5,250	7,500
4d Cus Sta Wag	296	888	1,480	2,960	5,180	7,400
4d 400 Sed	296	888	1,480	2,960	5,180	7,400

1962 American

4d DeL Sed	240	720	1,200	2,400	4,200	6,000
2d DeL Sed	244	732	1,220	2,440	4,270	6,100
4d DeL Sta Wag	244	732	1,220	2,440	4,270	6,100
2d DeL Sta Wag	240	720	1,200	2,400	4,200	6,000
4d Cus Sed	244	732	1,220	2,440	4,270	6,100
2d Cus Sed	244	732	1,220	2,440	4,270	6,100
4d Cus Sta Wag	248	744	1,240	2,480	4,340	6,200
2d Cus Sta Wag	244	732	1,220	2,440	4,270	6,100
4d 400	244	732	1,220	2,440	4,270	6,100
2d 400	248	744	1,240	2,480	4,340	6,200
2d 400 Conv	528	1,584	2,640	5,280	9,240	13,200
4d 400 Sta Wag	260	780	1,300	2,600	4,550	6,500

1962 Classic

4d DeL Sed	240	720	1,200	2,400	4,200	6,000
2d DeL	244	732	1,220	2,440	4,270	6,100
4d DeL Sta Wag	248	744	1,240	2,480	4,340	6,200
4d Cus Sed	252	756	1,260	2,520	4,410	6,300
2d Cus	256	768	1,280	2,560	4,480	6,400
4d Cus Sta Wag	252	756	1,260	2,520	4,410	6,300
5d Cus Sta Wag	256	768	1,280	2,560	4,480	6,400
4d 400 Sed	256	768	1,280	2,560	4,480	6,400
2d 400	260	780	1,300	2,600	4,550	6,500
4d 400 Sta Wag	264	792	1,320	2,640	4,620	6,600

NOTE: Add 5 percent for V-8.

1962 Ambassador

4d Cus Sed	248	744	1,240	2,480	4,340	6,200
2d Cus Sed	252	756	1,260	2,520	4,410	6,300
4d Cus Sta Wag	268	804	1,340	2,680	4,690	6,700
4d 400 Sed	260	780	1,300	2,600	4,550	6,500
2d 400 Sed	264	792	1,320	2,640	4,620	6,600
4d 400 Sta Wag	268	804	1,340	2,680	4,690	6,700
5d 400 Sta Wag	272	816	1,360	2,720	4,760	6,800

1963 American

4d 220 Sed	224	672	1,120	2,240	3,920	5,600
2d 220 Sed	228	684	1,140	2,280	3,990	5,700
4d 220 Bus Sed	220	660	1,100	2,200	3,850	5,500
4d 220 Sta Wag	228	684	1,140	2,280	3,990	5,700
2d 220 Sta Wag	224	672	1,120	2,240	3,920	5,600
4d 330 Sed	228	684	1,140	2,280	3,990	5,700
2d 330 Sed	224	672	1,120	2,240	3,920	5,600
4d 330 Sta Wag	236	708	1,180	2,360	4,130	5,900
2d 330 Sta Wag	240	720	1,200	2,400	4,200	6,000
4d 440 Sed	236	708	1,180	2,360	4,130	5,900
2d 440 Sed	240	720	1,200	2,400	4,200	6,000
2d 440 HT	252	756	1,260	2,520	4,410	6,300
2d 440-H HT	360	1,080	1,800	3,600	6,300	9,000
2d 440 Conv	420	1,260	2,100	4,200	7,350	10,500
4d 440 Sta Wag	244	732	1,220	2,440	4,270	6,100

1963 Classic

4d 550 Sed	220	660	1,100	2,200	3,850	5,500
2d 550 Sed	224	672	1,120	2,240	3,920	5,600
4d 550 Sta Wag	220	660	1,100	2,200	3,850	5,500
4d 660 Sed	220	660	1,100	2,200	3,850	5,500
2d 660 Sed	224	672	1,120	2,240	3,920	5,600
4d 660 Sta Wag	228	684	1,140	2,280	3,990	5,700
4d 770 Sed	236	708	1,180	2,360	4,130	5,900
2d 770 Sed	232	696	1,160	2,320	4,060	5,800
4d 770 Sta Wag	244	732	1,220	2,440	4,270	6,100

NOTE: Add 5 percent for V-8 models.

1963 Ambassador

4d 800 Sed	232	696	1,160	2,320	4,060	5,800
2d 800 Sed	236	708	1,180	2,360	4,130	5,900

	6	5	4	3	2	1
4d 880 Sta Wag	240	720	1,200	2,400	4,200	6,000
4d 880 Sed	236	708	1,180	2,360	4,130	5,900
2d 880 Sed	240	720	1,200	2,400	4,200	6,000
4d 880 Sta Wag	244	732	1,220	2,440	4,270	6,100
4d 990 Sed	240	720	1,200	2,400	4,200	6,000
2d 990 Sed	244	732	1,220	2,440	4,270	6,100
5d 990 Sta Wag	252	756	1,260	2,520	4,410	6,300
4d 990 Sta Wag	248	744	1,240	2,480	4,340	6,200

1964 American

4d 220 Sed	224	672	1,120	2,240	3,920	5,600
2d 220	228	684	1,140	2,280	3,990	5,700
4d 220 Sta Wag	232	696	1,160	2,320	4,060	5,800
4d 330 Sed	232	696	1,160	2,320	4,060	5,800
2d 330	236	708	1,180	2,360	4,130	5,900
4d 330 Sta Wag	236	708	1,180	2,360	4,130	5,900
4d 440 Sed	232	696	1,160	2,320	4,060	5,800
2d 440 HT	252	756	1,260	2,520	4,410	6,300
2d 440-H HT	360	1,080	1,800	3,600	6,300	9,000
2d Conv	420	1,260	2,100	4,200	7,350	10,500

1964 Classic

4d 550 Sed	220	660	1,100	2,200	3,850	5,500
2d 550	224	672	1,120	2,240	3,920	5,600
4d 550 Sta Wag	228	684	1,140	2,280	3,990	5,700
4d 660 Sed	224	672	1,120	2,240	3,920	5,600
2d 660	228	684	1,140	2,280	3,990	5,700
4d 660 Sta Wag	232	696	1,160	2,320	4,060	5,800
4d 770 Sed	228	684	1,140	2,280	3,990	5,700
2d 770	232	696	1,160	2,320	4,060	5,800
2d 770 HT	372	1,116	1,860	3,720	6,510	9,300
2d 770 Typhoon HT	420	1,260	2,100	4,200	7,350	10,500
4d 770 Sta Wag	232	696	1,160	2,320	4,060	5,800

NOTE: Add 5 percent for V-8 models.

1964 Ambassador

4d Sed	252	756	1,260	2,520	4,410	6,300
2d HT	272	816	1,360	2,720	4,760	6,800
4d 990-H	360	1,080	1,800	3,600	6,300	9,000
4d Sta Wag	240	720	1,200	2,400	4,200	6,000

1965 American

4d 220 Sed	228	684	1,140	2,280	3,990	5,700
2d 220	232	696	1,160	2,320	4,060	5,800
4d 220 Sta Wag	232	696	1,160	2,320	4,060	5,800
4d 330 Sed	232	696	1,160	2,320	4,060	5,800
2d 330	240	720	1,200	2,400	4,200	6,000
4d 330 Sta Wag	244	732	1,220	2,440	4,270	6,100
4d 440 Sed	240	720	1,200	2,400	4,200	6,000
2d 440 HT	280	840	1,400	2,800	4,900	7,000
2d 440-H HT	288	864	1,440	2,880	5,040	7,200
2d Conv	424	1,272	2,120	4,240	7,420	10,600

1965 Classic

4d 550 Sed	224	672	1,120	2,240	3,920	5,600
2d 550	228	684	1,140	2,280	3,990	5,700
4d 550 Sta Wag	228	684	1,140	2,280	3,990	5,700
4d 660 Sed	236	708	1,180	2,360	4,130	5,900
2d 660	240	720	1,200	2,400	4,200	6,000
4d 660 Sta Wag	244	732	1,220	2,440	4,270	6,100
4d 770 Sed	236	708	1,180	2,360	4,130	5,900
2d 770 HT	248	744	1,240	2,480	4,340	6,200
2d 770-H HT	292	876	1,460	2,920	5,110	7,300
2d 770 Conv	528	1,584	2,640	5,280	9,240	13,200
4d 770 Sta Wag	240	720	1,200	2,400	4,200	6,000

NOTE: Add 5 percent for V-8 models.

1965 Ambassador

4d 880 Sed	240	720	1,200	2,400	4,200	6,000
2d 880	244	732	1,220	2,440	4,270	6,100
4d 880 Sta Wag	248	744	1,240	2,480	4,340	6,200
4d 990 Sed	244	732	1,220	2,440	4,270	6,100
2d 990 HT	252	756	1,260	2,520	4,410	6,300
2d 990-H HT	296	888	1,480	2,960	5,180	7,400
2d Conv	540	1,620	2,700	5,400	9,450	13,500
4d Sta Wag	248	744	1,240	2,480	4,340	6,200

1965 Marlin

2d FBk	550	1,700	2,800	5,600	9,800	14,000

NOTE: Deduct 5 percent for 6-cyl.

1966 American

4d 220 Sed	220	660	1,100	2,200	3,850	5,500
2d 220 Sed	224	672	1,120	2,240	3,920	5,600

	6	5	4	3	2	1
4d 220 Wag	228	684	1,140	2,280	3,990	5,700
4d 440 Sed	232	696	1,160	2,320	4,060	5,800
2d 440 Sed	236	708	1,180	2,360	4,130	5,900
2d 440 Conv	260	780	1,300	2,600	4,550	6,500
4d 440 Wag	228	684	1,140	2,280	3,990	5,700
2d 440 HT	260	780	1,300	2,600	4,550	6,500
2d Rogue HT	300	900	1,500	3,000	5,250	7,500
1966 Classic						
4d 550 Sed	224	672	1,120	2,240	3,920	5,600
2d 550 Sed	224	672	1,120	2,240	3,920	5,600
4d 550 Sta Wag	228	684	1,140	2,280	3,990	5,700
4d 770 Sed	232	696	1,160	2,320	4,060	5,800
2d 770 HT	248	744	1,240	2,480	4,340	6,200
2d 770 Conv	520	1,560	2,600	5,200	9,100	13,000
4d 770 Sta Wag	228	684	1,140	2,280	3,990	5,700
1966 Rebel						
2d HT	420	1,260	2,100	4,200	7,350	10,500
1966 Marlin						
2d FBk Cpe	550	1,700	2,800	5,600	9,800	14,000
1966 Ambassador						
4d 880 Sed	236	708	1,180	2,360	4,130	5,900
2d 880 Sed	240	720	1,200	2,400	4,200	6,000
4d 880 Sta Wag	248	744	1,240	2,480	4,340	6,200
4d 990 Sed	244	732	1,220	2,440	4,270	6,100
2d 990 HT	280	840	1,400	2,800	4,900	7,000
2d 990 Conv	560	1,680	2,800	5,600	9,800	14,000
4d 990 Sta Wag	236	708	1,180	2,360	4,130	5,900
1966 DPL (Diplomat)						
2d DPL HT	392	1,176	1,960	3,920	6,860	9,800
1967 American 220						
4d Sed	220	660	1,100	2,200	3,850	5,500
2d Sed	220	660	1,100	2,200	3,850	5,500
4d Sta Wag	224	672	1,120	2,240	3,920	5,600
1967 American 440						
4d Sed	224	672	1,120	2,240	3,920	5,600
2d Sed	224	672	1,120	2,240	3,920	5,600
2d HT	240	720	1,200	2,400	4,200	6,000
4d Sta Wag	228	684	1,140	2,280	3,990	5,700
1967 American Rogue						
2d HT	420	1,260	2,100	4,200	7,350	10,500
2d Conv	540	1,620	2,700	5,400	9,450	13,500
1967 Rebel 550						
4d Sed	220	660	1,100	2,200	3,850	5,500
2d Sed	220	660	1,100	2,200	3,850	5,500
4d Sta Wag	224	672	1,120	2,240	3,920	5,600
1967 Rebel 770						
4d Sed	224	672	1,120	2,240	3,920	5,600
2d HT	240	720	1,200	2,400	4,200	6,000
4d Sta Wag	224	672	1,120	2,240	3,920	5,600
1967 Rebel SST						
2d HT	248	744	1,240	2,480	4,340	6,200
2d Conv	560	1,680	2,800	5,600	9,800	14,000
1967 Rambler Marlin						
2d FBk Cpe	550	1,600	2,700	5,400	9,450	13,500
1967 Ambassador 880						
4d Sed	228	684	1,140	2,280	3,990	5,700
2d Sed	228	684	1,140	2,280	3,990	5,700
4d Sta Wag	232	696	1,160	2,320	4,060	5,800
1967 Ambassador 990						
4d Sed	240	720	1,200	2,400	4,200	6,000
2d HT	272	816	1,360	2,720	4,760	6,800
4d Sta Wag	244	732	1,220	2,440	4,270	6,100
1967 Ambassador DPL						
2d HT	380	1,140	1,900	3,800	6,650	9,500
2d Conv	580	1,740	2,900	5,800	10,150	14,500
1968 American 220						
4d Sed	228	684	1,140	2,280	3,990	5,700
2d Sed	228	684	1,140	2,280	3,990	5,700
1968 American 440						
4d Sed	232	696	1,160	2,320	4,060	5,800
4d Sta Wag	236	708	1,180	2,360	4,130	5,900
1968 Rogue						
2d HT	520	1,560	2,600	5,200	9,100	13,000

	6	5	4	3	2	1
1968 Rebel 550						
4d Sed	228	684	1,140	2,280	3,990	5,700
2d Conv	540	1,620	2,700	5,400	9,450	13,500
4d Sta Wag	220	660	1,100	2,200	3,850	5,500
2d HT	248	744	1,240	2,480	4,340	6,200
1968 Rebel 770						
4d Sed	228	684	1,140	2,280	3,990	5,700
4d Sta Wag	224	672	1,120	2,240	3,920	5,600
2d HT	256	768	1,280	2,560	4,480	6,400
1968 Rebel SST						
2d Conv	540	1,620	2,700	5,400	9,450	13,500
2d HT	380	1,140	1,900	3,800	6,650	9,500
1968 Ambassador						
4d Sed	232	696	1,160	2,320	4,060	5,800
2d HT	380	1,140	1,900	3,800	6,650	9,500
1968 Ambassador DPL						
4d Sed	240	720	1,200	2,400	4,200	6,000
2d HT	268	804	1,340	2,680	4,690	6,700
4d Sta Wag	244	732	1,220	2,440	4,270	6,100
1968 Ambassador SST						
4d Sed	240	720	1,200	2,400	4,200	6,000
2d HT	360	1,080	1,800	3,600	6,300	9,000
1968 Javelin						
2d FBk	580	1,740	2,900	5,800	10,150	14,500
1968 Javelin SST						
2d FBk	660	1,980	3,300	6,600	11,550	16,500
NOTE: Add 20 percent for GO pkg. Add 30 percent for Big Bad pkg.						
1968 AMX						
2d FBk	800	2,400	4,000	8,000	14,000	20,000
NOTE: Add 25 percent for Craig Breedlove Edit.						
1969 Rambler						
4d Sed	224	672	1,120	2,240	3,920	5,600
2d Sed	224	672	1,120	2,240	3,920	5,600
1969 Rambler 440						
4d Sed	228	684	1,140	2,280	3,990	5,700
2d Sed	228	684	1,140	2,280	3,990	5,700
1969 Rambler Rogue						
2d HT	520	1,560	2,600	5,200	9,100	13,000
1969 Rambler Hurst S/C						
2d HT	720	2,160	3,600	7,200	12,600	18,000
1969 Rebel						
4d Sed	220	660	1,100	2,200	3,850	5,500
2d HT	240	720	1,200	2,400	4,200	6,000
4d Sta Wag	224	672	1,120	2,240	3,920	5,600
1969 Rebel SST						
4d Sed	228	684	1,140	2,280	3,990	5,700
2d HT	248	744	1,240	2,480	4,340	6,200
4d Sta Wag	228	684	1,140	2,280	3,990	5,700
1969 AMX						
2d FBk Cpe	800	2,400	4,000	8,000	14,000	20,000
NOTE: Add 25 percent for Big Bad Pkg.						
1969 Javelin						
2d FBk Cpe	600	1,800	3,000	6,000	10,500	15,000
1969 Javelin SST						
2d FBk Cpe	660	1,980	3,300	6,600	11,550	16,500
NOTE: Add 20 percent for GO Pkg. Add 30 percent for Big Bad pkg.						
1969 Ambassador						
4d Sed	232	696	1,160	2,320	4,060	5,800
1969 Ambassador DPL						
4d Sed	240	720	1,200	2,400	4,200	6,000
4d Sta Wag	240	720	1,200	2,400	4,200	6,000
2d HT	260	780	1,300	2,600	4,550	6,500
1969 Ambassador SST						
4d Sed	232	696	1,160	2,320	4,060	5,800
2d HT	272	816	1,360	2,720	4,760	6,800
1970 Hornet						
4d Sed	200	600	1,000	2,000	3,500	5,000
2d Sed	200	600	1,000	2,000	3,500	5,000
1970 Hornet SST						
4d Sed	204	612	1,020	2,040	3,570	5,100
2d Sed	204	612	1,020	2,040	3,570	5,100

	6	5	4	3	2	1
1970 Rebel						
4d Sed	208	624	1,040	2,080	3,640	5,200
2d HT	360	1,080	1,800	3,600	6,300	9,000
4d Sta Wag	224	672	1,120	2,240	3,920	5,600
1970 Rebel SST						
4d Sed	212	636	1,060	2,120	3,710	5,300
2d HT	380	1,140	1,900	3,800	6,650	9,500
4d Sta Wag	208	624	1,040	2,080	3,640	5,200
1970 Rebel "Machine"						
2d HT	750	2,200	3,700	7,400	13,000	18,500
1970 AMX						
2d FBk Cpe	800	2,400	4,000	8,000	14,000	20,000
1970 Gremlin						
2d Comm	252	756	1,260	2,520	4,410	6,300
2d Sed	256	768	1,280	2,560	4,480	6,400
1970 Javelin						
2d FBk Cpe	560	1,680	2,800	5,600	9,800	14,000
1970 Javelin SST						
2d FBk Cpe	576	1,728	2,880	5,760	10,080	14,400
NOTE: Add 20 percent for GO pkg. Add 30 percent for Big Bad pkg.						
1970 "Trans Am"						
2d FBk Cpe	650	1,900	3,200	6,400	11,200	16,000
1970 "Mark Donohue"						
2d FBk Cpe	600	1,850	3,100	6,200	10,900	15,500
1970 Ambassador						
4d Sed	240	720	1,200	2,400	4,200	6,000
1970 Ambassador DPL						
4d Sed	248	744	1,240	2,480	4,340	6,200
2d HT	368	1,104	1,840	3,680	6,440	9,200
4d Sta Wag	252	756	1,260	2,520	4,410	6,300
1970 Ambassador SST						
4d Sed	260	780	1,300	2,600	4,550	6,500
2d HT	384	1,152	1,920	3,840	6,720	9,600
4d Sta Wag	264	792	1,320	2,640	4,620	6,600
1971 Gremlin						
2d Comm	252	756	1,260	2,520	4,410	6,300
2d Sed	256	768	1,280	2,560	4,480	6,400
NOTE: Add 10 percent for X Package.						
1971 Hornet						
2d Sed	204	612	1,020	2,040	3,570	5,100
4d Sed	204	612	1,020	2,040	3,570	5,100
1971 Hornet SST						
2d Sed	208	624	1,040	2,080	3,640	5,200
4d Sed	208	624	1,040	2,080	3,640	5,200
1971 Hornet SC/360						
2d HT	520	1,560	2,600	5,200	9,100	13,000
1971 Javelin						
2d HT	380	1,140	1,900	3,800	6,650	9,500
2d SST HT	400	1,200	2,000	4,000	7,000	10,000
NOTE: Add 10 percent for 401 V-8.						
1971 Javelin AMX						
2d HT	540	1,620	2,700	5,400	9,450	13,500
NOTE: Add 15 percent for GO Pkg.						
1971 Matador						
4d Sed	204	612	1,020	2,040	3,570	5,100
2d HT	220	660	1,100	2,200	3,850	5,500
4d Sta Wag	208	624	1,040	2,080	3,640	5,200
1971 Ambassador DPL						
4d Sed	204	612	1,020	2,040	3,570	5,100
1971 Ambassador SST						
4d Sed	208	624	1,040	2,080	3,640	5,200
2d HT	232	696	1,160	2,320	4,060	5,800
4d Sta Wag	212	636	1,060	2,120	3,710	5,300
NOTE: Add 10 percent to Ambassador SST for Broughams.						
1972 Hornet SST						
2d Sed	160	480	800	1,600	2,800	4,000
4d Sed	164	492	820	1,640	2,870	4,100
4d Sta Wag	168	504	840	1,680	2,940	4,200
2d Gucci	200	600	1,000	2,000	3,500	5,000
4d DeL Wag	172	516	860	1,720	3,010	4,300
4d "X" Wag	150	500	850	1,700	2,950	4,200

	6	5	4	3	2	1
1972 Matador						
4d Sed	168	504	840	1,680	2,940	4,200
2d HT	176	528	880	1,760	3,080	4,400
4d Sta Wag	172	516	860	1,720	3,010	4,300
1972 Gremlin						
2d Sed	220	660	1,100	2,200	3,850	5,500
NOTE: Add 10 percent for X Package. Add 20 percent for V-8.						
1972 Javelin						
2d SST	280	840	1,400	2,800	4,900	7,000
2d AMX	320	960	1,600	3,200	5,600	8,000
2d Go "360"	500	1,550	2,600	5,200	9,100	13,000
2d Go "401"	550	1,700	2,800	5,600	9,800	14,000
2d Cardin	520	1,560	2,600	5,200	9,100	13,000
NOTE: Add 20 percent for 401 V-8. Add 25 percent for 401 Police Special V-8. Add 30 percent for GO Pkg.						
1972 Ambassador SST						
4d Sed	168	504	840	1,680	2,940	4,200
2d HT	176	528	880	1,760	3,080	4,400
4d Sta Wag	172	516	860	1,720	3,010	4,300
1972 Ambassador Brougham						
NOTE: Add 10 percent to SST prices for Brougham.						
1972 Hornet, V-8						
2d	176	528	880	1,760	3,080	4,400
4d	192	576	960	1,920	3,360	4,800
2d HBk	180	540	900	1,800	3,150	4,500
4d Sta Wag	176	528	880	1,760	3,080	4,400
1972 AMX, V-8						
2d HT	408	1,224	2,040	4,080	7,140	10,200
NOTE: Add 15 percent for GO Pkg.						
1972 Matador, V-8						
4d Sed	168	504	840	1,680	2,940	4,200
2d HT	172	516	860	1,720	3,010	4,300
Sta Wag	168	504	840	1,680	2,940	4,200
1972 Ambassador Brougham, V-8						
4d Sed	172	516	860	1,720	3,010	4,300
2d HT	152	456	760	1,520	2,660	3,800
4d Sta Wag	172	516	860	1,720	3,010	4,300
1973 Gremlin, V-8						
2d Sed	232	696	1,160	2,320	4,060	5,800
NOTE: Add 10 percent for X Package. Deduct 20 percent for 6-cyl.						
1973 Hornet, V-8						
2d	156	468	780	1,560	2,730	3,900
4d	152	456	760	1,520	2,660	3,800
2d HBk	160	480	800	1,600	2,800	4,000
4d Sta Wag	156	468	780	1,560	2,730	3,900
1973 Javelin, V-8						
2d HT	200	600	1,000	2,000	3,500	5,000
1973 AMX, V-8						
2d HT	320	960	1,600	3,200	5,600	8,000
1973 Matador, V-8						
4d Sed	148	444	740	1,480	2,590	3,700
2d HT	152	456	760	1,520	2,660	3,800
4d Sta Wag	148	444	740	1,480	2,590	3,700
1973 Ambassador Brougham, V-8						
4d Sed	152	456	760	1,520	2,660	3,800
2d HT	156	468	780	1,560	2,730	3,900
4d Sta Wag	152	456	760	1,520	2,660	3,800
1974 Gremlin, V-8						
2d Sed	232	696	1,160	2,320	4,060	5,800
NOTE: Add 10 percent for X Package. Deduct 20 percent for 6-cyl.						
1974 Hornet						
4d Sed	136	408	680	1,360	2,380	3,400
2d Sed	140	420	700	1,400	2,450	3,500
2d HBk	144	432	720	1,440	2,520	3,600
4d Sta Wag	140	420	700	1,400	2,450	3,500
1974 Javelin						
2d FBk	168	504	840	1,680	2,940	4,200
1974 Javelin AMX						
2d FBk	260	780	1,300	2,600	4,550	6,500
1974 Matador						
4d Sed	128	384	640	1,280	2,240	3,200
2d Sed	144	432	720	1,440	2,520	3,600

	6	5	4	3	2	1
4d Sta Wag	132	396	660	1,320	2,310	3,300
1974 Matador Brougham						
2d Cpe	148	444	740	1,480	2,590	3,700
1974 Matador "X"						
2d Cpe	150	450	750	1,500	2,650	3,800
1974 Ambassador Brougham						
4d Sed	132	396	660	1,320	2,310	3,300
4d Sta Wag	136	408	680	1,360	2,380	3,400
NOTE: Add 10 percent for Oleg Cassini coupe. Add 12 percent for GO Package.						
1975 Gremlin, V-8						
2d Sed	232	696	1,160	2,320	4,060	5,800
NOTE: Add 10 percent for Levis Package. Add 15 percent for X Package. Deduct 20 percent for 6-cyl.						
1975 Hornet						
4d Sed	140	420	700	1,400	2,450	3,500
2d Sed	136	408	680	1,360	2,380	3,400
2d HBk	140	420	700	1,400	2,450	3,500
4d Sta Wag	140	420	700	1,400	2,450	3,500
1975 Pacer						
2d Sed	156	468	780	1,560	2,730	3,900
1975 Matador						
4d Sed	136	408	680	1,360	2,380	3,400
2d Cpe	144	432	720	1,440	2,520	3,600
4d Sta Wag	140	420	700	1,400	2,450	3,500
1976 Gremlin, V-8						
2d Sed	232	696	1,160	2,320	4,060	5,800
NOTE: Add 10 percent for Levis Package. Add 15 percent for X Package. Deduct 20 percent for 6-cyl.						
1976 Hornet, V-8						
4d Sed	124	372	620	1,240	2,170	3,100
2d Sed	120	360	600	1,200	2,100	3,000
2d HBk	128	384	640	1,280	2,240	3,200
4d Sptabt	132	396	660	1,320	2,310	3,300
1976 Pacer, 6-cyl.						
2d Sed	140	420	700	1,400	2,450	3,500
1976 Matador, V-8						
4d Sed	120	360	600	1,200	2,100	3,000
2d Cpe	128	384	640	1,280	2,240	3,200
4d Sta Wag	124	372	620	1,240	2,170	3,100
NOTE: Deduct 10 percent for 6-cylinder.						
1977 Gremlin, V-8						
2d Sed	236	708	1,180	2,360	4,130	5,900
NOTE: Add 15 percent for X Package. Deduct 20 percent for 6-cyl.						
1977 Hornet, V-8						
4d Sed	128	384	640	1,280	2,240	3,200
2d Sed	124	372	620	1,240	2,170	3,100
2d HBk	132	396	660	1,320	2,310	3,300
4d Sta Wag	136	408	680	1,360	2,380	3,400
1977 Pacer, 6-cyl.						
2d Sed	144	432	720	1,440	2,520	3,600
4d Sta Wag	148	444	740	1,480	2,590	3,700
1977 Matador, V-8						
4d Sed	124	372	620	1,240	2,170	3,100
2d Cpe	132	396	660	1,320	2,310	3,300
4d Sta Wag	128	384	640	1,280	2,240	3,200
NOTE: Deduct 10 percent for 6-cylinder. Add 10 percent for AMX package.						
1978 Gremlin, V-8						
2d Sed	236	708	1,180	2,360	4,130	5,900
NOTE: Add 15 percent for X Package. Deduct 20 percent for 6-cyl.						
1978 Concord						
4d Sed	116	348	580	1,160	2,030	2,900
2d Sed	112	336	560	1,120	1,960	2,800
2d HBk	120	360	600	1,200	2,100	3,000
4d Sta Wag	124	372	620	1,240	2,170	3,100
1978 Pacer						
2d HBk	132	396	660	1,320	2,310	3,300
4d Sta Wag	136	408	680	1,360	2,380	3,400
1978 AMX						
2d HBk	144	432	720	1,440	2,520	3,600
1978 Matador						
4d Sed	112	336	560	1,120	1,960	2,800

	6	5	4	3	2	1
2d Cpe	120	360	600	1,200	2,100	3,000
4d Sta Wag	116	348	580	1,160	2,030	2,900
1979 Spirit, 6-cyl.						
2d HBk	140	420	700	1,400	2,450	3,500
2d Sed	136	408	680	1,360	2,380	3,400
1979 Spirit DL, 6-cyl.						
2d HBk	144	432	720	1,440	2,520	3,600
2d Sed	140	420	700	1,400	2,450	3,500
1979 Spirit Ltd, 6-cyl.						
2d HBk	148	444	740	1,480	2,590	3,700
2d Sed	144	432	720	1,440	2,520	3,600
NOTE: Deduct 10 percent for 4-cyl.						
1979 Concord, V-8						
4d Sed	124	372	620	1,240	2,170	3,100
2d Sed	120	360	600	1,200	2,100	3,000
2d HBk	128	384	640	1,280	2,240	3,200
4d Sta Wag	128	384	640	1,280	2,240	3,200
1979 Concord DL, V-8						
4d Sed	128	384	640	1,280	2,240	3,200
2d Sed	124	372	620	1,240	2,170	3,100
2d HBk	132	396	660	1,320	2,310	3,300
4d Sta Wag	132	396	660	1,320	2,310	3,300
1979 Concord Ltd, V-8						
4d Sed	132	396	660	1,320	2,310	3,300
2d Sed	128	384	640	1,280	2,240	3,200
4d Sta Wag	136	408	680	1,360	2,380	3,400
NOTE: Deduct 5 percent for 6-cyl.						
1979 Pacer DL, V-8						
2d HBk	136	408	680	1,360	2,380	3,400
2d Sta Wag	140	420	700	1,400	2,450	3,500
1979 Pacer Ltd, V-8						
2d HBk	140	420	700	1,400	2,450	3,500
2d Sta Wag	144	432	720	1,440	2,520	3,600
NOTE: Deduct 5 percent for 6-cyl.						
1979 AMX, V-8						
2d HBk	148	444	740	1,480	2,590	3,700
NOTE: Deduct 7 percent for 6-cyl.						
1980 Spirit, 6-cyl.						
2d HBk	160	480	800	1,600	2,800	4,000
2d Cpe	156	468	780	1,560	2,730	3,900
2d HBk DL	164	492	820	1,640	2,870	4,100
2d Cpe DL	160	480	800	1,600	2,800	4,000
2d HBk Ltd	172	516	860	1,720	3,010	4,300
2d Cpe Ltd	168	504	840	1,680	2,940	4,200
NOTE: Deduct 10 percent for 4-cyl.						
1980 Concord, 6-cyl.						
4d Sed	144	432	720	1,440	2,520	3,600
2d Cpe	140	420	700	1,400	2,450	3,500
4d Sta Wag	148	444	740	1,480	2,590	3,700
4d Sed DL	148	444	740	1,480	2,590	3,700
2d Cpe DL	144	432	720	1,440	2,520	3,600
4d Sta Wag DL	152	456	760	1,520	2,660	3,800
4d Sed Ltd	156	468	780	1,560	2,730	3,900
2d Cpe Ltd	152	456	760	1,520	2,660	3,800
4d Sta Wag Ltd	156	468	780	1,560	2,730	3,900
1980 Pacer, 6-cyl.						
2d HBk DL	144	432	720	1,440	2,520	3,600
2d Sta Wag DL	148	444	740	1,480	2,590	3,700
2d HBk Ltd	152	456	760	1,520	2,660	3,800
2d Sta Wag Ltd	156	468	780	1,560	2,730	3,900
1980 AMX, 6-cyl.						
2d HBk	168	504	840	1,680	2,940	4,200
1980 Eagle 4x4, 6-cyl.						
4d Sed	200	600	1,000	2,000	3,500	5,000
2d Cpe	196	588	980	1,960	3,430	4,900
4d Sta Wag	208	624	1,040	2,080	3,640	5,200
4d Sed Ltd	208	624	1,040	2,080	3,640	5,200
2d Cpe Ltd	204	612	1,020	2,040	3,570	5,100
4d Sta Wag Ltd	216	648	1,080	2,160	3,780	5,400
1981 Spirit, 4-cyl.						
2d HBk	148	444	740	1,480	2,590	3,700
2d Cpe	144	432	720	1,440	2,520	3,600
2d HBk DL	156	468	780	1,560	2,730	3,900
2d Cpe DL	152	456	760	1,520	2,660	3,800

	6	5	4	3	2	1
1981 Spirit, 6-cyl.						
2d HBk	164	492	820	1,640	2,870	4,100
2d Cpe	160	480	800	1,600	2,800	4,000
2d HBk DL	172	516	860	1,720	3,010	4,300
2d Cpe DL	168	504	840	1,680	2,940	4,200
1981 Concord, 6-cyl.						
4d Sed	148	444	740	1,480	2,590	3,700
2d Cpe	144	432	720	1,440	2,520	3,600
4d Sta Wag	152	456	760	1,520	2,660	3,800
4d Sed DL	152	456	760	1,520	2,660	3,800
2d Cpe DL	148	444	740	1,480	2,590	3,700
4d Sta Wag DL	156	468	780	1,560	2,730	3,900
4d Sed Ltd	156	468	780	1,560	2,730	3,900
2d Cpe Ltd	152	456	760	1,520	2,660	3,800
4d Sta Wag Ltd	160	480	800	1,600	2,800	4,000
NOTE: Deduct 12 percent for 4-cyl.						
1981 Eagle 50 4x4, 4-cyl.						
2d HBk SX4	200	600	1,000	2,000	3,500	5,000
2d HBk	196	588	980	1,960	3,430	4,900
2d HBk SX4 DL	208	624	1,040	2,080	3,640	5,200
2d HBk DL	204	612	1,020	2,040	3,570	5,100
1981 Eagle 50 4x4, 6-cyl.						
2d HBk SX4	216	648	1,080	2,160	3,780	5,400
2d HBk	212	636	1,060	2,120	3,710	5,300
2d HBk SX4 DL	224	672	1,120	2,240	3,920	5,600
2d HBk DL	220	660	1,100	2,200	3,850	5,500
1982 Spirit, 6-cyl.						
2d HBk	168	504	840	1,680	2,940	4,200
2d Cpe	164	492	820	1,640	2,870	4,100
2d HBk DL	176	528	880	1,760	3,080	4,400
2d Cpe DL	172	516	860	1,720	3,010	4,300
NOTE: Deduct 10 percent for 4-cyl.						
1982 Concord, 6-cyl.						
4d Sed	152	456	760	1,520	2,660	3,800
2d Cpe	148	444	740	1,480	2,590	3,700
4d Sta Wag	156	468	780	1,560	2,730	3,900
4d Sed DL	156	468	780	1,560	2,730	3,900
2d Cpe DL	152	456	760	1,520	2,660	3,800
4d Sta Wag DL	160	480	800	1,600	2,800	4,000
4d Sed Ltd	160	480	800	1,600	2,800	4,000
2d Cpe Ltd	156	468	780	1,560	2,730	3,900
4d Sta Wag Ltd	164	492	820	1,640	2,870	4,100
NOTE: Deduct 12 percent for 4-cyl.						
1982 Eagle 50 4x4, 4-cyl.						
2d HBk SX4	204	612	1,020	2,040	3,570	5,100
2d HBk	200	600	1,000	2,000	3,500	5,000
2d HBk SX4 DL	212	636	1,060	2,120	3,710	5,300
2d HBk DL	208	624	1,040	2,080	3,640	5,200
1982 Eagle 50 4x4, 6-cyl.						
2d HBk SX4	220	660	1,100	2,200	3,850	5,500
2d HBk	216	648	1,080	2,160	3,780	5,400
2d HBk SX4 DL	228	684	1,140	2,280	3,990	5,700
2d HBk DL	224	672	1,120	2,240	3,920	5,600
1982 Eagle 30 4x4, 4-cyl.						
4d Sed	196	588	980	1,960	3,430	4,900
2d Cpe	192	576	960	1,920	3,360	4,800
4d Sta Wag	200	600	1,000	2,000	3,500	5,000
4d Sed Ltd	200	600	1,000	2,000	3,500	5,000
2d Cpe Ltd	196	588	980	1,960	3,430	4,900
4d Sta Wag Ltd	208	624	1,040	2,080	3,640	5,200
1982 Eagle 30 4x4, 6-cyl.						
4d Sed	212	636	1,060	2,120	3,710	5,300
2d Cpe	208	624	1,040	2,080	3,640	5,200
4d Sta Wag	220	660	1,100	2,200	3,850	5,500
4d Sed Ltd	220	660	1,100	2,200	3,850	5,500
2d Cpe Ltd	216	648	1,080	2,160	3,780	5,400
4d Sta Wag Ltd	228	684	1,140	2,280	3,990	5,700
1983 Spirit, 6-cyl.						
2d HBk DL	172	516	860	1,720	3,010	4,300
2d HBk GT	176	528	880	1,760	3,080	4,400
1983 Concord, 6-cyl.						
4d Sed	156	468	780	1,560	2,730	3,900
4d Sta Wag	160	480	800	1,600	2,800	4,000
4d Sed DL	160	480	800	1,600	2,800	4,000
4d Sta Wag DL	164	492	820	1,640	2,870	4,100

	6	5	4	3	2	1
4d Sta Wag Ltd	172	516	860	1,720	3,010	4,300
1983 Alliance, 4-cyl.						
2d Sed	144	432	720	1,440	2,520	3,600
4d Sed L	148	444	740	1,480	2,590	3,700
2d Sed L	148	444	740	1,480	2,590	3,700
4d Sed DL	152	456	760	1,520	2,660	3,800
2d Sed DL	152	456	760	1,520	2,660	3,800
4d Sed Ltd	156	468	780	1,560	2,730	3,900
1983 Eagle 50 4x4, 4-cyl.						
2d HBk SX4	208	624	1,040	2,080	3,640	5,200
2d HBk SX4 DL	216	648	1,080	2,160	3,780	5,400
1983 Eagle 50 4x4, 6-cyl.						
2d HBk SX4	224	672	1,120	2,240	3,920	5,600
2d HBk SX4 DL	232	696	1,160	2,320	4,060	5,800
1983 Eagle 30 4x4, 4-cyl.						
4d Sed	200	600	1,000	2,000	3,500	5,000
4d Sta Wag	208	624	1,040	2,080	3,640	5,200
4d Sta Wag Ltd	216	648	1,080	2,160	3,780	5,400
1983 Eagle 30 4x4, 6-cyl.						
4d Sed	216	648	1,080	2,160	3,780	5,400
4d Sta Wag	224	672	1,120	2,240	3,920	5,600
4d Sta Wag Ltd	232	696	1,160	2,320	4,060	5,800
1984 Alliance, 4-cyl.						
2d	148	444	740	1,480	2,590	3,700
1984 L						
4d	152	456	760	1,520	2,660	3,800
2d	152	456	760	1,520	2,660	3,800
1984 DL						
4d	156	468	780	1,560	2,730	3,900
2d	156	468	780	1,560	2,730	3,900
1984 Ltd						
4d	160	480	800	1,600	2,800	4,000
1984 Encore, 4-cyl.						
2d Liftback	136	408	680	1,360	2,380	3,400
1984 S						
2d Liftback	140	420	700	1,400	2,450	3,500
4d Liftback	140	420	700	1,400	2,450	3,500
1984 LS						
2d Liftback	144	432	720	1,440	2,520	3,600
4d Liftback	144	432	720	1,440	2,520	3,600
1984 GS						
2d Liftback	148	444	740	1,480	2,590	3,700
1984 Eagle 4WD, 4-cyl.						
4d Sed	204	612	1,020	2,040	3,570	5,100
4d Sta Wag	212	636	1,060	2,120	3,710	5,300
4d Sta Wag Ltd	220	660	1,100	2,200	3,850	5,500
1984 Eagle 4WD, 6-cyl.						
4d Sed	220	660	1,100	2,200	3,850	5,500
4d Sta Wag	228	684	1,140	2,280	3,990	5,700
4d Sta Wag Ltd	236	708	1,180	2,360	4,130	5,900
1985 Alliance						
2d Sed	104	312	520	1,040	1,820	2,600
4d Sed L	112	336	560	1,120	1,960	2,800
2d Sed L	116	348	580	1,160	2,030	2,900
Conv L	148	444	740	1,480	2,590	3,700
4d Sed DL	128	384	640	1,280	2,240	3,200
2d Sed DL	140	420	700	1,400	2,450	3,500
Conv DL	164	492	820	1,640	2,870	4,100
4d Ltd Sed	156	468	780	1,560	2,730	3,900
1985 Eagle 4WD						
4d Sed	224	672	1,120	2,240	3,920	5,600
4d Sta Wag	232	696	1,160	2,320	4,060	5,800
4d Ltd Sta Wag	240	720	1,200	2,400	4,200	6,000
1986 Encore 90						
2d HBk	140	420	700	1,400	2,450	3,500
4d HBk	144	432	720	1,440	2,520	3,600
1986 Alliance						
2d Sed	144	432	720	1,440	2,520	3,600
4d Sed	148	444	740	1,480	2,590	3,700
Conv	220	660	1,100	2,200	3,850	5,500
1986 Eagle						
4d Sed	228	684	1,140	2,280	3,990	5,700
4d Sta Wag	232	696	1,160	2,320	4,060	5,800

	6	5	4	3	2	1
4d Ltd Sta Wag	240	720	1,200	2,400	4,200	6,000

NOTE: Add 10 percent for deluxe models. Deduct 5 percent for smaller engines.

1987 Eagle

2d Sed	160	480	800	1,600	2,800	4,000
4d Sed	160	480	800	1,600	2,800	4,000
2d HBk	164	492	820	1,640	2,870	4,100
4d HBk	164	492	820	1,640	2,870	4,100
2d Conv	272	816	1,360	2,720	4,760	6,800

NOTE: Add 10 percent for deluxe models. Add 20 percent for GTA models.

4d Sed	260	780	1,300	2,600	4,550	6,500
4d Sta Wag	268	804	1,340	2,680	4,690	6,700
4d Sta Wag Ltd	276	828	1,380	2,760	4,830	6,900

AMC-CHRYSLER CORP.

1988 Medallion, 4-cyl.						
4d Sed	108	324	540	1,080	1,890	2,700
4d Sta Wag	116	348	580	1,160	2,030	2,900
4d LX Sed	120	360	600	1,200	2,100	3,000
1988 Premier, V-6						
4d LX Sed	140	420	700	1,400	2,450	3,500
4d ES Sed	160	480	800	1,600	2,800	4,000
1988 Eagle, 6-cyl.						
4d Ltd Sta Wag	240	720	1,200	2,400	4,200	6,000
1989 Jeep Summit, 4-cyl.						
4d Sed DL	140	420	700	1,400	2,450	3,500
4d Sed LX	160	480	800	1,600	2,800	4,000
4d Sed LX DOHC	168	504	840	1,680	2,940	4,200
1989 Medallion, 4-cyl.						
4d Sed DL	124	372	620	1,240	2,170	3,100
4d Sta Wag DL	128	384	640	1,280	2,240	3,200
4d Sed LX	132	396	660	1,320	2,310	3,300
4d Sta Wag LX	136	408	680	1,360	2,380	3,400
1989 Premier, V-6						
4d Sed LX, 4-cyl.	136	408	680	1,360	2,380	3,400
4d Sed LX	152	456	760	1,520	2,660	3,800
4d Sed ES	156	468	780	1,560	2,730	3,900
4d Sed ES Ltd	180	540	900	1,800	3,150	4,500
1990 Jeep Summit, 4-cyl.						
4d Sed	140	420	700	1,400	2,450	3,500
4d Sed DL	148	444	740	1,480	2,590	3,700
4d Sed LX	160	480	800	1,600	2,800	4,000
4d Sed ES	168	504	840	1,680	2,940	4,200
1990 Talon, 4-cyl.						
2d Cpe	280	840	1,400	2,800	4,900	7,000
2d Cpe Turbo	320	960	1,600	3,200	5,600	8,000
2d Cpe Turbo 4x4	520	1,560	2,600	5,200	9,100	13,000
1990 Premier, V-6						
4d Sed LX	160	480	800	1,600	2,800	4,000
4d Sed ES	180	540	900	1,800	3,150	4,500
4d Sed ES Ltd	200	600	1,000	2,000	3,500	5,000
1991 Summit, 4-cyl.						
2d HBk	140	420	700	1,400	2,450	3,500
2d HBk ES	144	432	720	1,440	2,520	3,600
4d Sed	144	432	720	1,440	2,520	3,600
4d Sed ES	148	444	740	1,480	2,590	3,700
1991 Talon, 4-cyl.						
2d Cpe	220	660	1,100	2,200	3,850	5,500
2d Cpe TSi Turbo	260	780	1,300	2,600	4,550	6,500
2d Cpe TSi Turbo 4x4	300	900	1,500	3,000	5,250	7,500
1991 Premier, V-6						
4d Sed LX	144	432	720	1,440	2,520	3,600
4d Sed ES	168	504	840	1,680	2,940	4,200
4d Sed ES Ltd	180	540	900	1,800	3,150	4,500
1992 Summit, 4-cyl.						
2d HBk	152	456	760	1,520	2,660	3,800
2d HBk ES	156	468	780	1,560	2,730	3,900
4d Sed	148	444	740	1,480	2,590	3,700
4d Sed ES	152	456	760	1,520	2,660	3,800
4d DL Sta Wag	152	456	760	1,520	2,660	3,800
4d LX Sta Wag	156	468	780	1,560	2,730	3,900
4d 4x4 Sta Wag	180	540	900	1,800	3,150	4,500
1992 Talon, 4-cyl.						
2d Liftback	200	600	1,000	2,000	3,500	5,000

1959 AMC Rambler Ambassador Custom hardtop station wagon

1966 AMC Rambler Rebel hardtop

1984 AMC Eagle four-wheel-drive sedan

	6	5	4	3	2	1
2d Liftback TSi Turbo	240	720	1,200	2,400	4,200	6,000
2d Liftback TSi Turbo 4x4	280	840	1,400	2,800	4,900	7,000
1992 Premier, V-6						
4d LX Sed	200	600	1,000	2,000	3,500	5,000
4d ES Sed	208	624	1,040	2,080	3,640	5,200
4d ES Ltd Sed	220	660	1,100	2,200	3,850	5,500
1993 Summit, 4-cyl.						
2d DL Cpe	152	456	760	1,520	2,660	3,800
2d ES Cpe	156	468	780	1,560	2,730	3,900
4d DL Sed	156	468	780	1,560	2,730	3,900
4d ES Sed	160	480	800	1,600	2,800	4,000
2d DL Sta Wag	164	492	820	1,640	2,870	4,100
2d LX Sta Wag	168	504	840	1,680	2,940	4,200
2d 4x4 Sta Wag	208	624	1,040	2,080	3,640	5,200
1993 Talon, 4-cyl.						
2d DL HBk	164	492	820	1,640	2,870	4,100
2d ES HBk	168	504	840	1,680	2,940	4,200
2d Turbo	220	660	1,100	2,200	3,850	5,500
2d Turbo 4x4	260	780	1,300	2,600	4,550	6,500
1993 Vision, V-6						
4d ESi Sed	168	504	840	1,680	2,940	4,200
4d TSi Sed	172	516	860	1,720	3,010	4,300
1994 Summit, 4-cyl.						
2d DL Cpe	152	456	760	1,520	2,660	3,800
2d ES Cpe	180	540	900	1,800	3,150	4,500
4d ES Sed	200	600	1,000	2,000	3,500	5,000
4d LX Sed	188	564	940	1,880	3,290	4,700
2d DL Sta Wag	260	780	1,300	2,600	4,550	6,500
2d LX Sta Wag	280	840	1,400	2,800	4,900	7,000
2d 4x4 Sta Wag	300	900	1,500	3,000	5,250	7,500
1994 Talon, 4-cyl.						
2d DL HBk	220	660	1,100	2,200	3,850	5,500
2d ES HBk	240	720	1,200	2,400	4,200	6,000
2d HBk TSi Turbo	260	780	1,300	2,600	4,550	6,500
2d HBk TSi Turbo 4x4	320	960	1,600	3,200	5,600	8,000
1994 Vision, 4-cyl.						
4d ESi Sed	280	840	1,400	2,800	4,900	7,000
4d TSi Sed	320	960	1,600	3,200	5,600	8,000

METROPOLITAN

	6	5	4	3	2	1
1954 Series E, (Nash), 4-cyl., 85" wb, 42 hp						
HT	388	1,164	1,940	3,880	6,790	9,700
Conv	428	1,284	2,140	4,280	7,490	10,700
1955 Series A & B, Nash/Hudson, 4-cyl., 85" wb, 42 hp						
HT	388	1,164	1,940	3,880	6,790	9,700
Conv	428	1,284	2,140	4,280	7,490	10,700
1956 Series 1500, Nash/Hudson, 4-cyl., 85" wb, 52 hp						
HT	392	1,176	1,960	3,920	6,860	9,800
Conv	432	1,296	2,160	4,320	7,560	10,800
1956 Series A, Nash/Hudson, 4-cyl., 85" wb, 42 hp						
HT	380	1,140	1,900	3,800	6,650	9,500
Conv	412	1,236	2,060	4,120	7,210	10,300
1957 Series 1500, Nash/Hudson, 4-cyl., 85" wb, 52 hp						
HT	392	1,176	1,960	3,920	6,860	9,800
Conv	432	1,296	2,160	4,320	7,560	10,800
1957 Series A-85, Nash/Hudson, 4-cyl., 85" wb, 42 hp						
HT	380	1,140	1,900	3,800	6,650	9,500
Conv	412	1,236	2,060	4,120	7,210	10,300
1958 Series 1500, (AMC), 4-cyl., 85" wb, 55 hp						
HT	392	1,176	1,960	3,920	6,860	9,800
Conv	432	1,296	2,160	4,320	7,560	10,800
1959 Series 1500, (AMC), 4-cyl., 85" wb, 55 hp						
HT	404	1,212	2,020	4,040	7,070	10,100
Conv	520	1,560	2,600	5,200	9,100	13,000
1960 Series 1500, (AMC), 4-cyl., 85" wb, 55 hp						
HT	404	1,212	2,020	4,040	7,070	10,100
Conv	520	1,560	2,600	5,200	9,100	13,000
1961 Series 1500, (AMC), 4-cyl., 85" wb, 55 hp						
HT	404	1,212	2,020	4,040	7,070	10,100
Conv	520	1,560	2,600	5,200	9,100	13,000
1962 Series 1500, (AMC), 4-cyl., 85" wb, 55 hp						
HT	404	1,212	2,020	4,040	7,070	10,100
Conv	520	1,560	2,600	5,200	9,100	13,000

OLDSMOBILE

	6	5	4	3	2	1
1901 Curved Dash, 1-cyl.						
Rbt	1,720	5,160	8,600	17,200	30,100	43,000
1902 Curved Dash, 1-cyl.						
Rbt	1,680	5,040	8,400	16,800	29,400	42,000
1903 Curved Dash, 1-cyl.						
Rbt	1,680	5,040	8,400	16,800	29,400	42,000
1904 Curved Dash, 1-cyl.						
Rbt	1,680	5,040	8,400	16,800	29,400	42,000
1904 French Front, 1-cyl., 7 hp						
Rbt	1,560	4,680	7,800	15,600	27,300	39,000
1904 Light Tonneau, 1-cyl., 10 hp						
Tonn	1,520	4,560	7,600	15,200	26,600	38,000
1905 Curved Dash, 1-cyl.						
Rbt	1,680	5,040	8,400	16,800	29,400	42,000
1905 French Front, 1-cyl., 7 hp						
Rbt	1,560	4,680	7,800	15,600	27,300	39,000
1905 Touring Car, 2-cyl.						
Tr	1,520	4,560	7,600	15,200	26,600	38,000
1906 Straight Dash B, 1-cyl.						
Rbt	1,400	4,200	7,000	14,000	24,500	35,000
1906 Curved Dash B, 1-cyl.						
Rbt	1,680	5,040	8,400	16,800	29,400	42,000
1906 Model L, 2-cyl.						
Tr	1,440	4,320	7,200	14,400	25,200	36,000
1906 Model S, 4-cyl.						
Tr	1,560	4,680	7,800	15,600	27,300	39,000
1907 Straight Dash F, 2-cyl.						
Rbt	1,400	4,200	7,000	14,000	24,500	35,000
1907 Model H, 4-cyl.						
Fly Rds	1,520	4,560	7,600	15,200	26,600	38,000
1907 Model A, 4-cyl.						
Pal Tr	1,640	4,920	8,200	16,400	28,700	41,000
Limo	1,600	4,800	8,000	16,000	28,000	40,000
1908 Model X, 4-cyl.						
Tr	1,520	4,560	7,600	15,200	26,600	38,000
1908 Model M-MR, 4-cyl.						
Rds	1,560	4,680	7,800	15,600	27,300	39,000
Tr	1,520	4,560	7,600	15,200	26,600	38,000
1908 Model Z, 6-cyl.						
Tr	1,960	5,880	9,800	19,600	34,300	49,000
1909 Model D, 4-cyl.						
Tr	2,080	6,240	10,400	20,800	36,400	52,000
Limo	1,960	5,880	9,800	19,600	34,300	49,000
Lan	1,920	5,760	9,600	19,200	33,600	48,000
1909 Model DR, 4-cyl.						
Rds	2,040	6,120	10,200	20,400	35,700	51,000
Cpe	1,840	5,520	9,200	18,400	32,200	46,000
1909 Model X, 4-cyl.						
Rbt	1,520	4,560	7,600	15,200	26,600	38,000
1909 Model Z, 6-cyl.						
Rbt	2,640	7,920	13,200	26,400	46,200	66,000
Tr	2,720	8,160	13,600	27,200	47,600	68,000
1910 Special, 4-cyl.						
Rbt	1,520	4,560	7,600	15,200	26,600	38,000
Tr	1,600	4,800	8,000	16,000	28,000	40,000
Limo	1,680	5,040	8,400	16,800	29,400	42,000
1910 Limited, 6-cyl.						
Rbt	3,600	10,800	18,000	36,000	63,000	90,000
Tr	4,240	12,720	21,200	42,400	74,200	106,000
Limo	2,480	7,440	12,400	24,800	43,400	62,000
1911 Special, 4-cyl.						
Rbt	1,520	4,560	7,600	15,200	26,600	38,000
Tr	1,600	4,800	8,000	16,000	28,000	40,000
Limo	1,560	4,680	7,800	15,600	27,300	39,000
1911 Autocrat, 4-cyl.						
Rbt	2,440	7,320	12,200	24,400	42,700	61,000
Tr	2,480	7,440	12,400	24,800	43,400	62,000
Limo	2,480	7,440	12,400	24,800	43,400	62,000

	6	5	4	3	2	1
1911 Limited, 6-cyl.						
Rbt	3,600	10,800	18,000	36,000	63,000	90,000
Tr	4,240	12,720	21,200	42,400	74,200	106,000
Limo	2,560	7,680	12,800	25,600	44,800	64,000
1912 Autocrat, 4-cyl., 40 hp						
2d Rds	2,640	7,920	13,200	26,400	46,200	66,000
4d Tr	2,640	7,920	13,200	26,400	46,200	66,000
4d Limo	2,720	8,160	13,600	27,200	47,600	68,000
1912 Despatch, 4-cyl., 26 hp						
2d Rds	1,560	4,680	7,800	15,600	27,300	39,000
4d Tr	1,640	4,920	8,200	16,400	28,700	41,000
2d Cpe	1,440	4,320	7,200	14,400	25,200	36,000
1912 Defender, 4-cyl., 35 hp						
2d 2P Tr	1,600	4,800	8,000	16,000	28,000	40,000
4d 4P Tr	1,640	4,920	8,200	16,400	28,700	41,000
2d 2P Rds	1,560	4,680	7,800	15,600	27,300	39,000
2d 3P Cpe	1,440	4,320	7,200	14,400	25,200	36,000
2d 5P Cpe	1,400	4,200	7,000	14,000	24,500	35,000
1912 Limited, 6-cyl.						
2d Rds	3,440	10,320	17,200	34,400	60,200	86,000
4d Tr	4,000	12,000	20,000	40,000	70,000	100,000
4d Limo	2,640	7,920	13,200	26,400	46,200	66,000
1913 Light Six, 6-cyl.						
4d 4P Tr	1,480	4,440	7,400	14,800	25,900	37,000
4d Phae	1,520	4,560	7,600	15,200	26,600	38,000
4d 7P Tr	1,440	4,320	7,200	14,400	25,200	36,000
4d Limo	1,480	4,440	7,400	14,800	25,900	37,000
1913 6-cyl., 60 hp						
4d Tr	2,640	7,920	13,200	26,400	46,200	66,000
1913 4-cyl., 35 hp						
4d Tr	1,840	5,520	9,200	18,400	32,200	46,000
1914 Model 54, 6-cyl.						
4d Phae	1,800	5,400	9,000	18,000	31,500	45,000
4d 5P Tr	1,760	5,280	8,800	17,600	30,800	44,000
4d 7P Tr	1,800	5,400	9,000	18,000	31,500	45,000
4d Limo	1,560	4,680	7,800	15,600	27,300	39,000
1914 Model 42, 4-cyl.						
4d 5P Tr	1,440	4,320	7,200	14,400	25,200	36,000
1915 Model 42, 4-cyl.						
2d Rds	1,360	4,080	6,800	13,600	23,800	34,000
4d Tr	1,400	4,200	7,000	14,000	24,500	35,000
1915 Model 55, 6-cyl.						
4d Tr	2,360	7,080	11,800	23,600	41,300	59,000
1916 Model 43, 4-cyl.						
2d Rds	1,320	3,960	6,600	13,200	23,100	33,000
4d 5P Tr	1,360	4,080	6,800	13,600	23,800	34,000
1916 Model 44, V-8						
2d Rds	1,800	5,400	9,000	18,000	31,500	45,000
4d Tr	1,840	5,520	9,200	18,400	32,200	46,000
4d Sed	1,040	3,120	5,200	10,400	18,200	26,000
2d Cabr	1,760	5,280	8,800	17,600	30,800	44,000
1917 Model 37, 6-cyl.						
4d Tr	1,240	3,720	6,200	12,400	21,700	31,000
2d Rds	1,200	3,600	6,000	12,000	21,000	30,000
2d Cabr	1,160	3,480	5,800	11,600	20,300	29,000
4d Sed	880	2,640	4,400	8,800	15,400	22,000
1917 Model 45, V-8						
4d 5P Tr	1,760	5,280	8,800	17,600	30,800	44,000
4d 7P Tr	1,800	5,400	9,000	18,000	31,500	45,000
4d Conv Sed	1,760	5,280	8,800	17,600	30,800	44,000
2d Rds	1,680	5,040	8,400	16,800	29,400	42,000
1917 Model 44-B, V-8						
2d Rds	1,720	5,160	8,600	17,200	30,100	43,000
4d Tr	1,680	5,040	8,400	16,800	29,400	42,000
1918 Model 37, 6-cyl.						
2d Rds	1,000	3,000	5,000	10,000	17,500	25,000
4d Tr	1,040	3,120	5,200	10,400	18,200	26,000
2d Cabr	960	2,880	4,800	9,600	16,800	24,000
2d Cpe	760	2,280	3,800	7,600	13,300	19,000
4d Sed	680	2,040	3,400	6,800	11,900	17,000
1918 Model 45-A, V-8						
4d 5P Tr	1,640	4,920	8,200	16,400	28,700	41,000
4d 7P Tr	1,680	5,040	8,400	16,800	29,400	42,000
2d Rds	1,600	4,800	8,000	16,000	28,000	40,000

	6	5	4	3	2	1
4d Spt Tr	1,640	4,920	8,200	16,400	28,700	41,000
2d Cabr	1,560	4,680	7,800	15,600	27,300	39,000
4d Sed	1,280	3,840	6,400	12,800	22,400	32,000
1919 Model 37-A, 6-cyl.						
2d Rds	960	2,880	4,800	9,600	16,800	24,000
4d Tr	1,000	3,000	5,000	10,000	17,500	25,000
4d Sed	680	2,040	3,400	6,800	11,900	17,000
2d Cpe	760	2,280	3,800	7,600	13,300	19,000
1919 Model 45-A, V-8						
2d Rds	1,480	4,440	7,400	14,800	25,900	37,000
4d Tr	1,520	4,560	7,600	15,200	26,600	38,000
1919 Model 45-B, V-8						
4d 4P Tr	1,520	4,560	7,600	15,200	26,600	38,000
4d 7P Tr	1,560	4,680	7,800	15,600	27,300	39,000
1920 Model 37-A, 6-cyl.						
2d Rds	880	2,640	4,400	8,800	15,400	22,000
4d Tr	920	2,760	4,600	9,200	16,100	23,000
1920 Model 37-B, 6-cyl.						
2d Cpe	680	2,040	3,400	6,800	11,900	17,000
4d Sed	600	1,800	3,000	6,000	10,500	15,000
1920 Model 45-B, V-8						
4d 4P Tr	1,280	3,840	6,400	12,800	22,400	32,000
4d 5P Tr	1,320	3,960	6,600	13,200	23,100	33,000
4d 7P Sed	960	2,880	4,800	9,600	16,800	24,000
1921 Model 37, 6-cyl.						
2d Rds	840	2,520	4,200	8,400	14,700	21,000
4d Tr	880	2,640	4,400	8,800	15,400	22,000
2d Cpe	640	1,920	3,200	6,400	11,200	16,000
4d Sed	560	1,680	2,800	5,600	9,800	14,000
1921 Model 43-A, 4-cyl.						
2d Rds	760	2,280	3,800	7,600	13,300	19,000
4d Tr	800	2,400	4,000	8,000	14,000	20,000
2d Cpe	600	1,800	3,000	6,000	10,500	15,000
1921 Model 46, V-8						
4d 4P Tr	1,200	3,600	6,000	12,000	21,000	30,000
4d Tr	1,240	3,720	6,200	12,400	21,700	31,000
4d 7P Sed	840	2,520	4,200	8,400	14,700	21,000
1921 Model 47, V-8						
4d Spt Tr	1,240	3,720	6,200	12,400	21,700	31,000
2d 4P Cpe	960	2,880	4,800	9,600	16,800	24,000
4d 5P Sed	1,280	3,840	6,400	12,800	22,400	32,000
1922 Model 46, V-8						
4d Spt Tr	1,240	3,720	6,200	12,400	21,700	31,000
4d 4P Tr	1,160	3,480	5,800	11,600	20,300	29,000
4d 7P Tr	1,200	3,600	6,000	12,000	21,000	30,000
4d 7P Sed	800	2,400	4,000	8,000	14,000	20,000
1922 Model 47, V-8						
2d Rds	1,160	3,480	5,800	11,600	20,300	29,000
4d Tr	1,240	3,720	6,200	12,400	21,700	31,000
4d 4P Spt	1,280	3,840	6,400	12,800	22,400	32,000
2d 4P Cpe	880	2,640	4,400	8,800	15,400	22,000
4d 5P Sed	760	2,280	3,800	7,600	13,300	19,000
1923 Model M30-A, 6-cyl.						
2d Rds	920	2,760	4,600	9,200	16,100	23,000
4d Tr	960	2,880	4,800	9,600	16,800	24,000
2d Cpe	680	2,040	3,400	6,800	11,900	17,000
4d Sed	600	1,800	3,000	6,000	10,500	15,000
4d Spt Tr	1,040	3,120	5,200	10,400	18,200	26,000
1923 Model 43-A, 4-cyl.						
2d Rds	960	2,880	4,800	9,600	16,800	24,000
4d Tr	1,000	3,000	5,000	10,000	17,500	25,000
2d Cpe	680	2,040	3,400	6,800	11,900	17,000
4d Sed	600	1,800	3,000	6,000	10,500	15,000
4d Brgm	640	1,920	3,200	6,400	11,200	16,000
4d Cal Tp Sed	680	2,040	3,400	6,800	11,900	17,000
1923 Model 47, V-8						
4d 4P Tr	1,200	3,600	6,000	12,000	21,000	30,000
4d 5P Tr	1,240	3,720	6,200	12,400	21,700	31,000
2d Rds	1,160	3,480	5,800	11,600	20,300	29,000
4d Sed	840	2,520	4,200	8,400	14,700	21,000
2d Cpe	920	2,760	4,600	9,200	16,100	23,000
4d Spt Tr	1,280	3,840	6,400	12,800	22,400	32,000
1924 Model 30-B, 6-cyl.						
2d Rds	800	2,400	4,000	8,000	14,000	20,000
4d Tr	840	2,520	4,200	8,400	14,700	21,000

	6	5	4	3	2	1
2d Spt Rds	840	2,520	4,200	8,400	14,700	21,000
4d Spt Tr	880	2,640	4,400	8,800	15,400	22,000
2d Cpe	640	1,920	3,200	6,400	11,200	16,000
4d Sed	600	1,800	3,000	6,000	10,500	15,000
2d Sed	580	1,740	2,900	5,800	10,150	14,500
4d DeL Sed	600	1,800	3,000	6,000	10,500	15,000
1925 Series 30-C, 6-cyl.						
2d Rds	800	2,400	4,000	8,000	14,000	20,000
4d Tr	840	2,520	4,200	8,400	14,700	21,000
2d Spt Rds	840	2,520	4,200	8,400	14,700	21,000
4d Spt Tr	880	2,640	4,400	8,800	15,400	22,000
2d Cpe	600	1,800	3,000	6,000	10,500	15,000
4d Sed	580	1,740	2,900	5,800	10,150	14,500
4d DeL Sed	592	1,776	2,960	5,920	10,360	14,800
2d DeL	560	1,680	2,800	5,600	9,800	14,000
1926 Model 30-D, 6-cyl.						
2d DeL Rds	920	2,760	4,600	9,200	16,100	23,000
4d Tr	880	2,640	4,400	8,800	15,400	22,000
4d DeL Tr	900	2,700	4,500	9,000	15,750	22,500
2d Cpe	640	1,920	3,200	6,400	11,200	16,000
2d DeL Cpe	660	1,980	3,300	6,600	11,550	16,500
2d Sed	580	1,740	2,900	5,800	10,150	14,500
2d DeL Sed	600	1,800	3,000	6,000	10,500	15,000
4d Sed	600	1,800	3,000	6,000	10,500	15,000
4d DeL Sed	620	1,860	3,100	6,200	10,850	15,500
4d Lan Sed	720	2,160	3,600	7,200	12,600	18,000
1927 Series 30-E, 6-cyl.						
2d DeL Rds	800	2,400	4,000	8,000	14,000	20,000
4d Tr	760	2,280	3,800	7,600	13,300	19,000
4d DeL Tr	760	2,280	3,800	7,600	13,300	19,000
2d Cpe	680	2,040	3,400	6,800	11,900	17,000
2d DeL Cpe	700	2,100	3,500	7,000	12,250	17,500
2d Spt Cpe	720	2,160	3,600	7,200	12,600	18,000
2d Sed	620	1,860	3,100	6,200	10,850	15,500
2d DeL Sed	640	1,920	3,200	6,400	11,200	16,000
4d Sed	640	1,920	3,200	6,400	11,200	16,000
4d DeL Sed	660	1,980	3,300	6,600	11,550	16,500
4d Lan	760	2,280	3,800	7,600	13,300	19,000
1928 Model F-28, 6-cyl.						
2d Rds	840	2,520	4,200	8,400	14,700	21,000
2d DeL Rds	880	2,640	4,400	8,800	15,400	22,000
4d Tr	880	2,640	4,400	8,800	15,400	22,000
4d DeL Tr	920	2,760	4,600	9,200	16,100	23,000
2d Cpe	720	2,160	3,600	7,200	12,600	18,000
2d Spl Cpe	740	2,220	3,700	7,400	12,950	18,500
2d Spt Cpe	760	2,280	3,800	7,600	13,300	19,000
2d DeL Spt Cpe	780	2,340	3,900	7,800	13,650	19,500
2d Sed	640	1,920	3,200	6,400	11,200	16,000
4d Sed	648	1,944	3,240	6,480	11,340	16,200
4d DeL Sed	660	1,980	3,300	6,600	11,550	16,500
4d Lan	720	2,160	3,600	7,200	12,600	18,000
4d DeL Lan	760	2,280	3,800	7,600	13,300	19,000
1929 Model F-29, 6-cyl.						
2d Rds	1,040	3,120	5,200	10,400	18,200	26,000
2d Conv	960	2,880	4,800	9,600	16,800	24,000
4d Tr	1,000	3,000	5,000	10,000	17,500	25,000
2d Cpe	780	2,340	3,900	7,800	13,650	19,500
2d Spt Cpe	788	2,364	3,940	7,880	13,790	19,700
2d Sed	680	2,040	3,400	6,800	11,900	17,000
4d Sed	688	2,064	3,440	6,880	12,040	17,200
4d Lan	700	2,100	3,500	7,000	12,250	17,500
1929 Viking, V-8						
2d Conv Cpe	1,280	3,840	6,400	12,800	22,400	32,000
4d Sed	1,000	3,000	5,000	10,000	17,500	25,000
4d CC Sed	1,040	3,120	5,200	10,400	18,200	26,000
1930 Model F-30, 6-cyl.						
2d Conv	1,080	3,240	5,400	10,800	18,900	27,000
4d Tr	1,120	3,360	5,600	11,200	19,600	28,000
2d Cpe	760	2,280	3,800	7,600	13,300	19,000
2d Spt Cpe	800	2,400	4,000	8,000	14,000	20,000
2d Sed	720	2,160	3,600	7,200	12,600	18,000
4d Sed	1,040	3,120	5,200	10,400	18,200	26,000
4d Pat Sed	1,080	3,240	5,400	10,800	18,900	27,000
1930 Viking, V-8						
2d Conv Cpe	1,240	3,720	6,200	12,400	21,700	31,000
4d Sed	800	2,400	4,000	8,000	14,000	20,000
4d CC Sed	840	2,520	4,200	8,400	14,700	21,000

	6	5	4	3	2	1
1931 Model F-31, 6-cyl.						
2d Conv	1,200	3,600	6,000	12,000	21,000	30,000
2d Cpe	820	2,460	4,100	8,200	14,350	20,500
2d Spt Cpe	960	2,880	4,800	9,600	16,800	24,000
2d Sed	920	2,760	4,600	9,200	16,100	23,000
4d Sed	920	2,760	4,600	9,200	16,100	23,000
4d Pat Sed	940	2,820	4,700	9,400	16,450	23,500
1932 Model F-32, 6-cyl.						
2d Conv	1,240	3,720	6,200	12,400	21,700	31,000
2d Cpe	920	2,760	4,600	9,200	16,100	23,000
2d Spt Cpe	960	2,880	4,800	9,600	16,800	24,000
2d Sed	820	2,460	4,100	8,200	14,350	20,500
4d Sed	840	2,520	4,200	8,400	14,700	21,000
4d Pat Sed	880	2,640	4,400	8,800	15,400	22,000
1932 Model L-32, 8-cyl.						
2d Conv	1,360	4,080	6,800	13,600	23,800	34,000
2d Cpe	920	2,760	4,600	9,200	16,100	23,000
2d Spt Cpe	960	2,880	4,800	9,600	16,800	24,000
2d Sed	860	2,580	4,300	8,600	15,050	21,500
4d Sed	900	2,700	4,500	9,000	15,750	22,500
4d Pat Sed	920	2,760	4,600	9,200	16,100	23,000
1933 Model F-33, 6-cyl.						
2d Conv	1,120	3,360	5,600	11,200	19,600	28,000
2d Bus Cpe	700	2,100	3,500	7,000	12,250	17,500
2d Spt Cpe	760	2,280	3,800	7,600	13,300	19,000
2d 5P Cpe	740	2,220	3,700	7,400	12,950	18,500
2d Tr Cpe	700	2,100	3,500	7,000	12,250	17,500
4d Sed	688	2,064	3,440	6,880	12,040	17,200
4d Trk Sed	700	2,100	3,500	7,000	12,250	17,500
1933 Model L-33, 8-cyl.						
2d Conv	1,160	3,480	5,800	11,600	20,300	29,000
2d Bus Cpe	720	2,160	3,600	7,200	12,600	18,000
2d Spt Cpe	760	2,280	3,800	7,600	13,300	19,000
2d 5P Cpe	740	2,220	3,700	7,400	12,950	18,500
4d Sed	700	2,100	3,500	7,000	12,250	17,500
4d Trk Sed	720	2,160	3,600	7,200	12,600	18,000
1934 Model F-34, 6-cyl.						
2d Bus Cpe	660	1,980	3,300	6,600	11,550	16,500
2d Spt Cpe	680	2,040	3,400	6,800	11,900	17,000
2d 5P Cpe	640	1,920	3,200	6,400	11,200	16,000
4d SB Sed	620	1,860	3,100	6,200	10,850	15,500
4d Trk Sed	628	1,884	3,140	6,280	10,990	15,700
1934 Model L-34, 8-cyl.						
2d Conv	1,160	3,480	5,800	11,600	20,300	29,000
2d Bus Cpe	720	2,160	3,600	7,200	12,600	18,000
2d Spt Cpe	760	2,280	3,800	7,600	13,300	19,000
2d 5P Cpe	740	2,220	3,700	7,400	12,950	18,500
2d Tr Cpe	680	2,040	3,400	6,800	11,900	17,000
4d Sed	640	1,920	3,200	6,400	11,200	16,000
4d Trk Sed	652	1,956	3,260	6,520	11,410	16,300
1935 F-35, 6-cyl.						
2d Conv	1,080	3,240	5,400	10,800	18,900	27,000
2d Clb Cpe	628	1,884	3,140	6,280	10,990	15,700
2d Bus Cpe	616	1,848	3,080	6,160	10,780	15,400
2d Spt Cpe	636	1,908	3,180	6,360	11,130	15,900
2d Tr Cpe	612	1,836	3,060	6,120	10,710	15,300
4d Sed	564	1,692	2,820	5,640	9,870	14,100
4d Trk Sed	568	1,704	2,840	5,680	9,940	14,200
1935 L-35, 8-cyl.						
2d Conv	1,160	3,480	5,800	11,600	20,300	29,000
2d Clb Cpe	656	1,968	3,280	6,560	11,480	16,400
2d Bus Cpe	644	1,932	3,220	6,440	11,270	16,100
2d Spt Cpe	680	2,040	3,400	6,800	11,900	17,000
2d Sed	588	1,764	2,940	5,880	10,290	14,700
2d Trk Sed	600	1,800	3,000	6,000	10,500	15,000
4d Sed	600	1,800	3,000	6,000	10,500	15,000
4d Trk Sed	604	1,812	3,020	6,040	10,570	15,100
1936 F-36, 6-cyl.						
2d Conv	1,160	3,480	5,800	11,600	20,300	29,000
2d Bus Cpe	580	1,740	2,900	5,800	10,150	14,500
2d Spt Cpe	600	1,800	3,000	6,000	10,500	15,000
2d Sed	552	1,656	2,760	5,520	9,660	13,800
2d Trk Sed	560	1,680	2,800	5,600	9,800	14,000
4d Sed	564	1,692	2,820	5,640	9,870	14,100
4d Trk Sed	568	1,704	2,840	5,680	9,940	14,200

	6	5	4	3	2	1
1936 L-36, 8-cyl.						
2d Conv	1,240	3,720	6,200	12,400	21,700	31,000
2d Bus Cpe	640	1,920	3,200	6,400	11,200	16,000
2d Spt Cpe	660	1,980	3,300	6,600	11,550	16,500
2d Sed	608	1,824	3,040	6,080	10,640	15,200
2d Trk Sed	620	1,860	3,100	6,200	10,850	15,500
4d Sed	628	1,884	3,140	6,280	10,990	15,700
4d Trk Sed	640	1,920	3,200	6,400	11,200	16,000
1937 F-37, 6-cyl.						
2d Conv	1,280	3,840	6,400	12,800	22,400	32,000
2d Bus Cpe	656	1,968	3,280	6,560	11,480	16,400
2d Clb Cpe	700	2,100	3,500	7,000	12,250	17,500
2d Sed	680	2,040	3,400	6,800	11,900	17,000
2d Trk Sed	644	1,932	3,220	6,440	11,270	16,100
4d Sed	680	2,040	3,400	6,800	11,900	17,000
4d Trk Sed	648	1,944	3,240	6,480	11,340	16,200
1937 L-37, 8-cyl.						
2d Conv	1,400	4,200	7,000	14,000	24,500	35,000
2d Bus Cpe	688	2,064	3,440	6,880	12,040	17,200
2d Clb Cpe	680	2,040	3,400	6,800	11,900	17,000
2d Sed	656	1,968	3,280	6,560	11,480	16,400
2d Trk Sed	660	1,980	3,300	6,600	11,550	16,500
4d Sed	656	1,968	3,280	6,560	11,480	16,400
4d Trk Sed	664	1,992	3,320	6,640	11,620	16,600
1938 F-38, 6-cyl.						
2d Conv	1,360	4,080	6,800	13,600	23,800	34,000
2d Bus Cpe	656	1,968	3,280	6,560	11,480	16,400
2d Clb Cpe	676	2,028	3,380	6,760	11,830	16,900
2d Sed	620	1,860	3,100	6,200	10,850	15,500
2d Tr Sed	640	1,920	3,200	6,400	11,200	16,000
4d Sed	636	1,908	3,180	6,360	11,130	15,900
4d Tr Sed	640	1,920	3,200	6,400	11,200	16,000
1938 L-38, 8-cyl.						
2d Conv	1,520	4,560	7,600	15,200	26,600	38,000
2d Bus Cpe	676	2,028	3,380	6,760	11,830	16,900
2d Clb Cpe	696	2,088	3,480	6,960	12,180	17,400
2d Sed	640	1,920	3,200	6,400	11,200	16,000
2d Tr Sed	660	1,980	3,300	6,600	11,550	16,500
4d Sed	652	1,956	3,260	6,520	11,410	16,300
4d Tr Sed	660	1,980	3,300	6,600	11,550	16,500
1939 F-39 "60" Series, 6-cyl.						
2d Bus Cpe	652	1,956	3,260	6,520	11,410	16,300
2d Clb Cpe	656	1,968	3,280	6,560	11,480	16,400
2d Sed	648	1,944	3,240	6,480	11,340	16,200
4d Sed	656	1,968	3,280	6,560	11,480	16,400
1939 G-39 "70" Series, 6-cyl.						
2d Conv	1,280	3,840	6,400	12,800	22,400	32,000
2d Bus Sed	660	1,980	3,300	6,600	11,550	16,500
2d Clb Cpe	668	2,004	3,340	6,680	11,690	16,700
2d Sed	656	1,968	3,280	6,560	11,480	16,400
2d SR Sed	664	1,992	3,320	6,640	11,620	16,600
4d Sed	660	1,980	3,300	6,600	11,550	16,500
4d SR Sed	664	1,992	3,320	6,640	11,620	16,600
1939 L-39, 8-cyl.						
2d Conv	1,400	4,200	7,000	14,000	24,500	35,000
2d Bus Cpe	720	2,160	3,600	7,200	12,600	18,000
2d Clb Cpe	736	2,208	3,680	7,360	12,880	18,400
2d Sed	708	2,124	3,540	7,080	12,390	17,700
2d SR Sed	720	2,160	3,600	7,200	12,600	18,000
4d Sed	724	2,172	3,620	7,240	12,670	18,100
4d SR Sed	712	2,136	3,560	7,120	12,460	17,800
1940 Series 60, 6-cyl.						
2d Conv	1,320	3,960	6,600	13,200	23,100	33,000
2d Bus Cpe	736	2,208	3,680	7,360	12,880	18,400
2d Clb Cpe	760	2,280	3,800	7,600	13,300	19,000
4d Sta Wag	960	2,880	4,800	9,600	16,800	24,000
2d Sed	708	2,124	3,540	7,080	12,390	17,700
2d SR Sed	720	2,160	3,600	7,200	12,600	18,000
4d Sed	712	2,136	3,560	7,120	12,460	17,800
4d SR Sed	724	2,172	3,620	7,240	12,670	18,100
1940 Series 70, 6-cyl.						
2d Conv	1,400	4,200	7,000	14,000	24,500	35,000
2d Bus Cpe	760	2,280	3,800	7,600	13,300	19,000
2d Clb Cpe	740	2,220	3,700	7,400	12,950	18,500
2d Sed	736	2,208	3,680	7,360	12,880	18,400
4d Sed	744	2,232	3,720	7,440	13,020	18,600

	6	5	4	3	2	1
1940 Series 90, 8-cyl.						
2d Conv Cpe	2,040	6,120	10,200	20,400	35,700	51,000
4d Conv Sed	2,080	6,240	10,400	20,800	36,400	52,000
2d Clb Cpe	920	2,760	4,600	9,200	16,100	23,000
4d Tr Sed	840	2,520	4,200	8,400	14,700	21,000
1941 Series 66, 6-cyl.						
2d Conv Cpe	1,200	3,600	6,000	12,000	21,000	30,000
2d Bus Cpe	720	2,160	3,600	7,200	12,600	18,000
2d Clb Cpe	740	2,220	3,700	7,400	12,950	18,500
2d Sed	696	2,088	3,480	6,960	12,180	17,400
4d Sed	704	2,112	3,520	7,040	12,320	17,600
4d Twn Sed	708	2,124	3,540	7,080	12,390	17,700
4d Sta Wag	1,280	3,840	6,400	12,800	22,400	32,000
1941 Series 68, 8-cyl.						
2d Conv Cpe	1,280	3,840	6,400	12,800	22,400	32,000
2d Bus Cpe	740	2,220	3,700	7,400	12,950	18,500
2d Clb Cpe	760	2,280	3,800	7,600	13,300	19,000
2d Sed	704	2,112	3,520	7,040	12,320	17,600
4d Sed	712	2,136	3,560	7,120	12,460	17,800
4d Twn Sed	720	2,160	3,600	7,200	12,600	18,000
4d Sta Wag	1,280	3,840	6,400	12,800	22,400	32,000
1941 Series 76, 6-cyl.						
2d Bus Cpe	760	2,280	3,800	7,600	13,300	19,000
2d Clb Sed	720	2,160	3,600	7,200	12,600	18,000
4d Sed	720	2,160	3,600	7,200	12,600	18,000
1941 Series 78, 8-cyl.						
2d Bus Sed	724	2,172	3,620	7,240	12,670	18,100
2d Clb Sed	736	2,208	3,680	7,360	12,880	18,400
4d Sed	740	2,220	3,700	7,400	12,950	18,500
1941 Series 96, 6-cyl.						
2d Conv Cpe	1,800	5,400	9,000	18,000	31,500	45,000
2d Clb Cpe	880	2,640	4,400	8,800	15,400	22,000
4d Sed	800	2,400	4,000	8,000	14,000	20,000
1941 Series 98, 8-cyl.						
2d Conv Cpe	2,080	6,240	10,400	20,800	36,400	52,000
4d Conv Sed	2,120	6,360	10,600	21,200	37,100	53,000
2d Clb Cpe	920	2,760	4,600	9,200	16,100	23,000
4d Sed	840	2,520	4,200	8,400	14,700	21,000
1942 Special Series 66 & 68						
2d Conv	1,160	3,480	5,800	11,600	20,300	29,000
2d Bus Cpe	700	2,100	3,500	7,000	12,250	17,500
2d Clb Cpe	720	2,160	3,600	7,200	12,600	18,000
2d Clb Sed	704	2,112	3,520	7,040	12,320	17,600
2d Sed	692	2,076	3,460	6,920	12,110	17,300
4d Sed	700	2,100	3,500	7,000	12,250	17,500
4d Twn Sed	708	2,124	3,540	7,080	12,390	17,700
4d Sta Wag	1,240	3,720	6,200	12,400	21,700	31,000
NOTE: Add 10 percent for 8-cyl.						
1942 Dynamic Series 76-78						
2d Clb Sed	740	2,220	3,700	7,400	12,950	18,500
4d Sed	720	2,160	3,600	7,200	12,600	18,000
NOTE: Add 10 percent for 8-cyl.						
1942 Custom Series 98, 8-cyl.						
2d Conv	1,320	3,960	6,600	13,200	23,100	33,000
2d Clb Sed	820	2,460	4,100	8,200	14,350	20,500
4d Sed	808	2,424	4,040	8,080	14,140	20,200
1946-1947 Special Series 66, 6-cyl.						
2d Conv	1,160	3,480	5,800	11,600	20,300	29,000
2d Clb Cpe	744	2,232	3,720	7,440	13,020	18,600
2d Clb Sed	736	2,208	3,680	7,360	12,880	18,400
4d Sed	732	2,196	3,660	7,320	12,810	18,300
4d Sta Wag	1,240	3,720	6,200	12,400	21,700	31,000
1946-1947 Special Series 68, 8-cyl.						
2d Conv	1,200	3,600	6,000	12,000	21,000	30,000
2d Clb Cpe	784	2,352	3,920	7,840	13,720	19,600
2d Clb Sed	776	2,328	3,880	7,760	13,580	19,400
4d Sed	772	2,316	3,860	7,720	13,510	19,300
4d Sta Wag	1,280	3,840	6,400	12,800	22,400	32,000
1946-1947 Dynamic Cruiser, Series 76, 6-cyl.						
2d Clb Sed	748	2,244	3,740	7,480	13,090	18,700
2d DeL Clb Sed (1947 only)	752	2,256	3,760	7,520	13,160	18,800
4d Sed	744	2,232	3,720	7,440	13,020	18,600
4d DeL Sed (1947 only)	748	2,244	3,740	7,480	13,090	18,700

	6	5	4	3	2	1
1946-1947 Dynamic Cruiser Series 78, 8-cyl.						
2d Clb Sed	788	2,364	3,940	7,880	13,790	19,700
2d DeL Clb Sed (1947 only)	792	2,376	3,960	7,920	13,860	19,800
4d Sed	784	2,352	3,920	7,840	13,720	19,600
4d DeL Sed (1947 only)	788	2,364	3,940	7,880	13,790	19,700
1946-1947 Custom Cruiser Series 98, 8-cyl.						
2d Conv	1,240	3,720	6,200	12,400	21,700	31,000
2d Clb Sed	820	2,460	4,100	8,200	14,350	20,500
4d Sed	808	2,424	4,040	8,080	14,140	20,200
1948 Dynamic Series 66, 6-cyl., 119" wb						
2d Conv	1,200	3,600	6,000	12,000	21,000	30,000
2d Clb Cpe	740	2,220	3,700	7,400	12,950	18,500
2d Clb Sed	728	2,184	3,640	7,280	12,740	18,200
4d Sed	732	2,196	3,660	7,320	12,810	18,300
4d Sta Wag	1,240	3,720	6,200	12,400	21,700	31,000
1948 Dynamic Series 68, 8-cyl., 119" wb						
2d Conv	1,240	3,720	6,200	12,400	21,700	31,000
2d Clb Cpe	780	2,340	3,900	7,800	13,650	19,500
2d Clb Sed	768	2,304	3,840	7,680	13,440	19,200
4d Sed	784	2,352	3,920	7,840	13,720	19,600
4d Sta Wag	1,280	3,840	6,400	12,800	22,400	32,000
1948 Dynamic Series 76, 6-cyl., 125" wb						
2d Clb Sed	740	2,220	3,700	7,400	12,950	18,500
4d Sed	744	2,232	3,720	7,440	13,020	18,600
1948 Dynamic Series 78, 8-cyl., 125" wb						
2d Clb Sed	780	2,340	3,900	7,800	13,650	19,500
4d Sed	768	2,304	3,840	7,680	13,440	19,200
1948 Futuramic Series 98, 8-cyl., 125" wb						
2d Conv	1,280	3,840	6,400	12,800	22,400	32,000
2d Clb Sed	800	2,400	4,000	8,000	14,000	20,000
4d Sed	800	2,400	4,000	8,000	14,000	20,000
1949 Futuramic 76, 6-cyl., 119.5" wb						
2d Conv	1,200	3,600	6,000	12,000	21,000	30,000
4d Clb Cpe	760	2,280	3,800	7,600	13,300	19,000
2d Sed	684	2,052	3,420	6,840	11,970	17,100
4d Sed	680	2,040	3,400	6,800	11,900	17,000
4d Sta Wag	880	2,640	4,400	8,800	15,400	22,000
1949 Futuramic Series 88, V-8, 119.5" wb						
2d Conv	1,640	4,920	8,200	16,400	28,700	41,000
2d Clb Cpe	1,000	3,000	5,000	10,000	17,500	25,000
2d Clb Sed	960	2,880	4,800	9,600	16,800	24,000
4d Sed	800	2,400	4,000	8,000	14,000	20,000
4d Sta Wag	1,080	3,240	5,400	10,800	18,900	27,000
1949 Futuramic Series 98, V-8, 125" wb						
2d Conv	1,600	4,800	8,000	16,000	28,000	40,000
2d Holiday	1,080	3,240	5,400	10,800	18,900	27,000
2d Clb Sed	840	2,520	4,200	8,400	14,700	21,000
4d Sed	840	2,520	4,200	8,400	14,700	21,000
1950 Futuramic 76, 6-cyl., 119.5" wb						
2d Conv	1,360	4,080	6,800	13,600	23,800	34,000
2d Holiday	1,160	3,480	5,800	11,600	20,300	29,000
2d Clb Cpe	920	2,760	4,600	9,200	16,100	23,000
2d Sed	688	2,064	3,440	6,880	12,040	17,200
2d Clb Sed	880	2,640	4,400	8,800	15,400	22,000
4d Sed	684	2,052	3,420	6,840	11,970	17,100
4d Sta Wag	1,120	3,360	5,600	11,200	19,600	28,000
1950 Futuramic 88, V-8, 119.5" wb						
2d Conv	1,840	5,520	9,200	18,400	32,200	46,000
2d DeL Holiday	1,320	3,960	6,600	13,200	23,100	33,000
2d DeL Clb Cpe	1,040	3,120	5,200	10,400	18,200	26,000
2d DeL	960	2,880	4,800	9,600	16,800	24,000
2d DeL Clb Sed	920	2,760	4,600	9,200	16,100	23,000
4d DeL Sed	880	2,640	4,400	8,800	15,400	22,000
4d DeL Sta Wag	1,240	3,720	6,200	12,400	21,700	31,000
1950 Futuramic 98, V-8, 122" wb						
2d DeL Conv	1,640	4,920	8,200	16,400	28,700	41,000
2d DeL Holiday HT	1,160	3,480	5,800	11,600	20,300	29,000
2d Holiday HT	1,120	3,360	5,600	11,200	19,600	28,000
2d DeL Clb Sed	860	2,580	4,300	8,600	15,050	21,500
4d DeL FBk	840	2,520	4,200	8,400	14,700	21,000
4d DeL FBk	844	2,532	4,220	8,440	14,770	21,100
4d DeL Sed	824	2,472	4,120	8,240	14,420	20,600
4d DeL Twn Sed	880	2,640	4,400	8,800	15,400	22,000

NOTE: Deduct 10 percent for 6-cyl.

	6	5	4	3	2	1
1951-1952 Standard 88, V-8, 119.5" wb						
2d Sed (1951 only)	860	2,580	4,300	8,600	15,050	21,500
4d Sed (1951 only)	856	2,568	4,280	8,560	14,980	21,400
1951-1952 DeLuxe 88, V-8, 120" wb						
2d Sed	784	2,352	3,920	7,840	13,720	19,600
4d Sed	780	2,340	3,900	7,800	13,650	19,500
1951-1952 Super 88, V-8, 120" wb						
2d Conv	1,240	3,720	6,200	12,400	21,700	31,000
2d Holiday HT	1,040	3,120	5,200	10,400	18,200	26,000
2d Clb Cpe	880	2,640	4,400	8,800	15,400	22,000
2d Sed	792	2,376	3,960	7,920	13,860	19,800
4d Sed	788	2,364	3,940	7,880	13,790	19,700
1951-1952 Series 98, V-8, 122" wb						
2d Conv	1,320	3,960	6,600	13,200	23,100	33,000
2d DeL Holiday HT ('51)	1,120	3,360	5,600	11,200	19,600	28,000
2d Holiday HT	1,080	3,240	5,400	10,800	18,900	27,000
4d Sed	800	2,400	4,000	8,000	14,000	20,000
1953 Series 88, V-8, 120" wb						
2d Sed	724	2,172	3,620	7,240	12,670	18,100
4d Sed	720	2,160	3,600	7,200	12,600	18,000
1953 Series Super 88, V-8, 120" wb						
2d Conv	1,360	4,080	6,800	13,600	23,800	34,000
2d Holiday HT	1,120	3,360	5,600	11,200	19,600	28,000
2d Sed	728	2,184	3,640	7,280	12,740	18,200
4d Sed	724	2,172	3,620	7,240	12,670	18,100
1953 Classic 98, V-8, 124" wb						
2d Conv	1,520	4,560	7,600	15,200	26,600	38,000
2d Holiday HT	1,200	3,600	6,000	12,000	21,000	30,000
4d Sed	780	2,340	3,900	7,800	13,650	19,500
1953 Fiesta 98, V-8, 124" wb						
2d Conv	3,880	11,640	19,400	38,800	67,900	97,000
1954 Series 88, V-8, 122" wb						
2d Holiday HT	1,080	3,240	5,400	10,800	18,900	27,000
2d Sed	704	2,112	3,520	7,040	12,320	17,600
4d Sed	700	2,100	3,500	7,000	12,250	17,500
1954 Series Super 88, V-8, 122" wb						
2d Conv	1,440	4,320	7,200	14,400	25,200	36,000
2d Holiday HT	1,160	3,480	5,800	11,600	20,300	29,000
2d Sed	728	2,184	3,640	7,280	12,740	18,200
4d Sed	720	2,160	3,600	7,200	12,600	18,000
1954 Classic 98, V-8, 126" wb						
2d Starfire Conv	1,720	5,160	8,600	17,200	30,100	43,000
2d DeL Holiday HT	1,320	3,960	6,600	13,200	23,100	33,000
2d Holiday HT	1,280	3,840	6,400	12,800	22,400	32,000
4d Sed	800	2,400	4,000	8,000	14,000	20,000
1955 Series 88, V-8, 122" wb						
2d DeL Holiday HT	1,000	3,000	5,000	10,000	17,500	25,000
4d Holiday HT	800	2,400	4,000	8,000	14,000	20,000
2d Sed	704	2,112	3,520	7,040	12,320	17,600
4d Sed	700	2,100	3,500	7,000	12,250	17,500
1955 Series Super 88, V-8, 122" wb						
2d Conv	1,400	4,200	7,000	14,000	24,500	35,000
2d DeL Holiday HT	1,080	3,240	5,400	10,800	18,900	27,000
4d Holiday HT	840	2,520	4,200	8,400	14,700	21,000
2d Sed	724	2,172	3,620	7,240	12,670	18,100
4d Sed	720	2,160	3,600	7,200	12,600	18,000
1955 Classic 98, V-8, 126" wb						
2d Starfire Conv	1,640	4,920	8,200	16,400	28,700	41,000
2d DeL Holiday HT	1,240	3,720	6,200	12,400	21,700	31,000
4d DeL Holiday HT	920	2,760	4,600	9,200	16,100	23,000
4d Sed	800	2,400	4,000	8,000	14,000	20,000
1956 Series 88, V-8, 122" wb						
2d Holiday HT	1,080	3,240	5,400	10,800	18,900	27,000
4d Holiday HT	920	2,760	4,600	9,200	16,100	23,000
2d Sed	800	2,400	4,000	8,000	14,000	20,000
4d Sed	780	2,340	3,900	7,800	13,650	19,500
1956 Series Super 88, V-8, 122" wb						
2d Conv	1,400	4,200	7,000	14,000	24,500	35,000
2d Holiday HT	1,160	3,480	5,800	11,600	20,300	29,000
4d Holiday HT	1,000	3,000	5,000	10,000	17,500	25,000
2d Sed	840	2,520	4,200	8,400	14,700	21,000
4d Sed	820	2,460	4,100	8,200	14,350	20,500

	6	5	4	3	2	1
1956 Series 98, V-8, 126" wb						
2d Starfire Conv	1,680	5,040	8,400	16,800	29,400	42,000
2d DeL Holiday HT	1,200	3,600	6,000	12,000	21,000	30,000
4d DeL Holiday HT	1,040	3,120	5,200	10,400	18,200	26,000
4d Sed	880	2,640	4,400	8,800	15,400	22,000
1957 Series 88, V-8, 122" wb						
2d Conv	1,480	4,440	7,400	14,800	25,900	37,000
2d Holiday HT	1,080	3,240	5,400	10,800	18,900	27,000
4d Holiday HT	880	2,640	4,400	8,800	15,400	22,000
2d Sed	744	2,232	3,720	7,440	13,020	18,600
4d Sed	740	2,220	3,700	7,400	12,950	18,500
4d HT Wag	1,000	3,000	5,000	10,000	17,500	25,000
4d Sta Wag	800	2,400	4,000	8,000	14,000	20,000
1957 Series Super 88, V-8, 122" wb						
2d Conv	1,640	4,920	8,200	16,400	28,700	41,000
2d Holiday HT	1,160	3,480	5,800	11,600	20,300	29,000
4d Holiday HT	960	2,880	4,800	9,600	16,800	24,000
2d Sed	784	2,352	3,920	7,840	13,720	19,600
4d Sed	780	2,340	3,900	7,800	13,650	19,500
4d HT Wag	1,080	3,240	5,400	10,800	18,900	27,000
1957 Series 98, V-8, 126" wb						
2d Starfire Conv	1,760	5,280	8,800	17,600	30,800	44,000
2d Holiday HT	1,200	3,600	6,000	12,000	21,000	30,000
4d Holiday HT	960	2,880	4,800	9,600	16,800	24,000
4d Sed	820	2,460	4,100	8,200	14,350	20,500
NOTE: Add 10 percent for J-2 option.						
1958 Series 88, V-8, 122.5" wb						
2d Conv	1,080	3,240	5,400	10,800	18,900	27,000
2d Holiday HT	1,040	3,120	5,200	10,400	18,200	26,000
4d Holiday HT	840	2,520	4,200	8,400	14,700	21,000
2d Sed	700	2,100	3,500	7,000	12,250	17,500
4d Sed	696	2,088	3,480	6,960	12,180	17,400
4d HT Wag	880	2,640	4,400	8,800	15,400	22,000
4d Sta Wag	760	2,280	3,800	7,600	13,300	19,000
1958 Series Super 88, V-8, 122.5" wb						
2d Conv	1,280	3,840	6,400	12,800	22,400	32,000
2d Holiday HT	1,160	3,480	5,800	11,600	20,300	29,000
4d Holiday HT	920	2,760	4,600	9,200	16,100	23,000
4d Sed	720	2,160	3,600	7,200	12,600	18,000
4d HT Wag	960	2,880	4,800	9,600	16,800	24,000
1958 Series 98, V-8, 126.5" wb						
2d Conv	1,480	4,440	7,400	14,800	25,900	37,000
2d Holiday HT	1,120	3,360	5,600	11,200	19,600	28,000
4d Holiday HT	1,000	3,000	5,000	10,000	17,500	25,000
4d Sed	760	2,280	3,800	7,600	13,300	19,000
NOTE: Add 10 percent for J-2 option.						
1959 Series 88, V-8, 123" wb						
2d Conv	1,240	3,720	6,200	12,400	21,700	31,000
2d Holiday HT	960	2,880	4,800	9,600	16,800	24,000
4d Holiday HT	840	2,520	4,200	8,400	14,700	21,000
4d Sed	640	1,920	3,200	6,400	11,200	16,000
4d Sta Wag	660	1,980	3,300	6,600	11,550	16,500
1959 Series Super 88, V-8, 123" wb						
2d Conv	1,320	3,960	6,600	13,200	23,100	33,000
2d Holiday HT	1,040	3,120	5,200	10,400	18,200	26,000
4d Holiday HT	920	2,760	4,600	9,200	16,100	23,000
4d Sed	660	1,980	3,300	6,600	11,550	16,500
4d Sta Wag	680	2,040	3,400	6,800	11,900	17,000
1959 Series 98, V-8, 126.3" wb						
2d Conv	1,480	4,440	7,400	14,800	25,900	37,000
2d Holiday HT	1,120	3,360	5,600	11,200	19,600	28,000
4d Holiday HT	1,000	3,000	5,000	10,000	17,500	25,000
4d Sed	680	2,040	3,400	6,800	11,900	17,000
NOTE: Add 10 percent for hp option.						
1960 Series 88, V-8, 123" wb						
2d Conv	1,160	3,480	5,800	11,600	20,300	29,000
2d Holiday HT	960	2,880	4,800	9,600	16,800	24,000
4d Holiday HT	800	2,400	4,000	8,000	14,000	20,000
4d Sed	640	1,920	3,200	6,400	11,200	16,000
4d Sta Wag	660	1,980	3,300	6,600	11,550	16,500
1960 Series Super 88, V-8, 123" wb						
2d Conv	1,280	3,840	6,400	12,800	22,400	32,000
2d Holiday HT	960	2,880	4,800	9,600	16,800	24,000
4d Holiday HT	880	2,640	4,400	8,800	15,400	22,000
4d Sed	660	1,980	3,300	6,600	11,550	16,500

1918 Oldsmobile Model 45-A touring

1935 Oldsmobile Model L two-door trunk sedan

1955 Oldsmobile 98 Holiday hardtop

	6	5	4	3	2	1
4d Sta Wag	680	2,040	3,400	6,800	11,900	17,000
1960 Series 98, V-8, 126.3" wb						
2d Conv	1,440	4,320	7,200	14,400	25,200	36,000
2d Holiday HT	1,040	3,120	5,200	10,400	18,200	26,000
4d Holiday HT	920	2,760	4,600	9,200	16,100	23,000
4d Sed	680	2,040	3,400	6,800	11,900	17,000
1961 F-85, V-8, 112" wb						
4d Sed	276	828	1,380	2,760	4,830	6,900
2d Clb Cpe	360	1,080	1,800	3,600	6,300	9,000
4d Sta Wag	380	1,140	1,900	3,800	6,650	9,500
1961 Dynamic 88, V-8, 123" wb						
2d Sed	416	1,248	2,080	4,160	7,280	10,400
4d Sed	420	1,260	2,100	4,200	7,350	10,500
2d Holiday HT	760	2,280	3,800	7,600	13,300	19,000
4d Holiday HT	600	1,800	3,000	6,000	10,500	15,000
2d Conv	1,040	3,120	5,200	10,400	18,200	26,000
4d Sta Wag	580	1,740	2,900	5,800	10,150	14,500
1961 Super 88, V-8, 123" wb						
4d Sed	520	1,560	2,600	5,200	9,100	13,000
4d Holiday HT	640	1,920	3,200	6,400	11,200	16,000
2d Holiday HT	840	2,520	4,200	8,400	14,700	21,000
2d Conv	1,160	3,480	5,800	11,600	20,300	29,000
4d Sta Wag	600	1,800	3,000	6,000	10,500	15,000
2d Starfire Conv	1,440	4,320	7,200	14,400	25,200	36,000
1961 Series 98, V-8, 126" wb						
4d Twn Sed	620	1,860	3,100	6,200	10,850	15,500
4d Spt Sed	628	1,884	3,140	6,280	10,990	15,700
4d Holiday HT	680	2,040	3,400	6,800	11,900	17,000
2d Holiday HT	880	2,640	4,400	8,800	15,400	22,000
2d Conv	1,240	3,720	6,200	12,400	21,700	31,000

NOTE: Deduct 10 percent for std. line values; add 10 percent for Cutlass.

	6	5	4	3	2	1
1962 F-85 Series, V-8, 112" wb						
4d Sed	360	1,080	1,800	3,600	6,300	9,000
2d Cutlass Cpe	400	1,200	2,000	4,000	7,000	10,000
2d Cutlass Conv	560	1,680	2,800	5,600	9,800	14,000
4d Sta Wag	360	1,080	1,800	3,600	6,300	9,000
1962 Jetfire Turbo-charged, V-8, 112" wb						
2d HT	640	1,920	3,200	6,400	11,200	16,000
1962 Dynamic 88, V-8, 123" wb						
4d Sed	420	1,260	2,100	4,200	7,350	10,500
4d Holiday HT	600	1,800	3,000	6,000	10,500	15,000
2d Holiday HT	800	2,400	4,000	8,000	14,000	20,000
2d Conv	1,040	3,120	5,200	10,400	18,200	26,000
4d Sta Wag	580	1,740	2,900	5,800	10,150	14,500
1962 Super 88, V-8, 123" wb						
4d Sed	520	1,560	2,600	5,200	9,100	13,000
4d Holiday HT	640	1,920	3,200	6,400	11,200	16,000
2d Holiday HT	840	2,520	4,200	8,400	14,700	21,000
4d Sta Wag	600	1,800	3,000	6,000	10,500	15,000
1962 Starfire, 345 hp V-8, 123" wb						
2d HT	1,080	3,240	5,400	10,800	18,900	27,000
2d Conv	1,320	3,960	6,600	13,200	23,100	33,000
1962 Series 98, V-8, 126" wb						
4d Twn Sed	580	1,740	2,900	5,800	10,150	14,500
4d Spt Sed	588	1,764	2,940	5,880	10,290	14,700
4d Holiday HT	720	2,160	3,600	7,200	12,600	18,000
2d Holiday Spt HT	920	2,760	4,600	9,200	16,100	23,000
2d Conv	1,160	3,480	5,800	11,600	20,300	29,000
1963 F-85 Series, V-8, 112" wb						
4d Sed	360	1,080	1,800	3,600	6,300	9,000
2d Cutlass Cpe	400	1,200	2,000	4,000	7,000	10,000
2d Cutlass Conv	600	1,800	3,000	6,000	10,500	15,000
4d Sta Wag	380	1,140	1,900	3,800	6,650	9,500
1963 Jetfire Series, V-8, 112" wb						
2d HT	640	1,920	3,200	6,400	11,200	16,000
1963 Dynamic 88, V-8, 123" wb						
4d Sed	540	1,620	2,700	5,400	9,450	13,500
4d Holiday HT	600	1,800	3,000	6,000	10,500	15,000
2d Holiday HT	760	2,280	3,800	7,600	13,300	19,000
2d Conv	920	2,760	4,600	9,200	16,100	23,000
4d Sta Wag	560	1,680	2,800	5,600	9,800	14,000
1963 Super 88, V-8, 123" wb						
4d Sed	560	1,680	2,800	5,600	9,800	14,000
4d Holiday HT	640	1,920	3,200	6,400	11,200	16,000
2d Holiday HT	800	2,400	4,000	8,000	14,000	20,000

	6	5	4	3	2	1
4d Sta Wag	580	1,740	2,900	5,800	10,150	14,500
1963 Starfire, V-8, 123" wb						
2d Cpe	960	2,880	4,800	9,600	16,800	24,000
2d Conv	1,320	3,960	6,600	13,200	23,100	33,000
1963 Series 98, V-8, 126" wb						
4d Sed	580	1,740	2,900	5,800	10,150	14,500
4d 4W Holiday HT	680	2,040	3,400	6,800	11,900	17,000
4d 6W Holiday HT	620	1,860	3,100	6,200	10,850	15,500
2d Holiday HT	840	2,520	4,200	8,400	14,700	21,000
2d Cus Spt HT	860	2,580	4,300	8,600	15,050	21,500
2d Conv	1,200	3,600	6,000	12,000	21,000	30,000
1963 F-85 Series, V-8, 115" wb						
2d Cpe	350	1,000	1,700	3,400	5,950	8,500
1964 F-85 Series, V-8, 115" wb						
4d Sed	350	1,100	1,800	3,600	6,300	9,000
4d Sta Wag	368	1,104	1,840	3,680	6,440	9,200
1964 Cutlass 3200, V-8						
2d Spt Cpe	400	1,200	2,000	4,000	7,000	10,000
2d HT	540	1,620	2,700	5,400	9,450	13,500
2d Conv	640	1,920	3,200	6,400	11,200	16,000
1964 Cutlass 4-4-2						
2d Sed	584	1,752	2,920	5,840	10,220	14,600
2d HT	660	1,980	3,300	6,600	11,550	16,500
2d Conv	800	2,400	4,000	8,000	14,000	20,000
1964 Vista Cruiser, V-8, 120" wb						
4d Sta Wag	520	1,560	2,600	5,200	9,100	13,000
4d Cus Wag	528	1,584	2,640	5,280	9,240	13,200
1964 Jetstar, V-8, 123" wb						
4d Sed	520	1,560	2,600	5,200	9,100	13,000
4d HT	580	1,740	2,900	5,800	10,150	14,500
2d HT	640	1,920	3,200	6,400	11,200	16,000
2d Conv	1,000	3,000	5,000	10,000	17,500	25,000
1964 Jetstar I, V-8, 123" wb						
2d HT	800	2,400	4,000	8,000	14,000	20,000
1964 Dynamic 88, V-8, 123" wb						
4d Sed	540	1,620	2,700	5,400	9,450	13,500
4d HT	600	1,800	3,000	6,000	10,500	15,000
2d HT	760	2,280	3,800	7,600	13,300	19,000
2d Conv	1,080	3,240	5,400	10,800	18,900	27,000
4d Sta Wag	560	1,680	2,800	5,600	9,800	14,000
1964 Super 88, V-8, 123" wb						
4d Sed	560	1,680	2,800	5,600	9,800	14,000
4d HT	640	1,920	3,200	6,400	11,200	16,000
1964 Starfire, 123" wb						
2d HT	960	2,880	4,800	9,600	16,800	24,000
2d Conv	1,240	3,720	6,200	12,400	21,700	31,000
NOTE: Add 20 percent for J code engine. Deduct 10 percent for 3 speed trans.						
1964 Series 98, V-8, 126" wb						
4d Sed	580	1,740	2,900	5,800	10,150	14,500
4d 6W HT	680	2,040	3,400	6,800	11,900	17,000
4d 4W HT	700	2,100	3,500	7,000	12,250	17,500
2d HT	840	2,520	4,200	8,400	14,700	21,000
2d Cus Spt HT	860	2,580	4,300	8,600	15,050	21,500
2d Conv	1,200	3,600	6,000	12,000	21,000	30,000
1965 F-85 Series, V-8, 115" wb						
4d Sed	364	1,092	1,820	3,640	6,370	9,100
2d Cpe	380	1,140	1,900	3,800	6,650	9,500
4d Sta Wag	368	1,104	1,840	3,680	6,440	9,200
4d DeL Sed	372	1,116	1,860	3,720	6,510	9,300
4d DeL Wag	380	1,140	1,900	3,800	6,650	9,500
1965 Cutlass Series, V-8, 115" wb						
2d Cpe	420	1,260	2,100	4,200	7,350	10,500
2d HT	580	1,740	2,900	5,800	10,150	14,500
2d Conv	620	1,860	3,100	6,200	10,850	15,500
1965 Cutlass 4-4-2						
2d Sed	552	1,656	2,760	5,520	9,660	13,800
2d HT	640	1,920	3,200	6,400	11,200	16,000
2d Conv	760	2,280	3,800	7,600	13,300	19,000
1965 Vista Cruiser, V-8, 120" wb						
4d Sta Wag	400	1,200	2,000	4,000	7,000	10,000
1965 Jetstar Series, V-8, 123" wb						
4d Sed	392	1,176	1,960	3,920	6,860	9,800
4d HT	540	1,620	2,700	5,400	9,450	13,500
2d HT	620	1,860	3,100	6,200	10,850	15,500

	6	5	4	3	2	1
2d Conv	680	2,040	3,400	6,800	11,900	17,000
1965 Dynamic 88, V-8, 123" wb						
4d Sed	400	1,200	2,000	4,000	7,000	10,000
4d HT	580	1,740	2,900	5,800	10,150	14,500
2d HT	620	1,860	3,100	6,200	10,850	15,500
2d Conv	760	2,280	3,800	7,600	13,300	19,000
1965 Delta 88, V-8, 123" wb						
4d Sed	420	1,260	2,100	4,200	7,350	10,500
4d HT	580	1,740	2,900	5,800	10,150	14,500
2d HT	660	1,980	3,300	6,600	11,550	16,500
1965 Jetstar I, V-8, 123" wb						
2d HT	680	2,040	3,400	6,800	11,900	17,000
1965 Starfire, 123" wb						
2d HT	760	2,280	3,800	7,600	13,300	19,000
2d Conv	840	2,520	4,200	8,400	14,700	21,000
1965 Series 98, V-8, 126" wb						
4d Twn Sed	520	1,560	2,600	5,200	9,100	13,000
4d Lux Sed	528	1,584	2,640	5,280	9,240	13,200
4d HT	560	1,680	2,800	5,600	9,800	14,000
2d HT	680	2,040	3,400	6,800	11,900	17,000
2d Conv	840	2,520	4,200	8,400	14,700	21,000
1966 F-85 Series, Standard V-8, 115" wb						
4d Sed	364	1,092	1,820	3,640	6,370	9,100
2d Cpe	380	1,140	1,900	3,800	6,650	9,500
4d Sta Wag	380	1,140	1,900	3,800	6,650	9,500
1966 F-85 Series, Deluxe, V-8, 115" wb						
4d Sed	368	1,104	1,840	3,680	6,440	9,200
4d HT	384	1,152	1,920	3,840	6,720	9,600
2d HT	520	1,560	2,600	5,200	9,100	13,000
4d Sta Wag	388	1,164	1,940	3,880	6,790	9,700
1966 Cutlass, V-8, 115" wb						
4d Sed	372	1,116	1,860	3,720	6,510	9,300
4d HT	388	1,164	1,940	3,880	6,790	9,700
2d Cpe	384	1,152	1,920	3,840	6,720	9,600
2d HT	540	1,620	2,700	5,400	9,450	13,500
2d Conv	720	2,160	3,600	7,200	12,600	18,000
1966 Cutlass 4-4-2						
2d Sed	680	2,040	3,400	6,800	11,900	17,000
2d HT	760	2,280	3,800	7,600	13,300	19,000
2d Conv	880	2,640	4,400	8,800	15,400	22,000
NOTE: Add 30 percent for triple two-barrel carbs. Add 90 percent for W-30.						
4d 3S Sta Wag	420	1,260	2,100	4,200	7,350	10,500
4d 2S Sta Wag	412	1,236	2,060	4,120	7,210	10,300
4d 3S Cus Sta Wag	428	1,284	2,140	4,280	7,490	10,700
4d Cus Sta Wag 2S	420	1,260	2,100	4,200	7,350	10,500
1966 Jetstar 88, V-8, 123" wb						
4d Sed	380	1,140	1,900	3,800	6,650	9,500
4d HT	400	1,200	2,000	4,000	7,000	10,000
2d HT	560	1,680	2,800	5,600	9,800	14,000
1966 Dynamic 88, V-8, 123" wb						
4d Sed	388	1,164	1,940	3,880	6,790	9,700
4d HT	420	1,260	2,100	4,200	7,350	10,500
2d HT	588	1,764	2,940	5,880	10,290	14,700
2d Conv	640	1,920	3,200	6,400	11,200	16,000
1966 Delta 88, V-8, 123" wb						
4d Sed	400	1,200	2,000	4,000	7,000	10,000
4d HT	520	1,560	2,600	5,200	9,100	13,000
2d HT	600	1,800	3,000	6,000	10,500	15,000
2d Conv	640	1,920	3,200	6,400	11,200	16,000
1966 Starfire, V-8, 123" wb						
2d HT	680	2,040	3,400	6,800	11,900	17,000
1966 Ninety-Eight, V-8, 126" wb						
4d Twn Sed	408	1,224	2,040	4,080	7,140	10,200
4d Lux Sed	412	1,236	2,060	4,120	7,210	10,300
4d HT	540	1,620	2,700	5,400	9,450	13,500
2d HT	640	1,920	3,200	6,400	11,200	16,000
2d Conv	720	2,160	3,600	7,200	12,600	18,000
1966 Toronado, FWD V-8, 119" wb						
2d Spt HT	640	1,920	3,200	6,400	11,200	16,000
2d Cus HT	660	1,980	3,300	6,600	11,550	16,500
1967 F-85 Series, Standard, V-8, 115" wb						
4d Sed	364	1,092	1,820	3,640	6,370	9,100
2d Cpe	380	1,140	1,900	3,800	6,650	9,500
4d 2S Sta Wag	364	1,092	1,820	3,640	6,370	9,100

	6	5	4	3	2	1
1967 Cutlass, V-8, 115" wb						
4d Sed	372	1,116	1,860	3,720	6,510	9,300
4d HT	380	1,140	1,900	3,800	6,650	9,500
2d HT	540	1,620	2,700	5,400	9,450	13,500
2d Conv	840	2,520	4,200	8,400	14,700	21,000
4d 2S Sta Wag	380	1,140	1,900	3,800	6,650	9,500
NOTE: Deduct 20 percent for 6-cyl.						
1967 Cutlass Supreme, V-8, 115" wb						
4d Sed	380	1,140	1,900	3,800	6,650	9,500
4d HT	396	1,188	1,980	3,960	6,930	9,900
2d Cpe	404	1,212	2,020	4,040	7,070	10,100
2d HT	640	1,920	3,200	6,400	11,200	16,000
2d Conv	880	2,640	4,400	8,800	15,400	22,000
1967 Cutlass 4-4-2						
2d Sed	680	2,040	3,400	6,800	11,900	17,000
2d HT	800	2,400	4,000	8,000	14,000	20,000
2d Conv	920	2,760	4,600	9,200	16,100	23,000
NOTE: Add 70 percent for W-30.						
1967 Vista Cruiser, V-8, 120" wb						
4d 3S Sta Wag	400	1,200	2,000	4,000	7,000	10,000
4d 2S Cus Sta Wag	420	1,260	2,100	4,200	7,350	10,500
4d 3S Cus Sta Wag	428	1,284	2,140	4,280	7,490	10,700
1967 Delmont 88, 330 V-8, 123" wb						
4d Sed	360	1,080	1,800	3,600	6,300	9,000
4d HT	380	1,140	1,900	3,800	6,650	9,500
2d HT	520	1,560	2,600	5,200	9,100	13,000
1967 Delmont 88, 425 V-8, 123" wb						
4d Sed	380	1,140	1,900	3,800	6,650	9,500
4d HT	400	1,200	2,000	4,000	7,000	10,000
2d HT	540	1,620	2,700	5,400	9,450	13,500
2d Conv	720	2,160	3,600	7,200	12,600	18,000
1967 Delta 88, V-8, 123" wb						
4d Sed	392	1,176	1,960	3,920	6,860	9,800
4d HT	412	1,236	2,060	4,120	7,210	10,300
2d HT	580	1,740	2,900	5,800	10,150	14,500
2d Conv	800	2,400	4,000	8,000	14,000	20,000
1967 Delta 88, Custom V-8, 123" wb						
4d HT	420	1,260	2,100	4,200	7,350	10,500
2d HT	592	1,776	2,960	5,920	10,360	14,800
1967 Ninety-Eight, V-8, 126" wb						
4d Twn Sed	420	1,260	2,100	4,200	7,350	10,500
4d Lux Sed	424	1,272	2,120	4,240	7,420	10,600
4d HT	532	1,596	2,660	5,320	9,310	13,300
2d HT	600	1,800	3,000	6,000	10,500	15,000
2d Conv	840	2,520	4,200	8,400	14,700	21,000
1967 Toronado, V-8, 119" wb						
2d HT	620	1,860	3,100	6,200	10,850	15,500
2d Cus HT	640	1,920	3,200	6,400	11,200	16,000
NOTE: Add 10 percent for "425" Delmont Series. Add 30 percent for W-30.						
1968 F-85, V-8, 116" wb, 2d 112" wb						
4d Sed	368	1,104	1,840	3,680	6,440	9,200
2d Cpe	380	1,140	1,900	3,800	6,650	9,500
1968 Cutlass, V-8, 116" wb, 2d 112" wb						
4d Sed	372	1,116	1,860	3,720	6,510	9,300
4d HT	376	1,128	1,880	3,760	6,580	9,400
2d Cpe S	388	1,164	1,940	3,880	6,790	9,700
2d HT S	540	1,620	2,700	5,400	9,450	13,500
2d Conv S	840	2,520	4,200	8,400	14,700	21,000
4d Sta Wag	380	1,140	1,900	3,800	6,650	9,500
1968 Cutlass Supreme, V-8, 116" wb, 2d 112" wb						
4d Sed	380	1,140	1,900	3,800	6,650	9,500
4d HT	396	1,188	1,980	3,960	6,930	9,900
2d HT	580	1,740	2,900	5,800	10,150	14,500
NOTE: Deduct 5 percent for 6-cyl.						
1968 4-4-2, V-8, 112" wb						
2d Cpe	680	2,040	3,400	6,800	11,900	17,000
2d HT	760	2,280	3,800	7,600	13,300	19,000
2d Conv	920	2,760	4,600	9,200	16,100	23,000
1968 Hurst/Olds						
2d HT	880	2,640	4,400	8,800	15,400	22,000
2d Sed	800	2,400	4,000	8,000	14,000	20,000
1968 Vista Cruiser, V-8, 121" wb						
4d 2S Sta Wag	368	1,104	1,840	3,680	6,440	9,200
4d 3S Sta Wag	380	1,140	1,900	3,800	6,650	9,500

	6	5	4	3	2	1
1968 Delmont 88, V-8, 123" wb						
4d Sed	380	1,140	1,900	3,800	6,650	9,500
4d HT	388	1,164	1,940	3,880	6,790	9,700
2d HT	540	1,620	2,700	5,400	9,450	13,500
2d Conv	760	2,280	3,800	7,600	13,300	19,000
1968 Delta 88, V-8, 123" wb						
4d Sed	388	1,164	1,940	3,880	6,790	9,700
2d HT	560	1,680	2,800	5,600	9,800	14,000
4d HT	400	1,200	2,000	4,000	7,000	10,000
1968 Ninety-Eight, V-8, 126" wb						
4d Sed	408	1,224	2,040	4,080	7,140	10,200
4d Lux Sed	416	1,248	2,080	4,160	7,280	10,400
4d HT	520	1,560	2,600	5,200	9,100	13,000
2d HT	600	1,800	3,000	6,000	10,500	15,000
2d Conv	800	2,400	4,000	8,000	14,000	20,000
1968 Toronado, V-8, 119" wb						
2d Cus Cpe	580	1,740	2,900	5,800	10,150	14,500

NOTE: Add 30 percent for W-30. Add 20 percent for 455 when not standard. Add 20 percent for W-34 option on Toronado.

	6	5	4	3	2	1
1969 F-85, V-8, 116" wb, 2d 112" wb						
2d Cpe	360	1,080	1,800	3,600	6,300	9,000
1969 Cutlass, V-8, 116" wb, 2d 112" wb						
4d Sed	304	912	1,520	3,040	5,320	7,600
4d HT	312	936	1,560	3,120	5,460	7,800
4d Sta Wag	304	912	1,520	3,040	5,320	7,600
1969 Cutlass S						
2d Cpe	380	1,140	1,900	3,800	6,650	9,500
2d HT	560	1,680	2,800	5,600	9,800	14,000
2d Conv	800	2,400	4,000	8,000	14,000	20,000
1969 Cutlass Supreme, V-8, 116" wb, 2d 112" wb						
4d Sed	364	1,092	1,820	3,640	6,370	9,100
4d HT	380	1,140	1,900	3,800	6,650	9,500
2d HT	720	2,160	3,600	7,200	12,600	18,000
1969 4-4-2, V-8, 112" wb						
2d Cpe	680	2,040	3,400	6,800	11,900	17,000
2d HT	760	2,280	3,800	7,600	13,300	19,000
2d Conv	920	2,760	4,600	9,200	16,100	23,000
1969 Hurst/Olds						
2d HT	920	2,760	4,600	9,200	16,100	23,000
1969 Vista Cruiser						
4d 2S Sta Wag	368	1,104	1,840	3,680	6,440	9,200
4d 3S Sta Wag	372	1,116	1,860	3,720	6,510	9,300
1969 Delta 88, V-8, 124" wb						
4d Sed	400	1,200	2,000	4,000	7,000	10,000
2d Conv	640	1,920	3,200	6,400	11,200	16,000
4d HT	420	1,260	2,100	4,200	7,350	10,500
2d HT	560	1,680	2,800	5,600	9,800	14,000
1969 Delta 88 Custom, V-8, 124" wb						
4d Sed	392	1,176	1,960	3,920	6,860	9,800
4d HT	520	1,560	2,600	5,200	9,100	13,000
2d HT	580	1,740	2,900	5,800	10,150	14,500
1969 Delta 88 Royale, V-8, 124" wb						
2d HT	600	1,800	3,000	6,000	10,500	15,000
1969 Ninety-Eight, V-8, 127" wb						
4d Sed	420	1,260	2,100	4,200	7,350	10,500
4d Lux Sed	424	1,272	2,120	4,240	7,420	10,600
4d Lux HT	544	1,632	2,720	5,440	9,520	13,600
4d HT	540	1,620	2,700	5,400	9,450	13,500
2d HT	640	1,920	3,200	6,400	11,200	16,000
2d Conv	720	2,160	3,600	7,200	12,600	18,000
2d Cus Cpe	548	1,644	2,740	5,480	9,590	13,700
1969 Toronado, V-8, 119" wb						
2d HT	580	1,740	2,900	5,800	10,150	14,500

NOTE: Add 30 percent for W-30. Add 20 percent for W-34 option on Toronado. Add 20 percent for 455 when not standard.

	6	5	4	3	2	1
1970 F-85, V-8, 116" wb, 2d 112" wb						
2d Cpe	380	1,140	1,900	3,800	6,650	9,500
1970 Cutlass, V-8, 116" wb, 2d 112" wb						
4d Sed	360	1,080	1,800	3,600	6,300	9,000
4d HT	380	1,140	1,900	3,800	6,650	9,500
4d Sta Wag	368	1,104	1,840	3,680	6,440	9,200

NOTE: Deduct 5 percent for 6-cyl.

	6	5	4	3	2	1
1970 Cutlass S, V-8, 112" wb						
2d Cpe	360	1,080	1,800	3,600	6,300	9,000
2d HT	680	2,040	3,400	6,800	11,900	17,000
NOTE: Add 25 percent for W45-W30-W31.						
1970 Cutlass-Supreme, V-8, 112" wb						
4d HT	380	1,140	1,900	3,800	6,650	9,500
2d HT	760	2,280	3,800	7,600	13,300	19,000
2d Conv	920	2,760	4,600	9,200	16,100	23,000
1970 4-4-2, V-8, 112" wb						
2d Cpe	760	2,280	3,800	7,600	13,300	19,000
2d HT	920	2,760	4,600	9,200	16,100	23,000
2d Conv	1,040	3,120	5,200	10,400	18,200	26,000
1970 Rallye 350, 112" wb						
2d HT	880	2,640	4,400	8,800	15,400	22,000
1970 Vista Cruiser, V-8, 121" wb						
4d 2S Sta Wag	368	1,104	1,840	3,680	6,440	9,200
4d 3S Sta Wag	372	1,116	1,860	3,720	6,510	9,300
1970 Delta 88, V-8, 124" wb						
4d Sed	372	1,116	1,860	3,720	6,510	9,300
4d HT	380	1,140	1,900	3,800	6,650	9,500
2d HT	540	1,620	2,700	5,400	9,450	13,500
2d Conv	680	2,040	3,400	6,800	11,900	17,000
1970 Delta 88 Custom, V-8, 124" wb						
4d Sed	380	1,140	1,900	3,800	6,650	9,500
4d HT	384	1,152	1,920	3,840	6,720	9,600
2d HT	560	1,680	2,800	5,600	9,800	14,000
1970 Delta 88 Royale, V-8, 124" wb						
2d HT	580	1,740	2,900	5,800	10,150	14,500
1970 Ninety-Eight, V-8, 127" wb						
4d Sed	384	1,152	1,920	3,840	6,720	9,600
4d Lux Sed	392	1,176	1,960	3,920	6,860	9,800
4d Lux HT	404	1,212	2,020	4,040	7,070	10,100
4d HT	400	1,200	2,000	4,000	7,000	10,000
2d HT	600	1,800	3,000	6,000	10,500	15,000
2d Conv	720	2,160	3,600	7,200	12,600	18,000
1970 Toronado, V-8, 119" wb						
2d Std Cpe	540	1,620	2,700	5,400	9,450	13,500
2d Cus Cpe	560	1,680	2,800	5,600	9,800	14,000
NOTE: Add 20 percent for SX Cutlass Supreme option. Add 35 percent for Y-74 Indy Pace Car option. Add 30 percent for W-30. Add 20 percent for 455 when not standard. Add 15 percent for Toronado GT W-34 option.						
1971 F-85, V-8, 116" wb						
4d Sed	216	648	1,080	2,160	3,780	5,400
1971 Cutlass, V-8, 116" wb, 2d 112" wb						
4d Sed	220	660	1,100	2,200	3,850	5,500
2d HT	580	1,740	2,900	5,800	10,150	14,500
4d Sta Wag	216	648	1,080	2,160	3,780	5,400
1971 Cutlass S, V-8, 112" wb						
2d Cpe	400	1,200	2,000	4,000	7,000	10,000
2d HT	600	1,800	3,000	6,000	10,500	15,000
NOTE: Deduct 5 percent for 6-cyl.						
1971 Cutlass Supreme, V-8, 116" wb, 2d 112" wb						
4d Sed	304	912	1,520	3,040	5,320	7,600
2d HT	680	2,040	3,400	6,800	11,900	17,000
2d Conv	880	2,640	4,400	8,800	15,400	22,000
NOTE: Add 15 percent for SX Cutlass Supreme option.						
1971 4-4-2, V-8, 112" wb						
2d HT	880	2,640	4,400	8,800	15,400	22,000
2d Conv	1,040	3,120	5,200	10,400	18,200	26,000
1971 Vista Cruiser, 121" wb						
4d 2S Sta Wag	220	660	1,100	2,200	3,850	5,500
4d 3S Sta Wag	224	672	1,120	2,240	3,920	5,600
1971 Delta 88, V-8, 124" wb						
4d Sed	220	660	1,100	2,200	3,850	5,500
4d HT	280	840	1,400	2,800	4,900	7,000
2d HT	400	1,200	2,000	4,000	7,000	10,000
1971 Delta 88 Custom, V-8, 124" wb						
4d Sed	224	672	1,120	2,240	3,920	5,600
4d HT	248	744	1,240	2,480	4,340	6,200
2d HT	420	1,260	2,100	4,200	7,350	10,500
1971 Delta 88 Royale, V-8, 124" wb						
2d HT	520	1,560	2,600	5,200	9,100	13,000
2d Conv	640	1,920	3,200	6,400	11,200	16,000

	6	5	4	3	2	1
1971 Ninety-Eight, V-8, 127" wb						
2d HT	580	1,740	2,900	5,800	10,150	14,500
4d HT	300	900	1,500	3,000	5,250	7,500
4d Lux HT	308	924	1,540	3,080	5,390	7,700
2d Lux HT	560	1,680	2,800	5,600	9,800	14,000
1971 Custom Cruiser, V-8, 127" wb						
4d 2S Sta Wag	300	900	1,500	3,000	5,250	7,500
4d 3S Sta Wag	308	924	1,540	3,080	5,390	7,700
1971 Toronado, 122" wb						
2d HT	560	1,680	2,800	5,600	9,800	14,000
NOTE: Add 30 percent for W-30. Add 20 percent for 455 when not standard.						
1972 F-85, V-8, 116" wb						
4d Sed	216	648	1,080	2,160	3,780	5,400
1972 Cutlass, V-8, 116" wb, 2d 112" wb						
4d Sed	220	660	1,100	2,200	3,850	5,500
2d HT	600	1,800	3,000	6,000	10,500	15,000
4d Sta Wag	216	648	1,080	2,160	3,780	5,400
1972 Cutlass S, V-8, 112" wb						
2d Cpe	400	1,200	2,000	4,000	7,000	10,000
2d HT	680	2,040	3,400	6,800	11,900	17,000
NOTE: Deduct 5 percent for 6-cyl. Add 5 percent for 4-4-2 option.						
1972 Cutlass Supreme, V-8, 116" wb, 2d 112" wb						
4d HT	380	1,140	1,900	3,800	6,650	9,500
2d HT	720	2,160	3,600	7,200	12,600	18,000
2d Conv	880	2,640	4,400	8,800	15,400	22,000
NOTE: Add 20 percent for Hurst option.						
1972 Vista Cruiser, 121" wb						
4d 2S Sta Wag	220	660	1,100	2,200	3,850	5,500
4d 3S Sta Wag	224	672	1,120	2,240	3,920	5,600
1972 Delta 88, V-8, 124" wb						
4d Sed	212	636	1,060	2,120	3,710	5,300
4d HT	280	840	1,400	2,800	4,900	7,000
2d HT	560	1,680	2,800	5,600	9,800	14,000
1972 Delta 88 Royale, 124" wb						
4d Sed	216	648	1,080	2,160	3,780	5,400
4d HT	288	864	1,440	2,880	5,040	7,200
2d HT	580	1,740	2,900	5,800	10,150	14,500
2d Conv	640	1,920	3,200	6,400	11,200	16,000
1972 Custom Cruiser, 127" wb						
4d 2S Sta Wag	280	840	1,400	2,800	4,900	7,000
4d 3S Sta Wag	288	864	1,440	2,880	5,040	7,200
1972 Ninety-Eight, 127" wb						
4d HT	288	864	1,440	2,880	5,040	7,200
2d HT	560	1,680	2,800	5,600	9,800	14,000
1972 Ninety-Eight Luxury, 127" wb						
4d HT	300	900	1,500	3,000	5,250	7,500
2d HT	580	1,740	2,900	5,800	10,150	14,500
1972 Toronado, 122" wb						
2d HT	560	1,680	2,800	5,600	9,800	14,000
NOTE: Add 30 percent for W-30. Add 20 percent for 455 when not standard.						
1973 Omega, V-8, 111" wb						
4d Sed	216	648	1,080	2,160	3,780	5,400
2d Cpe	224	672	1,120	2,240	3,920	5,600
2d HBk	236	708	1,180	2,360	4,130	5,900
1973 Cutlass, 112" - 116" wb						
2d Col HT	284	852	1,420	2,840	4,970	7,100
4d Col HT	228	684	1,140	2,280	3,990	5,700
1973 Cutlass S, 112" wb						
2d Cpe	296	888	1,480	2,960	5,180	7,400
NOTE: Add 5 percent for 4-4-2 option.						
1973 Cutlass Supreme, 112" - 116" wb						
2d Col HT	300	900	1,500	3,000	5,250	7,500
4d Col HT	232	696	1,160	2,320	4,060	5,800
1973 Vista Cruiser, 116" wb						
4d 2S Sta Wag	280	840	1,400	2,800	4,900	7,000
4d 3S Sta Wag	284	852	1,420	2,840	4,970	7,100
1973 Delta 88, 124" wb						
4d Sed	212	636	1,060	2,120	3,710	5,300
4d HT	280	840	1,400	2,800	4,900	7,000
2d HT	400	1,200	2,000	4,000	7,000	10,000
1973 Delta 88 Royale, 124" wb						
4d Sed	216	648	1,080	2,160	3,780	5,400

	6	5	4	3	2	1
4d HT	288	864	1,440	2,880	5,040	7,200
2d HT	420	1,260	2,100	4,200	7,350	10,500
2d Conv	580	1,740	2,900	5,800	10,150	14,500
1973 Custom Cruiser, 127" wb						
3S Sta Wag	288	864	1,440	2,880	5,040	7,200
2S Sta Wag	280	840	1,400	2,800	4,900	7,000
3S Roy Wag	296	888	1,480	2,960	5,180	7,400
2S Roy Wag	288	864	1,440	2,880	5,040	7,200
1973 Ninety-Eight, 127" wb						
4d HT	280	840	1,400	2,800	4,900	7,000
2d HT	400	1,200	2,000	4,000	7,000	10,000
4d Lux HT	296	888	1,480	2,960	5,180	7,400
2d Lux HT	420	1,260	2,100	4,200	7,350	10,500
4d HT Reg	300	900	1,500	3,000	5,250	7,500
1973 Toronado, 122" wb						
2d HT Cpe	420	1,260	2,100	4,200	7,350	10,500
NOTE: Add 20 percent for Hurst/Olds.						
1974 Omega, 111" wb						
2d Cpe	208	624	1,040	2,080	3,640	5,200
2d HBk	220	660	1,100	2,200	3,850	5,500
4d Sed	200	600	1,000	2,000	3,500	5,000
1974 Cutlass, 112" - 116" wb						
2d Cpe	224	672	1,120	2,240	3,920	5,600
4d Sed	200	600	1,000	2,000	3,500	5,000
1974 Cutlass S, 112" wb						
2d Cpe	224	672	1,120	2,240	3,920	5,600
1974 Cutlass Supreme, 112" - 116" wb						
4d Sed	208	624	1,040	2,080	3,640	5,200
2d Cpe	232	696	1,160	2,320	4,060	5,800
NOTE: Add 5 percent for 4-4-2 option. Add 20 percent for Hurst/Olds.						
1974 Vista Cruiser, 116" wb						
4d 6P Sta Wag	192	576	960	1,920	3,360	4,800
4d 8P Sta Wag	196	588	980	1,960	3,430	4,900
1974 Delta 88, 124" wb						
2d HT	280	840	1,400	2,800	4,900	7,000
4d HT	216	648	1,080	2,160	3,780	5,400
4d Sed	200	600	1,000	2,000	3,500	5,000
1974 Custom Cruiser, 127" wb						
4d 6P Sta Wag	212	636	1,060	2,120	3,710	5,300
4d 8P Sta Wag	220	660	1,100	2,200	3,850	5,500
1974 Delta 88 Royale, 124" wb						
2d HT	300	900	1,500	3,000	5,250	7,500
4d HT	224	672	1,120	2,240	3,920	5,600
4d Sed	204	612	1,020	2,040	3,570	5,100
2d Conv	560	1,680	2,800	5,600	9,800	14,000
NOTE: Add 20 percent for Indy PaceCar.						
1974 Ninety-Eight, 127" wb						
4d HT	280	840	1,400	2,800	4,900	7,000
2d HT Lux	360	1,080	1,800	3,600	6,300	9,000
4d HT Lux	284	852	1,420	2,840	4,970	7,100
2d HT Reg	380	1,140	1,900	3,800	6,650	9,500
4d Reg Sed	284	852	1,420	2,840	4,970	7,100
1974 Toronado, 122" wb						
2d Cpe	400	1,200	2,000	4,000	7,000	10,000
1975 Starfire, 97" wb						
2d Cpe "S"	150	500	800	1,650	2,850	4,100
2d Cpe	168	504	840	1,680	2,940	4,200
1975 Omega, 111" wb						
2d Cpe	164	492	820	1,640	2,870	4,100
2d HBk	180	540	900	1,800	3,150	4,500
4d Sed	168	504	840	1,680	2,940	4,200
1975 Omega Salon, 111" wb						
2d Cpe	176	528	880	1,760	3,080	4,400
2d HBk	184	552	920	1,840	3,220	4,600
4d Sed	180	540	900	1,800	3,150	4,500
1975 Cutlass, 112" - 116" wb						
2d Cpe	188	564	940	1,880	3,290	4,700
4d Sed	168	504	840	1,680	2,940	4,200
2d Cpe "S"	200	600	950	1,900	3,350	4,800
1975 Cutlass Supreme, 112" - 116" wb						
2d Cpe	196	588	980	1,960	3,430	4,900
4d Sed	180	540	900	1,800	3,150	4,500

	6	5	4	3	2	1
1975 Cutlass Salon, 112" - 116" wb						
2d Cpe	200	600	1,000	2,000	3,500	5,000
4d Sed	184	552	920	1,840	3,220	4,600
NOTE: Add 5 percent for 4-4-2 option. Add 20 percent for Hurst/Olds.						
1975 Vista Cruiser, 116" wb						
4d Sta Wag	176	528	880	1,760	3,080	4,400
1975 Delta 88, 124" wb						
2d Cpe	180	540	900	1,800	3,150	4,500
4d Twn Sed	164	492	820	1,640	2,870	4,100
4d HT	200	600	1,000	2,000	3,500	5,000
1975 Delta 88 Royale, 124" wb						
2d Cpe	184	552	920	1,840	3,220	4,600
4d Twn Sed	168	504	840	1,680	2,940	4,200
4d HT	208	624	1,040	2,080	3,640	5,200
2d Conv	540	1,620	2,700	5,400	9,450	13,500
1975 Ninety-Eight, 127" wb						
2d Lux Cpe	232	696	1,160	2,320	4,060	5,800
4d Lux HT	220	660	1,100	2,200	3,850	5,500
2d Reg Cpe	236	708	1,180	2,360	4,130	5,900
4d Reg HT	228	684	1,140	2,280	3,990	5,700
1975 Toronado, 122" wb						
2d Cus Cpe	360	1,080	1,800	3,600	6,300	9,000
2d Brgm Cpe	380	1,140	1,900	3,800	6,650	9,500
1975 Custom Cruiser, 127" wb						
4d Sta Wag	184	552	920	1,840	3,220	4,600
NOTE: Add 20 percent for Hurst/Olds.						
1976 Starfire, V-6						
2d Spt Cpe	172	516	860	1,720	3,010	4,300
2d Spt Cpe SX	176	528	880	1,760	3,080	4,400
NOTE: Add 5 percent for V-8.						
1976 Omega F-85, V-8						
2d Cpe	164	492	820	1,640	2,870	4,100
1976 Omega, V-8						
4d Sed	168	504	840	1,680	2,940	4,200
2d Cpe	172	516	860	1,720	3,010	4,300
2d HBk	176	528	880	1,760	3,080	4,400
1976 Omega Brougham, V-8						
4d Sed	172	516	860	1,720	3,010	4,300
2d Cpe	176	528	880	1,760	3,080	4,400
2d HBk	180	540	900	1,800	3,150	4,500
1976 Cutlass S, V-8						
4d Sed	164	492	820	1,640	2,870	4,100
2d Cpe	188	564	940	1,880	3,290	4,700
NOTE: Add 5 percent for 4-4-2 option.						
1976 Cutlass Supreme, V-8						
4d Sed	168	504	840	1,680	2,940	4,200
2d Cpe	192	576	960	1,920	3,360	4,800
1976 Cutlass Salon, V-8						
4d Sed	176	528	880	1,760	3,080	4,400
2d Cpe	196	588	980	1,960	3,430	4,900
1976 Cutlass Supreme Brougham, V-8						
2d Cpe	200	600	1,000	2,000	3,500	5,000
NOTE: Add 20 percent for Hurst/Olds.						
1976 Station Wagons, V-8						
4d 2S Cruiser	180	540	900	1,800	3,150	4,500
4d 3S Cruiser	184	552	920	1,840	3,220	4,600
4d 2S Vista Cruiser	184	552	920	1,840	3,220	4,600
4d 3S Vista Cruiser	188	564	940	1,880	3,290	4,700
1976 Delta 88, V-8						
4d Sed	176	528	880	1,760	3,080	4,400
4d HT	192	576	960	1,920	3,360	4,800
2d Sed	180	540	900	1,800	3,150	4,500
1976 Delta 88 Royle, V-8						
4d Sed	184	552	920	1,840	3,220	4,600
4d HT	200	600	1,000	2,000	3,500	5,000
2d Sed	188	564	940	1,880	3,290	4,700
1976 Station Wagons, V-8						
4d 2S Cus Cruiser	200	600	1,000	2,000	3,500	5,000
4d 3S Cus Cruiser	200	600	1,000	2,000	3,500	5,000
1976 Ninety-Eight, V-8						
4d Lux HT	208	624	1,040	2,080	3,640	5,200
2d Lux Cpe	224	672	1,120	2,240	3,920	5,600

	6	5	4	3	2	1
4d Reg HT	220	660	1,100	2,200	3,850	5,500
2d Reg Cpe	228	684	1,140	2,280	3,990	5,700
1976 Toronado, V-8						
2d Cus Cpe	300	900	1,500	3,000	5,250	7,500
2d Brgm Cpe	360	1,080	1,800	3,600	6,300	9,000
NOTE: Deduct 5 percent for V-6.						
1977 Starfire, V-6						
2d Spt Cpe	156	468	780	1,560	2,730	3,900
2d Spt Cpe SX	164	492	820	1,640	2,870	4,100
NOTE: Add 5 percent for V-8.						
1977 Omega F85, V-8						
2d Cpe	148	444	740	1,480	2,590	3,700
1977 Omega, V-8						
4d Sed	176	528	880	1,760	3,080	4,400
2d Cpe	180	540	900	1,800	3,150	4,500
2d HBk	184	552	920	1,840	3,220	4,600
1977 Omega Brougham, V-8						
4d Sed	180	540	900	1,800	3,150	4,500
2d Cpe	184	552	920	1,840	3,220	4,600
2d HBk	188	564	940	1,880	3,290	4,700
NOTE: Deduct 5 percent for V-6.						
1977 Cutlass S, V-8						
4d Sed	168	504	840	1,680	2,940	4,200
2d Sed	172	516	860	1,720	3,010	4,300
NOTE: Add 5 percent for 4-4-2 option.						
1977 Cutlass Supreme, V-8						
4d Sed	176	528	880	1,760	3,080	4,400
2d Sed	180	540	900	1,800	3,150	4,500
1977 Cutlass Salon, V-8						
2d	180	540	900	1,800	3,150	4,500
1977 Cutlass Supreme Brougham, V-8						
4d Sed	184	552	920	1,840	3,220	4,600
2d Sed	192	576	960	1,920	3,360	4,800
1977 Station Wagons, V-8						
4d 3S Cruiser	180	540	900	1,800	3,150	4,500
1977 Delta 88, V-8						
4d Sed	180	540	900	1,800	3,150	4,500
2d Cpe	184	552	920	1,840	3,220	4,600
1977 Delta 88 Royale, V-8						
4d Sed	188	564	940	1,880	3,290	4,700
2d Cpe	192	576	960	1,920	3,360	4,800
1977 Station Wagons, V-8						
4d 2S Cus Cruiser	184	552	920	1,840	3,220	4,600
4d 3S Cus Cruiser	188	564	940	1,880	3,290	4,700
1977 Ninety-Eight, V-8						
4d Lux Sed	196	588	980	1,960	3,430	4,900
2d Lux Cpe	200	600	1,000	2,000	3,500	5,000
4d Regency Sed	200	600	1,000	2,000	3,500	5,000
2d Regency Cpe	204	612	1,020	2,040	3,570	5,100
1977 Toronado Brougham, V-8						
2d Cpe XS	380	1,140	1,900	3,800	6,650	9,500
2d Cpe	280	840	1,400	2,800	4,900	7,000
NOTE: Deduct 5 percent for V-6.						
1978 Starfire						
2d Cpe	120	360	600	1,200	2,100	3,000
2d Cpe SX	128	384	640	1,280	2,240	3,200
1978 Omega						
4d Sed	140	420	700	1,400	2,450	3,500
2d Cpe	144	432	720	1,440	2,520	3,600
2d HBk	148	444	740	1,480	2,590	3,700
1978 Omega Brougham						
4d Sed	144	432	720	1,440	2,520	3,600
2d Cpe	148	444	740	1,480	2,590	3,700
1978 Cutlass Salon						
4d Sed	132	396	660	1,320	2,310	3,300
2d Cpe	136	408	680	1,360	2,380	3,400
1978 Cutlass Salon Brougham						
4d Sed	136	408	680	1,360	2,380	3,400
2d Cpe	140	420	700	1,400	2,450	3,500
1978 Cutlass Supreme						
2d Cpe	144	432	720	1,440	2,520	3,600

	6	5	4	3	2	1
1978 Cutlass Calais						
2d Cpe	148	444	740	1,480	2,590	3,700
1978 Cutlass Supreme Brougham						
2d Cpe	152	456	760	1,520	2,660	3,800
NOTE: Add 5 percent for 4-4-2 option.						
1978 Cutlass Cruiser						
4d 2S Sta Wag	140	420	700	1,400	2,450	3,500
1978 Delta 88						
4d Sed	144	432	720	1,440	2,520	3,600
2d Cpe	148	444	740	1,480	2,590	3,700
1978 Delta 88 Royale						
4d Sed	148	444	740	1,480	2,590	3,700
2d Cpe	152	456	760	1,520	2,660	3,800
1978 Custom Cruiser						
4d Sta Wag	144	432	720	1,440	2,520	3,600
1978 Ninety-Eight						
4d Lux Sed	156	468	780	1,560	2,730	3,900
2d Lux Cpe	160	480	800	1,600	2,800	4,000
4d Regency Sed	160	480	800	1,600	2,800	4,000
2d Regency Cpe	164	492	820	1,640	2,870	4,100
1978 Toronado Brougham, V-8						
2d Cpe XS	380	1,140	1,900	3,800	6,650	9,500
2d Cpe	280	840	1,400	2,800	4,900	7,000
1979 Starfire, 4-cyl.						
2d Spt Cpe	124	372	620	1,240	2,170	3,100
2d Spt Cpe SX	128	384	640	1,280	2,240	3,200
1979 Omega, V-8						
4d Sed	144	432	720	1,440	2,520	3,600
2d Cpe	148	444	740	1,480	2,590	3,700
2d HBk	152	456	760	1,520	2,660	3,800
1979 Omega Brougham, V-8						
4d Sed	148	444	740	1,480	2,590	3,700
2d Cpe	152	456	760	1,520	2,660	3,800
1979 Cutlass Salon, V-8						
4d Sed	136	408	680	1,360	2,380	3,400
2d Cpe	140	420	700	1,400	2,450	3,500
NOTE: Add 5 percent for 4-4-2 option.						
1979 Cutlass Salon Brougham, V-8						
4d Sed	140	420	700	1,400	2,450	3,500
2d Cpe	144	432	720	1,440	2,520	3,600
1979 Cutlass Supreme, V-8						
2d Cpe	148	444	740	1,480	2,590	3,700
1979 Cutlass Calais, V-8						
2d Cpe	152	456	760	1,520	2,660	3,800
1979 Cutlass Supreme Brougham, V-8						
2d Cpe	156	468	780	1,560	2,730	3,900
1979 Cutlass Cruiser, V-8						
4d Sta Wag	144	432	720	1,440	2,520	3,600
1979 Cutlass Cruiser Brougham, V-8						
4d Sta Wag	148	444	740	1,480	2,590	3,700
1979 Delta 88, V-8						
4d Sed	152	456	760	1,520	2,660	3,800
2d Cpe	156	468	780	1,560	2,730	3,900
1979 Delta 88 Royale, V-8						
4d Sed	156	468	780	1,560	2,730	3,900
2d Cpe	160	480	800	1,600	2,800	4,000
1979 Custom Cruiser, V-8						
4d 2S Sta Wag	156	468	780	1,560	2,730	3,900
4d 3S Sta Wag	160	480	800	1,600	2,800	4,000
1979 Ninety-Eight						
4d Lux Sed	164	492	820	1,640	2,870	4,100
2d Lux Cpe	168	504	840	1,680	2,940	4,200
4d Regency Sed	172	516	860	1,720	3,010	4,300
2d Regency Cpe	176	528	880	1,760	3,080	4,400
1979 Toronado						
2d Cpe	200	600	1,000	2,000	3,500	5,000
NOTE: Deduct 5 percent for V-6. Add 40 percent for Hurst/Olds. Deduct 10 percent for diesel.						
1980 Starfire, 4-cyl.						
2d Cpe	152	456	760	1,520	2,660	3,800
2d Cpe SX	156	468	780	1,560	2,730	3,900

1976 Oldsmobile Cutlass S colonnade hardtop

1992 Oldsmobile Toronado Trofeo hardtop

1916 Packard Twin Six touring

	6	5	4	3	2	1
1980 Omega, V-6						
4d Sed	152	456	760	1,520	2,660	3,800
2d Cpe	156	468	780	1,560	2,730	3,900
NOTE: Deduct 10 percent for 4-cyl.						
1980 Omega Brougham, V-6						
4d Sed	156	468	780	1,560	2,730	3,900
2d Cpe	160	480	800	1,600	2,800	4,000
NOTE: Deduct 10 percent for 4-cyl.						
1980 Cutlass, V-8						
4d Sed	144	432	720	1,440	2,520	3,600
NOTE: Deduct 12 percent for V-6.						
1980 Cutlass Salon, V-8						
2d Cpe	156	468	780	1,560	2,730	3,900
NOTE: Deduct 12 percent for V-6.						
1980 Cutlass Salon Brougham, V-8						
2d Cpe	160	480	800	1,600	2,800	4,000
NOTE: Deduct 12 percent for V-6.						
1980 Cutlass Supreme, V-8						
2d Cpe	164	492	820	1,640	2,870	4,100
NOTE: Deduct 12 percent for V-6.						
1980 Cutlass LS, V-8						
4d Sed	148	444	740	1,480	2,590	3,700
NOTE: Deduct 12 percent for V-6.						
1980 Cutlass Calais, V-8						
2d Cpe	168	504	840	1,680	2,940	4,200
NOTE: Deduct 12 percent for V-6.						
1980 Cutlass Brougham, V-8						
4d Sed	152	456	760	1,520	2,660	3,800
2d Cpe Supreme	168	504	840	1,680	2,940	4,200
NOTE: Deduct 12 percent for V-6.						
1980 Cutlass Cruiser, V-8						
4d Sta Wag	156	468	780	1,560	2,730	3,900
4d Sta Wag Brgm	160	480	800	1,600	2,800	4,000
NOTE: Deduct 12 percent for V-6.						
1980 Delta 88, V-8						
4d Sed	164	492	820	1,640	2,870	4,100
2d Cpe	168	504	840	1,680	2,940	4,200
NOTE: Deduct 12 percent for V-6.						
1980 Delta 88 Royale, V-8						
4d Sed	168	504	840	1,680	2,940	4,200
2d Cpe	172	516	860	1,720	3,010	4,300
NOTE: Deduct 12 percent for V-6.						
1980 Delta 88 Royale Brougham, V-8						
4d Sed	176	528	880	1,760	3,080	4,400
2d Cpe	180	540	900	1,800	3,150	4,500
NOTE: Deduct 12 percent for V-6.						
1980 Custom Cruiser, V-8						
4d 2S Sta Wag	172	516	860	1,720	3,010	4,300
4d 3S Sta Wag	176	528	880	1,760	3,080	4,400
1980 Ninety-Eight, V-8						
4d Lux Sed	184	552	920	1,840	3,220	4,600
4d Regency Sed	196	588	980	1,960	3,430	4,900
2d Regency Cpe	204	612	1,020	2,040	3,570	5,100
1980 Toronado Brougham, V-8						
2d Cpe	296	888	1,480	2,960	5,180	7,400
1981 Omega, V-6						
4d Sed	156	468	780	1,560	2,730	3,900
2d Cpe	160	480	800	1,600	2,800	4,000
NOTE: Deduct 10 percent for 4-cyl.						
1981 Omega Brougham, V-6						
4d Sed	160	480	800	1,600	2,800	4,000
2d Cpe	164	492	820	1,640	2,870	4,100
NOTE: Deduct 10 percent for 4-cyl.						
1981 Cutlass, V-8						
4d Sed	148	444	740	1,480	2,590	3,700
NOTE: Deduct 12 percent for V-6.						
1981 Cutlass Supreme, V-8						
2d Cpe	168	504	840	1,680	2,940	4,200
NOTE: Deduct 12 percent for V-6.						

	6	5	4	3	2	1
1981 Cutlass LS, V-8						
4d Sed	152	456	760	1,520	2,660	3,800
NOTE: Deduct 12 percent for V-6.						
1981 Cutlass Calais, V-8						
2d Cpe	176	528	880	1,760	3,080	4,400
NOTE: Deduct 12 percent for V-6.						
1981 Cutlass Supreme Brougham, V-8						
2d Cpe	172	516	860	1,720	3,010	4,300
NOTE: Deduct 12 percent for V-6.						
1981 Cutlass Brougham, V-8						
4d Sed	156	468	780	1,560	2,730	3,900
NOTE: Deduct 12 percent for V-6.						
1981 Cutlass Cruiser, V-8						
4d Sta Wag	156	468	780	1,560	2,730	3,900
4d Brgm Sta Wag	160	480	800	1,600	2,800	4,000
NOTE: Deduct 12 percent for V-6.						
1981 Delta 88, V-8						
4d Sed	168	504	840	1,680	2,940	4,200
2d Cpe	172	516	860	1,720	3,010	4,300
NOTE: Deduct 12 percent for V-6.						
1981 Delta 88 Royale, V-8						
4d Sed	172	516	860	1,720	3,010	4,300
2d Cpe	176	528	880	1,760	3,080	4,400
NOTE: Deduct 12 percent for V-6.						
1981 Delta 88 Royale Brougham, V-8						
4d Sed	180	540	900	1,800	3,150	4,500
2d Cpe	184	552	920	1,840	3,220	4,600
1981 Custom Cruiser, V-8						
4d 2S Sta Wag	176	528	880	1,760	3,080	4,400
4d 3S Sta Wag	180	540	900	1,800	3,150	4,500
1981 Ninety-Eight, V-8						
4d Lux Sed	188	564	940	1,880	3,290	4,700
4d Regency Sed	192	576	960	1,920	3,360	4,800
2d Regency Cpe	196	588	980	1,960	3,430	4,900
NOTE: Deduct 12 percent for V-6.						
1981 Toronado Brougham, V-8						
2d Cpe	308	924	1,540	3,080	5,390	7,700
NOTE: Deduct 12 percent for V-6.						
1982 Firenza, 4-cyl.						
2d Cpe	168	504	840	1,680	2,940	4,200
4d Sed	172	516	860	1,720	3,010	4,300
4d Sta Wag	180	540	900	1,800	3,150	4,500
1982 Cutlass Calais, 4-cyl.						
2d Cpe	176	528	880	1,760	3,080	4,400
4d Sed	180	540	900	1,800	3,150	4,500
2d Cpe SL	192	576	960	1,920	3,360	4,800
2d Cpe Int	220	660	1,100	2,200	3,850	5,500
4d Sed Int	224	672	1,120	2,240	3,920	5,600
2d Cpe V-6	208	624	1,040	2,080	3,640	5,200
4d Sed V-6	212	636	1,060	2,120	3,710	5,300
2d Cpe SL V-6	216	648	1,080	2,160	3,780	5,400
4d Sed SL V-6	220	660	1,100	2,200	3,850	5,500
1982 Cutlass Ciera, 4-cyl.						
2d Cpe	196	588	980	1,960	3,430	4,900
4d Sed	200	600	1,000	2,000	3,500	5,000
4d Sta Wag	204	612	1,020	2,040	3,570	5,100
2d Cpe Brgm	200	600	1,000	2,000	3,500	5,000
4d Sed Brgm SL	208	624	1,040	2,080	3,640	5,200
4d Sta Wag Brgm	208	624	1,040	2,080	3,640	5,200
2d Cpe V-6	204	612	1,020	2,040	3,570	5,100
4d Sed V-6	208	624	1,040	2,080	3,640	5,200
4d Sta Wag V-6	212	636	1,060	2,120	3,710	5,300
2d Cpe SL V-6	216	648	1,080	2,160	3,780	5,400
4d Sed V-6	220	660	1,100	2,200	3,850	5,500
4d Sta Wag V-6	224	672	1,120	2,240	3,920	5,600
2d Cpe Int V-6	232	696	1,160	2,320	4,060	5,800
4d Sed Int V-6	236	708	1,180	2,360	4,130	5,900
1982 Cutlass Supreme						
2d Cpe V-6	284	852	1,420	2,840	4,970	7,100
2d Cpe SL V-6	300	900	1,500	3,000	5,250	7,500
2d Cpe Int V-6	308	924	1,540	3,080	5,390	7,700
2d Cpe V-8	304	912	1,520	3,040	5,320	7,600
2d Cpe Brgm V-8	300	900	1,500	3,000	5,250	7,500

	6	5	4	3	2	1
1982 Delta 88 Royale						
2d Cpe V-6	220	660	1,100	2,200	3,850	5,500
4d Sed V-6	224	672	1,120	2,240	3,920	5,600
2d Cpe Brgm V-6	236	708	1,180	2,360	4,130	5,900
4d Sed Brgm V-6	280	840	1,400	2,800	4,900	7,000
1982 Custom Cruiser, V-8						
4d Sta Wag	300	900	1,500	3,000	5,250	7,500
1982 Ninety-Eight, V-6						
4d Sed Regency	300	900	1,500	3,000	5,250	7,500
4d Sed Regency Brgm	360	1,080	1,800	3,600	6,300	9,000
4d Sed Touring Sed	360	1,080	1,800	3,600	6,300	9,000
1982 Toronado, V-8						
2d Cpe	380	1,140	1,900	3,800	6,650	9,500
2d Cpe Brgm	420	1,260	2,100	4,200	7,350	10,500
1982 Custom Cruiser, V-8						
4d Sta Wag	196	588	980	1,960	3,430	4,900
1982 Ninety-Eight Regency, V-8						
4d Sed	204	612	1,020	2,040	3,570	5,100
2d Cpe	208	624	1,040	2,080	3,640	5,200
4d Brgm Sed	208	624	1,040	2,080	3,640	5,200
NOTE: Deduct 12 percent for V-6.						
1982 Toronado Brougham, V-8						
2d Cpe	312	936	1,560	3,120	5,460	7,800
NOTE: Deduct 12 percent for V-6.						
1983 Firenza, 4-cyl.						
4d LX Sed	164	492	820	1,640	2,870	4,100
2d SX Cpe	168	504	840	1,680	2,940	4,200
4d LX Sta Wag	172	516	860	1,720	3,010	4,300
NOTE: Deduct 5 percent for lesser models.						
1983 Omega, V-6						
4d Sed	164	492	820	1,640	2,870	4,100
2d Cpe	168	504	840	1,680	2,940	4,200
NOTE: Deduct 10 percent for 4-cyl.						
1983 Omega Brougham, V-6						
4d Sed	168	504	840	1,680	2,940	4,200
2d Cpe	172	516	860	1,720	3,010	4,300
NOTE: Deduct 10 percent for 4-cyl.						
1983 Cutlass Supreme, V-8						
4d Sed	184	552	920	1,840	3,220	4,600
2d Cpe	188	564	940	1,880	3,290	4,700
NOTE: Deduct 12 percent for V-6.						
1983 Cutlass Supreme Brougham, V-8						
aNOTE: Deduct 12 percent for V-6.						
1983 Cutlass Calais, V-8						
2d Cpe Hurst/Olds	640	1,920	3,200	6,400	11,200	16,000
2d Cpe	196	588	980	1,960	3,430	4,900
NOTE: Deduct 12 percent for V-6.						
1983 Cutlass Cruiser, V-8						
4d Sta Wag	192	576	960	1,920	3,360	4,800
NOTE: Deduct 12 percent for V-6.						
1983 Cutlass Ciera, V-6						
4d Sed	184	552	920	1,840	3,220	4,600
2d Cpe	188	564	940	1,880	3,290	4,700
NOTE: Deduct 10 percent for 4-cyl.						
1983 Cutlass Ciera Brougham, V-6						
4d Sed	188	564	940	1,880	3,290	4,700
2d Cpe	192	576	960	1,920	3,360	4,800
NOTE: Deduct 10 percent for 4-cyl.						
1983 Delta 88, V-8						
4d Sed	192	576	960	1,920	3,360	4,800
NOTE: Deduct 12 percent for V-6.						
1983 Delta 88 Royale, V-8						
4d Sed	196	588	980	1,960	3,430	4,900
2d Cpe	200	600	1,000	2,000	3,500	5,000
NOTE: Deduct 12 percent for V-6.						
1983 Delta 88 Royale Brougham, V-8						
4d Sed	204	612	1,020	2,040	3,570	5,100
2d Cpe	208	624	1,040	2,080	3,640	5,200
NOTE: Deduct 12 percent for V-6.						

	6	5	4	3	2	1
1983 Custom Cruiser, V-8						
4d Sta Wag	204	612	1,020	2,040	3,570	5,100
1983 Ninety-Eight Regency, V-8						
4d Sed	212	636	1,060	2,120	3,710	5,300
2d Cpe	220	660	1,100	2,200	3,850	5,500
4d Sed Brgm	216	648	1,080	2,160	3,780	5,400
NOTE: Deduct 13 percent for V-6.						
1983 Toronado Brougham, V-8						
2d Cus Cpe	316	948	1,580	3,160	5,530	7,900
NOTE: Deduct 13 percent for V-6.						
1984 Firenza, 4-cyl.						
4d LX Sed	164	492	820	1,640	2,870	4,100
2d LX Sed	164	492	820	1,640	2,870	4,100
4d LX Sta Wag Cruiser	172	516	860	1,720	3,010	4,300
NOTE: Deduct 5 percent for lesser models.						
4d Sed Brgm	172	516	860	1,720	3,010	4,300
2d Sed Brgm	172	516	860	1,720	3,010	4,300
NOTE: Deduct 5 percent for 4-cyl. Deduct 8 percent for 4-cyl.						
1984 Cutlass, V-8						
4d Sed Supreme Brgm	192	576	960	1,920	3,360	4,800
2d Sed Supreme Brgm	192	576	960	1,920	3,360	4,800
2d Sed Calais	196	588	980	1,960	3,430	4,900
2d Sed Calais Hurst/Olds	220	660	1,100	2,200	3,850	5,500
1984 Cutlass Ciera, V-6						
4d Sed	184	552	920	1,840	3,220	4,600
2d Sed	184	552	920	1,840	3,220	4,600
4d Sta Wag Cruiser	184	552	920	1,840	3,220	4,600
4d Sed Brgm	188	564	940	1,880	3,290	4,700
2d Sed Brgm	188	564	940	1,880	3,290	4,700
NOTE: Deduct 8 percent for 4-cyl.						
1984 Cutlass Ciera, V-8						
4d Sed	192	576	960	1,920	3,360	4,800
2d Sed	192	576	960	1,920	3,360	4,800
4d Sta Wag	192	576	960	1,920	3,360	4,800
4d Sed Brgm	196	588	980	1,960	3,430	4,900
2d Sed Brgm	196	588	980	1,960	3,430	4,900
1984 Delta 88 Royale, V-8						
4d Sed	200	600	1,000	2,000	3,500	5,000
2d Sed	200	600	1,000	2,000	3,500	5,000
4d Sed Brgm	208	624	1,040	2,080	3,640	5,200
2d Sed Brgm	208	624	1,040	2,080	3,640	5,200
4d Cus Sta Wag Cruiser	212	636	1,060	2,120	3,710	5,300
4d LS Sed	212	636	1,060	2,120	3,710	5,300
NOTE: Deduct 10 percent for V-6 cyl.						
1984 Ninety-Eight Regency, V-8						
4d Sed	220	660	1,100	2,200	3,850	5,500
2d Sed	220	660	1,100	2,200	3,850	5,500
4d Sed Brgm	224	672	1,120	2,240	3,920	5,600
1984 Toronado Brougham						
2d V-6 Cpe	300	900	1,500	3,000	5,250	7,500
2d V-8 Cpe	360	1,080	1,800	3,600	6,300	9,000
1985 Firenza, V-6						
4d LX Sed	172	516	860	1,720	3,010	4,300
2d LX Sed	172	516	860	1,720	3,010	4,300
4d LX Sta Wag	176	528	880	1,760	3,080	4,400
NOTE: Deduct 8 percent for 4-cyl. Deduct 5 percent for lesser models.						
1985 Cutlass, V-8						
4d Sed	192	576	960	1,920	3,360	4,800
2d Sed	192	576	960	1,920	3,360	4,800
1985 Cutlass Supreme Brougham, V-8						
4d Sed	192	576	960	1,920	3,360	4,800
2d Sed	192	576	960	1,920	3,360	4,800
1985 Cutlass Salon, V-8						
2d Cpe	196	588	980	1,960	3,430	4,900
2d 4-4-2 Cpe	312	936	1,560	3,120	5,460	7,800
NOTE: Deduct 8 percent for 4-cyl. Deduct 30 percent for diesel.						
1985 Calais, V-6						
2d Sed	196	588	980	1,960	3,430	4,900
2d Sed Brgm	196	588	980	1,960	3,430	4,900
NOTE: Deduct 8 percent for 4-cyl.						

	6	5	4	3	2	1
1985 Cutlass Ciera, V-6						
4d Sed	184	552	920	1,840	3,220	4,600
2d Sed	184	552	920	1,840	3,220	4,600
4d Sta Wag	188	564	940	1,880	3,290	4,700
1985 Cutlass Ciera Brougham, V-6						
4d Sed	188	564	940	1,880	3,290	4,700
2d Sed	188	564	940	1,880	3,290	4,700
NOTE: Deduct 8 percent for 4-cyl. Deduct 30 percent for diesel.						
1985 Delta 88 Royale, V-8						
4d Sed	204	612	1,020	2,040	3,570	5,100
2d Sed	204	612	1,020	2,040	3,570	5,100
4d Sed Brgm	212	636	1,060	2,120	3,710	5,300
2d Sed Brgm	212	636	1,060	2,120	3,710	5,300
4d Sta Wag	216	648	1,080	2,160	3,780	5,400
NOTE: Deduct 10 percent for V-6 where available. Deduct 30 percent for diesel.						
1985 Ninety-Eight Regency, V-6						
4d Sed	224	672	1,120	2,240	3,920	5,600
2d Sed	224	672	1,120	2,240	3,920	5,600
4d Sed Brgm	228	684	1,140	2,280	3,990	5,700
2d Sed Brgm	228	684	1,140	2,280	3,990	5,700
1985 Toronado, V-8						
2d Cpe	364	1,092	1,820	3,640	6,370	9,100
NOTE: Deduct 30 percent for diesel.						
1986 Firenza, 4-cyl.						
4d Sed	180	540	900	1,800	3,150	4,500
2d Cpe	176	528	880	1,760	3,080	4,400
2d HBk	180	540	900	1,800	3,150	4,500
4d Sed LX	184	552	920	1,840	3,220	4,600
2d Cpe LC	180	540	900	1,800	3,150	4,500
4d Sta Wag	184	552	920	1,840	3,220	4,600
2d HBk GT V-6	188	564	940	1,880	3,290	4,700
1986 Cutlass Supreme V-6						
4d Sed	188	564	940	1,880	3,290	4,700
2d Cpe	188	564	940	1,880	3,290	4,700
4d Sed Brgm	192	576	960	1,920	3,360	4,800
2d Cpe Brgm	192	576	960	1,920	3,360	4,800
1986 Cutlass Salon, V-6						
2d Cpe	196	588	980	1,960	3,430	4,900
2d Cpe 4-4-2-V-8	312	936	1,560	3,120	5,460	7,800
NOTE: Add 20 percent for V-8.						
1986 Calais, 4-cyl.						
4d Sed	204	612	1,020	2,040	3,570	5,100
2d Cpe	204	612	1,020	2,040	3,570	5,100
4d Sed Supreme	208	624	1,040	2,080	3,640	5,200
2d Cpe Supreme	208	624	1,040	2,080	3,640	5,200
NOTE: Add 10 percent for V-6.						
1986 Cutlass Ciera, V-6						
4d Sed LS	208	624	1,040	2,080	3,640	5,200
2d Cpe LS	208	624	1,040	2,080	3,640	5,200
2d Cpe S LS	212	636	1,060	2,120	3,710	5,300
4d Sta Wag LS	216	648	1,080	2,160	3,780	5,400
4d Sed Brgm	216	648	1,080	2,160	3,780	5,400
2d Cpe Brgm	216	648	1,080	2,160	3,780	5,400
2d Cpe Brgm SL	220	660	1,100	2,200	3,850	5,500
1986 Delta 88						
4d Sed	216	648	1,080	2,160	3,780	5,400
2d Cpe	216	648	1,080	2,160	3,780	5,400
4d Sed Brgm	220	660	1,100	2,200	3,850	5,500
2d Cpe Brgm	220	660	1,100	2,200	3,850	5,500
1986 Custom Cruiser, V-8						
4d Sta Wag	288	864	1,440	2,880	5,040	7,200
1986 Ninety-Eight Regency						
4d Sed	228	684	1,140	2,280	3,990	5,700
2d Cpe	228	684	1,140	2,280	3,990	5,700
4d Sed Brgm	232	696	1,160	2,320	4,060	5,800
2d Cpe Brgm	232	696	1,160	2,320	4,060	5,800
1986 Toronado						
2d Cpe	380	1,140	1,900	3,800	6,650	9,500
1987 Firenza, 4-cyl.						
4d Sed	180	540	900	1,800	3,150	4,500
2d Cpe	176	528	880	1,760	3,080	4,400
2d HBk S	180	540	900	1,800	3,150	4,500
4d Sed LX	184	552	920	1,840	3,220	4,600
2d Cpe LC	180	540	900	1,800	3,150	4,500

	6	5	4	3	2	1
4d Sta Wag	184	552	920	1,840	3,220	4,600
2d HBk GT	184	552	920	1,840	3,220	4,600
1987 Cutlass Supreme, V-6						
4d Sed	192	576	960	1,920	3,360	4,800
2d Cpe	188	564	940	1,880	3,290	4,700
1987 Cutlass Supreme, V-8						
4d Sed	200	600	1,000	2,000	3,500	5,000
2d Cpe	196	588	980	1,960	3,430	4,900
2d Cpe 4-4-2	392	1,176	1,960	3,920	6,860	9,800
1987 Cutlass Supreme Brougham, V-6						
4d Sed	196	588	980	1,960	3,430	4,900
2d Cpe	192	576	960	1,920	3,360	4,800
1987 Cutlass Supreme Brougham, V-8						
4d Sed	204	612	1,020	2,040	3,570	5,100
2d Cpe	200	600	1,000	2,000	3,500	5,000
1987 Cutlass Salon						
2d Cpe V-6	204	612	1,020	2,040	3,570	5,100
2d Cpe V-8	208	624	1,040	2,080	3,640	5,200
1987 Calais, 4-cyl.						
4d Sed	208	624	1,040	2,080	3,640	5,200
2d Cpe	204	612	1,020	2,040	3,570	5,100
1987 Calais, V-6						
4d Sed	212	636	1,060	2,120	3,710	5,300
2d Cpe	208	624	1,040	2,080	3,640	5,200
1987 Calais Supreme, 4-cyl.						
4d Sed	212	636	1,060	2,120	3,710	5,300
2d Cpe	208	624	1,040	2,080	3,640	5,200
1987 Calais Supreme, V-6						
4d Sed	216	648	1,080	2,160	3,780	5,400
2d Cpe	212	636	1,060	2,120	3,710	5,300
1987 Cutlass Ciera, 4-cyl.						
4d Sed	216	648	1,080	2,160	3,780	5,400
2d Cpe	212	636	1,060	2,120	3,710	5,300
4d Sta Wag	220	660	1,100	2,200	3,850	5,500
1987 Cutlass Ciera, V-6						
4d Sed	220	660	1,100	2,200	3,850	5,500
2d Cpe	216	648	1,080	2,160	3,780	5,400
4d Sta Wag	224	672	1,120	2,240	3,920	5,600
1987 Cutlass Ciera Brougham, 4-cyl.						
4d Sed	220	660	1,100	2,200	3,850	5,500
2d Cpe SL	216	648	1,080	2,160	3,780	5,400
4d Sta Wag	224	672	1,120	2,240	3,920	5,600
1987 Cutlass Ciera Brougham, V-6						
4d Sed	224	672	1,120	2,240	3,920	5,600
2d Cpe SL	220	660	1,100	2,200	3,850	5,500
4d Sta Wag	228	684	1,140	2,280	3,990	5,700
1987 Delta 88 Royale, V-6						
4d Sed	216	648	1,080	2,160	3,780	5,400
2d Cpe	212	636	1,060	2,120	3,710	5,300
4d Sed Brgm	224	672	1,120	2,240	3,920	5,600
2d Cpe Brgm	220	660	1,100	2,200	3,850	5,500
1987 Custom Cruiser, V-8						
4d Sta Wag	220	660	1,100	2,200	3,850	5,500
1987 Ninety-Eight, V-6						
4d Sed	224	672	1,120	2,240	3,920	5,600
4d Sed Regency Brgm	228	684	1,140	2,280	3,990	5,700
2d Sed Regency Brgm	224	672	1,120	2,240	3,920	5,600
1987 Toronado, V-6						
2d Cpe Brgm	376	1,128	1,880	3,760	6,580	9,400
NOTE: Add 10 percent for Trofeo option.						
1988 Firenza, 4-cyl.						
2d Cpe	168	504	840	1,680	2,940	4,200
4d Sed	172	516	860	1,720	3,010	4,300
4d Sta Wag	180	540	900	1,800	3,150	4,500
1988 Cutlass Calais, 4-cyl.						
2d Cpe	176	528	880	1,760	3,080	4,400
4d Sed	180	540	900	1,800	3,150	4,500
2d SL Cpe	192	576	960	1,920	3,360	4,800
4d SL Sed	196	588	980	1,960	3,430	4,900
2d Int'l Cpe	220	660	1,100	2,200	3,850	5,500
4d Int'l Sed	224	672	1,120	2,240	3,920	5,600
2d Cpe, V-6	208	624	1,040	2,080	3,640	5,200
4d Sed, V-6	212	636	1,060	2,120	3,710	5,300

	6	5	4	3	2	1
2d SL Cpe, V-6	216	648	1,080	2,160	3,780	5,400
4d SL Sed, V-6	220	660	1,100	2,200	3,850	5,500
1988 Cutlass Ciera, 4-cyl.						
2d Cpe	196	588	980	1,960	3,430	4,900
4d Sed	200	600	1,000	2,000	3,500	5,000
4d Sta Wag	204	612	1,020	2,040	3,570	5,100
1988 Cutlass Ciera Brougham, 4-cyl.						
2d Cpe	200	600	1,000	2,000	3,500	5,000
4d SL Sed	204	612	1,020	2,040	3,570	5,100
4d Sta Wag	208	624	1,040	2,080	3,640	5,200
1988 Cutlass Ciera, V-6						
2d Cpe	204	612	1,020	2,040	3,570	5,100
4d Sed	208	624	1,040	2,080	3,640	5,200
4d Sta Wag	212	636	1,060	2,120	3,710	5,300
1988 Cutlass Ciera Brougham, V-6						
2d Cpe SL	216	648	1,080	2,160	3,780	5,400
4d Sed	220	660	1,100	2,200	3,850	5,500
4d Sta Wag	224	672	1,120	2,240	3,920	5,600
2d Int'l Cpe	232	696	1,160	2,320	4,060	5,800
4d Int'l Cpe	236	708	1,180	2,360	4,130	5,900
1988 Cutlass Supreme, V-6						
2d Cpe	284	852	1,420	2,840	4,970	7,100
2d SL Cpe	300	900	1,500	3,000	5,250	7,500
2d Int'l Cpe	308	924	1,540	3,080	5,390	7,700
1988 Cutlass Supreme, V-8						
2d Cpe	292	876	1,460	2,920	5,110	7,300
2d Cpe Brgm	300	900	1,500	3,000	5,250	7,500
1988 Delta 88 Royale, V-6						
2d Cpe	220	660	1,100	2,200	3,850	5,500
4d Sed	224	672	1,120	2,240	3,920	5,600
2d Cpe Brgm	236	708	1,180	2,360	4,130	5,900
4d Sed Brgm	280	840	1,400	2,800	4,900	7,000
1988 Custom Cruiser, V-8						
4d Sta Wag	300	900	1,500	3,000	5,250	7,500
1988 Ninety-Eight, V-6						
4d Sed Regency	300	900	1,500	3,000	5,250	7,500
4d Sed Regency Brgm	360	1,080	1,800	3,600	6,300	9,000
4d Trg Sed	400	1,200	2,000	4,000	7,000	10,000
1988 Toronado, V-6						
2d Cpe	380	1,140	1,900	3,800	6,650	9,500
2d Cpe Trofeo	420	1,260	2,100	4,200	7,350	10,500
1989 Cutlass Calais, 4-cyl.						
4d Sed	180	540	900	1,800	3,150	4,500
2d Cpe	176	528	880	1,760	3,080	4,400
4d Sed S	192	576	960	1,920	3,360	4,800
2d Cpe S	188	564	940	1,880	3,290	4,700
4d Sed SL	212	636	1,060	2,120	3,710	5,300
2d Cpe SL	208	624	1,040	2,080	3,640	5,200
4d Sed Int'l Series	260	780	1,300	2,600	4,550	6,500
2d Cpe Int'l Series	256	768	1,280	2,560	4,480	6,400
1989 V-6						
4d Sed S	212	636	1,060	2,120	3,710	5,300
2d Cpe S	208	624	1,040	2,080	3,640	5,200
4d Sed SL	224	672	1,120	2,240	3,920	5,600
2d Cpe SL	220	660	1,100	2,200	3,850	5,500
1989 Cutlass Calais, 4-cyl.						
4d Sed	196	588	980	1,960	3,430	4,900
2d Cpe	192	576	960	1,920	3,360	4,800
4d Sta Wag	240	720	1,200	2,400	4,200	6,000
4d Sed SL	228	684	1,140	2,280	3,990	5,700
2d Cpe SL	224	672	1,120	2,240	3,920	5,600
4d Sta Wag SL	248	744	1,240	2,480	4,340	6,200
1989 V-6						
4d Sed	220	660	1,100	2,200	3,850	5,500
2d Cpe	216	648	1,080	2,160	3,780	5,400
4d Sta Wag	252	756	1,260	2,520	4,410	6,300
4d Sed SL	228	684	1,140	2,280	3,990	5,700
2d Cpe SL	224	672	1,120	2,240	3,920	5,600
4d Sta Wag SL	260	780	1,300	2,600	4,550	6,500
4d Sed Int'l Series	264	792	1,320	2,640	4,620	6,600
2d Cpe Int'l Series	260	780	1,300	2,600	4,550	6,500
1989 Cutlass Supreme, V-6						
2d Cpe	280	840	1,400	2,800	4,900	7,000
2d Cpe SL	300	900	1,500	3,000	5,250	7,500
2d Cpe Int'l Series	320	960	1,600	3,200	5,600	8,000

	6	5	4	3	2	1
1989 Eighty-Eight Royale, V-6						
4d Sed	280	840	1,400	2,800	4,900	7,000
2d Cpe	276	828	1,380	2,760	4,830	6,900
4d Sed Brgm	300	900	1,500	3,000	5,250	7,500
2d Cpe Brgm	296	888	1,480	2,960	5,180	7,400
1989 Custom Cruiser, V-8						
4d Sta Wag	300	900	1,500	3,000	5,250	7,500
1989 Ninety-Eight, V-6						
4d Sed Regency	300	900	1,500	3,000	5,250	7,500
4d Sed Regency Brgm	340	1,020	1,700	3,400	5,950	8,500
4d Sed Trg	540	1,620	2,700	5,400	9,450	13,500
1989 Toronado, V-6						
2d Cpe	420	1,260	2,100	4,200	7,350	10,500
2d Cpe Trofeo	540	1,620	2,700	5,400	9,450	13,500
1990 Cutlass Calais, 4-cyl.						
2d Cpe	192	576	960	1,920	3,360	4,800
4d Sed	196	588	980	1,960	3,430	4,900
2d Cpe S	196	588	980	1,960	3,430	4,900
4d Sed S	200	600	1,000	2,000	3,500	5,000
2d Cpe SL Quad	220	660	1,100	2,200	3,850	5,500
4d Sed SL Quad	224	672	1,120	2,240	3,920	5,600
2d Cpe Int'l Quad	224	672	1,120	2,240	3,920	5,600
4d Sed Int'l Quad	228	684	1,140	2,280	3,990	5,700
1990 V-6						
2d Cpe SL	232	696	1,160	2,320	4,060	5,800
4d Sed SL	236	708	1,180	2,360	4,130	5,900
1990 Cutlass Ciera, 4-cyl.						
4d Sed	200	600	1,000	2,000	3,500	5,000
2d Cpe S	204	612	1,020	2,040	3,570	5,100
4d Sed S	208	624	1,040	2,080	3,640	5,200
4d Sta Wag S	220	660	1,100	2,200	3,850	5,500
1990 V-6						
4d Sed	208	624	1,040	2,080	3,640	5,200
2d Cpe S	220	660	1,100	2,200	3,850	5,500
4d Sed S	224	672	1,120	2,240	3,920	5,600
4d Sta Wag S	228	684	1,140	2,280	3,990	5,700
4d Sed SL	232	696	1,160	2,320	4,060	5,800
4d Sta Wag SL	236	708	1,180	2,360	4,130	5,900
2d Cpe Int'l	240	720	1,200	2,400	4,200	6,000
4d Sed Int'l	244	732	1,220	2,440	4,270	6,100
1990 Cutlass Supreme, 4-cyl.						
2d Cpe Quad	260	780	1,300	2,600	4,550	6,500
4d Sed Quad	264	792	1,320	2,640	4,620	6,600
2d Cpe Int'l Quad	300	900	1,500	3,000	5,250	7,500
4d Sed Int'l Quad	308	924	1,540	3,080	5,390	7,700
1990 V-6						
2d Cpe	268	804	1,340	2,680	4,690	6,700
4d Sed	272	816	1,360	2,720	4,760	6,800
2d Cpe SL	276	828	1,380	2,760	4,830	6,900
2d Conv	320	960	1,600	3,200	5,600	8,000
4d Sed SL	280	840	1,400	2,800	4,900	7,000
2d Cpe Int'l	300	900	1,500	3,000	5,250	7,500
4d Sed Int'l	304	912	1,520	3,040	5,320	7,600
1990 Eighty-Eight Royale, V-6						
4d Sed	280	840	1,400	2,800	4,900	7,000
2d Cpe Brgm	300	900	1,500	3,000	5,250	7,500
4d Sed Brgm	304	912	1,520	3,040	5,320	7,600
1990 Custom Cruiser, V-8						
4d Sta Wag	300	900	1,500	3,000	5,250	7,500
1990 Ninety-Eight, V-6						
4d Sed Regency	320	960	1,600	3,200	5,600	8,000
4d Sed Regency Brgm	340	1,020	1,700	3,400	5,950	8,500
4d Sed Trg	380	1,140	1,900	3,800	6,650	9,500
1990 Toronado, V-6						
2d Cpe	340	1,020	1,700	3,400	5,950	8,500
2d Cpe Trofeo	380	1,140	1,900	3,800	6,650	9,500
1991 Cutlass Calais, 4-cyl.						
2d Cpe	184	552	920	1,840	3,220	4,600
4d Sed	184	552	920	1,840	3,220	4,600
2d Cpe S	196	588	980	1,960	3,430	4,900
4d Sed S	196	588	980	1,960	3,430	4,900
2d Cpe SL	220	660	1,100	2,200	3,850	5,500
4d Sed SL	220	660	1,100	2,200	3,850	5,500
2d Cpe Int'l Quad	244	732	1,220	2,440	4,270	6,100
4d Sed Int'l Quad	244	732	1,220	2,440	4,270	6,100

	6	5	4	3	2	1
1991 Cutlass Calais, V-6						
2d Cpe SL	228	684	1,140	2,280	3,990	5,700
4d Sed SL	228	684	1,140	2,280	3,990	5,700
1991 Cutlass Ciera, 4-cyl.						
4d Sed	192	576	960	1,920	3,360	4,800
2d Cpe S	200	600	1,000	2,000	3,500	5,000
4d Sed S	200	600	1,000	2,000	3,500	5,000
4d Sta Wag S	220	660	1,100	2,200	3,850	5,500
1991 Cutlass Ciera, V-6						
4d Sed	200	600	1,000	2,000	3,500	5,000
2d Cpe S	220	660	1,100	2,200	3,850	5,500
4d Sed S	220	660	1,100	2,200	3,850	5,500
4d Sta Wag S	228	684	1,140	2,280	3,990	5,700
4d Sed SL	228	684	1,140	2,280	3,990	5,700
4d Sta Wag SL	236	708	1,180	2,360	4,130	5,900
1991 Cutlass Supreme, 4-cyl.						
2d Cpe Quad	240	720	1,200	2,400	4,200	6,000
4d Sed Quad	240	720	1,200	2,400	4,200	6,000
1991 Cutlass Supreme, V-6						
2d Cpe	248	744	1,240	2,480	4,340	6,200
4d Sed	248	744	1,240	2,480	4,340	6,200
2d Conv	580	1,740	2,900	5,800	10,150	14,500
2d Cpe SL	280	840	1,400	2,800	4,900	7,000
4d Sed SL	280	840	1,400	2,800	4,900	7,000
2d Cpe Int'l	300	900	1,500	3,000	5,250	7,500
4d Sed Int'l	300	900	1,500	3,000	5,250	7,500
1991 Eighty-Eight Royale, V-6						
2d Cpe	272	816	1,360	2,720	4,760	6,800
4d Sed	272	816	1,360	2,720	4,760	6,800
2d Cpe Brgm	288	864	1,440	2,880	5,040	7,200
4d Sed Brgm	288	864	1,440	2,880	5,040	7,200
1991 Custom Cruiser, V-8						
4d Sta Wag	380	1,140	1,900	3,800	6,650	9,500
1991 Ninety-Eight, V-6						
4d Sed	340	1,020	1,700	3,400	5,950	8,500
4d Sed Trg	380	1,140	1,900	3,800	6,650	9,500
1991 Toronado, V-6						
2d Cpe	320	960	1,600	3,200	5,600	8,000
2d Cpe Trofeo	380	1,140	1,900	3,800	6,650	9,500
1992 Achieva, 4-cyl.						
4d Sed S	220	660	1,100	2,200	3,850	5,500
2d Cpe S	220	660	1,100	2,200	3,850	5,500
4d Sed SL	236	708	1,180	2,360	4,130	5,900
2d Cpe SL	236	708	1,180	2,360	4,130	5,900
NOTE: Add 10 percent for V-6.						
1992 Cutlass Ciera, V-6						
4d Sed S	256	768	1,280	2,560	4,480	6,400
4d Sta Wag S	260	780	1,300	2,600	4,550	6,500
4d Sed SL	276	828	1,380	2,760	4,830	6,900
4d Sta Wag SL	280	840	1,400	2,800	4,900	7,000
NOTE: Deduct 10 percent for 4-cyl.						
1992 Cutlass Supreme, V-6						
4d Sed S	300	900	1,500	3,000	5,250	7,500
2d Cpe S	300	900	1,500	3,000	5,250	7,500
4d Sed Int'l	360	1,080	1,800	3,600	6,300	9,000
2d Cpe Int'l	360	1,080	1,800	3,600	6,300	9,000
2d Conv	480	1,440	2,400	4,800	8,400	12,000
1992 Eighty-Eight, V-6						
4d Sed	320	960	1,600	3,200	5,600	8,000
4d Sed LS	340	1,020	1,700	3,400	5,950	8,500
4d Sta Wag	380	1,140	1,900	3,800	6,650	9,500
1992 Ninety-Eight, V-6						
4d Sed Regency	360	1,080	1,800	3,600	6,300	9,000
4d Sed Regency Elite	380	1,140	1,900	3,800	6,650	9,500
4d Sed Trg	400	1,200	2,000	4,000	7,000	10,000
1992 Toronado, V-6						
2d Cpe	420	1,260	2,100	4,200	7,350	10,500
2d Cpe Trofeo	480	1,440	2,400	4,800	8,400	12,000
1993 Achieva, 4-cyl.						
2d Cpe S	220	660	1,100	2,200	3,850	5,500
4d Sed S	220	660	1,100	2,200	3,850	5,500
2d Cpe SL	224	672	1,120	2,240	3,920	5,600
4d Sed SL	224	672	1,120	2,240	3,920	5,600

	6	5	4	3	2	1
1993 Achieva, V-6						
2d Cpe S	228	684	1,140	2,280	3,990	5,700
4d Sed S	228	684	1,140	2,280	3,990	5,700
2d Cpe SL	232	696	1,160	2,320	4,060	5,800
4d Sed SL	232	696	1,160	2,320	4,060	5,800
1993 Cutlass Ciera, 4-cyl.						
4d Sed	224	672	1,120	2,240	3,920	5,600
4d Sta Wag	232	696	1,160	2,320	4,060	5,800
1993 Cutlass Ciera, V-6						
4d Sed S	228	684	1,140	2,280	3,990	5,700
4d Sta Wag S	236	708	1,180	2,360	4,130	5,900
4d Sed SL	232	696	1,160	2,320	4,060	5,800
4d Sta Wag SL	240	720	1,200	2,400	4,200	6,000
1993 Cutlass Supreme, V-6						
2d Cpe S	248	744	1,240	2,480	4,340	6,200
4d Sed S	244	732	1,220	2,440	4,270	6,100
4d Sed Int'l	248	744	1,240	2,480	4,340	6,200
2d Cpe Int'l	252	756	1,260	2,520	4,410	6,300
2d Conv	500	1,450	2,400	4,800	8,400	12,000
1993 Eighty Eight, V-6						
4d Sed	300	900	1,500	3,000	5,250	7,500
4d Sed LS	304	912	1,520	3,040	5,320	7,600
1993 Ninety-Eight						
4d Sed Regency	344	1,032	1,720	3,440	6,020	8,600
4d Sed Regency Elite	348	1,044	1,740	3,480	6,090	8,700
4d Sed Trg	352	1,056	1,760	3,520	6,160	8,800
1994 Achieva, 4-cyl. & V-6						
2d Cpe S	228	684	1,140	2,280	3,990	5,700
4d Sed S	232	696	1,160	2,320	4,060	5,800
2d Cpe SC	244	732	1,220	2,440	4,270	6,100
4d Sed SL	248	744	1,240	2,480	4,340	6,200
1994 Cutlass Ciera						
4d Sed S, 4-cyl.	260	780	1,300	2,600	4,550	6,500
4d Sed S, V-6	268	804	1,340	2,680	4,690	6,700
4d Sta Wag S, V-6	272	816	1,360	2,720	4,760	6,800
1994 Cutlass Supreme, V-6						
2d Cpe S	300	900	1,500	3,000	5,250	7,500
4d Sed S	304	912	1,520	3,040	5,320	7,600
2d Conv	480	1,440	2,400	4,800	8,400	12,000
1994 Eighty Eight Royal, V-6						
4d Sed	320	960	1,600	3,200	5,600	8,000
4d Sed LS	340	1,020	1,700	3,400	5,950	8,500
1994 Ninety-Eight, V-6						
4d Sed Regency	420	1,260	2,100	4,200	7,350	10,500
4d Sed Regency Elite	440	1,320	2,200	4,400	7,700	11,000

PACKARD

1899 Model A, 1-cyl.						
Rds		value not estimable				
1900 Model B, 1-cyl.						
Rds		value not estimable				
1901 Model C, 1-cyl.						
Rds		value not estimable				
1902-03 Model F, 4-cyl.						
Tr	2,640	7,920	13,200	26,400	46,200	66,000
1904 Model L, 4-cyl.						
Tr	2,560	7,680	12,800	25,600	44,800	64,000
1904 Model M, 4-cyl.						
Tr	2,480	7,440	12,400	24,800	43,400	62,000
1905 Model N, 4-cyl.						
Tr	2,360	7,080	11,800	23,600	41,300	59,000
1906 Model S, 4-cyl., 24 hp						
Tr	2,360	7,080	11,800	23,600	41,300	59,000
1907 Model U, 4-cyl., 30 hp						
Tr	2,440	7,320	12,200	24,400	42,700	61,000
1908 Model UA, 4-cyl., 30 hp						
Tr	2,360	7,080	11,800	23,600	41,300	59,000
Rds	2,240	6,720	11,200	22,400	39,200	56,000
1909 Model UB UBS, 4-cyl., 30 hp						
Tr	2,280	6,840	11,400	22,800	39,900	57,000
Rbt	1,880	5,640	9,400	18,800	32,900	47,000

	6	5	4	3	2	1
1909 Model NA, 4-cyl., 18 hp						
Tr	1,960	5,880	9,800	19,600	34,300	49,000
1910-11 Model UC UCS, 4-cyl., 30 hp						
Tr	2,360	7,080	11,800	23,600	41,300	59,000
Rbt	2,280	6,840	11,400	22,800	39,900	57,000
1910-11 Model NB, 4-cyl., 18 hp						
Tr	2,160	6,480	10,800	21,600	37,800	54,000
1912 Model NE, 4-cyl., 18 hp						
Tr	1,960	5,880	9,800	19,600	34,300	49,000
Rbt	2,000	6,000	10,000	20,000	35,000	50,000
Cpe	1,360	4,080	6,800	13,600	23,800	34,000
Limo	1,640	4,920	8,200	16,400	28,700	41,000
Imp Limo	1,760	5,280	8,800	17,600	30,800	44,000
1911-12 Model UE, 4-cyl., 30 hp						
Tr	2,560	7,680	12,800	25,600	44,800	64,000
Phae	2,480	7,440	12,400	24,800	43,400	62,000
Rbt	2,560	7,680	12,800	25,600	44,800	64,000
Cpe	1,560	4,680	7,800	15,600	27,300	39,000
Brgm	1,440	4,320	7,200	14,400	25,200	36,000
Limo	1,760	5,280	8,800	17,600	30,800	44,000
Imp Limo	1,840	5,520	9,200	18,400	32,200	46,000
1912 Model 12-48, 6-cyl., 36 hp						
Tr	3,040	9,120	15,200	30,400	53,200	76,000
Phae	2,800	8,400	14,000	28,000	49,000	70,000
Rbt	2,640	7,920	13,200	26,400	46,200	66,000
Cpe	1,840	5,520	9,200	18,400	32,200	46,000
Brgm	1,720	5,160	8,600	17,200	30,100	43,000
Limo	1,840	5,520	9,200	18,400	32,200	46,000
Imp Limo	1,920	5,760	9,600	19,200	33,600	48,000
1912 Model 1-38, 6-cyl., 38 hp						
Tr	2,360	7,080	11,800	23,600	41,300	59,000
Phae	2,400	7,200	12,000	24,000	42,000	60,000
4P Phae	2,440	7,320	12,200	24,400	42,700	61,000
Rbt	2,160	6,480	10,800	21,600	37,800	54,000
Cpe	1,960	5,880	9,800	19,600	34,300	49,000
Imp Cpe	2,000	6,000	10,000	20,000	35,000	50,000
Lan'let	2,040	6,120	10,200	20,400	35,700	51,000
Imp Lan'let	2,080	6,240	10,400	20,800	36,400	52,000
Limo	2,160	6,480	10,800	21,600	37,800	54,000
Imp Limo	2,280	6,840	11,400	22,800	39,900	57,000
1913 Model 13-48, 6-cyl.						
Tr	2,360	7,080	11,800	23,600	41,300	59,000
1914 Model 2-38, 6-cyl.						
Tr	2,240	6,720	11,200	22,400	39,200	56,000
Sal Tr	2,280	6,840	11,400	22,800	39,900	57,000
Spl Tr	2,320	6,960	11,600	23,200	40,600	58,000
Phae	2,360	7,080	11,800	23,600	41,300	59,000
4P Phae	2,400	7,200	12,000	24,000	42,000	60,000
Cpe	1,960	5,880	9,800	19,600	34,300	49,000
Brgm	1,760	5,280	8,800	17,600	30,800	44,000
4P Brgm	1,760	5,280	8,800	17,600	30,800	44,000
1914 Model 2-38						
Lan'let	1,840	5,520	9,200	18,400	32,200	46,000
Cabr Lan'let	2,040	6,120	10,200	20,400	35,700	51,000
Limo	1,760	5,280	8,800	17,600	30,800	44,000
Cabr Limo	2,080	6,240	10,400	20,800	36,400	52,000
Imp Limo	2,000	6,000	10,000	20,000	35,000	50,000
Sal Limo	2,040	6,120	10,200	20,400	35,700	51,000
1914 Model 14-48, 6-cyl.						
Tr	2,160	6,480	10,800	21,600	37,800	54,000
1914 Model 4-48, 6-cyl., 48 hp						
Tr	2,200	6,600	11,000	22,000	38,500	55,000
Sal Tr	2,200	6,600	11,000	22,000	38,500	55,000
Phae	2,360	7,080	11,800	23,600	41,300	59,000
4P Phae	2,400	7,200	12,000	24,000	42,000	60,000
Cpe	2,000	6,000	10,000	20,000	35,000	50,000
Brgm	1,960	5,880	9,800	19,600	34,300	49,000
Sal Brgm	2,000	6,000	10,000	20,000	35,000	50,000
Lan'let	2,040	6,120	10,200	20,400	35,700	51,000
Cabr Lan'let	2,160	6,480	10,800	21,600	37,800	54,000
Limo	2,040	6,120	10,200	20,400	35,700	51,000
Imp Limo	2,120	6,360	10,600	21,200	37,100	53,000
Sal Limo	2,160	6,480	10,800	21,600	37,800	54,000
1915 Model 3-38, 6-cyl.						
Tr	2,160	6,480	10,800	21,600	37,800	54,000
Sal Tr	2,240	6,720	11,200	22,400	39,200	56,000

1947 Packard Clipper Deluxe sedan

1956 Packard Caribbean hardtop

1904 Pierce Great Arrow touring

	6	5	4	3	2	1
Spl Tr	2,320	6,960	11,600	23,200	40,600	58,000
Phae	2,360	7,080	11,800	23,600	41,300	59,000
4P Phae	2,320	6,960	11,600	23,200	40,600	58,000
1915 Model 3-38, 38 hp						
Brgm	1,800	5,400	9,000	18,000	31,500	45,000
4P Brgm	1,760	5,280	8,800	17,600	30,800	44,000
Cpe	1,840	5,520	9,200	18,400	32,200	46,000
Lan'let	1,960	5,880	9,800	19,600	34,300	49,000
Cabr Lan'let	2,240	6,720	11,200	22,400	39,200	56,000
Limo	2,040	6,120	10,200	20,400	35,700	51,000
Limo Cabr	2,160	6,480	10,800	21,600	37,800	54,000
Imp Limo	2,120	6,360	10,600	21,200	37,100	53,000
Sal Limo	2,200	6,600	11,000	22,000	38,500	55,000
1915 Model 5-48, 6-cyl., 48 hp						
Tr	2,200	6,600	11,000	22,000	38,500	55,000
Sal Tr	2,240	6,720	11,200	22,400	39,200	56,000
Phae	2,280	6,840	11,400	22,800	39,900	57,000
4P Phae	2,320	6,960	11,600	23,200	40,600	58,000
Rbt	2,480	7,440	12,400	24,800	43,400	62,000
Cpe	1,760	5,280	8,800	17,600	30,800	44,000
Brgm	1,720	5,160	8,600	17,200	30,100	43,000
Sal Brgm	1,760	5,280	8,800	17,600	30,800	44,000
Lan'let	2,160	6,480	10,800	21,600	37,800	54,000
Cabr Lan'let	2,320	6,960	11,600	23,200	40,600	58,000
Limo	2,440	7,320	12,200	24,400	42,700	61,000
Cabr Limo	2,480	7,440	12,400	24,800	43,400	62,000
Imp Limo	2,480	7,440	12,400	24,800	43,400	62,000
1916 Twin Six, 12-cyl., 125" wb						
Tr	2,200	6,600	11,000	22,000	38,500	55,000
Sal Tr	2,240	6,720	11,200	22,400	39,200	56,000
Phae	2,280	6,840	11,400	22,800	39,900	57,000
Sal Phae	2,320	6,960	11,600	23,200	40,600	58,000
Rbt	2,240	6,720	11,200	22,400	39,200	56,000
Brgm	1,760	5,280	8,800	17,600	30,800	44,000
Cpe	1,800	5,400	9,000	18,000	31,500	45,000
Lan'let	1,880	5,640	9,400	18,800	32,900	47,000
Limo	1,920	5,760	9,600	19,200	33,600	48,000
1916 Twin Six, 12-cyl., 135" wb						
Tr	2,320	6,960	11,600	23,200	40,600	58,000
Sal Tr	2,360	7,080	11,800	23,600	41,300	59,000
Phae	2,320	6,960	11,600	23,200	40,600	58,000
Sal Phae	2,400	7,200	12,000	24,000	42,000	60,000
Brgm	1,880	5,640	9,400	18,800	32,900	47,000
Lan'let	1,960	5,880	9,800	19,600	34,300	49,000
Sal Lan'let	2,000	6,000	10,000	20,000	35,000	50,000
Cabr Lan'let	2,280	6,840	11,400	22,800	39,900	57,000
Limo	2,000	6,000	10,000	20,000	35,000	50,000
Cabr Limo	2,320	6,960	11,600	23,200	40,600	58,000
Imp Limo	2,280	6,840	11,400	22,800	39,900	57,000
1917 Series II Twin Six, 12-cyl., 126" wb						
Tr	2,000	6,000	10,000	20,000	35,000	50,000
Phae	2,040	6,120	10,200	20,400	35,700	51,000
Sal Phae	2,080	6,240	10,400	20,800	36,400	52,000
2P Rbt	1,960	5,880	9,800	19,600	34,300	49,000
4P Rbt	2,000	6,000	10,000	20,000	35,000	50,000
Brgm	1,520	4,560	7,600	15,200	26,600	38,000
Cpe	1,600	4,800	8,000	16,000	28,000	40,000
Lan'let	1,880	5,640	9,400	18,800	32,900	47,000
Limo	1,920	5,760	9,600	19,200	33,600	48,000
1917 Series II Twin Six, 12-cyl., 135" wb						
Tr	2,120	6,360	10,600	21,200	37,100	53,000
Sal Tr	2,160	6,480	10,800	21,600	37,800	54,000
Phae	2,200	6,600	11,000	22,000	38,500	55,000
Sal Phae	2,240	6,720	11,200	22,400	39,200	56,000
Brgm	1,360	4,080	6,800	13,600	23,800	34,000
Lan'let	1,800	5,400	9,000	18,000	31,500	45,000
Cabr Lan'let	1,920	5,760	9,600	19,200	33,600	48,000
Limo	1,880	5,640	9,400	18,800	32,900	47,000
Cabr Limo	1,920	5,760	9,600	19,200	33,600	48,000
Imp Limo	1,960	5,880	9,800	19,600	34,300	49,000
1918-1920 Twin Six, 12-cyl., 128" wb						
Tr	1,920	5,760	9,600	19,200	33,600	48,000
Sal Tr	1,960	5,880	9,800	19,600	34,300	49,000
Phae	2,040	6,120	10,200	20,400	35,700	51,000
Sal Phae	2,120	6,360	10,600	21,200	37,100	53,000
Rbt	2,080	6,240	10,400	20,800	36,400	52,000
2d Brgm	1,440	4,320	7,200	14,400	25,200	36,000
Cpe	1,520	4,560	7,600	15,200	26,600	38,000

	6	5	4	3	2	1
Lan'let	1,840	5,520	9,200	18,400	32,200	46,000
Limo	1,920	5,760	9,600	19,200	33,600	48,000
1918-1920 Twin Six, 12-cyl., 136" wb						
Tr	2,120	6,360	10,600	21,200	37,100	53,000
Sal Tr	2,200	6,600	11,000	22,000	38,500	55,000
Brgm	1,480	4,440	7,400	14,800	25,900	37,000
Lan'let	1,920	5,760	9,600	19,200	33,600	48,000
Limo	1,960	5,880	9,800	19,600	34,300	49,000
Imp Limo	2,040	6,120	10,200	20,400	35,700	51,000
1921-1922 Single Six (1st Series), 116" wb						
5P Tr	1,520	4,560	7,600	15,200	26,600	38,000
Rbt	1,480	4,440	7,400	14,800	25,900	37,000
7P Tr	1,560	4,680	7,800	15,600	27,300	39,000
Cpe	1,320	3,960	6,600	13,200	23,100	33,000
Sed	1,240	3,720	6,200	12,400	21,700	31,000
1921-1922 Single Six, 6-cyl., 126" wb						
Rbt	1,600	4,800	8,000	16,000	28,000	40,000
Rds	1,680	5,040	8,400	16,800	29,400	42,000
Tr	1,640	4,920	8,200	16,400	28,700	41,000
Cpe	1,360	4,080	6,800	13,600	23,800	34,000
5P Cpe	1,320	3,960	6,600	13,200	23,100	33,000
Sed	1,280	3,840	6,400	12,800	22,400	32,000
Limo Sed	1,400	4,200	7,000	14,000	24,500	35,000
1921-1922 Single Six, 6-cyl., 133" wb						
Tr	1,680	5,040	8,400	16,800	29,400	42,000
Sed	1,280	3,840	6,400	12,800	22,400	32,000
Limo	1,400	4,200	7,000	14,000	24,500	35,000
1923-24 Single Six, 6-cyl., 126" wb						
Rbt	1,440	4,320	7,200	14,400	25,200	36,000
Spt Rds	1,520	4,560	7,600	15,200	26,600	38,000
Tr	1,480	4,440	7,400	14,800	25,900	37,000
Sed	1,120	3,360	5,600	11,200	19,600	28,000
Tr Sed	1,160	3,480	5,800	11,600	20,300	29,000
Limo Sed	1,280	3,840	6,400	12,800	22,400	32,000
1923-24 Single Six, 6-cyl., 133" wb						
Tr	1,560	4,680	7,800	15,600	27,300	39,000
Sed	1,160	3,480	5,800	11,600	20,300	29,000
Sed Limo	1,320	3,960	6,600	13,200	23,100	33,000
1923-24 Single Eight, 8-cyl., 136" wb						
Tr	1,760	5,280	8,800	17,600	30,800	44,000
Rbt	1,840	5,520	9,200	18,400	32,200	46,000
Spt Rds	1,960	5,880	9,800	19,600	34,300	49,000
Cpe	1,280	3,840	6,400	12,800	22,400	32,000
5P Cpe	1,240	3,720	6,200	12,400	21,700	31,000
Sed	1,200	3,600	6,000	12,000	21,000	30,000
Sed Limo	1,360	4,080	6,800	13,600	23,800	34,000
1923-24 Single Eight, 8-cyl., 143" wb						
Tr	1,840	5,520	9,200	18,400	32,200	46,000
Sed	1,240	3,720	6,200	12,400	21,700	31,000
Clb Sed	1,280	3,840	6,400	12,800	22,400	32,000
Sed Limo	1,400	4,200	7,000	14,000	24,500	35,000
1925-26 Single Six (3rd Series), 6-cyl., 126" wb						
Rbt	1,520	4,560	7,600	15,200	26,600	38,000
Spt Rds	1,640	4,920	8,200	16,400	28,700	41,000
Phae	1,680	5,040	8,400	16,800	29,400	42,000
2P Cpe	1,200	3,600	6,000	12,000	21,000	30,000
Cpe	1,160	3,480	5,800	11,600	20,300	29,000
5P Cpe	1,120	3,360	5,600	11,200	19,600	28,000
Sed	1,040	3,120	5,200	10,400	18,200	26,000
Sed Limo	1,240	3,720	6,200	12,400	21,700	31,000
1925-26 Single Six (3rd Series), 6-cyl., 133" wb						
Tr	1,440	4,320	7,200	14,400	25,200	36,000
Sed	1,080	3,240	5,400	10,800	18,900	27,000
Clb Sed	1,120	3,360	5,600	11,200	19,600	28,000
Sed Limo	1,280	3,840	6,400	12,800	22,400	32,000
1927 Single Six (4th Series), 6-cyl., 126" wb						
Rds	1,600	4,800	8,000	16,000	28,000	40,000
Phae	1,640	4,920	8,200	16,400	28,700	41,000
Sed	1,120	3,360	5,600	11,200	19,600	28,000
1927 Single Six (4th Series), 6-cyl., 133" wb						
Tr	1,640	4,920	8,200	16,400	28,700	41,000
Cpe	1,200	3,600	6,000	12,000	21,000	30,000
Sed	1,160	3,480	5,800	11,600	20,300	29,000
Clb Sed	1,200	3,600	6,000	12,000	21,000	30,000
Sed Limo	1,320	3,960	6,600	13,200	23,100	33,000

	6	5	4	3	2	1
1927 Single Eight (3rd Series), 8-cyl., 136" wb						
Rbt	1,920	5,760	9,600	19,200	33,600	48,000
Phae	1,880	5,640	9,400	18,800	32,900	47,000
Sed	1,120	3,360	5,600	11,200	19,600	28,000
1927 Single Eight (3rd Series), 8-cyl., 143" wb						
Tr	2,000	6,000	10,000	20,000	35,000	50,000
Cpe	1,280	3,840	6,400	12,800	22,400	32,000
Sed	1,160	3,480	5,800	11,600	20,300	29,000
Clb Sed	1,200	3,600	6,000	12,000	21,000	30,000
Sed Limo	1,320	3,960	6,600	13,200	23,100	33,000
1928 Single Six (5th Series), 6-cyl., 126" wb						
Phae	1,760	5,280	8,800	17,600	30,800	44,000
Rbt	1,720	5,160	8,600	17,200	30,100	43,000
Conv	1,560	4,680	7,800	15,600	27,300	39,000
RS Cpe	1,120	3,360	5,600	11,200	19,600	28,000
Sed	1,040	3,120	5,200	10,400	18,200	26,000
1928 Single Six (5th Series), 6-cyl., 133" wb						
Phae	2,000	6,000	10,000	20,000	35,000	50,000
7P Tr	2,040	6,120	10,200	20,400	35,700	51,000
Rbt	1,920	5,760	9,600	19,200	33,600	48,000
Sed	1,080	3,240	5,400	10,800	18,900	27,000
Clb Sed	1,120	3,360	5,600	11,200	19,600	28,000
Sed Limo	1,160	3,480	5,800	11,600	20,300	29,000
1928 Standard, Single Eight (4th Series), 8-cyl., 143" wb						
Rds	2,160	6,480	10,800	21,600	37,800	54,000
Phae	2,240	6,720	11,200	22,400	39,200	56,000
Conv	1,920	5,760	9,600	19,200	33,600	48,000
7P Tr	2,200	6,600	11,000	22,000	38,500	55,000
4P Cpe	1,120	3,360	5,600	11,200	19,600	28,000
5P Cpe	1,160	3,480	5,800	11,600	20,300	29,000
Sed	1,040	3,120	5,200	10,400	18,200	26,000
Clb Sed	1,080	3,240	5,400	10,800	18,900	27,000
Sed Limo	1,160	3,480	5,800	11,600	20,300	29,000
1928 Custom, Single Eight (4th Series), 8-cyl., 143" wb						
7P Tr	2,480	7,440	12,400	24,800	43,400	62,000
Phae	2,480	7,440	12,400	24,800	43,400	62,000
Rds	2,560	7,680	12,800	25,600	44,800	64,000
Conv Cpe	2,360	7,080	11,800	23,600	41,300	59,000
RS Cpe	1,160	3,480	5,800	11,600	20,300	29,000
7P Sed	1,120	3,360	5,600	11,200	19,600	28,000
Sed	1,080	3,240	5,400	10,800	18,900	27,000
Sed Limo	1,200	3,600	6,000	12,000	21,000	30,000
1929 Model 626, Standard Eight (6th Series), 8-cyl.						
Conv	2,880	8,640	14,400	28,800	50,400	72,000
Cpe	1,360	4,080	6,800	13,600	23,800	34,000
Sed	1,160	3,480	5,800	11,600	20,300	29,000
1929 Model 633, Standard Eight (6th Series), 8-cyl.						
Phae	3,440	10,320	17,200	34,400	60,200	86,000
Rds	3,600	10,800	18,000	36,000	63,000	90,000
7P Tr	3,440	10,320	17,200	34,400	60,200	86,000
Cpe	1,760	5,280	8,800	17,600	30,800	44,000
Sed	1,240	3,720	6,200	12,400	21,700	31,000
Clb Sed	1,280	3,840	6,400	12,800	22,400	32,000
Limo Sed	1,520	4,560	7,600	15,200	26,600	38,000
1929 Model 626, Speedster Eight (6th Series), 8-cyl.						
Phae	9,600	28,800	48,000	96,000	168,000	240,000
Rds	10,600	31,800	53,000	106,000	185,500	265,000
1929 Model 640, Custom Eight (6th Series), 8-cyl.						
DC Phae	5,040	15,120	25,200	50,400	88,200	126,000
7P Tr	4,800	14,400	24,000	48,000	84,000	120,000
Rds	4,800	14,400	24,000	48,000	84,000	120,000
Conv	4,640	13,920	23,200	46,400	81,200	116,000
RS Cpe	2,360	7,080	11,800	23,600	41,300	59,000
4P Cpe	1,960	5,880	9,800	19,600	34,300	49,000
Sed	1,320	3,960	6,600	13,200	23,100	33,000
Clb Sed	1,360	4,080	6,800	13,600	23,800	34,000
Limo	1,480	4,440	7,400	14,800	25,900	37,000
1929 Model 645, DeLuxe Eight (6th Series), 8-cyl.						
Phae	5,600	16,800	28,000	56,000	98,000	140,000
Spt Phae	5,600	16,800	28,000	56,000	98,000	140,000
7P Tr	5,600	16,800	28,000	56,000	98,000	140,000
Rds	5,600	16,800	28,000	56,000	98,000	140,000
RS Cpe	2,560	7,680	12,800	25,600	44,800	64,000
5P Cpe	2,160	6,480	10,800	21,600	37,800	54,000
Sed	1,760	5,280	8,800	17,600	30,800	44,000
Clb Sed	1,840	5,520	9,200	18,400	32,200	46,000

	6	5	4	3	2	1
Limo	2,000	6,000	10,000	20,000	35,000	50,000
1930 Model 726, Standard 8 (7th Series), 8-cyl.						
Sed	1,400	4,200	7,000	14,000	24,500	35,000
1930 Model 733, Standard 8 (7th Series), 8-cyl., 134" wb						
Phae	4,720	14,160	23,600	47,200	82,600	118,000
Spt Phae	4,800	14,400	24,000	48,000	84,000	120,000
Rds	4,720	14,160	23,600	47,200	82,600	118,000
7P Tr	4,640	13,920	23,200	46,400	81,200	116,000
RS Cpe	2,560	7,680	12,800	25,600	44,800	64,000
4P Cpe	1,560	4,680	7,800	15,600	27,300	39,000
Conv	3,600	10,800	18,000	36,000	63,000	90,000
Sed	1,640	4,920	8,200	16,400	28,700	41,000
Clb Sed	1,720	5,160	8,600	17,200	30,100	43,000
Limo Sed	1,880	5,640	9,400	18,800	32,900	47,000
1930 Model 734, Speedster Eight (7th Series), 8-cyl.						
Boat	10,400	31,200	52,000	104,000	182,000	260,000
RS Rds	9,800	29,400	49,000	98,000	171,500	245,000
Phae	10,000	30,000	50,000	100,000	175,000	250,000
Vic	4,640	13,920	23,200	46,400	81,200	116,000
Sed	3,600	10,800	18,000	36,000	63,000	90,000
1930 Model 740, Custom Eight (7th Series), 8-cyl.						
Phae	5,040	15,120	25,200	50,400	88,200	126,000
Spt Phae	5,040	15,120	25,200	50,400	88,200	126,000
7P Tr	5,600	16,800	28,000	56,000	98,000	140,000
Rds	6,600	19,800	33,000	66,000	115,500	165,000
Conv	5,600	16,800	28,000	56,000	98,000	140,000
RS Cpe	2,800	8,400	14,000	28,000	49,000	70,000
5P Cpe	2,160	6,480	10,800	21,600	37,800	54,000
Sed	2,080	6,240	10,400	20,800	36,400	52,000
7P Sed	2,120	6,360	10,600	21,200	37,100	53,000
Clb Sed	2,160	6,480	10,800	21,600	37,800	54,000
Limo	2,320	6,960	11,600	23,200	40,600	58,000
1930 Model 745, DeLuxe Eight (7th Series)						
Phae	9,600	28,800	48,000	96,000	168,000	240,000
Spt Phae	10,000	30,000	50,000	100,000	175,000	250,000
Rds	9,400	28,200	47,000	94,000	164,500	235,000
Conv	10,200	30,600	51,000	102,000	178,500	255,000
7P Tr	9,200	27,600	46,000	92,000	161,000	230,000
RS Cpe	3,040	9,120	15,200	30,400	53,200	76,000
5P Cpe	2,640	7,920	13,200	26,400	46,200	66,000
Sed	2,360	7,080	11,800	23,600	41,300	59,000
7P Sed	2,440	7,320	12,200	24,400	42,700	61,000
Clb Sed	2,520	7,560	12,600	25,200	44,100	63,000
Limo	2,720	8,160	13,600	27,200	47,600	68,000
1931 Model 826, Standard Eight (8th Series)						
Sed	1,400	4,200	7,000	14,000	24,500	35,000
1931 Model 833, Standard Eight (8th Series)						
Phae	4,640	13,920	23,200	46,400	81,200	116,000
Spt Phae	4,720	14,160	23,600	47,200	82,600	118,000
7P Tr	4,560	13,680	22,800	45,600	79,800	114,000
Conv Sed	5,200	15,600	26,000	52,000	91,000	130,000
Rds	4,640	13,920	23,200	46,400	81,200	116,000
Conv	3,840	11,520	19,200	38,400	67,200	96,000
RS Cpe	2,560	7,680	12,800	25,600	44,800	64,000
5P Cpe	2,280	6,840	11,400	22,800	39,900	57,000
7P Sed	1,760	5,280	8,800	17,600	30,800	44,000
Clb Sed	1,800	5,400	9,000	18,000	31,500	45,000
NOTE: Add 45 percent for 845 models.						
1931 Model 840, Custom						
A/W Cabr	6,600	19,800	33,000	66,000	115,500	165,000
A/W Spt Cabr	6,800	20,400	34,000	68,000	119,000	170,000
A/W Lan'let	7,000	21,000	35,000	70,000	122,500	175,000
A/W Spt Lan'let	7,200	21,600	36,000	72,000	126,000	180,000
Dtrch Cv Sed	7,400	22,200	37,000	74,000	129,500	185,000
Limo Cabr	7,400	22,200	37,000	74,000	129,500	185,000
A/W Twn Car	7,200	21,600	36,000	72,000	126,000	180,000
Dtrch Cv Vic	7,600	22,800	38,000	76,000	133,000	190,000
Conv	7,800	23,400	39,000	78,000	136,500	195,000
Spt Phae	8,400	25,200	42,000	84,000	147,000	210,000
Phae	8,200	24,600	41,000	82,000	143,500	205,000
Rds	8,000	24,000	40,000	80,000	140,000	200,000
Tr	7,800	23,400	39,000	78,000	136,500	195,000
RS Cpe	3,120	9,360	15,600	31,200	54,600	78,000
5P Cpe	2,560	7,680	12,800	25,600	44,800	64,000
Sed	2,160	6,480	10,800	21,600	37,800	54,000
Clb Sed	2,280	6,840	11,400	22,800	39,900	57,000

	6	5	4	3	2	1
1931 Model 840, Individual Custom						
A/W Cabr	10,200	30,600	51,000	102,000	178,500	255,000
A/W Spt Cabr	10,400	31,200	52,000	104,000	182,000	260,000
A/W Lan'let	8,800	26,400	44,000	88,000	154,000	220,000
A/W Spt Lan'let	9,000	27,000	45,000	90,000	157,500	225,000
Dtrch Conv Sed	9,800	29,400	49,000	98,000	171,500	245,000
Cabr Sed Limo	9,000	27,000	45,000	90,000	157,500	225,000
A/W Twn Car	9,600	28,800	48,000	96,000	168,000	240,000
Lan'let Twn Car	8,400	25,200	42,000	84,000	147,000	210,000
Conv Vic	10,000	30,000	50,000	100,000	175,000	250,000
Sed	2,640	7,920	13,200	26,400	46,200	66,000
Sed Limo	3,200	9,600	16,000	32,000	56,000	80,000
1932 Model 900, Light Eight (9th Series)						
Rds	2,480	7,440	12,400	24,800	43,400	62,000
Cpe	1,400	4,200	7,000	14,000	24,500	35,000
Cpe Sed	1,320	3,960	6,600	13,200	23,100	33,000
Sed	1,240	3,720	6,200	12,400	21,700	31,000
1932 Model 901, Standard Eight (9th Series) 129" wb						
Sed	1,240	3,720	6,200	12,400	21,700	31,000
1932 Model 902, Standard Eight (9th Series) 136" wb						
Rds	4,480	13,440	22,400	44,800	78,400	112,000
Phae	4,800	14,400	24,000	48,000	84,000	120,000
Spt Phae	5,040	15,120	25,200	50,400	88,200	126,000
RS Cpe	2,160	6,480	10,800	21,600	37,800	54,000
5P Cpe	1,960	5,880	9,800	19,600	34,300	49,000
Sed	1,400	4,200	7,000	14,000	24,500	35,000
7P Sed	1,440	4,320	7,200	14,400	25,200	36,000
Clb Sed	1,480	4,440	7,400	14,800	25,900	37,000
Limo	1,560	4,680	7,800	15,600	27,300	39,000
Tr	4,720	14,160	23,600	47,200	82,600	118,000
Conv Sed	5,040	15,120	25,200	50,400	88,200	126,000
Conv Vic	5,200	15,600	26,000	52,000	91,000	130,000
1932 Model 903, DeLuxe Eight, 142" wb						
Conv	5,200	15,600	26,000	52,000	91,000	130,000
Phae	5,200	15,600	26,000	52,000	91,000	130,000
Spt Phae	5,600	16,800	28,000	56,000	98,000	140,000
Conv Sed	5,600	16,800	28,000	56,000	98,000	140,000
Conv Vic	5,600	16,800	28,000	56,000	98,000	140,000
7P Tr	4,240	12,720	21,200	42,400	74,200	106,000
RS Cpe	2,640	7,920	13,200	26,400	46,200	66,000
5P Cpe	2,480	7,440	12,400	24,800	43,400	62,000
Sed	1,840	5,520	9,200	18,400	32,200	46,000
Clb Sed	1,920	5,760	9,600	19,200	33,600	48,000
1932 Model 904, DeLuxe Eight, 147" wb						
Sed	2,480	7,440	12,400	24,800	43,400	62,000
Limo	2,880	8,640	14,400	28,800	50,400	72,000
1932 Model 904, Individual Custom, 147" wb						
Dtrch Conv Cpe	10,200	30,600	51,000	102,000	178,500	255,000
Dtrch Cpe	6,600	19,800	33,000	66,000	115,500	165,000
Cabr	10,400	31,200	52,000	104,000	182,000	260,000
Spt Cabr	10,800	32,400	54,000	108,000	189,000	270,000
A/W Brgm	11,000	33,000	55,000	110,000	192,500	275,000
Dtrch Spt Phae	11,000	33,000	55,000	110,000	192,500	275,000
Dtrch Conv Sed	11,200	33,600	56,000	112,000	196,000	280,000
Spt Sed	6,600	19,800	33,000	66,000	115,500	165,000
Limo Cabr	10,800	32,400	54,000	108,000	189,000	270,000
Dtrch Limo	7,600	22,800	38,000	76,000	133,000	190,000
A-W Twn Car	11,200	33,600	56,000	112,000	196,000	280,000
Dtrch Conv Vic	11,600	34,800	58,000	116,000	203,000	290,000
Lan'let	7,200	21,600	36,000	72,000	126,000	180,000
Spt Lan	7,600	22,800	38,000	76,000	133,000	190,000
Twn Car Lan'let	8,000	24,000	40,000	80,000	140,000	200,000
1932 Model 905, Twin Six, (9th Series), 142" wb						
Conv	11,000	33,000	55,000	110,000	192,500	275,000
Phae	10,800	32,400	54,000	108,000	189,000	270,000
Spt Phae	10,600	31,800	53,000	106,000	185,500	265,000
7P Tr	10,200	30,600	51,000	102,000	178,500	255,000
Conv Sed	11,000	33,000	55,000	110,000	192,500	275,000
Conv Vic	11,200	33,600	56,000	112,000	196,000	280,000
RS Cpe	3,840	11,520	19,200	38,400	67,200	96,000
5P Cpe	3,600	10,800	18,000	36,000	63,000	90,000
Sed	2,800	8,400	14,000	28,000	49,000	70,000
Clb Sed	2,880	8,640	14,400	28,800	50,400	72,000
1932 Model 906, Twin Six, 147" wb						
7P Sed	3,600	10,800	18,000	36,000	63,000	90,000
Limo	4,240	12,720	21,200	42,400	74,200	106,000

	6	5	4	3	2	1
1932 Model 906, Individual Custom, Twin Six, 147" wb						
Conv			value not estimable			
Cabr			value not estimable			
Dtrch Spt Phae			value not estimable			
Dtrch Conv Vic			value not estimable			
Dtrch Sed			value not estimable			
Dtrch Cpe			value not estimable			
Lan'let			value not estimable			
Twn Car Lan'let			value not estimable			
A/W Twn Car			value not estimable			
1933 Model 1001, Eight, (10th Series), 127" wb						
10th Series						
Conv	4,240	12,720	21,200	42,400	74,200	106,000
RS Cpe	1,560	4,680	7,800	15,600	27,300	39,000
Cpe Sed	1,480	4,440	7,400	14,800	25,900	37,000
Sed	1,400	4,200	7,000	14,000	24,500	35,000
1933 Model 1002, Eight, 136" wb						
Phae	5,800	17,400	29,000	58,000	101,500	145,000
Conv Sed	6,000	18,000	30,000	60,000	105,000	150,000
Conv Vic	6,200	18,600	31,000	62,000	108,500	155,000
7P Tr	5,200	15,600	26,000	52,000	91,000	130,000
RS Cpe	1,960	5,880	9,800	19,600	34,300	49,000
5P Cpe	1,640	4,920	8,200	16,400	28,700	41,000
Sed	1,560	4,680	7,800	15,600	27,300	39,000
7P Sed	1,600	4,800	8,000	16,000	28,000	40,000
Clb Sed	1,640	4,920	8,200	16,400	28,700	41,000
Limo	1,760	5,280	8,800	17,600	30,800	44,000
1933 Model 1003, Super Eight, 135" wb						
Sed	1,760	5,280	8,800	17,600	30,800	44,000
1933 Model 1004, Super Eight, 142" wb						
Conv	6,600	19,800	33,000	66,000	115,500	165,000
Phae	6,800	20,400	34,000	68,000	119,000	170,000
Spt Phae	7,400	22,200	37,000	74,000	129,500	185,000
Conv Vic	7,800	23,400	39,000	78,000	136,500	195,000
Conv Sed	7,400	22,200	37,000	74,000	129,500	185,000
7P Tr	7,000	21,000	35,000	70,000	122,500	175,000
RS Cpe	2,560	7,680	12,800	25,600	44,800	64,000
5P Cpe	2,160	6,480	10,800	21,600	37,800	54,000
Sed	1,560	4,680	7,800	15,600	27,300	39,000
Clb Sed	1,640	4,920	8,200	16,400	28,700	41,000
Limo	1,920	5,760	9,600	19,200	33,600	48,000
Fml Sed	2,040	6,120	10,200	20,400	35,700	51,000
1933 Model 1005, Twelve, 142" wb						
Conv	9,800	29,400	49,000	98,000	171,500	245,000
Spt Phae	10,000	30,000	50,000	100,000	175,000	250,000
Conv Sed	10,000	30,000	50,000	100,000	175,000	250,000
Conv Vic	10,200	30,600	51,000	102,000	178,500	255,000
RS Cpe	3,120	9,360	15,600	31,200	54,600	78,000
5P Cpe	2,560	7,680	12,800	25,600	44,800	64,000
Sed	2,160	6,480	10,800	21,600	37,800	54,000
Fml Sed	2,280	6,840	11,400	22,800	39,900	57,000
Clb Sed	2,320	6,960	11,600	23,200	40,600	58,000
1933 Model 1006, Standard, 147" wb						
7P Sed	3,040	9,120	15,200	30,400	53,200	76,000
Limo	3,280	9,840	16,400	32,800	57,400	82,000
1933 Model 1006, Custom Twelve, 147" wb, Dietrich						
Conv	10,400	31,200	52,000	104,000	182,000	260,000
Conv Vic	10,800	32,400	54,000	108,000	189,000	270,000
Spt Phae	10,600	31,800	53,000	106,000	185,500	265,000
Conv Sed	10,800	32,400	54,000	108,000	189,000	270,000
Cpe	3,440	10,320	17,200	34,400	60,200	86,000
Fml Sed	3,280	9,840	16,400	32,800	57,400	82,000
1933 Model 1006, LeBaron Custom, Twelve, 147" wb						
A/W Cabr			value not estimable			
A/W Twn Car			value not estimable			
1933 Model 1006, Packard Custom, Twelve, 147" wb						
A/W Cabr			value not estimable			
A/W Lan'let			value not estimable			
Spt Sed			value not estimable			
A/W Twn Car			value not estimable			
Twn Car Lan'let			value not estimable			
Limo			value not estimable			
Lan'let Limo			value not estimable			
A/W Cabr			value not estimable			
A/W Twn Car			value not estimable			

	6	5	4	3	2	1
1934 Model 1100, Eight, (11th Series), 129" wb						
11th Series						
Sed	1,760	5,280	8,800	17,600	30,800	44,000
1934 Model 1101, Eight, 141" wb						
Conv	4,240	12,720	21,200	42,400	74,200	106,000
Phae	4,480	13,440	22,400	44,800	78,400	112,000
Conv Vic	4,560	13,680	22,800	45,600	79,800	114,000
Conv Sed	4,640	13,920	23,200	46,400	81,200	116,000
RS Cpe	2,160	6,480	10,800	21,600	37,800	54,000
5P Cpe	1,840	5,520	9,200	18,400	32,200	46,000
Sed	1,760	5,280	8,800	17,600	30,800	44,000
Clb Sed	1,800	5,400	9,000	18,000	31,500	45,000
Fml Sed	1,840	5,520	9,200	18,400	32,200	46,000
1934 Model 1102, Eight, 141" wb						
7P Sed	1,880	5,640	9,400	18,800	32,900	47,000
Limo	1,960	5,880	9,800	19,600	34,300	49,000
1934 Model 1103, Super Eight, 135" wb						
Sed	1,920	5,760	9,600	19,200	33,600	48,000
1934 Model 1104, Super Eight, 142" wb						
Conv	5,040	15,120	25,200	50,400	88,200	126,000
Phae	5,120	15,360	25,600	51,200	89,600	128,000
Spt Phae	5,600	16,800	28,000	56,000	98,000	140,000
Conv Vic	5,600	16,800	28,000	56,000	98,000	140,000
Conv Sed	5,600	16,800	28,000	56,000	98,000	140,000
RS Cpe	3,200	9,600	16,000	32,000	56,000	80,000
5P Cpe	2,640	7,920	13,200	26,400	46,200	66,000
Clb Sed	2,560	7,680	12,800	25,600	44,800	64,000
Fml Sed	2,640	7,920	13,200	26,400	46,200	66,000
1934 Model 1105, Super Eight, Standard, 147" wb						
7P Sed	2,880	8,640	14,400	28,800	50,400	72,000
Limo	3,040	9,120	15,200	30,400	53,200	76,000
1934 Model 1105, Dietrich, Super Eight, 147" wb						
Conv	5,800	17,400	29,000	58,000	101,500	145,000
Conv Vic	7,000	21,000	35,000	70,000	122,500	175,000
Conv Sed	6,800	20,400	34,000	68,000	119,000	170,000
Cpe	3,760	11,280	18,800	37,600	65,800	94,000
Spt Sed	3,680	11,040	18,400	36,800	64,400	92,000
1934 Model 1105, LeBaron, Super Eight, 147" wb						
Model 1106, Twelve, LeBaron, 135" wb						
Spds			value not estimable			
Spt Phae			value not estimable			
1934 Model 1107, Twelve, 142" wb						
Conv			value not estimable			
Phae			value not estimable			
Spt Phae			value not estimable			
Conv Vic			value not estimable			
Conv Sed			value not estimable			
7P Tr			value not estimable			
RS Cpe			value not estimable			
5P Cpe			value not estimable			
Sed			value not estimable			
Clb Sed			value not estimable			
Fml Sed			value not estimable			
1934 Model 1108, Twelve, Standard, 147" wb						
7P Sed	3,440	10,320	17,200	34,400	60,200	86,000
Limo	3,600	10,800	18,000	36,000	63,000	90,000
1934 Model 1108, Twelve, Dietrich, 147" wb						
Conv			value not estimable			
Spt Phae			value not estimable			
Conv Sed			value not estimable			
Vic Conv			value not estimable			
Cpe			value not estimable			
Spt Sed			value not estimable			
1934 Model 1108, Twelve, LeBaron, 147" wb						
Cabr			value not estimable			
Spt Phae			value not estimable			
A/W Twn Car			value not estimable			
1935 120-A, 8-cyl., 120" wb						
Conv	1,960	5,880	9,800	19,600	34,300	49,000
Bus Cpe	1,280	3,840	6,400	12,800	22,400	32,000
Spt Cpe	1,360	4,080	6,800	13,600	23,800	34,000
Tr Cpe	1,360	4,080	6,800	13,600	23,800	34,000
Sed	960	2,880	4,800	9,600	16,800	24,000
Clb Sed	1,040	3,120	5,200	10,400	18,200	26,000
Tr Sed	1,000	3,000	5,000	10,000	17,500	25,000

	6	5	4	3	2	1
1935 Series 1200, 8-cyl., 127" wb						
Sed	1,120	3,360	5,600	11,200	19,600	28,000
Cpe Rds	2,480	7,440	12,400	24,800	43,400	62,000
Phae	2,560	7,680	12,800	25,600	44,800	64,000
1935 Series 1201, 8-cyl., 134" wb						
Conv Vic	2,880	8,640	14,400	28,800	50,400	72,000
LeB A/W Cabr	3,200	9,600	16,000	32,000	56,000	80,000
RS Cpe	2,080	6,240	10,400	20,800	36,400	52,000
5P Cpe	2,040	6,120	10,200	20,400	35,700	51,000
Sed	1,600	4,800	8,000	16,000	28,000	40,000
Fml Sed	1,560	4,680	7,800	15,600	27,300	39,000
Clb Sed	1,640	4,920	8,200	16,400	28,700	41,000
1935 Series 1202, 8-cyl., 139" wb						
7P Sed	1,960	5,880	9,800	19,600	34,300	49,000
Limo	2,160	6,480	10,800	21,600	37,800	54,000
Conv Sed	3,600	10,800	18,000	36,000	63,000	90,000
LeB A/W Twn Car	4,000	12,000	20,000	40,000	70,000	100,000
1935 Series 1203, Super 8, 132" wb						
5P Sed	2,080	6,240	10,400	20,800	36,400	52,000
1935 Series 1204, Super 8, 139" wb						
Rds	3,600	10,800	18,000	36,000	63,000	90,000
Phae	3,680	11,040	18,400	36,800	64,400	92,000
Spt Phae	3,840	11,520	19,200	38,400	67,200	96,000
Conv Vic	3,760	11,280	18,800	37,600	65,800	94,000
RS Cpe	2,480	7,440	12,400	24,800	43,400	62,000
5P Cpe	2,280	6,840	11,400	22,800	39,900	57,000
Clb Sed	1,960	5,880	9,800	19,600	34,300	49,000
Fml Sed	1,920	5,760	9,600	19,200	33,600	48,000
LeB A/W Cabr	3,600	10,800	18,000	36,000	63,000	90,000
1935 Series 1205, Super 8, 144" wb						
Tr Sed	2,720	8,160	13,600	27,200	47,600	68,000
Conv Sed	4,000	12,000	20,000	40,000	70,000	100,000
7P Sed	2,160	6,480	10,800	21,600	37,800	54,000
Limo	2,440	7,320	12,200	24,400	42,700	61,000
LeB A/W Twn Car	3,840	11,520	19,200	38,400	67,200	96,000
1935 Series 1207, V-12, 139" wb						
Rds	6,000	18,000	30,000	60,000	105,000	150,000
Phae	6,200	18,600	31,000	62,000	108,500	155,000
Spt Phae	6,600	19,800	33,000	66,000	115,500	165,000
RS Cpe	3,200	9,600	16,000	32,000	56,000	80,000
5P Cpe	2,960	8,880	14,800	29,600	51,800	74,000
Clb Sed	2,640	7,920	13,200	26,400	46,200	66,000
Sed	2,720	8,160	13,600	27,200	47,600	68,000
Fml Sed	2,800	8,400	14,000	28,000	49,000	70,000
Conv Vic	6,000	18,000	30,000	60,000	105,000	150,000
LeB A/W Cabr	6,200	18,600	31,000	62,000	108,500	155,000
1935 Series 1208, V-12, 144" wb						
Conv Sed	7,400	22,200	37,000	74,000	129,500	185,000
7P Sed	2,800	8,400	14,000	28,000	49,000	70,000
Limo	3,200	9,600	16,000	32,000	56,000	80,000
LeB A/W Twn Car	6,800	20,400	34,000	68,000	119,000	170,000
1936 14th Series Series 120-B, 8-cyl., 120" wb						
Conv	2,360	7,080	11,800	23,600	41,300	59,000
Conv Sed	2,480	7,440	12,400	24,800	43,400	62,000
Bus Cpe	1,360	4,080	6,800	13,600	23,800	34,000
Spt Cpe	1,400	4,200	7,000	14,000	24,500	35,000
Tr Cpe	1,360	4,080	6,800	13,600	23,800	34,000
2d Sed	800	2,400	4,000	8,000	14,000	20,000
Sed	840	2,520	4,200	8,400	14,700	21,000
Clb Sed	920	2,760	4,600	9,200	16,100	23,000
Tr Sed	880	2,640	4,400	8,800	15,400	22,000
1936 14th Series Series 1400, 8-cyl., 127" wb						
Sed	960	2,880	4,800	9,600	16,800	24,000
Rds	3,440	10,320	17,200	34,400	60,200	86,000
1936 14th Series Series 1401, 8-cyl., 134" wb						
Phae	3,520	10,560	17,600	35,200	61,600	88,000
Conv Vic	3,920	11,760	19,600	39,200	68,600	98,000
LeB A/W Cabr	3,600	10,800	18,000	36,000	63,000	90,000
RS Cpe	1,960	5,880	9,800	19,600	34,300	49,000
5P Cpe	1,880	5,640	9,400	18,800	32,900	47,000
Clb Sed	1,640	4,920	8,200	16,400	28,700	41,000
Sed	1,560	4,680	7,800	15,600	27,300	39,000
Fml Sed	1,600	4,800	8,000	16,000	28,000	40,000
1936 14th Series Series 1402, 8-cyl., 139" wb						
Conv Sed	4,240	12,720	21,200	42,400	74,200	106,000
7P Tr	4,080	12,240	20,400	40,800	71,400	102,000

	6	5	4	3	2	1
7P Sed	1,960	5,880	9,800	19,600	34,300	49,000
Bus Sed	1,880	5,640	9,400	18,800	32,900	47,000
Limo	2,160	6,480	10,800	21,600	37,800	54,000
Bus Limo	2,080	6,240	10,400	20,800	36,400	52,000
LeB Twn Car	3,840	11,520	19,200	38,400	67,200	96,000
1936 14th Series Series 1403, Super 8, 132" wb						
Sed	1,880	5,640	9,400	18,800	32,900	47,000
1936 14th Series Series 1404, Super 8, 139" wb						
Cpe Rds	3,680	11,040	18,400	36,800	64,400	92,000
Phae	4,000	12,000	20,000	40,000	70,000	100,000
Spt Phae	4,240	12,720	21,200	42,400	74,200	106,000
Conv Vic	4,080	12,240	20,400	40,800	71,400	102,000
LeB A/W Cabr	4,240	12,720	21,200	42,400	74,200	106,000
RS Cpe	2,480	7,440	12,400	24,800	43,400	62,000
5P Cpe	2,440	7,320	12,200	24,400	42,700	61,000
Clb Sed	2,240	6,720	11,200	22,400	39,200	56,000
Fml Sed	2,160	6,480	10,800	21,600	37,800	54,000
1936 14th Series Series 1405, Super 8, 144" wb						
7P Tr	4,480	13,440	22,400	44,800	78,400	112,000
Conv Sed	4,640	13,920	23,200	46,400	81,200	116,000
1936 14th Series Series 1407, V-12, 139" wb						
Cpe Rds	6,000	18,000	30,000	60,000	105,000	150,000
Phae	6,200	18,600	31,000	62,000	108,500	155,000
Spt Phae	6,200	18,600	31,000	62,000	108,500	155,000
LeB A/W Cabr	6,400	19,200	32,000	64,000	112,000	160,000
Conv Vic	6,400	19,200	32,000	64,000	112,000	160,000
RS Cpe	3,040	9,120	15,200	30,400	53,200	76,000
5P Cpe	2,640	7,920	13,200	26,400	46,200	66,000
Clb Sed	2,200	6,600	11,000	22,000	38,500	55,000
Sed	2,000	6,000	10,000	20,000	35,000	50,000
Fml Sed	1,960	5,880	9,800	19,600	34,300	49,000
1936 14th Series Series 1408, V-12, 144" wb						
7P Tr	6,400	19,200	32,000	64,000	112,000	160,000
Conv Sed	6,600	19,800	33,000	66,000	115,500	165,000
7P Sed	2,160	6,480	10,800	21,600	37,800	54,000
Limo	2,560	7,680	12,800	25,600	44,800	64,000
LeB A/W Twn Car	6,800	20,400	34,000	68,000	119,000	170,000
1937 15th Series Model 115-C, 6-cyl., 115" wb						
Conv	1,760	5,280	8,800	17,600	30,800	44,000
Bus Cpe	1,160	3,480	5,800	11,600	20,300	29,000
Spt Cpe	1,240	3,720	6,200	12,400	21,700	31,000
2d Sed	880	2,640	4,400	8,800	15,400	22,000
Sed	840	2,520	4,200	8,400	14,700	21,000
Clb Sed	920	2,760	4,600	9,200	16,100	23,000
Tr Sed	880	2,640	4,400	8,800	15,400	22,000
Sta Wag	1,760	5,280	8,800	17,600	30,800	44,000
1937 15th Series Model 120-C, 8-cyl., 120" wb						
Conv	2,160	6,480	10,800	21,600	37,800	54,000
Conv Sed	2,240	6,720	11,200	22,400	39,200	56,000
Bus Cpe	1,440	4,320	7,200	14,400	25,200	36,000
Spt Cpe	1,480	4,440	7,400	14,800	25,900	37,000
2d Sed	1,040	3,120	5,200	10,400	18,200	26,000
Sed	1,000	3,000	5,000	10,000	17,500	25,000
Clb Sed	1,080	3,240	5,400	10,800	18,900	27,000
Tr Sed	1,040	3,120	5,200	10,400	18,200	26,000
Sta Wag	1,960	5,880	9,800	19,600	34,300	49,000
1937 15th Series Model 120-CD, 8-cyl., 120" wb						
2d Sed	1,160	3,480	5,800	11,600	20,300	29,000
Clb Sed	1,240	3,720	6,200	12,400	21,700	31,000
Tr Sed	1,200	3,600	6,000	12,000	21,000	30,000
1937 15th Series Model 138-CD, 8-cyl., 138" wb						
Tr Sed	1,280	3,840	6,400	12,800	22,400	32,000
Tr Limo	1,400	4,200	7,000	14,000	24,500	35,000
1937 15th Series Model 1500, Super 8, 127" wb						
Sed	1,240	3,720	6,200	12,400	21,700	31,000
1937 15th Series Model 1501, Super 8, 134" wb						
Conv	3,600	10,800	18,000	36,000	63,000	90,000
LeB A/W Cabr	3,840	11,520	19,200	38,400	67,200	96,000
RS Cpe	2,440	7,320	12,200	24,400	42,700	61,000
5P Cpe	2,160	6,480	10,800	21,600	37,800	54,000
Clb Sed	1,600	4,800	8,000	16,000	28,000	40,000
Tr Sed	1,480	4,440	7,400	14,800	25,900	37,000
Fml Sed	1,520	4,560	7,600	15,200	26,600	38,000
Vic	2,880	8,640	14,400	28,800	50,400	72,000
1937 15th Series Model 1502, Super 8, 139" wb						
Conv Sed	4,000	12,000	20,000	40,000	70,000	100,000

	6	5	4	3	2	1
Bus Sed	1,560	4,680	7,800	15,600	27,300	39,000
Tr Sed	1,600	4,800	8,000	16,000	28,000	40,000
Tr Limo	1,760	5,280	8,800	17,600	30,800	44,000
Bus Limo	1,720	5,160	8,600	17,200	30,100	43,000
LeB A/W Twn Car	4,400	13,200	22,000	44,000	77,000	110,000
1937 15th Series Model 1506, V-12, 132" wb						
Tr Sed	1,760	5,280	8,800	17,600	30,800	44,000
1937 15th Series Model 1507, V-12, 139" wb						
Conv	6,000	18,000	30,000	60,000	105,000	150,000
LeB A/W Cabr	6,200	18,600	31,000	62,000	108,500	155,000
RS Cpe	2,560	7,680	12,800	25,600	44,800	64,000
5P Cpe	2,480	7,440	12,400	24,800	43,400	62,000
Clb Sed	1,960	5,880	9,800	19,600	34,300	49,000
Fml Sed	1,920	5,760	9,600	19,200	33,600	48,000
Tr Sed	1,880	5,640	9,400	18,800	32,900	47,000
Conv Vic	5,440	16,320	27,200	54,400	95,200	136,000
1937 15th Series Model 1508, V-12, 144" wb						
Conv Sed	9,600	28,800	48,000	96,000	168,000	240,000
Tr Sed	3,200	9,600	16,000	32,000	56,000	80,000
Tr Limo	3,440	10,320	17,200	34,400	60,200	86,000
LeB A/W Twn Car	7,400	22,200	37,000	74,000	129,500	185,000
1938 16th Series Model 1600, 6-cyl., 122" wb						
Conv	1,640	4,920	8,200	16,400	28,700	41,000
Bus Cpe	1,000	3,000	5,000	10,000	17,500	25,000
Clb Cpe	960	2,880	4,800	9,600	16,800	24,000
2d Sed	720	2,160	3,600	7,200	12,600	18,000
Sed	760	2,280	3,800	7,600	13,300	19,000
1938 16th Series Model 1601, 8-cyl., 127" wb						
Conv	1,960	5,880	9,800	19,600	34,300	49,000
Conv Sed	2,040	6,120	10,200	20,400	35,700	51,000
Bus Cpe	1,240	3,720	6,200	12,400	21,700	31,000
Clb Cpe	1,280	3,840	6,400	12,800	22,400	32,000
2d Sed	960	2,880	4,800	9,600	16,800	24,000
Sed	920	2,760	4,600	9,200	16,100	23,000
1938 16th Series Model 1601-D, 8-cyl., 127" wb						
Tr Sed	1,120	3,360	5,600	11,200	19,600	28,000
1938 16th Series Model 1601, 8-cyl., 139" wb						
Roll A/W Cabr	4,400	13,200	22,000	44,000	77,000	110,000
Roll A/W Twn Car	4,240	12,720	21,200	42,400	74,200	106,000
Roll Brgm	3,840	11,520	19,200	38,400	67,200	96,000
1938 16th Series Model 1602, 8-cyl., 148" wb						
Tr Sed	1,360	4,080	6,800	13,600	23,800	34,000
Tr Limo	1,560	4,680	7,800	15,600	27,300	39,000
1938 16th Series Model 1603, Super 8, 127" wb						
Tr Sed	1,600	4,800	8,000	16,000	28,000	40,000
1938 16th Series Model 1604, Super 8, 134" wb						
Conv	3,600	10,800	18,000	36,000	63,000	90,000
RS Cpe	1,960	5,880	9,800	19,600	34,300	49,000
5P Cpe	1,760	5,280	8,800	17,600	30,800	44,000
Clb Sed	1,240	3,720	6,200	12,400	21,700	31,000
Tr Sed	1,160	3,480	5,800	11,600	20,300	29,000
Fml Sed	1,200	3,600	6,000	12,000	21,000	30,000
Vic	3,440	10,320	17,200	34,400	60,200	86,000
1938 16th Series Model 1605, Super 8, 139" wb						
Bus Sed	1,560	4,680	7,800	15,600	27,300	39,000
Conv Sed	4,000	12,000	20,000	40,000	70,000	100,000
Bus Limo	2,160	6,480	10,800	21,600	37,800	54,000
1938 16th Series Model 1605, Super 8, Customs						
Brn A/W Cabr			value not estimable			
Brn Tr Cabr			value not estimable			
Roll A/W Cabr			value not estimable			
Roll A/W Twn Car			value not estimable			
1938 16th Series Model 1607, V-12, 134" wb						
Conv Cpe	7,400	22,200	37,000	74,000	129,500	185,000
2-4P Cpe	2,560	7,680	12,800	25,600	44,800	64,000
5P Cpe	2,480	7,440	12,400	24,800	43,400	62,000
Clb Sed	2,200	6,600	11,000	22,000	38,500	55,000
Conv Vic	7,400	22,200	37,000	74,000	129,500	185,000
Tr Sed	2,080	6,240	10,400	20,800	36,400	52,000
Fml Sed	2,160	6,480	10,800	21,600	37,800	54,000
1938 16th Series Model 1608, V-12, 139" wb						
Conv Sed	7,600	22,800	38,000	76,000	133,000	190,000
Tr Sed	2,560	7,680	12,800	25,600	44,800	64,000
Tr Limo	2,720	8,160	13,600	27,200	47,600	68,000

	6	5	4	3	2	1
1938 16th Series Model 1607-8, V-12, 139" wb						
Brn A/W Cabr			value not estimable			
Brn Tr Cabr			value not estimable			
Roll A/W Cabr			value not estimable			
Roll A/W Twn Car			value not estimable			
1939 17th Series Model 1700, 6-cyl., 122" wb						
Conv	1,560	4,680	7,800	15,600	27,300	39,000
Bus Cpe	920	2,760	4,600	9,200	16,100	23,000
Clb Cpe	960	2,880	4,800	9,600	16,800	24,000
2d Sed	720	2,160	3,600	7,200	12,600	18,000
Tr Sed	740	2,220	3,700	7,400	12,950	18,500
Sta Wag	1,400	4,200	7,000	14,000	24,500	35,000
1939 17th Series Model 1701, 8-cyl., 127" wb						
Conv	2,480	7,440	12,400	24,800	43,400	62,000
Conv Sed	2,520	7,560	12,600	25,200	44,100	63,000
Clb Cpe	1,080	3,240	5,400	10,800	18,900	27,000
Bus Cpe	1,000	3,000	5,000	10,000	17,500	25,000
2d Sed	840	2,520	4,200	8,400	14,700	21,000
Sed	840	2,520	4,200	8,400	14,700	21,000
Sta Wag	1,440	4,320	7,200	14,400	25,200	36,000
1939 17th Series Model 1702, 8-cyl., 148" wb						
Tr Sed	1,040	3,120	5,200	10,400	18,200	26,000
Tr Limo	1,160	3,480	5,800	11,600	20,300	29,000
1939 17th Series Model 1703, Super 8, 127" wb						
Tr Sed	1,240	3,720	6,200	12,400	21,700	31,000
Conv	2,480	7,440	12,400	24,800	43,400	62,000
Conv Sed	2,560	7,680	12,800	25,600	44,800	64,000
Clb Cpe	1,560	4,680	7,800	15,600	27,300	39,000
1939 17th Series Model 1705, Super 8, 148" wb						
Tr Sed	1,360	4,080	6,800	13,600	23,800	34,000
Tr Limo	1,560	4,680	7,800	15,600	27,300	39,000
1939 17th Series Model 1707, V-12, 134" wb						
Conv Cpe	6,600	19,800	33,000	66,000	115,500	165,000
Conv Vic	6,600	19,800	33,000	66,000	115,500	165,000
Roll A/W Cabr	5,200	15,600	26,000	52,000	91,000	130,000
2-4P Cpe	2,640	7,920	13,200	26,400	46,200	66,000
5P Cpe	2,560	7,680	12,800	25,600	44,800	64,000
Sed	2,160	6,480	10,800	21,600	37,800	54,000
Clb Sed	2,200	6,600	11,000	22,000	38,500	55,000
Fml Sed	2,440	7,320	12,200	24,400	42,700	61,000
1939 17th Series Model 1708, V-12, 139" wb						
Conv Sed			value not estimable			
Brn Tr Cabr			value not estimable			
Brn A/W Cabr			value not estimable			
Tr Sed	3,040	9,120	15,200	30,400	53,200	76,000
Tr Limo	3,120	9,360	15,600	31,200	54,600	78,000
Roll A/W Twn Car			value not estimable			
1940 18th Series Model 1800, 6-cyl., 122" wb, (110)						
Conv	1,560	4,680	7,800	15,600	27,300	39,000
Bus Cpe	960	2,880	4,800	9,600	16,800	24,000
Clb Cpe	1,000	3,000	5,000	10,000	17,500	25,000
2d Sed	720	2,160	3,600	7,200	12,600	18,000
Sed	720	2,160	3,600	7,200	12,600	18,000
Sta Wag	1,360	4,080	6,800	13,600	23,800	34,000
1940 18th Series Model 1801, Std., 8-cyl., 127" wb, (120)						
Conv	1,840	5,520	9,200	18,400	32,200	46,000
Conv Sed	2,120	6,360	10,600	21,200	37,100	53,000
Bus Cpe	1,120	3,360	5,600	11,200	19,600	28,000
Clb Cpe	1,160	3,480	5,800	11,600	20,300	29,000
2d Sed	880	2,640	4,400	8,800	15,400	22,000
Clb Sed	920	2,760	4,600	9,200	16,100	23,000
Sed	880	2,640	4,400	8,800	15,400	22,000
Darr Vic	4,000	12,000	20,000	40,000	70,000	100,000
Sta Wag	1,480	4,440	7,400	14,800	25,900	37,000
1940 18th Series Model 1801, DeLuxe, 8-cyl., 127" wb, (120)						
Conv	1,960	5,880	9,800	19,600	34,300	49,000
Clb Cpe	1,160	3,480	5,800	11,600	20,300	29,000
Clb Sed	960	2,880	4,800	9,600	16,800	24,000
Tr Sed	920	2,760	4,600	9,200	16,100	23,000
1940 18th Series Model 1803, Super 8, 127" wb, (160)						
Conv	2,960	8,880	14,800	29,600	51,800	74,000
Conv Sed	3,120	9,360	15,600	31,200	54,600	78,000
Bus Cpe	1,320	3,960	6,600	13,200	23,100	33,000
Clb Cpe	1,400	4,200	7,000	14,000	24,500	35,000
Clb Sed	1,240	3,720	6,200	12,400	21,700	31,000
Sed	1,160	3,480	5,800	11,600	20,300	29,000

1930 Pierce-Arrow Model B sedan

1932 Pierce-Arrow Model 53 roadster

1941 Plymouth Special Deluxe sedan

	6	5	4	3	2	1
1940 18th Series Model 1804, Super 8, 138" wb, (160)						
Sed	1,280	3,840	6,400	12,800	22,400	32,000
1940 18th Series Model 1805, Super 8, 148" wb, (160)						
Tr Sed	1,320	3,960	6,600	13,200	23,100	33,000
Tr Limo	1,360	4,080	6,800	13,600	23,800	34,000
1940 18th Series Model 1806, Custom, Super 8, 127" wb, (180)						
Clb Sed	1,520	4,560	7,600	15,200	26,600	38,000
Darr Conv Vic	4,640	13,920	23,200	46,400	81,200	116,000
1940 18th Series Model 1807, Custom, Super 8, 138" wb, (180)						
Darr Conv Sed	4,800	14,400	24,000	48,000	84,000	120,000
Roll A/W Cabr	4,400	13,200	22,000	44,000	77,000	110,000
Darr Spt Sed	3,600	10,800	18,000	36,000	63,000	90,000
Fml Sed	1,960	5,880	9,800	19,600	34,300	49,000
Tr Sed	1,920	5,760	9,600	19,200	33,600	48,000
1940 18th Series Model 1808, Custom, Super 8, 148" wb, (180)						
Roll A/W Twn Car	3,600	10,800	18,000	36,000	63,000	90,000
Tr Sed	1,960	5,880	9,800	19,600	34,300	49,000
Tr Limo	2,040	6,120	10,200	20,400	35,700	51,000
1941 19th Series Model 1900, Std., 6-cyl., 122" wb, (110)						
Conv	1,440	4,320	7,200	14,400	25,200	36,000
Bus Cpe	840	2,520	4,200	8,400	14,700	21,000
Clb Cpe	880	2,640	4,400	8,800	15,400	22,000
2d Sed	720	2,160	3,600	7,200	12,600	18,000
Tr Sed	720	2,160	3,600	7,200	12,600	18,000
Sta Wag	1,720	5,160	8,600	17,200	30,100	43,000
1941 19th Series Model 1900, Dlx., 6-cyl., 122" wb, (110)						
Conv	1,640	4,920	8,200	16,400	28,700	41,000
Clb Cpe	960	2,880	4,800	9,600	16,800	24,000
2d Sed	840	2,520	4,200	8,400	14,700	21,000
Sed	760	2,280	3,800	7,600	13,300	19,000
Sta Wag	1,800	5,400	9,000	18,000	31,500	45,000
1941 19th Series Model 1901, 8-cyl., 127" wb, (120)						
Conv	1,760	5,280	8,800	17,600	30,800	44,000
Conv Sed	1,840	5,520	9,200	18,400	32,200	46,000
Bus Cpe	1,040	3,120	5,200	10,400	18,200	26,000
Clb Cpe	1,080	3,240	5,400	10,800	18,900	27,000
2d Sed	920	2,760	4,600	9,200	16,100	23,000
Sed	840	2,520	4,200	8,400	14,700	21,000
Sta Wag	2,040	6,120	10,200	20,400	35,700	51,000
DeL Sta Wag	2,160	6,480	10,800	21,600	37,800	54,000
1941 19th Series Model 1903, Super 8, 127" wb, (160)						
Conv	2,880	8,640	14,400	28,800	50,400	72,000
DeL Conv	2,960	8,880	14,800	29,600	51,800	74,000
Conv Sed	3,040	9,120	15,200	30,400	53,200	76,000
DeL Conv Sed	3,120	9,360	15,600	31,200	54,600	78,000
Clb Cpe	1,160	3,480	5,800	11,600	20,300	29,000
Bus Cpe	1,120	3,360	5,600	11,200	19,600	28,000
Sed	1,080	3,240	5,400	10,800	18,900	27,000
1941 19th Series Model 1904, Super 8, 138" wb, (160)						
Sed	1,240	3,720	6,200	12,400	21,700	31,000
1941 19th Series Model 1905, Super 8, 148" wb, (160)						
Tr Sed	1,320	3,960	6,600	13,200	23,100	33,000
Tr Limo	1,440	4,320	7,200	14,400	25,200	36,000
1941 19th Series Model 1906, Custom, Super 8, 127" wb, (180)						
Darr Conv Vic	4,240	12,720	21,200	42,400	74,200	106,000
1941 19th Series Model 1907, Custom, Super 8, 138" wb, (180)						
Leb Spt Brgm	2,800	8,400	14,000	28,000	49,000	70,000
Roll A/W Cabr	3,600	10,800	18,000	36,000	63,000	90,000
Darr Spt Sed	3,040	9,120	15,200	30,400	53,200	76,000
Tr Sed	1,760	5,280	8,800	17,600	30,800	44,000
Fml Sed	1,840	5,520	9,200	18,400	32,200	46,000
1941 19th Series Model 1908, Custom, Super 8, 148" wb, (180)						
Roll A/W Twn Car	3,520	10,560	17,600	35,200	61,600	88,000
Tr Sed	1,960	5,880	9,800	19,600	34,300	49,000
LeB Tr Sed	2,160	6,480	10,800	21,600	37,800	54,000
Tr Limo	2,240	6,720	11,200	22,400	39,200	56,000
LeB Tr Limo	2,560	7,680	12,800	25,600	44,800	64,000
1941 19th Series Model 1951, Clipper, 8-cyl., 127" wb						
Sed	800	2,400	4,000	8,000	14,000	20,000
1942 20th Series Clipper Series - (6-cyl.) Series 2000, Special, 120" wb						
Bus Cpe	800	2,400	4,000	8,000	14,000	20,000
Clb Sed	760	2,280	3,800	7,600	13,300	19,000
Tr Sed	720	2,160	3,600	7,200	12,600	18,000

	6	5	4	3	2	1
1942 20th Series Model 2010, Custom, 120" wb						
Clb Sed	880	2,640	4,400	8,800	15,400	22,000
Tr Sed	840	2,520	4,200	8,400	14,700	21,000
1942 20th Series Model 2020, Custom, 122" wb						
Conv	1,600	4,800	8,000	16,000	28,000	40,000
1942 20th Series Clipper Series - (8-cyl.) Series 2001, Special, 120" wb						
Bus Cpe	840	2,520	4,200	8,400	14,700	21,000
Clb Sed	880	2,640	4,400	8,800	15,400	22,000
Tr Sed	840	2,520	4,200	8,400	14,700	21,000
1942 20th Series Model 2011, Custom, 120" wb						
Clb Sed	1,000	3,000	5,000	10,000	17,500	25,000
Tr Sed	960	2,880	4,800	9,600	16,800	24,000
1942 20th Series Model 2021, Custom, 127" wb						
Conv	1,760	5,280	8,800	17,600	30,800	44,000
1942 20th Series Super 8, 160 Series, Clipper, 127" wb, 2003						
Clb Sed	1,160	3,480	5,800	11,600	20,300	29,000
Tr Sed	1,120	3,360	5,600	11,200	19,600	28,000
1942 20th Series Super 8, 160, 127" wb, 2023						
Conv	2,880	8,640	14,400	28,800	50,400	72,000
1942 20th Series Super 8, 160, 138" wb, 2004						
Tr Sed	1,240	3,720	6,200	12,400	21,700	31,000
1942 20th Series Super 8, 160, 148" wb, 2005						
7P Sed	1,320	3,960	6,600	13,200	23,100	33,000
Limo	1,400	4,200	7,000	14,000	24,500	35,000
1942 20th Series Super 8, 160, 148" wb, 2055						
Bus Sed	1,240	3,720	6,200	12,400	21,700	31,000
Bus Limo	1,320	3,960	6,600	13,200	23,100	33,000
1942 20th Series Super 8, 180, Clipper, 127" wb, 2006						
Clb Sed	1,200	3,600	6,000	12,000	21,000	30,000
Tr Sed	1,160	3,480	5,800	11,600	20,300	29,000
1942 20th Series Super 8, 180, Special, 127" wb, 2006						
Darr Conv Vic	4,640	13,920	23,200	46,400	81,200	116,000
1942 20th Series Super 8, 180, 138" wb, 2007						
Tr Sed	1,160	3,480	5,800	11,600	20,300	29,000
Fml Sed	1,240	3,720	6,200	12,400	21,700	31,000
Roll A/W Cabr	3,600	10,800	18,000	36,000	63,000	90,000
1942 20th Series Super 8, 180, 148" wb, 2008						
Tr Sed	1,440	4,320	7,200	14,400	25,200	36,000
Limo	1,560	4,680	7,800	15,600	27,300	39,000
LeB Sed	2,040	6,120	10,200	20,400	35,700	51,000
LeB Limo	2,200	6,600	11,000	22,000	38,500	55,000
Roll A/W Twn Car	3,600	10,800	18,000	36,000	63,000	90,000
1946 21st Series Clipper, 6-cyl., 120" wb, 2100						
Clb Sed	800	2,400	4,000	8,000	14,000	20,000
Sed	760	2,280	3,800	7,600	13,300	19,000
1946 21st Series Clipper, 6-cyl., 120" wb, 2130						
4d Taxi	880	2,640	4,400	8,800	15,400	22,000
1946 21st Series Clipper, 8-cyl., 120" wb, 2101						
Tr Sed	760	2,280	3,800	7,600	13,300	19,000
1946 21st Series Clipper, DeLuxe, 8-cyl., 120" wb, 2111						
Clb Sed	840	2,520	4,200	8,400	14,700	21,000
Tr Sed	800	2,400	4,000	8,000	14,000	20,000
1946 21st Series Clipper, Super 8, 127" wb, 2103						
Clb Sed	880	2,640	4,400	8,800	15,400	22,000
Tr Sed	840	2,520	4,200	8,400	14,700	21,000
1946 21st Series Clipper, Super 8, 127" wb, 2106 Custom						
Clb Sed	960	2,880	4,800	9,600	16,800	24,000
Tr Sed	920	2,760	4,600	9,200	16,100	23,000
1946 21st Series Clipper, Super, 148" wb, 2126 Custom						
8P Sed	1,120	3,360	5,600	11,200	19,600	28,000
Limo	1,320	3,960	6,600	13,200	23,100	33,000
1947 21st Series Clipper, 6-cyl., 120" wb, 2100						
Clb Sed	800	2,400	4,000	8,000	14,000	20,000
Tr Sed	760	2,280	3,800	7,600	13,300	19,000
1947 21st Series Clipper, DeLuxe, 8-cyl., 120" wb, 2111						
Clb Sed	800	2,400	4,000	8,000	14,000	20,000
Tr Sed	760	2,280	3,800	7,600	13,300	19,000
1947 21st Series Clipper, Super 8, 127" wb, 2103						
Clb Sed	960	2,880	4,800	9,600	16,800	24,000
Tr Sed	880	2,640	4,400	8,800	15,400	22,000
1947 21st Series Clipper, Super 8, 127" wb, 2106 Custom						
Clb Sed	1,040	3,120	5,200	10,400	18,200	26,000

	6	5	4	3	2	1
Tr Sed	960	2,880	4,800	9,600	16,800	24,000
1947 21st Series Clipper, Super 8, 148" wb, 2126 Custom						
7P Sed	1,120	3,360	5,600	11,200	19,600	28,000
Limo	1,320	3,960	6,600	13,200	23,100	33,000
1948 & Early 1949 22nd Series Model 2201, 8-cyl., 120" wb						
Clb Sed	760	2,280	3,800	7,600	13,300	19,000
Sed	720	2,160	3,600	7,200	12,600	18,000
Sta Sed	1,680	5,040	8,400	16,800	29,400	42,000
1948 & Early 1949 22nd Series Model 2211, DeLuxe, 8-cyl., 120" wb						
Clb Sed	840	2,520	4,200	8,400	14,700	21,000
Tr Sed	800	2,400	4,000	8,000	14,000	20,000
1948 & Early 1949 22nd Series Super 8, 120" wb, 2202						
Clb Sed	960	2,880	4,800	9,600	16,800	24,000
Sed	920	2,760	4,600	9,200	16,100	23,000
1948 & Early 1949 22nd Series Super 8, 120" wb, 2232						
Conv	1,680	5,040	8,400	16,800	29,400	42,000
1948 & Early 1949 22nd Series Super 8, 141" wb, 2222						
Sed	1,080	3,240	5,400	10,800	18,900	27,000
Limo	1,280	3,840	6,400	12,800	22,400	32,000
1948 & Early 1949 22nd Series Super 8, DeLuxe, 141" wb						
Sed	1,120	3,360	5,600	11,200	19,600	28,000
Limo	1,320	3,960	6,600	13,200	23,100	33,000
1948 & Early 1949 22nd Series Custom 8, 127" wb, 2206						
Clb Sed	1,080	3,240	5,400	10,800	18,900	27,000
Tr Sed	1,040	3,120	5,200	10,400	18,200	26,000
1948 & Early 1949 22nd Series Custom 8, 127" wb, 2233						
Conv	1,760	5,280	8,800	17,600	30,800	44,000
1948 & Early 1949 22nd Series Custom 8, 148" wb, 2226						
7P Sed	1,320	3,960	6,600	13,200	23,100	33,000
Limo	1,360	4,080	6,800	13,600	23,800	34,000
1949-1950 23rd Series Model 2301, 120" wb						
Clb Sed	800	2,400	4,000	8,000	14,000	20,000
Sed	760	2,280	3,800	7,600	13,300	19,000
Sta Sed	1,680	5,040	8,400	16,800	29,400	42,000
1949-1950 23rd Series 2301 DeLuxe, 120" wb						
Clb Sed	840	2,520	4,200	8,400	14,700	21,000
Sed	800	2,400	4,000	8,000	14,000	20,000
1949-1950 23rd Series Super 8, 127" wb, 2302						
Clb Sed	920	2,760	4,600	9,200	16,100	23,000
Sed	880	2,640	4,400	8,800	15,400	22,000
1949-1950 23rd Series Super 8, 2302 DeLuxe						
Clb Sed	960	2,880	4,800	9,600	16,800	24,000
Sed	920	2,760	4,600	9,200	16,100	23,000
1949-1950 23rd Series Super 8, Super DeLuxe, 127" wb, 2332						
Conv	1,680	5,040	8,400	16,800	29,400	42,000
1949-1950 23rd Series Super 8, 141" wb, 2322						
7P Sed	1,160	3,480	5,800	11,600	20,300	29,000
Limo	1,320	3,960	6,600	13,200	23,100	33,000
1949-1950 23rd Series Custom 8, 127" wb, 2306						
Sed	1,040	3,120	5,200	10,400	18,200	26,000
1949-1950 23rd Series Custom 8, 127" wb, 2333						
Conv	1,760	5,280	8,800	17,600	30,800	44,000
1951 24th Series 200, Standard, 122" wb, 2401						
Bus Cpe	680	2,040	3,400	6,800	11,900	17,000
2d Sed	680	2,040	3,400	6,800	11,900	17,000
Sed	680	2,040	3,400	6,800	11,900	17,000
1951 24th Series 200, DeLuxe						
2d Sed	720	2,160	3,600	7,200	12,600	18,000
Sed	720	2,160	3,600	7,200	12,600	18,000
1951 24th Series 122" wb, 2402						
M.F HT	840	2,520	4,200	8,400	14,700	21,000
Conv	1,200	3,600	6,000	12,000	21,000	30,000
1951 24th Series 300, 127" wb, 2402						
Sed	760	2,280	3,800	7,600	13,300	19,000
1951 24th Series Patrician, 400, 127" wb, 2406						
Sed	840	2,520	4,200	8,400	14,700	21,000
1952 25th Series 200, Std., 122" wb, 2501						
2d Sed	680	2,040	3,400	6,800	11,900	17,000
Sed	680	2,040	3,400	6,800	11,900	17,000
1952 25th Series 200, DeLuxe						
2d Sed	720	2,160	3,600	7,200	12,600	18,000
Sed	720	2,160	3,600	7,200	12,600	18,000

	6	5	4	3	2	1
1952 25th Series 122" wb, 2531						
Conv	1,200	3,600	6,000	12,000	21,000	30,000
M.F HT	880	2,640	4,400	8,800	15,400	22,000
1952 25th Series 300, 122" wb, 2502						
Sed	760	2,280	3,800	7,600	13,300	19,000
1952 25th Series Patrician, 400, 127" wb, 2506						
Sed	840	2,520	4,200	8,400	14,700	21,000
Der Cus Sed	880	2,640	4,400	8,800	15,400	22,000
1953 26th Series Clipper, 122" wb, 2601						
2d HT	840	2,520	4,200	8,400	14,700	21,000
2d Sed	720	2,160	3,600	7,200	12,600	18,000
Sed	720	2,160	3,600	7,200	12,600	18,000
1953 26th Series Clipper DeLuxe						
2d Sed	760	2,280	3,800	7,600	13,300	19,000
Sed	760	2,280	3,800	7,600	13,300	19,000
1953 26th Series Cavalier, 127" wb, 2602						
Cav Sed	800	2,400	4,000	8,000	14,000	20,000
1953 26th Series Packard 8, 122" wb, 2631						
Conv	1,280	3,840	6,400	12,800	22,400	32,000
Carr Conv	1,760	5,280	8,800	17,600	30,800	44,000
M.F HT	880	2,640	4,400	8,800	15,400	22,000
1953 26th Series Patrician, 127" wb, 2606						
Sed	840	2,520	4,200	8,400	14,700	21,000
Der Fml Sed	920	2,760	4,600	9,200	16,100	23,000
1953 26th Series 149" wb, 2626						
Exec Sed	880	2,640	4,400	8,800	15,400	22,000
Corp Limo	960	2,880	4,800	9,600	16,800	24,000
1954 54th Series Clipper, 122" wb, DeLuxe 5401						
2d HT	840	2,520	4,200	8,400	14,700	21,000
Clb Sed	720	2,160	3,600	7,200	12,600	18,000
Sed	720	2,160	3,600	7,200	12,600	18,000
1954 54th Series Clipper Super 5411						
Pan HT	880	2,640	4,400	8,800	15,400	22,000
Clb Sed	760	2,280	3,800	7,600	13,300	19,000
Sed	760	2,280	3,800	7,600	13,300	19,000
1954 54th Series Cavalier, 127" wb, 5402						
Sed	800	2,400	4,000	8,000	14,000	20,000
1954 54th Series Packard 8, 122" wb, 5431						
Pac HT	920	2,760	4,600	9,200	16,100	23,000
Conv	1,280	3,840	6,400	12,800	22,400	32,000
Carr Conv	1,760	5,280	8,800	17,600	30,800	44,000
1954 54th Series Patrician, 127" wb, 5406						
Sed	840	2,520	4,200	8,400	14,700	21,000
Der Cus Sed	920	2,760	4,600	9,200	16,100	23,000
1954 54th Series 149" wb, 5426						
8P Sed	960	2,880	4,800	9,600	16,800	24,000
Limo	1,000	3,000	5,000	10,000	17,500	25,000
1955 55th Series Clipper, DeLuxe, 122" wb, 5540						
Sed	640	1,920	3,200	6,400	11,200	16,000
1955 55th Series Clipper, Super, 5540						
Pan HT	800	2,400	4,000	8,000	14,000	20,000
Sed	680	2,040	3,400	6,800	11,900	17,000
1955 55th Series Clipper Custom 5560 (352 cid V-8)						
Con HT	880	2,640	4,400	8,800	15,400	22,000
Sed	720	2,160	3,600	7,200	12,600	18,000
1955 55th Series Packard, 400, 127" wb, 5580						
"400" HT	1,160	3,480	5,800	11,600	20,300	29,000
1955 55th Series Caribbean 5580						
Conv	1,920	5,760	9,600	19,200	33,600	48,000
1955 55th Series Patrician 5580						
Sed	920	2,760	4,600	9,200	16,100	23,000
1956 56th Series Clipper, DeLuxe, 122" wb, 5640						
Sed	680	2,040	3,400	6,800	11,900	17,000
1956 56th Series Clipper, Super, 5640						
HT	840	2,520	4,200	8,400	14,700	21,000
Sed	720	2,160	3,600	7,200	12,600	18,000
1956 56th Series Clipper, Custom, 5660						
Con HT	880	2,640	4,400	8,800	15,400	22,000
Sed	720	2,160	3,600	7,200	12,600	18,000
1956 56th Series Clipper Executive						
HT	920	2,760	4,600	9,200	16,100	23,000
Sed	760	2,280	3,800	7,600	13,300	19,000

	6	5	4	3	2	1
1956 56th Series Packard, 400, 127" wb, 5680						
"400" HT	1,200	3,600	6,000	12,000	21,000	30,000
1956 56th Series Caribbean, 5688						
Conv	1,960	5,880	9,800	19,600	34,300	49,000
HT	1,320	3,960	6,600	13,200	23,100	33,000
1956 56th Series Patrician, 5680						
Sed	880	2,640	4,400	8,800	15,400	22,000
1957 57th L Series Clipper						
Sed	640	1,920	3,200	6,400	11,200	16,000
Sta Wag	680	2,040	3,400	6,800	11,900	17,000
1958 58th L Series Clipper						
HT	760	2,280	3,800	7,600	13,300	19,000
Sed	560	1,680	2,800	5,600	9,800	14,000
Sta Wag	640	1,920	3,200	6,400	11,200	16,000
Hawk	1,120	3,360	5,600	11,200	19,600	28,000

PIERCE-ARROW

	6	5	4	3	2	1
1901 1-cyl., 2-3/4 hp						
Motorette	2,080	6,240	10,400	20,800	36,400	52,000
1901 1-cyl., 3-3/4 hp						
Motorette	2,160	6,480	10,800	21,600	37,800	54,000
1902 1-cyl., 3-1/2 hp, 58" wb						
Motorette	2,160	6,480	10,800	21,600	37,800	54,000
1903 1-cyl., 5 hp						
Rbt	2,240	6,720	11,200	22,400	39,200	56,000
1903 1-cyl., 6-1/2 hp						
Stanhope	2,320	6,960	11,600	23,200	40,600	58,000
1903 2-cyl., 15 hp						
5P Tr	2,480	7,440	12,400	24,800	43,400	62,000
1904 1-cyl., 8 hp, 70" wb						
Stanhope	2,160	6,480	10,800	21,600	37,800	54,000
2P Stanhope	2,080	6,240	10,400	20,800	36,400	52,000
1904 4 cyl., 24/28 hp, 93" wb						
5P Great Arrow Tr	2,880	8,640	14,400	28,800	50,400	72,000
1904 2-cyl., 15 hp, 81" wb						
5P Tr	1,960	5,880	9,800	19,600	34,300	49,000
1904 4-cyl., 24/28 hp, 93" wb						
Great Arrow Tr	2,560	7,680	12,800	25,600	44,800	64,000
1905 1-cyl., 8 hp, 70" wb						
Stanhope	1,680	5,040	8,400	16,800	29,400	42,000
Stanhope	1,760	5,280	8,800	17,600	30,800	44,000
1905 Great Arrow, 4-cyl., 24/28 hp, 100" wb						
5P Tonn	2,480	7,440	12,400	24,800	43,400	62,000
5P Canopy Tonn	2,560	7,680	12,800	25,600	44,800	64,000
5P Vic	2,360	7,080	11,800	23,600	41,300	59,000
5P Cape Tonn	2,440	7,320	12,200	24,400	42,700	61,000
1905 Great Arrow, 4-cyl., 28/32 hp, 104" wb						
5P Tonn	2,640	7,920	13,200	26,400	46,200	66,000
5P Canopy Tonn	2,560	7,680	12,800	25,600	44,800	64,000
5P Vic	2,480	7,440	12,400	24,800	43,400	62,000
5P Cape Tonn	2,560	7,680	12,800	25,600	44,800	64,000
1905 Great Arrow, 4-cyl., 28/32 hp, 109" wb						
7P Lan'let	2,160	6,480	10,800	21,600	37,800	54,000
7P Sub	1,960	5,880	9,800	19,600	34,300	49,000
8P Opera Coach	2,240	6,720	11,200	22,400	39,200	56,000
1905 4-cyl., 24/28 hp, 100" wb						
Great Arrow Tr	2,560	7,680	12,800	25,600	44,800	64,000
Great Arrow Lan'let	2,520	7,560	12,600	25,200	44,100	63,000
Great Arrow Sub	2,360	7,080	11,800	23,600	41,300	59,000
1905 4-cyl., 24/32 hp, 104" wb						
Great Arrow Opera Ch	2,720	8,160	13,600	27,200	47,600	68,000
1906 Motorette, 1-cyl., 8 hp, 70" wb						
Stanhope	1,360	4,080	6,800	13,600	23,800	34,000
1906 Great Arrow, 4-cyl., 28/32 hp, 107" wb						
5P Tr	2,640	7,920	13,200	26,400	46,200	66,000
5P Vic	2,360	7,080	11,800	23,600	41,300	59,000
8P Open Coach	2,800	8,400	14,000	28,000	49,000	70,000
7P Sub	2,720	8,160	13,600	27,200	47,600	68,000
7P Lan'let	2,480	7,440	12,400	24,800	43,400	62,000
1906 Great Arrow, 4-cyl., 40/45 hp, 109" wb						
7P Tr	2,880	8,640	14,400	28,800	50,400	72,000

	6	5	4	3	2	1
8P Open Coach	2,960	8,880	14,800	29,600	51,800	74,000
7P Sub	2,880	8,640	14,400	28,800	50,400	72,000
7P Lan'let	2,640	7,920	13,200	26,400	46,200	66,000
1907 Great Arrow, 4-cyl., 28/32 hp, 112" wb						
5P Tr	2,960	8,880	14,800	29,600	51,800	74,000
5P Limo	2,640	7,920	13,200	26,400	46,200	66,000
7P Sub	2,720	8,160	13,600	27,200	47,600	68,000
1907 Great Arrow, 4-cyl., 40/45 hp, 124" wb						
7P Tr	3,040	9,120	15,200	30,400	53,200	76,000
7P Limo	2,880	8,640	14,400	28,800	50,400	72,000
7P Sub	2,960	8,880	14,800	29,600	51,800	74,000
1907 Great Arrow, 6-cyl., 65 hp, 135" wb						
7P Tr	3,040	9,120	15,200	30,400	53,200	76,000
1908 Great Arrow, 4-cyl., 30 hp, 112" wb						
Tr	2,800	8,400	14,000	28,000	49,000	70,000
1908 Great Arrow, 4-cyl., 40 hp, 124" wb						
Tr	3,040	9,120	15,200	30,400	53,200	76,000
Sub	2,880	8,640	14,400	28,800	50,400	72,000
1908 Great Arrow, 6-cyl., 40 hp, 130" wb						
Tr	3,280	9,840	16,400	32,800	57,400	82,000
Sub	3,040	9,120	15,200	30,400	53,200	76,000
Rds	3,200	9,600	16,000	32,000	56,000	80,000
1908 Great Arrow, 6-cyl., 60 hp, 135" wb						
Tr	3,600	10,800	18,000	36,000	63,000	90,000
Sub	3,200	9,600	16,000	32,000	56,000	80,000
Rds	3,440	10,320	17,200	34,400	60,200	86,000
1909 Model 24, 4-cyl., 24 hp, 111-1/2" wb						
3P Rbt	1,560	4,680	7,800	15,600	27,300	39,000
3P Vic Top Rbt	1,640	4,920	8,200	16,400	28,700	41,000
2P Rbt	1,520	4,560	7,600	15,200	26,600	38,000
4P Tr Car	1,760	5,280	8,800	17,600	30,800	44,000
5P Lan'let	1,680	5,040	8,400	16,800	29,400	42,000
5P Brgm	1,720	5,160	8,600	17,200	30,100	43,000
1909 Model 36, 6-cyl., 36 hp, 119" wb						
5P Tr	1,920	5,760	9,600	19,200	33,600	48,000
5P Cape Top Tr	1,960	5,880	9,800	19,600	34,300	49,000
2P Rbt	1,720	5,160	8,600	17,200	30,100	43,000
3P Rbt	1,740	5,220	8,700	17,400	30,450	43,500
4P Tr	1,880	5,640	9,400	18,800	32,900	47,000
5P Brgm	1,760	5,280	8,800	17,600	30,800	44,000
5P Lan'let	1,840	5,520	9,200	18,400	32,200	46,000
1909 Model 40, 4-cyl., 40 hp, 124" wb						
7P Sub	2,160	6,480	10,800	21,600	37,800	54,000
4P Tr Car	2,120	6,360	10,600	21,200	37,100	53,000
7P Tr	2,160	6,480	10,800	21,600	37,800	54,000
7P Lan	1,960	5,880	9,800	19,600	34,300	49,000
1909 Model 48, 6-cyl., 48 hp, 130" wb						
4P Tr	2,440	7,320	12,200	24,400	42,700	61,000
4P Cape Top Tr	2,520	7,560	12,600	25,200	44,100	63,000
2P Tr	2,360	7,080	11,800	23,600	41,300	59,000
3P Tr	2,440	7,320	12,200	24,400	42,700	61,000
7P Tr	2,480	7,440	12,400	24,800	43,400	62,000
7P Lan	2,360	7,080	11,800	23,600	41,300	59,000
7P Sub	2,480	7,440	12,400	24,800	43,400	62,000
1909 Model 60, 6-cyl., 60 hp, 135" wb						
7P Tr	3,040	9,120	15,200	30,400	53,200	76,000
7P Cape Top Tr	3,120	9,360	15,600	31,200	54,600	78,000
7P Sub	3,120	9,360	15,600	31,200	54,600	78,000
7P Lan	2,800	8,400	14,000	28,000	49,000	70,000
1910 Model 60, 6-cyl., 60 hp, 135" wb						
5P Lan'let	1,920	5,760	9,600	19,200	33,600	48,000
1910 Model 36, 6-cyl., 36 hp, 125" wb						
4P Miniature Tonn	1,840	5,520	9,200	18,400	32,200	46,000
5P Tr	1,920	5,760	9,600	19,200	33,600	48,000
5P Brgm	1,760	5,280	8,800	17,600	30,800	44,000
Rbt (119" wb)	1,760	5,280	8,800	17,600	30,800	44,000
1910 Model 48, 6-cyl., 48 hp, 134-1/2" wb						
7P Lan'let	2,160	6,480	10,800	21,600	37,800	54,000
Miniature Tonn	2,080	6,240	10,400	20,800	36,400	52,000
7P Tr	2,360	7,080	11,800	23,600	41,300	59,000
7P Sub	2,360	7,080	11,800	23,600	41,300	59,000
Rbt (128" wb)	2,160	6,480	10,800	21,600	37,800	54,000
1910 Model 66, 6-cyl., 66 hp, 140" wb						
7P Tr	3,040	9,120	15,200	30,400	53,200	76,000
4P Miniature Tonn	2,800	8,400	14,000	28,000	49,000	70,000

	6	5	4	3	2	1
7P Sub	3,040	9,120	15,200	30,400	53,200	76,000
7P Lan'let	2,800	8,400	14,000	28,000	49,000	70,000
Rbt (133-1/2" wb)	2,720	8,160	13,600	27,200	47,600	68,000
1911 Model 36T, 6-cyl., 38 hp, 125" wb						
5P Tr	2,720	8,160	13,600	27,200	47,600	68,000
3P Rbt	2,560	7,680	12,800	25,600	44,800	64,000
4P Miniature Tonn	2,560	7,680	12,800	25,600	44,800	64,000
5P Brgm	2,440	7,320	12,200	24,400	42,700	61,000
5P Lan'let	2,480	7,440	12,400	24,800	43,400	62,000
1911 Model 48T, 6-cyl., 48 hp, 134-1/2" wb						
7P Tr	2,960	8,880	14,800	29,600	51,800	74,000
Rbt	2,640	7,920	13,200	26,400	46,200	66,000
Miniature Tonn	2,720	8,160	13,600	27,200	47,600	68,000
5P Close Coupled	2,360	7,080	11,800	23,600	41,300	59,000
5P Protected Tr	2,640	7,920	13,200	26,400	46,200	66,000
Sub	2,880	8,640	14,400	28,800	50,400	72,000
Lan	2,880	8,640	14,400	28,800	50,400	72,000
1911 Model 66T, 6-cyl., 66 hp, 140" wb						
7P Tr	3,280	9,840	16,400	32,800	57,400	82,000
Rbt	3,040	9,120	15,200	30,400	53,200	76,000
Miniature Tonn	3,120	9,360	15,600	31,200	54,600	78,000
5P Protected Tr	3,040	9,120	15,200	30,400	53,200	76,000
Close Coupled	2,640	7,920	13,200	26,400	46,200	66,000
Sub	3,200	9,600	16,000	32,000	56,000	80,000
Lan	3,200	9,600	16,000	32,000	56,000	80,000
1912 Model 36T, 6 cyl., 36 hp, 127-1/2" wb						
4P Tr	2,640	7,920	13,200	26,400	46,200	66,000
5P Tr	2,640	7,920	13,200	26,400	46,200	66,000
Brgm	2,480	7,440	12,400	24,800	43,400	62,000
Lan'let	2,480	7,440	12,400	24,800	43,400	62,000
Rbt (119" wb)	2,560	7,680	12,800	25,600	44,800	64,000
1912 Model 48, 6-cyl., 48 hp, 134-1/2" wb						
4P Tr	2,880	8,640	14,400	28,800	50,400	72,000
5P Tr	2,880	8,640	14,400	28,800	50,400	72,000
7P Tr	2,960	8,880	14,800	29,600	51,800	74,000
Brgm	2,640	7,920	13,200	26,400	46,200	66,000
Lan'let	2,640	7,920	13,200	26,400	46,200	66,000
Sub	2,800	8,400	14,000	28,000	49,000	70,000
Lan	2,800	8,400	14,000	28,000	49,000	70,000
Vestibule Sub	2,720	8,160	13,600	27,200	47,600	68,000
Rbt (128" wb)	2,720	8,160	13,600	27,200	47,600	68,000
1912 Model 66, 6-cyl., 66 hp, 140" wb						
4P Tr	3,200	9,600	16,000	32,000	56,000	80,000
5P Tr	3,280	9,840	16,400	32,800	57,400	82,000
7P Tr	3,360	10,080	16,800	33,600	58,800	84,000
Sub	3,280	9,840	16,400	32,800	57,400	82,000
Lan	3,200	9,600	16,000	32,000	56,000	80,000
Vestibule Sub	3,200	9,600	16,000	32,000	56,000	80,000
Rbt (133-1/2" wb)	3,200	9,600	16,000	32,000	56,000	80,000
1913 Model 38-C, 6-cyl., 38.4 hp, 119" wb						
3P Rbt	2,360	7,080	11,800	23,600	41,300	59,000
4P Tr	2,440	7,320	12,200	24,400	42,700	61,000
5P Tr	2,520	7,560	12,600	25,200	44,100	63,000
6P Brgm	2,280	6,840	11,400	22,800	39,900	57,000
6P Lan'let	2,320	6,960	11,600	23,200	40,600	58,000
1913 Model 48-B, 6-cyl., 48.6 hp, 134-1/2" wb						
5P Tr	2,880	8,640	14,400	28,800	50,400	72,000
Rbt	2,800	8,400	14,000	28,000	49,000	70,000
4P Tr	2,880	8,640	14,400	28,800	50,400	72,000
7P Tr	2,960	8,880	14,800	29,600	51,800	74,000
Brgm	2,360	7,080	11,800	23,600	41,300	59,000
Lan'let	2,440	7,320	12,200	24,400	42,700	61,000
7P Sub	2,480	7,440	12,400	24,800	43,400	62,000
7P Lan	2,520	7,560	12,600	25,200	44,100	63,000
Vestibule Sub	2,560	7,680	12,800	25,600	44,800	64,000
Vestibule Lan	2,560	7,680	12,800	25,600	44,800	64,000
1913 Model 66-A, 6-cyl., 60 hp, 147-1/2" wb						
7P Tr	3,520	10,560	17,600	35,200	61,600	88,000
Rbt	3,200	9,600	16,000	32,000	56,000	80,000
4P Tr	3,440	10,320	17,200	34,400	60,200	86,000
5P Tr	3,440	10,320	17,200	34,400	60,200	86,000
Brgm	2,800	8,400	14,000	28,000	49,000	70,000
Lan'let	2,800	8,400	14,000	28,000	49,000	70,000
7P Sub	3,040	9,120	15,200	30,400	53,200	76,000
7P Lan	3,040	9,120	15,200	30,400	53,200	76,000
Vestibule Sub	3,120	9,360	15,600	31,200	54,600	78,000
Vestibule Lan	3,120	9,360	15,600	31,200	54,600	78,000

	6	5	4	3	2	1
1914 Model 38-C, 6-cyl., 38.4 hp, 132" wb						
5P Tr	2,520	7,560	12,600	25,200	44,100	63,000
4P Tr	2,440	7,320	12,200	24,400	42,700	61,000
7P Brgm	2,280	6,840	11,400	22,800	39,900	57,000
7P Lan'let	2,320	6,960	11,600	23,200	40,600	58,000
Vestibule Brgm	2,360	7,080	11,800	23,600	41,300	59,000
Vestibule Lan	2,360	7,080	11,800	23,600	41,300	59,000
3P Rbt (127-1/2" wb)	2,440	7,320	12,200	24,400	42,700	61,000
1914 Model 48-B, 6-cyl., 48.6 hp, 142" wb						
4P Tr	2,880	8,640	14,400	28,800	50,400	72,000
5P Tr	2,960	8,880	14,800	29,600	51,800	74,000
7P Tr	3,040	9,120	15,200	30,400	53,200	76,000
7P Sub	2,960	8,880	14,800	29,600	51,800	74,000
7P Lan	2,720	8,160	13,600	27,200	47,600	68,000
Vestibule Sub	2,640	7,920	13,200	26,400	46,200	66,000
Vestibule Lan	2,640	7,920	13,200	26,400	46,200	66,000
Brgm	2,640	7,920	13,200	26,400	46,200	66,000
Lan	2,720	8,160	13,600	27,200	47,600	68,000
Vestibule Brgm	2,720	8,160	13,600	27,200	47,600	68,000
Vestibule Lan'let	2,720	8,160	13,600	27,200	47,600	68,000
3P Rbt (134-1/2 " wb)	2,800	8,400	14,000	28,000	49,000	70,000
1914 Model 66-A, 6-cyl., 60 hp, 147-1/2" wb						
4P Tr	3,360	10,080	16,800	33,600	58,800	84,000
5P Tr	3,440	10,320	17,200	34,400	60,200	86,000
7P Tr	3,520	10,560	17,600	35,200	61,600	88,000
7P Sub	3,360	10,080	16,800	33,600	58,800	84,000
7P Lan	3,200	9,600	16,000	32,000	56,000	80,000
Vestibule Lan	3,200	9,600	16,000	32,000	56,000	80,000
7P Brgm	3,200	9,600	16,000	32,000	56,000	80,000
7P Lan	3,200	9,600	16,000	32,000	56,000	80,000
Vestibule Brgm	3,280	9,840	16,400	32,800	57,400	82,000
Vestibule Lan	3,280	9,840	16,400	32,800	57,400	82,000
3P Rbt	3,280	9,840	16,400	32,800	57,400	82,000
1915 Model 38-C, 6-cyl., 38.4 hp, 134" wb						
5P Tr	2,480	7,440	12,400	24,800	43,400	62,000
4P Tr	2,560	7,680	12,800	25,600	44,800	64,000
2P Rbt	2,440	7,320	12,200	24,400	42,700	61,000
2P Cpe Rbt	2,360	7,080	11,800	23,600	41,300	59,000
7P Brgm	2,320	6,960	11,600	23,200	40,600	58,000
7P Lan'let	2,320	6,960	11,600	23,200	40,600	58,000
7P Sed	2,160	6,480	10,800	21,600	37,800	54,000
7P Brgm Lan'let	2,360	7,080	11,800	23,600	41,300	59,000
Vestibule Brgm	2,440	7,320	12,200	24,400	42,700	61,000
Vestibule Lan'let	2,440	7,320	12,200	24,400	42,700	61,000
Vestibule Brgm Lan'let	2,440	7,320	12,200	24,400	42,700	61,000
1915 Model 48-B, 6-cyl., 48.6 hp, 142" wb						
5P Tr	2,960	8,880	14,800	29,600	51,800	74,000
4P Tr	2,960	8,880	14,800	29,600	51,800	74,000
7P Tr	3,040	9,120	15,200	30,400	53,200	76,000
2P Rbt	2,880	8,640	14,400	28,800	50,400	72,000
2P Cpe Rbt	2,800	8,400	14,000	28,000	49,000	70,000
Cpe	2,720	8,160	13,600	27,200	47,600	68,000
7P Sub	2,640	7,920	13,200	26,400	46,200	66,000
7P Lan	2,640	7,920	13,200	26,400	46,200	66,000
7P Brgm	2,640	7,920	13,200	26,400	46,200	66,000
Sub Lan	2,640	7,920	13,200	26,400	46,200	66,000
Vestibule Sub	2,720	8,160	13,600	27,200	47,600	68,000
Vestibule Lan	2,720	8,160	13,600	27,200	47,600	68,000
Vestibule Brgm	2,640	7,920	13,200	26,400	46,200	66,000
Vestibule Sub Lan	2,640	7,920	13,200	26,400	46,200	66,000
1915 Model 66-A, 6-cyl., 60 hp, 147-1/2" wb						
7P Tr	3,520	10,560	17,600	35,200	61,600	88,000
4P Tr	3,360	10,080	16,800	33,600	58,800	84,000
5P Tr	3,440	10,320	17,200	34,400	60,200	86,000
2P Rbt	3,280	9,840	16,400	32,800	57,400	82,000
2P Cpe Rbt	3,200	9,600	16,000	32,000	56,000	80,000
7P Sub	3,360	10,080	16,800	33,600	58,800	84,000
7P Lan	3,360	10,080	16,800	33,600	58,800	84,000
7P Brgm	3,360	10,080	16,800	33,600	58,800	84,000
7P Sub Lan	3,360	10,080	16,800	33,600	58,800	84,000
Vestibule Lan	3,440	10,320	17,200	34,400	60,200	86,000
Vestibule Sub	3,440	10,320	17,200	34,400	60,200	86,000
Vestibule Brgm	3,360	10,080	16,800	33,600	58,800	84,000
Vestibule Sub Lan	3,440	10,320	17,200	34,400	60,200	86,000
1916 Model 38-C, 6-cyl., 38.4 hp, 134" wb						
5P Tr	2,560	7,680	12,800	25,600	44,800	64,000
4P Tr	2,560	7,680	12,800	25,600	44,800	64,000

	6	5	4	3	2	1
2P Rbt	2,480	7,440	12,400	24,800	43,400	62,000
3P Rbt	2,480	7,440	12,400	24,800	43,400	62,000
3P Cpe	2,160	6,480	10,800	21,600	37,800	54,000
2P Cpe	2,160	6,480	10,800	21,600	37,800	54,000
7P Brgm	2,120	6,360	10,600	21,200	37,100	53,000
7P Lan'let	2,120	6,360	10,600	21,200	37,100	53,000
7P Sed	2,040	6,120	10,200	20,400	35,700	51,000
Brgm Lan'let	2,160	6,480	10,800	21,600	37,800	54,000
Vestibule Brgm	2,240	6,720	11,200	22,400	39,200	56,000
Vestibule Lan'let	2,240	6,720	11,200	22,400	39,200	56,000
Vestibule Brgm Lan'let	2,240	6,720	11,200	22,400	39,200	56,000
1916 Model 48-B, 6-cyl., 48.6 hp, 142" wb						
7P Tr	2,960	8,880	14,800	29,600	51,800	74,000
4P Tr	2,880	8,640	14,400	28,800	50,400	72,000
5P Tr	2,960	8,880	14,800	29,600	51,800	74,000
2P Rbt	2,880	8,640	14,400	28,800	50,400	72,000
3P Rbt	2,880	8,640	14,400	28,800	50,400	72,000
2P Cpe	2,480	7,440	12,400	24,800	43,400	62,000
3P Cpe	2,480	7,440	12,400	24,800	43,400	62,000
7P Sub	2,640	7,920	13,200	26,400	46,200	66,000
7P Lan	2,640	7,920	13,200	26,400	46,200	66,000
7P Brgm	2,560	7,680	12,800	25,600	44,800	64,000
Sub Lan	2,640	7,920	13,200	26,400	46,200	66,000
Vestibule Sub	2,640	7,920	13,200	26,400	46,200	66,000
Vestibule Lan	2,640	7,920	13,200	26,400	46,200	66,000
Vestibule Brgm	2,560	7,680	12,800	25,600	44,800	64,000
Vestibule Sub Lan	2,640	7,920	13,200	26,400	46,200	66,000
1916 Model 66-A, 6-cyl., 60 hp, 147-1/2" wb						
7P Tr	3,440	10,320	17,200	34,400	60,200	86,000
4P Tr	3,360	10,080	16,800	33,600	58,800	84,000
5P Tr	3,360	10,080	16,800	33,600	58,800	84,000
2P Rbt	3,280	9,840	16,400	32,800	57,400	82,000
3P Rbt	3,360	10,080	16,800	33,600	58,800	84,000
2P Cpe	3,040	9,120	15,200	30,400	53,200	76,000
3P Cpe	3,040	9,120	15,200	30,400	53,200	76,000
7P Sub	3,200	9,600	16,000	32,000	56,000	80,000
7P Lan	3,120	9,360	15,600	31,200	54,600	78,000
7P Brgm	3,120	9,360	15,600	31,200	54,600	78,000
Sub Lan	3,120	9,360	15,600	31,200	54,600	78,000
Vestibule Lan	3,120	9,360	15,600	31,200	54,600	78,000
Vestibule Sub	3,120	9,360	15,600	31,200	54,600	78,000
Vestibule Brgm	3,120	9,360	15,600	31,200	54,600	78,000
Vestibule Sub Lan	3,120	9,360	15,600	31,200	54,600	78,000
1917 Model 38, 6-cyl., 38.4 hp, 134" wb						
5P Tr	2,360	7,080	11,800	23,600	41,300	59,000
2P Rbt	2,280	6,840	11,400	22,800	39,900	57,000
3P Rbt	2,280	6,840	11,400	22,800	39,900	57,000
2P Cpe	1,760	5,280	8,800	17,600	30,800	44,000
3P Cpe	1,800	5,400	9,000	18,000	31,500	45,000
4P Tr	2,320	6,960	11,600	23,200	40,600	58,000
Brgm	1,720	5,160	8,600	17,200	30,100	43,000
Lan'let	1,720	5,160	8,600	17,200	30,100	43,000
Sed	1,600	4,800	8,000	16,000	28,000	40,000
Vestibule Brgm	1,760	5,280	8,800	17,600	30,800	44,000
Brgm Lan'let	1,760	5,280	8,800	17,600	30,800	44,000
Vestibule Brgm Lan'let	1,840	5,520	9,200	18,400	32,200	46,000
Fr Brgm	1,840	5,520	9,200	18,400	32,200	46,000
Fr Brgm Lan'let	1,840	5,520	9,200	18,400	32,200	46,000
1917 Model 48, 6-cyl., 48.6 hp, 142" wb						
7P Tr	2,640	7,920	13,200	26,400	46,200	66,000
2P Rbt	2,480	7,440	12,400	24,800	43,400	62,000
3P Rbt	2,560	7,680	12,800	25,600	44,800	64,000
2P Cpe	2,160	6,480	10,800	21,600	37,800	54,000
3P Cpe	2,160	6,480	10,800	21,600	37,800	54,000
5P Tr	2,640	7,920	13,200	26,400	46,200	66,000
4P Tr	2,560	7,680	12,800	25,600	44,800	64,000
Brgm	2,120	6,360	10,600	21,200	37,100	53,000
Sub	2,160	6,480	10,800	21,600	37,800	54,000
Lan	2,160	6,480	10,800	21,600	37,800	54,000
Sub Lan	2,160	6,480	10,800	21,600	37,800	54,000
Vestibule Sub	2,240	6,720	11,200	22,400	39,200	56,000
Vestibule Lan	2,240	6,720	11,200	22,400	39,200	56,000
Vestibule Brgm	2,200	6,600	11,000	22,000	38,500	55,000
Vestibule Sub Lan	2,240	6,720	11,200	22,400	39,200	56,000
1917 Model 66, 6-cyl., 60 hp, 147-1/2" wb						
7P Tr	3,440	10,320	17,200	34,400	60,200	86,000

	6	5	4	3	2	1
2P Rbt	3,280	9,840	16,400	32,800	57,400	82,000
3P Rbt	3,280	9,840	16,400	32,800	57,400	82,000
2P Cpe	3,040	9,120	15,200	30,400	53,200	76,000
3P Cpe	3,040	9,120	15,200	30,400	53,200	76,000
4P Tr	3,360	10,080	16,800	33,600	58,800	84,000
5P Tr	3,360	10,080	16,800	33,600	58,800	84,000
Brgm	2,720	8,160	13,600	27,200	47,600	68,000
Sub	2,800	8,400	14,000	28,000	49,000	70,000
Lan	2,800	8,400	14,000	28,000	49,000	70,000
Sub Lan	2,800	8,400	14,000	28,000	49,000	70,000
Vestibule Sub	2,800	8,400	14,000	28,000	49,000	70,000
Vestibule Lan	2,800	8,400	14,000	28,000	49,000	70,000
Vestibule Brgm	2,800	8,400	14,000	28,000	49,000	70,000
Vestibule Sub Lan	2,800	8,400	14,000	28,000	49,000	70,000

1918 Model 38, 6-cyl., 38.4 hp, 134" wb

	6	5	4	3	2	1
5P Tr	2,640	7,920	13,200	26,400	46,200	66,000
2P Rbt	2,560	7,680	12,800	25,600	44,800	64,000
3P Rbt	2,560	7,680	12,800	25,600	44,800	64,000
2P Cpe	2,320	6,960	11,600	23,200	40,600	58,000
3P Cpe	2,320	6,960	11,600	23,200	40,600	58,000
2P Conv Rds	2,560	7,680	12,800	25,600	44,800	64,000
3P Conv Rds	2,560	7,680	12,800	25,600	44,800	64,000
4P Rds	2,640	7,920	13,200	26,400	46,200	66,000
4P Tr	2,560	7,680	12,800	25,600	44,800	64,000
Brgm	2,360	7,080	11,800	23,600	41,300	59,000
Lan'let	2,360	7,080	11,800	23,600	41,300	59,000
Sed	2,160	6,480	10,800	21,600	37,800	54,000
Vestibule Brgm	2,240	6,720	11,200	22,400	39,200	56,000
Brgm Lan'let	2,200	6,600	11,000	22,000	38,500	55,000
Vestibule Lan'let	2,320	6,960	11,600	23,200	40,600	58,000
Vestibule Brgm Lan'let	2,320	6,960	11,600	23,200	40,600	58,000
Fr Brgm	2,280	6,840	11,400	22,800	39,900	57,000
Fr Brgm Lan'let	2,320	6,960	11,600	23,200	40,600	58,000
Twn Brgm	2,280	6,840	11,400	22,800	39,900	57,000

1918 Model 48, 6-cyl., 48.6 hp, 142" wb

	6	5	4	3	2	1
2P Rbt	2,640	7,920	13,200	26,400	46,200	66,000
4P Rbt	2,640	7,920	13,200	26,400	46,200	66,000
3P Rbt	2,640	7,920	13,200	26,400	46,200	66,000
2P Cpe	2,440	7,320	12,200	24,400	42,700	61,000
3P Cpe	2,440	7,320	12,200	24,400	42,700	61,000
2P Conv Rds	2,640	7,920	13,200	26,400	46,200	66,000
3P Conv Rds	2,720	8,160	13,600	27,200	47,600	68,000
4P Tr	2,800	8,400	14,000	28,000	49,000	70,000
5P Tr	2,800	8,400	14,000	28,000	49,000	70,000
Brgm	2,480	7,440	12,400	24,800	43,400	62,000
Sub	2,480	7,440	12,400	24,800	43,400	62,000
Lan	2,480	7,440	12,400	24,800	43,400	62,000
Sub Lan	2,480	7,440	12,400	24,800	43,400	62,000
Vestibule Sub	2,480	7,440	12,400	24,800	43,400	62,000
Vestibule Lan	2,480	7,440	12,400	24,800	43,400	62,000
Vestibule Brgm	2,560	7,680	12,800	25,600	44,800	64,000
Vestibule Sub Lan	2,640	7,920	13,200	26,400	46,200	66,000
Fr Brgm	2,480	7,440	12,400	24,800	43,400	62,000
7P Tr	2,880	8,640	14,400	28,800	50,400	72,000
7P Sub Lan	2,640	7,920	13,200	26,400	46,200	66,000

1918 Model 66, 6-cyl., 60 hp, 147-1/2" wb

	6	5	4	3	2	1
2P Rbt	3,200	9,600	16,000	32,000	56,000	80,000
3P Rbt	3,200	9,600	16,000	32,000	56,000	80,000
2P Cpe	3,040	9,120	15,200	30,400	53,200	76,000
3P Cpe	3,040	9,120	15,200	30,400	53,200	76,000
2P Con Rds	3,200	9,600	16,000	32,000	56,000	80,000
3P Con Rds	3,280	9,840	16,400	32,800	57,400	82,000
4P Tr	3,360	10,080	16,800	33,600	58,800	84,000
5P Tr	3,360	10,080	16,800	33,600	58,800	84,000
7P Tr	3,440	10,320	17,200	34,400	60,200	86,000
Brgm	2,800	8,400	14,000	28,000	49,000	70,000
Sub	2,880	8,640	14,400	28,800	50,400	72,000
Lan	2,880	8,640	14,400	28,800	50,400	72,000
Sub Lan	2,880	8,640	14,400	28,800	50,400	72,000
Vestibule Lan	3,040	9,120	15,200	30,400	53,200	76,000
Vestibule Brgm	3,040	9,120	15,200	30,400	53,200	76,000
Vestibule Sub	3,040	9,120	15,200	30,400	53,200	76,000
Vestibule Sub Lan	3,040	9,120	15,200	30,400	53,200	76,000

1919 Model 48-B-5, 6-cyl., 48.6 hp, 142" wb

	6	5	4	3	2	1
7P Tr	3,040	9,120	15,200	30,400	53,200	76,000
2P Rbt	2,720	8,160	13,600	27,200	47,600	68,000
3P Rbt	2,720	8,160	13,600	27,200	47,600	68,000

	6	5	4	3	2	1
4P Tr	2,800	8,400	14,000	28,000	49,000	70,000
4P Rds	2,960	8,880	14,800	29,600	51,800	74,000
5P Tr	3,040	9,120	15,200	30,400	53,200	76,000
2P Cpe	2,560	7,680	12,800	25,600	44,800	64,000
3P Cpe	2,560	7,680	12,800	25,600	44,800	64,000
2P Con Rds	2,640	7,920	13,200	26,400	46,200	66,000
3P Con Rds	2,640	7,920	13,200	26,400	46,200	66,000
Brgm	2,560	7,680	12,800	25,600	44,800	64,000
Brgm Lan'let	2,560	7,680	12,800	25,600	44,800	64,000
Fr Brgm	2,480	7,440	12,400	24,800	43,400	62,000
Fr Brgm Lan'let	2,560	7,680	12,800	25,600	44,800	64,000
Sub	2,560	7,680	12,800	25,600	44,800	64,000
Sub Lan	2,560	7,680	12,800	25,600	44,800	64,000
Vestibule Brgm	2,480	7,440	12,400	24,800	43,400	62,000
Vestibule Brgm Lan	2,560	7,680	12,800	25,600	44,800	64,000
Vestibule Sub	2,480	7,440	12,400	24,800	43,400	62,000
Vestibule Lan	2,480	7,440	12,400	24,800	43,400	62,000
Vestibule Sub Lan	2,560	7,680	12,800	25,600	44,800	64,000
1920 Model 38, 6 cyl., 38 hp, 134" wb						
2P & 3P Rbt	2,360	7,080	11,800	23,600	41,300	59,000
4P Tr	2,400	7,200	12,000	24,000	42,000	60,000
4P Rds	2,440	7,320	12,200	24,400	42,700	61,000
5P Tr	2,480	7,440	12,400	24,800	43,400	62,000
7P Tr	2,560	7,680	12,800	25,600	44,800	64,000
2P & 3P Cpe	1,960	5,880	9,800	19,600	34,300	49,000
4P Sed	1,360	4,080	6,800	13,600	23,800	34,000
7P Sed	1,440	4,320	7,200	14,400	25,200	36,000
Brgm	1,560	4,680	7,800	15,600	27,300	39,000
Fr Brgm	1,640	4,920	8,200	16,400	28,700	41,000
Brgm Lan'let	1,680	5,040	8,400	16,800	29,400	42,000
Tourer Brgm	1,720	5,160	8,600	17,200	30,100	43,000
Vestibule Brgm	1,760	5,280	8,800	17,600	30,800	44,000
1920 Model 48, 6-cyl., 48 hp, 142" wb						
2P & 4P Rbt	2,480	7,440	12,400	24,800	43,400	62,000
4P Tr	2,560	7,680	12,800	25,600	44,800	64,000
4P Rds	2,560	7,680	12,800	25,600	44,800	64,000
5P Tr	2,480	7,440	12,400	24,800	43,400	62,000
6P Tr	2,640	7,920	13,200	26,400	46,200	66,000
2P & 3P Cpe	2,160	6,480	10,800	21,600	37,800	54,000
5P Brgm	2,320	6,960	11,600	23,200	40,600	58,000
7P Fr Brgm	2,320	6,960	11,600	23,200	40,600	58,000
7P Sub	2,400	7,200	12,000	24,000	42,000	60,000
7P Vestibule Sub	2,480	7,440	12,400	24,800	43,400	62,000
7P Fr Sub	2,400	7,200	12,000	24,000	42,000	60,000
1921 Model 38, 6-cyl., 38 hp, 138" wb						
4P Tr	2,400	7,200	12,000	24,000	42,000	60,000
6P Tr	2,400	7,200	12,000	24,000	42,000	60,000
7P Tr	2,480	7,440	12,400	24,800	43,400	62,000
3P Rds	2,480	7,440	12,400	24,800	43,400	62,000
4P Cpe	1,960	5,880	9,800	19,600	34,300	49,000
7P Brgm	1,760	5,280	8,800	17,600	30,800	44,000
7P Limo	1,840	5,520	9,200	18,400	32,200	46,000
6P Sed	1,760	5,280	8,800	17,600	30,800	44,000
6P Vestibule Sed	1,840	5,520	9,200	18,400	32,200	46,000
7P Lan	1,920	5,760	9,600	19,200	33,600	48,000
1922 Model 38, 6-cyl., 38 hp, 138" wb						
4P Tr	2,400	7,200	12,000	24,000	42,000	60,000
7P Tr	2,480	7,440	12,400	24,800	43,400	62,000
3P Rds	2,400	7,200	12,000	24,000	42,000	60,000
7P Brgm	1,760	5,280	8,800	17,600	30,800	44,000
Cpe Sed	1,760	5,280	8,800	17,600	30,800	44,000
3P Cpe	1,960	5,880	9,800	19,600	34,300	49,000
4P Sed	2,000	6,000	10,000	20,000	35,000	50,000
Lan'let	1,760	5,280	8,800	17,600	30,800	44,000
Limo	1,840	5,520	9,200	18,400	32,200	46,000
Fml Limo	1,920	5,760	9,600	19,200	33,600	48,000
Vestibule Sed	1,960	5,880	9,800	19,600	34,300	49,000
Sed	1,920	5,760	9,600	19,200	33,600	48,000
1923 Model 38, 6-cyl., 138" wb						
7P Tr	2,160	6,480	10,800	21,600	37,800	54,000
4P Tr	2,080	6,240	10,400	20,800	36,400	52,000
2P Rbt	1,960	5,880	9,800	19,600	34,300	49,000
3P Cpe	1,680	5,040	8,400	16,800	29,400	42,000
4P Cpe Sed	1,600	4,800	8,000	16,000	28,000	40,000
6P Brgm	1,560	4,680	7,800	15,600	27,300	39,000
4P Sed	1,440	4,320	7,200	14,400	25,200	36,000
7P Sed	1,520	4,560	7,600	15,200	26,600	38,000
6P Lan'let	1,760	5,280	8,800	17,600	30,800	44,000

1956 Plymouth Belvedere convertible

1967 Plymouth Fury VIP four-door hardtop

1977 Plymouth Fury Sport hardtop

	6	5	4	3	2	1
7P Limo	1,840	5,520	9,200	18,400	32,200	46,000
7P Encl Drive Limo	1,920	5,760	9,600	19,200	33,600	48,000
7P Fml Limo	1,960	5,880	9,800	19,600	34,300	49,000
1924 Model 33, 6-cyl., 138" wb						
7P Tr	2,160	6,480	10,800	21,600	37,800	54,000
6P Tr	2,080	6,240	10,400	20,800	36,400	52,000
4P Tr	2,000	6,000	10,000	20,000	35,000	50,000
Rbt	1,840	5,520	9,200	18,400	32,200	46,000
6P Brgm	1,760	5,280	8,800	17,600	30,800	44,000
3P Cpe	1,800	5,400	9,000	18,000	31,500	45,000
4P Cpe Sed	1,800	5,400	9,000	18,000	31,500	45,000
4d 4P Sed	1,680	5,040	8,400	16,800	29,400	42,000
7P Encl Drive Limo	2,040	6,120	10,200	20,400	35,700	51,000
7P Fml Limo	2,080	6,240	10,400	20,800	36,400	52,000
6P Lan'let	2,120	6,360	10,600	21,200	37,100	53,000
7P Limo	2,160	6,480	10,800	21,600	37,800	54,000
7P Sed	2,080	6,240	10,400	20,800	36,400	52,000
7P Fml Lan	2,160	6,480	10,800	21,600	37,800	54,000
7P Limo Lan	2,200	6,600	11,000	22,000	38,500	55,000
4P Sed Lan	2,160	6,480	10,800	21,600	37,800	54,000
3P Cpe Lan	2,360	7,080	11,800	23,600	41,300	59,000
7P Encl Drive Lan	2,360	7,080	11,800	23,600	41,300	59,000
7P Sed Lan	2,320	6,960	11,600	23,200	40,600	58,000
1925 Model 80, 6-cyl., 130" wb						
7P Tr	2,160	6,480	10,800	21,600	37,800	54,000
4P Tr	2,120	6,360	10,600	21,200	37,100	53,000
5P Sed	1,640	4,920	8,200	16,400	28,700	41,000
4P Cpe	1,880	5,640	9,400	18,800	32,900	47,000
7P Sed	1,680	5,040	8,400	16,800	29,400	42,000
Encl Drive Limo	1,960	5,880	9,800	19,600	34,300	49,000
2P Rbt	2,040	6,120	10,200	20,400	35,700	51,000
1925 Model 33, 6-cyl., 138" wb						
2P Rbt	2,240	6,720	11,200	22,400	39,200	56,000
4P Tr	2,280	6,840	11,400	22,800	39,900	57,000
6P Tr	2,320	6,960	11,600	23,200	40,600	58,000
7P Tr	2,360	7,080	11,800	23,600	41,300	59,000
Brgm	2,040	6,120	10,200	20,400	35,700	51,000
Cpe	2,160	6,480	10,800	21,600	37,800	54,000
4P Sed	1,960	5,880	9,800	19,600	34,300	49,000
Cpe Sed	1,960	5,880	9,800	19,600	34,300	49,000
Lan'let	2,040	6,120	10,200	20,400	35,700	51,000
7P Sed	2,000	6,000	10,000	20,000	35,000	50,000
Encl Drive Sed	2,040	6,120	10,200	20,400	35,700	51,000
Limo	2,160	6,480	10,800	21,600	37,800	54,000
Lan	2,120	6,360	10,600	21,200	37,100	53,000
Encl Drive Lan	2,200	6,600	11,000	22,000	38,500	55,000
1926 Model 80, 6-cyl., 70 hp, 130" wb						
7P Tr	2,160	6,480	10,800	21,600	37,800	54,000
4P Tr	2,040	6,120	10,200	20,400	35,700	51,000
2P Rds	2,080	6,240	10,400	20,800	36,400	52,000
4P Cpe	2,280	6,840	11,400	22,800	39,900	57,000
7P Sed	2,160	6,480	10,800	21,600	37,800	54,000
7P Encl Drive Limo	2,360	7,080	11,800	23,600	41,300	59,000
5P Sed	2,120	6,360	10,600	21,200	37,100	53,000
4P Cpe Lan	2,040	6,120	10,200	20,400	35,700	51,000
5P Coach	1,640	4,920	8,200	16,400	28,700	41,000
1926 Model 33, 6-cyl., 100 hp, 138" wb						
4P Tr	2,640	7,920	13,200	26,400	46,200	66,000
2P Rbt	2,560	7,680	12,800	25,600	44,800	64,000
6P Tr	2,720	8,160	13,600	27,200	47,600	68,000
7P Tr	2,880	8,640	14,400	28,800	50,400	72,000
6P Brgm	2,560	7,680	12,800	25,600	44,800	64,000
3P Cpe	2,240	6,720	11,200	22,400	39,200	56,000
4P Sed	2,160	6,480	10,800	21,600	37,800	54,000
4P Cpe Sed	2,200	6,600	11,000	22,000	38,500	55,000
4P Encl Drive Limo	2,480	7,440	12,400	24,800	43,400	62,000
7P Sed	2,440	7,320	12,200	24,400	42,700	61,000
6P Lan'let	2,480	7,440	12,400	24,800	43,400	62,000
7P Fr Limo	2,480	7,440	12,400	24,800	43,400	62,000
7P Sed Lan'let	2,480	7,440	12,400	24,800	43,400	62,000
4P Sed Lan'let	2,480	7,440	12,400	24,800	43,400	62,000
3P Cpe Lan'let	2,560	7,680	12,800	25,600	44,800	64,000
7P Limo	2,560	7,680	12,800	25,600	44,800	64,000
7P Encl Drive Limo	2,640	7,920	13,200	26,400	46,200	66,000
7P Encl Drive Lan'let	2,720	8,160	13,600	27,200	47,600	68,000
1927 Model 80, 6-cyl., 70 hp, 130" wb						
7P Tr	2,400	7,200	12,000	24,000	42,000	60,000
4P Tr	2,360	7,080	11,800	23,600	41,300	59,000

	6	5	4	3	2	1
2P Rds	2,320	6,960	11,600	23,200	40,600	58,000
4P Cpe	2,080	6,240	10,400	20,800	36,400	52,000
7P Sed	1,840	5,520	9,200	18,400	32,200	46,000
7P Encl Drive Limo	2,360	7,080	11,800	23,600	41,300	59,000
5P Sed	1,800	5,400	9,000	18,000	31,500	45,000
2d 5P Coach	1,840	5,520	9,200	18,400	32,200	46,000
4d 5P Coach	1,960	5,880	9,800	19,600	34,300	49,000
4P Cpe	2,120	6,360	10,600	21,200	37,100	53,000
2P Cpe	2,040	6,120	10,200	20,400	35,700	51,000
4d 7P Coach	2,040	6,120	10,200	20,400	35,700	51,000
7P Limo Coach	2,240	6,720	11,200	22,400	39,200	56,000
1927 Model 36, 6-cyl., 100 hp, 138" wb						
2P Rbt	2,480	7,440	12,400	24,800	43,400	62,000
4P Tr	2,560	7,680	12,800	25,600	44,800	64,000
7P Tr	2,720	8,160	13,600	27,200	47,600	68,000
3P Cpe	2,520	7,560	12,600	25,200	44,100	63,000
4d 4P Sed	2,160	6,480	10,800	21,600	37,800	54,000
4P Cpe Sed	2,240	6,720	11,200	22,400	39,200	56,000
4P Encl Drive Limo	2,480	7,440	12,400	24,800	43,400	62,000
7P Encl Drive Lan	2,440	7,320	12,200	24,400	42,700	61,000
7P Sed	2,360	7,080	11,800	23,600	41,300	59,000
7P Fr Lan	2,400	7,200	12,000	24,000	42,000	60,000
7P Sed Lan	2,400	7,200	12,000	24,000	42,000	60,000
4P Sed Lan	2,360	7,080	11,800	23,600	41,300	59,000
7P Encl Drive Limo	2,520	7,560	12,600	25,200	44,100	63,000
7P Fr Limo	2,440	7,320	12,200	24,400	42,700	61,000
4P Encl Drive Limo	2,480	7,440	12,400	24,800	43,400	62,000
1928 Model 81, 6-cyl., 75 hp, 130" wb						
4P Rbt	2,560	7,680	12,800	25,600	44,800	64,000
4P Tr	2,480	7,440	12,400	24,800	43,400	62,000
4P Rds	2,560	7,680	12,800	25,600	44,800	64,000
5P Brgm	2,320	6,960	11,600	23,200	40,600	58,000
2P Cpe	2,360	7,080	11,800	23,600	41,300	59,000
5P Clb Sed	2,320	6,960	11,600	23,200	40,600	58,000
4P Cpe	2,400	7,200	12,000	24,000	42,000	60,000
5P Sed	2,240	6,720	11,200	22,400	39,200	56,000
Spt Sed Lan	2,280	6,840	11,400	22,800	39,900	57,000
Clb Sed Lan	2,320	6,960	11,600	23,200	40,600	58,000
7P Sed	2,320	6,960	11,600	23,200	40,600	58,000
4P Cpe DeL	2,440	7,320	12,200	24,400	42,700	61,000
7P Encl Drive Limo	2,520	7,560	12,600	25,200	44,100	63,000
1928 Model 36, 6-cyl., 100 hp, 138" wb						
4P Rbt	3,040	9,120	15,200	30,400	53,200	76,000
4P Tr	3,120	9,360	15,600	31,200	54,600	78,000
7P Tr	3,200	9,600	16,000	32,000	56,000	80,000
Encl Drive Limo	2,800	8,400	14,000	28,000	49,000	70,000
7P Sed	2,560	7,680	12,800	25,600	44,800	64,000
7P Encl Drive Lan'let	2,800	8,400	14,000	28,000	49,000	70,000
7P Sed Lan	2,640	7,920	13,200	26,400	46,200	66,000
3P Cpe	2,640	7,920	13,200	26,400	46,200	66,000
4P Cpe Sed	2,640	7,920	13,200	26,400	46,200	66,000
4P Encl Drive Sed	2,880	8,640	14,400	28,800	50,400	72,000
4P Sed	2,560	7,680	12,800	25,600	44,800	64,000
6P Encl Drive Limo	3,040	9,120	15,200	30,400	53,200	76,000
4P CC Sed	2,720	8,160	13,600	27,200	47,600	68,000
4P Sed Lan	2,800	8,400	14,000	28,000	49,000	70,000
4P Encl Drive Lan	2,720	8,160	13,600	27,200	47,600	68,000
6P Fml Limo	3,040	9,120	15,200	30,400	53,200	76,000
6P Fr Lan	3,120	9,360	15,600	31,200	54,600	78,000
1929 Model 125, 8-cyl., 125 hp, 133" wb						
4P Rds	3,600	10,800	18,000	36,000	63,000	90,000
4P Tr	3,520	10,560	17,600	35,200	61,600	88,000
5P Brgm	2,560	7,680	12,800	25,600	44,800	64,000
4P Cpe	2,720	8,160	13,600	27,200	47,600	68,000
5P Sed	2,480	7,440	12,400	24,800	43,400	62,000
5P Twn Sed	2,560	7,680	12,800	25,600	44,800	64,000
7P Sed	2,560	7,680	12,800	25,600	44,800	64,000
7P Encl Drive Limo	2,800	8,400	14,000	28,000	49,000	70,000
1929 Model 126, 8-cyl., 125 hp, 143" wb						
7P Tr	3,840	11,520	19,200	38,400	67,200	96,000
4P Conv Cpe	3,920	11,760	19,600	39,200	68,600	98,000
7P Sed	2,960	8,880	14,800	29,600	51,800	74,000
7P Encl Drive Limo	3,040	9,120	15,200	30,400	53,200	76,000
4P Sed	2,800	8,400	14,000	28,000	49,000	70,000
1930 Model C, 8-cyl., 115 hp, 132" wb						
Clb Brgm	2,160	6,480	10,800	21,600	37,800	54,000
Cpe	2,240	6,720	11,200	22,400	39,200	56,000
Sed	2,040	6,120	10,200	20,400	35,700	51,000

	6	5	4	3	2	1
1930 Model B, 8-cyl., 125 hp, 134" wb						
Rds	4,000	12,000	20,000	40,000	70,000	100,000
Tr	4,000	12,000	20,000	40,000	70,000	100,000
Spt Phae	4,240	12,720	21,200	42,400	74,200	106,000
Conv Cpe	3,920	11,760	19,600	39,200	68,600	98,000
1930 Model B, 8-cyl., 125 hp, 139" wb						
5P Sed	2,720	8,160	13,600	27,200	47,600	68,000
Vic Cpe	2,800	8,400	14,000	28,000	49,000	70,000
7P Sed	2,720	8,160	13,600	27,200	47,600	68,000
Clb Sed	2,800	8,400	14,000	28,000	49,000	70,000
Encl Drive Limo	3,200	9,600	16,000	32,000	56,000	80,000
1930 Model A, 8-cyl., 132 hp, 144" wb						
Tr	4,400	13,200	22,000	44,000	77,000	110,000
Conv Cpe	4,240	12,720	21,200	42,400	74,200	106,000
Sed	3,040	9,120	15,200	30,400	53,200	76,000
Encl Drive Limo	3,840	11,520	19,200	38,400	67,200	96,000
Twn Car	3,520	10,560	17,600	35,200	61,600	88,000
1931 Model 43, 8-cyl., 125 hp, 134" wb						
Rds	4,000	12,000	20,000	40,000	70,000	100,000
Tourer	4,000	12,000	20,000	40,000	70,000	100,000
Cpe	2,800	8,400	14,000	28,000	49,000	70,000
1931 Model 43, 8-cyl., 125 hp, 137" wb						
5P Sed	2,160	6,480	10,800	21,600	37,800	54,000
Clb Sed	2,360	7,080	11,800	23,600	41,300	59,000
7P Sed	2,440	7,320	12,200	24,400	42,700	61,000
Encl Drive Limo	2,560	7,680	12,800	25,600	44,800	64,000
1931 Model 42, 8-cyl., 132 hp, 142" wb						
Rds	4,400	13,200	22,000	44,000	77,000	110,000
Tourer	4,400	13,200	22,000	44,000	77,000	110,000
Spt Tourer	4,640	13,920	23,200	46,400	81,200	116,000
Conv Cpe	4,080	12,240	20,400	40,800	71,400	102,000
5P Sed	2,360	7,080	11,800	23,600	41,300	59,000
Clb Sed	2,480	7,440	12,400	24,800	43,400	62,000
7P Sed	2,440	7,320	12,200	24,400	42,700	61,000
Clb Berl	2,560	7,680	12,800	25,600	44,800	64,000
Encl Drive Limo	2,800	8,400	14,000	28,000	49,000	70,000
1931 Model 41, 8-cyl., 132 hp, 147" wb						
Tr	4,400	13,200	22,000	44,000	77,000	110,000
Conv Cpe	4,400	13,200	22,000	44,000	77,000	110,000
Sed	2,560	7,680	12,800	25,600	44,800	64,000
Encl Drive Limo	2,800	8,400	14,000	28,000	49,000	70,000
Twn Car	2,800	8,400	14,000	28,000	49,000	70,000
1932 Model 54, 8-cyl., 125 hp, 137" wb						
Conv Cpe Rds	4,160	12,480	20,800	41,600	72,800	104,000
5P Tr	4,000	12,000	20,000	40,000	70,000	100,000
Phae	4,000	12,000	20,000	40,000	70,000	100,000
Brgm	2,320	6,960	11,600	23,200	40,600	58,000
Cpe	2,560	7,680	12,800	25,600	44,800	64,000
5P Sed	2,280	6,840	11,400	22,800	39,900	57,000
Clb Sed	2,320	6,960	11,600	23,200	40,600	58,000
Clb Berl	2,360	7,080	11,800	23,600	41,300	59,000
Con Sed	4,080	12,240	20,400	40,800	71,400	102,000
1932 Model 54, 8-cyl., 125 hp, 142" wb						
7P Tr	4,240	12,720	21,200	42,400	74,200	106,000
7P Sed	2,360	7,080	11,800	23,600	41,300	59,000
Limo	2,560	7,680	12,800	25,600	44,800	64,000
1932 Model 53, 12-cyl., 140 hp, 137" wb						
Conv Cpe Rds	4,400	13,200	22,000	44,000	77,000	110,000
5P Tr	4,480	13,440	22,400	44,800	78,400	112,000
Phae	4,400	13,200	22,000	44,000	77,000	110,000
Clb Brgm	2,560	7,680	12,800	25,600	44,800	64,000
Cpe	2,480	7,440	12,400	24,800	43,400	62,000
5P Sed	2,440	7,320	12,200	24,400	42,700	61,000
Clb Sed	2,520	7,560	12,600	25,200	44,100	63,000
Clb Berl	2,640	7,920	13,200	26,400	46,200	66,000
Con Sed	4,080	12,240	20,400	40,800	71,400	102,000
1932 Model 53, 12-cyl., 140 hp, 142" wb						
7P Tr	4,400	13,200	22,000	44,000	77,000	110,000
7P Sed	2,640	7,920	13,200	26,400	46,200	66,000
Limo	2,880	8,640	14,400	28,800	50,400	72,000
1932 Model 51, 12-cyl., 150 hp, 147" wb						
Cpe	2,720	8,160	13,600	27,200	47,600	68,000
Conv Vic Cpe	4,640	13,920	23,200	46,400	81,200	116,000
Clb Sed	2,720	8,160	13,600	27,200	47,600	68,000
Conv Sed	4,000	12,000	20,000	40,000	70,000	100,000
Encl Drive Limo	3,280	9,840	16,400	32,800	57,400	82,000

	6	5	4	3	2	1
A/W Twn Brgm	3,840	11,520	19,200	38,400	67,200	96,000
A/W Twn Cabr	4,080	12,240	20,400	40,800	71,400	102,000
Encl Drive Brgm	3,680	11,040	18,400	36,800	64,400	92,000
1933 Model 836, 8-cyl., 135 hp, 136" wb						
5P Clb Brgm	2,000	6,000	10,000	20,000	35,000	50,000
5P Sed	2,040	6,120	10,200	20,400	35,700	51,000
5P Clb Sed	2,200	6,600	11,000	22,000	38,500	55,000
7P Sed	2,080	6,240	10,400	20,800	36,400	52,000
7P Encl Drive Limo	2,360	7,080	11,800	23,600	41,300	59,000
1933 Model 1236, 12-cyl., 160 hp, 136" wb						
5P Clb Brgm	2,200	6,600	11,000	22,000	38,500	55,000
5P Sed	2,240	6,720	11,200	22,400	39,200	56,000
5P Clb Sed	2,400	7,200	12,000	24,000	42,000	60,000
7P Sed (139" wb)	2,280	6,840	11,400	22,800	39,900	57,000
7P Encl Drive Limo	2,560	7,680	12,800	25,600	44,800	64,000
1933 Model 1242, 12-cyl., 175 hp, 137" wb						
5P Tr	3,840	11,520	19,200	38,400	67,200	96,000
5P Spt Phae	4,080	12,240	20,400	40,800	71,400	102,000
7P Tourer (142" wb)	3,920	11,760	19,600	39,200	68,600	98,000
5P Clb Brgm	2,280	6,840	11,400	22,800	39,900	57,000
5P Sed	2,320	6,960	11,600	23,200	40,600	58,000
5P Clb Sed	2,480	7,440	12,400	24,800	43,400	62,000
5P Clb Berl	2,560	7,680	12,800	25,600	44,800	64,000
4P Cpe	2,240	6,720	11,200	22,400	39,200	56,000
4P Cus Rds	4,160	12,480	20,800	41,600	72,800	104,000
5P Conv Sed	3,840	11,520	19,200	38,400	67,200	96,000
7P Sed (142" wb)	2,360	7,080	11,800	23,600	41,300	59,000
7P Encl Drive Limo	2,640	7,920	13,200	26,400	46,200	66,000
1933 Model 1247, 12-cyl., 175 hp, 142" wb						
5P Sed	2,640	7,920	13,200	26,400	46,200	66,000
5P Clb Sed	2,720	8,160	13,600	27,200	47,600	68,000
7P Sed (147" wb)	2,720	8,160	13,600	27,200	47,600	68,000
5P Clb Berl	2,720	8,160	13,600	27,200	47,600	68,000
7P Encl Drive Limo	2,880	8,640	14,400	28,800	50,400	72,000
5P Conv Sed	3,840	11,520	19,200	38,400	67,200	96,000
4P Cpe (147" wb)	3,040	9,120	15,200	30,400	53,200	76,000
5P Conv Sed (147" wb)	4,640	13,920	23,200	46,400	81,200	116,000
5P Clb Sed (147" wb)	2,880	8,640	14,400	28,800	50,400	72,000
Encl Drive Limo (147" wb)	3,040	9,120	15,200	30,400	53,200	76,000
7P Twn Brgm (147" wb)	3,120	9,360	15,600	31,200	54,600	78,000
7P Twn Car (147" wb)	3,280	9,840	16,400	32,800	57,400	82,000
7P Twn Cabr (147" wb)	4,880	14,640	24,400	48,800	85,400	122,000
7P Encl Drive Brgm	3,280	9,840	16,400	32,800	57,400	82,000
1934 Model 836A, 136" wb						
Clb Brgm	2,080	6,240	10,400	20,800	36,400	52,000
Clb Brgm Salon	2,160	6,480	10,800	21,600	37,800	54,000
4d Sed	2,160	6,480	10,800	21,600	37,800	54,000
4d Sed Salon	2,240	6,720	11,200	22,400	39,200	56,000
1934 Model 840A, 8-cyl., 139" wb						
Rds	2,880	8,640	14,400	28,800	50,400	72,000
Brgm	2,240	6,720	11,200	22,400	39,200	56,000
Sed	2,280	6,840	11,400	22,800	39,900	57,000
Clb Sed	2,320	6,960	11,600	23,200	40,600	58,000
Cpe	2,440	7,320	12,200	24,400	42,700	61,000
1934 Model 840A, 8-cyl., 144" wb						
Silver Arrow	4,640	13,920	23,200	46,400	81,200	116,000
Sed	2,360	7,080	11,800	23,600	41,300	59,000
Encl Drive Limo	2,640	7,920	13,200	26,400	46,200	66,000
1934 Model 1240A, 12-cyl., 139" wb						
Rds	3,680	11,040	18,400	36,800	64,400	92,000
Brgm	2,360	7,080	11,800	23,600	41,300	59,000
Sed	2,400	7,200	12,000	24,000	42,000	60,000
Clb Sed	2,440	7,320	12,200	24,400	42,700	61,000
Cpe	2,560	7,680	12,800	25,600	44,800	64,000
1934 Model 1250A, 12-cyl., 144" wb						
Silver Arrow	5,040	15,120	25,200	50,400	88,200	126,000
Sed	2,560	7,680	12,800	25,600	44,800	64,000
Encl Drive Limo	2,880	8,640	14,400	28,800	50,400	72,000
1934 Model 1248A, 12-cyl., 147" wb						
Sed	2,640	7,920	13,200	26,400	46,200	66,000
Encl Drive Limo	3,040	9,120	15,200	30,400	53,200	76,000

	6	5	4	3	2	1
1935 Model 845, 8-cyl., 140 hp, 138" wb						
Conv Rds	2,800	8,400	14,000	28,000	49,000	70,000
Clb Brgm	2,160	6,480	10,800	21,600	37,800	54,000
Cpe	2,360	7,080	11,800	23,600	41,300	59,000
5P Sed	2,200	6,600	11,000	22,000	38,500	55,000
Clb Sed	2,240	6,720	11,200	22,400	39,200	56,000
1935 Model 845, 8-cyl., 140 hp, 144" wb						
7P Sed	2,280	6,840	11,400	22,800	39,900	57,000
Encl Drive Limo	2,560	7,680	12,800	25,600	44,800	64,000
Silver Arrow	4,640	13,920	23,200	46,400	81,200	116,000
1935 Model 1245, 12-cyl., 175 hp, 138" wb						
Conv Rds	3,440	10,320	17,200	34,400	60,200	86,000
Clb Brgm	2,360	7,080	11,800	23,600	41,300	59,000
Cpe	2,560	7,680	12,800	25,600	44,800	64,000
5P Sed	2,400	7,200	12,000	24,000	42,000	60,000
Clb Sed	2,440	7,320	12,200	24,400	42,700	61,000
1935 Model 1245, 12-cyl., 175 hp, 144" wb						
7P Sed	2,480	7,440	12,400	24,800	43,400	62,000
Encl Drive Limo	2,640	7,920	13,200	26,400	46,200	66,000
Silver Arrow	5,040	15,120	25,200	50,400	88,200	126,000
1935 Model 1255, 12-cyl., 175 hp, 147" wb						
7P Sed	2,640	7,920	13,200	26,400	46,200	66,000
Encl Drive Limo	2,880	8,640	14,400	28,800	50,400	72,000
1936 Deluxe 8, 150 hp, 139" wb						
Cpe	2,160	6,480	10,800	21,600	37,800	54,000
Ctry Club Rds	2,640	7,920	13,200	26,400	46,200	66,000
Clb Sed	1,960	5,880	9,800	19,600	34,300	49,000
5P Sed	1,920	5,760	9,600	19,200	33,600	48,000
Clb Berl	2,160	6,480	10,800	21,600	37,800	54,000
1936 Deluxe 8, 150 hp, 144" wb						
7P Sed	2,040	6,120	10,200	20,400	35,700	51,000
Limo	2,360	7,080	11,800	23,600	41,300	59,000
Metropolitan Twn Car	2,560	7,680	12,800	25,600	44,800	64,000
Conv Sed	2,880	8,640	14,400	28,800	50,400	72,000
1936 Salon Twelve, 185 hp, 139" wb						
Cpe	2,360	7,080	11,800	23,600	41,300	59,000
Ctry Club Rds	3,040	9,120	15,200	30,400	53,200	76,000
Clb Sed	2,120	6,360	10,600	21,200	37,100	53,000
5P Sed	2,080	6,240	10,400	20,800	36,400	52,000
Clb Berl	2,360	7,080	11,800	23,600	41,300	59,000
1936 Salon Twelve, 185 hp, 144" wb						
7P Sed	2,280	6,840	11,400	22,800	39,900	57,000
Limo	2,560	7,680	12,800	25,600	44,800	64,000
Metropolitan Twn Car	2,640	7,920	13,200	26,400	46,200	66,000
Conv Sed	3,280	9,840	16,400	32,800	57,400	82,000
7P Sed (147" wb)	2,560	7,680	12,800	25,600	44,800	64,000
7P Encl Drive Limo	2,720	8,160	13,600	27,200	47,600	68,000
1937 Pierce-Arrow 8, 150 hp, 138" wb						
Cpe	2,120	6,360	10,600	21,200	37,100	53,000
5P Sed	1,880	5,640	9,400	18,800	32,900	47,000
Conv Rds	2,640	7,920	13,200	26,400	46,200	66,000
Clb Sed	1,960	5,880	9,800	19,600	34,300	49,000
Clb Berl	1,560	4,680	7,800	15,600	27,300	39,000
Fml Sed	2,200	6,600	11,000	22,000	38,500	55,000
1937 Pierce-Arrow 8, 150 hp, 144" wb						
7P Fml Sed	2,360	7,080	11,800	23,600	41,300	59,000
7P Sed	2,240	6,720	11,200	22,400	39,200	56,000
Limo	2,560	7,680	12,800	25,600	44,800	64,000
Conv Sed	3,040	9,120	15,200	30,400	53,200	76,000
Brunn Metro Twn Car	2,640	7,920	13,200	26,400	46,200	66,000
Twn Brgm	2,480	7,440	12,400	24,800	43,400	62,000
5P Encl Drive Limo (147" wb)	248	744	1,240	2,480	4,340	6,200
1937 Pierce-Arrow 12, 185 hp, 139" wb						
Cpe	2,280	6,840	11,400	22,800	39,900	57,000
5P Sed	2,040	6,120	10,200	20,400	35,700	51,000
Conv Rds	3,040	9,120	15,200	30,400	53,200	76,000
Clb Sed	2,080	6,240	10,400	20,800	36,400	52,000
Clb Berl	2,120	6,360	10,600	21,200	37,100	53,000
5P Fml Sed	2,360	7,080	11,800	23,600	41,300	59,000
1937 Pierce-Arrow 12, 185 hp, 144" wb						
7P Sed	2,160	6,480	10,800	21,600	37,800	54,000
Limo	2,360	7,080	11,800	23,600	41,300	59,000
Conv Sed	3,680	11,040	18,400	36,800	64,400	92,000
Brunn Metro Twn Brgm	3,040	9,120	15,200	30,400	53,200	76,000

	6	5	4	3	2	1
1937 Pierce-Arrow 12, 185 hp, 147" wb						
7P Sed	2,560	7,680	12,800	25,600	44,800	64,000
Encl Drive Limo	2,720	8,160	13,600	27,200	47,600	68,000
Metro Twn Car	3,120	9,360	15,600	31,200	54,600	78,000
1938 Pierce-Arrow 8, 150 hp, 139" wb						
5P Sed	1,800	5,400	9,000	18,000	31,500	45,000
Clb Sed	1,880	5,640	9,400	18,800	32,900	47,000
Cpe	2,080	6,240	10,400	20,800	36,400	52,000
Conv Cpe	2,640	7,920	13,200	26,400	46,200	66,000
Clb Berl	2,040	6,120	10,200	20,400	35,700	51,000
Fml Sed	1,920	5,760	9,600	19,200	33,600	48,000
1938 Pierce-Arrow 8, 150 hp, 144" wb						
Brunn Metro Twn Brgm	2,480	7,440	12,400	24,800	43,400	62,000
7P Sed	2,280	6,840	11,400	22,800	39,900	57,000
Encl Drive Limo	2,440	7,320	12,200	24,400	42,700	61,000
Con Sed	3,040	9,120	15,200	30,400	53,200	76,000
Spl Sed	2,240	6,720	11,200	22,400	39,200	56,000
Fml Sed	2,360	7,080	11,800	23,600	41,300	59,000
1938 Pierce-Arrow 12, 185 hp, 139" wb						
5P Sed	2,360	7,080	11,800	23,600	41,300	59,000
Clb Sed	2,440	7,320	12,200	24,400	42,700	61,000
Cpe	2,560	7,680	12,800	25,600	44,800	64,000
Conv Cpe	3,280	9,840	16,400	32,800	57,400	82,000
Clb Berl	2,160	6,480	10,800	21,600	37,800	54,000
Fml Sed	2,160	6,480	10,800	21,600	37,800	54,000
1938 Pierce-Arrow 12, 185 hp, 144" wb						
Spl Sed	2,560	7,680	12,800	25,600	44,800	64,000
7P Sed	2,480	7,440	12,400	24,800	43,400	62,000
Encl Drive Limo	2,880	8,640	14,400	28,800	50,400	72,000
Conv Sed	3,360	10,080	16,800	33,600	58,800	84,000
Brunn Metro Twn Brgm	2,960	8,880	14,800	29,600	51,800	74,000
1938 Pierce-Arrow 12, 147" wb						
7P Sed	2,560	7,680	12,800	25,600	44,800	64,000
Encl Drive Limo	3,040	9,120	15,200	30,400	53,200	76,000

PLYMOUTH

1928 Model Q, 4-cyl.						
2d Rds	1,040	3,120	5,200	10,400	18,200	26,000
4d Tr	1,000	3,000	5,000	10,000	17,500	25,000
2d Cpe	560	1,680	2,800	5,600	9,800	14,000
2d DeL Cpe	580	1,740	2,900	5,800	10,150	14,500
2d Sed	388	1,164	1,940	3,880	6,790	9,700
4d Sed	400	1,200	2,000	4,000	7,000	10,000
4d DeL Sed	404	1,212	2,020	4,040	7,070	10,100
1929-30 Model U, 4-cyl.						
2d Rds	1,080	3,240	5,400	10,800	18,900	27,000
4d Tr	1,040	3,120	5,200	10,400	18,200	26,000
2d Cpe	540	1,620	2,700	5,400	9,450	13,500
2d DeL Cpe	560	1,680	2,800	5,600	9,800	14,000
2d Sed	424	1,272	2,120	4,240	7,420	10,600
4d Sed	420	1,260	2,100	4,200	7,350	10,500
4d DeL Sed	520	1,560	2,600	5,200	9,100	13,000

NOTE: Factory prices reduced app. 40 percent for 1930 model year.

1931 Model PA, 4-cyl.						
2d Rds	1,120	3,360	5,600	11,200	19,600	28,000
4d Tr	1,080	3,240	5,400	10,800	18,900	27,000
2d Conv	1,000	3,000	5,000	10,000	17,500	25,000
2d Cpe	560	1,680	2,800	5,600	9,800	14,000
2d Sed	384	1,152	1,920	3,840	6,720	9,600
4d Sed	408	1,224	2,040	4,080	7,140	10,200
4d DeL Sed	520	1,560	2,600	5,200	9,100	13,000
1932 Model PA, 4-cyl., 109" wb						
2d Rds	1,080	3,240	5,400	10,800	18,900	27,000
2d Conv	1,120	3,360	5,600	11,200	19,600	28,000
2d Cpe	580	1,740	2,900	5,800	10,150	14,500
2d RS Cpe	600	1,800	3,000	6,000	10,500	15,000
2d Sed	520	1,560	2,600	5,200	9,100	13,000
4d Sed	520	1,560	2,600	5,200	9,100	13,000
4d Phae	1,080	3,240	5,400	10,800	18,900	27,000
1932 Model PB, 4-cyl., 112" wb						
2d Rds	1,080	3,240	5,400	10,800	18,900	27,000
2d Conv	1,120	3,360	5,600	11,200	19,600	28,000
4d Conv Sed	1,160	3,480	5,800	11,600	20,300	29,000

	6	5	4	3	2	1
2d RS Cpe	620	1,860	3,100	6,200	10,850	15,500
2d Sed	540	1,620	2,700	5,400	9,450	13,500
4d Sed	540	1,620	2,700	5,400	9,450	13,500
4d DeL Sed	548	1,644	2,740	5,480	9,590	13,700
1933 Model PC, 6-cyl., 108" wb						
2d Conv	1,160	3,480	5,800	11,600	20,300	29,000
2d Cpe	600	1,800	3,000	6,000	10,500	15,000
2d RS Cpe	620	1,860	3,100	6,200	10,850	15,500
2d Sed	564	1,692	2,820	5,640	9,870	14,100
4d Sed	560	1,680	2,800	5,600	9,800	14,000
1933 Model PD, 6-cyl.						
NOTE: Deduct 4 percent for PCXX models.						
2d Conv	1,200	3,600	6,000	12,000	21,000	30,000
2d Cpe	660	1,980	3,300	6,600	11,550	16,500
2d RS Cpe	680	2,040	3,400	6,800	11,900	17,000
2d Sed	624	1,872	3,120	6,240	10,920	15,600
4d Sed	616	1,848	3,080	6,160	10,780	15,400
1934 Standard PG Model, 6-cyl., 108" wb						
2d Bus Cpe	600	1,800	3,000	6,000	10,500	15,000
2d Sed	420	1,260	2,100	4,200	7,350	10,500
1934 Standard PF Model, 6-cyl., 108" wb						
2d Bus Cpe	608	1,824	3,040	6,080	10,640	15,200
2d RS Cpe	640	1,920	3,200	6,400	11,200	16,000
2d Sed	428	1,284	2,140	4,280	7,490	10,700
4d Sed	432	1,296	2,160	4,320	7,560	10,800
1934 DeLuxe PE Model, 6-cyl., 114" wb						
2d Conv	1,160	3,480	5,800	11,600	20,300	29,000
2d Cpe	620	1,860	3,100	6,200	10,850	15,500
2d RS Cpe	660	1,980	3,300	6,600	11,550	16,500
2d Sed	540	1,620	2,700	5,400	9,450	13,500
4d Sed	544	1,632	2,720	5,440	9,520	13,600
4d Twn Sed	560	1,680	2,800	5,600	9,800	14,000
1935 Model PJ, 6-cyl., 113" wb						
2P Cpe	580	1,740	2,900	5,800	10,150	14,500
2d Bus Cpe	544	1,632	2,720	5,440	9,520	13,600
2d Sed	432	1,296	2,160	4,320	7,560	10,800
4d Bus Sed	532	1,596	2,660	5,320	9,310	13,300
1935 DeLuxe PJ Model, 6-cyl., 113" wb						
2d Conv	1,040	3,120	5,200	10,400	18,200	26,000
2d Bus Cpe	600	1,800	3,000	6,000	10,500	15,000
2d RS Cpe	620	1,860	3,100	6,200	10,850	15,500
2d Sed	532	1,596	2,660	5,320	9,310	13,300
2d Tr Sed	540	1,620	2,700	5,400	9,450	13,500
4d Sed	552	1,656	2,760	5,520	9,660	13,800
4d Tr Sed	572	1,716	2,860	5,720	10,010	14,300
4d 7P Sed	592	1,776	2,960	5,920	10,360	14,800
4d Trav Sed	596	1,788	2,980	5,960	10,430	14,900
1936 P1 Business Line, 6-cyl., 113" wb						
2d Bus Cpe	580	1,740	2,900	5,800	10,150	14,500
2d Bus Sed	532	1,596	2,660	5,320	9,310	13,300
4d Bus Sed	536	1,608	2,680	5,360	9,380	13,400
4d Sta Wag	740	2,220	3,700	7,400	12,950	18,500
1936 P2 DeLuxe, 6-cyl., 113"-125" wb						
2d Conv	1,160	3,480	5,800	11,600	20,300	29,000
2d Cpe	600	1,800	3,000	6,000	10,500	15,000
2d RS Cpe	612	1,836	3,060	6,120	10,710	15,300
2d Sed	552	1,656	2,760	5,520	9,660	13,800
2d Tr Sed	572	1,716	2,860	5,720	10,010	14,300
4d Sed	552	1,656	2,760	5,520	9,660	13,800
4d Tr Sed	572	1,716	2,860	5,720	10,010	14,300
4d 7P Sed	580	1,740	2,900	5,800	10,150	14,500
1937 Roadking, 6-cyl., 112" wb						
2d Cpe	580	1,740	2,900	5,800	10,150	14,500
2d Sed	404	1,212	2,020	4,040	7,070	10,100
4d Sed	412	1,236	2,060	4,120	7,210	10,300
1937 DeLuxe, 6-cyl., 112"-132" wb						
2d Conv	1,080	3,240	5,400	10,800	18,900	27,000
2d Cpe	600	1,800	3,000	6,000	10,500	15,000
2d RS Cpe	612	1,836	3,060	6,120	10,710	15,300
2d Sed	520	1,560	2,600	5,200	9,100	13,000
2d Tr Sed	528	1,584	2,640	5,280	9,240	13,200
4d Sed	436	1,308	2,180	4,360	7,630	10,900
4d Tr Sed	520	1,560	2,600	5,200	9,100	13,000
4d Limo	592	1,776	2,960	5,920	10,360	14,800
4d Sub	600	1,800	3,000	6,000	10,500	15,000

	6	5	4	3	2	1
1938 Roadking, 6-cyl., 112" wb						
2d Cpe	580	1,740	2,900	5,800	10,150	14,500
2d Sed	404	1,212	2,020	4,040	7,070	10,100
4d Sed	412	1,236	2,060	4,120	7,210	10,300
2d Tr Sed	420	1,260	2,100	4,200	7,350	10,500
4d Tr Sed	376	1,128	1,880	3,760	6,580	9,400
1938 DeLuxe, 6-cyl., 112"-132" wb						
2d Conv	1,080	3,240	5,400	10,800	18,900	27,000
2d Cpe	600	1,800	3,000	6,000	10,500	15,000
2d RS Cpe	612	1,836	3,060	6,120	10,710	15,300
2d Sed	520	1,560	2,600	5,200	9,100	13,000
2d Tr Sed	524	1,572	2,620	5,240	9,170	13,100
4d Sed	436	1,308	2,180	4,360	7,630	10,900
4d Tr Sed	520	1,560	2,600	5,200	9,100	13,000
4d 7P Sed	572	1,716	2,860	5,720	10,010	14,300
4d Limo	620	1,860	3,100	6,200	10,850	15,500
4d Sub	600	1,800	3,000	6,000	10,500	15,000
1939 P7 Roadking, 6-cyl., 114" wb						
2d Cpe	580	1,740	2,900	5,800	10,150	14,500
2d Sed	420	1,260	2,100	4,200	7,350	10,500
2d Tr Sed	424	1,272	2,120	4,240	7,420	10,600
4d Sed	428	1,284	2,140	4,280	7,490	10,700
4d Tr Sed	432	1,296	2,160	4,320	7,560	10,800
4d Utl Sed	428	1,284	2,140	4,280	7,490	10,700
1939 P8 DeLuxe, 6-cyl., 114"-134" wb						
2d Conv	1,000	3,000	5,000	10,000	17,500	25,000
4d Conv Sed	1,040	3,120	5,200	10,400	18,200	26,000
2P Cpe	600	1,800	3,000	6,000	10,500	15,000
2d RS Cpe	620	1,860	3,100	6,200	10,850	15,500
2d Sed	520	1,560	2,600	5,200	9,100	13,000
2d Tr Sed	524	1,572	2,620	5,240	9,170	13,100
4d Sed	520	1,560	2,600	5,200	9,100	13,000
4d Tr Sed	528	1,584	2,640	5,280	9,240	13,200
4d Sta Wag W/C	1,000	3,000	5,000	10,000	17,500	25,000
4d Sta Wag W/G	1,040	3,120	5,200	10,400	18,200	26,000
4d 7P Ewb Sed	560	1,680	2,800	5,600	9,800	14,000
4d Ewb Limo	600	1,800	3,000	6,000	10,500	15,000
1940 P9 Roadking, 6-cyl., 117" wb						
2d Cpe	600	1,800	3,000	6,000	10,500	15,000
2d Tr Sed	540	1,620	2,700	5,400	9,450	13,500
4d Tr Sed	536	1,608	2,680	5,360	9,380	13,400
4d Utl Sed	412	1,236	2,060	4,120	7,210	10,300
1940 P10 DeLuxe, 6-cyl., 137" wb						
2d Conv	1,080	3,240	5,400	10,800	18,900	27,000
2d DeL Cpe	640	1,920	3,200	6,400	11,200	16,000
2d 4P Cpe	660	1,980	3,300	6,600	11,550	16,500
2d Sed	520	1,560	2,600	5,200	9,100	13,000
4d Sed	436	1,308	2,180	4,360	7,630	10,900
4d Sta Wag	1,060	3,180	5,300	10,600	18,550	26,500
4d 7P Sed	552	1,656	2,760	5,520	9,660	13,800
4d Sed Limo	620	1,860	3,100	6,200	10,850	15,500
1941 P11 Standard, 6-cyl., 117" wb						
2d Cpe	620	1,860	3,100	6,200	10,850	15,500
2d Sed	540	1,620	2,700	5,400	9,450	13,500
4d Sed	536	1,608	2,680	5,360	9,380	13,400
4d Utl Sed	420	1,260	2,100	4,200	7,350	10,500
1941 P11 DeLuxe, 6-cyl., 117" wb						
2d Cpe	628	1,884	3,140	6,280	10,990	15,700
2d Sed	548	1,644	2,740	5,480	9,590	13,700
4d Sed	544	1,632	2,720	5,440	9,520	13,600
1941 P12 Special DeLuxe, 6 cyl., 117"-137" wb						
2d Conv	1,080	3,240	5,400	10,800	18,900	27,000
2d DeL Cpe	640	1,920	3,200	6,400	11,200	16,000
2d 4P Cpe	660	1,980	3,300	6,600	11,550	16,500
2d Sed	540	1,620	2,700	5,400	9,450	13,500
4d Sed	544	1,632	2,720	5,440	9,520	13,600
4d Sta Wag	1,080	3,240	5,400	10,800	18,900	27,000
4d 7P Sed	552	1,656	2,760	5,520	9,660	13,800
4d Limo	620	1,860	3,100	6,200	10,850	15,500
1942 P14S DeLuxe, 6-cyl., 117" wb						
2d Cpe	600	1,800	3,000	6,000	10,500	15,000
2d Sed	396	1,188	1,980	3,960	6,930	9,900
4d Utl Sed	384	1,152	1,920	3,840	6,720	9,600
2d Clb Cpe	620	1,860	3,100	6,200	10,850	15,500
4d Sed	388	1,164	1,940	3,880	6,790	9,700

	6	5	4	3	2	1
1942 P14C Special DeLuxe, 6-cyl., 117" wb						
2d Conv	1,120	3,360	5,600	11,200	19,600	28,000
2d Cpe	640	1,920	3,200	6,400	11,200	16,000
2d Sed	404	1,212	2,020	4,040	7,070	10,100
4d Sed	400	1,200	2,000	4,000	7,000	10,000
4d Twn Sed	404	1,212	2,020	4,040	7,070	10,100
2d Clb Cpe	660	1,980	3,300	6,600	11,550	16,500
4d Sta Wag	1,080	3,240	5,400	10,800	18,900	27,000
1946-1948 P15 DeLuxe, 6-cyl., 117" wb						
2d Cpe	600	1,800	3,000	6,000	10,500	15,000
2d Clb Cpe	620	1,860	3,100	6,200	10,850	15,500
2d Sed	560	1,680	2,800	5,600	9,800	14,000
4d Sed	556	1,668	2,780	5,560	9,730	13,900
1946-1948 P15 Special DeLuxe, 6-cyl., 117" wb						
2d Conv	1,120	3,360	5,600	11,200	19,600	28,000
2d Cpe	620	1,860	3,100	6,200	10,850	15,500
2d Clb Cpe	640	1,920	3,200	6,400	11,200	16,000
2d Sed	580	1,740	2,900	5,800	10,150	14,500
4d Sed	576	1,728	2,880	5,760	10,080	14,400
4d Sta Wag	1,100	3,300	5,500	11,000	19,250	27,500
1949 DeLuxe, 6-cyl., 111" wb						
First Series 1949 is the same as 1948 Second Series.						
2d Cpe	520	1,560	2,600	5,200	9,100	13,000
2d Sed	420	1,260	2,100	4,200	7,350	10,500
2d Sta Wag	560	1,680	2,800	5,600	9,800	14,000
1949 DeLuxe, 6-cyl., 118.5" wb						
2d Clb Cpe	540	1,620	2,700	5,400	9,450	13,500
4d Sed	336	1,008	1,680	3,360	5,880	8,400
1949 Special DeLuxe, 6-cyl., 118.5" wb						
2d Conv	960	2,880	4,800	9,600	16,800	24,000
2d Clb Cpe	548	1,644	2,740	5,480	9,590	13,700
4d Sed	424	1,272	2,120	4,240	7,420	10,600
4d Sta Wag	680	2,040	3,400	6,800	11,900	17,000
1950 DeLuxe, 6-cyl., 111" wb						
2d Cpe	540	1,620	2,700	5,400	9,450	13,500
2d Sed	520	1,560	2,600	5,200	9,100	13,000
2d Sta Wag	560	1,680	2,800	5,600	9,800	14,000
1950 DeLuxe, 6-cyl., 118.5" wb						
2d Clb Cpe	544	1,632	2,720	5,440	9,520	13,600
4d Sed	528	1,584	2,640	5,280	9,240	13,200
1950 Special DeLuxe, 6-cyl., 118.5" wb						
2d Conv	920	2,760	4,600	9,200	16,100	23,000
2d Clb Cpe	548	1,644	2,740	5,480	9,590	13,700
4d Sed	540	1,620	2,700	5,400	9,450	13,500
4d Sta Wag	760	2,280	3,800	7,600	13,300	19,000
NOTE: Add 5 percent for P-19 Special DeLuxe Suburban.						
1951-1952 P22 Concord, 6-cyl., 111" wb						
2d Sed	400	1,200	2,000	4,000	7,000	10,000
2d Cpe	420	1,260	2,100	4,200	7,350	10,500
2d Sta Wag	560	1,680	2,800	5,600	9,800	14,000
1951-1952 P23 Cambridge, 6-cyl., 118.5" wb						
4d Sed	408	1,224	2,040	4,080	7,140	10,200
2d Clb Cpe	520	1,560	2,600	5,200	9,100	13,000
1951-1952 P23 Cranbrook, 6-cyl., 118.5" wb						
4d Sed	416	1,248	2,080	4,160	7,280	10,400
2d Clb Cpe	540	1,620	2,700	5,400	9,450	13,500
2d HT	720	2,160	3,600	7,200	12,600	18,000
2d Conv	920	2,760	4,600	9,200	16,100	23,000
1953 P24-1 Cambridge, 6-cyl., 114" wb						
4d Sed	388	1,164	1,940	3,880	6,790	9,700
2d Sed	384	1,152	1,920	3,840	6,720	9,600
2d Bus Cpe	392	1,176	1,960	3,920	6,860	9,800
2d Sta Wag	600	1,800	3,000	6,000	10,500	15,000
1953 P24-2 Cranbrook, 6-cyl., 114" wb						
4d Sed	400	1,200	2,000	4,000	7,000	10,000
2d Clb Cpe	420	1,260	2,100	4,200	7,350	10,500
2d HT	760	2,280	3,800	7,600	13,300	19,000
2d Sta Wag	560	1,680	2,800	5,600	9,800	14,000
2d Conv	1,000	3,000	5,000	10,000	17,500	25,000
1954 P25-1 Plaza, 6-cyl., 114" wb						
4d Sed	432	1,296	2,160	4,320	7,560	10,800
2d Sed	436	1,308	2,180	4,360	7,630	10,900
2d Bus Cpe	520	1,560	2,600	5,200	9,100	13,000
2d Sta Wag	620	1,860	3,100	6,200	10,850	15,500

	6	5	4	3	2	1
1954 P25-2 Savoy, 6-cyl., 114" wb						
4d Sed	520	1,560	2,600	5,200	9,100	13,000
2d Sed	524	1,572	2,620	5,240	9,170	13,100
2d Clb Cpe	540	1,620	2,700	5,400	9,450	13,500
1954 P25-3 Belvedere, 6-cyl., 114" wb						
4d Sed	540	1,620	2,700	5,400	9,450	13,500
2d HT	840	2,520	4,200	8,400	14,700	21,000
2d Conv	1,040	3,120	5,200	10,400	18,200	26,000
4d Sta Wag	600	1,800	3,000	6,000	10,500	15,000
1955 Plaza, V-8, 115" wb						
4d Sed	520	1,560	2,600	5,200	9,100	13,000
2d Sed	524	1,572	2,620	5,240	9,170	13,100
2d Sta Wag	520	1,560	2,600	5,200	9,100	13,000
4d Sta Wag	560	1,680	2,800	5,600	9,800	14,000
1955 Savoy, V-8, 115" wb						
4d Sed	524	1,572	2,620	5,240	9,170	13,100
2d Sed	528	1,584	2,640	5,280	9,240	13,200
1955 Belvedere, V-8, 115" wb						
4d Sed	540	1,620	2,700	5,400	9,450	13,500
2d Sed	536	1,608	2,680	5,360	9,380	13,400
2d HT	920	2,760	4,600	9,200	16,100	23,000
2d Conv	1,160	3,480	5,800	11,600	20,300	29,000
4d Sta Wag	600	1,800	3,000	6,000	10,500	15,000
NOTE: Deduct 10 percent for 6-cyl. models.						
1956 Plaza, V-8, 115" wb						
4d Sed	416	1,248	2,080	4,160	7,280	10,400
2d Sed	420	1,260	2,100	4,200	7,350	10,500
Bus Cpe	408	1,224	2,040	4,080	7,140	10,200
1956 Savoy, V-8, 115" wb						
4d Sed	420	1,260	2,100	4,200	7,350	10,500
2d Sed	424	1,272	2,120	4,240	7,420	10,600
2d HT	880	2,640	4,400	8,800	15,400	22,000
1956 Belvedere, V-8, 115" wb						
4d Sed	520	1,560	2,600	5,200	9,100	13,000
4d HT	600	1,800	3,000	6,000	10,500	15,000
2d Sed	520	1,560	2,600	5,200	9,100	13,000
2d HT	1,040	3,120	5,200	10,400	18,200	26,000
1956 Belvedere, V-8, 115" wb (conv. avail. as 8-cyl. only)						
2d Conv	1,240	3,720	6,200	12,400	21,700	31,000
1956 Suburban, V-8, 115" wb						
4d DeL Sta Wag	580	1,740	2,900	5,800	10,150	14,500
4d Cus Sta Wag	600	1,800	3,000	6,000	10,500	15,000
4d Spt Sta Wag	620	1,860	3,100	6,200	10,850	15,500
1956 Fury, V-8, (avail. as V-8 only)						
2d HT	1,160	3,480	5,800	11,600	20,300	29,000
1957-1958 Plaza, V-8, 118" wb						
4d Sed	372	1,116	1,860	3,720	6,510	9,300
2d Sed	368	1,104	1,840	3,680	6,440	9,200
2d Bus Cpe	364	1,092	1,820	3,640	6,370	9,100
1957-1958 Savoy, V-8						
4d Sed	376	1,128	1,880	3,760	6,580	9,400
4d HT	540	1,620	2,700	5,400	9,450	13,500
2d Sed	416	1,248	2,080	4,160	7,280	10,400
2d HT	840	2,520	4,200	8,400	14,700	21,000
1957-1958 Belvedere, V-8, 118" wb						
4d Sed	404	1,212	2,020	4,040	7,070	10,100
4d Spt HT	580	1,740	2,900	5,800	10,150	14,500
2d Sed	400	1,200	2,000	4,000	7,000	10,000
2d HT	1,120	3,360	5,600	11,200	19,600	28,000
1957-1958 Belvedere, V-8, 118" wb (conv. avail. as 8-cyl. only)						
2d Conv	1,360	4,080	6,800	13,600	23,800	34,000
1957-1958 Suburban, V-8, 122" wb						
4d Cus Sta Wag	560	1,680	2,800	5,600	9,800	14,000
2d Cus Sta Wag	580	1,740	2,900	5,800	10,150	14,500
4d Spt Sta Wag	600	1,800	3,000	6,000	10,500	15,000
1957-1958 Fury, V-8, 118" wb (318 cid/290 hp, 1958)						
2d HT	1,200	3,600	6,000	12,000	21,000	30,000
NOTE: Deduct 10 percent for 6-cyl. models. Add 20 percent for 350 cid/305 hp V-8 (1957). Add 50 percent for 315 hp Bendix EFI V-8.						
1959 Savoy, 6-cyl., 118" wb						
4d Sed	364	1,092	1,820	3,640	6,370	9,100
2d Sed	360	1,080	1,800	3,600	6,300	9,000

	6	5	4	3	2	1
1959 Belvedere, V-8, 118" wb						
4d Sed	360	1,080	1,800	3,600	6,300	9,000
4d HT	420	1,260	2,100	4,200	7,350	10,500
2d Sed	360	1,080	1,800	3,600	6,300	9,000
2d HT	800	2,400	4,000	8,000	14,000	20,000
2d Conv	1,200	3,600	6,000	12,000	21,000	30,000
1959 Fury, V-8, 118" wb						
4d Sed	360	1,080	1,800	3,600	6,300	9,000
4d HT	520	1,560	2,600	5,200	9,100	13,000
2d HT	840	2,520	4,200	8,400	14,700	21,000
1959 Sport Fury, V-8, 118" wb (260 hp, V-8 offered)						
2d HT	880	2,640	4,400	8,800	15,400	22,000
2d Conv	1,280	3,840	6,400	12,800	22,400	32,000
1959 Suburban, V-8, 122" wb						
4d Spt Sta Wag	428	1,284	2,140	4,280	7,490	10,700
2d Cus Sta Wag	424	1,272	2,120	4,240	7,420	10,600
4d Cus Sta Wag	420	1,260	2,100	4,200	7,350	10,500
NOTE: Deduct 10 percent for 6-cyl. models.						
1960 Valiant 100, 6-cyl., 106.5" wb						
4d Sed	368	1,104	1,840	3,680	6,440	9,200
4d Sta Wag	372	1,116	1,860	3,720	6,510	9,300
1960 Valiant 200, 6-cyl., 106" wb						
4d Sed	372	1,116	1,860	3,720	6,510	9,300
4d Sta Wag	376	1,128	1,880	3,760	6,580	9,400
1960 Fleet Special, V8, 118" wb						
4d Sed	372	1,116	1,860	3,720	6,510	9,300
2d Sed	368	1,104	1,840	3,680	6,440	9,200
1960 Savoy, V-8, 118" wb						
4d Sed	392	1,176	1,960	3,920	6,860	9,800
2d Sed	388	1,164	1,940	3,880	6,790	9,700
1960 Belvedere, V-8, 118" wb						
4d Sed	396	1,188	1,980	3,960	6,930	9,900
2d Sed	392	1,176	1,960	3,920	6,860	9,800
2d HT	640	1,920	3,200	6,400	11,200	16,000
1960 Fury, V-8, 118" wb						
4d Sed	420	1,260	2,100	4,200	7,350	10,500
4d HT	560	1,680	2,800	5,600	9,800	14,000
2d HT	720	2,160	3,600	7,200	12,600	18,000
1960 Fury, V-8, 118" wb (conv. avail. as V-8 only)						
2d Conv	840	2,520	4,200	8,400	14,700	21,000
1960 Suburban, V-8, 122" wb						
4d DeL Sta Wag	428	1,284	2,140	4,280	7,490	10,700
2d DeL Sta Wag	424	1,272	2,120	4,240	7,420	10,600
4d 9P Cus Sta Wag	428	1,284	2,140	4,280	7,490	10,700
4d 9P Spt Sta Wag	432	1,296	2,160	4,320	7,560	10,800
NOTE: Deduct 20 percent for 6-cyl. model except Valiant.						
1961 Valiant 100, 6-cyl., 106.5" wb						
4d Sed	356	1,068	1,780	3,560	6,230	8,900
2d Sed	352	1,056	1,760	3,520	6,160	8,800
4d Sta Wag	352	1,056	1,760	3,520	6,160	8,800
1961 Valiant 200, 6-cyl., 106.5" wb						
4d Sed	360	1,080	1,800	3,600	6,300	9,000
2d HT	560	1,680	2,800	5,600	9,800	14,000
4d Sta Wag	348	1,044	1,740	3,480	6,090	8,700
NOTE: Add 20 percent for Hyper Pak 170 cid/148 hp and 30 percent for Hyper Pak 225 cid/220 hp engines.						
1961 Fleet Special, V8, 118" wb						
4d Sed	348	1,044	1,740	3,480	6,090	8,700
2d Sed	344	1,032	1,720	3,440	6,020	8,600
1961 Savoy, V-8, 118" wb						
4d Sed	352	1,056	1,760	3,520	6,160	8,800
2d Sed	348	1,044	1,740	3,480	6,090	8,700
1961 Belvedere, V-8, 118" wb						
4d Sed	348	1,044	1,740	3,480	6,090	8,700
2d Clb Sed	352	1,056	1,760	3,520	6,160	8,800
2d HT	548	1,644	2,740	5,480	9,590	13,700
1961 Fury, V-8, 118" wb						
4d Sed	356	1,068	1,780	3,560	6,230	8,900
4d HT	520	1,560	2,600	5,200	9,100	13,000
2d HT	680	2,040	3,400	6,800	11,900	17,000
2d Conv	760	2,280	3,800	7,600	13,300	19,000
1961 Suburban, V-8, 122" wb						
4d 6P DeL Sta Wag	368	1,104	1,840	3,680	6,440	9,200

1988 Plymouth Sundance RS Turbo hatchback sedan

1993 Plymouth Acclaim sedan

1930 Pontiac Model 6-30B sedan

	6	5	4	3	2	1
2d 6P DeL Sta Wag	364	1,092	1,820	3,640	6,370	9,100
4d 6P Cus Sta Wag	368	1,104	1,840	3,680	6,440	9,200
4d 9P Spt Sta Wag	372	1,116	1,860	3,720	6,510	9,300

NOTE: Deduct 10 percent for 6-cyl. models. Add 30 percent for 330, 340, 350, 375 hp engines.

1962 Valiant 100, 6-cyl., 106.5" wb

4d Sed	308	924	1,540	3,080	5,390	7,700
2d Sed	304	912	1,520	3,040	5,320	7,600
4d Sta Wag	312	936	1,560	3,120	5,460	7,800

1962 Valiant 200, 6-cyl., 106.5" wb

4d Sed	312	936	1,560	3,120	5,460	7,800
2d Sed	308	924	1,540	3,080	5,390	7,700
4d Sta Wag	316	948	1,580	3,160	5,530	7,900

1962 Valiant Signet, 6-cyl., 106.5" wb

2d HT	380	1,140	1,900	3,800	6,650	9,500

NOTE: Add 30 percent for Hyper Pak 170 cid/148 hp and 50 percent for Hyper Pak 225 cid/200 hp engines.

1962 Fleet Special, V8, 116" wb

4d Sed	304	912	1,520	3,040	5,320	7,600
2d Sed	300	900	1,500	3,000	5,250	7,500

1962 Savoy, V-8, 116" wb

4d Sed	308	924	1,540	3,080	5,390	7,700
2d Sed	304	912	1,520	3,040	5,320	7,600

1962 Belvedere, V-8, 116" wb

4d Sed	312	936	1,560	3,120	5,460	7,800
2d Sed	308	924	1,540	3,080	5,390	7,700
2d HT	540	1,620	2,700	5,400	9,450	13,500

1962 Fury, V-8, 116" wb

4d Sed	316	948	1,580	3,160	5,530	7,900
4d HT	340	1,020	1,700	3,400	5,950	8,500
2d HT	600	1,800	3,000	6,000	10,500	15,000
2d Conv	800	2,400	4,000	8,000	14,000	20,000

1962 Sport Fury, V-8, 116" wb

2d HT	640	1,920	3,200	6,400	11,200	16,000
2d Conv	900	2,650	4,400	8,800	15,400	22,000

1962 Suburban, V-8, 116" wb

4d 6P Savoy Sta Wag	328	984	1,640	3,280	5,740	8,200
4d 6P Belv Sta Wag	332	996	1,660	3,320	5,810	8,300
4d 9P Fury Sta Wag	336	1,008	1,680	3,360	5,880	8,400

NOTE: Deduct 10 percent for 6-cyl. models. Add 30 percent for Golden Commando 361 ci. Add 50 percent for Golden Commando 383 ci. Add 75 percent for Super Stock 413, 410 hp. Value inestimable on autos equipped at factory with Max Wedge engine option.

1963 Valiant 100, 6-cyl., 106.5" wb

4d Sed	284	852	1,420	2,840	4,970	7,100
2d Sed	280	840	1,400	2,800	4,900	7,000
4d Sta Wag	284	852	1,420	2,840	4,970	7,100

1963 Valiant 200, 6-cyl., 106.5" wb

4d Sed	288	864	1,440	2,880	5,040	7,200
2d Sed	284	852	1,420	2,840	4,970	7,100
2d Conv	580	1,740	2,900	5,800	10,150	14,500
4d Sta Wag	284	852	1,420	2,840	4,970	7,100

1963 Valiant Signet, 6-cyl., 106.5" wb

2d HT	580	1,740	2,900	5,800	10,150	14,500
2d Conv	620	1,860	3,100	6,200	10,850	15,500

1963 Savoy, V-8, 116" wb

4d Sed	300	900	1,500	3,000	5,250	7,500
2d Sed	304	912	1,520	3,040	5,320	7,600
4d 6P Sta Wag	296	888	1,480	2,960	5,180	7,400

1963 Belvedere, V-8, 116" wb

4d Sed	304	912	1,520	3,040	5,320	7,600
2d Sed	304	912	1,520	3,040	5,320	7,600
4d HT	328	984	1,640	3,280	5,740	8,200
4d 6P Sta Wag	320	960	1,600	3,200	5,600	8,000

1963 Fury, V-8, 116" wb

4d Sed	308	924	1,540	3,080	5,390	7,700
4d HT	340	1,020	1,700	3,400	5,950	8,500
2d HT	620	1,860	3,100	6,200	10,850	15,500
2d Conv	750	2,300	3,800	7,600	13,300	19,000
4d 9P Sta Wag	324	972	1,620	3,240	5,670	8,100

1963 Sport Fury, V-8, 116" wb

2d HT	660	1,980	3,300	6,600	11,550	16,500
2d Conv	800	2,350	3,900	7,800	13,700	19,500

NOTE: Deduct 10 percent for 6-cyl. models. Add 75 percent for Max Wedge II 426 engine. Add 40 percent for 413. Value inestimable on autos equipped at factory with Max Wedge engine option.

	6	5	4	3	2	1
1964 Valiant 100, 6-cyl., 106.5" wb						
4d Sed	284	852	1,420	2,840	4,970	7,100
2d Sed	280	840	1,400	2,800	4,900	7,000
4d Sta Wag	284	852	1,420	2,840	4,970	7,100
1964 Valiant 200, 6 or V-8, 106.5" wb						
4d Sed	288	864	1,440	2,880	5,040	7,200
2d Sed	284	852	1,420	2,840	4,970	7,100
2d Conv	700	2,150	3,600	7,200	12,600	18,000
4d Sta Wag	284	852	1,420	2,840	4,970	7,100
1964 Valiant Signet, V-8 cyl., 106.5" wb						
2d HT	700	2,050	3,400	6,800	11,900	17,000
2d Barracuda	900	2,650	4,400	8,800	15,400	22,000
2d Conv	1,200	3,600	6,000	12,000	21,000	30,000
1964 Savoy, V-8, 116" wb						
4d Sed	300	900	1,500	3,000	5,250	7,500
2d Sed	304	912	1,520	3,040	5,320	7,600
4d 6P Sta Wag	308	924	1,540	3,080	5,390	7,700
1964 Belvedere, V-8, 116" wb						
2d HT	560	1,680	2,800	5,600	9,800	14,000
4d Sed	304	912	1,520	3,040	5,320	7,600
2d Sed	304	912	1,520	3,040	5,320	7,600
4d 6P Sta Wag	316	948	1,580	3,160	5,530	7,900
1964 Fury, V-8, 116" wb						
4d Sed	308	924	1,540	3,080	5,390	7,700
4d HT	324	972	1,620	3,240	5,670	8,100
2d HT	640	1,920	3,200	6,400	11,200	16,000
2d Conv	700	2,150	3,600	7,200	12,600	18,000
4d 9P Sta Wag	324	972	1,620	3,240	5,670	8,100
1964 Sport Fury, V-8, 116" wb						
2d HT	720	2,160	3,600	7,200	12,600	18,000
Conv	900	2,750	4,600	9,200	16,100	23,000

NOTE: Deduct 10 percent for 6-cyl. models. Add 75 percent for 426-415 MW III. Autos equipped with 426 Hemi, value inestimable. Value inestimable on autos equipped at factory with Max Wedge engine option.

	6	5	4	3	2	1
1965 Valiant 100, V-8, 106" wb						
4d Sed	284	852	1,420	2,840	4,970	7,100
2d Sed	280	840	1,400	2,800	4,900	7,000
4d Sta Wag	284	852	1,420	2,840	4,970	7,100
1965 Valiant 200, V-8, 106" wb						
4d Sed	288	864	1,440	2,880	5,040	7,200
2d Sed	284	852	1,420	2,840	4,970	7,100
2d Conv	640	1,920	3,200	6,400	11,200	16,000
4d Sta Wag	284	852	1,420	2,840	4,970	7,100
1965 Valiant Signet, V-8, 106" wb						
2d HT	680	2,040	3,400	6,800	11,900	17,000
2d Conv	1,050	3,100	5,200	10,400	18,200	26,000
1965 Barracuda, V-8, 106" wb						
2d HT	950	2,900	4,800	9,600	16,800	24,000

NOTE: Add 10 percent for Formula S option.

	6	5	4	3	2	1
1965 Belvedere I, V-8, 116" wb						
4d Sed	288	864	1,440	2,880	5,040	7,200
2d Sed	284	852	1,420	2,840	4,970	7,100
4d Sta Wag	288	864	1,440	2,880	5,040	7,200
1965 Belvedere II, V-8, 116" wb						
4d Sed	296	888	1,480	2,960	5,180	7,400
2d HT	700	2,050	3,400	6,800	11,900	17,000
2d Conv	850	2,500	4,200	8,400	14,700	21,000
4d 9P Sta Wag	300	900	1,500	3,000	5,250	7,500
4d 6P Sta Wag	296	888	1,480	2,960	5,180	7,400
1965 Satellite, V-8, 116"wb						
2d HT	750	2,300	3,800	7,600	13,300	19,000
2d Conv	1,150	3,500	5,800	11,600	20,300	29,000
1965 Fury, V-8, 119" wb						
4d Sed	304	912	1,520	3,040	5,320	7,600
2d Sed	300	900	1,500	3,000	5,250	7,500
1965 Fury, V-8, 119" wb, Sta Wag 121" wb						
4d Sta Wag	304	912	1,520	3,040	5,320	7,600
1965 Fury II, V-8, 119" wb						
4d Sed	308	924	1,540	3,080	5,390	7,700
2d Sed	312	936	1,560	3,120	5,460	7,800
1965 Fury II, V-8, 119" wb, Sta Wag 121" wb						
4d 9P Sta Wag	312	936	1,560	3,120	5,460	7,800
4d 6P Sta Wag	308	924	1,540	3,080	5,390	7,700

	6	5	4	3	2	1
1965 Fury III, V-8, 119" wb						
4d Sed	312	936	1,560	3,120	5,460	7,800
4d HT	360	1,080	1,800	3,600	6,300	9,000
2d HT	700	2,150	3,600	7,200	12,600	18,000
2d Conv	1,100	3,350	5,600	11,200	19,600	28,000
1965 Fury III, V-8, 119" wb, Sta Wag 121" wb						
4d 9P Sta Wag	316	948	1,580	3,160	5,530	7,900
4d 6P Sta Wag	312	936	1,560	3,120	5,460	7,800
1965 Sport Fury, V-8						
2d HT	750	2,300	3,800	7,600	13,300	19,000
2d Conv	1,000	3,000	5,000	10,000	17,500	25,000

NOTE: Deduct 5 percent for 6-cyl. models. Add 60 percent for 426 Commando engine option. Add 75 percent for 426 Hemi.

	6	5	4	3	2	1
1966 Valiant 100, V-8, 106" wb						
4d Sed	288	864	1,440	2,880	5,040	7,200
2d Sed	284	852	1,420	2,840	4,970	7,100
4d Sta Wag	296	888	1,480	2,960	5,180	7,400
1966 Valiant 200, V-8, 106" wb						
4d Sed	292	876	1,460	2,920	5,110	7,300
4d Sta Wag	300	900	1,500	3,000	5,250	7,500
1966 Valiant Signet, V-8, 106" wb						
2d HT	700	2,150	3,600	7,200	12,600	18,000
2d Conv	900	2,750	4,600	9,200	16,100	23,000
1966 Barracuda, V-8, 106" wb						
2d HT	900	2,650	4,400	8,800	15,400	22,000

NOTE: Add 10 percent for Formula S.

	6	5	4	3	2	1
1966 Belvedere I, V-8, 116" wb						
4d Sed	292	876	1,460	2,920	5,110	7,300
2d Sed	288	864	1,440	2,880	5,040	7,200
4d Sta Wag	304	912	1,520	3,040	5,320	7,600
1966 Belvedere II, V-8, 116" wb						
4d Sed	296	888	1,480	2,960	5,180	7,400
2d HT	750	2,300	3,800	7,600	13,300	19,000
2d Conv	950	2,900	4,800	9,600	16,800	24,000
4d Sta Wag	308	924	1,540	3,080	5,390	7,700
1966 Satellite, V-8, 116" wb						
2d HT	900	2,650	4,400	8,800	15,400	22,000
2d Conv	1,150	3,500	5,800	11,600	20,300	29,000
1966 Fury I, V-8, 119" wb						
4d Sed	100	300	500	1,000	1,750	2,500
2d Sed	296	888	1,480	2,960	5,180	7,400
4d 6P Sta Wag	312	936	1,560	3,120	5,460	7,800

NOTE: Deduct 5 percent for 6-cyl. models.

	6	5	4	3	2	1
1966 Fury II, V-8, 119" wb						
4d Sed	304	912	1,520	3,040	5,320	7,600
2d Sed	300	900	1,500	3,000	5,250	7,500
4d 9P Sta Wag	316	948	1,580	3,160	5,530	7,900
1966 Fury III, V-8, 119" wb						
4d Sed	308	924	1,540	3,080	5,390	7,700
2d HT	700	2,150	3,600	7,200	12,600	18,000
4d HT	380	1,140	1,900	3,800	6,650	9,500
2d Conv	1,100	3,250	5,400	10,800	18,900	27,000
4d 9P Sta Wag	360	1,080	1,800	3,600	6,300	9,000
1966 Sport Fury, V-8, 119" wb						
2d HT	750	2,300	3,800	7,600	13,300	19,000
2d Conv	1,100	3,350	5,600	11,200	19,600	28,000
1966 VIP, V-8, 119" wb						
4d HT	380	1,140	1,900	3,800	6,650	9,500
2d HT	700	2,150	3,600	7,200	12,600	18,000

NOTE: Autos equipped with 426 Street Hemi or Race Hemi, value inestimable.

	6	5	4	3	2	1
1967 Valiant 100, V-8, 108" wb						
4d Sed	288	864	1,440	2,880	5,040	7,200
2d Sed	284	852	1,420	2,840	4,970	7,100
1967 Valiant Signet, V-8, 108" wb						
4d Sed	292	876	1,460	2,920	5,110	7,300
2d Sed	288	864	1,440	2,880	5,040	7,200
1967 Barracuda, V-8, 108" wb						
2d HT	850	2,500	4,200	8,400	14,700	21,000
2d FBk	900	2,650	4,400	8,800	15,400	22,000
2d Conv	1,150	3,500	5,800	11,600	20,300	29,000

NOTE: Add 10 percent for Formula S and 40 percent for 383 CID.

	6	5	4	3	2	1
1967 Belvedere I, V-8, 116" wb						
4d Sed	292	876	1,460	2,920	5,110	7,300
2d Sed	288	864	1,440	2,880	5,040	7,200
4d 6P Sta Wag	288	864	1,440	2,880	5,040	7,200
1967 Belvedere II, V-8, 116" wb						
4d Sed	296	888	1,480	2,960	5,180	7,400
2d HT	700	2,150	3,600	7,200	12,600	18,000
2d Conv	900	2,750	4,600	9,200	16,100	23,000
4d 9P Sta Wag	296	888	1,480	2,960	5,180	7,400
1967 Satellite, V-8, 116" wb						
2d HT	1,000	3,000	5,000	10,000	17,500	25,000
2d Conv	1,250	3,700	6,200	12,400	21,700	31,000
1967 GTX, V-8, 116" wb						
2d HT	1,100	3,250	5,400	10,800	18,900	27,000
2d Conv	1,350	4,100	6,800	13,600	23,800	34,000
1967 Fury I, V-8, 122" wb						
4d Sed	304	912	1,520	3,040	5,320	7,600
2d Sed	300	900	1,500	3,000	5,250	7,500
4d 6P Sta Wag	308	924	1,540	3,080	5,390	7,700
1967 Fury II, V-8, 122" wb						
4d Sed	308	924	1,540	3,080	5,390	7,700
2d Sed	304	912	1,520	3,040	5,320	7,600
4d 9P Sta Wag	320	960	1,600	3,200	5,600	8,000
1967 Fury III, V-8, 122" wb						
4d Sed	312	936	1,560	3,120	5,460	7,800
4d HT	340	1,020	1,700	3,400	5,950	8,500
2d HT	600	1,800	3,000	6,000	10,500	15,000
2d Conv	760	2,280	3,800	7,600	13,300	19,000
4d 9P Sta Wag	320	960	1,600	3,200	5,600	8,000
1967 Sport Fury, V-8, 119" wb						
2d HT	600	1,800	3,000	6,000	10,500	15,000
2d FBk	608	1,824	3,040	6,080	10,640	15,200
2d Conv	800	2,400	4,000	8,000	14,000	20,000
1967 VIP, V-8, 119" wb						
4d HT	520	1,560	2,600	5,200	9,100	13,000
2d HT	620	1,860	3,100	6,200	10,850	15,500
NOTE: Add 50 percent for 440 engine. Autos equipped with 426 Hemi, value inestimable.						
1968 Valiant 100, V-8, 108" wb						
4d Sed	292	876	1,460	2,920	5,110	7,300
2d Sed	288	864	1,440	2,880	5,040	7,200
1968 Valiant Signet, V-8, 108" wb						
4d Sed	300	900	1,500	3,000	5,250	7,500
2d Sed	296	888	1,480	2,960	5,180	7,400
1968 Barracuda, V-8, 108" wb						
2d HT	800	2,400	4,000	8,000	14,000	20,000
2d FBk	850	2,500	4,200	8,400	14,700	21,000
2d Conv	1,150	3,500	5,800	11,600	20,300	29,000
NOTE: Add 20 percent for Barracuda/Formula S and 40 percent for 383 cid.						
1968 Belvedere, V-8, 116" wb						
4d Sed	296	888	1,480	2,960	5,180	7,400
2d Sed	292	876	1,460	2,920	5,110	7,300
4d 6P Sta Wag	300	900	1,500	3,000	5,250	7,500
1968 Satellite, V-8, 116" wb						
4d Sed	300	900	1,500	3,000	5,250	7,500
2d HT	750	2,300	3,800	7,600	13,300	19,000
2d Conv	1,100	3,250	5,400	10,800	18,900	27,000
4d Sta Wag	304	912	1,520	3,040	5,320	7,600
1968 Sport Satellite, V-8, 116" wb						
2d HT	900	2,750	4,600	9,200	16,100	23,000
2d Conv	1,200	3,600	6,000	12,000	21,000	30,000
4d Sta Wag	308	924	1,540	3,080	5,390	7,700
1968 Road Runner, V-8, 116" wb						
2d Cpe	1,200	3,600	6,000	12,000	21,000	30,000
2d HT	1,300	3,850	6,400	12,800	22,400	32,000
1968 GTX, V-8, 116" wb						
2d HT	1,250	3,700	6,200	12,400	21,700	31,000
2d Conv	1,550	4,700	7,800	15,600	27,300	39,000
1968 Fury I, V-8, 119" & 122" wb						
4d Sed	308	924	1,540	3,080	5,390	7,700
2d Sed	304	912	1,520	3,040	5,320	7,600
4d 6P Sta Wag	312	936	1,560	3,120	5,460	7,800
1968 Fury II, V-8, 119" & 122" wb						
4d Sed	312	936	1,560	3,120	5,460	7,800

	6	5	4	3	2	1
2d Sed	308	924	1,540	3,080	5,390	7,700
4d 6P Sta Wag	316	948	1,580	3,160	5,530	7,900
1968 Fury III, V-8, 119" & 122" wb						
4d Sed	316	948	1,580	3,160	5,530	7,900
4d HT	348	1,044	1,740	3,480	6,090	8,700
2d HT	800	2,400	4,000	8,000	14,000	20,000
2d HT FBk	850	2,500	4,200	8,400	14,700	21,000
2d Conv	1,100	3,250	5,400	10,800	18,900	27,000
4d 6P Sta Wag	320	960	1,600	3,200	5,600	8,000
1968 Suburban, V-8, 121" wb						
4d 6P Cus Sta Wag	308	924	1,540	3,080	5,390	7,700
4d 9P Cus Sta Wag	312	936	1,560	3,120	5,460	7,800
4d 6P Spt Sta Wag	316	948	1,580	3,160	5,530	7,900
4d 9P Spt Sta Wag	320	960	1,600	3,200	5,600	8,000
1968 Sport Fury, V-8, 119" wb						
2d HT	700	2,150	3,600	7,200	12,600	18,000
2d HT FBk	750	2,300	3,800	7,600	13,300	19,000
2d Conv	1,100	3,250	5,400	10,800	18,900	27,000
1968 VIP, V-8, 119" wb						
4d HT	540	1,620	2,700	5,400	9,450	13,500
2d FBk	620	1,860	3,100	6,200	10,850	15,500
NOTE: Add 50 percent for 440 engine. Autos equipped with 426 Hemi, value inestimable.						
1969 Valiant 100, V-8, 108" wb						
4d Sed	276	828	1,380	2,760	4,830	6,900
2d Sed	272	816	1,360	2,720	4,760	6,800
1969 Valiant Signet, V-8, 108" wb						
4d Sed	280	840	1,400	2,800	4,900	7,000
2d Sed	276	828	1,380	2,760	4,830	6,900
1969 Barracuda, V-8, 108" wb						
2d HT	1,000	3,000	5,000	10,000	17,500	25,000
2d HT FBk	1,050	3,100	5,200	10,400	18,200	26,000
2d Conv	1,450	4,300	7,200	14,400	25,200	36,000
NOTE: Add 40 percent for Formula S 383 cid option. Add 50 percent for Barracuda 440.						
1969 Belvedere, V-8, 117" wb						
4d Sed	288	864	1,440	2,880	5,040	7,200
2d Sed	284	852	1,420	2,840	4,970	7,100
4d 6P Sta Wag	288	864	1,440	2,880	5,040	7,200
1969 Satellite, V-8, 116" & 117" wb						
4d Sed	292	876	1,460	2,920	5,110	7,300
2d HT	850	2,500	4,200	8,400	14,700	21,000
2d Conv	1,000	3,000	5,000	10,000	17,500	25,000
4d 6P Sta Wag	296	888	1,480	2,960	5,180	7,400
1969 Sport Satellite, V-8, 116" & 117" wb						
4d Sed	296	888	1,480	2,960	5,180	7,400
2d HT	900	2,650	4,400	8,800	15,400	22,000
2d Conv	1,100	3,250	5,400	10,800	18,900	27,000
4d 9P Sta Wag	300	900	1,500	3,000	5,250	7,500
1969 Road Runner, V-8, 116" wb						
2d Sed	1,150	3,500	5,800	11,600	20,300	29,000
2d HT	1,300	3,850	6,400	12,800	22,400	32,000
2d Conv	1,550	4,700	7,800	15,600	27,300	39,000
1969 GTX, V-8, 116" wb						
2d HT	1,200	3,600	6,000	12,000	21,000	30,000
2d Conv	1,550	4,700	7,800	15,600	27,300	39,000
1969 Fury I, V-8, 120" & 122" wb						
4d Sed	304	912	1,520	3,040	5,320	7,600
2d Sed	300	900	1,500	3,000	5,250	7,500
4d 6P Sta Wag	308	924	1,540	3,080	5,390	7,700
1969 Fury II, V-8, 120" & 122" wb						
4d Sed	308	924	1,540	3,080	5,390	7,700
2d Sed	304	912	1,520	3,040	5,320	7,600
4d 6P Sta Wag	312	936	1,560	3,120	5,460	7,800
1969 Fury III, V-8, 120" & 122" wb						
4d Sed	312	936	1,560	3,120	5,460	7,800
4d HT	332	996	1,660	3,320	5,810	8,300
2d HT	750	2,300	3,800	7,600	13,300	19,000
2d Conv	1,100	3,350	5,600	11,200	19,600	28,000
4d 9P Sta Wag	320	960	1,600	3,200	5,600	8,000
1969 Sport Fury						
2d HT	580	1,740	2,900	5,800	10,150	14,500
2d Conv	720	2,160	3,600	7,200	12,600	18,000
1969 VIP						
4d HT	360	1,080	1,800	3,600	6,300	9,000
2d HT	600	1,800	3,000	6,000	10,500	15,000

NOTE: Add 75 percent for 440 6 pack. Autos equipped with 426 Hemi, value inestimable.

	6	5	4	3	2	1
1970 Valiant						
4d Sed	272	816	1,360	2,720	4,760	6,800
1970 Valiant Duster						
2d Cpe	320	960	1,600	3,200	5,600	8,000
1970 Duster "340"						
2d Cpe	650	1,900	3,200	6,400	11,200	16,000
1970 Barracuda						
2d HT	1,100	3,250	5,400	10,800	18,900	27,000
2d Conv	1,300	3,850	6,400	12,800	22,400	32,000
1970 Gran Coupe						
2d HT	1,200	3,600	6,000	12,000	21,000	30,000
2d Conv	1,400	4,200	7,000	14,000	24,500	35,000
1970 'Cuda						
2d HT	1,300	3,850	6,400	12,800	22,400	32,000
2d Conv	1,550	4,700	7,800	15,600	27,300	39,000
2d Hemi Cuda Conv	value not estimable					
1970 'Cuda AAR						
2d HT	1,500	4,450	7,400	14,800	25,900	37,000
1970 Belvedere						
4d Sed	288	864	1,440	2,880	5,040	7,200
2d Cpe	284	852	1,420	2,840	4,970	7,100
4d Wag	292	876	1,460	2,920	5,110	7,300
1970 Road Runner						
2d Cpe	1,050	3,100	5,200	10,400	18,200	26,000
2d HT	1,150	3,500	5,800	11,600	20,300	29,000
2d Superbird	2,600	7,800	13,000	26,000	45,500	65,000
2d Conv	1,550	4,700	7,800	15,600	27,300	39,000
1970 Satellite						
4d Sed	292	876	1,460	2,920	5,110	7,300
2d HT	800	2,400	4,000	8,000	14,000	20,000
2d Conv	1,100	3,350	5,600	11,200	19,600	28,000
4d 6P Wag	296	888	1,480	2,960	5,180	7,400
4d 9P Wag	300	900	1,500	3,000	5,250	7,500
1970 Sport Satellite						
4d Sed	300	900	1,500	3,000	5,250	7,500
2d HT	900	2,750	4,600	9,200	16,100	23,000
4d 6P Wag	300	900	1,500	3,000	5,250	7,500
4d 9P Wag	304	912	1,520	3,040	5,320	7,600
1970 GTX						
2d HT	1,150	3,500	5,800	11,600	20,300	29,000
1970 Fury I						
4d Sed	304	912	1,520	3,040	5,320	7,600
2d Sed	300	900	1,500	3,000	5,250	7,500
1970 Fury II						
4d Sed	308	924	1,540	3,080	5,390	7,700
2d Sed	304	912	1,520	3,040	5,320	7,600
4d 6P Wag	308	924	1,540	3,080	5,390	7,700
4d 9P Wag	312	936	1,560	3,120	5,460	7,800
1970 Gran Coupe						
2d Sed	650	1,900	3,200	6,400	11,200	16,000
1970 Fury III						
4d Sed	312	936	1,560	3,120	5,460	7,800
2d HT	650	2,000	3,300	6,600	11,600	16,500
4d HT	360	1,080	1,800	3,600	6,300	9,000
2d Fml	650	2,000	3,350	6,700	11,700	16,700
2d Conv	1,000	3,000	5,000	10,000	17,500	25,000
4d 6P Wag	320	960	1,600	3,200	5,600	8,000
4d 9P Wag	324	972	1,620	3,240	5,670	8,100
1970 Sport Fury						
4d Sed	316	948	1,580	3,160	5,530	7,900
2d HT	700	2,100	3,500	7,000	12,300	17,500
4d HT	380	1,140	1,900	3,800	6,650	9,500
2d Fml	588	1,764	2,940	5,880	10,290	14,700
4d Wag	328	984	1,640	3,280	5,740	8,200
1970 Fury S-23						
2d HT	800	2,450	4,100	8,200	14,300	20,500
1970 Fury GT						
2d HT	850	2,500	4,200	8,400	14,700	21,000

NOTE: Add 60 percent for 440 6 pack. Autos equipped with 426 Hemi, value inestimable. Add 10 percent for 'Cuda 340 package. Add 40 percent for 'Cuda 383 (not avail. on conv.).

	6	5	4	3	2	1
1971 Valiant						
4d Sed	268	804	1,340	2,680	4,690	6,700

	6	5	4	3	2	1
1971 Duster						
2d Cpe	280	840	1,400	2,800	4,900	7,000
1971 Duster '340'						
2d Cpe	544	1,632	2,720	5,440	9,520	13,600
1971 Scamp						
2d HT	380	1,140	1,900	3,800	6,650	9,500
1971 Barracuda						
2d Cpe	740	2,220	3,700	7,400	12,950	18,500
2d HT	820	2,460	4,100	8,200	14,350	20,500
2d Conv	920	2,760	4,600	9,200	16,100	23,000
1971 Gran Coupe						
2d HT	880	2,640	4,400	8,800	15,400	22,000
1971 'Cuda						
2d HT	1,000	3,000	5,000	10,000	17,500	25,000
2d Conv	1,120	3,360	5,600	11,200	19,600	28,000
1971 Satellite						
4d Sed	272	816	1,360	2,720	4,760	6,800
2d Cpe	340	1,020	1,700	3,400	5,950	8,500
4d Sta Wag	268	804	1,340	2,680	4,690	6,700
1971 Satellite Sebring						
2d HT	660	1,980	3,300	6,600	11,550	16,500
1971 Satellite Custom						
4d Sed	276	828	1,380	2,760	4,830	6,900
4d 6P Sta Wag	272	816	1,360	2,720	4,760	6,800
4d 9P Sta Wag	276	828	1,380	2,760	4,830	6,900
1971 Road Runner						
2d HT	880	2,640	4,400	8,800	15,400	22,000
1971 Sebring Plus						
2d HT	720	2,160	3,600	7,200	12,600	18,000
1971 Satellite Brougham						
4d Sed	280	840	1,400	2,800	4,900	7,000
1971 Regent Wagon						
4d 6P Sta Wag	280	840	1,400	2,800	4,900	7,000
4d 9P Sta Wag	284	852	1,420	2,840	4,970	7,100
1971 GTX						
2d HT	740	2,220	3,700	7,400	12,950	18,500
1971 Fury I						
4d Sed	288	864	1,440	2,880	5,040	7,200
2d Sed	284	852	1,420	2,840	4,970	7,100
1971 Fury Custom						
4d Sed	292	876	1,460	2,920	5,110	7,300
2d Sed	288	864	1,440	2,880	5,040	7,200
1971 Fury II						
4d Sed	296	888	1,480	2,960	5,180	7,400
2d HT	560	1,680	2,800	5,600	9,800	14,000
4d 6P Sta Wag	296	888	1,480	2,960	5,180	7,400
4d 9P Sta Wag	300	900	1,500	3,000	5,250	7,500
1971 Fury III						
4d Sed	300	900	1,500	3,000	5,250	7,500
2d HT	580	1,740	2,900	5,800	10,150	14,500
4d HT	360	1,080	1,800	3,600	6,300	9,000
2d Fml Cpe	592	1,776	2,960	5,920	10,360	14,800
4d 6P Sta Wag	300	900	1,500	3,000	5,250	7,500
4d 9P Sta Wag	304	912	1,520	3,040	5,320	7,600
1971 Sport Fury						
4d Sed	308	924	1,540	3,080	5,390	7,700
4d HT	328	984	1,640	3,280	5,740	8,200
2d Fml Cpe	520	1,560	2,600	5,200	9,100	13,000
2d HT	540	1,620	2,700	5,400	9,450	13,500
4d 9P Sta Wag	312	936	1,560	3,120	5,460	7,800
4d 6P Sta Wag	308	924	1,540	3,080	5,390	7,700
1971 Sport Fury "GT"						
2d HT	650	2,000	3,300	6,600	11,600	16,500

NOTE: Add 40 percent for 440 engine. Deduct 10 percent for 'Cuda 340 package. Add 70 percent for 440 6 pack. Autos equipped with 426 Hemi, value inestimable.

	6	5	4	3	2	1
1972 Valiant						
4d Sed	268	804	1,340	2,680	4,690	6,700
1972 Duster						
2d Cpe	340	1,020	1,700	3,400	5,950	8,500
2d "340" Cpe	550	1,700	2,800	5,600	9,800	14,000
1972 Scamp						
2d HT	560	1,680	2,800	5,600	9,800	14,000

	6	5	4	3	2	1
1972 Barracuda						
2d HT	720	2,160	3,600	7,200	12,600	18,000
1972 'Cuda						
2d HT	760	2,280	3,800	7,600	13,300	19,000
1972 Satellite						
4d Sed	276	828	1,380	2,760	4,830	6,900
2d Cpe	340	1,020	1,700	3,400	5,950	8,500
4d 6P Wag	276	828	1,380	2,760	4,830	6,900
1972 Satellite Sebring						
2d HT	660	1,980	3,300	6,600	11,550	16,500
1972 Satellite Custom						
4d Sed	280	840	1,400	2,800	4,900	7,000
4d 6P Wag	324	972	1,620	3,240	5,670	8,100
4d 9P Wag	320	960	1,600	3,200	5,600	8,000
1972 Sebring-Plus						
2d HT	680	2,040	3,400	6,800	11,900	17,000
1972 Regent						
4d 6P Wag	328	984	1,640	3,280	5,740	8,200
4d 9P Wag	332	996	1,660	3,320	5,810	8,300
1972 Road Runner						
2d HT	840	2,520	4,200	8,400	14,700	21,000
1972 Fury I						
4d Sed	264	792	1,320	2,640	4,620	6,600
1972 Fury II						
4d Sed	268	804	1,340	2,680	4,690	6,700
2d HT	540	1,620	2,700	5,400	9,450	13,500
1972 Fury III						
4d Sed	272	816	1,360	2,720	4,760	6,800
4d HT	300	900	1,500	3,000	5,250	7,500
2d Fml Cpe	548	1,644	2,740	5,480	9,590	13,700
2d HT	544	1,632	2,720	5,440	9,520	13,600
1972 Gran Fury						
4d HT	328	984	1,640	3,280	5,740	8,200
2d Fml Cpe	552	1,656	2,760	5,520	9,660	13,800
1972 Suburban						
4d 6P Sta Wag	284	852	1,420	2,840	4,970	7,100
4d 9P Sta Wag	288	864	1,440	2,880	5,040	7,200
4d 6P Cus Wag	288	864	1,440	2,880	5,040	7,200
4d 9P Cus Wag	292	876	1,460	2,920	5,110	7,300
4d 6P Spt Wag	296	888	1,480	2,960	5,180	7,400
4d 9P Spt Wag	300	900	1,500	3,000	5,250	7,500
NOTE: Add 20 percent for 440 engine where available.						
1973 Valiant, V-8						
4d Sed	244	732	1,220	2,440	4,270	6,100
1973 Duster, V-8						
2d Cpe Sport	304	912	1,520	3,040	5,320	7,600
2d 340 Cpe Spt	360	1,080	1,800	3,600	6,300	9,000
1973 Scamp, V-8						
2d HT	368	1,104	1,840	3,680	6,440	9,200
1973 Barracuda, V-8						
2d HT	680	2,040	3,400	6,800	11,900	17,000
2d 'Cuda HT	720	2,160	3,600	7,200	12,600	18,000
1973 Satellite Custom, V-8						
4d Sed	276	828	1,380	2,760	4,830	6,900
4d 3S Sta Wag	300	900	1,500	3,000	5,250	7,500
4d 3S Sta Wag Regent	304	912	1,520	3,040	5,320	7,600
2d Cpe	332	996	1,660	3,320	5,810	8,300
1973 Road Runner, V-8						
2d Cpe	600	1,800	3,000	6,000	10,500	15,000
1973 Satellite-Plus, V-8						
2d HT	580	1,740	2,900	5,800	10,150	14,500
1973 Satellite Sebring, V-8						
2d HT	560	1,680	2,800	5,600	9,800	14,000
1973 Fury I, V-8						
4d Sed	280	840	1,400	2,800	4,900	7,000
1973 Fury II, V-8						
4d Sed	284	852	1,420	2,840	4,970	7,100
1973 Fury III, V-8						
4d Sed	288	864	1,440	2,880	5,040	7,200
2d HT	520	1,560	2,600	5,200	9,100	13,000
4d HT	320	960	1,600	3,200	5,600	8,000

	6	5	4	3	2	1
1973 Gran Fury, V-8						
2d HT	540	1,620	2,700	5,400	9,450	13,500
4d HT	332	996	1,660	3,320	5,810	8,300
1973 Fury Suburban, V-8						
4d 3S Spt Sta Wag	280	840	1,400	2,800	4,900	7,000
NOTE: Add 20 percent for 440 engine where available.						
1974 Valiant						
4d Sed	240	720	1,200	2,400	4,200	6,000
1974 Duster						
2d Cpe	244	732	1,220	2,440	4,270	6,100
1974 Scamp						
2d HT	304	912	1,520	3,040	5,320	7,600
1974 Duster "360"						
2d Cpe	350	1,000	1,650	3,300	5,750	8,200
1974 Valiant Brougham						
4d Sed	248	744	1,240	2,480	4,340	6,200
2d HT	340	1,020	1,700	3,400	5,950	8,500
1974 Barracuda						
2d Spt Cpe	600	1,800	3,000	6,000	10,500	15,000
1974 'Cuda						
2d Spt Cpe	640	1,920	3,200	6,400	11,200	16,000
1974 Satellite						
4d Sed	244	732	1,220	2,440	4,270	6,100
2d Cpe	248	744	1,240	2,480	4,340	6,200
1974 Satellite Custom						
4d Sed	252	756	1,260	2,520	4,410	6,300
1974 Sebring						
2d HT	392	1,176	1,960	3,920	6,860	9,800
1974 Sebring-Plus						
2d HT	524	1,572	2,620	5,240	9,170	13,100
1974 Road Runner						
2d Cpe	564	1,692	2,820	5,640	9,870	14,100
1974 Satellite Wagon						
4d Std Wag	256	768	1,280	2,560	4,480	6,400
4d 6P Cus Wag	260	780	1,300	2,600	4,550	6,500
4d 9P Cus Wag	264	792	1,320	2,640	4,620	6,600
4d 6P Regent	260	780	1,300	2,600	4,550	6,500
4d 9P Regent	264	792	1,320	2,640	4,620	6,600
1974 Fury I						
4d Sed	248	744	1,240	2,480	4,340	6,200
1974 Fury II						
4d Sed	252	756	1,260	2,520	4,410	6,300
1974 Fury III						
4d Sed	256	768	1,280	2,560	4,480	6,400
2d HT	288	864	1,440	2,880	5,040	7,200
4d HT	268	804	1,340	2,680	4,690	6,700
1974 Gran Fury						
2d HT	308	924	1,540	3,080	5,390	7,700
4d HT	272	816	1,360	2,720	4,760	6,800
1974 Suburban						
4d Std Wag	244	732	1,220	2,440	4,270	6,100
4d 6P Cus	248	744	1,240	2,480	4,340	6,200
4d 9P Cus	252	756	1,260	2,520	4,410	6,300
4d 6P Spt	252	756	1,260	2,520	4,410	6,300
4d 9P Spt	256	768	1,280	2,560	4,480	6,400
1975 Valiant						
4d Sed	180	540	900	1,800	3,150	4,500
4d Cus Sed	144	432	720	1,440	2,520	3,600
1975 Brougham						
4d Sed	184	552	920	1,840	3,220	4,600
2d HT	228	684	1,140	2,280	3,990	5,700
1975 Duster						
2d Cpe	204	612	1,020	2,040	3,570	5,100
2d Cus	208	624	1,040	2,080	3,640	5,200
2d "360" Cpe	250	700	1,200	2,400	4,200	6,000
1975 Scamp						
2d HT	196	588	980	1,960	3,430	4,900
2d Brghm	204	612	1,020	2,040	3,570	5,100
1975 Fury						
2d HT	220	660	1,100	2,200	3,850	5,500
2d Cus HT	240	720	1,200	2,400	4,200	6,000
2d Spt HT	248	744	1,240	2,480	4,340	6,200

	6	5	4	3	2	1
4d Sed	188	564	940	1,880	3,290	4,700
4d Cus Sed	192	576	960	1,920	3,360	4,800
1975 Suburban						
4d Std Wag	164	492	820	1,640	2,870	4,100
4d 6P Cus	168	504	840	1,680	2,940	4,200
4d 9P Cus	176	528	880	1,760	3,080	4,400
4d 6P Spt	172	516	860	1,720	3,010	4,300
4d 9P Spt	180	540	900	1,800	3,150	4,500
1975 Road Runner						
2d HT	192	576	960	1,920	3,360	4,800
1975 Gran Fury						
4d Sed	188	564	940	1,880	3,290	4,700
1975 Gran Fury Custom						
4d Sed	196	588	980	1,960	3,430	4,900
4d HT	228	684	1,140	2,280	3,990	5,700
2d HT	240	720	1,200	2,400	4,200	6,000
1975 Gran Fury Brougham						
4d HT	232	696	1,160	2,320	4,060	5,800
2d HT	248	744	1,240	2,480	4,340	6,200
1975 Suburban						
4d Std	196	588	980	1,960	3,430	4,900
4d 6P Cus	200	600	1,000	2,000	3,500	5,000
4d 9P Cus	204	612	1,020	2,040	3,570	5,100
4d 6P Spt	204	612	1,020	2,040	3,570	5,100
4d 9P Spt	208	624	1,040	2,080	3,640	5,200
1976 Arrow, 4-cyl.						
2d HBk	132	396	660	1,320	2,310	3,300
2d GT HBk	136	408	680	1,360	2,380	3,400
1976 Valiant, 6-cyl.						
2d Duster Spt Cpe	136	408	680	1,360	2,380	3,400
4d Sed Valiant	128	384	640	1,280	2,240	3,200
2d HT Scamp Spec	132	396	660	1,320	2,310	3,300
2d HT Scamp	140	420	700	1,400	2,450	3,500
1976 Volare, V-8						
4d Sed	148	444	740	1,480	2,590	3,700
2d Spt Cpe	164	492	820	1,640	2,870	4,100
4d Sta Wag	152	456	760	1,520	2,660	3,800
1976 Volare Custom, V-8						
4d Sed	152	456	760	1,520	2,660	3,800
2d Spt Cpe	168	504	840	1,680	2,940	4,200
1976 Volare Premier, V-8						
4d Sed	156	468	780	1,560	2,730	3,900
2d Spt Cpe	176	528	880	1,760	3,080	4,400
4d Sta Wag	160	480	800	1,600	2,800	4,000
1976 Fury, V-8						
4d Sed	132	396	660	1,320	2,310	3,300
2d HT	164	492	820	1,640	2,870	4,100
4d Sed Salon	136	408	680	1,360	2,380	3,400
2d HT Spt	172	516	860	1,720	3,010	4,300
4d 2S Suburban	136	408	680	1,360	2,380	3,400
4d 3S Suburban	140	420	700	1,400	2,450	3,500
4d 2S Spt Suburban	144	432	720	1,440	2,520	3,600
4d 3S Spt Suburban	152	456	760	1,520	2,660	3,800
1976 Gran Fury, V-8						
4d Sed	136	408	680	1,360	2,380	3,400
1976 Gran Fury Custom, V-8						
4d Sed	140	420	700	1,400	2,450	3,500
2d HT	152	456	760	1,520	2,660	3,800
1976 Gran Fury Brougham, V-8						
4d Sed	140	420	700	1,400	2,450	3,500
2d HT	164	492	820	1,640	2,870	4,100
4d 2S Gran Fury Sta Wag	152	456	760	1,520	2,660	3,800
4d 3S Gran Fury Sta Wag	160	480	800	1,600	2,800	4,000
1977 Arrow, 4-cyl.						
2d HBk	132	396	660	1,320	2,310	3,300
2d GS HBk	136	408	680	1,360	2,380	3,400
2d GT HBk	140	420	700	1,400	2,450	3,500
1977 Volare, V-8						
4d Sed	132	396	660	1,320	2,310	3,300
2d Spt Cpe	140	420	700	1,400	2,450	3,500
4d Sta Wag	136	408	680	1,360	2,380	3,400

	6	5	4	3	2	1
1977 Volare Custom, V-8						
4d Sed	136	408	680	1,360	2,380	3,400
2d Spt Cpe	144	432	720	1,440	2,520	3,600
1977 Volare Premier, V-8						
4d Sed	140	420	700	1,400	2,450	3,500
2d Spt Cpe	148	444	740	1,480	2,590	3,700
4d Sta Wag	144	432	720	1,440	2,520	3,600
1977 Fury, V-8						
4d Spt Sed	136	408	680	1,360	2,380	3,400
2d Spt HT	168	504	840	1,680	2,940	4,200
4d 3S Sub	128	384	640	1,280	2,240	3,200
4d 3S Spt Sub	132	396	660	1,320	2,310	3,300
1977 Gran Fury, V-8						
4d Sed	140	420	700	1,400	2,450	3,500
2d HT	160	480	800	1,600	2,800	4,000
1977 Gran Fury Brougham, V-8						
4d Sed	144	432	720	1,440	2,520	3,600
2d HT	168	504	840	1,680	2,940	4,200
1977 Station Wagons, V-8						
2S Gran Fury	136	408	680	1,360	2,380	3,400
3S Gran Fury Spt	144	432	720	1,440	2,520	3,600
1978 Horizon						
4d HBk	136	408	680	1,360	2,380	3,400
1978 Arrow						
2d HBk	140	420	700	1,400	2,450	3,500
2d GS HBk	144	432	720	1,440	2,520	3,600
2d GT HBk	148	444	740	1,480	2,590	3,700
1978 Volare						
4d Sed	144	432	720	1,440	2,520	3,600
Spt Cpe	152	456	760	1,520	2,660	3,800
Sta Wag	148	444	740	1,480	2,590	3,700
1978 Sapporo						
Cpe	152	456	760	1,520	2,660	3,800
1978 Fury						
4d Sed	144	432	720	1,440	2,520	3,600
2d	148	444	740	1,480	2,590	3,700
4d Salon	148	444	740	1,480	2,590	3,700
2d Spt	152	456	760	1,520	2,660	3,800
1978 Station Wagons						
3S Fury Sub	148	444	740	1,480	2,590	3,700
2S Fury Sub	144	432	720	1,440	2,520	3,600
3S Spt Fury Sub	152	456	760	1,520	2,660	3,800
2S Spt Fury Sub	148	444	740	1,480	2,590	3,700
1979 Champ, 4-cyl.						
2d HBk	136	408	680	1,360	2,380	3,400
2d Cus HBk	140	420	700	1,400	2,450	3,500
1979 Horizon, 4-cyl.						
4d HBk	140	420	700	1,400	2,450	3,500
TC 3 HBk	148	444	740	1,480	2,590	3,700
1979 Fire-Arrow, 4-cyl.						
2d HBk	144	432	720	1,440	2,520	3,600
2d GS HBk	148	444	740	1,480	2,590	3,700
2d GT HBk	152	456	760	1,520	2,660	3,800
1979 Volare, V-8						
Sed	152	456	760	1,520	2,660	3,800
Spt Cpe	160	480	800	1,600	2,800	4,000
Sta Wag	156	468	780	1,560	2,730	3,900
1979 Sapporo, 4-cyl.						
Cpe	156	468	780	1,560	2,730	3,900
1980 Champ, 4-cyl.						
2d HBk	132	396	660	1,320	2,310	3,300
2d Cus HBk	136	408	680	1,360	2,380	3,400
1980 Horizon, 4-cyl.						
4d HBk	136	408	680	1,360	2,380	3,400
2d HBk 2 plus 2 TC3	152	456	760	1,520	2,660	3,800
1980 Arrow, 4-cyl.						
2d HBk	180	540	900	1,800	3,150	4,500
1980 Fire Arrow, 4-cyl.						
2d HBk	184	552	920	1,840	3,220	4,600
1980 Volare, V-8						
4d Sed	136	408	680	1,360	2,380	3,400
2d Cpe	140	420	700	1,400	2,450	3,500
4d Sta Wag	148	444	740	1,480	2,590	3,700

NOTE: Deduct 10 percent for 6-cyl.

1950 Pontiac Chieftain Super Deluxe Catalina hardtop

1962 Pontiac Star Chief sedan

1970 Pontiac GTO convertible

	6	5	4	3	2	1
1980 Sapporo, 4-cyl.						
2d Cpe	156	468	780	1,560	2,730	3,900
1980 Gran Fury, V-8						
4d Sed	152	456	760	1,520	2,660	3,800
NOTE: Deduct 10 percent for 6-cyl.						
1980 Gran Fury Salon, V-8						
4d Sed	160	480	800	1,600	2,800	4,000
NOTE: Deduct 10 percent for 6-cyl.						
1981 Champ, 4-cyl.						
2d HBk	136	408	680	1,360	2,380	3,400
2d DeL HBk	140	420	700	1,400	2,450	3,500
2d Cus HBk	144	432	720	1,440	2,520	3,600
1981 Horizon, 4-cyl.						
4d Miser HBk	140	420	700	1,400	2,450	3,500
4d Miser HBk TC3	152	456	760	1,520	2,660	3,800
4d HBk	148	444	740	1,480	2,590	3,700
2d HBk TC3	160	480	800	1,600	2,800	4,000
1981 Reliant, 4-cyl.						
4d Sed	136	408	680	1,360	2,380	3,400
2d Cpe	140	420	700	1,400	2,450	3,500
1981 Reliant Custom, 4-cyl.						
4d Sed	140	420	700	1,400	2,450	3,500
2d Cpe	144	432	720	1,440	2,520	3,600
4d Sta Wag	152	456	760	1,520	2,660	3,800
1981 Reliant SE, 4-cyl.						
4d Sed	144	432	720	1,440	2,520	3,600
2d Cpe	148	444	740	1,480	2,590	3,700
4d Sta Wag	156	468	780	1,560	2,730	3,900
1981 Sapporo, 4-cyl.						
2d HT	160	480	800	1,600	2,800	4,000
1981 Gran Fury, V-8						
4d Sed	164	492	820	1,640	2,870	4,100
NOTE: Deduct 10 percent for 6-cyl.						
1982 Champ, 4-cyl.						
4d Cus HBk	144	432	720	1,440	2,520	3,600
2d Cus HBk	148	444	740	1,480	2,590	3,700
NOTE: Deduct 5 percent for lesser models.						
1982 Horizon, 4-cyl.						
4d Miser HBk	144	432	720	1,440	2,520	3,600
2d Miser HBk TC3	156	468	780	1,560	2,730	3,900
4d Cus HBk	148	444	740	1,480	2,590	3,700
2d Cus HBk	152	456	760	1,520	2,660	3,800
4d E-Type HBk	156	468	780	1,560	2,730	3,900
1982 Turismo, 4-cyl.						
2d HBk TC3	180	540	900	1,800	3,150	4,500
1982 Reliant, 4-cyl.						
4d Sed	144	432	720	1,440	2,520	3,600
2d Cpe	148	444	740	1,480	2,590	3,700
1982 Reliant Custom, 4-cyl.						
4d Sed	148	444	740	1,480	2,590	3,700
2d Cpe	152	456	760	1,520	2,660	3,800
4d Sta Wag	156	468	780	1,560	2,730	3,900
1982 Reliant SE, 4-cyl.						
4d Sed	152	456	760	1,520	2,660	3,800
2d Cpe	156	468	780	1,560	2,730	3,900
4d Sta Wag	160	480	800	1,600	2,800	4,000
1982 Sapporo						
2d HT	188	564	940	1,880	3,290	4,700
1982 Gran Fury, V-8						
4d Sed	160	480	800	1,600	2,800	4,000
NOTE: Deduct 10 percent for 6-cyl.						
1983 Colt, 4-cyl.						
4d Cus HBk	160	480	800	1,600	2,800	4,000
2d Cus HBk	164	492	820	1,640	2,870	4,100
NOTE: Deduct 5 percent for lesser models.						
1983 Horizon, 4-cyl.						
4d HBk	152	456	760	1,520	2,660	3,800
4d Cus HBk	156	468	780	1,560	2,730	3,900
1983 Turismo, 4-cyl.						
2d HBk	180	540	900	1,800	3,150	4,500
2d HBk 2 plus 2	192	576	960	1,920	3,360	4,800

	6	5	4	3	2	1
1983 Reliant, 4-cyl.						
4d Sed	148	444	740	1,480	2,590	3,700
2d Cpe	152	456	760	1,520	2,660	3,800
4d Sta Wag	160	480	800	1,600	2,800	4,000
1983 Reliant SE, 4-cyl.						
4d Sed	152	456	760	1,520	2,660	3,800
2d Cpe	156	468	780	1,560	2,730	3,900
4d Sta Wag	164	492	820	1,640	2,870	4,100
1983 Sapporo, 4-cyl.						
2d HT	192	576	960	1,920	3,360	4,800
1983 Gran Fury, V-8						
4d Sed	164	492	820	1,640	2,870	4,100
NOTE: Deduct 10 percent for 6-cyl.						
1984 Colt, 4-cyl.						
4d HBk DL	148	444	740	1,480	2,590	3,700
2d HBk DL	148	444	740	1,480	2,590	3,700
4d Sta Wag Vista	148	444	740	1,480	2,590	3,700
NOTE: Deduct 5 percent for lesser models.						
1984 Horizon, 4-cyl.						
4d HBk	152	456	760	1,520	2,660	3,800
4d HBk SE	156	468	780	1,560	2,730	3,900
1984 Turismo, 4-cyl.						
2d HBk	188	564	940	1,880	3,290	4,700
2d HBk 2 plus 2	192	576	960	1,920	3,360	4,800
1984 Reliant, 4-cyl.						
4d Sed	144	432	720	1,440	2,520	3,600
2d Sed	144	432	720	1,440	2,520	3,600
4d Sta Wag	148	444	740	1,480	2,590	3,700
1984 Conquest, 4-cyl.						
2d HBk	180	540	900	1,800	3,150	4,500
1984 Gran Fury, V-8						
4d Sed	168	504	840	1,680	2,940	4,200
1985 Colt, 4-cyl.						
4d HBk E	148	444	740	1,480	2,590	3,700
2d HBk E	148	444	740	1,480	2,590	3,700
4d Sed DL	152	456	760	1,520	2,660	3,800
2d HBk DL	152	456	760	1,520	2,660	3,800
4d Sed Premier	152	456	760	1,520	2,660	3,800
4d Sta Wag Vista	156	468	780	1,560	2,730	3,900
4d Sta Wag Vista 4WD	188	564	940	1,880	3,290	4,700
1985 Horizon, 4-cyl.						
4d HBk	156	468	780	1,560	2,730	3,900
4d HBk SE	160	480	800	1,600	2,800	4,000
1985 Turismo, 4-cyl.						
2d HBk	192	576	960	1,920	3,360	4,800
2d HBk 2 plus 2	196	588	980	1,960	3,430	4,900
1985 Reliant, 4-cyl.						
4d Sed	148	444	740	1,480	2,590	3,700
2d Sed	148	444	740	1,480	2,590	3,700
4d Sed SE	152	456	760	1,520	2,660	3,800
2d Sed SE	152	456	760	1,520	2,660	3,800
4d Sta Wag SE	152	456	760	1,520	2,660	3,800
4d Sed LE	156	468	780	1,560	2,730	3,900
2d Sed LE	156	468	780	1,560	2,730	3,900
4d Sta Wag LE	156	468	780	1,560	2,730	3,900
1985 Conquest, 4-cyl.						
2d HBk Turbo	188	564	940	1,880	3,290	4,700
1985 Caravelle, 4-cyl.						
4d Sed SE	164	492	820	1,640	2,870	4,100
NOTE: Add 10 percent for turbo.						
1985 Grand Fury, V-8						
4d Sed Salon	172	516	860	1,720	3,010	4,300
1986 Colt						
4d Sed E	164	492	820	1,640	2,870	4,100
2d HBk E	160	480	800	1,600	2,800	4,000
4d Sed DL	168	504	840	1,680	2,940	4,200
2d HBk DL	164	492	820	1,640	2,870	4,100
4d Sed Premier	172	516	860	1,720	3,010	4,300
4d Vista Sta Wag	184	552	920	1,840	3,220	4,600
4d Vista Sta Wag 4WD	224	672	1,120	2,240	3,920	5,600
1986 Horizon						
4d HBk	160	480	800	1,600	2,800	4,000

	6	5	4	3	2	1
1986 Turismo						
2d HBk	196	588	980	1,960	3,430	4,900
1986 Reliant						
2d Sed	152	456	760	1,520	2,660	3,800
4d Sed	156	468	780	1,560	2,730	3,900
1986 Caravelle						
4d Sed	168	504	840	1,680	2,940	4,200
1986 Grand Fury						
4d Salon Sed	188	564	940	1,880	3,290	4,700
NOTE: Add 10 percent for deluxe models. Deduct 5 percent for smaller engines.						
1987 Colt, 4-cyl.						
4d Sed E	168	504	840	1,680	2,940	4,200
2d HBk E	164	492	820	1,640	2,870	4,100
4d Sed DL	172	516	860	1,720	3,010	4,300
2d HBk DL	168	504	840	1,680	2,940	4,200
4d Sed Premier	176	528	880	1,760	3,080	4,400
4d Vista Sta Wag	188	564	940	1,880	3,290	4,700
4d Vista Sta Wag 4WD	228	684	1,140	2,280	3,990	5,700
1987 Horizon, 4-cyl.						
4d HBk	168	504	840	1,680	2,940	4,200
1987 Turismo, 4-cyl.						
2d HBk	180	540	900	1,800	3,150	4,500
1987 Sundance, 4-cyl.						
2d LBk	172	516	860	1,720	3,010	4,300
4d LBk	176	528	880	1,760	3,080	4,400
NOTE: Add 5 percent for 2.2 Turbo.						
1987 Reliant, 4-cyl.						
2d Sed	168	504	840	1,680	2,940	4,200
4d Sed	172	516	860	1,720	3,010	4,300
2d Sed LE	172	516	860	1,720	3,010	4,300
4d Sed LE	176	528	880	1,760	3,080	4,400
4d Sta Wag LE	176	528	880	1,760	3,080	4,400
1987 Caravelle, 4-cyl.						
4d Sed	180	540	900	1,800	3,150	4,500
4d Sed SE	184	552	920	1,840	3,220	4,600
NOTE: Add 5 percent for 2.2 Turbo.						
1987 Grand Fury, V-8						
4d Sed	220	660	1,100	2,200	3,850	5,500
1988 Colt, 4-cyl.						
3d HBk	88	264	440	880	1,540	2,200
4d Sed E	112	336	560	1,120	1,960	2,800
3d HBk E	104	312	520	1,040	1,820	2,600
4d Sed DL	116	348	580	1,160	2,030	2,900
3d HBk DL	112	336	560	1,120	1,960	2,800
4d Sta Wag DL	120	360	600	1,200	2,100	3,000
4d Sed Premier	140	420	700	1,400	2,450	3,500
4d Sta Wag Vista	160	480	800	1,600	2,800	4,000
4d Sta Wag Vista 4x4	200	600	1,000	2,000	3,500	5,000
1988 Horizon, 4-cyl.						
4d HBk	112	336	560	1,120	1,960	2,800
1988 Reliant, 4-cyl.						
2d Sed	112	336	560	1,120	1,960	2,800
4d Sed	116	348	580	1,160	2,030	2,900
4d Sta Wag	132	396	660	1,320	2,310	3,300
1988 Sundance, 4-cyl.						
2d HBk	128	384	640	1,280	2,240	3,200
4d HBk	136	408	680	1,360	2,380	3,400
1988 Caravelle, 4-cyl.						
4d Sed	140	420	700	1,400	2,450	3,500
4d Sed SE	156	468	780	1,560	2,730	3,900
1988 Gran Fury, V-8						
4d Salon	152	456	760	1,520	2,660	3,800
4d SE	168	504	840	1,680	2,940	4,200
1989 Colt, 4-cyl.						
2d HBk	152	456	760	1,520	2,660	3,800
2d HBk E	156	468	780	1,560	2,730	3,900
2d HBk GT	164	492	820	1,640	2,870	4,100
4d Sta Wag DL	200	600	1,000	2,000	3,500	5,000
4d Sta Wag DL 4x4	216	648	1,080	2,160	3,780	5,400
4d Sta Wag Vista	208	624	1,040	2,080	3,640	5,200
4d Sta Wag Vista 4x4	224	672	1,120	2,240	3,920	5,600
1989 Horizon, 4-cyl.						
4d HBk	144	432	720	1,440	2,520	3,600

	6	5	4	3	2	1
1989 Reliant, 4-cyl.						
4d Sed	140	420	700	1,400	2,450	3,500
2d Sed	136	408	680	1,360	2,380	3,400
1989 Sundance, 4-cyl.						
4d HBk	168	504	840	1,680	2,940	4,200
2d HBk	164	492	820	1,640	2,870	4,100
1989 Acclaim, 4-cyl.						
4d Sed	208	624	1,040	2,080	3,640	5,200
4d Sed LE	212	636	1,060	2,120	3,710	5,300
1989 Gran Fury, V-8						
4d Sed Salon	216	648	1,080	2,160	3,780	5,400
1990 Colt, 4-cyl.						
2d HBk	152	456	760	1,520	2,660	3,800
2d HBk GL	160	480	800	1,600	2,800	4,000
2d HBk GT	168	504	840	1,680	2,940	4,200
4d Sta Wag DL	184	552	920	1,840	3,220	4,600
4d Sta Wag DL 4x4	220	660	1,100	2,200	3,850	5,500
4d Vista	208	624	1,040	2,080	3,640	5,200
4d Vista 4x4	248	744	1,240	2,480	4,340	6,200
1990 Horizon, 4-cyl.						
4d HBk	140	420	700	1,400	2,450	3,500
1990 Sundance, 4-cyl.						
2d HBk	168	504	840	1,680	2,940	4,200
4d HBk	164	492	820	1,640	2,870	4,100
1990 Laser, 4-cyl.						
2d HBk	200	600	1,000	2,000	3,500	5,000
2d HBk RS	220	660	1,100	2,200	3,850	5,500
2d HBk Turbo RS	240	720	1,200	2,400	4,200	6,000
1990 Acclaim 4-cyl.						
4d Sed	160	480	800	1,600	2,800	4,000
4d Sed LE	180	540	900	1,800	3,150	4,500
1990 V-6						
4d Sed	176	528	880	1,760	3,080	4,400
4d Sed LE	200	600	1,000	2,000	3,500	5,000
4d Sed LX	220	660	1,100	2,200	3,850	5,500
1991 Colt, 4-cyl.						
2d HBk	120	360	600	1,200	2,100	3,000
2d HBk GL	140	420	700	1,400	2,450	3,500
1991 Sundance, 4-cyl.						
2d HBk America	140	420	700	1,400	2,450	3,500
4d HBk America	140	420	700	1,400	2,450	3,500
2d HBk	148	444	740	1,480	2,590	3,700
4d HBk	148	444	740	1,480	2,590	3,700
2d HBk RS	168	504	840	1,680	2,940	4,200
4d HBk RS	168	504	840	1,680	2,940	4,200
1991 Laser, 4-cyl.						
2d HBk	180	540	900	1,800	3,150	4,500
2d HBk RS	184	552	920	1,840	3,220	4,600
2d HBk Turbo RS	192	576	960	1,920	3,360	4,800
1991 Acclaim, 4-cyl.						
4d Sed	160	480	800	1,600	2,800	4,000
4d Sed LE	172	516	860	1,720	3,010	4,300
1991 V-6						
4d Sed	172	516	860	1,720	3,010	4,300
4d Sed LE	184	552	920	1,840	3,220	4,600
4d LX Sed	192	576	960	1,920	3,360	4,800
1992 Colt, 4-cyl.						
2d HBk	144	432	720	1,440	2,520	3,600
2d GL HBk	160	480	800	1,600	2,800	4,000
3d Sta Wag	180	540	900	1,800	3,150	4,500
3d SE Sta Wag	184	552	920	1,840	3,220	4,600
3d Sta Wag 4x4	220	660	1,100	2,200	3,850	5,500
1992 Sundance, 4-cyl. & V-6						
4d HBk America	160	480	800	1,600	2,800	4,000
2d HBk America	160	480	800	1,600	2,800	4,000
4d HBk	168	504	840	1,680	2,940	4,200
2d HBk	168	504	840	1,680	2,940	4,200
4d Duster HBk, V-6	200	600	1,000	2,000	3,500	5,000
2d Duster HBk, V-6	200	600	1,000	2,000	3,500	5,000
1992 Laser, 4-cyl.						
2d HBk	200	600	1,000	2,000	3,500	5,000
2d RS HBk	220	660	1,100	2,200	3,850	5,500
2d RS HBk Turbo	240	720	1,200	2,400	4,200	6,000
2d RS HBk Turbo 4x4	300	900	1,500	3,000	5,250	7,500

	6	5	4	3	2	1
1992 Acclaim, 4-cyl. & V-6						
4d Sed	200	600	1,000	2,000	3,500	5,000
4d Sed, V-6	220	660	1,100	2,200	3,850	5,500
1993 Colt, 4-cyl.						
2d Sed	152	456	760	1,520	2,660	3,800
2d GL Sed	156	468	780	1,560	2,730	3,900
4d Sed	152	456	760	1,520	2,660	3,800
4d GL Sed	156	468	780	1,560	2,730	3,900
3d Vista	182	546	910	1,820	3,185	4,550
3d SE Vista	184	552	920	1,840	3,220	4,600
3d Vista 4x4	224	672	1,120	2,240	3,920	5,600
1993 Sundance						
2d, 4-cyl.	184	552	920	1,840	3,220	4,600
2d Duster HBk, V-6	164	492	820	1,640	2,870	4,100
4d HBk, 4-cyl.	160	480	800	1,600	2,800	4,000
4d Duster HBk, V-6	164	492	820	1,640	2,870	4,100
1993 Laser						
2d HBk	224	672	1,120	2,240	3,920	5,600
2d RS HBk	204	612	1,020	2,040	3,570	5,100
2d HBk Turbo	212	636	1,060	2,120	3,710	5,300
2d HBk, 4x4	260	780	1,300	2,600	4,550	6,500
1993 Acclaim						
4d Sed, 4-cyl.	208	624	1,040	2,080	3,640	5,200
4d Sed, V-6	216	648	1,080	2,160	3,780	5,400
1994 Sundance, 4-cyl.						
2d HBk	192	576	960	1,920	3,360	4,800
4d HBk	196	588	980	1,960	3,430	4,900
1994 Duster, V-6						
2d HBk	200	600	1,000	2,000	3,500	5,000
4d HBk	204	612	1,020	2,040	3,570	5,100
1994 Laser						
2d HBk	220	660	1,100	2,200	3,850	5,500
2d HBk RS	240	720	1,200	2,400	4,200	6,000
2d HBk RS Turbo	260	780	1,300	2,600	4,550	6,500
2d HBk RS Turbo 4x4	300	900	1,500	3,000	5,250	7,500
1994 Acclaim						
4d Sed, 4-cyl.	200	600	1,000	2,000	3,500	5,000
4d Sed, V-6	220	660	1,100	2,200	3,850	5,500

PONTIAC

1926 Model 6-27, 6-cyl.						
2d Cpe	740	2,220	3,700	7,400	12,950	18,500
2d Sed	700	2,100	3,500	7,000	12,250	17,500
1927 Model 6-27, 6-cyl.						
2d Spt Rds	880	2,640	4,400	8,800	15,400	22,000
2d Spt Cabr	840	2,520	4,200	8,400	14,700	21,000
2d Cpe	680	2,040	3,400	6,800	11,900	17,000
2d DeL Cpe	700	2,100	3,500	7,000	12,250	17,500
2d Sed	640	1,920	3,200	6,400	11,200	16,000
4d Lan Sed	680	2,040	3,400	6,800	11,900	17,000
1928 Model 6-28, 6-cyl.						
2d Rds	880	2,640	4,400	8,800	15,400	22,000
2d Cabr	840	2,520	4,200	8,400	14,700	21,000
4d Phae	840	2,520	4,200	8,400	14,700	21,000
2d Sed	600	1,800	3,000	6,000	10,500	15,000
4d Sed	580	1,740	2,900	5,800	10,150	14,500
4d Trs	620	1,860	3,100	6,200	10,850	15,500
2d Cpe	660	1,980	3,300	6,600	11,550	16,500
2d Spt Cpe	700	2,100	3,500	7,000	12,250	17,500
4d Lan Sed	720	2,160	3,600	7,200	12,600	18,000
1929 Model 6-29A, 6-cyl.						
2d Rds	1,000	3,000	5,000	10,000	17,500	25,000
4d Phae	980	2,940	4,900	9,800	17,150	24,500
2d Conv	640	1,920	3,200	6,400	11,200	16,000
2d Cpe	660	1,980	3,300	6,600	11,550	16,500
2d Sed	600	1,800	3,000	6,000	10,500	15,000
4d Sed	600	1,800	3,000	6,000	10,500	15,000
4d Spt Lan Sed	620	1,860	3,100	6,200	10,850	15,500
NOTE: Add 5 percent for horizontal louvers on early year cars.						
1930 Model 6-30B, 6-cyl.						
2d Spt Rds	960	2,880	4,800	9,600	16,800	24,000
4d Phae	940	2,820	4,700	9,400	16,450	23,500
2d Cpe	600	1,800	3,000	6,000	10,500	15,000
2d Spt Cpe	620	1,860	3,100	6,200	10,850	15,500

	6	5	4	3	2	1
2d Sed	560	1,680	2,800	5,600	9,800	14,000
4d Sed	560	1,680	2,800	5,600	9,800	14,000
4d Cus Sed	580	1,740	2,900	5,800	10,150	14,500
1931 Model 401, 6-cyl.						
2d Conv	1,000	3,000	5,000	10,000	17,500	25,000
2P Cpe	700	2,100	3,500	7,000	12,250	17,500
2d Spt Cpe	720	2,160	3,600	7,200	12,600	18,000
2d Sed	608	1,824	3,040	6,080	10,640	15,200
4d Sed	620	1,860	3,100	6,200	10,850	15,500
4d Cus Sed	640	1,920	3,200	6,400	11,200	16,000
1932 Model 402, 6-cyl.						
2d Conv	1,160	3,480	5,800	11,600	20,300	29,000
2d Cpe	740	2,220	3,700	7,400	12,950	18,500
2d RS Cpe	760	2,280	3,800	7,600	13,300	19,000
2d Sed	620	1,860	3,100	6,200	10,850	15,500
4d Cus Sed	640	1,920	3,200	6,400	11,200	16,000
1932 Model 302, V-8						
2d Conv	1,280	3,840	6,400	12,800	22,400	32,000
2d Cpe	820	2,460	4,100	8,200	14,350	20,500
2d Spt Cpe	840	2,520	4,200	8,400	14,700	21,000
2d Sed	660	1,980	3,300	6,600	11,550	16,500
4d Sed	680	2,040	3,400	6,800	11,900	17,000
4d Cus Sed	720	2,160	3,600	7,200	12,600	18,000
1933 Model 601, 8-cyl.						
2d Rds	1,080	3,240	5,400	10,800	18,900	27,000
2d Conv	1,000	3,000	5,000	10,000	17,500	25,000
2d Cpe	720	2,160	3,600	7,200	12,600	18,000
2d Spt Cpe	760	2,280	3,800	7,600	13,300	19,000
2d Sed	620	1,860	3,100	6,200	10,850	15,500
2d Trg Sed	628	1,884	3,140	6,280	10,990	15,700
4d Sed	640	1,920	3,200	6,400	11,200	16,000
1934 Model 603, 8-cyl.						
2d Conv	960	2,880	4,800	9,600	16,800	24,000
2d Cpe	760	2,280	3,800	7,600	13,300	19,000
2d Spt Cpe	780	2,340	3,900	7,800	13,650	19,500
2d Sed	580	1,740	2,900	5,800	10,150	14,500
2d Trg Sed	600	1,800	3,000	6,000	10,500	15,000
4d Sed	596	1,788	2,980	5,960	10,430	14,900
4d Trg Sed	600	1,800	3,000	6,000	10,500	15,000
1935 Master Series 701, 6-cyl.						
2d Cpe	640	1,920	3,200	6,400	11,200	16,000
2d Sed	536	1,608	2,680	5,360	9,380	13,400
2d Trg Sed	540	1,620	2,700	5,400	9,450	13,500
4d Sed	560	1,680	2,800	5,600	9,800	14,000
4d Trg Sed	580	1,740	2,900	5,800	10,150	14,500
1935 DeLuxe Series 701, 6-cyl.						
2d Cpe	660	1,980	3,300	6,600	11,550	16,500
2d Spt Cpe	680	2,040	3,400	6,800	11,900	17,000
2d Cabr	800	2,400	4,000	8,000	14,000	20,000
2d Sed	540	1,620	2,700	5,400	9,450	13,500
2d Trg Sed	544	1,632	2,720	5,440	9,520	13,600
4d Sed	548	1,644	2,740	5,480	9,590	13,700
4d Trg Sed	560	1,680	2,800	5,600	9,800	14,000
1935 Series 605, 8-cyl.						
2d Cpe	680	2,040	3,400	6,800	11,900	17,000
2d Spt Cpe	700	2,100	3,500	7,000	12,250	17,500
2d Cabr	960	2,880	4,800	9,600	16,800	24,000
2d Sed	544	1,632	2,720	5,440	9,520	13,600
2d Trg Sed	560	1,680	2,800	5,600	9,800	14,000
4d Sed	600	1,800	3,000	6,000	10,500	15,000
4d Trg Sed	620	1,860	3,100	6,200	10,850	15,500
1936 DeLuxe Series Silver Streak, 6-cyl.						
2d Cpe	700	2,100	3,500	7,000	12,250	17,500
2d Spt Cpe	720	2,160	3,600	7,200	12,600	18,000
2d Cabr	1,000	3,000	5,000	10,000	17,500	25,000
2d Sed	536	1,608	2,680	5,360	9,380	13,400
2d Trg Sed	544	1,632	2,720	5,440	9,520	13,600
4d Sed	548	1,644	2,740	5,480	9,590	13,700
4d Trg Sed	560	1,680	2,800	5,600	9,800	14,000
1936 DeLuxe Series Silver Streak, 8-cyl.						
2d Cpe	720	2,160	3,600	7,200	12,600	18,000
2d Spt Cpe	740	2,220	3,700	7,400	12,950	18,500
2d Cabr	920	2,760	4,600	9,200	16,100	23,000
2d Sed	560	1,680	2,800	5,600	9,800	14,000
2d Trg Sed	568	1,704	2,840	5,680	9,940	14,200
4d Sed	564	1,692	2,820	5,640	9,870	14,100
4d Trg Sed	572	1,716	2,860	5,720	10,010	14,300

	6	5	4	3	2	1
1937-1938 DeLuxe Model 6DA, 6-cyl.						
2d Conv	1,240	3,720	6,200	12,400	21,700	31,000
4d Conv Sed	1,280	3,840	6,400	12,800	22,400	32,000
2d Bus Cpe	680	2,040	3,400	6,800	11,900	17,000
2d Spt Cpe	720	2,160	3,600	7,200	12,600	18,000
2d Sed	536	1,608	2,680	5,360	9,380	13,400
2d Trg Sed	540	1,620	2,700	5,400	9,450	13,500
4d Sed	560	1,680	2,800	5,600	9,800	14,000
4d Trg Sed	564	1,692	2,820	5,640	9,870	14,100
4d Sta Wag	1,280	3,840	6,400	12,800	22,400	32,000
1937-1938 DeLuxe Model 8DA, 8-cyl.						
2d Conv	1,320	3,960	6,600	13,200	23,100	33,000
4d Conv Sed	1,360	4,080	6,800	13,600	23,800	34,000
2d Bus Cpe	740	2,220	3,700	7,400	12,950	18,500
2d Spt Cpe	760	2,280	3,800	7,600	13,300	19,000
2d Sed	580	1,740	2,900	5,800	10,150	14,500
2d Trg Sed	584	1,752	2,920	5,840	10,220	14,600
4d Sed	584	1,752	2,920	5,840	10,220	14,600
4d Trg Sed	588	1,764	2,940	5,880	10,290	14,700
1939 Special Series 25, 6-cyl.						
2d Bus Cpe	680	2,040	3,400	6,800	11,900	17,000
2d Spt Cpe	720	2,160	3,600	7,200	12,600	18,000
2d Trg Sed	600	1,800	3,000	6,000	10,500	15,000
4d Trg Sed	600	1,800	3,000	6,000	10,500	15,000
4d Sta Wag	1,280	3,840	6,400	12,800	22,400	32,000
1939 DeLuxe Series 26, 6-cyl.						
2d Conv	1,160	3,480	5,800	11,600	20,300	29,000
2d Bus Cpe	700	2,100	3,500	7,000	12,250	17,500
2d Spt Cpe	740	2,220	3,700	7,400	12,950	18,500
2d Sed	600	1,800	3,000	6,000	10,500	15,000
4d Sed	604	1,812	3,020	6,040	10,570	15,100
1939 DeLuxe Series 28, 8-cyl.						
2d Conv	1,240	3,720	6,200	12,400	21,700	31,000
2d Bus Cpe	720	2,160	3,600	7,200	12,600	18,000
2d Spt Cpe	760	2,280	3,800	7,600	13,300	19,000
2d Sed	620	1,860	3,100	6,200	10,850	15,500
4d Trg Sed	624	1,872	3,120	6,240	10,920	15,600
1940 Special Series 25, 6-cyl., 117" wb						
2d Bus Cpe	680	2,040	3,400	6,800	11,900	17,000
2d Spt Cpe	720	2,160	3,600	7,200	12,600	18,000
2d Sed	576	1,728	2,880	5,760	10,080	14,400
4d Sed	580	1,740	2,900	5,800	10,150	14,500
4d Sta Wag	1,200	3,600	6,000	12,000	21,000	30,000
1940 DeLuxe Series 26, 6-cyl., 120" wb						
2d Conv	1,200	3,600	6,000	12,000	21,000	30,000
2d Bus Cpe	700	2,100	3,500	7,000	12,250	17,500
2d Spt Cpe	740	2,220	3,700	7,400	12,950	18,500
2d Sed	560	1,680	2,800	5,600	9,800	14,000
4d Sed	588	1,764	2,940	5,880	10,290	14,700
1940 DeLuxe Series 28, 8-cyl., 120" wb						
2d Conv	1,240	3,720	6,200	12,400	21,700	31,000
2d Bus Cpe	720	2,160	3,600	7,200	12,600	18,000
2d Spt Cpe	760	2,280	3,800	7,600	13,300	19,000
2d Sed	588	1,764	2,940	5,880	10,290	14,700
4d Sed	592	1,776	2,960	5,920	10,360	14,800
1940 Torpedo Series 29, 8-cyl., 122" wb						
2d Spt Cpe	780	2,340	3,900	7,800	13,650	19,500
4d Sed	700	2,100	3,500	7,000	12,250	17,500
1941 DeLuxe Torpedo, 8-cyl.						
2d Bus Cpe	660	1,980	3,300	6,600	11,550	16,500
2d Spt Cpe	680	2,040	3,400	6,800	11,900	17,000
2d Conv	1,240	3,720	6,200	12,400	21,700	31,000
2d Sed	576	1,728	2,880	5,760	10,080	14,400
4d 4W Sed	584	1,752	2,920	5,840	10,220	14,600
4d 6W Sed	580	1,740	2,900	5,800	10,150	14,500
1941 Streamliner, 8-cyl.						
2d Cpe	700	2,100	3,500	7,000	12,250	17,500
4d Sed	640	1,920	3,200	6,400	11,200	16,000
1941 Super Streamliner, 8-cyl.						
2d Cpe	760	2,280	3,800	7,600	13,300	19,000
4d Sed	700	2,100	3,500	7,000	12,250	17,500
1941 Custom, 8-cyl.						
2d Spt Cpe	840	2,520	4,200	8,400	14,700	21,000
4d Sed	780	2,340	3,900	7,800	13,650	19,500
4d Sta Wag	1,280	3,840	6,400	12,800	22,400	32,000
4d DeL Sta Wag	1,320	3,960	6,600	13,200	23,100	33,000

NOTE: Deduct 10 percent for 6-cyl. models.

	6	5	4	3	2	1
1942 Torpedo, 8-cyl.						
2d Conv	1,200	3,600	6,000	12,000	21,000	30,000
2d Bus Cpe	640	1,920	3,200	6,400	11,200	16,000
2d Spt Cpe	660	1,980	3,300	6,600	11,550	16,500
2d 5P Cpe	680	2,040	3,400	6,800	11,900	17,000
2d Sed	580	1,740	2,900	5,800	10,150	14,500
4d Sed	576	1,728	2,880	5,760	10,080	14,400
4d Metro Sed	592	1,776	2,960	5,920	10,360	14,800
1942 Streamliner, 8-cyl.						
2d Cpe	680	2,040	3,400	6,800	11,900	17,000
4d Sed	620	1,860	3,100	6,200	10,850	15,500
4d Sta Wag	1,200	3,600	6,000	12,000	21,000	30,000
1942 Chieftain, 8-cyl.						
2d Cpe	700	2,100	3,500	7,000	12,250	17,500
4d Sed	628	1,884	3,140	6,280	10,990	15,700
4d Sta Wag	1,240	3,720	6,200	12,400	21,700	31,000
NOTE: Deduct 10 percent for 6-cyl. models.						
1946 Torpedo, 8-cyl.						
2d Conv	1,160	3,480	5,800	11,600	20,300	29,000
2d Bus Cpe	680	2,040	3,400	6,800	11,900	17,000
2d Spt Cpe	700	2,100	3,500	7,000	12,250	17,500
2d 5P Cpe	720	2,160	3,600	7,200	12,600	18,000
2d Sed	620	1,860	3,100	6,200	10,850	15,500
4d Sed	624	1,872	3,120	6,240	10,920	15,600
1946 Streamliner, 8-cyl.						
5P Cpe	760	2,280	3,800	7,600	13,300	19,000
4d Sed	632	1,896	3,160	6,320	11,060	15,800
4d Sta Wag	1,240	3,720	6,200	12,400	21,700	31,000
4d DeL Sta Wag	1,280	3,840	6,400	12,800	22,400	32,000
NOTE: Deduct 5 percent for 6-cyl. models.						
1947 Torpedo, 8-cyl.						
2d Conv	1,200	3,600	6,000	12,000	21,000	30,000
2d DeL Conv	1,220	3,660	6,100	12,200	21,350	30,500
2d Bus Cpe	720	2,160	3,600	7,200	12,600	18,000
2d Spt Cpe	740	2,220	3,700	7,400	12,950	18,500
2d 5P Cpe	740	2,220	3,700	7,400	12,950	18,500
2d Sed	620	1,860	3,100	6,200	10,850	15,500
4d Sed	664	1,992	3,320	6,640	11,620	16,600
1947 Streamliner, 8-cyl.						
2d Cpe	760	2,280	3,800	7,600	13,300	19,000
4d Sed	680	2,040	3,400	6,800	11,900	17,000
4d Sta Wag	1,240	3,720	6,200	12,400	21,700	31,000
4d DeL Sta Wag	1,280	3,840	6,400	12,800	22,400	32,000
NOTE: Deduct 5 percent for 6-cyl. models.						
1948 Torpedo, 8-cyl.						
2d Bus Cpe	700	2,100	3,500	7,000	12,250	17,500
2d Spt Cpe	720	2,160	3,600	7,200	12,600	18,000
2d 5P Cpe	740	2,220	3,700	7,400	12,950	18,500
2d Sed	620	1,860	3,100	6,200	10,850	15,500
4d Sed	600	1,800	3,000	6,000	10,500	15,000
1948 DeLuxe Torpedo, 8-cyl.						
2d Conv	1,200	3,600	6,000	12,000	21,000	30,000
2d Spt Cpe	740	2,220	3,700	7,400	12,950	18,500
2d 5P Cpe	760	2,280	3,800	7,600	13,300	19,000
4d Sed	668	2,004	3,340	6,680	11,690	16,700
1948 DeLuxe Streamliner, 8-cyl.						
2d Cpe	760	2,280	3,800	7,600	13,300	19,000
4d Sed	680	2,040	3,400	6,800	11,900	17,000
4d Sta Wag	1,280	3,840	6,400	12,800	22,400	32,000
NOTE: Deduct 5 percent for 6-cyl. models.						
1949-1950 Streamliner, 8-cyl.						
2d Cpe Sed	568	1,704	2,840	5,680	9,940	14,200
4d Sed	564	1,692	2,820	5,640	9,870	14,100
4d Sta Wag	620	1,860	3,100	6,200	10,850	15,500
4d Wood Sta Wag ('49 only)	720	2,160	3,600	7,200	12,600	18,000
1949-1950 Streamliner DeLuxe, 8-cyl.						
4d Sed	572	1,716	2,860	5,720	10,010	14,300
2d Cpe Sed	576	1,728	2,880	5,760	10,080	14,400
4d Stl Sta Wag	600	1,800	3,000	6,000	10,500	15,000
4d Woodie (1949 only)	800	2,400	4,000	8,000	14,000	20,000
2d Sed Dely	720	2,160	3,600	7,200	12,600	18,000
1949-1950 Chieftain, 8-cyl.						
4d Sed	576	1,728	2,880	5,760	10,080	14,400
2d Sed	568	1,704	2,840	5,680	9,940	14,200

	6	5	4	3	2	1
2d Cpe Sed	584	1,752	2,920	5,840	10,220	14,600
2d Bus Cpe	620	1,860	3,100	6,200	10,850	15,500
1949-1950 Chieftain DeLuxe, 8-cyl.						
4d Sed	580	1,740	2,900	5,800	10,150	14,500
2d Sed	572	1,716	2,860	5,720	10,010	14,300
2d Bus Cpe (1949 only)	660	1,980	3,300	6,600	11,550	16,500
2d HT (1950 only)	780	2,340	3,900	7,800	13,650	19,500
2d Cpe Sed	588	1,764	2,940	5,880	10,290	14,700
2d Sup HT (1950 only)	840	2,520	4,200	8,400	14,700	21,000
2d Conv	1,180	3,540	5,900	11,800	20,650	29,500
NOTE: Deduct 5 percent for 6-cyl. models.						
1951-1952 Streamliner, 8-cyl. (1951 only)						
2d Cpe Sed	572	1,716	2,860	5,720	10,010	14,300
4d Sta Wag	620	1,860	3,100	6,200	10,850	15,500
1951-1952 Streamliner DeLuxe, 8-cyl. (1951 only)						
2d Cpe Sed	580	1,740	2,900	5,800	10,150	14,500
4d Sta Wag	640	1,920	3,200	6,400	11,200	16,000
2d Sed Dely	700	2,100	3,500	7,000	12,250	17,500
1951-1952 Chieftain, 8-cyl.						
4d Sed	580	1,740	2,900	5,800	10,150	14,500
2d Sed	572	1,716	2,860	5,720	10,010	14,300
2d Cpe Sed	584	1,752	2,920	5,840	10,220	14,600
2d Bus Cpe	620	1,860	3,100	6,200	10,850	15,500
1951-1952 Chieftain DeLuxe, 8-cyl.						
4d Sed	584	1,752	2,920	5,840	10,220	14,600
2d Sed	580	1,740	2,900	5,800	10,150	14,500
2d Cpe Sed	600	1,800	3,000	6,000	10,500	15,000
2d HT	860	2,580	4,300	8,600	15,050	21,500
2d HT Sup	900	2,700	4,500	9,000	15,750	22,500
2d Conv	1,200	3,600	6,000	12,000	21,000	30,000
NOTE: Deduct 5 percent for 6-cyl. models.						
1953 Chieftain, 8-cyl., 122" wb						
4d Sed	584	1,752	2,920	5,840	10,220	14,600
2d Sed	580	1,740	2,900	5,800	10,150	14,500
4d Paint Sta Wag	620	1,860	3,100	6,200	10,850	15,500
4d Woodgrain Sta Wag	640	1,920	3,200	6,400	11,200	16,000
2d Sed Dely	800	2,400	4,000	8,000	14,000	20,000
1953 Chieftain DeLuxe, 8-cyl.						
4d Sed	588	1,764	2,940	5,880	10,290	14,700
2d Sed	584	1,752	2,920	5,840	10,220	14,600
2d HT	840	2,520	4,200	8,400	14,700	21,000
2d Conv	1,160	3,480	5,800	11,600	20,300	29,000
4d Mtl Sta Wag	600	1,800	3,000	6,000	10,500	15,000
4d Sim W Sta Wag	640	1,920	3,200	6,400	11,200	16,000
1953 Custom Catalina, 8-cyl.						
2d HT	860	2,580	4,300	8,600	15,050	21,500
NOTE: Deduct 5 percent for 6-cyl. models.						
1954 Chieftain, 8-cyl., 122" wb						
4d Sed	592	1,776	2,960	5,920	10,360	14,800
2d Sed	588	1,764	2,940	5,880	10,290	14,700
4d Sta Wag	640	1,920	3,200	6,400	11,200	16,000
1954 Chieftain DeLuxe, 8-cyl.						
4d Sed	600	1,800	3,000	6,000	10,500	15,000
2d Sed	592	1,776	2,960	5,920	10,360	14,800
2d HT	840	2,520	4,200	8,400	14,700	21,000
4d Sta Wag	660	1,980	3,300	6,600	11,550	16,500
1954 Custom Catalina, 8-cyl.						
2d HT	920	2,760	4,600	9,200	16,100	23,000
1954 Star Chief DeLuxe, 8-cyl.						
4d Sed	640	1,920	3,200	6,400	11,200	16,000
2d Conv	1,180	3,540	5,900	11,800	20,650	29,500
1954 Star Custom Chief, 8-cyl.						
4d Sed	680	2,040	3,400	6,800	11,900	17,000
1954 Star Chief Custom Catalina						
2d HT	960	2,880	4,800	9,600	16,800	24,000
NOTE: Deduct 5 percent for 6-cyl. models.						
1955 Chieftain 860, V-8						
4d Sed	560	1,680	2,800	5,600	9,800	14,000
2d Sed	564	1,692	2,820	5,640	9,870	14,100
2d Sta Wag	640	1,920	3,200	6,400	11,200	16,000
4d Sta Wag	620	1,860	3,100	6,200	10,850	15,500
1955 Chieftain 870, V-8, 122" wb						
4d Sed	580	1,740	2,900	5,800	10,150	14,500
2d Sed	584	1,752	2,920	5,840	10,220	14,600

	6	5	4	3	2	1
2d HT	1,000	3,000	5,000	10,000	17,500	25,000
4d Sta Wag	640	1,920	3,200	6,400	11,200	16,000
1955 Star Chief Custom Safari, 122" wb						
2d Sta Wag	1,000	3,000	5,000	10,000	17,500	25,000
1955 Star Chief, V-8, 124" wb						
4d Sed	620	1,860	3,100	6,200	10,850	15,500
2d Conv	1,440	4,320	7,200	14,400	25,200	36,000
1955 Star Chief Custom, V-8, 124" wb						
4d Sed	660	1,980	3,300	6,600	11,550	16,500
1955 Custom Catalina						
2d HT	1,080	3,240	5,400	10,800	18,900	27,000
1956 Chieftain 860, V-8, 122" wb						
4d Sed	560	1,680	2,800	5,600	9,800	14,000
4d HT	600	1,800	3,000	6,000	10,500	15,000
2d Sed	560	1,680	2,800	5,600	9,800	14,000
2d HT	1,000	3,000	5,000	10,000	17,500	25,000
2d Sta Wag	680	2,040	3,400	6,800	11,900	17,000
4d Sta Wag	660	1,980	3,300	6,600	11,550	16,500
1956 Chieftain 870, V-8, 122" wb						
4d Sed	572	1,716	2,860	5,720	10,010	14,300
4d HT	640	1,920	3,200	6,400	11,200	16,000
2d HT	920	2,760	4,600	9,200	16,100	23,000
4d Sta Wag	1,040	3,120	5,200	10,400	18,200	26,000
1956 Star Chief Custom Safari, V-8, 122" wb						
2d Sta Wag	1,040	3,120	5,200	10,400	18,200	26,000
1956 Star Chief, V-8, 124" wb						
4d Sed	600	1,800	3,000	6,000	10,500	15,000
2d Conv	1,560	4,680	7,800	15,600	27,300	39,000
1956 Star Chief Custom Catalina, V-8, 124" wb						
4d HT	720	2,160	3,600	7,200	12,600	18,000
2d HT	1,160	3,480	5,800	11,600	20,300	29,000
1957 Chieftain, V-8, 122" wb						
4d Sed	560	1,680	2,800	5,600	9,800	14,000
4d HT	600	1,800	3,000	6,000	10,500	15,000
2d Sed	588	1,764	2,940	5,880	10,290	14,700
2d HT	1,040	3,120	5,200	10,400	18,200	26,000
4d Sta Wag	640	1,920	3,200	6,400	11,200	16,000
2d Sta Wag	660	1,980	3,300	6,600	11,550	16,500
1957 Super Chief, V-8, 122" wb						
4d Sed	600	1,800	3,000	6,000	10,500	15,000
4d HT	680	2,040	3,400	6,800	11,900	17,000
2d HT	1,120	3,360	5,600	11,200	19,600	28,000
4d Sta Wag	680	2,040	3,400	6,800	11,900	17,000
1957 Star Chief Custom Safari, V-8, 122" wb						
4d Sta Wag	960	2,880	4,800	9,600	16,800	24,000
2d Sta Wag	1,080	3,240	5,400	10,800	18,900	27,000
1957 Star Chief, V-8, 124" wb						
4d Sed	640	1,920	3,200	6,400	11,200	16,000
2d Conv	1,480	4,440	7,400	14,800	25,900	37,000
2d Bonneville Conv*	2,560	7,680	12,800	25,600	44,800	64,000
1957 Star Chief Custom, V-8, 124" wb						
4d Sed	660	1,980	3,300	6,600	11,550	16,500
4d HT	800	2,400	4,000	8,000	14,000	20,000
2d HT	1,200	3,600	6,000	12,000	21,000	30,000

*Available on one-to-a-dealer basis.

	6	5	4	3	2	1
1958 Chieftain, V-8, 122" wb						
4d Sed	324	972	1,620	3,240	5,670	8,100
4d HT	580	1,740	2,900	5,800	10,150	14,500
2d Sed	520	1,560	2,600	5,200	9,100	13,000
2d HT	760	2,280	3,800	7,600	13,300	19,000
2d Conv	1,240	3,720	6,200	12,400	21,700	31,000
4d 9P Safari	600	1,800	3,000	6,000	10,500	15,000
1958 Super-Chief, V-8, 122" wb						
4d Sed	344	1,032	1,720	3,440	6,020	8,600
4d HT	640	1,920	3,200	6,400	11,200	16,000
2d HT	800	2,400	4,000	8,000	14,000	20,000
1958 Star Chief, V-8, 124" wb						
4d Cus Sed	520	1,560	2,600	5,200	9,100	13,000
4d HT	680	2,040	3,400	6,800	11,900	17,000
2d HT	920	2,760	4,600	9,200	16,100	23,000
4d Cus Safari	720	2,160	3,600	7,200	12,600	18,000
1958 Bonneville, V-8, 122" wb						
2d HT	1,360	4,080	6,800	13,600	23,800	34,000
2d Conv	2,160	6,480	10,800	21,600	37,800	54,000

	6	5	4	3	2	1
NOTE: Add 20 percent for fuel-injection Bonneville.						
1959 Catalina, V-8, 122" wb						
4d Sed	320	960	1,600	3,200	5,600	8,000
4d HT	520	1,560	2,600	5,200	9,100	13,000
2d Sed	300	900	1,500	3,000	5,250	7,500
2d HT	720	2,160	3,600	7,200	12,600	18,000
2d Conv	1,040	3,120	5,200	10,400	18,200	26,000
1959 Safari, V-8, 124" wb						
4d 6P Sta Wag	560	1,680	2,800	5,600	9,800	14,000
4d 9P Sta Wag	568	1,704	2,840	5,680	9,940	14,200
1959 Star Chief, V-8, 124" wb						
4d Sed	520	1,560	2,600	5,200	9,100	13,000
4d HT	600	1,800	3,000	6,000	10,500	15,000
2d Sed	540	1,620	2,700	5,400	9,450	13,500
1959 Bonneville, V-8, 124" wb						
4d HT	640	1,920	3,200	6,400	11,200	16,000
2d HT	840	2,520	4,200	8,400	14,700	21,000
2d Conv	1,280	3,840	6,400	12,800	22,400	32,000
1959 Custom Safari, V-8, 122" wb						
4d Sta Wag	660	1,980	3,300	6,600	11,550	16,500
1960 Catalina, V-8, 122" wb						
4d Sed	304	912	1,520	3,040	5,320	7,600
4d HT	520	1,560	2,600	5,200	9,100	13,000
2d Sed	320	960	1,600	3,200	5,600	8,000
2d HT	720	2,160	3,600	7,200	12,600	18,000
2d Conv	1,080	3,240	5,400	10,800	18,900	27,000
1960 Safari, V-8, 122" wb						
4d Sta Wag	600	1,800	3,000	6,000	10,500	15,000
4d 6P Sta Wag	620	1,860	3,100	6,200	10,850	15,500
1960 Ventura, V-8, 122" wb						
4d HT	560	1,680	2,800	5,600	9,800	14,000
2d HT	760	2,280	3,800	7,600	13,300	19,000
1960 Star Chief, V-8, 124" wb						
4d Sed	540	1,620	2,700	5,400	9,450	13,500
4d HT	600	1,800	3,000	6,000	10,500	15,000
2d Sed	560	1,680	2,800	5,600	9,800	14,000
1960 Bonneville, V-8, 124" wb						
4d HT	640	1,920	3,200	6,400	11,200	16,000
2d HT	880	2,640	4,400	8,800	15,400	22,000
2d Conv	1,240	3,720	6,200	12,400	21,700	31,000
1960 Bonneville Safari, V-8, 122" wb						
4d Sta Wag	680	2,040	3,400	6,800	11,900	17,000
1961 Tempest Compact, 4-cyl.						
4d Sed	308	924	1,540	3,080	5,390	7,700
2d Cpe	312	936	1,560	3,120	5,460	7,800
2d Cus Cpe	360	1,080	1,800	3,600	6,300	9,000
4d Safari Wag	360	1,080	1,800	3,600	6,300	9,000
NOTE: Add 20 percent for Tempest V-8.						
1961 Catalina, V-8, 119" wb						
4d Sed	380	1,140	1,900	3,800	6,650	9,500
4d HT	420	1,260	2,100	4,200	7,350	10,500
2d Sed	384	1,152	1,920	3,840	6,720	9,600
2d HT	640	1,920	3,200	6,400	11,200	16,000
2d Conv	840	2,520	4,200	8,400	14,700	21,000
4d Safari Wag	560	1,680	2,800	5,600	9,800	14,000
1961 Ventura, V-8, 119" wb						
4d HT	540	1,620	2,700	5,400	9,450	13,500
2d HT	720	2,160	3,600	7,200	12,600	18,000
1961 Star Chief, V-8, 123" wb						
4d Sed	420	1,260	2,100	4,200	7,350	10,500
4d HT	560	1,680	2,800	5,600	9,800	14,000
1961 Bonneville, V-8, 123" wb						
4d HT	580	1,740	2,900	5,800	10,150	14,500
2d HT	720	2,160	3,600	7,200	12,600	18,000
2d Conv	1,040	3,120	5,200	10,400	18,200	26,000
1961 Bonneville Safari, V-8, 119" wb						
4d Sta Wag	600	1,800	3,000	6,000	10,500	15,000
1962 Tempest, 4-cyl., 122" wb						
4d Sed	268	804	1,340	2,680	4,690	6,700
2d Cpe	272	816	1,360	2,720	4,760	6,800
2d HT	520	1,560	2,600	5,200	9,100	13,000
2d Conv	640	1,920	3,200	6,400	11,200	16,000
4d Safari	360	1,080	1,800	3,600	6,300	9,000

1974 Pontiac Catalina colonnade hardtop

1976 Pontiac Sunbird formal coupe

1982 Pontiac Firebird S/E coupe

	6	5	4	3	2	1
NOTE: Add 20 percent for Tempest V-8.						
1962 Catalina, V-8, 120" wb						
4d Sed	380	1,140	1,900	3,800	6,650	9,500
4d HT	420	1,260	2,100	4,200	7,350	10,500
2d Sed	384	1,152	1,920	3,840	6,720	9,600
2d HT	640	1,920	3,200	6,400	11,200	16,000
2d Conv	800	2,400	4,000	8,000	14,000	20,000
4d Sta Wag	540	1,620	2,700	5,400	9,450	13,500
2d HT (421/405)	2,240	6,720	11,200	22,400	39,200	56,000
2d Sed (421/405)	2,240	6,720	11,200	22,400	39,200	56,000
1962 Star Chief, V-8, 123" wb						
4d Sed	400	1,200	2,000	4,000	7,000	10,000
4d HT	540	1,620	2,700	5,400	9,450	13,500
1962 Bonneville, V-8, 123" wb, Sta Wag 119" wb						
4d HT	560	1,680	2,800	5,600	9,800	14,000
2d HT	720	2,160	3,600	7,200	12,600	18,000
2d Conv	960	2,880	4,800	9,600	16,800	24,000
4d Sta Wag	580	1,740	2,900	5,800	10,150	14,500
1962 Grand Prix, V-8, 120" wb						
2d HT	720	2,160	3,600	7,200	12,600	18,000
NOTE: Add 30 percent for 421. Add 30 percent for "421" S-D models.						
1963 Tempest (Compact), 4-cyl., 112" wb						
4d Sed	260	780	1,300	2,600	4,550	6,500
2d Cpe	360	1,080	1,800	3,600	6,300	9,000
2d HT	420	1,260	2,100	4,200	7,350	10,500
2d Conv	640	1,920	3,200	6,400	11,200	16,000
4d Sta Wag	360	1,080	1,800	3,600	6,300	9,000
NOTE: Add 20 percent for Tempest V-8.						
1963 LeMans, V-8, 112" wb						
2d HT	560	1,680	2,800	5,600	9,800	14,000
2d Conv	680	2,040	3,400	6,800	11,900	17,000
1963 Catalina, V-8, 119" wb						
4d Sed	364	1,092	1,820	3,640	6,370	9,100
4d HT	424	1,272	2,120	4,240	7,420	10,600
2d Sed	384	1,152	1,920	3,840	6,720	9,600
2d HT	680	2,040	3,400	6,800	11,900	17,000
2d Conv	760	2,280	3,800	7,600	13,300	19,000
4d Sta Wag	560	1,680	2,800	5,600	9,800	14,000
1963 Catalina Super-Duty						
2d HT (421/405)	2,160	6,480	10,800	21,600	37,800	54,000
2d HT (421/410)	2,240	6,720	11,200	22,400	39,200	56,000
2d Sed (421/405)	2,160	6,480	10,800	21,600	37,800	54,000
2d Sed (421/410)	2,160	6,480	10,800	21,600	37,800	54,000
NOTE: Add 5 percent for 4-speed.						
1963 Star Chief, V-8, 123" wb						
4d Sed	380	1,140	1,900	3,800	6,650	9,500
4d HT	540	1,620	2,700	5,400	9,450	13,500
1963 Bonneville, V-8, 123" wb						
2d HT	720	2,160	3,600	7,200	12,600	18,000
4d HT	580	1,740	2,900	5,800	10,150	14,500
2d Conv	920	2,760	4,600	9,200	16,100	23,000
4d Sta Wag	580	1,740	2,900	5,800	10,150	14,500
1963 Grand Prix, V-8, 120" wb						
2d HT	760	2,280	3,800	7,600	13,300	19,000
NOTE: Add 5 percent for Catalina Ventura. Add 30 percent for "421" engine option.						
1964 Tempest Custom 21, V-8, 115" wb						
4d Sed	268	804	1,340	2,680	4,690	6,700
2d HT	420	1,260	2,100	4,200	7,350	10,500
2d Conv	640	1,920	3,200	6,400	11,200	16,000
4d Sta Wag	360	1,080	1,800	3,600	6,300	9,000
NOTE: Deduct 10 percent for 6-cyl. where available.						
1964 LeMans, V-8, 115" wb						
2d HT	640	1,920	3,200	6,400	11,200	16,000
2d Cpe	580	1,740	2,900	5,800	10,150	14,500
2d Conv	680	2,040	3,400	6,800	11,900	17,000
2d GTO Cpe	800	2,400	4,000	8,000	14,000	20,000
2d GTO Conv	1,040	3,120	5,200	10,400	18,200	26,000
2d GTO HT	880	2,640	4,400	8,800	15,400	22,000
NOTE: Deduct 20 percent for Tempest 6-cyl.						
1964 Catalina, V-8, 120" wb						
4d Sed	380	1,140	1,900	3,800	6,650	9,500
4d HT	420	1,260	2,100	4,200	7,350	10,500
2d Sed	380	1,140	1,900	3,800	6,650	9,500
2d HT	640	1,920	3,200	6,400	11,200	16,000

	6	5	4	3	2	1
2d Conv	760	2,280	3,800	7,600	13,300	19,000
4d Sta Wag	520	1,560	2,600	5,200	9,100	13,000
1964 Star Chief, V-8, 123" wb						
4d Sed	380	1,140	1,900	3,800	6,650	9,500
4d HT	540	1,620	2,700	5,400	9,450	13,500
1964 Bonneville, V-8, 123" wb						
4d HT	580	1,740	2,900	5,800	10,150	14,500
2d HT	680	2,040	3,400	6,800	11,900	17,000
2d Conv	880	2,640	4,400	8,800	15,400	22,000
4d Sta Wag	580	1,740	2,900	5,800	10,150	14,500
1964 Grand Prix, V-8, 120" wb						
2d HT	720	2,160	3,600	7,200	12,600	18,000

NOTE: Add 30 percent for tri power. Add 5 percent for Catalina-Ventura option. Add 10 percent for 2 plus 2.

1965 Tempest, V-8, 115" wb						
4d Sed	304	912	1,520	3,040	5,320	7,600
2d Spt Cpe	364	1,092	1,820	3,640	6,370	9,100
2d HT	420	1,260	2,100	4,200	7,350	10,500
2d Conv	560	1,680	2,800	5,600	9,800	14,000
4d Sta Wag	360	1,080	1,800	3,600	6,300	9,000

NOTE: Add 20 percent for V-8.

1965 LeMans, V-8, 115" wb						
4d Sed	360	1,080	1,800	3,600	6,300	9,000
2d Cpe	420	1,260	2,100	4,200	7,350	10,500
2d HT	580	1,740	2,900	5,800	10,150	14,500
2d Conv	760	2,280	3,800	7,600	13,300	19,000
2d GTO Conv	1,120	3,360	5,600	11,200	19,600	28,000
2d GTO HT	960	2,880	4,800	9,600	16,800	24,000
2d GTO Cpe	880	2,640	4,400	8,800	15,400	22,000

NOTE: Deduct 20 percent for 6-cyl. where available. Add 5 percent for 4-speed.

1965 Catalina, V-8, 121" wb						
4d Sed	312	936	1,560	3,120	5,460	7,800
4d HT	400	1,200	2,000	4,000	7,000	10,000
2d Sed	380	1,140	1,900	3,800	6,650	9,500
2d HT	580	1,740	2,900	5,800	10,150	14,500
2d Conv	680	2,040	3,400	6,800	11,900	17,000
4d Sta Wag	580	1,740	2,900	5,800	10,150	14,500
1965 Star Chief, V-8, 123" wb						
4d Sed	360	1,080	1,800	3,600	6,300	9,000
4d HT	420	1,260	2,100	4,200	7,350	10,500
1965 Bonneville, V-8, 123" wb						
4d HT	540	1,620	2,700	5,400	9,450	13,500
2d HT	640	1,920	3,200	6,400	11,200	16,000
2d Conv	840	2,520	4,200	8,400	14,700	21,000
4d 2S Sta Wag	580	1,740	2,900	5,800	10,150	14,500
1965 Grand Prix, 120" wb						
2d HT	640	1,920	3,200	6,400	11,200	16,000

NOTE: Add 30 percent for "421" H.O. tri power V-8. Add 30 percent for tri power. Add 10 percent for 2 plus 2. Add 10 percent for Catalina-Ventura option. Add 10 percent for Ram Air.

1966 Tempest Custom, OHC-6, 115" wb						
4d Sed	304	912	1,520	3,040	5,320	7,600
4d HT	308	924	1,540	3,080	5,390	7,700
2d HT	532	1,596	2,660	5,320	9,310	13,300
2d Cpe	400	1,200	2,000	4,000	7,000	10,000
2d Conv	560	1,680	2,800	5,600	9,800	14,000
4d Sta Wag	300	900	1,500	3,000	5,250	7,500

NOTE: Add 20 percent for V-8.

1966 Lemans, OHC-6, 115" wb						
4d HT	316	948	1,580	3,160	5,530	7,900
2d Cpe	392	1,176	1,960	3,920	6,860	9,800
2d HT	560	1,680	2,800	5,600	9,800	14,000
2d Conv	620	1,860	3,100	6,200	10,850	15,500

NOTE: Add 20 percent for V-8.

1966 GTO, V-8, 115" wb						
2d HT	840	2,520	4,200	8,400	14,700	21,000
2d Cpe	760	2,280	3,800	7,600	13,300	19,000
2d Conv	1,000	3,000	5,000	10,000	17,500	25,000

NOTE: Add 5 percent for 4-speed.

1966 Catalina, V-8, 121" wb						
4d Sed	308	924	1,540	3,080	5,390	7,700
4d HT	400	1,200	2,000	4,000	7,000	10,000
2d Sed	380	1,140	1,900	3,800	6,650	9,500
2d HT	620	1,860	3,100	6,200	10,850	15,500
2d Conv	800	2,400	4,000	8,000	14,000	20,000

	6	5	4	3	2	1
4d Sta Wag	560	1,680	2,800	5,600	9,800	14,000
1966 2 Plus 2, V-8, 121" wb						
2d HT	660	1,980	3,300	6,600	11,550	16,500
2d Conv	760	2,280	3,800	7,600	13,300	19,000
1966 Executive, V-8, 124" wb						
4d Sed	380	1,140	1,900	3,800	6,650	9,500
4d HT	420	1,260	2,100	4,200	7,350	10,500
2d HT	620	1,860	3,100	6,200	10,850	15,500
1966 Bonneville, V-8, 124" wb						
4d HT	540	1,620	2,700	5,400	9,450	13,500
2d HT	660	1,980	3,300	6,600	11,550	16,500
2d Conv	880	2,640	4,400	8,800	15,400	22,000
4d Sta Wag	560	1,680	2,800	5,600	9,800	14,000
1966 Grand Prix, V-8, 121" wb						
2d HT	680	2,040	3,400	6,800	11,900	17,000

NOTE: Add 30 percent for 421. Add 20 percent for Ram Air. Add 30 percent for tri power. Add 10 percent for Ventura Custom trim option.

	6	5	4	3	2	1
1967 Tempest, 6-cyl., 115" wb						
4d Sed	300	900	1,500	3,000	5,250	7,500
2d Cpe	360	1,080	1,800	3,600	6,300	9,000
4d Sta Wag	384	1,152	1,920	3,840	6,720	9,600

NOTE: Add 20 percent for V-8.

	6	5	4	3	2	1
1967 Tempest Custom, 6-cyl., 115" wb						
2d Cpe	364	1,092	1,820	3,640	6,370	9,100
2d HT	424	1,272	2,120	4,240	7,420	10,600
2d Conv	560	1,680	2,800	5,600	9,800	14,000
4d HT	368	1,104	1,840	3,680	6,440	9,200
4d Sed	304	912	1,520	3,040	5,320	7,600
4d Sta Wag	360	1,080	1,800	3,600	6,300	9,000

NOTE: Add 20 percent for V-8.

	6	5	4	3	2	1
1967 Lemans, 6-cyl., 115" wb						
4d HT	360	1,080	1,800	3,600	6,300	9,000
2d Cpe	368	1,104	1,840	3,680	6,440	9,200
2d HT	520	1,560	2,600	5,200	9,100	13,000
2d Conv	620	1,860	3,100	6,200	10,850	15,500

NOTE: Add 20 percent for V-8.

	6	5	4	3	2	1
1967 Tempest Safari, 6-cyl., 115" wb						
4d Sta Wag	360	1,080	1,800	3,600	6,300	9,000

NOTE: Add 20 percent for V-8.

	6	5	4	3	2	1
1967 GTO, V-8, 115" wb						
2d Cpe	680	2,040	3,400	6,800	11,900	17,000
2d HT	800	2,400	4,000	8,000	14,000	20,000
2d Conv	920	2,760	4,600	9,200	16,100	23,000
1967 Catalina, V-8, 121" wb						
4d Sed	308	924	1,540	3,080	5,390	7,700
4d HT	400	1,200	2,000	4,000	7,000	10,000
2d Sed	384	1,152	1,920	3,840	6,720	9,600
2d HT	580	1,740	2,900	5,800	10,150	14,500
2d Conv	640	1,920	3,200	6,400	11,200	16,000
1967 2 Plus 2, V-8, 121" Wb						
2d HT	660	1,980	3,300	6,600	11,550	16,500
2d Conv	880	2,640	4,400	8,800	15,400	22,000
4d 3S Sta Wag	520	1,560	2,600	5,200	9,100	13,000
1967 Executive, V-8, 124" wb, Sta Wag 121" wb						
4d Sed	360	1,080	1,800	3,600	6,300	9,000
4d HT	420	1,260	2,100	4,200	7,350	10,500
2d HT	620	1,860	3,100	6,200	10,850	15,500
4d 3S Sta Wag	560	1,680	2,800	5,600	9,800	14,000
1967 Bonneville, V-8, 124" wb						
4d HT	520	1,560	2,600	5,200	9,100	13,000
2d HT	620	1,860	3,100	6,200	10,850	15,500
2d Conv	760	2,280	3,800	7,600	13,300	19,000
4d Sta Wag	560	1,680	2,800	5,600	9,800	14,000
1967 Grand Prix, V-8, 121" wb						
2d HT	640	1,920	3,200	6,400	11,200	16,000
Conv	840	2,520	4,200	8,400	14,700	21,000

NOTE: Add 30 percent for 428. Add 10 percent for Sprint option. Add 15 percent for 2 plus 2 option. Add 10 percent for Ventura Custom trim option.

	6	5	4	3	2	1
1967 Firebird, V-8, 108" wb						
2d Cpe	720	2,160	3,600	7,200	12,600	18,000
2d Conv	880	2,640	4,400	8,800	15,400	22,000

NOTE: Deduct 25 percent for 6-cyl. Add 15 percent for 350 HO. Add 10 percent for 4-speed. Add 30 percent for the Ram Air 400 Firebird.

	6	5	4	3	2	1
1968 Tempest, 6-cyl., 112" wb						
2d Spt Cpe	360	1,080	1,800	3,600	6,300	9,000
2d Cus "S" Cpe	380	1,140	1,900	3,800	6,650	9,500
2d Cus "S" HT	520	1,560	2,600	5,200	9,100	13,000
2d Cus "S" Conv	560	1,680	2,800	5,600	9,800	14,000
2d LeMans	360	1,080	1,800	3,600	6,300	9,000
2d LeMans Spt Cpe	400	1,200	2,000	4,000	7,000	10,000
2d LeMans Conv	720	2,160	3,600	7,200	12,600	18,000
NOTE: Add 20 percent for V-8.						
1968 GTO, V-8, 112" wb						
2d HT	760	2,280	3,800	7,600	13,300	19,000
2d Conv	920	2,760	4,600	9,200	16,100	23,000
NOTE: Add 25 percent for Ram Air I, 40 percent for Ram Air II.						
1968 Catalina, V-8, 122" wb						
4d Sed	300	900	1,500	3,000	5,250	7,500
4d HT	360	1,080	1,800	3,600	6,300	9,000
2d Sed	388	1,164	1,940	3,880	6,790	9,700
2d HT	520	1,560	2,600	5,200	9,100	13,000
2d Conv	600	1,800	3,000	6,000	10,500	15,000
4d Sta Wag	520	1,560	2,600	5,200	9,100	13,000
1968 Executive, V-8, 124" wb, Sta Wag 121" wb						
4d Sed	380	1,140	1,900	3,800	6,650	9,500
4d HT	400	1,200	2,000	4,000	7,000	10,000
2d HT	580	1,740	2,900	5,800	10,150	14,500
4d 3S Sta Wag	560	1,680	2,800	5,600	9,800	14,000
1968 Bonneville, V-8, 125" wb						
4d Sed	388	1,164	1,940	3,880	6,790	9,700
4d HT	420	1,260	2,100	4,200	7,350	10,500
2d HT	600	1,800	3,000	6,000	10,500	15,000
2d Conv	680	2,040	3,400	6,800	11,900	17,000
4d Sta Wag	580	1,740	2,900	5,800	10,150	14,500
1968 Grand Prix, V-8, 118" wb						
2d HT	640	1,920	3,200	6,400	11,200	16,000
NOTE: Add 10 percent for Sprint option. Add 30 percent for 428. Add 25 percent for Ram Air I, 40 percent for Ram Air II. Add 10 percent for Ventura Custom trim option.						
1968 Firebird, V-8, 108" wb						
2d Cpe	720	2,160	3,600	7,200	12,600	18,000
2d Conv	880	2,640	4,400	8,800	15,400	22,000
NOTE: Deduct 25 percent for 6-cyl. Add 10 percent for 350 HO. Add 10 percent for 4-speed. Add 25 percent for the Ram Air 400 Firebird.						
1969 Tempest, 6-cyl., 116" wb, 2d 112" wb						
4d Sed	284	852	1,420	2,840	4,970	7,100
2d Cpe	288	864	1,440	2,880	5,040	7,200
NOTE: Add 20 percent for V-8.						
1969 Tempest "S" Custom, 6-cyl., 116" wb, 2d 112" wb						
4d Sed	300	850	1,450	2,900	5,050	7,200
4d HT	300	900	1,500	2,950	5,200	7,400
2d Cpe	300	900	1,450	2,900	5,100	7,300
2d HT	400	1,200	2,000	4,000	7,000	10,000
2d Conv	500	1,550	2,600	5,200	9,100	13,000
4d Sta Wag	300	900	1,500	3,000	5,250	7,500
NOTE: Add 20 percent for V-8.						
1969 Tempest Lemans, 6-cyl., 116" wb, 2d 112" wb						
4d HT	300	900	1,500	3,000	5,250	7,500
2d Cpe	300	900	1,500	3,000	5,250	7,500
2d HT	420	1,260	2,100	4,200	7,350	10,500
2d Conv	580	1,740	2,900	5,800	10,150	14,500
NOTE: Add 20 percent for V-8.						
1969 Tempest Safari, 6-cyl., 116" wb						
4d Sta Wag	308	924	1,540	3,080	5,390	7,700
NOTE: Add 20 percent for V-8.						
1969 GTO, V-8, 112" wb						
2d HT	840	2,520	4,200	8,400	14,700	21,000
2d Conv	1,000	3,000	5,000	10,000	17,500	25,000
1969 Catalina, V-8, 122" wb						
4d Sed	300	900	1,500	3,000	5,250	7,500
4d HT	308	924	1,540	3,080	5,390	7,700
2d HT	420	1,260	2,100	4,200	7,350	10,500
2d Conv	580	1,740	2,900	5,800	10,150	14,500
4d 3S Sta Wag	400	1,200	2,000	4,000	7,000	10,000
1969 Executive, V-8, 125" wb, Sta Wag 122" wb						
4d Sed	304	912	1,520	3,040	5,320	7,600
4d HT	312	936	1,560	3,120	5,460	7,800

	6	5	4	3	2	1
2d HT	520	1,560	2,600	5,200	9,100	13,000
4d 3S Sta Wag	408	1,224	2,040	4,080	7,140	10,200

1969 Bonneville, V-8, 125" wb

4d Sed	304	912	1,520	3,040	5,320	7,600
4d HT	360	1,080	1,800	3,600	6,300	9,000
2d HT	540	1,620	2,700	5,400	9,450	13,500
2d Conv	620	1,860	3,100	6,200	10,850	15,500
4d Sta Wag	420	1,260	2,100	4,200	7,350	10,500

1969 Grand Prix, V-8, 118" wb

2d HT	560	1,680	2,800	5,600	9,800	14,000

NOTE: Add 10 percent for LeMans Rally E Pkg. Add 30 percent for 428 cid V-8. Add 25 percent for Ram Air III. Add 40 percent for Ram Air IV. Add 40 percent for GTO Judge option. Add 25 percent for Ram Air IV.

1969 Firebird, V-8, 108" wb

2d Cpe	720	2,160	3,600	7,200	12,600	18,000
2d Conv	880	2,640	4,400	8,800	15,400	22,000
2d Trans Am Cpe	760	2,280	3,800	7,600	13,300	19,000
2d Trans Am Conv	1,040	3,120	5,200	10,400	18,200	26,000

NOTE: Deduct 25 percent for 6-cyl. Add 15 percent for "HO" 400 Firebird. Add 10 percent for 4-speed. Add 20 percent for Ram Air IV Firebird. Add 50 percent for '303' V-8 SCCA race engine.

1970 Tempest, 6-cyl., 116" wb, 2d 112" wb

4d Sed	292	876	1,460	2,920	5,110	7,300
2d HT	400	1,200	2,000	4,000	7,000	10,000
2d Cpe	300	900	1,500	3,000	5,250	7,500

NOTE: Add 20 percent for V-8.

1970 LeMans, 6 cyl., 116" wb, 2d 112" wb

4d Sed	296	888	1,480	2,960	5,180	7,400
4d HT	360	1,080	1,800	3,600	6,300	9,000
2d Cpe	304	912	1,520	3,040	5,320	7,600
2d HT	420	1,260	2,100	4,200	7,350	10,500
4d Sta Wag	312	936	1,560	3,120	5,460	7,800

NOTE: Add 20 percent for V-8.

1970 LeMans Sport, 6-cyl., 116" wb, 2d 112" wb

4d HT	368	1,104	1,840	3,680	6,440	9,200
2d Cpe	380	1,140	1,900	3,800	6,650	9,500
2d HT	520	1,560	2,600	5,200	9,100	13,000
2d Conv	540	1,620	2,700	5,400	9,450	13,500
4d Sta Wag	360	1,080	1,800	3,600	6,300	9,000

NOTE: Add 20 percent for V-8.

1970 LeMans GT 37, V-8, 112" wb

2d Cpe	520	1,560	2,600	5,200	9,100	13,000
2d HT	580	1,740	2,900	5,800	10,150	14,500

1970 GTO, V-8, 112" wb

2d HT	880	2,640	4,400	8,800	15,400	22,000
2d Conv	1,040	3,120	5,200	10,400	18,200	26,000

1970 Catalina, V-8, 122" wb

4d Sed	300	900	1,500	3,000	5,250	7,500
4d HT	380	1,140	1,900	3,800	6,650	9,500
2d HT	520	1,560	2,600	5,200	9,100	13,000
2d Conv	560	1,680	2,800	5,600	9,800	14,000
4d 3S Sta Wag	400	1,200	2,000	4,000	7,000	10,000

1970 Executive, V-8, 125" wb, Sta Wag 122" wb

4d Sed	304	912	1,520	3,040	5,320	7,600
4d HT	400	1,200	2,000	4,000	7,000	10,000
2d HT	540	1,620	2,700	5,400	9,450	13,500
4d 3S Sta Wag	408	1,224	2,040	4,080	7,140	10,200

1970 Bonneville, V-8, 125" wb, Sta Wag 122" wb

4d Sed	360	1,080	1,800	3,600	6,300	9,000
4d HT	420	1,260	2,100	4,200	7,350	10,500
2d HT	560	1,680	2,800	5,600	9,800	14,000
2d Conv	620	1,860	3,100	6,200	10,850	15,500
4d 3S Sta Wag	420	1,260	2,100	4,200	7,350	10,500

1970 Grand Prix, V-8, 118" wb

2d Hurst "SSJ" HT	620	1,860	3,100	6,200	10,850	15,500
2d HT	580	1,740	2,900	5,800	10,150	14,500

NOTE: Add 10 percent for V-8 LeMans Rally Pkg. Add 40 percent for GTO Judge. Add 40 percent for 455 HO V-8. Add 10 percent for Grand Prix S.J. Add 25 percent for Ram Air III. Add 40 percent for Ram Air IV. Add 5 percent for 4 speed trans.

1970 Firebird, V-8, 108" wb

2d Firebird	600	1,800	3,000	6,000	10,500	15,000
2d Esprit	620	1,860	3,100	6,200	10,850	15,500
2d Formula 400	640	1,920	3,200	6,400	11,200	16,000
2d Trans Am	760	2,280	3,800	7,600	13,300	19,000

	6	5	4	3	2	1
NOTE: Deduct 25 percent for 6-cyl. Add 10 percent for Trans Am with 4-speed. Add 25 percent for Ram Air IV Firebird.						
1971 Ventura II, 6-cyl., 111" wb						
2d Cpe	304	912	1,520	3,040	5,320	7,600
4d Sed	288	864	1,440	2,880	5,040	7,200
1971 Ventura II, V-8, 111" wb						
2d Cpe	304	912	1,520	3,040	5,320	7,600
4d Sed	312	936	1,560	3,120	5,460	7,800
1971 LeMans T37, 6-cyl., 116" wb, 2d 112" wb						
2d Sed	300	900	1,500	3,000	5,250	7,500
4d Sed	280	840	1,400	2,800	4,900	7,000
2d HT	400	1,200	2,000	4,000	7,000	10,000
1971 LeMans, 6-cyl., 116" wb, 2d 112" wb						
2d Sed	280	840	1,400	2,800	4,900	7,000
4d Sed	284	852	1,420	2,840	4,970	7,100
4d HT	296	888	1,480	2,960	5,180	7,400
2d HT	520	1,560	2,600	5,200	9,100	13,000
4d 3S Sta Wag	280	840	1,400	2,800	4,900	7,000
1971 LeMans Sport, 6-cyl., 116" wb, 2d 112" wb						
4d HT	292	876	1,460	2,920	5,110	7,300
2d HT	540	1,620	2,700	5,400	9,450	13,500
2d Conv	600	1,800	3,000	6,000	10,500	15,000
NOTE: Add 20 percent for V-8.						
1971 LeMans GT 37, V-8, 112" wb						
2d HT	600	1,800	3,000	6,000	10,500	15,000
1971 GTO						
2d HT	800	2,400	4,000	8,000	14,000	20,000
2d Conv	1,100	3,350	5,600	11,200	19,600	28,000
NOTE: Add 40 percent for GTO Judge option.						
1971 Catalina						
4d	304	912	1,520	3,040	5,320	7,600
4d HT	308	924	1,540	3,080	5,390	7,700
2d HT	380	1,140	1,900	3,800	6,650	9,500
2d Conv	560	1,680	2,800	5,600	9,800	14,000
1971 Safari, V-8, 127" wb						
4d 2S Sta Wag	308	924	1,540	3,080	5,390	7,700
4d 3S Sta Wag	312	936	1,560	3,120	5,460	7,800
1971 Catalina Brougham, V-8, 123" wb						
4d Sed	312	936	1,560	3,120	5,460	7,800
4d HT	316	948	1,580	3,160	5,530	7,900
2d HT	388	1,164	1,940	3,880	6,790	9,700
1971 Grand Safari, V-8, 127" wb						
4d 2S Sta Wag	280	840	1,400	2,800	4,900	7,000
4d 3S Sta Wag	284	852	1,420	2,840	4,970	7,100
1971 Bonneville						
4d Sed	316	948	1,580	3,160	5,530	7,900
4d HT	360	1,080	1,800	3,600	6,300	9,000
2d HT	400	1,200	2,000	4,000	7,000	10,000
1971 Grandville						
4d HT	360	1,080	1,800	3,600	6,300	9,000
2d HT	408	1,224	2,040	4,080	7,140	10,200
2d Conv	680	2,040	3,400	6,800	11,900	17,000
1971 Grand Prix						
2d HT	600	1,800	3,000	6,000	10,500	15,000
2d Hurst "SSJ" Cpe	660	1,980	3,300	6,600	11,550	16,500
1971 Firebird, V-8, 108" wb						
2d Firebird	620	1,860	3,100	6,200	10,850	15,500
2d Esprit	600	1,800	3,000	6,000	10,500	15,000
2d Formula	640	1,920	3,200	6,400	11,200	16,000
2d Trans Am	760	2,280	3,800	7,600	13,300	19,000
NOTE: Add 25 percent for Formula 455. Deduct 25 percent for 6-cyl. Add 40 percent for 455 HO V-8. Add 10 percent for 4-speed. (Formula Series - 350, 400, 455).						
1972 Ventura, 6-cyl., 111" wb						
4d Sed	268	804	1,340	2,680	4,690	6,700
2d Cpe	260	780	1,300	2,600	4,550	6,500
NOTE: Add 20 percent for V-8.						
1972 LeMans, 6-cyl., 116" wb, 2d 112" wb						
2d Cpe	280	840	1,400	2,800	4,900	7,000
4d Sed	272	816	1,360	2,720	4,760	6,800
2d HT	540	1,620	2,700	5,400	9,450	13,500
2d Conv	600	1,800	3,000	6,000	10,500	15,000
4d 3S Sta Wag	280	840	1,400	2,800	4,900	7,000

	6	5	4	3	2	1
1972 GTO						
2d HT	680	2,040	3,400	6,800	11,900	17,000
2d Sed	560	1,680	2,800	5,600	9,800	14,000
1972 Luxury LeMans, V-8						
4d HT	288	864	1,440	2,880	5,040	7,200
2d HT	560	1,680	2,800	5,600	9,800	14,000
NOTE: Add 10 percent for Endura option on LeMans models. Add 20 percent for V-8.						
1972 Catalina, V-8, 123" wb						
4d Sed	260	780	1,300	2,600	4,550	6,500
4d HT	268	804	1,340	2,680	4,690	6,700
2d HT	380	1,140	1,900	3,800	6,650	9,500
2d Conv	580	1,740	2,900	5,800	10,150	14,500
1972 Catalina Brougham, V-8, 123" wb						
4d Sed	264	792	1,320	2,640	4,620	6,600
4d HT	280	840	1,400	2,800	4,900	7,000
2d HT	400	1,200	2,000	4,000	7,000	10,000
1972 Bonneville						
4d Sed	268	804	1,340	2,680	4,690	6,700
4d HT	300	900	1,500	3,000	5,250	7,500
2d HT	420	1,260	2,100	4,200	7,350	10,500
1972 Grandville						
4d HT	300	900	1,500	3,000	5,250	7,500
2d HT	428	1,284	2,140	4,280	7,490	10,700
2d Conv	640	1,920	3,200	6,400	11,200	16,000
1972 Safari, V-8, 127" wb						
4d 2S Sta Wag	264	792	1,320	2,640	4,620	6,600
4d 3S Sta Wag	268	804	1,340	2,680	4,690	6,700
1972 Grand Safari, V-8, 127" wb						
4d 2S Sta Wag	272	816	1,360	2,720	4,760	6,800
4d 3S Sta Wag	276	828	1,380	2,760	4,830	6,900
1972 Grand Prix						
2d HT	568	1,704	2,840	5,680	9,940	14,200
2d Hurst "SSJ" HT	620	1,860	3,100	6,200	10,850	15,500
1972 Firebird, V-8, 108" wb						
2d Firebird	580	1,740	2,900	5,800	10,150	14,500
2d Esprit	560	1,680	2,800	5,600	9,800	14,000
2d Formula	600	1,800	3,000	6,000	10,500	15,000
2d Trans Am	720	2,160	3,600	7,200	12,600	18,000
NOTE: Add 10 percent for Trans Am with 4-speed. Deduct 25 percent for 6-cyl. Add 40 percent for 455 HO V-8.						
1973 Ventura						
4d Sed	248	744	1,240	2,480	4,340	6,200
2d Cpe	236	708	1,180	2,360	4,130	5,900
2d HBk Cpe	252	756	1,260	2,520	4,410	6,300
1973 Ventura Custom						
4d Sed	252	756	1,260	2,520	4,410	6,300
2d Cpe	256	768	1,280	2,560	4,480	6,400
2d HBk Cpe	244	732	1,220	2,440	4,270	6,100
NOTE: Deduct 5 percent for 6-cyl. Deduct 5 percent for 6-cyl.						
1973 LeMans						
4d Sed	260	780	1,300	2,600	4,550	6,500
2d HT	308	924	1,540	3,080	5,390	7,700
1973 LeMans Spt						
2d Cpe	280	840	1,400	2,800	4,900	7,000
1973 Luxury LeMans						
2d Cpe	288	864	1,440	2,880	5,040	7,200
4d HT	280	840	1,400	2,800	4,900	7,000
1973 LeMans Safari, V-8, 116" wb						
4d 2S Sta Wag	260	780	1,300	2,600	4,550	6,500
4d 3S Sta Wag	260	780	1,300	2,600	4,550	6,500
1973 Grand AM						
2d HT	520	1,560	2,600	5,200	9,100	13,000
4d HT	300	900	1,500	3,000	5,250	7,500
2d GTO Spt Cpe	520	1,560	2,600	5,200	9,100	13,000
NOTE: Deduct 5 percent for 6-cyl.						
1973 Catalina						
4d HT	244	732	1,220	2,440	4,270	6,100
2d HT	300	900	1,500	3,000	5,250	7,500
1973 Bonneville						
4d Sed	248	744	1,240	2,480	4,340	6,200
4d HT	260	780	1,300	2,600	4,550	6,500
2d HT	316	948	1,580	3,160	5,530	7,900

	6	5	4	3	2	1
1973 Safari, V-8, 127" wb						
4d 2S Sta Wag	260	780	1,300	2,600	4,550	6,500
4d 3S Sta Wag	264	792	1,320	2,640	4,620	6,600
1973 Grand Safari, V-8, 127" wb						
4d 2S Sta Wag	268	804	1,340	2,680	4,690	6,700
4d 3S Sta Wag	272	816	1,360	2,720	4,760	6,800
1973 Grandville						
4d HT	268	804	1,340	2,680	4,690	6,700
2d HT	324	972	1,620	3,240	5,670	8,100
2d Conv	640	1,920	3,200	6,400	11,200	16,000
1973 Grand Prix						
2d HT	540	1,620	2,700	5,400	9,450	13,500
2d "SJ" HT	550	1,650	2,750	5,500	9,600	13,700
1973 Firebird, V-8, 108" wb						
2d Cpe	560	1,680	2,800	5,600	9,800	14,000
2d Esprit	580	1,740	2,900	5,800	10,150	14,500
2d Formula	600	1,800	3,000	6,000	10,500	15,000
2d Trans Am	620	1,860	3,100	6,200	10,850	15,500
NOTE: Add 50 percent for 455 SD V-8 (Formula & Trans Am only). Deduct 25 percent for 6-cyl. Add 10 percent for 4-speed.						
1974 Ventura						
4d Sed	188	564	940	1,880	3,290	4,700
2d Cpe	176	528	880	1,760	3,080	4,400
2d HBk	192	576	960	1,920	3,360	4,800
1974 Ventura Custom						
4d Sed	192	576	960	1,920	3,360	4,800
2d Cpe	180	540	900	1,800	3,150	4,500
2d HBk	196	588	980	1,960	3,430	4,900
2d GTO	260	780	1,300	2,600	4,550	6,500
NOTE: Deduct 4 percent for 6-cyl.						
1974 LeMans						
4d HT	168	504	840	1,680	2,940	4,200
2d HT	228	684	1,140	2,280	3,990	5,700
4d Sta Wag	180	540	900	1,800	3,150	4,500
1974 LeMans Sport						
2d Cpe	200	600	1,000	2,000	3,500	5,000
1974 Luxury LeMans						
4d HT	192	576	960	1,920	3,360	4,800
2d HT	248	744	1,240	2,480	4,340	6,200
4d Safari	200	600	1,000	2,000	3,500	5,000
NOTE: Add 10 percent for GT option.						
1974 Grand AM						
2d HT	320	960	1,600	3,200	5,600	8,000
4d HT	232	696	1,160	2,320	4,060	5,800
1974 Catalina						
4d HT	192	576	960	1,920	3,360	4,800
2d HT	240	720	1,200	2,400	4,200	6,000
4d Sed	160	480	800	1,600	2,800	4,000
4d Safari	192	576	960	1,920	3,360	4,800
1974 Bonneville						
4d Sed	168	504	840	1,680	2,940	4,200
4d HT	200	600	1,000	2,000	3,500	5,000
2d HT	256	768	1,280	2,560	4,480	6,400
1974 Grandville						
4d HT	204	612	1,020	2,040	3,570	5,100
2d HT	260	780	1,300	2,600	4,550	6,500
2d Conv	600	1,800	3,000	6,000	10,500	15,000
1974 Grand Prix						
2d HT	520	1,560	2,600	5,200	9,100	13,000
2d "SJ" Cpe	550	1,600	2,650	5,300	9,250	13,200
1974 Firebird, V-8, 108" wb						
2d Firebird	340	1,020	1,700	3,400	5,950	8,500
2d Esprit	520	1,560	2,600	5,200	9,100	13,000
2d Formula	580	1,740	2,900	5,800	10,150	14,500
2d Trans Am	600	1,800	3,000	6,000	10,500	15,000
NOTE: Add 40 percent for 455-SD V-8 (Formula & Trans Am only). Deduct 25 percent for 6-cyl. Add 10 percent for 4-speed.						
1975 Astre S						
2d Cpe	172	516	860	1,720	3,010	4,300
2d HBk	176	528	880	1,760	3,080	4,400
4d Safari	180	540	900	1,800	3,150	4,500
1975 Astre						
2d HBk	176	528	880	1,760	3,080	4,400

	6	5	4	3	2	1
4d Safari	180	540	900	1,800	3,150	4,500

NOTE: Add 10 percent for Astre 'SJ'.

1975 Ventura

4d Sed	176	528	880	1,760	3,080	4,400
2d Cpe	180	540	900	1,800	3,150	4,500
2d HBk	184	552	920	1,840	3,220	4,600

NOTE: Deduct 5 percent for Ventura 'S'. Add 15 percent for Ventura 'SJ'. Add 5 percent for Ventura Custom.

1975 LeMans

4d HT	180	540	900	1,800	3,150	4,500
2d HT	220	660	1,100	2,200	3,850	5,500
4d Safari	184	552	920	1,840	3,220	4,600

NOTE: Add 10 percent for Grand LeMans.

1975 LeMans Sport

2d HT Cpe	228	684	1,140	2,280	3,990	5,700

1975 Grand AM

4d HT	184	552	920	1,840	3,220	4,600
2d HT	240	720	1,200	2,400	4,200	6,000

NOTE: Add 5 percent for 4-speed. Add 20 percent for 455 HO V-8.

1975 Catalina

4d Sed	164	492	820	1,640	2,870	4,100
2d Cpe	180	540	900	1,800	3,150	4,500
4d Safari	160	480	800	1,600	2,800	4,000

1975 Bonneville

4d HT	172	516	860	1,720	3,010	4,300
2d Cpe	184	552	920	1,840	3,220	4,600
4d Gr Safari	176	528	880	1,760	3,080	4,400

1975 Grand Ville Brougham

4d HT	176	528	880	1,760	3,080	4,400
2d Cpe	192	576	960	1,920	3,360	4,800
2d Conv	680	2,040	3,400	6,800	11,900	17,000

NOTE: Add 20 percent for 455 V-8.

1975 Grand Prix

2d Cpe	300	900	1,500	3,000	5,250	7,500
2d "LJ" Cpe	300	900	1,500	3,050	5,300	7,600
2d "SJ" Cpe	300	900	1,550	3,100	5,400	7,700

NOTE: Add 12 percent for 455 V-8.

1975 Firebird, V-8, 108" wb

2d Cpe	300	900	1,500	3,000	5,250	7,500
2d Esprit	340	1,020	1,700	3,400	5,950	8,500
2d Formula	340	1,020	1,700	3,400	5,950	8,500
Trans Am	540	1,620	2,700	5,400	9,450	13,500

NOTE: Add 18 percent for 455 HO V-8. Deduct 25 percent for 6-cyl. Add 10 percent for 4-speed. Add $150 for Honeycomb wheels.

1976 Astre, 4-cyl.

2d Cpe	144	432	720	1,440	2,520	3,600
2d HBk	148	444	740	1,480	2,590	3,700
4d Sta Wag	152	456	760	1,520	2,660	3,800

1976 Sunbird, 4-cyl.

2d Cpe	192	576	960	1,920	3,360	4,800

1976 Ventura, V-8

4d Sed	184	552	920	1,840	3,220	4,600
2d Cpe	188	564	940	1,880	3,290	4,700
2d HBk	192	576	960	1,920	3,360	4,800

1976 Ventura SJ, V-8

4d Sed	188	564	940	1,880	3,290	4,700
2d Cpe	192	576	960	1,920	3,360	4,800
2d HBk	196	588	980	1,960	3,430	4,900

1976 LeMans, V-8

4d Sed	192	576	960	1,920	3,360	4,800
2d Cpe	196	588	980	1,960	3,430	4,900
4d 2S Safari Wag	184	552	920	1,840	3,220	4,600
4d 3S Safari Wag	188	564	940	1,880	3,290	4,700

1976 LeMans Sport Cpe, V-8

2d Cpe	208	624	1,040	2,080	3,640	5,200

1976 Grand LeMans, V-8

4d Sed	196	588	980	1,960	3,430	4,900
2d Sed	200	600	1,000	2,000	3,500	5,000
4d 2S Safari Wag	192	576	960	1,920	3,360	4,800
4d 3S Safari Wag	196	588	980	1,960	3,430	4,900

1976 Catalina, V-8

4d Sed	188	564	940	1,880	3,290	4,700

	6	5	4	3	2	1
2d Cpe	192	576	960	1,920	3,360	4,800
4d 2S Safari Wag	204	612	1,020	2,040	3,570	5,100
4d 3S Safari Wag	188	564	940	1,880	3,290	4,700
1976 Bonneville, V-8						
4d Sed	196	588	980	1,960	3,430	4,900
2d Cpe	200	600	1,000	2,000	3,500	5,000
1976 Bonneville Brougham, V-8						
4d Sed	204	612	1,020	2,040	3,570	5,100
2d Cpe	212	636	1,060	2,120	3,710	5,300
1976 Grand Safari, V-8						
4d 2S Sta Wag	192	576	960	1,920	3,360	4,800
4d 3S Sta Wag	196	588	980	1,960	3,430	4,900
1976 Grand Prix, V-8						
2d Cpe	300	900	1,500	3,000	5,250	7,500
2d Cpe SJ	308	924	1,540	3,080	5,390	7,700
2d Cpe LJ	328	984	1,640	3,280	5,740	8,200
NOTE: Add 10 percent for T-tops & Anniversary model.						
1976 Firebird, V-8						
2d Cpe	248	744	1,240	2,480	4,340	6,200
2d Esprit Cpe	260	780	1,300	2,600	4,550	6,500
2d Formula Cpe	268	804	1,340	2,680	4,690	6,700
2d Trans Am Cpe	276	828	1,380	2,760	4,830	6,900
NOTE: Add 20 percent for 455 HO V-8. Deduct 25 percent for 6-cyl. Add 10 percent for 4-speed. Add $150 for Honeycomb wheels. Add 20 percent for Limited Edition.						
1977 Astre, 4-cyl.						
2d Cpe	112	336	560	1,120	1,960	2,800
2d HBk	116	348	580	1,160	2,030	2,900
4d Sta Wag	120	360	600	1,200	2,100	3,000
1977 Sunbird, 4-cyl.						
2d Cpe	160	480	800	1,600	2,800	4,000
2d HBk	164	492	820	1,640	2,870	4,100
1977 Phoenix, V-8						
4d Sed	156	468	780	1,560	2,730	3,900
2d Cpe	160	480	800	1,600	2,800	4,000
1977 Ventura, V-8						
4d Sed	156	468	780	1,560	2,730	3,900
2d Cpe	160	480	800	1,600	2,800	4,000
2d HBk	164	492	820	1,640	2,870	4,100
1977 Ventura SJ, V-8						
4d Sed	160	480	800	1,600	2,800	4,000
2d Cpe	164	492	820	1,640	2,870	4,100
2d HBk	168	504	840	1,680	2,940	4,200
1977 LeMans, V-8						
4d Sed	160	480	800	1,600	2,800	4,000
2d Cpe	164	492	820	1,640	2,870	4,100
4d 2S Sta Wag	156	468	780	1,560	2,730	3,900
4d 3S Sta Wag	160	480	800	1,600	2,800	4,000
1977 LeMans Sport Cpe, V-8						
2d Cpe	208	624	1,040	2,080	3,640	5,200
NOTE: Add 20 percent for Can Am option.						
1977 Grand LeMans, V-8						
4d Sed	164	492	820	1,640	2,870	4,100
2d Cpe	168	504	840	1,680	2,940	4,200
4d 2S Sta Wag	160	480	800	1,600	2,800	4,000
4d 3S Sta Wag	164	492	820	1,640	2,870	4,100
1977 Catalina, V-8						
4d Sed	156	468	780	1,560	2,730	3,900
2d Cpe	160	480	800	1,600	2,800	4,000
4d 2S Safari Wag	152	456	760	1,520	2,660	3,800
4d 3S Safari Wag	156	468	780	1,560	2,730	3,900
1977 Bonneville, V-8						
4d Sed	164	492	820	1,640	2,870	4,100
2d Cpe	168	504	840	1,680	2,940	4,200
1977 Bonneville Brougham, V-8						
4d Sed	172	516	860	1,720	3,010	4,300
2d Cpe	180	540	900	1,800	3,150	4,500
1977 Grand Safari						
4d 2S Sta Wag	168	504	840	1,680	2,940	4,200
4d 3S Sta Wag	172	516	860	1,720	3,010	4,300
1977 Grand Prix, V-8						
2d Cpe	268	804	1,340	2,680	4,690	6,700
2d Cpe LJ	280	840	1,400	2,800	4,900	7,000
2d Cpe SJ	320	960	1,600	3,200	5,600	8,000

	6	5	4	3	2	1
1977 Firebird, V-8						
2d Cpe	232	696	1,160	2,320	4,060	5,800
2d Esprit Cpe	240	720	1,200	2,400	4,200	6,000
2d Formula Cpe	252	756	1,260	2,520	4,410	6,300
2d Trans Am Cpe	260	780	1,300	2,600	4,550	6,500
NOTE: Add 10 percent for 4-speed.						
1978 Sunbird						
2d Cpe	116	348	580	1,160	2,030	2,900
2d Spt Cpe	120	360	600	1,200	2,100	3,000
2d Spt HBk	124	372	620	1,240	2,170	3,100
4d Spt Wag	120	360	600	1,200	2,100	3,000
1978 Phoenix						
4d Sed	120	360	600	1,200	2,100	3,000
2d Cpe	132	396	660	1,320	2,310	3,300
2d HBk	124	372	620	1,240	2,170	3,100
1978 Phoenix LJ						
4d Sed	124	372	620	1,240	2,170	3,100
2d Cpe	140	420	700	1,400	2,450	3,500
1978 LeMans						
4d Sed	160	480	800	1,600	2,800	4,000
2d Cpe	168	504	840	1,680	2,940	4,200
4d 2S Sta Wag	160	480	800	1,600	2,800	4,000
1978 Grand LeMans						
4d Sed	164	492	820	1,640	2,870	4,100
2d Cpe	172	516	860	1,720	3,010	4,300
4d 2S Sta Wag	164	492	820	1,640	2,870	4,100
1978 Grand Am						
4d Sed	168	504	840	1,680	2,940	4,200
2d Cpe	180	540	900	1,800	3,150	4,500
1978 Catalina						
4d Sed	160	480	800	1,600	2,800	4,000
2d Cpe	164	492	820	1,640	2,870	4,100
4d 2S Sta Wag	168	504	840	1,680	2,940	4,200
1978 Bonneville						
4d Sed	172	516	860	1,720	3,010	4,300
2d Cpe	180	540	900	1,800	3,150	4,500
4d 2S Sta Wag	180	540	900	1,800	3,150	4,500
1978 Bonneville Brougham						
4d Sed	180	540	900	1,800	3,150	4,500
2d Cpe	188	564	940	1,880	3,290	4,700
1978 Grand Prix						
2d Cpe	236	708	1,180	2,360	4,130	5,900
2d Cpe LJ	240	720	1,200	2,400	4,200	6,000
2d Cpe SJ	248	744	1,240	2,480	4,340	6,200
1978 Firebird, V-8, 108" wb						
2d Cpe	232	696	1,160	2,320	4,060	5,800
2d Esprit Cpe	240	720	1,200	2,400	4,200	6,000
2d Formula Cpe	252	756	1,260	2,520	4,410	6,300
2d Trans Am Cpe	260	780	1,300	2,600	4,550	6,500
NOTE: Add 10 percent for 4-speed.						
1979 Sunbird						
2d Cpe	120	360	600	1,200	2,100	3,000
2d Spt Cpe	124	372	620	1,240	2,170	3,100
2d HBk	124	372	620	1,240	2,170	3,100
4d Sta Wag	128	384	640	1,280	2,240	3,200
1979 Phoenix						
2d Sed	124	372	620	1,240	2,170	3,100
2d Cpe	132	396	660	1,320	2,310	3,300
2d HBk	128	384	640	1,280	2,240	3,200
1979 Phoenix LJ						
4d Sed	128	384	640	1,280	2,240	3,200
2d Cpe	136	408	680	1,360	2,380	3,400
1979 LeMans						
4d Sed	164	492	820	1,640	2,870	4,100
2d Cpe	172	516	860	1,720	3,010	4,300
4d Sta Wag	164	492	820	1,640	2,870	4,100
1979 Grand LeMans						
4d Sed	168	504	840	1,680	2,940	4,200
2d Cpe	180	540	900	1,800	3,150	4,500
4d Sta Wag	168	504	840	1,680	2,940	4,200
1979 Grand Am						
4d Sed	180	540	900	1,800	3,150	4,500
2d Cpe	188	564	940	1,880	3,290	4,700

1990 Pontiac Firebird GTA coupe

1924 Oakland Model 6-54 touring

1915 Reo The Fifth coupe

	6	5	4	3	2	1
1979 Catalina						
4d Sed	164	492	820	1,640	2,870	4,100
2d Cpe	168	504	840	1,680	2,940	4,200
4d Sta Wag	164	492	820	1,640	2,870	4,100
1979 Bonneville						
4d Sed	176	528	880	1,760	3,080	4,400
2d Cpe	180	540	900	1,800	3,150	4,500
4d Sta Wag	176	528	880	1,760	3,080	4,400
1979 Bonneville Brougham						
4d Sed	184	552	920	1,840	3,220	4,600
2d Cpe	192	576	960	1,920	3,360	4,800
1979 Grand Prix						
2d Cpe	200	600	1,000	2,000	3,500	5,000
2d LJ Cpe	208	624	1,040	2,080	3,640	5,200
2d SJ Cpe	216	648	1,080	2,160	3,780	5,400
1979 Firebird, V-8, 108" wb						
2d Cpe	248	744	1,240	2,480	4,340	6,200
2d Esprit Cpe	256	768	1,280	2,560	4,480	6,400
2d Formula Cpe	264	792	1,320	2,640	4,620	6,600
2d Trans Am Cpe	320	960	1,600	3,200	5,600	8,000
NOTE: Add 15 percent for 10th Anniversary Edition. Add 10 percent for 4-speed.						
1980 Sunbird, V-6						
2d Cpe	140	420	700	1,400	2,450	3,500
2d HBk	144	432	720	1,440	2,520	3,600
2d Spt Cpe	144	432	720	1,440	2,520	3,600
2d Cpe HBk	148	444	740	1,480	2,590	3,700
NOTE: Deduct 10 percent for 4-cyl.						
1980 Phoenix, V-6						
2d Cpe	148	444	740	1,480	2,590	3,700
4d Sed HBk	144	432	720	1,440	2,520	3,600
NOTE: Deduct 10 percent for 4-cyl.						
1980 Phoenix LJ, V-6						
2d Cpe	152	456	760	1,520	2,660	3,800
4d Sed HBk	148	444	740	1,480	2,590	3,700
NOTE: Deduct 10 percent for 4-cyl.						
1980 LeMans, V-8						
4d Sed	148	444	740	1,480	2,590	3,700
2d Cpe	156	468	780	1,560	2,730	3,900
4d Sta Wag	152	456	760	1,520	2,660	3,800
NOTE: Deduct 10 percent for V-6.						
1980 Grand LeMans, V-8						
4d Sed	152	456	760	1,520	2,660	3,800
2d Cpe	160	480	800	1,600	2,800	4,000
4d Sta Wag	156	468	780	1,560	2,730	3,900
NOTE: Deduct 10 percent for V-6.						
1980 Grand Am, V-8						
2d Cpe	164	492	820	1,640	2,870	4,100
1980 Firebird, V-8						
2d Cpe	236	708	1,180	2,360	4,130	5,900
2d Cpe Esprit	240	720	1,200	2,400	4,200	6,000
2d Cpe Formula	244	732	1,220	2,440	4,270	6,100
2d Cpe Trans Am	252	756	1,260	2,520	4,410	6,300
NOTE: Deduct 15 percent for V-6. Add 10 percent for Indy Pace Car.						
1980 Catalina, V-8						
4d Sed	152	456	760	1,520	2,660	3,800
2d Cpe	156	468	780	1,560	2,730	3,900
4d 2S Sta Wag	156	468	780	1,560	2,730	3,900
4d 3S Sta Wag	160	480	800	1,600	2,800	4,000
NOTE: Deduct 10 percent for V-6.						
1980 Bonneville, V-8						
4d Sed	156	468	780	1,560	2,730	3,900
2d Cpe	160	480	800	1,600	2,800	4,000
4d 2S Sta Wag	160	480	800	1,600	2,800	4,000
4d 3S Sta Wag	164	492	820	1,640	2,870	4,100
NOTE: Deduct 10 percent for V-6.						
1980 Bonneville Brougham, V-8						
4d Sed	164	492	820	1,640	2,870	4,100
2d Cpe	172	516	860	1,720	3,010	4,300
NOTE: Deduct 10 percent for V-6.						
1980 Grand Prix, V-8						
2d Cpe	216	648	1,080	2,160	3,780	5,400
2d Cpe LJ	220	660	1,100	2,200	3,850	5,500

	6	5	4	3	2	1
2d Cpe SJ	224	672	1,120	2,240	3,920	5,600
NOTE: Deduct 10 percent for V-6.						
1981 T1000, 4-cyl.						
2d Sed HBk	140	420	700	1,400	2,450	3,500
4d Sed HBk	144	432	720	1,440	2,520	3,600
1981 Phoenix, V-6						
2d Cpe	148	444	740	1,480	2,590	3,700
4d Sed HBk	144	432	720	1,440	2,520	3,600
NOTE: Deduct 10 percent for 4-cyl.						
1981 Phoenix LJ, V-6						
2d Cpe	152	456	760	1,520	2,660	3,800
4d Sed HBk	148	444	740	1,480	2,590	3,700
NOTE: Deduct 10 percent for 4-cyl.						
1981 LeMans, V-8						
4d Sed	156	468	780	1,560	2,730	3,900
4d Sed LJ	160	480	800	1,600	2,800	4,000
2d Cpe	160	480	800	1,600	2,800	4,000
4d Sta Wag	160	480	800	1,600	2,800	4,000
NOTE: Deduct 10 percent for V-6.						
1981 Grand LeMans, V-8						
4d Sed	184	552	920	1,840	3,220	4,600
2d Cpe	168	504	840	1,680	2,940	4,200
4d Sta Wag	168	504	840	1,680	2,940	4,200
NOTE: Deduct 10 percent for V-6.						
1981 Firebird, V-8						
2d Cpe	240	720	1,200	2,400	4,200	6,000
2d Cpe Esprit	244	732	1,220	2,440	4,270	6,100
2d Cpe Formula	248	744	1,240	2,480	4,340	6,200
2d Cpe Trans Am	260	780	1,300	2,600	4,550	6,500
2d Cpe Trans Am SE	272	816	1,360	2,720	4,760	6,800
NOTE: Deduct 15 percent for V-6.						
1981 Catalina, V-8						
4d Sed	168	504	840	1,680	2,940	4,200
2d Cpe	172	516	860	1,720	3,010	4,300
4d 2S Sta Wag	172	516	860	1,720	3,010	4,300
4d 3S Sta Wag	176	528	880	1,760	3,080	4,400
NOTE: Deduct 10 percent for V-6.						
1981 Bonneville, V-8						
4d Sed	172	516	860	1,720	3,010	4,300
2d Cpe	176	528	880	1,760	3,080	4,400
4d 2S Sta Wag	176	528	880	1,760	3,080	4,400
4d 3S Sta Wag	180	540	900	1,800	3,150	4,500
NOTE: Deduct 10 percent for V-6.						
1981 Bonneville Brougham, V-8						
4d Sed	180	540	900	1,800	3,150	4,500
2d Cpe	184	552	920	1,840	3,220	4,600
1981 Grand Prix, V-8						
2d Cpe	216	648	1,080	2,160	3,780	5,400
2d Cpe LJ	220	660	1,100	2,200	3,850	5,500
2d Cpe Brgm	224	672	1,120	2,240	3,920	5,600
NOTE: Deduct 10 percent for V-6.						
1982 T1000, 4-cyl.						
4d Sed HBk	148	444	740	1,480	2,590	3,700
2d Cpe HBk	144	432	720	1,440	2,520	3,600
1982 J2000 S, 4-cyl.						
4d Sed	156	468	780	1,560	2,730	3,900
2d Cpe	160	480	800	1,600	2,800	4,000
4d Sta Wag	160	480	800	1,600	2,800	4,000
1982 J2000, 4-cyl.						
4d Sed	160	480	800	1,600	2,800	4,000
2d Cpe	164	492	820	1,640	2,870	4,100
2d Cpe HBk	168	504	840	1,680	2,940	4,200
4d Sta Wag	168	504	840	1,680	2,940	4,200
1982 J2000 LE, 4-cyl.						
4d Sed	164	492	820	1,640	2,870	4,100
2d Cpe	168	504	840	1,680	2,940	4,200
1982 J2000 SE, 4-cyl.						
2d Cpe HBk	176	528	880	1,760	3,080	4,400
1982 Phoenix, V-6						
4d Sed HBk	152	456	760	1,520	2,660	3,800
2d Cpe	156	468	780	1,560	2,730	3,900
NOTE: Deduct 10 percent for 4-cyl.						

	6	5	4	3	2	1
1982 Phoenix LJ, V-6						
4d Sed HBk	156	468	780	1,560	2,730	3,900
2d Cpe	160	480	800	1,600	2,800	4,000
NOTE: Deduct 10 percent for 4-cyl.						
1982 Phoenix SJ, V-6						
4d Sed HBk	160	480	800	1,600	2,800	4,000
2d Cpe	164	492	820	1,640	2,870	4,100
1982 6000, V-6						
4d Sed	168	504	840	1,680	2,940	4,200
2d Cpe	172	516	860	1,720	3,010	4,300
NOTE: Deduct 10 percent for 4-cyl.						
1982 6000 LE, V-6						
4d Sed	172	516	860	1,720	3,010	4,300
2d Cpe	176	528	880	1,760	3,080	4,400
NOTE: Deduct 10 percent for 4-cyl.						
1982 Firebird, V-8						
2d Cpe	252	756	1,260	2,520	4,410	6,300
2d Cpe SE	264	792	1,320	2,640	4,620	6,600
2d Cpe Trans Am	276	828	1,380	2,760	4,830	6,900
NOTE: Deduct 15 percent for V-6.						
1982 Bonneville, V-6						
4d Sed	180	540	900	1,800	3,150	4,500
4d Sta Wag	180	540	900	1,800	3,150	4,500
1982 Bonneville Brougham						
4d Sed	188	564	940	1,880	3,290	4,700
1982 Grand Prix, V-6						
2d Cpe	236	708	1,180	2,360	4,130	5,900
2d Cpe LJ	244	732	1,220	2,440	4,270	6,100
2d Cpe Brgm	248	744	1,240	2,480	4,340	6,200
1983 1000, 4-cyl.						
4d Sed HBk	152	456	760	1,520	2,660	3,800
2d Cpe	148	444	740	1,480	2,590	3,700
1983 2000, 4-cyl.						
4d Sed	160	480	800	1,600	2,800	4,000
2d Cpe	164	492	820	1,640	2,870	4,100
2d Cpe HBk	168	504	840	1,680	2,940	4,200
4d Sta Wag	168	504	840	1,680	2,940	4,200
1983 2000 LE, 4-cyl.						
4d Sed	168	504	840	1,680	2,940	4,200
2d Cpe	172	516	860	1,720	3,010	4,300
4d Sta Wag	172	516	860	1,720	3,010	4,300
1983 2000 SE, 4-cyl.						
2d Cpe HBk	176	528	880	1,760	3,080	4,400
1983 Sunbird, 4-cyl.						
2d Conv	340	1,020	1,700	3,400	5,950	8,500
1983 Phoenix, V-6						
4d Sed HBk	156	468	780	1,560	2,730	3,900
2d Cpe	160	480	800	1,600	2,800	4,000
NOTE: Deduct 10 percent for 4-cyl.						
1983 Phoenix LJ, V-6						
4d Sed HBk	160	480	800	1,600	2,800	4,000
2d Cpe	164	492	820	1,640	2,870	4,100
NOTE: Deduct 10 percent for 4-cyl.						
1983 Phoenix SJ, V-6						
4d Sed HBk	164	492	820	1,640	2,870	4,100
2d Cpe	168	504	840	1,680	2,940	4,200
1983 6000, V-6						
4d Sed	172	516	860	1,720	3,010	4,300
2d Cpe	176	528	880	1,760	3,080	4,400
NOTE: Deduct 10 percent for 4-cyl.						
1983 6000 LE, V-6						
4d Sed	176	528	880	1,760	3,080	4,400
2d Cpe	180	540	900	1,800	3,150	4,500
NOTE: Deduct 10 percent for 4-cyl.						
1983 6000 STE, V-6						
4d Sed	188	564	940	1,880	3,290	4,700
1983 Firebird, V-8						
2d Cpe	252	756	1,260	2,520	4,410	6,300
2d Cpe SE	256	768	1,280	2,560	4,480	6,400
2d Cpe Trans Am	264	792	1,320	2,640	4,620	6,600
NOTE: Deduct 15 percent for V-6.						

	6	5	4	3	2	1
1983 Bonneville, V-8						
4d Sed	192	576	960	1,920	3,360	4,800
4d Brgm	196	588	980	1,960	3,430	4,900
4d Sta Wag	196	588	980	1,960	3,430	4,900
NOTE: Deduct 10 percent for V-6.						
1983 Grand Prix, V-8						
2d Cpe	220	660	1,100	2,200	3,850	5,500
2d Cpe LJ	228	684	1,140	2,280	3,990	5,700
2d Cpe Brgm	232	696	1,160	2,320	4,060	5,800
1984 1000, 4-cyl.						
4d HBk	152	456	760	1,520	2,660	3,800
2d HBk	148	444	740	1,480	2,590	3,700
1984 Sunbird 2000, 4-cyl.						
4d Sed LE	164	492	820	1,640	2,870	4,100
2d Sed LE	160	480	800	1,600	2,800	4,000
2d Conv LE	340	1,020	1,700	3,400	5,950	8,500
4d Sta Wag LE	168	504	840	1,680	2,940	4,200
4d Sed SE	168	504	840	1,680	2,940	4,200
2d Sed SE	164	492	820	1,640	2,870	4,100
2d HBk SE	172	516	860	1,720	3,010	4,300
NOTE: Deduct 5 percent for lesser models. Add 10 percent for turbo where available.						
1984 Phoenix, 4-cyl.						
2d Sed	156	468	780	1,560	2,730	3,900
4d HBk	160	480	800	1,600	2,800	4,000
2d Sed LE	160	480	800	1,600	2,800	4,000
4d HBk LE	164	492	820	1,640	2,870	4,100
1984 Phoenix, V-6						
2d Sed	164	492	820	1,640	2,870	4,100
4d HBk	168	504	840	1,680	2,940	4,200
2d Sed LE	168	504	840	1,680	2,940	4,200
4d HBk LE	172	516	860	1,720	3,010	4,300
2d Sed SE	176	528	880	1,760	3,080	4,400
1984 6000, 4-cyl.						
4d Sed LE	180	540	900	1,800	3,150	4,500
2d Sed LE	184	552	920	1,840	3,220	4,600
4d Sta Wag LE	188	564	940	1,880	3,290	4,700
NOTE: Deduct 5 percent for lesser models.						
1984 6000, V-6						
4d Sed LE	184	552	920	1,840	3,220	4,600
2d Sed LE	188	564	940	1,880	3,290	4,700
4d Sta Wag LE	192	576	960	1,920	3,360	4,800
4d Sed STE	196	588	980	1,960	3,430	4,900
NOTE: Deduct 5 percent for lesser models.						
1984 Fiero, 4-cyl.						
2d Cpe	232	696	1,160	2,320	4,060	5,800
2d Cpe Spt	236	708	1,180	2,360	4,130	5,900
2d Cpe SE	240	720	1,200	2,400	4,200	6,000
NOTE: Add 40 percent for Indy Pace Car.						
1984 Firebird, V-6						
2d Cpe	244	732	1,220	2,440	4,270	6,100
2d Cpe SE	252	756	1,260	2,520	4,410	6,300
1984 Firebird, V-8						
2d Cpe	264	792	1,320	2,640	4,620	6,600
2d Cpe SE	268	804	1,340	2,680	4,690	6,700
2d Cpe TA	272	816	1,360	2,720	4,760	6,800
1984 Bonneville, V-6						
4d Sed	184	552	920	1,840	3,220	4,600
4d Sed LE	188	564	940	1,880	3,290	4,700
4d Sed Brgm	192	576	960	1,920	3,360	4,800
1984 Bonneville, V-8						
4d Sed	192	576	960	1,920	3,360	4,800
4d Sed LE	196	588	980	1,960	3,430	4,900
4d Sed Brgm	200	600	1,000	2,000	3,500	5,000
1984 Grand Prix, V-6						
2d Cpe	220	660	1,100	2,200	3,850	5,500
2d Cpe LE	228	684	1,140	2,280	3,990	5,700
2d Cpe Brgm	236	708	1,180	2,360	4,130	5,900
1984 Grand Prix, V-8						
2d Cpe	232	696	1,160	2,320	4,060	5,800
2d Cpe LE	240	720	1,200	2,400	4,200	6,000
2d Cpe Brgm	256	768	1,280	2,560	4,480	6,400
1984 Parisienne, V-6						
4d Sed	180	540	900	1,800	3,150	4,500

	6	5	4	3	2	1
4d Sed Brgm	184	552	920	1,840	3,220	4,600
1984 Parisienne, V-8						
4d Sed	188	564	940	1,880	3,290	4,700
4d Sed Brgm	192	576	960	1,920	3,360	4,800
4d Sta Wag	196	588	980	1,960	3,430	4,900
1985 1000, 4-cyl.						
4d Sed	152	456	760	1,520	2,660	3,800
2d Sed	148	444	740	1,480	2,590	3,700
2d HBk	156	468	780	1,560	2,730	3,900
4d Sta Wag	160	480	800	1,600	2,800	4,000
1985 Sunbird, 4-cyl.						
4d Sed	164	492	820	1,640	2,870	4,100
2d Cpe	160	480	800	1,600	2,800	4,000
Conv	340	1,020	1,700	3,400	5,950	8,500
4d Sta Wag	168	504	840	1,680	2,940	4,200
4d Sed SE	168	504	840	1,680	2,940	4,200
2d Cpe SE	164	492	820	1,640	2,870	4,100
2d HBk SE	172	516	860	1,720	3,010	4,300
NOTE: Add 20 percent for turbo.						
1985 Grand AM, V-6						
2d Cpe	180	540	900	1,800	3,150	4,500
2d Cpe LE	184	552	920	1,840	3,220	4,600
NOTE: Deduct 15 percent for 4-cyl.						
1985 6000, V-6						
4d Sed LE	184	552	920	1,840	3,220	4,600
2d Sed LE	188	564	940	1,880	3,290	4,700
4d Sta Wag LE	192	576	960	1,920	3,360	4,800
4d Sed STE	196	588	980	1,960	3,430	4,900
NOTE: Deduct 20 percent for 4-cyl. where available. Deduct 5 percent for lesser models.						
1985 Fiero, V-6						
2d Cpe	240	720	1,200	2,400	4,200	6,000
2d Cpe Spt	244	732	1,220	2,440	4,270	6,100
2d Cpe SE	248	744	1,240	2,480	4,340	6,200
2d Cpe GT	252	756	1,260	2,520	4,410	6,300
NOTE: Deduct 20 percent for 4-cyl. where available.						
1985 Firebird, V-8						
2d Cpe	264	792	1,320	2,640	4,620	6,600
2d Cpe SE	268	804	1,340	2,680	4,690	6,700
2d Cpe Trans AM	272	816	1,360	2,720	4,760	6,800
NOTE: Deduct 30 percent for V-6 where available.						
1985 Bonneville, V-8						
4d Sed	184	552	920	1,840	3,220	4,600
4d Sed LE	188	564	940	1,880	3,290	4,700
4d Sed Brgm	192	576	960	1,920	3,360	4,800
NOTE: Deduct 25 percent for V-6.						
1985 Grand Prix, V-8						
2d Cpe	220	660	1,100	2,200	3,850	5,500
2d Cpe LE	228	684	1,140	2,280	3,990	5,700
2d Cpe Brgm	236	708	1,180	2,360	4,130	5,900
NOTE: Deduct 25 percent for V-6.						
1985 Parisienne, V-8						
4d Sed	188	564	940	1,880	3,290	4,700
4d Sed Brgm	192	576	960	1,920	3,360	4,800
4d Sta Wag	196	588	980	1,960	3,430	4,900
NOTE: Deduct 20 percent for V-6 where available. Deduct 30 percent for diesel.						
1986 Fiero, V-6						
2d Cpe Spt	240	720	1,200	2,400	4,200	6,000
2d Cpe SE	244	732	1,220	2,440	4,270	6,100
2d Cpe GT	252	756	1,260	2,520	4,410	6,300
NOTE: Deduct 20 percent for 4-cyl. where available.						
2d HBk	152	456	760	1,520	2,660	3,800
4d HBk	156	468	780	1,560	2,730	3,900
1986 Sunbird						
2d Cpe	160	480	800	1,600	2,800	4,000
2d HBk	164	492	820	1,640	2,870	4,100
2d Conv	344	1,032	1,720	3,440	6,020	8,600
4d GT Sed	164	492	820	1,640	2,870	4,100
2d GT Conv	352	1,056	1,760	3,520	6,160	8,800
1986 Grand Am						
2d Cpe	188	564	940	1,880	3,290	4,700
4d Sed	184	552	920	1,840	3,220	4,600
1986 Firebird						
2d Cpe	264	792	1,320	2,640	4,620	6,600

	6	5	4	3	2	1
2d SE V-8 Cpe	268	804	1,340	2,680	4,690	6,700
Trans Am Cpe	276	828	1,380	2,760	4,830	6,900
1986 6000						
2d Cpe	192	576	960	1,920	3,360	4,800
4d Sed	188	564	940	1,880	3,290	4,700
4d Sta Wag	192	576	960	1,920	3,360	4,800
4d STE Sed	200	600	1,000	2,000	3,500	5,000
1986 Grand Prix						
2d Cpe	228	684	1,140	2,280	3,990	5,700
1986 Bonneville						
4d Sed	192	576	960	1,920	3,360	4,800
1986 Parisienne						
4d Sed	196	588	980	1,960	3,430	4,900
4d Sta Wag	232	696	1,160	2,320	4,060	5,800
4d Brgm Sed	200	600	1,000	2,000	3,500	5,000
NOTE: Add 10 percent for deluxe models.						
1986-1/2 Grand Prix 2 plus 2						
2d Aero Cpe	560	1,680	2,800	5,600	9,800	14,000
NOTE: Deduct 5 percent for smaller engines.						
1987 1000, 4-cyl.						
2d HBk	152	456	760	1,520	2,660	3,800
4d HBk	156	468	780	1,560	2,730	3,900
1987 Sunbird, 4-cyl.						
4d Sed	156	468	780	1,560	2,730	3,900
4d Sta Wag	160	480	800	1,600	2,800	4,000
2d SE Cpe	164	492	820	1,640	2,870	4,100
2d SE HBk	168	504	840	1,680	2,940	4,200
2d SE Conv	520	1,560	2,600	5,200	9,100	13,000
4d GT Turbo Sed	172	516	860	1,720	3,010	4,300
2d GT Turbo Cpe	168	504	840	1,680	2,940	4,200
2d GT Turbo HBk	172	516	860	1,720	3,010	4,300
2d GT Turbo Conv	560	1,680	2,800	5,600	9,800	14,000
NOTE: Add 5 percent for Turbo on all models except GT.						
1987 Grand Am, 4-cyl.						
4d Sed	192	576	960	1,920	3,360	4,800
2d Cpe	196	588	980	1,960	3,430	4,900
4d LE Sed	196	588	980	1,960	3,430	4,900
2d LE Cpe	200	600	1,000	2,000	3,500	5,000
4d SE Sed	204	612	1,020	2,040	3,570	5,100
2d SE Cpe	208	624	1,040	2,080	3,640	5,200
1987 Grand Am, V-6						
4d Sed	196	588	980	1,960	3,430	4,900
2d Cpe	200	600	1,000	2,000	3,500	5,000
4d LE Sed	200	600	1,000	2,000	3,500	5,000
2d LE Cpe	204	612	1,020	2,040	3,570	5,100
4d SE Sed	212	636	1,060	2,120	3,710	5,300
2d SE Cpe	216	648	1,080	2,160	3,780	5,400
1987 6000, 4-cyl.						
4d Sed	200	600	1,000	2,000	3,500	5,000
2d Cpe	196	588	980	1,960	3,430	4,900
4d Sta Wag	204	612	1,020	2,040	3,570	5,100
4d LE Sed	204	612	1,020	2,040	3,570	5,100
4d LE Sta Wag	208	624	1,040	2,080	3,640	5,200
1987 6000, V-6						
4d Sed	204	612	1,020	2,040	3,570	5,100
2d Cpe	200	600	1,000	2,000	3,500	5,000
4d Sta Wag	208	624	1,040	2,080	3,640	5,200
4d LE Sed	208	624	1,040	2,080	3,640	5,200
4d LE Sta Wag	212	636	1,060	2,120	3,710	5,300
4d SE Sed	212	636	1,060	2,120	3,710	5,300
4d SE Sta Wag	216	648	1,080	2,160	3,780	5,400
4d STE Sed	216	648	1,080	2,160	3,780	5,400
1987 Fiero, V-6						
2d Cpe	244	732	1,220	2,440	4,270	6,100
2d Spt Cpe	248	744	1,240	2,480	4,340	6,200
2d SE Cpe	252	756	1,260	2,520	4,410	6,300
NOTE: Deduct 20 percent for 4-cyl.						
2d GT Cpe	260	780	1,300	2,600	4,550	6,500
1987 Firebird, V-6						
2d Cpe	268	804	1,340	2,680	4,690	6,700
1987 Firebird, V-8						
2d Cpe	276	828	1,380	2,760	4,830	6,900
2d Cpe Formula	280	840	1,400	2,800	4,900	7,000
2d Cpe Trans Am	288	864	1,440	2,880	5,040	7,200

	6	5	4	3	2	1
2d Cpe GTA	296	888	1,480	2,960	5,180	7,400

NOTE: Add 10 percent for 5.7 liter V-8 where available.

	6	5	4	3	2	1
1987 Bonneville, V-6						
4d Sed	200	600	1,000	2,000	3,500	5,000
4d LE Sed	208	624	1,040	2,080	3,640	5,200
1987 Grand Prix, V-6						
2d Cpe	232	696	1,160	2,320	4,060	5,800
2d LE Cpe	236	708	1,180	2,360	4,130	5,900
2d Brgm Cpe	240	720	1,200	2,400	4,200	6,000
1987 Grand Prix, V-8						
2d Cpe	240	720	1,200	2,400	4,200	6,000
2d LE Cpe	244	732	1,220	2,440	4,270	6,100
2d Brgm Cpe	248	744	1,240	2,480	4,340	6,200
1987 Safari, V-8						
4d Sta Wag	208	624	1,040	2,080	3,640	5,200
1988 LeMans, 4-cyl.						
3d HBk	100	300	500	1,000	1,750	2,500
4d Sed	112	336	560	1,120	1,960	2,800
4d SE Sed	120	360	600	1,200	2,100	3,000
1988 Sunbird, 4-cyl.						
4d Sed	136	408	680	1,360	2,380	3,400
2d SE Cpe	144	432	720	1,440	2,520	3,600
4d SE Sed	148	444	740	1,480	2,590	3,700
4d Sta Wag	152	456	760	1,520	2,660	3,800
2d GT Cpe	200	600	1,000	2,000	3,500	5,000
2d GT Conv	340	1,020	1,700	3,400	5,950	8,500
1988 Grand Am, 4-cyl.						
2d Cpe	180	540	900	1,800	3,150	4,500
4d Sed	184	552	920	1,840	3,220	4,600
2d LE Cpe	192	576	960	1,920	3,360	4,800
4d Sed LE	196	588	980	1,960	3,430	4,900
2d SE Turbo Cpe	224	672	1,120	2,240	3,920	5,600
4d SE Turbo Sed	228	684	1,140	2,280	3,990	5,700
1988 6000, 4-cyl.						
4d Sed	156	468	780	1,560	2,730	3,900
4d Sta Wag	160	480	800	1,600	2,800	4,000
4d LE Sed	160	480	800	1,600	2,800	4,000
4d LE Sta Wag	168	504	840	1,680	2,940	4,200
1988 6000, V-6						
4d Sed	168	504	840	1,680	2,940	4,200
4d Sta Wag	180	540	900	1,800	3,150	4,500
4d Sed LE	200	600	1,000	2,000	3,500	5,000
4d LE Sta Wag	200	600	1,000	2,000	3,500	5,000
4d SE Sed	208	624	1,040	2,080	3,640	5,200
4d SE Sta Wag	220	660	1,100	2,200	3,850	5,500
4d STE Sed	288	864	1,440	2,880	5,040	7,200
1988 Fiero, V-6						
2d Cpe III	240	720	1,200	2,400	4,200	6,000
2d Formula Cpe	260	780	1,300	2,600	4,550	6,500
2d GT Cpe	272	816	1,360	2,720	4,760	6,800
1988 Firebird, V-6						
2d Cpe	240	720	1,200	2,400	4,200	6,000
1988 Firebird, V-8						
2d Cpe	280	840	1,400	2,800	4,900	7,000
2d Formula Cpe	320	960	1,600	3,200	5,600	8,000
2d Cpe Trans Am	520	1,560	2,600	5,200	9,100	13,000
2d Cpe GTA	600	1,800	3,000	6,000	10,500	15,000
1988 Bonneville, V-6						
4d LE Sed	240	720	1,200	2,400	4,200	6,000
4d SE Sed	300	900	1,500	3,000	5,250	7,500
4d SSE Sed	520	1,560	2,600	5,200	9,100	13,000
1988 Grand Prix, V-6						
2d Cpe	260	780	1,300	2,600	4,550	6,500
2d LE Cpe	280	840	1,400	2,800	4,900	7,000
2d SE Cpe	320	960	1,600	3,200	5,600	8,000
1989 LeMans, 4-cyl.						
2d HBk	108	324	540	1,080	1,890	2,700
2d LE HBk	116	348	580	1,160	2,030	2,900
2d GSE HBk	136	408	680	1,360	2,380	3,400
4d LE Sed	132	396	660	1,320	2,310	3,300
4d SE Sed	140	420	700	1,400	2,450	3,500
1989 Sunbird, 4-cyl.						
4d LE Sed	184	552	920	1,840	3,220	4,600
2d LE Cpe	180	540	900	1,800	3,150	4,500

	6	5	4	3	2	1
2d SE Cpe	188	564	940	1,880	3,290	4,700
2d GT Turbo Cpe	268	804	1,340	2,680	4,690	6,700
2d GT Turbo Conv	540	1,620	2,700	5,400	9,450	13,500
1989 Grand Am, 4-cyl.						
4d LE Sed	224	672	1,120	2,240	3,920	5,600
2d LE Cpe	220	660	1,100	2,200	3,850	5,500
4d SE Sed	252	756	1,260	2,520	4,410	6,300
2d SE Cpe	248	744	1,240	2,480	4,340	6,200
1989 6000, 4-cyl.						
4d Sed LE	228	684	1,140	2,280	3,990	5,700
1989 6000, V-6						
4d LE Sed	244	732	1,220	2,440	4,270	6,100
4d LE Sta Wag	256	768	1,280	2,560	4,480	6,400
4d STE Sed	320	960	1,600	3,200	5,600	8,000
1989 Firebird, V-6						
2d Cpe	260	780	1,300	2,600	4,550	6,500
1989 Firebird, V-8						
2d Cpe	280	840	1,400	2,800	4,900	7,000
2d Formula Cpe	300	900	1,500	3,000	5,250	7,500
2d Trans Am Cpe	560	1,680	2,800	5,600	9,800	14,000
1989 Turbo, V-6						
2d Trans Am Cpe	560	1,680	2,800	5,600	9,800	14,000
2d GTA Cpe	600	1,800	3,000	6,000	10,500	15,000
1989 Bonneville, V-6						
4d LE Sed	272	816	1,360	2,720	4,760	6,800
4d SE Sed	312	936	1,560	3,120	5,460	7,800
4d SSE Sed	352	1,056	1,760	3,520	6,160	8,800
1989 Grand Prix, V-6						
2d Cpe	280	840	1,400	2,800	4,900	7,000
2d LE Cpe	300	900	1,500	3,000	5,250	7,500
2d SE Cpe	320	960	1,600	3,200	5,600	8,000
NOTE: Add 40 percent for McLaren Turbo Cpe.						
1989 Safari, V-8						
4d Sta Wag	288	864	1,440	2,880	5,040	7,200
1989-1/2 Firebird Trans Am Pace Car, V-6 Turbo						
Cpe	760	2,280	3,800	7,600	13,300	19,000
1990 LeMans, 4-cyl.						
2d Cpe	112	336	560	1,120	1,960	2,800
2d LE Cpe	128	384	640	1,280	2,240	3,200
2d GSE Cpe	144	432	720	1,440	2,520	3,600
4d LE Sed	128	384	640	1,280	2,240	3,200
1990 Sunbird, 4-cyl.						
2d VL Cpe	160	480	800	1,600	2,800	4,000
4d VL Sed	164	492	820	1,640	2,870	4,100
2d LE Cpe	168	504	840	1,680	2,940	4,200
2d LE Conv	300	900	1,500	3,000	5,250	7,500
4d LE Sed	172	516	860	1,720	3,010	4,300
2d SE Cpe	200	600	1,000	2,000	3,500	5,000
2d GT Turbo Cpe	240	720	1,200	2,400	4,200	6,000
1990 Grand Am, 4-cyl.						
2d LE Cpe	228	684	1,140	2,280	3,990	5,700
4d LE Cpe	240	720	1,200	2,400	4,200	6,000
2d SE Quad Cpe	260	780	1,300	2,600	4,550	6,500
4d SE Quad Sed	264	792	1,320	2,640	4,620	6,600
1990 6000, 4-cyl.						
4d LE Sed	180	540	900	1,800	3,150	4,500
1990 6000, V-6						
4d LE Sed	200	600	1,000	2,000	3,500	5,000
4d LE Sta Wag	220	660	1,100	2,200	3,850	5,500
4d SE Sed	220	660	1,100	2,200	3,850	5,500
4d SE Sta Wag	240	720	1,200	2,400	4,200	6,000
1990 Firebird, V-6						
2d Cpe	260	780	1,300	2,600	4,550	6,500
1990 Firebird, V-8						
2d Cpe	300	900	1,500	3,000	5,250	7,500
2d Formula Cpe	320	960	1,600	3,200	5,600	8,000
2d Trans Am Cpe	520	1,560	2,600	5,200	9,100	13,000
2d GTA Cpe	600	1,800	3,000	6,000	10,500	15,000
1990 Bonneville, V-6						
4d LE Sed	280	840	1,400	2,800	4,900	7,000
4d SE Sed	300	900	1,500	3,000	5,250	7,500
4d SSE Sed	340	1,020	1,700	3,400	5,950	8,500

	6	5	4	3	2	1
1990 Grand Prix, 4-cyl.						
2d LE Cpe	240	720	1,200	2,400	4,200	6,000
4d LE Sed	244	732	1,220	2,440	4,270	6,100
1990 Grand Prix, V-6						
2d LE Cpe	252	756	1,260	2,520	4,410	6,300
4d LE Sed	256	768	1,280	2,560	4,480	6,400
2d SE Cpe	320	960	1,600	3,200	5,600	8,000
4d STE Sed	340	1,020	1,700	3,400	5,950	8,500
1991 LeMans, 4-cyl.						
2d Aero Cpe	128	384	640	1,280	2,240	3,200
2d Aero LE Cpe	152	456	760	1,520	2,660	3,800
4d LE Sed	140	420	700	1,400	2,450	3,500
1991 Sunbird, 4-cyl.						
2d Cpe	152	456	760	1,520	2,660	3,800
4d Sed	152	456	760	1,520	2,660	3,800
2d LE Cpe	160	480	800	1,600	2,800	4,000
4d LE Cpe	160	480	800	1,600	2,800	4,000
2d LE Conv	320	960	1,600	3,200	5,600	8,000
2d SE Cpe	200	600	1,000	2,000	3,500	5,000
1991 Sunbird, V-6						
2d GT Cpe	260	780	1,300	2,600	4,550	6,500
1991 Grand Am, 4-cyl.						
2d Cpe	200	600	1,000	2,000	3,500	5,000
4d Sed	200	600	1,000	2,000	3,500	5,000
2d LE Cpe	208	624	1,040	2,080	3,640	5,200
4d LE Sed	208	624	1,040	2,080	3,640	5,200
2d SE Quad 4 Cpe	232	696	1,160	2,320	4,060	5,800
4d SE Quad 4 Sed	232	696	1,160	2,320	4,060	5,800
1991 6000, 4-cyl.						
4d LE Sed	180	540	900	1,800	3,150	4,500
1991 6000, V-6						
4d LE Sed	200	600	1,000	2,000	3,500	5,000
4d LE Sta Wag	220	660	1,100	2,200	3,850	5,500
4d SE Sed	216	648	1,080	2,160	3,780	5,400
1991 Firebird, V-6						
2d Cpe	260	780	1,300	2,600	4,550	6,500
2d Conv	560	1,680	2,800	5,600	9,800	14,000
1991 Firebird, V-8						
2d Cpe	300	900	1,500	3,000	5,250	7,500
2d Conv	600	1,800	3,000	6,000	10,500	15,000
2d Formula Cpe	320	960	1,600	3,200	5,600	8,000
2d Trans Am Cpe	520	1,560	2,600	5,200	9,100	13,000
2d Trans Am Conv	660	1,980	3,300	6,600	11,550	16,500
2d GTA Cpe	600	1,800	3,000	6,000	10,500	15,000
1991 Bonneville, V-6						
4d LE Sed	260	780	1,300	2,600	4,550	6,500
4d SE Sed	300	900	1,500	3,000	5,250	7,500
4d SSE Sed	320	960	1,600	3,200	5,600	8,000
1991 Grand Prix, Quad 4						
2d SE Cpe	220	660	1,100	2,200	3,850	5,500
4d LE Sed	220	660	1,100	2,200	3,850	5,500
4d SE Sed	232	696	1,160	2,320	4,060	5,800
1991 Grand Prix, V-6						
4d SE Cpe	240	720	1,200	2,400	4,200	6,000
2d GT Cpe	256	768	1,280	2,560	4,480	6,400
4d LE Sed	240	720	1,200	2,400	4,200	6,000
4d SE Sed	256	768	1,280	2,560	4,480	6,400
4d STE Sed	280	840	1,400	2,800	4,900	7,000
1992 LeMans, 4-cyl.						
2d Aero Cpe HBk	152	456	760	1,520	2,660	3,800
2d SE Aero Cpe HBk	156	468	780	1,560	2,730	3,900
4d SE Sed	160	480	800	1,600	2,800	4,000
1992 Sunbird, 4-cyl.						
4d LE Sed	160	480	800	1,600	2,800	4,000
2d LE Cpe	164	492	820	1,640	2,870	4,100
4d SE Sed	168	504	840	1,680	2,940	4,200
2d SE Cpe	172	516	860	1,720	3,010	4,300
2d SE Conv	260	780	1,300	2,600	4,550	6,500
2d GT Cpe V-6	180	540	900	1,800	3,150	4,500
1992 Grand Am, 4-cyl.						
4d SE Sed	200	600	1,000	2,000	3,500	5,000
2d SE Cpe	220	660	1,100	2,200	3,850	5,500
4d GT Sed	240	720	1,200	2,400	4,200	6,000
2d GT Cpe	260	780	1,300	2,600	4,550	6,500

NOTE: Add 10 percent for V-6.

	6	5	4	3	2	1
1992 Firebird, V-8						
2d Cpe	320	960	1,600	3,200	5,600	8,000
2d Conv	600	1,800	3,000	6,000	10,500	15,000
2d Formula Cpe	340	1,020	1,700	3,400	5,950	8,500
2d Trans Am Cpe	540	1,620	2,700	5,400	9,450	13,500
2d Trans Am Conv	620	1,860	3,100	6,200	10,850	15,500
2d GTA Cpe	580	1,740	2,900	5,800	10,150	14,500
NOTE: Deduct 10 percent for V-6.						
1992 Bonneville, V-6						
4d SE Sed	260	780	1,300	2,600	4,550	6,500
4d SSE Sed	300	900	1,500	3,000	5,250	7,500
4d SSEi Sed	520	1,560	2,600	5,200	9,100	13,000
1992 Grand Prix, V-6						
4d LE Sed	220	660	1,100	2,200	3,850	5,500
4d SE Sed	240	720	1,200	2,400	4,200	6,000
2d SE Cpe	260	780	1,300	2,600	4,550	6,500
4d STE Sed	320	960	1,600	3,200	5,600	8,000
2d GT Cpe	340	1,020	1,700	3,400	5,950	8,500
1993 LeMans						
2d Aero Cpe	156	468	780	1,560	2,730	3,900
2d SE Aero Cpe	160	480	800	1,600	2,800	4,000
4d SE Sed	156	468	780	1,560	2,730	3,900
1993 Sunbird						
2d LE Cpe	168	504	840	1,680	2,940	4,200
4d LE Sed	170	510	850	1,700	2,975	4,250
2d SE Cpe	172	516	860	1,720	3,010	4,300
4d SE Sed	174	522	870	1,740	3,045	4,350
2d GT Cpe, V-6	180	540	900	1,800	3,150	4,500
2d SE Conv	188	564	940	1,880	3,290	4,700
1993 Grand Am, 4-cyl.						
2d SE Cpe	220	660	1,100	2,200	3,850	5,500
4d SE Sed	220	660	1,100	2,200	3,850	5,500
2d GT Cpe	224	672	1,120	2,240	3,920	5,600
4d GT Sed	224	672	1,120	2,240	3,920	5,600
1993 Grand Am, V-6						
2d SE Cpe	224	672	1,120	2,240	3,920	5,600
4d SE Sed	224	672	1,120	2,240	3,920	5,600
2d GT Cpe	228	684	1,140	2,280	3,990	5,700
4d GT Sed	228	684	1,140	2,280	3,990	5,700
1993 Firebird						
2d Cpe, V-6	320	960	1,600	3,200	5,600	8,000
2d Formula Cpe, V-8	520	1,560	2,600	5,200	9,100	13,000
2d Trans Am Cpe, V-8	540	1,620	2,700	5,400	9,450	13,500
1993 Bonneville, V-6						
4d SE Sed	320	960	1,600	3,200	5,600	8,000
4d SSE Sed	340	1,020	1,700	3,400	5,950	8,500
4d SSEi Sed	520	1,560	2,600	5,200	9,100	13,000
1993 Grand Prix						
2d SE Cpe	240	720	1,200	2,400	4,200	6,000
2d GT Cpe	248	744	1,240	2,480	4,340	6,200
4d LE Sed	240	720	1,200	2,400	4,200	6,000
4d SE Sed	248	744	1,240	2,480	4,340	6,200
4d STE Sed	256	768	1,280	2,560	4,480	6,400
1994 Sunbird						
2d LE Cpe, 4-cyl.	220	660	1,100	2,200	3,850	5,500
4d LE Sed, 4-cyl.	224	672	1,120	2,240	3,920	5,600
2d LE Conv, 4-cyl.	300	900	1,500	3,000	5,250	7,500
2d SE Cpe, V-6	260	780	1,300	2,600	4,550	6,500
1994 Grand Am						
2d SE Cpe, 4-cyl.	244	732	1,220	2,440	4,270	6,100
4d SE Sed, 4-cyl.	248	744	1,240	2,480	4,340	6,200
4d GT Sed, 4-cyl.	260	780	1,300	2,600	4,550	6,500
2d SE Cpe, V-6	252	756	1,260	2,520	4,410	6,300
2d GT Cpe, V-6	256	768	1,280	2,560	4,480	6,400
4d SE Sed, V-6	256	768	1,280	2,560	4,480	6,400
4d GT Sed, V-6	260	780	1,300	2,600	4,550	6,500
1994 Firebird						
2d Cpe, V-6	420	1,260	2,100	4,200	7,350	10,500
2d Conv, V-6	540	1,620	2,700	5,400	9,450	13,500
2d Formula Cpe, V-8	480	1,440	2,400	4,800	8,400	12,000
2d Formula Conv, V-8	580	1,740	2,900	5,800	10,150	14,500
2d Trans Am Cpe, V-8	540	1,620	2,700	5,400	9,450	13,500
2d Trans Am GT Cpe, V-8						
2d Trans Am GT Conv, V-8	580	1,740	2,900	5,800	10,150	14,500

	6	5	4	3	2	1
	620	1,860	3,100	6,200	10,850	15,500
1994 Bonneville, V-6						
4d SE Sed	340	1,020	1,700	3,400	5,950	8,500
4d SSE Sed	440	1,320	2,200	4,400	7,700	11,000
1994 Grand Prix						
2d SE Cpe	340	1,020	1,700	3,400	5,950	8,500
4d SE Sed	344	1,032	1,720	3,440	6,020	8,600

OAKLAND

	6	5	4	3	2	1
1907 Model A, 4-cyl., 96" wb - 100" sb						
All Body Styles	1,480	4,440	7,400	14,800	25,900	37,000
1909 Model 20, 2-cyl., 112" wb						
All Body Styles	1,360	4,080	6,800	13,600	23,800	34,000
1909 Model 40, 4-cyl., 112" wb						
All Body Styles	1,280	3,840	6,400	12,800	22,400	32,000
1910-1911 Model 24, 4-cyl., 96" wb						
Rds	1,040	3,120	5,200	10,400	18,200	26,000
1910-1911 Model 25, 4-cyl., 100" wb						
Tr	960	2,880	4,800	9,600	16,800	24,000
1910-1911 Model 33, 4-cyl., 106" wb						
Tr	1,120	3,360	5,600	11,200	19,600	28,000
1910-1911 Model K, 4-cyl., 102" wb						
Tr	1,200	3,600	6,000	12,000	21,000	30,000
1910-1911 Model M, 4-cyl., 112" wb						
Rds	1,240	3,720	6,200	12,400	21,700	31,000
NOTE: Model 33 1911 only.						
1912 Model 30, 4-cyl., 106" wb						
5P Tr	760	2,280	3,800	7,600	13,300	19,000
Rbt	780	2,340	3,900	7,800	13,650	19,500
1912 Model 40, 4-cyl., 112" wb						
5P Tr	760	2,280	3,800	7,600	13,300	19,000
Cpe	600	1,800	3,000	6,000	10,500	15,000
Rds	800	2,400	4,000	8,000	14,000	20,000
1912 Model 45, 4-cyl., 120" wb						
7P Tr	1,000	3,000	5,000	10,000	17,500	25,000
4P Tr	1,040	3,120	5,200	10,400	18,200	26,000
Limo	960	2,880	4,800	9,600	16,800	24,000
1913 Greyhound 6-60, 6-cyl., 130" wb						
4P Tr	1,120	3,360	5,600	11,200	19,600	28,000
7P Tr	1,080	3,240	5,400	10,800	18,900	27,000
Rbt	920	2,760	4,600	9,200	16,100	23,000
1913 Model 42, 4-cyl., 116" wb						
5P Tr	880	2,640	4,400	8,800	15,400	22,000
3P Rds	840	2,520	4,200	8,400	14,700	21,000
4P Cpe	600	1,800	3,000	6,000	10,500	15,000
1913 Model 35, 4-cyl., 112" wb						
5P Tr	800	2,400	4,000	8,000	14,000	20,000
3P Rds	800	2,400	4,000	8,000	14,000	20,000
1913 Model 40, 4-cyl., 114" wb						
5P Tr	840	2,520	4,200	8,400	14,700	21,000
1913 Model 45, 4-cyl., 120" wb						
7P Limo	760	2,280	3,800	7,600	13,300	19,000
1914 Model 6-60, 6-cyl., 130" wb						
Rbt	840	2,520	4,200	8,400	14,700	21,000
Rds	1,000	3,000	5,000	10,000	17,500	25,000
Cl Cpl	800	2,400	4,000	8,000	14,000	20,000
Tr	1,080	3,240	5,400	10,800	18,900	27,000
1914 Model 6-48, 6-cyl., 130" wb						
Spt	640	1,920	3,200	6,400	11,200	16,000
Rds	920	2,760	4,600	9,200	16,100	23,000
Tr	960	2,880	4,800	9,600	16,800	24,000
1914 Model 43, 4-cyl., 116" wb						
5P Tr	800	2,400	4,000	8,000	14,000	20,000
Cpe	560	1,680	2,800	5,600	9,800	14,000
Sed	540	1,620	2,700	5,400	9,450	13,500
1914 Model 36, 4-cyl., 112" wb						
5P Tr	760	2,280	3,800	7,600	13,300	19,000
Cabr	740	2,220	3,700	7,400	12,950	18,500
1914 Model 35, 4-cyl., 112" wb						
Rds	720	2,160	3,600	7,200	12,600	18,000
5P Tr	740	2,220	3,700	7,400	12,950	18,500

1921 Reo T6 touring

1992 Saturn SL1 sedan

1904 Studebaker-Garford Model 9502 side-entrance touring

	6	5	4	3	2	1
1915-1916 Model 37 - Model 38, 4-cyl., 112" wb						
Tr	720	2,160	3,600	7,200	12,600	18,000
Rds	680	2,040	3,400	6,800	11,900	17,000
Spd	660	1,980	3,300	6,600	11,550	16,500
1915-1916 Model 49 - Model 32, 6-cyl., 110"-123.5" wb						
Tr	800	2,400	4,000	8,000	14,000	20,000
Rds	780	2,340	3,900	7,800	13,650	19,500
1915-1916 Model 50, 8-cyl., 127" wb						
7P Tr	920	2,760	4,600	9,200	16,100	23,000
NOTE: Model 37 and Model 49 are 1915 models.						
1917 Model 34, 6-cyl., 112" wb						
Rds	640	1,920	3,200	6,400	11,200	16,000
5P Tr	660	1,980	3,300	6,600	11,550	16,500
Cpe	540	1,620	2,700	5,400	9,450	13,500
Sed	520	1,560	2,600	5,200	9,100	13,000
1917 Model 50, 8-cyl., 127" wb						
7P Tr	920	2,760	4,600	9,200	16,100	23,000
1918 Model 34-B, 6-cyl., 112" wb						
5P Tr	640	1,920	3,200	6,400	11,200	16,000
Rds	620	1,860	3,100	6,200	10,850	15,500
Rds Cpe	540	1,620	2,700	5,400	9,450	13,500
Tr Sed	520	1,560	2,600	5,200	9,100	13,000
4P Cpe	340	1,020	1,700	3,400	5,950	8,500
Sed	320	960	1,600	3,200	5,600	8,000
1919 Model 34-B, 6-cyl., 112" wb						
5P Tr	640	1,920	3,200	6,400	11,200	16,000
Rds	620	1,860	3,100	6,200	10,850	15,500
Rds Cpe	540	1,620	2,700	5,400	9,450	13,500
Cpe	340	1,020	1,700	3,400	5,950	8,500
Sed	320	960	1,600	3,200	5,600	8,000
1920 Model 34-C, 6-cyl., 112" wb						
Tr	640	1,920	3,200	6,400	11,200	16,000
Rds	620	1,860	3,100	6,200	10,850	15,500
Sed	420	1,260	2,100	4,200	7,350	10,500
Cpe	520	1,560	2,600	5,200	9,100	13,000
1921-22 Model 34-C, 6-cyl., 115" wb						
Tr	680	2,040	3,400	6,800	11,900	17,000
Rds	660	1,980	3,300	6,600	11,550	16,500
Sed	420	1,260	2,100	4,200	7,350	10,500
Cpe	520	1,560	2,600	5,200	9,100	13,000
1923 Model 6-44, 6-cyl., 115" wb						
Rds	680	2,040	3,400	6,800	11,900	17,000
Tr	700	2,100	3,500	7,000	12,250	17,500
Spt Rds	700	2,100	3,500	7,000	12,250	17,500
Spt Tr	720	2,160	3,600	7,200	12,600	18,000
2P Cpe	380	1,140	1,900	3,800	6,650	9,500
4P Cpe	376	1,128	1,880	3,760	6,580	9,400
Sed	300	900	1,500	3,000	5,250	7,500
1924-25 Model 6-54, 6-cyl., 113" wb						
5P Tr	760	2,280	3,800	7,600	13,300	19,000
Spl Tr	780	2,340	3,900	7,800	13,650	19,500
Rds	740	2,220	3,700	7,400	12,950	18,500
Spl Rds	760	2,280	3,800	7,600	13,300	19,000
4P Cpe	540	1,620	2,700	5,400	9,450	13,500
Lan Cpe	540	1,620	2,700	5,400	9,450	13,500
Sed	400	1,200	2,000	4,000	7,000	10,000
Lan Sed	420	1,260	2,100	4,200	7,350	10,500
2d Sed	380	1,140	1,900	3,800	6,650	9,500
2d Lan Sed	400	1,200	2,000	4,000	7,000	10,000
1926-27 Greater Six, 6-cyl., 113" wb						
Tr	780	2,340	3,900	7,800	13,650	19,500
Spt Phae	800	2,400	4,000	8,000	14,000	20,000
Rds	760	2,280	3,800	7,600	13,300	19,000
Spt Rds	780	2,340	3,900	7,800	13,650	19,500
Lan Cpe	580	1,740	2,900	5,800	10,150	14,500
2d Sed	520	1,560	2,600	5,200	9,100	13,000
Sed	420	1,260	2,100	4,200	7,350	10,500
Lan Sed	520	1,560	2,600	5,200	9,100	13,000
1928 Model 212, All-American, 6-cyl., 117" wb						
Spt Rds	820	2,460	4,100	8,200	14,350	20,500
Phae	840	2,520	4,200	8,400	14,700	21,000
Lan Cpe	600	1,800	3,000	6,000	10,500	15,000
Cabr	760	2,280	3,800	7,600	13,300	19,000
2d Sed	560	1,680	2,800	5,600	9,800	14,000
Sed	540	1,620	2,700	5,400	9,450	13,500

	6	5	4	3	2	1
Lan Sed	560	1,680	2,800	5,600	9,800	14,000
1929 Model 212, All-American, 6-cyl., 117" wb						
Spt Rds	1,120	3,360	5,600	11,200	19,600	28,000
Spt Phae	1,160	3,480	5,800	11,600	20,300	29,000
Cpe	600	1,800	3,000	6,000	10,500	15,000
Conv	1,040	3,120	5,200	10,400	18,200	26,000
2d Sed	560	1,680	2,800	5,600	9,800	14,000
Brgm	600	1,800	3,000	6,000	10,500	15,000
Sed	540	1,620	2,700	5,400	9,450	13,500
Spl Sed	560	1,680	2,800	5,600	9,800	14,000
Lan Sed	580	1,740	2,900	5,800	10,150	14,500
1930 Model 101, V-8, 117" wb						
Spt Rds	1,120	3,360	5,600	11,200	19,600	28,000
Phae	1,160	3,480	5,800	11,600	20,300	29,000
Cpe	720	2,160	3,600	7,200	12,600	18,000
Spt Cpe	760	2,280	3,800	7,600	13,300	19,000
2d Sed	600	1,800	3,000	6,000	10,500	15,000
Sed	580	1,740	2,900	5,800	10,150	14,500
Cus Sed	592	1,776	2,960	5,920	10,360	14,800
1931 Model 301, V-8, 117" wb						
Cpe	760	2,280	3,800	7,600	13,300	19,000
Spt Cpe	800	2,400	4,000	8,000	14,000	20,000
Conv	1,160	3,480	5,800	11,600	20,300	29,000
2d Sed	580	1,740	2,900	5,800	10,150	14,500
Sed	592	1,776	2,960	5,920	10,360	14,800
Cus Sed	600	1,800	3,000	6,000	10,500	15,000

REO

	6	5	4	3	2	1
1905 2-cyl., 16 hp, 88" wb						
5P Detachable Tonn	1,160	3,480	5,800	11,600	20,300	29,000
1905 1-cyl., 7-1/2" hp, 76" wb						
Rbt	1,120	3,360	5,600	11,200	19,600	28,000
1906 1-cyl., 8 hp, 76" wb						
2P Bus Rbt	1,120	3,360	5,600	11,200	19,600	28,000
1906 1-cyl., 8 hp, 78" wb						
4P Rbt	1,160	3,480	5,800	11,600	20,300	29,000
1906 2-cyl., 16 hp, 90" wb						
2P Physician's Vehicle	1,200	3,600	6,000	12,000	21,000	30,000
4P Cpe/Depot Wag	1,240	3,720	6,200	12,400	21,700	31,000
5P Tr	1,160	3,480	5,800	11,600	20,300	29,000
1906 Four - 24 hp, 100" wb						
5P Tr	1,200	3,600	6,000	12,000	21,000	30,000
1907 2-cyl., 16/20 hp, 94" wb						
5P Tr	1,200	3,600	6,000	12,000	21,000	30,000
7P Limo	1,240	3,720	6,200	12,400	21,700	31,000
1907 1-cyl., 8 hp, 78" wb						
2/4P Rbt	1,200	3,600	6,000	12,000	21,000	30,000
2P Rbt	1,160	3,480	5,800	11,600	20,300	29,000
1908 1-cyl., 8/10 hp, 78" wb						
Rbt	1,160	3,480	5,800	11,600	20,300	29,000
1908 2-cyl., 18/20 hp, 94" wb						
Tr	1,200	3,600	6,000	12,000	21,000	30,000
Rds	1,160	3,480	5,800	11,600	20,300	29,000
1909 1-cyl., 10/12 hp, 78" wb						
Rbt	1,120	3,360	5,600	11,200	19,600	28,000
1909 2-cyl., 20/22, 96" wb						
Tr	1,200	3,600	6,000	12,000	21,000	30,000
Semi-Racer	1,160	3,480	5,800	11,600	20,300	29,000
1910 1-cyl., 10/12 hp, 78" wb						
Rbt	1,120	3,360	5,600	11,200	19,600	28,000
1910 2-cyl., 20 hp, 96" wb						
Tr	1,160	3,480	5,800	11,600	20,300	29,000
1910 Four, 35 hp, 108" wb						
5P Tr	1,200	3,600	6,000	12,000	21,000	30,000
4P Demi-Tonn	1,200	3,600	6,000	12,000	21,000	30,000
1911 Twenty-Five, 4-cyl., 22.5 hp, 98" wb						
Rbt	1,200	3,600	6,000	12,000	21,000	30,000
1911 Thirty, 4-cyl., 30 hp, 108" wb						
2P Torp Rds	1,280	3,840	6,400	12,800	22,400	32,000
5P Tr	1,280	3,840	6,400	12,800	22,400	32,000
4P Rds	1,240	3,720	6,200	12,400	21,700	31,000

	6	5	4	3	2	1
1911 Thirty-Five, 4-cyl., 35 hp, 108" wb						
5P Tr	1,360	4,080	6,800	13,600	23,800	34,000
4P Demi-Tonn	1,320	3,960	6,600	13,200	23,100	33,000
1912 The Fifth, 4-cyl., 30/35 hp, 112" wb						
5P Tr	1,280	3,840	6,400	12,800	22,400	32,000
4P Rds	1,240	3,720	6,200	12,400	21,700	31,000
2P Rbt	1,240	3,720	6,200	12,400	21,700	31,000
1913 The Fifth, 4-cyl., 30/35 hp, 112" wb						
5P Tr	1,240	3,720	6,200	12,400	21,700	31,000
2P Rbt	1,200	3,600	6,000	12,000	21,000	30,000
1914 The Fifth, 4-cyl., 30/35 hp, 112" wb						
5P Tr	1,240	3,720	6,200	12,400	21,700	31,000
2P Rbt	1,200	3,600	6,000	12,000	21,000	30,000
1915 The Fifth, 4-cyl., 30/35 hp, 115" wb						
5P Tr	1,200	3,600	6,000	12,000	21,000	30,000
2P Rds	1,120	3,360	5,600	11,200	19,600	28,000
3P Cpe	960	2,880	4,800	9,600	16,800	24,000
1916 The Fifth, 4-cyl., 30/35 hp, 115" wb						
5P Tr	1,040	3,120	5,200	10,400	18,200	26,000
3P Rbt	1,000	3,000	5,000	10,000	17,500	25,000
1916 Model M, 6-cyl., 45 hp, 126" wb						
7P Tr	1,440	4,320	7,200	14,400	25,200	36,000
1917 The Fifth, 4-cyl., 30/35 hp, 115" wb						
5P Tr	1,040	3,120	5,200	10,400	18,200	26,000
3P Rds	1,000	3,000	5,000	10,000	17,500	25,000
1917 Model M, 6-cyl., 45 hp, 126" wb						
7P Tr	1,440	4,320	7,200	14,400	25,200	36,000
4P Rds	1,400	4,200	7,000	14,000	24,500	35,000
7P Sed	920	2,760	4,600	9,200	16,100	23,000
1918 The Fifth, 4-cyl., 30/35 hp, 120" wb						
5P Tr	1,080	3,240	5,400	10,800	18,900	27,000
3P Rds	1,040	3,120	5,200	10,400	18,200	26,000
1918 Model M, 6-cyl., 45 hp, 126" wb						
7P Tr	1,440	4,320	7,200	14,400	25,200	36,000
4P Rds	1,400	4,200	7,000	14,000	24,500	35,000
4P Encl Rds	1,360	4,080	6,800	13,600	23,800	34,000
7P Sed	920	2,760	4,600	9,200	16,100	23,000
1919 The Fifth, 4-cyl., 30/35 hp, 120" wb						
5P Tr	1,000	3,000	5,000	10,000	17,500	25,000
3P Rds	960	2,880	4,800	9,600	16,800	24,000
4P Cpe	640	1,920	3,200	6,400	11,200	16,000
5P Sed	600	1,800	3,000	6,000	10,500	15,000
1920 Model T-6, 6-cyl., 50 hp, 120" wb						
5P Tr	1,400	4,200	7,000	14,000	24,500	35,000
3P Rds	1,360	4,080	6,800	13,600	23,800	34,000
4P Cpe	800	2,400	4,000	8,000	14,000	20,000
5P Sed	760	2,280	3,800	7,600	13,300	19,000
1921 Model T-6, 6-cyl., 50 hp, 120" wb						
5P Tr	1,400	4,200	7,000	14,000	24,500	35,000
3P Rds	1,360	4,080	6,800	13,600	23,800	34,000
4P Cpe	800	2,400	4,000	8,000	14,000	20,000
5P Sed	760	2,280	3,800	7,600	13,300	19,000
1922 Model T-6, 6-cyl., 50 hp, 120" wb						
7P Tr	1,400	4,200	7,000	14,000	24,500	35,000
3P Rds	1,360	4,080	6,800	13,600	23,800	34,000
3P Bus Cpe	800	2,400	4,000	8,000	14,000	20,000
4P Cpe	760	2,280	3,800	7,600	13,300	19,000
5P Sed	720	2,160	3,600	7,200	12,600	18,000
1923 Model T-6, 6-cyl., 50 hp, 120" wb						
7P Tr	1,400	4,200	7,000	14,000	24,500	35,000
5P Phae	1,440	4,320	7,200	14,400	25,200	36,000
4P Cpe	760	2,280	3,800	7,600	13,300	19,000
5P Sed	720	2,160	3,600	7,200	12,600	18,000
1924 Model T-6, 6-cyl., 50 hp, 120" wb						
5P Tr	1,400	4,200	7,000	14,000	24,500	35,000
5P Phae	1,440	4,320	7,200	14,400	25,200	36,000
4P Cpe	760	2,280	3,800	7,600	13,300	19,000
5P Sed	720	2,160	3,600	7,200	12,600	18,000
5P Brgm	740	2,220	3,700	7,400	12,950	18,500
1925 Model T-6, 6-cyl., 50 hp, 120" wb						
5P Tr	1,360	4,080	6,800	13,600	23,800	34,000
5P Sed	680	2,040	3,400	6,800	11,900	17,000
4P Cpe	720	2,160	3,600	7,200	12,600	18,000
5P Brgm	700	2,100	3,500	7,000	12,250	17,500

	6	5	4	3	2	1
1926 Model T-6, 6-cyl., 50 hp, 120" wb						
4P Rds	1,000	3,000	5,000	10,000	17,500	25,000
2P Cpe	720	2,160	3,600	7,200	12,600	18,000
5P Sed	680	2,040	3,400	6,800	11,900	17,000
5P Tr	1,040	3,120	5,200	10,400	18,200	26,000
1927 Flying Cloud, 6-cyl., 65 hp, 121" wb						
4P Spt Rds	1,120	3,360	5,600	11,200	19,600	28,000
4P Cpe	680	2,040	3,400	6,800	11,900	17,000
4P DeL Cpe	720	2,160	3,600	7,200	12,600	18,000
2d 5P Brgm	680	2,040	3,400	6,800	11,900	17,000
5P DeL Sed	640	1,920	3,200	6,400	11,200	16,000
1928 Flying Cloud, 6-cyl., 65 hp, 121" wb						
4P Spt Rds	1,160	3,480	5,800	11,600	20,300	29,000
4P Cpe	680	2,040	3,400	6,800	11,900	17,000
4P DeL Cpe	720	2,160	3,600	7,200	12,600	18,000
2d 5P Brgm	640	1,920	3,200	6,400	11,200	16,000
5P DeL Sed	600	1,800	3,000	6,000	10,500	15,000
1929 Flying Cloud Mate, 6-cyl., 65 hp, 115" wb						
5P Sed	560	1,680	2,800	5,600	9,800	14,000
4P Cpe	680	2,040	3,400	6,800	11,900	17,000
1929 Flying Cloud Master, 6-cyl., 80 hp, 121" wb						
4P Rds	1,240	3,720	6,200	12,400	21,700	31,000
4P Cpe	720	2,160	3,600	7,200	12,600	18,000
5P Brgm	640	1,920	3,200	6,400	11,200	16,000
5P Sed	600	1,800	3,000	6,000	10,500	15,000
4P Vic	640	1,920	3,200	6,400	11,200	16,000
1930 Flying Cloud, Model 15, 6-cyl., 60 hp, 115" wb						
5P Sed	600	1,800	3,000	6,000	10,500	15,000
2P Cpe	720	2,160	3,600	7,200	12,600	18,000
4P Cpe	760	2,280	3,800	7,600	13,300	19,000
1930 Flying Cloud, Model 20, 6-cyl., 80 hp, 120" wb						
5P Sed	640	1,920	3,200	6,400	11,200	16,000
2P Cpe	760	2,280	3,800	7,600	13,300	19,000
4P Cpe	800	2,400	4,000	8,000	14,000	20,000
1930 Flying Cloud, Model 25, 6-cyl., 80 hp, 124" wb						
7P Sed	680	2,040	3,400	6,800	11,900	17,000
1931 Flying Cloud, Model 15, 6-cyl., 60 hp, 116" wb						
5P Phae	1,200	3,600	6,000	12,000	21,000	30,000
5P Sed	680	2,040	3,400	6,800	11,900	17,000
2P Cpe	800	2,400	4,000	8,000	14,000	20,000
4P Cpe	840	2,520	4,200	8,400	14,700	21,000
1931 Flying Cloud, Model 20, 6-cyl., 85 hp, 120" wb						
5P Sed	720	2,160	3,600	7,200	12,600	18,000
Spt Cpe	800	2,400	4,000	8,000	14,000	20,000
Spt Sed	760	2,280	3,800	7,600	13,300	19,000
Cpe-4P	800	2,400	4,000	8,000	14,000	20,000
1931 Flying Cloud, Model 25, 6-cyl., 85 hp, 125" wb						
Sed	720	2,160	3,600	7,200	12,600	18,000
Vic	760	2,280	3,800	7,600	13,300	19,000
4P Cpe	820	2,460	4,100	8,200	14,350	20,500
Spt Sed	780	2,340	3,900	7,800	13,650	19,500
Spt Vic	800	2,400	4,000	8,000	14,000	20,000
Spt Cpe	840	2,520	4,200	8,400	14,700	21,000
1931 Flying Cloud, Model 30, 8-cyl., 125 hp, 130" wb						
Sed	880	2,640	4,400	8,800	15,400	22,000
Vic	960	2,880	4,800	9,600	16,800	24,000
4P Cpe	960	2,880	4,800	9,600	16,800	24,000
Spt Sed	920	2,760	4,600	9,200	16,100	23,000
Spt Vic	1,000	3,000	5,000	10,000	17,500	25,000
Spt Cpe	1,000	3,000	5,000	10,000	17,500	25,000
1931 Royale, Model 35, 8-cyl., 125 hp, 135" wb						
Sed	1,320	3,960	6,600	13,200	23,100	33,000
Vic	1,360	4,080	6,800	13,600	23,800	34,000
4P Cpe	1,440	4,320	7,200	14,400	25,200	36,000
1932 Flying Cloud, Model 6-21, 6-cyl., 85 hp, 121" wb						
Sed	960	2,880	4,800	9,600	16,800	24,000
Spt Sed	1,000	3,000	5,000	10,000	17,500	25,000
1932 Flying Cloud, Model 8-21, 8-cyl., 90 hp, 121" wb						
Sed	1,000	3,000	5,000	10,000	17,500	25,000
Spt Sed	1,040	3,120	5,200	10,400	18,200	26,000
1932 Flying Cloud, Model 6-25						
Vic	1,160	3,480	5,800	11,600	20,300	29,000
Sed	1,080	3,240	5,400	10,800	18,900	27,000
Cpe	1,120	3,360	5,600	11,200	19,600	28,000

	6	5	4	3	2	1
1932 Flying Cloud, Model 8-25, 8-cyl., 90 hp, 125" wb						
Sed	1,040	3,120	5,200	10,400	18,200	26,000
Vic	1,120	3,360	5,600	11,200	19,600	28,000
Cpe	1,120	3,360	5,600	11,200	19,600	28,000
Spt Sed	1,080	3,240	5,400	10,800	18,900	27,000
Spt Vic	1,160	3,480	5,800	11,600	20,300	29,000
Spt Cpe	1,160	3,480	5,800	11,600	20,300	29,000
1932 Royale, Model 8-31, 8-cyl., 125 hp, 131" wb						
Sed	1,560	4,680	7,800	15,600	27,300	39,000
Vic	1,640	4,920	8,200	16,400	28,700	41,000
Cpe	1,640	4,920	8,200	16,400	28,700	41,000
Spt Sed	1,600	4,800	8,000	16,000	28,000	40,000
Spt Vic	1,680	5,040	8,400	16,800	29,400	42,000
Spt Cpe	1,680	5,040	8,400	16,800	29,400	42,000
1932 Royale, Model 8-35, 8-cyl., 125 hp, 135" wb						
Sed	1,600	4,800	8,000	16,000	28,000	40,000
Vic	1,680	5,040	8,400	16,800	29,400	42,000
Cpe	1,680	5,040	8,400	16,800	29,400	42,000
Conv Cpe	2,640	7,920	13,200	26,400	46,200	66,000
1932 Flying Cloud, Model S						
Std Cpe	880	2,640	4,400	8,800	15,400	22,000
Std Conv Cpe	1,280	3,840	6,400	12,800	22,400	32,000
Std Sed	760	2,280	3,800	7,600	13,300	19,000
Spt Cpe	920	2,760	4,600	9,200	16,100	23,000
Spt Conv Cpe	1,320	3,960	6,600	13,200	23,100	33,000
Spt Sed	800	2,400	4,000	8,000	14,000	20,000
DeL Cpe	920	2,760	4,600	9,200	16,100	23,000
DeL Conv Cpe	1,360	4,080	6,800	13,600	23,800	34,000
DeL Sed	840	2,520	4,200	8,400	14,700	21,000

NOTE: Model 8-31 had been introduced April 1931, Model 8-21 May 1931.

1933 Flying Cloud, 6-cyl., 85 hp, 117-1/2" wb						
5P Sed	960	2,880	4,800	9,600	16,800	24,000
4P Cpe	1,080	3,240	5,400	10,800	18,900	27,000
Vic	1,040	3,120	5,200	10,400	18,200	26,000
1933 Royale, 8-cyl., 125 hp, 131" wb						
5P Sed	1,400	4,200	7,000	14,000	24,500	35,000
5P Vic	1,520	4,560	7,600	15,200	26,600	38,000
4P Cpe	1,480	4,440	7,400	14,800	25,900	37,000
Conv Cpe	2,360	7,080	11,800	23,600	41,300	59,000
1934 Flying Cloud, 6-cyl., 95 hp, 118" wb						
Cpe	1,000	3,000	5,000	10,000	17,500	25,000
5P Sed	960	2,880	4,800	9,600	16,800	24,000
Cpe	1,040	3,120	5,200	10,400	18,200	26,000
5P Sed	1,000	3,000	5,000	10,000	17,500	25,000
Elite Sed	1,040	3,120	5,200	10,400	18,200	26,000
Elite Cpe	1,080	3,240	5,400	10,800	18,900	27,000
1934 Royale, 8-cyl., 95 hp, 131" wb						
5P Sed	1,440	4,320	7,200	14,400	25,200	36,000
Vic	1,520	4,560	7,600	15,200	26,600	38,000
Elite Sed	1,480	4,440	7,400	14,800	25,900	37,000
Elite Vic	1,560	4,680	7,800	15,600	27,300	39,000
Elite Cpe	1,600	4,800	8,000	16,000	28,000	40,000
1934 Royale, 8-cyl., 95 hp, 135" wb						
Cus Sed	1,560	4,680	7,800	15,600	27,300	39,000
Cus Vic	1,640	4,920	8,200	16,400	28,700	41,000
Cus Cpe	1,680	5,040	8,400	16,800	29,400	42,000
1935 Flying Cloud, 6-cyl., 85 hp, 115" wb						
Cpe	960	2,880	4,800	9,600	16,800	24,000
Sed	840	2,520	4,200	8,400	14,700	21,000
1935 Flying Cloud, 6-cyl., 85 hp, 118" wb						
Sed	880	2,640	4,400	8,800	15,400	22,000
Conv Cpe	1,320	3,960	6,600	13,200	23,100	33,000
2P Cpe	1,000	3,000	5,000	10,000	17,500	25,000
4P Cpe	1,040	3,120	5,200	10,400	18,200	26,000
1936 Flying Cloud, 6-cyl., 85 hp, 115" wb						
Coach	880	2,640	4,400	8,800	15,400	22,000
Sed	920	2,760	4,600	9,200	16,100	23,000
DeL Brgm	1,000	3,000	5,000	10,000	17,500	25,000
DeL Sed	960	2,880	4,800	9,600	16,800	24,000

SATURN

1991 Saturn, 4-cyl.						
SL 2d Cpe	240	720	1,200	2,400	4,200	6,000
SL 4d Sed	160	480	800	1,600	2,800	4,000

	6	5	4	3	2	1
SL1 4d Sed	180	540	900	1,800	3,150	4,500
SL2 4d Trg Sed	220	660	1,100	2,200	3,850	5,500
1992 4-cyl.						
SL 4d Sed	180	540	900	1,800	3,150	4,500
SL14d Sed	220	660	1,100	2,200	3,850	5,500
SL2 4d Sed	260	780	1,300	2,600	4,550	6,500
SC 2d Cpe	280	840	1,400	2,800	4,900	7,000
1993 4-cyl.						
SC1 2d Cpe	288	864	1,440	2,880	5,040	7,200
SC2 2d Cpe	292	876	1,460	2,920	5,110	7,300
SL 4d Sed	284	852	1,420	2,840	4,970	7,100
SL1 4d Sed	288	864	1,440	2,880	5,040	7,200
SL2 4d Sed	292	876	1,460	2,920	5,110	7,300
SW1 4d Sta Wag	296	888	1,480	2,960	5,180	7,400
SW2 4d Sta Wag	300	900	1,500	3,000	5,250	7,500
1994 4-cyl.						
SC1 2d Cpe	248	744	1,240	2,480	4,340	6,200
SC2 2d Cpe	268	804	1,340	2,680	4,690	6,700
4d Sed	200	600	1,000	2,000	3,500	5,000
SL1 4d Sed	220	660	1,100	2,200	3,850	5,500
SL2 4d Sed	260	780	1,300	2,600	4,550	6,500
SW1 4d Sta Wag	280	840	1,400	2,800	4,900	7,000
SW2 4d Sta Wag	280	840	1,400	2,800	4,900	7,000

STUDEBAKER

1903 Model A, 8 hp						
Tonn Tr	value not estimable					
1904 Model A						
Tonn Tr	1,280	3,840	6,400	12,800	22,400	32,000
1904 Model B						
Dely Wagon	1,240	3,720	6,200	12,400	21,700	31,000
1904 Model C						
Tonn Tr	1,320	3,960	6,600	13,200	23,100	33,000
1905 Model 9502, 2-cyl.						
Rear Ent Tr	1,360	4,080	6,800	13,600	23,800	34,000
Side Ent Tr	1,400	4,200	7,000	14,000	24,500	35,000
1905 Model 9503, 4-cyl.						
Side Ent Tr	1,480	4,440	7,400	14,800	25,900	37,000
1906 Model E, 20 N.A.C.C.H.P.						
Side Ent Tr	1,320	3,960	6,600	13,200	23,100	33,000
Twn Car	1,280	3,840	6,400	12,800	22,400	32,000
1906 Model F, 28 N.A.C.C.H.P.						
Side Ent Tr	1,400	4,200	7,000	14,000	24,500	35,000
1906 Model G, 30 N.A.C.C.H.P.						
Side Ent Tr	1,520	4,560	7,600	15,200	26,600	38,000
1907 Model L, 4-cyl., 28 hp, 104" wb						
5P Rear Ent Tr	1,560	4,680	7,800	15,600	27,300	39,000
1907 Model G, 4-cyl., 30 hp, 104" wb						
5P Rear Ent Tr	1,600	4,800	8,000	16,000	28,000	40,000
1907 Model H, 4-cyl., 30 hp, 104" wb						
5P Rear Ent Tr	1,600	4,800	8,000	16,000	28,000	40,000
1908 Model H, 4-cyl., 30 hp, 104" wb						
5P Rear Ent Tr	1,600	4,800	8,000	16,000	28,000	40,000
1908 Model A, 4-cyl., 30 hp, 104" wb						
5P Tr	1,600	4,800	8,000	16,000	28,000	40,000
5P Twn Car	1,560	4,680	7,800	15,600	27,300	39,000
2P Rbt	1,520	4,560	7,600	15,200	26,600	38,000
5P Lan'let	1,600	4,800	8,000	16,000	28,000	40,000
1908 Model B, 4-cyl., 40 hp, 114" wb						
5P Tr	1,680	5,040	8,400	16,800	29,400	42,000
2P Rbt	1,600	4,800	8,000	16,000	28,000	40,000
7P Limo	1,640	4,920	8,200	16,400	28,700	41,000
5P Lan'let	1,680	5,040	8,400	16,800	29,400	42,000
4P Trabt	1,720	5,160	8,600	17,200	30,100	43,000
3P Speed Car	1,640	4,920	8,200	16,400	28,700	41,000
1909 Model A, 4-cyl., 30 hp, 104" wb						
5P Tr	1,600	4,800	8,000	16,000	28,000	40,000
5P Twn Car	1,560	4,680	7,800	15,600	27,300	39,000
Rbt	1,520	4,560	7,600	15,200	26,600	38,000
5P Lan'let	1,600	4,800	8,000	16,000	28,000	40,000
1909 Model B, 4-cyl., 40 hp, 114" wb						
5P Tr	1,680	5,040	8,400	16,800	29,400	42,000

	6	5	4	3	2	1
7P Limo	1,640	4,920	8,200	16,400	28,700	41,000
5P Lan'let	1,680	5,040	8,400	16,800	29,400	42,000
1909 Model C, 4-cyl., 30 hp, 104" wb						
5P Tr	1,600	4,800	8,000	16,000	28,000	40,000
1909 Model D, 4-cyl., 40 hp, 117.5" wb						
5P Tr	1,720	5,160	8,600	17,200	30,100	43,000
1910 Model H, 4-cyl., 30 hp, 104" wb						
5P Tr	1,600	4,800	8,000	16,000	28,000	40,000
1910 Model M, 4-cyl., 28 hp, 104" wb						
5P Tr	1,560	4,680	7,800	15,600	27,300	39,000
1910 Model G-7, 4-cyl., 40 hp, 117.5" wb						
4/5P Tr	1,680	5,040	8,400	16,800	29,400	42,000
7P Tr	1,720	5,160	8,600	17,200	30,100	43,000
Limo (123" wb)	1,600	4,800	8,000	16,000	28,000	40,000
1911 Model G-8, 4-cyl., 40 hp, 117.5" wb						
4d 7P Limo	1,640	4,920	8,200	16,400	28,700	41,000
4d 5P Lan'let	1,680	5,040	8,400	16,800	29,400	42,000
4d 4/6/7P Tr	1,760	5,280	8,800	17,600	30,800	44,000
2d 2P Rds	1,560	4,680	7,800	15,600	27,300	39,000
1911 Model G-10, 4-cyl., 30 hp, 116" wb						
4d 5P Tr	1,680	5,040	8,400	16,800	29,400	42,000

NOTE: Studebaker-Garford association was discontinued after 1911 model year.

	6	5	4	3	2	1
1913 Model SA-25, 4-cyl., 101" wb						
2d Rds	1,200	3,600	6,000	12,000	21,000	30,000
4d Tr	1,240	3,720	6,200	12,400	21,700	31,000
1913 Model AA-35, 4-cyl., 115.5" wb						
4d Tr	1,400	4,200	7,000	14,000	24,500	35,000
2d Cpe	1,040	3,120	5,200	10,400	18,200	26,000
4d Sed	1,000	3,000	5,000	10,000	17,500	25,000
1913 Model E, 6-cyl., 121" wb						
4d Tr	1,440	4,320	7,200	14,400	25,200	36,000
4d Limo	1,120	3,360	5,600	11,200	19,600	28,000
1914 Series 14, Model 1 SC, 4-cyl., 108.3" wb						
4d Tr	1,120	3,360	5,600	11,200	19,600	28,000
2d Lan Rds	1,120	3,360	5,600	11,200	19,600	28,000
1914 Series 14, Model EB, 6-cyl., 121.3" wb						
4d Tr	1,360	4,080	6,800	13,600	23,800	34,000
4d Lan Rds	1,160	3,480	5,800	11,600	20,300	29,000
2d Sed	840	2,520	4,200	8,400	14,700	21,000
1915 Series 15, Model SD, 4-cyl., 108.3" wb						
2d Rds	1,120	3,360	5,600	11,200	19,600	28,000
4d Tr	1,200	3,600	6,000	12,000	21,000	30,000
1915 Series 15, Model EC, 6-cyl., 121.3" wb						
4d 5P Tr	1,160	3,480	5,800	11,600	20,300	29,000
4d 7P Tr	1,200	3,600	6,000	12,000	21,000	30,000
1916 Model SF, 4-cyl., 112" wb						
2d Rds	1,080	3,240	5,400	10,800	18,900	27,000
2d Lan Rds	1,120	3,360	5,600	11,200	19,600	28,000
4d 7P Tr	1,200	3,600	6,000	12,000	21,000	30,000
4d A/W Sed	920	2,760	4,600	9,200	16,100	23,000
1916 Series 16 & 17, Model ED, 6-cyl., 121.8" wb						
2d Rds	1,120	3,360	5,600	11,200	19,600	28,000
2d Lan Rds	1,160	3,480	5,800	11,600	20,300	29,000
4d 7P Tr	1,200	3,600	6,000	12,000	21,000	30,000
2d Cpe	680	2,040	3,400	6,800	11,900	17,000
4d Sed	600	1,800	3,000	6,000	10,500	15,000
4d Limo	920	2,760	4,600	9,200	16,100	23,000
4d A/W Sed	920	2,760	4,600	9,200	16,100	23,000

NOTE: The All Weather sedan was available only in the Series 17.

	6	5	4	3	2	1
1917 Series 18, Model SF, 4-cyl., 112" wb						
2d Rds	960	2,880	4,800	9,600	16,800	24,000
2d Lan Rds	1,000	3,000	5,000	10,000	17,500	25,000
4d 7P Tr	1,040	3,120	5,200	10,400	18,200	26,000
4d A/W Sed	840	2,520	4,200	8,400	14,700	21,000
1917 Series 18, Model ED, 6-cyl., 121.8" wb						
2d Rds	1,000	3,000	5,000	10,000	17,500	25,000
2d Lan Rds	1,040	3,120	5,200	10,400	18,200	26,000
4d 7P Tr	1,080	3,240	5,400	10,800	18,900	27,000
2d Cpe	640	1,920	3,200	6,400	11,200	16,000
4d Sed	600	1,800	3,000	6,000	10,500	15,000
4d Limo	720	2,160	3,600	7,200	12,600	18,000
4d A/W Sed	920	2,760	4,600	9,200	16,100	23,000

	6	5	4	3	2	1
1918-1919 Series 19, Model SH, 4-cyl., 112" wb						
2d Rds	840	2,520	4,200	8,400	14,700	21,000
4d Tr	840	2,520	4,200	8,400	14,700	21,000
4d Sed	540	1,620	2,700	5,400	9,450	13,500
1918-1919 Series 19, Model EH, 6-cyl., 119" wb						
4d Tr	880	2,640	4,400	8,800	15,400	22,000
2d Clb Rds	880	2,640	4,400	8,800	15,400	22,000
2d Rds	720	2,160	3,600	7,200	12,600	18,000
4d Sed	544	1,632	2,720	5,440	9,520	13,600
2d Cpe	560	1,680	2,800	5,600	9,800	14,000
1918-1919 Series 19, Model EG, 6-cyl., 126" wb						
4d 7P Tr	960	2,880	4,800	9,600	16,800	24,000
1920-21 Model EJ, 6-cyl., 112" wb						
4d Tr	720	2,160	3,600	7,200	12,600	18,000
2d Lan Rds *	760	2,280	3,800	7,600	13,300	19,000
2d Rds	728	2,184	3,640	7,280	12,740	18,200
2d Cpe Rds **	780	2,340	3,900	7,800	13,650	19,500
4d Sed	520	1,560	2,600	5,200	9,100	13,000
1920-21 Model EH, 6-cyl., 119" wb						
4d Tr	760	2,280	3,800	7,600	13,300	19,000
2d Rds	768	2,304	3,840	7,680	13,440	19,200
4d Rds	780	2,340	3,900	7,800	13,650	19,500
2d Cpe	560	1,680	2,800	5,600	9,800	14,000
4d Sed	520	1,560	2,600	5,200	9,100	13,000
1920-21 Model EG, Big Six						
4d 7P Tr	840	2,520	4,200	8,400	14,700	21,000
2d Cpe **	600	1,800	3,000	6,000	10,500	15,000
4d 7P Sed	560	1,680	2,800	5,600	9,800	14,000

* 1920 Model only.

** 1921 Model only.

	6	5	4	3	2	1
1922 Model EJ, Light Six, 6-cyl., 112" wb						
2d Rds	720	2,160	3,600	7,200	12,600	18,000
4d Tr	700	2,100	3,500	7,000	12,250	17,500
2d Cpe Rds	740	2,220	3,700	7,400	12,950	18,500
4d Sed	540	1,620	2,700	5,400	9,450	13,500
1922 Model EL, Special Six, 6-cyl., 119" wb						
2d Rds	740	2,220	3,700	7,400	12,950	18,500
4d Tr	720	2,160	3,600	7,200	12,600	18,000
4d Rds	760	2,280	3,800	7,600	13,300	19,000
2d Cpe	600	1,800	3,000	6,000	10,500	15,000
4d Sed	560	1,680	2,800	5,600	9,800	14,000
1922 Model EK, Big Six, 6-cyl., 126" wb						
4d Tr	760	2,280	3,800	7,600	13,300	19,000
2d Cpe	580	1,740	2,900	5,800	10,150	14,500
4d Sed	560	1,680	2,800	5,600	9,800	14,000
4d Spds	800	2,400	4,000	8,000	14,000	20,000
1923 Model EM, Light Six						
2d Rds	720	2,160	3,600	7,200	12,600	18,000
4d Tr	700	2,100	3,500	7,000	12,250	17,500
2d Cpe	560	1,680	2,800	5,600	9,800	14,000
4d Sed	540	1,620	2,700	5,400	9,450	13,500
1923 Model EL, Special Six						
4d Tr	720	2,160	3,600	7,200	12,600	18,000
2d 4P Cpe	580	1,740	2,900	5,800	10,150	14,500
2d Rds	744	2,232	3,720	7,440	13,020	18,600
2d 5P Cpe	600	1,800	3,000	6,000	10,500	15,000
4d Sed	560	1,680	2,800	5,600	9,800	14,000
1923 Model EK, Big Six						
4d Tr	780	2,340	3,900	7,800	13,650	19,500
2d Spds	880	2,640	4,400	8,800	15,400	22,000
2d 5P Cpe	620	1,860	3,100	6,200	10,850	15,500
2d 4P Cpe	616	1,848	3,080	6,160	10,780	15,400
4d Sed	580	1,740	2,900	5,800	10,150	14,500
1924 Model EM, Light Six, 6-cyl., 112" wb						
4d Tr	680	2,040	3,400	6,800	11,900	17,000
2d Rds	700	2,100	3,500	7,000	12,250	17,500
2d Cpe Rds	740	2,220	3,700	7,400	12,950	18,500
4d Cus Tr	720	2,160	3,600	7,200	12,600	18,000
4d Sed	420	1,260	2,100	4,200	7,350	10,500
2d Cpe	540	1,620	2,700	5,400	9,450	13,500
1924 Model EL, Special Six, 6-cyl., 119" wb						
4d Tr	720	2,160	3,600	7,200	12,600	18,000
2d Rds	740	2,220	3,700	7,400	12,950	18,500
2d Cpe	600	1,800	3,000	6,000	10,500	15,000
4d Sed	560	1,680	2,800	5,600	9,800	14,000

	6	5	4	3	2	1
1924 Model EK, Big Six, 6-cyl., 126" wb						
4d 7P Tr	860	2,580	4,300	8,600	15,050	21,500
2d Spds	880	2,640	4,400	8,800	15,400	22,000
2d Cpe	620	1,860	3,100	6,200	10,850	15,500
4d Sed	560	1,680	2,800	5,600	9,800	14,000
1925-1926 Model ER, Standard Six, 6-cyl., 113" wb						
4d Dplx Phae	800	2,400	4,000	8,000	14,000	20,000
2d Dplx Rds	820	2,460	4,100	8,200	14,350	20,500
2d Coach	432	1,296	2,160	4,320	7,560	10,800
2d Cty Clb Cpe	640	1,920	3,200	6,400	11,200	16,000
2d Spt Rds	780	2,340	3,900	7,800	13,650	19,500
4d Spt Phae	760	2,280	3,800	7,600	13,300	19,000
4d Sed	520	1,560	2,600	5,200	9,100	13,000
2d Cpe Rds	800	2,400	4,000	8,000	14,000	20,000
4d w/Sed	540	1,620	2,700	5,400	9,450	13,500
4d Sed	520	1,560	2,600	5,200	9,100	13,000
2d Cpe	600	1,800	3,000	6,000	10,500	15,000
4d Ber	580	1,740	2,900	5,800	10,150	14,500
1925-1926 Model EQ, Special Six, 6-cyl., 120" - 127" wb						
4d Dplx Phae	880	2,640	4,400	8,800	15,400	22,000
2d Dplx Rds	940	2,820	4,700	9,400	16,450	23,500
2d Vic	592	1,776	2,960	5,920	10,360	14,800
4d Sed	580	1,740	2,900	5,800	10,150	14,500
4d Ber	620	1,860	3,100	6,200	10,850	15,500
2d Brgm	600	1,800	3,000	6,000	10,500	15,000
2d Spt Rds	920	2,760	4,600	9,200	16,100	23,000
2d Coach	560	1,680	2,800	5,600	9,800	14,000
1925-1926 Model EP, Big Six, 6-cyl., 120" wb						
4d Dplx Phae	960	2,880	4,800	9,600	16,800	24,000
2d Cpe	640	1,920	3,200	6,400	11,200	16,000
2d Brgm	540	1,620	2,700	5,400	9,450	13,500
4d 7P Sed	536	1,608	2,680	5,360	9,380	13,400
2d Ber	600	1,800	3,000	6,000	10,500	15,000
4d Sed	540	1,620	2,700	5,400	9,450	13,500
4d Spt Phae	920	2,760	4,600	9,200	16,100	23,000
2d Clb Cpe	528	1,584	2,640	5,280	9,240	13,200
NOTE: Add 10 percent for 4-wheel brake option.						
1927 Dictator, Model EU, Standard, 6-cyl., 113" wb						
2d Spt Rds	1,040	3,120	5,200	10,400	18,200	26,000
4d Tr	980	2,940	4,900	9,800	17,150	24,500
4d Dplx Tr	1,000	3,000	5,000	10,000	17,500	25,000
4d 7P Tr	960	2,880	4,800	9,600	16,800	24,000
2d Bus Cpe	620	1,860	3,100	6,200	10,850	15,500
2d Spt Cpe	640	1,920	3,200	6,400	11,200	16,000
2d Vic	540	1,620	2,700	5,400	9,450	13,500
4d (P) Sed	520	1,560	2,600	5,200	9,100	13,000
4d (M) Sed	560	1,680	2,800	5,600	9,800	14,000
1927 Special, Model EQ						
4d Dplx Phae	1,080	3,240	5,400	10,800	18,900	27,000
2d Coach	560	1,680	2,800	5,600	9,800	14,000
2d Brgm	600	1,800	3,000	6,000	10,500	15,000
2d Spt Rds	1,120	3,360	5,600	11,200	19,600	28,000
1927 Commander, Model EW						
2d Spt Rds	1,160	3,480	5,800	11,600	20,300	29,000
2d Bus Cpe	640	1,920	3,200	6,400	11,200	16,000
2d Spt Cpe	660	1,980	3,300	6,600	11,550	16,500
4d Sed	580	1,740	2,900	5,800	10,150	14,500
2d Cus Vic	620	1,860	3,100	6,200	10,850	15,500
2d Dplx Rds	1,120	3,360	5,600	11,200	19,600	28,000
4d Spt Phae	1,120	3,360	5,600	11,200	19,600	28,000
2d Cus Brgm	588	1,764	2,940	5,880	10,290	14,700
1927 President, Model ES						
4d Cus Sed	580	1,740	2,900	5,800	10,150	14,500
4d Limo	880	2,640	4,400	8,800	15,400	22,000
4d Dplx Phae	1,080	3,240	5,400	10,800	18,900	27,000
1928 Dictator, Model GE						
2d Roy Rds	1,560	4,680	7,800	15,600	27,300	39,000
4d Tr	1,480	4,440	7,400	14,800	25,900	37,000
4d Dplx Tr	1,520	4,560	7,600	15,200	26,600	38,000
4d 7P Roy Tr	1,560	4,680	7,800	15,600	27,300	39,000
2d Bus Cpe	580	1,740	2,900	5,800	10,150	14,500
2d Roy Cpe	600	1,800	3,000	6,000	10,500	15,000
2d Roy Vic	580	1,740	2,900	5,800	10,150	14,500
2d Clb Sed	548	1,644	2,740	5,480	9,590	13,700
4d Sed	528	1,584	2,640	5,280	9,240	13,200
4d Roy Sed	540	1,620	2,700	5,400	9,450	13,500

	6	5	4	3	2	1
1928 Commander, Model GB						
2d Reg Rds	1,600	4,800	8,000	16,000	28,000	40,000
2d Cpe	620	1,860	3,100	6,200	10,850	15,500
2d Reg Cpe	640	1,920	3,200	6,400	11,200	16,000
2d Reg Cabr	580	1,740	2,900	5,800	10,150	14,500
2d Vic	580	1,740	2,900	5,800	10,150	14,500
2d Reg Vic	600	1,800	3,000	6,000	10,500	15,000
4d Sed	580	1,740	2,900	5,800	10,150	14,500
2d Clb Sed	588	1,764	2,940	5,880	10,290	14,700
4d Reg Sed	560	1,680	2,800	5,600	9,800	14,000
1928 President Six, Model ES						
4d Cus Sed	580	1,740	2,900	5,800	10,150	14,500
4d Limo	800	2,400	4,000	8,000	14,000	20,000
4d Cus Tr	1,080	3,240	5,400	10,800	18,900	27,000
1928 President Eight, Model FA						
4d 7P Tr	1,360	4,080	6,800	13,600	23,800	34,000
2d Sta Cabr	1,400	4,200	7,000	14,000	24,500	35,000
4d Sed	608	1,824	3,040	6,080	10,640	15,200
4d Sta Sed	620	1,860	3,100	6,200	10,850	15,500
4d 7P Sed	620	1,860	3,100	6,200	10,850	15,500
4d 7P Sta Sed	640	1,920	3,200	6,400	11,200	16,000
4d Limo	840	2,520	4,200	8,400	14,700	21,000
4d Sta Ber	880	2,640	4,400	8,800	15,400	22,000
1928-1/2 Dictator, Model GE						
2d Tr	1,120	3,360	5,600	11,200	19,600	28,000
2d 7P Tr	1,140	3,420	5,700	11,400	19,950	28,500
2d Bus Cpe	560	1,680	2,800	5,600	9,800	14,000
2d Roy Cabr	1,360	4,080	6,800	13,600	23,800	34,000
2d Roy Vic	580	1,740	2,900	5,800	10,150	14,500
2d Clb Sed	548	1,644	2,740	5,480	9,590	13,700
4d Sed	536	1,608	2,680	5,360	9,380	13,400
4d Roy Sed	560	1,680	2,800	5,600	9,800	14,000
1928-1/2 Commander, Model GH						
2d Reg Vic	588	1,764	2,940	5,880	10,290	14,700
4d Sed	568	1,704	2,840	5,680	9,940	14,200
4d Reg Sed	576	1,728	2,880	5,760	10,080	14,400
1928-1/2 President, Model FB						
2d Sta Rds	1,360	4,080	6,800	13,600	23,800	34,000
2d Sta Cabr	1,320	3,960	6,600	13,200	23,100	33,000
2d Sta Vic	592	1,776	2,960	5,920	10,360	14,800
4d Sed	576	1,728	2,880	5,760	10,080	14,400
4d Sta Sed	584	1,752	2,920	5,840	10,220	14,600
1928-1/2 President, Model FA						
4d Tr	1,400	4,200	7,000	14,000	24,500	35,000
4d Sta Tr	1,440	4,320	7,200	14,400	25,200	36,000
2d Sta Cabr	1,480	4,440	7,400	14,800	25,900	37,000
4d Sta Sed	640	1,920	3,200	6,400	11,200	16,000
4d Sed	632	1,896	3,160	6,320	11,060	15,800
4d 7P Sta Sed	660	1,980	3,300	6,600	11,550	16,500
4d Limo	880	2,640	4,400	8,800	15,400	22,000
1929 Dictator GE, 6-cyl., 113" wb						
4d 5P Tr	1,120	3,360	5,600	11,200	19,600	28,000
4d 7P Tr	1,120	3,360	5,600	11,200	19,600	28,000
2d Bus Cpe	580	1,740	2,900	5,800	10,150	14,500
2d Cabr	1,120	3,360	5,600	11,200	19,600	28,000
2d Vic Ryl	600	1,800	3,000	6,000	10,500	15,000
1929 Commander Six, Model GJ						
2d Rds	1,680	5,040	8,400	16,800	29,400	42,000
2d Reg Rds	1,720	5,160	8,600	17,200	30,100	43,000
4d Tr	1,520	4,560	7,600	15,200	26,600	38,000
4d Reg Tr	1,600	4,800	8,000	16,000	28,000	40,000
4d 7P Tr	1,520	4,560	7,600	15,200	26,600	38,000
4d 7P Reg Tr	1,600	4,800	8,000	16,000	28,000	40,000
2d Cpe	620	1,860	3,100	6,200	10,850	15,500
2d Spt Cpe	600	1,800	3,000	6,000	10,500	15,000
2d Cabr	1,480	4,440	7,400	14,800	25,900	37,000
2d Vic	580	1,740	2,900	5,800	10,150	14,500
4d Sed	560	1,680	2,800	5,600	9,800	14,000
4d Reg Sed	600	1,800	3,000	6,000	10,500	15,000
4d Reg Brgm	620	1,860	3,100	6,200	10,850	15,500
1929 Commander Eight, Model FD						
2d Reg Rds	1,840	5,520	9,200	18,400	32,200	46,000
4d Tr	1,640	4,920	8,200	16,400	28,700	41,000
4d Reg Tr	1,720	5,160	8,600	17,200	30,100	43,000
4d 7P Tr	1,640	4,920	8,200	16,400	28,700	41,000
4d 7P Reg Tr	1,720	5,160	8,600	17,200	30,100	43,000
2d Bus Cpe	700	2,100	3,500	7,000	12,250	17,500

	6	5	4	3	2	1
2d Spt Cpe	720	2,160	3,600	7,200	12,600	18,000
2d Reg Conv	1,640	4,920	8,200	16,400	28,700	41,000
2d Vic	640	1,920	3,200	6,400	11,200	16,000
2d Reg Brgm	680	2,040	3,400	6,800	11,900	17,000
4d Sed	660	1,980	3,300	6,600	11,550	16,500
4d Reg Sed	680	2,040	3,400	6,800	11,900	17,000
1929 President Eight, Model FH, 125" wb						
2d Rds	1,880	5,640	9,400	18,800	32,900	47,000
2d Cabr	1,720	5,160	8,600	17,200	30,100	43,000
2d Sta Vic	760	2,280	3,800	7,600	13,300	19,000
4d Sed	720	2,160	3,600	7,200	12,600	18,000
4d Sta Sed	760	2,280	3,800	7,600	13,300	19,000
1929 President Eight, Model FE, 135" wb						
4d 7P Tr	1,720	5,160	8,600	17,200	30,100	43,000
4d 7P Sta Tr	1,740	5,220	8,700	17,400	30,450	43,500
2d Brgm	760	2,280	3,800	7,600	13,300	19,000
4d 7P Sed	760	2,280	3,800	7,600	13,300	19,000
4d 7P Sta Sed	800	2,400	4,000	8,000	14,000	20,000
4d 7P Limo	840	2,520	4,200	8,400	14,700	21,000
1930 Studebaker Model 53, 6-cyl., 114" wb						
4d Tr	1,480	4,440	7,400	14,800	25,900	37,000
4d Reg Tr	1,520	4,560	7,600	15,200	26,600	38,000
2d Bus Cpe	640	1,920	3,200	6,400	11,200	16,000
2d Reg Cpe	660	1,980	3,300	6,600	11,550	16,500
2d Clb Sed	600	1,800	3,000	6,000	10,500	15,000
4d Sed	560	1,680	2,800	5,600	9,800	14,000
4d Reg Sed	580	1,740	2,900	5,800	10,150	14,500
4d Lan Sed	568	1,704	2,840	5,680	9,940	14,200
1930 Dictator, 6 & 8-cyl., 115" wb						
4d Tr	1,520	4,560	7,600	15,200	26,600	38,000
4d Reg Tr	1,560	4,680	7,800	15,600	27,300	39,000
2d Cpe	660	1,980	3,300	6,600	11,550	16,500
2d Spt Cpe	700	2,100	3,500	7,000	12,250	17,500
2d Brgm	620	1,860	3,100	6,200	10,850	15,500
2d Clb Sed	600	1,800	3,000	6,000	10,500	15,000
4d Sed	600	1,800	3,000	6,000	10,500	15,000
4d Reg Sed	620	1,860	3,100	6,200	10,850	15,500
NOTE: Add $200 for Dictator 8-cyl.						
1930 Commander 6 & 8-cyl., 120" wb Commander FD						
2d Reg Rds	1,680	5,040	8,400	16,800	29,400	42,000
4d Tr	1,600	4,800	8,000	16,000	28,000	40,000
4d Reg Tr	1,640	4,920	8,200	16,400	28,700	41,000
4d 7P Tr	1,600	4,800	8,000	16,000	28,000	40,000
4d 7P Reg Tr	1,640	4,920	8,200	16,400	28,700	41,000
2d Cpe	720	2,160	3,600	7,200	12,600	18,000
2d Spt Cpe	760	2,280	3,800	7,600	13,300	19,000
2d Conv Cabr	1,600	4,800	8,000	16,000	28,000	40,000
2d Vic	640	1,920	3,200	6,400	11,200	16,000
2d Brgm	660	1,980	3,300	6,600	11,550	16,500
4d Sed	640	1,920	3,200	6,400	11,200	16,000
4d Reg Sed	680	2,040	3,400	6,800	11,900	17,000
NOTE: Add $200 for Commander 8-cyl.						
1930 President FH Model						
2d Rds	2,080	6,240	10,400	20,800	36,400	52,000
2d Conv Cabr	1,840	5,520	9,200	18,400	32,200	46,000
2d Sta Vic	800	2,400	4,000	8,000	14,000	20,000
4d Sed	720	2,160	3,600	7,200	12,600	18,000
4d Sta Sed	760	2,280	3,800	7,600	13,300	19,000
1930 President FE Model						
4d Tr	1,960	5,880	9,800	19,600	34,300	49,000
4d Sta Tr	2,000	6,000	10,000	20,000	35,000	50,000
2d Sta Vic	1,280	3,840	6,400	12,800	22,400	32,000
2d Brgm	760	2,280	3,800	7,600	13,300	19,000
4d Sed	800	2,400	4,000	8,000	14,000	20,000
4d Sta Sed	840	2,520	4,200	8,400	14,700	21,000
4d Limo	960	2,880	4,800	9,600	16,800	24,000
4d Sta Limo	1,000	3,000	5,000	10,000	17,500	25,000
1931 Studebaker Six, Model 53, 114" wb						
2d Rds	1,600	4,800	8,000	16,000	28,000	40,000
2d Tr	1,440	4,320	7,200	14,400	25,200	36,000
2d Reg Tr	1,480	4,440	7,400	14,800	25,900	37,000
2d Bus Cpe	600	1,800	3,000	6,000	10,500	15,000
2d Spt Cpe	640	1,920	3,200	6,400	11,200	16,000
2d Clb Sed	560	1,680	2,800	5,600	9,800	14,000
4d Sed	560	1,680	2,800	5,600	9,800	14,000

1933 Studebaker President Speedway State convertible sedan

1962 Studebaker Hawk Gran Turismo hardtop

1963 Studebaker Avanti hardtop

	6	5	4	3	2	1
1931 Model 61 Dictator, 8-cyl., 115" wb						
4d Reg Sed	576	1,728	2,880	5,760	10,080	14,400
4d Lan Sed	580	1,740	2,900	5,800	10,150	14,500
1931 Series 54						
2d Rds	1,840	5,520	9,200	18,400	32,200	46,000
4d Tr	1,760	5,280	8,800	17,600	30,800	44,000
4d Rea Tr	1,800	5,400	9,000	18,000	31,500	45,000
2d Bus Cpe	660	1,980	3,300	6,600	11,550	16,500
2d Spt Cpe	680	2,040	3,400	6,800	11,900	17,000
4d Sed	600	1,800	3,000	6,000	10,500	15,000
4d Reg Sed	620	1,860	3,100	6,200	10,850	15,500
1931 Dictator Eight, Model FC						
4d Tr	1,720	5,160	8,600	17,200	30,100	43,000
4d Reg Tr	1,760	5,280	8,800	17,600	30,800	44,000
2d Cpe	680	2,040	3,400	6,800	11,900	17,000
2d Spt Cpe	700	2,100	3,500	7,000	12,250	17,500
2d Reg Brgm	640	1,920	3,200	6,400	11,200	16,000
2d Clb Sed	620	1,860	3,100	6,200	10,850	15,500
4d Sed	640	1,920	3,200	6,400	11,200	16,000
4d Reg Sed	648	1,944	3,240	6,480	11,340	16,200
1931 Model 61						
2d Cpe	720	2,160	3,600	7,200	12,600	18,000
2d Spt Cpe	760	2,280	3,800	7,600	13,300	19,000
4d Sed	660	1,980	3,300	6,600	11,550	16,500
4d Reg Sed	680	2,040	3,400	6,800	11,900	17,000
1931 Commander Eight, Model 70						
2d Cpe	740	2,220	3,700	7,400	12,950	18,500
2d Vic	720	2,160	3,600	7,200	12,600	18,000
2d Reg Brgm	740	2,220	3,700	7,400	12,950	18,500
4d Sed	740	2,220	3,700	7,400	12,950	18,500
4d Reg Sed	760	2,280	3,800	7,600	13,300	19,000
1931 President Eight, Model 80						
2d Sta Rds	2,360	7,080	11,800	23,600	41,300	59,000
2d Cpe	1,080	3,240	5,400	10,800	18,900	27,000
2d Sta Cpe	1,160	3,480	5,800	11,600	20,300	29,000
4d Sed	840	2,520	4,200	8,400	14,700	21,000
4d Sta Sed	880	2,640	4,400	8,800	15,400	22,000
1931 President Eight, Model 90						
4d Tr	2,080	6,240	10,400	20,800	36,400	52,000
4d Sta Tr	2,160	6,480	10,800	21,600	37,800	54,000
2d Sta Vic	1,040	3,120	5,200	10,400	18,200	26,000
2d Sta Brgm	1,040	3,120	5,200	10,400	18,200	26,000
4d Sed	960	2,880	4,800	9,600	16,800	24,000
4d Sta Sed	1,000	3,000	5,000	10,000	17,500	25,000
4d Sta Limo	1,080	3,240	5,400	10,800	18,900	27,000
1932 Model 55, 6-cyl., 117" wb						
2d Conv Rds	1,480	4,440	7,400	14,800	25,900	37,000
2d Reg Conv Rds	1,640	4,920	8,200	16,400	28,700	41,000
2d Cpe	660	1,980	3,300	6,600	11,550	16,500
2d Reg Cpe	668	2,004	3,340	6,680	11,690	16,700
2d Spt Cpe	660	1,980	3,300	6,600	11,550	16,500
2d Reg Spt Cpe	680	2,040	3,400	6,800	11,900	17,000
2d St R Brgm	620	1,860	3,100	6,200	10,850	15,500
2d Reg St R Brgm	632	1,896	3,160	6,320	11,060	15,800
4d Conv Sed	1,640	4,920	8,200	16,400	28,700	41,000
4d Reg Conv Sed	1,680	5,040	8,400	16,800	29,400	42,000
4d Sed	600	1,800	3,000	6,000	10,500	15,000
4d Reg Sed	608	1,824	3,040	6,080	10,640	15,200
1932 Model 62 Dictator, 8-cyl., 117" wb						
2d Conv Rds	1,840	5,520	9,200	18,400	32,200	46,000
2d Reg Conv Rds	1,880	5,640	9,400	18,800	32,900	47,000
2d Cpe	960	2,880	4,800	9,600	16,800	24,000
2d Reg Cpe	1,000	3,000	5,000	10,000	17,500	25,000
2d Spt Cpe	1,240	3,720	6,200	12,400	21,700	31,000
2d Reg Spt Cpe	1,280	3,840	6,400	12,800	22,400	32,000
2d St R Brgm	1,120	3,360	5,600	11,200	19,600	28,000
2d Reg St R Brgm	1,160	3,480	5,800	11,600	20,300	29,000
4d Conv Sed	1,640	4,920	8,200	16,400	28,700	41,000
4d Reg Conv Sed	1,920	5,760	9,600	19,200	33,600	48,000
4d Sed	960	2,880	4,800	9,600	16,800	24,000
4d Reg Sed	1,000	3,000	5,000	10,000	17,500	25,000
1932 Model 65 Rockne, 6-cyl., 110" wb						
2d 2P Cpe	640	1,920	3,200	6,400	11,200	16,000
4d 5P Sed	600	1,800	3,000	6,000	10,500	15,000
2d Sed	580	1,740	2,900	5,800	10,150	14,500
4d 5P Conv Sed	1,520	4,560	7,600	15,200	26,600	38,000
2d Rds	1,680	5,040	8,400	16,800	29,400	42,000

	6	5	4	3	2	1
1932 Model 71 Commander, 8-cyl.						
2d Rds Conv	1,960	5,880	9,800	19,600	34,300	49,000
2d Reg Rds Conv	2,000	6,000	10,000	20,000	35,000	50,000
2d Spt Cpe	1,200	3,600	6,000	12,000	21,000	30,000
2d Reg Spt Cpe	1,240	3,720	6,200	12,400	21,700	31,000
2d St R Brgm	1,200	3,600	6,000	12,000	21,000	30,000
2d Reg St R Brgm	1,240	3,720	6,200	12,400	21,700	31,000
4d Conv Sed	1,920	5,760	9,600	19,200	33,600	48,000
4d Reg Conv Sed	1,960	5,880	9,800	19,600	34,300	49,000
4d Sed	960	2,880	4,800	9,600	16,800	24,000
4d Reg Sed	980	2,940	4,900	9,800	17,150	24,500
1932 Model 75 Rockne, 6-cyl., 114" wb						
2d 2P Cpe	660	1,980	3,300	6,600	11,550	16,500
2d 4P Cpe	640	1,920	3,200	6,400	11,200	16,000
4d 5P Sed	600	1,800	3,000	6,000	10,500	15,000
2d 2P DeL Cpe	700	2,100	3,500	7,000	12,250	17,500
2d 4P DeL Cpe	680	2,040	3,400	6,800	11,900	17,000
4d 5P DeL Sed	640	1,920	3,200	6,400	11,200	16,000
2d Rds	1,760	5,280	8,800	17,600	30,800	44,000
4d Conv Sed	1,720	5,160	8,600	17,200	30,100	43,000
1932 Model 91 President, 8-cyl.						
2d Rds Conv	2,560	7,680	12,800	25,600	44,800	64,000
2d Sta Rds Conv	2,480	7,440	12,400	24,800	43,400	62,000
2d Cpe	1,360	4,080	6,800	13,600	23,800	34,000
2d Sta Cpe	1,400	4,200	7,000	14,000	24,500	35,000
2d Spt Cpe	1,440	4,320	7,200	14,400	25,200	36,000
2d Sta Spt Cpe	1,480	4,440	7,400	14,800	25,900	37,000
2d St R Brgm	1,240	3,720	6,200	12,400	21,700	31,000
2d Sta St R Brgm	1,280	3,840	6,400	12,800	22,400	32,000
4d Conv Sed	2,520	7,560	12,600	25,200	44,100	63,000
4d Sta Conv Sed	2,560	7,680	12,800	25,600	44,800	64,000
4d Sed	1,000	3,000	5,000	10,000	17,500	25,000
4d Sta Sed	1,040	3,120	5,200	10,400	18,200	26,000
4d Limo	1,160	3,480	5,800	11,600	20,300	29,000
4d Sta Limo	1,200	3,600	6,000	12,000	21,000	30,000
4d 7P Sed	960	2,880	4,800	9,600	16,800	24,000
4d 7P Sta Sed	1,000	3,000	5,000	10,000	17,500	25,000
1933 Model 10 Rockne, 6-cyl., 110" wb						
2d 4P Conv	1,480	4,440	7,400	14,800	25,900	37,000
2d 4P DeL Conv Rds	1,520	4,560	7,600	15,200	26,600	38,000
2d 2P Cpe	720	2,160	3,600	7,200	12,600	18,000
2d 5P Coach	560	1,680	2,800	5,600	9,800	14,000
2d 4P Cpe	680	2,040	3,400	6,800	11,900	17,000
2d 2P DeL Cpe	720	2,160	3,600	7,200	12,600	18,000
2d 5P Sed	560	1,680	2,800	5,600	9,800	14,000
2d 5P DeL Coach	580	1,740	2,900	5,800	10,150	14,500
2d 4P DeL Cpe	680	2,040	3,400	6,800	11,900	17,000
4d 5P DeL Sed	560	1,680	2,800	5,600	9,800	14,000
4d 5P Conv Sed	1,640	4,920	8,200	16,400	28,700	41,000
4d 5P DeL Conv Sed	1,680	5,040	8,400	16,800	29,400	42,000
1933 Model 56 Studebaker, 6-cyl., 117" wb						
2d Conv	1,720	5,160	8,600	17,200	30,100	43,000
2d Reg Conv	1,760	5,280	8,800	17,600	30,800	44,000
2d Cpe	840	2,520	4,200	8,400	14,700	21,000
2d Reg Cpe	880	2,640	4,400	8,800	15,400	22,000
2d Spt Cpe	920	2,760	4,600	9,200	16,100	23,000
2d Reg Spt Cpe	960	2,880	4,800	9,600	16,800	24,000
2d St R Brgm	760	2,280	3,800	7,600	13,300	19,000
2d Reg St R Brgm	800	2,400	4,000	8,000	14,000	20,000
4d Conv Sed	1,680	5,040	8,400	16,800	29,400	42,000
4d Reg Conv Sed	1,720	5,160	8,600	17,200	30,100	43,000
4d Sed	680	2,040	3,400	6,800	11,900	17,000
4d Reg Sed	720	2,160	3,600	7,200	12,600	18,000
1933 Model 73 Commander, 8-cyl.						
2d Rds Conv	1,760	5,280	8,800	17,600	30,800	44,000
2d Reg Rds Conv	1,800	5,400	9,000	18,000	31,500	45,000
2d Cpe	880	2,640	4,400	8,800	15,400	22,000
2d Reg Cpe	920	2,760	4,600	9,200	16,100	23,000
2d Spt Cpe	960	2,880	4,800	9,600	16,800	24,000
2d Reg Spt Cpe	1,000	3,000	5,000	10,000	17,500	25,000
2d St R Brgm	800	2,400	4,000	8,000	14,000	20,000
2d Reg St R Brgm	840	2,520	4,200	8,400	14,700	21,000
4d Conv Sed	1,760	5,280	8,800	17,600	30,800	44,000
4d Reg Conv Sed	1,800	5,400	9,000	18,000	31,500	45,000
4d Sed	800	2,400	4,000	8,000	14,000	20,000
4d Reg Sed	840	2,520	4,200	8,400	14,700	21,000
1933 Model 82 President, 8-cyl.						
2d Sta Rds Conv	1,880	5,640	9,400	18,800	32,900	47,000

	6	5	4	3	2	1
2d Cpe	880	2,640	4,400	8,800	15,400	22,000
2d Sta Cpe	1,000	3,000	5,000	10,000	17,500	25,000
2d St R Brgm	800	2,400	4,000	8,000	14,000	20,000
2d Sta St R Brgm	840	2,520	4,200	8,400	14,700	21,000
4d Sta Conv Sed	1,880	5,640	9,400	18,800	32,900	47,000
4d Sed	840	2,520	4,200	8,400	14,700	21,000
4d Sta Sed	880	2,640	4,400	8,800	15,400	22,000
1933 Model 92 President Speedway, 8-cyl.						
2d Sta Rds Conv	1,920	5,760	9,600	19,200	33,600	48,000
2d Sta Cpe	1,000	3,000	5,000	10,000	17,500	25,000
2d Sta St R Brgm	1,040	3,120	5,200	10,400	18,200	26,000
4d Sta Conv Sed	1,920	5,760	9,600	19,200	33,600	48,000
4d Sed	800	2,400	4,000	8,000	14,000	20,000
4d Sta Sed	840	2,520	4,200	8,400	14,700	21,000
4d 7P Sed	880	2,640	4,400	8,800	15,400	22,000
4d 7P Sta Sed	920	2,760	4,600	9,200	16,100	23,000
4d 7P Sta Limo	1,000	3,000	5,000	10,000	17,500	25,000
1934 Model Special A, Dictator						
2d Cpe	680	2,040	3,400	6,800	11,900	17,000
2d Reg Cpe	760	2,280	3,800	7,600	13,300	19,000
2d 4P Cpe	680	2,040	3,400	6,800	11,900	17,000
2d 4P Reg Cpe	720	2,160	3,600	7,200	12,600	18,000
2d St R Sed	560	1,680	2,800	5,600	9,800	14,000
2d Reg St R Sed	580	1,740	2,900	5,800	10,150	14,500
2d Sed	560	1,680	2,800	5,600	9,800	14,000
2d Reg Sed	580	1,740	2,900	5,800	10,150	14,500
4d Cus Reg St R	600	1,800	3,000	6,000	10,500	15,000
4d Cus Sed	620	1,860	3,100	6,200	10,850	15,500
1934 Model A, Dictator						
2d Rds	1,520	4,560	7,600	15,200	26,600	38,000
2d Rds Regal	1,560	4,680	7,800	15,600	27,300	39,000
2d Reg Cpe	840	2,520	4,200	8,400	14,700	21,000
2d St R Sed	680	2,040	3,400	6,800	11,900	17,000
2d Cus St R Sed	580	1,740	2,900	5,800	10,150	14,500
4d Sed	560	1,680	2,800	5,600	9,800	14,000
4d Reg Sed	580	1,740	2,900	5,800	10,150	14,500
1934 Model B, Commander						
2d Rds Conv	1,560	4,680	7,800	15,600	27,300	39,000
2d Reg Rds Conv	1,600	4,800	8,000	16,000	28,000	40,000
2d Cpe	840	2,520	4,200	8,400	14,700	21,000
2d Reg Cpe	880	2,640	4,400	8,800	15,400	22,000
2d 4P Cpe	800	2,400	4,000	8,000	14,000	20,000
2d 4P Reg Cpe	840	2,520	4,200	8,400	14,700	21,000
2d St R Sed	600	1,800	3,000	6,000	10,500	15,000
2d Cus St R Sed	620	1,860	3,100	6,200	10,850	15,500
4d Sed	560	1,680	2,800	5,600	9,800	14,000
4d Reg Sed	580	1,740	2,900	5,800	10,150	14,500
4d Cus Sed	588	1,764	2,940	5,880	10,290	14,700
4d L Cruise	600	1,800	3,000	6,000	10,500	15,000
1934 Model C, President						
2d Rds Conv	1,680	5,040	8,400	16,800	29,400	42,000
2d Reg Rds Conv	1,720	5,160	8,600	17,200	30,100	43,000
2d Cpe	880	2,640	4,400	8,800	15,400	22,000
2d Reg Cpe	920	2,760	4,600	9,200	16,100	23,000
2d 4P Cpe	840	2,520	4,200	8,400	14,700	21,000
2d 4P Reg Cpe	880	2,640	4,400	8,800	15,400	22,000
2d Sed	620	1,860	3,100	6,200	10,850	15,500
2d Reg Sed	640	1,920	3,200	6,400	11,200	16,000
4d Cus Sed	640	1,920	3,200	6,400	11,200	16,000
4d Cus Berl	660	1,980	3,300	6,600	11,550	16,500
4d L Cruise	700	2,100	3,500	7,000	12,250	17,500
1935 Model 1A, Dictator Six						
2d Rds	1,480	4,440	7,400	14,800	25,900	37,000
2d Reg Rds	1,520	4,560	7,600	15,200	26,600	38,000
2d Cpe	640	1,920	3,200	6,400	11,200	16,000
2d Reg Cpe	680	2,040	3,400	6,800	11,900	17,000
2d R/S Cpe	700	2,100	3,500	7,000	12,250	17,500
2d Reg R/S Cpe	740	2,220	3,700	7,400	12,950	18,500
2d St Reg	428	1,284	2,140	4,280	7,490	10,700
2d Reg St Reg	520	1,560	2,600	5,200	9,100	13,000
2d Cus St Reg	532	1,596	2,660	5,320	9,310	13,300
4d Sed	420	1,260	2,100	4,200	7,350	10,500
2d Reg Sed	432	1,296	2,160	4,320	7,560	10,800
2d Cus Sed	524	1,572	2,620	5,240	9,170	13,100
4d L Cr	532	1,596	2,660	5,320	9,310	13,300
4d Reg L Cr	540	1,620	2,700	5,400	9,450	13,500
1935 Model 1B, Commander Eight						
2d Rds	1,600	4,800	8,000	16,000	28,000	40,000

	6	5	4	3	2	1
2d Reg Rds	1,640	4,920	8,200	16,400	28,700	41,000
2d Cpe	680	2,040	3,400	6,800	11,900	17,000
2d Reg Cpe	720	2,160	3,600	7,200	12,600	18,000
2d R/S Cpe	740	2,220	3,700	7,400	12,950	18,500
2d Reg R/S Cpe	760	2,280	3,800	7,600	13,300	19,000
2d Reg St R	560	1,680	2,800	5,600	9,800	14,000
2d Cus St R	568	1,704	2,840	5,680	9,940	14,200
2d Reg Sed	572	1,716	2,860	5,720	10,010	14,300
2d Cus Sed	580	1,740	2,900	5,800	10,150	14,500
4d L Cr	600	1,800	3,000	6,000	10,500	15,000
4d Reg L Cr	612	1,836	3,060	6,120	10,710	15,300
1935 Model 1C, President Eight						
2d Rds	1,640	4,920	8,200	16,400	28,700	41,000
2d Reg Rds	1,680	5,040	8,400	16,800	29,400	42,000
2d Cpe	800	2,400	4,000	8,000	14,000	20,000
2d Reg Cpe	840	2,520	4,200	8,400	14,700	21,000
2d R/S Cpe	860	2,580	4,300	8,600	15,050	21,500
2d Reg R/S Cpe	880	2,640	4,400	8,800	15,400	22,000
2d Reg Sed	600	1,800	3,000	6,000	10,500	15,000
2d Cus Sed	640	1,920	3,200	6,400	11,200	16,000
4d L Cr	680	2,040	3,400	6,800	11,900	17,000
4d Reg L Cr	720	2,160	3,600	7,200	12,600	18,000
4d Cus Berl	760	2,280	3,800	7,600	13,300	19,000
4d Reg Berl	780	2,340	3,900	7,800	13,650	19,500
NOTE: Add 10 percent for 2A Dictator models.						
1936 Model 3A/4A, Dictator Six						
2d Bus Cpe	600	1,800	3,000	6,000	10,500	15,000
2d Cus Cpe	640	1,920	3,200	6,400	11,200	16,000
2d 5P Cus Cpe	680	2,040	3,400	6,800	11,900	17,000
2d Cus St R	528	1,584	2,640	5,280	9,240	13,200
4d Cr St R	540	1,620	2,700	5,400	9,450	13,500
2d Cus Sed	540	1,620	2,700	5,400	9,450	13,500
4d Cr Sed	552	1,656	2,760	5,520	9,660	13,800
1936 Model 2C, President Eight						
2d Cus Cpe	720	2,160	3,600	7,200	12,600	18,000
2d 5P Cus Cpe	760	2,280	3,800	7,600	13,300	19,000
2d Cus St R	608	1,824	3,040	6,080	10,640	15,200
4d Cr St R	620	1,860	3,100	6,200	10,850	15,500
4d Cus Sed	640	1,920	3,200	6,400	11,200	16,000
4d Cr Sed	680	2,040	3,400	6,800	11,900	17,000
NOTE: Add 10 percent for Model 4A Dictator Six.						
1937 Model 5A/6A, Dictator Six						
2d Cpe Express	680	2,040	3,400	6,800	11,900	17,000
2d Bus Cpe	640	1,920	3,200	6,400	11,200	16,000
2d Cus Cpe	680	2,040	3,400	6,800	11,900	17,000
2d 5P Cus Cpe	660	1,980	3,300	6,600	11,550	16,500
2d Cus St R	540	1,620	2,700	5,400	9,450	13,500
4d St R Cr	536	1,608	2,680	5,360	9,380	13,400
4d Cus Sed	536	1,608	2,680	5,360	9,380	13,400
4d Cr Sed	548	1,644	2,740	5,480	9,590	13,700
1937 Model 3C, President Eight						
2d Cus Cpe	720	2,160	3,600	7,200	12,600	18,000
2d 5P Cus Cpe	700	2,100	3,500	7,000	12,250	17,500
2d Cus St R	608	1,824	3,040	6,080	10,640	15,200
4d St R Cr	604	1,812	3,020	6,040	10,570	15,100
4d Cus Sed	604	1,812	3,020	6,040	10,570	15,100
4d Cr Sed	616	1,848	3,080	6,160	10,780	15,400
NOTE: Add 10 percent for Dictator 6A models.						
1938 Model 7A, Commander Six						
2d Cpe Exp	640	1,920	3,200	6,400	11,200	16,000
2d Bus Cpe	600	1,800	3,000	6,000	10,500	15,000
2d Cus Cpe	640	1,920	3,200	6,400	11,200	16,000
2d Clb Sed	544	1,632	2,720	5,440	9,520	13,600
4d Cr Sed	552	1,656	2,760	5,520	9,660	13,800
4d Conv Sed	1,180	3,540	5,900	11,800	20,650	29,500
1938 Model 8A, State Commander Six						
2d Cus Cpe	660	1,980	3,300	6,600	11,550	16,500
2d Clb Sed	544	1,632	2,720	5,440	9,520	13,600
4d Cr Sed	552	1,656	2,760	5,520	9,660	13,800
4d Conv Sed	1,220	3,660	6,100	12,200	21,350	30,500
1938 Model 4C, President Eight						
2d Cpe	680	2,040	3,400	6,800	11,900	17,000
2d Clb Sed	600	1,800	3,000	6,000	10,500	15,000
4d Cr Sed	620	1,860	3,100	6,200	10,850	15,500
1938 Model 4C, State President Eight						
2d Cpe	720	2,160	3,600	7,200	12,600	18,000

	6	5	4	3	2	1
2d Clb Sed	612	1,836	3,060	6,120	10,710	15,300
4d Cr Sed	640	1,920	3,200	6,400	11,200	16,000
4d Conv Sed	1,340	4,020	6,700	13,400	23,450	33,500
1939 Model G, Custom Champion Six						
2d Cpe	640	1,920	3,200	6,400	11,200	16,000
2d Clb Sed	588	1,764	2,940	5,880	10,290	14,700
4d Cr Sed	592	1,776	2,960	5,920	10,360	14,800
1939 Model G, Deluxe Champion Six						
2d Cpe	720	2,160	3,600	7,200	12,600	18,000
2d Clb Sed	632	1,896	3,160	6,320	11,060	15,800
4d Cr Sed	640	1,920	3,200	6,400	11,200	16,000
1939 Model 9A, Commander Six						
2d Cpe Express	820	2,460	4,100	8,200	14,350	20,500
2d Bus Cpe	760	2,280	3,800	7,600	13,300	19,000
2d Cus Cpe	800	2,400	4,000	8,000	14,000	20,000
2d Clb Sed	704	2,112	3,520	7,040	12,320	17,600
4d Cr Sed	708	2,124	3,540	7,080	12,390	17,700
4d Conv Sed	1,440	4,320	7,200	14,400	25,200	36,000
1939 Model 5C, State President Eight						
2d Cus Cpe	840	2,520	4,200	8,400	14,700	21,000
2d Clb Sed	760	2,280	3,800	7,600	13,300	19,000
4d Cr Sed	780	2,340	3,900	7,800	13,650	19,500
4d Conv Sed	1,560	4,680	7,800	15,600	27,300	39,000
1940 Champion Custom						
2d Cpe	700	2,100	3,500	7,000	12,250	17,500
2d OS Cpe	740	2,220	3,700	7,400	12,950	18,500
2d Clb Sed	640	1,920	3,200	6,400	11,200	16,000
4d Cr Sed	644	1,932	3,220	6,440	11,270	16,100
1940 Champion Custom Deluxe						
2d Cpe	760	2,280	3,800	7,600	13,300	19,000
2d OS Cpe	780	2,340	3,900	7,800	13,650	19,500
2d Clb Sed	644	1,932	3,220	6,440	11,270	16,100
4d Cr Sed	648	1,944	3,240	6,480	11,340	16,200
1940 Champion Deluxe						
2d Cpe	780	2,340	3,900	7,800	13,650	19,500
2d OS Cpe	800	2,400	4,000	8,000	14,000	20,000
2d Clb Sed	648	1,944	3,240	6,480	11,340	16,200
4d Cr Sed	652	1,956	3,260	6,520	11,410	16,300
1940 Champion Deluxe-Tone						
2d Cpe	800	2,400	4,000	8,000	14,000	20,000
2d OS Cpe	820	2,460	4,100	8,200	14,350	20,500
2d Clb Sed	652	1,956	3,260	6,520	11,410	16,300
4d Cr Sed	656	1,968	3,280	6,560	11,480	16,400
1940 Commander						
2d Cus Cpe	840	2,520	4,200	8,400	14,700	21,000
2d Clb Sed	664	1,992	3,320	6,640	11,620	16,600
4d Cr Sed	668	2,004	3,340	6,680	11,690	16,700
1940 Commander Deluxe-Tone						
2d Cus Cpe	880	2,640	4,400	8,800	15,400	22,000
2d Clb Sed	664	1,992	3,320	6,640	11,620	16,600
4d Cr Sed	668	2,004	3,340	6,680	11,690	16,700
1940 State President						
2d Cpe	900	2,700	4,500	9,000	15,750	22,500
2d Clb Sed	720	2,160	3,600	7,200	12,600	18,000
4d Cr Sed	760	2,280	3,800	7,600	13,300	19,000
1940 President Deluxe-Tone						
2d Cpe	940	2,820	4,700	9,400	16,450	23,500
2d Clb Sed	728	2,184	3,640	7,280	12,740	18,200
4d Cr Sed	760	2,280	3,800	7,600	13,300	19,000
1941 Champion Custom						
2d Cpe	720	2,160	3,600	7,200	12,600	18,000
2d D D Cpe	740	2,220	3,700	7,400	12,950	18,500
2d OS Cpe	760	2,280	3,800	7,600	13,300	19,000
2d Clb Sed	668	2,004	3,340	6,680	11,690	16,700
4d Cr Sed	672	2,016	3,360	6,720	11,760	16,800
1941 Champion Custom Deluxe						
2d Cpe	740	2,220	3,700	7,400	12,950	18,500
2d D D Cpe	760	2,280	3,800	7,600	13,300	19,000
2d OS Cpe	780	2,340	3,900	7,800	13,650	19,500
2d Clb Sed	672	2,016	3,360	6,720	11,760	16,800
4d Cr Sed	680	2,040	3,400	6,800	11,900	17,000
1941 Champion Deluxe-Tone						
2d Cpe	760	2,280	3,800	7,600	13,300	19,000
2d D D Cpe	780	2,340	3,900	7,800	13,650	19,500
2d OS Cpe	800	2,400	4,000	8,000	14,000	20,000

	6	5	4	3	2	1
2d Clb Sed	672	2,016	3,360	6,720	11,760	16,800
4d Cr Sed	680	2,040	3,400	6,800	11,900	17,000
1941 Commander Custom						
4d Sed Cpe	760	2,280	3,800	7,600	13,300	19,000
2d Cr Cpe	820	2,460	4,100	8,200	14,350	20,500
4d L Cruise	760	2,280	3,800	7,600	13,300	19,000
1941 Commander Deluxe-Tone						
4d Cr Sed	772	2,316	3,860	7,720	13,510	19,300
4d L Cruise	780	2,340	3,900	7,800	13,650	19,500
1941 Commander Skyway						
4d Sed Cpe	840	2,520	4,200	8,400	14,700	21,000
4d Cr Sed	800	2,400	4,000	8,000	14,000	20,000
4d L Cruise	820	2,460	4,100	8,200	14,350	20,500
1941 President Custom						
4d Cr Sed	820	2,460	4,100	8,200	14,350	20,500
4d L Cruise	860	2,580	4,300	8,600	15,050	21,500
1941 President Deluxe-Tone						
4d Cr Sed	828	2,484	4,140	8,280	14,490	20,700
4d L Cruise	868	2,604	4,340	8,680	15,190	21,700
1941 President Skyway						
2d Sed Cpe	1,000	3,000	5,000	10,000	17,500	25,000
4d Cr Sed	920	2,760	4,600	9,200	16,100	23,000
4d L Cruise	940	2,820	4,700	9,400	16,450	23,500
1942 Champion Custom Series						
2d Cpe	620	1,860	3,100	6,200	10,850	15,500
2d D D Cpe	640	1,920	3,200	6,400	11,200	16,000
2d Clb Sed	560	1,680	2,800	5,600	9,800	14,000
4d Cr Sed	564	1,692	2,820	5,640	9,870	14,100
1942 Champion Deluxstyle Series						
2d Cpe	640	1,920	3,200	6,400	11,200	16,000
2d D D Cpe	660	1,980	3,300	6,600	11,550	16,500
2d Clb Sed	564	1,692	2,820	5,640	9,870	14,100
4d Cr Sed	568	1,704	2,840	5,680	9,940	14,200
1942 Commander Custom Series						
2d Sed Cpe	660	1,980	3,300	6,600	11,550	16,500
4d Cr Sed	588	1,764	2,940	5,880	10,290	14,700
4d L Cr	592	1,776	2,960	5,920	10,360	14,800
1942 Commander Deluxstyle Series						
2d Sed Cpe	700	2,100	3,500	7,000	12,250	17,500
4d Cr Sed	612	1,836	3,060	6,120	10,710	15,300
4d L Cr	632	1,896	3,160	6,320	11,060	15,800
1942 Commander Skyway Series						
2d Sed Cpe	780	2,340	3,900	7,800	13,650	19,500
4d Cr Sed	672	2,016	3,360	6,720	11,760	16,800
4d L Cr	712	2,136	3,560	7,120	12,460	17,800
1942 President Custom Series						
2d Sed Cpe	780	2,340	3,900	7,800	13,650	19,500
4d Cr Sed	672	2,016	3,360	6,720	11,760	16,800
4d L Cr	712	2,136	3,560	7,120	12,460	17,800
1942 President Deluxstyle Series						
2d Sed Cpe	820	2,460	4,100	8,200	14,350	20,500
4d Cr Sed	712	2,136	3,560	7,120	12,460	17,800
4d L Cr	752	2,256	3,760	7,520	13,160	18,800
1942 President Skyway Series						
2d Sed Cpe	860	2,580	4,300	8,600	15,050	21,500
4d Cr Sed	752	2,256	3,760	7,520	13,160	18,800
4d L Cr	792	2,376	3,960	7,920	13,860	19,800
1946 Skyway Champion, 6-cyl., 109.5" wb						
2d 3P Cpe	680	2,040	3,400	6,800	11,900	17,000
2d 5P Cpe	700	2,100	3,500	7,000	12,250	17,500
2d Sed	608	1,824	3,040	6,080	10,640	15,200
4d Sed	616	1,848	3,080	6,160	10,780	15,400
1947-1949 Champion, 6-cyl., 112" wb						
2d 3P Cpe	640	1,920	3,200	6,400	11,200	16,000
2d 5P Cpe Starlight	700	2,100	3,500	7,000	12,250	17,500
2d Sed	588	1,764	2,940	5,880	10,290	14,700
4d Sed	592	1,776	2,960	5,920	10,360	14,800
2d Conv	1,040	3,120	5,200	10,400	18,200	26,000
1947-1949 Commander, 6-cyl., 119" wb						
2d 3P Cpe	660	1,980	3,300	6,600	11,550	16,500
2d 5P Cpe Starlight	680	2,040	3,400	6,800	11,900	17,000
2d Sed	604	1,812	3,020	6,040	10,570	15,100
4d Sed	612	1,836	3,060	6,120	10,710	15,300
2d Conv	1,040	3,120	5,200	10,400	18,200	26,000

	6	5	4	3	2	1
1947-1949 Land Cruiser, 6-cyl., 123" wb						
4d Ld Crs Sed	668	2,004	3,340	6,680	11,690	16,700
1950 Champion, 6-cyl., 113" wb						
2d 3P Cpe	700	2,100	3,500	7,000	12,250	17,500
2d 5P Cpe Starlight	720	2,160	3,600	7,200	12,600	18,000
2d Sed	720	2,160	3,600	7,200	12,600	18,000
4d Sed	720	2,160	3,600	7,200	12,600	18,000
2d Conv	1,040	3,120	5,200	10,400	18,200	26,000
1950 Commander, 6-cyl., 120" - 124" wb						
2d 3P Cpe	840	2,520	4,200	8,400	14,700	21,000
2d 5P Cpe Starlight	880	2,640	4,400	8,800	15,400	22,000
2d Sed	740	2,220	3,700	7,400	12,950	18,500
4d Sed	740	2,220	3,700	7,400	12,950	18,500
2d Conv	1,120	3,360	5,600	11,200	19,600	28,000
1950 Land Cruiser, 6-cyl., 124" wb						
4d Ld Crs Sed	760	2,280	3,800	7,600	13,300	19,000
1951 Champion Custom, 6-cyl., 115" wb						
4d Sed	760	2,280	3,800	7,600	13,300	19,000
2d Sed	760	2,280	3,800	7,600	13,300	19,000
2d 5P Cpe Starlight	840	2,520	4,200	8,400	14,700	21,000
2d 3P Cpe	780	2,340	3,900	7,800	13,650	19,500
1951 Champion DeLuxe, 6-cyl., 115" wb						
4d Sed	680	2,040	3,400	6,800	11,900	17,000
2d Sed	680	2,040	3,400	6,800	11,900	17,000
2d 5P Cpe Starlight	840	2,520	4,200	8,400	14,700	21,000
2d 3P Cpe	760	2,280	3,800	7,600	13,300	19,000
1951 Champion Regal, 6-cyl., 115" wb						
4d Sed	720	2,160	3,600	7,200	12,600	18,000
2d Sed	720	2,160	3,600	7,200	12,600	18,000
2d 5P Cpe Starlight	800	2,400	4,000	8,000	14,000	20,000
2d 3P Cpe	760	2,280	3,800	7,600	13,300	19,000
2d Conv	1,080	3,240	5,400	10,800	18,900	27,000
1951 Commander Regal, V-8, 115" wb						
4d Sed	720	2,160	3,600	7,200	12,600	18,000
2d Sed	720	2,160	3,600	7,200	12,600	18,000
5P Cpe Starlight	840	2,520	4,200	8,400	14,700	21,000
1951 Commander State, V-8, 115" wb						
4d Sed	740	2,220	3,700	7,400	12,950	18,500
2d Sed	740	2,220	3,700	7,400	12,950	18,500
5P Cpe Starlight	880	2,640	4,400	8,800	15,400	22,000
2d Conv	1,200	3,600	6,000	12,000	21,000	30,000
1951 Land Cruiser, V-8, 119" wb						
4d Sed	760	2,280	3,800	7,600	13,300	19,000
1952 Champion Custom, 6-cyl., 115" wb						
4d Sed	680	2,040	3,400	6,800	11,900	17,000
2d Sed	680	2,040	3,400	6,800	11,900	17,000
2d 5P Cpe Starlight	800	2,400	4,000	8,000	14,000	20,000
1952 Champion DeLuxe, 6-cyl., 115" wb						
4d Sed	680	2,040	3,400	6,800	11,900	17,000
2d Sed	680	2,040	3,400	6,800	11,900	17,000
2d 5P Cpe Starlight	800	2,400	4,000	8,000	14,000	20,000
1952 Champion Regal, 6-cyl., 115" wb						
Sed	700	2,100	3,500	7,000	12,250	17,500
2d Sed	700	2,100	3,500	7,000	12,250	17,500
2d 5P Cpe Starlight	820	2,460	4,100	8,200	14,350	20,500
2d Star Cpe	840	2,520	4,200	8,400	14,700	21,000
2d Conv	1,080	3,240	5,400	10,800	18,900	27,000
1952 Commander Regal, V-8, 115" wb						
4d Sed	720	2,160	3,600	7,200	12,600	18,000
2d Sed	720	2,160	3,600	7,200	12,600	18,000
5P Cpe Starlight	880	2,640	4,400	8,800	15,400	22,000
1952 Commander State, V-8, 115" wb						
4d Sed	740	2,220	3,700	7,400	12,950	18,500
2d Sed	740	2,220	3,700	7,400	12,950	18,500
2d Cpe Starlight	920	2,760	4,600	9,200	16,100	23,000
2d Star HT	1,040	3,120	5,200	10,400	18,200	26,000
2d Conv	1,160	3,480	5,800	11,600	20,300	29,000
1952 Land Cruiser, V-8, 119" wb						
4d Sed	760	2,280	3,800	7,600	13,300	19,000
1953-1954 Champion Custom, 6-cyl., 116.5" wb						
4d Sed	640	1,920	3,200	6,400	11,200	16,000
2d Sed	648	1,944	3,240	6,480	11,340	16,200
1953-1954 Champion DeLuxe, 6-cyl., 116.5" - 120.5" wb						
4d Sed	660	1,980	3,300	6,600	11,550	16,500

	6	5	4	3	2	1
2d Sed	668	2,004	3,340	6,680	11,690	16,700
2d Cpe	840	2,520	4,200	8,400	14,700	21,000
2d Sta Wag	720	2,160	3,600	7,200	12,600	18,000
1953-1954 Champion Regal, 6-cyl., 116.5" - 120.5" wb						
4d Sed	700	2,100	3,500	7,000	12,250	17,500
2d Sed	704	2,112	3,520	7,040	12,320	17,600
2d 5P Cpe	880	2,640	4,400	8,800	15,400	22,000
2d HT	920	2,760	4,600	9,200	16,100	23,000
2d Sta Wag (1954 only)	760	2,280	3,800	7,600	13,300	19,000
1953-1954 Commander DeLuxe, V-8, 116.5" - 120.5" wb						
4d Sed	720	2,160	3,600	7,200	12,600	18,000
2d Sed	724	2,172	3,620	7,240	12,670	18,100
2d Cpe	920	2,760	4,600	9,200	16,100	23,000
Sta Wag (1954 only)	800	2,400	4,000	8,000	14,000	20,000
1953-1954 Commander Regal, V-8, 116.5" - 120.5" wb						
4d Sed	740	2,220	3,700	7,400	12,950	18,500
2d Cpe	940	2,820	4,700	9,400	16,450	23,500
2d HT	1,040	3,120	5,200	10,400	18,200	26,000
2d Sta Wag (1954 only)	820	2,460	4,100	8,200	14,350	20,500
1953-1954 Land Cruiser, V-8, 120.5" wb						
4d Sed	760	2,280	3,800	7,600	13,300	19,000
4d Reg Sed (1954 only)	780	2,340	3,900	7,800	13,650	19,500
1955 Champion Custom, 6-cyl., 116.5" wb						
4d Sed	640	1,920	3,200	6,400	11,200	16,000
2d Sed	644	1,932	3,220	6,440	11,270	16,100
1955 Champion DeLuxe, 6-cyl., 116.5" - 120.5" wb						
4d Sed	680	2,040	3,400	6,800	11,900	17,000
2d Sed	684	2,052	3,420	6,840	11,970	17,100
2d Cpe	960	2,880	4,800	9,600	16,800	24,000
1955 Champion Regal, 6-cyl., 116.5" - 120.5" wb						
4d Sed	700	2,100	3,500	7,000	12,250	17,500
2d Cpe	1,000	3,000	5,000	10,000	17,500	25,000
2d HT	1,080	3,240	5,400	10,800	18,900	27,000
2d Sta Wag	800	2,400	4,000	8,000	14,000	20,000
1955 Commander Custom, V-8, 116.5" wb						
4d Sed	720	2,160	3,600	7,200	12,600	18,000
2d Sed	724	2,172	3,620	7,240	12,670	18,100
1955 Commander DeLuxe, V-8, 116.5" - 120.5" wb						
4d Sed	740	2,220	3,700	7,400	12,950	18,500
2d Sed	744	2,232	3,720	7,440	13,020	18,600
2d Cpe	1,120	3,360	5,600	11,200	19,600	28,000
Sta Wag	840	2,520	4,200	8,400	14,700	21,000
1955 Commander Regal, V-8, 116.5" - 120.5" wb						
4d Sed	760	2,280	3,800	7,600	13,300	19,000
2d Cpe	1,140	3,420	5,700	11,400	19,950	28,500
2d HT	1,180	3,540	5,900	11,800	20,650	29,500
2d Sta Wag	880	2,640	4,400	8,800	15,400	22,000
1955 President DeLuxe, V-8, 120.5" wb						
4d Sed	780	2,340	3,900	7,800	13,650	19,500
1955 President State, V-8, 120.5" wb						
4d Sed	800	2,400	4,000	8,000	14,000	20,000
2d Cpe	1,160	3,480	5,800	11,600	20,300	29,000
2d HT	1,200	3,600	6,000	12,000	21,000	30,000
2d Spds HT	1,240	3,720	6,200	12,400	21,700	31,000
NOTE: Deduct $200 for Champion models in all series.						
1956 Champion, 6-cyl., 116.5" wb						
4d Sed	600	1,800	3,000	6,000	10,500	15,000
2d Sed	604	1,812	3,020	6,040	10,570	15,100
1956 Flight Hawk, 6-cyl., 120.5" wb						
2d Cpe	840	2,520	4,200	8,400	14,700	21,000
1956 Champion Pelham, 6-cyl., 116.5" wb						
Sta Wag	860	2,580	4,300	8,600	15,050	21,500
1956 Commander, V-8, 116.5" wb						
4d Sed	620	1,860	3,100	6,200	10,850	15,500
2d Sed	624	1,872	3,120	6,240	10,920	15,600
1956 Power Hawk, V-8, 120.5" wb						
2d Cpe	900	2,700	4,500	9,000	15,750	22,500
1956 Commander Parkview, V-8, 116.5" wb						
2d Sta Wag	880	2,640	4,400	8,800	15,400	22,000
1956 President, V-8, 116.5" wb						
4d Sed	860	2,580	4,300	8,600	15,050	21,500
4d Classic	880	2,640	4,400	8,800	15,400	22,000
2d Sed	864	2,592	4,320	8,640	15,120	21,600

	6	5	4	3	2	1
1956 Sky Hawk, V-8, 120.5" wb						
2d HT	920	2,760	4,600	9,200	16,100	23,000
1956 President Pinehurst, V-8, 116.5" wb						
4d Sta Wag	900	2,700	4,500	9,000	15,750	22,500
1956 Golden Hawk, V-8, 120.5" wb						
2d HT	1,160	3,480	5,800	11,600	20,300	29,000
1957 Champion Scotsman, 6-cyl., 116.5" wb						
4d Sed	560	1,680	2,800	5,600	9,800	14,000
2d Sed	564	1,692	2,820	5,640	9,870	14,100
2d Sta Wag	720	2,160	3,600	7,200	12,600	18,000
1957 Champion Custom, 6-cyl., 116.5" wb						
4d Sed	600	1,800	3,000	6,000	10,500	15,000
2d Clb Sed	604	1,812	3,020	6,040	10,570	15,100
1957 Champion DeLuxe, 6-cyl., 116.5" wb						
4d Sed	620	1,860	3,100	6,200	10,850	15,500
2d Clb Sed	624	1,872	3,120	6,240	10,920	15,600
1957 Silver Hawk, 6-cyl., 120.5" wb						
2d Cpe	880	2,640	4,400	8,800	15,400	22,000
1957 Champion Pelham, 6-cyl., 116.5" wb						
Sta Wag	860	2,580	4,300	8,600	15,050	21,500
1957 Commander Custom, V-8, 116.5" wb						
4d Sed	600	1,800	3,000	6,000	10,500	15,000
2d Clb Sed	604	1,812	3,020	6,040	10,570	15,100
1957 Commander DeLuxe, V-8, 116.5" wb						
4d Sed	620	1,860	3,100	6,200	10,850	15,500
2d Clb Sed	624	1,872	3,120	6,240	10,920	15,600
1957 Commander Station Wagons, V-8, 116.5" wb						
4d Park	880	2,640	4,400	8,800	15,400	22,000
4d Prov	900	2,700	4,500	9,000	15,750	22,500
1957 President, V-8, 116.5" wb						
4d Sed	680	2,040	3,400	6,800	11,900	17,000
4d Classic	700	2,100	3,500	7,000	12,250	17,500
2d Clb Sed	684	2,052	3,420	6,840	11,970	17,100
1957 Silver Hawk, V-8, 120.5" wb						
2d Cpe	940	2,820	4,700	9,400	16,450	23,500
1957 President Broadmoor, V-8, 116.5" wb						
4d Sta Wag	900	2,700	4,500	9,000	15,750	22,500
1957 Golden Hawk, V-8, 120.5" wb						
2d Spt HT	1,120	3,360	5,600	11,200	19,600	28,000
1958 Champion Scotsman, 6-cyl., 116.5" wb						
4d Sed	388	1,164	1,940	3,880	6,790	9,700
2d Sed	384	1,152	1,920	3,840	6,720	9,600
4d Sta Wag	420	1,260	2,100	4,200	7,350	10,500
1958 Champion, 6-cyl., 116.5" wb						
4d Sed	392	1,176	1,960	3,920	6,860	9,800
2d Sed	388	1,164	1,940	3,880	6,790	9,700
1958 Silver Hawk, 6-cyl., 120.5" wb						
2d Cpe	800	2,400	4,000	8,000	14,000	20,000
1958 Commander, V-8, 116.5" wb						
4d Sed	520	1,560	2,600	5,200	9,100	13,000
2d HT	580	1,740	2,900	5,800	10,150	14,500
4d Sta Wag	540	1,620	2,700	5,400	9,450	13,500
1958 President, V-8, 120.5" & 116.5" wb						
4d Sed	528	1,584	2,640	5,280	9,240	13,200
2d HT	588	1,764	2,940	5,880	10,290	14,700
1958 Silver Hawk, V-8, 120.5" wb						
2d Cpe	840	2,520	4,200	8,400	14,700	21,000
1958 Golden Hawk, V-8, 120.5" wb						
2d Spt HT	1,080	3,240	5,400	10,800	18,900	27,000
1959-1960 Lark DeLuxe, V-8, 108.5" wb						
4d Sed	400	1,200	2,000	4,000	7,000	10,000
2d Sed	400	1,200	2,000	4,000	7,000	10,000
4d Sta Wag (1960 only)	412	1,236	2,060	4,120	7,210	10,300
2d Sta Wag	416	1,248	2,080	4,160	7,280	10,400
1959-1960 Lark Regal, V-8, 108.5" wb						
4d Sed	420	1,260	2,100	4,200	7,350	10,500
2d HT	580	1,740	2,900	5,800	10,150	14,500
2d Conv (1960 only)	780	2,340	3,900	7,800	13,650	19,500
4d Sta Wag	420	1,260	2,100	4,200	7,350	10,500
NOTE: Deduct 5 percent for 6-cyl. models.						
1959-1960 Hawk, V-8, 120.5" wb						
2d Spt Cpe	840	2,520	4,200	8,400	14,700	21,000

	6	5	4	3	2	1
1961 Lark DeLuxe, V-8, 108.5" wb						
4d Sed	392	1,176	1,960	3,920	6,860	9,800
2d Sed	396	1,188	1,980	3,960	6,930	9,900
1961 Lark Regal, V-8, 108.5" wb						
4d Sed	400	1,200	2,000	4,000	7,000	10,000
2d HT	560	1,680	2,800	5,600	9,800	14,000
2d Conv	700	2,100	3,500	7,000	12,250	17,500
1961 Lark Cruiser, V-8, 113" wb						
4d Sed	408	1,224	2,040	4,080	7,140	10,200
1961 Station Wagons, V-8, 113" wb						
4d DeL	392	1,176	1,960	3,920	6,860	9,800
2d	392	1,176	1,960	3,920	6,860	9,800
4d Reg	396	1,188	1,980	3,960	6,930	9,900
1961 Hawk, 8-cyl., 120.5" wb						
2d Spt Cpe	840	2,520	4,200	8,400	14,700	21,000
NOTE: Deduct 5 percent for 6-cyl. models. First year for 4-speed Hawks.						
1962 Lark DeLuxe, V-8, 109" - 113" wb						
4d Sed	392	1,176	1,960	3,920	6,860	9,800
2d Sed	392	1,176	1,960	3,920	6,860	9,800
4d Sta Wag	412	1,236	2,060	4,120	7,210	10,300
1962 Lark Regal, V-8, 109" - 113" wb						
4d Sed	392	1,176	1,960	3,920	6,860	9,800
2d HT	580	1,740	2,900	5,800	10,150	14,500
2d Conv	660	1,980	3,300	6,600	11,550	16,500
4d Sta Wag	420	1,260	2,100	4,200	7,350	10,500
1962 Lark Daytona, V-8, 109" wb						
2d HT	580	1,740	2,900	5,800	10,150	14,500
2d Conv	680	2,040	3,400	6,800	11,900	17,000
1962 Lark Cruiser, V-8, 113" wb						
4d Sed	560	1,680	2,800	5,600	9,800	14,000
1962 Gran Turismo Hawk, V-8, 120.5" wb						
2d HT	820	2,460	4,100	8,200	14,350	20,500
NOTE: Deduct 5 percent for 6-cyl. models.						
1963 Lark Standard, V-8, 109" - 113" wb						
4d Sed	392	1,176	1,960	3,920	6,860	9,800
2d Sed	392	1,176	1,960	3,920	6,860	9,800
4d Sta Wag	420	1,260	2,100	4,200	7,350	10,500
1963 Lark Regal, V-8, 109" - 113" wb						
4d Sed	392	1,176	1,960	3,920	6,860	9,800
2d Sed	392	1,176	1,960	3,920	6,860	9,800
4d Sta Wag	428	1,284	2,140	4,280	7,490	10,700
1963 Lark Custom, V-8, 109" - 113" wb						
4d Sed	392	1,176	1,960	3,920	6,860	9,800
2d Sed	396	1,188	1,980	3,960	6,930	9,900
1963 Lark Daytona, V-8, 109" - 113" wb						
2d HT	560	1,680	2,800	5,600	9,800	14,000
2d Conv	660	1,980	3,300	6,600	11,550	16,500
4d Sta Wag	560	1,680	2,800	5,600	9,800	14,000
1963 Cruiser, V-8, 113" wb						
4d Sed	564	1,692	2,820	5,640	9,870	14,100
1963 Gran Turismo Hawk, V-8, 120.5" wb						
2d HT	840	2,520	4,200	8,400	14,700	21,000
NOTE: Deduct 5 percent for 6-cyl. Add 10 percent for R1 engine option. Add 20 percent for R2 engine option. Add 30 percent for R3 engine option.						
1964 Challenger, V-8, 109" - 113" wb						
4d Sed	396	1,188	1,980	3,960	6,930	9,900
2d Sed	400	1,200	2,000	4,000	7,000	10,000
4d Sta Wag	408	1,224	2,040	4,080	7,140	10,200
1964 Commander, V-8, 109" - 113" wb						
4d Sed	404	1,212	2,020	4,040	7,070	10,100
2d Sed	408	1,224	2,040	4,080	7,140	10,200
4d Sta Wag	420	1,260	2,100	4,200	7,350	10,500
1964 Daytona, V-8, 109" - 113" wb						
4d Sed	420	1,260	2,100	4,200	7,350	10,500
2d HT	620	1,860	3,100	6,200	10,850	15,500
2d Conv	660	1,980	3,300	6,600	11,550	16,500
4d Sta Wag	580	1,740	2,900	5,800	10,150	14,500
1964 Cruiser, V-8, 113" wb						
4d Sed	568	1,704	2,840	5,680	9,940	14,200
1964 Gran Turismo Hawk, V-8, 120.5" wb						
2d HT	780	2,340	3,900	7,800	13,650	19,500

	6	5	4	3	2	1

NOTE: Deduct 5 percent for 6-cyl. models. Add 10 percent for R1 engine option. Add 20 percent for R2 engine option. Add 30 percent for R3 engine option.

1965 Commander, V-8, 109" - 113" wb

	6	5	4	3	2	1
4d Sed	400	1,200	2,000	4,000	7,000	10,000
2d Sed	396	1,188	1,980	3,960	6,930	9,900
4d Sta Wag	412	1,236	2,060	4,120	7,210	10,300

1965 Daytona, V-8, 109" - 113" wb

	6	5	4	3	2	1
4d Spt Sed	408	1,224	2,040	4,080	7,140	10,200
4d Sta Wag	420	1,260	2,100	4,200	7,350	10,500

1965 Cruiser, V-8, 113" wb

	6	5	4	3	2	1
4d Sed	428	1,284	2,140	4,280	7,490	10,700

NOTE: Deduct 10 percent for 6-cyl. models.

1966 Commander, V-8, 109" wb

	6	5	4	3	2	1
4d Sed	400	1,200	2,000	4,000	7,000	10,000
2d Sed	396	1,188	1,980	3,960	6,930	9,900

1966 Daytona, V-8, 109" - 113" wb

	6	5	4	3	2	1
2d Spt Sed	420	1,260	2,100	4,200	7,350	10,500

1966 Cruiser, V-8, 113" wb

	6	5	4	3	2	1
4d Sed	412	1,236	2,060	4,120	7,210	10,300

1966 Wagonaire, V-8, 113" wb

	6	5	4	3	2	1
4d Sta Wag	420	1,260	2,100	4,200	7,350	10,500

AVANTI

1963 Avanti, V-8, 109" wb

	6	5	4	3	2	1
2d Spt Cpe	1,000	3,000	5,000	10,000	17,500	25,000

NOTE: Add 20 percent for R2 engine option.

1964 Avanti, V-8, 109" wb

	6	5	4	3	2	1
2d Spt Cpe	960	2,880	4,800	9,600	16,800	24,000

NOTE: Add 20 percent for R2 engine option. Add 40 percent for R4 engine option. Add 60 percent for R3 engine option.

AVANTI II

Avanti II, V-8, 109" wb

	6	5	4	3	2	1
1965 2d Spt Cpe	1,120	3,360	5,600	11,200	19,600	28,000

NOTE: 5 prototypes made.

	6	5	4	3	2	1
1966 2d Spt Cpe	960	2,880	4,800	9,600	16,800	24,000
1967 2d Spt Cpe	960	2,880	4,800	9,600	16,800	24,000
1968 2d Spt Cpe	960	2,880	4,800	9,600	16,800	24,000
1969 2d Spt Cpe	960	2,880	4,800	9,600	16,800	24,000
1970 2d Spt Cpe	960	2,880	4,800	9,600	16,800	24,000
1971 2d Spt Cpe	960	2,880	4,800	9,600	16,800	24,000
1972 2d Spt Cpe	960	2,880	4,800	9,600	16,800	24,000
1973 2d Spt Cpe	960	2,880	4,800	9,600	16,800	24,000
1974 2d Spt Cpe	960	2,880	4,800	9,600	16,800	24,000
1975 2d Spt Cpe	960	2,880	4,800	9,600	16,800	24,000
1976 2d Spt Cpe	920	2,760	4,600	9,200	16,100	23,000

NOTE: Add 5 percent for leather upholstery. Add 5 percent for sunroof. Add 6 percent for wire wheels.

	6	5	4	3	2	1
1977 2d Spt Cpe	920	2,760	4,600	9,200	16,100	23,000
1978 2d Spt Cpe	920	2,760	4,600	9,200	16,100	23,000
1979 2d Spt Cpe	1,000	3,000	5,000	10,000	17,500	25,000
1980 2d Spt Cpe	1,000	3,000	5,000	10,000	17,500	25,000
1981 2d Spt Cpe	1,040	3,120	5,200	10,400	18,200	26,000
1982 2d Spt Cpe	1,080	3,240	5,400	10,800	18,900	27,000
1983 2d Spt Cpe	1,080	3,240	5,400	10,800	18,900	27,000
1984 2d Spt Cpe	1,080	3,240	5,400	10,800	18,900	27,000
1985 2d Spt Cpe	1,160	3,480	5,800	11,600	20,300	29,000
1987 2d Spt Cpe	1,280	3,840	6,400	12,800	22,400	32,000
1987 2d Conv	1,400	4,200	7,000	14,000	24,500	35,000
1988 2d Spt Cpe	1,320	3,960	6,600	13,200	23,100	33,000
1988 2d Conv	1,440	4,320	7,200	14,400	25,200	36,000
1989 2d Spt Cpe	1,320	3,960	6,600	13,200	23,100	33,000
1989 2d Conv	1,440	4,320	7,200	14,400	25,200	36,000
1990 4d Sed	1,040	3,120	5,200	10,400	18,200	26,000
1991 2d Conv	1,480	4,440	7,400	14,800	25,900	37,000

STUTZ

1912 Series A, 4-cyl., 50 hp, 120" wb

	6	5	4	3	2	1
2P Rds	2,880	8,640	14,400	28,800	50,400	72,000
4P Toy Tonn	2,800	8,400	14,000	28,000	49,000	70,000
5P Tr	2,800	8,400	14,000	28,000	49,000	70,000

1921 Stutz Series K close-coupled touring

1927 Stutz Vertical Eight (Series AA) sedan

1930 Stutz Model MA four-passenger speedster

	6	5	4	3	2	1
2P Bearcat	5,600	16,800	28,000	56,000	98,000	140,000
4P Cpe	2,160	6,480	10,800	21,600	37,800	54,000
1912 Series A, 6-cyl., 60 hp, 124" wb Touring - 6P (130" wb)						
6P Tr	2,640	7,920	13,200	26,400	46,200	66,000
4P Toy Tonn	2,560	7,680	12,800	25,600	44,800	64,000
2P Bearcat	6,000	18,000	30,000	60,000	105,000	150,000
1913 Series B, 4-cyl., 50 hp, 120" wb						
2P Rds	2,880	8,640	14,400	28,800	50,400	72,000
4P Toy Tonn	2,800	8,400	14,000	28,000	49,000	70,000
4P Tr (124" wb)	2,800	8,400	14,000	28,000	49,000	70,000
2P Bearcat	5,600	16,800	28,000	56,000	98,000	140,000
6P Tr (124" wb)	2,960	8,880	14,800	29,600	51,800	74,000
1913 Series B, 6-cyl., 60 hp, 124" wb						
2P Bearcat	6,000	18,000	30,000	60,000	105,000	150,000
4P Toy Tonn	2,800	8,400	14,000	28,000	49,000	70,000
6P Tr (130" wb)	3,040	9,120	15,200	30,400	53,200	76,000
1914 Model 4E, 4-cyl., 50 hp, 120" wb						
2P Rds	2,800	8,400	14,000	28,000	49,000	70,000
Bearcat	5,800	17,400	29,000	58,000	101,500	145,000
5P Tr	2,800	8,400	14,000	28,000	49,000	70,000
1914 Model 6E, 6-cyl., 55 hp, 130" wb						
2P Rds	3,040	9,120	15,200	30,400	53,200	76,000
6P Tr	3,040	9,120	15,200	30,400	53,200	76,000
1915 Model H.C.S., 4-cyl., 23 hp, 108" wb						
2P Rds	2,160	6,480	10,800	21,600	37,800	54,000
1915 Model 4F, 4-cyl., 36.1 hp, 120" wb						
2P Rds	2,560	7,680	12,800	25,600	44,800	64,000
Bearcat	5,440	16,320	27,200	54,400	95,200	136,000
Cpe	1,440	4,320	7,200	14,400	25,200	36,000
Bulldog	2,480	7,440	12,400	24,800	43,400	62,000
5P Tr	2,480	7,440	12,400	24,800	43,400	62,000
5P Sed	1,320	3,960	6,600	13,200	23,100	33,000
1915 Model 6F, 6-cyl., 38.4 hp, 130" wb						
2P Rds	2,560	7,680	12,800	25,600	44,800	64,000
Bearcat	5,600	16,800	28,000	56,000	98,000	140,000
Cpe	1,560	4,680	7,800	15,600	27,300	39,000
5P Tr	2,640	7,920	13,200	26,400	46,200	66,000
6P Tr	2,640	7,920	13,200	26,400	46,200	66,000
5P Sed	1,360	4,080	6,800	13,600	23,800	34,000
1916 Model C, 4-cyl., 36.1 hp, 120" wb						
2P Rds	2,560	7,680	12,800	25,600	44,800	64,000
Bearcat	5,200	15,600	26,000	52,000	91,000	130,000
Bulldog	2,640	7,920	13,200	26,400	46,200	66,000
Sed	1,320	3,960	6,600	13,200	23,100	33,000
1916 Bulldog Special, 4-cyl., 36.1 hp, 130" wb						
4P Tr	2,640	7,920	13,200	26,400	46,200	66,000
5P Tr	2,720	8,160	13,600	27,200	47,600	68,000
1917 Series R, 4-cyl., 80 hp, 130" wb						
2P Rds	2,800	8,400	14,000	28,000	49,000	70,000
4P Bulldog Spl	2,640	7,920	13,200	26,400	46,200	66,000
6P Bulldog Spl	2,720	8,160	13,600	27,200	47,600	68,000
Bearcat (120" wb)	5,440	16,320	27,200	54,400	95,200	136,000
1918 Series S, 4-cyl., 80 hp, 130" wb						
2P Rds	2,800	8,400	14,000	28,000	49,000	70,000
4P Bulldog Spl	2,640	7,920	13,200	26,400	46,200	66,000
6P Bulldog Spl	2,720	8,160	13,600	27,200	47,600	68,000
Bearcat (120" wb)	5,440	16,320	27,200	54,400	95,200	136,000
1919 Series G, 4-cyl., 80 hp, 130" wb						
6P Tr	2,880	8,640	14,400	28,800	50,400	72,000
2P Rds	2,640	7,920	13,200	26,400	46,200	66,000
4P C.C. Tr	2,880	8,640	14,400	28,800	50,400	72,000
Bearcat (120" wb)	5,440	16,320	27,200	54,400	95,200	136,000
1920 Series H, 4-cyl., 80 hp, 130" wb						
2P Bearcat (120" wb)	5,440	16,320	27,200	54,400	95,200	136,000
2P Rds	2,800	8,400	14,000	28,000	49,000	70,000
4P/5P Tr	2,880	8,640	14,400	28,800	50,400	72,000
6P/7P Tr	2,960	8,880	14,800	29,600	51,800	74,000
1921 Series K, 4-cyl., 80 hp, 130" wb						
2P Bearcat (120" wb)	5,440	16,320	27,200	54,400	95,200	136,000
2P Rds	3,600	10,800	18,000	36,000	63,000	90,000
4P Tr	2,880	8,640	14,400	28,800	50,400	72,000
6P Tr	2,880	8,640	14,400	28,800	50,400	72,000
4P Cpe	1,760	5,280	8,800	17,600	30,800	44,000

	6	5	4	3	2	1
1922 Series K, 4-cyl., 80 hp, 130" wb						
3P Cpe	1,760	5,280	8,800	17,600	30,800	44,000
2P Rds	2,800	8,400	14,000	28,000	49,000	70,000
Bearcat (120" wb)	5,440	16,320	27,200	54,400	95,200	136,000
6P Tr	2,880	8,640	14,400	28,800	50,400	72,000
4P Spt	3,040	9,120	15,200	30,400	53,200	76,000
1923 Special Six, 70 hp, 120" wb						
5P Sed	1,560	4,680	7,800	15,600	27,300	39,000
5P Tr	2,880	8,640	14,400	28,800	50,400	72,000
Rds	2,880	8,640	14,400	28,800	50,400	72,000
1923 Speedway Four, 88 hp, 130" wb						
6P Tr	3,040	9,120	15,200	30,400	53,200	76,000
Sportster	3,200	9,600	16,000	32,000	56,000	80,000
4P Cpe	1,760	5,280	8,800	17,600	30,800	44,000
Sportsedan	1,640	4,920	8,200	16,400	28,700	41,000
Rds	2,800	8,400	14,000	28,000	49,000	70,000
Bearcat	5,600	16,800	28,000	56,000	98,000	140,000
Calif Tr	3,120	9,360	15,600	31,200	54,600	78,000
Calif Sptstr	3,120	9,360	15,600	31,200	54,600	78,000
1924 Special Six, 70 hp, 120" wb						
5P Phae	2,720	8,160	13,600	27,200	47,600	68,000
Tourabout	2,720	8,160	13,600	27,200	47,600	68,000
2P Rds	2,800	8,400	14,000	28,000	49,000	70,000
Palanquin	2,720	8,160	13,600	27,200	47,600	68,000
5P Sed	1,440	4,320	7,200	14,400	25,200	36,000
1924 Speedway Four, 4-cyl., 88 hp, 130" wb						
2P Rds	2,800	8,400	14,000	28,000	49,000	70,000
2P Bearcat	5,440	16,320	27,200	54,400	95,200	136,000
6P Tr	2,880	8,640	14,400	28,800	50,400	72,000
4P Cpe	1,760	5,280	8,800	17,600	30,800	44,000
1925 Models 693-694, 6-cyl., 70 hp, 120" wb						
5P Phae	2,640	7,920	13,200	26,400	46,200	66,000
5P Tourabout	2,720	8,160	13,600	27,200	47,600	68,000
2P Rds	2,640	7,920	13,200	26,400	46,200	66,000
4P Cpe	1,680	5,040	8,400	16,800	29,400	42,000
5P Sed	1,440	4,320	7,200	14,400	25,200	36,000
1925 Model 695, 6-cyl., 80 hp, 130" wb						
7P Tourster	2,720	8,160	13,600	27,200	47,600	68,000
5P Sportster	2,720	8,160	13,600	27,200	47,600	68,000
7P Sub	1,960	5,880	9,800	19,600	34,300	49,000
Sportbrohm	1,920	5,760	9,600	19,200	33,600	48,000
7P Berline	2,000	6,000	10,000	20,000	35,000	50,000
1926 Vertical Eight, AA, 92 hp, 131" wb						
4P Spds	5,440	16,320	27,200	54,400	95,200	136,000
5P Spds	5,440	16,320	27,200	54,400	95,200	136,000
4P Vic Cpe	2,360	7,080	11,800	23,600	41,300	59,000
5P Brgm	2,120	6,360	10,600	21,200	37,100	53,000
5P Sed	1,760	5,280	8,800	17,600	30,800	44,000
1927 Vertical Eight, AA, 92 hp, 131" wb						
4P Spds	5,440	16,320	27,200	54,400	95,200	136,000
5P Spds	5,440	16,320	27,200	54,400	95,200	136,000
2P Cpe	2,160	6,480	10,800	21,600	37,800	54,000
4P Cpe	2,160	6,480	10,800	21,600	37,800	54,000
5P Brgm	2,120	6,360	10,600	21,200	37,100	53,000
5P Sed	1,760	5,280	8,800	17,600	30,800	44,000
7P Berline	2,120	6,360	10,600	21,200	37,100	53,000
7P Sed	1,840	5,520	9,200	18,400	32,200	46,000
1928 Series BB, 8-cyl., 115 hp, 131 & 135" wb						
2P Spds	5,440	16,320	27,200	54,400	95,200	136,000
4P Spds	5,440	16,320	27,200	54,400	95,200	136,000
5P Spds	5,600	16,800	28,000	56,000	98,000	140,000
7P Spds	5,520	16,560	27,600	55,200	96,600	138,000
2P Black Hawk Spds	5,800	17,400	29,000	58,000	101,500	145,000
4P Black Hawk Spds	5,800	17,400	29,000	58,000	101,500	145,000
4P Vic Cpe	2,360	7,080	11,800	23,600	41,300	59,000
2P Cpe	2,240	6,720	11,200	22,400	39,200	56,000
5P Sed	1,760	5,280	8,800	17,600	30,800	44,000
5P Brgm	1,800	5,400	9,000	18,000	31,500	45,000
2P Cabr Cpe	3,600	10,800	18,000	36,000	63,000	90,000
7P Sed	1,840	5,520	9,200	18,400	32,200	46,000
7P Sed Limo	2,560	7,680	12,800	25,600	44,800	64,000
4P Deauville	2,480	7,440	12,400	24,800	43,400	62,000
5P Chantilly Sed	2,480	7,440	12,400	24,800	43,400	62,000
4P Monaco Cpe	2,640	7,920	13,200	26,400	46,200	66,000
5P Riv Sed	2,640	7,920	13,200	26,400	46,200	66,000
7P Biarritz Sed	2,640	7,920	13,200	26,400	46,200	66,000
5P Chamonix Sed	2,720	8,160	13,600	27,200	47,600	68,000

	6	5	4	3	2	1
7P Fontainbleau	2,720	8,160	13,600	27,200	47,600	68,000
5P Aix Les Bains	2,720	8,160	13,600	27,200	47,600	68,000
7P Versailles	2,800	8,400	14,000	28,000	49,000	70,000
5P Prince of Wales	2,800	8,400	14,000	28,000	49,000	70,000
8P Prince of Wales	2,880	8,640	14,400	28,800	50,400	72,000
Transformable Twn Car	3,040	9,120	15,200	30,400	53,200	76,000
1929 Model M, 8-cyl., 115 hp, 134-1/2" wb						
4P Spds	5,440	16,320	27,200	54,400	95,200	136,000
7P Spds	5,520	16,560	27,600	55,200	96,600	138,000
2P Speed Car	5,600	16,800	28,000	56,000	98,000	140,000
5P Cpe	2,240	6,720	11,200	22,400	39,200	56,000
4P Cpe	2,240	6,720	11,200	22,400	39,200	56,000
2P Cabr	3,840	11,520	19,200	38,400	67,200	96,000
5P Sed	1,840	5,520	9,200	18,400	32,200	46,000
7P Sed	1,880	5,640	9,400	18,800	32,900	47,000
5P Chantilly Sed	2,480	7,440	12,400	24,800	43,400	62,000
5P Monaco Cpe	2,640	7,920	13,200	26,400	46,200	66,000
5P Deauville	2,480	7,440	12,400	24,800	43,400	62,000
7P Limo	2,480	7,440	12,400	24,800	43,400	62,000
5P Sed	2,160	6,480	10,800	21,600	37,800	54,000
2P Cabr	4,080	12,240	20,400	40,800	71,400	102,000
5P Biarritz	2,640	7,920	13,200	26,400	46,200	66,000
7P Fontainbleau	2,720	8,160	13,600	27,200	47,600	68,000
7P Aix Les Baines	2,720	8,160	13,600	27,200	47,600	68,000
5P Sed	2,360	7,080	11,800	23,600	41,300	59,000
5P Limo	2,640	7,920	13,200	26,400	46,200	66,000
6P Brgm	2,640	7,920	13,200	26,400	46,200	66,000
Brgm Limo	2,720	8,160	13,600	27,200	47,600	68,000
6P Sed	2,320	6,960	11,600	23,200	40,600	58,000
6P Sed Limo	2,720	8,160	13,600	27,200	47,600	68,000
7P Sed Limo	2,720	8,160	13,600	27,200	47,600	68,000
5P Transformable Cabr	3,440	10,320	17,200	34,400	60,200	86,000
7P Trans Twn Car	3,440	10,320	17,200	34,400	60,200	86,000
5P Trans Twn Car	3,520	10,560	17,600	35,200	61,600	88,000
1930 Model MA, 8-cyl., 115 hp, 134-1/2" wb						
2P Spds	5,440	16,320	27,200	54,400	95,200	136,000
4P Spds	5,440	16,320	27,200	54,400	95,200	136,000
2P Cpe	2,360	7,080	11,800	23,600	41,300	59,000
5P Cpe	2,360	7,080	11,800	23,600	41,300	59,000
Sed	1,760	5,280	8,800	17,600	30,800	44,000
Cabr	3,600	10,800	18,000	36,000	63,000	90,000
Longchamps	2,640	7,920	13,200	26,400	46,200	66,000
Versailles	2,640	7,920	13,200	26,400	46,200	66,000
Torpedo	2,800	8,400	14,000	28,000	49,000	70,000
1930 Model MB, 8-cyl., 115 hp, 145" wb						
4P Spds	5,600	16,800	28,000	56,000	98,000	140,000
7P Spds	5,600	16,800	28,000	56,000	98,000	140,000
5P Sed	1,880	5,640	9,400	18,800	32,900	47,000
7P Sed	1,920	5,760	9,600	19,200	33,600	48,000
7P Limo	2,160	6,480	10,800	21,600	37,800	54,000
5P Sed	2,000	6,000	10,000	20,000	35,000	50,000
Cabr	3,680	11,040	18,400	36,800	64,400	92,000
Chaumont	2,800	8,400	14,000	28,000	49,000	70,000
Monte Carlo	2,800	8,400	14,000	28,000	49,000	70,000
5P Sed	2,560	7,680	12,800	25,600	44,800	64,000
5P Limo	2,480	7,440	12,400	24,800	43,400	62,000
Brgm	2,560	7,680	12,800	25,600	44,800	64,000
Brgm Limo	2,640	7,920	13,200	26,400	46,200	66,000
6P Sed	2,560	7,680	12,800	25,600	44,800	64,000
6P Sed Limo	2,640	7,920	13,200	26,400	46,200	66,000
7P Sed Limo	2,720	8,160	13,600	27,200	47,600	68,000
Transformable Cabr	3,440	10,320	17,200	34,400	60,200	86,000
Transformable Twn Car	3,440	10,320	17,200	34,400	60,200	86,000
Transformable Tr Cabr	3,600	10,800	18,000	36,000	63,000	90,000
1931 Model LA, 6-cyl., 85 hp, 127-1/2" wb						
4P Spds	5,040	15,120	25,200	50,400	88,200	126,000
5P Cpe	1,960	5,880	9,800	19,600	34,300	49,000
Sed	1,680	5,040	8,400	16,800	29,400	42,000
4P Cpe	2,000	6,000	10,000	20,000	35,000	50,000
Cabr Cpe	3,200	9,600	16,000	32,000	56,000	80,000
1931 Model MA, 8-cyl., 115 hp, 134-1/2" wb						
4P Spds	5,200	15,600	26,000	52,000	91,000	130,000
Torp	3,680	11,040	18,400	36,800	64,400	92,000
4P Spds	5,440	16,320	27,200	54,400	95,200	136,000

	6	5	4	3	2	1
5P Cpe	2,160	6,480	10,800	21,600	37,800	54,000
4P Cpe	2,200	6,600	11,000	22,000	38,500	55,000
Cabr Cpe	3,200	9,600	16,000	32,000	56,000	80,000
Sed	1,840	5,520	9,200	18,400	32,200	46,000
Longchamps	2,320	6,960	11,600	23,200	40,600	58,000
Versailles	2,320	6,960	11,600	23,200	40,600	58,000
1931 Model MB, 8-cyl., 115 hp, 145" wb						
7P Spds	5,440	16,320	27,200	54,400	95,200	136,000
5P Sed	2,120	6,360	10,600	21,200	37,100	53,000
7P Sed	2,160	6,480	10,800	21,600	37,800	54,000
Limo	2,560	7,680	12,800	25,600	44,800	64,000
Cabr Cpe	3,840	11,520	19,200	38,400	67,200	96,000
Conv Sed	5,040	15,120	25,200	50,400	88,200	126,000
Chaumont	3,840	11,520	19,200	38,400	67,200	96,000
Monte Carlo	3,840	11,520	19,200	38,400	67,200	96,000
5P Sed	2,560	7,680	12,800	25,600	44,800	64,000
Brgm	2,480	7,440	12,400	24,800	43,400	62,000
7P Sed	2,640	7,920	13,200	26,400	46,200	66,000
Brgm Limo	2,720	8,160	13,600	27,200	47,600	68,000
6/7P Sed Limo	2,800	8,400	14,000	28,000	49,000	70,000
Transformable Cabr	3,600	10,800	18,000	36,000	63,000	90,000
Transformable Twn Car	3,440	10,320	17,200	34,400	60,200	86,000
Transformable Twn Cabr	3,600	10,800	18,000	36,000	63,000	90,000
1932 Model LAA, 6-cyl., 85 hp, 127-1/2" wb						
Sed	1,760	5,280	8,800	17,600	30,800	44,000
5P Cpe	2,360	7,080	11,800	23,600	41,300	59,000
4P Cpe	2,360	7,080	11,800	23,600	41,300	59,000
Clb Sed	1,960	5,880	9,800	19,600	34,300	49,000
1932 Model SV-16, 8-cyl., 115 hp, 134-1/2" wb						
4P Spds	5,200	15,600	26,000	52,000	91,000	130,000
Torp	3,440	10,320	17,200	34,400	60,200	86,000
5P Cpe	2,160	6,480	10,800	21,600	37,800	54,000
5P Sed	1,960	5,880	9,800	19,600	34,300	49,000
4P Cpe	2,360	7,080	11,800	23,600	41,300	59,000
Clb Sed	2,040	6,120	10,200	20,400	35,700	51,000
Cabr Cpe	3,440	10,320	17,200	34,400	60,200	86,000
Longchamps	2,360	7,080	11,800	23,600	41,300	59,000
Versailles	2,360	7,080	11,800	23,600	41,300	59,000
6P Sed	2,240	6,720	11,200	22,400	39,200	56,000
Cont Cpe	2,720	8,160	13,600	27,200	47,600	68,000
1932 Model SV-16, 8-cyl., 115 hp, 145" wb						
7P Spds	5,800	17,400	29,000	58,000	101,500	145,000
1932 Model SV-16, 8 cyl., 115 hp, 145" wb						
7P Sed	3,200	9,600	16,000	32,000	56,000	80,000
5P Sed	3,040	9,120	15,200	30,400	53,200	76,000
Limo	3,440	10,320	17,200	34,400	60,200	86,000
Conv Sed	5,040	15,120	25,200	50,400	88,200	126,000
6P Sed	3,280	9,840	16,400	32,800	57,400	82,000
Chaumont	3,840	11,520	19,200	38,400	67,200	96,000
Brgm	3,440	10,320	17,200	34,400	60,200	86,000
Monte Carlo	3,520	10,560	17,600	35,200	61,600	88,000
Brgm Limo	3,600	10,800	18,000	36,000	63,000	90,000
7P Sed Limo	3,600	10,800	18,000	36,000	63,000	90,000
6P Sed Limo	3,600	10,800	18,000	36,000	63,000	90,000
Transformable Cabr	3,840	11,520	19,200	38,400	67,200	96,000
Monte Carlo	3,920	11,760	19,600	39,200	68,600	98,000
Prince of Wales	3,920	11,760	19,600	39,200	68,600	98,000
Conv Vic	4,400	13,200	22,000	44,000	77,000	110,000
Spt Sed	3,440	10,320	17,200	34,400	60,200	86,000
Tuxedo Cabr	5,440	16,320	27,200	54,400	95,200	136,000
Patrician Cpe	3,600	10,800	18,000	36,000	63,000	90,000
Transformable Twn Car	5,600	16,800	28,000	56,000	98,000	140,000
1932 Model DV-32, 8-cyl., 156 hp, 134-1/2" wb						
Bearcat	7,200	21,600	36,000	72,000	126,000	180,000
NOTE: All other models same as SV-16, with prices $1,000 more than SV-16.						
1932 Model DV-32, 8-cyl., 156 hp, 145" wb						
NOTE: All models same as SV-16, with prices $1,000 more than SV-16.						
1932 Model DV-32, 8-cyl., 156 hp, 116" wb						
Sup Bearcat	7,200	21,600	36,000	72,000	126,000	180,000
1933 Model LAA, 6-cyl., 85 hp, 127-1/2" wb						
5P Sed	1,840	5,520	9,200	18,400	32,200	46,000
5P Cpe	2,160	6,480	10,800	21,600	37,800	54,000
4P Cpe	2,200	6,600	11,000	22,000	38,500	55,000

	6	5	4	3	2	1
5P Clb Sed	1,960	5,880	9,800	19,600	34,300	49,000
4P Cabr Cpe	3,040	9,120	15,200	30,400	53,200	76,000

1933 Model SV-16, 8-cyl., 115 hp, 134-1/2" wb

4P Spds	4,400	13,200	22,000	44,000	77,000	110,000
2P Torp	3,200	9,600	16,000	32,000	56,000	80,000
4P Spds	4,800	14,400	24,000	48,000	84,000	120,000
5P Cpe	2,440	7,320	12,200	24,400	42,700	61,000
5P Sed	1,960	5,880	9,800	19,600	34,300	49,000
4P Cpe	2,480	7,440	12,400	24,800	43,400	62,000
5P Clb Sed	2,040	6,120	10,200	20,400	35,700	51,000
4P Cabr Cpe	3,200	9,600	16,000	32,000	56,000	80,000
5P Versailles	2,640	7,920	13,200	26,400	46,200	66,000

1933 Model SV-16, 8-cyl., 115 hp, 145" wb

4P Spds	5,600	16,800	28,000	56,000	98,000	140,000
5P Sed	2,360	7,080	11,800	23,600	41,300	59,000
7P Sed	2,440	7,320	12,200	24,400	42,700	61,000
7P Limo	2,640	7,920	13,200	26,400	46,200	66,000
4P Cabr Cpe	3,840	11,520	19,200	38,400	67,200	96,000
5P Conv Sed	5,200	15,600	26,000	52,000	91,000	130,000
6P Sed	2,720	8,160	13,600	27,200	47,600	68,000
5P Chaumont	2,800	8,400	14,000	28,000	49,000	70,000
6P Brgm	2,800	8,400	14,000	28,000	49,000	70,000
6P Sed	2,720	8,160	13,600	27,200	47,600	68,000
5P Monte Carlo	2,880	8,640	14,400	28,800	50,400	72,000
6P Brgm Limo	3,440	10,320	17,200	34,400	60,200	86,000
6P Sed Limo	3,200	9,600	16,000	32,000	56,000	80,000
7P Twn Car	3,600	10,800	18,000	36,000	63,000	90,000
5P Monte Carlo	3,600	10,800	18,000	36,000	63,000	90,000

1933 Series DV-32, 8-cyl., 156" wb

NOTE: Same models as the SV-16 on the two chassis, with prices $700 more. Bearcat and Super Bearcat continued from 1932.

1934 Model SV-16, 8-cyl., 115 hp, 134-1/2" wb

Spds	4,800	14,400	24,000	48,000	84,000	120,000
Spds	4,800	14,400	24,000	48,000	84,000	120,000
Torp	4,400	13,200	22,000	44,000	77,000	110,000
4P Cpe	2,160	6,480	10,800	21,600	37,800	54,000
Conv Cpe	3,440	10,320	17,200	34,400	60,200	86,000
Club Sed	2,560	7,680	12,800	25,600	44,800	64,000
5P Sed	2,360	7,080	11,800	23,600	41,300	59,000
5P Cpe	2,560	7,680	12,800	25,600	44,800	64,000
Versailles	2,560	7,680	12,800	25,600	44,800	64,000

1934 Model SV-16, 8-cyl., 115 hp, 145" wb

Conv Cpe	3,600	10,800	18,000	36,000	63,000	90,000
7P Sed	2,520	7,560	12,600	25,200	44,100	63,000
Limo	2,480	7,440	12,400	24,800	43,400	62,000
Chaumont	2,480	7,440	12,400	24,800	43,400	62,000
Monte Carlo	2,560	7,680	12,800	25,600	44,800	64,000

1934 Model DV-32, 8-cyl., 156 hp, 134-1/2" wb

Spds	5,200	15,600	26,000	52,000	91,000	130,000
Spds	5,280	15,840	26,400	52,800	92,400	132,000
Torp	5,120	15,360	25,600	51,200	89,600	128,000
4P Cpe	2,560	7,680	12,800	25,600	44,800	64,000
Conv Cpe	5,040	15,120	25,200	50,400	88,200	126,000
Clb Sed	2,520	7,560	12,600	25,200	44,100	63,000
5P Sed	2,480	7,440	12,400	24,800	43,400	62,000
5P Cpe	2,480	7,440	12,400	24,800	43,400	62,000
Versailles	2,640	7,920	13,200	26,400	46,200	66,000

1934 Model DV-32, 8-cyl., 156 hp, 145" wb

Conv Cpe	4,800	14,400	24,000	48,000	84,000	120,000
7P Sed	2,560	7,680	12,800	25,600	44,800	64,000
Limo	2,800	8,400	14,000	28,000	49,000	70,000
Chaumont	2,800	8,400	14,000	28,000	49,000	70,000
Monte Carlo	2,880	8,640	14,400	28,800	50,400	72,000

1935 Model SV-16, 8-cyl., 134 & 145" wb

2P Spds	3,520	10,560	17,600	35,200	61,600	88,000
2P Cpe	2,240	6,720	11,200	22,400	39,200	56,000
5P Sed	1,840	5,520	9,200	18,400	32,200	46,000
7P Sed	2,080	6,240	10,400	20,800	36,400	52,000

1935 Model DV-32, 8-cyl., 134 & 145" wb

2P Spds	3,600	10,800	18,000	36,000	63,000	90,000
2/4P Cpe	2,360	7,080	11,800	23,600	41,300	59,000
5P Sed	1,840	5,520	9,200	18,400	32,200	46,000
7P Limo	2,360	7,080	11,800	23,600	41,300	59,000

WILLYS

	6	5	4	3	2	1
1902-03 Model 13, 1-cyl.						
2P Rbt	1,360	4,080	6,800	13,600	23,800	34,000
1904 Model 13, 1-cyl.						
2P Rbt	1,280	3,840	6,400	12,800	22,400	32,000
1905 Model 15, 2-cyl.						
2P Rbt	1,280	3,840	6,400	12,800	22,400	32,000
1905 Model 17, 2-cyl.						
2P Rbt	1,280	3,840	6,400	12,800	22,400	32,000
1905 Model 18, 4-cyl.						
5P Tr	1,320	3,960	6,600	13,200	23,100	33,000
1906 Model 16, 2-cyl.						
2P Rbt	1,240	3,720	6,200	12,400	21,700	31,000
1906 Model 18, 4-cyl.						
4P Tr	1,280	3,840	6,400	12,800	22,400	32,000
1907 Model 22, 4-cyl.						
2P Rbt	1,240	3,720	6,200	12,400	21,700	31,000
1908 Model 24, 4-cyl.						
2P Rds	1,280	3,840	6,400	12,800	22,400	32,000
1909 Model 30, 4-cyl.						
3P Rds	1,240	3,720	6,200	12,400	21,700	31,000
4P Rds	1,240	3,720	6,200	12,400	21,700	31,000
2P Cpe	1,160	3,480	5,800	11,600	20,300	29,000
1909 Model 31, 4-cyl.						
4P Toy Tonn	1,280	3,840	6,400	12,800	22,400	32,000
5P Tourist	1,280	3,840	6,400	12,800	22,400	32,000
5P Taxi	1,240	3,720	6,200	12,400	21,700	31,000
1909 Model 32, 4-cyl.						
3P Rds	1,200	3,600	6,000	12,000	21,000	30,000
4P Rds	1,240	3,720	6,200	12,400	21,700	31,000
4P Toy Tonn	1,240	3,720	6,200	12,400	21,700	31,000
5P Tr	1,280	3,840	6,400	12,800	22,400	32,000
1909 Willys, 6-cyl.						
3P Rds	1,280	3,840	6,400	12,800	22,400	32,000
4P Rds	1,280	3,840	6,400	12,800	22,400	32,000
Toy Tonn	1,320	3,960	6,600	13,200	23,100	33,000
5P Tr	1,320	3,960	6,600	13,200	23,100	33,000
1910 Model 38, 4-cyl., 102" wb, 25 hp						
2P Rds	1,240	3,720	6,200	12,400	21,700	31,000
3P Rds	1,240	3,720	6,200	12,400	21,700	31,000
4P Rds	1,260	3,780	6,300	12,600	22,050	31,500
Toy Tonn	1,240	3,720	6,200	12,400	21,700	31,000
1910 Model 40, 4-cyl., 112" wb, 40 hp						
3P Rds	1,280	3,840	6,400	12,800	22,400	32,000
4P Rds	1,280	3,840	6,400	12,800	22,400	32,000
1910 Model 41, 4-cyl.						
5P Tr	1,320	3,960	6,600	13,200	23,100	33,000
4P C.C. Tr	1,320	3,960	6,600	13,200	23,100	33,000
1910 Model 42, 4-cyl.						
5P Tr	1,360	4,080	6,800	13,600	23,800	34,000
4P C.C. Tr	1,360	4,080	6,800	13,600	23,800	34,000
1911 Model 38, 4-cyl.						
4P Tr	1,160	3,480	5,800	11,600	20,300	29,000
2P Cpe	960	2,880	4,800	9,600	16,800	24,000
1911 Model 45, 4-cyl.						
2P Rds	1,200	3,600	6,000	12,000	21,000	30,000
1911 Model 46, 4-cyl.						
2P Torp	1,200	3,600	6,000	12,000	21,000	30,000
1911 Model 47, 4-cyl.						
Tr	1,240	3,720	6,200	12,400	21,700	31,000
1911 Model 49, 4-cyl.						
5P Tr	1,200	3,600	6,000	12,000	21,000	30,000
4P Tr	1,240	3,720	6,200	12,400	21,700	31,000
1911 Model 50, 4-cyl.						
2P Torp	1,360	4,080	6,800	13,600	23,800	34,000
1911 Model 51, 4-cyl.						
4d 5P Tr	1,320	3,960	6,600	13,200	23,100	33,000
5P Tr	1,320	3,960	6,600	13,200	23,100	33,000
1911 Model 52, 4-cyl.						
4d 5P Tr	1,360	4,080	6,800	13,600	23,800	34,000

	6	5	4	3	2	1
5P Tr	1,360	4,080	6,800	13,600	23,800	34,000
1911 Model 53, 4-cyl.						
2P Rds	1,400	4,200	7,000	14,000	24,500	35,000
1911 Model 54, 4-cyl.						
5P Tr	1,400	4,200	7,000	14,000	24,500	35,000
1911 Model 55, 4-cyl.						
4d 5P Tr	1,400	4,200	7,000	14,000	24,500	35,000
5P Tr	1,400	4,200	7,000	14,000	24,500	35,000
1911 Model 56, 4-cyl.						
5P Tr	1,440	4,320	7,200	14,400	25,200	36,000
1912 Model 58R, 4-cyl., 25 hp						
Torp Rds	1,200	3,600	6,000	12,000	21,000	30,000
1912 Model 59R-T, 4-cyl., 30 hp						
Rds	1,240	3,720	6,200	12,400	21,700	31,000
Tr	1,280	3,840	6,400	12,800	22,400	32,000
1912 Model 59C, 4-cyl., 30 hp						
Cpe	960	2,880	4,800	9,600	16,800	24,000
1912 Model 60, 4-cyl., 35 hp						
Tr	1,320	3,960	6,600	13,200	23,100	33,000
1912 Model 61, 4-cyl., 45 hp						
Rds	1,520	4,560	7,600	15,200	26,600	38,000
4d Tr	1,560	4,680	7,800	15,600	27,300	39,000
Tr	1,560	4,680	7,800	15,600	27,300	39,000
Cpe	1,080	3,240	5,400	10,800	18,900	27,000
1913 Model 69, 4-cyl., 30 hp						
Cpe	920	2,760	4,600	9,200	16,100	23,000
Tr	1,280	3,840	6,400	12,800	22,400	32,000
Rds	1,240	3,720	6,200	12,400	21,700	31,000
4d Tr	1,320	3,960	6,600	13,200	23,100	33,000
1913 Model 71, 4-cyl., 45 hp						
Rds	1,520	4,560	7,600	15,200	26,600	38,000
Tr	1,560	4,680	7,800	15,600	27,300	39,000
5P Tr	1,600	4,800	8,000	16,000	28,000	40,000
1914 Model 79, 4-cyl., 35 hp						
Rds	1,240	3,720	6,200	12,400	21,700	31,000
Tr	1,280	3,840	6,400	12,800	22,400	32,000
Cpe	960	2,880	4,800	9,600	16,800	24,000
1914 Model 46, 4-cyl., 35 hp						
Tr	1,320	3,960	6,600	13,200	23,100	33,000
1915 Model 81, 4-cyl., 30 hp						
Rds	1,280	3,840	6,400	12,800	22,400	32,000
Tr	1,320	3,960	6,600	13,200	23,100	33,000
1915 Willys-Knight K-19, 4-cyl., 45 hp						
Rds	1,320	3,960	6,600	13,200	23,100	33,000
Tr	1,360	4,080	6,800	13,600	23,800	34,000
1915 Willys-Knight K-17, 4-cyl., 45 hp						
Rds	1,360	4,080	6,800	13,600	23,800	34,000
Tr	1,400	4,200	7,000	14,000	24,500	35,000
1915 Model 80, 4-cyl., 35 hp						
Rds	1,160	3,480	5,800	11,600	20,300	29,000
Tr	1,120	3,360	5,600	11,200	19,600	28,000
Cpe	960	2,880	4,800	9,600	16,800	24,000
1915 Model 82, 6-cyl., 45-50 hp						
7P Tr	1,680	5,040	8,400	16,800	29,400	42,000
1916 Model 75, 4-cyl., 20-25 hp						
Rds	920	2,760	4,600	9,200	16,100	23,000
Tr	960	2,880	4,800	9,600	16,800	24,000
1916 Model 83, 4-cyl., 35 hp						
Rds	960	2,880	4,800	9,600	16,800	24,000
Tr	1,000	3,000	5,000	10,000	17,500	25,000
1916 Model 83-B, 4-cyl., 35 hp						
Rds	1,000	3,000	5,000	10,000	17,500	25,000
Tr	1,040	3,120	5,200	10,400	18,200	26,000
1916 Willys-Knight, 4-cyl., 40 hp (also Model 84)						
Rds	1,200	3,600	6,000	12,000	21,000	30,000
Tr	1,240	3,720	6,200	12,400	21,700	31,000
Cpe	800	2,400	4,000	8,000	14,000	20,000
Limo	880	2,640	4,400	8,800	15,400	22,000
1916 Willys-Knight, 6-cyl., 45 hp (also Model 86)						
7P Tr	1,560	4,680	7,800	15,600	27,300	39,000
1917-18 Light Four 90, 4-cyl., 32 hp						
2P Rds	840	2,520	4,200	8,400	14,700	21,000

	6	5	4	3	2	1
5P Tr	880	2,640	4,400	8,800	15,400	22,000
4P Ctry Clb	800	2,400	4,000	8,000	14,000	20,000
5P Sed*	560	1,680	2,800	5,600	9,800	14,000
1917-18 Big Four 85, 4-cyl., 35 hp						
3P Rds	880	2,640	4,400	8,800	15,400	22,000
5P Tr	920	2,760	4,600	9,200	16,100	23,000
3P Tr Cpe	760	2,280	3,800	7,600	13,300	19,000
5P Tr Sed	600	1,800	3,000	6,000	10,500	15,000
1917-18 Light Six 85, 6-cyl., 35-40 hp						
3P Rds	920	2,760	4,600	9,200	16,100	23,000
5P Tr	960	2,880	4,800	9,600	16,800	24,000
3P Tr Cpe	800	2,400	4,000	8,000	14,000	20,000
5P Tr Sed	640	1,920	3,200	6,400	11,200	16,000
1917-18 Willys 89, 6-cyl., 45 hp						
7P Tr	1,200	3,600	6,000	12,000	21,000	30,000
4P Clb Rds	1,160	3,480	5,800	11,600	20,300	29,000
6P Sed	720	2,160	3,600	7,200	12,600	18,000
1917-18 Willys-Knight 88-4, 4-cyl., 40 hp						
7P Tr	1,320	3,960	6,600	13,200	23,100	33,000
4P Cpe	840	2,520	4,200	8,400	14,700	21,000
7P Tr Sed	680	2,040	3,400	6,800	11,900	17,000
7P Limo	880	2,640	4,400	8,800	15,400	22,000
1917-18 Willys-Knight 88-8, 8-cyl., 65 hp						
7P Tr	1,520	4,560	7,600	15,200	26,600	38,000
7P Sed	720	2,160	3,600	7,200	12,600	18,000
7P Limo	880	2,640	4,400	8,800	15,400	22,000
7P Twn Car	920	2,760	4,600	9,200	16,100	23,000

*This model offered 1917 only.

	6	5	4	3	2	1
1919 Light Four 90, 4-cyl., 32 hp						
Rds	720	2,160	3,600	7,200	12,600	18,000
5P Tr	760	2,280	3,800	7,600	13,300	19,000
Clb Rds	760	2,280	3,800	7,600	13,300	19,000
5P Sed	580	1,740	2,900	5,800	10,150	14,500
1919 Willys 89, 6-cyl., 45 hp						
7P Tr	1,200	3,600	6,000	12,000	21,000	30,000
4P Clb Rds	1,160	3,480	5,800	11,600	20,300	29,000
6P Sed	580	1,740	2,900	5,800	10,150	14,500
1919 Willys-Knight 88-4, 4-cyl., 40 hp						
7P Tr	1,120	3,360	5,600	11,200	19,600	28,000
4P Cpe	540	1,620	2,700	5,400	9,450	13,500
7P Sed	540	1,620	2,700	5,400	9,450	13,500
7P Limo	640	1,920	3,200	6,400	11,200	16,000
1919 Willys-Knight 88-8, 8-cyl., 65 hp						
7P Tr	1,240	3,720	6,200	12,400	21,700	31,000
4P Cpe	580	1,740	2,900	5,800	10,150	14,500
7P Tr Sed	560	1,680	2,800	5,600	9,800	14,000
7P Limo	680	2,040	3,400	6,800	11,900	17,000
1920 Model 4, 4-cyl., 100" wb, 27 hp						
2P Rds	880	2,640	4,400	8,800	15,400	22,000
5P Tr	920	2,760	4,600	9,200	16,100	23,000
Clb Rds	720	2,160	3,600	7,200	12,600	18,000
5P Sed	560	1,680	2,800	5,600	9,800	14,000
1920 Model 89-6, Willys Six, 6-cyl.						
Clb Rds	920	2,760	4,600	9,200	16,100	23,000
7P Tr	960	2,880	4,800	9,600	16,800	24,000
6P Sed	560	1,680	2,800	5,600	9,800	14,000
1920 Model 20 Willys-Knight, 4-cyl., 118" wb, 48 hp						
3P Rds	920	2,760	4,600	9,200	16,100	23,000
5P Tr	960	2,880	4,800	9,600	16,800	24,000
4P Cpe	580	1,740	2,900	5,800	10,150	14,500
5P Sed	560	1,680	2,800	5,600	9,800	14,000
1921 Model 4, 4-cyl., 100" wb, 27 hp						
5P Tr	880	2,640	4,400	8,800	15,400	22,000
2P Rds	920	2,760	4,600	9,200	16,100	23,000
5P Sed	580	1,740	2,900	5,800	10,150	14,500
2P Cpe	592	1,776	2,960	5,920	10,360	14,800
1921 Model 20 Willys-Knight, 4-cyl., 118" wb						
3P Rds	840	2,520	4,200	8,400	14,700	21,000
5P Tr	880	2,640	4,400	8,800	15,400	22,000
4P Cpe	620	1,860	3,100	6,200	10,850	15,500
5P Sed	600	1,800	3,000	6,000	10,500	15,000
1922 Model 4, 4-cyl., 100" wb, 27 hp						
2P Rds	840	2,520	4,200	8,400	14,700	21,000
5P Tr	880	2,640	4,400	8,800	15,400	22,000
5P Sed	580	1,740	2,900	5,800	10,150	14,500

	6	5	4	3	2	1
2P Cpe	588	1,764	2,940	5,880	10,290	14,700
1922 Model 20 Willys-Knight, 4-cyl., 118" wb, 40 hp						
3P Rds	920	2,760	4,600	9,200	16,100	23,000
5P Tr	960	2,880	4,800	9,600	16,800	24,000
4P Cpe	600	1,800	3,000	6,000	10,500	15,000
5P Sed	580	1,740	2,900	5,800	10,150	14,500
1922 Model 27 Willys-Knight, 4-cyl., 118" wb						
7P Tr	1,000	3,000	5,000	10,000	17,500	25,000
7P Sed	580	1,740	2,900	5,800	10,150	14,500
1923-24 Model 91, 4-cyl., 100" wb, 27 hp						
2P Rds	720	2,160	3,600	7,200	12,600	18,000
5P Tr	720	2,160	3,600	7,200	12,600	18,000
3P Cpe	580	1,740	2,900	5,800	10,150	14,500
5P Sed	560	1,680	2,800	5,600	9,800	14,000
1923-24 Model 92, 4-cyl., 106" wb, 30 hp						
Redbird	1,160	3,480	5,800	11,600	20,300	29,000
Blackbird*	1,160	3,480	5,800	11,600	20,300	29,000
Bluebird*	1,160	3,480	5,800	11,600	20,300	29,000
1923-24 Model 64 Willys-Knight, 4-cyl., 118" wb, 40 hp						
3P Rds	920	2,760	4,600	9,200	16,100	23,000
5P Tr	960	2,880	4,800	9,600	16,800	24,000
Ctry Clb	680	2,040	3,400	6,800	11,900	17,000
4P Cpe	580	1,740	2,900	5,800	10,150	14,500
5P Sed	560	1,680	2,800	5,600	9,800	14,000
1923-24 Model 67 Willys-Knight, 4-cyl., 124" wb, 40 hp						
7P Tr	960	2,880	4,800	9,600	16,800	24,000
7P Sed	600	1,800	3,000	6,000	10,500	15,000

*Model offered 1924 only.

	6	5	4	3	2	1
1925 Model 91, 4-cyl., 100" wb, 27 hp						
5P Tr	840	2,520	4,200	8,400	14,700	21,000
2P Cpe	620	1,860	3,100	6,200	10,850	15,500
5P Tr Sed	560	1,680	2,800	5,600	9,800	14,000
5P Cpe Sed	572	1,716	2,860	5,720	10,010	14,300
5P DeL Sed	580	1,740	2,900	5,800	10,150	14,500
1925 Model 92, 4-cyl., 106" wb, 30 hp						
Bluebird	1,000	3,000	5,000	10,000	17,500	25,000
1925 Model 93, 6-cyl., 113" wb, 38 hp						
5P Sed	592	1,776	2,960	5,920	10,360	14,800
DeL Sed	600	1,800	3,000	6,000	10,500	15,000
1925 Model 65 Willys-Knight, 4-cyl., 124" wb, 40 hp						
5P Tr	920	2,760	4,600	9,200	16,100	23,000
2P Cpe	640	1,920	3,200	6,400	11,200	16,000
Cpe Sed	620	1,860	3,100	6,200	10,850	15,500
Sed	560	1,680	2,800	5,600	9,800	14,000
Brgm	600	1,800	3,000	6,000	10,500	15,000
1925 Model 66 Willys-Knight, 6-cyl., 126" wb, 60 hp						
Rds	960	2,880	4,800	9,600	16,800	24,000
5P Tr	1,000	3,000	5,000	10,000	17,500	25,000
Cpe Sed	640	1,920	3,200	6,400	11,200	16,000
Brgm	660	1,980	3,300	6,600	11,550	16,500
Cpe	660	1,980	3,300	6,600	11,550	16,500
Sed	620	1,860	3,100	6,200	10,850	15,500
1926 Model 91, 4-cyl., 100" wb, 27 hp						
5P Tr	880	2,640	4,400	8,800	15,400	22,000
2P Cpe	620	1,860	3,100	6,200	10,850	15,500
5P Sed	552	1,656	2,760	5,520	9,660	13,800
2d Sed	544	1,632	2,720	5,440	9,520	13,600
4P Cpe	548	1,644	2,740	5,480	9,590	13,700
1926 Model 92, 4-cyl., 100" wb, 30 hp						
5P Tr	920	2,760	4,600	9,200	16,100	23,000
1926 Model 93, 6-cyl., 113" wb, 38 hp						
5P Tr	960	2,880	4,800	9,600	16,800	24,000
5P Sed	560	1,680	2,800	5,600	9,800	14,000
DeL Sed	580	1,740	2,900	5,800	10,150	14,500
2P Cpe	560	1,680	2,800	5,600	9,800	14,000
1926 Model 66 Willys-Knight, 6-cyl., 126" wb, 60 hp						
Rds	1,120	3,360	5,600	11,200	19,600	28,000
7P Tr	1,160	3,480	5,800	11,600	20,300	29,000
5P Tr	1,120	3,360	5,600	11,200	19,600	28,000
4P Cpe	620	1,860	3,100	6,200	10,850	15,500
Sed	600	1,800	3,000	6,000	10,500	15,000
1926 Model 70 Willys-Knight, 6-cyl., 113" wb, 53 hp						
5P Tr	1,160	3,480	5,800	11,600	20,300	29,000
Sed	580	1,740	2,900	5,800	10,150	14,500

	6	5	4	3	2	1
2d Sed	560	1,680	2,800	5,600	9,800	14,000
Cpe	620	1,860	3,100	6,200	10,850	15,500
Rds	1,160	3,480	5,800	11,600	20,300	29,000

1927 Model 70A Willys-Knight, 6-cyl., 113" wb, 52 hp

	6	5	4	3	2	1
Rds	1,040	3,120	5,200	10,400	18,200	26,000
Tr	1,080	3,240	5,400	10,800	18,900	27,000
Cpe	680	2,040	3,400	6,800	11,900	17,000
Cabr	1,000	3,000	5,000	10,000	17,500	25,000
Sed	620	1,860	3,100	6,200	10,850	15,500
2d Sed	600	1,800	3,000	6,000	10,500	15,000

1927 Model 66A Willys-Knight, 6-cyl., 126" wb, 65 hp

	6	5	4	3	2	1
Rds	1,200	3,600	6,000	12,000	21,000	30,000
Tr	1,240	3,720	6,200	12,400	21,700	31,000
Foursome	1,200	3,600	6,000	12,000	21,000	30,000
Cabr	1,080	3,240	5,400	10,800	18,900	27,000
5P Sed	660	1,980	3,300	6,600	11,550	16,500
7P Sed	700	2,100	3,500	7,000	12,250	17,500
Limo	760	2,280	3,800	7,600	13,300	19,000

1928 Model 56 Willys-Knight, 6-cyl., 109.5" wb, 45 hp

	6	5	4	3	2	1
Rds	1,000	3,000	5,000	10,000	17,500	25,000
Tr	1,040	3,120	5,200	10,400	18,200	26,000
Cpe	700	2,100	3,500	7,000	12,250	17,500
2d Sed	600	1,800	3,000	6,000	10,500	15,000
Sed	604	1,812	3,020	6,040	10,570	15,100

1928 Model 70A Willys-Knight, 6-cyl., 113.5" wb, 53 hp

	6	5	4	3	2	1
Rds	1,080	3,240	5,400	10,800	18,900	27,000
Tr	1,120	3,360	5,600	11,200	19,600	28,000
Cpe	760	2,280	3,800	7,600	13,300	19,000
5P Cpe	780	2,340	3,900	7,800	13,650	19,500
Cabr	840	2,520	4,200	8,400	14,700	21,000
2d Sed	660	1,980	3,300	6,600	11,550	16,500
Sed	680	2,040	3,400	6,800	11,900	17,000

1928 Model 66A Willys-Knight, 6-cyl., 126" wb, 70 hp

	6	5	4	3	2	1
Rds	1,160	3,480	5,800	11,600	20,300	29,000
Tr	1,200	3,600	6,000	12,000	21,000	30,000
Cabr	1,120	3,360	5,600	11,200	19,600	28,000
Fml Sed	700	2,100	3,500	7,000	12,250	17,500
Sed	640	1,920	3,200	6,400	11,200	16,000

1928 Model 66A Willys-Knight, 6-cyl., 135" wb, 70 hp

	6	5	4	3	2	1
7P Tr	1,240	3,720	6,200	12,400	21,700	31,000
Cpe	840	2,520	4,200	8,400	14,700	21,000
7P Sed	780	2,340	3,900	7,800	13,650	19,500
Limo	800	2,400	4,000	8,000	14,000	20,000

1929 Series 56, 6-cyl., 109.5" wb, 45 hp

(All Willys-Knight)

	6	5	4	3	2	1
Rds	1,200	3,600	6,000	12,000	21,000	30,000
Tr	1,000	3,000	5,000	10,000	17,500	25,000
Cpe	680	2,040	3,400	6,800	11,900	17,000
2d Sed	660	1,980	3,300	6,600	11,550	16,500
Sed	680	2,040	3,400	6,800	11,900	17,000

1929 Series 70A, 6-cyl., 113.2" wb, 53 hp

	6	5	4	3	2	1
Rds	1,240	3,720	6,200	12,400	21,700	31,000
Tr	1,280	3,840	6,400	12,800	22,400	32,000
Cpe	840	2,520	4,200	8,400	14,700	21,000
Cabr	1,200	3,600	6,000	12,000	21,000	30,000
2d Sed	680	2,040	3,400	6,800	11,900	17,000
Sed	700	2,100	3,500	7,000	12,250	17,500

1929 Series 66A, 6-cyl., 126" wb, 70 hp

	6	5	4	3	2	1
Rds	1,280	3,840	6,400	12,800	22,400	32,000
Tr	1,320	3,960	6,600	13,200	23,100	33,000
Cabr	1,240	3,720	6,200	12,400	21,700	31,000
Fml Sed	840	2,520	4,200	8,400	14,700	21,000
DeL Fml Sed	860	2,580	4,300	8,600	15,050	21,500
Sed	760	2,280	3,800	7,600	13,300	19,000

1929 Series 66A, 6-cyl., 135" wb, 70 hp

	6	5	4	3	2	1
7P Tr	1,440	4,320	7,200	14,400	25,200	36,000
5P Cpe	960	2,880	4,800	9,600	16,800	24,000
7P Sed	840	2,520	4,200	8,400	14,700	21,000
Limo	880	2,640	4,400	8,800	15,400	22,000

1929 Series 70B, 6-cyl., 112.5" - 115" wb, 53 hp

	6	5	4	3	2	1
Rds	1,200	3,600	6,000	12,000	21,000	30,000
Tr	1,240	3,720	6,200	12,400	21,700	31,000
2P Cpe	800	2,400	4,000	8,000	14,000	20,000
4P Cpe	760	2,280	3,800	7,600	13,300	19,000
2d Sed	660	1,980	3,300	6,600	11,550	16,500
Sed	664	1,992	3,320	6,640	11,620	16,600

	6	5	4	3	2	1
DeL Sed	680	2,040	3,400	6,800	11,900	17,000
1930 Series 98B, 6-cyl., 110" wb, 65 hp						
Willys Models						
Rds	1,240	3,720	6,200	12,400	21,700	31,000
4P Rds	1,280	3,840	6,400	12,800	22,400	32,000
5P Tr	1,320	3,960	6,600	13,200	23,100	33,000
2P Cpe	760	2,280	3,800	7,600	13,300	19,000
4P Cpe	800	2,400	4,000	8,000	14,000	20,000
2d Sed	680	2,040	3,400	6,800	11,900	17,000
Sed	700	2,100	3,500	7,000	12,250	17,500
DeL Sed	720	2,160	3,600	7,200	12,600	18,000
1930 Series 66B, 6-cyl., 120" wb, 87 hp						
Willys-Knight Models						
Rds	1,280	3,840	6,400	12,800	22,400	32,000
Tr	1,320	3,960	6,600	13,200	23,100	33,000
2P Cpe	840	2,520	4,200	8,400	14,700	21,000
5P Cpe	880	2,640	4,400	8,800	15,400	22,000
Sed	800	2,400	4,000	8,000	14,000	20,000
1930 Series 70B, "See 1929 Series 70B"						
1930 Series 6-87, "See 1929 Series 56"						
1931 Willys 98B, "See 1930 98B Series"						
1931 Willys 97, 6-cyl., 110" wb, 65 hp						
Rds	1,160	3,480	5,800	11,600	20,300	29,000
Tr	1,200	3,600	6,000	12,000	21,000	30,000
Cpe	800	2,400	4,000	8,000	14,000	20,000
2d Sed	700	2,100	3,500	7,000	12,250	17,500
Clb Sed	720	2,160	3,600	7,200	12,600	18,000
Sed	700	2,100	3,500	7,000	12,250	17,500
1931 Willys 98D, 6-cyl., 113" wb, 65 hp						
Vic Cpe	760	2,280	3,800	7,600	13,300	19,000
Sed	720	2,160	3,600	7,200	12,600	18,000
NOTE: Add 10 percent for DeLuxe Willys models.						
1931 Willys-Knight 66B, "See 1930 W-K 66B"						
1931 Willys-Knight 87, "See 1930 Series 6-87"						
1931 Willys-Knight 66D, 6-cyl., 121" wb, 87 hp						
Vic Cpe	760	2,280	3,800	7,600	13,300	19,000
Sed	720	2,160	3,600	7,200	12,600	18,000
Cus Sed	740	2,220	3,700	7,400	12,950	18,500
NOTE: Add 10 percent for DeLuxe Willys-Knight models.						
1931 Willys 8-80, 8-cyl., 120" wb, 80 hp						
Cpe	760	2,280	3,800	7,600	13,300	19,000
DeL Cpe	780	2,340	3,900	7,800	13,650	19,500
Sed	680	2,040	3,400	6,800	11,900	17,000
DeL Sed	740	2,220	3,700	7,400	12,950	18,500
1931 Willys 8-80D, 8-cyl., 120" wb, 80 hp						
Vic Cpe	720	2,160	3,600	7,200	12,600	18,000
DeL Vic Cpe	740	2,220	3,700	7,400	12,950	18,500
Sed	640	1,920	3,200	6,400	11,200	16,000
DeL Sed	660	1,980	3,300	6,600	11,550	16,500
Cus Sed	680	2,040	3,400	6,800	11,900	17,000
1932 Willys 97, "See 1931 Willys 97 Series"						
1932 Willys 98D, "See 1931 Willys 98D Series"						
1932 Willys 90 (Silver Streak), 6-cyl., 113" wb, 65 hp						
2P Rds	1,160	3,480	5,800	11,600	20,300	29,000
4P Rds	1,180	3,540	5,900	11,800	20,650	29,500
Spt Rds	1,200	3,600	6,000	12,000	21,000	30,000
5P Tr	1,200	3,600	6,000	12,000	21,000	30,000
2P Cpe	840	2,520	4,200	8,400	14,700	21,000
4P Cpe	860	2,580	4,300	8,600	15,050	21,500
Vic Cus	660	1,980	3,300	6,600	11,550	16,500
5P Sed	580	1,740	2,900	5,800	10,150	14,500
2d Sed	668	2,004	3,340	6,680	11,690	16,700
Spl Sed	720	2,160	3,600	7,200	12,600	18,000
Cus Sed	740	2,220	3,700	7,400	12,950	18,500

1929 Whippet Model 98A coupe

1950 Willys Jeep 473SW station wagon

1952 Willys Aero Ace Custom two-door sedan

	6	5	4	3	2	1
1932 Willys 8-80D, "See 1931 Willys 8-80D"						
1932 Willys 8-88 (Silver Streak), 8-cyl., 121" wb, 80 hp						
Rds	1,200	3,600	6,000	12,000	21,000	30,000
Spt Rds	1,220	3,660	6,100	12,200	21,350	30,500
2P Cpe	800	2,400	4,000	8,000	14,000	20,000
4P Cpe	840	2,520	4,200	8,400	14,700	21,000
Vic Cus	820	2,460	4,100	8,200	14,350	20,500
Sed	732	2,196	3,660	7,320	12,810	18,300
Spl Sed	752	2,256	3,760	7,520	13,160	18,800
Cus Sed	800	2,400	4,000	8,000	14,000	20,000
1932 Willys-Knight 95 DeLuxe, 6-cyl., 113" wb, 60 hp						
2P Cpe	780	2,340	3,900	7,800	13,650	19,500
4P Cpe	800	2,400	4,000	8,000	14,000	20,000
Vic	760	2,280	3,800	7,600	13,300	19,000
2d Sed	720	2,160	3,600	7,200	12,600	18,000
Sed	740	2,220	3,700	7,400	12,950	18,500
1932 Willys-Knight 66D, 6-cyl., 121" wb, 87 hp						
1st Series (start Oct. 1931)						
Vic	840	2,520	4,200	8,400	14,700	21,000
DeL Vic	860	2,580	4,300	8,600	15,050	21,500
Sed	760	2,280	3,800	7,600	13,300	19,000
DeL Sed	780	2,340	3,900	7,800	13,650	19,500
Cus Sed	800	2,400	4,000	8,000	14,000	20,000
2nd Series (start Jan. 1932)						
Vic Cus	840	2,520	4,200	8,400	14,700	21,000
Cus Sed	860	2,580	4,300	8,600	15,050	21,500
1933 Willys 77, 4-cyl., 100" wb, 48 hp						
Cpe	820	2,460	4,100	8,200	14,350	20,500
Cus Cpe	840	2,520	4,200	8,400	14,700	21,000
4P Cpe	860	2,580	4,300	8,600	15,050	21,500
4P Cus Cpe	880	2,640	4,400	8,800	15,400	22,000
Sed	800	2,400	4,000	8,000	14,000	20,000
Cus Sed	820	2,460	4,100	8,200	14,350	20,500
1933 Willys 6-90A (Silver Streak), 6-cyl., 113" wb, 65 hp						
Rds	960	2,880	4,800	9,600	16,800	24,000
4P Rds	980	2,940	4,900	9,800	17,150	24,500
Spt Rds	1,000	3,000	5,000	10,000	17,500	25,000
Cpe	760	2,280	3,800	7,600	13,300	19,000
Cus Cpe	780	2,340	3,900	7,800	13,650	19,500
2d Sed	700	2,100	3,500	7,000	12,250	17,500
Sed	720	2,160	3,600	7,200	12,600	18,000
Cus Sed	740	2,220	3,700	7,400	12,950	18,500
1933 Willys 8-88A (Streamline), 8-cyl., 121" wb, 80 hp						
2P Cpe	760	2,280	3,800	7,600	13,300	19,000
Cus Cpe	800	2,400	4,000	8,000	14,000	20,000
Sed	740	2,220	3,700	7,400	12,950	18,500
Cus Sed	800	2,400	4,000	8,000	14,000	20,000
1933 Willys-Knight 66E, 6-cyl., 121" wb, 87 hp						
Cus Sed	860	2,580	4,300	8,600	15,050	21,500
1934 Willys 77, 4-cyl., 100" wb, 48 hp						
Cpe	840	2,520	4,200	8,400	14,700	21,000
Cus Cpe	860	2,580	4,300	8,600	15,050	21,500
4P Cpe	868	2,604	4,340	8,680	15,190	21,700
4P Cus Cpe	880	2,640	4,400	8,800	15,400	22,000
Sed	800	2,400	4,000	8,000	14,000	20,000
Cus Sed	820	2,460	4,100	8,200	14,350	20,500
Pan Dely	840	2,520	4,200	8,400	14,700	21,000
1935 Willys 77, 4-cyl., 100" wb, 48 hp						
Cpe	860	2,580	4,300	8,600	15,050	21,500
Sed	760	2,280	3,800	7,600	13,300	19,000
1936 Willys 77, 4-cyl., 100" wb, 48 hp						
Cpe	840	2,520	4,200	8,400	14,700	21,000
Sed	760	2,280	3,800	7,600	13,300	19,000
DeL Sed	780	2,340	3,900	7,800	13,650	19,500
1937 Willys 37, 4-cyl., 100" wb, 48 hp						
Cpe	840	2,520	4,200	8,400	14,700	21,000
DeL Cpe	860	2,580	4,300	8,600	15,050	21,500
Sed	800	2,400	4,000	8,000	14,000	20,000
DeL Sed	820	2,460	4,100	8,200	14,350	20,500
1938 Willys 38, 4-cyl., 100" wb, 48 hp						
Std Cpe	740	2,220	3,700	7,400	12,950	18,500
DeL Cpe	760	2,280	3,800	7,600	13,300	19,000
2d Clipper Sed	680	2,040	3,400	6,800	11,900	17,000
Std Sed	672	2,016	3,360	6,720	11,760	16,800

	6	5	4	3	2	1
2d DeL Clipper Sed	688	2,064	3,440	6,880	12,040	17,200
DeL Sed	680	2,040	3,400	6,800	11,900	17,000
Cus Sed	688	2,064	3,440	6,880	12,040	17,200
1939 Willys Std Speedway, 4-cyl., 102" wb, 48 hp						
Cpe	780	2,340	3,900	7,800	13,650	19,500
2d Sed	700	2,100	3,500	7,000	12,250	17,500
Sed	680	2,040	3,400	6,800	11,900	17,000
DeLCpe	788	2,364	3,940	7,880	13,790	19,700
DeL 2d Sed	712	2,136	3,560	7,120	12,460	17,800
DeL 4d Sed	692	2,076	3,460	6,920	12,110	17,300
Spl Speedway Cpe	800	2,400	4,000	8,000	14,000	20,000
Spl Speedway 2d Sed	720	2,160	3,600	7,200	12,600	18,000
Spl Speedway 4d Sed	700	2,100	3,500	7,000	12,250	17,500
1939 Model 48, 100" wb						
Cpe	808	2,424	4,040	8,080	14,140	20,200
2d Sed	728	2,184	3,640	7,280	12,740	18,200
4d Sed	704	2,112	3,520	7,040	12,320	17,600
1939 Model 38, 100" wb						
Std Cpe	808	2,424	4,040	8,080	14,140	20,200
Std 2d Sed	728	2,184	3,640	7,280	12,740	18,200
Std 4d Sed	708	2,124	3,540	7,080	12,390	17,700
DeL Cpe	812	2,436	4,060	8,120	14,210	20,300
DeL 2d Sed	732	2,196	3,660	7,320	12,810	18,300
DeL 4d Sed	712	2,136	3,560	7,120	12,460	17,800
1940 Willys Speedway, 4-cyl., 102" wb, 48 hp						
Willys (Americar)						
Cpe	780	2,340	3,900	7,800	13,650	19,500
Sed	708	2,124	3,540	7,080	12,390	17,700
Sta Wag	960	2,880	4,800	9,600	16,800	24,000
1940 DeLuxe, 4-cyl., 102" wb						
Cpe	704	2,112	3,520	7,040	12,320	17,600
Sed	1,000	3,000	5,000	10,000	17,500	25,000
Sta Wag	920	2,760	4,600	9,200	16,100	23,000
1941 Speedway Series, 4-cyl., 104" wb, 63 hp						
Cpe	780	2,340	3,900	7,800	13,650	19,500
Sed	720	2,160	3,600	7,200	12,600	18,000
1941 DeLuxe, 4-cyl., 104" wb, 63 hp						
Cpe	800	2,400	4,000	8,000	14,000	20,000
Sed	720	2,160	3,600	7,200	12,600	18,000
Sta Wag	1,040	3,120	5,200	10,400	18,200	26,000
1941 Plainsman, 4-cyl., 104" wb, 63 hp						
Cpe	788	2,364	3,940	7,880	13,790	19,700
Sed	700	2,100	3,500	7,000	12,250	17,500
1946-47 Willys 4-63, 4-cyl., 104" wb, 63 hp						
2d Sta Wag	600	1,800	3,000	6,000	10,500	15,000
1948 Willys 4-63, 4-cyl., 104" wb, 63 hp						
2d Sta Wag	600	1,800	3,000	6,000	10,500	15,000
2d Jeepster	720	2,160	3,600	7,200	12,600	18,000
1948 Willys 6-63, 6-cyl., 104" wb, 75 hp						
2d Sta Sed	620	1,860	3,100	6,200	10,850	15,500
2d Jeepster	740	2,220	3,700	7,400	12,950	18,500
1949 Willys 4X463, 4-cyl., 104.5" wb, 63 hp						
2d FWD Sta Wag	560	1,680	2,800	5,600	9,800	14,000
1949 Willys VJ3, 4-cyl., 104" wb, 63 hp						
2d Phae	720	2,160	3,600	7,200	12,600	18,000
1949 Willys 463, 4-cyl., 104" wb, 63 hp						
2d Sta Wag	600	1,800	3,000	6,000	10,500	15,000
1949 Willys Six, 6-cyl., 104" wb, 75 hp						
2d Phae	740	2,220	3,700	7,400	12,950	18,500
2d Sta Sed	632	1,896	3,160	6,320	11,060	15,800
2d Sta Wag	620	1,860	3,100	6,200	10,850	15,500
1950-51 Willys 473SW, 4-cyl., 104" wb, 63 hp						
2d Sta Wag	600	1,800	3,000	6,000	10,500	15,000
1950-51 Willys 4X473SW, 4-cyl., 104.5" wb, 63 hp						
2d FWD Sta Wag	580	1,740	2,900	5,800	10,150	14,500
1950-51 Willys 473VJ, 4-cyl., 104" wb, 63 hp						
2d Phae	740	2,220	3,700	7,400	12,950	18,500
NOTE: Add 10 percent for six cylinder models.						
1952 Willys Aero, 6-cyl., 108" wb, 75 hp						
2d Lark	600	1,800	3,000	6,000	10,500	15,000
2d Wing	608	1,824	3,040	6,080	10,640	15,200
2d Ace	624	1,872	3,120	6,240	10,920	15,600
2d HT Eagle	700	2,100	3,500	7,000	12,250	17,500

	6	5	4	3	2	1
1952 Willys Four, 4-cyl., 104"-104.5" wb, 63 hp						
2d FWD Sta Wag	540	1,620	2,700	5,400	9,450	13,500
2d Sta Wag	560	1,680	2,800	5,600	9,800	14,000
1952 Willys Six, 6-cyl., 104" wb, 75 hp						
2d Sta Wag	580	1,740	2,900	5,800	10,150	14,500
NOTE: Deduct 10 percent for standard models.						
1953 Willys Aero, 6-cyl., 108" wb, 90 hp						
4d H.D. Aero	604	1,812	3,020	6,040	10,570	15,100
4d DeL Lark	616	1,848	3,080	6,160	10,780	15,400
2d DeL Lark	620	1,860	3,100	6,200	10,850	15,500
4d Falcon	624	1,872	3,120	6,240	10,920	15,600
2d Falcon	628	1,884	3,140	6,280	10,990	15,700
4d Ace	632	1,896	3,160	6,320	11,060	15,800
2d Ace	640	1,920	3,200	6,400	11,200	16,000
2d HT Eagle	760	2,280	3,800	7,600	13,300	19,000
1953 Willys Four, 4-cyl., 104"-104.5" wb, 72 hp						
2d FWD Sta Wag	540	1,620	2,700	5,400	9,450	13,500
2d Sta Wag	560	1,680	2,800	5,600	9,800	14,000
1953 Willys Six, 6-cyl., 104" wb, 90 hp						
2d Sta Wag	572	1,716	2,860	5,720	10,010	14,300
1954 Willys, 6-cyl., 108" wb, 90 hp						
4d DeL Ace	620	1,860	3,100	6,200	10,850	15,500
2d DeL Ace	624	1,872	3,120	6,240	10,920	15,600
2d HT DeL Eagle	760	2,280	3,800	7,600	13,300	19,000
2d HT Cus Eagle	780	2,340	3,900	7,800	13,650	19,500
4d Lark	624	1,872	3,120	6,240	10,920	15,600
2d Lark	628	1,884	3,140	6,280	10,990	15,700
4d Ace	628	1,884	3,140	6,280	10,990	15,700
2d Ace	632	1,896	3,160	6,320	11,060	15,800
2d HT Eagle	780	2,340	3,900	7,800	13,650	19,500
1954 Willys Four, 4-cyl., 104"-104.5" wb, 72 hp						
2d Sta Wag	560	1,680	2,800	5,600	9,800	14,000
1954 Willys Six, 6-cyl., 104" wb, 90 hp						
2d FWD Sta Wag	540	1,620	2,700	5,400	9,450	13,500
2d Sta Wag	572	1,716	2,860	5,720	10,010	14,300
1955 Willys Six, 6-cyl., 108" wb, 90 hp						
4d Cus Sed	640	1,920	3,200	6,400	11,200	16,000
2d Cus	644	1,932	3,220	6,440	11,270	16,100
2d HT Bermuda	840	2,520	4,200	8,400	14,700	21,000
1955 Willys Six, 6-cyl., 104"-104.5" wb, 90 hp						
2d FWD Sta Wag	540	1,620	2,700	5,400	9,450	13,500
2d Sta Wag	560	1,680	2,800	5,600	9,800	14,000

WHIPPET

1926 Model 96, 4-cyl.						
2d 2P Cpe	424	1,272	2,120	4,240	7,420	10,600
4d 5P Tr	920	2,760	4,600	9,200	16,100	23,000
4d 5P Sed	424	1,272	2,120	4,240	7,420	10,600
1927 Model 96, 4-cyl., 30 hp, 104-1/4" wb						
4d 5P Tr	920	2,760	4,600	9,200	16,100	23,000
2d 5P Coach	420	1,260	2,100	4,200	7,350	10,500
2d 5P Rds	880	2,640	4,400	8,800	15,400	22,000
2d 2P Cpe	540	1,620	2,700	5,400	9,450	13,500
4d 5P Sed	424	1,272	2,120	4,240	7,420	10,600
2d Cabr	720	2,160	3,600	7,200	12,600	18,000
4d 5P Lan Sed	416	1,248	2,080	4,160	7,280	10,400
1927 Model 93A, 6-cyl., 40 hp, 109-1/4" wb						
4d 5P Tr	960	2,880	4,800	9,600	16,800	24,000
2d 2/4P Rds	920	2,760	4,600	9,200	16,100	23,000
2d 2P Cpe	560	1,680	2,800	5,600	9,800	14,000
2d 5P Cpe	520	1,560	2,600	5,200	9,100	13,000
4d 5P Sed	528	1,584	2,640	5,280	9,240	13,200
2d Cabr	720	2,160	3,600	7,200	12,600	18,000
4d 5P Lan Sed	416	1,248	2,080	4,160	7,280	10,400
1928 Model 96, 4-cyl., 32 hp, 100-1/4" wb						
2d 2/4P Spt Rds	880	2,640	4,400	8,800	15,400	22,000
4d 5P Tr	920	2,760	4,600	9,200	16,100	23,000
2d 5P Coach	400	1,200	2,000	4,000	7,000	10,000
2d 2P Cpe	520	1,560	2,600	5,200	9,100	13,000
2d 2/4P Cabr	720	2,160	3,600	7,200	12,600	18,000
4d 5P Sed	328	984	1,640	3,280	5,740	8,200
1928 Model 98, 6-cyl.						
2d 2/4P Rds	920	2,760	4,600	9,200	16,100	23,000
4d 5P Tr	960	2,880	4,800	9,600	16,800	24,000

	6	5	4	3	2	1
2d 2P Cpe	560	1,680	2,800	5,600	9,800	14,000
2d 5P Coach	520	1,560	2,600	5,200	9,100	13,000
4d 5P Sed	528	1,584	2,640	5,280	9,240	13,200
1929 Model 96A, 4-cyl., 103-1/2" wb						
2d 2P Rds	880	2,640	4,400	8,800	15,400	22,000
2d 2/4P Rds	920	2,760	4,600	9,200	16,100	23,000
2d 2/4P Rds College	920	2,760	4,600	9,200	16,100	23,000
4d 5P Tr	920	2,760	4,600	9,200	16,100	23,000
2d 2P Cpe	520	1,560	2,600	5,200	9,100	13,000
2d Cabr	720	2,160	3,600	7,200	12,600	18,000
2d 2/4P Cpe	720	2,160	3,600	7,200	12,600	18,000
2d 5P Coach	400	1,200	2,000	4,000	7,000	10,000
4d 5P Sed	408	1,224	2,040	4,080	7,140	10,200
4d DeL Sed	420	1,260	2,100	4,200	7,350	10,500
1929 Model 98A, 6-cyl.						
2d 2/4P Spt Rds	1,000	3,000	5,000	10,000	17,500	25,000
4d 5P Tr	1,040	3,120	5,200	10,400	18,200	26,000
2d 2P Cpe	540	1,620	2,700	5,400	9,450	13,500
2d 2/4P Cpe	560	1,680	2,800	5,600	9,800	14,000
2d 5P Coach	408	1,224	2,040	4,080	7,140	10,200
4d 5P Sed	420	1,260	2,100	4,200	7,350	10,500
4d 5P DeL Sed	424	1,272	2,120	4,240	7,420	10,600
1930 Model 96A, 4-cyl.						
2d 2P Rds	1,000	3,000	5,000	10,000	17,500	25,000
2d 2/4P Rds College	1,120	3,360	5,600	11,200	19,600	28,000
4d 5P Tr	1,040	3,120	5,200	10,400	18,200	26,000
2d 2P Cpe	520	1,560	2,600	5,200	9,100	13,000
2d 2/4P Cpe	540	1,620	2,700	5,400	9,450	13,500
2d 5P Coach	400	1,200	2,000	4,000	7,000	10,000
4d 5P Sed	408	1,224	2,040	4,080	7,140	10,200
4d 5P DeL Sed	420	1,260	2,100	4,200	7,350	10,500
1930 Model 98A, 6-cyl.						
4d 5P Tr	1,080	3,240	5,400	10,800	18,900	27,000
2d 2/4P Spt Rds	1,000	3,000	5,000	10,000	17,500	25,000
2d 2P Cpe	528	1,584	2,640	5,280	9,240	13,200
2d 2/4P Cpe	544	1,632	2,720	5,440	9,520	13,600
2d 5P Coach	528	1,584	2,640	5,280	9,240	13,200
4d 5P Sed	532	1,596	2,660	5,320	9,310	13,300
4d 5P DeL Sed	552	1,656	2,760	5,520	9,660	13,800
1930 Model 96A, 4-cyl.						
2d 2P Cpe	520	1,560	2,600	5,200	9,100	13,000
2d 2/4P Cpe	540	1,620	2,700	5,400	9,450	13,500
4d 5P Sed	408	1,224	2,040	4,080	7,140	10,200
1930 Model 98A, 6-cyl.						
2d 5P Coach	408	1,224	2,040	4,080	7,140	10,200
4d 5P Sed	412	1,236	2,060	4,120	7,210	10,300
4d 5P DeL Sed	432	1,296	2,160	4,320	7,560	10,800

IMPORTS CARS

AC

	6	5	4	3	2	1
1947-52 Two-Litre, 6-cyl., 117" wb, various bodies						
2d DHC	1,360	4,080	6,800	13,600	23,800	34,000
4d Saloon	1,160	3,480	5,800	11,600	20,300	29,000
1953-54 Ace, 6-cyl., 90" wb						
2d Rds	2,640	7,920	13,200	26,400	46,200	66,000
1955-56 Ace, 6-cyl., 90" wb						
2d Rds	2,640	7,920	13,200	26,400	46,200	66,000
1955-56 Aceca, 6-cyl., 90" wb						
2d FBk Cpe	2,160	6,480	10,800	21,600	37,800	54,000
1957 Ace, 6-cyl., 90" wb						
2d Rds	2,640	7,920	13,200	26,400	46,200	66,000
1957 Aceca, 6-cyl., 90" wb						
2d FBk Cpe	2,160	6,480	10,800	21,600	37,800	54,000
1958 Ace, 6-cyl., 90" wb						
2d Rds	2,640	7,920	13,200	26,400	46,200	66,000
1958 Aceca, 6-cyl., 90" wb						
2d FBk Cpe	2,160	6,480	10,800	21,600	37,800	54,000
1959 Ace, 6-cyl., 90" wb						
2d Rds	2,640	7,920	13,200	26,400	46,200	66,000
1959 Aceca, 6-cyl., 90" wb						
2d FBk Cpe	2,160	6,480	10,800	21,600	37,800	54,000
1960 Ace, 6-cyl., 90" wb						
2d Rds	2,640	7,920	13,200	26,400	46,200	66,000
1960 Aceca, 6-cyl., 90" wb						
2d FBk Cpe	2,160	6,480	10,800	21,600	37,800	54,000
1961 Ace, 6-cyl., 90" wb						
2d Rds	2,640	7,920	13,200	26,400	46,200	66,000
1961 Aceca, 6-cyl., 90" wb						
2d FBk Cpe	2,160	6,480	10,800	21,600	37,800	54,000
1962 Ace, 6-cyl., 90" wb						
2d Rds	2,640	7,920	13,200	26,400	46,200	66,000
1962 Aceca, 6-cyl., 90" wb						
2d FBk Cpe	2,200	6,600	11,000	22,000	38,500	55,000
1962 Ford/AC Shelby Cobra, 260/289 V-8, 90" wb						
2d Rds	8,400	25,200	42,000	84,000	147,000	210,000
1963 Ace, 6-cyl., 90" wb						
2d Rds	2,640	7,920	13,200	26,400	46,200	66,000
1963 Aceca, 6-cyl., 90" wb						
2d FBk Cpe	2,200	6,600	11,000	22,000	38,500	55,000
1963 Ford/AC Shelby Cobra Mk II, 280 V-8, 90" wb						
2d Rds	8,400	25,200	42,000	84,000	147,000	210,000
NOTE: Add 20 percent for 1956-63 Ace or Aceca with Bristol engine.						
1964 Ace, 6-cyl., 90" wb						
2d Rds	2,640	7,920	13,200	26,400	46,200	66,000
1964 Aceca, 6-cyl., 90" wb						
2d FBk Cpe	2,640	7,920	13,200	26,400	46,200	66,000
1964 Ford/AC Shelby Cobra Mk II, 289 V-8, 90" wb						
2d Rds	8,800	26,400	44,000	88,000	154,000	220,000
1965 Ford/AC Shelby Cobra Mk II, 289 V-8, 90" wb						
2d Rds	8,800	26,400	44,000	88,000	154,000	220,000
1965 Ford/AC Shelby Cobra Mk III, 427-428, V-8, 90" wb						
2d Rds	13,200	39,600	66,000	132,000	231,000	330,000
1965 Ford/AC 428, 428 V-8, 96" wb						
2d Conv	2,640	7,920	13,200	26,400	46,200	66,000
2d Cpe	2,360	7,080	11,800	23,600	41,300	59,000
1965 Shelby Cobra Mk III, 427 SC V-8, 90" wb						
2d Rds			value not estimable			
NOTE: Approximately 26 made.						
1965 Shelby Cobra Daytona						
2d Cpe			value not estimable			
NOTE: 6 made.						
1966 Ford/AC Shelby Cobra Mk III, 427/428 V-8, 90" wb						
2d Rds	13,200	39,600	66,000	132,000	231,000	330,000
1966 Ford/AC 289, 289 V-8, 90" wb						
2d Rds	8,000	24,000	40,000	80,000	140,000	200,000

	6	5	4	3	2	1
1966 Ford/AC 428, 428 V-8, 96" wb						
2d Conv	2,640	7,920	13,200	26,400	46,200	66,000
2d Cpe	2,360	7,080	11,800	23,600	41,300	59,000
1967 Ford/AC Shelby Cobra Mk III 427/428 V-8, 90" wb						
2d Rds	13,200	39,600	66,000	132,000	231,000	330,000
1967 Ford/AC 289, 289 V-8, 90" wb						
2d Rds	8,400	25,200	42,000	84,000	147,000	210,000
1967 Ford/AC 428, 428 V-8, 96" wb						
2d Conv	2,640	7,920	13,200	26,400	46,200	66,000
2d Cpe	2,360	7,080	11,800	23,600	41,300	59,000
1968 Ford/AC 289, 289 V-8, 90" wb						
2d Rds	8,400	25,200	42,000	84,000	147,000	210,000
1968 Ford/AC 428, 428 V-8, 96" wb						
2d Conv	2,640	7,920	13,200	26,400	46,200	66,000
2d Cpe	2,360	7,080	11,800	23,600	41,300	59,000
1969-73 Ford/AC 428, 428 V-8, 96" wb						
2d Conv	2,640	7,920	13,200	26,400	46,200	66,000
2d Cpe	2,360	7,080	11,800	23,600	41,300	59,000

ACURA

	6	5	4	3	2	1
1986 Integra						
3d HBk RS	200	600	1,000	2,000	3,500	5,000
5d HBk RS	216	648	1,080	2,160	3,780	5,400
3d HBk LS	220	660	1,100	2,200	3,850	5,500
5d HBk LS	240	720	1,200	2,400	4,200	6,000
1986 Legend						
4d Sed	260	780	1,300	2,600	4,550	6,500
1987 Integra						
3d HBk RS	220	660	1,100	2,200	3,850	5,500
5d HBk RS	228	684	1,140	2,280	3,990	5,700
3d HBk LS	240	720	1,200	2,400	4,200	6,000
5d HBk LS	260	780	1,300	2,600	4,550	6,500
1987 Legend						
4d Sed	280	840	1,400	2,800	4,900	7,000
2d Cpe	300	900	1,500	3,000	5,250	7,500
1988 Integra						
3d HBk RS	220	660	1,100	2,200	3,850	5,500
5d HBk RS	220	660	1,100	2,200	3,850	5,500
3d HBk LS	260	780	1,300	2,600	4,550	6,500
5d HBk LS	280	840	1,400	2,800	4,900	7,000
3d HBk SE	300	900	1,500	3,000	5,250	7,500
1988 Legend						
4d Sed	320	960	1,600	3,200	5,600	8,000
2d Cpe	340	1,020	1,700	3,400	5,950	8,500
1989 Integra						
3d HBk RS	280	840	1,400	2,800	4,900	7,000
5d HBk RS	300	900	1,500	3,000	5,250	7,500
3d HBk LS	300	900	1,500	3,000	5,250	7,500
5d HBk LS	320	960	1,600	3,200	5,600	8,000
1989 Legend						
4d Sed	640	1,920	3,200	6,400	11,200	16,000
2d Cpe	680	2,040	3,400	6,800	11,900	17,000
1990 Integra, 4-cyl.						
2d HBk RS	300	900	1,500	3,000	5,250	7,500
4d Sed RS	320	960	1,600	3,200	5,600	8,000
2d HBk LS	320	960	1,600	3,200	5,600	8,000
4d Sed LS	340	1,020	1,700	3,400	5,950	8,500
2d HBk GS	340	1,020	1,700	3,400	5,950	8,500
4d Sed GS	520	1,560	2,600	5,200	9,100	13,000
1990 Legend, V-6						
4d Sed	560	1,680	2,800	5,600	9,800	14,000
2d Cpe	640	1,920	3,200	6,400	11,200	16,000
4d Sed L	620	1,860	3,100	6,200	10,850	15,500
2d Cpe L	680	2,040	3,400	6,800	11,900	17,000
4d Sed LS	660	1,980	3,300	6,600	11,550	16,500
2d Cpe LS	720	2,160	3,600	7,200	12,600	18,000
1991 Integra						
2d HBk RS	272	816	1,360	2,720	4,760	6,800
4d Sed RS	280	840	1,400	2,800	4,900	7,000
2d HBk LS	280	840	1,400	2,800	4,900	7,000
4d Sed LS	288	864	1,440	2,880	5,040	7,200
2d HBk GS	300	900	1,500	3,000	5,250	7,500
4d Sed GS	308	924	1,540	3,080	5,390	7,700

	6	5	4	3	2	1
1991 Legend						
2d Cpe L	640	1,920	3,200	6,400	11,200	16,000
2d Cpe LS	680	2,040	3,400	6,800	11,900	17,000
4d Sed	560	1,680	2,800	5,600	9,800	14,000
4d Sed L	660	1,980	3,300	6,600	11,550	16,500
4d Sed LS	700	2,100	3,500	7,000	12,250	17,500
1991 NSX, V-6						
2d Cpe	1,360	4,080	6,800	13,600	23,800	34,000
1992 Integra, 4-cyl.						
2d HBk RS	300	900	1,500	3,000	5,250	7,500
4d Sed RS	300	900	1,500	3,000	5,250	7,500
2d HBk LS	312	936	1,560	3,120	5,460	7,800
4d Sed LS	312	936	1,560	3,120	5,460	7,800
2d HBk GS	320	960	1,600	3,200	5,600	8,000
4d Sed GS	520	1,560	2,600	5,200	9,100	13,000
4d Sed GS-R	540	1,620	2,700	5,400	9,450	13,500
1992 Vigor, 5-cyl.						
4d Sed LS	540	1,620	2,700	5,400	9,450	13,500
4d Sed GS	560	1,680	2,800	5,600	9,800	14,000
1992 Legend, V-6						
4d Sed	700	2,100	3,500	7,000	12,250	17,500
4d Sed L	720	2,160	3,600	7,200	12,600	18,000
2d Cpe L	760	2,280	3,800	7,600	13,300	19,000
4d Sed LS	760	2,280	3,800	7,600	13,300	19,000
2d Cpe LS	840	2,520	4,200	8,400	14,700	21,000
1992 NSX, V-6						
2d Cpe	1,760	5,280	8,800	17,600	30,800	44,000
1993 Integra, 4-cyl.						
2d Sed RS	304	912	1,520	3,040	5,320	7,600
4d Sed RS	308	924	1,540	3,080	5,390	7,700
2d Sed LS	308	924	1,540	3,080	5,390	7,700
4d Sed LS	312	936	1,560	3,120	5,460	7,800
2d Sed GS	312	936	1,560	3,120	5,460	7,800
4d Sed GS	560	1,680	2,800	5,600	9,800	14,000
1993 Legend, V-6						
4d Sed	704	2,112	3,520	7,040	12,320	17,600
4d Sed L	712	2,136	3,560	7,120	12,460	17,800
2d Cpe L	780	2,340	3,900	7,800	13,650	19,500
4d Sed LS	740	2,220	3,700	7,400	12,950	18,500
2d Cpe LS	820	2,460	4,100	8,200	14,350	20,500
1993 NSX, V-6						
2d Cpe	1,800	5,400	9,000	18,000	31,500	45,000
1994 Integra, 4-cyl.						
2d Cpe RS	360	1,080	1,800	3,600	6,300	9,000
2d Cpe LS	380	1,140	1,900	3,800	6,650	9,500
2d Cpe GS-R	440	1,320	2,200	4,400	7,700	11,000
4d Sed RS	368	1,104	1,840	3,680	6,440	9,200
4d Sed LS	388	1,164	1,940	3,880	6,790	9,700
4d Sed GS-R	448	1,344	2,240	4,480	7,840	11,200
1994 Vigor, 5-cyl.						
4d Sed LS	480	1,440	2,400	4,800	8,400	12,000
4d Sed GS	500	1,500	2,500	5,000	8,750	12,500
1994 Legend, V-6						
2d Cpe L	720	2,160	3,600	7,200	12,600	18,000
2d Cpe LS	760	2,280	3,800	7,600	13,300	19,000
4d Sed L	640	1,920	3,200	6,400	11,200	16,000
4d Sed LS	680	2,040	3,400	6,800	11,900	17,000
4d Sed GS	720	2,160	3,600	7,200	12,600	18,000
1994 NSX, V-6						
2d Cpe	1,720	5,160	8,600	17,200	30,100	43,000

ALFA ROMEO

	6	5	4	3	2	1
1946-1953 6-cyl., 2443cc, 118" wb (106" SS) 6C-2500 Series						
3P Spt Cpe	800	2,400	4,000	8,000	14,000	20,000
Spt Cabr	960	2,880	4,800	9,600	16,800	24,000
3P Sup Spt Cpe	1,080	3,240	5,400	10,800	18,900	27,000
Sup Spt Cabr	1,360	4,080	6,800	13,600	23,800	34,000
Freccia d'Oro Cpe	920	2,760	4,600	9,200	16,100	23,000
Spt Sed	800	2,400	4,000	8,000	14,000	20,000
1950 4-cyl., 1884cc, 98.5" wb						
1900 Berlina 4d Sed	560	1,680	2,800	5,600	9,800	14,000
1951 4-cyl., 1884cc, 98.5" wb						
1900 Berlina 4d Sed	560	1,680	2,800	5,600	9,800	14,000
1900 Sprint Cpe	760	2,280	3,800	7,600	13,300	19,000

	6	5	4	3	2	1
1952 4-cyl., 1884cc, 98.5" wb						
1900 Berlina 4d Sed	560	1,680	2,800	5,600	9,800	14,000
1900 TI 4d Sed	640	1,920	3,200	6,400	11,200	16,000
1900 Sprint Cpe	760	2,280	3,800	7,600	13,300	19,000
1900 Sup Sprint Cpe	880	2,640	4,400	8,800	15,400	22,000
1900 Cabr	1,000	3,000	5,000	10,000	17,500	25,000
1953 4-cyl., 1884cc, 98.5" wb						
1900 Berlina 4d Sed	560	1,680	2,800	5,600	9,800	14,000
1953 4-cyl., 1975cc, 98.5" wb						
1900 TI Sup 4d Sed	640	1,920	3,200	6,400	11,200	16,000
1900 Sup Sprint Cpe	880	2,640	4,400	8,800	15,400	22,000
1954 4-cyl., 1884cc, 98.5" wb						
1900 Berlina 4d Sed	560	1,680	2,800	5,600	9,800	14,000
1954 4-cyl., 1975cc, 98.5" wb						
1900 TI Sup 4d Sed	640	1,920	3,200	6,400	11,200	16,000
1900 Sup Sprint Cpe	880	2,640	4,400	8,800	15,400	22,000
1954 4-cyl., 1290cc, 93.7" wb						
Giulietta Sprint Cpe	680	2,040	3,400	6,800	11,900	17,000
1955 4-cyl., 1975cc, 98.5" wb						
1900 TI Sup 4d Sed	640	1,920	3,200	6,400	11,200	16,000
1900 Sup Sprint Cpe	880	2,640	4,400	8,800	15,400	22,000
1955 Giulietta 4-cyl., 1290cc, 93.7" wb (88.6" Spider)						
Berlina 4d Sed	520	1,560	2,600	5,200	9,100	13,000
Sprint Cpe	680	2,040	3,400	6,800	11,900	17,000
Spider Conv	920	2,760	4,600	9,200	16,100	23,000
1956 4-cyl., 1975cc, 98.5" wb Giulietta						
1900 Sup Sprint Cpe	880	2,640	4,400	8,800	15,400	22,000
1956 4-cyl., 1290cc, 93.7" wb (88.6" Spider)						
Berlina 4d Sed	520	1,560	2,600	5,200	9,100	13,000
Sprint Cpe	680	2,040	3,400	6,800	11,900	17,000
Sp Veloce Cpe	720	2,160	3,600	7,200	12,600	18,000
Spider Conv	920	2,760	4,600	9,200	16,100	23,000
Spr Veloce Conv	960	2,880	4,800	9,600	16,800	24,000
1957 1900, 4-cyl., 1975cc, 98.5" wb						
Sup Sprint Cpe	880	2,640	4,400	8,800	15,400	22,000
1957 Giulietta 4-cyl., 1290cc, 93.7" wb (88.6" Spider & SS)						
Berlina 4d Sed	560	1,680	2,800	5,600	9,800	14,000
Sprint Cpe	680	2,040	3,400	6,800	11,900	17,000
Veloce Cpe	720	2,160	3,600	7,200	12,600	18,000
Spider Conv	920	2,760	4,600	9,200	16,100	23,000
Spr Veloce Conv	1,160	3,480	5,800	11,600	20,300	29,000
Sprint Speciale	1,360	4,080	6,800	13,600	23,800	34,000
1958 1900, 4-cyl., 1975cc, 98.5" wb						
Sup Sprint Cpe	800	2,400	4,000	8,000	14,000	20,000
1958 Giulietta 4-cyl., 1290cc, 93.7" wb (88.6" Spider & SS)						
Berlina 4d Sed	560	1,680	2,800	5,600	9,800	14,000
Sprint Cpe	680	2,040	3,400	6,800	11,900	17,000
Veloce Cpe	720	2,160	3,600	7,200	12,600	18,000
Spider Conv	920	2,760	4,600	9,200	16,100	23,000
Spider Veloce Conv	1,160	3,480	5,800	11,600	20,300	29,000
Sprint Speciale	1,360	4,080	6,800	13,600	23,800	34,000
1958 2000, 4-cyl., 1975cc, 107.1" wb (98.4" Spider)						
Berlina 4d Sed	520	1,560	2,600	5,200	9,100	13,000
Spider Conv	920	2,760	4,600	9,200	16,100	23,000
1959 4-cyl., 1290cc, 93.7" wb (88.6" Spider, SS, SZ) Giulietta - 750 Series						
Berlina 4d Sed	560	1,680	2,800	5,600	9,800	14,000
Sprint Cpe	680	2,040	3,400	6,800	11,900	17,000
Veloce Cpe	720	2,160	3,600	7,200	12,600	18,000
Spider Conv	920	2,760	4,600	9,200	16,100	23,000
Spr Veloce Conv	1,160	3,480	5,800	11,600	20,300	29,000
1959 Giulietta - 101 Series						
Sprint Cpe	680	2,040	3,400	6,800	11,900	17,000
Sp Veloce Cpe	720	2,160	3,600	7,200	12,600	18,000
Spider Conv	840	2,520	4,200	8,400	14,700	21,000
Spr Veloce Conv	880	2,640	4,400	8,800	15,400	22,000
Sprint Speciale Cpe	1,160	3,480	5,800	11,600	20,300	29,000
Sprint Zagato	1,240	3,720	6,200	12,400	21,700	31,000
1959 2000, 4-cyl., 1975cc, 107.1" wb (98.4" Spider)						
Berlina 4d Sed	600	1,800	3,000	6,000	10,500	15,000
Spider Conv	1,120	3,360	5,600	11,200	19,600	28,000
1960 4-cyl., 1290cc, 93.7" wb (88.6" Spider, SS, SZ) Giulietta - 750 Series						
Berlina 4d Sed	560	1,680	2,800	5,600	9,800	14,000
1960 Giulietta - 101 Series						
Sprint Cpe	680	2,040	3,400	6,800	11,900	17,000
Sp Veloce Cpe	720	2,160	3,600	7,200	12,600	18,000

	6	5	4	3	2	1
Spider Conv	920	2,760	4,600	9,200	16,100	23,000
Spr Veloce Conv	880	2,640	4,400	8,800	15,400	22,000
Sprint Speciale	1,240	3,720	6,200	12,400	21,700	31,000
Sprint Zagato	1,320	3,960	6,600	13,200	23,100	33,000
1960 2000, 4-cyl., 1975cc, 107.1" wb (101.6" Sprint, 98.4" Spider)						
Berlina 4d Sed	740	2,220	3,700	7,400	12,950	18,500
Sprint Cpe	840	2,520	4,200	8,400	14,700	21,000
Spider Conv	1,080	3,240	5,400	10,800	18,900	27,000
1961 Giulietta, 4-cyl., 1290cc, 93.7" wb (88.6" Spider, SS, SZ)						
Sprint Cpe	540	1,620	2,700	5,400	9,450	13,500
Sp Veloce Cpe	720	2,160	3,600	7,200	12,600	18,000
Spider Conv	920	2,760	4,600	9,200	16,100	23,000
Spr Veloce Conv	960	2,880	4,800	9,600	16,800	24,000
Sprint Speciale	1,240	3,720	6,200	12,400	21,700	31,000
Sprint Zagato	1,320	3,960	6,600	13,200	23,100	33,000
1961 2000, 4-cyl., 1975cc, 107" wb (101.6" Sprint, 98.4" Spider)						
Berlina 4d Sed	740	2,220	3,700	7,400	12,950	18,500
Sprint Cpe	840	2,520	4,200	8,400	14,700	21,000
Spider Conv	1,160	3,480	5,800	11,600	20,300	29,000
1962 Giulietta, 4-cyl., 1290cc, 93.7" wb (88.6" Spider, SS)						
Sprint Cpe	680	2,040	3,400	6,800	11,900	17,000
Sp Veloce Cpe	720	2,160	3,600	7,200	12,600	18,000
Spider Conv	920	2,760	4,600	9,200	16,100	23,000
Spr Veloce Conv	960	2,880	4,800	9,600	16,800	24,000
Sprint Speciale	1,240	3,720	6,200	12,400	21,700	31,000
1962 4-cyl., 1570cc, 93.7" wb (88.6" Spider) Giulia - 101 Series						
Sprint Cpe	720	2,160	3,600	7,200	12,600	18,000
Spider Conv	1,080	3,240	5,400	10,800	18,900	27,000
1962 4-cyl., 1570cc, 98.8" wb Giulia - 105 Series						
TI 4d Sed	640	1,920	3,200	6,400	11,200	16,000
1962 2000, 4-cyl., 1975cc, 107" wb (101.6" Sprint)						
Berlina 4d Sed	720	2,160	3,600	7,200	12,600	18,000
Sprint Cpe	840	2,520	4,200	8,400	14,700	21,000
1962 2600, 6-cyl., 2584cc, 106.7" wb (101.6" Sprint, 98.4" Spider, SZ)						
Berlina 4d Sed	800	2,400	4,000	8,000	14,000	20,000
Sprint Cpe	880	2,640	4,400	8,800	15,400	22,000
Spider Conv	1,200	3,600	6,000	12,000	21,000	30,000
1963 Giulietta, 4-cyl., 1290cc, 93.7" wb						
Sprint 1300 Cpe	600	1,800	3,000	6,000	10,500	15,000
1963 4-cyl., 1570cc, 93.7" wb (88.6" Spider) Giulia - 101 Series						
Sprint Cpe	680	2,040	3,400	6,800	11,900	17,000
Spider Conv	960	2,880	4,800	9,600	16,800	24,000
Sprint Spl	1,240	3,720	6,200	12,400	21,700	31,000
1963 4-cyl., 1570cc, 98.8" wb (92.5" Sprint) Giulia - 105 Series						
TI 4d Sed	540	1,620	2,700	5,400	9,450	13,500
TI Sup 4d Sed	560	1,680	2,800	5,600	9,800	14,000
Sprint GT Cpe	720	2,160	3,600	7,200	12,600	18,000
GTZ	2,480	7,440	12,400	24,800	43,400	62,000
1963 2600, 6-cyl., 2584cc, 106.7" wb (101.6" Sprint, 98.4" Spider)						
Berlina 4d Sed	580	1,740	2,900	5,800	10,150	14,500
Sprint Cpe	680	2,040	3,400	6,800	11,900	17,000
Spider Conv	1,000	3,000	5,000	10,000	17,500	25,000
1964 Giulietta, 4-cyl., 1290cc, 93.7" wb						
Sprint 1300 Cpe	600	1,800	3,000	6,000	10,500	15,000
1964 4-cyl., 1570cc, 93.7" wb (88.6" Spider) Giulia - 101 Series						
Sprint Cpe	680	2,040	3,400	6,800	11,900	17,000
Spider Conv	920	2,760	4,600	9,200	16,100	23,000
Spider Veloce Conv	840	2,520	4,200	8,400	14,700	21,000
Sprint Speciale	1,360	4,080	6,800	13,600	23,800	34,000
1964 4-cyl., 1570cc, 98.8" wb (92.5" Sprint) Giulia - 105 Series						
TI 4d Sed	540	1,620	2,700	5,400	9,450	13,500
TI Sup 4d Sed	560	1,680	2,800	5,600	9,800	14,000
Sprint GT Cpe	720	2,160	3,600	7,200	12,600	18,000
GTZ	2,480	7,440	12,400	24,800	43,400	62,000
GTC Conv	800	2,400	4,000	8,000	14,000	20,000
1964 2600, 6-cyl., 2584cc, 106.7" wb (101.6" Sprint, 98.4" Spider)						
Berlina 4d Sed	580	1,740	2,900	5,800	10,150	14,500
Sprint Cpe	680	2,040	3,400	6,800	11,900	17,000
Spider Conv	880	2,640	4,400	8,800	15,400	22,000
1965 4-cyl., 1570cc, 93.7" wb (88.6" Spider) Giulia - 101 Series						
Spider Conv	960	2,880	4,800	9,600	16,800	24,000
Spider Veloce Conv	1,000	3,000	5,000	10,000	17,500	25,000
Sprint Spl Cpe	1,320	3,960	6,600	13,200	23,100	33,000
1965 4-cyl., 1570cc, 98.8" wb (92.5" Sprint) Giulia - 105 Series						
TI 4d Sed	248	744	1,240	2,480	4,340	6,200

	6	5	4	3	2	1
Sup 4d Sed	560	1,680	2,800	5,600	9,800	14,000
Sprint GT Cpe	720	2,160	3,600	7,200	12,600	18,000
GTV Cpe	800	2,400	4,000	8,000	14,000	20,000
GTZ Cpe	2,480	7,440	12,400	24,800	43,400	62,000
GTA Cpe	1,320	3,960	6,600	13,200	23,100	33,000
GTC Conv	800	2,400	4,000	8,000	14,000	20,000
TZ 2	3,280	9,840	16,400	32,800	57,400	82,000
1965 2600, 6-cyl., 2584cc, 106.7" wb (101.6" Sprint, 98.4" Spider)						
Berlina 4d Sed	560	1,680	2,800	5,600	9,800	14,000
Sprint Cpe	680	2,040	3,400	6,800	11,900	17,000
Spider Conv	1,320	3,960	6,600	13,200	23,100	33,000
SZ	1,120	3,360	5,600	11,200	19,600	28,000
1966 Giulia, 4-cyl., 1570cc, 98.8" wb (92.5" Sprint)						
T.I. 4d Sed	248	744	1,240	2,480	4,340	6,200
Sprint GT Cpe	720	2,160	3,600	7,200	12,600	18,000
GTV Cpe	1,360	4,080	6,800	13,600	23,800	34,000
Spider Conv	960	2,880	4,800	9,600	16,800	24,000
Spider Veloce	1,000	3,000	5,000	10,000	17,500	25,000
GTZ	2,480	7,440	12,400	24,800	43,400	62,000
GTA Cpe	1,080	3,240	5,400	10,800	18,900	27,000
GTC Conv	800	2,400	4,000	8,000	14,000	20,000
TZ 2 Cpe	3,360	10,080	16,800	33,600	58,800	84,000
1966 4-cyl., 1570cc, 88.6" wb						
Duetto Conv	680	2,040	3,400	6,800	11,900	17,000
1966 2600, 6-cyl., 2584cc, 106.7" wb (101.6" Sprint, 98.4" Spider)						
Berlina 4d Sed	640	1,920	3,200	6,400	11,200	16,000
Sprint Cpe	880	2,640	4,400	8,800	15,400	22,000
SZ	1,120	3,360	5,600	11,200	19,600	28,000
1967 Giulia, 4-cyl., 1570cc, 98.8" wb (92.5" Sprint)						
T.I. 4d Sed	248	744	1,240	2,480	4,340	6,200
GTV Cpe	800	2,400	4,000	8,000	14,000	20,000
GTZ Cpe	2,480	7,440	12,400	24,800	43,400	62,000
GTA Cpe	1,080	3,240	5,400	10,800	18,900	27,000
TZ 2	3,280	9,840	16,400	32,800	57,400	82,000
1967 4-cyl., 1570cc, 88.6" wb						
Duetto Conv	680	2,040	3,400	6,800	11,900	17,000
1967 1750, 4-cyl., 1779cc, 101.2" wb (92.5" Cpe, 88.6" Spider)						
Berlina 4d Sed	248	744	1,240	2,480	4,340	6,200
GTV Cpe	840	2,520	4,200	8,400	14,700	21,000
Spider	880	2,640	4,400	8,800	15,400	22,000
1967 2600, 6-cyl., 2584cc, 106.7" wb						
Berlina 4d Sed	580	1,740	2,900	5,800	10,150	14,500
SZ	1,120	3,360	5,600	11,200	19,600	28,000
1968 4-cyl., 1290/1570cc, 92.5" wb						
Giulia GTV Cpe	800	2,400	4,000	8,000	14,000	20,000
1968 1750, 4-cyl., 1779cc, 101.2" wb (92.5" Sprint, 88.6" Spider)						
Berlina 4d Sed	248	744	1,240	2,480	4,340	6,200
GTV Cpe	840	2,520	4,200	8,400	14,700	21,000
Spider Conv	880	2,640	4,400	8,800	15,400	22,000
1968 2600, 6-cyl., 2584cc, 106.7" wb						
Berlina 4d Sed	300	900	1,500	3,000	5,250	7,500
1969 Giulia, 4-cyl., 1290cc, 92.5" wb						
GTA 1300 Jr Cpe	1,000	3,000	5,000	10,000	17,500	25,000
1969 1750, 4-cyl., 1779cc, 101.2" wb (92.5" Cpe, 88.6" Spider)						
Berlina 4d Sed	260	780	1,300	2,600	4,550	6,500
GTV Cpe	840	2,520	4,200	8,400	14,700	21,000
Spider Conv	880	2,640	4,400	8,800	15,400	22,000
1970 Giulia, 4-cyl., 1290cc, 92.5" wb						
GTA 1300 Jr Cpe	1,000	3,000	5,000	10,000	17,500	25,000
Jr Z 1300 Cpe	800	2,400	4,000	8,000	14,000	20,000
1970 1750, 4-cyl., 1779cc, 101.2" wb (92.5" Cpe, 88.6" Spider)						
Berlina 4d Sed	260	780	1,300	2,600	4,550	6,500
GTV Cpe	520	1,560	2,600	5,200	9,100	13,000
Spider	640	1,920	3,200	6,400	11,200	16,000
1971 Giulia, 4-cyl., 1290cc, 92.5" wb						
GTA 1300 Jr Cpe	1,000	3,000	5,000	10,000	17,500	25,000
Jr Z 1300 Cpe	800	2,400	4,000	8,000	14,000	20,000
1971 1750, 4-cyl., 1779cc, 101.2" wb (92.5" Cpe, 88.6" Spider)						
Berlina 4d Sed	248	744	1,240	2,480	4,340	6,200
GTV Cpe	520	1,560	2,600	5,200	9,100	13,000
Spider	580	1,740	2,900	5,800	10,150	14,500
1971 2000, 4-cyl., 1962cc, 101.8" wb (92.5" Cpe, 88.6" Spider)						
Berlina 4d Sed	260	780	1,300	2,600	4,550	6,500
GTV Cpe	560	1,680	2,800	5,600	9,800	14,000
Spider Veloce	640	1,920	3,200	6,400	11,200	16,000

	6	5	4	3	2	1
1971 V-8, 2953cc, 92.5" wb						
Montreal Cpe	1,080	3,240	5,400	10,800	18,900	27,000
1972 Giulia, 4-cyl., 1290cc, 92.5" wb						
GTA 1300 Jr Cpe	1,000	3,000	5,000	10,000	17,500	25,000
Jr Z 1300 Cpe	800	2,400	4,000	8,000	14,000	20,000
Jr Z 1600 Cpe	840	2,520	4,200	8,400	14,700	21,000
1972 1750, 4-cyl., 1779cc, 101.2" wb (92.5" Cpe, 88.6" Spider)						
Berlina 4d Sed	248	744	1,240	2,480	4,340	6,200
GTV Cpe	520	1,560	2,600	5,200	9,100	13,000
Spider	580	1,740	2,900	5,800	10,150	14,500
1972 2000, 4-cyl., 1962cc, 101.8" wb (92.5" Cpe, 88.6" Spider)						
Berlina 4d Sed	260	780	1,300	2,600	4,550	6,500
GTV Cpe	520	1,560	2,600	5,200	9,100	13,000
Spider Veloce	640	1,920	3,200	6,400	11,200	16,000
1972 V-8, 2593cc, 92.5" wb						
Montreal Cpe	1,080	3,240	5,400	10,800	18,900	27,000
1973 4-cyl., 1570cc, 92.5" wb						
Giulia Jr Z 1600	800	2,400	4,000	8,000	14,000	20,000
1973 2000, 4-cyl., 1992cc, 101.8" wb (92.5" Cpe, 88.6" Spider)						
Berlina 4d Sed	260	780	1,300	2,600	4,550	6,500
GTV Cpe	540	1,620	2,700	5,400	9,450	13,500
Spider Veloce	640	1,920	3,200	6,400	11,200	16,000
1973 V-8, 2593cc, 92.5" wb						
Montreal Cpe	1,080	3,240	5,400	10,800	18,900	27,000
1974 4-cyl., 1570 cc, 92.5" wb						
Giulia Jr Z 1600 Cpe	800	2,400	4,000	8,000	14,000	20,000
1974 2000, 4-cyl., 1962cc, 101.8" wb (92.5" Cpe, 88.6" Spider)						
Berlina 4d Sed	260	780	1,300	2,600	4,550	6,500
GTV Cpe	540	1,620	2,700	5,400	9,450	13,500
Spider Veloce	640	1,920	3,200	6,400	11,200	16,000
1974 V-8, 2953cc, 92.5" wb						
Montreal Cpe	1,080	3,240	5,400	10,800	18,900	27,000
1975 Giulia, 4-cyl., 1570cc, 92.5" wb						
Jr Z 1600 Cpe	800	2,400	4,000	8,000	14,000	20,000
1975 2000, 4-cyl., 1962cc, 88.6" wb						
Spr Veloce Conv	640	1,920	3,200	6,400	11,200	16,000
1975 V-8, 2593cc, 92.5" wb						
Montreal Cpe	1,080	3,240	5,400	10,800	18,900	27,000
1975 Alfetta, 4-cyl., 1779cc, 98.8" wb						
4d Sed	240	720	1,200	2,400	4,200	6,000
1975 Alfetta, 4-cyl., 1962cc, 94.5" wb						
GT Cpe	520	1,560	2,600	5,200	9,100	13,000
1976 2000, 4-cyl., 1962cc, 88.6" wb						
Spr Veloce Conv	640	1,920	3,200	6,400	11,200	16,000
1976 Alfetta, 4-cyl., 1779cc, 98.8" wb						
4d Sed	260	780	1,300	2,600	4,550	6,500
1976 4-cyl., 1962cc, 94.5" wb						
GTV Cpe	520	1,560	2,600	5,200	9,100	13,000
1977 2000, 4-cyl., 1962cc, 88.6" wb						
Spr Veloce Conv	640	1,920	3,200	6,400	11,200	16,000
1977 Alfetta, 4-cyl., 1779cc, 98.8" wb						
4d Sed	260	780	1,300	2,600	4,550	6,500
1977 4-cyl., 1962cc, 94.5" wb						
GTV Cpe	540	1,620	2,700	5,400	9,450	13,500
1978 2000, 4-cyl., 1962cc, 88.6" wb						
Spr Veloce Conv	640	1,920	3,200	6,400	11,200	16,000
1978 4-cyl., 1962cc, 98.8" wb (94.5" Cpe)						
4d Spt Sed	260	780	1,300	2,600	4,550	6,500
Sprint Veloce Cpe	540	1,620	2,700	5,400	9,450	13,500
1980 4-cyl., 1962cc, 98.8" wb (94.5" Cpe)						
2d Spider Conv	620	1,860	3,100	6,200	10,850	15,500
1981 4-cyl., 1962cc, 98.8" wb (94.5" Cpe)						
2d Spt Cpe 2 plus 2	280	840	1,400	2,800	4,900	7,000
2d Spider Conv	620	1,860	3,100	6,200	10,850	15,500
1982 4-cyl., 1962cc, 98.8" wb (94.5" Cpe)						
2d Spt Cpe	268	804	1,340	2,680	4,690	6,700
2d Spider	620	1,860	3,100	6,200	10,850	15,500
1983 4-cyl., 1962cc, 98.8" wb (94.5" Cpe)						
2d Cpe	280	840	1,400	2,800	4,900	7,000
2d Spider	620	1,860	3,100	6,200	10,850	15,500
1984 4-cyl., 1962cc, 98.8" wb (94.5" Cpe)						
GTV6 Cpe	320	960	1,600	3,200	5,600	8,000

	6	5	4	3	2	1
Spider Veloce	620	1,860	3,100	6,200	10,850	15,500
1985 4-cyl., 1962cc, 98.8" wb (94.5" Cpe)						
GTV6 2d Cpe	520	1,560	2,600	5,200	9,100	13,000
Graduate 2d Conv	640	1,920	3,200	6,400	11,200	16,000
Spider Veloce 2d Conv	680	2,040	3,400	6,800	11,900	17,000
1986 4-cyl., 1962cc, 98.8" wb (94.5" Cpe)						
GTV6 2d Cpe	520	1,560	2,600	5,200	9,100	13,000
Graduate 2d Conv	680	2,040	3,400	6,800	11,900	17,000
Spider Veloce 2d Conv	720	2,160	3,600	7,200	12,600	18,000
Quadrifoglio 2d Conv	680	2,040	3,400	6,800	11,900	17,000
1987 4-cyl., 1962cc, 98.8" wb (94.5" Cpe)						
4d Sed Milano Silver	320	960	1,600	3,200	5,600	8,000
2d Spider Veloce	720	2,160	3,600	7,200	12,600	18,000
4d Quadrifoglio	640	1,920	3,200	6,400	11,200	16,000
2d Conv Graduate	680	2,040	3,400	6,800	11,900	17,000
1988 4-cyl., 1962cc, 98.8" wb (94.5" Cpe)						
4d Sed Milano Gold	520	1,560	2,600	5,200	9,100	13,000
4d Sed Milano Platinum	540	1,620	2,700	5,400	9,450	13,500
4d Sed Milano Verde 3.0	560	1,680	2,800	5,600	9,800	14,000
2d Spider Veloce	680	2,040	3,400	6,800	11,900	17,000
4d Quadrifoglio	680	2,040	3,400	6,800	11,900	17,000
2d Conv Graduate	660	1,980	3,300	6,600	11,550	16,500
1989 4-cyl., 1962cc, 98.8" wb (94.5" Cpe)						
4d Sed Milano Gold	520	1,560	2,600	5,200	9,100	13,000
4d Sed Milano Platinum	540	1,620	2,700	5,400	9,450	13,500
4d Sed Milano 3.0	560	1,680	2,800	5,600	9,800	14,000
2d Spider Veloce	680	2,040	3,400	6,800	11,900	17,000
4d Quadrifoglio	720	2,160	3,600	7,200	12,600	18,000
2d Conv Graduate	600	1,800	3,000	6,000	10,500	15,000
1990 4-cyl., 1962cc, 98.8" wb (94.5" Cpe)						
2d Conv Spider	560	1,680	2,800	5,600	9,800	14,000
2d Conv Graduate	520	1,560	2,600	5,200	9,100	13,000
2d Conv Quadrifoglio	600	1,800	3,000	6,000	10,500	15,000
1991 Alfa Romeo						
4d	220	660	1,100	2,200	3,850	5,500
4d L	260	780	1,300	2,600	4,550	6,500
4d S	320	960	1,600	3,200	5,600	8,000
1991 Spider						
2d Conv	520	1,560	2,600	5,200	9,100	13,000
2d Conv Veloce	560	1,680	2,800	5,600	9,800	14,000
1992 Spider, 4-cyl.						
2d Conv	620	1,860	3,100	6,200	10,850	15,500
2d Conv Veloce	680	2,040	3,400	6,800	11,900	17,000
1992 164, V-6						
4d Sed L	540	1,620	2,700	5,400	9,450	13,500
4d Sed S	620	1,860	3,100	6,200	10,850	15,500
1993 Spider, 4-cyl.						
2d Conv	640	1,920	3,200	6,400	11,200	16,000
2d Veloce Conv	680	2,040	3,400	6,800	11,900	17,000
1993 164, V-6						
4d Sed L	544	1,632	2,720	5,440	9,520	13,600
4d Sed S	552	1,656	2,760	5,520	9,660	13,800
1994 Spider, 4-cyl.						
2d Conv	520	1,560	2,600	5,200	9,100	13,000
2d Conv Veloce	580	1,740	2,900	5,800	10,150	14,500
1994 164, V-6						
4d Sed LS	560	1,680	2,800	5,600	9,800	14,000
4d Sed Quadrifoglio	680	2,040	3,400	6,800	11,900	17,000

ALLARD

1946-49 J1, V-8, 100" wb						
2d Rds	5,600	16,800	28,000	56,000	98,000	140,000
1946-49 K1, V-8, 106" wb						
2d Rds	6,000	18,000	30,000	60,000	105,000	150,000
1946-49 L, V-8, 112" wb						
2d Tr	2,800	8,400	14,000	28,000	49,000	70,000
1946-49 M, V-8, 112" wb						
2d DHC	2,960	8,880	14,800	29,600	51,800	74,000
1950-51 J2, V-8, 100" wb						
2d Rds	4,800	14,400	24,000	48,000	84,000	120,000
1950-51 K2, V-8, 106" wb						
2d Rds	5,200	15,600	26,000	52,000	91,000	130,000
2d Spt Sed	2,640	7,920	13,200	26,400	46,200	66,000

1958 AC Ace Bristol roadster

1966 Ford Shelby Cobra 427 roadster

1994 Acura NSX coupe

	6	5	4	3	2	1
1950-51 L, V-8, 112" wb						
2d Tr	2,800	8,400	14,000	28,000	49,000	70,000
1950-51 M, V-8, 112" wb						
2d DHC	2,880	8,640	14,400	28,800	50,400	72,000
1952-54 K3, V-8, 100" wb						
2d Rds	5,440	16,320	27,200	54,400	95,200	136,000
1952-54 J2X, V-8, 100" wb						
2d Rds	6,000	18,000	30,000	60,000	105,000	150,000
2d LeMans Rds	6,000	18,000	30,000	60,000	105,000	150,000
1952-54 JR, V-8, 96" wb						
2d Rds	6,400	19,200	32,000	64,000	112,000	160,000
1952-54 Monte Carlo/Safari, V-8, 112" wb						
2d M.C. Sed	2,560	7,680	12,800	25,600	44,800	64,000
2d Safari Wag	2,800	8,400	14,000	28,000	49,000	70,000
1952-54 Palm Beach, 4-cyl., 96" wb						
2d Rds	2,800	8,400	14,000	28,000	49,000	70,000
1952-54 Palm Beach, 6-cyl., 96" wb						
2d Rds	3,040	9,120	15,200	30,400	53,200	76,000
1955-59 Palm Beach, 4-cyl., 96" wb						
2d Rds	2,800	8,400	14,000	28,000	49,000	70,000
1955-59 Palm Beach, 6-cyl., 96" wb						
2d Rds	3,040	9,120	15,200	30,400	53,200	76,000

AMPHICAR

1961 4-cyl., 43 hp, 83" wb						
2d Conv	1,150	3,500	5,800	11,600	20,300	29,000
1962 4-cyl., 43 hp, 83" wb						
2d Conv	1,150	3,500	5,800	11,600	20,300	29,000
1963 4-cyl., 43 hp, 83" wb						
2d Conv	1,150	3,500	5,800	11,600	20,300	29,000
1964 4-cyl., 43 hp, 83" wb						
2d Conv	1,150	3,500	5,800	11,600	20,300	29,000
1965 4-cyl., 43 hp, 83" wb						
2d Conv	1,150	3,500	5,800	11,600	20,300	29,000
1966 4-cyl., 43 hp, 83" wb						
2d Conv	1,150	3,500	5,800	11,600	20,300	29,000
1967-68 4-cyl., 43 hp, 83" wb						
2d Conv	1,150	3,500	5,800	11,600	20,300	29,000

ASTON MARTIN

(Saloon - 2d coupe)

1948-1950 DBI, 4-cyl., 1970cc, 108" wb						
2S Rds (14 made)			value not estimable			
1950-1953 DB2, 6-cyl., 2580cc, 99" wb						
Saloon	3,040	9,120	15,200	30,400	53,200	76,000
DHC	6,000	18,000	30,000	60,000	105,000	150,000
Graber DHC (3 made)			value not estimable			
1951-1953 DB3, 6-cyl., 2580/2922cc, 93" wb						
Racer (10 made)			value not estimable			
1953-1955 DB2/4, 6-cyl., 292cc, 99" wb						
Saloon	4,000	12,000	20,000	40,000	70,000	100,000
DHC	6,000	18,000	30,000	60,000	105,000	150,000
DHC by Graber	7,000	21,000	35,000	70,000	122,500	175,000
Rds by Touring (2 made)			value not estimable			
1953-1956 DS3S, 6-cyl., 2922cc, 87" wb						
Racer			value not estimable			
Cpe	8,000	24,000	40,000	80,000	140,000	200,000
1955-1957 DB2/4, 6-cyl., 2922cc, 99" wb						
Mk II Saloon	3,040	9,120	15,200	30,400	53,200	76,000
Mk II DHC	6,000	18,000	30,000	60,000	105,000	150,000
Mk II FHC	3,600	10,800	18,000	36,000	63,000	90,000
Mk II Spider by Touring (2 made)			value not estimable			
1957-1959 DB, 6-cyl., 2922cc, 99" wb						
Mk III Saloon	3,040	9,120	15,200	30,400	53,200	76,000
Mk III DHC	6,000	18,000	30,000	60,000	105,000	150,000
Mk III FHC	3,200	9,600	16,000	32,000	56,000	80,000
1956-1960 DBR, 6-cyl., 2493/2992/4164cc, 90" wb						
Racer (14 made)			value not estimable			
1958-1960 DB4, 6-cyl., 3670cc, 98" wb, Series 1						
Saloon	3,040	9,120	15,200	30,400	53,200	76,000

	6	5	4	3	2	1
1960-1961 DB4, 6-cyl., 3670cc, 98" wb, Series 2						
Saloon	3,040	9,120	15,200	30,400	53,200	76,000
1961 DB4, 6-cyl., 3670cc, 98" wb, Series 3						
Saloon	3,040	9,120	15,200	30,400	53,200	76,000
1961-1962 DB4, 6-cyl., 3670cc, 98" wb, Series 4						
Saloon	3,040	9,120	15,200	30,400	53,200	76,000
DHC	5,600	16,800	28,000	56,000	98,000	140,000
1962-1963 DB4, 6-cyl., 3670cc, 98" wb, Series 5						
Saloon	3,040	9,120	15,200	30,400	53,200	76,000
DHC	5,600	16,800	28,000	56,000	98,000	140,000
1959-1963 DB4GT, 6-cyl., 3670cc, 93" wb						
Saloon	5,040	15,120	25,200	50,400	88,200	126,000
Cpe by Zagato			value not estimable			
Bertone (1 made)			value not estimable			
1963-1965 DB5, 6-cyl., 3995cc, 98" wb						
Saloon	3,200	9,600	16,000	32,000	56,000	80,000
DHC	6,000	18,000	30,000	60,000	105,000	150,000
Radford Shooting Brake (12 made)			value not estimable			
Volante (37 made)			value not estimable			
1965-1969 DB6, 6-cyl., 3995cc, 102" wb						
Saloon	3,440	10,320	17,200	34,400	60,200	86,000
Radford Shooting Brake (6 made)			value not estimable			
Volante	6,000	18,000	30,000	60,000	105,000	150,000
1967-1972 6-cyl., 3995cc, 103" wb						
DBS Saloon	3,040	9,120	15,200	30,400	53,200	76,000
DBSC Saloon (2 made)			value not estimable			
1969-1970 DB6, 6-cyl., 3995cc, 102" wb						
Mk II Saloon	3,200	9,600	16,000	32,000	56,000	80,000
Mk II Volante	6,000	18,000	30,000	60,000	105,000	150,000
1970-1972 DBSV8, V-8, 5340cc, 103" wb						
Saloon	3,200	9,600	16,000	32,000	56,000	80,000
Saloon by Ogle (2 built)			value not estimable			
1972-1973 AM, 6-cyl., 3995cc, 103" wb						
Vantage Saloon (70 made)			value not estimable			
1972-1973 AMV8, 5340cc, V-8, 103" wb, Series II						
Saloon	2,000	6,000	10,000	20,000	35,000	50,000
1973-1978 AMV8, V-8, 5340cc, 103" wb, Series III						
Saloon	2,360	7,080	11,800	23,600	41,300	59,000
1977-1978 AMV8, V-8, 5340cc, 103" wb						
Vantage Saloon	2,360	7,080	11,800	23,600	41,300	59,000
1979 AMV8, V-8, 5340cc, 103" wb						
2d Vantage Cpe	2,440	7,320	12,200	24,400	42,700	61,000
2d Volante Conv	3,760	11,280	18,800	37,600	65,800	94,000
4d Lagonda	2,960	8,880	14,800	29,600	51,800	74,000
1980 AMV8, V-8, 5340cc, 103" wb						
2d Vantage Cpe	2,520	7,560	12,600	25,200	44,100	63,000
2d Volante Conv	3,760	11,280	18,800	37,600	65,800	94,000
4d Lagonda	2,960	8,880	14,800	29,600	51,800	74,000
1981 AMV8, V-8, 5340cc, 103" wb						
2d Vantage Cpe	2,480	7,440	12,400	24,800	43,400	62,000
2d Volante Conv	3,840	11,520	19,200	38,400	67,200	96,000
4d Lagonda	2,960	8,880	14,800	29,600	51,800	74,000
1982 AMV8, V-8, 5340cc, 103" wb						
2d Vantage Cpe	2,560	7,680	12,800	25,600	44,800	64,000
2d Volante Conv	3,840	11,520	19,200	38,400	67,200	96,000
4d Lagonda	2,960	8,880	14,800	29,600	51,800	74,000
1983 AMV8, V-8, 5340cc, 103" wb						
2d Vantage Cpe	2,800	8,400	14,000	28,000	49,000	70,000
2d Volante Conv	3,920	11,760	19,600	39,200	68,600	98,000
4d Lagonda	3,040	9,120	15,200	30,400	53,200	76,000
1984 AMV8, V-8, 5340cc, 103" wb						
2d Vantage Cpe	3,680	11,040	18,400	36,800	64,400	92,000
2d Volante Conv	3,920	11,760	19,600	39,200	68,600	98,000
4d Lagonda	3,040	9,120	15,200	30,400	53,200	76,000
1985 V-8						
2d Vantage Cpe	528	1,584	2,640	5,280	9,240	13,200
2d Volante Conv	552	1,656	2,760	5,520	9,660	13,800
4d Lagonda	3,040	9,120	15,200	30,400	53,200	76,000
1986 V-8						
2d Vantage Cpe	3,760	11,280	18,800	37,600	65,800	94,000
2d Volante Conv	4,000	12,000	20,000	40,000	70,000	100,000
4d Lagonda Saloon	312	936	1,560	3,120	5,460	7,800
1987 V-8						
2d Vantage Cpe	3,760	11,280	18,800	37,600	65,800	94,000

	6	5	4	3	2	1
2d Volante Conv	4,000	12,000	20,000	40,000	70,000	100,000
4d Lagonda Saloon	3,120	9,360	15,600	31,200	54,600	78,000
1988 V-8						
2d Vantage Cpe	3,840	11,520	19,200	38,400	67,200	96,000
2d Volante Conv	4,080	12,240	20,400	40,800	71,400	102,000
4d Lagonda Saloon	3,120	9,360	15,600	31,200	54,600	78,000
1989 V-8						
2d Vantage Cpe	4,000	12,000	20,000	40,000	70,000	100,000
2d Volante Conv	4,160	12,480	20,800	41,600	72,800	104,000
4d Lagonda Saloon	3,280	9,840	16,400	32,800	57,400	82,000
1990 V-8						
2d Virage Cpe	5,440	16,320	27,200	54,400	95,200	136,000
1991 Virage						
2d Cpe	4,400	13,200	22,000	44,000	77,000	110,000
1992 Virage						
2d Cpe	4,600	13,800	23,000	46,000	80,500	115,000
1993 Virage						
2d Cpe	4,000	12,000	20,000	40,000	70,000	100,000
1993 Volante						
2d Conv	6,400	19,200	32,000	64,000	112,000	160,000
1994 Virage						
2d Cpe	4,400	13,200	22,000	44,000	77,000	110,000
1994 Volante						
2d Conv	6,600	19,800	33,000	66,000	115,000	165,000

AUDI

	6	5	4	3	2	1
1970 Super 90						
2d Sed	224	672	1,120	2,240	3,920	5,600
4d Sed	228	684	1,140	2,280	3,990	5,700
4d Sta Wag	228	684	1,140	2,280	3,990	5,700
1970 100 LS						
2d Sed	232	696	1,160	2,320	4,060	5,800
4d Sed	236	708	1,180	2,360	4,130	5,900
1971 Super 90						
2d Sed	224	672	1,120	2,240	3,920	5,600
4d Sed	228	684	1,140	2,280	3,990	5,700
4d Sta Wag	228	684	1,140	2,280	3,990	5,700
1971 100 LS						
2d Sed	232	696	1,160	2,320	4,060	5,800
4d Sed	236	708	1,180	2,360	4,130	5,900
1972 Super 90						
2d Sed	224	672	1,120	2,240	3,920	5,600
4d Sed	228	684	1,140	2,280	3,990	5,700
4d Sta Wag	228	684	1,140	2,280	3,990	5,700
1972 100						
2d Sed	228	684	1,140	2,280	3,990	5,700
4d Sed	232	696	1,160	2,320	4,060	5,800
1972 100 LS						
2d Sed	228	684	1,140	2,280	3,990	5,700
4d Sed	236	708	1,180	2,360	4,130	5,900
1972 100 GL						
2d Sed	236	708	1,180	2,360	4,130	5,900
4d Sed	240	720	1,200	2,400	4,200	6,000
1973 100						
2d Sed	224	672	1,120	2,240	3,920	5,600
4d Sed	228	684	1,140	2,280	3,990	5,700
1973 100 LS						
2d Sed	228	684	1,140	2,280	3,990	5,700
4d Sed	232	696	1,160	2,320	4,060	5,800
1973 100 GL						
2d Sed	232	696	1,160	2,320	4,060	5,800
4d Sed	236	708	1,180	2,360	4,130	5,900
1973 Fox						
2d Sed	160	480	800	1,600	2,800	4,000
4d Sed	160	480	800	1,600	2,800	4,000
1974 100 LS						
2d Sed	224	672	1,120	2,240	3,920	5,600
4d Sed	228	684	1,140	2,280	3,990	5,700
1974 Fox						
2d Sed	160	480	800	1,600	2,800	4,000
4d Sed	160	480	800	1,600	2,800	4,000

	6	5	4	3	2	1
1975 100 LS						
2d Sed	220	660	1,100	2,200	3,850	5,500
4d Sed	224	672	1,120	2,240	3,920	5,600
1975 Fox						
2d Sed	160	480	800	1,600	2,800	4,000
4d Sed	160	480	800	1,600	2,800	4,000
4d Sta Wag	168	504	840	1,680	2,940	4,200
1976 100 LS						
2d Sed	216	648	1,080	2,160	3,780	5,400
4d Sed	220	660	1,100	2,200	3,850	5,500
1976 Fox						
2d Sed	160	480	800	1,600	2,800	4,000
4d Sed	160	480	800	1,600	2,800	4,000
4d Sta Wag	168	504	840	1,680	2,940	4,200
1977 Sedan						
2d	212	636	1,060	2,120	3,710	5,300
4d	216	648	1,080	2,160	3,780	5,400
1977 Fox						
2d Sed	160	480	800	1,600	2,800	4,000
4d Sed	160	480	800	1,600	2,800	4,000
4d Sta Wag	168	504	840	1,680	2,940	4,200
1978 5000						
4d Sed	216	648	1,080	2,160	3,780	5,400
1978 Fox						
2d Sed	160	480	800	1,600	2,800	4,000
4d Sed	160	480	800	1,600	2,800	4,000
4d Sta Wag	168	504	840	1,680	2,940	4,200
1979 5000						
4d Sed	212	636	1,060	2,120	3,710	5,300
4d Sed S	224	672	1,120	2,240	3,920	5,600
1979 Fox						
2d Sed	160	480	800	1,600	2,800	4,000
4d Sed	160	480	800	1,600	2,800	4,000
4d Sta Wag	168	504	840	1,680	2,940	4,200
1980 5000						
4d Sed	208	624	1,040	2,080	3,640	5,200
4d Sed S	220	660	1,100	2,200	3,850	5,500
4d Sed (Turbo)	240	720	1,200	2,400	4,200	6,000
1980 4000						
2d Sed	196	588	980	1,960	3,430	4,900
4d Sed	200	600	1,000	2,000	3,500	5,000
1981 5000						
4d Sed	200	600	1,000	2,000	3,500	5,000
4d Sed S	208	624	1,040	2,080	3,640	5,200
4d Sed (Turbo)	220	660	1,100	2,200	3,850	5,500
1981 4000						
2d Sed 4E	176	528	880	1,760	3,080	4,400
4d Sed 4E	180	540	900	1,800	3,150	4,500
2d Sed (5 plus 5)	196	588	980	1,960	3,430	4,900
2d Cpe	200	600	1,000	2,000	3,500	5,000
1982 5000						
4d Sed S	200	600	1,000	2,000	3,500	5,000
4d Sed (Turbo)	220	660	1,100	2,200	3,850	5,500
1982 4000						
2d Sed	180	540	900	1,800	3,150	4,500
4d Sed (Diesel)	160	480	800	1,600	2,800	4,000
4d Sed S	192	576	960	1,920	3,360	4,800
2d Cpe	196	588	980	1,960	3,430	4,900
1983 5000						
4d Sed S	200	600	1,000	2,000	3,500	5,000
4d Sed (Turbo)	220	660	1,100	2,200	3,850	5,500
4d Sed (Turbo Diesel)	192	576	960	1,920	3,360	4,800
1983 4000						
2d Sed	180	540	900	1,800	3,150	4,500
4d Sed S	192	576	960	1,920	3,360	4,800
4d Sed S (Diesel)	160	480	800	1,600	2,800	4,000
2d Cpe	196	588	980	1,960	3,430	4,900
1984 5000						
4d Sed S	200	600	1,000	2,000	3,500	5,000
4d Sed (Turbo)	220	660	1,100	2,200	3,850	5,500
4d Sta Wag S	208	624	1,040	2,080	3,640	5,200
1984 4000						
2d Sed S	180	540	900	1,800	3,150	4,500
4d Sed S	188	564	940	1,880	3,290	4,700
2d GT Cpe	212	636	1,060	2,120	3,710	5,300

	6	5	4	3	2	1
4d Sed S Quattro (4x4)	220	660	1,100	2,200	3,850	5,500
1985 5000						
4d Sed S	200	600	1,000	2,000	3,500	5,000
4d Sed (Turbo)	220	660	1,100	2,200	3,850	5,500
4d Sta Wag S	208	624	1,040	2,080	3,640	5,200
1985 4000						
4d Sed S	188	564	940	1,880	3,290	4,700
2d GT Cpe	212	636	1,060	2,120	3,710	5,300
4d Sed S Quattro (4x4)	220	660	1,100	2,200	3,850	5,500
1986 5000						
4d Sed S	240	720	1,200	2,400	4,200	6,000
4d Sed CS (Turbo)	280	840	1,400	2,800	4,900	7,000
4d Sed CS Quattro (Turbo - 4x4)	300	900	1,500	3,000	5,250	7,500
4d Sta Wag S	260	780	1,300	2,600	4,550	6,500
4d Sta Wag CS Quattro (Turbo - 4x4)	340	1,020	1,700	3,400	5,950	8,500
1986 4000						
4d Sed S	220	660	1,100	2,200	3,850	5,500
2d GT Cpe	280	840	1,400	2,800	4,900	7,000
4d Sed CS Quattro (4x4)	300	900	1,500	3,000	5,250	7,500
1987 5000						
4d Sed S	280	840	1,400	2,800	4,900	7,000
4d Sed CS (Turbo)	300	900	1,500	3,000	5,250	7,500
4d Sed CS Quattro (Turbo - 4x4)	320	960	1,600	3,200	5,600	8,000
4d Sta Wag S	520	1,560	2,600	5,200	9,100	13,000
4d Sta Wag CS Quattro (Turbo - 4x4)	540	1,620	2,700	5,400	9,450	13,500
1987 4000						
4d Sed S	240	720	1,200	2,400	4,200	6,000
2d GT Cpe	300	900	1,500	3,000	5,250	7,500
4d Sed CS Quattro (4x4)	340	1,020	1,700	3,400	5,950	8,500
1988 5000						
4d Sed S	340	1,020	1,700	3,400	5,950	8,500
4d Sed CS (Turbo)	520	1,560	2,600	5,200	9,100	13,000
4d Sed S Quattro (4x4)	340	1,020	1,700	3,400	5,950	8,500
4d Sed CS Quattro (Turbo - 4x4)	540	1,620	2,700	5,400	9,450	13,500
4d Sta Wag S	300	900	1,500	3,000	5,250	7,500
4d Sta Wag CS Quattro (Turbo - 4x4)	540	1,620	2,700	5,400	9,450	13,500
1988 80 and 90						
4d Sed 80	720	2,160	3,600	7,200	12,600	18,000
4d Sed 90	540	1,620	2,700	5,400	9,450	13,500
4d Sed 80 Quattro (4x4)	560	1,680	2,800	5,600	9,800	14,000
4d Sed 90 Quattro (4x4)	720	2,160	3,600	7,200	12,600	18,000
1989 80 and 90						
4d Sed 80	680	2,040	3,400	6,800	11,900	17,000
4d Sed 90	720	2,160	3,600	7,200	12,600	18,000
4d Sed 80 (4x4)	740	2,220	3,700	7,400	12,950	18,500
4d Sed 90 (4x4)	800	2,400	4,000	8,000	14,000	20,000
1989 100						
4d Sed E	720	2,160	3,600	7,200	12,600	18,000
4d Sed	800	2,400	4,000	8,000	14,000	20,000
4d Sed Quattro (4x4)	840	2,520	4,200	8,400	14,700	21,000
4d Sta Wag	800	2,400	4,000	8,000	14,000	20,000
1989 200						
4d Sed (Turbo)	840	2,520	4,200	8,400	14,700	21,000
4d Sed Quattro (Turbo - 4x4)	880	2,640	4,400	8,800	15,400	22,000
4d Sta Wag Quattro (Turbo - 4x4)	960	2,880	4,800	9,600	16,800	24,000
1990 80 and 90, 4 & 5-cyl.						
4d Sed 80	280	840	1,400	2,800	4,900	7,000
4d Sed 90	540	1,620	2,700	5,400	9,450	13,500
4d Sed 80 Quattro	536	1,608	2,680	5,360	9,380	13,400
4d Sed 90 Quattro	640	1,920	3,200	6,400	11,200	16,000
2d Cpe	660	1,980	3,300	6,600	11,550	16,500
1990 100						
4d Sed	520	1,560	2,600	5,200	9,100	13,000
4d Sed Quattro	600	1,800	3,000	6,000	10,500	15,000
1990 200						
4d Sed Turbo	620	1,860	3,100	6,200	10,850	15,500
4d Sed 200T Quattro	700	2,100	3,500	7,000	12,250	17,500
4d Sta Wag 200T Quattro	720	2,160	3,600	7,200	12,600	18,000
4d Sed Quattro V-8	800	2,400	4,000	8,000	14,000	20,000
1991 80 and 90						
2d Cpe Quattro	600	1,800	3,000	6,000	10,500	15,000
4d Sed 80	300	900	1,500	3,000	5,250	7,500
4d Sed 90	540	1,620	2,700	5,400	9,450	13,500
4d Sed 80 Quattro	536	1,608	2,680	5,360	9,380	13,400
4d Sed 90 Quattro	580	1,740	2,900	5,800	10,150	14,500

	6	5	4	3	2	1
1991 100						
4d Sed	320	960	1,600	3,200	5,600	8,000
4d Sed Quattro	540	1,620	2,700	5,400	9,450	13,500
1991 200						
4d Sed Turbo	600	1,800	3,000	6,000	10,500	15,000
4d Sed Turbo Quattro	640	1,920	3,200	6,400	11,200	16,000
4d Sta Wag Turbo Quattro	720	2,160	3,600	7,200	12,600	18,000
4d Sed Quattro V-8	760	2,280	3,800	7,600	13,300	19,000
1992 80, 5-cyl.						
4d Sed	280	840	1,400	2,800	4,900	7,000
4d Sed Quattro	520	1,560	2,600	5,200	9,100	13,000
1992 100, V-6						
4d Sed	520	1,560	2,600	5,200	9,100	13,000
4d Sed S	560	1,680	2,800	5,600	9,800	14,000
4d Sed CS	600	1,800	3,000	6,000	10,500	15,000
4d Sed CS Quattro	640	1,920	3,200	6,400	11,200	16,000
4d Sed S4 (Turbo - 4x4)	880	2,640	4,400	8,800	15,400	22,000
4d Sed Quattro V-8	880	2,640	4,400	8,800	15,400	22,000
4d Sta Wag CS	680	2,040	3,400	6,800	11,900	17,000
1993 90, V-6						
4d Sed S	312	936	1,560	3,120	5,460	7,800
4d Sed CS	316	948	1,580	3,160	5,530	7,900
4d Quattro Sed	328	984	1,640	3,280	5,740	8,200
1993 100, V-6						
4d Sed	528	1,584	2,640	5,280	9,240	13,200
4d Sed S	540	1,620	2,700	5,400	9,450	13,500
4d Sed CS	544	1,632	2,720	5,440	9,520	13,600
4d Sed CS Quattro	552	1,656	2,760	5,520	9,660	13,800
4d Sta Wag CS Quattro	560	1,680	2,800	5,600	9,800	14,000
4d Sed (4x4)	584	1,752	2,920	5,840	10,220	14,600
4d Quattro Sed V-8	600	1,800	3,000	6,000	10,500	15,000
1994 90, V-6						
4d Sed S	520	1,560	2,600	5,200	9,100	13,000
4d Sed CS	540	1,620	2,700	5,400	9,450	13,500
4d Sed Quattro Spt	600	1,800	3,000	6,000	10,500	15,000
1994 Cabriolet, V-6						
2d Conv	720	2,160	3,600	7,200	12,600	18,000
1994 100, V-6						
4d Sed S	1,300	3,850	6,400	12,800	22,400	32,000
4d Sed CS	1,400	4,200	7,000	14,000	24,500	35,000
4d Sed CS Quattro	1,600	4,800	8,000	16,000	28,000	40,000
4d Sta Wag S	1,450	4,300	7,200	14,400	25,200	36,000
4d Sta Wag CS Quattro	1,800	5,400	9,000	18,000	31,500	45,000
1994 S4, 5-cyl.						
4d Sed (4x4)	1,800	5,400	9,000	18,000	31,500	45,000
1994 Quattro, V-8						
4d Sed	2,100	6,250	10,400	20,800	36,400	52,000

AUSTIN

	6	5	4	3	2	1
1947-48 A40, 4-cyl., 40 hp, 92.5" wb						
2d Dorset Sed	540	1,620	2,700	5,400	9,450	13,500
2d Devon Sed	540	1,620	2,700	5,400	9,450	13,500
1949 A40, 4-cyl., 40 hp, 92.5" wb						
2d Dorset Sed	540	1,620	2,700	5,400	9,450	13,500
2d Devon Sed	540	1,620	2,700	5,400	9,450	13,500
2d Countryman Wag	560	1,680	2,800	5,600	9,800	14,000
1949 A90 Atlantic, 4-cyl., 88 hp, 96" wb						
2d Conv	800	2,400	4,000	8,000	14,000	20,000
1949 A125 Sheerline, 6-cyl., 125 hp, 119" wb						
4d Sed	600	1,800	3,000	6,000	10,500	15,000
1950 A40 Devon, 4-cyl., 40 hp, 92.5" wb						
4d Mk II Sed	540	1,620	2,700	5,400	9,450	13,500
4d DeL Sed	540	1,620	2,700	5,400	9,450	13,500
1950 A40 Countryman, 4-cyl., 40 hp, 92.5" wb						
2d Sta Wag	640	1,920	3,200	6,400	11,200	16,000
1950 A90 Atlantic, 4-cyl., 88 hp, 96" wb						
2d Conv	800	2,400	4,000	8,000	14,000	20,000
1950 A125 Sheerline, 6-cyl., 125 hp, 119" wb						
4d Sed	620	1,860	3,100	6,200	10,850	15,500
1951 A40 Devon, 4-cyl., 40 hp, 92.5" wb						
4d Mk II Sed	520	1,560	2,600	5,200	9,100	13,000
4d DeL Sed	540	1,620	2,700	5,400	9,450	13,500

	6	5	4	3	2	1
1951 A40 Countryman, 4-cyl., 40 hp, 92.5" wb						
2d Sta Wag	640	1,920	3,200	6,400	11,200	16,000
1951 A90 Atlantic, 4-cyl., 88 hp, 96" wb						
2d Conv	800	2,400	4,000	8,000	14,000	20,000
2d Spt Sed	600	1,800	3,000	6,000	10,500	15,000
1951 A125 Sheerline, 6-cyl., 125 hp, 119" wb						
4d Sed	620	1,860	3,100	6,200	10,850	15,500
1952 A40 Somerset, 4-cyl., 42/50 hp, 92.5" wb						
2d Conv	760	2,280	3,800	7,600	13,300	19,000
2d Spt Conv	780	2,340	3,900	7,800	13,650	19,500
4d Sed	520	1,560	2,600	5,200	9,100	13,000
1952 A40 Countryman, 4-cyl., 42 hp, 92.5" wb						
2d Sta Wag	640	1,920	3,200	6,400	11,200	16,000
1952 A90 Atlantic, 4-cyl., 88 hp, 96" wb						
2d Spt Sed	560	1,680	2,800	5,600	9,800	14,000
1952 A125 Sheerline, 6-cyl., 125 hp, 119" wb						
4d Sed	620	1,860	3,100	6,200	10,850	15,500
1953 A30 "Seven", 4-cyl., 30 hp, 79.5" wb						
4d Sed	520	1,560	2,600	5,200	9,100	13,000
1953 A40 Somerset, 4-cyl., 42/50 hp, 92.5" wb						
2d Conv	760	2,280	3,800	7,600	13,300	19,000
2d Spt Conv	780	2,340	3,900	7,800	13,650	19,500
4d Sed	540	1,620	2,700	5,400	9,450	13,500
1953 A40 Countryman, 4-cyl., 42 hp, 92.5" wb						
2d Sta Wag	640	1,920	3,200	6,400	11,200	16,000
1954 A30 "Seven", 4-cyl., 30 hp, 79.5" wb						
2d Sed	520	1,560	2,600	5,200	9,100	13,000
4d Sed	320	960	1,600	3,200	5,600	8,000
1954 A40 Somerset, 4-cyl., 42/50 hp, 92.5" wb						
2d Conv	720	2,160	3,600	7,200	12,600	18,000
4d Sed	520	1,560	2,600	5,200	9,100	13,000
1954 A40 Countryman, 4-cyl., 42 hp, 92.5" wb						
2d Sta Wag	640	1,920	3,200	6,400	11,200	16,000
1955 A50 Cambridge, 4-cyl., 50 hp, 99" wb						
4d Sed	340	1,020	1,700	3,400	5,950	8,500
1955 A90 Westminster, 6-cyl., 85 hp, 103" wb						
4d Sed	520	1,560	2,600	5,200	9,100	13,000
1956 A50 Cambridge, 4-cyl., 50 hp, 99" wb						
4d Sed	340	1,020	1,700	3,400	5,950	8,500
1956 A90 Westminster, 6-cyl., 85 hp, 103" wb						
4d Sed	520	1,560	2,600	5,200	9,100	13,000
1957 A35, 4-cyl., 34 hp, 79" wb						
2d Sed	296	888	1,480	2,960	5,180	7,400
1957 A55 Cambridge, 4-cyl., 51 hp, 99" wb						
4d Sed	308	924	1,540	3,080	5,390	7,700
1957 A95 Westminster, 6-cyl., 92 hp, 106" wb						
4d Sed	520	1,560	2,600	5,200	9,100	13,000
1958 A35, 4-cyl., 34 hp, 79" wb						
2d Sed	296	888	1,480	2,960	5,180	7,400
1958 A55 Cambridge, 4-cyl., 51 hp, 99" wb						
4d Sed	308	924	1,540	3,080	5,390	7,700
1959 A35, 4-cyl., 34 hp, 79" wb						
2d Sed	296	888	1,480	2,960	5,180	7,400
1959 A40, 4-cyl., 34 hp, 83" wb						
2d Std Sed	300	900	1,500	3,000	5,250	7,500
2d DeL Sed	304	912	1,520	3,040	5,320	7,600
1959 A55 Cambridge, 4-cyl., 51 hp, 99" wb						
4d Sed	308	924	1,540	3,080	5,390	7,700
1959 A55 Mk II, 4-cyl., 51 hp, 99" wb						
4d Sed	312	936	1,560	3,120	5,460	7,800
1960 850 Mini, 4-cyl., 37 hp, 80" wb						
2d Sed	640	1,920	3,200	6,400	11,200	16,000
1960 A40, 4-cyl., 34 hp, 83" wb						
2d Std Sed	300	900	1,500	3,000	5,250	7,500
2d DeL Sed	304	912	1,520	3,040	5,320	7,600
1960 A55 Mk II, 4-cyl., 51 hp, 99" wb						
4d Sed	312	936	1,560	3,120	5,460	7,800
1960 A99 Westminster, 6-cyl., 112 hp, 108" wb						
4d Sed	316	948	1,580	3,160	5,530	7,900
1961 850 Mini, 4-cyl., 37 hp, 80" wb						
2d Sed	640	1,920	3,200	6,400	11,200	16,000

1978 Alfa Romeo 2000 Spider Veloce convertible

1980 Alfa Romeo Sprint Veloce GT Mille Miglia coupe

1950 Allard J2 roadster

	6	5	4	3	2	1
1961 Mini Cooper, 4-cyl., 55 hp, 80" wb						
2d Sed	720	2,160	3,600	7,200	12,600	18,000
1961 A40, 4-cyl., 34 hp, 83" wb						
2d Std Sed	300	900	1,500	3,000	5,250	7,500
2d DeL Sed	304	912	1,520	3,040	5,320	7,600
2d Std Sta Wag	320	960	1,600	3,200	5,600	8,000
2d DeL Sta Wag	340	1,020	1,700	3,400	5,950	8,500
1961 A55 Mk II, 4-cyl., 51 hp, 99" wb						
4d Sed	312	936	1,560	3,120	5,460	7,800
1961 A99 Westminster, 6-cyl., 112 hp, 108" wb						
4d Sed	320	960	1,600	3,200	5,600	8,000
1962 850 Mini, 4-cyl., 37 hp, 80" wb						
2d Sed	640	1,920	3,200	6,400	11,200	16,000
1962 Mini Cooper, 4-cyl., 55 hp, 80" wb						
2d Sed	720	2,160	3,600	7,200	12,600	18,000
1962 A40, 4-cyl., 34 hp, 83" wb						
2d Sed	300	900	1,500	3,000	5,250	7,500
1962 A55 Mk II, 4-cyl., 51 hp, 99" wb						
4d Sed	304	912	1,520	3,040	5,320	7,600
1963 850 Mini, 4-cyl., 37 hp, 80" wb						
2d Sed	640	1,920	3,200	6,400	11,200	16,000
2d Sta Wag	680	2,040	3,400	6,800	11,900	17,000
1963 850 Mini Cooper, 4-cyl., 56 hp, 80" wb						
2d Sed	740	2,220	3,700	7,400	12,950	18,500
1963 850 Mini Cooper "S", 4-cyl., 75 hp, 80" wb						
2d Sed	800	2,400	4,000	8,000	14,000	20,000
1963 A60, 4-cyl., 68 hp, 100" wb						
4d Sed	300	900	1,500	3,000	5,250	7,500
4d Countryman	308	924	1,540	3,080	5,390	7,700
1964 850 Mini, 4-cyl., 37 hp, 80" wb						
2d Sed	640	1,920	3,200	6,400	11,200	16,000
2d Sta Wag	680	2,040	3,400	6,800	11,900	17,000
1964 850 Mini Cooper, 4-cyl., 56 hp, 80" wb						
2d Sed	740	2,220	3,700	7,400	12,950	18,500
1964 850 Mini Cooper "S", 4-cyl., 75 hp, 80" wb						
2d Sed	800	2,400	4,000	8,000	14,000	20,000
1964 A60, 4-cyl., 68 hp, 100" wb						
4d Sed	300	900	1,500	3,000	5,250	7,500
4d Countryman	308	924	1,540	3,080	5,390	7,700
1964 Mk II Princess, 6-cyl., 175 hp, 110" wb						
4d Sed	520	1,560	2,600	5,200	9,100	13,000
1965 850 Mini, 4-cyl., 34 hp, 80" wb						
2d Sed	640	1,920	3,200	6,400	11,200	16,000
1965 850 Mini Cooper "S", 4-cyl., 75 hp, 80" wb						
2d Sed	800	2,400	4,000	8,000	14,000	20,000
1965 Mk II Princess, 6-cyl., 175 hp, 110" wb						
4d Sed	520	1,560	2,600	5,200	9,100	13,000
1966 850 Mini, 4-cyl., 34 hp, 80" wb						
2d Sed	640	1,920	3,200	6,400	11,200	16,000
1966 850 Mini Cooper "S", 4-cyl., 75 hp, 80" wb						
2d Sed	800	2,400	4,000	8,000	14,000	20,000
1966 Mk II Princess "R", 6-cyl., 175 hp, 110" wb						
4d Sed	520	1,560	2,600	5,200	9,100	13,000
1967 850 Mini Cooper "S", 4-cyl., 75 hp, 80" wb						
2d Sed	820	2,460	4,100	8,200	14,350	20,500
1968 850 Mini Cooper "S", 4-cyl., 75 hp, 80" wb						
2d Sed	820	2,460	4,100	8,200	14,350	20,500
1968 America, 4-cyl., 58 hp, 93" wb						
2d Sed	200	600	1,000	2,000	3,500	5,000
1969 America, 4-cyl., 58 hp, 93" wb						
2d Sed	200	600	1,000	2,000	3,500	5,000
1970 America, 4-cyl., 58 hp, 93" wb						
2d Sed	200	600	1,000	2,000	3,500	5,000
1971 America, 4-cyl., 58 hp, 93" wb						
2d Sed	200	600	1,000	2,000	3,500	5,000
1972						
NOTE: No Austins imported in 1972.						
1973 Marina, 4-cyl., 68 hp, 96" wb						
2d GT Sed	200	600	1,000	2,000	3,500	5,000
4d Sed	192	576	960	1,920	3,360	4,800

	6	5	4	3	2	1
1974 Marina, 4-cyl., 68 hp, 96" wb						
2d GT Sed	200	600	1,000	2,000	3,500	5,000
4d Sed	192	576	960	1,920	3,360	4,800
1975 Marina, 4-cyl., 68 hp, 96" wb						
2d GT Sed	200	600	1,000	2,000	3,500	5,000
4d Sed	192	576	960	1,920	3,360	4,800

AUSTIN-HEALEY

	6	5	4	3	2	1
1953-1956 "100", 4-cyl., 90 hp, 90" wb						
Rds	1,160	3,480	5,800	11,600	20,300	29,000
1956 "100-6", 6-cyl., 102 hp, 92" wb						
Rds	1,200	3,600	6,000	12,000	21,000	30,000
1957 "100-6", 6-cyl., 102 hp, 92" wb						
Rds	1,240	3,720	6,200	12,400	21,700	31,000
1958 "100-6", 6-cyl., 117 hp, 92" wb						
Rds	1,240	3,720	6,200	12,400	21,700	31,000
1958 Sprite Mk I, 4-cyl., 43 hp, 80" wb						
Rds	640	1,920	3,200	6,400	11,200	16,000
1959 "100-6", 6-cyl., 117 hp, 92" wb						
Rds	1,240	3,720	6,200	12,400	21,700	31,000
1959 Sprite Mk I, 4-cyl., 43 hp, 80" wb						
Rds	640	1,920	3,200	6,400	11,200	16,000
1960 "3000" Mk I, 6-cyl., 124 hp, 92" wb						
Rds	1,240	3,720	6,200	12,400	21,700	31,000
1960 Sprite Mk I, 4-cyl., 43 hp, 80" wb						
Rds	640	1,920	3,200	6,400	11,200	16,000
1961 "3000" Mk I, 6-cyl., 124 hp, 92" wb						
Rds	1,120	3,360	5,600	11,200	19,600	28,000
1961 "3000" Mk II, 6-cyl., 132 hp, 92" wb						
Rds	1,160	3,480	5,800	11,600	20,300	29,000
1961 Sprite Mk I, 4-cyl., 43 hp, 80" wb						
Rds	640	1,920	3,200	6,400	11,200	16,000
1961 Sprite Mk II, 4-cyl., 46 hp, 80" wb						
Rds	560	1,680	2,800	5,600	9,800	14,000
1962 "3000" Mk II, 6-cyl., 132 hp, 92" wb						
Rds	1,080	3,240	5,400	10,800	18,900	27,000
1962 Sprite Mk II, 4-cyl., 46 hp, 80" wb						
Conv	520	1,560	2,600	5,200	9,100	13,000
1963 "3000 Mk II, 6-cyl., 132 hp, 92" wb						
Conv	1,160	3,480	5,800	11,600	20,300	29,000
1963 Sprite Mk II, 4-cyl., 56 hp, 80" wb						
Rds	520	1,560	2,600	5,200	9,100	13,000
1964 "3000" Mk II, 6-cyl., 132 hp, 92" wb						
Conv	1,200	3,600	6,000	12,000	21,000	30,000
1964 "3000" Mk III, 6-cyl., 150 hp, 92" wb						
Conv	1,240	3,720	6,200	12,400	21,700	31,000
1964 Sprite Mk II, 4-cyl., 56 hp, 80" wb						
Rds	520	1,560	2,600	5,200	9,100	13,000
1964 Sprite Mk III, 4-cyl., 59 hp, 80" wb						
Conv	540	1,620	2,700	5,400	9,450	13,500
1965 "3000" Mk III, 6-cyl., 150 hp, 92" wb						
Conv	1,240	3,720	6,200	12,400	21,700	31,000
1965 Sprite Mk III, 4-cyl., 59 hp, 80" wb						
Conv	540	1,620	2,700	5,400	9,450	13,500
1966 "3000" Mk III, 6-cyl., 150 hp, 92" wb						
Conv	1,240	3,720	6,200	12,400	21,700	31,000
1966 Sprite Mk III, 4-cyl., 59 hp, 80" wb						
Conv	540	1,620	2,700	5,400	9,450	13,500
1967 "3000" Mk III, 6-cyl., 150 hp, 92" wb						
Conv	1,240	3,720	6,200	12,400	21,700	31,000
1967 Sprite Mk III, 4-cyl., 59 hp, 80" wb						
Conv	540	1,620	2,700	5,400	9,450	13,500
1968 Sprite Mk III, 4-cyl., 59 hp, 80" wb						
2d Rds	520	1,560	2,600	5,200	9,100	13,000
1968 Sprite Mk IV, 4-cyl., 62 hp, 80" wb						
2d Rds	560	1,680	2,800	5,600	9,800	14,000
1969 Sprite Mk IV, 4-cyl., 62 hp, 80" wb						
2d Rds	560	1,680	2,800	5,600	9,800	14,000

	6	5	4	3	2	1
1970 Sprite MK IV, 4-cyl., 62 hp, 80" wb						
2d Rds	560	1,680	2,800	5,600	9,800	14,000

BMW

	6	5	4	3	2	1
1955 6-cyl., 1971cc, 111.6" wb						
501A 4d Sed	560	1,680	2,800	5,600	9,800	14,000
501B 4d Sed	560	1,680	2,800	5,600	9,800	14,000
501/6 4d Sed, 2077cc	620	1,860	3,100	6,200	10,850	15,500
501 V-8 4d Sed, 2580cc	660	1,980	3,300	6,600	11,550	16,500
502/2.6 4d Sed	700	2,100	3,500	7,000	12,250	17,500
502/3.2 4d Sed	620	1,860	3,100	6,200	10,850	15,500
NOTE: Add 75 percent for coach-built cpe. Add 100 percent for coach-built 2d and 4d convertibles.						
1956 Isetta 250						
1d Std Sed	560	1,680	2,800	5,600	9,800	14,000
1d DeL Sed	612	1,836	3,060	6,120	10,710	15,300
501/6 4d Sed	560	1,680	2,800	5,600	9,800	14,000
501 V-8 4d Sed	640	1,920	3,200	6,400	11,200	16,000
502/2.6 4d Sed	680	2,040	3,400	6,800	11,900	17,000
502/3.2 4d Sed	760	2,280	3,800	7,600	13,300	19,000
NOTE: Add 25 percent for coach-built cpe. Add 100 percent for coach-built 2d and 4d convertibles.						
1956 V-8, 3168cc, 11.6" wb						
503 Cpe	1,360	4,080	6,800	13,600	23,800	34,000
503 Conv	1,760	5,280	8,800	17,600	30,800	44,000
507 Rds	8,400	25,200	42,000	84,000	147,000	210,000
1957 Isetta 300						
1d Std Sed	592	1,776	2,960	5,920	10,360	14,800
1d DeL Sed	560	1,680	2,800	5,600	9,800	14,000
1957 2-cyl., 582cc, 66.9" wb						
600 2d Sed	540	1,620	2,700	5,400	9,450	13,500
501/6 4d Sed	560	1,680	2,800	5,600	9,800	14,000
501 V-8 4d Sed	640	1,920	3,200	6,400	11,200	16,000
502/2.6 4d Sed	680	2,040	3,400	6,800	11,900	17,000
502/3.2 4d Sed	760	2,280	3,800	7,600	13,300	19,000
502/3.2 Sup 4d Sed	800	2,400	4,000	8,000	14,000	20,000
503 Cpe	1,360	4,080	6,800	13,600	23,800	34,000
503 Conv	1,760	5,280	8,800	17,600	30,800	44,000
507 Rds	8,400	25,200	42,000	84,000	147,000	210,000
1958 Isetta 300						
1d Std Sed	600	1,800	3,000	6,000	10,500	15,000
1d DeL Sed	612	1,836	3,060	6,120	10,710	15,300
600 2d Sed	540	1,620	2,700	5,400	9,450	13,500
501/3 4d Sed	560	1,680	2,800	5,600	9,800	14,000
501 V-8 4d Sed	640	1,920	3,200	6,400	11,200	16,000
502/2.6 4d Sed	680	2,040	3,400	6,800	11,900	17,000
502/3.2 4d Sed	760	2,280	3,800	7,600	13,300	19,000
502/3.2 Sup 4d Sed	800	2,400	4,000	8,000	14,000	20,000
NOTE: Add 75 percent for coach-built cpe . Add 100 percent for coach-built 2d and 4d convertibles.						
503 Cpe	1,360	4,080	6,800	13,600	23,800	34,000
503 Conv	1,760	5,280	8,800	17,600	30,800	44,000
507 Rds	8,400	25,200	42,000	84,000	147,000	210,000
1959 Isetta 300						
1d Std Sed	600	1,800	3,000	6,000	10,500	15,000
1d DeL Sed	612	1,836	3,060	6,120	10,710	15,300
600 2d Sed	540	1,620	2,700	5,400	9,450	13,500
1959 700, 2-cyl., 697cc, 83.5" wb						
Cpe	360	1,080	1,800	3,600	6,300	9,000
2d Sed	308	924	1,540	3,080	5,390	7,700
501 V-8 4d Sed	640	1,920	3,200	6,400	11,200	16,000
502/2.6 4d Sed	680	2,040	3,400	6,800	11,900	17,000
502/3.2 4d Sed	760	2,280	3,800	7,600	13,300	19,000
502/3.2 Sup 4d Sed	800	2,400	4,000	8,000	14,000	20,000
503 Cpe	1,360	4,080	6,800	13,600	23,800	34,000
503 Conv	1,760	5,280	8,800	17,600	30,800	44,000
507 Rds	8,400	25,200	42,000	84,000	147,000	210,000
1960 Isetta 300						
1d Std Sed	608	1,824	3,040	6,080	10,640	15,200
1d DeL Sed	616	1,848	3,080	6,160	10,780	15,400
600 2d Sed	540	1,620	2,700	5,400	9,450	13,500
700 Cpe	380	1,140	1,900	3,800	6,650	9,500
700 2d Sed	368	1,104	1,840	3,680	6,440	9,200
700 Spt Cpe	384	1,152	1,920	3,840	6,720	9,600
501 V-8 4d Sed	640	1,920	3,200	6,400	11,200	16,000
502/2.6 4d Sed	680	2,040	3,400	6,800	11,900	17,000
502/3.2 4d Sed	760	2,280	3,800	7,600	13,300	19,000
502/3.2 Sup 4d Sed	800	2,400	4,000	8,000	14,000	20,000

	6	5	4	3	2	1
1961 Isetta 300						
1d Std Sed	612	1,836	3,060	6,120	10,710	15,300
1d DeL Sed	620	1,860	3,100	6,200	10,850	15,500
700 Cpe	380	1,140	1,900	3,800	6,650	9,500
700 2d Sed	360	1,080	1,800	3,600	6,300	9,000
700 Spt Cpe	388	1,164	1,940	3,880	6,790	9,700
700 2d Luxus Sed	368	1,104	1,840	3,680	6,440	9,200
700 Conv	640	1,920	3,200	6,400	11,200	16,000
501 V-8 4d Sed	640	1,920	3,200	6,400	11,200	16,000
502/2.6 4d Sed	680	2,040	3,400	6,800	11,900	17,000
2600 4d Sed	720	2,160	3,600	7,200	12,600	18,000
2600L 4d Sed	740	2,220	3,700	7,400	12,950	18,500
502/3.2 4d Sed	680	2,040	3,400	6,800	11,900	17,000
502/3.2 4d Sup Sed	720	2,160	3,600	7,200	12,600	18,000
3200L 4d Sed	760	2,280	3,800	7,600	13,300	19,000
3200S 4d Sed	800	2,400	4,000	8,000	14,000	20,000
1962 Isetta 300						
1d Std Sed	612	1,836	3,060	6,120	10,710	15,300
1d DeL Sed	620	1,860	3,100	6,200	10,850	15,500
700 Cpe	380	1,140	1,900	3,800	6,650	9,500
700CS Cpe	388	1,164	1,940	3,880	6,790	9,700
700 Spt Cpe	392	1,176	1,960	3,920	6,860	9,800
700 2d Sed	360	1,080	1,800	3,600	6,300	9,000
700 Conv	640	1,920	3,200	6,400	11,200	16,000
700LS 2d Sed	372	1,116	1,860	3,720	6,510	9,300
700LS Luxus 2d Sed	380	1,140	1,900	3,800	6,650	9,500
1962 4-cyl., 1499cc, 100.4" wb						
1500 4d Sed	380	1,140	1,900	3,800	6,650	9,500
2600 4d Sed	540	1,620	2,700	5,400	9,450	13,500
2600L 4d Sed	540	1,620	2,700	5,400	9,450	13,500
3200L 4d Sed	640	1,920	3,200	6,400	11,200	16,000
3200S 4d Sed	660	1,980	3,300	6,600	11,550	16,500
3200CS Cpe	1,000	3,000	5,000	10,000	17,500	25,000
1963 4-cyl., 1499cc, 100.4" wb						
700 Cpe	288	864	1,440	2,880	5,040	7,200
700 Spt Cpe	392	1,176	1,960	3,920	6,860	9,800
700CS Cpe	308	924	1,540	3,080	5,390	7,700
700 Conv	640	1,920	3,200	6,400	11,200	16,000
700LS 2d Sed	372	1,116	1,860	3,720	6,510	9,300
700LS Luxus 2d Sed	380	1,140	1,900	3,800	6,650	9,500
1500 4d Sed	368	1,104	1,840	3,680	6,440	9,200
1800 4d Sed	400	1,200	2,000	4,000	7,000	10,000
2600L 4d Sed	580	1,740	2,900	5,800	10,150	14,500
3200S 4d Sed	600	1,800	3,000	6,000	10,500	15,000
3200CS Cpe	960	2,880	4,800	9,600	16,800	24,000
1964 4-cyl., 1499cc, 100.4" wb						
700 C Cpe	288	864	1,440	2,880	5,040	7,200
700CS Cpe	308	924	1,540	3,080	5,390	7,700
700 Conv	640	1,920	3,200	6,400	11,200	16,000
700LS Cpe	368	1,104	1,840	3,680	6,440	9,200
700 Luxus 2d Sed	360	1,080	1,800	3,600	6,300	9,000
1500 4d Sed	360	1,080	1,800	3,600	6,300	9,000
1600 4d Sed	380	1,140	1,900	3,800	6,650	9,500
1800 4d Sed	400	1,200	2,000	4,000	7,000	10,000
1800TI 4d Sed	420	1,260	2,100	4,200	7,350	10,500
1800TI/SA 4d Sed	600	1,800	3,000	6,000	10,500	15,000
2600L 4d Sed	560	1,680	2,800	5,600	9,800	14,000
3200CS Cpe	960	2,880	4,800	9,600	16,800	24,000
1965 4-cyl., 1499cc, 100.4" wb						
700LS Cpe	368	1,104	1,840	3,680	6,440	9,200
700 Luxus 2d Sed	360	1,080	1,800	3,600	6,300	9,000
1600 4d Sed	380	1,140	1,900	3,800	6,650	9,500
1800 4d Sed	520	1,560	2,600	5,200	9,100	13,000
1800TI 4d Sed	540	1,620	2,700	5,400	9,450	13,500
1800TI/SA 4d Sed	640	1,920	3,200	6,400	11,200	16,000
1965 4-cyl., 100.4" wb						
2000C Cpe	680	2,040	3,400	6,800	11,900	17,000
2000CS Cpe	712	2,136	3,560	7,120	12,460	17,800
1965 V-8, 111.4" wb						
3200CS Cpe	960	2,880	4,800	9,600	16,800	24,000
1966 4-cyl., 98.4" wb						
1600-2 2d Sed	400	1,200	2,000	4,000	7,000	10,000
1600 4d Sed	380	1,140	1,900	3,800	6,650	9,500
1800 4d Sed	400	1,200	2,000	4,000	7,000	10,000
1800TI 4d Sed	428	1,284	2,140	4,280	7,490	10,700
2000 4d Sed	408	1,224	2,040	4,080	7,140	10,200
2000TI 4d Sed	428	1,284	2,140	4,280	7,490	10,700
2000TI Lux 4d Sed	528	1,584	2,640	5,280	9,240	13,200

	6	5	4	3	2	1
2000C Cpe	680	2,040	3,400	6,800	11,900	17,000
2000CA Cpe	712	2,136	3,560	7,120	12,460	17,800
2000CS Cpe	712	2,136	3,560	7,120	12,460	17,800
1967 4-cyl., 98.4" wb						
1602 2d Sed	360	1,080	1,800	3,600	6,300	9,000
1600TI 2d Sed	520	1,560	2,600	5,200	9,100	13,000
Glas 1600GT Cpe	540	1,620	2,700	5,400	9,450	13,500
1800 4d Sed	360	1,080	1,800	3,600	6,300	9,000
2000 4d Sed	368	1,104	1,840	3,680	6,440	9,200
2000TI 4d Sed	388	1,164	1,940	3,880	6,790	9,700
2000TI Lux 4d Sed	420	1,260	2,100	4,200	7,350	10,500
2000C Cpe	692	2,076	3,460	6,920	12,110	17,300
2000CA Cpe	692	2,076	3,460	6,920	12,110	17,300
2000CS Cpe	692	2,076	3,460	6,920	12,110	17,300
Glas 3000 V-8 Cpe	740	2,220	3,700	7,400	12,950	18,500
1968 4-cyl., 98.4" wb						
1600 2d Sed	520	1,560	2,600	5,200	9,100	13,000
1600 Cabr	760	2,280	3,800	7,600	13,300	19,000
Glas 1600GT Cpe	540	1,620	2,700	5,400	9,450	13,500
1800 4d Sed	360	1,080	1,800	3,600	6,300	9,000
2002 2d Sed	540	1,620	2,700	5,400	9,450	13,500
2002TI 2d Sed, Non-USA	600	1,800	3,000	6,000	10,500	15,000
2000 4d Sed	360	1,080	1,800	3,600	6,300	9,000
2000TI 4d Sed	380	1,140	1,900	3,800	6,650	9,500
2000TI Lux 4d Sed	420	1,260	2,100	4,200	7,350	10,500
2000C Cpe	676	2,028	3,380	6,760	11,830	16,900
2000CA Cpe	680	2,040	3,400	6,800	11,900	17,000
2000CS Cpe	700	2,100	3,500	7,000	12,250	17,500
2500 4d Sed, E-3	380	1,140	1,900	3,800	6,650	9,500
2800 4d Sed, E-3	420	1,260	2,100	4,200	7,350	10,500
2800CS Cpe, E-9	880	2,640	4,400	8,800	15,400	22,000
Glas 3000 V-8 Cpe	680	2,040	3,400	6,800	11,900	17,000
1969 4-cyl., 98.4" wb						
1600 2d Sed	400	1,200	2,000	4,000	7,000	10,000
1600 Cabr	800	2,400	4,000	8,000	14,000	20,000
1800 4d Sed	360	1,080	1,800	3,600	6,300	9,000
2002 2d Sed	540	1,620	2,700	5,400	9,450	13,500
2002TI 2d Sed, Non-USA	600	1,800	3,000	6,000	10,500	15,000
2000TI Lux 4d Sed	380	1,140	1,900	3,800	6,650	9,500
2000CA Cpe	676	2,028	3,380	6,760	11,830	16,900
2000CS Cpe	700	2,100	3,500	7,000	12,250	17,500
2500 4d Sed	360	1,080	1,800	3,600	6,300	9,000
2800 4d Sed	380	1,140	1,900	3,800	6,650	9,500
2800CSA Cpe	752	2,256	3,760	7,520	13,160	18,800
2800CS Cpe	844	2,532	4,220	8,440	14,770	21,100
1970 4-cyl., 98.4" wb						
1600 2d Sed	420	1,260	2,100	4,200	7,350	10,500
1600 Cabr	800	2,400	4,000	8,000	14,000	20,000
1800 4d Sed	360	1,080	1,800	3,600	6,300	9,000
2002 2d Sed	520	1,560	2,600	5,200	9,100	13,000
2000TI Lux 4d Sed	420	1,260	2,100	4,200	7,350	10,500
2000TII 4d Sed	520	1,560	2,600	5,200	9,100	13,000
2500 4d Sed	380	1,140	1,900	3,800	6,650	9,500
2800 4d Sed	420	1,260	2,100	4,200	7,350	10,500
2800CSA	752	2,256	3,760	7,520	13,160	18,800
2800CS Cpe	840	2,520	4,200	8,400	14,700	21,000
1971 4-cyl., 98.4" wb						
1600 2d Sed	420	1,260	2,100	4,200	7,350	10,500
1600 Tr, E-10, Non-USA	420	1,260	2,100	4,200	7,350	10,500
1600 Cabr	840	2,520	4,200	8,400	14,700	21,000
1800 4d Sed	360	1,080	1,800	3,600	6,300	9,000
2002 2d Sed	520	1,560	2,600	5,200	9,100	13,000
2002 Cabr	960	2,880	4,800	9,600	16,800	24,000
2002 Targa	640	1,920	3,200	6,400	11,200	16,000
2000 Tr, E-10, Non-USA	580	1,740	2,900	5,800	10,150	14,500
2002TI 2d Sed, Non-USA	540	1,620	2,700	5,400	9,450	13,500
2000TII 4d Sed	520	1,560	2,600	5,200	9,100	13,000
2500 4d Sed	360	1,080	1,800	3,600	6,300	9,000
2800 4d Sed	380	1,140	1,900	3,800	6,650	9,500
Bavaria 4d Sed	380	1,140	1,900	3,800	6,650	9,500
3.0S 4d Sed	420	1,260	2,100	4,200	7,350	10,500
Bavaria 4d Sed	420	1,260	2,100	4,200	7,350	10,500
2800CSA Cpe	752	2,256	3,760	7,520	13,160	18,800
2800CS Cpe	868	2,604	4,340	8,680	15,190	21,700
3.0CSA Cpe	832	2,496	4,160	8,320	14,560	20,800

	6	5	4	3	2	1
3.0CS Cpe	880	2,640	4,400	8,800	15,400	22,000
3.0CSi Cpe	1,040	3,120	5,200	10,400	18,200	26,000
3.0CSL Cpe, Non-USA	1,220	3,660	6,100	12,200	21,350	30,500

1972 4-cyl., 98.4" wb

	6	5	4	3	2	1
1800 4d Sed	360	1,080	1,800	3,600	6,300	9,000
2000TII 4d Sed	520	1,560	2,600	5,200	9,100	13,000
2002 2d Sed	520	1,560	2,600	5,200	9,100	13,000
2002 Targa	640	1,920	3,200	6,400	11,200	16,000
2000 Tr, Non-USA	580	1,740	2,900	5,800	10,150	14,500
2002TII 2d Sed	560	1,680	2,800	5,600	9,800	14,000
2000TII Tr, Non-USA	600	1,800	3,000	6,000	10,500	15,000
2800 4d Sed	380	1,140	1,900	3,800	6,650	9,500
Bavaria 4d Sed, 2788cc	380	1,140	1,900	3,800	6,650	9,500
3.0S 4d Sed	420	1,260	2,100	4,200	7,350	10,500
Bavaria 4d Sed, 2985cc	420	1,260	2,100	4,200	7,350	10,500
3.0CS Cpe	872	2,616	4,360	8,720	15,260	21,800
3.0CSA Cpe	720	2,160	3,600	7,200	12,600	18,000
3.0CSi Cpe	1,000	3,000	5,000	10,000	17,500	25,000
3.0CSL Cpe, Non-USA	1,220	3,660	6,100	12,200	21,350	30,500

1973 4-cyl., 98.4" wb

	6	5	4	3	2	1
2002 2d Sed	520	1,560	2,600	5,200	9,100	13,000
2000 Targa	640	1,920	3,200	6,400	11,200	16,000
2000 Tr, Non-USA	580	1,740	2,900	5,800	10,150	14,500
2002TII 2d Sed	560	1,680	2,800	5,600	9,800	14,000
2000TII Tr, Non-USA	600	1,800	3,000	6,000	10,500	15,000
2002 Turbo, Non-USA	880	2,640	4,400	8,800	15,400	22,000
2800 4d Sed	380	1,140	1,900	3,800	6,650	9,500
Bavaria 4d Sed, 2788cc	380	1,140	1,900	3,800	6,650	9,500
3.0S 4d Sed	420	1,260	2,100	4,200	7,350	10,500
Bavaria 4d Sed, 2985cc	420	1,260	2,100	4,200	7,350	10,500
3.0CSA Cpe	760	2,280	3,800	7,600	13,300	19,000
3.0CS Cpe	840	2,520	4,200	8,400	14,700	21,000
3.0CSi Cpe	960	2,880	4,800	9,600	16,800	24,000
3.0CSL Cpe, Non-USA	1,220	3,660	6,100	12,200	21,350	30,500

1973 3153cc

	6	5	4	3	2	1
3.0CSL Cpe	1,300	3,900	6,500	13,000	22,750	32,500

1974 3153cc

	6	5	4	3	2	1
2002 2d Sed	520	1,560	2,600	5,200	9,100	13,000
2002 Targa	640	1,920	3,200	6,400	11,200	16,000
2000 Tr, Non-USA	572	1,716	2,860	5,720	10,010	14,300
2002TII 2d Sed	560	1,680	2,800	5,600	9,800	14,000
2000TII Tr, Non-USA	600	1,800	3,000	6,000	10,500	15,000
2002 Turbo, Non-USA	836	2,508	4,180	8,360	14,630	20,900
2800 4d Sed	380	1,140	1,900	3,800	6,650	9,500
Bavaria 4d Sed, 2788cc	380	1,140	1,900	3,800	6,650	9,500
3.0S 4d Sed	420	1,260	2,100	4,200	7,350	10,500
Bavaria 4d Sed, 2985cc	420	1,260	2,100	4,200	7,350	10,500
3.0CSA Cpe	760	2,280	3,800	7,600	13,300	19,000
3.0CS Cpe	840	2,520	4,200	8,400	14,700	21,000
3.0CSi Cpe	960	2,880	4,800	9,600	16,800	24,000
3.0CSL Cpe, Non-USA	1,300	3,900	6,500	13,000	22,750	32,500
530i 4d Sed, E-12	420	1,260	2,100	4,200	7,350	10,500

1975 3153cc

	6	5	4	3	2	1
2002 2d Sed	520	1,560	2,600	5,200	9,100	13,000
2002TII 2d Sed	560	1,680	2,800	5,600	9,800	14,000
2002 Targa	680	2,040	3,400	6,800	11,900	17,000
320i 2d Sed, E-21	360	1,080	1,800	3,600	6,300	9,000
2800 4d Sed	380	1,140	1,900	3,800	6,650	9,500
Bavaria, 2788cc	380	1,140	1,900	3,800	6,650	9,500
3.0S 4d Sed	520	1,560	2,600	5,200	9,100	13,000
Bavaria, 2985cc	520	1,560	2,600	5,200	9,100	13,000
3.0CSA Cpe	760	2,280	3,800	7,600	13,300	19,000
3.0CS Cpe	840	2,520	4,200	8,400	14,700	21,000
3.0CSi Cpe	960	2,880	4,800	9,600	16,800	24,000
3.0CSL Cpe, Non-USA	1,300	3,900	6,500	13,000	22,750	32,500
530i 4d Sed	520	1,560	2,600	5,200	9,100	13,000

1976 3153cc

	6	5	4	3	2	1
2002 2d Sed	520	1,560	2,600	5,200	9,100	13,000
320i 2d Sed	400	1,200	2,000	4,000	7,000	10,000
2800 4d Sed	400	1,200	2,000	4,000	7,000	10,000
Bavaria, 2788cc	400	1,200	2,000	4,000	7,000	10,000
3.0Si 4d Sed	540	1,620	2,700	5,400	9,450	13,500
Bavaria, 2985cc	540	1,620	2,700	5,400	9,450	13,500
530i 4d Sed	540	1,620	2,700	5,400	9,450	13,500
630CS Cpe, E-24	760	2,280	3,800	7,600	13,300	19,000

1977 3153cc

	6	5	4	3	2	1
320i 2d Sed	420	1,260	2,100	4,200	7,350	10,500

	6	5	4	3	2	1
2800 4d Sed	420	1,260	2,100	4,200	7,350	10,500
Bavaria, 2788cc	420	1,260	2,100	4,200	7,350	10,500
3.0S 4d Sed	540	1,620	2,700	5,400	9,450	13,500
Bavaria, 2985cc	540	1,620	2,700	5,400	9,450	13,500
530i 4d Sed	540	1,620	2,700	5,400	9,450	13,500
630CS Cpe	760	2,280	3,800	7,600	13,300	19,000
630CSi Cpe	840	2,520	4,200	8,400	14,700	21,000
633CSi Cpe	880	2,640	4,400	8,800	15,400	22,000
1978 3153cc						
320i 2d Sed	520	1,560	2,600	5,200	9,100	13,000
528i 4d Sed	560	1,680	2,800	5,600	9,800	14,000
530i 4d Sed	760	2,280	3,800	7,600	13,300	19,000
630CS Cpe	800	2,400	4,000	8,000	14,000	20,000
630CSi Cpe	840	2,520	4,200	8,400	14,700	21,000
633CSi Cpe	920	2,760	4,600	9,200	16,100	23,000
733i 4d Sed, E-23	760	2,280	3,800	7,600	13,300	19,000
1979 3153cc						
320i 2d Sed	540	1,620	2,700	5,400	9,450	13,500
528i 4d Sed	600	1,800	3,000	6,000	10,500	15,000
M535i 4d Sed, Non-USA	952	2,856	4,760	9,520	16,660	23,800
733i 4d Sed	840	2,520	4,200	8,400	14,700	21,000
633CSi 2d Cpe	920	2,760	4,600	9,200	16,100	23,000
M1 Cpe, E-26, Non-USA	5,800	17,400	29,000	58,000	101,500	145,000
1980 3153cc						
320i 2d Sed	540	1,620	2,700	5,400	9,450	13,500
528i 4d Sed	600	1,800	3,000	6,000	10,500	15,000
M535i 4d Sed, Non-USA	952	2,856	4,760	9,520	16,660	23,800
733i 4d Sed	840	2,520	4,200	8,400	14,700	21,000
633CSi 2d Cpe	920	2,760	4,600	9,200	16,100	23,000
M1 Cpe, Non-USA	6,400	19,200	32,000	64,000	112,000	160,000
1981 3153cc						
320i 2d Sed	560	1,680	2,800	5,600	9,800	14,000
528i 4d Sed	600	1,800	3,000	6,000	10,500	15,000
733i 4d Sed	920	2,760	4,600	9,200	16,100	23,000
633CSi 2d Cpe	1,000	3,000	5,000	10,000	17,500	25,000
1982 3153cc						
320i 2d Sed	600	1,800	3,000	6,000	10,500	15,000
528E 4d Sed	640	1,920	3,200	6,400	11,200	16,000
733i 4d Sed	920	2,760	4,600	9,200	16,100	23,000
633CSi 2d Cpe	1,080	3,240	5,400	10,800	18,900	27,000
1983 3153cc						
320i 2d Sed	540	1,620	2,700	5,400	9,450	13,500
528E 4d Sed	640	1,920	3,200	6,400	11,200	16,000
533i 4d Sed	680	2,040	3,400	6,800	11,900	17,000
733i 4d Sed	960	2,880	4,800	9,600	16,800	24,000
633CSi 2d Cpe	1,040	3,120	5,200	10,400	18,200	26,000
1984 3153cc						
318i 2d Sed	520	1,560	2,600	5,200	9,100	13,000
325E 2d Sed	560	1,680	2,800	5,600	9,800	14,000
528E 4d Sed	640	1,920	3,200	6,400	11,200	16,000
533i 4d Sed	720	2,160	3,600	7,200	12,600	18,000
733i 4d Sed	1,000	3,000	5,000	10,000	17,500	25,000
633CSi Cpe	1,040	3,120	5,200	10,400	18,200	26,000
1985 3153cc						
318i 2d Sed	540	1,620	2,700	5,400	9,450	13,500
318i 4d Sed	536	1,608	2,680	5,360	9,380	13,400
325E 2d Sed	600	1,800	3,000	6,000	10,500	15,000
325E 4d Sed	600	1,800	3,000	6,000	10,500	15,000
528E 4d Sed	680	2,040	3,400	6,800	11,900	17,000
535i 4d Sed	760	2,280	3,800	7,600	13,300	19,000
524TD 4d Sed	760	2,280	3,800	7,600	13,300	19,000
735i 4d Sed	1,120	3,360	5,600	11,200	19,600	28,000
635CSi 2d Cpe	1,240	3,720	6,200	12,400	21,700	31,000
1986 3153cc						
325 2d Sed	640	1,920	3,200	6,400	11,200	16,000
325 4d Sed	640	1,920	3,200	6,400	11,200	16,000
325ES 4d Sed	680	2,040	3,400	6,800	11,900	17,000
325E 4d Sed	680	2,040	3,400	6,800	11,900	17,000
524TD 4d Sed	760	2,280	3,800	7,600	13,300	19,000
528E 4d Sed	800	2,400	4,000	8,000	14,000	20,000
535i 4d Sed	880	2,640	4,400	8,800	15,400	22,000
735i 4d Sed	1,200	3,600	6,000	12,000	21,000	30,000
L7 4d Sed	1,280	3,840	6,400	12,800	22,400	32,000
635CSi 2d Cpe	1,360	4,080	6,800	13,600	23,800	34,000

1961 Amphicar convertible

1965 Aston Martin DB5 convertible with detachable hardtop

1980 Audi 5000 Turbo sedan

	6	5	4	3	2	1
1987 3153cc						
325 2d Sed	680	2,040	3,400	6,800	11,900	17,000
325 4d Sed	680	2,040	3,400	6,800	11,900	17,000
325ES 2d Sed	720	2,160	3,600	7,200	12,600	18,000
325E 4d Sed	720	2,160	3,600	7,200	12,600	18,000
325is 2d Sed	800	2,400	4,000	8,000	14,000	20,000
325i 4d Sed	760	2,280	3,800	7,600	13,300	19,000
325i 2d Conv	1,120	3,360	5,600	11,200	19,600	28,000
528E 4d Sed	880	2,640	4,400	8,800	15,400	22,000
528i 4d Sed	960	2,880	4,800	9,600	16,800	24,000
528is 4d Sed	980	2,940	4,900	9,800	17,150	24,500
735i 4d Sed	1,040	3,120	5,200	10,400	18,200	26,000
L7 4d Sed	1,040	3,120	5,200	10,400	18,200	26,000
635CSi 2d Cpe	1,280	3,840	6,400	12,800	22,400	32,000
L6 2d Cpe	1,440	4,320	7,200	14,400	25,200	36,000
M6 2d Cpe	1,360	4,080	6,800	13,600	23,800	34,000
1988 3153cc						
325 2d	800	2,400	4,000	8,000	14,000	20,000
325 4d	800	2,400	4,000	8,000	14,000	20,000
325i 2d	880	2,640	4,400	8,800	15,400	22,000
325i 4d	880	2,640	4,400	8,800	15,400	22,000
325i 2d Conv	1,040	3,120	5,200	10,400	18,200	26,000
325iX 2d	960	2,880	4,800	9,600	16,800	24,000
M3 2d	1,160	3,480	5,800	11,600	20,300	29,000
528E 4d	960	2,880	4,800	9,600	16,800	24,000
535i 4d	1,080	3,240	5,400	10,800	18,900	27,000
535is 4d	1,120	3,360	5,600	11,200	19,600	28,000
M5 4d	1,280	3,840	6,400	12,800	22,400	32,000
735i 4d	1,280	3,840	6,400	12,800	22,400	32,000
735iL 4d	1,360	4,080	6,800	13,600	23,800	34,000
750iL 4d	1,500	4,550	7,600	15,200	26,600	38,000
635CSi 2d	1,360	4,080	6,800	13,600	23,800	34,000
M6 2d	1,560	4,680	7,800	15,600	27,300	39,000
1989 3153cc						
325i 2d Sed	880	2,640	4,400	8,800	15,400	22,000
325i 4d Sed	880	2,640	4,400	8,800	15,400	22,000
325is 2d Sed	960	2,880	4,800	9,600	16,800	24,000
325i Conv	1,200	3,600	6,000	12,000	21,000	30,000
325ix 2d Sed (4x4)	1,040	3,120	5,200	10,400	18,200	26,000
325ix 4d Sed (4x4)	1,040	3,120	5,200	10,400	18,200	26,000
M3 2d Sed	1,400	4,200	7,000	14,000	24,500	35,000
525i 4d Sed	1,280	3,840	6,400	12,800	22,400	32,000
535i 4d Sed	1,360	4,080	6,800	13,600	23,800	34,000
735i 4d Sed	1,040	3,120	5,200	10,400	18,200	26,000
735iL 4d Sed	1,800	5,400	9,000	18,000	31,500	45,000
750iL 4d Sed	1,450	4,300	7,200	14,400	25,200	36,000
635CSi Cpe	1,560	4,680	7,800	15,600	27,300	39,000
1990 3153cc						
325i 2d Sed	640	1,920	3,200	6,400	11,200	16,000
325i 4d Sed	680	2,040	3,400	6,800	11,900	17,000
325is 2d Sed	700	2,100	3,500	7,000	12,250	17,500
325i 2d Conv	800	2,400	4,000	8,000	14,000	20,000
325i 2d Sed (4x4)	720	2,160	3,600	7,200	12,600	18,000
325i 4d Sed (4x4)	720	2,160	3,600	7,200	12,600	18,000
M3 4d Sed	800	2,400	4,000	8,000	14,000	20,000
525i 4d Sed	760	2,280	3,800	7,600	13,300	19,000
535i 4d Sed	880	2,640	4,400	8,800	15,400	22,000
735i 4d Sed	920	2,760	4,600	9,200	16,100	23,000
735iL 4d Sed	960	2,880	4,800	9,600	16,800	24,000
750iL 4d Sed	1,450	4,300	7,200	14,400	25,200	36,000
1991 3153cc						
318i 2d Sed	380	1,140	1,900	3,800	6,650	9,500
318i 4d Sed	360	1,080	1,800	3,600	6,300	9,000
318i 2d Conv	680	2,040	3,400	6,800	11,900	17,000
325i 2d Sed	600	1,800	3,000	6,000	10,500	15,000
325i 4d Sed	600	1,800	3,000	6,000	10,500	15,000
325i 2d Conv	900	2,700	4,500	9,000	15,750	22,500
325i 2d Sed (4x4)	760	2,280	3,800	7,600	13,300	19,000
325i 4d Sed (4x4)	760	2,280	3,800	7,600	13,300	19,000
M3 2d Sed	820	2,460	4,100	8,200	14,350	20,500
525i 4d Sed	760	2,280	3,800	7,600	13,300	19,000
535i 4d Sed	800	2,400	4,000	8,000	14,000	20,000
M5 4d Sed	1,040	3,120	5,200	10,400	18,200	26,000
735i 4d Sed	880	2,640	4,400	8,800	15,400	22,000
735iL 4d Sed	900	2,700	4,500	9,000	15,750	22,500
750iL 4d Sed	1,300	3,850	6,400	12,800	22,400	32,000
850i 2d Cpe	1,360	4,080	6,800	13,600	23,800	34,000
1992 3153cc						
318is 2d Cpe	640	1,920	3,200	6,400	11,200	16,000

	6	5	4	3	2	1
318i 4d Sed	600	1,800	3,000	6,000	10,500	15,000
318i 2d Conv	720	2,160	3,600	7,200	12,600	18,000
325is 2d Cpe	760	2,280	3,800	7,600	13,300	19,000
325i 4d Sed	740	2,220	3,700	7,400	12,950	18,500
325i 2d Conv	840	2,520	4,200	8,400	14,700	21,000
525i 4d Sed	800	2,400	4,000	8,000	14,000	20,000
535i 4d Sed	880	2,640	4,400	8,800	15,400	22,000
525i 4d Sta Wag	800	2,400	4,000	8,000	14,000	20,000
M5 4d Sed	1,320	3,960	6,600	13,200	23,100	33,000
735i 4d Sed	880	2,640	4,400	8,800	15,400	22,000
735L 4d Sed	1,000	3,000	5,000	10,000	17,500	25,000
750L 4d Sed	1,120	3,360	5,600	11,200	19,600	28,000
850i 2d Cpe	1,400	4,200	7,000	14,000	24,500	35,000

1993 3 Series

318is 2d Cpe	680	2,040	3,400	6,800	11,900	17,000
318i 4d Sed	688	2,064	3,440	6,880	12,040	17,200
325 is 2d Cpe	700	2,100	3,500	7,000	12,250	17,500
325i 4d Sed	708	2,124	3,540	7,080	12,390	17,700
318i 2d Conv	650	1,900	3,200	6,400	11,200	16,000
325i 2d Conv	800	2,400	4,000	8,000	14,000	20,000

1993 5 Series

525i 4d Sed	850	2,600	4,300	8,600	15,000	21,500
530i 4d Sed	700	2,050	3,400	6,800	11,900	17,000
540i 4d Sed	800	2,400	4,000	8,000	14,000	20,000
525i 4d Sta Wag	900	2,700	4,500	9,000	15,700	22,500
530i 4d Sta Wag	700	2,150	3,600	7,200	12,600	18,000

1993 7 Series

740i 4d Sed	1,040	3,120	5,200	10,400	18,200	26,000
740iL 4d Sed	1,080	3,240	5,400	10,800	18,900	27,000
750iL 4d Sed	1,120	3,360	5,600	11,200	19,600	28,000

1993 8 Series

850ci 2d Cpe	1,100	3,350	5,600	11,200	19,600	28,000
850ci 2d Cpe	1,350	4,100	6,800	13,600	23,800	34,000
850csi 2d Cpe	1,700	5,150	8,600	17,200	30,100	43,000

1994 3 Series

318is 2d Cpe	580	1,740	2,900	5,800	10,150	14,500
325is 2d Cpe	740	2,220	3,700	7,400	12,950	18,500
318i 4d Sed	560	1,680	2,800	5,600	9,800	14,000
325i 4d Sed	720	2,160	3,600	7,200	12,600	18,000
318i 2d Conv	760	2,280	3,800	7,600	13,300	19,000
325i 2d Conv	960	2,880	4,800	9,600	16,800	24,000

1994 5 Series

525i 4d Sed	740	2,220	3,700	7,400	12,950	18,500
530i 4d Sed	800	2,400	4,000	8,000	14,000	20,000
540i 4d Sed	920	2,760	4,600	9,200	16,100	23,000
525i 4d Sta Wag	800	2,400	4,000	8,000	14,000	20,000
530i 4d Sta Wag	880	2,640	4,400	8,800	15,400	22,000

1994 7 Series

740i 4d Sed	880	2,640	4,400	8,800	15,400	22,000
740il 4d Sed	960	2,880	4,800	9,600	16,800	24,000
750il 4d Sed	1,120	3,360	5,600	11,200	19,600	28,000

1994 8 Series

840ci 2d Cpe	1,320	3,960	6,600	13,200	23,100	33,000
850ci 2d Cpe	1,600	4,800	8,000	16,000	28,000	40,000
850csi 2d Cpe	2,000	6,000	10,000	20,000	35,000	50,000

BENTLEY

1951-1952 Mk VI, 6-cyl., 4566cc, 120" wb

Std Steel Saloon	1,200	3,600	6,000	12,000	21,000	30,000

1951-1952 Abbott

DHC	2,560	7,680	12,800	25,600	44,800	64,000
FHC	1,360	4,080	6,800	13,600	23,800	34,000

1951-1952 Facel

FHC	1,800	5,400	9,000	18,000	31,500	45,000

1951-1952 Franay

Sedanca Cpe	1,760	5,280	8,800	17,600	30,800	44,000
DHC	2,640	7,920	13,200	26,400	46,200	66,000

1951-1952 Freestone & Webb

Cpe	1,560	4,680	7,800	15,600	27,300	39,000
Saloon	1,360	4,080	6,800	13,600	23,800	34,000

1951-1952 Graber

Cpe	1,880	5,640	9,400	18,800	32,900	47,000

1951-1952 Gurney Nutting

Sedanca Cpe	1,800	5,400	9,000	18,000	31,500	45,000

	6	5	4	3	2	1
1951-1952 Hooper						
Cpe	1,920	5,760	9,600	19,200	33,600	48,000
Saloon	1,800	5,400	9,000	18,000	31,500	45,000
Sedanca Cpe	2,000	6,000	10,000	20,000	35,000	50,000
1951-1952 H.J. Mulliner						
DHC	3,680	11,040	18,400	36,800	64,400	92,000
4d Saloon	1,360	4,080	6,800	13,600	23,800	34,000
2d Saloon	1,520	4,560	7,600	15,200	26,600	38,000
1951-1952 Park Ward						
DHC	3,680	11,040	18,400	36,800	64,400	92,000
Cpe	1,600	4,800	8,000	16,000	28,000	40,000
Saloon	1,560	4,680	7,800	15,600	27,300	39,000
1951-1952 Radford						
Countryman	1,600	4,800	8,000	16,000	28,000	40,000
1951-1952 Windovers						
2d Saloon	1,560	4,680	7,800	15,600	27,300	39,000
1951-1952 Worlaufen						
DHC	2,400	7,200	12,000	24,000	42,000	60,000
1951-1952 James Young						
Clubman Cpe	1,560	4,680	7,800	15,600	27,300	39,000
Saloon	1,400	4,200	7,000	14,000	24,500	35,000
Spt Saloon	1,600	4,800	8,000	16,000	28,000	40,000
NOTE: Deduct 30 percent for RHD.						
1952-1955 R Type, 6-cyl., 4566cc, 120" wb						
NOTE: Numbers produced in ( ).						
Std Steel Saloon	1,200	3,600	6,000	12,000	21,000	30,000
1952-1955 Abbott (16)						
Continental	2,880	8,640	14,400	28,800	50,400	72,000
DHC	3,040	9,120	15,200	30,400	53,200	76,000
1952-1955 Frankdale						
Saloon	1,440	4,320	7,200	14,400	25,200	36,000
1952-1955 Freestone & Webb (29)						
Saloon	1,560	4,680	7,800	15,600	27,300	39,000
1952-1955 Franay (2)						
Cpe	2,480	7,440	12,400	24,800	43,400	62,000
1952-1955 Hooper (41)						
4d Saloon	1,520	4,560	7,600	15,200	26,600	38,000
2d Saloon	1,600	4,800	8,000	16,000	28,000	40,000
Sedanca Cpe	1,720	5,160	8,600	17,200	30,100	43,000
1952-1955 Graber (7) H.J. Mulliner (67)						
DHC	2,880	8,640	14,400	28,800	50,400	72,000
Saloon	1,440	4,320	7,200	14,400	25,200	36,000
1952-1955 Radford (20)						
Countryman	1,760	5,280	8,800	17,600	30,800	44,000
1952-1955 Park Ward (50)						
FHC	1,800	5,400	9,000	18,000	31,500	45,000
DHC	2,640	7,920	13,200	26,400	46,200	66,000
Saloon	1,360	4,080	6,800	13,600	23,800	34,000
1952-1955 James Young (69)						
Cpe	1,440	4,320	7,200	14,400	25,200	36,000
Saloon	1,240	3,720	6,200	12,400	21,700	31,000
Sedanca Cpe	1,480	4,440	7,400	14,800	25,900	37,000
1952-1955 R Type Continental 6-cyl., 4566cc (A-C series), 4887cc (D-E series) Bertone, 120" wb						
Saloon	1,800	5,400	9,000	18,000	31,500	45,000
1952-1955 Farina						
Cpe (1)			value not estimable			
Franay (5)			value not estimable			
Graber (3)			value not estimable			
1952-1955 J.H. Mulliner						
Cpe (193)	1,800	5,400	9,000	18,000	31,500	45,000
Park Ward (6)			value not estimable			
Cpe (2)			value not estimable			
DHC (4)			value not estimable			
NOTE: Deduct 30 percent for RHD.						
1955-1959 S1 Type, 6-cyl., 4887cc, 123" wb, 127" wb						
Std Steel Saloon	1,560	4,680	7,800	15,600	27,300	39,000
LWB Saloon (after 1957)	1,680	5,040	8,400	16,800	29,400	42,000
1955-1959 Freestone & Webb						
Saloon	1,720	5,160	8,600	17,200	30,100	43,000
1955-1959 Graber						
DHC	2,480	7,440	12,400	24,800	43,400	62,000

	6	5	4	3	2	1
1955-1959 Hooper						
Saloon	1,720	5,160	8,600	17,200	30,100	43,000
1955-1959 H.J. Mulliner						
Saloon	1,960	5,880	9,800	19,600	34,300	49,000
Limo (5)	2,000	6,000	10,000	20,000	35,000	50,000
1955-1959 Park Ward						
FHC	2,240	6,720	11,200	22,400	39,200	56,000
1955-1959 James Young						
Saloon	1,760	5,280	8,800	17,600	30,800	44,000
1955-1959 S1 Type Continental, 6-cyl., 4887cc Franay, 123" wb						
Cpe	2,400	7,200	12,000	24,000	42,000	60,000
1955-1959 Graber						
DHC	3,680	11,040	18,400	36,800	64,400	92,000
1955-1959 Hooper						
Saloon (6)	1,600	4,800	8,000	16,000	28,000	40,000
1955-1959 H.J. Mulliner						
Cpe	1,680	5,040	8,400	16,800	29,400	42,000
DHC	2,400	7,200	12,000	24,000	42,000	60,000
Spt Saloon	2,000	6,000	10,000	20,000	35,000	50,000
Flying Spur (after 1957)	2,160	6,480	10,800	21,600	37,800	54,000
1955-1959 Park Ward						
DHC	2,560	7,680	12,800	25,600	44,800	64,000
Spt Saloon	2,200	6,600	11,000	22,000	38,500	55,000
1955-1959 James Young						
Saloon	1,480	4,440	7,400	14,800	25,900	37,000
NOTE: Deduct 30 percent for RHD.						
1959-1962 S2 Type V-8, 6230cc, 123" wb, 127" wb						
Std Steel Saloon	1,560	4,680	7,800	15,600	27,300	39,000
LWB Saloon	1,720	5,160	8,600	17,200	30,100	43,000
Franay	2,080	6,240	10,400	20,800	36,400	52,000
Graber	2,120	6,360	10,600	21,200	37,100	53,000
Hooper	2,160	6,480	10,800	21,600	37,800	54,000
1959-1962 H.J. Mulliner						
DHC (15)	3,440	10,320	17,200	34,400	60,200	86,000
1959-1962 Park Ward						
DHC	2,400	7,200	12,000	24,000	42,000	60,000
1959-1962 Radford						
Countryman	2,000	6,000	10,000	20,000	35,000	50,000
1959-1962 James Young						
Limo (5)	2,040	6,120	10,200	20,400	35,700	51,000
1959-1962 S2 Type Continental, V-8, 6230cc H.J. Mulliner, 123" wb						
Flying Spur	2,400	7,200	12,000	24,000	42,000	60,000
1959-1962 Park Ward						
DHC	2,360	7,080	11,800	23,600	41,300	59,000
1959-1962 James Young						
Saloon	1,600	4,800	8,000	16,000	28,000	40,000
NOTE: Deduct 30 percent for RHD.						
1962-1965 S3 Type V-8, 6230cc, 123" wb, 127" wb						
Std Steel Saloon	1,680	5,040	8,400	16,800	29,400	42,000
LWB Saloon	1,840	5,520	9,200	18,400	32,200	46,000
1962-1965 H.J. Mulliner						
Cpe	1,760	5,280	8,800	17,600	30,800	44,000
DHC	2,440	7,320	12,200	24,400	42,700	61,000
1962-1965 Park Ward						
Cpe	2,360	7,080	11,800	23,600	41,300	59,000
DHC	3,040	9,120	15,200	30,400	53,200	76,000
1962-1965 James Young						
LWB Limo	2,360	7,080	11,800	23,600	41,300	59,000
1962-1965 S3 Continental, V-8, 6230cc H.J. Mulliner-Park Ward, 123" wb						
Cpe	2,080	6,240	10,400	20,800	36,400	52,000
DHC	2,640	7,920	13,200	26,400	46,200	66,000
Flying Spur	2,400	7,200	12,000	24,000	42,000	60,000
1962-1965 James Young						
Cpe	1,760	5,280	8,800	17,600	30,800	44,000
Saloon	1,960	5,880	9,800	19,600	34,300	49,000
NOTE: Add 10 percent for factory sunroof. Deduct 30 percent for RHD.						
1966 James Young						
James Young 2d	2,160	6,480	10,800	21,600	37,800	54,000
Park Ward 2d	4,000	12,000	20,000	40,000	70,000	100,000
1967 James Young						
James Young 2d	2,120	6,360	10,600	21,200	37,100	53,000
Park Ward 2d	3,280	9,840	16,400	32,800	57,400	82,000

	6	5	4	3	2	1
Park Ward 2d Conv	4,000	12,000	20,000	40,000	70,000	100,000
T 4d	1,600	4,800	8,000	16,000	28,000	40,000
1968 James Young						
Park Ward 2d	3,280	9,840	16,400	32,800	57,400	82,000
Park Ward 2d Conv	4,000	12,000	20,000	40,000	70,000	100,000
T 4d	1,600	4,800	8,000	16,000	28,000	40,000
1969 James Young						
Park Ward 2d	3,280	9,840	16,400	32,800	57,400	82,000
Park Ward 2d Conv	4,240	12,720	21,200	42,400	74,200	106,000
T 4d	1,640	4,920	8,200	16,400	28,700	41,000
1970 James Young						
Park Ward 2d	3,200	9,600	16,000	32,000	56,000	80,000
Park Ward 2d Conv	4,240	12,720	21,200	42,400	74,200	106,000
T 4d	1,680	5,040	8,400	16,800	29,400	42,000
1971 James Young						
T 4d	1,560	4,680	7,800	15,600	27,300	39,000
1972 James Young						
T 4d	1,560	4,680	7,800	15,600	27,300	39,000
1973 James Young						
T 4d	1,560	4,680	7,800	15,600	27,300	39,000
1974 James Young						
T 4d	1,600	4,800	8,000	16,000	28,000	40,000
1975 James Young						
T 4d	1,600	4,800	8,000	16,000	28,000	40,000
1976 James Young						
T 4d	1,640	4,920	8,200	16,400	28,700	41,000
1977 James Young						
T2 4d	1,440	4,320	7,200	14,400	25,200	36,000
Corniche 2d	1,760	5,280	8,800	17,600	30,800	44,000
Corniche 2d Conv	2,640	7,920	13,200	26,400	46,200	66,000
1978 James Young						
T2 4d	1,520	4,560	7,600	15,200	26,600	38,000
Corniche 2d	1,760	5,280	8,800	17,600	30,800	44,000
Corniche 2d Conv	2,640	7,920	13,200	26,400	46,200	66,000
1979 James Young						
T2 4d	1,640	4,920	8,200	16,400	28,700	41,000
Corniche 2d	1,840	5,520	9,200	18,400	32,200	46,000
Corniche 2d Conv	2,720	8,160	13,600	27,200	47,600	68,000
1980 James Young						
T2 4d	1,760	5,280	8,800	17,600	30,800	44,000
Mulsanne 4d	1,960	5,880	9,800	19,600	34,300	49,000
Corniche 2d	2,040	6,120	10,200	20,400	35,700	51,000
Corniche 2d Conv	2,800	8,400	14,000	28,000	49,000	70,000
1981 James Young						
Mulsanne 4d	2,040	6,120	10,200	20,400	35,700	51,000
Corniche 2d Conv	2,880	8,640	14,400	28,800	50,400	72,000
1982 James Young						
Mulsanne 4d	2,160	6,480	10,800	21,600	37,800	54,000
Corniche 2d Conv	3,040	9,120	15,200	30,400	53,200	76,000
1983 James Young						
Mulsanne 4d	2,240	6,720	11,200	22,400	39,200	56,000
Corniche 2d Conv	3,120	9,360	15,600	31,200	54,600	78,000
1984 Mulsanne						
4d Sed	2,320	6,960	11,600	23,200	40,600	58,000
Turbo 4d Sed	2,400	7,200	12,000	24,000	42,000	60,000
1984 Corniche						
2d Conv	3,200	9,600	16,000	32,000	56,000	80,000
1985 Eight						
4d Sed	2,560	7,680	12,800	25,600	44,800	64,000
1985 Mulsanne-S						
4d Sed	2,480	7,440	12,400	24,800	43,400	62,000
Turbo 4d Sed	2,560	7,680	12,800	25,600	44,800	64,000
1985 Continental						
2d Conv	3,520	10,560	17,600	35,200	61,600	88,000
1986 Eight						
4d Sed	2,640	7,920	13,200	26,400	46,200	66,000
1986 Mulsanne-S						
4d Sed	2,720	8,160	13,600	27,200	47,600	68,000
Turbo 4d Sed	2,800	8,400	14,000	28,000	49,000	70,000
1986 Continental						
2d Conv	3,760	11,280	18,800	37,600	65,800	94,000
1987 Eight						
4d Sed	1,880	5,640	9,400	18,800	32,900	47,000

	6	5	4	3	2	1
1987 Mulsanne-S						
4d Sed	2,000	6,000	10,000	20,000	35,000	50,000
1987 Continental						
2d Conv	5,200	15,600	26,000	52,000	91,000	130,000
1988 Eight						
4d Sed	2,040	6,120	10,200	20,400	35,700	51,000
1988 Mulsanne-S						
4d Sed	2,160	6,480	10,800	21,600	37,800	54,000
1988 Continental						
2d Conv	5,440	16,320	27,200	54,400	95,200	136,000
1989 Eight						
4d Sed	2,160	6,480	10,800	21,600	37,800	54,000
1989 Mulsanne-S						
4d Sed	2,240	6,720	11,200	22,400	39,200	56,000
Turbo 4d Sed	2,360	7,080	11,800	23,600	41,300	59,000
1989 Continental						
2d Conv	5,520	16,560	27,600	55,200	96,600	138,000
1990 Eight						
4d Sed	2,480	7,440	12,400	24,800	43,400	62,000
1990 Mulsanne-S						
4d Sed	2,560	7,680	12,800	25,600	44,800	64,000
Turbo 4d Sed	2,560	7,680	12,800	25,600	44,800	64,000
1990 Continental						
2d Conv	5,600	16,800	28,000	56,000	98,000	140,000
1991 Eight						
4d Sed	2,560	7,680	12,800	25,600	44,800	64,000
1991 Mulsanne-S						
4d Sed	2,800	8,400	14,000	28,000	49,000	70,000
1991 Turbo R						
4d Sed	3,200	9,600	16,000	32,000	56,000	80,000
1991 Continental						
2d Conv	5,800	17,400	29,000	58,000	101,500	145,000
1992 Mulsanne-S, V-8						
4d Sed	2,800	8,400	14,000	28,000	49,000	70,000
1992 Turbo R, V-8						
4d Sed	3,360	10,080	16,800	33,600	58,800	84,000
4d Sed LWB	5,040	15,120	25,200	50,400	88,200	126,000
1992 Continental, V-8						
2d Conv	5,600	16,800	28,000	56,000	98,000	140,000
1993 Brooklands						
4d Sed	2,560	7,680	12,800	25,600	44,800	64,000
1993 Brooklands LWB						
4d Limo	2,800	8,400	14,000	28,000	49,000	70,000
1993 Turbo R						
4d Sed	3,200	9,600	16,000	32,000	56,000	80,000
1993 Turbo RL LWB						
4d Limo	3,400	10,200	17,000	34,000	59,500	85,000
1993 Continental R						
2d Cpe	5,200	15,600	26,000	52,000	91,000	130,000
1993 Continental						
2d Conv	5,600	16,800	28,000	56,000	98,000	140,000
1994 Continental						
2d Conv	7,600	22,800	38,000	76,000	133,000	190,000
2d Cpe R	6,800	20,400	34,000	68,000	119,000	170,000
1994 Turbo						
4d Sed R	4,000	12,000	20,000	40,000	70,000	100,000
4d Sed R L LWB	4,600	13,800	23,000	46,000	80,500	115,000
1994 Brooklands						
4d Sed	3,400	10,200	17,000	34,000	59,500	85,000
4d Sed LWB	3,450	10,300	17,200	34,400	60,000	86,000

BORGWARD

1949-53 Hansa 1500, 4-cyl., 96" wb						
2d Sed	260	780	1,300	2,600	4,550	6,500
2d Conv	520	1,560	2,600	5,200	9,100	13,000
1949-53 Hansa 1800, 4-cyl., 102" wb						
4d Sed	264	792	1,320	2,640	4,620	6,600
1949-53 Hansa 2400, 4-cyl., 102" wb or 111" wb						
4d Sed	268	804	1,340	2,680	4,690	6,700

	6	5	4	3	2	1
1954-55 Isabella, 4-cyl., 102" wb						
2d Sed	300	900	1,500	3,000	5,250	7,500
1954-55 Hansa 1500, 4-cyl., 96" wb						
2d Sed	264	792	1,320	2,640	4,620	6,600
2d Conv	520	1,560	2,600	5,200	9,100	13,000
1954-55 Hansa 1800, 4-cyl., 102" wb						
4d Sed	264	792	1,320	2,640	4,620	6,600
1954-55 Hansa 2400, 4-cyl., 102" or 111" wb						
4d Sed	268	804	1,340	2,680	4,690	6,700
1956 Isabella, 4-cyl., 102" wb						
2d Sed	308	924	1,540	3,080	5,390	7,700
2d TS Sed	312	936	1,560	3,120	5,460	7,800
2d Sta Wag	308	924	1,540	3,080	5,390	7,700
2d Cabr	600	1,800	3,000	6,000	10,500	15,000
1957 Isabella, 4-cyl., 102" wb						
2d Sed	312	936	1,560	3,120	5,460	7,800
2d Sta Wag	312	936	1,560	3,120	5,460	7,800
2d TS Sed	320	960	1,600	3,200	5,600	8,000
2d TS Conv Cpe	600	1,800	3,000	6,000	10,500	15,000
2d TS Spt Cpe	520	1,560	2,600	5,200	9,100	13,000
1958 Isabella, 4-cyl., 102" wb						
2d Sed	308	924	1,540	3,080	5,390	7,700
2d Sta Wag	312	936	1,560	3,120	5,460	7,800
2d TS Sed	316	948	1,580	3,160	5,530	7,900
2d TS Spt Cpe	520	1,560	2,600	5,200	9,100	13,000
1959 Isabella, 4-cyl., 102" wb						
2d Sed	308	924	1,540	3,080	5,390	7,700
2d SR Sed	312	936	1,560	3,120	5,460	7,800
2d Combi Wag	316	948	1,580	3,160	5,530	7,900
2d TS Spt Sed	316	948	1,580	3,160	5,530	7,900
2d TS DeL Sed	320	960	1,600	3,200	5,600	8,000
2d TS Spt Cpe	520	1,560	2,600	5,200	9,100	13,000
1960 Isabella, 4-cyl., 102" wb						
2d Sed	308	924	1,540	3,080	5,390	7,700
2d SR Sed	312	936	1,560	3,120	5,460	7,800
2d Combi Wag	312	936	1,560	3,120	5,460	7,800
2d TS Spt Sed	316	948	1,580	3,160	5,530	7,900
2d TS DeL Sed	320	960	1,600	3,200	5,600	8,000
2d TS Spt Cpe	520	1,560	2,600	5,200	9,100	13,000
1961 Isabella, 4-cyl., 102" wb						
2d Sed	316	948	1,580	3,160	5,530	7,900

CITROEN

1945-48 11 Legere, 4-cyl., 1911cc, 114.5" wb						
4d Sed	640	1,920	3,200	6,400	11,200	16,000
1945-48 11 Normale, 4-cyl., 1911cc, 119" wb						
4d Sed	960	2,880	4,800	9,600	16,800	24,000
1945-48 15, 6-cyl., 2867cc, 119" wb						
4d Sed	960	2,880	4,800	9,600	16,800	24,000
1949-54 2CV, 2-cyl., 375cc, 94.4" wb						
4d Sed	300	900	1,500	3,000	5,250	7,500
1949-54 11 Legere, 4-cyl., 1911cc, 114.5" wb						
4d Sed	640	1,920	3,200	6,400	11,200	16,000
1949-54 11 Normale, 4-cyl., 1911cc, 119" wb						
4d Sed	720	2,160	3,600	7,200	12,600	18,000
1949-54 15, 6-cyl., 2867cc, 119" wb						
4d Sed	1,060	3,180	5,300	10,600	18,550	26,500
1955-56 2CV, 2-cyl., 425cc, 94.4" wb						
4d Sed	300	950	1,550	3,100	5,450	7,800
1955-56 DS19, 4-cyl., 1911cc, 123" wb						
4d Sed	350	1,100	1,800	3,600	6,300	9,000
1955-56 11, 4-cyl., 1911cc, 114.5" wb						
4d Sed	760	2,280	3,800	7,600	13,300	19,000
1955-56 15, 6-cyl., 2867cc, 121.5" wb						
4d Sed	1,160	3,480	5,800	11,600	20,300	29,000
1957 2CV, 2-cyl., 425cc, 94.4" wb						
4d Sed	300	950	1,550	3,100	5,450	7,800
1957 ID19, 4-cyl., 1911cc, 123" wb						
4d Sed	350	1,000	1,700	3,400	5,950	8,500
1957 DS19, 4-cyl., 1911cc, 123" wb						
4d DeL Sed	350	1,100	1,800	3,600	6,300	9,000

1986 Audi GT Cabrio convertible

1950 Austin A40 Devon Deluxe sedan

1960 Auston 850 Mini two-door sedan

	6	5	4	3	2	1
1958 2CV, 2-cyl., 425cc, 94.4" wb						
4d DeL Sed	300	950	1,550	3,100	5,450	7,800
1958 ID19, 4-cyl., 1911cc, 123" wb						
4d Sed	350	1,000	1,700	3,400	5,950	8,500
1958 DS19, 4-cyl., 1911cc, 123" wb						
4d DeL Sed	350	1,100	1,800	3,600	6,300	9,000
1959 2CV, 2-cyl., 425cc, 94.4" wb						
2d Sed	300	950	1,550	3,100	5,450	7,800
1959 ID19, 4-cyl., 1911cc, 123" wb						
4d Sed	350	1,050	1,700	3,450	6,000	8,600
1959 DS19, 4-cyl., 1911cc, 123" wb						
4d DeL Sed	350	1,100	1,850	3,700	6,450	9,200
1960 AMI-6, 2-cyl., 602cc, 94.5" wb						
4d Sed	350	1,000	1,700	3,400	5,950	8,500
1960 ID19, 4-cyl., 1911cc, 123" wb						
4d Luxe Sed	350	1,050	1,800	3,550	6,250	8,900
4d Confort Sed	350	1,100	1,850	3,700	6,500	9,300
4d Sta Wag	350	1,100	1,800	3,600	6,300	9,000
1960 DS19, 4-cyl., 1911cc, 123" wb						
4d DeL Sed	350	1,050	1,750	3,500	6,150	8,800
1961 AMI-6, 2-cyl., 602cc, 94.5" wb						
4d Sed	350	1,000	1,700	3,400	5,950	8,500
1961 ID19, 4-cyl., 1911cc, 123" wb						
4d Luxe Sed	350	1,100	1,800	3,600	6,300	9,000
4d Luxe Sta Wag	350	1,100	1,800	3,600	6,300	9,000
4d Confort Sed	350	1,100	1,850	3,700	6,450	9,200
4d Confort Sta Wag	350	1,100	1,850	3,700	6,450	9,200
1961 DS19, 4-cyl., 1911cc, 123" wb						
4d DeL Sed	350	1,100	1,800	3,600	6,300	9,000
2d Chapron Sed	1,160	3,480	5,800	11,600	20,300	29,000
4d Prestige Limo	640	1,920	3,200	6,400	11,200	16,000
1962 AMI-6, 2-cyl., 602cc, 94.5" wb						
4d Sed	350	1,000	1,700	3,400	5,950	8,500
1962 ID19, 4-cyl., 1911cc, 123" wb						
4d Normale Sed	350	1,050	1,750	3,500	6,150	8,800
4d Luxe Sed	350	1,100	1,800	3,600	6,300	9,000
4d Luxe Sta Wag	350	1,100	1,800	3,600	6,300	9,000
4d Confort Sed	350	1,100	1,850	3,700	6,450	9,200
4d Confort Sta Wag	350	1,100	1,850	3,700	6,450	9,200
1962 DS19, 4-cyl., 1911cc, 123" wb						
4d Sup 83 Sed	400	1,150	1,900	3,800	6,650	9,500
1963 AMI-6, 2-cyl., 602cc, 94.5" wb						
4d Sed	350	1,000	1,700	3,400	5,950	8,500
1963 ID19, 4-cyl., 1911cc, 123" wb						
4d Normale Sed	350	1,050	1,750	3,500	6,150	8,800
4d Luxe Sed	350	1,100	1,800	3,600	6,300	9,000
4d Luxe Sta Wag	350	1,100	1,800	3,600	6,300	9,000
4d Confort Sed	350	1,100	1,850	3,700	6,450	9,200
4d Confort Sta Wag	350	1,100	1,850	3,700	6,450	9,200
2d Confort Conv	1,160	3,480	5,800	11,600	20,300	29,000
1963 DS19, 4-cyl., 1911cc, 123" wb						
4d Sup 83 Sed	400	1,150	1,900	3,800	6,650	9,500
2d Sup 83 Conv	1,220	3,660	6,100	12,200	21,350	30,500
4d Aero Sup Sed	560	1,680	2,800	5,600	9,800	14,000
2d Aero Sup Conv	1,300	3,900	6,500	13,000	22,750	32,500
1964 AMI-6, 2-cyl., 602cc, 94.5" wb						
4d Sed	350	1,000	1,700	3,400	5,950	8,500
1964 ID19, 4-cyl., 1911cc, 123" wb						
4d Sup Sed	350	1,100	1,800	3,600	6,300	9,000
2d Sup Conv	1,160	3,480	5,800	11,600	20,300	29,000
4d DeL Sta Wag	350	1,100	1,800	3,600	6,300	9,000
4d Confort Sta Wag	350	1,100	1,850	3,700	6,450	9,200
1964 DS19, Grande Route, 4-cyl., 1911cc, 94.5" wb						
4d Sed	400	1,150	1,900	3,800	6,650	9,500
2d Conv	1,220	3,660	6,100	12,200	21,350	30,500
1964 DS19, Aero Super, 4-cyl., 1911cc, 94.5" wb						
4d Sed	560	1,680	2,800	5,600	9,800	14,000
2d Conv	1,300	3,900	6,500	13,000	22,750	32,500
1965 AMI-6, 2-cyl., 602cc, 94.5" wb						
4d Sed	350	1,000	1,700	3,400	5,950	8,500
1965 ID19, 4-cyl., 1911cc, 123" wb						
4d Luxe Sed	350	1,100	1,800	3,600	6,300	9,000
4d Luxe Sta Wag	350	1,100	1,800	3,600	6,300	9,000
4d Sup Sed	350	1,100	1,800	3,600	6,300	9,000

	6	5	4	3	2	1
4d Confort Sta Wag	350	1,100	1,850	3,700	6,450	9,200
1965 DS19, Grande Route, 4-cyl., 1911cc, 123" wb						
4d Sed	400	1,150	1,900	3,800	6,650	9,500
4d Pallas Sed	400	1,150	1,900	3,850	6,700	9,600
1965 DS19, Aero Super, 4-cyl., 1911cc, 123" wb						
4d Sed	560	1,680	2,800	5,600	9,800	14,000
4d Pallas Sed	552	1,656	2,760	5,520	9,660	13,800
1966-67 AMI-6, 2-cyl., 602cc, 94.5" wb						
4d Sed	350	1,000	1,700	3,400	5,950	8,500
4d Sta Wag	350	1,000	1,700	3,400	5,950	8,500
1966-67 ID19, 4-cyl., 1911cc, 123" wb						
4d Luxe Sed	350	1,100	1,800	3,600	6,300	9,000
4d Sup Sed	350	1,100	1,800	3,600	6,300	9,000
1966-67 DS19, Grand Route, 4-cyl., 1985cc, 123" wb						
4d Sed	400	1,150	1,900	3,800	6,650	9,500
4d Pallas Sed	660	1,980	3,300	6,600	11,550	16,500
1966-67 DS19, Aero Super, 4-cyl., 1985cc, 123" wb						
4d Sed	400	1,150	1,900	3,800	6,650	9,500
4d Pallas Sed	660	1,980	3,300	6,600	11,550	16,500
1966-67 DS21, Grande Route, 4-cyl., 2175cc, 123" wb						
4d Sed	400	1,200	1,950	3,900	6,850	9,800
4d Pallas Sed	560	1,680	2,800	5,600	9,800	14,000
1966-67 DS21, Aero Super, 4-cyl., 2175cc, 123" wb						
4d Sed	700	2,100	3,500	7,000	12,250	17,500
4d Pallas Sed	760	2,280	3,800	7,600	13,300	19,000
1966-67 DS21, Chapron, 4-cyl., 2175cc, 123" wb						
2d Conv Cpe	1,360	4,080	6,800	13,600	23,800	34,000
1966-67 D21, 4-cyl., 2175cc, 123" wb						
4d Luxe Sta Wag	560	1,680	2,800	5,600	9,800	14,000
4d Confort Sta Wag	620	1,860	3,100	6,200	10,850	15,500
1968 ID19, 4-cyl., 1985cc, 123" wb						
4d Luxe Sed	350	1,100	1,800	3,600	6,300	9,000
4d Grande Rte Sed	400	1,150	1,900	3,800	6,650	9,500
1968 DS21, Grande Route, 4-cyl., 2175cc, 123" wb						
4d Sed	400	1,200	1,950	3,900	6,850	9,800
4d Pallas Sed	560	1,680	2,800	5,600	9,800	14,000
1968 DS21, Aero Super, 4-cyl., 2175cc, 123" wb						
4d Sed	700	2,100	3,500	7,000	12,250	17,500
4d Pallas Sed	760	2,280	3,800	7,600	13,300	19,000
1968 D21, 4-cyl., 2175cc, 123" wb						
4d Luxe Sta Wag	560	1,680	2,800	5,600	9,800	14,000
4d Confort Sta Wag	620	1,860	3,100	6,200	10,850	15,500
1969 ID19, 4-cyl., 1985cc, 123" wb						
4d Luxe Sed	350	1,000	1,700	3,400	5,950	8,500
4d Grande Rte Sed	350	1,100	1,800	3,600	6,300	9,000
1969 DS21, Grande Route, 4-cyl., 2175cc, 123" wb						
4d Sed	350	1,100	1,850	3,700	6,500	9,300
4d Pallas Sed	540	1,620	2,700	5,400	9,450	13,500
1969 DS21, Aero Super, 4-cyl., 2175cc, 123" wb						
4d Sed	350	1,100	1,850	3,700	6,500	9,300
4d Pallas Sed	540	1,620	2,700	5,400	9,450	13,500
1969 Luxe, 4-cyl., 2175cc, 123" wb						
4d D19 Sta Wag	540	1,620	2,700	5,400	9,450	13,500
4d D21 Sta Wag	540	1,620	2,700	5,400	9,450	13,500
1970 ID19/D Special, 4-cyl., 1985cc, 123" wb						
4d Grande Rte Sed	350	1,100	1,850	3,700	6,500	9,300
1970 DS21, Aero Super, 4-cyl., 2175cc, 123" wb						
4d Sed	350	1,100	1,850	3,700	6,450	9,200
4d Pallas Sed	540	1,620	2,700	5,400	9,450	13,500
4d Grande Rte Sed	350	1,100	1,800	3,600	6,300	9,000
1970 D21, 4-cyl., 2175cc, 123" wb						
4d Luxe Sta Wag	520	1,560	2,600	5,200	9,100	13,000
4d Confort Sta Wag	580	1,740	2,900	5,800	10,150	14,500
1971-72 D Special, 4-cyl., 1985cc, 123" wb						
4d DS20 Sed	520	1,560	2,600	5,200	9,100	13,000
1971-72 DS21, Aero Super, 4-cyl., 2175cc, 123" wb						
4d Sed	350	1,100	1,850	3,700	6,450	9,200
4d Pallas Sed	540	1,620	2,700	5,400	9,450	13,500
1971-72 DS21, Grande Route, 4-cyl., 2175cc, 123" wb						
4d Sed	350	1,100	1,800	3,600	6,300	9,000
1971-72 D21, 4-cyl., 2175cc, 123" wb						
4d Sta Wag	520	1,560	2,600	5,200	9,100	13,000

	6	5	4	3	2	1
1971-72 SM Maserati, V-6, 2670cc, 116.1" wb						
2d Cpe (2 plus 2)	1,080	3,240	5,400	10,800	18,900	27,000
1973-75 SM-Maserati, V-6, 2670-2695cc, 116.1" wb						
2d Cpe	960	2,880	4,800	9,600	16,800	24,000
1973-75 SM-Maserati, V-6, 2670-2965cc, 116.1" wb						

NOTE: Although still in production in the '80s and '90s, cars were not exported to U.S. after mid-'70s.

DAIHATSU

1988						
2d HBk CLS	180	540	900	1,800	3,150	4,500
2d HBk CLX	196	588	980	1,960	3,430	4,900
2d HBk CSX	220	660	1,100	2,200	3,850	5,500
1989						
2d HBk CES	220	660	1,100	2,200	3,850	5,500
2d HBk CLS	236	708	1,180	2,360	4,130	5,900
2d HBk CLX	260	780	1,300	2,600	4,550	6,500
1990 Charade						
2d HBk SE	248	744	1,240	2,480	4,340	6,200
2d HBk SX	252	756	1,260	2,520	4,410	6,300
4d Sed SE	248	744	1,240	2,480	4,340	6,200
4d Sed SX	252	756	1,260	2,520	4,410	6,300
1990 Rocky 4x4						
2d Conv SE	320	960	1,600	3,200	5,600	8,000
2d Conv SX	328	984	1,640	3,280	5,740	8,200
2d Utly SE	280	840	1,400	2,800	4,900	7,000
2d Utly SX	288	864	1,440	2,880	5,040	7,200
1991 Charade						
2d HBk SE	120	360	600	1,200	2,100	3,000
4d Sed SE	128	384	640	1,280	2,240	3,200
4d Sed SX	144	432	720	1,440	2,520	3,600
1992 Charade						
2d HBk SE	128	384	640	1,280	2,240	3,200
4d Sed SE	136	408	680	1,360	2,380	3,400
4d Sed SX	140	420	700	1,400	2,450	3,500

DATSUN

1960 4-cyl., 1189cc, 87.4" wb						
Fairlady Rds SPL 212	380	1,140	1,900	3,800	6,650	9,500
1961-1962 4-cyl., 1189cc, 86.6" wb						
Fairlady Rds SPL 213	380	1,140	1,900	3,800	6,650	9,500
1963-1965 4-cyl., 1488cc, 89.8" wb						
1500 Rds SPL 310	380	1,140	1,900	3,800	6,650	9,500
1966 4-cyl., 1595cc, 89.8" wb						
1600 Rds SPL 311	368	1,104	1,840	3,680	6,440	9,200
1967 4-cyl., 1595cc, 89.8" wb						
1600 Rds SPL 311, (Early)	368	1,104	1,840	3,680	6,440	9,200
2000 Rds SRL 311, (Late)	388	1,164	1,940	3,880	6,790	9,700
1968 4-cyl., 1595cc, 89.8" wb						
4d Sed 510	312	936	1,560	3,120	5,460	7,800
1600 Rds SPL 311	360	1,080	1,800	3,600	6,300	9,000
1968 4-cyl., 1982cc, 89.8" wb						
2000 Rds SRL 311	360	1,080	1,800	3,600	6,300	9,000
1969 4-cyl., 1595cc, 95.3" wb						
2d 510 Sed	316	948	1,580	3,160	5,530	7,900
4d 510 Sed	312	936	1,560	3,120	5,460	7,800
1969 4-cyl., 1595cc, 89.8" wb						
1600 Rds SPL 311	328	984	1,640	3,280	5,740	8,200
1969 4-cyl., 1982cc, 89.8" wb						
2000 Rds SRL 311	368	1,104	1,840	3,680	6,440	9,200
1970 4-cyl., 1595cc, 95.3" wb						
2d 510 Sed	316	948	1,580	3,160	5,530	7,900
4d 510 Sed	312	936	1,560	3,120	5,460	7,800
1970 4-cyl., 1595cc, 89.8" wb						
1600 Rds SPL 311	352	1,056	1,760	3,520	6,160	8,800
1970 4-cyl., 1982cc, 89.8" wb						
2000 Rds SRL 311	340	1,020	1,700	3,400	5,950	8,500
1970 6-cyl., 2393cc, 90.7" wb						
240Z 2d Cpe	460	1,380	2,300	4,600	8,050	11,500

	6	5	4	3	2	1
1971 4-cyl., 1595cc, 95.3" wb						
2d 510 Sed	316	948	1,580	3,160	5,530	7,900
4d 510 Sed	312	936	1,560	3,120	5,460	7,800
1971 6-cyl., 2393cc, 90.7" wb						
240Z 2d Cpe	420	1,260	2,100	4,200	7,350	10,500
1972 4-cyl., 1595cc, 95.3" wb						
2d 510 Sed	316	948	1,580	3,160	5,530	7,900
4d 510 Sed	312	936	1,560	3,120	5,460	7,800
1972 6-cyl., 2393cc, 90.7" wb						
240Z 2d Cpe	420	1,260	2,100	4,200	7,350	10,500
1973 4-cyl., 1595cc, 95.3" wb						
2d 510 Sed	316	948	1,580	3,160	5,530	7,900
1973 6-cyl., 2393cc, 90.7" wb						
240Z 2d Cpe	380	1,140	1,900	3,800	6,650	9,500
1974 6-cyl., 2565cc, 90.7" wb						
260Z 2d Cpe	336	1,008	1,680	3,360	5,880	8,400
1974 6-cyl., 2565cc, 102.6" wb						
260Z 2d Cpe 2 plus 2	328	984	1,640	3,280	5,740	8,200
1975 6-cyl., 2565cc, 90.7" wb						
260Z 2d Cpe	336	1,008	1,680	3,360	5,880	8,400
1975 6-cyl., 2565cc, 102.6" wb						
260Z 2d Cpe 2 plus 2	328	984	1,640	3,280	5,740	8,200
1975 6-cyl., 2753cc, 90.7" wb						
280Z 2d Cpe	344	1,032	1,720	3,440	6,020	8,600
1975 6-cyl., 2753cc, 102.6" wb						
280Z 2d Cpe 2 plus 2	336	1,008	1,680	3,360	5,880	8,400
1976 6-cyl., 2753cc, 90.7" wb						
280Z 2d Cpe	384	1,152	1,920	3,840	6,720	9,600
1976 6-cyl., 2753cc, 102.6" wb						
280Z 2d Cpe 2 plus 2	352	1,056	1,760	3,520	6,160	8,800
1977 6-cyl., 2393cc, 104.3" wb						
4d 810 Sed	180	540	900	1,800	3,150	4,500
1977 6-cyl., 2753cc, 90.7" wb						
280Z 2d Cpe	360	1,080	1,800	3,600	6,300	9,000
1977 6-cyl., 2753cc, 102.6" wb						
280Z 2d Cpe 2 plus 2	328	984	1,640	3,280	5,740	8,200

DATSUN/NISSAN

	6	5	4	3	2	1
1978 4-cyl., 1952cc, 92.1" wb						
200SX Cpe	272	816	1,360	2,720	4,760	6,800
1978 6-cyl., 149 hp, 90.7" wb						
280Z Cpe	360	1,080	1,800	3,600	6,300	9,000
280Z Cpe 2 plus 2	352	1,056	1,760	3,520	6,160	8,800
1979 4-cyl., 1952cc, 92.1" wb						
200SX Cpe	272	816	1,360	2,720	4,760	6,800
280ZX Cpe	360	1,080	1,800	3,600	6,300	9,000
280ZX Cpe 2 plus 2	352	1,056	1,760	3,520	6,160	8,800
1980 4-cyl., 1952cc, 92.1" wb						
280ZX Cpe	348	1,044	1,740	3,480	6,090	8,700
280ZX Cpe 2 plus 2	336	1,008	1,680	3,360	5,880	8,400
NOTE: Add 10 percent for 10th Anniversary Edition (Black Gold).						
1981 4-cyl., 1952cc, 92.1" wb						
280ZX Cpe	332	996	1,660	3,320	5,810	8,300
280ZX Cpe 2 plus 2 GL	320	960	1,600	3,200	5,600	8,000
280ZX Cpe Turbo GL	320	960	1,600	3,200	5,600	8,000
1982 4-cyl., 1952cc, 92.1" wb						
280ZX Cpe	344	1,032	1,720	3,440	6,020	8,600
280ZX Cpe 2 plus 2	332	996	1,660	3,320	5,810	8,300
280ZX Cpe Turbo	360	1,080	1,800	3,600	6,300	9,000
280ZX Cpe 2 plus 2 Turbo	352	1,056	1,760	3,520	6,160	8,800
1983 4-cyl., 1952cc, 92.1" wb						
280ZX Cpe	340	1,020	1,700	3,400	5,950	8,500
280ZX Cpe 2 plus 2	328	984	1,640	3,280	5,740	8,200
280ZX Cpe Turbo	356	1,068	1,780	3,560	6,230	8,900
280ZX Cpe 2 plus 2 Turbo	348	1,044	1,740	3,480	6,090	8,700
1984 Sentra (FWD)						
2d Sed	164	492	820	1,640	2,870	4,100
2d DeL Sed	168	504	840	1,680	2,940	4,200
4d DeL Sed	160	480	800	1,600	2,800	4,000
4d DeL Wag	172	516	860	1,720	3,010	4,300

	6	5	4	3	2	1
2d HBk XE	176	528	880	1,760	3,080	4,400
300ZX Cpe GL	540	1,620	2,700	5,400	9,450	13,500
300ZX 2d 2 plus 2 GL	348	1,044	1,740	3,480	6,090	8,700
300ZX 2d Turbo GL	400	1,200	2,000	4,000	7,000	10,000
1985 Sentra						
2d Std Sed	164	492	820	1,640	2,870	4,100
2d DeL Sed	168	504	840	1,680	2,940	4,200
4d DeL Sed	172	516	860	1,720	3,010	4,300
4d DeL Sta Wag	176	528	880	1,760	3,080	4,400
2d Diesel Sed	164	492	820	1,640	2,870	4,100
XE 2d Sed	172	516	860	1,720	3,010	4,300
XE 4d Sed	176	528	880	1,760	3,080	4,400
XE 4d Sta Wag	180	540	900	1,800	3,150	4,500
XE 2d HBk	176	528	880	1,760	3,080	4,400
SE 2d HBk	184	552	920	1,840	3,220	4,600
1985 Pulsar						
2d Cpe	192	576	960	1,920	3,360	4,800
1985 Stanza						
4d HBk	184	552	920	1,840	3,220	4,600
4d Sed	188	564	940	1,880	3,290	4,700
1985 200SX						
2d DeL Sed	200	600	1,000	2,000	3,500	5,000
2d DeL HBk	212	636	1,060	2,120	3,710	5,300
XE 2d Sed	208	624	1,040	2,080	3,640	5,200
XE 2d HBk	220	660	1,100	2,200	3,850	5,500
Turbo 2d HBk	228	684	1,140	2,280	3,990	5,700
1985 Maxima						
SE 4d Sed	288	864	1,440	2,880	5,040	7,200
GL 4d Sed	296	888	1,480	2,960	5,180	7,400
GL 4d Sta Wag	304	912	1,520	3,040	5,320	7,600
1985 300ZX						
2d Cpe	520	1,560	2,600	5,200	9,100	13,000
2 plus 2 2d Cpe	560	1,680	2,800	5,600	9,800	14,000
Turbo 2d Cpe	600	1,800	3,000	6,000	10,500	15,000
1986 Sentra						
2d Sed	188	564	940	1,880	3,290	4,700
2d DeL Sed	192	576	960	1,920	3,360	4,800
4d DeL Sed	196	588	980	1,960	3,430	4,900
4d Sta Wag	180	540	900	1,800	3,150	4,500
2d Diesel Sed	188	564	940	1,880	3,290	4,700
XE 2d Sed	180	540	900	1,800	3,150	4,500
XE 4d Sed	184	552	920	1,840	3,220	4,600
XE 4d Sta Wag	172	516	860	1,720	3,010	4,300
XE 2d HBk	164	492	820	1,640	2,870	4,100
SE 2d HBk	176	528	880	1,760	3,080	4,400
1986 Pulsar						
2d Cpe	180	540	900	1,800	3,150	4,500
1986 Stanza						
GL 4d Sed	208	624	1,040	2,080	3,640	5,200
XE 4d Sta Wag	212	636	1,060	2,120	3,710	5,300
XE 4d Sta Wag 4WD	236	708	1,180	2,360	4,130	5,900
1986 200SX						
E 2d Sed	232	696	1,160	2,320	4,060	5,800
E 2d HBk	248	744	1,240	2,480	4,340	6,200
XE 2d Sed	236	708	1,180	2,360	4,130	5,900
XE 2d HBk	252	756	1,260	2,520	4,410	6,300
Turbo 2d HBk	264	792	1,320	2,640	4,620	6,600
1986 Maxima						
SE 4d Sed	312	936	1,560	3,120	5,460	7,800
GL 4d Sed	324	972	1,620	3,240	5,670	8,100
GL 4d Sta Wag	332	996	1,660	3,320	5,810	8,300
1986 300ZX						
2d Cpe	380	1,140	1,900	3,800	6,650	9,500
2d 2 plus 2 Cpe	420	1,260	2,100	4,200	7,350	10,500
2d Turbo Cpe	460	1,380	2,300	4,600	8,050	11,500
1987 Sentra						
2d Sed	168	504	840	1,680	2,940	4,200
E 2d Sed	200	600	1,000	2,000	3,500	5,000
E 4d Sed	204	612	1,020	2,040	3,570	5,100
E 2d HBk	200	600	1,000	2,000	3,500	5,000
E 4d Sta Wag	212	636	1,060	2,120	3,710	5,300
XE 2d Sed	212	636	1,060	2,120	3,710	5,300
XE 4d Sed	216	648	1,080	2,160	3,780	5,400
XE 4d Sta Wag	212	636	1,060	2,120	3,710	5,300
XE 4d Sta Wag 4WD	228	684	1,140	2,280	3,990	5,700
GXE 4d Sed	252	756	1,260	2,520	4,410	6,300
XE 2d Cpe	232	696	1,160	2,320	4,060	5,800

	6	5	4	3	2	1
SE 2d Cpe	248	744	1,240	2,480	4,340	6,200
1987 Pulsar						
XE 2d Cpe	288	864	1,440	2,880	5,040	7,200
SE 2d Cpe 16V	308	924	1,540	3,080	5,390	7,700
1987 Stanza						
E 4d NBk	276	828	1,380	2,760	4,830	6,900
GXE 4d NBk	256	768	1,280	2,560	4,480	6,400
4d HBk	248	744	1,240	2,480	4,340	6,200
XE 4d Sta Wag	256	768	1,280	2,560	4,480	6,400
XE 4d Sta Wag 4WD	280	840	1,400	2,800	4,900	7,000
1987 200SX						
XE 2d NBk	244	732	1,220	2,440	4,270	6,100
XE 2d HBk	248	744	1,240	2,480	4,340	6,200
SE 2d HBk V-6	292	876	1,460	2,920	5,110	7,300
1987 Maxima						
SE 4d Sed	312	936	1,560	3,120	5,460	7,800
GXE 4d Sed	308	924	1,540	3,080	5,390	7,700
GXE 4d Sta Wag	340	1,020	1,700	3,400	5,950	8,500
1987 300ZX						
GS 2d Cpe	440	1,320	2,200	4,400	7,700	11,000
GS 2d Cpe 2 plus 2	460	1,380	2,300	4,600	8,050	11,500
2d Turbo Cpe	500	1,500	2,500	5,000	8,750	12,500
1988 Sentra						
2d Sed	188	564	940	1,880	3,290	4,700
E 2d Sed	228	684	1,140	2,280	3,990	5,700
E 4d Sed	240	720	1,200	2,400	4,200	6,000
E 2d HBk	228	684	1,140	2,280	3,990	5,700
E 4d Sta Wag	252	756	1,260	2,520	4,410	6,300
XE 2d Sed	244	732	1,220	2,440	4,270	6,100
XE 4d Sed	256	768	1,280	2,560	4,480	6,400
XE 4d Sta Wag	268	804	1,340	2,680	4,690	6,700
XE 4d Sta Wag 4x4	296	888	1,480	2,960	5,180	7,400
XE 2d Cpe	268	804	1,340	2,680	4,690	6,700
SE 2d Cpe	288	864	1,440	2,880	5,040	7,200
GXE 4d Sed	272	816	1,360	2,720	4,760	6,800
1988 Pulsar						
XE 2d Cpe	312	936	1,560	3,120	5,460	7,800
SE 2d Cpe	328	984	1,640	3,280	5,740	8,200
1988 Stanza						
E 4d Sed	288	864	1,440	2,880	5,040	7,200
GXE 4d Sed	320	960	1,600	3,200	5,600	8,000
XE 4d Sta Wag	308	924	1,540	3,080	5,390	7,700
XE 4d Sta Wag 4x4	336	1,008	1,680	3,360	5,880	8,400
1988 200 SX						
XE 2d Cpe	308	924	1,540	3,080	5,390	7,700
XE 2d HBk	316	948	1,580	3,160	5,530	7,900
SE 2d HBk V-6	360	1,080	1,800	3,600	6,300	9,000
1988 Maxima						
SE 4d Sed	360	1,080	1,800	3,600	6,300	9,000
GXE 4d Sed	380	1,140	1,900	3,800	6,650	9,500
GXE 4d Sta Wag	400	1,200	2,000	4,000	7,000	10,000
1988 300ZX						
GS 2d Cpe	480	1,440	2,400	4,800	8,400	12,000
GS 2d Cpe 2 plus 2	500	1,500	2,500	5,000	8,750	12,500
2d Turbo Cpe	520	1,560	2,600	5,200	9,100	13,000
1989 Sentra						
2d Sed	240	720	1,200	2,400	4,200	6,000
E 2d Sed	280	840	1,400	2,800	4,900	7,000
E 4d Sed	296	888	1,480	2,960	5,180	7,400
E 4d Sta Wag	308	924	1,540	3,080	5,390	7,700
XE 2d Sed	304	912	1,520	3,040	5,320	7,600
XE 4d Sed	316	948	1,580	3,160	5,530	7,900
XE 4d Sta Wag	328	984	1,640	3,280	5,740	8,200
XE 4d Sta Wag 4x4	356	1,068	1,780	3,560	6,230	8,900
XE Cpe	340	1,020	1,700	3,400	5,950	8,500
SE Cpe	356	1,068	1,780	3,560	6,230	8,900
1989 Pulsar						
XE Cpe	368	1,104	1,840	3,680	6,440	9,200
SE Cpe (16V)	392	1,176	1,960	3,920	6,860	9,800
1989 Stanza						
E 4d Sed	368	1,104	1,840	3,680	6,440	9,200
GXE 4d Sed	400	1,200	2,000	4,000	7,000	10,000
1989 240 SX						
XE 2d Sed	452	1,356	2,260	4,520	7,910	11,300
SE 2d HBk	456	1,368	2,280	4,560	7,980	11,400

	6	5	4	3	2	1
1989 Maxima						
SE 4d Sed	552	1,656	2,760	5,520	9,660	13,800
GXE 4d Sed	536	1,608	2,680	5,360	9,380	13,400
1989 300 ZX						
GS Cpe	576	1,728	2,880	5,760	10,080	14,400
GS Cpe 2 plus 2	580	1,740	2,900	5,800	10,150	14,500
Cpe Turbo	600	1,800	3,000	6,000	10,500	15,000
1990 Sentra, 4-cyl.						
2d Sed	144	432	720	1,440	2,520	3,600
XE 2d Sed	180	540	900	1,800	3,150	4,500
XE 4d Sed	184	552	920	1,840	3,220	4,600
XE 4d Sta Wag	188	564	940	1,880	3,290	4,700
XE 2d Cpe	200	600	1,000	2,000	3,500	5,000
SE 2d Cpe	220	660	1,100	2,200	3,850	5,500
1990 Pulsar, 4-cyl.						
XE 2d Cpe	260	780	1,300	2,600	4,550	6,500
1990 Stanza, 4-cyl.						
XE 4d Sed	248	744	1,240	2,480	4,340	6,200
GXE 4d Sed	268	804	1,340	2,680	4,690	6,700
1990 240 SX, 4-cyl.						
XE 2d Cpe	280	840	1,400	2,800	4,900	7,000
SE 2d FBk	300	900	1,500	3,000	5,250	7,500
1990 Maxima, V-6						
SE 4d Sed	388	1,164	1,940	3,880	6,790	9,700
GXE 4d Sed	360	1,080	1,800	3,600	6,300	9,000
1990 300ZX, V-6						
GS 2d Cpe	520	1,560	2,600	5,200	9,100	13,000
GS 2 plus 2 2d Cpe	540	1,620	2,700	5,400	9,450	13,500
2d Turbo Cpe	600	1,800	3,000	6,000	10,500	15,000
1990 Axxess, 4-cyl.						
XE 4d Sta Wag	240	720	1,200	2,400	4,200	6,000
XE 4d Sta Wag 4x4	280	840	1,400	2,800	4,900	7,000
1991 Sentra						
E 2d Sed	168	504	840	1,680	2,940	4,200
XE 2d Sed	176	528	880	1,760	3,080	4,400
SE 2d Sed	184	552	920	1,840	3,220	4,600
SE-R 2d Sed	192	576	960	1,920	3,360	4,800
E 4d Sed	168	504	840	1,680	2,940	4,200
XE 4d Sed	176	528	880	1,760	3,080	4,400
GXE 4d Sed	196	588	980	1,960	3,430	4,900
1991 Stanza						
XE 4d Sed	228	684	1,140	2,280	3,990	5,700
GXE 4d Sed	256	768	1,280	2,560	4,480	6,400
1991 NX						
2d Cpe 1600	220	660	1,100	2,200	3,850	5,500
2d Cpe 2000	240	720	1,200	2,400	4,200	6,000
1991 240SX						
2d Cpe	280	840	1,400	2,800	4,900	7,000
SE 2d Cpe	320	960	1,600	3,200	5,600	8,000
2d FBk	320	960	1,600	3,200	5,600	8,000
SE 2d FBk	340	1,020	1,700	3,400	5,950	8,500
LE 2d FBk	348	1,044	1,740	3,480	6,090	8,700
1991 Maxima, V-6						
SE 4d Sed	380	1,140	1,900	3,800	6,650	9,500
GXE 4d Sed	360	1,080	1,800	3,600	6,300	9,000
1991 300ZX, V-6						
2d Cpe	560	1,680	2,800	5,600	9,800	14,000
2d 2 plus 2 Cpe	580	1,740	2,900	5,800	10,150	14,500
2d Turbo Cpe	600	1,800	3,000	6,000	10,500	15,000
1992 Sentra, 4-cyl.						
E 2d Sed	184	552	920	1,840	3,220	4,600
E 4d Sed	192	576	960	1,920	3,360	4,800
XE 2d Sed	196	588	980	1,960	3,430	4,900
XE 4d Sed	200	600	1,000	2,000	3,500	5,000
SE 2d Sed	200	600	1,000	2,000	3,500	5,000
SE-R 4d Sed	208	624	1,040	2,080	3,640	5,200
GXE 4d Sed	220	660	1,100	2,200	3,850	5,500
1992 NX, 4-cyl.						
2d Cpe 1600	260	780	1,300	2,600	4,550	6,500
2d Cpe 2000	280	840	1,400	2,800	4,900	7,000
1992 Stanza, 4-cyl.						
XE 4d Sed	220	660	1,100	2,200	3,850	5,500
SE 4d Sed	240	720	1,200	2,400	4,200	6,000
GXE 4d Sed	260	780	1,300	2,600	4,550	6,500

1958 Austin-Healey 100-6 roadster

1966 Austin-Healey 3000 Mk III sports roadster

1957 BMW 507 roadster

	6	5	4	3	2	1
1992 240SX, 4-cyl.						
2d Cpe	240	720	1,200	2,400	4,200	6,000
2d FBk	260	780	1,300	2,600	4,550	6,500
SE 2d Cpe	280	840	1,400	2,800	4,900	7,000
SE 2d FBk	300	900	1,500	3,000	5,250	7,500
LE 2d FBk	340	1,020	1,700	3,400	5,950	8,500
SE 2d Conv	580	1,740	2,900	5,800	10,150	14,500
1992 Maxima, V-6						
GXE 4d Sed	380	1,140	1,900	3,800	6,650	9,500
SE 4d Sed	420	1,260	2,100	4,200	7,350	10,500
1992 300ZX, V-6						
2d Cpe	560	1,680	2,800	5,600	9,800	14,000
2d Cpe 2 plus 2	600	1,800	3,000	6,000	10,500	15,000
2d Cpe Turbo	680	2,040	3,400	6,800	11,900	17,000
1993 Sentra, 4-cyl.						
E 2d Sed	180	540	900	1,800	3,150	4,500
E 4d Sed	184	552	920	1,840	3,220	4,600
XE 2d Sed	188	564	940	1,880	3,290	4,700
XE 4d Sed	192	576	960	1,920	3,360	4,800
SE 2d Sed	192	576	960	1,920	3,360	4,800
SE-R 2d Sed	196	588	980	1,960	3,430	4,900
GXE 4d Sed	200	600	1,000	2,000	3,500	5,000
1993 NX, 4-cyl.						
2d Cpe 1600	208	624	1,040	2,080	3,640	5,200
2d Cpe 2000	220	660	1,100	2,200	3,850	5,500
1993 Altima, 4-cyl.						
XE 4d Sed	192	576	960	1,920	3,360	4,800
GXE 4d Sed	196	588	980	1,960	3,430	4,900
SE 4d Sed	204	612	1,020	2,040	3,570	5,100
GLE 4d Sed	208	624	1,040	2,080	3,640	5,200
1993 240SX, 4-cyl.						
2d Cpe	300	900	1,500	3,000	5,250	7,500
2d FBk	300	900	1,500	3,000	5,250	7,500
SE 2d Cpe	304	912	1,520	3,040	5,320	7,600
SE 2d FBk	304	912	1,520	3,040	5,320	7,600
SE 2d Conv	480	1,440	2,400	4,800	8,400	12,000
1993 Maxima, V-6						
GXE 4d Sed	200	600	1,000	2,000	3,500	5,000
SE 4d Sed	208	624	1,040	2,080	3,640	5,200
1993 300ZX, V-6						
2d Cpe	380	1,140	1,900	3,800	6,650	9,500
2d Cpe 2 plus 2	400	1,200	2,000	4,000	7,000	10,000
2d Cpe Turbo	440	1,320	2,200	4,400	7,700	11,000
2d Conv	520	1,560	2,600	5,200	9,100	13,000
1994 Sentra, 4-cyl.						
E 2d Sed	200	600	1,000	2,000	3,500	5,000
XE 2d Sed	208	624	1,040	2,080	3,640	5,200
LE 2d Sed	216	648	1,080	2,160	3,780	5,400
SE 2d Sed	220	660	1,100	2,200	3,850	5,500
SE-R 2d Sed	228	684	1,140	2,280	3,990	5,700
E 4d Sed	204	612	1,020	2,040	3,570	5,100
XE 4d Sed	220	660	1,100	2,200	3,850	5,500
LE 4d Sed	240	720	1,200	2,400	4,200	6,000
GXE 4d Sed	260	780	1,300	2,600	4,550	6,500
1994 Altima, 4-cyl.						
XE 4d Sed	280	840	1,400	2,800	4,900	7,000
GXE 4d Sed	300	900	1,500	3,000	5,250	7,500
SE 4d Sed	320	960	1,600	3,200	5,600	8,000
GLE 4d Sed	360	1,080	1,800	3,600	6,300	9,000
1994 240SX, 4-cyl.						
SE 2d Conv	440	1,320	2,200	4,400	7,700	11,000
1994 Maxima, V-6						
GXE 4d Sed	320	960	1,600	3,200	5,600	8,000
SE 4d Sed	360	1,080	1,800	3,600	6,300	9,000
1994 300ZX, V-6						
2d Cpe	640	1,920	3,200	6,400	11,200	16,000
2d Cpe 2 plus 2	680	2,040	3,400	6,800	11,900	17,000
2d Cpe Turbo	760	2,280	3,800	7,600	13,300	19,000
2d Conv	800	2,400	4,000	8,000	14,000	20,000

DE TOMASO

1967-1971 V-8, 302 cid, 98.4" wb						
Mangusta 2d Cpe	3,440	10,320	17,200	34,400	60,200	86,000
1971-1974 V-8, 351 cid, 99" wb						
Pantera 2d Cpe	2,360	7,080	11,800	23,600	41,300	59,000

	6	5	4	3	2	1
1975-1978 V-8, 351 cid, 99" wb						
Pantera 2d Cpe	2,160	6,480	10,800	21,600	37,800	54,000

NOTE: After 1974 the Pantera was not officially available in the U.S. Add 5 percent for GTS models.

FACEL VEGA

	6	5	4	3	2	1
1954 FV, V-8, 103" wb						
2d HT Cpe	2,640	7,920	13,200	26,400	46,200	66,000
1955 FV, V-8, 103" wb						
2d HT Cpe	2,640	7,920	13,200	26,400	46,200	66,000
1956 FVS, V-8, 103" wb						
2d HT Cpe	2,640	7,920	13,200	26,400	46,200	66,000
1956 Excellence, V-8, 122" wb						
4d HT Sed	2,560	7,680	12,800	25,600	44,800	64,000
1957 FVS, V-8, 103" wb						
2d HT Cpe	2,640	7,920	13,200	26,400	46,200	66,000
1957 Excellence, V-8, 122" wb						
4d HT Sed	2,560	7,680	12,800	25,600	44,800	64,000
1958 FVS, V-8, 105" wb						
2d HT Cpe	2,640	7,920	13,200	26,400	46,200	66,000
1958 Excellence, V-8, 122" wb						
4d HT Sed	2,560	7,680	12,800	25,600	44,800	64,000
1959 HK500, V-8, 105" wb						
2d HT Cpe	2,640	7,920	13,200	26,400	46,200	66,000
1959 Excellence, V-8, 125" wb						
4d HT Sed	2,560	7,680	12,800	25,600	44,800	64,000
1960 Facellia, 4-cyl., 96" wb						
2d Cpe	1,760	5,280	8,800	17,600	30,800	44,000
2d Conv	2,160	6,480	10,800	21,600	37,800	54,000
1960 HK500, V-8, 105" wb						
2d HT Cpe	2,640	7,920	13,200	26,400	46,200	66,000
1960 Excellence, V-8, 125" wb						
4d HT Sed	2,560	7,680	12,800	25,600	44,800	64,000
1961 Facellia, 4-cyl., 96" wb						
2d Cpe	1,760	5,280	8,800	17,600	30,800	44,000
2d Conv	2,160	6,480	10,800	21,600	37,800	54,000
1961 HK500, V-8, 105" wb						
2d HT Cpe	2,640	7,920	13,200	26,400	46,200	66,000
1961 Excellence, V-8, 125" wb						
4d HT Sed	2,560	7,680	12,800	25,600	44,800	64,000
1962 Facellia, 4-cyl., 96" wb						
2d Cpe	1,760	5,280	8,800	17,600	30,800	44,000
2d Conv	2,160	6,480	10,800	21,600	37,800	54,000
1962 Facel II, V-8, 105" wb						
2d HT Cpe	2,640	7,920	13,200	26,400	46,200	66,000
1962 Excellence, V-8, 125" wb						
4d HT Sed	2,800	8,400	14,000	28,000	49,000	70,000
1963 Facellia, 4-cyl., 96" wb						
2d Cpe	1,760	5,280	8,800	17,600	30,800	44,000
2d Conv	2,160	6,480	10,800	21,600	37,800	54,000
1963 Facel II, V-8, 105" wb						
2d HT Cpe	2,800	8,400	14,000	28,000	49,000	70,000
1963 Facel III, 4-cyl., 97" wb						
2d HT Cpe	2,640	7,920	13,200	26,400	46,200	66,000
1963 Facel 6, 6-cyl., 97" wb						
2d HT Cpe	2,720	8,160	13,600	27,200	47,600	68,000
1963 Excellence, V-8, 125" wb						
4d HT Sed	2,800	8,400	14,000	28,000	49,000	70,000
1964-65 Facellia, 4-cyl., 96" wb						
2d Cpe	1,760	5,280	8,800	17,600	30,800	44,000
2d Conv	2,160	6,480	10,800	21,600	37,800	54,000
1964-65 Facel II, V-8, 105" wb						
2d HT Cpe	2,800	8,400	14,000	28,000	49,000	70,000
1964-65 Facel III, 4-cyl., 97" wb						
2d HT Cpe	2,640	7,920	13,200	26,400	46,200	66,000
1964-65 Facel 6, 6-cyl., 97" wb						
2d HT Cpe	2,720	8,160	13,600	27,200	47,600	68,000

FIAT

	6	5	4	3	2	1
1947-52 4-cyl., 570cc, 78.75" wb						
500 2d Sed	320	960	1,600	3,200	5,600	8,000
1947-52 4-cyl., 1089cc, 95.4" wb						
1100B 4d Sed	200	600	1,000	2,000	3,500	5,000
1100BL 4d Sed	200	600	1,000	2,000	3,500	5,000
1947-52 4-cyl., 1089cc, 95.25" wb						
1100E 4d Sed	240	720	1,200	2,400	4,200	6,000
1947-52 4-cyl., 1089cc, 106" wb						
1100EL 4d Sed	240	720	1,200	2,400	4,200	6,000
1100S 2d Spt Cpe	400	1,200	2,000	4,000	7,000	10,000
1100ES 2d Spt Cpe	400	1,200	2,000	4,000	7,000	10,000
1947-52 4-cyl., 1395cc, 104.2" wb						
1400 4d Sed	220	660	1,100	2,200	3,850	5,500
1400 2d Cabr	480	1,440	2,400	4,800	8,400	12,000
1947-52 6-cyl., 1493cc, 110" wb						
1500 4d Sed	220	660	1,100	2,200	3,850	5,500
2d Conv Cpe	480	1,440	2,400	4,800	8,400	12,000
1953-56 500, 4-cyl., 570cc, 78.75" wb						
2d Sed	320	960	1,600	3,200	5,600	8,000
2d Sta Wag	360	1,080	1,800	3,600	6,300	9,000
1953-56 600, 4-cyl., 633cc, 78.75" wb						
2d Sed	200	600	1,000	2,000	3,500	5,000
2d Conv (S/R)	220	660	1,100	2,200	3,850	5,500
1953-56 600 Multipla, 4-cyl., 633cc, 78.75" wb						
4d Sta Wag	240	720	1,200	2,400	4,200	6,000
1953-56 1100, 4-cyl., 1089cc, 92.1" wb						
103 4d Sed	200	600	1,000	2,000	3,500	5,000
103E 4d Sed	204	612	1,020	2,040	3,570	5,100
103E TV 4d Sed	208	624	1,040	2,080	3,640	5,200
103E 4d Sta Wag	220	660	1,100	2,200	3,850	5,500
103F TV 2d Spt Rds	600	1,800	3,000	6,000	10,500	15,000
1953-56 1400, 4-cyl., 1395cc, 104.2" wb						
4d Sed	220	660	1,100	2,200	3,850	5,500
2d Cabr	480	1,440	2,400	4,800	8,400	12,000
1953-56 1900, 4-cyl., 1901cc, 104" wb						
4d Sed	220	660	1,100	2,200	3,850	5,500
1953-56 8V, V-8, 1996cc, 94.5" wb						
2d Cpe	1,200	3,600	6,000	12,000	21,000	30,000
1957 500, 2-cyl., 479cc, 72.4" wb						
2d Sed	280	840	1,400	2,800	4,900	7,000
1957 600, 4-cyl., 633cc, 78.75" wb						
2d Sed	200	600	1,000	2,000	3,500	5,000
2d Conv (S/R)	240	720	1,200	2,400	4,200	6,000
1957 600 Multipla, 4-cyl., 633cc, 78.75" wb						
4d Sta Wag (4/5P)	240	720	1,200	2,400	4,200	6,000
4d Sta Wag (6P)	240	720	1,200	2,400	4,200	6,000
1957 1100, 4-cyl., 1089cc, 92.1" wb						
4d Sed	200	600	1,000	2,000	3,500	5,000
4d Sta Wag	220	660	1,100	2,200	3,850	5,500
1957 1100 TV, 4-cyl., 1089cc, 92.1" wb						
4d Sed	232	696	1,160	2,320	4,060	5,800
2d Conv	480	1,440	2,400	4,800	8,400	12,000
1958 500, 2-cyl., 479cc, 72.4" wb						
2d Sed	280	840	1,400	2,800	4,900	7,000
1958 600, 4-cyl., 633cc, 78.75" wb						
2d Sed	200	600	1,000	2,000	3,500	5,000
2d Conv (S/R)	220	660	1,100	2,200	3,850	5,500
1958 600 Multipla, 4-cyl., 633cc, 78.75" wb						
4d Sta Wag (4/5P)	240	720	1,200	2,400	4,200	6,000
4d Sta Wag (6P)	240	720	1,200	2,400	4,200	6,000
1958 1100, 4-cyl., 1089cc, 92.1" wb						
4d Sed	220	660	1,100	2,200	3,850	5,500
4d Familiare Sta Wag	232	696	1,160	2,320	4,060	5,800
1958 1100 TV, 4-cyl., 1089cc, 92.1" wb						
4d Sed	220	660	1,100	2,200	3,850	5,500
2d Conv	480	1,440	2,400	4,800	8,400	12,000
1958 1200 Gran Luce, 4-cyl., 1221cc, 92.1" wb						
4d Sed	200	600	1,000	2,000	3,500	5,000
TV, 2d Conv	480	1,440	2,400	4,800	8,400	12,000

	6	5	4	3	2	1
1959 500, 2-cyl., 479cc, 72.4" wb						
2d Sed	200	600	1,000	2,000	3,500	5,000
2d Bianchina Cpe	220	660	1,100	2,200	3,850	5,500
2d Jolly Sed	400	1,200	2,000	4,000	7,000	10,000
1959 500 Sport, 2-cyl., 499cc, 72.4" wb						
2d Sed	200	600	1,000	2,000	3,500	5,000
2d Bianchina Cpe	220	660	1,100	2,200	3,850	5,500
1959 600, 4-cyl., 633cc, 78.75" wb						
2d Sed	200	600	1,000	2,000	3,500	5,000
2d Sed (S/R)	220	660	1,100	2,200	3,850	5,500
1959 600 Multipla, 4-cyl., 633cc, 78.75" wb						
4d Sta Wag (4/5P)	240	720	1,200	2,400	4,200	6,000
4d Sta Wag (6P)	240	720	1,200	2,400	4,200	6,000
1959 1100, 4-cyl., 1089cc, 92.1" wb						
4d Sed	200	600	1,000	2,000	3,500	5,000
4d Sta Wag	220	660	1,100	2,200	3,850	5,500
1959 1200, 4-cyl., 1221cc, 92.1" wb						
4d Sed	200	600	1,000	2,000	3,500	5,000
2d Spider Conv	440	1,320	2,200	4,400	7,700	11,000
1959 1500, 1500S, 4-cyl., 1491cc, 92.1" wb						
2d Spider Conv	500	1,500	2,500	5,000	8,750	12,500
1960 500, 2-cyl., 479cc, 72.4" wb						
2d Sed	208	624	1,040	2,080	3,640	5,200
2d Bianchina Cpe	228	684	1,140	2,280	3,990	5,700
2d Jolly Sed	400	1,200	2,000	4,000	7,000	10,000
1960 500 Sport, 2-cyl., 499cc, 72.4" wb						
2d Sed	212	636	1,060	2,120	3,710	5,300
2d Bianchina Cpe	232	696	1,160	2,320	4,060	5,800
1960 600, 4-cyl., 633cc, 78.75" wb						
2d Sed	200	600	1,000	2,000	3,500	5,000
2d Sed (S/R)	220	660	1,100	2,200	3,850	5,500
2d Jolly Sed	400	1,200	2,000	4,000	7,000	10,000
1960 600 Multipla, 4-cyl., 633cc, 78.75" wb						
4d Sta Wag (4/5P)	240	720	1,200	2,400	4,200	6,000
4d Sta Wag (6P)	240	720	1,200	2,400	4,200	6,000
1960 1100, 4-cyl., 1089cc, 92.1" wb						
4d Sed	200	600	1,000	2,000	3,500	5,000
4d DeL Sed	208	624	1,040	2,080	3,640	5,200
4d Sta Wag	220	660	1,100	2,200	3,850	5,500
1960 1200, 4-cyl., 1221cc, 92.1" wb						
4d Sed	200	600	1,000	2,000	3,500	5,000
2d Spider Conv	500	1,500	2,500	5,000	8,750	12,500
1960 1500, 1500S, 4-cyl., 1491cc, 92.1" wb						
2d Spider Conv	540	1,620	2,700	5,400	9,450	13,500
1960 2100, 6-cyl., 2054cc, 104.3" wb						
4d Sed	220	660	1,100	2,200	3,850	5,500
4d Sta Wag	220	660	1,100	2,200	3,850	5,500
1961 500, 2-cyl., 479cc, 72.4" wb						
Bianchina DeL Cpe	224	672	1,120	2,240	3,920	5,600
2d Jolly Sed	400	1,200	2,000	4,000	7,000	10,000
1961 500 Sport, 2-cyl., 499cc, 72.4" wb						
2d Sed	280	840	1,400	2,800	4,900	7,000
2d Bianchina Cpe	228	684	1,140	2,280	3,990	5,700
1961 600, 4-cyl., 633cc, 78.75" wb						
2d Sed	200	600	1,000	2,000	3,500	5,000
2d Sed (S/R)	220	660	1,100	2,200	3,850	5,500
2d Jolly Sed	400	1,200	2,000	4,000	7,000	10,000
1961 600 Multipla, 4-cyl., 633cc, 78.75" wb						
4d Sta Wag (4/5P)	240	720	1,200	2,400	4,200	6,000
4d Sta Wag (6P)	240	720	1,200	2,400	4,200	6,000
1961 1100, 4-cyl., 1089cc, 92.1" wb						
4d Sed	200	600	1,000	2,000	3,500	5,000
4d DeL Sed	208	624	1,040	2,080	3,640	5,200
4d Sta Wag	220	660	1,100	2,200	3,850	5,500
1961 1200, 4-cyl., 1225cc, 92.1" wb						
4d Sed	200	600	1,000	2,000	3,500	5,000
2d Spider Conv	440	1,320	2,200	4,400	7,700	11,000
1961 1500, 1500S, 4-cyl., 1491cc, 92.1" wb						
Spider Conv	500	1,500	2,500	5,000	8,750	12,500
1961 2100, 6-cyl., 2054cc, 104.3" wb						
4d Sed	200	600	1,000	2,000	3,500	5,000
4d Sta Wag	220	660	1,100	2,200	3,850	5,500
1962 600D, 4-cyl., 767cc, 78.75" wb						
2d Sed	200	600	1,000	2,000	3,500	5,000

	6	5	4	3	2	1
1962 1100, 4-cyl., 1089cc, 92.1" wb						
4d Export Sed	200	600	1,000	2,000	3,500	5,000
4d Spl Sed	208	624	1,040	2,080	3,640	5,200
1962 1200 Spider, 4-cyl., 1221cc, 92.1" wb						
2d Conv	440	1,320	2,200	4,400	7,700	11,000
1963 600D, 4-cyl., 767cc, 78.5" wb						
2d Sed	200	600	1,000	2,000	3,500	5,000
1963 1100 Special, 4-cyl., 1089cc, 92.1" wb						
4d Sed	200	600	1,000	2,000	3,500	5,000
1963 1100D, 4-cyl., 1221cc, 92.1" wb						
4d Sed	200	600	1,000	2,000	3,500	5,000
1963 1200 Spider, 4-cyl., 1221cc, 92.1" wb						
2d Conv	440	1,320	2,200	4,400	7,700	11,000
1964 600D, 4-cyl., 767cc, 78.5" wb						
2d Sed	200	600	1,000	2,000	3,500	5,000
1964 1100D, 4-cyl., 1221cc, 92.1" wb						
4d Sed	220	660	1,100	2,200	3,850	5,500
1964 1500 Spider, 4-cyl., 1481cc, 92.1" wb						
2d Conv	460	1,380	2,300	4,600	8,050	11,500
1965 600D, 4-cyl., 767cc, 78.5" wb						
2d Sed	200	600	1,000	2,000	3,500	5,000
1965 1100D, 4-cyl., 1221cc, 92.1" wb						
4d Sed	200	600	1,000	2,000	3,500	5,000
4d Sta Wag	220	660	1,100	2,200	3,850	5,500
1965 1500 Spider, 4-cyl., 1481cc, 92." wb						
2d Conv	460	1,380	2,300	4,600	8,050	11,500
1966 600D, 4-cyl., 767cc, 78.5" wb						
2d Sed	200	600	1,000	2,000	3,500	5,000
1966 1100D, 4-cyl., 1221cc, 92.1" wb						
4d Sed	200	600	1,000	2,000	3,500	5,000
4d Sta Wag	220	660	1,100	2,200	3,850	5,500
1966 1500 Spider, 4-cyl., 1481cc, 92.1" wb						
2d Conv	460	1,380	2,300	4,600	8,050	11,500
1967 600D, 4-cyl., 767cc, 78.7" wb						
2d Sed	200	600	1,000	2,000	3,500	5,000
1967 850, 4-cyl., 843cc, 79.8" wb						
FBk Cpe 2 plus 2	200	600	1,000	2,000	3,500	5,000
2d Spider Conv	380	1,140	1,900	3,800	6,650	9,500
1967 124, 4-cyl., 1197cc, 95.3" wb						
4d Sed	160	480	800	1,600	2,800	4,000
4d Sta Wag	172	516	860	1,720	3,010	4,300
1967 1100R, 4-cyl., 1089cc, 92.2" wb						
4d Sed	200	600	1,000	2,000	3,500	5,000
4d Sta Wag	220	660	1,100	2,200	3,850	5,500
1967 1500 Spider, 4-cyl., 1481cc, 92.1" wb						
2d Conv	460	1,380	2,300	4,600	8,050	11,500
1968 850, 4-cyl., 817cc, 79.8" wb						
2d Sed	160	480	800	1,600	2,800	4,000
2d FBk Cpe	200	600	1,000	2,000	3,500	5,000
2d Spider Conv	420	1,260	2,100	4,200	7,350	10,500
1968 124, 4-cyl., 1197cc, 95.3" wb						
4d Sed	160	480	800	1,600	2,800	4,000
4d Sta Wag	160	480	800	1,600	2,800	4,000
1968 124, 4-cyl., 1438cc, 95.3" wb						
2d Spt Cpe	280	840	1,400	2,800	4,900	7,000
1968 124 Spider, 4-cyl., 1438cc, 89.8" wb						
2d Conv	460	1,380	2,300	4,600	8,050	11,500
1969 850, 4-cyl., 817cc, 79.8" wb						
2d Sed	160	480	800	1,600	2,800	4,000
2d FBk Cpe 2 plus 2	200	600	1,000	2,000	3,500	5,000
2d Spider Conv	420	1,260	2,100	4,200	7,350	10,500
1969 124, 4-cyl., 1197cc, 95.3" wb						
4d Sed	160	480	800	1,600	2,800	4,000
4d Sta Wag	160	480	800	1,600	2,800	4,000
1969 124, 4-cyl., 1438cc, 95.3" wb						
2d Spt Cpe	280	840	1,400	2,800	4,900	7,000
1969 124 Spider, 4-cyl., 1438cc, 89.8" wb						
2d Conv	460	1,380	2,300	4,600	8,050	11,500
1970 850, 4-cyl., 817cc, 79.8" wb						
2d Sed	160	480	800	1,600	2,800	4,000
1970 850, 4-cyl., 903cc, 79.8" wb						
Spt FBk Cpe 2 plus 2	220	660	1,100	2,200	3,850	5,500

	6	5	4	3	2	1
Racer 2d HT Cpe	232	696	1,160	2,320	4,060	5,800
1970 850 Spider, 4-cyl., 903cc, 79.8" wb						
2d Conv	360	1,080	1,800	3,600	6,300	9,000
1970 124, 4-cyl., 1438cc, 95.3" wb						
4d Spl Sed	200	600	1,000	2,000	3,500	5,000
4d Spl Sta Wag	200	600	1,000	2,000	3,500	5,000
2d Spt Cpe	320	960	1,600	3,200	5,600	8,000
1970 124 Spider, 4-cyl., 1438cc, 89.8" wb						
2d Conv	460	1,380	2,300	4,600	8,050	11,500
1971 850, 4-cyl., 817cc, 79.8" wb						
2d Sed	200	600	1,000	2,000	3,500	5,000
1971 850, 4-cyl., 903cc, 79.8" wb						
2d FBk Cpe, 2 plus 2	240	720	1,200	2,400	4,200	6,000
Racer, 2d HT Cpe	272	816	1,360	2,720	4,760	6,800
1971 850 Spider, 4-cyl., 903cc, 79.8" wb						
2d Conv	340	1,020	1,700	3,400	5,950	8,500
1971 124, 4-cyl., 1438cc, 95.3" wb						
4d Spl Sed	200	600	1,000	2,000	3,500	5,000
4d Spl Sta Wag	200	600	1,000	2,000	3,500	5,000
2d Spt Cpe	320	960	1,600	3,200	5,600	8,000
1971 124 Spider, 4-cyl., 1438cc, 89.8" wb						
2d Conv	460	1,380	2,300	4,600	8,050	11,500
NOTE: The 124 coupe and convertible could be ordered with the larger 1.6-liter engine (1608cc).						
1972 850 Spider, 4-cyl., 903cc, 79.8" wb						
2d Conv	340	1,020	1,700	3,400	5,950	8,500
1972 128, 4-cyl., 1116cc, 96.4" wb						
2d Sed	180	540	900	1,800	3,150	4,500
4d Sed	180	540	900	1,800	3,150	4,500
2d Sta Wag	180	540	900	1,800	3,150	4,500
1972 124, 4-cyl., 1438cc, 95.3" wb						
4d Spl Sed	200	600	1,000	2,000	3,500	5,000
4d Sta Wag	200	600	1,000	2,000	3,500	5,000
1972 124, 4-cyl., 1608cc, 95.3" wb						
2d Spt Cpe	320	960	1,600	3,200	5,600	8,000
1972 124 Spider, 4-cyl., 1608cc, 89.8" wb						
2d Conv	440	1,320	2,200	4,400	7,700	11,000
1973 850 Spider, 4-cyl., 903cc, 79.8" wb						
2d Conv	340	1,020	1,700	3,400	5,950	8,500
1973 128, 4-cyl., 1116cc, 96.4" wb						
2d Sed	200	600	1,000	2,000	3,500	5,000
4d Sed	200	600	1,000	2,000	3,500	5,000
2d Sta Wag	204	612	1,020	2,040	3,570	5,100
SL 1300 2d Cpe	212	636	1,060	2,120	3,710	5,300
1973 124, 4-cyl., 1438cc, 95.3" wb						
4d Spl Sed	220	660	1,100	2,200	3,850	5,500
4d Sta Wag	220	660	1,100	2,200	3,850	5,500
1973 124, 4-cyl., 1608cc, 95.3" wb						
2d Spt Cpe	340	1,020	1,700	3,400	5,950	8,500
1973 124 Spider, 4-cyl., 1608cc, 89.8" wb						
2d Conv	440	1,320	2,200	4,400	7,700	11,000
1974 128, 4-cyl., 1290cc, 96.4" wb						
2d Sed	200	600	1,000	2,000	3,500	5,000
4d Sed	200	600	1,000	2,000	3,500	5,000
2d Sta Wag	204	612	1,020	2,040	3,570	5,100
1974 128, 4-cyl., 1290cc, 87.5" wb						
SL 2d Cpe	212	636	1,060	2,120	3,710	5,300
1974 X1/9, 4-cyl., 1290cc, 86.7" wb						
2d Targa Cpe	260	780	1,300	2,600	4,550	6,500
1974 124, 4-cyl., 1593cc, 95.3" wb						
4d Spl Sed	220	660	1,100	2,200	3,850	5,500
4d Sta Wag	220	660	1,100	2,200	3,850	5,500
1974 124, 4-cyl., 1756cc, 95.3" wb						
2d Spt Cpe	220	660	1,100	2,200	3,850	5,500
1974 124 Spider, 4-cyl., 1756cc, 89.8" wb						
2d Conv	440	1,320	2,200	4,400	7,700	11,000
1975 128, 4-cyl., 1290cc, 96.4" wb						
2d Sed	200	600	1,000	2,000	3,500	5,000
4d Sed	200	600	1,000	2,000	3,500	5,000
2d Sta Wag	204	612	1,020	2,040	3,570	5,100
1975 128, 4-cyl., 1290cc, 87.5" wb						
SL 2d Cpe	212	636	1,060	2,120	3,710	5,300

	6	5	4	3	2	1
1975 X1/9, 4-cyl., 1290cc, 86.7" wb						
2d Targa Cpe	260	780	1,300	2,600	4,550	6,500
1975 131, 4-cyl., 1756cc, 98" wb						
2d Sed	200	600	1,000	2,000	3,500	5,000
4d Sed	200	600	1,000	2,000	3,500	5,000
4d Sta Wag	212	636	1,060	2,120	3,710	5,300
1975 124, 4-cyl., 1756cc, 95.3" wb						
2d Spt Cpe	340	1,020	1,700	3,400	5,950	8,500
1975 124 Spider, 4-cyl., 1756cc, 89.7" wb						
2d Conv	440	1,320	2,200	4,400	7,700	11,000
1976 128, 4-cyl., 1290cc, 96.4" wb						
2d Sed	200	600	1,000	2,000	3,500	5,000
2d Cus Sed	200	600	1,000	2,000	3,500	5,000
4d Cus Sed	200	600	1,000	2,000	3,500	5,000
2d Sta Wag	204	612	1,020	2,040	3,570	5,100
1976 128 Sport, 4-cyl., 1290cc, 87.5" wb						
3P HBk Cpe	212	636	1,060	2,120	3,710	5,300
1976 X1/9, 4-cyl., 1290cc, 86.7" wb						
AS Targa Cpe	260	780	1,300	2,600	4,550	6,500
1976 131, 4-cyl., 1756cc, 98" wb						
A3 2d Sed	200	600	1,000	2,000	3,500	5,000
A3 4d Sed	200	600	1,000	2,000	3,500	5,000
AF2 4d Sta Wag	200	600	1,000	2,000	3,500	5,000
1976 124 Sport Spider, 4-cyl., 1756cc, 89.7" wb						
CS 2d Conv	440	1,320	2,200	4,400	7,700	11,000
1977 128, 4-cyl., 1290cc, 96.4" wb						
2d Sed	200	600	1,000	2,000	3,500	5,000
2d Cus Sed	200	600	1,000	2,000	3,500	5,000
4d Cus Sed	200	600	1,000	2,000	3,500	5,000
2d Sta Wag	204	612	1,020	2,040	3,570	5,100
1977 128, 4-cyl., 1290cc, 87.5" wb						
3P Cus HBk Cpe	212	636	1,060	2,120	3,710	5,300
1977 X1/9, 4-cyl., 1290cc, 86.7" wb						
AS Targa Cpe	260	780	1,300	2,600	4,550	6,500
1977 131, 4-cyl., 1756cc, 98" wb						
A3 2d Sed	200	600	1,000	2,000	3,500	5,000
A3 4d Sed	200	600	1,000	2,000	3,500	5,000
AF2 4d Sta Wag	204	612	1,020	2,040	3,570	5,100
1977 124 Sport Spider, 4-cyl., 1756cc, 89.7" wb						
CS 2d Conv	440	1,320	2,200	4,400	7,700	11,000
1978 128, 4-cyl., 1290cc, 96.4" wb						
A1 2d Sed	200	600	1,000	2,000	3,500	5,000
A1 4d Sed	200	600	1,000	2,000	3,500	5,000
1978 128, 4-cyl., 1290cc, 87.5" wb						
AC Spt HBk	212	636	1,060	2,120	3,710	5,300
1978 X1/9, 4-cyl., 1290cc, 86.7" wb						
AS Targa Cpe	260	780	1,300	2,600	4,550	6,500
1978 131, 4-cyl., 1756cc, 98" wb						
A 2d Sed	204	612	1,020	2,040	3,570	5,100
A 4d Sed	204	612	1,020	2,040	3,570	5,100
AF 4d Sta Wag	208	624	1,040	2,080	3,640	5,200
1978 Brava, 4-cyl., 1756cc, 98" wb						
2d Sed	168	504	840	1,680	2,940	4,200
2d Sup Sed	168	504	840	1,680	2,940	4,200
4d Sup Sed	168	504	840	1,680	2,940	4,200
4d Sup Sta Wag	172	516	860	1,720	3,010	4,300
1978 Spider 124, 4-cyl., 1756cc, 89.7" wb						
2d Conv	440	1,320	2,200	4,400	7,700	11,000
1978 X1/9						
NOTE: At mid-year the Brava series and Spider contained the new twin-cam 2.0-liter four (1995cc).						
1979 128A1, 4-cyl., 1290cc, 96.4" wb						
2d Sed	160	480	800	1,600	2,800	4,000
4d Sed	160	480	800	1,600	2,800	4,000
1979 128AC, 4-cyl., 1290cc, 87.5" wb						
2d Spt HBk	172	516	860	1,720	3,010	4,300
1979 X1/9, 4-cyl., 1498cc, 86.7" wb						
AS Targa Cpe	220	660	1,100	2,200	3,850	5,500
1979 Strada 138A, 1498cc, 96.4" wb						
2d HBk	164	492	820	1,640	2,870	4,100
2d Cus HBk	164	492	820	1,640	2,870	4,100
4d Cus HBk	164	492	820	1,640	2,870	4,100
1979 Brava 131, 4-cyl., 1995cc, 98" wb						
A4 2d Sed	168	504	840	1,680	2,940	4,200

1979 BMW 733i sedan

1990 BMW 535i sedan

1956 Bentley Continental two-door sedan with coachwork by Park Ward

	6	5	4	3	2	1
A4 4d Sed	168	504	840	1,680	2,940	4,200
AF 4d Sta Wag	172	516	860	1,720	3,010	4,300
1979 Spider 2000, 4-cyl., 1995cc, 89.7" wb						
2d Conv	460	1,380	2,300	4,600	8,050	11,500
1980 Strada 138, 4-cyl., 1498cc, 96.4" wb						
2d HBk	160	480	800	1,600	2,800	4,000
2d Cus HBk	160	480	800	1,600	2,800	4,000
4d Cus HBk	160	480	800	1,600	2,800	4,000
1980 X1/9, 4-cyl., 1498cc, 86.7" wb						
128 Targa Cpe	220	660	1,100	2,200	3,850	5,500
1980 Brava 131, 4-cyl., 1995cc, 98" wb						
2d Sed	164	492	820	1,640	2,870	4,100
4d Sed	164	492	820	1,640	2,870	4,100
1980 Spider 2000, 4-cyl., 1995cc, 89.7" wb						
124 2d Conv	460	1,380	2,300	4,600	8,050	11,500
NOTE The Brava series and the Spider 2000 were also available with fuel injection in 1980.						
1981 Strada 138, 4-cyl., 1498cc, 96.4" wb						
2d HBk	160	480	800	1,600	2,800	4,000
2d Cus HBk	160	480	800	1,600	2,800	4,000
4d Cus HBk	160	480	800	1,600	2,800	4,000
1981 X1/9, 4-cyl., 1498cc, 86.7" wb						
128 Targa Cpe	220	660	1,100	2,200	3,850	5,500
1981 Brava 131, 4-cyl., 1995cc, 98" wb						
2d Sed	164	492	820	1,640	2,870	4,100
4d Sed	164	492	820	1,640	2,870	4,100
1981 Spider 2000, 4-cyl., 1995cc, 89.7" wb						
124 2d Conv	380	1,140	1,900	3,800	6,650	9,500
124 2d Turbo Conv	400	1,200	2,000	4,000	7,000	10,000
1982 Strada, 4-cyl., 1498cc, 96.4" wb						
DD 2d HBk	160	480	800	1,600	2,800	4,000
DD 2d Cus HBk	160	480	800	1,600	2,800	4,000
DE Cus 4d HBk	160	480	800	1,600	2,800	4,000
1982 X1/9, 4-cyl., 1498cc, 86.7" wb						
BS Targa Cpe	220	660	1,100	2,200	3,850	5,500
1982 Spider 2000, 4-cyl., 1995cc, 89.7" wb						
AS 2d Conv	380	1,140	1,900	3,800	6,650	9,500
2d Turbo Conv	400	1,200	2,000	4,000	7,000	10,000
1983 X1/9, 4-cyl., 1498cc, 86.7" wb						
BS Targa Cpe	220	660	1,100	2,200	3,850	5,500
1983 Spider 2000, 4-cyl., 1995cc, 89.7" wb						
AS 2d Conv	380	1,140	1,900	3,800	6,650	9,500
2d Turbo Conv	400	1,200	2,000	4,000	7,000	10,000

NOTE: The Spider 2000 convertible was produced under the Pininfarina nameplate during 1984-85.
The X1/9 Targa Coupe was produced under the Bertone nameplate during 1984-90.

FORD - BRITISH

1948 Anglia, 4-cyl., 90" wb						
2d Sed	340	1,020	1,700	3,400	5,950	8,500
1948 Prefect, 4-cyl., 94" wb						
4d Sed	320	960	1,600	3,200	5,600	8,000
1949 Anglia, 4-cyl., 90" wb						
2d Sed	340	1,020	1,700	3,400	5,950	8,500
1949 Prefect, 4-cyl., 94" wb						
4d Sed	320	960	1,600	3,200	5,600	8,000
1950 Anglia, 4-cyl., 90" wb						
2d Sed	340	1,020	1,700	3,400	5,950	8,500
1950 Prefect, 4-cyl., 94" wb						
4d Sed	320	960	1,600	3,200	5,600	8,000
1951 Anglia, 4-cyl., 90" wb						
2d Sed	268	804	1,340	2,680	4,690	6,700
1951 Prefect, 4-cyl., 90" wb						
4d Sed	264	792	1,320	2,640	4,620	6,600
1951 Consul, 4-cyl., 100" wb						
4d Sed	268	804	1,340	2,680	4,690	6,700
1952 Anglia, 4-cyl., 90" wb						
2d Sed	268	804	1,340	2,680	4,690	6,700
1952 Prefect, 4-cyl., 94" wb						
4d Sed	264	792	1,320	2,640	4,620	6,600
1952 Consul, 4-cyl., 100" wb						
4d Sed	268	804	1,340	2,680	4,690	6,700

	6	5	4	3	2	1
1952 Zephyr, 6-cyl., 104" wb						
4d Sed	280	840	1,400	2,800	4,900	7,000
1953 Anglia, 4-cyl., 90" wb						
2d Sed	268	804	1,340	2,680	4,690	6,700
1953 Prefect, 4-cyl., 94" wb						
4d Sed	264	792	1,320	2,640	4,620	6,600
1953 Consul, 4-cyl., 100" wb						
4d Sed	268	804	1,340	2,680	4,690	6,700
1953 Zephyr, 6-cyl., 104" wb						
4d Sed	280	840	1,400	2,800	4,900	7,000
1954 Anglia, 4-cyl., 87" wb						
2d Sed	268	804	1,340	2,680	4,690	6,700
1954 Prefect, 4-cyl., 87" wb						
4d Sed	264	792	1,320	2,640	4,620	6,600
1954 Consul, 4-cyl., 100" wb						
4d Sed	268	804	1,340	2,680	4,690	6,700
1954 Zephyr, 6-cyl., 104" wb						
4d Sed	280	840	1,400	2,800	4,900	7,000
1955 Anglia, 4-cyl., 87" wb						
2d Sed	268	804	1,340	2,680	4,690	6,700
1955 Prefect, 4-cyl., 87" wb						
4d Sed	264	792	1,320	2,640	4,620	6,600
1955 Consul, 4-cyl., 100" wb						
4d Sed	276	828	1,380	2,760	4,830	6,900
2d Conv	340	1,020	1,700	3,400	5,950	8,500
1955 Zephyr, 6-cyl., 104" wb						
4d Sed	280	840	1,400	2,800	4,900	7,000
1955 Zodiac, 6-cyl., 104" wb						
4d Sed	284	852	1,420	2,840	4,970	7,100
2d Conv	340	1,020	1,700	3,400	5,950	8,500
1956 Anglia, 4-cyl., 87" wb						
2d Sed	268	804	1,340	2,680	4,690	6,700
1956 Prefect, 4-cyl., 87" wb						
4d Sed	264	792	1,320	2,640	4,620	6,600
1956 Escort/Squire, 4-cyl., 87" wb						
2d Sta Wag	276	828	1,380	2,760	4,830	6,900
1956 Consul, 4-cyl., 100" wb						
4d Sed	276	828	1,380	2,760	4,830	6,900
2d Conv	340	1,020	1,700	3,400	5,950	8,500
1956 Zephyr, 6-cyl., 104" wb						
4d Sed	280	840	1,400	2,800	4,900	7,000
2d Conv	340	1,020	1,700	3,400	5,950	8,500
1956 Zodiac, 6-cyl., 104" wb						
4d Sed	284	852	1,420	2,840	4,970	7,100
1957 Anglia, 4-cyl., 87" wb						
2d Sed	268	804	1,340	2,680	4,690	6,700
1957 Prefect, 4-cyl., 87" wb						
4d Sed	264	792	1,320	2,640	4,620	6,600
1957 Escort/Squire, 4-cyl., 87" wb						
2d Sta Wag	276	828	1,380	2,760	4,830	6,900
1957 Consul, 4-cyl., 104" wb						
4d Sed	276	828	1,380	2,760	4,830	6,900
2d Conv	340	1,020	1,700	3,400	5,950	8,500
1957 Zephyr, 6-cyl., 107" wb						
4d Sed	280	840	1,400	2,800	4,900	7,000
2d Conv	340	1,020	1,700	3,400	5,950	8,500
1957 Zodiac, 6-cyl., 107" wb						
4d Sed	284	852	1,420	2,840	4,970	7,100
2d Conv	520	1,560	2,600	5,200	9,100	13,000
1958 Anglia, 4-cyl., 87" wb						
2d Sed	268	804	1,340	2,680	4,690	6,700
2d DeL Sed	272	816	1,360	2,720	4,760	6,800
1958 Prefect, 4-cyl., 87" wb						
4d Sed	268	804	1,340	2,680	4,690	6,700
1958 Escort/Squire, 4-cyl., 87" wb						
2d Sta Wag	276	828	1,380	2,760	4,830	6,900
1958 Consul, 4-cyl., 104" wb						
4d Sed	276	828	1,380	2,760	4,830	6,900
2d Conv	340	1,020	1,700	3,400	5,950	8,500
1958 Zephyr, 6-cyl., 107" wb						
4d Sed	280	840	1,400	2,800	4,900	7,000

	6	5	4	3	2	1
2d Conv	340	1,020	1,700	3,400	5,950	8,500
1958 Zodiac, 6-cyl., 107" wb						
4d Sed	284	852	1,420	2,840	4,970	7,100
2d Conv	520	1,560	2,600	5,200	9,100	13,000
1959 Anglia, 4-cyl., 87" wb						
2d DeL Sed	268	804	1,340	2,680	4,690	6,700
1959 Prefect, 4-cyl., 87" wb						
4d Sed	264	792	1,320	2,640	4,620	6,600
1959 Escort/Squire, 4-cyl., 87" wb						
2d Sta Wag	276	828	1,380	2,760	4,830	6,900
1959 Consul, 4-cyl., 104" wb						
4d Sed	276	828	1,380	2,760	4,830	6,900
2d Conv	340	1,020	1,700	3,400	5,950	8,500
4d Sta Wag	280	840	1,400	2,800	4,900	7,000
1959 Zephyr, 6-cyl., 107" wb						
4d Sed	280	840	1,400	2,800	4,900	7,000
2d Conv	340	1,020	1,700	3,400	5,950	8,500
4d Sta Wag	284	852	1,420	2,840	4,970	7,100
1959 Zodiac, 6-cyl., 107" wb						
4d Sed	284	852	1,420	2,840	4,970	7,100
2d Conv	340	1,020	1,700	3,400	5,950	8,500
4d Sta Wag	288	864	1,440	2,880	5,040	7,200
1960 Anglia, 4-cyl., 90" wb						
2d Sed	264	792	1,320	2,640	4,620	6,600
1960 Prefect, 4-cyl., 90" wb						
4d Sed	220	660	1,100	2,200	3,850	5,500
1960 Escort/Squire, 4-cyl., 87" wb						
2d Sta Wag	276	828	1,380	2,760	4,830	6,900
1960 Consul, 4-cyl., 104" wb						
4d Sed	276	828	1,380	2,760	4,830	6,900
2d Conv	320	960	1,600	3,200	5,600	8,000
1960 Zephyr, 6-cyl., 107" wb						
4d Sed	280	840	1,400	2,800	4,900	7,000
2d Conv	328	984	1,640	3,280	5,740	8,200
1960 Zodiac, 6-cyl., 107" wb						
4d Sed	284	852	1,420	2,840	4,970	7,100
2d Conv	340	1,020	1,700	3,400	5,950	8,500
1961 Anglia, 4-cyl., 90" wb						
2d Sed	224	672	1,120	2,240	3,920	5,600
1961 Prefect, 4-cyl., 90" wb						
4d Sed	220	660	1,100	2,200	3,850	5,500
1961 Escort, 4-cyl., 87" wb						
2d Sta Wag	276	828	1,380	2,760	4,830	6,900
1961 Consul, 4-cyl., 104" wb						
4d Sed	276	828	1,380	2,760	4,830	6,900
2d Conv	540	1,620	2,700	5,400	9,450	13,500
1961 Zephyr, 6-cyl., 107" wb						
4d Sed	280	840	1,400	2,800	4,900	7,000
2d Conv	560	1,680	2,800	5,600	9,800	14,000
1961 Zodiac, 6-cyl., 107" wb						
4d Sed	284	852	1,420	2,840	4,970	7,100
2d Conv	568	1,704	2,840	5,680	9,940	14,200
1962 Anglia, 4-cyl., 90" wb						
2d Sed	224	672	1,120	2,240	3,920	5,600
2d DeL Sed	228	684	1,140	2,280	3,990	5,700
2d Sta Wag	228	684	1,140	2,280	3,990	5,700
1962 Consul 315, 4-cyl., 99" wb						
2d Sed	232	696	1,160	2,320	4,060	5,800
4d DeL Sed	236	708	1,180	2,360	4,130	5,900
1962 Consul Capri, 4-cyl., 99" wb						
2d HT Cpe	280	840	1,400	2,800	4,900	7,000
1963 Anglia, 4-cyl., 90" wb						
2d Sed	224	672	1,120	2,240	3,920	5,600
2d DeL Sed	228	684	1,140	2,280	3,990	5,700
2d Sta Wag	228	684	1,140	2,280	3,990	5,700
1963 Consul 315, 4-cyl., 99" wb						
2d Sed	232	696	1,160	2,320	4,060	5,800
4d DeL Sed	236	708	1,180	2,360	4,130	5,900
1963 Capri, 4-cyl., 99" wb						
2d HT Cpe	280	840	1,400	2,800	4,900	7,000
1963 Cortina, 4-cyl., 98" wb						
2d DeL Sed	228	684	1,140	2,280	3,990	5,700
4d DeL Sed	232	696	1,160	2,320	4,060	5,800

	6	5	4	3	2	1
4d Sta Wag	232	696	1,160	2,320	4,060	5,800
1963 Zephyr, 6-cyl., 107" wb						
4d Sed	236	708	1,180	2,360	4,130	5,900
1963 Zodiac, 6-cyl., 107" wb						
4d Sed	240	720	1,200	2,400	4,200	6,000
1964 Anglia, 4-cyl., 90" wb						
2d Sed	224	672	1,120	2,240	3,920	5,600
2d DeL Sed	228	684	1,140	2,280	3,990	5,700
2d Sta Wag	228	684	1,140	2,280	3,990	5,700
1964 Consul 315, 4-cyl., 99" wb						
2d Sed	232	696	1,160	2,320	4,060	5,800
4d DeL Sed	236	708	1,180	2,360	4,130	5,900
1964 Consul Capri, 4-cyl., 99" wb						
2d Cpe	280	840	1,400	2,800	4,900	7,000
2d GT Cpe	288	864	1,440	2,880	5,040	7,200
1964 Cortina, 4-cyl., 98" wb						
2d GT Sed	244	732	1,220	2,440	4,270	6,100
2d DeL Sed	240	720	1,200	2,400	4,200	6,000
4d DeL Sed	236	708	1,180	2,360	4,130	5,900
4d Sta Wag	236	708	1,180	2,360	4,130	5,900
1964 Zodiac, 6-cyl., 107" wb						
4d Sed	240	720	1,200	2,400	4,200	6,000
1965 Anglia, 4-cyl., 90" wb						
2d DeL Sed	228	684	1,140	2,280	3,990	5,700
1965 Capri, 4-cyl., 99" wb						
2d Cpe	232	696	1,160	2,320	4,060	5,800
2d GT Cpe	236	708	1,180	2,360	4,130	5,900
1965 Cortina, 4-cyl., 98" wb						
2d GT Sed	260	780	1,300	2,600	4,550	6,500
2d Sed	228	684	1,140	2,280	3,990	5,700
4d Sed	224	672	1,120	2,240	3,920	5,600
4d Sta Wag	224	672	1,120	2,240	3,920	5,600
1966 Anglia 1200, 4-cyl., 90" wb						
2d DeL Sed	228	684	1,140	2,280	3,990	5,700
1966 Cortina 1500, 4-cyl., 98" wb						
2d GT Sed	260	780	1,300	2,600	4,550	6,500
2d Sed	228	684	1,140	2,280	3,990	5,700
4d Sed	232	696	1,160	2,320	4,060	5,800
4d Sta Wag	236	708	1,180	2,360	4,130	5,900
1966 Cortina Lotus, 4-cyl., 98" wb						
2d Sed	600	1,800	3,000	6,000	10,500	15,000
1967 Anglia 113E, 4-cyl., 90" wb						
2d DeL Sed	228	684	1,140	2,280	3,990	5,700
1967 Cortina 116E, 4-cyl., 98" wb						
2d GT Sed	232	696	1,160	2,320	4,060	5,800
2d Sed	224	672	1,120	2,240	3,920	5,600
4d Sed	228	684	1,140	2,280	3,990	5,700
4d Sta Wag	240	720	1,200	2,400	4,200	6,000
1968 Cortina, 4-cyl., 98" wb						
2d Sed	232	696	1,160	2,320	4,060	5,800
4d Sed	236	708	1,180	2,360	4,130	5,900
2d GT Sed	240	720	1,200	2,400	4,200	6,000
4d GT Sed	240	720	1,200	2,400	4,200	6,000
4d Sta Wag	240	720	1,200	2,400	4,200	6,000
1969 Cortina, 4-cyl., 98" wb						
2d Sed	232	696	1,160	2,320	4,060	5,800
4d Sed	236	708	1,180	2,360	4,130	5,900
2d GT Sed	244	732	1,220	2,440	4,270	6,100
4d GT Sed	244	732	1,220	2,440	4,270	6,100
2d DeL Sed	240	720	1,200	2,400	4,200	6,000
4d DeL Sed	240	720	1,200	2,400	4,200	6,000
4d Sta Wag	244	732	1,220	2,440	4,270	6,100
1970 Cortina, 4-cyl., 98" wb						
2d Sed	232	696	1,160	2,320	4,060	5,800
4d Sed	236	708	1,180	2,360	4,130	5,900
2d GT Sed	244	732	1,220	2,440	4,270	6,100
4d GT Sed	244	732	1,220	2,440	4,270	6,100
2d DeL Sed	240	720	1,200	2,400	4,200	6,000
4d DeL Sed	240	720	1,200	2,400	4,200	6,000
4d Sta Wag	244	732	1,220	2,440	4,270	6,100

FORD-CAPRI

1969-70 1600, 4-cyl., 1599cc, 100.8" wb						
2d Spt Cpe	300	850	1,400	2,800	4,900	7,000

	6	5	4	3	2	1
1971 1600, 4-cyl., 1599cc, 100.8" wb						
2d Spt Cpe	300	900	1,500	3,000	5,250	7,500
1971 2000, 4-cyl., 1993cc. 100.8" wb						
2d Spt Cpe	300	950	1,600	3,200	5,600	8,000
1972 1600, 4-cyl., 1599cc. 100.8" wb						
2d Spt Cpe	300	850	1,400	2,800	4,900	7,000
1972 2000, 4-cyl., 1993cc, 100.8" wb						
2d Spt Cpe	300	900	1,500	3,000	5,250	7,500
1972 2600, V-6, 2548cc, 100.8" wb						
2d Spt Cpe	300	950	1,600	3,200	5,600	8,000
1973 2000, 4-cyl., 1993cc, 100.8" wb						
2d Spt Cpe	300	900	1,500	3,000	5,250	7,500
1973 2600, V-6, 2548cc, 100.8" wb						
2d Spt Cpe	300	950	1,600	3,200	5,600	8,000
1974 2000, 4-cyl., 1993cc, 100.8" wb						
2d Spt Cpe	300	900	1,500	3,000	5,250	7,500
1974 2800, V-6, 2792cc, 100.8" wb						
2d Spt Cpe	300	950	1,600	3,200	5,600	8,000
1975-76 2300, 4-cyl., 2300cc, 100.9" wb						
2d HBk Cpe	300	900	1,500	3,000	5,250	7,500
2d Ghia Cpe	300	950	1,600	3,200	5,600	8,000
2d "S" Cpe	300	950	1,600	3,200	5,600	8,000
1975-76 2800, V-6, 2795cc, 100.9" wb						
2d HBk Cpe	300	900	1,500	3,000	5,250	7,500

NOTE: No Capris were imported for the 1975 model year. Late in the year came the Capri II (intended as a '76 model).

	6	5	4	3	2	1
1977-78 2300, 4-cyl., 2300cc, 100.9" wb						
2d HBk Cpe	300	900	1,500	3,000	5,250	7,500
2d Ghia Cpe	300	950	1,600	3,200	5,600	8,000
1977-78 2800, V-6, 2795cc, 100.9" wb						
2d HBk Cpe	300	950	1,600	3,200	5,600	8,000

NOTE: 1977 was the final model year for Capri II. They were not imported after 1977.

GEO

	6	5	4	3	2	1
1989 Metro						
2d HBk	184	552	920	1,840	3,220	4,600
2d HBk LSi	204	612	1,020	2,040	3,570	5,100
4d Sed LSi	208	624	1,040	2,080	3,640	5,200
1989 Prizm						
4d Sed	264	792	1,320	2,640	4,620	6,600
5d HBk	268	804	1,340	2,680	4,690	6,700
1989 Spectrum						
2d HBk	224	672	1,120	2,240	3,920	5,600
4d Sed	232	696	1,160	2,320	4,060	5,800
1989 Tracker (4x4)						
Wag HT	340	1,020	1,700	3,400	5,950	8,500
Wag Soft-top	320	960	1,600	3,200	5,600	8,000
1990 Metro, 3-cyl.						
2d HBk XFi	112	336	560	1,120	1,960	2,800
2d HBk	116	348	580	1,160	2,030	2,900
2d HBk LSi	124	372	620	1,240	2,170	3,100
4d HBk	116	348	580	1,160	2,030	2,900
4d HBk LSi	132	396	660	1,320	2,310	3,300
2d Conv LSi	200	600	1,000	2,000	3,500	5,000
1990 Prizm, 4-cyl.						
4d Sed	240	720	1,200	2,400	4,200	6,000
4d Sed GSi	260	780	1,300	2,600	4,550	6,500
4d HBk	256	768	1,280	2,560	4,480	6,400
4d HBk GSi	276	828	1,380	2,760	4,830	6,900
1990 Storm, 4-cyl.						
2d HBk (2 plus 2)	220	660	1,100	2,200	3,850	5,500
2d HBk (2 plus 2) GSi	240	720	1,200	2,400	4,200	6,000
1991 Metro						
2d HBk	100	300	500	1,000	1,750	2,500
2d HBk XFi	104	312	520	1,040	1,820	2,600
2d HBk LSi	112	336	560	1,120	1,960	2,800
4d HBk	104	312	520	1,040	1,820	2,600
4d HBk LSi	112	336	560	1,120	1,960	2,800
2d Conv LSi	156	468	780	1,560	2,730	3,900
1991 Prizm						
4d NBk	200	600	1,000	2,000	3,500	5,000
4d NBk GSi	220	660	1,100	2,200	3,850	5,500

	6	5	4	3	2	1
4d HBk	204	612	1,020	2,040	3,570	5,100
4d HBk GSi	224	672	1,120	2,240	3,920	5,600
1991 Storm						
2d Cpe	180	540	900	1,800	3,150	4,500
2d Cpe GSi	200	600	1,000	2,000	3,500	5,000
2d HBk	180	540	900	1,800	3,150	4,500
1992 Metro, 3-cyl.						
2d HBk XFi	120	360	600	1,200	2,100	3,000
2d HBk	128	384	640	1,280	2,240	3,200
2d HBk LSi	140	420	700	1,400	2,450	3,500
4d HBk	128	384	640	1,280	2,240	3,200
4d HBk LSi	140	420	700	1,400	2,450	3,500
2d Conv LSi	180	540	900	1,800	3,150	4,500
1992 Prizm, 4-cyl.						
4d Sed	200	600	1,000	2,000	3,500	5,000
4d Sed GSi	240	720	1,200	2,400	4,200	6,000
1992 Storm, 4-cyl.						
2d Cpe	168	504	840	1,680	2,940	4,200
2d HBk	180	540	900	1,800	3,150	4,500
2d Cpe GSi	220	660	1,100	2,200	3,850	5,500
1993 Metro, 3-cyl.						
2d XFi HBk	152	456	760	1,520	2,660	3,800
2d HBk	156	468	780	1,560	2,730	3,900
2d LSi HBk	156	468	780	1,560	2,730	3,900
4d HBk	160	480	800	1,600	2,800	4,000
4d LSi HBk	160	480	800	1,600	2,800	4,000
2d LSi Conv	260	780	1,300	2,600	4,550	6,500
1993 Prizm						
4d Sed	220	660	1,100	2,200	3,850	5,500
4d LSi Sed	224	672	1,120	2,240	3,920	5,600
1993 Storm						
2d Cpe	228	684	1,140	2,280	3,990	5,700
2d GSi Cpe	232	696	1,160	2,320	4,060	5,800
1994 Metro, 3-cyl.						
2d HBk XFi	128	384	640	1,280	2,240	3,200
2d HBk	136	408	680	1,360	2,380	3,400
4d HBk	140	420	700	1,400	2,450	3,500
1994 Prizm, 4-cyl.						
4d Sed	220	660	1,100	2,200	3,850	5,500
4d Sed LSi	224	672	1,120	2,240	3,920	5,600

HILLMAN

	6	5	4	3	2	1
1948 Minx, 4-cyl., 92" wb						
4d Sed	300	850	1,400	2,800	4,900	7,000
2d Conv	540	1,620	2,700	5,400	9,450	13,500
4d Est Wag	300	950	1,600	3,200	5,600	8,000
1949 Minx, 4-cyl., 93" wb						
4d Sed	300	850	1,400	2,800	4,900	7,000
2d Conv	540	1,620	2,700	5,400	9,450	13,500
4d Est Wag	300	950	1,600	3,200	5,600	8,000
1950 Minx, 4-cyl., 93" wb						
4d Sed	300	850	1,400	2,800	4,900	7,000
2d Conv	540	1,620	2,700	5,400	9,450	13,500
4d Est Wag	300	950	1,600	3,200	5,600	8,000
1951 Minx Mk IV, 4-cyl., 93" wb						
4d Sed	300	850	1,400	2,800	4,900	7,000
2d Conv	540	1,620	2,700	5,400	9,450	13,500
4d Est Wag	300	950	1,600	3,200	5,600	8,000
1952 Minx Mk IV, 4-cyl., 93" wb						
4d Sed	300	850	1,400	2,800	4,900	7,000
2d Conv	540	1,620	2,700	5,400	9,450	13,500
4d Est Wag	300	900	1,500	3,000	5,250	7,500
1952 Minx Mk V, 4-cyl., 93" wb						
4d Sed	300	850	1,400	2,800	4,900	7,000
2d Conv	544	1,632	2,720	5,440	9,520	13,600
4d Est Wag	300	950	1,600	3,200	5,600	8,000
1953 Minx Mk VI, 4-cyl., 93" wb						
4d Sed	300	850	1,400	2,800	4,900	7,000
2d HT	350	1,100	1,800	3,600	6,300	9,000
2d Conv	548	1,644	2,740	5,480	9,590	13,700
4d Est Wag	300	950	1,600	3,200	5,600	8,000
1954 Minx Mk VII, 4-cyl., 93" wb						
4d Sed	300	850	1,400	2,800	4,900	7,000
2d HT	350	1,100	1,800	3,600	6,300	9,000

	6	5	4	3	2	1
2d Conv	548	1,644	2,740	5,480	9,590	13,700
4d Est Wag	300	950	1,600	3,200	5,600	8,000
1955 Husky, 4-cyl., 84" wb						
2d Sta Wag	300	950	1,600	3,200	5,600	8,000
1955 Minx Mk VIII, 4-cyl., 93" wb						
4d Sed	300	850	1,400	2,800	4,900	7,000
2d HT Cpe	350	1,100	1,800	3,600	6,300	9,000
2d Conv	548	1,644	2,740	5,480	9,590	13,700
4d Est Wag	300	950	1,600	3,200	5,600	8,000
1956 Husky, 4-cyl., 84" wb						
2d Sta Wag	300	900	1,500	3,000	5,250	7,500
1956 Minx Mk VIII, 4-cyl., 93" wb						
4d Sed	300	900	1,500	3,000	5,250	7,500
2d HT Cpe	350	1,100	1,800	3,600	6,300	9,000
2d Conv	548	1,644	2,740	5,480	9,590	13,700
4d Est Wag	300	950	1,600	3,200	5,600	8,000
1957 Husky, 4-cyl., 84" wb						
2d Sta Wag	300	950	1,600	3,200	5,600	8,000
1957 New Minx, 4-cyl., 96" wb						
4d Sed	300	850	1,400	2,800	4,900	7,000
2d Conv	536	1,608	2,680	5,360	9,380	13,400
4d Est Wag	350	1,000	1,650	3,300	5,750	8,200
1958 Husky, 4-cyl., 84" wb						
2d Sta Wag	300	950	1,600	3,200	5,600	8,000
1958 Husky, 2nd Series, 4-cyl., 86" wb						
2d Sta Wag	300	900	1,500	3,050	5,300	7,600
1958 Minx, 4-cyl., 96" wb						
4d Spl Sed	300	850	1,400	2,800	4,900	7,000
4d DeL Sed	300	900	1,500	3,000	5,250	7,500
2d Conv	536	1,608	2,680	5,360	9,380	13,400
4d Est Wag	350	1,000	1,700	3,350	5,900	8,400
1959 Husky, 4-cyl., 86" wb						
2d Sta Wag	300	900	1,500	3,000	5,250	7,500
1959 Minx Series II, 4-cyl., 96" wb						
4d Spl Sed	300	900	1,500	3,000	5,250	7,500
4d DeL Sed	300	900	1,500	3,000	5,250	7,500
2d Conv	400	1,150	1,900	3,750	6,600	9,400
4d Est Wag	300	900	1,550	3,100	5,400	7,700
1960 Husky, 4-cyl., 86" wb						
2d Sta Wag	300	900	1,500	3,000	5,250	7,500
1960 Minx Series IIIA, 4-cyl., 96" wb						
4d Spl Sed	300	900	1,500	3,000	5,250	7,500
4d DeL Sed	300	900	1,500	3,000	5,250	7,500
2d Conv	400	1,150	1,900	3,800	6,650	9,500
4d Est Wag	300	900	1,550	3,100	5,400	7,700
1961 Husky, 4-cyl., 86" wb						
2d Sta Wag	300	900	1,500	3,000	5,250	7,500
1961 Minx Series IIIA, 4-cyl., 96" wb						
4d Spl Sed	300	900	1,500	3,000	5,250	7,500
4d DeL Sed	300	900	1,500	3,000	5,250	7,500
2d Conv	540	1,620	2,700	5,400	9,450	13,500
4d Est Wag	300	900	1,550	3,100	5,400	7,700
1962 Husky, 4-cyl., 86" wb						
2d Sta Wag	300	900	1,500	3,000	5,250	7,500
1962 Minx Series 1600, 4-cyl., 96" wb						
4d Sed	300	850	1,400	2,800	4,900	7,000
2d Conv	500	1,550	2,600	5,200	9,100	13,000
4d Est Wag	300	900	1,550	3,100	5,400	7,700
1962 Super Minx, 4-cyl., 101" wb						
4d Sed	300	900	1,500	3,000	5,250	7,500
1963 Husky II, 4-cyl., 86" wb						
2d Sta Wag	300	900	1,500	3,000	5,250	7,500
1963 Minx Series 1600, 4-cyl., 96" wb						
4d Sed	300	850	1,400	2,800	4,900	7,000
1963 Super Minx Mk I, 4-cyl., 101" wb						
4d Sed	300	850	1,400	2,800	4,900	7,000
2d Conv	520	1,560	2,600	5,200	9,100	13,000
4d Est Wag	300	900	1,550	3,100	5,400	7,700
1963 Super Minx Mk II, 4-cyl., 101" wb						
4d Sed	520	1,560	2,600	5,200	9,100	13,000
2d Conv	528	1,584	2,640	5,280	9,240	13,200
4d Est Wag	300	950	1,550	3,100	5,450	7,800
1964 Husky, 4-cyl., 86" wb						
2d Sta Wag	300	900	1,500	3,000	5,250	7,500

1949 Borgward Hansa 1500 two-door sedan

1973 Citroen SM-Maserati coupe

1979 Datsun 280ZX GL 2+2 coupe

	6	5	4	3	2	1
1964 Minx Series 1600 Mk V, 4-cyl., 96" wb						
4d Sed	300	850	1,400	2,800	4,900	7,000
1964 Super Minx Mk II, 4-cyl., 101" wb						
4d Sed	300	850	1,400	2,800	4,900	7,000
2d Conv	524	1,572	2,620	5,240	9,170	13,100
4d Est Wag	300	900	1,500	3,050	5,300	7,600
1965 Husky, 4-cyl., 86" wb						
2d Sta Wag	300	900	1,500	3,000	5,250	7,500
1965 Super Minx Mk II, 4-cyl., 101" wb						
4d Sed	300	850	1,400	2,800	4,900	7,000
4d Est Wag	300	900	1,550	3,100	5,400	7,700
1966 Husky, 4-cyl., 86" wb						
2d Sta Wag	300	900	1,500	3,000	5,250	7,500
1966 Super Minx Mk III, 4-cyl., 101" wb						
4d Sed	300	850	1,400	2,800	4,900	7,000
4d Est Wag	300	900	1,550	3,100	5,400	7,700
1967 Husky, 4-cyl., 86" wb						
2d Sta Wag	300	900	1,550	3,100	5,400	7,700

HONDA

	6	5	4	3	2	1
1969 AN600						
2d Sed	360	1,080	1,800	3,600	6,300	9,000
NOTE: Add 10 percent for Hawaiian sedan.						
1970 Honda 600 AN600						
2d Sed	360	1,080	1,800	3,600	6,300	9,000
1971-1972 Honda 600 AN600						
2d Sed	360	1,080	1,800	3,600	6,300	9,000
1971-1972 Honda 600 AZ600						
2d Cpe	400	1,200	2,000	4,000	7,000	10,000
1980 Civic 1300						
3d HBk	180	540	900	1,800	3,150	4,500
3d DX	180	540	900	1,800	3,150	4,500
1980 Civic 1500						
3d HBk	180	540	900	1,800	3,150	4,500
3d HBk DX	184	552	920	1,840	3,220	4,600
3d HBk GL	188	564	940	1,880	3,290	4,700
5d Sta Wag	184	552	920	1,840	3,220	4,600
1980 Accord						
3d HBk	200	600	1,000	2,000	3,500	5,000
4d Sed	220	660	1,100	2,200	3,850	5,500
3d HBk LX	220	660	1,100	2,200	3,850	5,500
1980 Prelude						
2d Cpe	248	744	1,240	2,480	4,340	6,200
1981 Civic 1300						
3d HBk	180	540	900	1,800	3,150	4,500
3d HBk DX	184	552	920	1,840	3,220	4,600
1981 Civic 1500						
3d HBk DX	180	540	900	1,800	3,150	4,500
3d HBk GL	180	540	900	1,800	3,150	4,500
4d Sed	184	552	920	1,840	3,220	4,600
4d Sta Wag	184	552	920	1,840	3,220	4,600
1981 Accord						
3d HBk	220	660	1,100	2,200	3,850	5,500
4d Sed	220	660	1,100	2,200	3,850	5,500
3d HBk LX	224	672	1,120	2,240	3,920	5,600
4d Sed SE	224	672	1,120	2,240	3,920	5,600
1981 Prelude						
2d Cpe	260	780	1,300	2,600	4,550	6,500
1982 Civic 1300						
3d HBk	180	540	900	1,800	3,150	4,500
3d HBk FE	180	540	900	1,800	3,150	4,500
1982 Civic 1500						
3d HBk DX	184	552	920	1,840	3,220	4,600
3d HBk GL	188	564	940	1,880	3,290	4,700
4d Sed	192	576	960	1,920	3,360	4,800
4d Sta Wag	224	672	1,120	2,240	3,920	5,600
1982 Accord						
3d HBk	220	660	1,100	2,200	3,850	5,500
4d Sed	224	672	1,120	2,240	3,920	5,600
3d HBk LX	228	684	1,140	2,280	3,990	5,700
1982 Prelude						
2d Cpe	268	804	1,340	2,680	4,690	6,700

	6	5	4	3	2	1
1983 Civic 1300						
3d HBk	180	540	900	1,800	3,150	4,500
3d HBk FE	180	540	900	1,800	3,150	4,500
1983 Civic 1500						
3d HBk DX	184	552	920	1,840	3,220	4,600
3d HBk S	188	564	940	1,880	3,290	4,700
4d Sed	192	576	960	1,920	3,360	4,800
4d Sta Wag	184	552	920	1,840	3,220	4,600
1983 Accord						
3d HBk	220	660	1,100	2,200	3,850	5,500
3d HBk LX	224	672	1,120	2,240	3,920	5,600
4d Sed	228	684	1,140	2,280	3,990	5,700
1983 Prelude						
2d Cpe	272	816	1,360	2,720	4,760	6,800
1984 Civic 1300						
2d Cpe CRX	180	540	900	1,800	3,150	4,500
3d HBk	180	540	900	1,800	3,150	4,500
1984 Civic 1500						
2d Cpe CRX	220	660	1,100	2,200	3,850	5,500
3d HBk DX	180	540	900	1,800	3,150	4,500
3d HBk S	180	540	900	1,800	3,150	4,500
4d Sed	188	564	940	1,880	3,290	4,700
4d Sta Wag	188	564	940	1,880	3,290	4,700
1984 Accord						
3d HBk	204	612	1,020	2,040	3,570	5,100
3d HBk LX	208	624	1,040	2,080	3,640	5,200
4d Sed	212	636	1,060	2,120	3,710	5,300
4d Sed LX	220	660	1,100	2,200	3,850	5,500
1984 Prelude						
2d Cpe	260	780	1,300	2,600	4,550	6,500
1985 Civic 1300						
3d HBk	180	540	900	1,800	3,150	4,500
1985 Civic 1500						
2d Cpe CRX HF	220	660	1,100	2,200	3,850	5,500
2d Cpe CRX	228	684	1,140	2,280	3,990	5,700
2d Cpe CRX Si	240	720	1,200	2,400	4,200	6,000
3d HBk DX	200	600	1,000	2,000	3,500	5,000
3d HBk S	160	480	800	1,600	2,800	4,000
4d Sed	164	492	820	1,640	2,870	4,100
4d Sta Wag	160	480	800	1,600	2,800	4,000
4d Sta Wag (4x4)	180	540	900	1,800	3,150	4,500
1985 Accord						
3d HBk	240	720	1,200	2,400	4,200	6,000
3d HBk LX	260	780	1,300	2,600	4,550	6,500
4d Sed	264	792	1,320	2,640	4,620	6,600
4d Sed LX	272	816	1,360	2,720	4,760	6,800
4d Sed SEi	300	900	1,500	3,000	5,250	7,500
1985 Prelude						
2d Cpe	300	900	1,500	3,000	5,250	7,500
2d Cpe Si	332	996	1,660	3,320	5,810	8,300
1986 Civic						
3d HBk	168	504	840	1,680	2,940	4,200
3d HBk DX	188	564	940	1,880	3,290	4,700
3d HBk Si	216	648	1,080	2,160	3,780	5,400
4d Sed	220	660	1,100	2,200	3,850	5,500
4d Sta Wag	200	600	1,000	2,000	3,500	5,000
4d Sta Wag (4x4)	224	672	1,120	2,240	3,920	5,600
1986 Civic CRX						
2d Cpe HF	208	624	1,040	2,080	3,640	5,200
2d Cpe Si	240	720	1,200	2,400	4,200	6,000
2d Cpe	220	660	1,100	2,200	3,850	5,500
1986 Accord						
3d HBk DX	264	792	1,320	2,640	4,620	6,600
3d HBk LXi	320	960	1,600	3,200	5,600	8,000
4d Sed DX	300	900	1,500	3,000	5,250	7,500
4d Sed LX	320	960	1,600	3,200	5,600	8,000
4d Sed LXi	356	1,068	1,780	3,560	6,230	8,900
1986 Prelude						
2d Cpe	352	1,056	1,760	3,520	6,160	8,800
2d Cpe Si	388	1,164	1,940	3,880	6,790	9,700
1987 Civic						
3d HBk	180	540	900	1,800	3,150	4,500
3d HBk DX	204	612	1,020	2,040	3,570	5,100
3d HBk Si	232	696	1,160	2,320	4,060	5,800
4d Sed	240	720	1,200	2,400	4,200	6,000
4d Sta Wag	216	648	1,080	2,160	3,780	5,400

	6	5	4	3	2	1
4d Sta Wag (4x4)	244	732	1,220	2,440	4,270	6,100
1987 Civic CRX						
2d Cpe HF	224	672	1,120	2,240	3,920	5,600
2d Cpe	236	708	1,180	2,360	4,130	5,900
2d Cpe Si	260	780	1,300	2,600	4,550	6,500
1987 Accord						
3d HBk DX	280	840	1,400	2,800	4,900	7,000
3d HBk LXi	296	888	1,480	2,960	5,180	7,400
4d Sed DX	308	924	1,540	3,080	5,390	7,700
4d Sed LX	300	900	1,500	3,000	5,250	7,500
4d Sed LXi	380	1,140	1,900	3,800	6,650	9,500
1987 Prelude						
2d Cpe	380	1,140	1,900	3,800	6,650	9,500
2d Cpe Si	440	1,320	2,200	4,400	7,700	11,000
1988 Civic						
3d HBk	200	600	1,000	2,000	3,500	5,000
3d HBk DX	240	720	1,200	2,400	4,200	6,000
4d Sed DX	248	744	1,240	2,480	4,340	6,200
4d Sed LX	272	816	1,360	2,720	4,760	6,800
4d Sta Wag	232	696	1,160	2,320	4,060	5,800
4d Sta Wag (4x4)	220	660	1,100	2,200	3,850	5,500
1988 Civic CRX						
2d Cpe HF	260	780	1,300	2,600	4,550	6,500
2d Cpe Si	300	900	1,500	3,000	5,250	7,500
2d Cpe	272	816	1,360	2,720	4,760	6,800
1988 Accord						
3d HBk DX	304	912	1,520	3,040	5,320	7,600
3d HBk LXi	360	1,080	1,800	3,600	6,300	9,000
2d Cpe DX	312	936	1,560	3,120	5,460	7,800
2d Cpe LXi	340	1,020	1,700	3,400	5,950	8,500
4d Sed DX	320	960	1,600	3,200	5,600	8,000
4d Sed LX	328	984	1,640	3,280	5,740	8,200
4d Sed LXi	380	1,140	1,900	3,800	6,650	9,500
1988 Prelude						
2d Cpe S	400	1,200	2,000	4,000	7,000	10,000
2d Cpe Si	460	1,380	2,300	4,600	8,050	11,500
2d Cpe Si (4x4)	480	1,440	2,400	4,800	8,400	12,000
1989 Civic						
3d HBk	252	756	1,260	2,520	4,410	6,300
3d HBk DX	292	876	1,460	2,920	5,110	7,300
3d HBk Si	324	972	1,620	3,240	5,670	8,100
4d Sed DX	332	996	1,660	3,320	5,810	8,300
4d Sed LX	356	1,068	1,780	3,560	6,230	8,900
4d Sta Wag	320	960	1,600	3,200	5,600	8,000
4d Sta Wag (4x4)	356	1,068	1,780	3,560	6,230	8,900
1989 Civic CRX						
2d Cpe HF	320	960	1,600	3,200	5,600	8,000
2d Cpe	340	1,020	1,700	3,400	5,950	8,500
2d Cpe Si	420	1,260	2,100	4,200	7,350	10,500
1989 Accord						
3d HBk DX	388	1,164	1,940	3,880	6,790	9,700
3d HBk LXi	472	1,416	2,360	4,720	8,260	11,800
2d Cpe DX	424	1,272	2,120	4,240	7,420	10,600
2d Cpe LXi	512	1,536	2,560	5,120	8,960	12,800
4d Sed DX	432	1,296	2,160	4,320	7,560	10,800
4d Sed LX	440	1,320	2,200	4,400	7,700	11,000
4d Sed LXi	512	1,536	2,560	5,120	8,960	12,800
2d Cpe SEi	512	1,536	2,560	5,120	8,960	12,800
4d Sed SEi	540	1,620	2,700	5,400	9,450	13,500
1989 Prelude						
2d Cpe S	400	1,200	2,000	4,000	7,000	10,000
2d Cpe Si	492	1,476	2,460	4,920	8,610	12,300
2d Cpe Si (4x4)	512	1,536	2,560	5,120	8,960	12,800
1990 Civic, 4-cyl.						
2d HBk	180	540	900	1,800	3,150	4,500
2d HBk DX	200	600	1,000	2,000	3,500	5,000
2d HBk Si	220	660	1,100	2,200	3,850	5,500
4d Sed DX	240	720	1,200	2,400	4,200	6,000
4d Sed LX	260	780	1,300	2,600	4,550	6,500
4d Sed EX	272	816	1,360	2,720	4,760	6,800
4d Sta Wag	240	720	1,200	2,400	4,200	6,000
4d Sta Wag 4x4	260	780	1,300	2,600	4,550	6,500
1990 Civic CRX, 4-cyl.						
2d Cpe HF	220	660	1,100	2,200	3,850	5,500
2d Cpe	240	720	1,200	2,400	4,200	6,000
2d Cpe Si	260	780	1,300	2,600	4,550	6,500

	6	5	4	3	2	1
1990 Accord, 4-cyl.						
2d Cpe DX	280	840	1,400	2,800	4,900	7,000
2d Cpe LX	300	900	1,500	3,000	5,250	7,500
2d Cpe EX	320	960	1,600	3,200	5,600	8,000
4d Sed DX	300	900	1,500	3,000	5,250	7,500
4d Sed LX	320	960	1,600	3,200	5,600	8,000
4d Sed EX	360	1,080	1,800	3,600	6,300	9,000
1990 Prelude, 4-cyl.						
2d 2.0 Cpe S	320	960	1,600	3,200	5,600	8,000
2d 2.0 Cpe Si	340	1,020	1,700	3,400	5,950	8,500
2d Cpe Si	360	1,080	1,800	3,600	6,300	9,000
2d Cpe Si 4WS	380	1,140	1,900	3,800	6,650	9,500
1991 Civic						
2d HBk	168	504	840	1,680	2,940	4,200
2d HBk DX	180	540	900	1,800	3,150	4,500
2d HBk Si	200	600	1,000	2,000	3,500	5,000
4d Sed DX	220	660	1,100	2,200	3,850	5,500
4d Sed LX	232	696	1,160	2,320	4,060	5,800
4d Sed EX	248	744	1,240	2,480	4,340	6,200
4d Sta Wag	220	660	1,100	2,200	3,850	5,500
4d Sta Wag 4x4	248	744	1,240	2,480	4,340	6,200
2d Cpe CRX HF	200	600	1,000	2,000	3,500	5,000
2d Cpe CRX	220	660	1,100	2,200	3,850	5,500
2d Cpe CRX Si	240	720	1,200	2,400	4,200	6,000
1991 Accord						
2d Cpe DX	240	720	1,200	2,400	4,200	6,000
2d Cpe LX	280	840	1,400	2,800	4,900	7,000
2d Cpe EX	320	960	1,600	3,200	5,600	8,000
4d Sed DX	240	720	1,200	2,400	4,200	6,000
4d Sed LX	280	840	1,400	2,800	4,900	7,000
4d Sed EX	320	960	1,600	3,200	5,600	8,000
4d Sed SE	340	1,020	1,700	3,400	5,950	8,500
4d Sta Wag LX	352	1,056	1,760	3,520	6,160	8,800
4d Sta Wag EX	360	1,080	1,800	3,600	6,300	9,000
1991 Prelude						
2d 2.0 Si Cpe	320	960	1,600	3,200	5,600	8,000
2d Si Cpe	340	1,020	1,700	3,400	5,950	8,500
2d Si Cpe 4WS	360	1,080	1,800	3,600	6,300	9,000
1992 Civic, 4-cyl.						
2d Cpe CX	200	600	1,000	2,000	3,500	5,000
2d HBk DX	220	660	1,100	2,200	3,850	5,500
2d HBk VX	220	660	1,100	2,200	3,850	5,500
2d HBk Si	248	744	1,240	2,480	4,340	6,200
4d Sed DX	248	744	1,240	2,480	4,340	6,200
4d Sed LX	260	780	1,300	2,600	4,550	6,500
4d Sed EX	312	936	1,560	3,120	5,460	7,800
4d Sta Wag	260	780	1,300	2,600	4,550	6,500
1992 Accord, 4-cyl.						
2d Cpe DX	280	840	1,400	2,800	4,900	7,000
2d Cpe LX	300	900	1,500	3,000	5,250	7,500
2d Cpe EX	300	900	1,500	3,000	5,250	7,500
4d Sed DX	300	900	1,500	3,000	5,250	7,500
4d Sed LX	320	960	1,600	3,200	5,600	8,000
4d Sed EX	380	1,140	1,900	3,800	6,650	9,500
4d Sta Wag LX	380	1,140	1,900	3,800	6,650	9,500
4d Sta Wag EX	400	1,200	2,000	4,000	7,000	10,000
1992 Prelude, 4-cyl.						
2d S Cpe	380	1,140	1,900	3,800	6,650	9,500
2d Si Cpe	400	1,200	2,000	4,000	7,000	10,000
2d Si Cpe 4WS	440	1,320	2,200	4,400	7,700	11,000
1993 Civic, 4-cyl.						
2d HBk CX	180	540	900	1,800	3,150	4,500
2d HBk DX	184	552	920	1,840	3,220	4,600
2d HBk VX	188	564	940	1,880	3,290	4,700
2d HBk Si	192	576	960	1,920	3,360	4,800
2d Cpe DX	188	564	940	1,880	3,290	4,700
2d Cpe EX	192	576	960	1,920	3,360	4,800
4d Sed DX	192	576	960	1,920	3,360	4,800
4d Sed LX	196	588	980	1,960	3,430	4,900
4d Sed EX	200	600	1,000	2,000	3,500	5,000
2d Cpe S	196	588	980	1,960	3,430	4,900
2d Cpe Si	204	612	1,020	2,040	3,570	5,100
1993 Accord, 4-cyl.						
2d Cpe DX	220	660	1,100	2,200	3,850	5,500
2d Cpe LX	224	672	1,120	2,240	3,920	5,600
2d Cpe EX	228	684	1,140	2,280	3,990	5,700
2d Cpe SE	224	672	1,120	2,240	3,920	5,600
4d Sed DX	228	684	1,140	2,280	3,990	5,700

	6	5	4	3	2	1
4d Sed LX	232	696	1,160	2,320	4,060	5,800
4d Sed Anniversary	236	708	1,180	2,360	4,130	5,900
4d Sed EX	240	720	1,200	2,400	4,200	6,000
4d Sed SE	244	732	1,220	2,440	4,270	6,100
4d Sta Wag LX	260	780	1,300	2,600	4,550	6,500
4d Sta Wag EX	268	804	1,340	2,680	4,690	6,700
1993 Prelude, 4-cyl.						
2d Cpe S	220	660	1,100	2,200	3,850	5,500
2d Cpe Si	224	672	1,120	2,240	3,920	5,600
2d Cpe 4WS	232	696	1,160	2,320	4,060	5,800
2d Cpe VTEC	240	720	1,200	2,400	4,200	6,000
1994 Passport						
4d Utility	420	1,260	2,100	4,200	7,350	10,500
4d Utility LX 4x4	480	1,440	2,400	4,800	8,400	12,000
1994 Civic, 4-cyl.						
2d HBk CX	150	500	850	1,700	2,950	4,200
2d HBk DX	200	550	900	1,800	3,150	4,500
2d HBk VX	200	550	900	1,800	3,150	4,500
2d HBk Si	200	650	1,100	2,200	3,850	5,500
2d Cpe DX	200	650	1,100	2,200	3,850	5,500
2d Cpe EX	250	800	1,350	2,700	4,700	6,700
4d Sed DX	200	650	1,100	2,200	3,850	5,500
4d Sed LX	250	800	1,300	2,600	4,550	6,500
4d Sed EX	300	850	1,400	2,800	4,900	7,000
1994 Civic Del Sol, 4-cyl.						
2d Cpe S	250	800	1,300	2,600	4,550	6,500
2d Cpe Si	300	850	1,400	2,800	4,900	7,000
2d Cpe VTEC	300	900	1,500	3,000	5,250	7,500
1994 Accord, 4-cyl.						
2d Cpe DX	250	800	1,300	2,600	4,550	6,500
2d Cpe LX	300	850	1,400	2,800	4,900	7,000
2d Cpe EX	300	950	1,600	3,200	5,600	8,000
4d Sed DX	250	800	1,300	2,600	4,550	6,500
4d Sed LX	300	900	1,500	3,000	5,250	7,500
4d Sed EX	350	1,000	1,700	3,400	5,950	8,500
4d Sta Wag LX	300	950	1,600	3,200	5,600	8,000
4d Sta Wag EX	350	1,100	1,800	3,600	6,300	9,000
1994 Prelude, 4-cyl.						
2d S	300	900	1,500	3,000	5,250	7,500
2d Si	350	1,000	1,700	3,400	5,950	8,500
2d Si 4WS	400	1,150	1,900	3,800	6,650	9,500
2d VTEC	400	1,200	2,000	4,000	7,000	10,000

HYUNDAI

1993 Excel, 4-cyl.						
2d HBk	152	456	760	1,520	2,660	3,800
4d Sed	156	468	780	1,560	2,730	3,900
2d GS HBk	156	468	780	1,560	2,730	3,900
4d GL Sed	160	480	800	1,600	2,800	4,000
1993 S Coupe, 4-cyl.						
2d Cpe	168	504	840	1,680	2,940	4,200
2d LS Cpe	172	516	860	1,720	3,010	4,300
2d Turbo Cpe	180	540	900	1,800	3,150	4,500
1993 Elantra, 4-cyl.						
4d Sed	180	540	900	1,800	3,150	4,500
4d GLS Sed	184	552	920	1,840	3,220	4,600
1993 Sonata, 4-cyl.						
4d Sed	184	552	920	1,840	3,220	4,600
4d GLS Sed	188	564	940	1,880	3,290	4,700
4d Sed, V-6	188	564	940	1,880	3,290	4,700
4d GLS Sed V-6	192	576	960	1,920	3,360	4,800

INFINITI

1990 Infiniti						
4d Sed Q45	600	1,800	3,000	6,000	10,500	15,000
2d Cpe M30	560	1,680	2,800	5,600	9,800	14,000
1991 Infiniti						
4d Sed G20	320	960	1,600	3,200	5,600	8,000
4d Sed Q45	640	1,920	3,200	6,400	11,200	16,000
4d Sed Q45A	660	1,980	3,300	6,600	11,550	16,500
2d Cpe M30	580	1,740	2,900	5,800	10,150	14,500
2d Conv M30	760	2,280	3,800	7,600	13,300	19,000
1992 G20, 4-cyl.						
4d Sed	320	960	1,600	3,200	5,600	8,000

	6	5	4	3	2	1
1992 M30, V-6						
2d Cpe	560	1,680	2,800	5,600	9,800	14,000
2d Conv	720	2,160	3,600	7,200	12,600	18,000
1992 Q45, V-8						
4d Sed	688	2,064	3,440	6,880	12,040	17,200
4d Sed Active	700	2,100	3,500	7,000	12,250	17,500
1993 G20, 4-cyl.						
4d Sed	600	1,800	3,000	6,000	10,500	15,000
1993 J30, V-6						
4d Sed	680	2,040	3,400	6,800	11,900	17,000
1993 Q45, V-8						
4d Sed	800	2,400	4,000	8,000	14,000	20,000
4d Sed Active	900	2,650	4,400	8,800	15,400	22,000
1994 G20, 4-cyl.						
4d Sed	300	900	1,500	3,000	5,250	7,500
1994 530, V-6						
4d Sed	500	1,450	2,400	4,800	8,400	12,000
1994 Q45, V-8						
4d Sed	600	1,800	3,000	6,000	10,500	15,000
4d Sed Active	600	1,850	3,100	6,200	10,900	15,500

ISUZU

	6	5	4	3	2	1
1961-65 Bellel 2000, 4-cyl., 1991cc, 99.6" wb						
Diesel 4d Sed	200	600	1,000	2,000	3,500	5,000
Diesel 4d Sta Wag	208	624	1,040	2,080	3,640	5,200
NOTE: An optional diesel engine DL200 was available.						
1966-80 Bellel 2000, 4-cyl., 1991cc, 99.6" wb						
NOTE: See detailed listings.						
1981-82 I-Mark, Gasoline, 4-cyl., 1817cc, 94.3" wb						
AT77B 2d DeL Cpe	180	540	900	1,800	3,150	4,500
AT69B 4d DeL Sed	180	540	900	1,800	3,150	4,500
AT77B 2d LS Cpe	192	576	960	1,920	3,360	4,800
1981-82 I-Mark, Diesel, 4-cyl., 1817cc, 94.3" wb						
AT77P 2d Cpe	160	480	800	1,600	2,800	4,000
AT77P 2d DeL Cpe	168	504	840	1,680	2,940	4,200
AT69P 4d DeL Sed	164	492	820	1,640	2,870	4,100
AT77P 2d LS Cpe	184	552	920	1,840	3,220	4,600
1983-85 I-Mark, Gasoline, 4-cyl., 1817cc, 94.3" wb						
T77 2d DeL Cpe	200	600	1,000	2,000	3,500	5,000
T69 4d DeL Sed	200	600	1,000	2,000	3,500	5,000
T77 2d LS Cpe	204	612	1,020	2,040	3,570	5,100
T69 4d LS Sed	204	612	1,020	2,040	3,570	5,100
1983-85 I-Mark, Diesel, 4-cyl., 1817cc, 94.3" wb						
T77 2d Cpe	212	636	1,060	2,120	3,710	5,300
1983-85 Impulse, 4-cyl., 1949cc, 96" wb						
2d Spt Cpe	280	840	1,400	2,800	4,900	7,000
1986 I-Mark, 4x4						
4d Sed	220	660	1,100	2,200	3,850	5,500
2d HBk	228	684	1,140	2,280	3,990	5,700
1986 Impulse						
2d Cpe	300	900	1,500	3,000	5,250	7,500
2d Turbo Cpe	320	960	1,600	3,200	5,600	8,000
1986 Trooper II, 4x4						
2d Sta Wag	560	1,680	2,800	5,600	9,800	14,000
1987 I-Mark, 4x4						
2d S HBk	224	672	1,120	2,240	3,920	5,600
2d HBk	232	696	1,160	2,320	4,060	5,800
2d RS Turbo HBk	248	744	1,240	2,480	4,340	6,200
4d S Sed	232	696	1,160	2,320	4,060	5,800
4d Sed	240	720	1,200	2,400	4,200	6,000
4d RS Turbo Sed	256	768	1,280	2,560	4,480	6,400
1987 Impulse						
2d RS Turbo Cpe	340	1,020	1,700	3,400	5,950	8,500
1987 Trooper II, 4x4						
2d Sta Wag	580	1,740	2,900	5,800	10,150	14,500
4d Sta Wag	600	1,800	3,000	6,000	10,500	15,000
1988 I-Mark, 4x4						
2d S HBk	228	684	1,140	2,280	3,990	5,700
2d XS HBk	236	708	1,180	2,360	4,130	5,900
2d Turbo HBk	252	756	1,260	2,520	4,410	6,300
2d RS Turbo HBk	260	780	1,300	2,600	4,550	6,500
4d S Sed	232	696	1,160	2,320	4,060	5,800

	6	5	4	3	2	1
4d XS Sed	240	720	1,200	2,400	4,200	6,000
4d Turbo Sed	256	768	1,280	2,560	4,480	6,400
4d LS Turbo Sed	264	792	1,320	2,640	4,620	6,600
1988 Impulse						
2d Cpe	340	1,020	1,700	3,400	5,950	8,500
2d Turbo Cpe	348	1,044	1,740	3,480	6,090	8,700
2d S Sta Wag	600	1,800	3,000	6,000	10,500	15,000
4d S Sta Wag	620	1,860	3,100	6,200	10,850	15,500
4d Ltd Sta Wag	640	1,920	3,200	6,400	11,200	16,000
1989 I-Mark						
2d S HBk	228	684	1,140	2,280	3,990	5,700
2d XS HBk	236	708	1,180	2,360	4,130	5,900
2d RS HBk 16V	256	768	1,280	2,560	4,480	6,400
4d S Sed	232	696	1,160	2,320	4,060	5,800
4d XS Sed	236	708	1,180	2,360	4,130	5,900
4d RS Sed 16V	260	780	1,300	2,600	4,550	6,500
4d LS Turbo Sed	264	792	1,320	2,640	4,620	6,600
1989 Impulse						
2d Cpe	340	1,020	1,700	3,400	5,950	8,500
2d Turbo Cpe	352	1,056	1,760	3,520	6,160	8,800
1989 Amigo						
2d S SUV	352	1,056	1,760	3,520	6,160	8,800
2d XS SUV	356	1,068	1,780	3,560	6,230	8,900
2d S SUV 4x4	552	1,656	2,760	5,520	9,660	13,800
2d XS SUV 4x4	556	1,668	2,780	5,560	9,730	13,900
1989 Trooper, 4x4						
2d RS Sta Wag	600	1,800	3,000	6,000	10,500	15,000
4d S Sta Wag	620	1,860	3,100	6,200	10,850	15,500
1990 Impulse, 4x4						
2d XS 2 plus 2 Cpe	356	1,068	1,780	3,560	6,230	8,900
1990 Amigo						
2d S SUV	352	1,056	1,760	3,520	6,160	8,800
2d XS SUV	356	1,068	1,780	3,560	6,230	8,900
2d S SUV 4x4	552	1,656	2,760	5,520	9,660	13,800
2d XS SUV 4x4	556	1,668	2,780	5,560	9,730	13,900
1990 Trooper						
2d RS Sta Wag	600	1,800	3,000	6,000	10,500	15,000
4d S Sta Wag	620	1,860	3,100	6,200	10,850	15,500
1991 Stylus						
4d S Sed	144	432	720	1,440	2,520	3,600
4d XS Sed	160	480	800	1,600	2,800	4,000
1991 Impulse						
2d XS Cpe	200	600	1,000	2,000	3,500	5,000
2d RS Turbo Cpe	240	720	1,200	2,400	4,200	6,000
1992 Stylus, 4-cyl.						
4d S Sed	180	540	900	1,800	3,150	4,500
4d RS Sed	200	600	1,000	2,000	3,500	5,000
1992 Impulse, 4-cyl.						
2d XS HBk	220	660	1,100	2,200	3,850	5,500
2d XS Cpe	220	660	1,100	2,200	3,850	5,500
2d RS Cpe 4x4	300	900	1,500	3,000	5,250	7,500
1993 Stylus, 4-cyl.						
4d S Sed	140	420	700	1,400	2,450	3,500
4d RS Sed	150	450	750	1,500	2,625	3,750
1993 Impulse, 4-cyl.						
2d XS HBk	152	456	760	1,520	2,660	3,800
2d XS Cpe	160	480	800	1,600	2,800	4,000
2d XS Cpe Turbo 4x4	200	600	1,000	2,000	3,500	5,000

JAGUAR

1946-1948 3-5 Litre, 6-cyl., 125 hp, 120" wb						
Conv Cpe	2,480	7,440	12,400	24,800	43,400	62,000
Saloon	1,200	3,600	6,000	12,000	21,000	30,000
1949 Mk V, 6-cyl., 125 hp, 120" wb						
Conv Cpe	2,480	7,440	12,400	24,800	43,400	62,000
Saloon	1,200	3,600	6,000	12,000	21,000	30,000
1950 Mk V, 6-cyl., 160 hp, 120" wb						
Saloon	1,360	4,080	6,800	13,600	23,800	34,000
Conv Cpe	2,480	7,440	12,400	24,800	43,400	62,000
1950 XK-120, 6-cyl., 160 hp, 102" wb						
Rds	2,720	8,160	13,600	27,200	47,600	68,000

NOTE: Some X-120 models delivered as early as 1949 models, use 1950 prices.

1989 Nissan Maxima SE sedan

1972 DeTomaso Pantera GTS coupe

1960 Facel Vega HR500 coupe

	6	5	4	3	2	1
1951 Mk VII, 6-cyl., 160 hp, 120" wb						
Saloon	840	2,520	4,200	8,400	14,700	21,000
1951 XK-120, 6-cyl., 160 hp, 102" wb						
Rds	3,280	9,840	16,400	32,800	57,400	82,000
Cpe	2,160	6,480	10,800	21,600	37,800	54,000
1952 Mk VII, 6-cyl., 160 hp, 120" wb, (twin-cam)						
Std Sed	1,040	3,120	5,200	10,400	18,200	26,000
DeL Sed	1,080	3,240	5,400	10,800	18,900	27,000
1952 XK-120S (modified), 160 hp, 102" wb						
Rds	3,360	10,080	16,800	33,600	58,800	84,000
Cpe	2,200	6,600	11,000	22,000	38,500	55,000
1952 XK-120, 6-cyl., 160 hp, 102" wb						
Rds	3,280	9,840	16,400	32,800	57,400	82,000
Cpe	2,040	6,120	10,200	20,400	35,700	51,000
1953 Mk VII, 6-cyl., 160 hp, 120" wb						
Std Sed	1,040	3,120	5,200	10,400	18,200	26,000
1953 XK-120S, 6-cyl., 160 hp, 102" wb						
Rds	3,360	10,080	16,800	33,600	58,800	84,000
Cpe	2,200	6,600	11,000	22,000	38,500	55,000
Conv	2,480	7,440	12,400	24,800	43,400	62,000
1953 XK-120, 6-cyl., 160 hp, 102" wb						
Rds	3,200	9,600	16,000	32,000	56,000	80,000
Cpe	2,040	6,120	10,200	20,400	35,700	51,000
Conv	2,440	7,320	12,200	24,400	42,700	61,000
1954 Mk VII, 6-cyl., 160 hp, 120" wb						
Sed	1,200	3,600	6,000	12,000	21,000	30,000
1954 XK-120S (modified), 6-cyl., 102" wb						
Rds	3,360	10,080	16,800	33,600	58,800	84,000
Cpe	2,240	6,720	11,200	22,400	39,200	56,000
Conv	2,560	7,680	12,800	25,600	44,800	64,000
1954 XK-120, 6-cyl., 160 hp, 102" wb						
Rds	2,960	8,880	14,800	29,600	51,800	74,000
Cpe	2,000	6,000	10,000	20,000	35,000	50,000
Conv	2,440	7,320	12,200	24,400	42,700	61,000
1955 Mk VII M, 6-cyl., 190 hp, 120" wb						
Saloon	1,080	3,240	5,400	10,800	18,900	27,000
1955 XK-140, 6-cyl., 190 hp, 102" wb						
Cpe	1,840	5,520	9,200	18,400	32,200	46,000
Rds	3,040	9,120	15,200	30,400	53,200	76,000
Conv	2,440	7,320	12,200	24,400	42,700	61,000
1955 XK-140M, 6-cyl., 190 hp, 102" wb						
Cpe	2,040	6,120	10,200	20,400	35,700	51,000
Rds	3,360	10,080	16,800	33,600	58,800	84,000
Conv	2,880	8,640	14,400	28,800	50,400	72,000
1955 XK-140MC, 6-cyl., 210 hp, 102" wb						
Cpe	2,240	6,720	11,200	22,400	39,200	56,000
Rds	3,520	10,560	17,600	35,200	61,600	88,000
Conv	3,120	9,360	15,600	31,200	54,600	78,000
1956 Mk VII M, 6-cyl., 190 hp, 120" wb						
Saloon	1,040	3,120	5,200	10,400	18,200	26,000
1956 XK-140, 6-cyl., 190 hp, 102" wb						
Cpe	1,840	5,520	9,200	18,400	32,200	46,000
Rds	2,960	8,880	14,800	29,600	51,800	74,000
Conv	2,440	7,320	12,200	24,400	42,700	61,000
1956 XK-140M, 6-cyl., 190 hp, 102" wb						
Cpe	2,040	6,120	10,200	20,400	35,700	51,000
Rds	3,360	10,080	16,800	33,600	58,800	84,000
Conv	2,880	8,640	14,400	28,800	50,400	72,000
1956 XK-140MC, 6-cyl., 210 hp, 102" wb						
Cpe	2,240	6,720	11,200	22,400	39,200	56,000
Rds	3,520	10,560	17,600	35,200	61,600	88,000
Conv	3,120	9,360	15,600	31,200	54,600	78,000
1956 2.4 Litre, 6-cyl., 112 hp, 108" wb						
Sed	1,000	3,000	5,000	10,000	17,500	25,000
1956 3.4 Litre, 6-cyl., 210 hp, 108" wb						
Sed	1,040	3,120	5,200	10,400	18,200	26,000
1956 Mk VIII, 6-cyl., 210 hp, 120" wb						
Lux Sed	1,160	3,480	5,800	11,600	20,300	29,000
NOTE: 3.4 Litre available 1957 only. Mk VIII luxury sedan available 1957.						
1957 Mk VIII, 6-cyl., 210 hp, 102" wb						
Saloon	920	2,760	4,600	9,200	16,100	23,000
1957 XK-140						
Cpe	1,960	5,880	9,800	19,600	34,300	49,000

	6	5	4	3	2	1
Rds	2,640	7,920	13,200	26,400	46,200	66,000
Conv	2,160	6,480	10,800	21,600	37,800	54,000
1957 XK-150, 6-cyl., 190 hp, 102" wb						
Cpe	2,160	6,480	10,800	21,600	37,800	54,000
Rds	2,880	8,640	14,400	28,800	50,400	72,000
1957 2.4 Litre, 6-cyl., 112 hp, 108" wb						
Sed	900	2,700	4,500	9,000	15,750	22,500
1957 3.4 Litre, 6-cyl., 210 hp, 108" wb						
Sed	1,020	3,060	5,100	10,200	17,850	25,500
1958 3.4 Litre, 6-cyl., 210 hp, 108" wb						
Sed	980	2,940	4,900	9,800	17,150	24,500
1958 XK-150, 6-cyl., 190 hp, 120" wb						
Cpe	2,160	6,480	10,800	21,600	37,800	54,000
Rds	2,880	8,640	14,400	28,800	50,400	72,000
Conv	2,360	7,080	11,800	23,600	41,300	59,000
1958 XK-150S, 6-cyl., 250 hp, 102" wb						
Rds	3,200	9,600	16,000	32,000	56,000	80,000
1958 Mk VIII, 6-cyl., 210 hp, 120" wb						
Saloon	900	2,700	4,500	9,000	15,750	22,500
1959-60 XK-150, 6-cyl., 210 hp, 102" wb						
Cpe	1,960	5,880	9,800	19,600	34,300	49,000
Rds	2,640	7,920	13,200	26,400	46,200	66,000
Conv	2,120	6,360	10,600	21,200	37,100	53,000
1959-60 XK-150SE, 6-cyl., 210 hp, 102" wb						
Cpe	2,040	6,120	10,200	20,400	35,700	51,000
Rds	3,040	9,120	15,200	30,400	53,200	76,000
Conv	2,280	6,840	11,400	22,800	39,900	57,000
1959-60 XK-150S, 6-cyl., 250 hp, 102" wb						
Rds	3,200	9,600	16,000	32,000	56,000	80,000
1959-60 3.4 Litre, 6-cyl., 210 hp, 108" wb						
Sed	940	2,820	4,700	9,400	16,450	23,500
1959-60 Mk IX, 6-cyl., 220 hp, 120" wb						
Sed	1,120	3,360	5,600	11,200	19,600	28,000
NOTE: Some factory prices increase for 1960.						
1961 XK-150, 6-cyl., 210 hp, 102" wb						
Cpe	1,880	5,640	9,400	18,800	32,900	47,000
Conv	2,040	6,120	10,200	20,400	35,700	51,000
1961 XKE, 6-cyl., 265 hp, 96" wb						
Rds	2,360	7,080	11,800	23,600	41,300	59,000
Cpe	1,760	5,280	8,800	17,600	30,800	44,000
1961 3.4 Litre, 6-cyl., 265 hp, 108" wb						
Sed	980	2,940	4,900	9,800	17,150	24,500
1961 Mk IX, 6-cyl., 265 hp, 120" wb						
Sed	1,080	3,240	5,400	10,800	18,900	27,000
1962 XKE, 6-cyl., 265 hp, 96" wb						
Rds	2,360	7,080	11,800	23,600	41,300	59,000
Cpe	1,600	4,800	8,000	16,000	28,000	40,000
1962 3.4 Litre Mk II, 6-cyl., 265 hp, 108" wb						
Sed	980	2,940	4,900	9,800	17,150	24,500
1962 Mk X, 6-cyl., 265 hp, 120" wb						
Sed	1,080	3,240	5,400	10,800	18,900	27,000
1963 XKE, 6-cyl., 265 hp, 96" wb						
Rds	2,280	6,840	11,400	22,800	39,900	57,000
Cpe	1,520	4,560	7,600	15,200	26,600	38,000
1963 3.8 Litre Mk II, 6-cyl., 265 hp, 108" wb						
Sed	980	2,940	4,900	9,800	17,150	24,500
1963 Mk X, 6-cyl., 265 hp, 120" wb						
Sed	1,080	3,240	5,400	10,800	18,900	27,000
1964 XKE, 6-cyl., 265 hp, 96" wb						
Rds	2,360	7,080	11,800	23,600	41,300	59,000
Cpe	1,600	4,800	8,000	16,000	28,000	40,000
1964 Model 3.8 Liter Mk II, 6-cyl., 108" wb						
4d Sed	980	2,940	4,900	9,800	17,150	24,500
1964 Model Mk X, 6-cyl., 265 hp, 120" wb						
4d Sed	1,080	3,240	5,400	10,800	18,900	27,000
1965 XKE 4.2, 6-cyl., 265 hp, 96" wb						
Rds	2,360	7,080	11,800	23,600	41,300	59,000
Cpe	1,680	5,040	8,400	16,800	29,400	42,000
1965 Model 4.2						
4d Sed	980	2,940	4,900	9,800	17,150	24,500
1965 Model 3.8						
4d Sed	1,440	4,320	7,200	14,400	25,200	36,000

	6	5	4	3	2	1
Mk II Sed	1,520	4,560	7,600	15,200	26,600	38,000
1966 XKE 4.2, 6-cyl., 265 hp, 96" wb						
Rds	2,360	7,080	11,800	23,600	41,300	59,000
Cpe	1,480	4,440	7,400	14,800	25,900	37,000
1966 Model 4.2						
4d Sed	980	2,940	4,900	9,800	17,150	24,500
1966 Model Mk II 3.8						
4d Sed	1,440	4,320	7,200	14,400	25,200	36,000
S 4d Sed	1,520	4,560	7,600	15,200	26,600	38,000
1967 XKE 4.2, 6-cyl., 265 hp, 96" wb						
Rds	2,440	7,320	12,200	24,400	42,700	61,000
Cpe	1,720	5,160	8,600	17,200	30,100	43,000
2 plus 2 Cpe	1,360	4,080	6,800	13,600	23,800	34,000
1967 340, 6-cyl., 225 hp, 108" wb						
4d Sed	960	2,880	4,800	9,600	16,800	24,000
1967 420, 6-cyl., 255 hp, 108" wb						
4d Sed	920	2,760	4,600	9,200	16,100	23,000
1967 420 G, 6-cyl., 245 hp, 107" wb						
4d Sed	960	2,880	4,800	9,600	16,800	24,000
1968 Model XKE 4.2, 245 hp, 96" wb						
Rds	2,160	6,480	10,800	21,600	37,800	54,000
Cpe	1,600	4,800	8,000	16,000	28,000	40,000
2 plus 2 Cpe	1,360	4,080	6,800	13,600	23,800	34,000
1969 Model XKE, 246 hp, 96" wb						
Rds	2,160	6,480	10,800	21,600	37,800	54,000
Cpe	1,600	4,800	8,000	16,000	28,000	40,000
2 plus 2 Cpe	1,360	4,080	6,800	13,600	23,800	34,000
1969 Model XJ, 246 hp, 96" wb						
4d Sed	1,120	3,360	5,600	11,200	19,600	28,000
1970 Model XKE, 246 hp, 96" wb						
Rds	2,160	6,480	10,800	21,600	37,800	54,000
Cpe	1,600	4,800	8,000	16,000	28,000	40,000
2 plus 2 Cpe	1,400	4,200	7,000	14,000	24,500	35,000
1970 Model XJ, 246 hp, 96" wb						
4d Sed	1,040	3,120	5,200	10,400	18,200	26,000
1971 Model XKE, 246 hp, 96" wb						
Rds	2,360	7,080	11,800	23,600	41,300	59,000
Cpe	1,680	5,040	8,400	16,800	29,400	42,000
V-12 2 plus 2 Cpe	1,520	4,560	7,600	15,200	26,600	38,000
V-12 Conv	2,560	7,680	12,800	25,600	44,800	64,000
1971 Model XJ, 246 hp, 96" wb						
4d Sed	1,000	3,000	5,000	10,000	17,500	25,000
1972 Model XKE V-12, 272 hp, 105" wb						
Rds	2,960	8,880	14,800	29,600	51,800	74,000
2 plus 2 Cpe	1,480	4,440	7,400	14,800	25,900	37,000
1972 Model XJ6, 186 hp, 108.9" wb						
4d Sed	960	2,880	4,800	9,600	16,800	24,000
1973 Model XKE V-12, 272 hp, 105" wb						
Rds	2,640	7,920	13,200	26,400	46,200	66,000
2 plus 2 Cpe	1,600	4,800	8,000	16,000	28,000	40,000
1973 Model XJ, 186 hp, 108.9" wb						
XJ6 4d	960	2,880	4,800	9,600	16,800	24,000
XJ12 4d	1,160	3,480	5,800	11,600	20,300	29,000
1974 Model XKE V-12, 272 hp, 105" wb						
Rds	2,800	8,400	14,000	28,000	49,000	70,000
1974 Model XJ						
XJ6 4d	960	2,880	4,800	9,600	16,800	24,000
XJ6 4d LWB	1,000	3,000	5,000	10,000	17,500	25,000
XJ12L 4d	1,160	3,480	5,800	11,600	20,300	29,000
1975 Model XJ6						
C Cpe	1,200	3,600	6,000	12,000	21,000	30,000
L 4d Sed	1,000	3,000	5,000	10,000	17,500	25,000
1975 Model XJ12						
C Cpe	1,240	3,720	6,200	12,400	21,700	31,000
L 4d Sed	1,120	3,360	5,600	11,200	19,600	28,000
1976 Model XJ6						
C Cpe	1,280	3,840	6,400	12,800	22,400	32,000
L 4d Sed	1,000	3,000	5,000	10,000	17,500	25,000
1976 Model XJ12						
C Cpe	1,280	3,840	6,400	12,800	22,400	32,000
L 4d Sed	1,080	3,240	5,400	10,800	18,900	27,000
1976 Model XJS						
2 plus 2 Cpe	1,160	3,480	5,800	11,600	20,300	29,000

	6	5	4	3	2	1
1977 Model XJ6						
C Cpe	1,240	3,720	6,200	12,400	21,700	31,000
L 4d Sed	840	2,520	4,200	8,400	14,700	21,000
1977 Model XJ12L						
4d Sed	920	2,760	4,600	9,200	16,100	23,000
1977 Model XJS						
GT 2 plus 2 Cpe	1,080	3,240	5,400	10,800	18,900	27,000
1978 Model XJ6L						
4d Sed	880	2,640	4,400	8,800	15,400	22,000
1978 Model XJ12L						
4d Sed	1,040	3,120	5,200	10,400	18,200	26,000
1978 Model XJS						
Cpe	1,080	3,240	5,400	10,800	18,900	27,000
1979 Model XJ6						
4d Sed	880	2,640	4,400	8,800	15,400	22,000
Series III 4d Sed	920	2,760	4,600	9,200	16,100	23,000
1979 Model XJ12						
4d Sed	1,040	3,120	5,200	10,400	18,200	26,000
1979 Model XJS						
Cpe	1,080	3,240	5,400	10,800	18,900	27,000
1980 Model XJS						
XJ6 4d Sed	840	2,520	4,200	8,400	14,700	21,000
XJS 2d 2 plus 2 Cpe	1,080	3,240	5,400	10,800	18,900	27,000
1981 Model XJS						
XJ6 4d Sed	840	2,520	4,200	8,400	14,700	21,000
XJS 2d Cpe	1,080	3,240	5,400	10,800	18,900	27,000
1982 Model XJS						
XJ6 4d Sed	840	2,520	4,200	8,400	14,700	21,000
XJ6 Vanden Plas 4d Sed	960	2,880	4,800	9,600	16,800	24,000
XJS 2d Cpe	1,160	3,480	5,800	11,600	20,300	29,000
1983 Model XJS						
XJ6 4d Sed	840	2,520	4,200	8,400	14,700	21,000
XJ6 Vanden Plas 4d Sed	960	2,880	4,800	9,600	16,800	24,000
XJS 2d Cpe	1,160	3,480	5,800	11,600	20,300	29,000
1984 Model XJS						
XJ6 4d Sed	840	2,520	4,200	8,400	14,700	21,000
XJ6 Vanden Plas 4d Sed	960	2,880	4,800	9,600	16,800	24,000
XJS 2d Cpe	1,160	3,480	5,800	11,600	20,300	29,000
1985 Model XJ6						
4d Sed	900	2,700	4,500	9,000	15,750	22,500
Vanden Plas 4d Sed	1,020	3,060	5,100	10,200	17,850	25,500
1985 Model XJS						
2d Cpe	1,200	3,600	6,000	12,000	21,000	30,000
1986 Model XJ6						
4d Sed	940	2,820	4,700	9,400	16,450	23,500
Vanden Plas 4d Sed	1,080	3,240	5,400	10,800	18,900	27,000
1986 Model XJS						
2d Cpe	1,240	3,720	6,200	12,400	21,700	31,000
1987 Model XJ6						
4d Sed	1,000	3,000	5,000	10,000	17,500	25,000
4d Sed Vanden Plas	1,120	3,360	5,600	11,200	19,600	28,000
1987 Model XJS						
2d Cpe	1,200	3,600	6,000	12,000	21,000	30,000
2d Cpe Cabr	1,600	4,800	8,000	16,000	28,000	40,000
1988 Model XJ6						
4d Sed	1,040	3,120	5,200	10,400	18,200	26,000
1988 Model XJS						
2d Cpe	1,040	3,120	5,200	10,400	18,200	26,000
2d Cpe Cabr	1,360	4,080	6,800	13,600	23,800	34,000
2d Conv	1,600	4,800	8,000	16,000	28,000	40,000
1989 Model XJ6						
4d Sed	1,160	3,480	5,800	11,600	20,300	29,000
1989 Model XJS						
2d Cpe	1,360	4,080	6,800	13,600	23,800	34,000
2d Conv	1,680	5,040	8,400	16,800	29,400	42,000
1990 Model XJ6						
4d Sed	1,200	3,600	6,000	12,000	21,000	30,000
Sovereign 4d Sed	1,240	3,720	6,200	12,400	21,700	31,000
Vanden Plas 4d Sed	1,280	3,840	6,400	12,800	22,400	32,000
Majestic 4d Sed	1,360	4,080	6,800	13,600	23,800	34,000

	6	5	4	3	2	1
1990 Model XJS						
2d Cpe	1,440	4,320	7,200	14,400	25,200	36,000
2d Conv	1,680	5,040	8,400	16,800	29,400	42,000
1991 Model XJ6						
4d Sed	680	2,040	3,400	6,800	11,900	17,000
Sovereign 4d Sed	760	2,280	3,800	7,600	13,300	19,000
Vanden Plas 4d Sed	840	2,520	4,200	8,400	14,700	21,000
1991 Model XJS						
2d Cpe	880	2,640	4,400	8,800	15,400	22,000
2d Conv	1,680	5,040	8,400	16,800	29,400	42,000
1992 Model XJ6						
4d Sed	680	2,040	3,400	6,800	11,900	17,000
Sovereign 4d Sed	800	2,400	4,000	8,000	14,000	20,000
Vanden Plas 4d Sed	840	2,520	4,200	8,400	14,700	21,000
Majestic 4d Sed	880	2,640	4,400	8,800	15,400	22,000
1992 Model XJS						
2d Cpe	960	2,880	4,800	9,600	16,800	24,000
2d Conv	1,680	5,040	8,400	16,800	29,400	42,000
1993 Model XJ6						
4d Sed	920	2,760	4,600	9,200	16,100	23,000
Vanden Plas 4d Sed	960	2,880	4,800	9,600	16,800	24,000
1993 Model XJS						
2d Cpe	1,040	3,120	5,200	10,400	18,200	26,000
2d Conv	1,680	5,040	8,400	16,800	29,400	42,000
1994 XJ6, 6-cyl.						
4d Sed	700	2,150	3,600	7,200	12,600	18,000
4d Sed Vanden Plas	800	2,400	4,000	8,000	14,000	20,000
4d Sed XJ12	700	2,150	3,600	7,200	12,600	18,000
1994 XJS						
2d Cpe, 6-cyl.	850	2,500	4,200	8,400	14,700	21,000
2d Cpe, V-12	1,100	3,350	5,600	11,200	19,600	28,000
2d Conv, 6-cyl.	1,250	3,700	6,200	12,400	21,700	31,000
2d Conv, V-12	1,500	4,450	7,400	14,800	25,900	37,000

LAMBORGHINI

	6	5	4	3	2	1
1964-1966 V-12, 3464/3929cc, 350/400 GT, 99.5" wb						
Cpe	3,840	11,520	19,200	38,400	67,200	96,000
1966-1968 V-12, 3929cc, 99.5" wb, 400 GT 2 plus 2						
2 plus 2 Cpe	3,680	11,040	18,400	36,800	64,400	92,000
1966-1969 V-12, 3929cc, 97.5" wb, P400 Miura						
Cpe	4,080	12,240	20,400	40,800	71,400	102,000
1969-1971 V-12, 3929cc, 97.7" wb, P400 Miura S						
Cpe	4,080	12,240	20,400	40,800	71,400	102,000
1971-1972 V-12, 3929cc, 97.7" wb, P400 Miura SV						
Cpe	4,160	12,480	20,800	41,600	72,800	104,000
1968-1978 V-12, 3929cc, 99.5" wb, Espada						
2 plus 2 Cpe	3,840	11,520	19,200	38,400	67,200	96,000
1968-1969 V-12, 3929cc, 99.5" wb, 400 GT Islero, Islero S						
2 plus 2 Cpe	3,600	10,800	18,000	36,000	63,000	90,000
1970-1973 V-12, 3929cc, 92.8" wb, 400 GT Jarama						
2 plus 2 Cpe	3,600	10,800	18,000	36,000	63,000	90,000
1973-1976 V-12, 3929cc, 92.8" wb, 400 GTS Jarama						
2 plus 2 Cpe	3,680	11,040	18,400	36,800	64,400	92,000
1972-1976 V-8, 2462cc, 95.5" wb, P 250 Urraco						
2 plus 2 Cpe	3,680	11,040	18,400	36,800	64,400	92,000
1975-1977 V-8, 1994cc, 95.5" wb, P 200 Urraco						
2 plus 2 Cpe	3,680	11,040	18,400	36,800	64,400	92,000
1976-1978 V-8, 2995.8cc, 95.5" wb, Silhouette						
Targa Conv	3,200	9,600	16,000	32,000	56,000	80,000
1975-1979 V-8, 2995.8cc, 95.5" wb, P 300 Urraco						
2 plus 2 Cpe	2,800	8,400	14,000	28,000	49,000	70,000
1973-1978 V-12, 3929cc, 95.5" wb, LP 400 Countach						
Cpe	4,000	12,000	20,000	40,000	70,000	100,000
1978-Present V-12, 3929cc, 95.5" wb, LP 400S Countach						
Cpe	4,560	13,680	22,800	45,600	79,800	114,000
1982-Present V-12, 4754cc, 95.5" wb, LP 5000 Countach						
Cpe	5,040	15,120	25,200	50,400	88,200	126,000
1982-Present V-8, 3485cc, 95.5" wb, P 350 Jalpa						
Targa Conv	3,680	11,040	18,400	36,800	64,400	92,000
1990-1991 Diablo						
2d Cpe	5,200	15,600	26,000	52,000	91,000	130,000

	6	5	4	3	2	1
1992 Diablo						
2d Cpe	5,200	15,600	26,000	52,000	91,000	130,000
1993 Diablo						
2d Cpe	5,200	15,600	26,000	52,000	91,000	130,000
1994 Diablo						
VT	5,600	16,800	28,000	56,000	98,000	140,000

LEXUS

	6	5	4	3	2	1
1992 Lexus						
4d ES300 Sed	760	2,280	3,800	7,600	13,300	19,000
2d SC300 Cpe	960	2,880	4,800	9,600	16,800	24,000
2d SC400 Cpe	1,040	3,120	5,200	10,400	18,200	26,000
4d LS400 Sed	1,000	3,000	5,000	10,000	17,500	25,000
1993 ES						
4d ES300 Sed	720	2,160	3,600	7,200	12,600	18,000
1993 GS						
4d GS300 Sed	800	2,400	4,000	8,000	14,000	20,000
1993 SC						
2d SC300 Cpe	920	2,760	4,600	9,200	16,100	23,000
2d SC400 Cpe	940	2,820	4,700	9,400	16,450	23,500
1993 LS						
4d LS400 Sed, V-8	1,040	3,120	5,200	10,400	18,200	26,000
1994 ES, V-6						
4d Sed	550	1,700	2,800	5,600	9,800	14,000
1994 GS						
4d Sed	700	2,050	3,400	6,800	11,900	17,000
1994 SC, V-8						
2d Cpe	700	2,150	3,600	7,200	12,600	18,000
1994 LS						
4d ES300 Sed	520	1,560	2,600	5,200	9,100	13,000
2d SC300 Cpe	720	2,160	3,600	7,200	12,600	18,000
4d GS300 Sed	700	2,100	3,500	7,000	12,250	17,500
2d SC400 Cpe	800	2,400	4,000	8,000	14,000	20,000
4d LS400 Sed	800	2,400	4,000	8,000	14,000	20,000

MASERATI

	6	5	4	3	2	1
1946-50 A6/1500, 6-cyl., 1488cc, 100.4" wb						
2d Cpe (2 plus 2)	4,000	12,000	20,000	40,000	70,000	100,000
2d Cabr	8,000	24,000	40,000	80,000	140,000	200,000
1951-53 A6G, 6-cyl., 1954cc, 100.4" wb						
2d Cpe (2 plus 2)	6,000	18,000	30,000	60,000	105,000	150,000
2d Cabr (2 plus 2)	12,000	36,000	60,000	120,000	210,000	300,000
1954-56 A6G, 6-cyl., 1954cc, 100.4" wb						
2d Cpe (2 plus 2)	6,000	18,000	30,000	60,000	105,000	150,000
2d Cabr (2 plus 2)	12,000	36,000	60,000	120,000	210,000	300,000
1954-56 A6G/2000, 6-cyl., 1985cc, 100.4" wb						
2d Cpe (2 plus 2)	6,000	18,000	30,000	60,000	105,000	150,000
2d Cabr (2 plus 2)	12,000	36,000	60,000	120,000	210,000	300,000
1957-61 A6G/2000/C, 6-cyl., 1985cc, 100.4" wb						
Allemano Cpe (2 plus 2)	6,000	18,000	30,000	60,000	105,000	150,000
Frua Cabr (2 plus 2)	12,000	36,000	60,000	120,000	210,000	300,000
Frua 2d Cpe	10,000	30,000	50,000	100,000	175,000	250,000
Zagato Cpe (2 plus 2)	12,000	36,000	60,000	120,000	210,000	300,000
1957-61 3500 GT, 6-cyl., 3485cc, 102.3" wb						
2d Cpe	2,080	6,240	10,400	20,800	36,400	52,000
1957-61 3500 GT Spider 6-cyl., 3485cc, 98.4" wb						
2d Rds	7,800	23,400	39,000	78,000	136,500	195,000
1962 3500 GTI, 6-cyl., 3485cc, 102.3" wb						
2d Cpe (2 plus 2)	2,080	6,240	10,400	20,800	36,400	52,000
1962 3500 GTI, 6-cyl., 3485cc, 98.4" wb						
Spider 2d Rds	7,800	23,400	39,000	78,000	136,500	195,000
1962 Sebring, 6-cyl., 3485cc, 98.4" wb						
2d Cpe (2 plus 2)	2,080	6,240	10,400	20,800	36,400	52,000
1963-64 3500 GTI, 6-cyl., 3485cc, 102.3" wb						
2d Cpe (2 plus 2)	2,080	6,240	10,400	20,800	36,400	52,000
Spider 2d Conv	7,800	23,400	39,000	78,000	136,500	195,000
1963-64 Sebring, 6-cyl, 102.3" wb Early 3485cc, Later 3694cc						
2d Cpe (2 plus 2)	2,080	6,240	10,400	20,800	36,400	52,000
1963-64 Mistral, 6-cyl., 94.5" wb Early 3485cc, Later 3694cc						
2d Cpe	1,960	5,880	9,800	19,600	34,300	49,000
Spider 2d Conv	6,400	19,200	32,000	64,000	112,000	160,000

	6	5	4	3	2	1
1963-64 Quattroporte, V-8, 4136cc, 108.3" wb						
4d Sed	1,140	3,420	5,700	11,400	19,950	28,500
1965-66 Sebring II, 6-cyl., 3694cc, 102.3" wb						
2d Cpe (2 plus 2)	2,320	6,960	11,600	23,200	40,600	58,000
1965-66 Mistral, 6-cyl., 3694cc, 94.5" wb						
2d Cpe	1,960	5,880	9,800	19,600	34,300	49,000
Spider 2d Conv	6,400	19,200	32,000	64,000	112,000	160,000
NOTE: Optional Six engine 4014cc available in Sebring Mistral models.						
1965-66 Mexico, V-8, 4136cc, 103.9" wb						
2d Cpe	1,600	4,800	8,000	16,000	28,000	40,000
1965-66 Quattroporte, V-8, 4136cc, 108.3" wb						
4200 4d Sed	1,140	3,420	5,700	11,400	19,950	28,500
1967-68 Mistral, 6-cyl., 3694cc, 94.5" wb						
2d Cpe	1,960	5,880	9,800	19,600	34,300	49,000
Spider 2d Conv	6,400	19,200	32,000	64,000	112,000	160,000
1967-68 Ghibli, V-8, 4719cc, 100.4" wb						
4700 2d Cpe	2,960	8,880	14,800	29,600	51,800	74,000
1967-68 Mexico, V-8, 4136cc-4719cc, 103.9" wb						
4200 2d Cpe	1,600	4,800	8,000	16,000	28,000	40,000
4700 2d Cpe	1,640	4,920	8,200	16,400	28,700	41,000
1967-68 Quattroporte, V-8, 4136cc-4719cc, 108.3" wb						
4200 4d Sed	1,140	3,420	5,700	11,400	19,950	28,500
4700 4d Sed	1,160	3,480	5,800	11,600	20,300	29,000
1969-70 Mistral, 6-cyl., 3694cc, 94.5" wb						
2d Cpe	1,960	5,880	9,800	19,600	34,300	49,000
Spider 2d Conv	6,400	19,200	32,000	64,000	112,000	160,000
1969-70 Ghibli, V-8, 4719cc, 100.4" wb						
2d Cpe	2,960	8,880	14,800	29,600	51,800	74,000
Spider 2d Conv	4,800	14,400	24,000	48,000	84,000	120,000
1969-70 Indy, V-8, 4136cc, 102.5" wb						
2d Cpe (2 plus 2)	1,760	5,280	8,800	17,600	30,800	44,000
1969-70 Quattroporte, V-8, 4719cc, 108.3" wb						
4d Sed	1,140	3,420	5,700	11,400	19,950	28,500
1971-73 Merak, V-6, 2965cc, 102.3" wb						
2d Cpe (2 plus 2)	1,520	4,560	7,600	15,200	26,600	38,000
1971-73 Bora, V-8, 4719cc, 102.3" wb						
2d Cpe	3,440	10,320	17,200	34,400	60,200	86,000
1971-73 Ghibli, V-8, 4930cc, 100.4" wb						
2d Cpe	2,960	8,880	14,800	29,600	51,800	74,000
Spider 2d Conv	8,000	24,000	40,000	80,000	140,000	200,000
1971-73 Indy, V-8, 4136cc, 102.5" wb						
2d Cpe (2 plus 2)	1,760	5,280	8,800	17,600	30,800	44,000
1974-76 Merak, V-6, 2965cc, 102.3" wb						
2d Cpe (2 plus 2)	1,520	4,560	7,600	15,200	26,600	38,000
1974-76 Bora, V-8, 4930cc, 102.3" wb						
2d Cpe	3,440	10,320	17,200	34,400	60,200	86,000
1974-76 Indy, V-8, 4930cc, 102.5" wb						
2d Cpe	1,760	5,280	8,800	17,600	30,800	44,000
1977-83 Merak SS, 2965cc, 102.3" wb						
2d Cpe (2 plus 2)	1,640	4,920	8,200	16,400	28,700	41,000
1977-83 Bora, V-8, 4930cc, 102.3" wb						
2d Cpe	3,440	10,320	17,200	34,400	60,200	86,000
1977-83 Khamsin, V-8, 4930cc, 100.3" wb						
2d Cpe (2 plus 2)	2,080	6,240	10,400	20,800	36,400	52,000
1977-83 Kyalami, V-8, 4930cc, 102.4" wb						
2d Cpe (2 plus 2)	1,560	4,680	7,800	15,600	27,300	39,000
1984-88 Biturbo, V-6, 1996cc, 99" wb						
2d Cpe	560	1,680	2,800	5,600	9,800	14,000
E 2d Cpe	600	1,800	3,000	6,000	10,500	15,000
1984-88 Biturbo, V-6, 2491cc, 94.5" wb						
Spider 2d Conv	760	2,280	3,800	7,600	13,300	19,000
425 4d Sed	540	1,620	2,700	5,400	9,450	13,500
1984-88 Quattroporte, V-8, 4930cc, 110.2" wb						
4d Sed	760	2,280	3,800	7,600	13,300	19,000

MAZDA

1970-71 Conventional Engine 1200, 4-cyl., 1169cc, 88.9" wb						
2d Sed	152	456	760	1,520	2,660	3,800
2d Cpe	160	480	800	1,600	2,800	4,000
2d Sta Wag	152	456	760	1,520	2,660	3,800

1950 Fiat 1400 sedan

1982 Fiat Strada DE hatchback sedan

1970 Honda 600 two-door sedan

	6	5	4	3	2	1
1970-71 616, 4-cyl., 1587cc, 97" wb						
2d Cpe	160	480	800	1,600	2,800	4,000
4d Sed	152	456	760	1,520	2,660	3,800
1970-71 1800, 4-cyl., 1769cc, 98.4" wb						
4d Sed	156	468	780	1,560	2,730	3,900
4d Sta Wag	164	492	820	1,640	2,870	4,100
1970-71 Wankel Rotary Engine R100, 1146cc, 88.9" wb						
2d Spt Cpe (2 plus 2)	240	720	1,200	2,400	4,200	6,000
1970-71 RX-2, 1146cc, 97" wb						
2d Cpe	168	504	840	1,680	2,940	4,200
4d Sed	160	480	800	1,600	2,800	4,000
1972 Conventional Engine 808, 4-cyl., 1587cc, 91" wb						
2d Cpe	144	432	720	1,440	2,520	3,600
4d Sed	140	420	700	1,400	2,450	3,500
4d Sta Wag	148	444	740	1,480	2,590	3,700
1972 618, 4-cyl., 1796cc, 97" wb						
2d Cpe	148	444	740	1,480	2,590	3,700
4d Sed	144	432	720	1,440	2,520	3,600
1972 Wankel Rotary Engine R100, 1146cc, 88.9" wb						
2d Cpe (2 plus 2)	240	720	1,200	2,400	4,200	6,000
1972 RX-2, 1146cc, 97" wb						
2d Cpe	160	480	800	1,600	2,800	4,000
4d Sed	148	444	740	1,480	2,590	3,700
1972 RX-3, 1146cc, 91" wb						
2d Cpe	160	480	800	1,600	2,800	4,000
4d Sed	144	432	720	1,440	2,520	3,600
4d Sta Wag	148	444	740	1,480	2,590	3,700
1973 Conventional Engine 808, 4-cyl., 1587cc, 91" wb						
2d Cpe	144	432	720	1,440	2,520	3,600
4d Sed	140	420	700	1,400	2,450	3,500
4d Sta Wag	148	444	740	1,480	2,590	3,700
1973 Wankel Rotary Engine RX-2, 1146cc, 97" wb						
2d Cpe	160	480	800	1,600	2,800	4,000
4d Sed	144	432	720	1,440	2,520	3,600
1973 RX-3, 1146cc, 162" wb						
2d Cpe	156	468	780	1,560	2,730	3,900
4d Sed	140	420	700	1,400	2,450	3,500
4d Sta Wag	148	444	740	1,480	2,590	3,700
1974 Conventional Engine 808, 4-cyl., 1587cc, 91" wb						
2d Cpe	160	480	800	1,600	2,800	4,000
4d Sta Wag	152	456	760	1,520	2,660	3,800
1974 Wankel Rotary Engine RX-2, 1146cc, 97" wb						
2d Cpe	164	492	820	1,640	2,870	4,100
4d Sed	156	468	780	1,560	2,730	3,900
1974 RX-3, 1146cc, 91" wb						
2d Cpe	156	468	780	1,560	2,730	3,900
4d Sta Wag	148	444	740	1,480	2,590	3,700
1974 RX-4, 1308cc, 99" wb						
2d HT Cpe	164	492	820	1,640	2,870	4,100
4d Sed	152	456	760	1,520	2,660	3,800
4d Sta Wag	156	468	780	1,560	2,730	3,900
1975 Conventional Engine 808, 4-cyl., 1587cc, 91" wb						
2d Cpe	144	432	720	1,440	2,520	3,600
4d Sta Wag	148	444	740	1,480	2,590	3,700
1975 Wankel Rotary Engine RX-3, 1146cc, 91" wb						
2d Cpe	160	480	800	1,600	2,800	4,000
4d Sta Wag	152	456	760	1,520	2,660	3,800
1975 RX-4, 1308cc, 99" wb						
2d HT Cpe	164	492	820	1,640	2,870	4,100
4d Sed	148	444	740	1,480	2,590	3,700
4d Sta Wag	152	456	760	1,520	2,660	3,800
1976 Conventional Engine Mizer 808-1300, 4-cyl., 1272cc, 91" wb						
2d Cpe	140	420	700	1,400	2,450	3,500
4d Sed	144	432	720	1,440	2,520	3,600
4d Sta Wag	148	444	740	1,480	2,590	3,700
1976 808-1600, 4-cyl., 1587cc, 91" wb						
2d Cpe	144	432	720	1,440	2,520	3,600
4d Sed	148	444	740	1,480	2,590	3,700
4d Sta Wag	152	456	760	1,520	2,660	3,800
1976 Wankel Rotary Engine RX-3, 1146cc, 91" wb						
2d Cpe	160	480	800	1,600	2,800	4,000
4d Sta Wag	152	456	760	1,520	2,660	3,800
1976 RX-4, 1308cc, 99" wb						
2d HT Cpe	160	480	800	1,600	2,800	4,000

	6	5	4	3	2	1
4d Sed	152	456	760	1,520	2,660	3,800
4d Sta Wag	156	468	780	1,560	2,730	3,900
Cosmo 2d HdTp Cpe	220	660	1,100	2,200	3,850	5,500
1977 Mizer, 4-cyl., 1272cc						
2d Cpe	140	420	700	1,400	2,450	3,500
4d Sed	140	420	700	1,400	2,450	3,500
4d Sta Wag	144	432	720	1,440	2,520	3,600
1977 GLC, 4-cyl., 1272cc, 91.1" wb						
2d HBk	140	420	700	1,400	2,450	3,500
2d DeL HBk	144	432	720	1,440	2,520	3,600
1977 808, 4-cyl., 1587cc, 91" wb						
2d Cpe	144	432	720	1,440	2,520	3,600
4d Sed	140	420	700	1,400	2,450	3,500
4d Sta Wag	148	444	740	1,480	2,590	3,700
1977 Wankel Rotary Engine RX-3SP, 1146cc, 91" wb						
2d Cpe	164	492	820	1,640	2,870	4,100
1977 RX-4, 1308cc, 99" wb						
4d Sed	144	432	720	1,440	2,520	3,600
4d Sta Wag	148	444	740	1,480	2,590	3,700
Cosmo 2d HT Cpe	220	660	1,100	2,200	3,850	5,500
1978 GLC, 4-cyl., 1272cc, 91.1" wb						
2d HBk	132	396	660	1,320	2,310	3,300
2d DeL HBk	136	408	680	1,360	2,380	3,400
2d Spt HBk	140	420	700	1,400	2,450	3,500
4d DeL HBk	140	420	700	1,400	2,450	3,500
1978 Wankel Rotary Engine RX-3SP, 1146cc, 91" wb						
2d Cpe	160	480	800	1,600	2,800	4,000
1978 RX-4, 1308cc, 99" wb						
4d Sed	140	420	700	1,400	2,450	3,500
4d Sta Wag	144	432	720	1,440	2,520	3,600
Cosmo 2d Cpe	220	660	1,100	2,200	3,850	5,500
1979 GLC, 4-cyl., 1415cc, 91" wb						
2d HBk	132	396	660	1,320	2,310	3,300
2d DeL HBk	136	408	680	1,360	2,380	3,400
2d Spt HBk	140	420	700	1,400	2,450	3,500
4d DeL HBk	140	420	700	1,400	2,450	3,500
4d Sta Wag	144	432	720	1,440	2,520	3,600
4d DeL Sta Wag	148	444	740	1,480	2,590	3,700
1979 626, 4-cyl., 1970cc, 98.8" wb						
2d Spt Cpe	160	480	800	1,600	2,800	4,000
4d Spt Sed	152	456	760	1,520	2,660	3,800
1979 Wankel Rotary Engine RX-7, 1146cc, 95.3" wb						
S 2d Cpe	220	660	1,100	2,200	3,850	5,500
GS 2d Cpe	228	684	1,140	2,280	3,990	5,700
1980 GLC, 4-cyl., 1415cc, 91" wb						
2d HBk	160	480	800	1,600	2,800	4,000
2d Cus HBk	164	492	820	1,640	2,870	4,100
2d Spt HBk	168	504	840	1,680	2,940	4,200
4d Cus HBk	168	504	840	1,680	2,940	4,200
4d Cus Sta Wag	172	516	860	1,720	3,010	4,300
1980 626, 4-cyl., 1970cc, 98.8" wb						
2d Spt Cpe	180	540	900	1,800	3,150	4,500
4d Spt Sed	176	528	880	1,760	3,080	4,400
1980 Wankel Rotary Engine RX-7, 1146cc, 95.3" wb						
S 2d Cpe	240	720	1,200	2,400	4,200	6,000
GS 2d Cpe	252	756	1,260	2,520	4,410	6,300
1981 GLC, 4-cyl., 1490cc, 93.1" wb						
2d HBk	160	480	800	1,600	2,800	4,000
2d Cus HBk	164	492	820	1,640	2,870	4,100
4d Cus HBk	160	480	800	1,600	2,800	4,000
4d Cus Sed	164	492	820	1,640	2,870	4,100
2d Cus L HBk	168	504	840	1,680	2,940	4,200
4d Cus L Sed	168	504	840	1,680	2,940	4,200
2d Spt HBk	172	516	860	1,720	3,010	4,300
4d Sta Wag	176	528	880	1,760	3,080	4,400
1981 626, 4-cyl., 1970cc, 98.8" wb						
2d Spt Cpe	180	540	900	1,800	3,150	4,500
4d Spt Sed	176	528	880	1,760	3,080	4,400
2d Lux Spt Cpe	188	564	940	1,880	3,290	4,700
4d Lux Spt Sed	184	552	920	1,840	3,220	4,600
1981 Wankel Rotary Engine RX-7, 1146cc, 95.3" wb						
S 2d Cpe	260	780	1,300	2,600	4,550	6,500
GS 2d Cpe	280	840	1,400	2,800	4,900	7,000
GSL 2d Cpe	300	900	1,500	3,000	5,250	7,500

	6	5	4	3	2	1
1982 GLC, 4-cyl., 1490cc, 93.1" wb						
2d HBk	180	540	900	1,800	3,150	4,500
2d Cus HBk	184	552	920	1,840	3,220	4,600
4d Cus Sed	184	552	920	1,840	3,220	4,600
2d Cus L HBk	188	564	940	1,880	3,290	4,700
4d Cus L Sed	188	564	940	1,880	3,290	4,700
2d Spt HBk	192	576	960	1,920	3,360	4,800
4d Cus Sta Wag	180	540	900	1,800	3,150	4,500
1982 626, 4-cyl., 1970cc, 98.8" wb						
2d Spt Cpe	184	552	920	1,840	3,220	4,600
4d Spt Sed	180	540	900	1,800	3,150	4,500
2d Lux Spt Cpe	188	564	940	1,880	3,290	4,700
4d Lux Spt Sed	184	552	920	1,840	3,220	4,600
1982 Wankel Rotary Engine RX-7, 1146cc, 95.3" wb						
S 2d Cpe	280	840	1,400	2,800	4,900	7,000
GS 2d Cpe	300	900	1,500	3,000	5,250	7,500
GSL 2d Cpe	312	936	1,560	3,120	5,460	7,800
1983 GLC, 4-cyl., 1490cc, 93.1" wb						
2d HBk	180	540	900	1,800	3,150	4,500
2d Cus HBk	184	552	920	1,840	3,220	4,600
4d Cus Sed	184	552	920	1,840	3,220	4,600
2d Cus L HBk	188	564	940	1,880	3,290	4,700
4d Cus L Sed	188	564	940	1,880	3,290	4,700
2d Spt HBk	192	576	960	1,920	3,360	4,800
4d Sed	184	552	920	1,840	3,220	4,600
4d Cus Sta Wag	184	552	920	1,840	3,220	4,600
1983 626, 4-cyl., 1998cc, 98.8" wb						
2d Spt Cpe	188	564	940	1,880	3,290	4,700
4d Spt Sed	188	564	940	1,880	3,290	4,700
2d Lux Spt Cpe	192	576	960	1,920	3,360	4,800
4d Lux Spt Sed	192	576	960	1,920	3,360	4,800
4d Lux HBk	200	600	1,000	2,000	3,500	5,000
1983 Wankel Rotary Engine RX-7, 1146cc, 95.3" wb						
S 2d Cpe	280	840	1,400	2,800	4,900	7,000
GS 2d Cpe	300	900	1,500	3,000	5,250	7,500
1984-85 GLC, 4-cyl., 1490cc, 93.1" wb						
2d HBk	196	588	980	1,960	3,430	4,900
2d DeL HBk	200	600	1,000	2,000	3,500	5,000
4d DeL Sed	200	600	1,000	2,000	3,500	5,000
2d Lux HBk	204	612	1,020	2,040	3,570	5,100
4d Lux Sed	204	612	1,020	2,040	3,570	5,100
1984-85 626, 4-cyl., 1998cc, 98.8" wb						
2d DeL Cpe	220	660	1,100	2,200	3,850	5,500
4d DeL Sed	220	660	1,100	2,200	3,850	5,500
2d Lux Cpe	228	684	1,140	2,280	3,990	5,700
4d Lux Sed	228	684	1,140	2,280	3,990	5,700
4d Tr HBk	232	696	1,160	2,320	4,060	5,800
1984-85 Wankel Rotary Engine RX-7, 1146cc, 95.3" wb						
S 2d Cpe	300	900	1,500	3,000	5,250	7,500
GS 2d Cpe	320	960	1,600	3,200	5,600	8,000
GSL 2d Cpe	340	1,020	1,700	3,400	5,950	8,500
1984-85 RX-7, 1308cc, 95.3" wb						
GSL-SE 2d Cpe	320	960	1,600	3,200	5,600	8,000
1986 323						
2d HBk	104	312	520	1,040	1,820	2,600
DIX 2d HBk	108	324	540	1,080	1,890	2,700
LX 2d HBk	112	336	560	1,120	1,960	2,800
DIX 4d Sed	116	348	580	1,160	2,030	2,900
LX 4d Sed	120	360	600	1,200	2,100	3,000
1986 626, 4-cyl.						
DIX 4d Sed	132	396	660	1,320	2,310	3,300
DIX 2d Cpe	136	408	680	1,360	2,380	3,400
LX 4d Sed	140	420	700	1,400	2,450	3,500
LX 2d Cpe	148	444	740	1,480	2,590	3,700
LX 4d HBk	152	456	760	1,520	2,660	3,800
GT 4d Sed (Turbo)	160	480	800	1,600	2,800	4,000
GT 2d Cpe (Turbo)	164	492	820	1,640	2,870	4,100
GT 4d HBk (Turbo)	168	504	840	1,680	2,940	4,200
1986 RX-7, 4-cyl.						
2d Cpe	180	540	900	1,800	3,150	4,500
GXL 2d Cpe	200	600	1,000	2,000	3,500	5,000
1987 323, 4-cyl.						
2d HBk	112	336	560	1,120	1,960	2,800
SE 2d HBk	116	348	580	1,160	2,030	2,900
DIX 2d HBk	128	384	640	1,280	2,240	3,200
DIX 4d Sed	144	432	720	1,440	2,520	3,600
LX 4d Sed	152	456	760	1,520	2,660	3,800

	6	5	4	3	2	1
DIX 4d Sta Wag	140	420	700	1,400	2,450	3,500
1987 626, 4-cyl.						
DIX 4d Sed	160	480	800	1,600	2,800	4,000
DIX 2d Cpe	164	492	820	1,640	2,870	4,100
LX 4d Sed	168	504	840	1,680	2,940	4,200
LX 2d Cpe	176	528	880	1,760	3,080	4,400
LX 4d HBk	180	540	900	1,800	3,150	4,500
GT 4d Sed	168	504	840	1,680	2,940	4,200
GT 2d Cpe	172	516	860	1,720	3,010	4,300
GT 4d HBk	180	540	900	1,800	3,150	4,500
1987 RX-7, 4-cyl.						
2d Cpe	200	600	1,000	2,000	3,500	5,000
GXL 2d Cpe	240	720	1,200	2,400	4,200	6,000
2d Cpe Turbo	260	780	1,300	2,600	4,550	6,500
1988 323, 4-cyl.						
2d HBk	120	360	600	1,200	2,100	3,000
SE 2d HBk	128	384	640	1,280	2,240	3,200
GTX 2d HBk (4x4)	220	660	1,100	2,200	3,850	5,500
4d Sed	132	396	660	1,320	2,310	3,300
SE 4d Sed	140	420	700	1,400	2,450	3,500
LX 4d Sed	160	480	800	1,600	2,800	4,000
GT 4d Sed	180	540	900	1,800	3,150	4,500
4d Sta Wag	152	456	760	1,520	2,660	3,800
1988 626, 4-cyl.						
DX 4d Sed	160	480	800	1,600	2,800	4,000
LX 4d Sed	180	540	900	1,800	3,150	4,500
LX 4d HBk	200	600	1,000	2,000	3,500	5,000
4d Sed (Turbo)	220	660	1,100	2,200	3,850	5,500
4d HBk (Turbo)	232	696	1,160	2,320	4,060	5,800
4d Sed, (Turbo) 4WS	236	708	1,180	2,360	4,130	5,900
1988 MX-6, 4-cyl.						
DX 2d Cpe	196	588	980	1,960	3,430	4,900
LX 2d Cpe	220	660	1,100	2,200	3,850	5,500
GT 2d Cpe	232	696	1,160	2,320	4,060	5,800
1988 RX-7, 4-cyl.						
SE 2d Cpe	256	768	1,280	2,560	4,480	6,400
GTV 2d Cpe	260	780	1,300	2,600	4,550	6,500
GXL 2d Cpe	288	864	1,440	2,880	5,040	7,200
2d Cpe (Turbo)	300	900	1,500	3,000	5,250	7,500
2d Conv	560	1,680	2,800	5,600	9,800	14,000
1988 929						
LX 4d Sed	268	804	1,340	2,680	4,690	6,700
1989 323, 4-cyl.						
2d HBk	152	456	760	1,520	2,660	3,800
SE 2d HBk	156	468	780	1,560	2,730	3,900
GTX 2d HBk (4x4)	220	660	1,100	2,200	3,850	5,500
SE 4d Sed	200	600	1,000	2,000	3,500	5,000
LX 4d Sed	220	660	1,100	2,200	3,850	5,500
1989 626, 4-cyl.						
DX 4d Sed	220	660	1,100	2,200	3,850	5,500
LX 4d Sed	240	720	1,200	2,400	4,200	6,000
LX 4d HBk	260	780	1,300	2,600	4,550	6,500
4d HBk (Turbo)	280	840	1,400	2,800	4,900	7,000
1989 MX-6, 4-cyl.						
DX 2d Cpe	228	684	1,140	2,280	3,990	5,700
LX 2d Cpe	240	720	1,200	2,400	4,200	6,000
GT 2d Cpe	280	840	1,400	2,800	4,900	7,000
GT 2d Cpe 4WS	280	840	1,400	2,800	4,900	7,000
1989 RX-7, 4-cyl.						
GTV 2d Cpe	300	900	1,500	3,000	5,250	7,500
GXL 2d Cpe	340	1,020	1,700	3,400	5,950	8,500
2d Cpe (Turbo)	520	1,560	2,600	5,200	9,100	13,000
2d Conv	640	1,920	3,200	6,400	11,200	16,000
1989 929, V-6						
LX 4d Sed	300	900	1,500	3,000	5,250	7,500
1990 323, 4-cyl.						
2d HBk	160	480	800	1,600	2,800	4,000
2d HBk SE	180	540	900	1,800	3,150	4,500
1990 Protege, 4-cyl.						
SE 4d Sed	200	600	1,000	2,000	3,500	5,000
LX 4d Sed	220	660	1,100	2,200	3,850	5,500
4d Sed (4x4)	240	720	1,200	2,400	4,200	6,000
1990 626, 4-cyl.						
DX 4d Sed	260	780	1,300	2,600	4,550	6,500
LX 4d Sed	280	840	1,400	2,800	4,900	7,000
LX 4d HBk	280	840	1,400	2,800	4,900	7,000

	6	5	4	3	2	1
GT 4d HBk	320	960	1,600	3,200	5,600	8,000
1990 MX-6, 4-cyl.						
DX 2d Cpe	280	840	1,400	2,800	4,900	7,000
LX 2d Cpe	300	900	1,500	3,000	5,250	7,500
GT 2d Cpe	316	948	1,580	3,160	5,530	7,900
GT 2d Cpe 4WS	320	960	1,600	3,200	5,600	8,000
1990 MX-5 Miata, 4-cyl.						
2d Conv	540	1,620	2,700	5,400	9,450	13,500
1990 RX-7						
GTV 2d Cpe	520	1,560	2,600	5,200	9,100	13,000
GXL 2d Cpe	540	1,620	2,700	5,400	9,450	13,500
2d Cpe (Turbo)	560	1,680	2,800	5,600	9,800	14,000
2d Conv	680	2,040	3,400	6,800	11,900	17,000
1990 926, V-6						
4d Sed	540	1,620	2,700	5,400	9,450	13,500
S 4d Sed	560	1,680	2,800	5,600	9,800	14,000
1991 323						
2d HBk	160	480	800	1,600	2,800	4,000
2d HBk SE	180	540	900	1,800	3,150	4,500
1991 Protege						
4d Sed DX	180	540	900	1,800	3,150	4,500
4d Sed LX	200	600	1,000	2,000	3,500	5,000
4d Sed (4x4)	240	720	1,200	2,400	4,200	6,000
1991 626						
4d Sed DX	240	720	1,200	2,400	4,200	6,000
4d Sed LX	260	780	1,300	2,600	4,550	6,500
4d HBk LX	272	816	1,360	2,720	4,760	6,800
4d HBk GT	280	840	1,400	2,800	4,900	7,000
1991 Miata						
2d Conv	540	1,620	2,700	5,400	9,450	13,500
1991 RX-7						
2d Cpe	520	1,560	2,600	5,200	9,100	13,000
2d Cpe (Turbo)	560	1,680	2,800	5,600	9,800	14,000
2d Conv	660	1,980	3,300	6,600	11,550	16,500
1991 929, V-6						
4d Sed	340	1,020	1,700	3,400	5,950	8,500
4d Sed S	520	1,560	2,600	5,200	9,100	13,000
1992 323, 4-cyl.						
2d HBk	160	480	800	1,600	2,800	4,000
2d HBk SE	180	540	900	1,800	3,150	4,500
1992 Protege, 4-cyl.						
4d Sed DX	200	600	1,000	2,000	3,500	5,000
4d Sed LX	220	660	1,100	2,200	3,850	5,500
1992 MX-3, 4-cyl.						
2d Cpe	200	600	1,000	2,000	3,500	5,000
2d Cpe GS, V-6	220	660	1,100	2,200	3,850	5,500
1992 626, 4-cyl.						
4d Sed DX	240	720	1,200	2,400	4,200	6,000
4d Sed LX	260	780	1,300	2,600	4,550	6,500
1992 MX-6, 4-cyl.						
2d Cpe DX	260	780	1,300	2,600	4,550	6,500
2d Cpe LX	280	840	1,400	2,800	4,900	7,000
2d Cpe GT	320	960	1,600	3,200	5,600	8,000
1992 MX-5, 4-cyl.						
2d Miata Conv	520	1,560	2,600	5,200	9,100	13,000
1992 929, V-6						
4d Sed	580	1,740	2,900	5,800	10,150	14,500
1993 323, 4-cyl.						
2d HBk	180	540	900	1,800	3,150	4,500
2d SE HBk	184	552	920	1,840	3,220	4,600
1993 Protege, 4-cyl.						
4d DX Sed	220	660	1,100	2,200	3,850	5,500
4d LX Sed	228	684	1,140	2,280	3,990	5,700
1993 MX-3						
2d Cpe, 4-cyl.	260	780	1,300	2,600	4,550	6,500
2d Cpe, V-6	268	804	1,340	2,680	4,690	6,700
1993 626						
4d DX Sed, 4-cyl.	232	696	1,160	2,320	4,060	5,800
4d LX Sed, 4-cyl.	236	708	1,180	2,360	4,130	5,900
4d ES Sed, V-6	240	720	1,200	2,400	4,200	6,000
1993 MX-6						
2d Cpe, 4-cyl.	300	900	1,500	3,000	5,250	7,500
2d LS Cpe, V-6	308	924	1,540	3,080	5,390	7,700

	6	5	4	3	2	1
1993 MX-5 Miata, 4-cyl.						
2d Conv	680	2,040	3,400	6,800	11,900	17,000
1993 RX7						
2d Turbo Cpe	580	1,740	2,900	5,800	10,150	14,500
1994 323, 4-cyl.						
2d HBk	180	540	900	1,800	3,150	4,500
1994 Protege, 4-cyl.						
4d Sed	200	600	1,000	2,000	3,500	5,000
4d DX Sed	220	660	1,100	2,200	3,850	5,500
4d LX Sed	240	720	1,200	2,400	4,200	6,000
1994 MX-3						
2d Cpe, 4-cyl.	280	840	1,400	2,800	4,900	7,000
2d GS Cpe, V-6	320	960	1,600	3,200	5,600	8,000
1994 626						
4d DX Sed, 4-cyl.	280	840	1,400	2,800	4,900	7,000
4d LX Sed, 4-cyl.	300	900	1,500	3,000	5,250	7,500
4d LX Sed, V-6	320	960	1,600	3,200	5,600	8,000
4d ES Sed, V-6	340	1,020	1,700	3,400	5,950	8,500
1994 MX-6						
2d Cpe, 4-cyl.	320	960	1,600	3,200	5,600	8,000
2d Cpe, V-6	360	1,080	1,800	3,600	6,300	9,000
1994 MX-5 Miata, 4-cyl.						
2d Conv	420	1,260	2,100	4,200	7,350	10,500
2d Conv M	480	1,440	2,400	4,800	8,400	12,000
1994 RX-7 Rotary Turbo						
2d Cpe	800	2,400	4,000	8,000	14,000	20,000
1994 926						
4d Sed, V-6	480	1,440	2,400	4,800	8,400	12,000

MG

	6	5	4	3	2	1
1947-48 MG-TC, 4-cyl., 94" wb						
Rds	1,120	3,360	5,600	11,200	19,600	28,000
1949 MG-TC, 4-cyl., 94" wb						
Rds	1,120	3,360	5,600	11,200	19,600	28,000
1950 MG-TD, 4-cyl., 54.4 hp, 94" wb						
Rds	1,000	3,000	5,000	10,000	17,500	25,000
1951 MG-TD, 4-cyl., 54.4 hp, 94" wb						
Rds	1,000	3,000	5,000	10,000	17,500	25,000
1951 Mk II, 4-cyl., 54.4 hp, 94" wb						
Rds	1,080	3,240	5,400	10,800	18,900	27,000
1952 MG-TD, 4-cyl., 54.4 hp, 94" wb						
Rds	1,000	3,000	5,000	10,000	17,500	25,000
1952 Mk II, 4-cyl., 62 hp, 94" wb						
Rds	1,080	3,240	5,400	10,800	18,900	27,000
NOTE: Add 20 percent for Inskip 4 place Roadster.						
1953 MG-TD, 4-cyl., 54.4 hp, 94" wb						
Rds	1,040	3,120	5,200	10,400	18,200	26,000
1953 MG-TDC, 4-cyl., 62 hp, 94" wb						
Rds	1,080	3,240	5,400	10,800	18,900	27,000
1954 MG-TF, 4-cyl., 57 hp, 94" wb						
Rds	1,000	3,000	5,000	10,000	17,500	25,000
1955 MG-TF, 4-cyl., 68 hp, 94" wb						
Rds	920	2,760	4,600	9,200	16,100	23,000
1956 MG-"A", 4-cyl., 68 hp, 94" wb						
1500 Rds	850	2,500	4,200	8,400	14,700	21,000
1957 MG-"A", 4-cyl., 68 hp, 94" wb						
1500 Rds	850	2,500	4,200	8,400	14,700	21,000
1958 MG-"A", 4-cyl., 72 hp, 94" wb						
1500 Cpe	900	2,650	4,400	8,800	15,400	22,000
1500 Rds	900	2,750	4,600	9,200	16,100	23,000
1959-60 MG-"A", 4-cyl., 72 hp, 94" wb						
1600 Rds	900	2,750	4,600	9,200	16,100	23,000
1600 Cpe	900	2,650	4,400	8,800	15,400	22,000
1959-60 MG-"A", Twin-Cam, 4-cyl., 107 hp, 94" wb						
Rds	1,150	3,500	5,800	11,600	20,300	29,000
Cpe	1,050	3,100	5,200	10,400	18,200	26,000
1961 MG-"A", 4-cyl., 79 hp, 94" wb						
1600 Rds	800	2,400	4,000	8,000	14,000	20,000
1600 Cpe	750	2,300	3,800	7,600	13,300	19,000
1600 Mk II Rds	850	2,500	4,200	8,400	14,700	21,000
1600 Mk II Cpe	800	2,400	4,000	8,000	14,000	20,000

	6	5	4	3	2	1
1962 MG Midget, 4-cyl., 50 hp, 80" wb						
Rds	600	1,800	3,000	6,000	10,500	15,000
1962 MG-"A", 4-cyl., 90 hp, 94" wb						
1600 Mk II Rds	850	2,500	4,200	8,400	14,700	21,000
1600 Mk II Cpe	800	2,400	4,000	8,000	14,000	20,000
NOTE: Add 40 percent for 1600 Mk II Deluxe.						
1963 MG Midget, 4-cyl., 56 hp, 80" wb						
Rds	600	1,800	3,000	6,000	10,500	15,000
1963 MG-B, 4-cyl., 95 hp, 91" wb						
Rds	660	1,980	3,300	6,600	11,550	16,500
1964 MG Midget, 4-cyl., 56 hp, 80" wb						
Rds	600	1,800	3,000	6,000	10,500	15,000
1964 MG-B, 4-cyl., 95 hp, 91" wb						
Rds	660	1,980	3,300	6,600	11,550	16,500
1965 MG Midget Mk II, 4-cyl., 59 hp, 80" wb						
Rds	600	1,800	3,000	6,000	10,500	15,000
1965 MG-B, 4-cyl., 95 hp, 91" wb						
Rds	660	1,980	3,300	6,600	11,550	16,500
1966 MG Midget Mk III, 4-cyl., 59 hp, 80" wb						
Rds	600	1,800	3,000	6,000	10,500	15,000
1966 MG-B, 4-cyl., 95 hp, 91" wb						
Rds	640	1,920	3,200	6,400	11,200	16,000
1966 1100 Sport, 4-cyl., 58 hp, 93.5" wb						
2d Sed	240	720	1,200	2,400	4,200	6,000
4d Sed	248	744	1,240	2,480	4,340	6,200
1967 MG Midget Mk III, 4-cyl., 59 hp, 80" wb						
Rds	600	1,800	3,000	6,000	10,500	15,000
1967 MG-B, 4-cyl., 98 hp, 91" wb						
Rds	640	1,920	3,200	6,400	11,200	16,000
GT Cpe	600	1,800	3,000	6,000	10,500	15,000
1967 1100 Sport, 4-cyl., 58 hp, 93.5" wb						
2d Sed	240	720	1,200	2,400	4,200	6,000
4d Sed	248	744	1,240	2,480	4,340	6,200
1968 MG Midget, 4-cyl., 65 hp, 80" wb						
Rds	600	1,800	3,000	6,000	10,500	15,000
1968 MG-B, 4-cyl., 98 hp, 91" wb						
Conv	544	1,632	2,720	5,440	9,520	13,600
GT Cpe	540	1,620	2,700	5,400	9,450	13,500
1969 MG Midget Mk III, 4-cyl., 65 hp, 80" wb						
Rds	560	1,680	2,800	5,600	9,800	14,000
1969 MG-B/GT, Mk II, 4-cyl., 98 hp, 91" wb						
Cpe	528	1,584	2,640	5,280	9,240	13,200
"B" Rds	600	1,800	3,000	6,000	10,500	15,000
1969 MG-C, 6-cyl., 145 hp, 91" wb						
Rds	660	1,980	3,300	6,600	11,550	16,500
GT Cpe	520	1,560	2,600	5,200	9,100	13,000
1970 MG Midget, 4-cyl., 65 hp, 80" wb						
Rds	560	1,680	2,800	5,600	9,800	14,000
1970 MG-B/GT, 4-cyl., 78.5 hp, 91" wb						
Rds	620	1,860	3,100	6,200	10,850	15,500
GT Cpe	580	1,740	2,900	5,800	10,150	14,500
NOTE: Add 10 percent for wire wheels. Add 5 percent for overdrive.						
1971 MG Midget, 4-cyl., 65 hp, 80" wb						
Rds	560	1,680	2,800	5,600	9,800	14,000
1971 MG-B/GT, 4-cyl., 78.5 hp, 91" wb						
Rds	620	1,860	3,100	6,200	10,850	15,500
GT Cpe	580	1,740	2,900	5,800	10,150	14,500
NOTE: Add 10 percent for wire wheels. Add 5 percent for overdrive.						
1972 MG Midget, 4-cyl., 54.5 hp, 80" wb						
Conv	560	1,680	2,800	5,600	9,800	14,000
1972 MG-B/GT, 4-cyl., 78.5 hp, 91" wb						
Conv	580	1,740	2,900	5,800	10,150	14,500
Cpe GT	520	1,560	2,600	5,200	9,100	13,000
NOTE: Add 10 percent for wire wheels. Add 5 percent for overdrive.						
1973 MG Midget, 4-cyl., 54.5 hp, 80" wb						
Conv	560	1,680	2,800	5,600	9,800	14,000
1973 MG-B/GT, 4-cyl., 78.5 hp, 91" wb						
Conv	580	1,740	2,900	5,800	10,150	14,500
GT Cpe	520	1,560	2,600	5,200	9,100	13,000
NOTE: Add 10 percent for wire wheels. Add 5 percent for overdrive.						

1991 Honda CRX Si hatchback

1993 Infiniti J30t sedan

1951 Jaguar XK120 roadster

	6	5	4	3	2	1
1974 MG Midget, 4-cyl., 54.5 hp, 80" wb						
Conv	560	1,680	2,800	5,600	9,800	14,000
1974 MG-B, 4-cyl., 78.5 hp, 91" wb						
Conv	580	1,740	2,900	5,800	10,150	14,500
GT Cpe	520	1,560	2,600	5,200	9,100	13,000
1974 Interim MG-B, 4-cyl., 62.9 hp, 91.125" wb						
Conv	540	1,620	2,700	5,400	9,450	13,500
GT Cpe	324	972	1,620	3,240	5,670	8,100
NOTE: Add 10 percent for wire wheels. Add 5 percent for overdrive.						
1975 MG Midget, 4-cyl., 50 hp, 80" wb						
Conv	540	1,620	2,700	5,400	9,450	13,500
1975 MG-B, 4-cyl., 62.9 hp, 91.125" wb						
Conv	560	1,680	2,800	5,600	9,800	14,000
NOTE: Add 10 percent for wire wheels. Add 5 percent for overdrive.						
1976 MG Midget, 4-cyl., 50 hp, 80" wb						
Conv	520	1,560	2,600	5,200	9,100	13,000
1976 MG-B, 4-cyl., 62.5 hp, 91.13" wb						
Conv	560	1,680	2,800	5,600	9,800	14,000
NOTE: Add 10 percent for wire wheels. Add 5 percent for overdrive.						
1977 MG Midget, 4-cyl., 50 hp, 80" wb						
Conv	520	1,560	2,600	5,200	9,100	13,000
1977 MG-B, 4-cyl., 62.5 hp, 91.13" wb						
Conv	560	1,680	2,800	5,600	9,800	14,000
NOTE: Add 10 percent for wire wheels. Add 5 percent for overdrive.						
1978 MG-B, 4-cyl., 62.5 hp, 91.13" wb						
Midget Conv	520	1,560	2,600	5,200	9,100	13,000
B Conv	560	1,680	2,800	5,600	9,800	14,000
1979 MG-B, 4-cyl., 62.5 hp, 91.13" wb						
Midget Conv	520	1,560	2,600	5,200	9,100	13,000
B Conv	560	1,680	2,800	5,600	9,800	14,000
1980 MG-B, 4-cyl., 62.5 hp, 91.13" wb						
B Conv	560	1,680	2,800	5,600	9,800	14,000

MERCEDES-BENZ

	6	5	4	3	2	1
1951-1953 Model 170S						
4d Sed	1,080	3,240	5,400	10,800	18,900	27,000
NOTE: Deduct 8 percent for lesser models. Deduct 10 percent for diesel.						
1951-1953 Model 180						
4d Sed	1,160	3,480	5,800	11,600	20,300	29,000
1951-1953 Model 220						
4d Sed	1,240	3,720	6,200	12,400	21,700	31,000
2d Conv	1,960	5,880	9,800	19,600	34,300	49,000
2d Cpe	1,560	4,680	7,800	15,600	27,300	39,000
1951-1953 Model 300						
4d Sed	1,360	4,080	6,800	13,600	23,800	34,000
4d Conv Sed	4,640	13,920	23,200	46,400	81,200	116,000
2d Cpe	3,440	10,320	17,200	34,400	60,200	86,000
1951-1953 Model 300S						
4d Conv Sed	4,640	13,920	23,200	46,400	81,200	116,000
2d Conv	4,400	13,200	22,000	44,000	77,000	110,000
2d Cpe	3,600	10,800	18,000	36,000	63,000	90,000
2d Rds	4,800	14,400	24,000	48,000	84,000	120,000
1954 Model 170						
4d Sed	960	2,880	4,800	9,600	16,800	24,000
NOTE: Deduct 10 percent for diesel.						
1954 Model 180						
4d Sed	1,000	3,000	5,000	10,000	17,500	25,000
NOTE: Deduct 10 percent for diesel.						
1954 Model 220A						
4d Sed	1,240	3,720	6,200	12,400	21,700	31,000
2d Conv	1,960	5,880	9,800	19,600	34,300	49,000
2d Cpe	1,560	4,680	7,800	15,600	27,300	39,000
1954 Model 300						
4d Sed	1,600	4,800	8,000	16,000	28,000	40,000
4d Conv Sed	3,840	11,520	19,200	38,400	67,200	96,000
2d Cpe	3,360	10,080	16,800	33,600	58,800	84,000
1954 Model 300B						
4d Sed	1,560	4,680	7,800	15,600	27,300	39,000
4d Conv Sed	4,240	12,720	21,200	42,400	74,200	106,000
2d Cpe	3,360	10,080	16,800	33,600	58,800	84,000

	6	5	4	3	2	1
1954 Model 300S						
4d Sed	1,760	5,280	8,800	17,600	30,800	44,000
2d Conv	4,400	13,200	22,000	44,000	77,000	110,000
2d Cpe	3,840	11,520	19,200	38,400	67,200	96,000
2d Rds	5,200	15,600	26,000	52,000	91,000	130,000
1954 Model 300SL						
2d GW Cpe	12,000	36,000	60,000	120,000	210,000	300,000
1955 Model 170						
4d Sed	960	2,880	4,800	9,600	16,800	24,000
NOTE: Deduct 10 percent for diesel.						
1955 Model 180						
4d Sed	1,040	3,120	5,200	10,400	18,200	26,000
NOTE: Deduct 10 percent for diesel.						
1955 Model 190						
2d Rds	1,840	5,520	9,200	18,400	32,200	46,000
1955 Model 220A						
4d Sed	1,240	3,720	6,200	12,400	21,700	31,000
2d Conv	1,960	5,880	9,800	19,600	34,300	49,000
2d Cpe	1,680	5,040	8,400	16,800	29,400	42,000
1955 Model 300B						
4d Sed	1,680	5,040	8,400	16,800	29,400	42,000
4d Conv Sed	4,240	12,720	21,200	42,400	74,200	106,000
2d Cpe	3,360	10,080	16,800	33,600	58,800	84,000
1955 Model 300S						
4d Sed	1,840	5,520	9,200	18,400	32,200	46,000
2d Conv	4,240	12,720	21,200	42,400	74,200	106,000
2d Cpe	3,840	11,520	19,200	38,400	67,200	96,000
2d Rds	5,200	15,600	26,000	52,000	91,000	130,000
1955 Model 300SL						
2d GW Cpe	12,000	36,000	60,000	120,000	210,000	300,000
1956-1957 Model 180						
4d Sed	720	2,160	3,600	7,200	12,600	18,000
NOTE: Deduct 10 percent for diesel.						
1956-1957 Model 190						
4d Sed	760	2,280	3,800	7,600	13,300	19,000
SL Rds	1,840	5,520	9,200	18,400	32,200	46,000
NOTE: Add 10 percent for removable hardtop.						
1956-1957 Model 219						
4d Sed	840	2,520	4,200	8,400	14,700	21,000
1956-1957 Model 220S						
4d Sed	880	2,640	4,400	8,800	15,400	22,000
Cpe	1,080	3,240	5,400	10,800	18,900	27,000
Cabr	2,360	7,080	11,800	23,600	41,300	59,000
1956-1957 Model 300C						
4d Sed	1,480	4,440	7,400	14,800	25,900	37,000
4d Limo	1,840	5,520	9,200	18,400	32,200	46,000
4d Conv Sed	6,000	18,000	30,000	60,000	105,000	150,000
2d Cpe	4,000	12,000	20,000	40,000	70,000	100,000
1956-1957 Model 300S						
4d Sed	1,760	5,280	8,800	17,600	30,800	44,000
2d Conv	6,200	18,600	31,000	62,000	108,500	155,000
2d Cpe	4,240	12,720	21,200	42,400	74,200	106,000
2d Rds	7,600	22,800	38,000	76,000	133,000	190,000
1956-1957 Model 300SC						
4d Sed	1,840	5,520	9,200	18,400	32,200	46,000
2d Conv	6,400	19,200	32,000	64,000	112,000	160,000
2d Rds	8,000	24,000	40,000	80,000	140,000	200,000
1956-1957 Model 300SL						
2d GW Cpe	12,800	38,400	64,000	128,000	224,000	320,000
1958-1960 Model 180a						
4d Sed	640	1,920	3,200	6,400	11,200	16,000
NOTE: Deduct 10 percent for diesel.						
1958-1960 Model 190						
4d Sed	680	2,040	3,400	6,800	11,900	17,000
SL Rds	1,800	5,400	9,000	18,000	31,500	45,000
NOTE: Add 10 percent for removable hardtop.						
1958-1960 Model 219						
4d Sed	720	2,160	3,600	7,200	12,600	18,000
1958-1960 Model 220S						
2d Cpe	1,160	3,480	5,800	11,600	20,300	29,000
4d Sed	800	2,400	4,000	8,000	14,000	20,000
2d Conv	2,160	6,480	10,800	21,600	37,800	54,000

	6	5	4	3	2	1
1958-1960 Model 220SE						
4d Sed	880	2,640	4,400	8,800	15,400	22,000
2d Cpe	1,080	3,240	5,400	10,800	18,900	27,000
2d Conv	2,360	7,080	11,800	23,600	41,300	59,000
1958-1960 Model 300D						
4d HT	1,920	5,760	9,600	19,200	33,600	48,000
4d Conv	6,200	18,600	31,000	62,000	108,500	155,000
1958-1960 Model 300SL						
2d Rds	8,000	24,000	40,000	80,000	140,000	200,000
NOTE: Add 5 percent for removable hardtop.						
1958-1960						
180D 4d Sed	960	2,880	4,800	9,600	16,800	24,000
190 4d Sed	1,120	3,360	5,600	11,200	19,600	28,000
190SL Rds	1,040	3,120	5,200	10,400	18,200	26,000
1961-1962						
180 4d Sed	560	1,680	2,800	5,600	9,800	14,000
180D 4d Sed	600	1,800	3,000	6,000	10,500	15,000
190 4d Sed	580	1,740	2,900	5,800	10,150	14,500
190D 4d Sed	620	1,860	3,100	6,200	10,850	15,500
190SL Cpe/Rds	1,800	5,400	9,000	18,000	31,500	45,000
220 4d Sed	720	2,160	3,600	7,200	12,600	18,000
220S 4d Sed	760	2,280	3,800	7,600	13,300	19,000
220SE 4d Sed	800	2,400	4,000	8,000	14,000	20,000
220SE Cpe	1,080	3,240	5,400	10,800	18,900	27,000
220SE Cabr	1,800	5,400	9,000	18,000	31,500	45,000
220SEb Cpe	1,240	3,720	6,200	12,400	21,700	31,000
220SEb Cabr	1,680	5,040	8,400	16,800	29,400	42,000
220SEb 4d Sed	840	2,520	4,200	8,400	14,700	21,000
300 4d HT	1,960	5,880	9,800	19,600	34,300	49,000
300 4d Cabr	4,320	12,960	21,600	43,200	75,600	108,000
300SE 4d Sed	960	2,880	4,800	9,600	16,800	24,000
300SE 2d Cpe	1,440	4,320	7,200	14,400	25,200	36,000
300SE 2d Cabr	3,440	10,320	17,200	34,400	60,200	86,000
300SL Rds	8,000	24,000	40,000	80,000	140,000	200,000
NOTE: Add 5 percent for removable hardtop.						
1963						
180Dc 4d Sed	520	1,560	2,600	5,200	9,100	13,000
190c 4d Sed	420	1,260	2,100	4,200	7,350	10,500
190Dc 4d Sed	540	1,620	2,700	5,400	9,450	13,500
190SL Rds	1,600	4,800	8,000	16,000	28,000	40,000
NOTE: Add 10 percent for removable hardtop.						
220 4d Sed	600	1,800	3,000	6,000	10,500	15,000
220S 4d Sed	640	1,920	3,200	6,400	11,200	16,000
220SE 4d Sed	680	2,040	3,400	6,800	11,900	17,000
220SEb Cpe	840	2,520	4,200	8,400	14,700	21,000
220SEb Cabr	1,560	4,680	7,800	15,600	27,300	39,000
300SE 4d Sed	1,000	3,000	5,000	10,000	17,500	25,000
300SE Cpe	1,200	3,600	6,000	12,000	21,000	30,000
300SE Cabr	3,040	9,120	15,200	30,400	53,200	76,000
300 4d HT	1,240	3,720	6,200	12,400	21,700	31,000
300SL Rds	7,800	23,400	39,000	78,000	136,500	195,000
NOTE: Add 5 percent for removable hardtop.						
1964						
190c 4d Sed	400	1,200	2,000	4,000	7,000	10,000
190Dc 4d Sed	520	1,560	2,600	5,200	9,100	13,000
220 4d Sed	600	1,800	3,000	6,000	10,500	15,000
220S 4d Sed	640	1,920	3,200	6,400	11,200	16,000
220SE 4d Sed	680	2,040	3,400	6,800	11,900	17,000
220SEb Cpe	880	2,640	4,400	8,800	15,400	22,000
220SEb Cabr	1,520	4,560	7,600	15,200	26,600	38,000
230SL Cpe/Rds	1,000	3,000	5,000	10,000	17,500	25,000
300SE 4d Sed	840	2,520	4,200	8,400	14,700	21,000
300SE 4d Sed(112)	880	2,640	4,400	8,800	15,400	22,000
300SE Cpe	1,240	3,720	6,200	12,400	21,700	31,000
300SE Cabr	3,120	9,360	15,600	31,200	54,600	78,000
1965						
190c 4d Sed	400	1,200	2,000	4,000	7,000	10,000
190Dc 4d Sed	520	1,560	2,600	5,200	9,100	13,000
220b 4d Sed	600	1,800	3,000	6,000	10,500	15,000
220Sb 4d Sed	620	1,860	3,100	6,200	10,850	15,500
220SEb 4d Sed	640	1,920	3,200	6,400	11,200	16,000
220SEb Cpe	760	2,280	3,800	7,600	13,300	19,000
220SEb Cabr	1,480	4,440	7,400	14,800	25,900	37,000
230SL Cpe/Rds	1,040	3,120	5,200	10,400	18,200	26,000
250SE Cpe	840	2,520	4,200	8,400	14,700	21,000
250SE Cabr	1,520	4,560	7,600	15,200	26,600	38,000
300SE 4d Sed	720	2,160	3,600	7,200	12,600	18,000
300SEL 4d Sed	800	2,400	4,000	8,000	14,000	20,000

	6	5	4	3	2	1
300SE Cpe	880	2,640	4,400	8,800	15,400	22,000
300SE Cabr	3,120	9,360	15,600	31,200	54,600	78,000
600 4d Sed	1,360	4,080	6,800	13,600	23,800	34,000
600 Limo	1,760	5,280	8,800	17,600	30,800	44,000
1966						
200 4d Sed	400	1,200	2,000	4,000	7,000	10,000
200D 4d Sed	520	1,560	2,600	5,200	9,100	13,000
230 4d Sed	420	1,260	2,100	4,200	7,350	10,500
230S 4d Sed	428	1,284	2,140	4,280	7,490	10,700
230SL Cpe/Rds	1,160	3,480	5,800	11,600	20,300	29,000
250SE Cpe	840	2,520	4,200	8,400	14,700	21,000
250SE Cabr	1,520	4,560	7,600	15,200	26,600	38,000
250S 4d Sed	600	1,800	3,000	6,000	10,500	15,000
250SE 4d Sed	620	1,860	3,100	6,200	10,850	15,500
300SE Cpe	880	2,640	4,400	8,800	15,400	22,000
300SE Cabr	3,120	9,360	15,600	31,200	54,600	78,000
600 4d Sed	1,360	4,080	6,800	13,600	23,800	34,000
600 Limo	1,800	5,400	9,000	18,000	31,500	45,000
1967						
200 4d Sed	420	1,260	2,100	4,200	7,350	10,500
200D 4d Sed	540	1,620	2,700	5,400	9,450	13,500
230 4d Sed	520	1,560	2,600	5,200	9,100	13,000
230S 4d Sed	528	1,584	2,640	5,280	9,240	13,200
230SL Cpe/Rds	1,080	3,240	5,400	10,800	18,900	27,000
250S 4d Sed	600	1,800	3,000	6,000	10,500	15,000
250SE 4d Sed	620	1,860	3,100	6,200	10,850	15,500
250SE Cpe	840	2,520	4,200	8,400	14,700	21,000
250SE Cabr	1,160	3,480	5,800	11,600	20,300	29,000
250SL Cpe/Rds	1,120	3,360	5,600	11,200	19,600	28,000
280SE Cpe	880	2,640	4,400	8,800	15,400	22,000
280SE Cabr	1,720	5,160	8,600	17,200	30,100	43,000
300SE Cpe	1,000	3,000	5,000	10,000	17,500	25,000
300SE Cabr	3,120	9,360	15,600	31,200	54,600	78,000
300SE 4d Sed	920	2,760	4,600	9,200	16,100	23,000
300SEL 4d Sed	960	2,880	4,800	9,600	16,800	24,000
600 4d Sed	1,320	3,960	6,600	13,200	23,100	33,000
600 Limo	1,840	5,520	9,200	18,400	32,200	46,000
1968						
220 4d Sed	420	1,260	2,100	4,200	7,350	10,500
220D 4d Sed	540	1,620	2,700	5,400	9,450	13,500
230 4d Sed	520	1,560	2,600	5,200	9,100	13,000
250 4d Sed	544	1,632	2,720	5,440	9,520	13,600
280 4d Sed	552	1,656	2,760	5,520	9,660	13,800
280SE 4d Sed	600	1,800	3,000	6,000	10,500	15,000
280SEL 4d Sed	640	1,920	3,200	6,400	11,200	16,000
280SE Cpe	880	2,640	4,400	8,800	15,400	22,000
280SE Cabr	1,800	5,400	9,000	18,000	31,500	45,000
280SL Cpe/Rds	1,320	3,960	6,600	13,200	23,100	33,000
300SEL 4d Sed	960	2,880	4,800	9,600	16,800	24,000
600 4d Sed	1,440	4,320	7,200	14,400	25,200	36,000
600 Limo	1,880	5,640	9,400	18,800	32,900	47,000
1969						
220 4d Sed	580	1,740	2,900	5,800	10,150	14,500
220D 4d Sed	620	1,860	3,100	6,200	10,850	15,500
230 4d Sed	592	1,776	2,960	5,920	10,360	14,800
250 4d Sed	600	1,800	3,000	6,000	10,500	15,000
280S 4d Sed	604	1,812	3,020	6,040	10,570	15,100
280SE 4d Sed	600	1,800	3,000	6,000	10,500	15,000
280SEL 4d Sed	620	1,860	3,100	6,200	10,850	15,500
280SE Cpe	880	2,640	4,400	8,800	15,400	22,000
280SE Cabr	1,880	5,640	9,400	18,800	32,900	47,000
280SL Cpe/Rds	1,400	4,200	7,000	14,000	24,500	35,000
300SEL 4d Sed	920	2,760	4,600	9,200	16,100	23,000
600 4d Sed	1,400	4,200	7,000	14,000	24,500	35,000
600 Limo	1,880	5,640	9,400	18,800	32,900	47,000
1970						
220 4d Sed	520	1,560	2,600	5,200	9,100	13,000
220D 4d Sed	540	1,620	2,700	5,400	9,450	13,500
250 4d Sed	528	1,584	2,640	5,280	9,240	13,200
250C Cpe	640	1,920	3,200	6,400	11,200	16,000
280S 4d Sed	580	1,740	2,900	5,800	10,150	14,500
280SE 4d Sed	600	1,800	3,000	6,000	10,500	15,000
280SEL 4d Sed	620	1,860	3,100	6,200	10,850	15,500
280SE Cpe	1,160	3,480	5,800	11,600	20,300	29,000
280SE Cpe 3.5	1,680	5,040	8,400	16,800	29,400	42,000
280SE Cabr	1,960	5,880	9,800	19,600	34,300	49,000
280SE Cabr 3.5	2,560	7,680	12,800	25,600	44,800	64,000
280SL Cpe/Rds	1,440	4,320	7,200	14,400	25,200	36,000
300SEL 4d Sed	880	2,640	4,400	8,800	15,400	22,000
600 4d Sed	1,440	4,320	7,200	14,400	25,200	36,000

	6	5	4	3	2	1
600 Limo	1,800	5,400	9,000	18,000	31,500	45,000
1971						
220 4d Sed	520	1,560	2,600	5,200	9,100	13,000
220D 4d Sed	540	1,620	2,700	5,400	9,450	13,500
250 4d Sed	520	1,560	2,600	5,200	9,100	13,000
250C Cpe	600	1,800	3,000	6,000	10,500	15,000
280S 4 Sed	580	1,740	2,900	5,800	10,150	14,500
280SE 4d Sed	600	1,800	3,000	6,000	10,500	15,000
280SE 4.5 4d Sed	760	2,280	3,800	7,600	13,300	19,000
280SEL 4d Sed	620	1,860	3,100	6,200	10,850	15,500
280SE 3.5 Cpe	1,160	3,480	5,800	11,600	20,300	29,000
280SE 3.5 Cabr	3,040	9,120	15,200	30,400	53,200	76,000
280SL Cpe/Rds	1,480	4,440	7,400	14,800	25,900	37,000
300SEL 4d Sed	920	2,760	4,600	9,200	16,100	23,000
600 4d Sed	1,440	4,320	7,200	14,400	25,200	36,000
600 4d Limo	2,040	6,120	10,200	20,400	35,700	51,000
1972						
220 4d Sed	520	1,560	2,600	5,200	9,100	13,000
220D 4d Sed	540	1,620	2,700	5,400	9,450	13,500
250 4d Sed	560	1,680	2,800	5,600	9,800	14,000
250C Cpe	640	1,920	3,200	6,400	11,200	16,000
280SE 4d Sed	600	1,800	3,000	6,000	10,500	15,000
280SE 4.5 4d Sed	760	2,280	3,800	7,600	13,300	19,000
280SE 3.5 Cpe	840	2,520	4,200	8,400	14,700	21,000
280SE 3.5 Cabr	1,520	4,560	7,600	15,200	26,600	38,000
280SEL 4d Sed	640	1,920	3,200	6,400	11,200	16,000
300SEL 4d Sed	880	2,640	4,400	8,800	15,400	22,000
350SL Cpe/Rds	1,400	4,200	7,000	14,000	24,500	35,000
600 4d Sed	1,440	4,320	7,200	14,400	25,200	36,000
600 Limo	2,000	6,000	10,000	20,000	35,000	50,000
1973						
220 4d Sed	520	1,560	2,600	5,200	9,100	13,000
220D 4d Sed	560	1,680	2,800	5,600	9,800	14,000
280 4d Sed	580	1,740	2,900	5,800	10,150	14,500
280C Cpe	680	2,040	3,400	6,800	11,900	17,000
280SE 4d Sed	640	1,920	3,200	6,400	11,200	16,000
280SE 4.5 4d Sed	800	2,400	4,000	8,000	14,000	20,000
280SEL 4d Sed	660	1,980	3,300	6,600	11,550	16,500
300SEL 4d Sed	880	2,640	4,400	8,800	15,400	22,000
450SE 4d Sed	660	1,980	3,300	6,600	11,550	16,500
450SEL 4d Sed	700	2,100	3,500	7,000	12,250	17,500
450SL Cpe/Rds	1,320	3,960	6,600	13,200	23,100	33,000
450SLC Cpe	1,080	3,240	5,400	10,800	18,900	27,000
1974						
230 4d Sed	540	1,620	2,700	5,400	9,450	13,500
240D 4d Sed	560	1,680	2,800	5,600	9,800	14,000
280 4d Sed	600	1,800	3,000	6,000	10,500	15,000
280C Cpe	680	2,040	3,400	6,800	11,900	17,000
450SE 4d Sed	720	2,160	3,600	7,200	12,600	18,000
450SEL 4d Sed	800	2,400	4,000	8,000	14,000	20,000
450SL Cpe/Rds	1,280	3,840	6,400	12,800	22,400	32,000
450SLC Cpe	1,080	3,240	5,400	10,800	18,900	27,000
1975						
230 4d Sed	560	1,680	2,800	5,600	9,800	14,000
240D 4d Sed	600	1,800	3,000	6,000	10,500	15,000
300D 4d Sed	640	1,920	3,200	6,400	11,200	16,000
280 4d Sed	680	2,040	3,400	6,800	11,900	17,000
280C Cpe	720	2,160	3,600	7,200	12,600	18,000
280S 4d Sed	680	2,040	3,400	6,800	11,900	17,000
450SE 4d Sed	760	2,280	3,800	7,600	13,300	19,000
450SEL 4d Sed	800	2,400	4,000	8,000	14,000	20,000
450SL Cpe/Rds	1,360	4,080	6,800	13,600	23,800	34,000
450SLC Cpe	1,080	3,240	5,400	10,800	18,900	27,000
1976						
230 4d Sed	640	1,920	3,200	6,400	11,200	16,000
240D 4d Sed	640	1,920	3,200	6,400	11,200	16,000
300D 4d Sed	660	1,980	3,300	6,600	11,550	16,500
280 4d Sed	680	2,040	3,400	6,800	11,900	17,000
280C Cpe	800	2,400	4,000	8,000	14,000	20,000
280S 4d Sed	700	2,100	3,500	7,000	12,250	17,500
450SE 4d Sed	840	2,520	4,200	8,400	14,700	21,000
450SEL 4d Sed	880	2,640	4,400	8,800	15,400	22,000
450SL Cpe/Rds	1,360	4,080	6,800	13,600	23,800	34,000
450SLC Cpe	1,040	3,120	5,200	10,400	18,200	26,000
1977						
230 4d Sed	600	1,800	3,000	6,000	10,500	15,000
240D 4d Sed	660	1,980	3,300	6,600	11,550	16,500
300D 4d Sed	680	2,040	3,400	6,800	11,900	17,000
280E 4d Sed	700	2,100	3,500	7,000	12,250	17,500

	6	5	4	3	2	1
280SE 4d Sed	720	2,160	3,600	7,200	12,600	18,000
450SEL 4d Sed	880	2,640	4,400	8,800	15,400	22,000
450SL Cpe/Rds	1,360	4,080	6,800	13,600	23,800	34,000
450SLC Cpe	1,040	3,120	5,200	10,400	18,200	26,000
1978						
230 4d Sed	600	1,800	3,000	6,000	10,500	15,000
240D 4d Sed	620	1,860	3,100	6,200	10,850	15,500
300D 4d Sed	640	1,920	3,200	6,400	11,200	16,000
300CD Cpe	680	2,040	3,400	6,800	11,900	17,000
300SD 4d Sed	740	2,220	3,700	7,400	12,950	18,500
280E 4d Sed	660	1,980	3,300	6,600	11,550	16,500
280CE Cpe	740	2,220	3,700	7,400	12,950	18,500
280SE 4d Sed	760	2,280	3,800	7,600	13,300	19,000
450SEL 4d Sed	920	2,760	4,600	9,200	16,100	23,000
450SL Cpe/Rds	1,320	3,960	6,600	13,200	23,100	33,000
450SLC Cpe	1,120	3,360	5,600	11,200	19,600	28,000
6.9L 4d Sed	1,080	3,240	5,400	10,800	18,900	27,000
1979						
240D 4d Sed	520	1,560	2,600	5,200	9,100	13,000
300D 4d Sed	560	1,680	2,800	5,600	9,800	14,000
300CD Cpe	640	1,920	3,200	6,400	11,200	16,000
300TD Sta Wag	880	2,640	4,400	8,800	15,400	22,000
300SD 4d Sed	720	2,160	3,600	7,200	12,600	18,000
280E 4d Sed	600	1,800	3,000	6,000	10,500	15,000
280CE Cpe	680	2,040	3,400	6,800	11,900	17,000
280SE 4d Sed	720	2,160	3,600	7,200	12,600	18,000
450SEL 4d Sed	840	2,520	4,200	8,400	14,700	21,000
450SL Cpe/Rds	1,240	3,720	6,200	12,400	21,700	31,000
450SLC Cpe	1,080	3,240	5,400	10,800	18,900	27,000
6.9L 4d Sed	1,000	3,000	5,000	10,000	17,500	25,000
1980						
240D 4d Sed	560	1,680	2,800	5,600	9,800	14,000
300D 4d Sed	600	1,800	3,000	6,000	10,500	15,000
300CD 2d Cpe	680	2,040	3,400	6,800	11,900	17,000
300TD 4d Sta Wag	880	2,640	4,400	8,800	15,400	22,000
300SD 4d Sed	760	2,280	3,800	7,600	13,300	19,000
280E 4d Sed	720	2,160	3,600	7,200	12,600	18,000
280CE 2d Cpe	760	2,280	3,800	7,600	13,300	19,000
280SE 4d Sed	720	2,160	3,600	7,200	12,600	18,000
450SEL 4d Sed	760	2,280	3,800	7,600	13,300	19,000
450SL 2d Conv	1,320	3,960	6,600	13,200	23,100	33,000
450SLC 2d Cpe	1,000	3,000	5,000	10,000	17,500	25,000
1981						
240D 4d Sed	560	1,680	2,800	5,600	9,800	14,000
300D 4d Sed	600	1,800	3,000	6,000	10,500	15,000
300CD 2d Cpe	680	2,040	3,400	6,800	11,900	17,000
300TD-T 4d Turbo Sta Wag	1,000	3,000	5,000	10,000	17,500	25,000
300SD 4d Sed	720	2,160	3,600	7,200	12,600	18,000
280E 4d Sed	680	2,040	3,400	6,800	11,900	17,000
280CE 2d Cpe	720	2,160	3,600	7,200	12,600	18,000
280SEL 4d Sed	920	2,760	4,600	9,200	16,100	23,000
380SL 2d Conv	1,400	4,200	7,000	14,000	24,500	35,000
380SLC 2d Cpe	1,040	3,120	5,200	10,400	18,200	26,000
1982						
240D 4d Sed	600	1,800	3,000	6,000	10,500	15,000
300D-T 4d Sed	640	1,920	3,200	6,400	11,200	16,000
300CD-T 2d Cpe	720	2,160	3,600	7,200	12,600	18,000
300TD-T 4d Turbo Sta Wag	1,000	3,000	5,000	10,000	17,500	25,000
300SD 4d Sed	760	2,280	3,800	7,600	13,300	19,000
380SEL 4d Sed	960	2,880	4,800	9,600	16,800	24,000
380SL 2d Conv	1,560	4,680	7,800	15,600	27,300	39,000
380SEC 2d Cpe	1,160	3,480	5,800	11,600	20,300	29,000
1983						
240D 4d Sed	600	1,800	3,000	6,000	10,500	15,000
300D-T 4d Sed	640	1,920	3,200	6,400	11,200	16,000
300CD-T 2d Cpe	720	2,160	3,600	7,200	12,600	18,000
300TD-T 4d Turbo Sta Wag	1,000	3,000	5,000	10,000	17,500	25,000
300SD 4d Sed	760	2,280	3,800	7,600	13,300	19,000
300SEL 4d Sed	960	2,880	4,800	9,600	16,800	24,000
380SL 2d Conv	1,560	4,680	7,800	15,600	27,300	39,000
380SEC 2d Cpe	1,160	3,480	5,800	11,600	20,300	29,000
1984						
190E 4d Sed	600	1,800	3,000	6,000	10,500	15,000
190D 4d Sed	560	1,680	2,800	5,600	9,800	14,000
300D-T 4d Sed	620	1,860	3,100	6,200	10,850	15,500
300CD-T 2d Cpe	640	1,920	3,200	6,400	11,200	16,000

	6	5	4	3	2	1
300TD-T 4d Turbo Sta Wag	1,000	3,000	5,000	10,000	17,500	25,000
300SD 4d Sed	880	2,640	4,400	8,800	15,400	22,000
500SEL 4d Sed	1,040	3,120	5,200	10,400	18,200	26,000
500SEC 2d Cpe	1,160	3,480	5,800	11,600	20,300	29,000
380SE 4d Sed	880	2,640	4,400	8,800	15,400	22,000
380SL 2d Conv	1,440	4,320	7,200	14,400	25,200	36,000
1985						
190E 4d Sed	600	1,800	3,000	6,000	10,500	15,000
190D 4d Sed	580	1,740	2,900	5,800	10,150	14,500
300D-T 4d Sed	660	1,980	3,300	6,600	11,550	16,500
300CD-T 2d Cpe	680	2,040	3,400	6,800	11,900	17,000
300TD-T 4d Turbo Sta Wag	1,000	3,000	5,000	10,000	17,500	25,000
300SD 4d Sed	920	2,760	4,600	9,200	16,100	23,000
500SEL 4d Sed	1,080	3,240	5,400	10,800	18,900	27,000
500SEC 2d Cpe	1,200	3,600	6,000	12,000	21,000	30,000
380SE 4d Sed	920	2,760	4,600	9,200	16,100	23,000
380SL 2d Conv	1,400	4,200	7,000	14,000	24,500	35,000
1986						
190E 4d Sed	620	1,860	3,100	6,200	10,850	15,500
190D 4d Sed	600	1,800	3,000	6,000	10,500	15,000
190D 1.6 4d Sed	640	1,920	3,200	6,400	11,200	16,000
300E 4d Sed	700	2,100	3,500	7,000	12,250	17,500
300SDL 4d Sed	1,040	3,120	5,200	10,400	18,200	26,000
420SEL 4d Sed	1,120	3,360	5,600	11,200	19,600	28,000
560SEL 4d Sed	1,200	3,600	6,000	12,000	21,000	30,000
560SEC 2d Cpe	1,280	3,840	6,400	12,800	22,400	32,000
560SL 2d Conv	1,480	4,440	7,400	14,800	25,900	37,000
1987						
190D 4d Sed	680	2,040	3,400	6,800	11,900	17,000
190D-T 4d Sed	700	2,100	3,500	7,000	12,250	17,500
190E 4d Sed	740	2,220	3,700	7,400	12,950	18,500
190 2.6 4d Sed	780	2,340	3,900	7,800	13,650	19,500
190E-16V 4d Sed	980	2,940	4,900	9,800	17,150	24,500
260E 4d Sed	880	2,640	4,400	8,800	15,400	22,000
300E 4d Sed	960	2,880	4,800	9,600	16,800	24,000
300DT 4d Sed	900	2,700	4,500	9,000	15,750	22,500
300TD-T 4d Sta Wag	980	2,940	4,900	9,800	17,150	24,500
300SDL-T 4d Sed	1,120	3,360	5,600	11,200	19,600	28,000
420SEL 4d Sed	1,140	3,420	5,700	11,400	19,950	28,500
560SEL 4d Sed	1,440	4,320	7,200	14,400	25,200	36,000
560SEC 2d Cpe	1,480	4,440	7,400	14,800	25,900	37,000
560SL 2d Conv	1,400	4,200	7,000	14,000	24,500	35,000
1988						
190D 4d Sed	720	2,160	3,600	7,200	12,600	18,000
190E 4d Sed	800	2,400	4,000	8,000	14,000	20,000
190E 2.6 4d Sed	920	2,760	4,600	9,200	16,100	23,000
260E 4d Sed	960	2,880	4,800	9,600	16,800	24,000
300E 4d Sed	1,040	3,120	5,200	10,400	18,200	26,000
300CE 2d Cpe	1,280	3,840	6,400	12,800	22,400	32,000
300TE 4d Sta Wag	1,180	3,540	5,900	11,800	20,650	29,500
300SE 4d Sed	1,080	3,240	5,400	10,800	18,900	27,000
300SEL 4d Sed	1,160	3,480	5,800	11,600	20,300	29,000
420SEL 4d Sed	1,240	3,720	6,200	12,400	21,700	31,000
560SEL 4d Sed	1,440	4,320	7,200	14,400	25,200	36,000
560SEC 2d Cpe	1,520	4,560	7,600	15,200	26,600	38,000
560SL 2d Conv	1,600	4,800	8,000	16,000	28,000	40,000
1989						
190D 4d Sed	920	2,760	4,600	9,200	16,100	23,000
190E 4d 2.6 Sed	880	2,640	4,400	8,800	15,400	22,000
260E 4d Sed	1,160	3,480	5,800	11,600	20,300	29,000
300E 4d Sed	1,240	3,720	6,200	12,400	21,700	31,000
300CE 2d Cpe	1,360	4,080	6,800	13,600	23,800	34,000
300TE 4d Sta Wag	1,240	3,720	6,200	12,400	21,700	31,000
300SE 4d Sed	1,160	3,480	5,800	11,600	20,300	29,000
300SEC 4d Sed	1,200	3,600	6,000	12,000	21,000	30,000
420SEL 4d Sed	1,360	4,080	6,800	13,600	23,800	34,000
560SEL 4d Sed	1,560	4,680	7,800	15,600	27,300	39,000
560SEC 2d Cpe	1,760	5,280	8,800	17,600	30,800	44,000
560SL 2d Conv	2,240	6,720	11,200	22,400	39,200	56,000
1990						
190E 4d 2.6 Sed	840	2,520	4,200	8,400	14,700	21,000
300E 4d 2.6 Sed	920	2,760	4,600	9,200	16,100	23,000
300D 4d 2.5 Turbo Sed	960	2,880	4,800	9,600	16,800	24,000
300E 4d Sed	1,280	3,840	6,400	12,800	22,400	32,000
300E Matic 4d Sed	1,320	3,960	6,600	13,200	23,100	33,000
300CE 2d Cpe	1,400	4,200	7,000	14,000	24,500	35,000
300TE 4d Sta Wag	1,280	3,840	6,400	12,800	22,400	32,000

1981 Jaguar XJ6 Series III sedan

1969 Lamborghini P400 Miura S coupe

1990 Lexus ES250 sedan

	6	5	4	3	2	1
300TE Matic 4d Sta Wag	1,320	3,960	6,600	13,200	23,100	33,000
300SE 4d Sed	1,200	3,600	6,000	12,000	21,000	30,000
300SEL 4d Sed	1,280	3,840	6,400	12,800	22,400	32,000
350SDL 4d Turbo Sed	1,240	3,720	6,200	12,400	21,700	31,000
420SEL 4d Sed	1,480	4,440	7,400	14,800	25,900	37,000
560SEL 4d Sed	1,600	4,800	8,000	16,000	28,000	40,000
560SEC 2d Cpe	1,760	5,280	8,800	17,600	30,800	44,000
300SL 2d Conv	2,160	6,480	10,800	21,600	37,800	54,000
500SL 2d Conv	2,280	6,840	11,400	22,800	39,900	57,000
1991						
4d 2.3 Sed	640	1,920	3,200	6,400	11,200	16,000
4d 2.6 Sed	720	2,160	3,600	7,200	12,600	18,000
300TD 4d Turbo Sed	840	2,520	4,200	8,400	14,700	21,000
300E 4d Sed	920	2,760	4,600	9,200	16,100	23,000
300E Matic 4x4 4d Sed	1,040	3,120	5,200	10,400	18,200	26,000
300CE 2d Cpe	1,160	3,480	5,800	11,600	20,300	29,000
300TE 4d Sta Wag	1,120	3,360	5,600	11,200	19,600	28,000
300TE Matic 4x4 4d Sta Wag	1,200	3,600	6,000	12,000	21,000	30,000
300SE 4d Sed	1,000	3,000	5,000	10,000	17,500	25,000
300SEL 4d Sed	1,080	3,240	5,400	10,800	18,900	27,000
350SD 4d Sed	1,240	3,720	6,200	12,400	21,700	31,000
350SDL 4d Turbo Sed	1,280	3,840	6,400	12,800	22,400	32,000
420SEL 4d Sed	1,520	4,560	7,600	15,200	26,600	38,000
560SEL 4d Sed	1,640	4,920	8,200	16,400	28,700	41,000
560SEC 2d Cpe	1,880	5,640	9,400	18,800	32,900	47,000
300SL 2d Conv	2,200	6,600	11,000	22,000	38,500	55,000
500SL 2d Conv	2,320	6,960	11,600	23,200	40,600	58,000
1992						
190 4d 2.3 Sed	680	2,040	3,400	6,800	11,900	17,000
190 4d 2.6 Sed	720	2,160	3,600	7,200	12,600	18,000
300E 4d 2.6 Sed	760	2,280	3,800	7,600	13,300	19,000
300DT 4d 2.5 Sed	860	2,580	4,300	8,600	15,050	21,500
300E 4d Sed	940	2,820	4,700	9,400	16,450	23,500
300E 4d Sed 4 Matic	1,080	3,240	5,400	10,800	18,900	27,000
300CE 2d Cpe	1,200	3,600	6,000	12,000	21,000	30,000
300TE 4d Sta Wag	1,160	3,480	5,800	11,600	20,300	29,000
300TE 4d Sta Wag 4 Matic	1,240	3,720	6,200	12,400	21,700	31,000
300SDT 4d Sed	1,000	3,000	5,000	10,000	17,500	25,000
300SE 4d Sed	1,080	3,240	5,400	10,800	18,900	27,000
400E 4d Sed	1,040	3,120	5,200	10,400	18,200	26,000
400SE 4d Sed	1,120	3,360	5,600	11,200	19,600	28,000
500E 4d Sed	1,200	3,600	6,000	12,000	21,000	30,000
500SEL 4d Sed	1,320	3,960	6,600	13,200	23,100	33,000
600SEL 4d Sed	1,400	4,200	7,000	14,000	24,500	35,000
300SL 2d Conv	2,240	6,720	11,200	22,400	39,200	56,000
500SL 2d Conv	2,360	7,080	11,800	23,600	41,300	59,000
1993						
190E 4d 2.3 Sed	680	2,040	3,400	6,800	11,900	17,000
190E 4d 2.6 Sed	688	2,064	3,440	6,880	12,040	17,200
300E 4d 2.8 Sed	720	2,160	3,600	7,200	12,600	18,000
300DT 4d 2.5 Sed	928	2,784	4,640	9,280	16,240	23,200
300E 4d Sed	1,160	3,480	5,800	11,600	20,300	29,000
300E Matic 4d Sed	1,168	3,504	5,840	11,680	20,440	29,200
300CE 2d Cpe	1,200	3,600	6,000	12,000	21,000	30,000
300CE 2d Conv	2,240	6,720	11,200	22,400	39,200	56,000
300TE 4d Sta Wag	1,280	3,840	6,400	12,800	22,400	32,000
300TE Matic 4d Sta Wag	1,320	3,960	6,600	13,200	23,100	33,000
300SDT 4d Sed	1,120	3,360	5,600	11,200	19,600	28,000
300SE 4d Sed	1,140	3,420	5,700	11,400	19,950	28,500
400E 4d Sed	1,160	3,480	5,800	11,600	20,300	29,000
400SEL 4d Sed	1,200	3,600	6,000	12,000	21,000	30,000
500E 4d Sed	1,280	3,840	6,400	12,800	22,400	32,000
500SEL 4d Sed	1,320	3,960	6,600	13,200	23,100	33,000
500SEL 2d Cpe	1,400	4,200	7,000	14,000	24,500	35,000
600SEL 4d Sed	1,480	4,440	7,400	14,800	25,900	37,000
600SEL 2d Cpe	1,600	4,800	8,000	16,000	28,000	40,000
300SL 2d Rds	2,280	6,840	11,400	22,800	39,900	57,000
500SL 2d Rds	2,360	7,080	11,800	23,600	41,300	59,000
600SL 2d Rds	2,480	7,440	12,400	24,800	43,400	62,000
1994 C Class						
220C 4d Sed	700	2,150	3,600	7,200	12,600	18,000
280C 4d Sed	800	2,400	4,000	8,000	14,000	20,000
1994 E Class						
320C 2d Cpe	1,200	3,600	6,000	12,000	21,000	30,000
320E 2d Conv	1,800	5,400	9,000	18,000	31,500	45,000
320E 4d Sed	1,200	3,600	6,000	12,000	21,000	30,000

	6	5	4	3	2	1
420E 4d Sed	1,550	4,700	7,800	15,600	27,300	39,000
500E 4d Sed	1,600	4,800	8,000	16,000	28,000	40,000
320E 4d Sta Wag	1,100	3,350	5,600	11,200	19,600	28,000
1994 S Class						
500S 2d Cpe	2,000	6,000	10,000	20,000	35,000	50,000
600S 2d Cpe	2,200	6,600	11,000	22,000	38,500	55,000
320S 4d Sed	1,200	3,600	6,000	12,000	21,000	30,000
350S 4d Sed Diesel Turbo	1,250	3,700	6,200	12,400	21,700	31,000
420S 4d Sed	1,400	4,200	7,000	14,000	24,500	35,000
500S 4d Sed	1,600	4,800	8,000	16,000	28,000	40,000
600S 4d Sed	2,100	6,250	10,400	20,800	36,400	52,000
1994 SL Class						
320SL 2d Rds	1,600	4,800	8,000	16,000	28,000	40,000
500SL 2d Rds	2,000	6,000	10,000	20,000	35,000	50,000
600SL 2d Rds	2,400	7,200	12,000	24,000	42,000	60,000

MERKUR

1985						
HBk XR4Ti	200	600	1,000	2,000	3,500	5,000
1986						
HBk XR4Ti	240	720	1,200	2,400	4,200	6,000
1987						
HBk XR4Ti	320	960	1,600	3,200	5,600	8,000
1988						
HBk XR4Ti	340	1,020	1,700	3,400	5,950	8,500
HBk Scorpio	340	1,020	1,700	3,400	5,950	8,500
1989						
HBk XR4Ti	560	1,680	2,800	5,600	9,800	14,000
HBk Scorpio	560	1,680	2,800	5,600	9,800	14,000

MITSUBISHI

1982-83 Cordia, 4-cyl., 1795cc, FWD, 96.3" wb						
2d HBk	132	396	660	1,320	2,310	3,300
L 2d HBk	136	408	680	1,360	2,380	3,400
LS 2d HBk	160	480	800	1,600	2,800	4,000
1982-83 Tredia, 4-cyl., 1795cc, FWD, 96.3" wb						
4d Sed	120	360	600	1,200	2,100	3,000
L 4d Sed	132	396	660	1,320	2,310	3,300
LS 4d Sed	140	420	700	1,400	2,450	3,500
1982-83 Starion, 4-cyl., 2555cc, 95.9" wb						
2d Cpe (2 plus 2)	168	504	840	1,680	2,940	4,200
LS 2d Cpe (2 plus 2)	200	600	1,000	2,000	3,500	5,000
1984 Cordia, 4-cyl., 1997cc, FWD, 96.3" wb						
2d HBk	168	504	840	1,680	2,940	4,200
L 2d HBk	184	552	920	1,840	3,220	4,600
LS 2d HBk	188	564	940	1,880	3,290	4,700
2d HBk Turbo	200	600	1,000	2,000	3,500	5,000
1984 Tredia, 4-cyl., 1997cc, FWD, 96.3" wb						
4d Sed	148	444	740	1,480	2,590	3,700
L 4d Sed	152	456	760	1,520	2,660	3,800
LS 4d Sed	160	480	800	1,600	2,800	4,000
1984 Tredia, 4-cyl., 1795cc, FWD, 96.3" wb						
4d Sed Turbo	168	504	840	1,680	2,940	4,200
1984 Starion, 4-cyl., 2555cc, 95.9" wb						
LS Cpe (2 plus 2)	240	720	1,200	2,400	4,200	6,000
LE Cpe (2 plus 2)	260	780	1,300	2,600	4,550	6,500
ES Cpe (2 plus 2)	268	804	1,340	2,680	4,690	6,700
1985-86 Mirage, 4-cyl., 1468cc, FWD, 93.7" wb						
2d HBk	160	480	800	1,600	2,800	4,000
L 2d HBk	168	504	840	1,680	2,940	4,200
LS 2d HBk	180	540	900	1,800	3,150	4,500
1985-86 Mirage, 4-cyl., 1597cc, FWD, 93.7" wb						
2d HBk Turbo	200	600	1,000	2,000	3,500	5,000
1985-86 Cordia, 4-cyl., 1997cc, FWD, 96.3" wb						
L 2d HBk	220	660	1,100	2,200	3,850	5,500
1985-86 Cordia, 4-cyl., 1795cc, FWD, 96.3" wb						
2d HBk Turbo	228	684	1,140	2,280	3,990	5,700
1985-86 Tredia, 4-cyl., 1997cc, FWD, 96.3" wb						
4d Sed	160	480	800	1,600	2,800	4,000
L 4d Sed	180	540	900	1,800	3,150	4,500
4d Sed Turbo	180	540	900	1,800	3,150	4,500

	6	5	4	3	2	1
1985-86 Galant, 4-cyl., 2350cc, FWD, 102.4" wb						
4d Sed	200	600	1,000	2,000	3,500	5,000
1985-86 Starion (2 plus 2), 4-cyl., 2555cc, 95.9" wb						
LS 2d Cpe	200	600	1,000	2,000	3,500	5,000
LE 2d Cpe	200	600	1,000	2,000	3,500	5,000
ES 2d Cpe	212	636	1,060	2,120	3,710	5,300
ESI 2d Cpe	216	648	1,080	2,160	3,780	5,400
ESI-R 2d Cpe	220	660	1,100	2,200	3,850	5,500
1987 Precis						
2d HBk	156	468	780	1,560	2,730	3,900
LS 2d HBk	164	492	820	1,640	2,870	4,100
LS 4d HBk	164	492	820	1,640	2,870	4,100
1987 Mirage						
2d HBk	180	540	900	1,800	3,150	4,500
L 2d HBk	184	552	920	1,840	3,220	4,600
2d HBk Turbo	188	564	940	1,880	3,290	4,700
4d Sed	184	552	920	1,840	3,220	4,600
1987 Cordia						
L 2d HBk	216	648	1,080	2,160	3,780	5,400
2d HBk Turbo	224	672	1,120	2,240	3,920	5,600
1987 Tredia						
L 4d Sed	164	492	820	1,640	2,870	4,100
4d Sed Turbo	172	516	860	1,720	3,010	4,300
1987 Galant						
LUX 4d Sed	196	588	980	1,960	3,430	4,900
1987 Starion						
LE 2d Cpe	208	624	1,040	2,080	3,640	5,200
ESi-R 2d Cpe	216	648	1,080	2,160	3,780	5,400
1988 Precis						
2d HBk	160	480	800	1,600	2,800	4,000
RS 2d HBk	164	492	820	1,640	2,870	4,100
LS 2d HBk	172	516	860	1,720	3,010	4,300
LS 4d HBk	176	528	880	1,760	3,080	4,400
1988 Mirage						
2d HBk Turbo	192	576	960	1,920	3,360	4,800
L 4d Sed	180	540	900	1,800	3,150	4,500
1988 Cordia						
L 2d HBk	220	660	1,100	2,200	3,850	5,500
2d HBk Turbo	228	684	1,140	2,280	3,990	5,700
1988 Galant						
Sigma 4d Sed	204	612	1,020	2,040	3,570	5,100
1988 Starion						
ESi 2d Cpe	212	636	1,060	2,120	3,710	5,300
ESi-R 2d Cpe	220	660	1,100	2,200	3,850	5,500
1989 Precis						
2d HBk	164	492	820	1,640	2,870	4,100
RS 2d HBk	168	504	840	1,680	2,940	4,200
LS 2d HBk	176	528	880	1,760	3,080	4,400
LS 4d HBk	180	540	900	1,800	3,150	4,500
1989 Mirage						
2d HBk	184	552	920	1,840	3,220	4,600
2d HBk Turbo	196	588	980	1,960	3,430	4,900
4d Sed	180	540	900	1,800	3,150	4,500
LS 4d Sed	184	552	920	1,840	3,220	4,600
1989 Galant						
4d Sed	208	624	1,040	2,080	3,640	5,200
LS 4d Sed	212	636	1,060	2,120	3,710	5,300
GS 4d Sed	216	648	1,080	2,160	3,780	5,400
1989 Sigma						
4d Sed	224	672	1,120	2,240	3,920	5,600
1989 Starion						
ESi-R 2d Cpe	224	672	1,120	2,240	3,920	5,600
1990 Precis						
2d HBk	168	504	840	1,680	2,940	4,200
RS 2d HBk	172	516	860	1,720	3,010	4,300
1990 Mirage						
VL 2d HBk	188	564	940	1,880	3,290	4,700
2d HBk	192	576	960	1,920	3,360	4,800
RS 2d HBk	200	600	1,000	2,000	3,500	5,000
4d Sed	196	588	980	1,960	3,430	4,900
RS 4d Sed	200	600	1,000	2,000	3,500	5,000
1990 Galant						
4d Sed	212	636	1,060	2,120	3,710	5,300
LS 4d Sed	216	648	1,080	2,160	3,780	5,400
GS 4d Sed	220	660	1,100	2,200	3,850	5,500

	6	5	4	3	2	1
GSX 4d Sed 4x4	260	780	1,300	2,600	4,550	6,500
1990 Sigma						
4d Sed	228	684	1,140	2,280	3,990	5,700
1990 Eclipse						
2d Cpe	232	696	1,160	2,320	4,060	5,800
GS 2d Cpe	236	708	1,180	2,360	4,130	5,900
2d Cpe Turbo	240	720	1,200	2,400	4,200	6,000
2d Cpe Turbo 4x4	280	840	1,400	2,800	4,900	7,000
1990 Van						
Cargo Van	208	624	1,040	2,080	3,640	5,200
Mini Van	216	648	1,080	2,160	3,780	5,400
1991 Precis						
2d HBk	140	420	700	1,400	2,450	3,500
RS 2d HBk	144	432	720	1,440	2,520	3,600
1991 Mirage						
VL 2d HBk	148	444	740	1,480	2,590	3,700
2d HBk	160	480	800	1,600	2,800	4,000
4d Sed	160	480	800	1,600	2,800	4,000
LS 4d Sed	168	504	840	1,680	2,940	4,200
GS 4d Sed	176	528	880	1,760	3,080	4,400
1991 Galant						
4d Sed	220	660	1,100	2,200	3,850	5,500
LS 4d Sed	240	720	1,200	2,400	4,200	6,000
GS 4d Sed	260	780	1,300	2,600	4,550	6,500
GSR 4d Sed	280	840	1,400	2,800	4,900	7,000
GSX 4d Sed 4x4	340	1,020	1,700	3,400	5,950	8,500
VR-4 4d Turbo Sed 4x4	560	1,680	2,800	5,600	9,800	14,000
1991 Eclipse						
2d Cpe	220	660	1,100	2,200	3,850	5,500
GS 2d Cpe	240	720	1,200	2,400	4,200	6,000
GS 2d Cpe 16V	260	780	1,300	2,600	4,550	6,500
GS 2d Cpe 16V Turbo	300	900	1,500	3,000	5,250	7,500
GSX 2d Cpe 16V Turbo 4x4	340	1,020	1,700	3,400	5,950	8,500
1991 3000 GT						
2d Cpe	540	1,620	2,700	5,400	9,450	13,500
SL 2d Cpe	640	1,920	3,200	6,400	11,200	16,000
VR-4 2d Turbo Cpe 4x4	760	2,280	3,800	7,600	13,300	19,000
1992 Precis, 4-cyl.						
2d HBk	136	408	680	1,360	2,380	3,400
1992 Mirage, 4-cyl.						
2d VL HBk	160	480	800	1,600	2,800	4,000
2d HBk	180	540	900	1,800	3,150	4,500
4d Sed	180	540	900	1,800	3,150	4,500
4d LS Sed	200	600	1,000	2,000	3,500	5,000
4d GS Sed	220	660	1,100	2,200	3,850	5,500
1992 Expo, 4-cyl.						
2d LRV Sta Wag	260	780	1,300	2,600	4,550	6,500
2d LRV Spt Sta Wag	280	840	1,400	2,800	4,900	7,000
2d LRV Spt Sta Wag 4x4	300	900	1,500	3,000	5,250	7,500
4d Sta Wag	280	840	1,400	2,800	4,900	7,000
4d SP Sta Wag	300	900	1,500	3,000	5,250	7,500
4d SP Sta Wag 4x4	340	1,020	1,700	3,400	5,950	8,500
1992 Galant, 4-cyl.						
4d Sed	180	540	900	1,800	3,150	4,500
4d LS Sed	200	600	1,000	2,000	3,500	5,000
4d GS Sed	220	660	1,100	2,200	3,850	5,500
4d GSR Sed	240	720	1,200	2,400	4,200	6,000
4d GSX Sed 4x4	300	900	1,500	3,000	5,250	7,500
4d VR4 Sed 4x4	340	1,020	1,700	3,400	5,950	8,500
1992 Eclipse, 4-cyl.						
2d Cpe	220	660	1,100	2,200	3,850	5,500
2d GS Cpe	240	720	1,200	2,400	4,200	6,000
1992 Eclipse, GS, 16V, 4-cyl.						
2d Cpe	280	840	1,400	2,800	4,900	7,000
2d Turbo Cpe	300	900	1,500	3,000	5,250	7,500
2d GSX Turbo Cpe 4x4	520	1,560	2,600	5,200	9,100	13,000
1992 Diamante, V-6						
4d Sed	340	1,020	1,700	3,400	5,950	8,500
4d LS Sed	540	1,620	2,700	5,400	9,450	13,500
1992 3000 GT, V-6						
2d Cpe	580	1,740	2,900	5,800	10,150	14,500
2d SL Cpe	680	2,040	3,400	6,800	11,900	17,000
2d VR-4 Turbo Cpe 4x4	800	2,400	4,000	8,000	14,000	20,000
1993 Precis, 4-cyl.						
2d HBk	180	540	900	1,800	3,150	4,500

	6	5	4	3	2	1
1993 Mirage, 4-cyl.						
2d S Cpe	200	600	1,000	2,000	3,500	5,000
2d ES Cpe	208	624	1,040	2,080	3,640	5,200
2d LS Cpe	220	660	1,100	2,200	3,850	5,500
4d S Sed	208	624	1,040	2,080	3,640	5,200
4d ES Sed	212	636	1,060	2,120	3,710	5,300
4d LS Sed	216	648	1,080	2,160	3,780	5,400
1993 Expo, 4-cyl.						
3d LRV Sta Wag	248	744	1,240	2,480	4,340	6,200
3d LRV Sta Wag 4x4	288	864	1,440	2,880	5,040	7,200
3d Spt Sta Wag	260	780	1,300	2,600	4,550	6,500
4d Sta Wag	280	840	1,400	2,800	4,900	7,000
4d Sta Wag 4x4	320	960	1,600	3,200	5,600	8,000
4d SP Sta Wag	300	900	1,500	3,000	5,250	7,500
4d SP Sta Wag 4x4	340	1,020	1,700	3,400	5,950	8,500
1993 Galant, 4-cyl.						
4d S Sed	260	780	1,300	2,600	4,550	6,500
4d ES Sed	264	792	1,320	2,640	4,620	6,600
4d LS Sed	268	804	1,340	2,680	4,690	6,700
1993 Eclipse, 4-cyl.						
2d Cpe	264	792	1,320	2,640	4,620	6,600
2d GS Cpe	268	804	1,340	2,680	4,690	6,700
2d GS Cpe 16V	276	828	1,380	2,760	4,830	6,900
2d GS Turbo Cpe	280	840	1,400	2,800	4,900	7,000
2d GSX Cpe 4x4	320	960	1,600	3,200	5,600	8,000
1993 Diamante, V-6						
4d ES Sed	300	900	1,500	3,000	5,250	7,500
4d LS Sed	304	912	1,520	3,040	5,320	7,600
4d ES Sta Wag	312	936	1,560	3,120	5,460	7,800
1993 3000 GT, V-6						
2d Cpe	520	1,560	2,600	5,200	9,100	13,000
2d SL Cpe	560	1,680	2,800	5,600	9,800	14,000
2d turbo Cpe, 4x4	740	2,220	3,700	7,400	12,950	18,500
1994 Precis, 4-cyl.						
2d HBk	140	420	700	1,400	2,450	3,500
1994 Mirage, 4-cyl.						
2d S Cpe	160	480	800	1,600	2,800	4,000
2d ES Cpe	180	540	900	1,800	3,150	4,500
2d LS Cpe	200	600	1,000	2,000	3,500	5,000
4d S Sed	180	540	900	1,800	3,150	4,500
4d ES Sed	200	600	1,000	2,000	3,500	5,000
4d LS Sed	220	660	1,100	2,200	3,850	5,500
1994 Expo, 4-cyl.						
4d LRV Sta Wag	272	816	1,360	2,720	4,760	6,800
4d Spt LRV Sta Wag	280	840	1,400	2,800	4,900	7,000
4d Sta Wag	300	900	1,500	3,000	5,250	7,500
4d Sta Wag 4x4	320	960	1,600	3,200	5,600	8,000
1994 Galant, 4-cyl.						
4d S Sed	260	780	1,300	2,600	4,550	6,500
4d ES Sed	280	840	1,400	2,800	4,900	7,000
4d LS Sed	320	960	1,600	3,200	5,600	8,000
4d GS Sed	360	1,080	1,800	3,600	6,300	9,000
1994 Eclipse, 4-cyl.						
2d Cpe	240	720	1,200	2,400	4,200	6,000
2d GS Cpe	260	780	1,300	2,600	4,550	6,500
2d GS Cpe 16V	280	840	1,400	2,800	4,900	7,000
2d GSi Cpe Turbo 16V	320	960	1,600	3,200	5,600	8,000
2d GSX Cpe Turbo 4x4 16V	440	1,320	2,200	4,400	7,700	11,000
1994 Diamante, V-6						
4d ES Sed	360	1,080	1,800	3,600	6,300	9,000
4d LS Sed	480	1,440	2,400	4,800	8,400	12,000
4d ES Sta Wag	360	1,080	1,800	3,600	6,300	9,000
1994 300 GT, V-6						
2d Cpe	520	1,560	2,600	5,200	9,100	13,000
2d SL Cpe	600	1,800	3,000	6,000	10,500	15,000
2d Cpe Turbo 4x4	840	2,520	4,200	8,400	14,700	21,000

MORGAN

	6	5	4	3	2	1
1945-50 4/4, Series I, 4-cyl., 1267cc, 92" wb						
2d Rds	1,160	3,480	5,800	11,600	20,300	29,000
2d Rds (2 plus 2)	1,120	3,360	5,600	11,200	19,600	28,000
2d DHC	1,320	3,960	6,600	13,200	23,100	33,000
1951-54 Plus Four I, 4-cyl., 2088cc, 96" wb						
2d Rds	1,080	3,240	5,400	10,800	18,900	27,000

	6	5	4	3	2	1
2d Rds (2 plus 2)	1,040	3,120	5,200	10,400	18,200	26,000
2d DHC	1,160	3,480	5,800	11,600	20,300	29,000
2d DHC (2 plus 2)	1,200	3,600	6,000	12,000	21,000	30,000
1955-62 Plus Four I (1954-1962) 4-cyl., 1991cc, 96" wb						
2d Rds	1,040	3,120	5,200	10,400	18,200	26,000
2d Rds (2 plus 2)	1,000	3,000	5,000	10,000	17,500	25,000
2d DHC	1,160	3,480	5,800	11,600	20,300	29,000
1955-62 Plus Four Super Sports 4-cyl., 2138cc, 96" wb						
2d Rds	1,160	3,480	5,800	11,600	20,300	29,000
1955-62 4/4 II (1955-59) L-head, 4-cyl., 1172cc, 96" wb						
2d Rds	1,080	3,240	5,400	10,800	18,900	27,000
1955-62 4/4 III (1960-61) 4-cyl., 997cc, 96" wb						
2d Rds	1,040	3,120	5,200	10,400	18,200	26,000
1955-62 4/4 IV (1961-63) 4-cyl., 1340cc, 96" wb						
2d Rds	1,040	3,120	5,200	10,400	18,200	26,000
1963-67 Plus Four (1962-68) 4-cyl., 2138cc, 96" wb						
2d Rds	1,080	3,240	5,400	10,800	18,900	27,000
2d Rds (2 plus 2)	1,040	3,120	5,200	10,400	18,200	26,000
2d DHC	1,200	3,600	6,000	12,000	21,000	30,000
2d Sup Spt Rds	1,160	3,480	5,800	11,600	20,300	29,000
1963-67 Plus Four Plus (1963-66) 4-cyl., 2138cc, 96" wb						
2d Cpe			value not estimable			
1963-67 4/4 Series IV (1962-63) 4-cyl., 1340cc, 96" wb						
2d Rds	1,080	3,240	5,400	10,800	18,900	27,000
1963-67 4/4 Series V (1963-68) 4-cyl., 1498cc, 96" wb						
2d Rds	1,160	3,480	5,800	11,600	20,300	29,000
1968-69 Plus Four (1962-68) 4-cyl., 2138cc, 96" wb						
2d Rds	1,120	3,360	5,600	11,200	19,600	28,000
2d Rds (2 plus 2)	1,080	3,240	5,400	10,800	18,900	27,000
2d DHC	1,200	3,600	6,000	12,000	21,000	30,000
2d Sup Spt Rds	1,160	3,480	5,800	11,600	20,300	29,000
1968-69 Plus 8, V-8, 3528cc, 98" wb						
2d Rds	1,200	3,600	6,000	12,000	21,000	30,000
1968-69 4/4 Series V (1963-68) 4-cyl., 1498cc, 96" wb						
2d Rds	1,120	3,360	5,600	11,200	19,600	28,000
1968-69 4/4 1600, 4-cyl., 1599cc, 96" wb						
2d Rds	1,160	3,480	5,800	11,600	20,300	29,000
2d Rds (2 plus 2)	1,120	3,360	5,600	11,200	19,600	28,000
1970-90 Plus 8 (1972-90) V-8, 3528cc, 98" wb						
2d Rds	1,160	3,480	5,800	11,600	20,300	29,000
1970-90 4/4 1600 (1970-81) 4-cyl., 1599cc, 96" wb						
2d Rds	1,160	3,480	5,800	11,600	20,300	29,000
2d Rds (2 plus 2)	1,120	3,360	5,600	11,200	19,600	28,000
1970-90 4/4 1600 (1982-87) 4-cyl., 1596cc, 96" wb						
2d Rds	1,080	3,240	5,400	10,800	18,900	27,000
2d Rds (2 plus 2)	1,240	3,720	6,200	12,400	21,700	31,000

MORRIS

1946-48 Eight Series, 4-cyl., 918cc, 89" wb						
2d Sed	540	1,620	2,700	5,400	9,450	13,500
4d Sed	400	1,150	1,900	3,800	6,650	9,500
2d Rds	600	1,800	3,000	6,000	10,500	15,000
1946-48 Ten Series, 4-cyl., 1140cc						
4d Sed	400	1,150	1,900	3,800	6,650	9,500
1949 Minor MM, 4-cyl., 918.6cc, 86" wb						
2d Sed	400	1,150	1,900	3,800	6,650	9,500
2d Conv	600	1,800	3,000	6,000	10,500	15,000
1949 Oxford MO, 4-cyl., 1476cc, 97" wb						
4d Sed	400	1,150	1,900	3,800	6,650	9,500
1950 Minor MM, 4-cyl., 918.6cc, 86" wb						
2d Sed	400	1,150	1,900	3,800	6,650	9,500
2d Conv	600	1,800	3,000	6,000	10,500	15,000
1950 Oxford MO, 4-cyl., 1476cc, 97" wb						
4d Sed	400	1,150	1,900	3,800	6,650	9,500
1951 Minor MM, 4-cyl., 918.6cc, 86" wb						
2d Sed	400	1,150	1,900	3,800	6,650	9,500
2d Conv	600	1,800	3,000	6,000	10,500	15,000
4d Sed	400	1,150	1,900	3,800	6,650	9,500
1951 Oxford MO, 4-cyl., 1476cc, 97" wb						
4d Sed	400	1,150	1,900	3,800	6,650	9,500
1952 Minor MM, 4-cyl., 918.6cc, 86" wb						
2d Sed	400	1,150	1,900	3,800	6,650	9,500

	6	5	4	3	2	1
2d Conv	640	1,920	3,200	6,400	11,200	16,000
4d Sed	400	1,150	1,900	3,800	6,650	9,500

1952 Oxford MO, 4-cyl., 1476cc, 97" wb

	6	5	4	3	2	1
4d Sed	400	1,150	1,900	3,800	6,650	9,500

1953 Minor II, 4-cyl., 803cc, 86" wb

	6	5	4	3	2	1
2d Sed	400	1,150	1,900	3,800	6,650	9,500
4d Sed	400	1,150	1,900	3,800	6,650	9,500
2d Conv	640	1,920	3,200	6,400	11,200	16,000

1953 Oxford MO, 4-cyl., 1476cc, 97" wb

	6	5	4	3	2	1
4d Sed	400	1,150	1,900	3,800	6,650	9,500
4d Sta Wag	640	1,920	3,200	6,400	11,200	16,000

1954 Minor II, 4-cyl., 803cc, 86" wb

	6	5	4	3	2	1
2d Sed	400	1,150	1,900	3,800	6,650	9,500
4d Sed	400	1,150	1,900	3,800	6,650	9,500
2d Tr Conv	640	1,920	3,200	6,400	11,200	16,000
2d Sta Wag	640	1,920	3,200	6,400	11,200	16,000

1954 Oxford MO, 4-cyl., 1476cc, 97" wb

	6	5	4	3	2	1
4d Sed	400	1,150	1,900	3,800	6,650	9,500
4d Sta Wag	660	1,980	3,300	6,600	11,550	16,500

1955-56 Minor II, 4-cyl., 803cc, 86" wb

	6	5	4	3	2	1
2d Sed	400	1,150	1,900	3,800	6,650	9,500
4d Sed	400	1,150	1,900	3,800	6,650	9,500
2d Conv	640	1,920	3,200	6,400	11,200	16,000
2d Sta Wag	640	1,920	3,200	6,400	11,200	16,000

1957-59 Minor 1000, 4-cyl., 948cc, 86" wb

	6	5	4	3	2	1
2d Sed	400	1,150	1,900	3,800	6,650	9,500
4d Sed	400	1,150	1,900	3,800	6,650	9,500
2d Conv	640	1,920	3,200	6,400	11,200	16,000
2d Sta Wag	640	1,920	3,200	6,400	11,200	16,000

1960-62 Minor 1000, 4-cyl., 997cc, 86" wb

	6	5	4	3	2	1
2d Sed	400	1,150	1,900	3,800	6,650	9,500
2d DeL Sed	520	1,560	2,600	5,200	9,100	13,000
4d Sed	400	1,150	1,900	3,800	6,650	9,500
4d DeL Sed	520	1,560	2,600	5,200	9,100	13,000
2d Conv	660	1,980	3,300	6,600	11,550	16,500
2d DeL Conv	680	2,040	3,400	6,800	11,900	17,000
2d Sta Wag	640	1,920	3,200	6,400	11,200	16,000
2d DeL Sta Wag	660	1,980	3,300	6,600	11,550	16,500

1960-62 Mini-Minor, 4-cyl., 997cc, FWD, 80" wb

	6	5	4	3	2	1
850 2d Sed	400	1,150	1,900	3,800	6,650	9,500
850 2d Sta Wag	640	1,920	3,200	6,400	11,200	16,000

1960-62 Oxford V, 4-cyl., 1489cc, 99.2" wb

	6	5	4	3	2	1
4d Sed	400	1,150	1,900	3,800	6,650	9,500

1963-71 Minor 1000, 4-cyl., 1098cc, 86" wb

	6	5	4	3	2	1
2d Sed	400	1,150	1,900	3,800	6,650	9,500
2d Conv	660	1,980	3,300	6,600	11,550	16,500
2d Sta Wag	640	1,920	3,200	6,400	11,200	16,000
2d DeL Wag	660	1,980	3,300	6,600	11,550	16,500

1963-71 Mini-Minor 850 Cooper 4-cyl., 848cc, FWD, 80" wb

	6	5	4	3	2	1
2d Sed	540	1,620	2,700	5,400	9,450	13,500
2d Sta Wag	640	1,920	3,200	6,400	11,200	16,000

NOTE: The Mini-Minor Mark II 1000 1967-69 contained a 998cc engine. The Mini-Minor Cooper a 997cc until 1964 998cc thru 1964-65. The 1071 S a 1071cc the 970 S a 970cc the 1275 S a 1275cc. Add 50 percent for Mini-Minor Coopers.

OPEL

1947-52 Olympia, 4-cyl., 1488cc, 94.3" wb

	6	5	4	3	2	1
2d Sed	260	780	1,300	2,600	4,550	6,500

1947-52 Kapitan, 6-cyl., 2473cc, 106.1" wb

	6	5	4	3	2	1
4d Sed	260	780	1,300	2,600	4,550	6,500

1953-57 Olympia Rekord, 4-cyl., 1488cc, 97.9" wb

	6	5	4	3	2	1
2d Sed	240	720	1,200	2,400	4,200	6,000

1953-57 Caravan, 4-cyl.

	6	5	4	3	2	1
2d Sta Wag	248	744	1,240	2,480	4,340	6,200

1953-57 Kapitan, 6-cyl., 2473cc, 108.3" wb

	6	5	4	3	2	1
4d Sed	260	780	1,300	2,600	4,550	6,500

1958-59 Olympia Rekord 28, 4-cyl., 1488cc, 100.4" wb

	6	5	4	3	2	1
2d Sed	240	720	1,200	2,400	4,200	6,000

1958-59 Caravan 29, 4-cyl., 100.4" wb

	6	5	4	3	2	1
2d Sta Wag	260	780	1,300	2,600	4,550	6,500

1960 Olympia Rekord 28, 4-cyl., 1488cc, 100.4" wb

	6	5	4	3	2	1
2d Sed	240	720	1,200	2,400	4,200	6,000

1955 Maserati A6GCS coupe

1971 Maserati Ghibli Spider convertible

1975 Mazda RX3SP coupe

	6	5	4	3	2	1
1960 Caravan 29, 4-cyl., 100.4" wb						
2d Sta Wag	260	780	1,300	2,600	4,550	6,500
1961-62 Olympia Rekord 11, 4-cyl., 1680cc, 100" wb						
2d Sed	240	720	1,200	2,400	4,200	6,000
1961-62 Caravan 14, 4-cyl., 1680cc						
2d Sta Wag	248	744	1,240	2,480	4,340	6,200
1964-65 Kadett, 4-cyl., 987cc, 91.5" wb						
31 2d Sed	240	720	1,200	2,400	4,200	6,000
32 2d Spt Cpe	260	780	1,300	2,600	4,550	6,500
34 2d Sta Wag	280	840	1,400	2,800	4,900	7,000
1966-67 Kadett, 4-cyl., 1077cc, 95.1" wb						
31 2d Sed	240	720	1,200	2,400	4,200	6,000
32 2d Spt Cpe	260	780	1,300	2,600	4,550	6,500
38 2d DeL Sed	248	744	1,240	2,480	4,340	6,200
37 4d DeL Sed	264	792	1,320	2,640	4,620	6,600
39 2d DeL Sta Wag	280	840	1,400	2,800	4,900	7,000
1966-67 Rallye, 4-cyl., 1077cc, 95.1" wb						
32 2d Spt Cpe	272	816	1,360	2,720	4,760	6,800
1968 Kadett, 4-cyl., 1077cc, 95.1" wb						
31 2d Sed	240	720	1,200	2,400	4,200	6,000
39 2d Sta Wag	248	744	1,240	2,480	4,340	6,200
1968 Rallye, 4-cyl., 1491cc, 95.1" wb						
92 2d Spt Cpe	264	792	1,320	2,640	4,620	6,600
1968 Sport Series, 4-cyl., 1491cc, 95.1" wb						
91 2d Spt Sed	248	744	1,240	2,480	4,340	6,200
99 2d LS Cpe	260	780	1,300	2,600	4,550	6,500
95 2d DeL Spt Cpe	272	816	1,360	2,720	4,760	6,800

NOTE: Two larger engines were optional in 1968. The 4-cyl. 149cc engine that was standard in the Rallye Cpe and the even larger 4-cyl. 1897cc.

	6	5	4	3	2	1
1969 Kadett, 4-cyl., 1077cc, 95.1" wb						
31 2d Sed	244	732	1,220	2,440	4,270	6,100
39 2d Sta Wag	248	744	1,240	2,480	4,340	6,200
1969 Rallye/Sport Series, 4-cyl., 1077cc, 95.1" wb						
92 Rallye Spe Cpe	264	792	1,320	2,640	4,620	6,600
91 2d Spt Sed	252	756	1,260	2,520	4,410	6,300
95 DeL Spt Cpe	260	780	1,300	2,600	4,550	6,500
1969 GT, 4-cyl., 1077cc, 95.7" wb						
2d Cpe	288	864	1,440	2,880	5,040	7,200

NOTE: Optional 4-cyl. 1897cc engine.

	6	5	4	3	2	1
1970 Kadett, 4-cyl., 1077cc, 95.1" wb						
31 2d Sed	244	732	1,220	2,440	4,270	6,100
39 2d Sta Wag	248	744	1,240	2,480	4,340	6,200
1970 Rallye/Sport (FB) Series, 4-cyl., 1077cc, 95.1" wb						
92 Rallye Spt Cpe	264	792	1,320	2,640	4,620	6,600
91 2d Spt Sed	252	756	1,260	2,520	4,410	6,300
95 DeL Spt Cpe	256	768	1,280	2,560	4,480	6,400
1970 GT, 4-cyl., 1077cc, 95.7" wb						
93 2d Cpe	288	864	1,440	2,880	5,040	7,200
1971-72 Kadett, 4-cyl., 1077cc, 95.1" wb						
31 2d Sed	248	744	1,240	2,480	4,340	6,200
31D DeL 2d Sed	252	756	1,260	2,520	4,410	6,300
36 4d Sed	244	732	1,220	2,440	4,270	6,100
36D DeL 4d Sed	248	744	1,240	2,480	4,340	6,200
39 DeL 2d Sta Wag	260	780	1,300	2,600	4,550	6,500
1971-72 1900 Series, 4-cyl., 1897cc, 95.7" wb						
51 2d Sed	256	768	1,280	2,560	4,480	6,400
53 4d Sed	256	768	1,280	2,560	4,480	6,400
54 2d Sta Wag	264	792	1,320	2,640	4,620	6,600
57 2d Spt Cpe	260	780	1,300	2,600	4,550	6,500
57R 2d Rallye Cpe	280	840	1,400	2,800	4,900	7,000
1971-72 GT, 4-cyl., 1897cc, 95.7" wb						
77 2d Cpe	288	864	1,440	2,880	5,040	7,200
1973 1900 Series, 4-cyl., 1897cc, 95.7" wb						
51 2d Sed	256	768	1,280	2,560	4,480	6,400
53 4d Sed	256	768	1,280	2,560	4,480	6,400
54 2d Sta Wag	264	792	1,320	2,640	4,620	6,600
1973 Manta 57, 4-cyl., 1897cc, 95.7" wb						
2d Spt Cpe	268	804	1,340	2,680	4,690	6,700
Luxus 2d Spt Cpe	288	864	1,440	2,880	5,040	7,200
R 2d Rallye Cpe	296	888	1,480	2,960	5,180	7,400
1973 GT, 4-cyl., 1897cc, 95.7" wb						
77 2d Cpe	288	864	1,440	2,880	5,040	7,200
1974-75 1900, 4-cyl., 1897cc, 95.7" wb						
51 2d Sed	248	744	1,240	2,480	4,340	6,200

	6	5	4	3	2	1
54 2d Sta Wag	260	780	1,300	2,600	4,550	6,500
1974-75 Manta 57, 1897cc, 95.7" wb						
2d Spt Cpe	264	792	1,320	2,640	4,620	6,600
Luxus Spt Cpe	288	864	1,440	2,880	5,040	7,200
R 2d Rallye Cpe	296	888	1,480	2,960	5,180	7,400

NOTE: FI was available in 1975.

	6	5	4	3	2	1
1976-79 Opel Isuzu, 1976 models 4-cyl., 1817cc, 94.3" wb						
77 2d Cpe	192	576	960	1,920	3,360	4,800
2d DeL Cpe	196	588	980	1,960	3,430	4,900
T77 2d Cpe	192	576	960	1,920	3,360	4,800
Y77 2d DeL Cpe	196	588	980	1,960	3,430	4,900
Y69 4d DeL Sed	196	588	980	1,960	3,430	4,900
W77 2d Spt Cpe	200	600	1,000	2,000	3,500	5,000

PEUGEOT

	6	5	4	3	2	1
1945-48 202, 4-cyl., 1133cc						
Sed	280	840	1,400	2,800	4,900	7,000
1949-54 203, 4-cyl., 1290cc, 102 or 110" wb						
4d Sed	280	840	1,400	2,800	4,900	7,000
4d Family Limo	260	780	1,300	2,600	4,550	6,500
2d Cabr	640	1,920	3,200	6,400	11,200	16,000
4d Conv	680	2,040	3,400	6,800	11,900	17,000
1955-57 203, minimal changes 403, 4-cyl., 1468cc, 105" wb						
4d Sed	280	840	1,400	2,800	4,900	7,000
4d Sta Wag	264	792	1,320	2,640	4,620	6,600
2d Conv Cpe	680	2,040	3,400	6,800	11,900	17,000
1955-57 403L, 4-cyl., 1468cc, 114" wb						
4d Family Sed	240	720	1,200	2,400	4,200	6,000
1958-59 403, 4-cyl., 1468cc, 105" wb						
4d Sed	240	720	1,200	2,400	4,200	6,000
L 4d Family Sed	280	840	1,400	2,800	4,900	7,000
4d Sta Wag	520	1,560	2,600	5,200	9,100	13,000
2d Conv Cpe	680	2,040	3,400	6,800	11,900	17,000
1960 403, 4-cyl., 1468cc, 105" wb						
4d Sed	260	780	1,300	2,600	4,550	6,500
1960 403, 4-cyl., 1468cc, 116" wb						
4d Sta Wag	280	840	1,400	2,800	4,900	7,000
1961-62 403, 4-cyl., 1468cc, 105" wb						
4d Sed	260	780	1,300	2,600	4,550	6,500
1961-62 403, 4-cyl., 1468cc, 116" wb						
4d Sta Wag	260	780	1,300	2,600	4,550	6,500
1961-62 404, 4-cyl., 1618cc, 104.3" wb						
4d Sed	260	780	1,300	2,600	4,550	6,500
1963-64 403, 4-cyl., 1468cc, 105" wb						
4d Sed	260	780	1,300	2,600	4,550	6,500
1963-64 404, 4-cyl., 1618cc, 104.3" wb						
4d Sed	260	780	1,300	2,600	4,550	6,500
4d Sta Wag	280	840	1,400	2,800	4,900	7,000
1965-67 403, 4-cyl., 1468cc, 105" wb						
4d Sed	260	780	1,300	2,600	4,550	6,500
1965-67 404, 4-cyl., 1618cc, 104.3" wb						
4d Sed	240	720	1,200	2,400	4,200	6,000
1965-67 404, 4-cyl., 1618cc, 111.8" wb						
4d Sta Wag	260	780	1,300	2,600	4,550	6,500
1968-69 404, 4-cyl., 1618cc, 104.3" wb						
4d Sed	240	720	1,200	2,400	4,200	6,000
1968-69 404, 4-cyl., 1618cc, 111.8" wb						
4d Sta Wag	260	780	1,300	2,600	4,550	6,500

NOTE: Convertibles were available on a special order basis.

	6	5	4	3	2	1
1970 404, 4-cyl., 1796cc, 111.8" wb						
4d Sta Wag	220	660	1,100	2,200	3,850	5,500
1970 504, 4-cyl., 1796cc, 108" wb						
4d Sed	220	660	1,100	2,200	3,850	5,500
1971-72 304, 4-cyl., 1288cc, 101.9" wb						
4d Sed	220	660	1,100	2,200	3,850	5,500
4d Sta Wag	240	720	1,200	2,400	4,200	6,000
1971-72 504, 4-cyl., 1971cc, 108" wb						
4d Sed	220	660	1,100	2,200	3,850	5,500
4d Sta Wag	240	720	1,200	2,400	4,200	6,000
1973-76 504, 1973 models 4-cyl., 1971cc						
4d Sed	220	660	1,100	2,200	3,850	5,500
4d Sta Wag	240	720	1,200	2,400	4,200	6,000

	6	5	4	3	2	1
1973-76 504, 1974 models 4-cyl., 1971cc						
4d Sed	220	660	1,100	2,200	3,850	5,500
4d Sta Wag	220	660	1,100	2,200	3,850	5,500
1973-76 Diesel, 2111cc						
4d Sed	220	660	1,100	2,200	3,850	5,500
4d Sta Wag	240	720	1,200	2,400	4,200	6,000
1973-76 504, 1975 models 4-cyl., 1971cc						
4d Sed	220	660	1,100	2,200	3,850	5,500
4d Sta Wag	240	720	1,200	2,400	4,200	6,000
1973-76 Diesel, 2111cc						
4d Sed	220	660	1,100	2,200	3,850	5,500
4d Sta Wag	240	720	1,200	2,400	4,200	6,000
1973-76 504, 1976 models 4-cyl., 1971cc						
GL 4d Sed	220	660	1,100	2,200	3,850	5,500
SL 4d Sed	240	720	1,200	2,400	4,200	6,000
4d Sta Wag	240	720	1,200	2,400	4,200	6,000
1973-76 Diesel, 2111cc						
4d Sed	220	660	1,100	2,200	3,850	5,500
4d Sta Wag	240	720	1,200	2,400	4,200	6,000
NOTE: The sedans had a 108" wb. The station wagons had a 114" wb.						
1977-79 504, 1977 models 4-cyl., 1971cc						
SL 4d Sed	220	660	1,100	2,200	3,850	5,500
4d Sta Wag	240	720	1,200	2,400	4,200	6,000
1977-79 Diesel, 2304cc						
4d Sed	220	660	1,100	2,200	3,850	5,500
4d Sta Wag	240	720	1,200	2,400	4,200	6,000
1977-79 604, 1977 models V-6, 2664cc, 110.2" wb						
4d Sed	220	660	1,100	2,200	3,850	5,500
NOTE: 504 sedans - 108" wb, 504 wagons - 114" wb.						
1980-81 505/504, 1980 models, 4-cyl., 1971cc, 107.9" wb						
4d Sed	220	660	1,100	2,200	3,850	5,500
1980-81 Diesel, 2304cc						
505 4d Sed	220	660	1,100	2,200	3,850	5,500
504 4d Sta Wag	240	720	1,200	2,400	4,200	6,000
1980-81 505 Turbodiesel, 1981 models						
D 4d Sed	220	660	1,100	2,200	3,850	5,500
1980-81 604, 1980 models V-6, 2849cc, 110.2" wb						
SL 4d Sed	220	660	1,100	2,200	3,850	5,500
1982 505, 4-cyl., 1971cc, 107.9" wb						
4d Sed	240	720	1,200	2,400	4,200	6,000
S 4d Sed	240	720	1,200	2,400	4,200	6,000
STI 4d Sed	252	756	1,260	2,520	4,410	6,300
1982 Diesel, 2304cc						
505 4d Sed	200	600	1,000	2,000	3,500	5,000
504 4d Sta Wag	212	636	1,060	2,120	3,710	5,300
1982 505/604 Turbodiesel, 2304cc						
505 4d Sed	212	636	1,060	2,120	3,710	5,300
505S 4d Sed	212	636	1,060	2,120	3,710	5,300
604TD 4d Sed	220	660	1,100	2,200	3,850	5,500
1983 505/504						
505 4d Sed	240	720	1,200	2,400	4,200	6,000
505S 4d Sed	240	720	1,200	2,400	4,200	6,000
505 STI 4d Sed	240	720	1,200	2,400	4,200	6,000
505 Dsl 4d Sed	200	600	1,000	2,000	3,500	5,000
504 Dsl Sta Wag	220	660	1,100	2,200	3,850	5,500
1983 505/604 Turbodiesel						
505 4d Sed	240	720	1,200	2,400	4,200	6,000
505 S 4d Sed	240	720	1,200	2,400	4,200	6,000
604 4d Sed	240	720	1,200	2,400	4,200	6,000
1984 505 Series						
GL 4d Sed	260	780	1,300	2,600	4,550	6,500
S 4d Sed	260	780	1,300	2,600	4,550	6,500
STI 4d Sed	260	780	1,300	2,600	4,550	6,500
GL 4d Sta Wag	280	840	1,400	2,800	4,900	7,000
S 4d Sta Wag	280	840	1,400	2,800	4,900	7,000
1984 505/604 Turbodiesel						
GL 4d Sed	240	720	1,200	2,400	4,200	6,000
S 4d Sed	240	720	1,200	2,400	4,200	6,000
STI 4d Sed	240	720	1,200	2,400	4,200	6,000
GL 4d Sta Wag	260	780	1,300	2,600	4,550	6,500
S 4d Sta Wag	260	780	1,300	2,600	4,550	6,500
604 4d Sed	260	780	1,300	2,600	4,550	6,500
1985 505						
GL 4d Sed	280	840	1,400	2,800	4,900	7,000

	6	5	4	3	2	1
S 4d Sed	280	840	1,400	2,800	4,900	7,000
STI 4d Sed	280	840	1,400	2,800	4,900	7,000
Turbo 4d Sed	292	876	1,460	2,920	5,110	7,300
GL 4d Sta Wag	292	876	1,460	2,920	5,110	7,300
S 4d Sta Wag	292	876	1,460	2,920	5,110	7,300
1985 505 Turbodiesel						
GL 4d Sed	260	780	1,300	2,600	4,550	6,500
S 4d Sed	260	780	1,300	2,600	4,550	6,500
STI 4d Sed	240	720	1,200	2,400	4,200	6,000
GL 4d Sta Wag	280	840	1,400	2,800	4,900	7,000
S 4d Sta Wag	280	840	1,400	2,800	4,900	7,000
1986 505						
GL 4d Sed	288	864	1,440	2,880	5,040	7,200
S 4d Sed	288	864	1,440	2,880	5,040	7,200
S 4d Sed Turbodiesel	284	852	1,420	2,840	4,970	7,100
STI 4d Sed	292	876	1,460	2,920	5,110	7,300
GL 4d Sed Turbo	300	900	1,500	3,000	5,250	7,500
4d Sed Turbo	292	876	1,460	2,920	5,110	7,300
GL 4d Sta Wag	292	876	1,460	2,920	5,110	7,300
S 4d Sta Wag	296	888	1,480	2,960	5,180	7,400
S 4d Sta Wag Turbodiesel	288	864	1,440	2,880	5,040	7,200
4d Sta Wag Turbo	300	900	1,500	3,000	5,250	7,500
1987 505						
GL 4d Sed	284	852	1,420	2,840	4,970	7,100
GLS 4d Sed	292	876	1,460	2,920	5,110	7,300
4d Sed Turbo	292	876	1,460	2,920	5,110	7,300
S 4d Sed Turbo	300	900	1,500	3,000	5,250	7,500
STI 4d Sed	304	912	1,520	3,040	5,320	7,600
STI 4d Sed V-6	296	888	1,480	2,960	5,180	7,400
STX 4d Sed V-6	300	900	1,500	3,000	5,250	7,500
Lib. 4d Sed	304	912	1,520	3,040	5,320	7,600
Lib. 4d Sta Wag	296	888	1,480	2,960	5,180	7,400
4d Sta Wag Turbo	300	900	1,500	3,000	5,250	7,500
S 4d Sta Wag Turbo	304	912	1,520	3,040	5,320	7,600
1988 505						
DL 4d Sed	296	888	1,480	2,960	5,180	7,400
GLS 4d Sed	300	900	1,500	3,000	5,250	7,500
S 4d Sed Turbo	304	912	1,520	3,040	5,320	7,600
STI 4d Sed	296	888	1,480	2,960	5,180	7,400
GLX 4d Sed V-6	308	924	1,540	3,080	5,390	7,700
STX 4d Sed V-6	308	924	1,540	3,080	5,390	7,700
DL 4d Sta Wag	300	900	1,500	3,000	5,250	7,500
GLS 4d Sta Wag	304	912	1,520	3,040	5,320	7,600
SW8 4d Sta Wag	308	924	1,540	3,080	5,390	7,700
S 4d Sta Wag Turbo	312	936	1,560	3,120	5,460	7,800
1989 405						
DL 4d Sed	300	900	1,500	3,000	5,250	7,500
S 4d Sed	304	912	1,520	3,040	5,320	7,600
Mk 4d Sed	308	924	1,540	3,080	5,390	7,700
1989 505						
S 4d Sed	304	912	1,520	3,040	5,320	7,600
S 4d Sed V-6	312	936	1,560	3,120	5,460	7,800
STX 4d Sed V-6	316	948	1,580	3,160	5,530	7,900
4d Sed Turbo	320	960	1,600	3,200	5,600	8,000
DL 4d Sta Wag	316	948	1,580	3,160	5,530	7,900
SW8 4d Sta Wag	320	960	1,600	3,200	5,600	8,000
4d Sta Wag Turbo	328	984	1,640	3,280	5,740	8,200
SW8 4d Sta Wag Turbo	340	1,020	1,700	3,400	5,950	8,500
1990 405						
DL 4d Sed	316	948	1,580	3,160	5,530	7,900
DL 4d Sta Wag	328	984	1,640	3,280	5,740	8,200
S 4d Sta Wag	340	1,020	1,700	3,400	5,950	8,500
1991 405						
DL 4d Sed	200	600	1,000	2,000	3,500	5,000
S 4d Sed	220	660	1,100	2,200	3,850	5,500
Mi 4d Sed 16V	240	720	1,200	2,400	4,200	6,000
DL 4d Sta Wag	228	684	1,140	2,280	3,990	5,700
S 4d Sta Wag	240	720	1,200	2,400	4,200	6,000
1991 505						
DL 4d Sta Wag	220	660	1,100	2,200	3,850	5,500
SW8 4d 2.2 Sta Wag	240	720	1,200	2,400	4,200	6,000
SW8 4d Turbo Sta Wag	280	840	1,400	2,800	4,900	7,000

PORSCHE

1950 Model 356, 40 hp, 1100cc						
Cpe	1,440	4,320	7,200	14,400	25,200	36,000

	6	5	4	3	2	1
1951 Model 356, 40 hp, 1100cc						
Cpe	840	2,520	4,200	8,400	14,700	21,000
Cabr	1,000	3,000	5,000	10,000	17,500	25,000
1952 Model 356, 40 hp, 1100cc						
Cpe	840	2,520	4,200	8,400	14,700	21,000
Cabr	1,000	3,000	5,000	10,000	17,500	25,000
1953 Model 356, 40 hp						
Cpe	840	2,520	4,200	8,400	14,700	21,000
Cabr	1,000	3,000	5,000	10,000	17,500	25,000
1954 Model 356, 1.5 liter, 55 hp						
Spds	2,480	7,440	12,400	24,800	43,400	62,000
Cpe	920	2,760	4,600	9,200	16,100	23,000
Cabr	1,360	4,080	6,800	13,600	23,800	34,000
1954 Model 356, 1.5 liter, Super						
Spds	2,560	7,680	12,800	25,600	44,800	64,000
Cpe	1,040	3,120	5,200	10,400	18,200	26,000
Cabr	1,480	4,440	7,400	14,800	25,900	37,000
1955 Model 356, 4-cyl., 55 hp						
Spds	2,480	7,440	12,400	24,800	43,400	62,000
Cpe	920	2,760	4,600	9,200	16,100	23,000
Cabr	1,480	4,440	7,400	14,800	25,900	37,000
1955 Model 356, Super, 1.5 liter, 70 hp						
Spds	2,560	7,680	12,800	25,600	44,800	64,000
Cpe	960	2,880	4,800	9,600	16,800	24,000
Cabr	1,560	4,680	7,800	15,600	27,300	39,000
1956 Model 356A, Normal, 1.6 liter, 60 hp						
Spds	2,480	7,440	12,400	24,800	43,400	62,000
Cpe	1,000	3,000	5,000	10,000	17,500	25,000
Cabr	1,480	4,440	7,400	14,800	25,900	37,000
1956 Model 356A, Super, 1.6 liter, 75 hp						
Spds	2,560	7,680	12,800	25,600	44,800	64,000
Cpe	1,040	3,120	5,200	10,400	18,200	26,000
Cabr	1,640	4,920	8,200	16,400	28,700	41,000
1956 Model 356A, Carrera, 1.5 liter, 100 hp						
Spds	5,440	16,320	27,200	54,400	95,200	136,000
Cpe	2,560	7,680	12,800	25,600	44,800	64,000
Cabr	2,800	8,400	14,000	28,000	49,000	70,000
1957 Model 356A, Normal, 1.6 liter, 60 hp						
Spds	2,520	7,560	12,600	25,200	44,100	63,000
Cpe	1,040	3,120	5,200	10,400	18,200	26,000
Cabr	1,480	4,440	7,400	14,800	25,900	37,000
1957 Model 356A, Super, 1.6 liter, 70 hp						
Spds	2,560	7,680	12,800	25,600	44,800	64,000
Cpe	1,040	3,120	5,200	10,400	18,200	26,000
Cabr	1,640	4,920	8,200	16,400	28,700	41,000
1957 Model 356A, Carrera, 1.5 liter, 100 hp						
Spds	5,440	16,320	27,200	54,400	95,200	136,000
Cpe	2,560	7,680	12,800	25,600	44,800	64,000
Cabr	2,800	8,400	14,000	28,000	49,000	70,000
1958 Model 356A, Normal, 1.6 liter, 60 hp						
Spds	2,520	7,560	12,600	25,200	44,100	63,000
Cpe	1,000	3,000	5,000	10,000	17,500	25,000
Cabr	1,480	4,440	7,400	14,800	25,900	37,000
HT	1,160	3,480	5,800	11,600	20,300	29,000
1958 Model 356A, Super, 1.6 liter, 75 hp						
Spds	2,560	7,680	12,800	25,600	44,800	64,000
Cpe	1,040	3,120	5,200	10,400	18,200	26,000
HT	1,680	5,040	8,400	16,800	29,400	42,000
Cabr	1,640	4,920	8,200	16,400	28,700	41,000
1958 Model 356A, Carrera, 1.5 liter, 100 hp						
Spds	5,440	16,320	27,200	54,400	95,200	136,000
Cpe	2,560	7,680	12,800	25,600	44,800	64,000
HT	2,560	7,680	12,800	25,600	44,800	64,000
Cabr	3,600	10,800	18,000	36,000	63,000	90,000
1959 Model 356A, Normal, 60 hp						
Cpe	880	2,640	4,400	8,800	15,400	22,000
Cpe/HT	1,080	3,240	5,400	10,800	18,900	27,000
Conv D	1,120	3,360	5,600	11,200	19,600	28,000
Cabr	1,160	3,480	5,800	11,600	20,300	29,000
1959 Model 356A, Super, 75 hp						
Cpe	1,040	3,120	5,200	10,400	18,200	26,000
Cpe/HT	1,160	3,480	5,800	11,600	20,300	29,000
Conv D	1,200	3,600	6,000	12,000	21,000	30,000
Cabr	1,240	3,720	6,200	12,400	21,700	31,000

	6	5	4	3	2	1
1959 Model 356A, Carrera, 1.6 liter, 105 hp						
Cpe	2,560	7,680	12,800	25,600	44,800	64,000
Cpe/HT	2,560	7,680	12,800	25,600	44,800	64,000
Cabr	3,600	10,800	18,000	36,000	63,000	90,000
1960 Model 356B, Normal, 1.6 liter, 60 hp						
Cpe	1,000	3,000	5,000	10,000	17,500	25,000
HT	1,160	3,480	5,800	11,600	20,300	29,000
Rds	1,360	4,080	6,800	13,600	23,800	34,000
Cabr	1,400	4,200	7,000	14,000	24,500	35,000
1960 Model 356B, Super, 1.6 liter, 75 hp						
Cpe	1,040	3,120	5,200	10,400	18,200	26,000
HT	1,200	3,600	6,000	12,000	21,000	30,000
Rds	1,400	4,200	7,000	14,000	24,500	35,000
Cabr	1,440	4,320	7,200	14,400	25,200	36,000
1960 Model 356B, Super 90, 1.6 liter, 90 hp						
Cpe	1,120	3,360	5,600	11,200	19,600	28,000
HT	1,280	3,840	6,400	12,800	22,400	32,000
Rds	1,480	4,440	7,400	14,800	25,900	37,000
Cabr	1,520	4,560	7,600	15,200	26,600	38,000
1961 Model 356B, Normal, 1.6 liter, 60 hp						
Cpe	1,000	3,000	5,000	10,000	17,500	25,000
HT	1,160	3,480	5,800	11,600	20,300	29,000
Rds	1,360	4,080	6,800	13,600	23,800	34,000
Cabr	1,400	4,200	7,000	14,000	24,500	35,000
1961 Model 356B, Super 90, 1.6 liter, 90 hp						
Cpe	1,080	3,240	5,400	10,800	18,900	27,000
HT	1,240	3,720	6,200	12,400	21,700	31,000
Rds	1,480	4,440	7,400	14,800	25,900	37,000
Cabr	1,520	4,560	7,600	15,200	26,600	38,000
1961 Model 356B, Carrera, 2.0 liter, 130 hp						
Cpe	3,200	9,600	16,000	32,000	56,000	80,000
Rds	3,600	10,800	18,000	36,000	63,000	90,000
Cabr	4,800	14,400	24,000	48,000	84,000	120,000
1962 Model 356B, Normal, 1.6 liter, 60 hp						
Cpe	1,000	3,000	5,000	10,000	17,500	25,000
HT	1,160	3,480	5,800	11,600	20,300	29,000
1962 Model 356B, Super 90, 1.6 liter, 90 hp						
Cpe	1,040	3,120	5,200	10,400	18,200	26,000
HT	1,200	3,600	6,000	12,000	21,000	30,000
Rds	1,400	4,200	7,000	14,000	24,500	35,000
Cabr	1,440	4,320	7,200	14,400	25,200	36,000
1962 Model 356B, Carrera 2, 2.0 liter, 130 hp						
Cpe	3,200	9,600	16,000	32,000	56,000	80,000
Rds	3,600	10,800	18,000	36,000	63,000	90,000
Cabr	4,800	14,400	24,000	48,000	84,000	120,000
1963 Model 356C, Standard, 1.6 liter, 75 hp						
Cpe	880	2,640	4,400	8,800	15,400	22,000
Cabr	1,200	3,600	6,000	12,000	21,000	30,000
1963 Model 356C, SC, 1.6 liter, 95 hp						
Cpe	960	2,880	4,800	9,600	16,800	24,000
Cabr	1,240	3,720	6,200	12,400	21,700	31,000
1963 Model 356C, Carrera 2, 2.0 liter, 130 hp						
Cpe	3,200	9,600	16,000	32,000	56,000	80,000
Cabr	4,800	14,400	24,000	48,000	84,000	120,000
1964 Model 356C, Normal, 1.6 liter, 75 hp						
Cpe	880	2,640	4,400	8,800	15,400	22,000
Cabr	1,200	3,600	6,000	12,000	21,000	30,000
1964 Model 356C, SC, 1.6 liter, 95 hp						
Cpe	960	2,880	4,800	9,600	16,800	24,000
Cabr	1,280	3,840	6,400	12,800	22,400	32,000
1964 Model 356C, Carrera 2, 2.0 liter, 130 hp						
Cpe	3,200	9,600	16,000	32,000	56,000	80,000
Cabr	4,800	14,400	24,000	48,000	84,000	120,000
1965 Model 356C, 1.6 liter, 75 hp						
Cpe	920	2,760	4,600	9,200	16,100	23,000
Cabr	1,200	3,600	6,000	12,000	21,000	30,000
1965 Model 356SC, 1.6 liter, 95 hp						
Cpe	960	2,880	4,800	9,600	16,800	24,000
Cabr	1,240	3,720	6,200	12,400	21,700	31,000
1966 Model 912, 4-cyl., 90 hp						
Cpe	840	2,520	4,200	8,400	14,700	21,000
1966 Model 911, 6-cyl., 130 hp						
Cpe	920	2,760	4,600	9,200	16,100	23,000
1967 Model 912, 4-cyl., 90 hp						
Cpe	840	2,520	4,200	8,400	14,700	21,000

	6	5	4	3	2	1
Targa	920	2,760	4,600	9,200	16,100	23,000
1967 Model 911, 6-cyl., 110 hp						
Cpe	920	2,760	4,600	9,200	16,100	23,000
Targa	1,000	3,000	5,000	10,000	17,500	25,000
1967 Model 911S, 6-cyl., 160 hp						
Cpe	1,080	3,240	5,400	10,800	18,900	27,000
Targa	1,120	3,360	5,600	11,200	19,600	28,000
1968 Model 912, 4-cyl., 90 hp						
Cpe	880	2,640	4,400	8,800	15,400	22,000
Targa	960	2,880	4,800	9,600	16,800	24,000
1968 Model 911, 6-cyl., 130 hp						
Cpe	1,000	3,000	5,000	10,000	17,500	25,000
Targa	1,040	3,120	5,200	10,400	18,200	26,000
1968 Model 911L, 6-cyl., 130 hp						
Cpe	1,040	3,120	5,200	10,400	18,200	26,000
Targa	1,080	3,240	5,400	10,800	18,900	27,000
1968 Model 911S, 6-cyl., 160 hp						
Cpe	1,120	3,360	5,600	11,200	19,600	28,000
Targa	1,200	3,600	6,000	12,000	21,000	30,000
1969 Model 912, 4-cyl., 90 hp						
Cpe	880	2,640	4,400	8,800	15,400	22,000
Targa	920	2,760	4,600	9,200	16,100	23,000
1969 Model 911T, 6-cyl., 110 hp						
Cpe	1,000	3,000	5,000	10,000	17,500	25,000
Targa	1,080	3,240	5,400	10,800	18,900	27,000
1969 Model 911E, 6-cyl., 140 hp						
Cpe	1,000	3,000	5,000	10,000	17,500	25,000
Targa	1,080	3,240	5,400	10,800	18,900	27,000
1969 Model 911S, 6-cyl., 170 hp						
Cpe	1,120	3,360	5,600	11,200	19,600	28,000
Targa	1,200	3,600	6,000	12,000	21,000	30,000
1970 Model 914, 4-cyl., 1.7 liter, 80 hp						
Cpe/Targa	800	2,400	4,000	8,000	14,000	20,000
1970 Model 914/6, 6-cyl., 2.0 liter, 110 hp						
Cpe/Targa	880	2,640	4,400	8,800	15,400	22,000
1970 Model 911T, 6-cyl., 125 hp						
Cpe	920	2,760	4,600	9,200	16,100	23,000
Targa	1,000	3,000	5,000	10,000	17,500	25,000
1970 Model 911E, 6-cyl., 155 hp						
Cpe	960	2,880	4,800	9,600	16,800	24,000
Targa	1,040	3,120	5,200	10,400	18,200	26,000
1970 Model 911S, 6-cyl., 180 hp						
Cpe	1,120	3,360	5,600	11,200	19,600	28,000
Targa	1,240	3,720	6,200	12,400	21,700	31,000
1971 Model 914, 4-cyl., 1.7 liter, 80 hp						
Cpe/Targa	800	2,400	4,000	8,000	14,000	20,000
1971 Model 914/6, 6-cyl., 2.0 liter, 110 hp						
Cpe/Targa	880	2,640	4,400	8,800	15,400	22,000
1971 Model 911T, 6-cyl., 125 hp						
Cpe	920	2,760	4,600	9,200	16,100	23,000
Targa	1,000	3,000	5,000	10,000	17,500	25,000
1971 Model 911E, 6-cyl., 155 hp						
Cpe	960	2,880	4,800	9,600	16,800	24,000
Targa	1,040	3,120	5,200	10,400	18,200	26,000
1971 Model 911S, 6-cyl., 180 hp						
Cpe	1,200	3,600	6,000	12,000	21,000	30,000
Targa	1,320	3,960	6,600	13,200	23,100	33,000
1972 Model 914, 4-cyl., 1.7 liter, 80 hp						
Cpe/Targa	800	2,400	4,000	8,000	14,000	20,000
1972 Model 911T, 6-cyl., 130 hp						
Cpe	920	2,760	4,600	9,200	16,100	23,000
Targa	1,000	3,000	5,000	10,000	17,500	25,000
1972 Model 911E, 6-cyl., 165 hp						
Cpe	880	2,640	4,400	8,800	15,400	22,000
Targa	1,000	3,000	5,000	10,000	17,500	25,000
1972 Model 911S, 6-cyl., 190 hp						
Cpe	1,120	3,360	5,600	11,200	19,600	28,000
Targa	1,240	3,720	6,200	12,400	21,700	31,000
1973 Model 914, 4-cyl., 1.8 liter, 76 hp						
Cpe/Targa	800	2,400	4,000	8,000	14,000	20,000
1973 Model 914, 4-cyl., 2.0 liter, 95 hp						
Cpe/Targa	880	2,640	4,400	8,800	15,400	22,000

1983 Mazda 626 Luxury hatchback sedan

1994 Mercedes-Benz C220 sedan

1955 MG-TF roadster

	6	5	4	3	2	1
1973 Model 911T, 6-cyl., 140 hp						
Cpe	960	2,880	4,800	9,600	16,800	24,000
Targa	1,040	3,120	5,200	10,400	18,200	26,000
1973 Model 911E, 6-cyl., 165 hp						
Cpe	960	2,880	4,800	9,600	16,800	24,000
Targa	1,040	3,120	5,200	10,400	18,200	26,000
1973 Model 911S, 6-cyl., 190 hp						
Cpe	1,120	3,360	5,600	11,200	19,600	28,000
Targa	1,240	3,720	6,200	12,400	21,700	31,000
1974 Model 914, 4-cyl., 1.8 liter, 76 hp						
Cpe/Targa	800	2,400	4,000	8,000	14,000	20,000
1974 Model 914, 4-cyl., 2 liter, 95 hp						
Cpe/Targa	880	2,640	4,400	8,800	15,400	22,000
1974 Model 911, 6-cyl., 150 hp						
Cpe	1,000	3,000	5,000	10,000	17,500	25,000
Targa	1,080	3,240	5,400	10,800	18,900	27,000
1974 Model 911S, 6-cyl., 175 hp						
Cpe	1,080	3,240	5,400	10,800	18,900	27,000
Targa	1,160	3,480	5,800	11,600	20,300	29,000
1974 Model 911 Carrera, 6-cyl., 175 hp						
Cpe	1,280	3,840	6,400	12,800	22,400	32,000
Targa	1,360	4,080	6,800	13,600	23,800	34,000
NOTE: Add 10 percent for RS. Add 20 percent for RSR.						
1975 Model 914, 4-cyl., 1.8 liter, 76 hp						
Cpe/Targa	680	2,040	3,400	6,800	11,900	17,000
1975 Model 914, 4-cyl., 2 liter, 95 hp						
Cpe/Targa	720	2,160	3,600	7,200	12,600	18,000
1975 Model 911S, 6-cyl., 175 hp						
Cpe	1,040	3,120	5,200	10,400	18,200	26,000
Targa	1,080	3,240	5,400	10,800	18,900	27,000
1975 Model 911 Carrera, 6-cyl., 210 hp						
Cpe	1,240	3,720	6,200	12,400	21,700	31,000
Targa	1,320	3,960	6,600	13,200	23,100	33,000
1976 Model 914, 4-cyl., 2 liter, 95 hp						
Cpe/Targa	720	2,160	3,600	7,200	12,600	18,000
1976 Model 912E, 4-cyl., 90 hp						
Cpe	920	2,760	4,600	9,200	16,100	23,000
1976 Model 911S, 6-cyl., 165 hp						
Cpe	1,040	3,120	5,200	10,400	18,200	26,000
Cpe 3.0	1,660	4,980	8,300	16,600	29,050	41,500
Targa	1,120	3,360	5,600	11,200	19,600	28,000
1976 Model 930, Turbo & T. Carrera						
Cpe	1,600	4,800	8,000	16,000	28,000	40,000
1977 Model 924, 4-cyl., 95 hp						
Cpe	720	2,160	3,600	7,200	12,600	18,000
1977 Model 911S, 6-cyl., 165 hp						
Cpe	960	2,880	4,800	9,600	16,800	24,000
Targa	1,040	3,120	5,200	10,400	18,200	26,000
Targa 3.0 (200 hp)	1,660	4,980	8,300	16,600	29,050	41,500
1977 Model 930 Turbo, 6-cyl., 245 hp						
Cpe	1,600	4,800	8,000	16,000	28,000	40,000
1978 Model 924						
Cpe	720	2,160	3,600	7,200	12,600	18,000
1978 Model 911SC						
Cpe	1,000	3,000	5,000	10,000	17,500	25,000
Cpe Targa	1,040	3,120	5,200	10,400	18,200	26,000
1978 Model 928						
Cpe	1,120	3,360	5,600	11,200	19,600	28,000
1978 Model 930						
Cpe	1,600	4,800	8,000	16,000	28,000	40,000
1979 Model 924						
Cpe	680	2,040	3,400	6,800	11,900	17,000
1979 Model 911SC						
Cpe	960	2,880	4,800	9,600	16,800	24,000
Targa	1,040	3,120	5,200	10,400	18,200	26,000
1979 Model 930						
Cpe	1,560	4,680	7,800	15,600	27,300	39,000
1979 Model 928						
Cpe	1,600	4,800	8,000	16,000	28,000	40,000
1980 Model 924						
Cpe	680	2,040	3,400	6,800	11,900	17,000
Cpe Turbo	800	2,400	4,000	8,000	14,000	20,000

	6	5	4	3	2	1
1980 Model 911SC						
Cpe	1,040	3,120	5,200	10,400	18,200	26,000
Cpe Targa	1,080	3,240	5,400	10,800	18,900	27,000
1980 Model 928						
Cpe	1,160	3,480	5,800	11,600	20,300	29,000
1981 Model 924						
Cpe	640	1,920	3,200	6,400	11,200	16,000
Cpe Turbo	720	2,160	3,600	7,200	12,600	18,000
1981 Model 911SC						
Cpe	1,000	3,000	5,000	10,000	17,500	25,000
Cpe Targa	1,040	3,120	5,200	10,400	18,200	26,000
1981 Model 928						
Cpe	1,200	3,600	6,000	12,000	21,000	30,000
1982 Model 924						
Cpe	600	1,800	3,000	6,000	10,500	15,000
Cpe Turbo	680	2,040	3,400	6,800	11,900	17,000
1982 Model 911SC						
Cpe	920	2,760	4,600	9,200	16,100	23,000
Cpe Targa	960	2,880	4,800	9,600	16,800	24,000
1982 Model 928						
Cpe	1,200	3,600	6,000	12,000	21,000	30,000
1983 Model 944						
Cpe	600	1,800	3,000	6,000	10,500	15,000
1983 Model 911SC						
Cpe	920	2,760	4,600	9,200	16,100	23,000
Cpe Targa	960	2,880	4,800	9,600	16,800	24,000
Conv	1,040	3,120	5,200	10,400	18,200	26,000
1983 Model 928						
Cpe	1,280	3,840	6,400	12,800	22,400	32,000
1984 Model 944						
2d Cpe	600	1,800	3,000	6,000	10,500	15,000
1984 Model 911						
2d Cpe	920	2,760	4,600	9,200	16,100	23,000
2d Cpe Targa	1,040	3,120	5,200	10,400	18,200	26,000
2d Conv	1,160	3,480	5,800	11,600	20,300	29,000
1984 Model 928S						
Cpe	1,280	3,840	6,400	12,800	22,400	32,000
1985 Model 944						
2d Cpe	640	1,920	3,200	6,400	11,200	16,000
1985 Model 911						
Carrera 2d Cpe	1,000	3,000	5,000	10,000	17,500	25,000
Carrera 2d Conv	1,240	3,720	6,200	12,400	21,700	31,000
Targa 2d Cpe	1,120	3,360	5,600	11,200	19,600	28,000
1985 Model 928S						
2d Cpe	1,320	3,960	6,600	13,200	23,100	33,000
1986 Model 944						
2d Cpe	680	2,040	3,400	6,800	11,900	17,000
Turbo 2d Cpe	720	2,160	3,600	7,200	12,600	18,000
1986 Model 911 Carrera						
2d Cpe	1,360	4,080	6,800	13,600	23,800	34,000
2d Conv	1,600	4,800	8,000	16,000	28,000	40,000
2d Cpe Targa	1,440	4,320	7,200	14,400	25,200	36,000
2d Cpe Turbo	1,960	5,880	9,800	19,600	34,300	49,000
1986 Model 928S						
2d Cpe	1,320	3,960	6,600	13,200	23,100	33,000
1987 Model 924S						
2d Cpe	680	2,040	3,400	6,800	11,900	17,000
1987 Model 928S4						
2d Cpe	1,920	5,760	9,600	19,200	33,600	48,000
1987 Model 944						
2d Cpe	800	2,400	4,000	8,000	14,000	20,000
2d Cpe Turbo	880	2,640	4,400	8,800	15,400	22,000
1987 Model 944S						
2d Cpe	840	2,520	4,200	8,400	14,700	21,000
1987 Model 911 Carrera						
2d Cpe	1,360	4,080	6,800	13,600	23,800	34,000
2d Cpe Targa	1,440	4,320	7,200	14,400	25,200	36,000
2d Conv	1,600	4,800	8,000	16,000	28,000	40,000
2d Turbo	1,960	5,880	9,800	19,600	34,300	49,000
1988 Porsche						
2d 924S Cpe	800	2,400	4,000	8,000	14,000	20,000
2d 944 Cpe	880	2,640	4,400	8,800	15,400	22,000
2d 944S Cpe	920	2,760	4,600	9,200	16,100	23,000

	6	5	4	3	2	1
2d 944 Cpe Turbo	960	2,880	4,800	9,600	16,800	24,000
2d 911 Cpe Carrera	1,640	4,920	8,200	16,400	28,700	41,000
2d 911 Cpe Targa	1,680	5,040	8,400	16,800	29,400	42,000
2d 911 Conv	1,800	5,400	9,000	18,000	31,500	45,000
2d 928S4 Cpe	1,240	3,720	6,200	12,400	21,700	31,000
2d 911 Turbo Conv	2,360	7,080	11,800	23,600	41,300	59,000
1989 Model 944						
2d Cpe	920	2,760	4,600	9,200	16,100	23,000
2d Cpe (Turbo)	1,000	3,000	5,000	10,000	17,500	25,000
2d S2 Cpe	1,080	3,240	5,400	10,800	18,900	27,000
2d S2 Conv	1,320	3,960	6,600	13,200	23,100	33,000
1989 Model 911						
2d Carrera	1,520	4,560	7,600	15,200	26,600	38,000
2d Targa	1,560	4,680	7,800	15,600	27,300	39,000
2d Conv	1,840	5,520	9,200	18,400	32,200	46,000
2d Conv Turbo	2,360	7,080	11,800	23,600	41,300	59,000
1989 Model 928						
2d Cpe	1,240	3,720	6,200	12,400	21,700	31,000
1990 Model 944S						
2d Cpe	880	2,640	4,400	8,800	15,400	22,000
2d Conv	1,000	3,000	5,000	10,000	17,500	25,000
1990 Model 911						
2d Carrera Cpe 2P	1,440	4,320	7,200	14,400	25,200	36,000
2d Targa Cpe 2P	1,480	4,440	7,400	14,800	25,900	37,000
2d Carrera Conv 2P	1,760	5,280	8,800	17,600	30,800	44,000
2d Carrera Cpe 4P	1,600	4,800	8,000	16,000	28,000	40,000
2d Targa Cpe 4P	1,640	4,920	8,200	16,400	28,700	41,000
2d Carrera Conv 4P	1,840	5,520	9,200	18,400	32,200	46,000
1990 Model 928S						
2d Cpe	1,200	3,600	6,000	12,000	21,000	30,000
1991 Model 944S						
2d Cpe 2P	920	2,760	4,600	9,200	16,100	23,000
2d Conv 2P	1,040	3,120	5,200	10,400	18,200	26,000
1991 Model 911						
2d Carrera 2P	1,560	4,680	7,800	15,600	27,300	39,000
2d Carrera Targa 2P	1,600	4,800	8,000	16,000	28,000	40,000
2d Carrera Conv 2P	1,840	5,520	9,200	18,400	32,200	46,000
2d Carrera 4P	1,720	5,160	8,600	17,200	30,100	43,000
2d Carrera Targa 4P	1,760	5,280	8,800	17,600	30,800	44,000
2d Carrera Conv 4P	1,960	5,880	9,800	19,600	34,300	49,000
2d Turbo Cpe	2,080	6,240	10,400	20,800	36,400	52,000
1991 Model 928S						
2d Cpe 4P	1,160	3,480	5,800	11,600	20,300	29,000
1992 968, 4-cyl.						
2d Cpe	1,120	3,360	5,600	11,200	19,600	28,000
2d Conv	1,320	3,960	6,600	13,200	23,100	33,000
1992 911, 6-cyl.						
2d Cpe 2P	1,760	5,280	8,800	17,600	30,800	44,000
2d Targa Cpe 2P	1,800	5,400	9,000	18,000	31,500	45,000
2d Conv 2P	1,960	5,880	9,800	19,600	34,300	49,000
2d Cpe 4P	1,840	5,520	9,200	18,400	32,200	46,000
2d Targa Cpe 4P	1,880	5,640	9,400	18,800	32,900	47,000
2d Conv 4P	2,080	6,240	10,400	20,800	36,400	52,000
2d Turbo Cpe	2,360	7,080	11,800	23,600	41,300	59,000
1993 968, 4-cyl.						
2d Cpe	1,160	3,480	5,800	11,600	20,300	29,000
2d Conv	1,360	4,080	6,800	13,600	23,800	34,000
1993 911, 6-cyl.						
2d Carrera	1,840	5,520	9,200	18,400	32,200	46,000
2d Carrera Targa	2,000	6,000	10,000	20,000	35,000	50,000
2d Carrera Cabrio	2,100	6,250	10,400	20,800	36,400	52,000
2d Carrera	2,150	6,500	10,800	21,600	37,800	54,000
2d Carrera Turbo	2,600	7,800	13,000	26,000	45,500	65,000
1993 928 GTS, V-8						
2d Cpe	2,000	6,000	10,000	20,000	35,000	50,000
1994 968, 4-cyl.						
2d Cpe	800	2,400	4,000	8,000	14,000	20,000
2d Conv	1,000	3,000	5,000	10,000	17,500	25,000
1994 911, 6-cyl.						
2d Cpe Carrera	1,520	4,560	7,600	15,200	26,600	38,000
2d Cpe Carrera Targa	1,600	4,800	8,000	16,000	28,000	40,000
2d Cpe Carrera Conv	1,680	5,040	8,400	16,800	29,400	42,000
2d Cpe Carrera	1,600	4,800	8,000	16,000	28,000	40,000
2d Cpe Carrera Targa						
	1,640	4,920	8,200	16,400	28,700	41,000
2d Cpe Carrera Conv						

	6	5	4	3	2	1
	1,800	5,400	9,000	18,000	31,500	45,000
1994 928 GTS, V-8						
2d Cpe	1,400	4,200	7,000	14,000	24,500	35,000

RENAULT

1946-48 Juvaquatre, 4-cyl., 760cc 4CV, 4-cyl., 760cc. 83" wb						
4d Sed	260	780	1,300	2,600	4,550	6,500
1949 4CV, 4-cyl., 760cc, 83" wb						
Std 4d Sed	260	780	1,300	2,600	4,550	6,500
Grande Luxe 4d Sed	260	780	1,300	2,600	4,550	6,500
1950 4CV, 4-cyl., 760cc, 83" wb						
Grande Luxe 4d Sed	260	780	1,300	2,600	4,550	6,500
1951 4CV, Sliding Windows 4-cyl., 747cc, 83" wb						
R-1060 4d Sed	260	780	1,300	2,600	4,550	6,500
1951 4CV Luxe, Rolldown Windows						
R-1062 4d Sed	260	780	1,300	2,600	4,550	6,500
1951 4CV Super Grande Luxe, Rolldown Windows						
R-1062 4d Sed	260	780	1,300	2,600	4,550	6,500
R-1062 4d Conv	280	840	1,400	2,800	4,900	7,000
1952 4CV Luxe, 4-cyl., 747cc, 83" wb						
R-1062 4d Sed	260	780	1,300	2,600	4,550	6,500
1952 4CV Super Grande Luxe						
R-1062 4d Sed	260	780	1,300	2,600	4,550	6,500
R-1062 4d Conv	280	840	1,400	2,800	4,900	7,000
NOTE: All models had rollup windows.						
1953-54 4CV Luxe, Sport Line 4-cyl., 747cc, 83" wb						
R-1062 4d Sed	260	780	1,300	2,600	4,550	6,500
1953-54 4CV Super Grande Luxe, Sport Line 4-cyl., 747cc, 83" wb						
R-1062 4d Conv	280	840	1,400	2,800	4,900	7,000
1953-54 Fregate, 4-cyl., 1997cc, 110.25" wb						
R-1100 4d Sed	200	600	1,000	2,000	3,500	5,000
1955-56 4CV Luxe, Sport Line 4-cyl., 747cc, 82.7" wb						
R-1062 4d Sed	260	780	1,300	2,600	4,550	6,500
1955-56 4CV Super Grande Luxe 4-cyl., 747cc, 82.7" wb						
R-1062 4d Conv	280	840	1,400	2,800	4,900	7,000
1957-59 4CV, Sport Line 4-cyl., 747cc, 82.7" wb						
R-1062 4d Sed	260	780	1,300	2,600	4,550	6,500
1957-59 Dauphine, 4-cyl., 845cc, 89" wb						
R-1090 4d Sed	220	660	1,100	2,200	3,850	5,500
1960-62 4CV, 1960-61 4-cyl., 747cc, 83" wb						
R-1062 4d Sed	260	780	1,300	2,600	4,550	6,500
4d Sed S/R	260	780	1,300	2,600	4,550	6,500
1960-62 Dauphine, 4-cyl., 845cc, 89" wb						
R-1090 4d Sed	220	660	1,100	2,200	3,850	5,500
4d Sed S/R	220	660	1,100	2,200	3,850	5,500
1960-62 Gordini, 1961-62 4-cyl., 845cc, 89" wb						
R-1091A 4d Spt Sed	200	600	1,000	2,000	3,500	5,000
1960-62 Caravella R-1092, 4-cyl., 845cc, 89" wb						
2d Conv	320	960	1,600	3,200	5,600	8,000
2d Cpe	300	900	1,500	3,000	5,250	7,500
2d HdTp Conv	320	960	1,600	3,200	5,600	8,000
1963-66 Dauphine, 4-cyl., 845cc, 89" wb						
R-1090 4d Sed	220	660	1,100	2,200	3,850	5,500
1963-66 Caravella S, 1963, 4-cyl., 956cc, 89" wb						
R-1133 2d Conv	320	960	1,600	3,200	5,600	8,000
R-1131 2d Cpe	300	900	1,500	3,000	5,250	7,500
2d HT Cpe	320	960	1,600	3,200	5,600	8,000
1963-66 Caravella 1964-66, 4-cyl., 89" wb						
R-1133 2d Conv	320	960	1,600	3,200	5,600	8,000
R-1131 2d Cpe	300	900	1,500	3,000	5,250	7,500
1963-66 R8, 4-cyl., 956cc, 89" wb						
R-1130 4d Sed	200	600	1,000	2,000	3,500	5,000
1963-66 R8 1100, 1964-66, 4-cyl., 1108cc, 89" wb						
R-1132 4d Sed	200	600	1,000	2,000	3,500	5,000
1963-66 R8 Gordini, 1965-66, 4-cyl., 89" wb						
R-1134 4d Sed	220	660	1,100	2,200	3,850	5,500
1967-68 10, R-10, 4-cyl., 1108cc, 89" wb						
R-1190 4d Sed	200	600	1,000	2,000	3,500	5,000
1969-70 10, 1969 R-10, 4-cyl., 1108cc, 89" wb						
R-1190 4d Sed	200	600	1,000	2,000	3,500	5,000

	6	5	4	3	2	1
1969-70 10, 1970 R-10, 4-cyl., 1289cc, 89" wb						
4d Sed	220	660	1,100	2,200	3,850	5,500
1969-70 16, 1970 R-16, 4-cyl., 1565cc, FWD, 105.8" wb						
R-1152 4d Sed Wag	240	720	1,200	2,400	4,200	6,000
1971-75 R-10, 1971 only, 4-cyl., 1289cc, 89" wb						
4d Sed	220	660	1,100	2,200	3,850	5,500
1971-75 R-12, 1972-up, 4-cyl., 1565cc, FWD, 96" wb						
4d Sed	240	720	1,200	2,400	4,200	6,000
4d Sta Wag	220	660	1,100	2,200	3,850	5,500
1971-75 R-15, 1972-up, 4-cyl., 1647cc, FWD, 96" wb						
2d Cpe	240	720	1,200	2,400	4,200	6,000
1971-75 R-16, 1971-72 only, 4-cyl., 1565cc, FWD, 105.8" wb						
4d Sed	200	600	1,000	2,000	3,500	5,000
1971-75 R-17, 1972-up, 4-cyl., 1565cc-1647cc, FWD, 96" wb						
2d Spt Cpe	260	780	1,300	2,600	4,550	6,500
1976-80 R-5, 1976, 4-cyl., 1289cc, FWD, 94.6-95.8" wb						
R-5TL 2d HBk	200	600	1,000	2,000	3,500	5,000
R-5GTL 2d HBk	200	600	1,000	2,000	3,500	5,000
1976-80 LeCar, 1977-up, 4-cyl., 1289cc-1397cc, FWD						
TL 2d HBk	200	600	1,000	2,000	3,500	5,000
GTL 2d HBk	200	600	1,000	2,000	3,500	5,000
1976-80 R-12, 1976-77 only, 4-cyl., 1647cc, FWD, 96" wb						
TL 4d Sed	180	540	900	1,800	3,150	4,500
GTL 4d Sed	180	540	900	1,800	3,150	4,500
R-12 4d Sta Wag	192	576	960	1,920	3,360	4,800
1976-80 R-15, 1976 only, 4-cyl., 1647cc, FWD, 96" wb						
TL 2d Cpe	180	540	900	1,800	3,150	4,500
1976-80 R-17, 4-cyl., 1647cc, FWD, 96" wb						
TL 2d Cpe/Conv	240	720	1,200	2,400	4,200	6,000
Gordini 2d Cpe/Conv	260	780	1,300	2,600	4,550	6,500
1981 LeCar, 4-cyl., 1397cc, FWD, 95.2" wb						
2d HBk	200	600	1,000	2,000	3,500	5,000
1981 LeCar, 4-cyl, 95.2" wb, 1397cc, FWD						
DeL 2d HBk	200	600	1,000	2,000	3,500	5,000
DeL 4d HBk	200	600	1,000	2,000	3,500	5,000
1981 18i, 4-cyl., 1647cc, FWD, 96.1" wb						
4d Sed	200	600	1,000	2,000	3,500	5,000
4d Sta Wag	208	624	1,040	2,080	3,640	5,200
DeL 4d Sed	208	624	1,040	2,080	3,640	5,200
DeL 4d Sta Wag	216	648	1,080	2,160	3,780	5,400
1982 LeCar, 4-cyl., 1397cc, FWD, 95.2" wb						
2d HBk	200	600	1,000	2,000	3,500	5,000
DeL 2d HBk	208	624	1,040	2,080	3,640	5,200
DeL 4d HBk	208	624	1,040	2,080	3,640	5,200
1982 Fuego, 4-cyl., 1647cc, FWD, 96.1" wb						
2d Cpe	240	720	1,200	2,400	4,200	6,000
1982 18i, 4-cyl., 1647cc, FWD, 96.1" wb						
4d Sed	200	600	1,000	2,000	3,500	5,000
4d Sta Wag	208	624	1,040	2,080	3,640	5,200
DeL 4d Sed	208	624	1,040	2,080	3,640	5,200
DeL 4d Sta Wag	216	648	1,080	2,160	3,780	5,400
1983 LeCar, 4-cyl., 1397cc, FWD, 95.2" wb						
2d HBk	200	600	1,000	2,000	3,500	5,000
DeL 2d HBk	208	624	1,040	2,080	3,640	5,200
DeL 4d HBk	216	648	1,080	2,160	3,780	5,400
1983 Fuego, 4-cyl., 1647cc, FWD, 96.1" wb						
2d Cpe	240	720	1,200	2,400	4,200	6,000
1983 Fuego Turbo, 4-cyl., 1565cc, FWD, 96.1" wb						
2d Cpe	260	780	1,300	2,600	4,550	6,500
1983 18i, 4-cyl., 1647cc, FWD, 96.1" wb						
DeL 4d Sed	200	600	1,000	2,000	3,500	5,000
DeL 4d Sta Wag	208	624	1,040	2,080	3,640	5,200
1984 Fuego, 4-cyl., 2165cc, FWD, 96.1" wb						
2d Cpe	240	720	1,200	2,400	4,200	6,000
1984 Fuego Turbo, 4-cyl., 1565cc, FWD, 96.1" wb						
2d Cpe	260	780	1,300	2,600	4,550	6,500
1984 Sportwagon, 4-cyl., 2165cc, FWD, 96.1" wb						
4d Sta Wag	208	624	1,040	2,080	3,640	5,200
1985 Fuego, 4-cyl., 2165cc, FWD, 96.1" wb						
2d Cpe	260	780	1,300	2,600	4,550	6,500
1985 Sportwagon, 4-cyl., 2165cc, FWD, 96.1" wb						
4d Sta Wag	208	624	1,040	2,080	3,640	5,200

	6	5	4	3	2	1

ROLLS-ROYCE

	6	5	4	3	2	1
1947-1951 6-cyl., 4257cc, 127" wb, 133" wb (1951), Silver Wraith Freestone & Webb						
Cpe	2,360	7,080	11,800	23,600	41,300	59,000
Limo	1,840	5,520	9,200	18,400	32,200	46,000
Saloon	1,600	4,800	8,000	16,000	28,000	40,000
Spt Saloon	1,680	5,040	8,400	16,800	29,400	42,000
1947-1951 Hooper						
DHC	3,360	10,080	16,800	33,600	58,800	84,000
Treviot	1,840	5,520	9,200	18,400	32,200	46,000
Treviot II	1,880	5,640	9,400	18,800	32,900	47,000
Treviot III	1,920	5,760	9,600	19,200	33,600	48,000
1947-1951 H.J. Mulliner						
Sedanca de Ville	2,960	8,880	14,800	29,600	51,800	74,000
Tr Limo	1,920	5,760	9,600	19,200	33,600	48,000
1947-1951 Park Ward						
Saloon	1,760	5,280	8,800	17,600	30,800	44,000
1947-1951 James Young						
Limo	1,920	5,760	9,600	19,200	33,600	48,000
Saloon	1,840	5,520	9,200	18,400	32,200	46,000
1949-1951 6-cyl., 4257cc, 120" wb, Silver Dawn						
Std Steel Saloon	1,840	5,520	9,200	18,400	32,200	46,000
1949-1951 Farina						
Spl Saloon	2,440	7,320	12,200	24,400	42,700	61,000
1949-1951 Freestone & Webb						
Saloon	1,920	5,760	9,600	19,200	33,600	48,000
1949-1951 Park Ward						
DHC	2,480	7,440	12,400	24,800	43,400	62,000
FHC	2,040	6,120	10,200	20,400	35,700	51,000
1950-1956 8-cyl., 5675cc, 145" wb, Phantom IV						
Park Ward Limo	6,200	18,600	31,000	62,000	108,500	155,000
1951-1952 6-cyl., 4566cc, 127" wb, Silver Wraith Freestone & Webb						
Cpe	1,920	5,760	9,600	19,200	33,600	48,000
1951-1955 6-cyl., 4566cc, 127" wb, Silver Wraith Freestone & Webb						
Spt Saloon	1,920	5,760	9,600	19,200	33,600	48,000
1951-1955 Hooper						
Tr Limo	1,760	5,280	8,800	17,600	30,800	44,000
1951-1955 H.J. Mulliner						
Tr Limo	1,920	5,760	9,600	19,200	33,600	48,000
1951-1955 Park Ward						
Limo	1,880	5,640	9,400	18,800	32,900	47,000
1951-1955 6-cyl., 4566cc, 120" wb, Silver Dawn						
Std Steel Saloon	1,840	5,520	9,200	18,400	32,200	46,000
1951-1955 Park Ward						
DHC	2,560	7,680	12,800	25,600	44,800	64,000
1955-1959 6-cyl., 4887cc, 123" wb, 127" wb (after 1957), Silver Cloud						
Std Steel Saloon	1,760	5,280	8,800	17,600	30,800	44,000
1955-1959 H.J. Mulliner						
DHC	3,440	10,320	17,200	34,400	60,200	86,000
1955-1959 Park Ward						
Saloon LWB	1,800	5,400	9,000	18,000	31,500	45,000
1955-1959 James Young						
Saloon	2,240	6,720	11,200	22,400	39,200	56,000
NOTE: Deduct 30 percent for RHD.						
1955-1959 6-cyl., 4887cc, 133" wb, Silver Wraith Hooper						
LWB Limo	1,920	5,760	9,600	19,200	33,600	48,000
Saloon	1,840	5,520	9,200	18,400	32,200	46,000
1955-1959 H.J. Mulliner						
Tr Limo	2,000	6,000	10,000	20,000	35,000	50,000
1955-1959 Park Ward						
Limo	1,760	5,280	8,800	17,600	30,800	44,000
Saloon	1,720	5,160	8,600	17,200	30,100	43,000
NOTE: Deduct 30 percent for RHD.						
1959-1962 V-8, 6230cc, 123" wb, 127" wb (after 1960), Silver Cloud II						
Std Steel Saloon	1,800	5,400	9,000	18,000	31,500	45,000
1959-1962 H.J. Mulliner						
DHC	4,080	12,240	20,400	40,800	71,400	102,000
1959-1962 Radford						
Countryman	2,040	6,120	10,200	20,400	35,700	51,000

	6	5	4	3	2	1
1959-1962 James Young						
Limo, LWB	2,480	7,440	12,400	24,800	43,400	62,000
NOTE: Deduct 30 percent for RHD.						
1960-1968 V-8, 6230cc, 144" wb, Phantom V H.J. Mulliner-Park Ward						
Landaulette	6,200	18,600	31,000	62,000	108,500	155,000
Limo	2,800	8,400	14,000	28,000	49,000	70,000
1960-1968 Park Ward						
Limo	2,240	6,720	11,200	22,400	39,200	56,000
1960-1968 James Young						
Limo	3,200	9,600	16,000	32,000	56,000	80,000
Sedanca de Ville	6,200	18,600	31,000	62,000	108,500	155,000
NOTE: Deduct 30 percent for RHD.						
1962-1966 V-8, 6230cc, 123" wb, 127" wb, Silver Cloud III						
Std Steel Saloon	2,960	8,880	14,800	29,600	51,800	74,000
1962-1966 H.J. Mulliner						
2d Saloon	2,200	6,600	11,000	22,000	38,500	55,000
DHC	5,120	15,360	25,600	51,200	89,600	128,000
Flying Spur	3,440	10,320	17,200	34,400	60,200	86,000
NOTE: Deduct 30 percent for RHD.						
1962-1966 James Young						
4d Spt Saloon	1,800	5,400	9,000	18,000	31,500	45,000
Cpe	2,240	6,720	11,200	22,400	39,200	56,000
Tr Limo SWB	2,560	7,680	12,800	25,600	44,800	64,000
Tr Limo LWB	3,040	9,120	15,200	30,400	53,200	76,000
1962-1966 Park Ward						
DHC	2,440	7,320	12,200	24,400	42,700	61,000
Limo, LWB	2,560	7,680	12,800	25,600	44,800	64,000
NOTE: Deduct 30 percent for RHD.						
1965-1969 V-8, 6230cc, 119.5" wb, 123.5" wb, Silver Shadow						
Std Steel Saloon	1,840	5,520	9,200	18,400	32,200	46,000
LWB Saloon	1,960	5,880	9,800	19,600	34,300	49,000
1965-1969 Mulliner-Park Ward						
2d Saloon	2,000	6,000	10,000	20,000	35,000	50,000
DHC	2,120	6,360	10,600	21,200	37,100	53,000
1965-1969 James Young						
2d Saloon	2,000	6,000	10,000	20,000	35,000	50,000
NOTE: Deduct 30 percent for RHD.						
1968-1977 V-8, 6230cc, 145" wb, Phantom VI						
Landau	3,840	11,520	19,200	38,400	67,200	96,000
Limo	3,440	10,320	17,200	34,400	60,200	86,000
1968-1977 Mulliner-Park Ward						
Laudaulette	7,200	21,600	36,000	72,000	126,000	180,000
NOTE: Deduct 30 percent for RHD.						
1970-1976 V-8, 6750cc, 119.5" wb, 123.5" wb, Silver Shadow						
Std Steel Saloon	1,960	5,880	9,800	19,600	34,300	49,000
1970-1976 V-8, 6750cc, 119.5" wb, 123.5" wb Silver Shadow						
LWB Saloon	2,160	6,480	10,800	21,600	37,800	54,000
1970-1976 Mulliner-Park Ward						
2d Saloon	2,320	6,960	11,600	23,200	40,600	58,000
DHC	2,720	8,160	13,600	27,200	47,600	68,000
NOTE: Deduct 30 percent for RHD.						
1971-1977 V-8, 6750cc, 119" wb, Corniche						
2d Saloon	2,560	7,680	12,800	25,600	44,800	64,000
Conv	3,200	9,600	16,000	32,000	56,000	80,000
NOTE: Deduct 30 percent for RHD.						
1975-1978 V-8, 6750cc, 108.5" wb						
Camarque	2,160	6,480	10,800	21,600	37,800	54,000
NOTE: Deduct 30 percent for RHD.						
1977-1978 V-8, 6750cc, 120" wb						
Silver Shadow II	1,960	5,880	9,800	19,600	34,300	49,000
1977-1978 V-8, 6750cc, 123.5" wb						
Silver Wraith II	2,160	6,480	10,800	21,600	37,800	54,000
NOTE: Add 10 percent for factory sunroof. Deduct 30 percent for RHD.						
1979 V-8, 6750cc, 123.5" wb						
4d Silver Spirit	2,480	7,440	12,400	24,800	43,400	62,000
4d Silver Spur	2,560	7,680	12,800	25,600	44,800	64,000
2d Conv Corniche	3,440	10,320	17,200	34,400	60,200	86,000
2d Camargue	2,520	7,560	12,600	25,200	44,100	63,000
4d Phantom VI	6,600	19,800	33,000	66,000	115,500	165,000
4d Silver Shadow	2,360	7,080	11,800	23,600	41,300	59,000
4d Silver Wraith	2,480	7,440	12,400	24,800	43,400	62,000

1981 Peugeot 505GL sedan

1959 Porsche 356A cabriolet

1978 Porsche 928 coupe

	6	5	4	3	2	1
1980 V-8, 6750cc, 123.5" wb						
4d Silver Spirit	2,480	7,440	12,400	24,800	43,400	62,000
4d Silver Spur	2,560	7,680	12,800	25,600	44,800	64,000
2d Conv Corniche	3,440	10,320	17,200	34,400	60,200	86,000
2d Camarque	2,560	7,680	12,800	25,600	44,800	64,000
4d Phantom VI	6,600	19,800	33,000	66,000	115,500	165,000
4d Silver Shadow	2,360	7,080	11,800	23,600	41,300	59,000
4d Silver Wraith	2,480	7,440	12,400	24,800	43,400	62,000
1981 V-8, 6750cc, 123.5" wb						
4d Silver Spirit	2,480	7,440	12,400	24,800	43,400	62,000
4d Silver Spur	2,560	7,680	12,800	25,600	44,800	64,000
2d Conv Corniche	3,440	10,320	17,200	34,400	60,200	86,000
2d Camarque	2,520	7,560	12,600	25,200	44,100	63,000
4d Phantom VI	6,600	19,800	33,000	66,000	115,500	165,000
1982 V-8, 6750cc, 123.5" wb						
4d Silver Spirit	2,440	7,320	12,200	24,400	42,700	61,000
4d Silver Spur	2,560	7,680	12,800	25,600	44,800	64,000
2d Conv Corniche	3,520	10,560	17,600	35,200	61,600	88,000
2d Camarque	2,480	7,440	12,400	24,800	43,400	62,000
4d Phantom VI	6,600	19,800	33,000	66,000	115,500	165,000
1983 V-8, 6750cc, 123.5" wb						
4d Silver Spirit	2,440	7,320	12,200	24,400	42,700	61,000
4d Silver Spur	2,560	7,680	12,800	25,600	44,800	64,000
2d Conv Corniche	3,520	10,560	17,600	35,200	61,600	88,000
2d Camarque	2,480	7,440	12,400	24,800	43,400	62,000
4d Phantom VI	6,600	19,800	33,000	66,000	115,500	165,000
1984 V-8, 6750cc, 123.5" wb						
4d Silver Spirit Sed	2,520	7,560	12,600	25,200	44,100	63,000
4d Silver Spur Sed	2,640	7,920	13,200	26,400	46,200	66,000
2d Camarque Cpe	2,640	7,920	13,200	26,400	46,200	66,000
2d Corniche Conv	3,680	11,040	18,400	36,800	64,400	92,000
1985 V-8, 6750cc, 123.5" wb						
4d Silver Spirit Sed	2,640	7,920	13,200	26,400	46,200	66,000
4d Silver Spur Sed	2,880	8,640	14,400	28,800	50,400	72,000
2d Camarque Cpe	2,880	8,640	14,400	28,800	50,400	72,000
2d Corniche Conv	3,920	11,760	19,600	39,200	68,600	98,000
1986 V-8, 6750cc, 123.5" wb						
4d Silver Spirit Sed	2,880	8,640	14,400	28,800	50,400	72,000
4d Silver Spur Sed	3,120	9,360	15,600	31,200	54,600	78,000
2d Camarque Cpe	3,120	9,360	15,600	31,200	54,600	78,000
2d Corniche Conv	4,000	12,000	20,000	40,000	70,000	100,000
1987 V-8, 6750cc, 123.5" wb						
4d Silver Spirit Sed	1,960	5,880	9,800	19,600	34,300	49,000
4d Silver Spur Sed	2,080	6,240	10,400	20,800	36,400	52,000
2d Camarque Cpe	3,600	10,800	18,000	36,000	63,000	90,000
2d Corniche Conv	5,200	15,600	26,000	52,000	91,000	130,000
4d Silver Spur Limo	4,800	14,400	24,000	48,000	84,000	120,000
1988 V-8, 6750cc, 123.5" wb						
4d Silver Spirit Sed	2,240	6,720	11,200	22,400	39,200	56,000
4d Silver Spur Sed	2,360	7,080	11,800	23,600	41,300	59,000
2d Corniche Conv	5,440	16,320	27,200	54,400	95,200	136,000
1989 V-8, 6750cc, 123.5" wb						
4d Silver Spirit Sed	2,440	7,320	12,200	24,400	42,700	61,000
4d Silver Spur Sed	2,560	7,680	12,800	25,600	44,800	64,000
2d Corniche Conv	5,520	16,560	27,600	55,200	96,600	138,000
1990 V-8, 6750cc, 123.5" wb						
4d Silver Spirit Sed	2,640	7,920	13,200	26,400	46,200	66,000
4d Silver Spur Sed	2,720	8,160	13,600	27,200	47,600	68,000
2d Corniche Conv	5,520	16,560	27,600	55,200	96,600	138,000
1991 Silver Spirit II						
4d Sed SWB	2,800	8,400	14,000	28,000	49,000	70,000
4d Sed LWB	3,040	9,120	15,200	30,400	53,200	76,000
1991 Corniche III						
2d Conv	5,600	16,800	28,000	56,000	98,000	140,000
1992 Silver Spirit, V-8						
4d Sed	3,040	9,120	15,200	30,400	53,200	76,000
1992 Silver Spur, V-8						
4d Sed	3,440	10,320	17,200	34,400	60,200	86,000
4d Limo	5,440	16,320	27,200	54,400	95,200	136,000
1992 Corniche IV, V-8						
2d Conv	5,800	17,400	29,000	58,000	101,500	145,000
1993 Silver Spur IV						
4d Sed	3,800	11,400	19,000	38,000	66,500	95,000
1993 Silver Spur						
4d Limo	5,600	16,800	28,000	56,000	98,000	140,000

	6	5	4	3	2	1
1993 Corniche IV						
2d Conv	6,400	19,200	32,000	64,000	112,000	160,000
1994 Corniche IV, V-8						
2d Conv	7,400	22,200	37,000	74,000	129,000	185,000
1994 Silver Spirit II, V-8						
4d Sed	3,900	11,600	19,400	38,800	68,000	97,000
1994 Silver Spur III, V-8						
4d Sed LWB	3,950	11,900	19,800	39,600	69,500	99,000
4d Limo	7,200	21,600	36,000	72,000	126,000	180,000

SAAB

	6	5	4	3	2	1
1950-1952 2-cyl., 764cc, 97.2" wb						
92 2d Sed	312	936	1,560	3,120	5,460	7,800
1953-1955 2-cyl., 764cc, 97.2" wb						
92B 2d Sed	292	876	1,460	2,920	5,110	7,300
1956-1957 3-cyl., 748cc, 98" wb						
93 2d Sed	272	816	1,360	2,720	4,760	6,800
1958 3-cyl., 748cc, 98" wb						
93B 2d Sed	252	756	1,260	2,520	4,410	6,300
GT 750 2d Sed	272	816	1,360	2,720	4,760	6,800
1959 3-cyl., 748cc, 98" wb						
93B 2d Sed	252	756	1,260	2,520	4,410	6,300
GT 750 2d Sed	272	816	1,360	2,720	4,760	6,800
1959 3-cyl., 841cc, 98" wb						
95 2d Sta Wag	264	792	1,320	2,640	4,620	6,600
1960 3-cyl., 748cc, 98" wb						
93F 2d Sed	252	756	1,260	2,520	4,410	6,300
GT 750 2d Sed	272	816	1,360	2,720	4,760	6,800
1960 3-cyl., 841cc, 98" wb						
96 2d Sed	252	756	1,260	2,520	4,410	6,300
95 2d Sta Wag	264	792	1,320	2,640	4,620	6,600
1961 3-cyl., 748cc, 98" wb						
GT 750 2d Sed	272	816	1,360	2,720	4,760	6,800
1961 3-cyl., 841cc, 98" wb						
96 2d Sed	240	720	1,200	2,400	4,200	6,000
95 2d Sta Wag	244	732	1,220	2,440	4,270	6,100
1962 3-cyl., 748cc, 98" wb						
GT 750 2d Sed	272	816	1,360	2,720	4,760	6,800
1962 3-cyl., 841cc, 98" wb						
96 2d Sed	240	720	1,200	2,400	4,200	6,000
95 2d Sta Wag	244	732	1,220	2,440	4,270	6,100
2d Spt Sed	252	756	1,260	2,520	4,410	6,300
1963 3-cyl., 841cc, 98" wb						
96 2d Sed	240	720	1,200	2,400	4,200	6,000
95 2d Sta Wag	244	732	1,220	2,440	4,270	6,100
Spt/GT 850 2d Sed	252	756	1,260	2,520	4,410	6,300
1964 3-cyl., 841cc, 98" wb						
96 2d Sed	240	720	1,200	2,400	4,200	6,000
95 2d Sta Wag	252	756	1,260	2,520	4,410	6,300
Spt/Monte Carlo 850 2d Sed	292	876	1,460	2,920	5,110	7,300
1965 3-cyl., 841cc, 98" wb						
96 2d Sed	240	720	1,200	2,400	4,200	6,000
95 2d Sta Wag	244	732	1,220	2,440	4,270	6,100
Spt/Monte Carlo 850 2d Sed	292	876	1,460	2,920	5,110	7,300
1966 3-cyl., 841cc, 98" wb						
96 2d Sed	240	720	1,200	2,400	4,200	6,000
96 Spl 2d Sed	244	732	1,220	2,440	4,270	6,100
95 2d Sta Wag	248	744	1,240	2,480	4,340	6,200
Monte Carlo 850 2d Sed	292	876	1,460	2,920	5,110	7,300
1966 3-cyl., 841cc, 84.6" wb						
Sonett II	292	876	1,460	2,920	5,110	7,300
1967 3-cyl., 841cc, 98" wb						
96 Shrike 2d Sed	200	600	1,000	2,000	3,500	5,000
95 2d Sta Wag	204	612	1,020	2,040	3,570	5,100
Monte Carlo 850 2d Sed	300	900	1,500	3,000	5,250	7,500
1967 3-cyl., 841cc, 84.6" wb						
Sonett II	292	876	1,460	2,920	5,110	7,300

	6	5	4	3	2	1
1967 V-4, 1498cc, 98" wb						
96 V4 2d Sed	200	600	1,000	2,000	3,500	5,000
95 V4 2d Sta Wag	204	612	1,020	2,040	3,570	5,100
Monte Carlo V4 2d Sed	300	900	1,500	3,000	5,250	7,500
1967 V-4, 1498cc, 84.6" wb						
Sonett V4	292	876	1,460	2,920	5,110	7,300
1968 3-cyl., 841cc (816cc Shrike), 98" wb						
96 Shrike 2d Sed	232	696	1,160	2,320	4,060	5,800
96 2d Sed	236	708	1,180	2,360	4,130	5,900
95 Shrike 2d Sta Wag	232	696	1,160	2,320	4,060	5,800
95 2d Sta Wag	236	708	1,180	2,360	4,130	5,900
1968 V-4, 1498cc, 98" wb						
96 V4 2d Sed	252	756	1,260	2,520	4,410	6,300
96 V4 2d DeL Sed	256	768	1,280	2,560	4,480	6,400
95 V4 2d Sta Wag	260	780	1,300	2,600	4,550	6,500
95 V4C 2d Sta Wag	264	792	1,320	2,640	4,620	6,600
Monte Carlo V4 2d Sed	296	888	1,480	2,960	5,180	7,400
1968 V-4, 1498cc, 84.6" wb						
Sonett V4	280	840	1,400	2,800	4,900	7,000
1969 V-4, 1498cc, 98" wb						
96 V4 2d Sed	252	756	1,260	2,520	4,410	6,300
96 V4 2d DeL Sed	256	768	1,280	2,560	4,480	6,400
95 V4 2d Sta Wag	260	780	1,300	2,600	4,550	6,500
1969 V-4, 1498cc, 84.6" wb						
Sonett V4	280	840	1,400	2,800	4,900	7,000
1969 4-cyl., 1709cc, 97.4" wb						
99 2d Sed	252	756	1,260	2,520	4,410	6,300
1970 V-4, 1498cc, 98" wb						
96 V4 2d Sed	252	756	1,260	2,520	4,410	6,300
95 V4 2d Sta Wag	264	792	1,320	2,640	4,620	6,600
1970 V-4, 84.6" wb						
Sonett III	300	900	1,500	3,000	5,250	7,500
1970 4-cyl., 1709cc, 97.4" wb						
99 2d Sed	248	744	1,240	2,480	4,340	6,200
99 4d Sed	244	732	1,220	2,440	4,270	6,100
1971 V-4, 1698cc, 98" wb						
96 V4 2d Sed	212	636	1,060	2,120	3,710	5,300
95 V4 2d Sta Wag	224	672	1,120	2,240	3,920	5,600
1971 V-4, 1698cc, 84.6" wb						
Sonett III	280	840	1,400	2,800	4,900	7,000
1971 4-cyl., 1709cc, 97.4" wb						
99 2d Sed	212	636	1,060	2,120	3,710	5,300
99 4d Sed	208	624	1,040	2,080	3,640	5,200
1972 V-4, 1698cc, 98" wb						
96 V4 2d Sed	212	636	1,060	2,120	3,710	5,300
95 V4 2d Sta Wag	224	672	1,120	2,240	3,920	5,600
1972 V-4, 1698cc, 84.6" wb						
Sonett III	280	840	1,400	2,800	4,900	7,000
1972 4-cyl., 1850/1985cc, 97.4" wb						
99 2d Sed	212	636	1,060	2,120	3,710	5,300
99EMS 2d Sed	232	696	1,160	2,320	4,060	5,800
99 4d Sed	212	636	1,060	2,120	3,710	5,300
1973 V-4, 1698cc, 98" wb						
96 V4	212	636	1,060	2,120	3,710	5,300
95 V4 2d Sta Wag	224	672	1,120	2,240	3,920	5,600
1973 V-4, 1698cc, 84.6" wb						
Sonett III	280	840	1,400	2,800	4,900	7,000
1973 4-cyl., 1850/1985cc, 97.4" wb						
99X7 2d Sed	208	624	1,040	2,080	3,640	5,200
99L 2d Sed	208	624	1,040	2,080	3,640	5,200
99L 4d Sed	204	612	1,020	2,040	3,570	5,100
99EMS 2d Sed	232	696	1,160	2,320	4,060	5,800
1974 V-4, 1698cc, 98" wb						
96 V4 2d Sed	212	636	1,060	2,120	3,710	5,300
95 V4 2d Sta Wag	220	660	1,100	2,200	3,850	5,500
1974 V-4, 1698cc, 84.6" wb						
Sonett III	280	840	1,400	2,800	4,900	7,000
1974 4-cyl., 1985cc, 97.4" wb						
99X7 2d Sed	232	696	1,160	2,320	4,060	5,800
99L 2d Sed	236	708	1,180	2,360	4,130	5,900
99L 4d Sed	232	696	1,160	2,320	4,060	5,800
99L 3d Combi Cpe	240	720	1,200	2,400	4,200	6,000
99EMS 2d Sed	252	756	1,260	2,520	4,410	6,300

	6	5	4	3	2	1
1975 V-4, 1498cc, 98" wb						
96 V4 2d Sed	192	576	960	1,920	3,360	4,800
95 V4 2d Sta Wag	200	600	1,000	2,000	3,500	5,000
1975 4-cyl., 1985cc, 97.4" wb						
99 2d Sed	188	564	940	1,880	3,290	4,700
99L 2d Sed	200	600	1,000	2,000	3,500	5,000
99L 4d Sed	200	600	1,000	2,000	3,500	5,000
99L 3d Combi Cpe	204	612	1,020	2,040	3,570	5,100
99EMS 2d Sed	220	660	1,100	2,200	3,850	5,500
1976 4-cyl., 1985cc, 97.4" wb						
99L 2d Sed	192	576	960	1,920	3,360	4,800
99GL 2d Sed	196	588	980	1,960	3,430	4,900
99GL 4d Sed	192	576	960	1,920	3,360	4,800
99GL 3d Combi Cpe	200	600	1,000	2,000	3,500	5,000
99GL 5d Combi Cpe	204	612	1,020	2,040	3,570	5,100
99EMS 2d Sed	228	684	1,140	2,280	3,990	5,700
99GLE 4d Sed	224	672	1,120	2,240	3,920	5,600
1977 4-cyl., 1985cc, 97.4" wb						
99L 2d Sed	180	540	900	1,800	3,150	4,500
99GL 2d Sed	192	576	960	1,920	3,360	4,800
99GL 4d Sed	192	576	960	1,920	3,360	4,800
99GL 3d Combi Cpe	200	600	1,000	2,000	3,500	5,000
99GL 5d Combi Cpe	204	612	1,020	2,040	3,570	5,100
99EMS 2d Sed	212	636	1,060	2,120	3,710	5,300
99GLE 4d Sed	208	624	1,040	2,080	3,640	5,200
1978 4-cyl., 1985cc, 97.4" wb						
99L 2d Sed	180	540	900	1,800	3,150	4,500
99L 4d Sed	180	540	900	1,800	3,150	4,500
99L 3d Combi Cpe	192	576	960	1,920	3,360	4,800
99GL 2d Sed	184	552	920	1,840	3,220	4,600
99GL 4d Sed	184	552	920	1,840	3,220	4,600
99GL 3d Combi Cpe	196	588	980	1,960	3,430	4,900
99GL 5d Combi Cpe	196	588	980	1,960	3,430	4,900
99EMS 2d Sed	200	600	1,000	2,000	3,500	5,000
99EMS 3d Combi Cpe	204	612	1,020	2,040	3,570	5,100
99GLE 5d Combi Cpe	204	612	1,020	2,040	3,570	5,100
99 Turbo 3d Combi Cpe	232	696	1,160	2,320	4,060	5,800
1979 4-cyl., 1985cc, 97.4" wb						
99GL 2d Sed	200	600	1,000	2,000	3,500	5,000
900GL 2d HBk	204	612	1,020	2,040	3,570	5,100
900GLE 4d HBk	216	648	1,080	2,160	3,780	5,400
900EMS 2d HBk	220	660	1,100	2,200	3,850	5,500
900 Turbo 2d HBk	228	684	1,140	2,280	3,990	5,700
900 Turbo 4d HBk	228	684	1,140	2,280	3,990	5,700
1980 4-cyl., 1985cc, 97.4" wb						
99GL 2d Sed	208	624	1,040	2,080	3,640	5,200
900GLI 2d HBk	212	636	1,060	2,120	3,710	5,300
900GLE 4d HBk	216	648	1,080	2,160	3,780	5,400
900EMS 2d HBk	220	660	1,100	2,200	3,850	5,500
900 Turbo 2d HBk	228	684	1,140	2,280	3,990	5,700
900 Turbo 4d HBk	228	684	1,140	2,280	3,990	5,700
1981 4-cyl., 1985cc, 97.4" wb						
900 2d HBk	224	672	1,120	2,240	3,920	5,600
900S 2d HBk	228	684	1,140	2,280	3,990	5,700
900S 4d Sed	228	684	1,140	2,280	3,990	5,700
900 Turbo 2d HBk	232	696	1,160	2,320	4,060	5,800
900 Turbo 4d HBk	232	696	1,160	2,320	4,060	5,800
1982 4-cyl., 1985cc, 97.4" wb						
900 2d HBk	220	660	1,100	2,200	3,850	5,500
900 4d Sed	224	672	1,120	2,240	3,920	5,600
900S 2d HBk	224	672	1,120	2,240	3,920	5,600
900S 4d Sed	228	684	1,140	2,280	3,990	5,700
900 Turbo 2d HBk	236	708	1,180	2,360	4,130	5,900
900 Turbo 4d Sed	236	708	1,180	2,360	4,130	5,900
1983 4-cyl., 1985cc, 97.4" wb						
900 2d HBk	220	660	1,100	2,200	3,850	5,500
900 4d Sed	224	672	1,120	2,240	3,920	5,600
900S 2d HBk	224	672	1,120	2,240	3,920	5,600
900S 4d Sed	228	684	1,140	2,280	3,990	5,700
900 Turbo 2d HBk	236	708	1,180	2,360	4,130	5,900
900 Turbo 4d Sed	236	708	1,180	2,360	4,130	5,900
1984 4-cyl., 1985cc, 97.4" wb						
900 2d HBk	220	660	1,100	2,200	3,850	5,500
900 4d Sed	224	672	1,120	2,240	3,920	5,600
900S 2d HBk	224	672	1,120	2,240	3,920	5,600
900S 4d Sed	228	684	1,140	2,280	3,990	5,700
900 Turbo 2d HBk	240	720	1,200	2,400	4,200	6,000
900 Turbo 4d Sed	240	720	1,200	2,400	4,200	6,000

	6	5	4	3	2	1
1985 4-cyl., 1985cc, 97.4" wb						
900 2d HBk	240	720	1,200	2,400	4,200	6,000
900 4d Sed	248	744	1,240	2,480	4,340	6,200
900S 2d HBk	272	816	1,360	2,720	4,760	6,800
900S 4d Sed	272	816	1,360	2,720	4,760	6,800
NOTE: Add 10 percent for Turbo.						
1986 4-cyl., 1985cc, 97.4" wb						
900 2d HBk	240	720	1,200	2,400	4,200	6,000
900 4d Sed	248	744	1,240	2,480	4,340	6,200
900S 2d Sed	276	828	1,380	2,760	4,830	6,900
900S 2d HBk	276	828	1,380	2,760	4,830	6,900
900S 4d Sed	280	840	1,400	2,800	4,900	7,000
NOTE: Add 10 percent for Turbo.						
1987 4-cyl., 1985cc, 97.4" wb						
900 2d HBk	280	840	1,400	2,800	4,900	7,000
900 4d Sed	288	864	1,440	2,880	5,040	7,200
900S 2d HBk	300	900	1,500	3,000	5,250	7,500
900S 4d Sed	300	900	1,500	3,000	5,250	7,500
900 2d HBk Turbo	340	1,020	1,700	3,400	5,950	8,500
900 2d Conv Turbo	680	2,040	3,400	6,800	11,900	17,000
9000S 4d HBk	340	1,020	1,700	3,400	5,950	8,500
9000 4d HBk Turbo	360	1,080	1,800	3,600	6,300	9,000
1988 4-cyl., 1985cc, 97.4" wb						
900 2d HBk	320	960	1,600	3,200	5,600	8,000
900 4d Sed	320	960	1,600	3,200	5,600	8,000
900S 2d HBk	356	1,068	1,780	3,560	6,230	8,900
900S 4d Sed	360	1,080	1,800	3,600	6,300	9,000
900 2d HBk Turbo	440	1,320	2,200	4,400	7,700	11,000
900 2d Conv Turbo	760	2,280	3,800	7,600	13,300	19,000
9000 4d HBk	360	1,080	1,800	3,600	6,300	9,000
9000 4d HBk Turbo	400	1,200	2,000	4,000	7,000	10,000
1989 4-cyl., 1985cc, 97.4" wb						
900 2d HBk	320	960	1,600	3,200	5,600	8,000
900 4d Sed	320	960	1,600	3,200	5,600	8,000
900S 2d HBk	360	1,080	1,800	3,600	6,300	9,000
900S 4d Sed	360	1,080	1,800	3,600	6,300	9,000
900 2d HBk Turbo	400	1,200	2,000	4,000	7,000	10,000
900 4d Sed Turbo	400	1,200	2,000	4,000	7,000	10,000
900 2d Conv Turbo	880	2,640	4,400	8,800	15,400	22,000
9000S 4d HBk	440	1,320	2,200	4,400	7,700	11,000
9000 4d HBk Turbo	480	1,440	2,400	4,800	8,400	12,000
9000 4d Sed Turbo	520	1,560	2,600	5,200	9,100	13,000
1990 4-cyl., 1985 cc, 97.4" wb						
900 2d Sed	340	1,020	1,700	3,400	5,950	8,500
1990 4-cyl., 1985cc, 97.4" wb						
900 4d Sed	344	1,032	1,720	3,440	6,020	8,600
900S 2d Sed	360	1,080	1,800	3,600	6,300	9,000
900S 4d Sed	364	1,092	1,820	3,640	6,370	9,100
900 2d Sed Turbo	440	1,320	2,200	4,400	7,700	11,000
900 4d Sed Turbo	444	1,332	2,220	4,440	7,770	11,100
900 2d Conv Turbo	640	1,920	3,200	6,400	11,200	16,000
9000S 4d Sed	440	1,320	2,200	4,400	7,700	11,000
9000S 4d HBk Sed	444	1,332	2,220	4,440	7,770	11,100
9000 4d HBk Sed Turbo	520	1,560	2,600	5,200	9,100	13,000
9000 4d Sed Turbo	560	1,680	2,800	5,600	9,800	14,000
1991 4-cyl., 1985cc, 97.4" wb						
900 2d Sed	300	900	1,500	3,000	5,250	7,500
900S 2d Sed	340	1,020	1,700	3,400	5,950	8,500
900S 2d Conv	520	1,560	2,600	5,200	9,100	13,000
900 2d Sed Turbo	440	1,320	2,200	4,400	7,700	11,000
900 2d Conv Turbo	600	1,800	3,000	6,000	10,500	15,000
900 4d Sed	300	900	1,500	3,000	5,250	7,500
900S 4d Sed	340	1,020	1,700	3,400	5,950	8,500
9000 HBk	360	1,080	1,800	3,600	6,300	9,000
9000S 4d HBk	380	1,140	1,900	3,800	6,650	9,500
9000S 4d Turbo HBk	440	1,320	2,200	4,400	7,700	11,000
9000CD 4d Sed	400	1,200	2,000	4,000	7,000	10,000
9000CD 4d Turbo Sed	440	1,320	2,200	4,400	7,700	11,000
1992 900, 4-cyl.						
2d HBk	340	1,020	1,700	3,400	5,950	8,500
4d Sed	340	1,020	1,700	3,400	5,950	8,500
2d S HBk	380	1,140	1,900	3,800	6,650	9,500
4d S Sed	380	1,140	1,900	3,800	6,650	9,500
2d S Conv	480	1,440	2,400	4,800	8,400	12,000
2d Turbo HBk	400	1,200	2,000	4,000	7,000	10,000
2d Turbo Conv	600	1,800	3,000	6,000	10,500	15,000
1992 9000, 4-cyl.						
4d HBk	420	1,260	2,100	4,200	7,350	10,500

	6	5	4	3	2	1
4d S HBk	440	1,320	2,200	4,400	7,700	11,000
4d CD Sed	440	1,320	2,200	4,400	7,700	11,000
4d Turbo HBk	480	1,440	2,400	4,800	8,400	12,000
4d CD Turbo Sed	480	1,440	2,400	4,800	8,400	12,000

1993 900, 4-cyl.

	6	5	4	3	2	1
2d S Sed	356	1,068	1,780	3,560	6,230	8,900
4d S Sed	360	1,080	1,800	3,600	6,300	9,000
2d S Conv	500	1,500	2,500	5,000	8,750	12,500
2d Sed Turbo	380	1,140	1,900	3,800	6,650	9,500
2d Conv Turbo	540	1,620	2,700	5,400	9,450	13,500

1993 9000, 4-cyl.

	6	5	4	3	2	1
4d CD Sed	368	1,104	1,840	3,680	6,440	9,200
4d CD Turbo Sed	384	1,152	1,920	3,840	6,720	9,600
4d CS HBk	400	1,200	2,000	4,000	7,000	10,000
4d CS Turbo HBk	420	1,260	2,100	4,200	7,350	10,500
4d CDE Sed	392	1,176	1,960	3,920	6,860	9,800
4d CDE Turbo Sed	408	1,224	2,040	4,080	7,140	10,200
4d CSE HBk	380	1,140	1,900	3,800	6,650	9,500
4d CSE Turbo HBk	400	1,200	2,000	4,000	7,000	10,000
4d Aero Turbo Sed	440	1,320	2,200	4,400	7,700	11,000

1994 900, 4-cyl.

	6	5	4	3	2	1
2d S Cpe HBk	440	1,320	2,200	4,400	7,700	11,000
2d SE Cpe HBk Turbo	460	1,380	2,300	4,600	8,050	11,500
4d S Sed HBk	460	1,380	2,300	4,600	8,050	11,500
4d S Sed HBk, V-6	480	1,440	2,400	4,800	8,400	12,000
4d SE Sed HBk, V-6	540	1,620	2,700	5,400	9,450	13,500
2d S Conv	560	1,680	2,800	5,600	9,800	14,000
2d Conv Turbo	640	1,920	3,200	6,400	11,200	16,000

1994 9000, 4-cyl.

	6	5	4	3	2	1
4d Sed Cpe Turbo	560	1,680	2,800	5,600	9,800	14,000
4d CS Sed HBk	480	1,440	2,400	4,800	8,400	12,000
4d CS Sed HBk Turbo	520	1,560	2,600	5,200	9,100	13,000
4d CSE Sed HBk	520	1,560	2,600	5,200	9,100	13,000
4d CSE Sed Hbk Turbo	560	1,680	2,800	5,600	9,800	14,000
4d Sed HBk Hero Turbo	680	2,040	3,400	6,800	11,900	17,000

SIMCA

1946-50 Series 5, 4-cyl., 570cc, 79" wb

	6	5	4	3	2	1
2d Cpe	320	960	1,600	3,200	5,600	8,000

1946-50 Series 6, 4-cyl., 570cc, 79" wb

	6	5	4	3	2	1
2d Cpe	320	960	1,600	3,200	5,600	8,000

1946-50 Series 8, 1000, 4-cyl., 1089cc, 95" wb

	6	5	4	3	2	1
4d Sed	300	900	1,500	3,000	5,250	7,500
2d Bus Cpe	320	960	1,600	3,200	5,600	8,000
2d Conv Cpe	560	1,680	2,800	5,600	9,800	14,000

1946-50 Series 8, 1200, 4-cyl., 1221cc, 95" wb

	6	5	4	3	2	1
4d Sed	300	900	1,500	3,000	5,250	7,500
2d Bus Cpe	320	960	1,600	3,200	5,600	8,000
2d Conv Cpe	560	1,680	2,800	5,600	9,800	14,000

1946-50 Series 8, 4-cyl., 1221cc, 95" wb

	6	5	4	3	2	1
2d Spt Rds	660	1,980	3,300	6,600	11,550	16,500

1951-55 Series 8, 4-cyl., 1221cc, 95" wb

	6	5	4	3	2	1
2d Spt Rds	660	1,980	3,300	6,600	11,550	16,500
2d Spt Cpe	560	1,680	2,800	5,600	9,800	14,000
2d Sed	300	900	1,500	3,000	5,250	7,500

1951-55 Aronde 9, 4-cyl., 1221cc, 96" wb

	6	5	4	3	2	1
4d Sed	180	540	900	1,800	3,150	4,500
2d Sta Wag	200	600	1,000	2,000	3,500	5,000
2d HT Cpe	240	720	1,200	2,400	4,200	6,000

1956-58 Aronde 1300, 4-cyl., 1290cc, 96.2" wb

	6	5	4	3	2	1
4d DeL Sed	160	480	800	1,600	2,800	4,000
4d Elysee Sed	172	516	860	1,720	3,010	4,300
2d Plein Ciel Sed	180	540	900	1,800	3,150	4,500
Grand Large HT Cpe	240	720	1,200	2,400	4,200	6,000
Chatelaine Sta Wag	200	600	1,000	2,000	3,500	5,000
Oceane 2d Conv	560	1,680	2,800	5,600	9,800	14,000

1956-58 Vedette, V-8, 2351cc, 106" wb

	6	5	4	3	2	1
Versailles Sed	200	600	1,000	2,000	3,500	5,000

1959-61 Aronde, 4-cyl., 1290cc, 96.3" wb

	6	5	4	3	2	1
4d DeL Sed	160	480	800	1,600	2,800	4,000
Sup DeL Sed	172	516	860	1,720	3,010	4,300
Elysee 4d Sed	180	540	900	1,800	3,150	4,500
Montlhery Sed	188	564	940	1,880	3,290	4,700
Grand Large HT Cpe	240	720	1,200	2,400	4,200	6,000
Plain Ciel HT Cpe	240	720	1,200	2,400	4,200	6,000

	6	5	4	3	2	1
Chatelaine Sta Wag	200	600	1,000	2,000	3,500	5,000
Oceane 2d Conv	560	1,680	2,800	5,600	9,800	14,000
1959-61 Aronde (Second Series 1959) 4-cyl., 1290cc, 96.3" wb						
Elysee 4d Sed	160	480	800	1,600	2,800	4,000
Montlhery Sed	172	516	860	1,720	3,010	4,300
Grand Large HT Cpe	240	720	1,200	2,400	4,200	6,000
Monaco HT Cpe	240	720	1,200	2,400	4,200	6,000
Etoile 4d Sed	172	516	860	1,720	3,010	4,300
1959-61 Vedette Beaulieu, V-8, 2351cc, 106" wb						
4d Sed	200	600	1,000	2,000	3,500	5,000
1959-61 Ariane, 235cc, 106" wb						
Four 4d Sed	160	480	800	1,600	2,800	4,000
1959-61 Ariane, 2351cc, 106" wb						
V-8 4d Sed	200	600	1,000	2,000	3,500	5,000
1962-68 Series 5, 4-cyl., 1290cc, 96.3" wb						
4d Sed	160	480	800	1,600	2,800	4,000
1962-68 Series 1000, 4-cyl., 944cc, 87.3" wb						
4d Sed	160	480	800	1,600	2,800	4,000
1962-68 Bertone 1000, 4-cyl., 944cc, 87.7" wb						
2d Cpe	200	600	1,000	2,000	3,500	5,000
1969-71 Series 1118, 4-cyl., 1118cc, 87.4" wb						
GL 4d Sed	160	480	800	1,600	2,800	4,000
GLS 4d Sed	160	480	800	1,600	2,800	4,000
1969-71 Series 1204, 4-cyl., 1204cc, 99.2" wb						
LS 2d Sed	160	480	800	1,600	2,800	4,000
GLS 2d Sed	160	480	800	1,600	2,800	4,000
GLS 4d Sed	160	480	800	1,600	2,800	4,000
GLS 2d Sta Wag	172	516	860	1,720	3,010	4,300
GLS 4d Sta Wag	172	516	860	1,720	3,010	4,300

SUBARU

1958-70 360, 2-cyl., 356cc, 70.9" wb						
2d Cpe	180	540	900	1,800	3,150	4,500
2d Cus Cpe	188	564	940	1,880	3,290	4,700
NOTE: Imports began in the late 1960s.						
1971 FF-1 Star, 4-cyl., 1088cc, 95.2" wb						
1100 2d Sed	180	540	900	1,800	3,150	4,500
1100 4d Sed	180	540	900	1,800	3,150	4,500
1100 4d Sta Wag	188	564	940	1,880	3,290	4,700
1972 1300, 4-cyl., 1267cc, 95.3" wb						
A15L 2d Sed	180	540	900	1,800	3,150	4,500
A15L 4d Sed	180	540	900	1,800	3,150	4,500
A44L 4d Sta Wag	188	564	940	1,880	3,290	4,700
GL 2d Cpe	200	600	1,000	2,000	3,500	5,000
1973-76 1400, 4-cyl., 1361cc, 96.7" wb						
DL 2d Sed	180	540	900	1,800	3,150	4,500
DL 4d Sed	180	540	900	1,800	3,150	4,500
DL 4d Sta Wag	180	540	900	1,800	3,150	4,500
GL 2d Cpe	200	600	1,000	2,000	3,500	5,000
NOTE: A 4WD Station Wagon was available in 1975 with a 96.1" wb.						
1977-79 1600, 4-cyl., 1595cc, 96.7" wb						
STD 2d Sed	180	540	900	1,800	3,150	4,500
DL 2d Sed	180	540	900	1,800	3,150	4,500
DL 4d Sed	180	540	900	1,800	3,150	4,500
DL 2d Cpe	188	564	940	1,880	3,290	4,700
GF 2d HT Cpe	200	600	1,000	2,000	3,500	5,000
DL 4d Sta Wag	188	564	940	1,880	3,290	4,700
DL 4x4 Sta Wag	220	660	1,100	2,200	3,850	5,500
1980-84 1600						
STD 2d HBk	180	540	900	1,800	3,150	4,500
STD 2d HBk, 4x4	200	600	1,000	2,000	3,500	5,000
DL 2d HBk	180	540	900	1,800	3,150	4,500
DL 2d HBk, 4x4	200	600	1,000	2,000	3,500	5,000
DL 4d Sed	180	540	900	1,800	3,150	4,500
DL 2d HT Cpe	200	600	1,000	2,000	3,500	5,000
DL 4d Sta Wag	180	540	900	1,800	3,150	4,500
DL Sta Wag, 4x4	220	660	1,100	2,200	3,850	5,500
GL 4d Sed	180	540	900	1,800	3,150	4,500
GL 4d Sta Wag	200	600	1,000	2,000	3,500	5,000
GL Sta Wag, 4x4	220	660	1,100	2,200	3,850	5,500
GLF HT Cpe	200	600	1,000	2,000	3,500	5,000
NOTE: Optional 4-cyl 1781cc engine also available.						
1985-86 STD						
STD 2d HBk	200	600	1,000	2,000	3,500	5,000

1962 Renault Floride S convertible

1968 Rolls-Royce Silver Shadow sedan

1982 Rolls-Royce Silver Spur long wheelbase sedan

	6	5	4	3	2	1
DL 4d Sed	220	660	1,100	2,200	3,850	5,500
DL 4d Sta Wag	240	720	1,200	2,400	4,200	6,000
GL 2d HBk	248	744	1,240	2,480	4,340	6,200
GL HBk, 4x4	268	804	1,340	2,680	4,690	6,700
GL 4d Sed	208	624	1,040	2,080	3,640	5,200
GL 4d Sed, 4x4	240	720	1,200	2,400	4,200	6,000
GL 4d Sta Wag	220	660	1,100	2,200	3,850	5,500
GL Sta Wag, 4x4	260	780	1,300	2,600	4,550	6,500
1985-86 Turbo RX						
RX 4d Sed, 4x4	260	780	1,300	2,600	4,550	6,500
GL 4d Sed, 4x4	260	780	1,300	2,600	4,550	6,500
1985-86 XT						
DL 2d Cpe	240	720	1,200	2,400	4,200	6,000
GL 2d Cpe	248	744	1,240	2,480	4,340	6,200
Turbo 2d Cpe, 4x4	260	780	1,300	2,600	4,550	6,500
1987 STD						
2d HBk	152	456	760	1,520	2,660	3,800
1987 Justy						
DL 2d HBk	168	504	840	1,680	2,940	4,200
GL 2d HBk	176	528	880	1,760	3,080	4,400
1987 DL						
2d Cpe	180	540	900	1,800	3,150	4,500
4d Sed	184	552	920	1,840	3,220	4,600
4d Sta Wag	188	564	940	1,880	3,290	4,700
4d Sta Wag, 4x4	228	684	1,140	2,280	3,990	5,700
1987 GL						
2d HBk	188	564	940	1,880	3,290	4,700
2d HBk, 4x4	228	684	1,140	2,280	3,990	5,700
2d Cpe	184	552	920	1,840	3,220	4,600
2d Cpe, 4x4	224	672	1,120	2,240	3,920	5,600
4d Sed	180	540	900	1,800	3,150	4,500
4d Sed, 4x4	220	660	1,100	2,200	3,850	5,500
4d Sta Wag	192	576	960	1,920	3,360	4,800
4d Sta Wag, 4x4	232	696	1,160	2,320	4,060	5,800
4d Sed RX Turbo, 4x4	264	792	1,320	2,640	4,620	6,600
1987 XT						
DL 2d Cpe	232	696	1,160	2,320	4,060	5,800
GL 2d Cpe	236	708	1,180	2,360	4,130	5,900
GL 2d Cpe, 4x4	272	816	1,360	2,720	4,760	6,800
1988 Justy						
DL 2d HBk	176	528	880	1,760	3,080	4,400
GL 2d HBk	180	540	900	1,800	3,150	4,500
GL 2d HBk, 4x4	216	648	1,080	2,160	3,780	5,400
RS 2d HBk, 4x4	220	660	1,100	2,200	3,850	5,500
1988 DL						
2d Cpe	184	552	920	1,840	3,220	4,600
4d Sed	188	564	940	1,880	3,290	4,700
4d Sta Wag	192	576	960	1,920	3,360	4,800
4d Sta Wag, 4x4	232	696	1,160	2,320	4,060	5,800
1988 GL						
2d HBk	188	564	940	1,880	3,290	4,700
2d HBk, 4x4	228	684	1,140	2,280	3,990	5,700
2d Cpe	192	576	960	1,920	3,360	4,800
2d Cpe, 4x4	232	696	1,160	2,320	4,060	5,800
2d Cpe RX Turbo, 4x4	260	780	1,300	2,600	4,550	6,500
4d Sed	196	588	980	1,960	3,430	4,900
4d Sed, 4x4	236	708	1,180	2,360	4,130	5,900
4d Sed RX Turbo, 4x4	264	792	1,320	2,640	4,620	6,600
4d Sta Wag	204	612	1,020	2,040	3,570	5,100
4d Sta Wag, 4x4	244	732	1,220	2,440	4,270	6,100
1988 XT						
DL 2d Cpe	236	708	1,180	2,360	4,130	5,900
GL 2d Cpe	240	720	1,200	2,400	4,200	6,000
GL 2d Cpe, 4x4	280	840	1,400	2,800	4,900	7,000
2d Cpe XT6	260	780	1,300	2,600	4,550	6,500
2d Cpe XT6, 4x4	300	900	1,500	3,000	5,250	7,500
1989 Justy						
DL 2d HBk	180	540	900	1,800	3,150	4,500
GL 2d HBk	184	552	920	1,840	3,220	4,600
DL 2d HBk, 4x4	220	660	1,100	2,200	3,850	5,500
GL 2d HBk, 4x4	224	672	1,120	2,240	3,920	5,600
1989 DL						
2d Cpe	188	564	940	1,880	3,290	4,700
4d Sed	192	576	960	1,920	3,360	4,800
4d Sta Wag	196	588	980	1,960	3,430	4,900
4d Sta Wag, 4x4	236	708	1,180	2,360	4,130	5,900

	6	5	4	3	2	1
1989 GL						
2d HBk	192	576	960	1,920	3,360	4,800
2d HBk, 4x4	232	696	1,160	2,320	4,060	5,800
2d Cpe	196	588	980	1,960	3,430	4,900
2d Cpe, 4x4	236	708	1,180	2,360	4,130	5,900
2d Cpe RX Turbo, 4x4	272	816	1,360	2,720	4,760	6,800
4d Sed	200	600	1,000	2,000	3,500	5,000
4d Sed, 4x4	240	720	1,200	2,400	4,200	6,000
4d Sta Wag	208	624	1,040	2,080	3,640	5,200
4d Sta Wag, 4x4	248	744	1,240	2,480	4,340	6,200
1989 XT						
GL 2d Cpe	240	720	1,200	2,400	4,200	6,000
GL 2d Cpe, 4x4	280	840	1,400	2,800	4,900	7,000
2d Cpe XT6	272	816	1,360	2,720	4,760	6,800
2d Cpe XT6, 4x4	312	936	1,560	3,120	5,460	7,800
1990 Justy						
2d DL HBk	184	552	920	1,840	3,220	4,600
2d GL HBk	188	564	940	1,880	3,290	4,700
2d GL HBk 4x4	224	672	1,120	2,240	3,920	5,600
4d GL HBk 4x4	228	684	1,140	2,280	3,990	5,700
1990 Loyale						
2d Cpe	192	576	960	1,920	3,360	4,800
2d RS Cpe 4x4	232	696	1,160	2,320	4,060	5,800
2d RS Cpe Turbo 4x4	240	720	1,200	2,400	4,200	6,000
4d Sed	196	588	980	1,960	3,430	4,900
4d Sed 4x4	236	708	1,180	2,360	4,130	5,900
4d Sta Wag	200	600	1,000	2,000	3,500	5,000
4d Sta Wag 4x4	240	720	1,200	2,400	4,200	6,000
1990 Legacy						
4d Sed	200	600	1,000	2,000	3,500	5,000
4d L Sed	204	612	1,020	2,040	3,570	5,100
4d L Sed 4x4	244	732	1,220	2,440	4,270	6,100
4d Sta Wag	204	612	1,020	2,040	3,570	5,100
4d L Sta Wag	208	624	1,040	2,080	3,640	5,200
4d L Sta Wag 4x4	248	744	1,240	2,480	4,340	6,200
1991 Justy						
DL 2d HBk	120	360	600	1,200	2,100	3,000
GL 2d HBk	128	384	640	1,280	2,240	3,200
GL 2d HBk 4x4	192	576	960	1,920	3,360	4,800
GL 4d HBk 4x4	200	600	1,000	2,000	3,500	5,000
1991 Loyale						
4d Sed	188	564	940	1,880	3,290	4,700
4d Sed 4x4	220	660	1,100	2,200	3,850	5,500
4d Sta Wag	200	600	1,000	2,000	3,500	5,000
4d Sta Wag 4x4	240	720	1,200	2,400	4,200	6,000
1991 Legacy						
L 4d Sed	240	720	1,200	2,400	4,200	6,000
L 4d Sed 4x4	300	900	1,500	3,000	5,250	7,500
LS 4d Sed	260	780	1,300	2,600	4,550	6,500
LS 4d Sed 4x4	320	960	1,600	3,200	5,600	8,000
Spt Turbo 4d Sed 4x4	520	1,560	2,600	5,200	9,100	13,000
L 4d Sta Wag	280	840	1,400	2,800	4,900	7,000
L 4d Sta Wag 4x4	320	960	1,600	3,200	5,600	8,000
LS 4d Sta Wag	300	900	1,500	3,000	5,250	7,500
LS 4d Sta Wag 4x4	340	1,020	1,700	3,400	5,950	8,500
1991 XT						
GL 2d HBk	240	720	1,200	2,400	4,200	6,000
XT6 2d HBk	260	780	1,300	2,600	4,550	6,500
XT6 2d HBk 4x4	280	840	1,400	2,800	4,900	7,000
1992 Justy, 3-cyl.						
DL 2d HBk	128	384	640	1,280	2,240	3,200
GL 2d HBk	140	420	700	1,400	2,450	3,500
GL 2d HBk, 4x4	180	540	900	1,800	3,150	4,500
GL 4d HBk, 4x4	180	540	900	1,800	3,150	4,500
1992 Loyale, 4-cyl.						
4d Sed	200	600	1,000	2,000	3,500	5,000
4d Sed 4x4	240	720	1,200	2,400	4,200	6,000
4d Sta Wag	208	624	1,040	2,080	3,640	5,200
4d Sta Wag 4x4	260	780	1,300	2,600	4,550	6,500
1992 Legacy, 4-cyl.						
L 4d Sed	248	744	1,240	2,480	4,340	6,200
L 4d Sed 4x4	280	840	1,400	2,800	4,900	7,000
LS 4d Sed	280	840	1,400	2,800	4,900	7,000
LS 4d Sed 4x4	320	960	1,600	3,200	5,600	8,000
LSi 4d Sed	300	900	1,500	3,000	5,250	7,500
LSi 4d Sed 4x4	540	1,620	2,700	5,400	9,450	13,500
4d Turbo Sed 4x4	560	1,680	2,800	5,600	9,800	14,000

	6	5	4	3	2	1
L 4d Sta Wag	300	900	1,500	3,000	5,250	7,500
L 4d Sta Wag 4x4	540	1,620	2,700	5,400	9,450	13,500
LS 4d Sta Wag	520	1,560	2,600	5,200	9,100	13,000
LS 4d Sta Wag 4x4	560	1,680	2,800	5,600	9,800	14,000
4d Turbo Sta Wag 4x4	580	1,740	2,900	5,800	10,150	14,500
1992 SVX, 6-cyl.						
LS 2d Cpe	600	1,800	3,000	6,000	10,500	15,000
LSL 2d Cpe	640	1,920	3,200	6,400	11,200	16,000
1993 Justy, 3-cyl.						
2d HBk	180	540	900	1,800	3,150	4,500
GL 2d HBk	184	552	920	1,840	3,220	4,600
GL 2d HBk 4x4	220	660	1,100	2,200	3,850	5,500
GL 4d HBk 4x4	224	672	1,120	2,240	3,920	5,600
1993 Loyale, 4-cyl.						
4d Sed	196	588	980	1,960	3,430	4,900
4d Sed, 4x4	236	708	1,180	2,360	4,130	5,900
4d Sta Wag	204	612	1,020	2,040	3,570	5,100
4d Sta Wag 4x4	244	732	1,220	2,440	4,270	6,100
1993 Impreza, 4-cyl.						
4d Sed	248	744	1,240	2,480	4,340	6,200
4d Sed L	260	780	1,300	2,600	4,550	6,500
4d Sed L 4x4	300	900	1,500	3,000	5,250	7,500
4d Sed LS	264	792	1,320	2,640	4,620	6,600
4d Sed LS 4x4	304	912	1,520	3,040	5,320	7,600
4d Sta Wag L	280	840	1,400	2,800	4,900	7,000
4d Sta Wag L 4x4	320	960	1,600	3,200	5,600	8,000
4d Sta Wag LS	288	864	1,440	2,880	5,040	7,200
4d Sta Wag LS 4x4	328	984	1,640	3,280	5,740	8,200
1993 Legacy, 4-cyl.						
4d Sed L	340	1,020	1,700	3,400	5,950	8,500
4d Sed L 4x4	540	1,620	2,700	5,400	9,450	13,500
4d Sed LS	344	1,032	1,720	3,440	6,020	8,600
4d Sed LS 4x4	544	1,632	2,720	5,440	9,520	13,600
4d Sed LSi 4x4	552	1,656	2,760	5,520	9,660	13,800
4d Turbo Sed 4x4	560	1,680	2,800	5,600	9,800	14,000
4d Sta Wag L	540	1,620	2,700	5,400	9,450	13,500
4d Sta Wag L 4x4	580	1,740	2,900	5,800	10,150	14,500
4d Sta Wag LS	544	1,632	2,720	5,440	9,520	13,600
4d Sta Wag LS 4x4	584	1,752	2,920	5,840	10,220	14,600
4d Sta Wag LSi 4x4	600	1,800	3,000	6,000	10,500	15,000
4d Turbo Sta Wag 4x4	640	1,920	3,200	6,400	11,200	16,000
1993 SVX, 6-cyl.						
2d Cpe LSL	552	1,656	2,760	5,520	9,660	13,800
1994 Justy, 3-cyl.						
2d HBk	128	384	640	1,280	2,240	3,200
4d HBk GL 4x4	140	420	700	1,400	2,450	3,500
1994 Loyale, 4-cyl.						
4d Sta Wag 4x4	300	900	1,500	3,000	5,250	7,500
1994 Impreza, 4-cyl.						
4d Sed	220	660	1,100	2,200	3,850	5,500
4d Sed L	240	720	1,200	2,400	4,200	6,000
4d Sed L 4x4	300	900	1,500	3,000	5,250	7,500
4d Sed LS 4x4	340	1,020	1,700	3,400	5,950	8,500
4d Sta Wag L	320	960	1,600	3,200	5,600	8,000
4d Sta Wag L 4x4	380	1,140	1,900	3,800	6,650	9,500
4d Sta Wag LS 4x4	400	1,200	2,000	4,000	7,000	10,000
1994 Legacy, 4-cyl.						
4d Sed L	280	840	1,400	2,800	4,900	7,000
4d Sed L 4x4	340	1,020	1,700	3,400	5,950	8,500
4d Sed LS	320	960	1,600	3,200	5,600	8,000
4d Sed LS 4x4	380	1,140	1,900	3,800	6,650	9,500
4d Sed LSi 4x4	400	1,200	2,000	4,000	7,000	10,000
4d Sed Spt Turbo 4x4	440	1,320	2,200	4,400	7,700	11,000
4d Sta Wag L	320	960	1,600	3,200	5,600	8,000
4d Sta Wag L 4x4	360	1,080	1,800	3,600	6,300	9,000
4d Sta Wag LS	360	1,080	1,800	3,600	6,300	9,000
4d Sta Wag LS 4x4	420	1,260	2,100	4,200	7,350	10,500
4d Sta Wag LSi 4x4	440	1,320	2,200	4,400	7,700	11,000
4d Sta Wag Spt Turbo 4x4	480	1,440	2,400	4,800	8,400	12,000
1994 SVX, 6-cyl.						
2d Cpe L	300	900	1,500	3,000	5,250	7,500
2d Cpe LS	350	1,000	1,700	3,400	5,950	8,500
2d Cpe LSi 4x4	400	1,200	2,000	4,000	7,000	10,000

	6	5	4	3	2	1

SUNBEAM

	6	5	4	3	2	1
1948-1957 4-cyl., 2267cc, 97.5" wb, Sunbeam-Talbot 90						
4d Sed	260	780	1,300	2,600	4,550	6,500
DHC	300	900	1,500	3,000	5,250	7,500
1948-1951 4-cyl., 1944cc, 97.5" wb, Sunbeam-Talbot 90						
4d Sed	240	720	1,200	2,400	4,200	6,000
DHC	280	840	1,400	2,800	4,900	7,000
1953-1955 4-cyl., 2267cc, 97.5" wb, Sunbeam Alpine						
Rds	560	1,680	2,800	5,600	9,800	14,000
1956-1958 4-cyl., 1390cc, 96" wb, Sunbeam Rapier Series I						
2d HT	240	720	1,200	2,400	4,200	6,000
Conv	520	1,560	2,600	5,200	9,100	13,000
1959-1961 4-cyl., 1494cc, 96" wb, Sunbeam Rapier Series II/III						
2d HT	240	720	1,200	2,400	4,200	6,000
Conv	520	1,560	2,600	5,200	9,100	13,000
1962-1965 4-cyl., 1592cc, 96" wb, Sunbeam Rapier Series III/IV						
2d HT	240	720	1,200	2,400	4,200	6,000
Conv	520	1,560	2,600	5,200	9,100	13,000
1966-1967 4-cyl., 1725cc, 96" wb, Sunbeam Rapier Series V						
2d HT	240	720	1,200	2,400	4,200	6,000
Conv	520	1,560	2,600	5,200	9,100	13,000
1960 4-cyl., 1494cc, 86" wb, Sunbeam Alpine Series I						
Conv	540	1,620	2,700	5,400	9,450	13,500
1961 4-cyl., 1592cc, 86" wb, Sunbeam Alpine Series II/III						
Conv	540	1,620	2,700	5,400	9,450	13,500
1962 4-cyl., 1592cc, 86" wb, Sunbeam Alpine Series II/III						
Conv	540	1,620	2,700	5,400	9,450	13,500
1962 Sunbeam Herrington LeMans						
Cpe	620	1,860	3,100	6,200	10,850	15,500
1963 4-cyl., 1592cc, 86" wb, Sunbeam Alpine Series II/III						
Conv	580	1,740	2,900	5,800	10,150	14,500
Conv GT	620	1,860	3,100	6,200	10,850	15,500
1963 Sunbeam Herrington LeMans						
Cpe	660	1,980	3,300	6,600	11,550	16,500
1964 4-cyl., 1592cc, 86" wb, Sunbeam Alpine Series III/IV						
Conv	580	1,740	2,900	5,800	10,150	14,500
Conv GT	620	1,860	3,100	6,200	10,850	15,500
1964 Sunbeam Venezia by Superleggera						
Cpe	660	1,980	3,300	6,600	11,550	16,500
1964 V-8, 260 cid, 86" wb, Sunbeam Tiger Series I						
Conv	680	2,040	3,400	6,800	11,900	17,000
1965 4-cyl., 1592cc, 86" wb, Sunbeam Alpine Series IV						
Conv	660	1,980	3,300	6,600	11,550	16,500
1965 Sunbeam Venezia by Superleggera						
Cpe	680	2,040	3,400	6,800	11,900	17,000
1965 V-8, 260 cid, 86" wb, Sunbeam Tiger Series I						
Conv	720	2,160	3,600	7,200	12,600	18,000
1966 4-cyl., 1725cc, 86" wb, Sunbeam Alpine Series V						
Conv	580	1,740	2,900	5,800	10,150	14,500
1966 V-8, 260 cid, 86" wb, Sunbeam Tiger Series I/IA						
Conv	840	2,520	4,200	8,400	14,700	21,000
1967-1968 4-cyl., 1725cc, 86" wb, Sunbeam Alpine Series V						
Conv	580	1,740	2,900	5,800	10,150	14,500
1967-1968 V-8, 289cc, 86" wb, Sunbeam Tiger Series II						
Conv	880	2,640	4,400	8,800	15,400	22,000
1969-1970 4-cyl., 1725cc, 98.5" wb, Sunbeam Alpine						
HT FBk	200	600	1,000	2,000	3,500	5,000
GT HT FBk	220	660	1,100	2,200	3,850	5,500

SUZUKI

	6	5	4	3	2	1
1986 Samurai (4x4)						
Utl HT	180	540	900	1,800	3,150	4,500
Utl Conv	200	600	1,000	2,000	3,500	5,000
1987 Samurai (4x4)						
Utl HT	200	600	1,000	2,000	3,500	5,000
Utl Conv	220	660	1,100	2,200	3,850	5,500
1988 Samurai (4x4)						
Utl HT	180	540	900	1,800	3,150	4,500
Utl Conv	200	600	1,000	2,000	3,500	5,000

	6	5	4	3	2	1
1989 Swift FWD						
GTi 2d HBk	220	660	1,100	2,200	3,850	5,500
GLX 4d HBk	200	600	1,000	2,000	3,500	5,000
1989 Samurai (4x4)						
Utl	216	648	1,080	2,160	3,780	5,400
Conv	224	672	1,120	2,240	3,920	5,600
1989 Sidekick (4x4)						
JA Utl Conv	280	840	1,400	2,800	4,900	7,000
JX Utl HT	520	1,560	2,600	5,200	9,100	13,000
JX Utl Conv	320	960	1,600	3,200	5,600	8,000
1990 Swift, 4-cyl.						
GA 2d HBk	140	420	700	1,400	2,450	3,500
GT 2d HBk	172	516	860	1,720	3,010	4,300
GA 4d Sed	152	456	760	1,520	2,660	3,800
GS 4d Sed	164	492	820	1,640	2,870	4,100
1991 Swift						
GA 2d HBk	128	384	640	1,280	2,240	3,200
GT 2d HBk	140	420	700	1,400	2,450	3,500
GA 4d Sed	132	396	660	1,320	2,310	3,300
GT 4d Sed	144	432	720	1,440	2,520	3,600
1992 Swift, 4-cyl.						
GA 2d HBk	128	384	640	1,280	2,240	3,200
GT 2d HBk	152	456	760	1,520	2,660	3,800
GA 4d Sed	160	480	800	1,600	2,800	4,000
GS 4d Sed	168	504	840	1,680	2,940	4,200
1993 Swift, 4-cyl.						
2d GA HBk	240	720	1,200	2,400	4,200	6,000
2d GT HBk	248	744	1,240	2,480	4,340	6,200
4d GA Sed	256	768	1,280	2,560	4,480	6,400
4d GS Sed	264	792	1,320	2,640	4,620	6,600
1994 Swift, 4-cyl.						
GA 2d HBk	140	420	700	1,400	2,450	3,500
GT 2d HBk	152	456	760	1,520	2,660	3,800
GA 4d Sed	144	432	720	1,440	2,520	3,600
GS 4d Sed	156	468	780	1,560	2,730	3,900

TOYOTA (TOYOPET)

1958-60 Crown, 4-cyl., 1453cc, 99.6" wb						
RSL 4d Sed	200	650	1,100	2,200	3,850	5,500
1961-66 Tiara, 4-cyl., 1453cc, 94.5" wb						
4d Sed	200	600	1,000	2,000	3,500	5,000
1961-66 Crown, 4-cyl., 1879cc, 99.6" wb						
4d Cus Sed	250	700	1,150	2,300	4,000	5,700
4d Cus Sta Wag	250	700	1,150	2,300	4,050	5,800

TOYOTA

1967-68 Corona, 4-cyl., 1879cc, 95.3" wb						
4d Sed	200	600	1,000	2,000	3,500	5,000
2d HT Cpe	240	720	1,200	2,400	4,200	6,000
1967-68 Crown, 6-cyl., 2254cc, 105.9" wb						
4d Sed	200	600	1,000	2,000	3,500	5,000
4d Sta Wag	208	624	1,040	2,080	3,640	5,200
1967-68 2000 GT, 6-cyl., 1988cc, 91.7" wb						
2d FBk Cpe	3,200	9,600	16,000	32,000	56,000	80,000
1969-70 1969 - Corolla, 4-cyl., 1079cc, 90" wb; 1970 - Corolla, 4-cyl., 1166cc, 90" wb						
2d Sed	180	540	900	1,800	3,150	4,500
2d FBk Cpe	200	600	1,000	2,000	3,500	5,000
2d Sta Wag	192	576	960	1,920	3,360	4,800
1969-70 Corona, 4-cyl., 1879cc, 95.3" wb						
4d Sed	180	540	900	1,800	3,150	4,500
2d HT Cpe	220	660	1,100	2,200	3,850	5,500
1969-70 Corona Mk II, 4-cyl., 1859cc, 98.8" wb						
4d Sed	200	600	1,000	2,000	3,500	5,000
2d HT Cpe	228	684	1,140	2,280	3,990	5,700
4d Sta Wag	212	636	1,060	2,120	3,710	5,300
1969-70 Crown, 6-cyl., 2254cc, 105.9" wb						
4d Sed	200	600	1,000	2,000	3,500	5,000
4d Sta Wag	220	660	1,100	2,200	3,850	5,500
1971-77 Corolla 1200, 4-cyl., 1166cc, 91.9" wb						
2d Sed	180	540	900	1,800	3,150	4,500
2d Cpe	180	540	900	1,800	3,150	4,500

	6	5	4	3	2	1
2d Sta Wag	192	576	960	1,920	3,360	4,800
1971-77 Corolla 1600, 4-cyl., 1588cc, 91.9" wb						
2d Sed	180	540	900	1,800	3,150	4,500
4d Sed	180	540	900	1,800	3,150	4,500
2d Cpe	192	576	960	1,920	3,360	4,800
2d Sta Wag	196	588	980	1,960	3,430	4,900
1971-77 1971-74 - Celica, 4-cyl., 1967cc; 1975-77 - 2189cc						
2d Cpe	260	780	1,300	2,600	4,550	6,500
1971-77 Corona, 4-cyl., 1859cc, 95.7" wb						
4d Sed	200	600	1,000	2,000	3,500	5,000
2d HT Cpe	228	684	1,140	2,280	3,990	5,700
1971-77 Corona Mk II, 4-cyl., 1859cc, 98.8" wb						
4d Sed	200	600	1,000	2,000	3,500	5,000
2d HT Cpe	228	684	1,140	2,280	3,990	5,700
4d Sta Wag	220	660	1,100	2,200	3,850	5,500
1971-77 Crown, 1971 only, 6-cyl., 2254cc, 105.9" wb						
4d Sed	200	600	1,000	2,000	3,500	5,000
4d Sta Wag	220	660	1,100	2,200	3,850	5,500
1978-83 Corolla, 4-cyl., 1770cc, 94.5" wb						
2d Sed	180	540	900	1,800	3,150	4,500
DeL 2d Sed	180	540	900	1,800	3,150	4,500
DeL 4d Sed	180	540	900	1,800	3,150	4,500
DeL Sta Wag	184	552	920	1,840	3,220	4,600
DeL HT Cpe	200	600	1,000	2,000	3,500	5,000
SR5 2d HT Cpe	208	624	1,040	2,080	3,640	5,200
DeL 3d LBk	180	540	900	1,800	3,150	4,500
DeL 2d Spt Cpe	192	576	960	1,920	3,360	4,800
SR5 3d LBk	200	600	1,000	2,000	3,500	5,000
SR5 2d Spt Cpe	200	600	1,000	2,000	3,500	5,000
1978-83 Tercel, 4-cyl., 1452cc, 98.4" wb						
2d Sed	200	600	1,000	2,000	3,500	5,000
DeL 2d Sed	200	600	1,000	2,000	3,500	5,000
4d Sed	200	600	1,000	2,000	3,500	5,000
DeL 3d LBk	200	600	1,000	2,000	3,500	5,000
SR5 3d LBk	208	624	1,040	2,080	3,640	5,200
1978-83 Starlet, 4-cyl., 1290cc, 90.6" wb						
3d LBk	200	600	1,000	2,000	3,500	5,000
1978-83 Celica, 4-cyl., 2366cc, 98.4" wb						
ST 2d Spt Cpe	240	720	1,200	2,400	4,200	6,000
GT 2d Spt Cpe	244	732	1,220	2,440	4,270	6,100
GT 3d LBk	248	744	1,240	2,480	4,340	6,200
1978-83 Celica Supra, 6-cyl., 2759cc, 103.5" wb						
GT 2d Spt Cpe	280	840	1,400	2,800	4,900	7,000
1978-83 Corona, 4-cyl., 2366cc, 99.4" wb						
DeL 4d Sed	200	600	1,000	2,000	3,500	5,000
DeL 5d Sta Wag	220	660	1,100	2,200	3,850	5,500
LE 4d Sed	200	600	1,000	2,000	3,500	5,000
LE 5d LBk	220	660	1,100	2,200	3,850	5,500
1978-83 Cressida, 6-cyl., 2759cc, 104.1" wb						
Lux 4d Sed	208	624	1,040	2,080	3,640	5,200
Lux 4d Sta Wag	228	684	1,140	2,280	3,990	5,700

NOTE: Specifications in this section are for 1981 models only. Prices are averages for the 1980-1981 model years.

	6	5	4	3	2	1
1984 Starlet						
2d LBk	184	552	920	1,840	3,220	4,600
1984 Tercel						
2d LBk	188	564	940	1,880	3,290	4,700
4d Sta Wag	192	576	960	1,920	3,360	4,800

NOTE: Add 20 percent for 4x4 option where available.

	6	5	4	3	2	1
1984 Corolla						
4d Sed	188	564	940	1,880	3,290	4,700
4d LBk	192	576	960	1,920	3,360	4,800
2d HT	200	600	1,000	2,000	3,500	5,000
1984 Celica						
2d Cpe	212	636	1,060	2,120	3,710	5,300
2d LBk	220	660	1,100	2,200	3,850	5,500
2d Supra	232	696	1,160	2,320	4,060	5,800
1984 Camry						
4d Sed	216	648	1,080	2,160	3,780	5,400
4d LBk	220	660	1,100	2,200	3,850	5,500
1984 Cressida						
4d Sed	220	660	1,100	2,200	3,850	5,500
4d Sta Wag	224	672	1,120	2,240	3,920	5,600

	6	5	4	3	2	1
1985 Tercel						
2d LBk	192	576	960	1,920	3,360	4,800
4d LBk	196	588	980	1,960	3,430	4,900
4d Sta Wag	200	600	1,000	2,000	3,500	5,000
NOTE: Add 20 percent for 4x4 option where available.						
1985 Corolla						
4d Sed	196	588	980	1,960	3,430	4,900
4d LBk	200	600	1,000	2,000	3,500	5,000
2d Cpe	204	612	1,020	2,040	3,570	5,100
2d LBk	200	600	1,000	2,000	3,500	5,000
1985 Celica						
2d Cpe	212	636	1,060	2,120	3,710	5,300
2d LBk	220	660	1,100	2,200	3,850	5,500
2d Conv	260	780	1,300	2,600	4,550	6,500
2d Supra	232	696	1,160	2,320	4,060	5,800
1985 Camry						
4d Sed	216	648	1,080	2,160	3,780	5,400
4d LBk	224	672	1,120	2,240	3,920	5,600
1985 MR2						
2d Cpe	236	708	1,180	2,360	4,130	5,900
1985 Cressida						
4d Sed	232	696	1,160	2,320	4,060	5,800
4d Sta Wag	236	708	1,180	2,360	4,130	5,900
1986 Tercel						
2d LBk	176	528	880	1,760	3,080	4,400
4d Sta Wag	180	540	900	1,800	3,150	4,500
NOTE: Add 20 percent for 4x4 option where available.						
1986 Corolla						
4d Sed	172	516	860	1,720	3,010	4,300
4d LBk	176	528	880	1,760	3,080	4,400
2d Cpe	168	504	840	1,680	2,940	4,200
1986 Celica						
2d Cpe	216	648	1,080	2,160	3,780	5,400
2d LBk	224	672	1,120	2,240	3,920	5,600
1986 Supra						
2d LBk	236	708	1,180	2,360	4,130	5,900
1986 Camry						
4d Sed	172	516	860	1,720	3,010	4,300
4d LBk	176	528	880	1,760	3,080	4,400
1986 MR2						
2d Cpe	220	660	1,100	2,200	3,850	5,500
1986 Cressida						
4d Sed	216	648	1,080	2,160	3,780	5,400
4d Sta Wag	228	684	1,140	2,280	3,990	5,700
1987 Tercel						
2d LBk	180	540	900	1,800	3,150	4,500
4d LBk	184	552	920	1,840	3,220	4,600
2d Cpe	176	528	880	1,760	3,080	4,400
4d Sta Wag	184	552	920	1,840	3,220	4,600
NOTE: Add 20 percent for 4x4 option where available.						
1987 Corolla						
4d Sed	176	528	880	1,760	3,080	4,400
4d LBk	180	540	900	1,800	3,150	4,500
2d Cpe	176	528	880	1,760	3,080	4,400
2d LBk	172	516	860	1,720	3,010	4,300
1987 Celica						
2d Cpe	220	660	1,100	2,200	3,850	5,500
2d LBk	224	672	1,120	2,240	3,920	5,600
2d Conv	272	816	1,360	2,720	4,760	6,800
1987 Supra						
2d LBk	240	720	1,200	2,400	4,200	6,000
1987 Camry						
4d Sed	176	528	880	1,760	3,080	4,400
4d Sta Wag	180	540	900	1,800	3,150	4,500
1987 MR2						
2d Cpe	224	672	1,120	2,240	3,920	5,600
1987 Cressida						
4d Sed	220	660	1,100	2,200	3,850	5,500
4d Sta Wag	232	696	1,160	2,320	4,060	5,800
1988 Tercel						
2d LBk	164	492	820	1,640	2,870	4,100
4d LBk	168	504	840	1,680	2,940	4,200
2d Cpe	160	480	800	1,600	2,800	4,000
4d Sta Wag	168	504	840	1,680	2,940	4,200

1993 Saab 900S sedan

1962 Simca 1000 sedan

1955 Sunbeam Rapier Series I hardtop

	6	5	4	3	2	1
NOTE: Add 20 percent for 4x4 option where available.						
1988 Corolla						
4d Sed	160	480	800	1,600	2,800	4,000
4d Sta Wag	160	480	800	1,600	2,800	4,000
2d Cpe	164	492	820	1,640	2,870	4,100
2d LBk	160	480	800	1,600	2,800	4,000
NOTE: Add 20 percent for 4x4 option where available.						
1988 Celica						
2d Cpe	224	672	1,120	2,240	3,920	5,600
2d LBk	228	684	1,140	2,280	3,990	5,700
2d Conv	280	840	1,400	2,800	4,900	7,000
1988 Supra						
2d LBk	240	720	1,200	2,400	4,200	6,000
1988 Camry						
4d Sed	180	540	900	1,800	3,150	4,500
4d Sta Wag	184	552	920	1,840	3,220	4,600
NOTE: Add 20 percent for 4x4 option where available.						
1988 MR2						
2d Cpe	228	684	1,140	2,280	3,990	5,700
1988 Cressida						
4d Sed	224	672	1,120	2,240	3,920	5,600
1989 Tercel						
2d LBk	168	504	840	1,680	2,940	4,200
4d LBk	172	516	860	1,720	3,010	4,300
2d Cpe	164	492	820	1,640	2,870	4,100
1989 Corolla						
4d Sed	164	492	820	1,640	2,870	4,100
4d Sta Wag	164	492	820	1,640	2,870	4,100
2d Cpe	168	504	840	1,680	2,940	4,200
NOTE: Add 20 percent for 4x4 option.						
1989 Celica						
2d Cpe	228	684	1,140	2,280	3,990	5,700
2d LBk	232	696	1,160	2,320	4,060	5,800
2d Conv	288	864	1,440	2,880	5,040	7,200
1989 Supra						
2d LBk	244	732	1,220	2,440	4,270	6,100
1989 Camry						
4d Sed	184	552	920	1,840	3,220	4,600
4d Sta Wag	188	564	940	1,880	3,290	4,700
1989 MR2						
2d Cpe	232	696	1,160	2,320	4,060	5,800
1989 Cressida						
4d Sed	228	684	1,140	2,280	3,990	5,700
1990 Tercel, 4-cyl.						
2d EZ HBk	160	480	800	1,600	2,800	4,000
2d HBk	180	540	900	1,800	3,150	4,500
2d Cpe	184	552	920	1,840	3,220	4,600
2d DLX Cpe	200	600	1,000	2,000	3,500	5,000
1990 Corolla, 4-cyl.						
4d Sed	220	660	1,100	2,200	3,850	5,500
4d DLX Sed	240	720	1,200	2,400	4,200	6,000
4d LE Sed	260	780	1,300	2,600	4,550	6,500
4d DLX Sta Wag	248	744	1,240	2,480	4,340	6,200
4d DLX Sed 4x4	280	840	1,400	2,800	4,900	7,000
4d DLX Sta Wag 4x4	280	840	1,400	2,800	4,900	7,000
4d SR5 Sta Wag 4x4	288	864	1,440	2,880	5,040	7,200
2d SR5 Cpe	264	792	1,320	2,640	4,620	6,600
2d GT-S Cpe	272	816	1,360	2,720	4,760	6,800
1990 Celica, 4-cyl.						
2d ST Cpe	300	900	1,500	3,000	5,250	7,500
2d GT Cpe	320	960	1,600	3,200	5,600	8,000
2d GT HBk	328	984	1,640	3,280	5,740	8,200
2d GT-S HBk	360	1,080	1,800	3,600	6,300	9,000
2d Turbo HBk 4x4	440	1,320	2,200	4,400	7,700	11,000
1990 Supra, 6-cyl.						
2d HBk	440	1,320	2,200	4,400	7,700	11,000
2d Turbo HBk	480	1,440	2,400	4,800	8,400	12,000
1990 Camry 4-cyl.						
4d Sed	280	840	1,400	2,800	4,900	7,000
4d DLX Sed	296	888	1,480	2,960	5,180	7,400
4d LE Sed	304	912	1,520	3,040	5,320	7,600
4d DLX Sed 4x4	320	960	1,600	3,200	5,600	8,000
4d LE Sed 4x4	336	1,008	1,680	3,360	5,880	8,400
4d DLX Sta Wag	332	996	1,660	3,320	5,810	8,300

	6	5	4	3	2	1
1990 V-6						
4d DLX Sed	300	900	1,500	3,000	5,250	7,500
4d LE Sed	312	936	1,560	3,120	5,460	7,800
4d DLX Sta Wag	344	1,032	1,720	3,440	6,020	8,600
4d LE Sta Wag	360	1,080	1,800	3,600	6,300	9,000
1990 Cressida, 6-cyl.						
4d LUX Sed	380	1,140	1,900	3,800	6,650	9,500
1991 Tercel						
2d Sed	140	420	700	1,400	2,450	3,500
2d DX Sed	152	456	760	1,520	2,660	3,800
4d DX Sed	144	432	720	1,440	2,520	3,600
4d LE Sed	156	468	780	1,560	2,730	3,900
1991 Corolla						
4d Sed	180	540	900	1,800	3,150	4,500
4d DX Sed	200	600	1,000	2,000	3,500	5,000
4d LE Sed	220	660	1,100	2,200	3,850	5,500
4d DX Sta Wag	228	684	1,140	2,280	3,990	5,700
4d DX Sta Wag 4x4	240	720	1,200	2,400	4,200	6,000
2d SR5 Cpe	260	780	1,300	2,600	4,550	6,500
2d GT-S Cpe	272	816	1,360	2,720	4,760	6,800
1991 Celica						
2d ST Cpe	280	840	1,400	2,800	4,900	7,000
2d GT Cpe	300	900	1,500	3,000	5,250	7,500
2d GT Conv	480	1,440	2,400	4,800	8,400	12,000
2d GT HBk	360	1,080	1,800	3,600	6,300	9,000
2d GT-S HBk	400	1,200	2,000	4,000	7,000	10,000
2d Turbo HBk 4x4	420	1,260	2,100	4,200	7,350	10,500
1991 Supra						
2d HBk	440	1,320	2,200	4,400	7,700	11,000
2d Turbo HBk	480	1,440	2,400	4,800	8,400	12,000
1991 Camry						
4d Sed	260	780	1,300	2,600	4,550	6,500
4d DX Sed	280	840	1,400	2,800	4,900	7,000
4d LE Sed	280	840	1,400	2,800	4,900	7,000
4d DX Sed 4x4	320	960	1,600	3,200	5,600	8,000
4d LE Sed 4x4	340	1,020	1,700	3,400	5,950	8,500
4d DX Sta Wag	300	900	1,500	3,000	5,250	7,500
4d LE Sta Wag V-6	360	1,080	1,800	3,600	6,300	9,000
NOTE: Add 5 percent for V-6 on LE and DX 2x4 sedans.						
1991 MR2						
2d Cpe	340	1,020	1,700	3,400	5,950	8,500
2d Turbo Cpe	360	1,080	1,800	3,600	6,300	9,000
1991 Cressida						
4d Sed	440	1,320	2,200	4,400	7,700	11,000
1992 & 1993 Tercel, 4-cyl.						
2d Sed	160	480	800	1,600	2,800	4,000
2d DX Sed	168	504	840	1,680	2,940	4,200
4d DX Sed	180	540	900	1,800	3,150	4,500
4d LE Sed	192	576	960	1,920	3,360	4,800
1992 & 1993 Corolla, 4-cyl.						
4d Sed	300	900	1,500	3,000	5,250	7,500
4d DX Sed	312	936	1,560	3,120	5,460	7,800
4d LE Sed	320	960	1,600	3,200	5,600	8,000
4d DX Sta Wag	380	1,140	1,900	3,800	6,650	9,500
1992 & 1993 Paseo, 4-cyl.						
2d Cpe	520	1,560	2,600	5,200	9,100	13,000
1992 & 1993 Cellica, 4-cyl.						
2d ST Cpe	320	960	1,600	3,200	5,600	8,000
2d GT Cpe	340	1,020	1,700	3,400	5,950	8,500
2d GT HBk	420	1,260	2,100	4,200	7,350	10,500
2d GT-S HBk	432	1,296	2,160	4,320	7,560	10,800
2d Turbo HBk	440	1,320	2,200	4,400	7,700	11,000
2d GT Conv	480	1,440	2,400	4,800	8,400	12,000
1992 & 1993 Camry, 4-cyl.						
4d DX Sed	252	756	1,260	2,520	4,410	6,300
4d LE Sed	260	780	1,300	2,600	4,550	6,500
4d X LE Sed	280	840	1,400	2,800	4,900	7,000
4d DX Sta Wag	300	900	1,500	3,000	5,250	7,500
4d LE Sta Wag	320	960	1,600	3,200	5,600	8,000
1992 & 1993 Camry, V-6						
4d DX Sed	280	840	1,400	2,800	4,900	7,000
4d LE Sed	284	852	1,420	2,840	4,970	7,100
4d SE Sed	288	864	1,440	2,880	5,040	7,200
4d X LE Sed	312	936	1,560	3,120	5,460	7,800
4d LE Sta Wag	380	1,140	1,900	3,800	6,650	9,500

	6	5	4	3	2	1
1992 & 1993 MR2, 4-cyl.						
2d Cpe	360	1,080	1,800	3,600	6,300	9,000
2d Turbo Cpe	380	1,140	1,900	3,800	6,650	9,500
1992 & 1993 Supra						
2d HBk	480	1,440	2,400	4,800	8,400	12,000
2d Turbo HBk	520	1,560	2,600	5,200	9,100	13,000
1994 Tercel, 4-cyl.						
2d Sed	180	540	900	1,800	3,150	4,500
2d DX Sed	200	600	1,000	2,000	3,500	5,000
4d DX Sed	208	624	1,040	2,080	3,640	5,200
1994 Corolla, 4-cyl.						
4d Sed	260	780	1,300	2,600	4,550	6,500
4d DX Sed	280	840	1,400	2,800	4,900	7,000
4d LE Sed	300	900	1,500	3,000	5,250	7,500
4d DX Sta Wag	312	936	1,560	3,120	5,460	7,800
1994 Paseo, 4-cyl.						
2d Cpe	280	840	1,400	2,800	4,900	7,000
1994 Celica, 4-cyl.						
2d ST Cpe	380	1,140	1,900	3,800	6,650	9,500
2d GT Cpe	400	1,200	2,000	4,000	7,000	10,000
2d ST HBk	360	1,080	1,800	3,600	6,300	9,000
2d GT HBk	420	1,260	2,100	4,200	7,350	10,500
1994 Camry						
2d DX Cpe, 4-cyl.	400	1,150	1,900	3,800	6,650	9,500
2d LE Cpe, 4-cyl.	400	1,200	2,000	4,000	7,000	10,000
2d LE Cpe, V-6	400	1,250	2,100	4,200	7,350	10,500
2d SE Cpe, V-6	450	1,300	2,200	4,400	7,700	11,000
4d DX Sed, 4-cyl.	400	1,150	1,900	3,750	6,600	9,400
4d LE Sed, 4-cyl.	400	1,150	1,900	3,800	6,650	9,500
4d LE Sed, V-6	400	1,250	2,100	4,200	7,350	10,500
4d SE Sed, V-6	450	1,300	2,200	4,400	7,700	11,000
4d XLE Sed, 4-cyl.	450	1,300	2,200	4,400	7,700	11,000
4d XLE Sed, V-6	450	1,400	2,300	4,600	8,050	11,500
4d DX Sta Wag, 4-cyl.	400	1,200	2,000	4,000	7,000	10,000
4d LE Sta Wag, 4-cyl.	400	1,250	2,100	4,200	7,350	10,500
4d LE Sta Wag, V-6	450	1,400	2,300	4,600	8,050	11,500
1994 MR2, 4-cyl.						
2d Cpe	480	1,440	2,400	4,800	8,400	12,000
2d Cpe Turbo	560	1,680	2,800	5,600	9,800	14,000
1994 Supra						
2d HBk	720	2,160	3,600	7,200	12,600	18,000
2d HBk Turbo	880	2,640	4,400	8,800	15,400	22,000

TRIUMPH

	6	5	4	3	2	1
1946-48 1800, 4-cyl., 63 hp, 108" wb						
T&C Saloon	280	840	1,400	2,800	4,900	7,000
1946-48 1800, 4-cyl., 63 hp, 100" wb						
Rds	880	2,640	4,400	8,800	15,400	22,000
1949 1800, 4-cyl., 63 hp, 108" wb						
T&C Saloon	240	720	1,200	2,400	4,200	6,000
1949 2000, 4-cyl., 68 hp, 108" wb						
Saloon	244	732	1,220	2,440	4,270	6,100
1949 2000 Renown, 4-cyl., 68 hp, 108" wb						
Saloon	280	840	1,400	2,800	4,900	7,000
1949 Mayflower, 4-cyl., 38 hp, 84" wb						
Saloon	220	660	1,100	2,200	3,850	5,500
1949 2000, 4-cyl., 68 hp, 100" wb						
Rds	920	2,760	4,600	9,200	16,100	23,000
1950 2000 Renown, 4-cyl., 68 hp, 108" wb						
Saloon	240	720	1,200	2,400	4,200	6,000
1950 Mayflower, 4-cyl., 38 hp, 84" wb						
Saloon	220	660	1,100	2,200	3,850	5,500
Conv	300	900	1,500	3,000	5,250	7,500
1950 TRX (New Roadster Prototype) 4-cyl., 71 hp, 94" wb						
Rds	value not estimable					
NOTE: Car was offered but none were ever delivered.						
1951 2000 Renown, 4-cyl., 68 hp, 108" wb						
Saloon	240	720	1,200	2,400	4,200	6,000
1951 2000, 4-cyl., 68 hp, 111" wb						
Limo	260	780	1,300	2,600	4,550	6,500
1951 Mayflower, 4-cyl., 38 hp, 84" wb						
Saloon	220	660	1,100	2,200	3,850	5,500

	6	5	4	3	2	1
1952 2000, 4-cyl., 68 hp, 111" wb						
Limo	260	780	1,300	2,600	4,550	6,500
1952 Mayflower, 4-cyl., 38 hp, 84" wb						
Saloon	220	660	1,100	2,200	3,850	5,500
1952 20TS (prototype), 4-cyl., 75 hp, 130" wb						
TR-1 Rds			value not estimable			
NOTE: Only one prototype built.						
1952 2000 Renown, 4-cyl., 68 hp, 111" wb						
Saloon	240	720	1,200	2,400	4,200	6,000
1953 2000 Renown, 4-cyl., 68 hp, 108" wb						
Saloon	240	720	1,200	2,400	4,200	6,000
1953 2000, 4-cyl., 68 hp, 111" wb						
Limo	244	732	1,220	2,440	4,270	6,100
1953 Mayflower, 4-cyl., 38 hp, 84" wb						
Saloon	220	660	1,100	2,200	3,850	5,500
1953 TR-2, 4-cyl., 90 hp, 88" wb						
Rds	640	1,920	3,200	6,400	11,200	16,000
1954 2000 Renown, 4-cyl., 68 hp, 108" wb						
Saloon	240	720	1,200	2,400	4,200	6,000
1954 TR-2, 4-cyl., 90 hp, 88" wb						
Rds	620	1,860	3,100	6,200	10,850	15,500
1955 TR-2, 4-cyl., 90 hp, 88" wb						
Rds	600	1,800	3,000	6,000	10,500	15,000
1955 TR-3, 4-cyl., 95 hp, 88" wb						
Rds	620	1,860	3,100	6,200	10,850	15,500
1956 TR-3, 4-cyl., 95 hp, 88" wb						
Rds	620	1,860	3,100	6,200	10,850	15,500
HT Rds	640	1,920	3,200	6,400	11,200	16,000
1957 TR-3, 4-cyl., 100 hp, 88" wb						
Rds	620	1,860	3,100	6,200	10,850	15,500
HT Rds	640	1,920	3,200	6,400	11,200	16,000
1957 TR-10, 4-cyl., 40 hp, 84" wb						
Saloon	520	1,560	2,600	5,200	9,100	13,000
1958 TR-3, 4-cyl., 100 hp, 88" wb						
Rds	620	1,860	3,100	6,200	10,850	15,500
HT Rds	640	1,920	3,200	6,400	11,200	16,000
1958 TR-10, 4-cyl., 40 hp, 84" wb						
Saloon	520	1,560	2,600	5,200	9,100	13,000
Sta Wag	528	1,584	2,640	5,280	9,240	13,200
1959 TR-10, 4-cyl., 40 hp, 84" wb						
NOTE: All cars registered after 9-15-58 are 1959 models.						
1959 TR-3, 4-cyl., 100 hp, 88" wb						
Rds	620	1,860	3,100	6,200	10,850	15,500
HT Rds	600	1,800	3,000	6,000	10,500	15,000
1959 TR-10, 4-cyl., 40 hp, 84" wb						
Saloon	520	1,560	2,600	5,200	9,100	13,000
Sta Wag	528	1,584	2,640	5,280	9,240	13,200
1960 Herald, 4-cyl., 40 hp, 84" wb						
Sed	204	612	1,020	2,040	3,570	5,100
Cpe	208	624	1,040	2,080	3,640	5,200
Conv	400	1,200	2,000	4,000	7,000	10,000
Sta Wag	220	660	1,100	2,200	3,850	5,500
1960 TR-3, 4-cyl., 100 hp, 88" wb						
Rds	620	1,860	3,100	6,200	10,850	15,500
HT Rds	640	1,920	3,200	6,400	11,200	16,000
1961 TR-3, 4-cyl., 100 hp, 88" wb						
NOTE: All cars registered after 9-15-60 are 1961 models.						
1961 Herald, 4-cyl., 40 hp, 91.5" wb						
Sed	208	624	1,040	2,080	3,640	5,200
Cpe	212	636	1,060	2,120	3,710	5,300
Conv	400	1,200	2,000	4,000	7,000	10,000
Sta Wag	208	624	1,040	2,080	3,640	5,200
1961 TR-3, 4-cyl., 100 hp, 88" wb						
Rds	620	1,860	3,100	6,200	10,850	15,500
HT Rds	640	1,920	3,200	6,400	11,200	16,000
1962 Herald, 4-cyl., 40 hp, 91.5" wb						
Sed	204	612	1,020	2,040	3,570	5,100
Cpe	208	624	1,040	2,080	3,640	5,200
Conv	400	1,200	2,000	4,000	7,000	10,000
1962 TR-3, 4-cyl., 100 hp, 88" wb						
Rds	600	1,800	3,000	6,000	10,500	15,000
HT Rds	620	1,860	3,100	6,200	10,850	15,500

	6	5	4	3	2	1
1962 TR-4, 4-cyl., 105 hp, 88" wb						
Rds	640	1,920	3,200	6,400	11,200	16,000
HT Rds	660	1,980	3,300	6,600	11,550	16,500
1962 Spitfire, 4-cyl., 100 hp, 83" wb						
Conv	400	1,200	2,000	4,000	7,000	10,000
1963 TR-3B, 4-cyl., 100 hp, 88" wb						
Rds	580	1,740	2,900	5,800	10,150	14,500
HT Rds	600	1,800	3,000	6,000	10,500	15,000
1963 TR-4, 4-cyl., 105 hp, 88" wb						
Conv	600	1,800	3,000	6,000	10,500	15,000
HT	520	1,560	2,600	5,200	9,100	13,000
1963 Four, 4-cyl., 40 hp, 91.5" wb						
Sed	220	660	1,100	2,200	3,850	5,500
Conv	280	840	1,400	2,800	4,900	7,000
1963 Spitfire, 4-cyl., 100 hp, 83" wb						
Spt Conv	520	1,560	2,600	5,200	9,100	13,000
1963 Six, 6-cyl., 70 hp, 91.5" wb						
Spt Conv	540	1,620	2,700	5,400	9,450	13,500
1964 TR-4, 4-cyl., 105 hp, 88" wb						
Conv	640	1,920	3,200	6,400	11,200	16,000
HT Cpe	580	1,740	2,900	5,800	10,150	14,500
1965 TR-4 and TR-4A, 4-cyl., 105 hp, 88" wb						
Conv	700	2,100	3,500	7,000	12,250	17,500
HT Cpe	600	1,800	3,000	6,000	10,500	15,000
1965 Spitfire Mk II, 4-cyl., 100 hp, 83" wb						
Conv	520	1,560	2,600	5,200	9,100	13,000
1966 TR-4A, 4-cyl., 105 hp, 88" wb						
Conv	700	2,100	3,500	7,000	12,250	17,500
HT Cpe	580	1,740	2,900	5,800	10,150	14,500
1966 2000, 6-cyl., 90 hp, 106" wb						
Sed	260	780	1,300	2,600	4,550	6,500
1966 Spitfire Mk II, 4-cyl., 100 hp, 83" wb						
Conv	520	1,560	2,600	5,200	9,100	13,000
1967 TR-4A, 4-cyl., 105 hp, 88" wb						
Conv	700	2,100	3,500	7,000	12,250	17,500
HT Cpe	600	1,800	3,000	6,000	10,500	15,000
1967 2000						
Sed	200	600	1,000	2,000	3,500	5,000
1967 Spitfire Mk II, 4-cyl., 68 hp, 83" wb						
Conv	540	1,620	2,700	5,400	9,450	13,500
HT Cpe	340	1,020	1,700	3,400	5,950	8,500
1967 1200 Sport						
Sed	188	564	940	1,880	3,290	4,700
Conv	420	1,260	2,100	4,200	7,350	10,500
1968 TR-250, 6-cyl., 104 hp, 88" wb						
Conv	600	1,800	3,000	6,000	10,500	15,000
1968 Spitfire Mk III, 4-cyl., 68 hp, 83" wb						
Conv	540	1,620	2,700	5,400	9,450	13,500
1968 GT-6 Plus, 6-cyl., 95 hp, 83" wb						
Cpe	280	840	1,400	2,800	4,900	7,000

NOTE: Add 10 percent for wire wheels. Add 10 percent for factory hardtop. Add 5 percent for overdrive.

	6	5	4	3	2	1
1969 TR-6, 6-cyl., 104 hp, 88" wb						
Conv	600	1,800	3,000	6,000	10,500	15,000
1969 Spitfire Mk III, 4-cyl., 68 hp, 83" wb						
Conv	540	1,620	2,700	5,400	9,450	13,500
1969 GT-6 Plus, 6-cyl., 95 hp, 83" wb						
Cpe	280	840	1,400	2,800	4,900	7,000

NOTE: Add 10 percent for wire wheels. Add 10 percent for factory hardtop. Add 5 percent for overdrive.

	6	5	4	3	2	1
1970 TR-6, 6-cyl., 104 hp, 88" wb						
Conv	600	1,800	3,000	6,000	10,500	15,000
1970 Spitfire Mk III, 4-cyl., 68 hp, 83" wb						
Conv	540	1,620	2,700	5,400	9,450	13,500
1970 GT-6 Plus, 6-cyl., 95 hp, 83" wb						
Cpe	280	840	1,400	2,800	4,900	7,000
1970 Stag, 8-cyl., 145 hp, 100" wb						
Conv	680	2,040	3,400	6,800	11,900	17,000

NOTE: Add 10 percent for wire wheels. Add 10 percent for factory hardtop. Add 5 percent for overdrive.

	6	5	4	3	2	1
1971 TR-6, 6-cyl., 104 hp, 88" wb						
Conv	600	1,800	3,000	6,000	10,500	15,000
1971 Spitfire Mk IV, 4-cyl., 58 hp, 83" wb						
Conv	540	1,620	2,700	5,400	9,450	13,500
1971 GT-6 Mk III, 6-cyl., 90 hp, 83" wb						
Cpe	280	840	1,400	2,800	4,900	7,000
1971 Stag, 8-cyl., 145 hp, 100" wb						
Conv	660	1,980	3,300	6,600	11,550	16,500
NOTE: Add 10 percent for wire wheels. Add 10 percent for factory hardtop. Add 5 percent for overdrive.						
1972 TR-6, 6-cyl., 106 hp, 88" wb						
Conv	600	1,800	3,000	6,000	10,500	15,000
1972 Spitfire Mk IV, 4-cyl., 48 hp, 83" wb						
Conv	540	1,620	2,700	5,400	9,450	13,500
1972 GT-6 Mk III, 6-cyl., 79 hp, 83" wb						
Cpe	280	840	1,400	2,800	4,900	7,000
1972 Stag, 8-cyl., 127 hp, 100" wb						
Conv	660	1,980	3,300	6,600	11,550	16,500
NOTE: Add 10 percent for wire wheels. Add 10 percent for factory hardtop. Add 5 percent for overdrive.						
1973 TR-6, 6-cyl., 106 hp, 88" wb						
Conv	560	1,680	2,800	5,600	9,800	14,000
1973 Spitfire Mk IV, 4-cyl., 57 hp, 83" wb						
Conv	420	1,260	2,100	4,200	7,350	10,500
1973 GT-6 Mk III, 6-cyl., 79 hp, 83" wb						
Cpe	280	840	1,400	2,800	4,900	7,000
1973 Stag, 8-cyl., 127 hp, 100" wb						
Conv	640	1,920	3,200	6,400	11,200	16,000
NOTE: Add 10 percent for wire wheels. Add 10 percent for factory hardtop. Add 5 percent for overdrive.						
1974 TR-6, 6-cyl., 106 hp, 88" wb						
Conv	560	1,680	2,800	5,600	9,800	14,000
1974 Spitfire Mk IV, 4-cyl., 57 hp, 83" wb						
Conv	420	1,260	2,100	4,200	7,350	10,500
NOTE: Add 10 percent for factory hardtop. Add 5 percent for overdrive.						
1975 TR-6, 6-cyl., 106 hp, 88" wb						
Conv	560	1,680	2,800	5,600	9,800	14,000
1975 TR-7, 4-cyl., 92 hp, 85" wb						
Cpe	400	1,200	2,000	4,000	7,000	10,000
1975 Spitfire 1500, 4-cyl., 57 hp, 83" wb						
Conv	420	1,260	2,100	4,200	7,350	10,500
NOTE: Add 10 percent for factory hardtop. Add 5 percent for overdrive.						
1976 TR-6, 6-cyl., 106 hp, 88" wb						
Conv	580	1,740	2,900	5,800	10,150	14,500
1976 TR-7, 4-cyl., 92 hp, 85" wb						
Cpe	400	1,200	2,000	4,000	7,000	10,000
1976 Spitfire 1500, 4-cyl., 57 hp, 83" wb						
Conv	420	1,260	2,100	4,200	7,350	10,500
NOTE: Add 10 percent for factory hardtop. Add 5 percent for overdrive.						
1977 TR-7, 4-cyl., 92 hp, 85" wb						
Cpe	300	900	1,500	3,000	5,250	7,500
1977 Spitfire 1500, 4-cyl., 57 hp, 83" wb						
Conv	420	1,260	2,100	4,200	7,350	10,500
NOTE: Add 10 percent for factory hardtop. Add 5 percent for overdrive.						
1978 TR-7, 4-cyl., 92 hp, 85" wb						
Cpe	300	900	1,500	3,000	5,250	7,500
1978 TR-8, 8-cyl., 133 hp, 85" wb (About 150 prototypes in USA)						
Cpe	620	1,860	3,100	6,200	10,850	15,500
1978 Spitfire 1500, 4-cyl., 57 hp, 83" wb						
Conv	400	1,200	2,000	4,000	7,000	10,000
NOTE: Add 10 percent for factory hardtop. Add 5 percent for overdrive.						
1979 TR-7, 4-cyl., 86 hp, 85" wb						
Conv	400	1,200	2,000	4,000	7,000	10,000
Cpe	280	840	1,400	2,800	4,900	7,000
1979 Spitfire 1500, 4-cyl., 53 hp, 83" wb						
Conv	300	900	1,500	3,000	5,250	7,500
NOTE: Add 10 percent for factory hardtop. Add 5 percent for overdrive.						
1980 TR-7, 4-cyl., 86 hp, 85" wb						
Conv	408	1,224	2,040	4,080	7,140	10,200

	6	5	4	3	2	1
Spider Conv	424	1,272	2,120	4,240	7,420	10,600
Cpe	292	876	1,460	2,920	5,110	7,300
1980 TR-8, 8-cyl., 133 hp, 85" wb						
Conv	648	1,944	3,240	6,480	11,340	16,200
Cpe	580	1,740	2,900	5,800	10,150	14,500
1980 Spitfire 1500, 4-cyl., 57 hp, 83" wb						
Conv	416	1,248	2,080	4,160	7,280	10,400

NOTE: Add 10 percent for factory hardtop. Add 5 percent for overdrive.

1981 TR-7, 4-cyl., 89 hp, 85" wb						
Conv	436	1,308	2,180	4,360	7,630	10,900
1981 TR-8, 8-cyl., 148 hp, 85" wb						
Conv	700	2,100	3,500	7,000	12,250	17,500

VAUXHALL

1946-56 Ten, 4-cyl., 1203cc. 97.8" wb						
Saloon	248	744	1,240	2,480	4,340	6,200
1946-56 Twelve, 4-cyl., 1442cc, 97.8" wb						
Saloon	280	840	1,400	2,800	4,900	7,000
1946-56 Fourteen, 6-cyl., 1781cc, 105" wb						
Saloon	320	960	1,600	3,200	5,600	8,000
1946-56 Wyvern, 1948, 1442cc, 97.8" wb; 1951, 103" wb						
Saloon	320	960	1,600	3,200	5,600	8,000
1946-56 Velox, 1948, 6-cyl., 97.8" wb, 2275cc 1951, 103" wb						
Saloon	340	1,020	1,700	3,400	5,950	8,500
1957-59 Victor Super, 4-cyl., 1507cc, 98" wb						
FD 4d Sed	300	850	1,450	2,900	5,050	7,200
FW 4d Sta Wag	300	950	1,550	3,100	5,450	7,800
1960-61 Victor Super, 4-cyl., 1507cc Series 2, 98" wb						
FD 4d Sed	300	850	1,450	2,900	5,050	7,200
FW 4d Sta Wag	300	950	1,550	3,100	5,450	7,800
1962 Victor FB Super, 4-cyl., 1507cc, 100" wb						
FBD 4d Sed	300	850	1,450	2,900	5,050	7,200
FBW 4d Sta Wag	300	950	1,550	3,100	5,450	7,800

VOLKSWAGEN

1945 Standard, 4-cyl., 25 hp, 94.5" wb						
2d Sed	820	2,460	4,100	8,200	14,350	20,500
1946 Standard, 4-cyl., 25 hp, 94.5" wb						
2d Sed	780	2,340	3,900	7,800	13,650	19,500
1947-1948 4-cyl., 25 hp, 94.5" wb						
Std	640	1,920	3,200	6,400	11,200	16,000
Export	740	2,220	3,700	7,400	12,950	18,500
1949 Standard, 4-cyl., 25 hp, 94.5" wb						
2d Sed	640	1,920	3,200	6,400	11,200	16,000
1949 DeLuxe, 4-cyl., 10 hp, 94.5" wb						
2d Sed	700	2,100	3,500	7,000	12,250	17,500
Conv	856	2,568	4,280	8,560	14,980	21,400
Heb Conv	896	2,688	4,480	8,960	15,680	22,400

NOTE: Only 700 Hebmuller Cabr convertibles were built during 1949-1950. Add 10 percent for sunroof.

1950 DeLuxe, 4-cyl., 25 hp, 94.5" wb						
2d Sed	680	2,040	3,400	6,800	11,900	17,000
Conv	760	2,280	3,800	7,600	13,300	19,000
Heb Conv	900	2,700	4,500	9,000	15,750	22,500

NOTE: Add 10 percent for sunroof.

1950 Transporter, 4-cyl., 25 hp, 94.5" wb						
DeL Van	780	2,340	3,900	7,800	13,650	19,500
Kombi	680	2,040	3,400	6,800	11,900	17,000
1951-1952 (Serial Nos. 170000-Up) DeLuxe, 4-cyl., 25 hp, 94.5" wb						
2d Sed	640	1,920	3,200	6,400	11,200	16,000
Conv	700	2,100	3,500	7,000	12,250	17,500

NOTE: Add 10 percent for sunroof.

1951-1952 Transporter, 4-cyl., 25 hp, 94.5" wb						
DeL Van	780	2,340	3,900	7,800	13,650	19,500
Kombi	680	2,040	3,400	6,800	11,900	17,000

NOTE: Overdrive is standard equipment.

1952-1953 (Serial Nos. 1-0264198-Up) DeLuxe 4-cyl., 25 hp, 94.5" wb						
2d Sed	640	1,920	3,200	6,400	11,200	16,000
Conv	760	2,280	3,800	7,600	13,300	19,000

NOTE: Add 10 percent for sunroof.

1957 Triumph TR10 sedan

1976 Triumph TR7 coupe

1945 Volkswagen sedan

	6	5	4	3	2	1
1952-1953 Transporter, 4-cyl., 25 hp, 94.5" wb						
DeL Van	780	2,340	3,900	7,800	13,650	19,500
Kombi	680	2,040	3,400	6,800	11,900	17,000
1953 (Serial Nos. later than March 1953) DeLuxe, 4-cyl., 94.5" wb, 25 hp						
2d Sed	640	1,920	3,200	6,400	11,200	16,000
Conv	760	2,280	3,800	7,600	13,300	19,000
NOTE: Add 10 percent for sunroof.						
1953 Transporter, 4-cyl., 25 hp, 94.5" wb						
DeL Van	680	2,040	3,400	6,800	11,900	17,000
Kombi	780	2,340	3,900	7,800	13,650	19,500
1954 DeLuxe, 4-cyl., 36 hp, 94.5" wb						
2d Sed	640	1,920	3,200	6,400	11,200	16,000
Conv	760	2,280	3,800	7,600	13,300	19,000
NOTE: Add 10 percent for sunroof.						
1954 Station Wagons, 4-cyl., 30 hp, 94.5" wb						
Microbus	760	2,280	3,800	7,600	13,300	19,000
DeL Microbus	780	2,340	3,900	7,800	13,650	19,500
NOTE: Microbus 165" overall; DeLuxe Microbus 166.1" overall; Beetle 160.3" overall.						
1955 DeLuxe, 4-cyl., 36 hp, 94.5" wb						
2d Sed	640	1,920	3,200	6,400	11,200	16,000
Conv	760	2,280	3,800	7,600	13,300	19,000
NOTE: Add 10 percent for sunroof.						
1955 Station Wagons, 4-cyl., 36 hp, 94.5" wb						
Kombi	680	2,040	3,400	6,800	11,900	17,000
Microbus	760	2,280	3,800	7,600	13,300	19,000
Microbus DeL	780	2,340	3,900	7,800	13,650	19,500
NOTE: Factory prices given above are estimates.						
1956 DeLuxe, 4-cyl., 36 hp, 94.5" wb						
2d Sed	640	1,920	3,200	6,400	11,200	16,000
Conv	760	2,280	3,800	7,600	13,300	19,000
NOTE: Add 10 percent for sunroof.						
1956 Karmann-Ghia, 4-cyl., 36 hp, 94.5" wb						
Cpe	680	2,040	3,400	6,800	11,900	17,000
1956 Station Wagons, 4-cyl., 36 hp, 94.5" wb						
Kombi	680	2,040	3,400	6,800	11,900	17,000
Microbus	800	2,400	4,000	8,000	14,000	20,000
Microbus DeL	820	2,460	4,100	8,200	14,350	20,500
1957 Beetle, 4-cyl., 36 hp, 94.5" wb						
2d Sed	640	1,920	3,200	6,400	11,200	16,000
Conv	760	2,280	3,800	7,600	13,300	19,000
NOTE: Add 10 percent for sunroof.						
1957 Karmann-Ghia, 4-cyl., 36 hp, 94.5" wb						
Cpe	640	1,920	3,200	6,400	11,200	16,000
1957 Station Wagons, 4-cyl., 36 hp, 94.5" wb						
Kombi	720	2,160	3,600	7,200	12,600	18,000
Microbus	860	2,580	4,300	8,600	15,050	21,500
Microbus SR	880	2,640	4,400	8,800	15,400	22,000
Camper	920	2,760	4,600	9,200	16,100	23,000
NOTE: Add 10 percent for sunroof.						
1958 Beetle, 4-cyl., 36 hp, 94.5" wb						
2d DeL Sed	640	1,920	3,200	6,400	11,200	16,000
Conv	760	2,280	3,800	7,600	13,300	19,000
1958 Karmann-Ghia, 4-cyl., 36 hp, 94.5" wb						
Cpe	720	2,160	3,600	7,200	12,600	18,000
Conv	760	2,280	3,800	7,600	13,300	19,000
1958 Station Wagons, 4-cyl., 36 hp, 94.5" wb						
Kombi	720	2,160	3,600	7,200	12,600	18,000
Microbus	900	2,700	4,500	9,000	15,750	22,500
Microbus DeL SR	920	2,760	4,600	9,200	16,100	23,000
Camper	960	2,880	4,800	9,600	16,800	24,000
1959 Beetle, 4-cyl., 36 hp, 94.5" wb						
2d Sed	620	1,860	3,100	6,200	10,850	15,500
Conv	740	2,220	3,700	7,400	12,950	18,500
NOTE: Add 10 percent for sunroof.						
1959 Karmann-Ghia, 4-cyl., 36 hp, 94.5" wb						
Cpe	680	2,040	3,400	6,800	11,900	17,000
Conv	720	2,160	3,600	7,200	12,600	18,000
1959 Station Wagons, 4-cyl., 36 hp, 94.5" wb						
Kombi	720	2,160	3,600	7,200	12,600	18,000
Microbus	920	2,760	4,600	9,200	16,100	23,000
Microbus DeL SR	1,040	3,120	5,200	10,400	18,200	26,000
Camper	980	2,940	4,900	9,800	17,150	24,500

	6	5	4	3	2	1
1960 Beetle, 4-cyl., 36 hp, 94.5" wb						
2d DeL Sed	620	1,860	3,100	6,200	10,850	15,500
Conv	740	2,220	3,700	7,400	12,950	18,500
1960 Karmann-Ghia, 4-cyl., 36 hp, 94.5" wb						
Cpe	680	2,040	3,400	6,800	11,900	17,000
Conv	720	2,160	3,600	7,200	12,600	18,000
1960 Station Wagons, 4-cyl., 36 hp, 94.5" wb						
Kombi	720	2,160	3,600	7,200	12,600	18,000
Microbus	920	2,760	4,600	9,200	16,100	23,000
Microbus DeL SR	1,040	3,120	5,200	10,400	18,200	26,000
Camper	980	2,940	4,900	9,800	17,150	24,500
NOTE: Add 10 percent for sunroof.						
1961 Beetle, 4-cyl., 40 hp, 94.5" wb						
2d DeL Sed	620	1,860	3,100	6,200	10,850	15,500
Conv	700	2,100	3,500	7,000	12,250	17,500
1961 Karmann-Ghia, 4-cyl., 40 hp, 94.5" wb						
Cpe	720	2,160	3,600	7,200	12,600	18,000
Conv	760	2,280	3,800	7,600	13,300	19,000
1961 Station Wagons, 4-cyl., 40 hp, 94.5" wb						
Kombi	720	2,160	3,600	7,200	12,600	18,000
Sta Wag	960	2,880	4,800	9,600	16,800	24,000
Sta Wag DeL/SR	1,080	3,240	5,400	10,800	18,900	27,000
Camper	1,020	3,060	5,100	10,200	17,850	25,500
NOTE: Add 5 percent for extra seats (sta. wag.).						
1962 Beetle, 4-cyl., 40 hp, 94.5" wb						
2d DeL Sed	620	1,860	3,100	6,200	10,850	15,500
Conv	700	2,100	3,500	7,000	12,250	17,500
NOTE: Add 10 percent for sunroof.						
1962 Karmann-Ghia, 4-cyl., 40 hp, 94.5" wb						
Cpe	720	2,160	3,600	7,200	12,600	18,000
Conv	760	2,280	3,800	7,600	13,300	19,000
1962 Station Wagons, 4-cyl., 40 hp, 94.5" wb						
Kombi	720	2,160	3,600	7,200	12,600	18,000
Sta Wag	980	2,940	4,900	9,800	17,150	24,500
DeL Sta Wag	1,080	3,240	5,400	10,800	18,900	27,000
Camper	1,040	3,120	5,200	10,400	18,200	26,000
1963 Beetle, 4-cyl., 40 hp, 94.5" wb						
2d DeL Sed	600	1,800	3,000	6,000	10,500	15,000
Conv	680	2,040	3,400	6,800	11,900	17,000
NOTE: Add 10 percent for sunroof.						
1963 Karmann-Ghia, 4-cyl., 40 hp, 94.5" wb						
Cpe	680	2,040	3,400	6,800	11,900	17,000
Conv	720	2,160	3,600	7,200	12,600	18,000
1963 Station Wagons, 4-cyl., 40 hp, 94.5" wb						
Kombi	720	2,160	3,600	7,200	12,600	18,000
Sta Wag	980	2,940	4,900	9,800	17,150	24,500
DeL Sta Wag	1,080	3,240	5,400	10,800	18,900	27,000
Camper	1,040	3,120	5,200	10,400	18,200	26,000
1964 Beetle, 4-cyl., 40 hp, 94.5" wb						
2d DeL Sed	600	1,800	3,000	6,000	10,500	15,000
Conv	680	2,040	3,400	6,800	11,900	17,000
NOTE: Add 10 percent for sunroof.						
1964 Karmann-Ghia, 4-cyl., 40 hp, 94.5" wb						
Cpe	680	2,040	3,400	6,800	11,900	17,000
Conv	720	2,160	3,600	7,200	12,600	18,000
1964 Station Wagons (1200 Series), 4-cyl., 40 hp, 94.5" wb						
Kombi	720	2,160	3,600	7,200	12,600	18,000
Sta Wag	980	2,940	4,900	9,800	17,150	24,500
DeL Sta Wag	1,020	3,060	5,100	10,200	17,850	25,500
1964 Station Wagons (1500 Series), 4-cyl., 50 hp, 94.5" wb						
Kombi	760	2,280	3,800	7,600	13,300	19,000
Sta Wag	1,000	3,000	5,000	10,000	17,500	25,000
DeL Sta Wag	1,080	3,240	5,400	10,800	18,900	27,000
Camper	1,080	3,240	5,400	10,800	18,900	27,000
1965 Beetle, 4-cyl., 40 hp, 94.5" wb						
2d DeL Sed	600	1,800	3,000	6,000	10,500	15,000
Conv	680	2,040	3,400	6,800	11,900	17,000
NOTE: Add 10 percent for sunroof.						
1965 Karmann-Ghia, 4-cyl., 40 hp, 94.5" wb						
Cpe	680	2,040	3,400	6,800	11,900	17,000
Conv	720	2,160	3,600	7,200	12,600	18,000
1965 Station Wagons (1500 Series), 4-cyl., 40 hp, 94.5" wb						
Kombi	720	2,160	3,600	7,200	12,600	18,000

	6	5	4	3	2	1
Sta Wag	980	2,940	4,900	9,800	17,150	24,500
DeL Sta Wag	1,080	3,240	5,400	10,800	18,900	27,000
Camper	1,040	3,120	5,200	10,400	18,200	26,000
1965 Commercial, (1500 Series), 4-cyl., 40 hp, 94.5" wb						
Panel	600	1,800	3,000	6,000	10,500	15,000
PU	620	1,860	3,100	6,200	10,850	15,500
Dbl Cab PU	624	1,872	3,120	6,240	10,920	15,600
1966 Beetle, 50 hp						
2d DeL Sed	600	1,800	3,000	6,000	10,500	15,000
Conv	680	2,040	3,400	6,800	11,900	17,000
NOTE: Add 10 percent for sunroof.						
1966 Karmann-Ghia, 53 hp						
Cpe	680	2,040	3,400	6,800	11,900	17,000
Conv	720	2,160	3,600	7,200	12,600	18,000
1966 Station Wagons, 57 hp						
Kombi	720	2,160	3,600	7,200	12,600	18,000
Sta Wag	980	2,940	4,900	9,800	17,150	24,500
DeL Sta Wag	1,080	3,240	5,400	10,800	18,900	27,000
Camper	1,040	3,120	5,200	10,400	18,200	26,000
1966 1600 Series, 65 hp						
2d FBk Sed	244	732	1,220	2,440	4,270	6,100
2d SqBk Sed	248	744	1,240	2,480	4,340	6,200
NOTE: Add 10 percent for sunroof.						
1966 Commercial						
Panel	600	1,800	3,000	6,000	10,500	15,000
PU	620	1,860	3,100	6,200	10,850	15,500
Dbl Cab PU	624	1,872	3,120	6,240	10,920	15,600
1967 Beetle, 53 hp						
2d DeL Sed	620	1,860	3,100	6,200	10,850	15,500
Conv	700	2,100	3,500	7,000	12,250	17,500
NOTE: Add 10 percent for sunroof.						
1967 Karmann-Ghia, 53 hp						
Cpe	680	2,040	3,400	6,800	11,900	17,000
Conv	720	2,160	3,600	7,200	12,600	18,000
1967 Station Wagon, 57 hp						
Kombi	720	2,160	3,600	7,200	12,600	18,000
Sta Wag	980	2,940	4,900	9,800	17,150	24,500
DeL Sta Wag	1,080	3,240	5,400	10,800	18,900	27,000
Camper	1,040	3,120	5,200	10,400	18,200	26,000
1967 1600 Series, 65 hp						
2d FBk Sed	256	768	1,280	2,560	4,480	6,400
2d SqBk Sed	264	792	1,320	2,640	4,620	6,600
NOTE: Add 10 percent for sunroof.						
1967 Commercial						
Panel	600	1,800	3,000	6,000	10,500	15,000
PU	620	1,860	3,100	6,200	10,850	15,500
Dbl Cab PU	624	1,872	3,120	6,240	10,920	15,600
1968 Beetle, 53 hp						
2d Sed	600	1,800	3,000	6,000	10,500	15,000
Conv	680	2,040	3,400	6,800	11,900	17,000
NOTE: Add 10 percent for sunroof.						
1968 Karmann-Ghia, 53 hp						
Cpe	680	2,040	3,400	6,800	11,900	17,000
Conv	720	2,160	3,600	7,200	12,600	18,000
1968 1600 Series, 65 hp						
2d FBk Sed	256	768	1,280	2,560	4,480	6,400
2d SqBk Sed	264	792	1,320	2,640	4,620	6,600
NOTE: Add 10 percent for sunroof.						
1968 Station Wagons, 57 hp						
Kombi	680	2,040	3,400	6,800	11,900	17,000
Sta Wag	920	2,760	4,600	9,200	16,100	23,000
Camper	960	2,880	4,800	9,600	16,800	24,000
1968 Commercial						
Panel	560	1,680	2,800	5,600	9,800	14,000
PU	580	1,740	2,900	5,800	10,150	14,500
Dbl Cab PU	584	1,752	2,920	5,840	10,220	14,600
1969 Beetle, 53 hp						
2d Sed	600	1,800	3,000	6,000	10,500	15,000
Conv	680	2,040	3,400	6,800	11,900	17,000
NOTE: Add 10 percent for sunroof.						
1969 Karmann-Ghia, 53 hp						
Cpe	680	2,040	3,400	6,800	11,900	17,000
Conv	720	2,160	3,600	7,200	12,600	18,000

	6	5	4	3	2	1
1969 1600 Series, 65 hp						
2d FBk Sed	264	792	1,320	2,640	4,620	6,600
2d SqBk Sed	268	804	1,340	2,680	4,690	6,700
NOTE: Add 10 percent for sunroof.						
1969 Station Wagons, 57 hp						
Kombi	680	2,040	3,400	6,800	11,900	17,000
Sta Wag	920	2,760	4,600	9,200	16,100	23,000
Camper	940	2,820	4,700	9,400	16,450	23,500
1969 Commercial						
Panel	560	1,680	2,800	5,600	9,800	14,000
PU	580	1,740	2,900	5,800	10,150	14,500
Dbl Cab PU	584	1,752	2,920	5,840	10,220	14,600
1970 Beetle, 60 hp						
2d Sed	600	1,800	3,000	6,000	10,500	15,000
Conv	680	2,040	3,400	6,800	11,900	17,000
NOTE: Add 10 percent for sunroof.						
1970 Karmann-Ghia, 60 hp						
Cpe	680	2,040	3,400	6,800	11,900	17,000
Conv	720	2,160	3,600	7,200	12,600	18,000
1970 1600 Series, 65 hp						
2d FBk Sed	260	780	1,300	2,600	4,550	6,500
2d SqBk Sed	264	792	1,320	2,640	4,620	6,600
NOTE: Add 10 percent for sunroof.						
1970 Station Wagons, 60 hp						
Kombi	680	2,040	3,400	6,800	11,900	17,000
Sta Wag	920	2,760	4,600	9,200	16,100	23,000
Camper	940	2,820	4,700	9,400	16,450	23,500
1970 Commercial						
Panel	560	1,680	2,800	5,600	9,800	14,000
PU	580	1,740	2,900	5,800	10,150	14,500
Dbl Cab PU	584	1,752	2,920	5,840	10,220	14,600
1971 Beetle, 60 hp						
2d Sed	600	1,800	3,000	6,000	10,500	15,000
2d Sup Sed	620	1,860	3,100	6,200	10,850	15,500
Conv	680	2,040	3,400	6,800	11,900	17,000
NOTE: Add 10 percent for sunroof.						
1971 Karmann-Ghia						
Cpe	640	1,920	3,200	6,400	11,200	16,000
Conv	700	2,100	3,500	7,000	12,250	17,500
1971 Type 3, Sq. Back - 411						
2d SqBk Sed	260	780	1,300	2,600	4,550	6,500
3d 411 Sed	264	792	1,320	2,640	4,620	6,600
4d 411 Sed	264	792	1,320	2,640	4,620	6,600
2d Type 3 Sed	260	780	1,300	2,600	4,550	6,500
1971 Transporter						
Kombi	640	1,920	3,200	6,400	11,200	16,000
Sta Wag	760	2,280	3,800	7,600	13,300	19,000
Sta Wag SR	768	2,304	3,840	7,680	13,440	19,200
Campmobile	780	2,340	3,900	7,800	13,650	19,500
1971 Commercial						
Panel	520	1,560	2,600	5,200	9,100	13,000
PU	540	1,620	2,700	5,400	9,450	13,500
Dbl Cab PU	544	1,632	2,720	5,440	9,520	13,600
1972 Beetle, 60 hp						
2d Sed	600	1,800	3,000	6,000	10,500	15,000
2d Sup Sed	620	1,860	3,100	6,200	10,850	15,500
Conv	680	2,040	3,400	6,800	11,900	17,000
NOTE: Add 10 percent for sunroof.						
1972 Karmann-Ghia						
Cpe	640	1,920	3,200	6,400	11,200	16,000
Conv	700	2,100	3,500	7,000	12,250	17,500
1972 Type 3, Sq. Back, 411						
2d Sed	260	780	1,300	2,600	4,550	6,500
2d Sed Type 3	260	780	1,300	2,600	4,550	6,500
2d Sed 411	264	792	1,320	2,640	4,620	6,600
4d Sed AT 411	264	792	1,320	2,640	4,620	6,600
3d Wagon 411	268	804	1,340	2,680	4,690	6,700
NOTE: Add 10 percent for sunroof.						
1972 Transporter						
Kombi	640	1,920	3,200	6,400	11,200	16,000
Sta Wag	760	2,280	3,800	7,600	13,300	19,000
Campmobile	780	2,340	3,900	7,800	13,650	19,500
1972 Commercial						
Panel	520	1,560	2,600	5,200	9,100	13,000

	6	5	4	3	2	1
PU	540	1,620	2,700	5,400	9,450	13,500
Dbl Cab PU	544	1,632	2,720	5,440	9,520	13,600
1973 Beetle, 46 hp						
2d Sed	600	1,800	3,000	6,000	10,500	15,000
2d Sup Sed	620	1,860	3,100	6,200	10,850	15,500
Conv	680	2,040	3,400	6,800	11,900	17,000
1973 Karmann-Ghia						
Cpe	600	1,800	3,000	6,000	10,500	15,000
Conv	680	2,040	3,400	6,800	11,900	17,000
1973 Type 3, Sq. Back, 412						
2d Sed SqBk	260	780	1,300	2,600	4,550	6,500
2d Sed Type 3	260	780	1,300	2,600	4,550	6,500
2d Sed 412	264	792	1,320	2,640	4,620	6,600
4d Sed 412	264	792	1,320	2,640	4,620	6,600
3d Sed 412	264	792	1,320	2,640	4,620	6,600
Thing Conv	280	840	1,400	2,800	4,900	7,000
1973 Transporter						
Kombi	600	1,800	3,000	6,000	10,500	15,000
Sta Wag	720	2,160	3,600	7,200	12,600	18,000
Campmobile	740	2,220	3,700	7,400	12,950	18,500
Panel	580	1,740	2,900	5,800	10,150	14,500
1974 Beetle						
2d Sed	600	1,800	3,000	6,000	10,500	15,000
2d Sup Sed	620	1,860	3,100	6,200	10,850	15,500
2d Sun Bug Sed	624	1,872	3,120	6,240	10,920	15,600
Conv	660	1,980	3,300	6,600	11,550	16,500
1974 Karmann-Ghia						
Cpe	580	1,740	2,900	5,800	10,150	14,500
Conv	660	1,980	3,300	6,600	11,550	16,500
1974 Thing						
Conv	280	840	1,400	2,800	4,900	7,000
1974 Dasher						
2d Sed	272	816	1,360	2,720	4,760	6,800
4d Sed	276	828	1,380	2,760	4,830	6,900
4d Wag	280	840	1,400	2,800	4,900	7,000
1974 412						
2d Sed	272	816	1,360	2,720	4,760	6,800
4d Sed	276	828	1,380	2,760	4,830	6,900
3d Sed	276	828	1,380	2,760	4,830	6,900
1974 Transporter						
Kombi	600	1,800	3,000	6,000	10,500	15,000
Sta Wag	680	2,040	3,400	6,800	11,900	17,000
Campmobile	700	2,100	3,500	7,000	12,250	17,500
Panel	560	1,680	2,800	5,600	9,800	14,000
1975 Beetle						
2d Sed	560	1,680	2,800	5,600	9,800	14,000
2d Sup Sed	580	1,740	2,900	5,800	10,150	14,500
Conv	640	1,920	3,200	6,400	11,200	16,000
1975 Rabbit						
2d Cus Sed	264	792	1,320	2,640	4,620	6,600
4d Cus Sed	268	804	1,340	2,680	4,690	6,700
NOTE: Add 5 percent for DeLuxe.						
1975 Dasher						
2d Sed	264	792	1,320	2,640	4,620	6,600
4d Sed	272	816	1,360	2,720	4,760	6,800
HBk	276	828	1,380	2,760	4,830	6,900
4d Wag	280	840	1,400	2,800	4,900	7,000
1975 Scirocco						
Cpe	296	888	1,480	2,960	5,180	7,400
1975 Transporter						
Kombi	580	1,740	2,900	5,800	10,150	14,500
Sta Wag	640	1,920	3,200	6,400	11,200	16,000
Campmobile	660	1,980	3,300	6,600	11,550	16,500
Panel	540	1,620	2,700	5,400	9,450	13,500
1976 Beetle						
2d Sed	560	1,680	2,800	5,600	9,800	14,000
Conv	580	1,740	2,900	5,800	10,150	14,500
1976 Rabbit						
2d Sed	224	672	1,120	2,240	3,920	5,600
2d Cus Sed	228	684	1,140	2,280	3,990	5,700
4d Cus Sed	228	684	1,140	2,280	3,990	5,700
NOTE: Add 10 percent for DeLuxe.						
1976 Dasher						
2d Sed	228	684	1,140	2,280	3,990	5,700
4d Sed	236	708	1,180	2,360	4,130	5,900

	6	5	4	3	2	1
4d Wag	248	744	1,240	2,480	4,340	6,200
1976 Scirocco						
Cpe	272	816	1,360	2,720	4,760	6,800
1976 Transporter						
Kombi	580	1,740	2,900	5,800	10,150	14,500
Sta Wag	640	1,920	3,200	6,400	11,200	16,000
Campmobile	660	1,980	3,300	6,600	11,550	16,500
1977 Beetle						
2d Sed	560	1,680	2,800	5,600	9,800	14,000
Conv	640	1,920	3,200	6,400	11,200	16,000
1977 Rabbit						
2d Sed	224	672	1,120	2,240	3,920	5,600
2d Cus Sed	228	684	1,140	2,280	3,990	5,700
4d Cus Sed	228	684	1,140	2,280	3,990	5,700
NOTE: Add 10 percent for DeLuxe.						
1977 Dasher						
2d Sed	228	684	1,140	2,280	3,990	5,700
4d Sed	236	708	1,180	2,360	4,130	5,900
4d Wag	248	744	1,240	2,480	4,340	6,200
1977 Scirocco						
Cpe	276	828	1,380	2,760	4,830	6,900
1977 Transporter						
Kombi	560	1,680	2,800	5,600	9,800	14,000
Sta Wag	640	1,920	3,200	6,400	11,200	16,000
Campmobile	660	1,980	3,300	6,600	11,550	16,500
1978 Beetle						
2d Conv	600	1,800	3,000	6,000	10,500	15,000
1978 Rabbit						
2d	200	650	1,100	2,200	3,850	5,500
2d Cus	200	650	1,100	2,250	3,900	5,600
4d Cus	200	650	1,100	2,250	3,900	5,600
2d DeL	250	700	1,150	2,300	4,000	5,700
4d DeL	250	700	1,150	2,300	4,000	5,700
1978 Dasher						
2d	250	700	1,200	2,400	4,200	6,000
4d	250	700	1,200	2,400	4,200	6,000
4d Sta Wag	250	750	1,200	2,450	4,250	6,100
1978 Scirocco						
2d Cpe	250	800	1,300	2,600	4,550	6,500
1978 Transporter						
Kombi	560	1,680	2,800	5,600	9,800	14,000
Sta Wag	640	1,920	3,200	6,400	11,200	16,000
Campmobile	660	1,980	3,300	6,600	11,550	16,500
1979 Beetle						
2d Conv	600	1,850	3,100	6,200	10,900	15,500
1979 Rabbit						
2d	200	650	1,100	2,200	3,850	5,500
2d Cus	200	650	1,100	2,250	3,900	5,600
4d Cus	200	650	1,100	2,250	3,900	5,600
2d DeL	250	700	1,150	2,300	4,000	5,700
4d DeL	250	700	1,150	2,300	4,000	5,700
1979 Dasher						
2d HBk	250	700	1,200	2,400	4,200	6,000
4d HBk	250	700	1,200	2,400	4,200	6,000
4d Sta Wag	250	750	1,200	2,450	4,250	6,100
1979 Scirocco						
2d Cpe	250	800	1,300	2,600	4,550	6,500
1979 Transporter						
Kombi	560	1,680	2,800	5,600	9,800	14,000
Sta Wag	640	1,920	3,200	6,400	11,200	16,000
Campmobile	660	1,980	3,300	6,600	11,550	16,500
1980 Rabbit						
2d Conv	300	900	1,500	2,950	5,200	7,400
2d Cus	200	600	1,000	2,000	3,500	5,000
4d Cus	200	600	1,000	2,000	3,500	5,000
2d DeL	200	600	1,000	2,050	3,550	5,100
4d DeL	200	600	1,000	2,050	3,550	5,100
1980 Jetta						
2d	200	650	1,100	2,150	3,800	5,400
4d	200	650	1,100	2,150	3,800	5,400
1980 Dasher						
2d	200	650	1,050	2,100	3,700	5,300
4d	200	650	1,050	2,100	3,700	5,300
4d Sta Wag	200	650	1,100	2,150	3,800	5,400

	6	5	4	3	2	1
1980 Scirocco						
2d Cpe	200	650	1,100	2,250	3,900	5,600
2d Cpe S	250	700	1,150	2,300	4,050	5,800
1980 Pickup						
Cus	200	650	1,100	2,250	3,900	5,600
LX	250	700	1,150	2,300	4,000	5,700
Spt	250	700	1,150	2,300	4,050	5,800
1980 Vanagon Transporter						
Kombi	340	1,020	1,700	3,400	5,950	8,500
Sta Wag	380	1,140	1,900	3,800	6,650	9,500
Campmobile	560	1,680	2,800	5,600	9,800	14,000
1981 Rabbit						
2d Conv	250	750	1,250	2,500	4,400	6,300
2d	150	500	800	1,600	2,800	4,000
2d L	150	500	800	1,600	2,800	4,000
4d L	150	500	800	1,600	2,800	4,000
2d LS	150	500	800	1,650	2,850	4,100
4d LS	150	500	800	1,650	2,850	4,100
2d S	150	500	850	1,700	2,950	4,200
1981 Jetta						
2d	200	550	900	1,750	3,100	4,400
4d	200	550	900	1,750	3,100	4,400
1981 Dasher						
4d	150	500	850	1,700	2,950	4,200
1981 Scirocco						
2d Cpe	200	550	900	1,850	3,200	4,600
2d Cpe S	200	550	950	1,900	3,300	4,700
1981 Pickup						
PU	200	550	900	1,850	3,200	4,600
LX	200	550	950	1,900	3,300	4,700
Spt	200	600	950	1,900	3,350	4,800
1981 Vanagon Transporter						
Kombi	300	900	1,500	3,000	5,250	7,500
Sta Wag	340	1,020	1,700	3,400	5,950	8,500
Campmobile	400	1,200	2,000	4,000	7,000	10,000
1982 Rabbit						
2d Conv	250	750	1,200	2,450	4,250	6,100
2d	150	500	800	1,600	2,800	4,000
2d L	150	500	800	1,650	2,850	4,100
4d L	150	500	800	1,600	2,800	4,000
2d LS	150	500	800	1,650	2,850	4,100
4d LS	150	500	800	1,650	2,850	4,100
2d S	150	500	850	1,700	2,950	4,200
1982 Jetta						
2d	150	500	850	1,700	3,000	4,300
4d	150	500	850	1,700	3,000	4,300
1982 Scirocco						
2d Cpe	200	550	950	1,900	3,300	4,700
1982 Quantum						
2d Cpe	200	600	1,000	2,000	3,500	5,000
4d	200	600	1,000	2,000	3,500	5,000
4d Sta Wag	200	600	1,000	2,050	3,550	5,100
1982 Pickup						
PU	200	550	900	1,850	3,200	4,600
LX	200	550	950	1,900	3,300	4,700
Spt	200	600	950	1,900	3,350	4,800
1982 Vanagon						
Sta Wag	300	900	1,500	3,000	5,250	7,500
Campmobile	400	1,200	2,000	4,000	7,000	10,000
1983 Rabbit						
2d Conv	250	750	1,250	2,500	4,350	6,200
2d L	150	500	800	1,600	2,800	4,000
4d L	150	500	800	1,600	2,800	4,000
2d LS	150	500	800	1,600	2,800	4,000
4d LS	150	500	800	1,600	2,800	4,000
2d GL	150	500	800	1,650	2,850	4,100
4d GL	150	500	800	1,650	2,850	4,100
2d GTi	200	550	900	1,800	3,150	4,500
1983 Jetta						
2d	200	550	900	1,750	3,100	4,400
4d	200	550	900	1,750	3,100	4,400
1983 Scirocco						
2d Cpe	200	600	1,000	2,050	3,550	5,100
1983 Quantum						
2d Cpe	200	600	1,000	2,050	3,550	5,100

1974 Volkswagen Thing convertible sedan

1986 Volvo 780GLE hardtop

1987 Yugo GV hatchback

	6	5	4	3	2	1
4d	200	600	1,000	2,050	3,550	5,100
4d Sta Wag	200	600	1,050	2,100	3,650	5,200
1983 Pickup						
PU	200	550	900	1,850	3,200	4,600
LX	200	550	950	1,900	3,300	4,700
Spt	200	600	950	1,900	3,350	4,800
1983 Vanagon						
Sta Wag	300	900	1,500	3,000	5,250	7,500
Campmobile	400	1,200	2,000	4,000	7,000	10,000
1984 Rabbit						
2d Conv	250	800	1,350	2,700	4,750	6,800
2d L HBk	150	500	800	1,600	2,800	4,000
4d L HBk	150	500	800	1,650	2,850	4,100
4d GL HBk	200	550	900	1,800	3,150	4,500
2d GTi HBk	200	600	1,000	2,000	3,500	5,000
1984 Jetta						
2d Sed	200	600	950	1,900	3,350	4,800
4d Sed	200	600	1,000	1,950	3,450	4,900
4d GL Sed	200	600	1,000	2,000	3,500	5,000
4d GLi Sed	200	600	1,050	2,100	3,650	5,200
1984 Scirocco						
2d Cpe	200	600	1,000	2,000	3,500	5,000
1984 Quantum						
4d GL Sed	200	600	950	1,900	3,350	4,800
4d GL Sta Wag	200	550	950	1,900	3,300	4,700
1984 Vanagon						
Sta Wag	300	850	1,400	2,800	4,900	7,000
Campmobile	400	1,200	2,000	4,000	7,000	10,000
1985 Golf						
2d HBk	150	500	800	1,650	2,850	4,100
2d GTi HBk	200	550	900	1,800	3,150	4,500
4d HBk	150	500	850	1,700	2,950	4,200
1985 Jetta						
2d Sed	150	500	850	1,700	2,950	4,200
1985 Jetta						
4d Sed	150	500	850	1,700	3,000	4,300
1985 Jetta						
NOTE: Add 5 percent for GL and GLi option.						
1985 Cabriolet						
2d Conv	300	900	1,500	3,000	5,250	7,500
1985 Scirocco						
2d Cpe	200	550	900	1,800	3,150	4,500
1985 Quantum						
4d Sed	150	500	850	1,700	3,000	4,300
4d Sta Wag	200	550	900	1,750	3,100	4,400
1985 Vanagon						
Sta Wag	300	850	1,400	2,800	4,900	7,000
Camper	400	1,200	2,000	4,000	7,000	10,000
1986 Golf						
2d HBk	200	650	1,100	2,250	3,900	5,600
2d GTi HBk	250	700	1,200	2,400	4,200	6,000
4d HBk	250	700	1,150	2,300	4,000	5,700
1986 Jetta						
2d Sed	250	700	1,150	2,300	4,000	5,700
4d Sed	250	700	1,150	2,300	4,050	5,800
NOTE: Add 5 percent for GL and GLi option.						
1986 Cabriolet						
2d Conv	400	1,150	1,900	3,800	6,650	9,500
1986 Scirocco						
2d Cpe	250	700	1,200	2,400	4,200	6,000
1986 Quantum						
4d GL Sed	250	700	1,150	2,300	4,050	5,800
1986 Vanagon						
Sta Wag	300	950	1,600	3,200	5,600	8,000
Camper	550	1,700	2,800	5,600	9,800	14,000
1987 Fox						
2d Sed	228	684	1,140	2,280	3,990	5,700
4d GL Sed	232	696	1,160	2,320	4,060	5,800
2d GL Sta Wag	236	708	1,180	2,360	4,130	5,900
1987 Cabriolet						
2d Conv	392	1,176	1,960	3,920	6,860	9,800
1987 Golf						
2d HBk GL	232	696	1,160	2,320	4,060	5,800

	6	5	4	3	2	1
4d GL HBk	236	708	1,180	2,360	4,130	5,900
2d GT HBk	236	708	1,180	2,360	4,130	5,900
4d GT HBk	240	720	1,200	2,400	4,200	6,000
2d GTi HBk	272	816	1,360	2,720	4,760	6,800
2d GTi HBk 16V	312	936	1,560	3,120	5,460	7,800
1987 Jetta						
2d Sed	236	708	1,180	2,360	4,130	5,900
4d Sed	240	720	1,200	2,400	4,200	6,000
4d GL Sed	248	744	1,240	2,480	4,340	6,200
4d GLi Sed	276	828	1,380	2,760	4,830	6,900
4d GLi Sed 16V	316	948	1,580	3,160	5,530	7,900
1987 Scirocco						
2d Cpe	248	744	1,240	2,480	4,340	6,200
2d Cpe 16V	288	864	1,440	2,880	5,040	7,200
1987 Quantum						
4d GL Sed	240	720	1,200	2,400	4,200	6,000
4d Sta Wag	244	732	1,220	2,440	4,270	6,100
4d GL Sta Wag	252	756	1,260	2,520	4,410	6,300
1987 Vanagon						
Sta Wag	320	960	1,600	3,200	5,600	8,000
GL Sta Wag	340	1,020	1,700	3,400	5,950	8,500
Camper	360	1,080	1,800	3,600	6,300	9,000
GL Camper	368	1,104	1,840	3,680	6,440	9,200
1988 Fox						
2d Sed	200	600	1,000	2,000	3,500	5,000
4d GL Sed	208	624	1,040	2,080	3,640	5,200
2d GL Sta Wag	220	660	1,100	2,200	3,850	5,500
1988 Cabriolet						
2d Conv	440	1,320	2,200	4,400	7,700	11,000
1988 Golf						
2d HBk	220	660	1,100	2,200	3,850	5,500
2d GL HBk	240	720	1,200	2,400	4,200	6,000
4d GL HBk	248	744	1,240	2,480	4,340	6,200
2d GT HBk	264	792	1,320	2,640	4,620	6,600
4d GT HBk	272	816	1,360	2,720	4,760	6,800
2d GTi HBk	276	828	1,380	2,760	4,830	6,900
1988 Jetta						
2d Sed	272	816	1,360	2,720	4,760	6,800
4d Sed	284	852	1,420	2,840	4,970	7,100
4d GL Sed	296	888	1,480	2,960	5,180	7,400
4d Sed Carat	300	900	1,500	3,000	5,250	7,500
4d GLi Sed	340	1,020	1,700	3,400	5,950	8,500
1988 Scirocco						
2d Cpe	272	816	1,360	2,720	4,760	6,800
1988 Quantum						
4d GL Sed	248	744	1,240	2,480	4,340	6,200
4d GL Sta Wag	248	744	1,240	2,480	4,340	6,200
1988 Vanagon						
GL Sta Wag	380	1,140	1,900	3,800	6,650	9,500
GL Camper	480	1,440	2,400	4,800	8,400	12,000
1989 Fox						
2d Sed	208	624	1,040	2,080	3,640	5,200
2d GL Sed	220	660	1,100	2,200	3,850	5,500
4d GL Sed	228	684	1,140	2,280	3,990	5,700
4d GL Sta Wag	236	708	1,180	2,360	4,130	5,900
1989 Cabriolet						
2d Conv	460	1,380	2,300	4,600	8,050	11,500
1989 Golf						
2d HBk	228	684	1,140	2,280	3,990	5,700
2d GL HBk	244	732	1,220	2,440	4,270	6,100
4d GL HBk	248	744	1,240	2,480	4,340	6,200
2d GTi HBk	280	840	1,400	2,800	4,900	7,000
1989 Jetta						
2d Sed	280	840	1,400	2,800	4,900	7,000
4d Sed	288	864	1,440	2,880	5,040	7,200
4d GL Sed	300	900	1,500	3,000	5,250	7,500
4d Sed Carat	304	912	1,520	3,040	5,320	7,600
4d GLi Sed	348	1,044	1,740	3,480	6,090	8,700
1989 Vanagon						
GL Sta Wag	440	1,320	2,200	4,400	7,700	11,000
GL Camper	500	1,500	2,500	5,000	8,750	12,500
Carat Sta Wag	500	1,500	2,500	5,000	8,750	12,500
1990 Fox, 4-cyl.						
2d Sed	200	600	1,000	2,000	3,500	5,000
4d Sed	220	660	1,100	2,200	3,850	5,500
2d Sta Wag	232	696	1,160	2,320	4,060	5,800

	6	5	4	3	2	1
4d Spt Sed	224	672	1,120	2,240	3,920	5,600
1990 Cabriolet, 4-cyl.						
2d Conv	440	1,320	2,200	4,400	7,700	11,000
1990 Golf, 4-cyl.						
2d GL HBk	240	720	1,200	2,400	4,200	6,000
4d GL HBk	244	732	1,220	2,440	4,270	6,100
2d GTi HBk	276	828	1,380	2,760	4,830	6,900
1990 Jetta, 4-cyl.						
2d GL Sed	292	876	1,460	2,920	5,110	7,300
4d GL Sed	296	888	1,480	2,960	5,180	7,400
4d GL Sed Diesel	272	816	1,360	2,720	4,760	6,800
4d Carat Sed	300	900	1,500	3,000	5,250	7,500
4d GLi Sed	340	1,020	1,700	3,400	5,950	8,500
1990 Passat, 4-cyl.						
4d Sed	340	1,020	1,700	3,400	5,950	8,500
4d Sta Wag	360	1,080	1,800	3,600	6,300	9,000
1990 Corrado, 4-cyl.						
2d Cpe	380	1,140	1,900	3,800	6,650	9,500
1991 Fox						
2d Sed	128	384	640	1,280	2,240	3,200
4d GL Sed	140	420	700	1,400	2,450	3,500
1991 Cabriolet						
2d Conv	340	1,020	1,700	3,400	5,950	8,500
1991 Golf						
2d GL HBk	200	600	1,000	2,000	3,500	5,000
2d GTi HBk	260	780	1,300	2,600	4,550	6,500
2d GTi HBk 16V	280	840	1,400	2,800	4,900	7,000
4d GL HBk	228	684	1,140	2,280	3,990	5,700
1991 Jetta						
2d GL Sed	220	660	1,100	2,200	3,850	5,500
4d GL Sed	228	684	1,140	2,280	3,990	5,700
4d GL Sed Diesel	180	540	900	1,800	3,150	4,500
4d Carat Sed	248	744	1,240	2,480	4,340	6,200
4d GLi Sed 16V	280	840	1,400	2,800	4,900	7,000
1991 Passat						
4d GL Sed	260	780	1,300	2,600	4,550	6,500
4d GL Sta Wag	280	840	1,400	2,800	4,900	7,000
1991 Corrado						
2d Cpe	340	1,020	1,700	3,400	5,950	8,500
1992 Fox, 4-cyl.						
2d Sed	160	480	800	1,600	2,800	4,000
4d GL Sed	180	540	900	1,800	3,150	4,500
1992 Golf, 4-cyl.						
2d GL HBk	240	720	1,200	2,400	4,200	6,000
4d GL HBk	260	780	1,300	2,600	4,550	6,500
2d GTi HBk	280	840	1,400	2,800	4,900	7,000
2d GTi HBk 16V	300	900	1,500	3,000	5,250	7,500
1992 Cabriolet, 4-cyl.						
2d Conv	340	1,020	1,700	3,400	5,950	8,500
1992 Jetta, 4-cyl.						
4d GL Sed	260	780	1,300	2,600	4,550	6,500
4d GL Sed Diesel	240	720	1,200	2,400	4,200	6,000
4d Carat Sed	300	900	1,500	3,000	5,250	7,500
4d GLi Sed 16V	340	1,020	1,700	3,400	5,950	8,500
1992 Passat, 4-cyl.						
4d CL Sed	260	780	1,300	2,600	4,550	6,500
4d GL Sed	300	900	1,500	3,000	5,250	7,500
4d GL Sta Wag	340	1,020	1,700	3,400	5,950	8,500
1992 Corrado, 4-cyl.						
2d G60 Cpe	400	1,200	2,000	4,000	7,000	10,000
2d SLC Cpe	480	1,440	2,400	4,800	8,400	12,000
1993 Fox, 4-cyl.						
2d Sed	144	432	720	1,440	2,520	3,600
4d GL Sed	152	456	760	1,520	2,660	3,800
1993 Golf						
4d GL HBk	280	840	1,400	2,800	4,900	7,000
1993 Cabriolet, 4-cyl.						
2d Conv	348	1,044	1,740	3,480	6,090	8,700
1993 Jetta, 4-cyl.						
4d GL Sed	272	816	1,360	2,720	4,760	6,800
1993 Passat, 4-cyl.						
4d GL Sed	320	960	1,600	3,200	5,600	8,000
4d GLX Sed	340	1,020	1,700	3,400	5,950	8,500
4d GLX Sta Wag	360	1,080	1,800	3,600	6,300	9,000

	6	5	4	3	2	1
1993 Corrado, V-6						
2d SLC Cpe	440	1,320	2,200	4,400	7,700	11,000
1994 Golf, 4-cyl.						
2d GL HBk	260	780	1,300	2,600	4,550	6,500
4d GL HBk	272	816	1,360	2,720	4,760	6,800
1994 Jetta, 4-cyl.						
4d GL Sed	300	900	1,500	3,000	5,250	7,500
4d GLS Sed	320	960	1,600	3,200	5,600	8,000
4d GLX Sed, V-6	380	1,140	1,900	3,800	6,650	9,500
1994 Passat, V-6						
4d GLX Sed	400	1,200	2,000	4,000	7,000	10,000
4d GLX Sta Wag	440	1,320	2,200	4,400	7,700	11,000
1994 Corrado, V-6						
2d SLC Cpe	520	1,560	2,600	5,200	9,100	13,000

VOLVO

	6	5	4	3	2	1
1944-1950 4-cyl., 1414cc, 102.4" wb						
PV444 2d Sed	528	1,584	2,640	5,280	9,240	13,200
1951 4-cyl., 1414cc, 102.4" wb						
PV444 2d Sed	520	1,560	2,600	5,200	9,100	13,000
1952 4-cyl., 1414cc, 102.4" wb						
PV444 2d Sed	520	1,560	2,600	5,200	9,100	13,000
1953 4-cyl., 1414cc, 102.4" wb						
PV444 2d Sed	520	1,560	2,600	5,200	9,100	13,000
1954 4-cyl., 1414cc, 102.4" wb						
PV444 2d Sed	520	1,560	2,600	5,200	9,100	13,000
PV445 2d Sta Wag	524	1,572	2,620	5,240	9,170	13,100
1955 4-cyl., 1414cc, 102.4" wb						
PV444 2d Sed	520	1,560	2,600	5,200	9,100	13,000
PV445 2d Sta Wag	524	1,572	2,620	5,240	9,170	13,100
1956 4-cyl., 1414cc, 102.4" wb						
PV444 2d Sed	520	1,560	2,600	5,200	9,100	13,000
PV445 2d Sta Wag	524	1,572	2,620	5,240	9,170	13,100
1957 4-cyl., 1414cc, 102.4" wb						
PV444 2d Sed	520	1,560	2,600	5,200	9,100	13,000
PV445 2d Sta Wag	524	1,572	2,620	5,240	9,170	13,100
1957 4-cyl., 104.4" wb, 1583cc, 4-cyl., 94.5" wb, 1414cc						
P1900 conv	660	1,980	3,300	6,600	11,550	16,500
1958 4-cyl., 1583cc, 102.4" wb						
PV544 2d Sed	520	1,560	2,600	5,200	9,100	13,000
PV445 2d Sta Wag	524	1,572	2,620	5,240	9,170	13,100
1959 4-cyl., 1583cc, 102.4" wb						
PV544 2d Sed	520	1,560	2,600	5,200	9,100	13,000
PV445 2d Sta Wag	524	1,572	2,620	5,240	9,170	13,100
122S 4d Sed	540	1,620	2,700	5,400	9,450	13,500
1960 4-cyl., 1583cc, 102.4" wb						
PV544 2d Sed	520	1,560	2,600	5,200	9,100	13,000
PV445 2d Sta Wag	532	1,596	2,660	5,320	9,310	13,300
122S 4d Sed	540	1,620	2,700	5,400	9,450	13,500
1961 4-cyl., 1583cc, 102.4" wb						
PV544 2d Sed	420	1,260	2,100	4,200	7,350	10,500
P210 2d Sta Wag	432	1,296	2,160	4,320	7,560	10,800
122 4d Sed	520	1,560	2,600	5,200	9,100	13,000
1961 4-cyl., 1778cc, 96.5" wb						
P1800 Cpe	520	1,560	2,600	5,200	9,100	13,000
1962 4-cyl., 1583cc, 102.4" wb						
P210 2d Sta Wag	428	1,284	2,140	4,280	7,490	10,700
1962 4-cyl., 1778cc, 102.4" wb						
PV544 2d Sed	400	1,200	2,000	4,000	7,000	10,000
122S 4d Sed	300	900	1,500	3,000	5,250	7,500
122S 2d Sed	308	924	1,540	3,080	5,390	7,700
122S 4d Sta Wag	400	1,200	2,000	4,000	7,000	10,000
1962 4-cyl., 1778cc, 96.5" wb						
P1800 Cpe	520	1,560	2,600	5,200	9,100	13,000
1963 4-cyl., 1778cc, 102.4" wb						
PV544 2d Sed	428	1,284	2,140	4,280	7,490	10,700
210 2d Sta Wag	432	1,296	2,160	4,320	7,560	10,800
P122S 4d Sed	400	1,200	2,000	4,000	7,000	10,000
P122S 2d Sed	408	1,224	2,040	4,080	7,140	10,200
P122S 4d Sta Wag	420	1,260	2,100	4,200	7,350	10,500
1963 4-cyl., 1778cc, 96.5" wb						
1800S Cpe	520	1,560	2,600	5,200	9,100	13,000

	6	5	4	3	2	1
1964 4-cyl., 1778cc, 102.4" wb						
PV544 2d Sed	428	1,284	2,140	4,280	7,490	10,700
P210 2d Sta Wag	540	1,620	2,700	5,400	9,450	13,500
122S 4d Sed	400	1,200	2,000	4,000	7,000	10,000
122S 2d Sed	408	1,224	2,040	4,080	7,140	10,200
122S 4d Sta Wag	420	1,260	2,100	4,200	7,350	10,500
1964 4-cyl., 1778cc, 96.5" wb						
1800S Cpe	540	1,620	2,700	5,400	9,450	13,500
1965 4-cyl., 1778cc, 102.4" wb						
PV544 2d Sed	420	1,260	2,100	4,200	7,350	10,500
P210 Sta Wag	520	1,560	2,600	5,200	9,100	13,000
122S 4d Sed	408	1,224	2,040	4,080	7,140	10,200
122S 2d Sed	400	1,200	2,000	4,000	7,000	10,000
122S 4d Sta Wag	420	1,260	2,100	4,200	7,350	10,500
1965 4-cyl., 1778cc, 96.5" wb						
1800S Cpe	560	1,680	2,800	5,600	9,800	14,000
1966 4-cyl., 1778cc, 102.4" wb						
210S 2d Sta Wag	520	1,560	2,600	5,200	9,100	13,000
122S 4d Sed	400	1,200	2,000	4,000	7,000	10,000
122S 2d Sed	408	1,224	2,040	4,080	7,140	10,200
122S 4d Sta Wag	420	1,260	2,100	4,200	7,350	10,500
1966 4-cyl., 1778cc, 96.5" wb						
1800S Cpe	520	1,560	2,600	5,200	9,100	13,000
1967 4-cyl., 1778cc, 102.4" wb						
P210 2d Sta Wag	540	1,620	2,700	5,400	9,450	13,500
122S 2d Sed	408	1,224	2,040	4,080	7,140	10,200
122S 4d Sed	400	1,200	2,000	4,000	7,000	10,000
122S 4d Sta Wag	420	1,260	2,100	4,200	7,350	10,500
1967 4-cyl., 1778cc, 96.5" wb						
123 GT	520	1,560	2,600	5,200	9,100	13,000
1800S Cpe	580	1,740	2,900	5,800	10,150	14,500
1968 4-cyl., 1778cc, 102.4" wb						
122S 2d Sed	408	1,224	2,040	4,080	7,140	10,200
122S 4d Sta Wag	420	1,260	2,100	4,200	7,350	10,500
123 GT	520	1,560	2,600	5,200	9,100	13,000
142S 2d Sed	300	900	1,500	3,000	5,250	7,500
144 4d Sed	292	876	1,460	2,920	5,110	7,300
1968 4-cyl., 1778cc, 96.5" wb						
1800S Cpe	560	1,680	2,800	5,600	9,800	14,000
1969 4-cyl., 1986cc, 102.4" wb						
142S 2d Sed	404	1,212	2,020	4,040	7,070	10,100
144S 4d Sed	400	1,200	2,000	4,000	7,000	10,000
145S 4d Sta Wag	408	1,224	2,040	4,080	7,140	10,200
1969 4-cyl., 1986cc, 96.5" wb						
1800S Cpe	580	1,740	2,900	5,800	10,150	14,500
1970 4-cyl., 1986cc, 102.4" wb						
142 2d Sed	408	1,224	2,040	4,080	7,140	10,200
144 4d Sed	404	1,212	2,020	4,040	7,070	10,100
145 4d Sta Wag	404	1,212	2,020	4,040	7,070	10,100
1970 4-cyl., 1986cc, 96.5" wb						
1800E Cpe	580	1,740	2,900	5,800	10,150	14,500
1970 6-cyl., 2978cc, 106.3" wb						
164 4d Sed	300	900	1,500	3,000	5,250	7,500
1971 4-cyl., 1986cc, 103.2" wb						
142 2d Sed	308	924	1,540	3,080	5,390	7,700
144 4d Sed	300	900	1,500	3,000	5,250	7,500
145 4d Sta Wag	316	948	1,580	3,160	5,530	7,900
1971 4-cyl., 1986cc, 96.5" wb						
1800E Cpe	600	1,800	3,000	6,000	10,500	15,000
1971 6-cyl., 2978cc, 107" wb						
164 4d Sed	304	912	1,520	3,040	5,320	7,600
1972 4-cyl., 1986cc, 103.2" wb						
142 2d Sed	312	936	1,560	3,120	5,460	7,800
144 4d Sed	308	924	1,540	3,080	5,390	7,700
145 4d Sta Wag	400	1,200	2,000	4,000	7,000	10,000
1972 4-cyl., 1986cc, 96.5" wb						
1800E Cpe	600	1,800	3,000	6,000	10,500	15,000
1800ES Spt Wag	620	1,860	3,100	6,200	10,850	15,500
1972 6-cyl., 2978cc, 107" wb						
164 4d Sed	304	912	1,520	3,040	5,320	7,600
1973 4-cyl., 1986cc, 103.2" wb						
142 2d Sed	300	900	1,500	3,000	5,250	7,500
144 4d Sed	296	888	1,480	2,960	5,180	7,400
145 4d Sta Wag	308	924	1,540	3,080	5,390	7,700

	6	5	4	3	2	1
1973 4-cyl., 1986cc, 96.5" wb						
1800ES Spt Wag	640	1,920	3,200	6,400	11,200	16,000
1973 6-cyl., 2978cc, 107" wb						
164E 4d Sed	300	900	1,500	3,000	5,250	7,500
1974 4-cyl., 1986cc, 103.2" wb						
142 2d Sed	284	852	1,420	2,840	4,970	7,100
144 4d Sed	284	852	1,420	2,840	4,970	7,100
145 4d Sta Wag	292	876	1,460	2,920	5,110	7,300
142GL 2d Sed	288	864	1,440	2,880	5,040	7,200
144GL 4d Sed	288	864	1,440	2,880	5,040	7,200
1974 6-cyl., 2978cc, 107" wb						
164E 4d Sed	296	888	1,480	2,960	5,180	7,400
1975 4-cyl., 2127cc, 103.9" wb						
242 2d Sed	248	744	1,240	2,480	4,340	6,200
244 4d Sed	248	744	1,240	2,480	4,340	6,200
245 4d Sta Wag	260	780	1,300	2,600	4,550	6,500
242GL 2d Sed	256	768	1,280	2,560	4,480	6,400
244GL 4d Sed	256	768	1,280	2,560	4,480	6,400
1975 6-cyl., 2978cc, 107" wb						
164 4d Sed	260	780	1,300	2,600	4,550	6,500
1976 4-cyl., 2127cc, 103.9" wb						
242 2d Sed	260	780	1,300	2,600	4,550	6,500
244 4d Sed	260	780	1,300	2,600	4,550	6,500
245 4d Sta Wag	272	816	1,360	2,720	4,760	6,800
1976 6-cyl., 2664cc, 103.9" wb						
262GL 2d Sed	272	816	1,360	2,720	4,760	6,800
264 4d Sed	276	828	1,380	2,760	4,830	6,900
265 4d Sta Wag	284	852	1,420	2,840	4,970	7,100
264GL 4d Sed	280	840	1,400	2,800	4,900	7,000
1977 4-cyl., 2127cc, 103.9" wb						
242 2d Sed	272	816	1,360	2,720	4,760	6,800
244 4d Sed	272	816	1,360	2,720	4,760	6,800
245 4d Sta Wag	288	864	1,440	2,880	5,040	7,200
1977 6-cyl., 2664cc, 103.9" wb						
264GL 4d Sed	284	852	1,420	2,840	4,970	7,100
265GL 4d Sta Wag	292	876	1,460	2,920	5,110	7,300
262C 2d Cpe	560	1,680	2,800	5,600	9,800	14,000
1978 6-cyl., 2664cc, 103.9" wb						
244 4d	240	720	1,200	2,400	4,200	6,000
242GT 2d	244	732	1,220	2,440	4,270	6,100
242 2d	248	744	1,240	2,480	4,340	6,200
245 4d Sta Wag	252	756	1,260	2,520	4,410	6,300
264GL 4d	248	744	1,240	2,480	4,340	6,200
265GL 4d Sta Wag	256	768	1,280	2,560	4,480	6,400
262C 2d	560	1,680	2,800	5,600	9,800	14,000
1979 6-cyl., 2664cc, 103.9" wb						
242DL 2d	232	696	1,160	2,320	4,060	5,800
242GT 2d	236	708	1,180	2,360	4,130	5,900
244DL 4d	236	708	1,180	2,360	4,130	5,900
245DL 4d Sta Wag	240	720	1,200	2,400	4,200	6,000
245GL 4d	240	720	1,200	2,400	4,200	6,000
265GL 4d Sta Wag	244	732	1,220	2,440	4,270	6,100
262C 2d Cpe	580	1,740	2,900	5,800	10,150	14,500
1980 6-cyl., 2664cc, 103.9" wb						
DL 2d	208	624	1,040	2,080	3,640	5,200
DL GT 2d	216	648	1,080	2,160	3,780	5,400
DL 4d	216	648	1,080	2,160	3,780	5,400
DL 4d Sta Wag	228	684	1,140	2,280	3,990	5,700
GL 4d	228	684	1,140	2,280	3,990	5,700
GLE 4d	232	696	1,160	2,320	4,060	5,800
GLE 4d Sta Wag	236	708	1,180	2,360	4,130	5,900
GLE 2d Cpe Bertone	564	1,692	2,820	5,640	9,870	14,100
1981 6-cyl., 2664cc, 103.9" wb						
DL 2d	208	624	1,040	2,080	3,640	5,200
DL 4d	216	648	1,080	2,160	3,780	5,400
DL 4d Sta Wag	228	684	1,140	2,280	3,990	5,700
GL 2d	220	660	1,100	2,200	3,850	5,500
GL 4d	220	660	1,100	2,200	3,850	5,500
GLT 2d	220	660	1,100	2,200	3,850	5,500
GLT 4d Sta Wag	232	696	1,160	2,320	4,060	5,800
GLT 2d Turbo	240	720	1,200	2,400	4,200	6,000
GLT 4d Turbo	240	720	1,200	2,400	4,200	6,000
GLE 4d	240	720	1,200	2,400	4,200	6,000
2d Bertone Cpe	580	1,740	2,900	5,800	10,150	14,500
1982 6-cyl., 2664cc, 103.9" wb						
DL 2d	208	624	1,040	2,080	3,640	5,200

	6	5	4	3	2	1
DL 4d	208	624	1,040	2,080	3,640	5,200
DL 4d Sta Wag	212	636	1,060	2,120	3,710	5,300
GL 4d	212	636	1,060	2,120	3,710	5,300
GL 4d Sta Wag	216	648	1,080	2,160	3,780	5,400
GLT 2d	212	636	1,060	2,120	3,710	5,300
GLT 2d Turbo	228	684	1,140	2,280	3,990	5,700
GLT 4d Turbo	228	684	1,140	2,280	3,990	5,700
GLT 4d Sta Wag Turbo	228	684	1,140	2,280	3,990	5,700
GLE 4d	228	684	1,140	2,280	3,990	5,700
1983 6-cyl., 2664cc, 103.9" wb						
DL 2d	208	624	1,040	2,080	3,640	5,200
DL 4d	208	624	1,040	2,080	3,640	5,200
DL 4d Sta Wag	212	636	1,060	2,120	3,710	5,300
GL 4d	212	636	1,060	2,120	3,710	5,300
GL 4d Sta Wag	216	648	1,080	2,160	3,780	5,400
GLT 2d Turbo	212	636	1,060	2,120	3,710	5,300
GLT 4d Turbo	224	672	1,120	2,240	3,920	5,600
GLT 4d Sta Wag Turbo	228	684	1,140	2,280	3,990	5,700
760 GLE 4d	228	684	1,140	2,280	3,990	5,700
760 GLE 4d Turbo Diesel	232	696	1,160	2,320	4,060	5,800
1984 6-cyl., 2664cc, 103.9" wb						
DL 2d	300	900	1,500	3,000	5,250	7,500
DL 4d	400	1,200	2,000	4,000	7,000	10,000
DL 4d Sta Wag	420	1,260	2,100	4,200	7,350	10,500
GL 4d	520	1,560	2,600	5,200	9,100	13,000
GL 4d Sta Wag	540	1,620	2,700	5,400	9,450	13,500
GLT 2d Turbo	560	1,680	2,800	5,600	9,800	14,000
GLT 4d Turbo	580	1,740	2,900	5,800	10,150	14,500
GLT 4d Sta Wag Turbo	580	1,740	2,900	5,800	10,150	14,500
760 GLE 4d	580	1,740	2,900	5,800	10,150	14,500
760 GLE 4d Turbo	600	1,800	3,000	6,000	10,500	15,000
760 GLE 4d Turbo Diesel	560	1,680	2,800	5,600	9,800	14,000
1985 6-cyl., 2664cc, 103.9" wb						
DL 4d Sed	300	900	1,500	3,000	5,250	7,500
DL 4d Sta Wag	304	912	1,520	3,040	5,320	7,600
GL 4d Sed	420	1,260	2,100	4,200	7,350	10,500
GL 4d Sta Wag	424	1,272	2,120	4,240	7,420	10,600
NOTE: Add 10 percent for Turbo.						
740 4d Sed	580	1,740	2,900	5,800	10,150	14,500
740 4d Sta Wag	600	1,800	3,000	6,000	10,500	15,000
NOTE: Deduct 10 percent for Diesel. Add 10 percent for Turbo.						
760 4d Sed	640	1,920	3,200	6,400	11,200	16,000
760 4d Sta Wag	660	1,980	3,300	6,600	11,550	16,500
NOTE: Deduct 10 percent for Diesel. Add 10 percent for Turbo.						
1986 6-cyl., 2664cc, 103.9" wb						
DL 4d Sed	520	1,560	2,600	5,200	9,100	13,000
DL 4d Sta Wag	524	1,572	2,620	5,240	9,170	13,100
GL 4d Sed	580	1,740	2,900	5,800	10,150	14,500
GL 4d Sta Wag	584	1,752	2,920	5,840	10,220	14,600
740 4d Sed	660	1,980	3,300	6,600	11,550	16,500
740 4d Sta Wag	680	2,040	3,400	6,800	11,900	17,000
NOTE: Deduct 10 percent for Diesel. Add 10 percent for Turbo.						
760 4d Sed	720	2,160	3,600	7,200	12,600	18,000
760 4d Sta Wag	760	2,280	3,800	7,600	13,300	19,000
1987 240						
DL 4d Sed	560	1,680	2,800	5,600	9,800	14,000
DL 4d Sta Wag	600	1,800	3,000	6,000	10,500	15,000
GL 4d Sed	600	1,800	3,000	6,000	10,500	15,000
GL 4d Sta Wag	640	1,920	3,200	6,400	11,200	16,000
1987 740						
GLE 4d Sed	660	1,980	3,300	6,600	11,550	16,500
Turbo GLE 4d Sed	720	2,160	3,600	7,200	12,600	18,000
GLE 4d Sta Wag	680	2,040	3,400	6,800	11,900	17,000
Turbo GLE 4d Sta Wag	760	2,280	3,800	7,600	13,300	19,000
1987 760						
Turbo GLE 4d Sed	800	2,400	4,000	8,000	14,000	20,000
Turbo GLE 4d Sta Wag	840	2,520	4,200	8,400	14,700	21,000
1987 780						
GLE 2d Cpe	1,040	3,120	5,200	10,400	18,200	26,000
1987 240						
DL 4d Sed	540	1,620	2,700	5,400	9,450	13,500
DL 4d Sta Wag	580	1,740	2,900	5,800	10,150	14,500
GL 4d Sed	584	1,752	2,920	5,840	10,220	14,600
GL 4d Sta Wag	580	1,740	2,900	5,800	10,150	14,500

	6	5	4	3	2	1
1987 740						
GLE 4d Sed	660	1,980	3,300	6,600	11,550	16,500
GLE 4d Sta Wag	680	2,040	3,400	6,800	11,900	17,000
Turbo GLE 4d Sed	720	2,160	3,600	7,200	12,600	18,000
GLE Sta Wag	760	2,280	3,800	7,600	13,300	19,000
1987 760						
4d Sed	720	2,160	3,600	7,200	12,600	18,000
Turbo 4d Sed	800	2,400	4,000	8,000	14,000	20,000
Turbo 4d Sta Wag	840	2,520	4,200	8,400	14,700	21,000
1987 780						
2d Cpe GLE	1,040	3,120	5,200	10,400	18,200	26,000
1988 240						
DL 4d Sed	640	1,920	3,200	6,400	11,200	16,000
DL 4d Sta Wag	680	2,040	3,400	6,800	11,900	17,000
GL 4d Sed	720	2,160	3,600	7,200	12,600	18,000
GL 4d Sta Wag	760	2,280	3,800	7,600	13,300	19,000
1988 740						
GLE 4d Sed	760	2,280	3,800	7,600	13,300	19,000
GLE 4d Sta Wag	800	2,400	4,000	8,000	14,000	20,000
Turbo GLE 4d Sed	960	2,880	4,800	9,600	16,800	24,000
Turbo GLE 4d Sta Wag	1,000	3,000	5,000	10,000	17,500	25,000
1988 760						
4d Sed	1,040	3,120	5,200	10,400	18,200	26,000
Turbo GLE 4d Sed	1,080	3,240	5,400	10,800	18,900	27,000
Turbo GLE 4d Sta Wag	1,120	3,360	5,600	11,200	19,600	28,000
1988 780						
GLE 2d Cpe	1,200	3,600	6,000	12,000	21,000	30,000
1989 DL						
4d Sed	600	1,800	3,000	6,000	10,500	15,000
4d Sta Wag	640	1,920	3,200	6,400	11,200	16,000
1989 GL						
4d Sed	640	1,920	3,200	6,400	11,200	16,000
4d Sta Wag	680	2,040	3,400	6,800	11,900	17,000
1989 740 GL						
4d	720	2,160	3,600	7,200	12,600	18,000
4d Sta Wag	760	2,280	3,800	7,600	13,300	19,000
1989 740 GLE						
4d Sed (16V)	840	2,520	4,200	8,400	14,700	21,000
4d Sta Wag (16V)	880	2,640	4,400	8,800	15,400	22,000
1989 740 (Turbo)						
4d Sed	920	2,760	4,600	9,200	16,100	23,000
4d Sta Wag	960	2,880	4,800	9,600	16,800	24,000
1989 760 GLE						
4d Sed	1,080	3,240	5,400	10,800	18,900	27,000
4d Sed Turbo	1,120	3,360	5,600	11,200	19,600	28,000
4d Sta Wag Turbo	1,160	3,480	5,800	11,600	20,300	29,000
1989 780						
2d Cpe	1,160	3,480	5,800	11,600	20,300	29,000
2d Cpe Turbo	1,200	3,600	6,000	12,000	21,000	30,000
1990 240, 4-cyl.						
4d Sed	560	1,680	2,800	5,600	9,800	14,000
4d Sta Wag	600	1,800	3,000	6,000	10,500	15,000
4d DL Sed	600	1,800	3,000	6,000	10,500	15,000
4d DL Sta Wag	640	1,920	3,200	6,400	11,200	16,000
1990 740, 4-cyl.						
4d Sed	600	1,800	3,000	6,000	10,500	15,000
4d Sta Wag	640	1,920	3,200	6,400	11,200	16,000
4d GL Sed	680	2,040	3,400	6,800	11,900	17,000
4d GL Sta Wag	720	2,160	3,600	7,200	12,600	18,000
4d GLE Sed	760	2,280	3,800	7,600	13,300	19,000
4d GLE Sta Wag	800	2,400	4,000	8,000	14,000	20,000
4d Turbo Sed	840	2,520	4,200	8,400	14,700	21,000
4d Turbo Sta Wag	880	2,640	4,400	8,800	15,400	22,000
1990 760, 6-cyl.						
4d GLE Sed	920	2,760	4,600	9,200	16,100	23,000
4d GLE Turbo Sed	960	2,880	4,800	9,600	16,800	24,000
4d GLE Turbo Sta Wag	1,000	3,000	5,000	10,000	17,500	25,000
1990 780, 6-cyl.						
2d Cpe	1,000	3,000	5,000	10,000	17,500	25,000
2d Turbo Cpe	1,040	3,120	5,200	10,400	18,200	26,000
1991 240						
4d Sed	540	1,620	2,700	5,400	9,450	13,500
4d Sta Wag	552	1,656	2,760	5,520	9,660	13,800
4d SE Sta Wag	600	1,800	3,000	6,000	10,500	15,000

	6	5	4	3	2	1
1991 740						
4d Sed	588	1,764	2,940	5,880	10,290	14,700
4d Turbo Sed	680	2,040	3,400	6,800	11,900	17,000
4d SE Turbo Sed	660	1,980	3,300	6,600	11,550	16,500
4d Sta Wag	680	2,040	3,400	6,800	11,900	17,000
4d Turbo Sta Wag	720	2,160	3,600	7,200	12,600	18,000
4d SE Turbo Sta Wag	760	2,280	3,800	7,600	13,300	19,000
1991 940						
4d GLE Sed (16V)	680	2,040	3,400	6,800	11,900	17,000
4d Turbo Sed	720	2,160	3,600	7,200	12,600	18,000
4d SE Turbo Sed	760	2,280	3,800	7,600	13,300	19,000
4d GLE Sta Wag (16V)	720	2,160	3,600	7,200	12,600	18,000
4d Turbo Sta Wag	760	2,280	3,800	7,600	13,300	19,000
4d SE Turbo Sta Wag	760	2,280	3,800	7,600	13,300	19,000
1991 780						
2d Turbo Cpe	880	2,640	4,400	8,800	15,400	22,000
1992 240, 4-cyl.						
4d Sed	580	1,740	2,900	5,800	10,150	14,500
4d Sta Wag	620	1,860	3,100	6,200	10,850	15,500
4d GL Sed	600	1,800	3,000	6,000	10,500	15,000
1992 740, 4-cyl.						
4d Sed	600	1,800	3,000	6,000	10,500	15,000
4d Sta Wag	640	1,920	3,200	6,400	11,200	16,000
4d Turbo Sta Wag	720	2,160	3,600	7,200	12,600	18,000
1992 940, 4-cyl.						
4d CL Sed	600	1,800	3,000	6,000	10,500	15,000
4d Turbo Sed	688	2,064	3,440	6,880	12,040	17,200
4d Turbo Sta Wag	728	2,184	3,640	7,280	12,740	18,200
1992 960, 4-cyl.						
4d Sed (16V)	692	2,076	3,460	6,920	12,110	17,300
4d Sta Wag (16V)	732	2,196	3,660	7,320	12,810	18,300
1993 240, 4-cyl.						
4d Sed	560	1,680	2,800	5,600	9,800	14,000
4d Sta Wag	600	1,800	3,000	6,000	10,500	15,000
1993 850, 5-cyl.						
4d GLT Sed	600	1,800	3,000	6,000	10,500	15,000
1993 940, 4-cyl.						
4d Sed	620	1,860	3,100	6,200	10,850	15,500
4d Sta Wag	620	1,860	3,100	6,200	10,850	15,500
4d Turbo Sed	640	1,920	3,200	6,400	11,200	16,000
4d Turbo Sta Wag	660	1,980	3,300	6,600	11,550	16,500
1993 960, 4-cyl.						
4d Sed	680	2,040	3,400	6,800	11,900	17,000
4d Sta Wag	740	2,220	3,700	7,400	12,950	18,500
1994 850, 4-cyl.						
4d Sed	600	1,800	3,000	6,000	10,500	15,000
4d Sed Turbo	680	2,040	3,400	6,800	11,900	17,000
4d Sta Wag	640	1,920	3,200	6,400	11,200	16,000
4d Sta Wag Turbo	720	2,160	3,600	7,200	12,600	18,000
1994 940, 4-cyl.						
4d Sed	480	1,440	2,400	4,800	8,400	12,000
4d Sed Turbo	560	1,680	2,800	5,600	9,800	14,000
4d Sta Wag	520	1,560	2,600	5,200	9,100	13,000
4d Sta Wag Turbo	600	1,800	3,000	6,000	10,500	15,000
1994 960, 4-cyl.						
4d Sed	600	1,800	3,000	6,000	10,500	15,000
4d Sta Wag	640	1,920	3,200	6,400	11,200	16,000

YUGO

	6	5	4	3	2	1
1986						
2d HBk GV	164	492	820	1,640	2,870	4,100
1987						
2d HBk GV	164	492	820	1,640	2,870	4,100
1988						
2d HBk GV	164	492	820	1,640	2,870	4,100
2d HBk GVL	168	504	840	1,680	2,940	4,200

DOMESTIC TRUCKS

AMERICAN AUSTIN-BANTAM TRUCKS

	6	5	4	3	2	1
1931 Austin Series A						
Cpe Dly	960	2,880	4,800	9,600	16,800	24,000
Panel Dly	1,040	3,120	5,200	10,400	18,200	26,000
1932 Austin Series A						
Cpe Dly	960	2,880	4,800	9,600	16,800	24,000
Panel Dly	1,040	3,120	5,200	10,400	18,200	26,000
1933 Austin 275						
Cpe Dly	920	2,760	4,600	9,200	16,100	23,000
Panel Dly	1,000	3,000	5,000	10,000	17,500	25,000
Bantam Van	960	2,880	4,800	9,600	16,800	24,000
1933 Austin 375						
Panel Dly	960	2,880	4,800	9,600	16,800	24,000
PU	920	2,760	4,600	9,200	16,100	23,000
Pony Exp	880	2,640	4,400	8,800	15,400	22,000
Cpe Dly	1,000	3,000	5,000	10,000	17,500	25,000
1934 Austin 375						
PU	800	2,400	4,000	8,000	14,000	20,000
Panel Dly	880	2,640	4,400	8,800	15,400	22,000
1935 Austin 475						
PU	760	2,280	3,800	7,600	13,300	19,000
Panel Dly	840	2,520	4,200	8,400	14,700	21,000
1936 Austin 475						
No vehicles manufactured.						
1937 American Bantam 575						
PU	920	2,760	4,600	9,200	16,100	23,000
Panel Dly	1,080	3,240	5,400	10,800	18,900	27,000
1938 American Bantam 60						
Bus Cpe	840	2,520	4,200	8,400	14,700	21,000
PU Exp	920	2,760	4,600	9,200	16,100	23,000
Panel Exp	1,080	3,240	5,400	10,800	18,900	27,000
Boulevard Dly	1,960	5,880	9,800	19,600	34,300	49,000
1939 American Bantam 60						
PU Exp	920	2,760	4,600	9,200	16,100	23,000
Panel Exp	1,080	3,240	5,400	10,800	18,900	27,000
Boulevard Dly	1,960	5,880	9,800	19,600	34,300	49,000
1940 American Bantam 65						
PU	920	2,760	4,600	9,200	16,100	23,000
Panel	1,080	3,240	5,400	10,800	18,900	27,000
Boulevard Dly	1,960	5,880	9,800	19,600	34,300	49,000
1941 American Bantam 65						
PU	920	2,760	4,600	9,200	16,100	23,000
Panel	1,080	3,240	5,400	10,800	18,900	27,000

CHEVROLET TRUCKS

	6	5	4	3	2	1
1918 Series "490"						
1/2-Ton Light Dly	720	2,160	3,600	7,200	12,600	18,000
1918 Series "T"						
1-Ton Flare Exp	620	1,860	3,100	6,200	10,850	15,500
1-Ton Covered Flare	640	1,920	3,200	6,400	11,200	16,000
1919 Series "490"						
1/2-Ton Light Dly	720	2,160	3,600	7,200	12,600	18,000
1919 Series "T"						
1-Ton Flare Exp	620	1,860	3,100	6,200	10,850	15,500
1-Ton Covered Flare	640	1,920	3,200	6,400	11,200	16,000
1920 Series "490"						
Light Dly Wag 1-Seat	720	2,160	3,600	7,200	12,600	18,000
Light Dly Wag 2-Seat	720	2,160	3,600	7,200	12,600	18,000
1920 Model T						
Flareboard Exp	620	1,860	3,100	6,200	10,850	15,500
Covered Flare	640	1,920	3,200	6,400	11,200	16,000
1921 Series "490"						
Open Exp	720	2,160	3,600	7,200	12,600	18,000
Canopy Exp 3 Seat	740	2,220	3,700	7,400	12,950	18,500
1921 Series G						
Open Exp	680	2,040	3,400	6,800	11,900	17,000
Canopy Exp	688	2,064	3,440	6,880	12,040	17,200
1921 Series T						
Open Exp	620	1,860	3,100	6,200	10,850	15,500
Canopy Exp	640	1,920	3,200	6,400	11,200	16,000

	6	5	4	3	2	1
1922 Series "490"						
Dly Wag	720	2,160	3,600	7,200	12,600	18,000
Panel Dly	760	2,280	3,800	7,600	13,300	19,000
Sta Wag	840	2,520	4,200	8,400	14,700	21,000
1922 Series G						
Exp	680	2,040	3,400	6,800	11,900	17,000
Canopy Exp	688	2,064	3,440	6,880	12,040	17,200
1922 Series T						
Open Exp	620	1,860	3,100	6,200	10,850	15,500
Canopy Exp	640	1,920	3,200	6,400	11,200	16,000
Canopy Exp w/curtains	640	1,920	3,200	6,400	11,200	16,000
1923 Series B Superior						
Canopy Exp	760	2,280	3,800	7,600	13,300	19,000
Panel Dly	760	2,280	3,800	7,600	13,300	19,000
Sta Wag	840	2,520	4,200	8,400	14,700	21,000
1923 Series D Superior						
Utl Dly (Exp)	620	1,860	3,100	6,200	10,850	15,500
Cattle Body (Stake)	652	1,956	3,260	6,520	11,410	16,300
Dly Wag	640	1,920	3,200	6,400	11,200	16,000
Panel Body	660	1,980	3,300	6,600	11,550	16,500
Gravity Dump	668	2,004	3,340	6,680	11,690	16,700
Petroleum Tanker	672	2,016	3,360	6,720	11,760	16,800
1924 Series F						
Open Exp	616	1,848	3,080	6,160	10,780	15,400
Canopy Exp	640	1,920	3,200	6,400	11,200	16,000
Panel Dly	640	1,920	3,200	6,400	11,200	16,000
Sta Wag	656	1,968	3,280	6,560	11,480	16,400
1924 Series H						
Open Cab Grain/Stock Body	564	1,692	2,820	5,640	9,870	14,100
Closed Cab Grain/Stock Body	568	1,704	2,840	5,680	9,940	14,200
Flareboard Exp	596	1,788	2,980	5,960	10,430	14,900
Panel Body	612	1,836	3,060	6,120	10,710	15,300
Dump/Coal Body	616	1,848	3,080	6,160	10,780	15,400
Tanker (3 compartment)	620	1,860	3,100	6,200	10,850	15,500
1925 Series M, 1924-25), 1-Ton						
Flareboard Exp	556	1,668	2,780	5,560	9,730	13,900
Panel Body	572	1,716	2,860	5,720	10,010	14,300
1925 Series K, 1/2-Ton						
Flareboard Exp	620	1,860	3,100	6,200	10,850	15,500
Panel Body	640	1,920	3,200	6,400	11,200	16,000
Sta Wag	696	2,088	3,480	6,960	12,180	17,400
1925 Series R, 1-Ton						
Flareboard Exp	556	1,668	2,780	5,560	9,730	13,900
Panel Body	572	1,716	2,860	5,720	10,010	14,300
Grain Body	568	1,704	2,840	5,680	9,940	14,200
Stake-Platform	564	1,692	2,820	5,640	9,870	14,100
Tanker (3 compartment)	580	1,740	2,900	5,800	10,150	14,500
Dump Body	576	1,728	2,880	5,760	10,080	14,400
Wrecker	620	1,860	3,100	6,200	10,850	15,500
1926 Series V						
Rds PU (Factory)	620	1,860	3,100	6,200	10,850	15,500
Commercial Rds (Factory)	608	1,824	3,040	6,080	10,640	15,200
Hercules Panel Dly	640	1,920	3,200	6,400	11,200	16,000
Springfield Ctry Clb Sub	840	2,520	4,200	8,400	14,700	21,000
Springfield Panel Dly	760	2,280	3,800	7,600	13,300	19,000
1926 Series X, 1926-27						
Flareboard Exp (Factory)	640	1,920	3,200	6,400	11,200	16,000
Canopy Exp (Factory)	660	1,980	3,300	6,600	11,550	16,500
Screenside Exp (Factory)	660	1,980	3,300	6,600	11,550	16,500
Peddler's Wag (Factory)	672	2,016	3,360	6,720	11,760	16,800
Mifflinburg Depot Hack	760	2,280	3,800	7,600	13,300	19,000
Springfield 12P Sub	760	2,280	3,800	7,600	13,300	19,000
Proctor-Keefe Dump	668	2,004	3,340	6,680	11,690	16,700
Mifflinburg Jitney/Exp	660	1,980	3,300	6,600	11,550	16,500
Platform Stake	652	1,956	3,260	6,520	11,410	16,300
Rack Body w/Coach Front	652	1,956	3,260	6,520	11,410	16,300
1927-1928						
Rds PU	800	2,400	4,000	8,000	14,000	20,000
Commercial Rds	800	2,400	4,000	8,000	14,000	20,000
Open Exp	720	2,160	3,600	7,200	12,600	18,000
Sta Wag	800	2,400	4,000	8,000	14,000	20,000

	6	5	4	3	2	1
Panel Dly	760	2,280	3,800	7,600	13,300	19,000
1929-1930						
Rds w/Slip-in Cargo Box	840	2,520	4,200	8,400	14,700	21,000
Rds w/Panel Carrier	840	2,520	4,200	8,400	14,700	21,000
Open Exp	760	2,280	3,800	7,600	13,300	19,000
Canopy Exp	800	2,400	4,000	8,000	14,000	20,000
Sed Dly	840	2,520	4,200	8,400	14,700	21,000
Screenside Exp	800	2,400	4,000	8,000	14,000	20,000
Panel Dly	800	2,400	4,000	8,000	14,000	20,000
Ambassador Panel Dly	880	2,640	4,400	8,800	15,400	22,000
1931-1932						
Open Cab PU	920	2,760	4,600	9,200	16,100	23,000
Closed Cab PU	840	2,520	4,200	8,400	14,700	21,000
Panel Dly	880	2,640	4,400	8,800	15,400	22,000
Canopy Dly (curtains)	920	2,760	4,600	9,200	16,100	23,000
Canopy Dly (screens)	920	2,760	4,600	9,200	16,100	23,000
Sed Dly	1,000	3,000	5,000	10,000	17,500	25,000
DeL Sta Wag	920	2,760	4,600	9,200	16,100	23,000
NOTE: Add 5 percent for Deluxe 1/2-Ton models. Add 5 percent for Special Equipment on models other than those noted as "Specials" above. Add 2 percent for Canopy Tops on both pickups.						
1933-1936						
Sed Dly	840	2,520	4,200	8,400	14,700	21,000
Spl Sed Dly	880	2,640	4,400	8,800	15,400	22,000
Closed Cab PU	760	2,280	3,800	7,600	13,300	19,000
Panel Dly	760	2,280	3,800	7,600	13,300	19,000
Spl Panel Dly	800	2,400	4,000	8,000	14,000	20,000
Canopy Exp	840	2,520	4,200	8,400	14,700	21,000
Spl Canopy Exp	800	2,400	4,000	8,000	14,000	20,000
Screenside Exp	800	2,400	4,000	8,000	14,000	20,000
NOTE: Add 2 percent for canopied pickups.						
1937-1940						
Sed Dly	880	2,640	4,400	8,800	15,400	22,000
PU	840	2,520	4,200	8,400	14,700	21,000
Panel	840	2,520	4,200	8,400	14,700	21,000
Canopy Exp	880	2,640	4,400	8,800	15,400	22,000
Carryall Suburban	840	2,520	4,200	8,400	14,700	21,000
1937-1940 1/2-Ton						
PU	800	2,400	4,000	8,000	14,000	20,000
Stake	760	2,280	3,800	7,600	13,300	19,000
1937-1940 3/4-Ton						
PU	800	2,400	4,000	8,000	14,000	20,000
Stake	760	2,280	3,800	7,600	13,300	19,000
1941-1947 3/4-Ton						
Cpe PU	880	2,640	4,400	8,800	15,400	22,000
Sed Dly	920	2,760	4,600	9,200	16,100	23,000
1941-1947 1/2-Ton						
PU	880	2,640	4,400	8,800	15,400	22,000
Panel Dly	840	2,520	4,200	8,400	14,700	21,000
Canopy	880	2,640	4,400	8,800	15,400	22,000
Suburban	880	2,640	4,400	8,800	15,400	22,000
1948-1953 1/2-Ton						
Sed Dly	880	2,640	4,400	8,800	15,400	22,000
PU	960	2,880	4,800	9,600	16,800	24,000
Panel	760	2,280	3,800	7,600	13,300	19,000
Canopy Exp	800	2,400	4,000	8,000	14,000	20,000
Suburban	800	2,400	4,000	8,000	14,000	20,000
1948-1953 3/4-Ton						
PU	840	2,520	4,200	8,400	14,700	21,000
Platform	720	2,160	3,600	7,200	12,600	18,000
Stake	720	2,160	3,600	7,200	12,600	18,000
1948-1953 1-Ton						
PU	740	2,220	3,700	7,400	12,950	18,500
Panel	672	2,016	3,360	6,720	11,760	16,800
Canopy Exp	680	2,040	3,400	6,800	11,900	17,000
Platform	632	1,896	3,160	6,320	11,060	15,800
Stake	640	1,920	3,200	6,400	11,200	16,000
1954						
Sed Dly	880	2,640	4,400	8,800	15,400	22,000
1954 - First Series 1955 1/2-Ton						
PU	840	2,520	4,200	8,400	14,700	21,000
Panel	720	2,160	3,600	7,200	12,600	18,000
Canopy	700	2,100	3,500	7,000	12,250	17,500
Suburban	740	2,220	3,700	7,400	12,950	18,500
1954 - First Series 1955 3/4-Ton						
PU	760	2,280	3,800	7,600	13,300	19,000
Platform	644	1,932	3,220	6,440	11,270	16,100

	6	5	4	3	2	1
Stake	652	1,956	3,260	6,520	11,410	16,300
1954 - First Series 1955 1-Ton						
PU	760	2,280	3,800	7,600	13,300	19,000
Panel	680	2,040	3,400	6,800	11,900	17,000
Canopy	680	2,040	3,400	6,800	11,900	17,000
Platform	640	1,920	3,200	6,400	11,200	16,000
Stake	644	1,932	3,220	6,440	11,270	16,100
Second Series 1955-1957 1/2-Ton, V-8						
Sed Dly	880	2,640	4,400	8,800	15,400	22,000
PU	840	2,520	4,200	8,400	14,700	21,000
Cus Cab PU	860	2,580	4,300	8,600	15,050	21,500
Panel Dly	760	2,280	3,800	7,600	13,300	19,000
Suburban	800	2,400	4,000	8,000	14,000	20,000
Cameo Carrier	920	2,760	4,600	9,200	16,100	23,000
Cantrell Sta Wag	880	2,640	4,400	8,800	15,400	22,000
NOTE: 1955 and up prices based on top of the line models. Deduct 20 percent for 6-cyl.						
1958-1959 1/2-Ton, V-8						
Sed Dly	760	2,280	3,800	7,600	13,300	19,000
El Camino - 1959 only	840	2,520	4,200	8,400	14,700	21,000
Stepside PU	720	2,160	3,600	7,200	12,600	18,000
Fleetside PU	760	2,280	3,800	7,600	13,300	19,000
Cameo PU - 1958 only	880	2,640	4,400	8,800	15,400	22,000
Panel	680	2,040	3,400	6,800	11,900	17,000
Suburban	680	2,040	3,400	6,800	11,900	17,000
Fleetside (LBx)	680	2,040	3,400	6,800	11,900	17,000
NOTE: 1955-up prices based on top of the line models. Deduct 20 percent for 6-cyl.						
Stepside PU	616	1,848	3,080	6,160	10,780	15,400
1960-1966 1/2-Ton, V-8						
Sed Dly (1960 only)	680	2,040	3,400	6,800	11,900	17,000
El Camino	800	2,400	4,000	8,000	14,000	20,000
Stepside PU	640	1,920	3,200	6,400	11,200	16,000
Fleetside PU	700	2,100	3,500	7,000	12,250	17,500
Panel	616	1,848	3,080	6,160	10,780	15,400
Suburban	628	1,884	3,140	6,280	10,990	15,700
1960-1966 "Long Box", 1/2-Ton, V-8						
Stepside PU	616	1,848	3,080	6,160	10,780	15,400
Fleetside PU	640	1,920	3,200	6,400	11,200	16,000
1960-1966 3/4-Ton, V-8						
Stepside PU	616	1,848	3,080	6,160	10,780	15,400
Fleetside PU	640	1,920	3,200	6,400	11,200	16,000
8-ft. Stake	560	1,680	2,800	5,600	9,800	14,000
NOTE: Deduct 20 percent for 6-cyl.						
1961-1965 Corvair Series 95, 61-64						
Loadside	520	1,560	2,600	5,200	9,100	13,000
Rampside	540	1,620	2,700	5,400	9,450	13,500
1961-1965 Corvan Series, 61-64						
Corvan Panel	540	1,620	2,700	5,400	9,450	13,500
Greenbriar Spt Van	560	1,680	2,800	5,600	9,800	14,000
1967-1968 El Camino Series, V-8						
Spt PU	800	2,400	4,000	8,000	14,000	20,000
Cus Spt PU	840	2,520	4,200	8,400	14,700	21,000
1967-1968 Fleetside Pickups, V-8						
C10 PU (SBx)	720	2,160	3,600	7,200	12,600	18,000
C10 PU (LBx)	680	2,040	3,400	6,800	11,900	17,000
K10 PU (SBx)	760	2,280	3,800	7,600	13,300	19,000
K10 PU (LBx)	720	2,160	3,600	7,200	12,600	18,000
C20 PU (LBx)	632	1,896	3,160	6,320	11,060	15,800
C20 PU (8-1/2 ft. bed)	628	1,884	3,140	6,280	10,990	15,700
K20 PU (LBx)	720	2,160	3,600	7,200	12,600	18,000
K20 PU (8-1/2 ft. bed)	680	2,040	3,400	6,800	11,900	17,000
1967-1968 Stepside Pickups, V-8						
C10 PU (SBx)	680	2,040	3,400	6,800	11,900	17,000
C10 PU (LBx)	664	1,992	3,320	6,640	11,620	16,600
C20 PU (LBx)	628	1,884	3,140	6,280	10,990	15,700
K20 PU (LBx)	660	1,980	3,300	6,600	11,550	16,500
1967-1968 Panel/Suburbans, Stakes, V-8						
C10 Panel	560	1,680	2,800	5,600	9,800	14,000
C10 Suburban	680	2,040	3,400	6,800	11,900	17,000
C20 Panel	520	1,560	2,600	5,200	9,100	13,000
C20 Suburban	580	1,740	2,900	5,800	10,150	14,500
NOTE: 1955-up prices based on top of the line models. Add 5 percent for 4x4. C is conventional drive model. K is 4-wheel drive (4x4) model. 10 is 1/2-Ton series. 20 is 3/4-Ton series. 30 is 1-Ton series. Short box has 6-1/2 ft. bed. Long box has 8-ft. bed. Deduct 20 percent for 6-cyl.						
1969-1970 El Camino Series, V-8						
Spt PU	760	2,280	3,800	7,600	13,300	19,000
Cus Spt PU	800	2,400	4,000	8,000	14,000	20,000

1948 Chevrolet 3100 half-ton pickup

1954 Chevrolet 3100 Suburban panel door half-ton

1968 Chevrolet El Camino pickup

	6	5	4	3	2	1
NOTE: Add 15 percent for SS-396 option.						
1969-1970 Blazer Series, 4x4						
Blazer, V-8	720	2,160	3,600	7,200	12,600	18,000
1969-1970 Fleetside Series, V-8						
C10 PU (SBx)	760	2,280	3,800	7,600	13,300	19,000
C10 PU (LBx)	740	2,220	3,700	7,400	12,950	18,500
K10 PU (SBx)	780	2,340	3,900	7,800	13,650	19,500
K10 PU (LBx)	760	2,280	3,800	7,600	13,300	19,000
C20 PU (LBx)	632	1,896	3,160	6,320	11,060	15,800
C20 PU (long horn)	624	1,872	3,120	6,240	10,920	15,600
K20 PU (LBx)	664	1,992	3,320	6,640	11,620	16,600
K20 PU (long horn)	668	2,004	3,340	6,680	11,690	16,700
1969-1970 Stepside Series, V-8						
C10 PU (SBx)	680	2,040	3,400	6,800	11,900	17,000
C10 PU (LBx)	660	1,980	3,300	6,600	11,550	16,500
K10 PU (SBx)	680	2,040	3,400	6,800	11,900	17,000
K10 PU (LBx)	700	2,100	3,500	7,000	12,250	17,500
C20 PU (LBx)	672	2,016	3,360	6,720	11,760	16,800
C20 PU (long horn)	644	1,932	3,220	6,440	11,270	16,100
K20 PU (LBx)	684	2,052	3,420	6,840	11,970	17,100
K20 PU (long horn)	680	2,040	3,400	6,800	11,900	17,000
1969-1970 Panel/Suburban Series C10/K10, V-8, 115" wb						
C10 Suburban	720	2,160	3,600	7,200	12,600	18,000
K10 Suburban	740	2,220	3,700	7,400	12,950	18,500
1969-1970 Panel/Suburban Series C20/K20, V-8, 127" wb						
C20 Suburban	680	2,040	3,400	6,800	11,900	17,000
K20 Suburban	700	2,100	3,500	7,000	12,250	17,500
NOTE: 1955-up prices based on top of the line models. C is conventional drive model. K is 4-wheel drive (4x4) model. 10 is 1/2-Ton series. 20 is 3/4-Ton series. 30 is 1-Ton series. Short box has 6-1/2 ft. bed and 115" wb. Long box pickup has 8-ft. bed and 127" wb. Long horn pickup has 8-1/2 to 9-ft. bed and 133" wb. Deduct 20 percent for 6-cyl.						
1971-1972 Vega, 1/2-Ton, V-8						
Panel Exp	300	900	1,500	3,000	5,250	7,500
1971-1972 LUV Pickup, 1/2-Ton, 1972 only						
PU	268	804	1,340	2,680	4,690	6,700
1971-1972 El Camino, V-8						
Spt PU	760	2,280	3,800	7,600	13,300	19,000
Cus Spt PU	800	2,400	4,000	8,000	14,000	20,000
SS PU	880	2,640	4,400	8,800	15,400	22,000
NOTE: Add 30 percent for 350, 40 percent for 402, 45 percent for 454 engine options. Deduct 20 percent for 6-cyl.						
1971-1972 Blazer, 4x4						
C10 Blazer, V-8, 1972 only	720	2,160	3,600	7,200	12,600	18,000
K10 Blazer, V-8	720	2,160	3,600	7,200	12,600	18,000
1971-1972 Fleetside Pickups, V-8						
C10 PU (SBx)	780	2,340	3,900	7,800	13,650	19,500
C10 PU (LBx)	760	2,280	3,800	7,600	13,300	19,000
K10 PU (SBx)	800	2,400	4,000	8,000	14,000	20,000
K10 PU (LBx)	780	2,340	3,900	7,800	13,650	19,500
C20 PU (SBx)	672	2,016	3,360	6,720	11,760	16,800
C20 PU (LBx)	680	2,040	3,400	6,800	11,900	17,000
K20 PU (SBx)	720	2,160	3,600	7,200	12,600	18,000
K20 PU (LBx)	700	2,100	3,500	7,000	12,250	17,500
1971-1972 Stepside Pickups, V-8						
C10 PU (SBx)	720	2,160	3,600	7,200	12,600	18,000
C10 PU (LBx)	700	2,100	3,500	7,000	12,250	17,500
K10 PU (SBx)	740	2,220	3,700	7,400	12,950	18,500
K10 PU (LBx)	720	2,160	3,600	7,200	12,600	18,000
K20 PU (LBx)	700	2,100	3,500	7,000	12,250	17,500
1971-1972 Suburban, V-8						
C10 Suburban	720	2,160	3,600	7,200	12,600	18,000
K10 Suburban	700	2,100	3,500	7,000	12,250	17,500
C20 Suburban	700	2,100	3,500	7,000	12,250	17,500
K20 Suburban	680	2,040	3,400	6,800	11,900	17,000
NOTE: 1955-up prices based on top of the line models. Deduct 20 percent for 6-cyl.						
1973-1980 Vega						
Panel	300	900	1,500	3,000	5,250	7,500
1973-1980 LUV						
PU	252	756	1,260	2,520	4,410	6,300
1973-1977 El Camino, V-8						
PU	550	1,600	2,700	5,400	9,450	13,500
Cus PU	550	1,700	2,800	5,600	9,800	14,000
1978-1981 El Camino, V-8						
PU	450	1,400	2,300	4,600	8,050	11,500
Cus PU	500	1,450	2,400	4,800	8,400	12,000
NOTE: Deduct 20 percent for V-6.						

1982-1987 El Camino, V-8

	6	5	4	3	2	1
PU	400	1,250	2,100	4,200	7,350	10,500
Cus PU	450	1,300	2,200	4,400	7,700	11,000

NOTE: Deduct 20 percent for V-6. Add 30 percent for Choo Choo model where available.

1973-1980 Blazer K10, V-8

	6	5	4	3	2	1
Blazer 2WD	560	1,680	2,800	5,600	9,800	14,000
Blazer (4x4)	640	1,920	3,200	6,400	11,200	16,000

1973-1980 C10, 1/2-Ton, V-8

	6	5	4	3	2	1
Stepside (SBx)	600	1,800	3,000	6,000	10,500	15,000
Stepside (LBx)	560	1,680	2,800	5,600	9,800	14,000
Fleetside (SBx)	560	1,680	2,800	5,600	9,800	14,000
Fleetside (LBx)	540	1,620	2,700	5,400	9,450	13,500
Suburban	560	1,680	2,800	5,600	9,800	14,000

1973-1980 K10, 4x4, 1/2-Ton, V-8

	6	5	4	3	2	1
Stepside (SBx)	620	1,860	3,100	6,200	10,850	15,500
Stepside (LBx)	600	1,800	3,000	6,000	10,500	15,000
Fleetside (SBx)	580	1,740	2,900	5,800	10,150	14,500
Fleetside (LBx)	560	1,680	2,800	5,600	9,800	14,000
Suburban	580	1,740	2,900	5,800	10,150	14,500

1973-1980 C20, 3/4-Ton

	6	5	4	3	2	1
Stepside (LBx)	300	900	1,500	3,000	5,250	7,500
Fleetside (LBx)	308	924	1,540	3,080	5,390	7,700
6P (LBx)	292	876	1,460	2,920	5,110	7,300
Suburban	400	1,200	2,000	4,000	7,000	10,000

1973-1980 K20, 4x4, 3/4-Ton, V-8

	6	5	4	3	2	1
Stepside (LBx)	360	1,080	1,800	3,600	6,300	9,000
Fleetside (LBx)	360	1,080	1,800	3,600	6,300	9,000
6P (LBx)	316	948	1,580	3,160	5,530	7,900
Suburban	420	1,260	2,100	4,200	7,350	10,500

NOTE: Deduct 20 percent for 6-cyl.

1981-1982 Luv, 1/2-Ton, 104.3" or 117.9" wb

	6	5	4	3	2	1
PU (SBx)	204	612	1,020	2,040	3,570	5,100
PU (LBx)	208	624	1,040	2,080	3,640	5,200

1981-1982 El Camino, 1/2-Ton, V-8, 117" wb

	6	5	4	3	2	1
PU	400	1,200	2,000	4,000	7,000	10,000
SS PU	420	1,260	2,100	4,200	7,350	10,500

1981-1982 Blazer K10, 1/2-Ton, V-8, 106.5" wb

	6	5	4	3	2	1
Blazer (4x4), V-8	560	1,680	2,800	5,600	9,800	14,000

1981-1982 C10, 1/2-Ton, V-8, 117" or 131" wb

	6	5	4	3	2	1
Stepside PU (SBx)	392	1,176	1,960	3,920	6,860	9,800
Stepside PU (LBx)	388	1,164	1,940	3,880	6,790	9,700
Fleetside PU (SBx)	420	1,260	2,100	4,200	7,350	10,500
Fleetside PU (LBx)	520	1,560	2,600	5,200	9,100	13,000
Suburban	420	1,260	2,100	4,200	7,350	10,500

1981-1982 C20, 3/4-Ton, V-8, 131" or 164" wb

	6	5	4	3	2	1
Stepside PU (LBx)	388	1,164	1,940	3,880	6,790	9,700
Fleetside PU (LBx)	392	1,176	1,960	3,920	6,860	9,800
Fleetside PU Bonus Cab (LBx)	400	1,200	2,000	4,000	7,000	10,000
Fleetside PU Crew Cab (LBx)	396	1,188	1,980	3,960	6,930	9,900
Suburban	408	1,224	2,040	4,080	7,140	10,200

NOTE: Add 15 percent for 4x4. Deduct 20 percent for 6-cyl.

1983-1987 El Camino, 1/2-Ton, 117" wb

	6	5	4	3	2	1
PU	360	1,080	1,800	3,600	6,300	9,000
SS PU	380	1,140	1,900	3,800	6,650	9,500

1983-1987 S10, 1/2-Ton, 100.5" wb

	6	5	4	3	2	1
Blazer 2WD	260	780	1,300	2,600	4,550	6,500
Blazer (4x4)	280	840	1,400	2,800	4,900	7,000

1983-1987 Blazer K10, 1/2-Ton, 106.5" wb

	6	5	4	3	2	1
Blazer (4x4)	420	1,260	2,100	4,200	7,350	10,500

1983-1987 S10, 1/2-Ton, 108" or 122" wb

	6	5	4	3	2	1
Fleetside PU (SBx)	228	684	1,140	2,280	3,990	5,700
Fleetside PU (LBx)	232	696	1,160	2,320	4,060	5,800
Fleetside PU Ext Cab	240	720	1,200	2,400	4,200	6,000

1983-1987 C10, 1/2-Ton, 117" or 131" wb

	6	5	4	3	2	1
Stepside PU (SBx)	312	936	1,560	3,120	5,460	7,800
Fleetside PU (SBx)	316	948	1,580	3,160	5,530	7,900
Fleetside PU (LBx)	304	912	1,520	3,040	5,320	7,600
Suburban	372	1,116	1,860	3,720	6,510	9,300

1983-1987 C20, 3/4-Ton, 131" or 164" wb

	6	5	4	3	2	1
Stepside PU (LBx)	308	924	1,540	3,080	5,390	7,700
Fleetside PU (LBx)	312	936	1,560	3,120	5,460	7,800
Fleetside PU Bonus Cab (LBx)	364	1,092	1,820	3,640	6,370	9,100
Fleetside PU Crew Cab (LBx)						

	6	5	4	3	2	1
	304	912	1,520	3,040	5,320	7,600
Suburban	372	1,116	1,860	3,720	6,510	9,300

NOTE: Add 15 percent for 4x4. Deduct 20 percent for 6-cyl. on full-size vehicles.

1988-1991 Blazer, 106.5" wb

V10 (4x4)	560	1,680	2,800	5,600	9,800	14,000
S10 2WD	280	840	1,400	2,800	4,900	7,000
S10 (4x4)	400	1,200	2,000	4,000	7,000	10,000

1988-1991 S10 Pickup, 108.3" or 122.9" wb

Fleetside (SBx)	240	720	1,200	2,400	4,200	6,000
Fleetside (LBx)	248	744	1,240	2,480	4,340	6,200
Fleetside Ext Cab	260	780	1,300	2,600	4,550	6,500

1988-1991 C1500, 1/2-Ton, 117.5" or 131" wb

Sportside PU (SBx)	360	1,080	1,800	3,600	6,300	9,000
SS 454 PU (SBx), 1990 only	640	1,920	3,200	6,400	11,200	16,000
Fleetside PU (SBx)	360	1,080	1,800	3,600	6,300	9,000
Fleetside PU (LBx)	380	1,140	1,900	3,800	6,650	9,500
Fleetside PU Ext Cab (LBx)	420	1,260	2,100	4,200	7,350	10,500
Suburban	600	1,800	3,000	6,000	10,500	15,000

1988-1991 C2500, 3/4-Ton, 129.5" or 164.5" wb

Stepside PU (LBx)	520	1,560	2,600	5,200	9,100	13,000
Fleetside PU (LBx)	520	1,560	2,600	5,200	9,100	13,000
Bonus Cab PU (LBx)	420	1,260	2,100	4,200	7,350	10,500
Crew Cab PU (LBx)	432	1,296	2,160	4,320	7,560	10,800
Suburban	640	1,920	3,200	6,400	11,200	16,000

1992 K1500 Blazer, V-8

2d SUV (4x4)	680	2,040	3,400	6,800	11,900	17,000

1992 S10 Blazer, V-6

2d SUV	360	1,080	1,800	3,600	6,300	9,000
2d SUV (4x4)	400	1,200	2,000	4,000	7,000	10,000
4d SUV	540	1,620	2,700	5,400	9,450	13,500
4d SUV (4x4)	580	1,740	2,900	5,800	10,150	14,500

1992 Astro Van, V-6

3d Van	228	684	1,140	2,280	3,990	5,700

1992 Lumina, V-6

3d Van	220	660	1,100	2,200	3,850	5,500

1992 Suburban 1500, V-8

4d Sta Wag	720	2,160	3,600	7,200	12,600	18,000
4d Sta Wag (4x4)	760	2,280	3,800	7,600	13,300	19,000

1992 Suburban 2500, V-8

4d Sta Wag	760	2,280	3,800	7,600	13,300	19,000
4d Sta Wag (4x4)	800	2,400	4,000	8,000	14,000	20,000

1992 S10, 1/2-Ton, V-6

2d PU (SBx)	400	1,200	2,000	4,000	7,000	10,000
2d PU (LBx)	400	1,200	2,000	4,000	7,000	10,000

NOTE: Add $1,500 for 4x4.

1992 C1500, 1/2-Ton, V-8

2d Sportside PU (SBx)	520	1,560	2,600	5,200	9,100	13,000
2d Fleetside PU (SBx)	520	1,560	2,600	5,200	9,100	13,000
2d Fleetside PU (LBx)	520	1,560	2,600	5,200	9,100	13,000

NOTE: Add $2,000 for 4x4.

1992 C2500, 3/4-Ton, V-8

2d Fleetside PU (LBx)	560	1,680	2,800	5,600	9,800	14,000

1993 K1500 Blazer, V-8

2d SUV 4x4	720	2,160	3,600	7,200	12,600	18,000

1993 S10 Blazer, V-6

2d SUV 2WD	300	900	1,500	3,000	5,250	7,500
4d SUV 2WD	312	936	1,560	3,120	5,460	7,800
2d SUV 4x4	540	1,620	2,700	5,400	9,450	13,500
4d SUV 4x4	560	1,680	2,800	5,600	9,800	14,000

1993 Astro, V-6

Van	200	600	1,000	2,000	3,500	5,000

1993 Lumina, V-6, FWD

Van	200	600	1,000	2,000	3,500	5,000

1993 G Van, V-8

Spt Van	220	660	1,100	2,200	3,850	5,500

1993 Suburban C1500/C2500, V-8

4d Sta Wag 1500	760	2,280	3,800	7,600	13,300	19,000
4d Sta Wag 2500	760	2,280	3,800	7,600	13,300	19,000

1993 S10, V-6

2d PU SBx	328	984	1,640	3,280	5,740	8,200
2d PU LBx	340	1,020	1,700	3,400	5,950	8,500

	6	5	4	3	2	1
1993 C1500/C2500, V-8						
2d PU SBx 1500	528	1,584	2,640	5,280	9,240	13,200
2d PU LBx 1500	540	1,620	2,700	5,400	9,450	13,500
2d PU SBx 2500	540	1,620	2,700	5,400	9,450	13,500
2d PU LBx 2500	548	1,644	2,740	5,480	9,590	13,700
1994 K1500 Blazer, V-8						
2d SUV 4x4	700	2,050	3,400	6,800	11,900	17,000
1994 S10 Blazer, V-6						
2d SUV	300	950	1,600	3,200	5,600	8,000
4d SUV	350	1,000	1,650	3,300	5,750	8,200
2d SUV 4x4	450	1,300	2,200	4,400	7,700	11,000
4d SUV 4x4	500	1,450	2,400	4,800	8,400	12,000
1994 Astro, V-6						
Cargo Van	300	900	1,500	3,000	5,250	7,500
Cargo Van LWB	300	950	1,600	3,200	5,600	8,000
CS Van	350	1,000	1,700	3,400	5,950	8,500
CS Van LWB	400	1,150	1,900	3,800	6,650	9,500
1994 Lumina, V-6						
Cargo Van	250	700	1,200	2,400	4,200	6,000
Window Van	300	900	1,500	3,000	5,250	7,500
1994 G10, V-8						
Van	400	1,150	1,900	3,800	6,650	9,500
1994 G20, V-8						
Van	450	1,300	2,200	4,400	7,700	11,000
Van Spt	500	1,450	2,400	4,800	8,400	12,000
1994 Suburban, V-8						
4d C1500	700	2,050	3,400	6,800	11,900	17,000
4d C2500	700	2,150	3,600	7,200	12,600	18,000
1994 S10, V-6						
2d PU 6 ft.	250	800	1,300	2,600	4,550	6,500
2d PU 7-1/2 ft.	250	800	1,300	2,650	4,600	6,600
2d PU 6 ft. Ext Cab	350	1,000	1,700	3,400	5,950	8,500
1994 C1500, V-8						
2d PU 6-1/2 ft.	300	950	1,600	3,200	5,600	8,000
2d PU 8 ft.	350	1,000	1,700	3,400	5,950	8,500
2d PU 6-1/2 ft. Ext Cab	500	1,500	2,500	5,000	8,750	12,500
2d PU 8 ft. Ext Cab	500	1,550	2,600	5,200	9,100	13,000
NOTE: Deduct 10 percent for V-6.						
1994 C2500, V-8						
2d PU 8 ft.	400	1,200	2,000	4,000	7,000	10,000
2d PU 6 ft. Ext Cab	500	1,550	2,600	5,200	9,100	13,000
2d PU 8 ft. Ext Cab	550	1,700	2,800	5,600	9,800	14,000

CHRYSLER TRUCKS

1990 Town & Country						
Window Van	200	600	1,000	2,000	3,500	5,000
1991 Town & Country						
Window Van	220	660	1,100	2,200	3,850	5,500
1992 Town & Country						
Window Van	260	780	1,300	2,600	4,550	6,500
NOTE: Add 5 percent for 4x4.						
1993 Town & Country						
Window Van	288	864	1,440	2,880	5,040	7,200
NOTE: Add 5 percent for 4x4.						
1994 Town & Country						
Window van	360	1,080	1,800	3,600	6,300	9,000
NOTE: Add 5 percent for 4x4.						

CROFTON TRUCKS

1959-1962 Crofton Bug Series						
Bug Utl	304	912	1,520	3,040	5,320	7,600
Brawny Bug Utl	316	948	1,580	3,160	5,530	7,900

CROSLEY TRUCKS

1940 Crosley Commercial						
Panel Dly	260	780	1,300	2,600	4,550	6,500
1941 Crosley Commercial						
PU Dly	256	768	1,280	2,560	4,480	6,400
Parkway Dly	264	792	1,320	2,640	4,620	6,600
Panel Dly	260	780	1,300	2,600	4,550	6,500

1979 Chevrolet K5 Blazer sport utility vehicle 4x4

1987 Chevrolet Astro minivan with optional Luxury Touring package

1994 Chevrolet C1500 Suburban half-ton

	6	5	4	3	2	1
1942 Crosley Commercial						
PU Dly	256	768	1,280	2,560	4,480	6,400
Parkway Dly	264	792	1,320	2,640	4,620	6,600
Panel Dly	260	780	1,300	2,600	4,550	6,500
1947 Crosley Commercial						
PU	256	768	1,280	2,560	4,480	6,400
1948 Crosley Commercial						
PU	256	768	1,280	2,560	4,480	6,400
Panel	240	720	1,200	2,400	4,200	6,000
1949 Series CD						
PU	260	780	1,300	2,600	4,550	6,500
Panel	264	792	1,320	2,640	4,620	6,600
1950 Crosley Commercial Series CD						
PU	260	780	1,300	2,600	4,550	6,500
Panel	264	792	1,320	2,640	4,620	6,600
Farm-O-Road	268	804	1,340	2,680	4,690	6,700
1951 Crosley Commercial Series CD						
PU	260	780	1,300	2,600	4,550	6,500
Panel	264	792	1,320	2,640	4,620	6,600
Farm-O-Road	268	804	1,340	2,680	4,690	6,700
1952 Crosley Commercial Series CD						
PU	260	780	1,300	2,600	4,550	6,500
Panel	264	792	1,320	2,640	4,620	6,600
Farm-O-Road	268	804	1,340	2,680	4,690	6,700

DODGE TRUCKS

1917 Commercial Car, 1/2-Ton						
Screenside	636	1,908	3,180	6,360	11,130	15,900
1918 Commercial/Business Car, 1/2-Ton						
Screenside	636	1,908	3,180	6,360	11,130	15,900
Panel	632	1,896	3,160	6,320	11,060	15,800
1919 Commercial/Business Car, 1/2-Ton						
Screenside	632	1,896	3,160	6,320	11,060	15,800
Panel	628	1,884	3,140	6,280	10,990	15,700
1920 Commercial/Business Car, 1/2-Ton						
Screenside	624	1,872	3,120	6,240	10,920	15,600
Panel	620	1,860	3,100	6,200	10,850	15,500
1921 Commercial/Business Car, 1/2-Ton						
Screenside	628	1,884	3,140	6,280	10,990	15,700
Panel	624	1,872	3,120	6,240	10,920	15,600
1922 Commercial/Business Car, 1/2-Ton						
Screenside	628	1,884	3,140	6,280	10,990	15,700
Panel	624	1,872	3,120	6,240	10,920	15,600
1923 Commercial/Business Car, 3/4-Ton						
Screenside	632	1,896	3,160	6,320	11,060	15,800
Panel	628	1,884	3,140	6,280	10,990	15,700
1924 Commercial/Business Car, 3/4-Ton						
Screenside	632	1,896	3,160	6,320	11,060	15,800
Panel	628	1,884	3,140	6,280	10,990	15,700
1925 Commercial/Business Car, 3/4-Ton						
Screenside	632	1,896	3,160	6,320	11,060	15,800
Panel	628	1,884	3,140	6,280	10,990	15,700
1926 Commercial/Business Car, 3/4-Ton, 116" wb						
Screenside	628	1,884	3,140	6,280	10,990	15,700
Panel (72" wb)	620	1,860	3,100	6,200	10,850	15,500
1926 Business Car, 3/4-Ton, 140" wb						
Panel (96" wb)	616	1,848	3,080	6,160	10,780	15,400
1927 Series DC, 3/4-Ton, 116" wb						
Exp	628	1,884	3,140	6,280	10,990	15,700
Canopy	624	1,872	3,120	6,240	10,920	15,600
Screen	628	1,884	3,140	6,280	10,990	15,700
Panel	612	1,836	3,060	6,120	10,710	15,300
1927 Series BD, 1-Ton, 126" wb						
Exp	600	1,800	3,000	6,000	10,500	15,000
Farm Box	584	1,752	2,920	5,840	10,220	14,600
Canopy	596	1,788	2,980	5,960	10,430	14,900
Panel	592	1,776	2,960	5,920	10,360	14,800
Stake	584	1,752	2,920	5,840	10,220	14,600
1927 Series ID, 1-Ton,137" wb						
Exp	596	1,788	2,980	5,960	10,430	14,900
Canopy	592	1,776	2,960	5,920	10,360	14,800
Panel	588	1,764	2,940	5,880	10,290	14,700
1928-1929 Series SE, 1/2-Ton						
Panel	616	1,848	3,080	6,160	10,780	15,400

	6	5	4	3	2	1
1928-1929 Series DA-120, 3/4-Ton						
PU Exp	620	1,860	3,100	6,200	10,850	15,500
Canopy Dly	612	1,836	3,060	6,120	10,710	15,300
Screen Dly	616	1,848	3,080	6,160	10,780	15,400
Panel Dly	608	1,824	3,040	6,080	10,640	15,200
Platform	600	1,800	3,000	6,000	10,500	15,000
Stake	596	1,788	2,980	5,960	10,430	14,900
1928-1929 Series DA-130, 1-Ton						
PU Exp	600	1,800	3,000	6,000	10,500	15,000
Farm	580	1,740	2,900	5,800	10,150	14,500
Canopy Dly	592	1,776	2,960	5,920	10,360	14,800
Screen Dly	596	1,788	2,980	5,960	10,430	14,900
Panel Dly	588	1,764	2,940	5,880	10,290	14,700
Platform	580	1,740	2,900	5,800	10,150	14,500
Stake	576	1,728	2,880	5,760	10,080	14,400
1928-1929 Series DA-140, 1-Ton						
PU Exp	600	1,800	3,000	6,000	10,500	15,000
Canopy Dly	588	1,764	2,940	5,880	10,290	14,700
Screen Dly	592	1,776	2,960	5,920	10,360	14,800
Panel Dly	584	1,752	2,920	5,840	10,220	14,600
Side Door Panel	580	1,740	2,900	5,800	10,150	14,500
Carryall	584	1,752	2,920	5,840	10,220	14,600
Platform	576	1,728	2,880	5,760	10,080	14,400
Stake	576	1,728	2,880	5,760	10,080	14,400
1929 Merchant's Exp, 1/2-Ton, 109" wb						
Panel	620	1,860	3,100	6,200	10,850	15,500
1930 Series UI-A-109, 1/2-Ton						
PU	632	1,896	3,160	6,320	11,060	15,800
Canopy	612	1,836	3,060	6,120	10,710	15,300
Screen	616	1,848	3,080	6,160	10,780	15,400
Panel	608	1,824	3,040	6,080	10,640	15,200
1930 Series UI-B-124, 3/4-Ton, 4-cyl.						
PU	600	1,800	3,000	6,000	10,500	15,000
Canopy	592	1,776	2,960	5,920	10,360	14,800
Screen	596	1,788	2,980	5,960	10,430	14,900
Panel	588	1,764	2,940	5,880	10,290	14,700
Platform	560	1,680	2,800	5,600	9,800	14,000
Stake	568	1,704	2,840	5,680	9,940	14,200
1930 Series DA1-B-124, 3/4-Ton, 6-cyl., Note 1						
Series UI-C-133, 1-Ton, 4-cyl.						
Farm	564	1,692	2,820	5,640	9,870	14,100
Exp	596	1,788	2,980	5,960	10,430	14,900
Canopy	588	1,764	2,940	5,880	10,290	14,700
Screen	592	1,776	2,960	5,920	10,360	14,800
Panel	584	1,752	2,920	5,840	10,220	14,600
Platform	556	1,668	2,780	5,560	9,730	13,900
Stake	564	1,692	2,820	5,640	9,870	14,100
1930 Series DA1-C-133, 1-Ton, 6-cyl., Note 2						
Series DA1-C-140, 1-Ton, 140" wb						
Exp	564	1,692	2,820	5,640	9,870	14,100
Canopy	588	1,764	2,940	5,880	10,290	14,700
Screen	592	1,776	2,960	5,920	10,360	14,800
Panel	584	1,752	2,920	5,840	10,220	14,600
Side Door Panel	580	1,740	2,900	5,800	10,150	14,500
Carryall	592	1,776	2,960	5,920	10,360	14,800
Platform	556	1,668	2,780	5,560	9,730	13,900
Stake	564	1,692	2,820	5,640	9,870	14,100

NOTE 1: For 6-cyl. models, add 5 percent from figure given for equivalent 4-cyl. (UI-B-124).

NOTE 2: For 6-cyl. models, add 5 percent from figure given for equivalent 4-cyl. (UI-C-133).

	6	5	4	3	2	1
1931 Series UF-10, 1/2-Ton, 4-cyl.						
PU	644	1,932	3,220	6,440	11,270	16,100
Canopy	624	1,872	3,120	6,240	10,920	15,600
Screen	628	1,884	3,140	6,280	10,990	15,700
Panel	620	1,860	3,100	6,200	10,850	15,500
1931 Series F-10, 1/2-Ton, 6-cyl., Note 1						
Series UI-B-124, 3/4-Ton, 4-cyl.						
PU	600	1,800	3,000	6,000	10,500	15,000
Canopy	592	1,776	2,960	5,920	10,360	14,800
Screen	596	1,788	2,980	5,960	10,430	14,900
Panel	588	1,764	2,940	5,880	10,290	14,700
Platform	560	1,680	2,800	5,600	9,800	14,000
Stake	568	1,704	2,840	5,680	9,940	14,200
1931 Series DA1-B-124, 3/4-Ton, 6-cyl., Note 2						
Series UI-C-133, 1-Ton, 4-cyl.						
Exp	596	1,788	2,980	5,960	10,430	14,900
Farm	564	1,692	2,820	5,640	9,870	14,100
Canopy	588	1,764	2,940	5,880	10,290	14,700

	6	5	4	3	2	1
Screen	592	1,776	2,960	5,920	10,360	14,800
Panel	584	1,752	2,920	5,840	10,220	14,600
Platform	556	1,668	2,780	5,560	9,730	13,900
Stake	564	1,692	2,820	5,640	9,870	14,100

1931 Series DA1-C-133, 1-Ton, 6-cyl., Note 3

NOTE 1: For 6-cyl. model F-10, add 5 percent from figure given for equivalent 4-cyl. (UF-10).

NOTE 2: For 6-cyl. model DA1-B-124, add 5 percent from figure given for equivalent 4-cyl. (UI-B-124).

NOTE 3: For 6-cyl. model DA1-C-133, add 5 percent from figure given for equivalent 4-cyl. (UI-C-133).

1932 Series UF-10, 1/2-Ton, 4-cyl.

PU	640	1,920	3,200	6,400	11,200	16,000
Canopy	624	1,872	3,120	6,240	10,920	15,600
Screen	628	1,884	3,140	6,280	10,990	15,700
Panel	620	1,860	3,100	6,200	10,850	15,500

1932 Series F-10, 1/2-Ton, 6-cyl., Note 1

Series UI-B-124, 3/4-Ton, 4-cyl.

PU	600	1,800	3,000	6,000	10,500	15,000
Canopy	592	1,776	2,960	5,920	10,360	14,800
Screen	596	1,788	2,980	5,960	10,430	14,900
Panel	588	1,764	2,940	5,880	10,290	14,700
Platform	560	1,680	2,800	5,600	9,800	14,000
Stake	568	1,704	2,840	5,680	9,940	14,200

1932 Series DA1-B-124, 3/4-Ton, 6-cyl., Note 2

Series UI-C-133, 1-Ton, 4-cyl.

Exp	596	1,788	2,980	5,960	10,430	14,900
Farm	564	1,692	2,820	5,640	9,870	14,100
Canopy	588	1,764	2,940	5,880	10,290	14,700
Screen	592	1,776	2,960	5,920	10,360	14,800
Panel	584	1,752	2,920	5,840	10,220	14,600
Platform	556	1,668	2,780	5,560	9,730	13,900
Stake	564	1,692	2,820	5,640	9,870	14,100

1932 Series DA1-C-133, 1-Ton, 6-cyl., Note 3

NOTE 1: For 6-cyl. model F-10, add 5 percent from figure given for equivalent 4-cyl. (UF-10).

NOTE 2: For 6-cyl. model DA1-B-124, add 5 percent from figure given for equivalent 4-cyl. (UI-B-124).

NOTE 3: For 6-cyl. model DA1-C-133, add 5 percent from figure given for equivalent 4-cyl. (UI-C-133).

1933-1935 1/2-Ton, 111.25" wb

PU	680	2,040	3,400	6,800	11,900	17,000
Canopy	624	1,872	3,120	6,240	10,920	15,600
Comm Sed	628	1,884	3,140	6,280	10,990	15,700
Panel	620	1,860	3,100	6,200	10,850	15,500

1933-1935 1/2-Ton, 119" wb

Panel	616	1,848	3,080	6,160	10,780	15,400

1933-1935 1/2-Ton, 109" wb

PU	680	2,040	3,400	6,800	11,900	17,000
Canopy	628	1,884	3,140	6,280	10,990	15,700
Screen	632	1,896	3,160	6,320	11,060	15,800
Panel	624	1,872	3,120	6,240	10,920	15,600

1933-1935 3/4-Ton, 131" wb

Panel	612	1,836	3,060	6,120	10,710	15,300

1936-1938 1/2-Ton

PU	684	2,052	3,420	6,840	11,970	17,100
Canopy	628	1,884	3,140	6,280	10,990	15,700
Screen	632	1,896	3,160	6,320	11,060	15,800
Comm Sed	636	1,908	3,180	6,360	11,130	15,900
Panel	624	1,872	3,120	6,240	10,920	15,600
Westchester Suburban	1,200	3,600	6,000	12,000	21,000	30,000

1936-1938 3/4-Ton, 136" wb

PU	660	1,980	3,300	6,600	11,550	16,500
Canopy	640	1,920	3,200	6,400	11,200	16,000
Screen	640	1,920	3,200	6,400	11,200	16,000
Panel	620	1,860	3,100	6,200	10,850	15,500
Platform	552	1,656	2,760	5,520	9,660	13,800
Stake	560	1,680	2,800	5,600	9,800	14,000

1939-1942, 1946-1947 1/2-Ton, 116" wb

PU	700	2,100	3,500	7,000	12,250	17,500
Canopy	664	1,992	3,320	6,640	11,620	16,600
Screen	664	1,992	3,320	6,640	11,620	16,600
Panel	672	2,016	3,360	6,720	11,760	16,800

1939-1942, 1946-1947 3/4-Ton, 120" wb

PU	668	2,004	3,340	6,680	11,690	16,700
Platform	616	1,848	3,080	6,160	10,780	15,400

	6	5	4	3	2	1
Stake	616	1,848	3,080	6,160	10,780	15,400
1948-1949 1/2-Ton, 108" wb						
PU	680	2,040	3,400	6,800	11,900	17,000
Panel	600	1,800	3,000	6,000	10,500	15,000
1948-1949 3/4-Ton, 116" wb						
PU	668	2,004	3,340	6,680	11,690	16,700
Platform	580	1,740	2,900	5,800	10,150	14,500
Stake	564	1,692	2,820	5,640	9,870	14,100
1948-1949 Power Wagon, 1-Ton, 126" wb						
PU	760	2,280	3,800	7,600	13,300	19,000
1950-1952 1/2-Ton, 108" wb						
PU	700	2,100	3,500	7,000	12,250	17,500
Panel	620	1,860	3,100	6,200	10,850	15,500
1950-1952 3/4-Ton, 116" wb						
PU	688	2,064	3,440	6,880	12,040	17,200
Platform	600	1,800	3,000	6,000	10,500	15,000
Stake	604	1,812	3,020	6,040	10,570	15,100
1950-1952 Power-Wagon, 1-Ton, 126" wb						
PU	760	2,280	3,800	7,600	13,300	19,000
NOTE: Add 3 percent for Fluid Drive.						
1953-1954 1/2-Ton, 108" wb						
PU	700	2,100	3,500	7,000	12,250	17,500
Panel	620	1,860	3,100	6,200	10,850	15,500
1953-1954 1/2-Ton, 116" wb						
PU	692	2,076	3,460	6,920	12,110	17,300
1953-1954 3/4-Ton, 116" wb						
PU	684	2,052	3,420	6,840	11,970	17,100
Platform	600	1,800	3,000	6,000	10,500	15,000
Stake	600	1,800	3,000	6,000	10,500	15,000
NOTE: Add 3 percent for Fluid Drive. Add 10 percent for V-8. Add 5 percent for automatic transmission.						
1953-1954 Power-Wagon, 1-Ton, 126" wb						
PU	760	2,280	3,800	7,600	13,300	19,000
1955-1957 1/2-Ton, 108" wb						
Lowside PU	712	2,136	3,560	7,120	12,460	17,800
Highside PU	716	2,148	3,580	7,160	12,530	17,900
Panel	648	1,944	3,240	6,480	11,340	16,200
1955-1957 1/2-Ton, 116" wb						
Lowside PU	700	2,100	3,500	7,000	12,250	17,500
Highside PU	704	2,112	3,520	7,040	12,320	17,600
Sweptside PU, 1957 only	740	2,220	3,700	7,400	12,950	18,500
Platform	620	1,860	3,100	6,200	10,850	15,500
Stake	624	1,872	3,120	6,240	10,920	15,600
1955-1957 3/4-Ton, 116" wb						
PU	676	2,028	3,380	6,760	11,830	16,900
Platform	600	1,800	3,000	6,000	10,500	15,000
Stake	600	1,800	3,000	6,000	10,500	15,000
NOTE: Add 15 percent for V-8 engine. Add 5 percent for automatic transmission.						
1955-1957 Power-Wagon, 1-Ton, 126" wb						
PU	740	2,220	3,700	7,400	12,950	18,500
1958-1960 1/2-Ton, 108" wb						
PU	604	1,812	3,020	6,040	10,570	15,100
Twn Panel	560	1,680	2,800	5,600	9,800	14,000
6P Wag	568	1,704	2,840	5,680	9,940	14,200
8P Wag	540	1,620	2,700	5,400	9,450	13,500
1958-1960 1/2-Ton, 116" wb						
PU	680	2,040	3,400	6,800	11,900	17,000
Sweptside PU (1958-1959)	740	2,220	3,700	7,400	12,950	18,500
Platform	348	1,044	1,740	3,480	6,090	8,700
Stake	352	1,056	1,760	3,520	6,160	8,800
1958-1960 3/4-Ton, 116" wb						
PU	560	1,680	2,800	5,600	9,800	14,000
Platform	324	972	1,620	3,240	5,670	8,100
Stake	328	984	1,640	3,280	5,740	8,200
NOTE: Add 10 percent for V-8 engine. Add 5 percent for automatic transmission.						
1958-1960 Power-Wagon, 1-Ton, 126" wb						
PU	740	2,220	3,700	7,400	12,950	18,500
1964-1969 A100, 90" wb						
PU	248	744	1,240	2,480	4,340	6,200
Van	220	660	1,100	2,200	3,850	5,500
Wag	236	708	1,180	2,360	4,130	5,900

NOTE: Add 10 percent for Sportsman models.

1954 Dodge W300M Power Wagon pickup

1965 Dodge D100 sweptline half-ton pickup

1977 Dodge D100 Adventurer SE half-ton pickup

	6	5	4	3	2	1
1961-1971 1/2-Ton, 114" wb						
Utiline PU	280	840	1,400	2,800	4,900	7,000
Sweptline PU	276	828	1,380	2,760	4,830	6,900
Twn Panel	232	696	1,160	2,320	4,060	5,800
6P Wag	236	708	1,180	2,360	4,130	5,900
8P Wag	236	708	1,180	2,360	4,130	5,900
1961-1971 1/2-Ton, 122" wb Power-Wagon, 1-Ton, 126" wb						
PU	740	2,220	3,700	7,400	12,950	18,500
Utiline PU	276	828	1,380	2,760	4,830	6,900
Sweptline PU	272	816	1,360	2,720	4,760	6,800
Platform	200	600	1,000	2,000	3,500	5,000
Stake	204	612	1,020	2,040	3,570	5,100
1961-1971 3/4-Ton, 122" wb						
Utiline PU	264	792	1,320	2,640	4,620	6,600
Sweptline PU	260	780	1,300	2,600	4,550	6,500
Platform	196	588	980	1,960	3,430	4,900
Stake	200	600	1,000	2,000	3,500	5,000
NOTE: Add 10 percent for V-8 engine. Add 5 percent for automatic transmission.						
1972-1980 1/2-Ton						
Van (109" wb)	144	432	720	1,440	2,520	3,600
Van (127" wb)	152	456	760	1,520	2,660	3,800
1972-1980 3/4-Ton						
Van (109" wb)	136	408	680	1,360	2,380	3,400
Van (127" wb)	144	432	720	1,440	2,520	3,600
Maxivan	152	456	760	1,520	2,660	3,800
1972-1980 1-Ton						
Van (109" wb)	128	384	640	1,280	2,240	3,200
Van (127" wb)	136	408	680	1,360	2,380	3,400
Maxivan	144	432	720	1,440	2,520	3,600
1972-1980 1/2-Ton						
Utiline PU (115" wb)	252	756	1,260	2,520	4,410	6,300
Sweptline PU (115" wb)	248	744	1,240	2,480	4,340	6,200
Utiline PU (131" wb)	248	744	1,240	2,480	4,340	6,200
Sweptline PU (131" wb)	252	756	1,260	2,520	4,410	6,300
1972-1980 3/4-Ton, 131" wb						
Utiline PU	240	720	1,200	2,400	4,200	6,000
Sweptline PU	244	732	1,220	2,440	4,270	6,100
1972-1980 Crew Cab, 3/4-Ton						
Utiline PU (149" wb)	192	576	960	1,920	3,360	4,800
Sweptline PU (149" wb)	196	588	980	1,960	3,430	4,900
Utiline PU (165" wb)	188	564	940	1,880	3,290	4,700
Sweptline PU (165" wb)	192	576	960	1,920	3,360	4,800
1978 Little Red Express PU	720	2,160	3,600	7,200	12,600	18,000
1979 Little Red Express PU	680	2,040	3,400	6,800	11,900	17,000
NOTE: Add 10 percent for V-8 engine.						
1981-1991 Rampage						
PU	128	384	640	1,280	2,240	3,200
1981-1991 Ram 50						
Cus PU	140	420	700	1,400	2,450	3,500
Royal PU	144	432	720	1,440	2,520	3,600
Spt PU	148	444	740	1,480	2,590	3,700
1981-1991 Ramcharger						
2WD	200	600	1,000	2,000	3,500	5,000
4x4	240	720	1,200	2,400	4,200	6,000
1984-1991						
Caravan	150	450	750	1,500	2,650	3,800
Caravan SE	150	500	800	1,650	2,850	4,100
Caravan LE	150	500	850	1,700	3,000	4,300
1981-1991 B150						
Van	180	540	900	1,800	3,150	4,500
Long Range Van	172	516	860	1,720	3,010	4,300
Wag	216	648	1,080	2,160	3,780	5,400
Mini-Ram Wag	212	636	1,060	2,120	3,710	5,300
1981-1991 B250						
Van	176	528	880	1,760	3,080	4,400
Wag	216	648	1,080	2,160	3,780	5,400
Mini-Ram Wag	212	636	1,060	2,120	3,710	5,300
1981-1991 B350						
Van	176	528	880	1,760	3,080	4,400
Wag	216	648	1,080	2,160	3,780	5,400
1981-1991 D150						
Utiline PU (SBx)	136	408	680	1,360	2,380	3,400
Sweptline PU (SBx)	140	420	700	1,400	2,450	3,500
Clb Cab PU (SBx)	156	468	780	1,560	2,730	3,900

	6	5	4	3	2	1
Utiline PU (LBx)	140	420	700	1,400	2,450	3,500
Sweptline PU (LBx)	144	432	720	1,440	2,520	3,600
Clb Cab PU (LBx)	160	480	800	1,600	2,800	4,000
1981-1991 D250						
Utiline PU (LBx)	132	396	660	1,320	2,310	3,300
Sweptline PU (LBx)	136	408	680	1,360	2,380	3,400
Clb Cab PU (LBx)	156	468	780	1,560	2,730	3,900
Crew Cab PU (SBx)	152	456	760	1,520	2,660	3,800
Crew Cab PU (LBx)	156	468	780	1,560	2,730	3,900
NOTE: Add 15 percent for 4x4.						
1981-1991 Dakota, 1/2-Ton, V-6, 1987-91						
PU (SBx)	140	420	700	1,400	2,450	3,500
PU (LBx)	136	408	680	1,360	2,380	3,400
PU Spt Conv (89-91)	300	900	1,500	3,000	5,250	7,500
NOTE: Deduct 10 percent for 4-cyl. Add 30 percent for V-8, 1991.						
NOTE: Add 5 percent for 2.2 Turbo. Add 15 percent for Shelby package (1987, 1988 & 1989 only).						
1984-1991 Caravan, V-6						
Sta Wag	232	696	1,160	2,320	4,060	5,800
Sta Wag SE	236	708	1,180	2,360	4,130	5,900
Sta Wag LE	240	720	1,200	2,400	4,200	6,000
NOTE: Add 5 percent for 4x4.						
1992 Ram 50, 1/2-Ton, 4-cyl.						
2d PU	200	600	1,000	2,000	3,500	5,000
2d LB PU	208	624	1,040	2,080	3,640	5,200
2d SE PU	220	660	1,100	2,200	3,850	5,500
1992 Ramcharger, V-8						
2d 150S SUV	272	816	1,360	2,720	4,760	6,800
2d 150S SUV (4x4)	288	864	1,440	2,880	5,040	7,200
2d 150 SUV	280	840	1,400	2,800	4,900	7,000
2d 150 SUV (4x4)	300	900	1,500	3,000	5,250	7,500
1992 Caravan, V-6						
3d CV Van	228	684	1,140	2,280	3,990	5,700
3d SE Van	232	696	1,160	2,320	4,060	5,800
3d LE Van	236	708	1,180	2,360	4,130	5,900
3d ES Van	240	720	1,200	2,400	4,200	6,000
NOTE: Add 10 percent for Grand models. Add 5 percent for 4x4.						
1992 B Series Van, V-8						
B150 Van	280	840	1,400	2,800	4,900	7,000
B150 Wag	300	900	1,500	3,000	5,250	7,500
B250 Van	300	900	1,500	3,000	5,250	7,500
B250 Sta Wag	320	960	1,600	3,200	5,600	8,000
B250 Maxi Van	320	960	1,600	3,200	5,600	8,000
B250 Maxi Wag	340	1,020	1,700	3,400	5,950	8,500
1992 Dakota, 1/2-Ton						
2d PU (SBx)	220	660	1,100	2,200	3,850	5,500
2d PU (LBx)	240	720	1,200	2,400	4,200	6,000
NOTE: Add 10 percent for V-8. Add 5 percent for 4x4.						
1992 D Series, V-8						
2d D150 PU	260	780	1,300	2,600	4,550	6,500
2d D250 PU	300	900	1,500	3,000	5,250	7,500
1993 Ram 50, 4-cyl.						
2d PU SBx	208	624	1,040	2,080	3,640	5,200
2d PU LBx	212	636	1,060	2,120	3,710	5,300
1993 Ramcharger, V-8						
2d SUV 2WD	280	840	1,400	2,800	4,900	7,000
2d SUV 4x4	320	960	1,600	3,200	5,600	8,000
1993 Caravan, V-6						
Sta Wag	272	816	1,360	2,720	4,760	6,800
1993 B150/250						
Window Van	276	828	1,380	2,760	4,830	6,900
1993 Dakota, V-8						
2d PU SBx	260	780	1,300	2,600	4,550	6,500
2d PU LBx	264	792	1,320	2,640	4,620	6,600
1993 D150/250, V-8						
2d PU SBx D150	280	840	1,400	2,800	4,900	7,000
2d PU LBx D150	284	852	1,420	2,840	4,970	7,100
2d PU SBx D250	284	852	1,420	2,840	4,970	7,100
2d PU LBx D250	288	864	1,440	2,880	5,040	7,200
1994						
Caravan	200	550	900	1,800	3,150	4,500
Caravan LWB	250	700	1,200	2,400	4,200	6,000
Caravan SE	300	850	1,400	2,800	4,900	7,000
Caravan LE	300	900	1,500	3,000	5,250	7,500
Caravan ES	300	950	1,600	3,200	5,600	8,000
Caravan Grand SE	300	900	1,500	3,000	5,250	7,500

	6	5	4	3	2	1
Caravan Grand LE	300	950	1,600	3,200	5,600	8,000
Caravan Grand ES	350	1,000	1,700	3,400	5,950	8,500
1994 B150 & B250, V-8						
Window Van	450	1,300	2,200	4,400	7,700	11,000
Van	400	1,200	2,000	4,000	7,000	10,000
Maxi Van	500	1,450	2,400	4,800	8,400	12,000
1994 Dakota, V-6						
2d PU 6 ft.	250	800	1,300	2,600	4,550	6,500
2d PU 8 ft.	250	800	1,350	2,700	4,700	6,700
2d PU Spt 6 ft.	300	900	1,500	3,000	5,250	7,500
2d PU Spt 8 ft.	300	950	1,600	3,200	5,600	8,000
1994 Ram 1500 & 2500, V-8						
2d Pu 6-1/2 ft.	400	1,200	2,000	4,000	7,000	10,000
2d PU 8 ft.	400	1,250	2,100	4,200	7,350	10,500

FORD TRUCKS

1905 Model E, 78" wb						
Dly Car	960	2,880	4,800	9,600	16,800	24,000
1906 Model T, 84" wb						
{l	760	2,280	3,800	7,600	13,300	19,000
Dly Van	840	2,520	4,200	8,400	14,700	21,000
1907 Model T, 84" wb						
PU	760	2,280	3,800	7,600	13,300	19,000
Dly Van	840	2,520	4,200	8,400	14,700	21,000
1908 Model T, 84" wb						
PU	760	2,280	3,800	7,600	13,300	19,000
Dly Van	840	2,520	4,200	8,400	14,700	21,000
1909 Model T, 100" wb						
PU	760	2,280	3,800	7,600	13,300	19,000
Dly Van	840	2,520	4,200	8,400	14,700	21,000
1910 Model T, 100" wb						
PU	760	2,280	3,800	7,600	13,300	19,000
Dly Van	840	2,520	4,200	8,400	14,700	21,000
1911 Model T, 100" wb						
PU	760	2,280	3,800	7,600	13,300	19,000
Dly Van	840	2,520	4,200	8,400	14,700	21,000

NOTE: The 1906-1911 Ford trucks were commercial adaptations of passenger car chassis. As there were no factory truck bodies, the above prices should be used as a general guide only.

1912 Model T, 84" wb						
Commercial Rds	760	2,280	3,800	7,600	13,300	19,000
Dly Van	840	2,520	4,200	8,400	14,700	21,000

NOTE: In 1912 the company marketed a true commercial roadster and also buillt Delivery Car (Van) prototypes that were listed by firms such as Bell Telephone, John Wanamaker and Milwaukee Novelty Dye Works.

1913 Model T, 84" wb						
Dly Van	640	1,920	3,200	6,400	11,200	16,000
Panel truck	840	2,520	4,200	8,400	14,700	21,000

NOTE: Ford again stopped making factory truck bodies. Trucks built on the 1913-1916 Model T chassis have aftermarket bodies. Therefore, prices given here should be considered only a general guide to typical body styles that exist.

1914 Model T, 84" wb						
C-Cab Dly	760	2,280	3,800	7,600	13,300	19,000
Panel truck	600	1,800	3,000	6,000	10,500	15,000
Fire truck (TT)	680	2,040	3,400	6,800	11,900	17,000
1915 Model T, 84" wb						
C-Cab Dly	640	1,920	3,200	6,400	11,200	16,000
Panel truck	600	1,800	3,000	6,000	10,500	15,000
Express	600	1,800	3,000	6,000	10,500	15,000
1916 Model T, 100" wb						
Panel truck	600	1,800	3,000	6,000	10,500	15,000
Swellside Panel	600	1,800	3,000	6,000	10,500	15,000
Fire truck	680	2,040	3,400	6,800	11,900	17,000
1917 Model T, 100" wb						
Box Body Dly	600	1,800	3,000	6,000	10,500	15,000
Open Front Panel	600	1,800	3,000	6,000	10,500	15,000
Enclosed Panel	600	1,800	3,000	6,000	10,500	15,000
Huckster	600	1,800	3,000	6,000	10,500	15,000
1917 Model TT, 124" wb						
Exp	560	1,680	2,800	5,600	9,800	14,000
Stake	560	1,680	2,800	5,600	9,800	14,000
Open Front Panel	600	1,800	3,000	6,000	10,500	15,000
Enclosed Panel	560	1,680	2,800	5,600	9,800	14,000
1918-1920 Model T, 100" wb						
Rds PU	680	2,040	3,400	6,800	11,900	17,000

	6	5	4	3	2	1
Box Body Dly	640	1,920	3,200	6,400	11,200	16,000
Open Front Panel	660	1,980	3,300	6,600	11,550	16,500
Enclosed Panel	620	1,860	3,100	6,200	10,850	15,500
Huckster	640	1,920	3,200	6,400	11,200	16,000
1918-1920 Model TT, 124" wb						
Exp	560	1,680	2,800	5,600	9,800	14,000
Stake	540	1,620	2,700	5,400	9,450	13,500
Open Front Panel	600	1,800	3,000	6,000	10,500	15,000
Enclosed Panel	560	1,680	2,800	5,600	9,800	14,000
Huckster	600	1,800	3,000	6,000	10,500	15,000
1921-1927 Model T, 100" wb						
Rds PU	680	2,040	3,400	6,800	11,900	17,000
Box Body Dly	640	1,920	3,200	6,400	11,200	16,000
Open Front Panel	660	1,980	3,300	6,600	11,550	16,500
Enclosed Panel	620	1,860	3,100	6,200	10,850	15,500
Huckster	640	1,920	3,200	6,400	11,200	16,000
1921-1927 Model TT, 124" wb						
Exp	580	1,740	2,900	5,800	10,150	14,500
Stake	560	1,680	2,800	5,600	9,800	14,000
Open Front Panel	640	1,920	3,200	6,400	11,200	16,000
Enclosed Panel	600	1,800	3,000	6,000	10,500	15,000
Huckster	620	1,860	3,100	6,200	10,850	15,500
1928-1929 Model A, 103" wb						
Sed Dly	780	2,340	3,900	7,800	13,650	19,500
Open Cab PU	740	2,220	3,700	7,400	12,950	18,500
Closed Cab PU	660	1,980	3,300	6,600	11,550	16,500
Canopy Exp	680	2,040	3,400	6,800	11,900	17,000
Screenside Exp	680	2,040	3,400	6,800	11,900	17,000
Panel	720	2,160	3,600	7,200	12,600	18,000
1930-1931 Model A, 103" wb						
Sed Dly	800	2,400	4,000	8,000	14,000	20,000
Twn Car Dly	1,160	3,480	5,800	11,600	20,300	29,000
Open Cab PU	760	2,280	3,800	7,600	13,300	19,000
Closed Cab PU	660	1,980	3,300	6,600	11,550	16,500
Panel	680	2,040	3,400	6,800	11,900	17,000
NOTE: Sedan Delivery officially called "Deluxe Delivery".						
1932 Model B, 4-cyl., 106" wb						
Sed Dly	780	2,340	3,900	7,800	13,650	19,500
Open Cab PU	780	2,340	3,900	7,800	13,650	19,500
Closed Cab PU	668	2,004	3,340	6,680	11,690	16,700
Std Panel	700	2,100	3,500	7,000	12,250	17,500
DeL Panel	680	2,040	3,400	6,800	11,900	17,000
1932 Model B-18, V-8, 106" wb						
Sed Dly	880	2,640	4,400	8,800	15,400	22,000
Open Cab PU	820	2,460	4,100	8,200	14,350	20,500
Closed Cab PU	708	2,124	3,540	7,080	12,390	17,700
Std Panel	700	2,100	3,500	7,000	12,250	17,500
DeL Panel	720	2,160	3,600	7,200	12,600	18,000
1933-1934 Model 46, 4-cyl., 112" wb						
Sed Dly	840	2,520	4,200	8,400	14,700	21,000
Panel	700	2,100	3,500	7,000	12,250	17,500
DeL Panel	720	2,160	3,600	7,200	12,600	18,000
PU	700	2,100	3,500	7,000	12,250	17,500
1933-1934 Model 46, V-8, 112" wb						
Sed Dly	880	2,640	4,400	8,800	15,400	22,000
Panel	720	2,160	3,600	7,200	12,600	18,000
DeL Panel	740	2,220	3,700	7,400	12,950	18,500
PU	720	2,160	3,600	7,200	12,600	18,000
1935 Model 48, V-8, 112" wb						
Sed Dly	840	2,520	4,200	8,400	14,700	21,000
1935 Model 50, V-8, 112" wb						
Panel	700	2,100	3,500	7,000	12,250	17,500
DeL Panel	720	2,160	3,600	7,200	12,600	18,000
PU	700	2,100	3,500	7,000	12,250	17,500
1936 Model 68, V-8, 112" wb						
Sed Dly	840	2,520	4,200	8,400	14,700	21,000
1936 Model 67, V-8, 112" wb						
Panel	680	2,040	3,400	6,800	11,900	17,000
DeL Panel	700	2,100	3,500	7,000	12,250	17,500
PU	680	2,040	3,400	6,800	11,900	17,000
1937-1939 V-8, 60 hp, 112" wb						
Cpe PU	760	2,280	3,800	7,600	13,300	19,000
Sed Dly	780	2,340	3,900	7,800	13,650	19,500
1937-1939 V-8, 60 hp, 142" wb						
PU	680	2,040	3,400	6,800	11,900	17,000
Platform	580	1,740	2,900	5,800	10,150	14,500
Stake	580	1,740	2,900	5,800	10,150	14,500

1984 Dodge W100 Power Ram half-ton pickup 4x4

1990 Dodge Dakota S half-ton pickup

1993 Dodge W250 Ram half-ton pickup 4x4

	6	5	4	3	2	1
Panel	592	1,776	2,960	5,920	10,360	14,800
DeL Panel	640	1,920	3,200	6,400	11,200	16,000

1937-1939 V-8, 85 hp, 112" wb

	6	5	4	3	2	1
Cpe PU	740	2,220	3,700	7,400	12,950	18,500
DeL Cpe PU	780	2,340	3,900	7,800	13,650	19,500
Sed Dly	792	2,376	3,960	7,920	13,860	19,800
PU	680	2,040	3,400	6,800	11,900	17,000
Platform	584	1,752	2,920	5,840	10,220	14,600
Stake	584	1,752	2,920	5,840	10,220	14,600
Panel	640	1,920	3,200	6,400	11,200	16,000
DeL Panel	652	1,956	3,260	6,520	11,410	16,300

1937-1939 3/4-Ton, 85 hp, 122" wb (1939)

	6	5	4	3	2	1
PU Exp	660	1,980	3,300	6,600	11,550	16,500

NOTE: Deduct 10 percent for 60 hp V-8.

1940-1941 1/2-Ton, 112" wb

	6	5	4	3	2	1
PU	740	2,220	3,700	7,400	12,950	18,500
Platform	540	1,620	2,700	5,400	9,450	13,500
Stake	540	1,620	2,700	5,400	9,450	13,500
Panel	660	1,980	3,300	6,600	11,550	16,500
Sed Dly	860	2,580	4,300	8,600	15,050	21,500

1940-1941 3/4-Ton, 122" wb

	6	5	4	3	2	1
Platform	520	1,560	2,600	5,200	9,100	13,000
PU Exp	720	2,160	3,600	7,200	12,600	18,000
Stake	540	1,620	2,700	5,400	9,450	13,500
Panel	660	1,980	3,300	6,600	11,550	16,500

NOTE: Deduct 5 percent for 60 hp V-8 where available. Deduct 10 percent for 4-cyl. (1941 only) where available.

1942-1947 1/2-Ton, 6-cyl., 114" wb

	6	5	4	3	2	1
Sed Dly	824	2,472	4,120	8,240	14,420	20,600

1942-1947 1/2-Ton, 114" wb

	6	5	4	3	2	1
PU	712	2,136	3,560	7,120	12,460	17,800
Platform	532	1,596	2,660	5,320	9,310	13,300
Stake	544	1,632	2,720	5,440	9,520	13,600
Panel	652	1,956	3,260	6,520	11,410	16,300

1942-1947 3/4-Ton, 122" wb

	6	5	4	3	2	1
Platform	352	1,056	1,760	3,520	6,160	8,800
PU Exp	680	2,040	3,400	6,800	11,900	17,000
Stake	532	1,596	2,660	5,320	9,310	13,300
Panel	652	1,956	3,260	6,520	11,410	16,300

NOTE: Deduct 10 percent for 4-cyl. (1942 only) where available.

1948-1950 F-1 Model 8HC, 1/2-Ton, V-8, 114" wb

	6	5	4	3	2	1
DeL Sed Dly	860	2,580	4,300	8,600	15,050	21,500
PU	740	2,220	3,700	7,400	12,950	18,500
Platform	560	1,680	2,800	5,600	9,800	14,000
Stake	568	1,704	2,840	5,680	9,940	14,200
Panel	640	1,920	3,200	6,400	11,200	16,000

1948-1950 F-2 Model 8HD, 3/4-Ton, V-8, 112" wb

	6	5	4	3	2	1
PU	720	2,160	3,600	7,200	12,600	18,000
Platform	540	1,620	2,700	5,400	9,450	13,500
Stake	548	1,644	2,740	5,480	9,590	13,700

1948-1950 F-3 Model 8HY, HD 3/4-Ton, V-8, 122" wb

	6	5	4	3	2	1
PU	728	2,184	3,640	7,280	12,740	18,200
Platform	544	1,632	2,720	5,440	9,520	13,600
Stake	552	1,656	2,760	5,520	9,660	13,800

NOTE: Deduct 10 percent for 6-cyl.

1951-1952 Courier Sed Dly 6-cyl., 115" wb

	6	5	4	3	2	1
1952 only	760	2,280	3,800	7,600	13,300	19,000

1951-1952 F-1 Model 1HC, 1/2-Ton, V-8, 114" wb

	6	5	4	3	2	1
PU	700	2,100	3,500	7,000	12,250	17,500
Platform	560	1,680	2,800	5,600	9,800	14,000
Stake	568	1,704	2,840	5,680	9,940	14,200
Panel	680	2,040	3,400	6,800	11,900	17,000

1951-1952 F-2 Model 1HD, 3/4-Ton, V-8, 122" wb

	6	5	4	3	2	1
PU	700	2,100	3,500	7,000	12,250	17,500
Platform	540	1,620	2,700	5,400	9,450	13,500
Stake	548	1,644	2,740	5,480	9,590	13,700

1951-1952 F-3 Model 1HY, Heavy 3/4-Ton, 6-cyl., 112" wb

	6	5	4	3	2	1
PU	688	2,064	3,440	6,880	12,040	17,200
Platform	544	1,632	2,720	5,440	9,520	13,600
Stake	552	1,656	2,760	5,520	9,660	13,800

1951-1952 F-3 Model 1HJ, 104" wb; Model 1H2J, 122" wb 3/4-Ton, 6-cyl.

	6	5	4	3	2	1
Parcel Dly	520	1,560	2,600	5,200	9,100	13,000

NOTE: Add 10 percent for V-8.

1953-1955 Courier Series, 1/2-Ton, 6-cyl., 115" wb

	6	5	4	3	2	1
Sed Dly	760	2,280	3,800	7,600	13,300	19,000

1953-1955 F-100 Series, 1/2-Ton, 6-cyl., 110" wb

	6	5	4	3	2	1
PU	708	2,124	3,540	7,080	12,390	17,700
Platform	580	1,740	2,900	5,800	10,150	14,500
Stake	588	1,764	2,940	5,880	10,290	14,700
Panel	680	2,040	3,400	6,800	11,900	17,000

1953-1955 F-250 Series, 3/4-Ton, 6-cyl., 118" wb

	6	5	4	3	2	1
PU	700	2,100	3,500	7,000	12,250	17,500
Platform	540	1,620	2,700	5,400	9,450	13,500
Stake	548	1,644	2,740	5,480	9,590	13,700

NOTE: Add 10 percent for V-8.

1956 Courier Series, 1/2-Ton, 6-cyl., 115.5" wb

	6	5	4	3	2	1
Sed Dly	780	2,340	3,900	7,800	13,650	19,500

1956 F-100 Series, 1/2-Ton, 6-cyl., 110" wb

	6	5	4	3	2	1
PU	700	2,100	3,500	7,000	12,250	17,500
Platform	560	1,680	2,800	5,600	9,800	14,000
Stake	568	1,704	2,840	5,680	9,940	14,200
Panel	668	2,004	3,340	6,680	11,690	16,700
Cus Panel	680	2,040	3,400	6,800	11,900	17,000

1956 F-250 Series, 3/4-Ton, 6-cyl., 118" wb

	6	5	4	3	2	1
PU	700	2,100	3,500	7,000	12,250	17,500
Platform	528	1,584	2,640	5,280	9,240	13,200
Stake	536	1,608	2,680	5,360	9,380	13,400

NOTE: Add 10 percent for V-8.

1957-1960 Courier Series, 1/2-Ton, 6-cyl., 116" wb

	6	5	4	3	2	1
Sed Dly	680	2,040	3,400	6,800	11,900	17,000

1957-1960 Ranchero Series, 1/2-Ton, 6-cyl., 116" wb

	6	5	4	3	2	1
PU	700	2,100	3,500	7,000	12,250	17,500
Cus PU	720	2,160	3,600	7,200	12,600	18,000

1957-1960 F-100 Series, 1/2-Ton, 6-cyl., 110" wb

	6	5	4	3	2	1
Flareside PU	660	1,980	3,300	6,600	11,550	16,500
Styleside PU (118" wb)	640	1,920	3,200	6,400	11,200	16,000
Styleside PU	648	1,944	3,240	6,480	11,340	16,200
Platform	520	1,560	2,600	5,200	9,100	13,000
Stake	528	1,584	2,640	5,280	9,240	13,200
Panel	600	1,800	3,000	6,000	10,500	15,000

1957-1960 F-250 Series, 3/4-Ton, 6-cyl., 118" wb

	6	5	4	3	2	1
Flareside PU	620	1,860	3,100	6,200	10,850	15,500
Styleside PU	640	1,920	3,200	6,400	11,200	16,000
Platform	420	1,260	2,100	4,200	7,350	10,500
Stake	428	1,284	2,140	4,280	7,490	10,700

NOTE: Add 10 percent for V-8.

1961-1966 Econoline, Series E-100 1/2-Ton, 6-cyl., 90" wb

	6	5	4	3	2	1
PU	420	1,260	2,100	4,200	7,350	10,500
Van	400	1,200	2,000	4,000	7,000	10,000
Station Bus	420	1,260	2,100	4,200	7,350	10,500

1961-1966 Falcon Series, 1/2-Ton, 6-cyl., 109.5" wb

	6	5	4	3	2	1
Ranchero PU (to 1965)	536	1,608	2,680	5,360	9,380	13,400
Sed Dly (to 1965)	520	1,560	2,600	5,200	9,100	13,000

1961-1966 F-100 Series, 1/2-Ton, 6-cyl., 110" wb

	6	5	4	3	2	1
Styleside PU, 6-1/2 ft.	608	1,824	3,040	6,080	10,640	15,200
Flareside PU, 6-1/2 ft.	600	1,800	3,000	6,000	10,500	15,000
Platform	520	1,560	2,600	5,200	9,100	13,000
Stake	528	1,584	2,640	5,280	9,240	13,200
Panel	552	1,656	2,760	5,520	9,660	13,800
Styleside PU, 8 ft.	600	1,800	3,000	6,000	10,500	15,000
Flareside PU, 8 ft.	592	1,776	2,960	5,920	10,360	14,800

NOTE: Add 10 percent for Intergal Body PU 1961-1964. Deduct 5 percent for F-250.

1966 Bronco U-100, 1/2-Ton, 4x4, 6-cyl., 90" wb

	6	5	4	3	2	1
Rds	680	2,040	3,400	6,800	11,900	17,000
Spt Utl	660	1,980	3,300	6,600	11,550	16,500
Wag	660	1,980	3,300	6,600	11,550	16,500

1966 Fairlane Ranchero, 1/2-Ton, 113" wb

	6	5	4	3	2	1
PU	600	1,800	3,000	6,000	10,500	15,000
Cus PU	640	1,920	3,200	6,400	11,200	16,000

NOTE: Add 10 percent for V-8.

1967-1972 Bronco U-100, 1/2-Ton, 113" wb

	6	5	4	3	2	1
Rds	680	2,040	3,400	6,800	11,900	17,000
Spt Utl	660	1,980	3,300	6,600	11,550	16,500
Wag	660	1,980	3,300	6,600	11,550	16,500

1967-1972 Econoline E-100, 1/2-Ton, 6-cyl.

	6	5	4	3	2	1
PU	420	1,260	2,100	4,200	7,350	10,500
Van	400	1,200	2,000	4,000	7,000	10,000
Sup Van	384	1,152	1,920	3,840	6,720	9,600
Panel Van	380	1,140	1,900	3,800	6,650	9,500
Sup Panel Van	388	1,164	1,940	3,880	6,790	9,700

	6	5	4	3	2	1
1967-1972 Ranchero, 1/2-Ton, 6-cyl.						
PU (1967-1971)	560	1,680	2,800	5,600	9,800	14,000
500 PU	580	1,740	2,900	5,800	10,150	14,500
500 XL PU (1967 only)	600	1,800	3,000	6,000	10,500	15,000
500 GT PU (1968-1972)	600	1,800	3,000	6,000	10,500	15,000
500 Squire PU (1970-1972)	600	1,800	3,000	6,000	10,500	15,000
1967-1972 F-100/ Model F-101, 1/2-Ton, 6-cyl.						
Flareside PU, 6-1/2 ft.	600	1,800	3,000	6,000	10,500	15,000
Styleside PU, 6-1/2 ft.	608	1,824	3,040	6,080	10,640	15,200
Platform	400	1,200	2,000	4,000	7,000	10,000
Stake	400	1,200	2,000	4,000	7,000	10,000
Flareside, 8 ft.	632	1,896	3,160	6,320	11,060	15,800
Styleside, 8 ft.	640	1,920	3,200	6,400	11,200	16,000
1967-1972 F-250, 3/4-Ton, 6-cyl.						
Flareside PU, 8 ft.	608	1,824	3,040	6,080	10,640	15,200
Styleside PU, 8 ft.	620	1,860	3,100	6,200	10,850	15,500
Platform	360	1,080	1,800	3,600	6,300	9,000
Stake	360	1,080	1,800	3,600	6,300	9,000
NOTE: Add 10 percent for V-8.						
1973-1979 Courier, 1/2-Ton, 4-cyl.						
PU	300	900	1,500	3,000	5,250	7,500
1973-1979 Fairlane/Torino, 1/2-Ton, V-8						
Ranchero 500 PU	520	1,560	2,600	5,200	9,100	13,000
Ranchero Squire PU	540	1,620	2,700	5,400	9,450	13,500
Ranchero GT PU	560	1,680	2,800	5,600	9,800	14,000
1973-1979 Club Wagon E-100, 1/2-Ton, 6-cyl.						
Clb Wag	288	864	1,440	2,880	5,040	7,200
Cus Clb Wag	300	900	1,500	3,000	5,250	7,500
Chateau Wag	380	1,140	1,900	3,800	6,650	9,500
1973-1979 Bronco U-100, 1/2-Ton, 6-cyl.						
Wag	540	1,620	2,700	5,400	9,450	13,500
1973-1979 Econoline E-100, 1/2-Ton, 6-cyl.						
Cargo Van	220	660	1,100	2,200	3,850	5,500
Window Van	240	720	1,200	2,400	4,200	6,000
Display Van	232	696	1,160	2,320	4,060	5,800
1973-1979 Econoline E-200, 3/4-Ton, 6-cyl.						
Cargo Van	216	648	1,080	2,160	3,780	5,400
Window Van	236	708	1,180	2,360	4,130	5,900
Display Van	228	684	1,140	2,280	3,990	5,700
1973-1979 Econoline E-300, HD 3/4-Ton, 6-cyl.						
Cargo Van	212	636	1,060	2,120	3,710	5,300
Window Van	232	696	1,160	2,320	4,060	5,800
Display Van	224	672	1,120	2,240	3,920	5,600
1973-1979 F-100, 1/2-Ton, 6-cyl.						
Flareside PU, 6-1/2 ft.	520	1,560	2,600	5,200	9,100	13,000
Styleside PU, 6-1/2 ft.	524	1,572	2,620	5,240	9,170	13,100
Flareside PU, 8 ft.	436	1,308	2,180	4,360	7,630	10,900
Styleside PU, 8 ft.	520	1,560	2,600	5,200	9,100	13,000
1973-1979 F-250, 3/4-Ton, 6-cyl.						
Flareside PU	416	1,248	2,080	4,160	7,280	10,400
Styleside PU	412	1,236	2,060	4,120	7,210	10,300
Platform	240	720	1,200	2,400	4,200	6,000
Stake	248	744	1,240	2,480	4,340	6,200
1973-1979 F-350, HD 3/4-Ton, 6-cyl.						
Flareside PU	408	1,224	2,040	4,080	7,140	10,200
Styleside PU	404	1,212	2,020	4,040	7,070	10,100
Platform	232	696	1,160	2,320	4,060	5,800
Stake	240	720	1,200	2,400	4,200	6,000
NOTE: Add 5 percent for base V-8. Add 10 percent for optional V-8. Add 5 percent for 4x4 on F-250 and F-350 models only.						
1980-1986 Courier to 1982, replaced by Ranger 1983-1986						
PU	240	720	1,200	2,400	4,200	6,000
1980-1986 Bronco						
Wag	300	900	1,500	3,000	5,250	7,500
1980-1986 Econoline E-100						
Cargo Van	200	600	1,000	2,000	3,500	5,000
Window Van	208	624	1,040	2,080	3,640	5,200
Display Van	216	648	1,080	2,160	3,780	5,400
Clb Wag	236	708	1,180	2,360	4,130	5,900
Cus Clb Wag	244	732	1,220	2,440	4,270	6,100
Chateau Clb Wag	252	756	1,260	2,520	4,410	6,300
1980-1986 Econoline E-200						
Cargo Van	200	600	1,000	2,000	3,500	5,000
Window Van	204	612	1,020	2,040	3,570	5,100
Display Van	208	624	1,040	2,080	3,640	5,200

	6	5	4	3	2	1
1980-1986 Econoline E-300						
Cargo Van	196	588	980	1,960	3,430	4,900
Window Van	200	600	1,000	2,000	3,500	5,000
Display Van	204	612	1,020	2,040	3,570	5,100
1980-1983 F-100, 1/2-Ton						
Flareside PU	240	720	1,200	2,400	4,200	6,000
Styleside PU	244	732	1,220	2,440	4,270	6,100
Sup Cab	244	732	1,220	2,440	4,270	6,100
NOTE: F-100 was discontinued after 1983.						
1983-1986 F-150, 1/2-Ton						
Flareside PU (SBx)	220	660	1,100	2,200	3,850	5,500
Styleside PU (SBx)	240	720	1,200	2,400	4,200	6,000
Styleside PU (LBx)	260	780	1,300	2,600	4,550	6,500
Styleside PU Sup Cab (SBx)	280	840	1,400	2,800	4,900	7,000
Styleside PU Sup Cab (LBx)	320	960	1,600	3,200	5,600	8,000
1980-1986 F-250, 3/4-Ton						
Flareside PU	240	720	1,200	2,400	4,200	6,000
Styleside PU	244	732	1,220	2,440	4,270	6,100
Sup Cab	248	744	1,240	2,480	4,340	6,200
1980-1986 F-350, 1-Ton						
PU	232	696	1,160	2,320	4,060	5,800
Crew Cab PU	236	708	1,180	2,360	4,130	5,900
Stake	220	660	1,100	2,200	3,850	5,500
NOTE: Add 10 percent for 4x4.						
1987-1991 Bronco II, 1/2-Ton, 94" wb						
Wag	180	540	900	1,800	3,150	4,500
Wag (4x4)	240	720	1,200	2,400	4,200	6,000
1987-1991 Bronco, 1/2-Ton, 105" wb						
Wag (4x4)	340	1,020	1,700	3,400	5,950	8,500
1987-1991 Aerostar, 1/2-Ton, 119" wb						
Cargo Van	160	480	800	1,600	2,800	4,000
Wag	220	660	1,100	2,200	3,850	5,500
Window Van	160	480	800	1,600	2,800	4,000
1987-1991 Club Wagon, 138" wb						
E-150 Wag	260	780	1,300	2,600	4,550	6,500
E-250 Wag	280	840	1,400	2,800	4,900	7,000
E-350 Sup Clb Wag	300	900	1,500	3,000	5,250	7,500
1987-1991 Econoline E-150, 1/2-Ton, 124" or 138" wb						
Cargo Van	200	600	1,000	2,000	3,500	5,000
Sup Cargo Van	220	660	1,100	2,200	3,850	5,500
1987-1991 Econoline E-250, 3/4-Ton, 138" wb						
Cargo Van	220	660	1,100	2,200	3,850	5,500
Sup Cargo Van	240	720	1,200	2,400	4,200	6,000
1987-1991 Econoline E-350, 1-Ton , 138" or 176" wb						
Cargo Van	240	720	1,200	2,400	4,200	6,000
Sup Cargo Van	260	780	1,300	2,600	4,550	6,500
1987-1991 Ranger, 1/2-Ton, 108" or 125" wb						
Styleside PU (SBx)	156	468	780	1,560	2,730	3,900
Styleside PU (LBx)	160	480	800	1,600	2,800	4,000
Styleside PU Sup Cab	180	540	900	1,800	3,150	4,500
1987-1991 F-150, 1/2-Ton, 116" or 155" wb						
Flareside PU (SBx)	180	540	900	1,800	3,150	4,500
Styleside PU (SBx)	200	600	1,000	2,000	3,500	5,000
Styleside PU (LBx)	220	660	1,100	2,200	3,850	5,500
Styleside PU Sup Cab (SBx)	240	720	1,200	2,400	4,200	6,000
Styleside PU Sup Cab (LBx)	280	840	1,400	2,800	4,900	7,000
1987-1991 F-250, 3/4-Ton, 133" or 155" wb						
Styleside PU (LBx)	260	780	1,300	2,600	4,550	6,500
Styleside PU Sup Cab (LBx)	280	840	1,400	2,800	4,900	7,000
1987-1991 F-350, 1-Ton , 133" or 168.4" wb						
Styleside PU (LBx)	280	840	1,400	2,800	4,900	7,000
Styleside PU Crew Cab	300	900	1,500	3,000	5,250	7,500
NOTE: Add 15 percent for 4x4.						
1992 Explorer, V-6						
2d SUV	560	1,680	2,800	5,600	9,800	14,000
4d SUV	580	1,740	2,900	5,800	10,150	14,500
2d SUV (4x4)	580	1,740	2,900	5,800	10,150	14,500
4d SUV (4x4)	600	1,800	3,000	6,000	10,500	15,000
1992 Bronco, V-8						
2d SUV	640	1,920	3,200	6,400	11,200	16,000

1928 Ford Model A half-ton panel delivery

1953 Ford F100 half-ton pickup

1960 Ford Falcon Ranchero pickup

	6	5	4	3	2	1
1992 Aerostar, V-6						
Van	300	900	1,500	3,000	5,250	7,500
Window Van	320	960	1,600	3,200	5,600	8,000
Ext Van	320	960	1,600	3,200	5,600	8,000
Ext Window Van	340	1,020	1,700	3,400	5,950	8,500
NOTE: Add 5 percent for 4x4.						
1992 E Series, V-8						
Cargo Van	540	1,620	2,700	5,400	9,450	13,500
1992 Club Wagon, V-8						
E-150 Wag	560	1,680	2,800	5,600	9,800	14,000
1992 Ranger, 1/2-Ton, V-6						
2d PU (SBx)	220	660	1,100	2,200	3,850	5,500
2d PU (LBx)	240	720	1,200	2,400	4,200	6,000
NOTE: Add 5 percent for 4x4.						
1992 F-150, F-250, V-8						
2d PU 1/2-Ton (SBx)	560	1,680	2,800	5,600	9,800	14,000
2d PU 1/2-Ton (LBx)	580	1,740	2,900	5,800	10,150	14,500
2d PU 3/4-Ton (SBx)	580	1,740	2,900	5,800	10,150	14,500
2d PU 3/4-Ton (LBx)	600	1,800	3,000	6,000	10,500	15,000
NOTE: Add 5 percent for 4x4.						
1993 Explorer, V-6						
2d SUV 2WD	560	1,680	2,800	5,600	9,800	14,000
4d SUV 2WD	560	1,680	2,800	5,600	9,800	14,000
2d SUV 4x4	600	1,800	3,000	6,000	10,500	15,000
4d SUV 4x4	600	1,800	3,000	6,000	10,500	15,000
1993 Bronco, V-8						
2d SUV	660	1,980	3,300	6,600	11,550	16,500
1993 Aerostar, V-6						
Window Van	340	1,020	1,700	3,400	5,950	8,500
1993 E150/250 Van, V-8						
Window Van	540	1,620	2,700	5,400	9,450	13,500
1993 Ranger, V-6						
2d PU SBx	220	660	1,100	2,200	3,850	5,500
2d PU LBx	228	684	1,140	2,280	3,990	5,700
1993 F150/F250, V-8						
2d PU SBx F150	560	1,680	2,800	5,600	9,800	14,000
2d PU LBx F150	560	1,680	2,800	5,600	9,800	14,000
2d PU SBx F250	600	1,800	3,000	6,000	10,500	15,000
2d PU LBx F250	600	1,800	3,000	6,000	10,500	15,000
1994 Explorer, V-6						
2d SUV	350	1,000	1,700	3,400	5,950	8,500
4d SUV	350	1,100	1,800	3,600	6,300	9,000
2d SUV 4x4	450	1,300	2,200	4,400	7,700	11,000
4d SUV 4x4	500	1,450	2,400	4,800	8,400	12,000
1994 Bronco, V-8						
2d SUV	550	1,700	2,800	5,600	9,800	14,000
1994 Aerostar, V-6						
Cargo Van	250	700	1,200	2,400	4,200	6,000
Window Van	250	800	1,300	2,600	4,550	6,500
Cargo Van LWB	300	850	1,400	2,750	4,850	6,900
Window Van LWB	300	850	1,400	2,800	4,900	7,000
1994 E150/250, V-8						
Cargo Van	400	1,150	1,900	3,800	6,650	9,500
Window Van	450	1,300	2,200	4,400	7,700	11,000
Club Wag	500	1,550	2,600	5,200	9,100	13,000
1994 Ranger, V-6						
2d PU	250	800	1,300	2,600	4,550	6,500
2d PU 4x4	400	1,150	1,900	3,800	6,650	9,500
2d PU Sup Cab 4x4	400	1,200	2,000	4,000	7,000	10,000
1994 F150/250, V-8						
2d PU XL 6 ft.	400	1,150	1,900	3,800	6,650	9,500
2d PU XL 8 ft.	400	1,200	2,000	4,000	7,000	10,000
2d PU Sup Cab XL 6 ft.	450	1,300	2,200	4,400	7,700	11,000
2d PU Sup Cab XL 8 ft.	500	1,450	2,400	4,800	8,400	12,000
NOTE: Add 10 percent for 4x4.						

GMC TRUCKS

	6	5	4	3	2	1
1920-1926						
Canopy	620	1,860	3,100	6,200	10,850	15,500
1927-1929 Light Duty						
PU	620	1,860	3,100	6,200	10,850	15,500

	6	5	4	3	2	1
Panel	608	1,824	3,040	6,080	10,640	15,200
1930-1933 Light Duty						
PU	648	1,944	3,240	6,480	11,340	16,200
Panel	640	1,920	3,200	6,400	11,200	16,000
Stake	600	1,800	3,000	6,000	10,500	15,000
1934-1935 Light Duty						
PU	700	2,100	3,500	7,000	12,250	17,500
Panel	660	1,980	3,300	6,600	11,550	16,500
1936-1940 Light Duty						
PU	740	2,220	3,700	7,400	12,950	18,500
Panel	700	2,100	3,500	7,000	12,250	17,500
1940 Light Duty, 1/2-Ton, 113.5" wb						
Canopy Dly	740	2,220	3,700	7,400	12,950	18,500
Screenside Dly	740	2,220	3,700	7,400	12,950	18,500
Suburban	720	2,160	3,600	7,200	12,600	18,000
1941-1942, 1946-1947 Light Duty, 1/2-Ton, 115" wb						
PU	760	2,280	3,800	7,600	13,300	19,000
Panel	708	2,124	3,540	7,080	12,390	17,700
Canopy Dly	700	2,100	3,500	7,000	12,250	17,500
Screenside Dly	740	2,220	3,700	7,400	12,950	18,500
Suburban	720	2,160	3,600	7,200	12,600	18,000
Stake	580	1,740	2,900	5,800	10,150	14,500
1941-1942, 1946-1947 Light Duty, 1/2-Ton, 125" wb						
PU	760	2,280	3,800	7,600	13,300	19,000
Panel	700	2,100	3,500	7,000	12,250	17,500
Stake	592	1,776	2,960	5,920	10,360	14,800
1941-1942, 1946-1947 Medium Duty, 3/4-Ton, 125" wb						
PU	640	1,920	3,200	6,400	11,200	16,000
Panel	600	1,800	3,000	6,000	10,500	15,000
Stake	576	1,728	2,880	5,760	10,080	14,400
1948-1953 Light Duty, 1/2-Ton						
PU	840	2,520	4,200	8,400	14,700	21,000
Panel	728	2,184	3,640	7,280	12,740	18,200
Canopy Exp	668	2,004	3,340	6,680	11,690	16,700
Suburban	740	2,220	3,700	7,400	12,950	18,500
1948-1953 Medium Duty, 3/4-Ton						
PU	700	2,100	3,500	7,000	12,250	17,500
Stake	600	1,800	3,000	6,000	10,500	15,000
1948-1953 Heavy Duty, 1-Ton						
PU	680	2,040	3,400	6,800	11,900	17,000
Stake	644	1,932	3,220	6,440	11,270	16,100
1954-1955 First Series Light Duty, 1/2-Ton						
PU	780	2,340	3,900	7,800	13,650	19,500
Panel	680	2,040	3,400	6,800	11,900	17,000
Canopy Dly	720	2,160	3,600	7,200	12,600	18,000
Suburban	720	2,160	3,600	7,200	12,600	18,000
PU (LWB)	700	2,100	3,500	7,000	12,250	17,500
Stake Rack	560	1,680	2,800	5,600	9,800	14,000
1954-1955 First Series Medium Duty, 3/4-Ton						
PU	720	2,160	3,600	7,200	12,600	18,000
Stake Rack	560	1,680	2,800	5,600	9,800	14,000
1954-1955 First Series Heavy Duty, 1-Ton						
PU	680	2,040	3,400	6,800	11,900	17,000
Panel	600	1,800	3,000	6,000	10,500	15,000
Canopy Exp	660	1,980	3,300	6,600	11,550	16,500
Stake Rack	560	1,680	2,800	5,600	9,800	14,000
Platform	560	1,680	2,800	5,600	9,800	14,000
1955-1957 Second Series Light Duty, 1/2-Ton, V-8						
PU	760	2,280	3,800	7,600	13,300	19,000
Panel	640	1,920	3,200	6,400	11,200	16,000
DeL Panel	648	1,944	3,240	6,480	11,340	16,200
Suburban PU	900	2,700	4,500	9,000	15,750	22,500
Suburban	648	1,944	3,240	6,480	11,340	16,200
1955-1957 Second Series Medium Duty, 3/4-Ton, V-8						
PU	680	2,040	3,400	6,800	11,900	17,000
Stake Rack	560	1,680	2,800	5,600	9,800	14,000
1955-1957 Second Series Heavy Duty, 1-Ton, V-8						
PU	620	1,860	3,100	6,200	10,850	15,500
Panel	640	1,920	3,200	6,400	11,200	16,000
DeL Panel	660	1,980	3,300	6,600	11,550	16,500
Stake Rack	560	1,680	2,800	5,600	9,800	14,000
Platform	560	1,680	2,800	5,600	9,800	14,000
NOTE: Deduct 20 percent for 6-cyl.						
1958-1959 Light Duty, 1/2-Ton, V-8						
PU	680	2,040	3,400	6,800	11,900	17,000
Wide-Side PU	668	2,004	3,340	6,680	11,690	16,700

	6	5	4	3	2	1
PU (LWB)	652	1,956	3,260	6,520	11,410	16,300
Wide-Side PU (LWB)	660	1,980	3,300	6,600	11,550	16,500
Panel	640	1,920	3,200	6,400	11,200	16,000
Panel DeL	648	1,944	3,240	6,480	11,340	16,200
Suburban	660	1,980	3,300	6,600	11,550	16,500
1958-1959 Medium Duty, 3/4-Ton, V-8						
PU	600	1,800	3,000	6,000	10,500	15,000
Wide-Side PU	608	1,824	3,040	6,080	10,640	15,200
Stake Rack	520	1,560	2,600	5,200	9,100	13,000
1958-1959 V-8						
Panel, 8 ft.	580	1,740	2,900	5,800	10,150	14,500
Panel, 10 ft.	580	1,740	2,900	5,800	10,150	14,500
Panel, 12 ft.	588	1,764	2,940	5,880	10,290	14,700
1958-1959 Heavy Duty, 1-Ton, V-8						
PU	580	1,740	2,900	5,800	10,150	14,500
Panel	580	1,740	2,900	5,800	10,150	14,500
Panel DeL	588	1,764	2,940	5,880	10,290	14,700
Stake Rack	432	1,296	2,160	4,320	7,560	10,800
NOTE: Deduct 20 percent for 6-cyl.						
1960-1966 95" wb						
Dly Van	540	1,620	2,700	5,400	9,450	13,500
1960-1966 1/2-Ton, V-8, 115" wb						
Fender-Side PU	648	1,944	3,240	6,480	11,340	16,200
Wide-Side PU	640	1,920	3,200	6,400	11,200	16,000
1960-1966 1/2-Ton, V-8, 127" wb						
Fender-Side PU	620	1,860	3,100	6,200	10,850	15,500
Wide-Side PU	640	1,920	3,200	6,400	11,200	16,000
Panel	584	1,752	2,920	5,840	10,220	14,600
Suburban	600	1,800	3,000	6,000	10,500	15,000
1960-1966 3/4-Ton, V-8, 127" wb						
Fender-Side PU	424	1,272	2,120	4,240	7,420	10,600
Wide-Side PU	428	1,284	2,140	4,280	7,490	10,700
Stake	520	1,560	2,600	5,200	9,100	13,000
1960-1966 1-Ton, V-8, 121" or 133" wb						
PU	416	1,248	2,080	4,160	7,280	10,400
Panel	408	1,224	2,040	4,080	7,140	10,200
Stake	404	1,212	2,020	4,040	7,070	10,100
NOTE: Deduct 20 percent for 6-cyl.						
1967-1968 1/2-Ton, 90" wb						
Handi Van	380	1,140	1,900	3,800	6,650	9,500
Handi Bus	316	948	1,580	3,160	5,530	7,900
1967-1968 1/2-Ton, 102" wb						
Van	360	1,080	1,800	3,600	6,300	9,000
1967-1968 1/2-Ton, V-8, 115" wb						
Fender-Side PU	680	2,040	3,400	6,800	11,900	17,000
Wide-Side PU	700	2,100	3,500	7,000	12,250	17,500
1967-1968 1/2-Ton, V-8, 127" wb						
Fender-Side PU	664	1,992	3,320	6,640	11,620	16,600
Wide-Side PU	668	2,004	3,340	6,680	11,690	16,700
Panel	592	1,776	2,960	5,920	10,360	14,800
Suburban	660	1,980	3,300	6,600	11,550	16,500
1967-1968 3/4-Ton, V-8, 127" wb						
Fender-Side PU	580	1,740	2,900	5,800	10,150	14,500
Wide-Side PU	600	1,800	3,000	6,000	10,500	15,000
Panel	340	1,020	1,700	3,400	5,950	8,500
Suburban	620	1,860	3,100	6,200	10,850	15,500
Stake	336	1,008	1,680	3,360	5,880	8,400
1967-1968 1-Ton, V-8, 133" wb						
PU	540	1,620	2,700	5,400	9,450	13,500
Stake Rack	420	1,260	2,100	4,200	7,350	10,500
NOTE: Deduct 20 percent for 6-cyl. Add 5 percent for 4x4 where available.						
1969-1970 1/2-Ton, 90" wb						
Handi Van	380	1,140	1,900	3,800	6,650	9,500
Handi Bus DeL	276	828	1,380	2,760	4,830	6,900
1969-1970 1/2-Ton, 102" wb						
Van	360	1,080	1,800	3,600	6,300	9,000
1969-1970 1/2-Ton, V-8, 115" wb						
Fender-Side PU	680	2,040	3,400	6,800	11,900	17,000
Wide-Side PU	688	2,064	3,440	6,880	12,040	17,200
1969-1970 1/2-Ton, V-8, 127" wb						
Fender-Side PU	664	1,992	3,320	6,640	11,620	16,600
Wide-Side PU	668	2,004	3,340	6,680	11,690	16,700
Panel	592	1,776	2,960	5,920	10,360	14,800
Suburban	660	1,980	3,300	6,600	11,550	16,500

	6	5	4	3	2	1
1969-1970 3/4-Ton, V-8, 127" wb						
Fender-Side PU	620	1,860	3,100	6,200	10,850	15,500
Wide-Side PU	640	1,920	3,200	6,400	11,200	16,000
Panel	380	1,140	1,900	3,800	6,650	9,500
Suburban	540	1,620	2,700	5,400	9,450	13,500
Stake	380	1,140	1,900	3,800	6,650	9,500
1969-1970 1-Ton, V-8, 133" wb						
PU	544	1,632	2,720	5,440	9,520	13,600
Stake Rack	424	1,272	2,120	4,240	7,420	10,600
NOTE: Deduct 20 percent for 6-cyl. Add 5 percent for 4x4 where available.						
1971-1972 Sprint, 1/2-Ton, V-8						
PU	750	2,300	3,800	7,600	13,300	19,000
NOTE: Add 30 percent for 350, 40 percent for 402, 45 percent for 454 engine options.						
1971-1972 1/2-Ton, 90" wb						
Handi Van	360	1,080	1,800	3,600	6,300	9,000
Handi Bus DeL	360	1,080	1,800	3,600	6,300	9,000
1971-1972 1/2-Ton, 102" wb						
Van	380	1,140	1,900	3,800	6,650	9,500
1971-1972 1/2-Ton, V-8, 115" wb						
Fender-Side PU	760	2,280	3,800	7,600	13,300	19,000
Wide-Side PU	780	2,340	3,900	7,800	13,650	19,500
1971-1972 1/2-Ton, V-8, 127" wb						
Fender-Side PU	740	2,220	3,700	7,400	12,950	18,500
Wide-Side PU	760	2,280	3,800	7,600	13,300	19,000
Suburban	660	1,980	3,300	6,600	11,550	16,500
1971-1972 3/4-Ton, V-8, 127" wb						
Fender-Side PU	680	2,040	3,400	6,800	11,900	17,000
Wide-Side PU	700	2,100	3,500	7,000	12,250	17,500
Suburban	600	1,800	3,000	6,000	10,500	15,000
Stake	384	1,152	1,920	3,840	6,720	9,600
1971-1972 1-Ton, V-8, 133" wb						
PU	592	1,776	2,960	5,920	10,360	14,800
Stake Rack	540	1,620	2,700	5,400	9,450	13,500
1971-1972 Jimmy, V-8, 104" wb						
Jimmy (2WD)	640	1,920	3,200	6,400	11,200	16,000
Jimmy (4x4)	720	2,160	3,600	7,200	12,600	18,000
NOTE: Deduct 20 percent for 6-cyl. Add 5 percent for 4x4 where available.						
1973-1977 1/2-Ton, V-8, 116" wb						
Sprint Cus	550	1,600	2,700	5,400	9,450	13,500
1978-1981 El Camino, V-8						
PU	450	1,400	2,300	4,600	8,050	11,500
Cus PU	500	1,450	2,400	4,800	8,400	12,000
NOTE: Deduct 20 percent for V-6.						
1982-1987 El Camino, V-8						
PU	400	1,250	2,100	4,200	7,350	10,500
Cus PU	450	1,300	2,200	4,400	7,700	11,000
NOTE: Deduct 20 percent for V-6. Add 30 percent for Choo Choo model where available.						
1973-1980 Jimmy, 1/2-Ton, V-8, 106" wb						
Jimmy (2WD)	600	1,800	3,000	6,000	10,500	15,000
Jimmy (4x4)	640	1,920	3,200	6,400	11,200	16,000
1973-1980 1/2-Ton, V-8, 110" wb						
Rally Van	368	1,104	1,840	3,680	6,440	9,200
1973-1980 1/2-Ton, V-8, 117" wb						
Fender-Side PU	580	1,740	2,900	5,800	10,150	14,500
Wide-Side PU	580	1,740	2,900	5,800	10,150	14,500
1973-1980 1/2-Ton, V-8, 125" wb						
Fender-Side PU	600	1,800	3,000	6,000	10,500	15,000
Wide-Side PU	600	1,800	3,000	6,000	10,500	15,000
Suburban	520	1,560	2,600	5,200	9,100	13,000
1973-1980 3/4-Ton, V-8, 125" wb						
Fender-Side PU	400	1,200	2,000	4,000	7,000	10,000
Wide-Side PU	408	1,224	2,040	4,080	7,140	10,200
Suburban	520	1,560	2,600	5,200	9,100	13,000
Rally Van	360	1,080	1,800	3,600	6,300	9,000
1973-1980 1-Ton, V-8, 125" or 135" wb						
PU	360	1,080	1,800	3,600	6,300	9,000
Crew Cab PU	268	804	1,340	2,680	4,690	6,700
NOTE: Deduct 20 percent for 6-cyl. Add 5 percent for 4x4 where available.						
1981-1982 Caballero, 1/2-Ton, 117" wb						
Caballero PU	220	660	1,100	2,200	3,850	5,500
Diablo PU	240	720	1,200	2,400	4,200	6,000
1981-1982 K1500, 1/2-Ton, 106.5" wb						
Jimmy (4x4)	540	1,620	2,700	5,400	9,450	13,500

1972 Ford Ranchero GT pickup

1979 Ford F150 Ranger Lariat half-ton pickup

1986 Ford Bronco Eddie Bauer Edition sport utility vehicle 4x4

	6	5	4	3	2	1
Jimmy Conv. Top (4x4)	580	1,740	2,900	5,800	10,150	14,500
1981-1982 G1500 Van, 1/2-Ton, 110" or 125" wb						
Vandura	212	636	1,060	2,120	3,710	5,300
Rally	248	744	1,240	2,480	4,340	6,200
Rally Cus	256	768	1,280	2,560	4,480	6,400
Rally STX	264	792	1,320	2,640	4,620	6,600
1981-1982 G2500 Van, 3/4-Ton, 110" or 125" wb						
Vandura	208	624	1,040	2,080	3,640	5,200
Rally	244	732	1,220	2,440	4,270	6,100
Rally Cus	252	756	1,260	2,520	4,410	6,300
Rally STX	260	780	1,300	2,600	4,550	6,500
Gaucho	260	780	1,300	2,600	4,550	6,500
1981-1982 G3500 Van, 1-Ton, 125" or 146" wb						
Vandura	204	612	1,020	2,040	3,570	5,100
Vandura Spl	240	720	1,200	2,400	4,200	6,000
Rally Camper Spl	248	744	1,240	2,480	4,340	6,200
Rally	256	768	1,280	2,560	4,480	6,400
Rally Cus	264	792	1,320	2,640	4,620	6,600
Rally STX	272	816	1,360	2,720	4,760	6,800
Magna Van 10 ft.	240	720	1,200	2,400	4,200	6,000
Magna Van 12 ft.	240	720	1,200	2,400	4,200	6,000
1981-1982 C1500, 1/2-Ton, 117.5" or 131.5" wb						
Fender-Side PU (SBx)	272	816	1,360	2,720	4,760	6,800
Wide-Side PU (SBx)	276	828	1,380	2,760	4,830	6,900
Wide-Side PU (LBx)	268	804	1,340	2,680	4,690	6,700
Suburban 4d	368	1,104	1,840	3,680	6,440	9,200
1981-1982 C2500, 3/4-Ton, 131" wb						
Fender-Side PU (LBx)	268	804	1,340	2,680	4,690	6,700
Wide-Side PU (LBx)	272	816	1,360	2,720	4,760	6,800
Bonus Cab 2d PU (LBx)	280	840	1,400	2,800	4,900	7,000
Crew Cab 4d PU (LBx)	276	828	1,380	2,760	4,830	6,900
Suburban 4d	372	1,116	1,860	3,720	6,510	9,300
1981-1982 C3500, 1-Ton, 131.5" or 164.5" wb						
Fender-Side PU (LBx)	264	792	1,320	2,640	4,620	6,600
Wide-Side PU (LBx)	268	804	1,340	2,680	4,690	6,700
Bonus Cab 2d PU (LBx)	272	816	1,360	2,720	4,760	6,800
Crew Cab 4d PU (LBx)	268	804	1,340	2,680	4,690	6,700
NOTE: Add 5 percent for 4x4. Deduct 20 percent for 6-cyl.						
1983-1987 Caballero, 1/2-Ton, 117.1" wb						
Caballero PU	300	900	1,500	3,000	5,250	7,500
Diablo PU	360	1,080	1,800	3,600	6,300	9,000
1983-1987 S15, 1/2-Ton, 100.5" wb						
Jimmy (2WD)	220	660	1,100	2,200	3,850	5,500
Jimmy (4x4)	280	840	1,400	2,800	4,900	7,000
1983-1987 K1500, 1/2-Ton, 106.5" wb						
Jimmy (4x4)	360	1,080	1,800	3,600	6,300	9,000
1983-1987 G1500 Van, 1/2-Ton, 110" or 125" wb						
Vandura	200	600	1,000	2,000	3,500	5,000
Rally	212	636	1,060	2,120	3,710	5,300
Rally Cus	220	660	1,100	2,200	3,850	5,500
Rally STX	228	684	1,140	2,280	3,990	5,700
1983-1987 G2500 Van, 3/4-Ton, 110" or 125" wb						
Vandura	200	600	1,000	2,000	3,500	5,000
Rally	208	624	1,040	2,080	3,640	5,200
Rally Cus	216	648	1,080	2,160	3,780	5,400
Rally STX	224	672	1,120	2,240	3,920	5,600
1983-1987 G3500 Van, 1-Ton, 125" or 146" wb						
Vandura	200	600	1,000	2,000	3,500	5,000
Rally	204	612	1,020	2,040	3,570	5,100
Rally Cus	212	636	1,060	2,120	3,710	5,300
Rally STX	220	660	1,100	2,200	3,850	5,500
Magna Van 10 ft.	200	600	1,000	2,000	3,500	5,000
Magna Van 12 ft.	200	600	1,000	2,000	3,500	5,000
1983-1987 S15, 1/2-Ton, 108.3" or 122.9" wb						
Wide-Side PU (SBx)	172	516	860	1,720	3,010	4,300
Wide-Side PU (LBx)	176	528	880	1,760	3,080	4,400
Wide-Side Ext Cab PU	184	552	920	1,840	3,220	4,600
1983-1987 C1500, 1/2-Ton, 117.5" or 131.5" wb						
Fender-Side PU (SBx)	236	708	1,180	2,360	4,130	5,900
Wide-Side PU (SBx)	240	720	1,200	2,400	4,200	6,000
Wide-Side PU (LBx)	228	684	1,140	2,280	3,990	5,700
Suburban 4d	260	780	1,300	2,600	4,550	6,500
1983-1987 C2500, 3/4-Ton, 131" wb						
Fender-Side PU (LBx)	232	696	1,160	2,320	4,060	5,800
Wide-Side PU (LBx)	236	708	1,180	2,360	4,130	5,900
Bonus Cab 2d PU (LBx)	248	744	1,240	2,480	4,340	6,200
Crew Cab 4d PU (LBx)	268	804	1,340	2,680	4,690	6,700

	6	5	4	3	2	1
Suburban 4d	264	792	1,320	2,640	4,620	6,600
1983-1987 C3500, 1-Ton, 131.5" or 164.5" wb						
Fender-Side PU (LBx)	224	672	1,120	2,240	3,920	5,600
Wide-Side PU (LBx)	228	684	1,140	2,280	3,990	5,700
Bonus Cab 2d PU (LBx)	236	708	1,180	2,360	4,130	5,900
Crew Cab 4d PU (LBx)	232	696	1,160	2,320	4,060	5,800
NOTE: Add 15 percent for 4x4.						
1988-1991 V1500 Jimmy, 1/2-Ton, 106.5" wb						
Wag (4x4)	588	1,764	2,940	5,880	10,290	14,700
1988-1991 S15, 1/2-Ton, 100.5" wb						
Wag	268	804	1,340	2,680	4,690	6,700
Wag (4x4)	388	1,164	1,940	3,880	6,790	9,700
1988-1991 Safari, 1/2-Ton, 111" wb						
Cargo Van	220	660	1,100	2,200	3,850	5,500
SLX Van	380	1,140	1,900	3,800	6,650	9,500
SLE Van	420	1,260	2,100	4,200	7,350	10,500
SLT Van	540	1,620	2,700	5,400	9,450	13,500
1988-1991 G1500 Van, 1/2-Ton, 110" or 125" wb						
Vandura	248	744	1,240	2,480	4,340	6,200
Rally	388	1,164	1,940	3,880	6,790	9,700
Rally Cus	428	1,284	2,140	4,280	7,490	10,700
Rally STX	548	1,644	2,740	5,480	9,590	13,700
1988-1991 G2500 Van, 3/4-Ton, 110" or 125" wb						
Vandura	360	1,080	1,800	3,600	6,300	9,000
Rally	420	1,260	2,100	4,200	7,350	10,500
Rally Cus	528	1,584	2,640	5,280	9,240	13,200
Rally STX	568	1,704	2,840	5,680	9,940	14,200
1988-1991 G3500, 1-Ton, 125" or 146" wb						
Vandura	428	1,284	2,140	4,280	7,490	10,700
Rally	528	1,584	2,640	5,280	9,240	13,200
Rally Cus	568	1,704	2,840	5,680	9,940	14,200
Rally STX	588	1,764	2,940	5,880	10,290	14,700
Magna Van 10 ft.	520	1,560	2,600	5,200	9,100	13,000
Magna Van 12 ft.	560	1,680	2,800	5,600	9,800	14,000
1988-1991 S15, 1/2-Ton, 108.3" or 122.9" wb						
Wide-Side PU (SBx)	196	588	980	1,960	3,430	4,900
Wide-Side PU (LBx)	200	600	1,000	2,000	3,500	5,000
Wide-Side Ext Cab PU (SBx)	204	612	1,020	2,040	3,570	5,100
1988-1991 C1500, 1/2-Ton, 117.5" or 131.5" wb						
Fender-Side PU (SBx)	268	804	1,340	2,680	4,690	6,700
Wide-Side PU (SBx)	268	804	1,340	2,680	4,690	6,700
Wide-Side PU (LBx)	280	840	1,400	2,800	4,900	7,000
Wide-Side Clb Cab PU (LBx)	320	960	1,600	3,200	5,600	8,000
Suburban	640	1,920	3,200	6,400	11,200	16,000
1988-1991 C2500, 3/4-Ton, 117.5" or 131.5" wb						
Fender-Side PU (LBx)	308	924	1,540	3,080	5,390	7,700
Wide-Side PU (LBx)	308	924	1,540	3,080	5,390	7,700
Wide-Side Bonus Cab (LBx)	328	984	1,640	3,280	5,740	8,200
Wide-Side Crew Cab (LBx)	340	1,020	1,700	3,400	5,950	8,500
Suburban	680	2,040	3,400	6,800	11,900	17,000
Wide-Side PU (LBx)	328	984	1,640	3,280	5,740	8,200
1988-1991 C2500, 1-Ton, 131.5" or 164.5" wb						
Wide-Side Clb Cpe PU (LBx)	328	984	1,640	3,280	5,740	8,200
Wide-Side Bonus Cab (LBx)	528	1,584	2,640	5,280	9,240	13,200
Wide-Side Crew Cab (LBx)	540	1,620	2,700	5,400	9,450	13,500
NOTE: Add 15 percent for 4x4.						
1992 Yukon, V-8						
2d SUV	680	2,040	3,400	6,800	11,900	17,000
1992 Jimmy, V-6						
2d SUV	280	840	1,400	2,800	4,900	7,000
4d SUV	320	960	1,600	3,200	5,600	8,000
2d SUV (4x4)	540	1,620	2,700	5,400	9,450	13,500
4d SUV (4x4)	580	1,740	2,900	5,800	10,150	14,500
2d Typhoon SUV (4x4)	720	2,160	3,600	7,200	12,600	18,000
1992 Safari, V-6						
3d Van	260	780	1,300	2,600	4,550	6,500
3d SLX Van	300	900	1,500	3,000	5,250	7,500
1992 G Series, V-8						
G150 Van	260	780	1,300	2,600	4,550	6,500
G250 Van	280	840	1,400	2,800	4,900	7,000

	6	5	4	3	2	1
1992 Suburban 1500, V-8						
4d	720	2,160	3,600	7,200	12,600	18,000
4d (4x4)	760	2,280	3,800	7,600	13,300	19,000
1992 Suburban 2500, V-8						
4d	760	2,280	3,800	7,600	13,300	19,000
4d (4x4)	800	2,400	4,000	8,000	14,000	20,000
1992 Sonoma, 1/2-Ton, V-6						
2d PU (SBx)	320	960	1,600	3,200	5,600	8,000
2d PU (LBx)	320	960	1,600	3,200	5,600	8,000
NOTE: Add 15 percent for 4x4.						
1992 Sierra 1500, 1/2-Ton, V-8						
2d Sportside PU (SBx)	520	1,560	2,600	5,200	9,100	13,000
2d Fleetside PU (SBx)	520	1,560	2,600	5,200	9,100	13,000
2d Fleetside PU (LBx)	520	1,560	2,600	5,200	9,100	13,000
NOTE: Add 15 percent for 4x4.						
1992 Sierra 2500, 3/4-Ton, V-8						
2d Fleetside PU (SBx)	560	1,680	2,800	5,600	9,800	14,000
2d Fleetside PU (LBx)	560	1,680	2,800	5,600	9,800	14,000
NOTE: Add 15 percent for 4x4.						
1993 Yukon, V-8						
2d SUV (4x4)	720	2,160	3,600	7,200	12,600	18,000
1993 Jimmy, V-6						
2d SUV 2WD	300	900	1,500	3,000	5,250	7,500
4d SUV 2WD	312	936	1,560	3,120	5,460	7,800
2d SUV (4x4)	540	1,620	2,700	5,400	9,450	13,500
4d SUV (4x4)	560	1,680	2,800	5,600	9,800	14,000
1993 Safari, V-6						
Window Van	200	600	1,000	2,000	3,500	5,000
1993 G Van, V-8						
Window Van	220	660	1,100	2,200	3,850	5,500
1993 Suburban C1500/C2500						
4d Sta Wag 1500	760	2,280	3,800	7,600	13,300	19,000
4d Sta Wag 2500	760	2,280	3,800	7,600	13,300	19,000
1993 Sonoma, V-6						
2d PU (SBx)	328	984	1,640	3,280	5,740	8,200
2d PU (LBx)	340	1,020	1,700	3,400	5,950	8,500
1993 Sierra 1500/2500, V-8						
2d PU 1500 (SBx)	528	1,584	2,640	5,280	9,240	13,200
2d PU 1500 (LBx)	540	1,620	2,700	5,400	9,450	13,500
2d PU 2500 (SBx)	540	1,620	2,700	5,400	9,450	13,500
2d PU 2500 (LBx)	548	1,644	2,740	5,480	9,590	13,700
1994 Yukon, V-8						
2d SUV 4x4	700	2,050	3,400	6,800	11,900	17,000
1994 Jimmy, V-6						
2d SUV	320	960	1,600	3,200	5,600	8,000
2d SUV 4x4	328	984	1,640	3,280	5,740	8,200
4d SUV	440	1,320	2,200	4,400	7,700	11,000
4d SUV 4x4	480	1,440	2,400	4,800	8,400	12,000
1994 Safari, V-6						
Van Cargo	300	900	1,500	3,000	5,250	7,500
Van Cargo XT	320	960	1,600	3,200	5,600	8,000
Van SLX	340	1,020	1,700	3,400	5,950	8,500
Van SLX XT	380	1,140	1,900	3,800	6,650	9,500
1994 G1500/G2500, V-8						
Van	380	1,140	1,900	3,800	6,650	9,500
Rally (G2500 only)	480	1,440	2,400	4,800	8,400	12,000
1994 Suburban, V-8						
4d C1500	680	2,040	3,400	6,800	11,900	17,000
4d C2500	720	2,160	3,600	7,200	12,600	18,000
1994 Sonoma, V-6						
2d PU 6 ft.	260	780	1,300	2,600	4,550	6,500
2d PU 7 ft.	264	792	1,320	2,640	4,620	6,600
2d PU Club Cab 6 ft.	340	1,020	1,700	3,400	5,950	8,500
1994 Sierra 1500/2500, V-8						
2d PU 6 ft.	360	1,080	1,800	3,600	6,300	9,000
2d PU 8 ft.	480	1,440	2,400	4,800	8,400	12,000
2d PU Club Cab 6 ft.	520	1,560	2,600	5,200	9,100	13,000
2d PU Club Cab 8 ft.	560	1,680	2,800	5,600	9,800	14,000

HUDSON TRUCKS

1929 Dover Series						
Canopy Exp	672	2,016	3,360	6,720	11,760	16,800
Screenside Dly	660	1,980	3,300	6,600	11,550	16,500

	6	5	4	3	2	1
Panel Dly	680	2,040	3,400	6,800	11,900	17,000
Flareboard PU	700	2,100	3,500	7,000	12,250	17,500
Bed Rail PU	800	2,400	4,000	8,000	14,000	20,000
Sed Dly	720	2,160	3,600	7,200	12,600	18,000
Mail Truck w/sl doors	960	2,880	4,800	9,600	16,800	24,000
1930-1931 Essex Commercial Car Series						
PU	700	2,100	3,500	7,000	12,250	17,500
Canopy Exp	648	1,944	3,240	6,480	11,340	16,200
Screenside Exp	660	1,980	3,300	6,600	11,550	16,500
Panel Exp	680	2,040	3,400	6,800	11,900	17,000
Sed Dly	720	2,160	3,600	7,200	12,600	18,000
1933 Essex-Terraplane Series						
PU Exp	648	1,944	3,240	6,480	11,340	16,200
Canopy Dly	628	1,884	3,140	6,280	10,990	15,700
Screenside Dly	640	1,920	3,200	6,400	11,200	16,000
Panel Dly	652	1,956	3,260	6,520	11,410	16,300
DeL Panel Dly	660	1,980	3,300	6,600	11,550	16,500
Sed Dly	680	2,040	3,400	6,800	11,900	17,000
Mail Dly Van	840	2,520	4,200	8,400	14,700	21,000
1934 Terraplane Series						
Cab PU	660	1,980	3,300	6,600	11,550	16,500
Sed Dly	680	2,040	3,400	6,800	11,900	17,000
Cantrell Sta Wag	800	2,400	4,000	8,000	14,000	20,000
Cotton Sta Wag	760	2,280	3,800	7,600	13,300	19,000
1935-1936 Terraplane Series GU						
Cab PU	660	1,980	3,300	6,600	11,550	16,500
Sed Dly	680	2,040	3,400	6,800	11,900	17,000
1937 Terraplane Series 70, 1/2-Ton						
Utl Cpe PU	668	2,004	3,340	6,680	11,690	16,700
1937 Terraplane Series 70, 3/4-Ton						
Cab PU	660	1,980	3,300	6,600	11,550	16,500
Panel Dly	672	2,016	3,360	6,720	11,760	16,800
1937 "Big Boy" Series 78, 3/4-Ton						
Cab PU	640	1,920	3,200	6,400	11,200	16,000
Cus Panel Dly	660	1,980	3,300	6,600	11,550	16,500
1938 Hudson-Terraplane Series 80						
Cab PU	640	1,920	3,200	6,400	11,200	16,000
Cus Panel Dly	680	2,040	3,400	6,800	11,900	17,000
1938 Hudson "Big Boy" Series 88						
Cab PU	680	2,040	3,400	6,800	11,900	17,000
Cus Panel Dly	700	2,100	3,500	7,000	12,250	17,500
1938 Hudson 112 Series 89						
Cab PU	660	1,980	3,300	6,600	11,550	16,500
Panel Dly	680	2,040	3,400	6,800	11,900	17,000
1939 Hudson 112 Series						
PU	580	1,740	2,900	5,800	10,150	14,500
Cus Panel	600	1,800	3,000	6,000	10,500	15,000
1939 Hudson "Big Boy" Series						
PU	600	1,800	3,000	6,000	10,500	15,000
Cus Panel	620	1,860	3,100	6,200	10,850	15,500
1939 Hudson Pacemaker Series						
Cus Panel	712	2,136	3,560	7,120	12,460	17,800
1940 Hudson Six Series						
PU	800	2,400	4,000	8,000	14,000	20,000
Panel Dly	780	2,340	3,900	7,800	13,650	19,500
1940 "Big Boy" Series						
PU	820	2,460	4,100	8,200	14,350	20,500
Panel Dly	800	2,400	4,000	8,000	14,000	20,000
1941 Hudson Six Series						
PU	780	2,340	3,900	7,800	13,650	19,500
All-Purpose Dly	780	2,340	3,900	7,800	13,650	19,500
1941 "Big Boy" Series						
PU	800	2,400	4,000	8,000	14,000	20,000
1942 Hudson Six Series						
PU	780	2,340	3,900	7,800	13,650	19,500
1942 Hudson "Big Boy" Series						
PU	800	2,400	4,000	8,000	14,000	20,000
1946-1947 Cab Pickup Series 178						
Cab PU	800	2,400	4,000	8,000	14,000	20,000

IHC TRUCKS

	6	5	4	3	2	1
1909 Model A Series						
Auto Wag	1,100	3,300	5,500	11,000	19,250	27,500

1988 Ford F150XL half-ton pickup 4x4

1989 GMC C1500 Sierra SLE half-ton pickup

1941 Hudson all-purpose delivery

	6	5	4	3	2	1
1910 Model A Series						
Auto Wag	1,100	3,300	5,500	11,000	19,250	27,500
1911 Model A Series						
Auto Wag	1,100	3,300	5,500	11,000	19,250	27,500
1912 Series AA						
Dly Wag	1,120	3,360	5,600	11,200	19,600	28,000
1912 Series MW						
Dly Wag	1,120	3,360	5,600	11,200	19,600	28,000
Panel Exp	1,148	3,444	5,740	11,480	20,090	28,700
1912 Series AW						
Panel Exp	1,148	3,444	5,740	11,480	20,090	28,700
1913-1914 Series AA						
Panel Exp	1,120	3,360	5,600	11,200	19,600	28,000
1913-1914 Series AW						
Panel Exp	1,120	3,360	5,600	11,200	19,600	28,000
1913-1914 Series MA						
Panel Exp	1,148	3,444	5,740	11,480	20,090	28,700
1913-1914 Series MW						
Panel Exp	1,148	3,444	5,740	11,480	20,090	28,700
1915 Model M						
1/2-Ton Chassis	800	2,400	4,000	8,000	14,000	20,000
1915 Model E						
3/4-Ton Chassis	780	2,340	3,900	7,800	13,650	19,500
1915 Model F						
1-Ton Chassis	796	2,388	3,980	7,960	13,930	19,900
1916-1920 Model F						
1-Ton Chassis	796	2,388	3,980	7,960	13,930	19,900
1916-1920 Model H						
3/4-Ton Chassis	800	2,400	4,000	8,000	14,000	20,000
1921 Model S Series, 3/4-Ton						
Chassis	680	2,040	3,400	6,800	11,900	17,000
PU	780	2,340	3,900	7,800	13,650	19,500
Exp	760	2,280	3,800	7,600	13,300	19,000
Stake	760	2,280	3,800	7,600	13,300	19,000
Ambulance	780	2,340	3,900	7,800	13,650	19,500
Panel	780	2,340	3,900	7,800	13,650	19,500
1921 Model 21 Series, 1-Ton						
Chassis	660	1,980	3,300	6,600	11,550	16,500
Exp	720	2,160	3,600	7,200	12,600	18,000
Panel	740	2,220	3,700	7,400	12,950	18,500
Stake	720	2,160	3,600	7,200	12,600	18,000
Dump	740	2,220	3,700	7,400	12,950	18,500
Tank	760	2,280	3,800	7,600	13,300	19,000
1922 Model S Series, 3/4-Ton						
Chassis	680	2,040	3,400	6,800	11,900	17,000
PU	780	2,340	3,900	7,800	13,650	19,500
Exp	760	2,280	3,800	7,600	13,300	19,000
Panel	780	2,340	3,900	7,800	13,650	19,500
Stake	760	2,280	3,800	7,600	13,300	19,000
Ambulance	780	2,340	3,900	7,800	13,650	19,500
1922 Model 21 Series, 1-Ton						
Chassis	660	1,980	3,300	6,600	11,550	16,500
Exp	720	2,160	3,600	7,200	12,600	18,000
Panel	740	2,220	3,700	7,400	12,950	18,500
Stake	720	2,160	3,600	7,200	12,600	18,000
Dump	740	2,220	3,700	7,400	12,950	18,500
Tank	760	2,280	3,800	7,600	13,300	19,000
1923 Model S Series, 3/4-Ton						
Chassis	680	2,040	3,400	6,800	11,900	17,000
PU	780	2,340	3,900	7,800	13,650	19,500
Exp	760	2,280	3,800	7,600	13,300	19,000
Panel	780	2,340	3,900	7,800	13,650	19,500
Stake	760	2,280	3,800	7,600	13,300	19,000
Ambulance	780	2,340	3,900	7,800	13,650	19,500
1923 Model 21 Series, 1-Ton						
Chassis	660	1,980	3,300	6,600	11,550	16,500
Exp	720	2,160	3,600	7,200	12,600	18,000
Panel	740	2,220	3,700	7,400	12,950	18,500
Stake	720	2,160	3,600	7,200	12,600	18,000
Dump	740	2,220	3,700	7,400	12,950	18,500
Tank	760	2,280	3,800	7,600	13,300	19,000
1925 Special Delivery Series, 3/4-Ton						
Chassis	720	2,160	3,600	7,200	12,600	18,000
Panel Dly	760	2,280	3,800	7,600	13,300	19,000

	6	5	4	3	2	1
1925 Model S Series, 1-Ton						
Chassis	680	2,040	3,400	6,800	11,900	17,000
PU	760	2,280	3,800	7,600	13,300	19,000
Exp	740	2,220	3,700	7,400	12,950	18,500
Panel	760	2,280	3,800	7,600	13,300	19,000
Stake	740	2,220	3,700	7,400	12,950	18,500
Ambulance	760	2,280	3,800	7,600	13,300	19,000
Lang Bus	660	1,980	3,300	6,600	11,550	16,500
1925 Model SD Series, 1-Ton						
Chassis	660	1,980	3,300	6,600	11,550	16,500
1925 Model SL Series, 1-Ton						
Chassis	660	1,980	3,300	6,600	11,550	16,500
1927-1928 Series S, 3/4-Ton						
PU	760	2,280	3,800	7,600	13,300	19,000
Canopy Dly	744	2,232	3,720	7,440	13,020	18,600
Screen Dly	728	2,184	3,640	7,280	12,740	18,200
Panel Dly	776	2,328	3,880	7,760	13,580	19,400
Sed Dly	796	2,388	3,980	7,960	13,930	19,900
1929 Series S, 3/4-Ton						
PU	760	2,280	3,800	7,600	13,300	19,000
Canopy Dly	744	2,232	3,720	7,440	13,020	18,600
Screen Dly	728	2,184	3,640	7,280	12,740	18,200
Panel Dly	776	2,328	3,880	7,760	13,580	19,400
Sed Dly	796	2,388	3,980	7,960	13,930	19,900
1930 Series AW-1, 3/4-Ton, 134" wb						
Chassis	720	2,160	3,600	7,200	12,600	18,000
PU	752	2,256	3,760	7,520	13,160	18,800
Canopy Dly	752	2,256	3,760	7,520	13,160	18,800
Screen Dly	740	2,220	3,700	7,400	12,950	18,500
Panel Dly	780	2,340	3,900	7,800	13,650	19,500
Sed Dly	800	2,400	4,000	8,000	14,000	20,000
1930 Series AW-1, 3/4-Ton, 136" wb						
Chassis	680	2,040	3,400	6,800	11,900	17,000
PU	744	2,232	3,720	7,440	13,020	18,600
Canopy Dly	728	2,184	3,640	7,280	12,740	18,200
Screen Dly	712	2,136	3,560	7,120	12,460	17,800
Panel Dly	760	2,280	3,800	7,600	13,300	19,000
Sed Dly	780	2,340	3,900	7,800	13,650	19,500
1931 Series AW-1, 3/4-Ton						
Chassis	720	2,160	3,600	7,200	12,600	18,000
PU	780	2,340	3,900	7,800	13,650	19,500
Canopy Dly	776	2,328	3,880	7,760	13,580	19,400
Screen Dly	752	2,256	3,760	7,520	13,160	18,800
Panel	740	2,220	3,700	7,400	12,950	18,500
Sed Dly	800	2,400	4,000	8,000	14,000	20,000
1931 Series A-1, 3/4-Ton						
Chassis	700	2,100	3,500	7,000	12,250	17,500
1932 Series AW-1, 3/4-Ton						
Chassis	720	2,160	3,600	7,200	12,600	18,000
PU	780	2,340	3,900	7,800	13,650	19,500
Canopy Dly	776	2,328	3,880	7,760	13,580	19,400
Screen Dly	752	2,256	3,760	7,520	13,160	18,800
Panel	740	2,220	3,700	7,400	12,950	18,500
Sed Dly	800	2,400	4,000	8,000	14,000	20,000
1932 Series A-1, 3/4-Ton						
Chassis	700	2,100	3,500	7,000	12,250	17,500
PU	720	2,160	3,600	7,200	12,600	18,000
Canopy Dly	716	2,148	3,580	7,160	12,530	17,900
Screen Dly	692	2,076	3,460	6,920	12,110	17,300
Panel	680	2,040	3,400	6,800	11,900	17,000
Sed Dly	740	2,220	3,700	7,400	12,950	18,500
1932 Series M-2, 1-Ton						
Chassis	672	2,016	3,360	6,720	11,760	16,800
1933 Series D-1, 1/2-Ton						
Chassis	704	2,112	3,520	7,040	12,320	17,600
PU	724	2,172	3,620	7,240	12,670	18,100
Canopy Dly	720	2,160	3,600	7,200	12,600	18,000
Screen Dly	696	2,088	3,480	6,960	12,180	17,400
Panel	684	2,052	3,420	6,840	11,970	17,100
Sed Dly	744	2,232	3,720	7,440	13,020	18,600
1933 Series A-1, 3/4-Ton						
Chassis	700	2,100	3,500	7,000	12,250	17,500
PU	720	2,160	3,600	7,200	12,600	18,000
Canopy Dly	716	2,148	3,580	7,160	12,530	17,900
Screen Dly	692	2,076	3,460	6,920	12,110	17,300
Panel	680	2,040	3,400	6,800	11,900	17,000
Sed Dly	740	2,220	3,700	7,400	12,950	18,500

	6	5	4	3	2	1
1933 Series M-2, 1-Ton						
Chassis	672	2,016	3,360	6,720	11,760	16,800
1934-1936 Series D-1, 1/2-Ton						
PU	724	2,172	3,620	7,240	12,670	18,100
Canopy Dly	720	2,160	3,600	7,200	12,600	18,000
Screen Dly	740	2,220	3,700	7,400	12,950	18,500
Panel	720	2,160	3,600	7,200	12,600	18,000
Sed Dly	744	2,232	3,720	7,440	13,020	18,600
1934-1936 Series C-1, 1/2-Ton						
PU (113" wb)	740	2,220	3,700	7,400	12,950	18,500
1934-1936 Series A-1, 3/4-Ton						
PU	720	2,160	3,600	7,200	12,600	18,000
Canopy Dly	700	2,100	3,500	7,000	12,250	17,500
Screen Dly	728	2,184	3,640	7,280	12,740	18,200
Panel	720	2,160	3,600	7,200	12,600	18,000
Sed Dly	740	2,220	3,700	7,400	12,950	18,500
1937-1940 Series D-2, 6-cyl., 1/2-Ton, 113" wb						
Exp	732	2,196	3,660	7,320	12,810	18,300
Canopy Exp	736	2,208	3,680	7,360	12,880	18,400
Panel	740	2,220	3,700	7,400	12,950	18,500
DM Body	720	2,160	3,600	7,200	12,600	18,000
DB Body	720	2,160	3,600	7,200	12,600	18,000
Sta Wag	760	2,280	3,800	7,600	13,300	19,000
Metro	640	1,920	3,200	6,400	11,200	16,000
1937-1940 Series D-2, 6-cyl., 1-Ton, 125" wb						
Exp	724	2,172	3,620	7,240	12,670	18,100
Canopy Exp	728	2,184	3,640	7,280	12,740	18,200
Panel	732	2,196	3,660	7,320	12,810	18,300
Stake	708	2,124	3,540	7,080	12,390	17,700
1941-1942, 1946-1949 Series K-1, 1/2-Ton, 113" wb						
PU	800	2,400	4,000	8,000	14,000	20,000
1941-1942, 1946-1949 Series K-1, 1/2-Ton, 125" wb						
Canopy	808	2,424	4,040	8,080	14,140	20,200
Panel	804	2,412	4,020	8,040	14,070	20,100
Milk Dly	700	2,100	3,500	7,000	12,250	17,500
Sta Wag	940	2,820	4,700	9,400	16,450	23,500
PU	800	2,400	4,000	8,000	14,000	20,000
Canopy	800	2,400	4,000	8,000	14,000	20,000
Panel	780	2,340	3,900	7,800	13,650	19,500
Stake	720	2,160	3,600	7,200	12,600	18,000
Bakery Dly	692	2,076	3,460	6,920	12,110	17,300
1941-1942, 1946-1949 Series K-2, 3/4-Ton, 125" wb						
PU	740	2,220	3,700	7,400	12,950	18,500
Canopy	748	2,244	3,740	7,480	13,090	18,700
Panel	744	2,232	3,720	7,440	13,020	18,600
Stake	720	2,160	3,600	7,200	12,600	18,000
Bakery Dly	688	2,064	3,440	6,880	12,040	17,200
1950-1952 Series L-110/L-111, 1/2-Ton						
PU (6-1/2 ft.)	780	2,340	3,900	7,800	13,650	19,500
PU (8 ft.)	776	2,328	3,880	7,760	13,580	19,400
Sta Wag	900	2,700	4,500	9,000	15,750	22,500
Panel (7-1/2 ft.)	740	2,220	3,700	7,400	12,950	18,500
1950-1952 Series L-112, 3/4-Ton						
PU (6-1/2 ft.)	720	2,160	3,600	7,200	12,600	18,000
PU (8 ft.)	720	2,160	3,600	7,200	12,600	18,000
Sta Wag	920	2,760	4,600	9,200	16,100	23,000
PU (8 ft.)	664	1,992	3,320	6,640	11,620	16,600
1950-1952 Series L-120, 3/4-Ton						
PU (6-1/2 ft.)	680	2,040	3,400	6,800	11,900	17,000
PU (8 ft.)	684	2,052	3,420	6,840	11,970	17,100
Panel (7-1/2 ft.)	660	1,980	3,300	6,600	11,550	16,500
1953-1955 Series R-100 Light Duty, 1/2-Ton, 115" wb						
PU (6-1/2 ft.)	700	2,100	3,500	7,000	12,250	17,500
1953-1955 Series R-110 Heavy Duty, 1/2-Ton, 115" or 127" wb						
PU (6-1/2 ft.)	696	2,088	3,480	6,960	12,180	17,400
Panel (7-1/2 ft.)	680	2,040	3,400	6,800	11,900	17,000
PU (8 ft.)	680	2,040	3,400	6,800	11,900	17,000
Stake	560	1,680	2,800	5,600	9,800	14,000
1953-1955 Series R-120, 3/4-Ton, 115" or 127" wb						
PU (6-1/2 ft.)	648	1,944	3,240	6,480	11,340	16,200
Panel (7-1/2 ft.)	640	1,920	3,200	6,400	11,200	16,000
PU (8 ft.)	620	1,860	3,100	6,200	10,850	15,500
Stake	612	1,836	3,060	6,120	10,710	15,300
1956-1957 Series S-100, 1/2-Ton, 115" wb						
PU (6-1/2 ft.)	700	2,100	3,500	7,000	12,250	17,500
1956-1957 Series S-110, Heavy Duty 1/2-Ton, 115" or 127" wb						
PU (6-1/2 ft.)	700	2,100	3,500	7,000	12,250	17,500

	6	5	4	3	2	1
Panel	648	1,944	3,240	6,480	11,340	16,200
Travelall	652	1,956	3,260	6,520	11,410	16,300
PU (8 ft.)	680	2,040	3,400	6,800	11,900	17,000
Stake	560	1,680	2,800	5,600	9,800	14,000
Platform	560	1,680	2,800	5,600	9,800	14,000
1956-1957 Series S-120, 3/4-Ton, 115" or 127" wb						
PU (6-1/2 ft.)	700	2,100	3,500	7,000	12,250	17,500
Panel	540	1,620	2,700	5,400	9,450	13,500
Travelall	544	1,632	2,720	5,440	9,520	13,600
PU (8 ft.)	600	1,800	3,000	6,000	10,500	15,000
Stake	560	1,680	2,800	5,600	9,800	14,000
1957-1/2 - 1958 Series A-100, 1/2-Ton, 7 ft.						
PU	700	2,100	3,500	7,000	12,250	17,500
Cus PU	800	2,400	4,000	8,000	14,000	20,000
Panel	584	1,752	2,920	5,840	10,220	14,600
Travelall	604	1,812	3,020	6,040	10,570	15,100
1957-1/2 - 1958 Series A-110, Heavy Duty, 1/2-Ton						
PU (7 ft.)	720	2,160	3,600	7,200	12,600	18,000
Cus PU (7 ft.)	760	2,280	3,800	7,600	13,300	19,000
Panel (7 ft.)	580	1,740	2,900	5,800	10,150	14,500
Travelall	600	1,800	3,000	6,000	10,500	15,000
PU (8-1/2 ft.)	600	1,800	3,000	6,000	10,500	15,000
Utl PU (6 ft.)	560	1,680	2,800	5,600	9,800	14,000
Cus Utl PU (6 ft.)	640	1,920	3,200	6,400	11,200	16,000
1957-1/2 - 1958 Series A-120, 3/4-Ton						
PU (7 ft.)	560	1,680	2,800	5,600	9,800	14,000
Cus PU (7 ft.)	640	1,920	3,200	6,400	11,200	16,000
Panel (7 ft.)	412	1,236	2,060	4,120	7,210	10,300
Travelall (7 ft.)	552	1,656	2,760	5,520	9,660	13,800
PU (8-1/2 ft.)	552	1,656	2,760	5,520	9,660	13,800
Utl PU (6 ft.)	544	1,632	2,720	5,440	9,520	13,600
Cus Utl PU (6 ft.)	620	1,860	3,100	6,200	10,850	15,500
1959-1960 Series B-100/B-102, 3/4-Ton						
PU (7 ft.)	400	1,200	2,000	4,000	7,000	10,000
Panel (7 ft.)	360	1,080	1,800	3,600	6,300	9,000
Travelall	388	1,164	1,940	3,880	6,790	9,700
1959-1960 Series B-110/B-112, Heavy Duty, 1/2-Ton						
PU (7 ft.)	400	1,200	2,000	4,000	7,000	10,000
Panel	360	1,080	1,800	3,600	6,300	9,000
Travelall	388	1,164	1,940	3,880	6,790	9,700
PU (8-1/2 ft.)	380	1,140	1,900	3,800	6,650	9,500
Travelette	368	1,104	1,840	3,680	6,440	9,200
NOTE: Add 10 percent for Custom trim package.						
1959-1960 Series B-120/B-122, 3/4-Ton						
PU (7 ft.)	380	1,140	1,900	3,800	6,650	9,500
Panel (7 ft.)	376	1,128	1,880	3,760	6,580	9,400
Travelall	380	1,140	1,900	3,800	6,650	9,500
PU (8-1/2 ft.)	364	1,092	1,820	3,640	6,370	9,100
Travelette (6 ft.)	360	1,080	1,800	3,600	6,300	9,000
NOTE: Add 5 percent for 4x4 trucks.						
1959-1960 Series B-130/B-132, 1-Ton						
PU (8-1/2 ft.)	360	1,080	1,800	3,600	6,300	9,000
Travelette	364	1,092	1,820	3,640	6,370	9,100
NOTE: Add 5 percent for V-8 engines.						
1961-1968 Series Scout 80, 1/4-Ton, 5 ft.						
PU	248	744	1,240	2,480	4,340	6,200
PU (4x4)	368	1,104	1,840	3,680	6,440	9,200
NOTE: Add 5 percent for vinyl Sport-Top (full enclosure). Add 4 percent for steel Travel-Top.						
1961-1968 Series C-100, 1/2-Ton						
PU (7 ft.)	260	780	1,300	2,600	4,550	6,500
Panel (7 ft.)	240	720	1,200	2,400	4,200	6,000
Travelall	360	1,080	1,800	3,600	6,300	9,000
Cus Travelall	380	1,140	1,900	3,800	6,650	9,500
1961-1968 Series C-110, Heavy Duty, 1/2-Ton						
PU (7 ft.)	264	792	1,320	2,640	4,620	6,600
Panel (7 ft.)	244	732	1,220	2,440	4,270	6,100
Travelall	364	1,092	1,820	3,640	6,370	9,100
Cus Travelall	384	1,152	1,920	3,840	6,720	9,600
PU (8-1/2 ft.)	260	780	1,300	2,600	4,550	6,500
Travelette PU	240	720	1,200	2,400	4,200	6,000
1961-1968 Series C-120, 3/4-Ton						
PU (7 ft.)	244	732	1,220	2,440	4,270	6,100
Panel (7 ft.)	236	708	1,180	2,360	4,130	5,900
Travelall	260	780	1,300	2,600	4,550	6,500
Cus Travelall	276	828	1,380	2,760	4,830	6,900
PU (8-1/2 ft.)	240	720	1,200	2,400	4,200	6,000
Travelette PU	252	756	1,260	2,520	4,410	6,300

1941 International K5 station wagon

1961 International C100 Travelall station wagon

1979 International Scout Terra pickup 4x4

	6	5	4	3	2	1

NOTE: Add 5 percent for vinyl Sport-Top (full enclosure). Add 4 percent for steel Travel-Top.

	6	5	4	3	2	1
1969-1975 Scout 800A Series						
PU	256	768	1,280	2,560	4,480	6,400
Rds	236	708	1,180	2,360	4,130	5,900
Travel-Top	260	780	1,300	2,600	4,550	6,500
Aristocrat	360	1,080	1,800	3,600	6,300	9,000
1969-1975 Metro Series						
M-1100 Panel	232	696	1,160	2,320	4,060	5,800
M-1200 Panel	232	696	1,160	2,320	4,060	5,800
MA-1200 Panel	236	708	1,180	2,360	4,130	5,900
1969-1975 Series 1000D						
PU (6-1/2 ft.)	224	672	1,120	2,240	3,920	5,600
Bonus Load PU (6-1/2 ft.)	228	684	1,140	2,280	3,990	5,700
PU (8 ft.)	220	660	1,100	2,200	3,850	5,500
Bonus Load PU (8 ft.)	224	672	1,120	2,240	3,920	5,600
Panel	200	600	1,000	2,000	3,500	5,000
1969-1975 Series 1100D						
PU (6-1/2 ft.)	232	696	1,160	2,320	4,060	5,800
Bonus Load PU (6-1/2 ft.)	236	708	1,180	2,360	4,130	5,900
PU (8 ft.)	212	636	1,060	2,120	3,710	5,300
Bonus Load PU (8 ft.)	216	648	1,080	2,160	3,780	5,400
Panel	204	612	1,020	2,040	3,570	5,100
1969-1975 Series 1200D						
PU (6-1/2 ft.)	228	684	1,140	2,280	3,990	5,700
Bonus Load PU (6-1/2 ft.)	232	696	1,160	2,320	4,060	5,800
PU (8 ft.)	220	660	1,100	2,200	3,850	5,500
Bonus Load PU (8 ft.)	224	672	1,120	2,240	3,920	5,600
Panel	200	600	1,000	2,000	3,500	5,000
Travelette (6-1/2 ft.)	220	660	1,100	2,200	3,850	5,500
BL Travelette (8 ft.)	224	672	1,120	2,240	3,920	5,600
1969-1975 Series 1300D						
PU (9 ft.)	236	708	1,180	2,360	4,130	5,900
Travelette	220	660	1,100	2,200	3,850	5,500
B.L. Travelette (6-1/2 ft.)	216	648	1,080	2,160	3,780	5,400

NOTE: See 1967 for percent additions for special equipment, optional engines and 4x4 models (all series).

	6	5	4	3	2	1
1976-1980 Scout II						
Travel-Top (2WD)	240	720	1,200	2,400	4,200	6,000
Travel-Top (4x4)	248	744	1,240	2,480	4,340	6,200
1976-1980 Scout II Diesel						
Travel-Top (2WD)	228	684	1,140	2,280	3,990	5,700
Travel-Top (4x4)	236	708	1,180	2,360	4,130	5,900
1976-1980 Terra						
PU (2WD)	232	696	1,160	2,320	4,060	5,800
PU (4x4)	240	720	1,200	2,400	4,200	6,000
1976-1980 Terra Diesel						
PU (2WD)	220	660	1,100	2,200	3,850	5,500
PU (4x4)	228	684	1,140	2,280	3,990	5,700
1976-1980 Traveler						
Sta Wag (2WD)	248	744	1,240	2,480	4,340	6,200
Sta Wag (4x4)	256	768	1,280	2,560	4,480	6,400
1976-1980 Traveler Diesel						
Sta Wag (2WD)	236	708	1,180	2,360	4,130	5,900
Sta Wag (4x4)	244	732	1,220	2,440	4,270	6,100

NOTE: Add 3 percent for V-8 engines. Add 3 percent for 4-speed transmission. Add 6 percent for Rally package. Add 4 percent for Custom trim. Add 2 percent for Deluxe trim.

WILLYS OVERLAND JEEP/TRUCKS (1945-1962)

	6	5	4	3	2	1
1945 Jeep Series, 4x4						
CJ-2 Jeep	748	2,244	3,740	7,480	13,090	18,700

NOTE: All Jeep prices in this catalog are for civilian models unless noted otherwise. Military Jeeps may sell for higher prices.

	6	5	4	3	2	1
1946 Jeep Series, 4x4						
CJ-2 Jeep	748	2,244	3,740	7,480	13,090	18,700
1947 Willys Jeep, 4x4						
CJ-2 Jeep	748	2,244	3,740	7,480	13,090	18,700
1947 Willys Jeep, 2WD						
Panel	672	2,016	3,360	6,720	11,760	16,800
1947 Willys Truck, 4x4						
PU	660	1,980	3,300	6,600	11,550	16,500

	6	5	4	3	2	1
1948 Jeep Series, 4x4						
CJ-2 Jeep	708	2,124	3,540	7,080	12,390	17,700
1948 Willys Jeep, 2WD						
PU	652	1,956	3,260	6,520	11,410	16,300
Panel	672	2,016	3,360	6,720	11,760	16,800
1948 Willys Truck, 4x4						
PU	660	1,980	3,300	6,600	11,550	16,500
1949 Jeep Series, 4x4						
CJ-2 Jeep	708	2,124	3,540	7,080	12,390	17,700
CJ-3 Jeep	700	2,100	3,500	7,000	12,250	17,500
1949 Willys Truck, 2WD						
PU	652	1,956	3,260	6,520	11,410	16,300
Panel	672	2,016	3,360	6,720	11,760	16,800
1949 Willys Truck, 4x4						
PU	660	1,980	3,300	6,600	11,550	16,500
1950 Jeep Series, 4x4						
CJ-3 Jeep	708	2,124	3,540	7,080	12,390	17,700
1950 Willys Truck, 2WD						
PU	660	1,980	3,300	6,600	11,550	16,500
Panel	672	2,016	3,360	6,720	11,760	16,800
1950 Jeep Truck, 4x4						
PU	660	1,980	3,300	6,600	11,550	16,500
Utl Wag	672	2,016	3,360	6,720	11,760	16,800
1951 Jeep Series, 4x4						
Farm Jeep	692	2,076	3,460	6,920	12,110	17,300
CJ-3 Jeep	708	2,124	3,540	7,080	12,390	17,700
1951 Jeep Trucks, 2WD						
PU	652	1,956	3,260	6,520	11,410	16,300
Sed Dly	676	2,028	3,380	6,760	11,830	16,900
1951 Jeep Trucks, 4x4						
PU	660	1,980	3,300	6,600	11,550	16,500
Utl Wag	672	2,016	3,360	6,720	11,760	16,800
1952 Jeep Series, 4x4						
CJ-3 Open	708	2,124	3,540	7,080	12,390	17,700
1952 Jeep Trucks, 2WD						
Sed Dly	676	2,028	3,380	6,760	11,830	16,900
1952 Jeep Trucks, 4x4						
PU	664	1,992	3,320	6,640	11,620	16,600
Utl Wag	676	2,028	3,380	6,760	11,830	16,900
1953 Jeep Series, 4x4						
CJ-3B Jeep	712	2,136	3,560	7,120	12,460	17,800
CJ-3B Farm Jeep	708	2,124	3,540	7,080	12,390	17,700
CJ-3A Jeep	708	2,124	3,540	7,080	12,390	17,700
1953 Jeep Trucks, 2WD						
Sed Dly	676	2,028	3,380	6,760	11,830	16,900
1953 Jeep Trucks, 4x4						
Sed Dly	652	1,956	3,260	6,520	11,410	16,300
PU	668	2,004	3,340	6,680	11,690	16,700
Utl Wag	640	1,920	3,200	6,400	11,200	16,000
1954 Jeep Series, 4x4						
Open Jeep	712	2,136	3,560	7,120	12,460	17,800
Farm Jeep	708	2,124	3,540	7,080	12,390	17,700
1954 Jeep Trucks, 2WD						
Sed Dly	676	2,028	3,380	6,760	11,830	16,900
1954 Jeep Trucks, 4x4						
PU	696	2,088	3,480	6,960	12,180	17,400
Sed Dly	696	2,088	3,480	6,960	12,180	17,400
Utl Wag	708	2,124	3,540	7,080	12,390	17,700
1955 Jeep Series, 4x4						
CJ-3B	708	2,124	3,540	7,080	12,390	17,700
CJ-5	708	2,124	3,540	7,080	12,390	17,700
1955 Jeep Trucks, 2WD						
Sed Dly	648	1,944	3,240	6,480	11,340	16,200
Utl Wag	660	1,980	3,300	6,600	11,550	16,500
1955 Jeep Trucks, 4x4						
Sed Dly	660	1,980	3,300	6,600	11,550	16,500
Utl Wag	672	2,016	3,360	6,720	11,760	16,800
1956 Jeep Series, 4x4						
CJ-3B	708	2,124	3,540	7,080	12,390	17,700
CJ-5	708	2,124	3,540	7,080	12,390	17,700
CJ-6	704	2,112	3,520	7,040	12,320	17,600
1956 Dispatcher Series, 2WD						
Open Jeep	652	1,956	3,260	6,520	11,410	16,300
Canvas Top	660	1,980	3,300	6,600	11,550	16,500

	6	5	4	3	2	1
HT	668	2,004	3,340	6,680	11,690	16,700
1956 Jeep Trucks, 2WD						
Utl Wag	660	1,980	3,300	6,600	11,550	16,500
Sed Dly	648	1,944	3,240	6,480	11,340	16,200
1956 Jeep Trucks, 4x4						
Sed Dly	664	1,992	3,320	6,640	11,620	16,600
Sta Wag	672	2,016	3,360	6,720	11,760	16,800
PU	640	1,920	3,200	6,400	11,200	16,000
1957 Jeep Series, 4x4						
CJ-3B	708	2,124	3,540	7,080	12,390	17,700
CJ-5	708	2,124	3,540	7,080	12,390	17,700
CJ-6	704	2,112	3,520	7,040	12,320	17,600
1957 Dispatcher Series, 2WD						
Open Jeep	652	1,956	3,260	6,520	11,410	16,300
Soft Top	660	1,980	3,300	6,600	11,550	16,500
HT	668	2,004	3,340	6,680	11,690	16,700
1957 Jeep Trucks, 2WD						
Dly	648	1,944	3,240	6,480	11,340	16,200
Utl Wag	660	1,980	3,300	6,600	11,550	16,500
1957 Jeep Trucks, 4x4						
Dly	664	1,992	3,320	6,640	11,620	16,600
PU	640	1,920	3,200	6,400	11,200	16,000
Utl Wag	672	2,016	3,360	6,720	11,760	16,800
1957 Forward Control, 4x4						
1/2-Ton PU	620	1,860	3,100	6,200	10,850	15,500
3/4-Ton PU	640	1,920	3,200	6,400	11,200	16,000
1958 Jeep Series, 4x4						
CJ-3B	708	2,124	3,540	7,080	12,390	17,700
CJ-5	712	2,136	3,560	7,120	12,460	17,800
CJ-6	704	2,112	3,520	7,040	12,320	17,600
1958 Dispatcher Series, 2WD						
Open Jeep	652	1,956	3,260	6,520	11,410	16,300
Soft Top	660	1,980	3,300	6,600	11,550	16,500
HT	668	2,004	3,340	6,680	11,690	16,700
1958 Jeep Trucks, 2WD						
Dly	608	1,824	3,040	6,080	10,640	15,200
Utl Wag	612	1,836	3,060	6,120	10,710	15,300
1958 Jeep Trucks, 4x4						
Dly	624	1,872	3,120	6,240	10,920	15,600
Utl Wag	628	1,884	3,140	6,280	10,990	15,700
1958 Forward Control, 4x4						
1/2-Ton PU	620	1,860	3,100	6,200	10,850	15,500
3/4-Ton PU	640	1,920	3,200	6,400	11,200	16,000
NOTE: Add 3 percent for 6-cyl. trucks not available in Jeeps.						
1959 Jeep Series, 4x4						
CJ-3	708	2,124	3,540	7,080	12,390	17,700
CJ-5	712	2,136	3,560	7,120	12,460	17,800
CJ-6	704	2,112	3,520	7,040	12,320	17,600
1959 Dispatcher Series, 2WD						
Soft Top	656	1,968	3,280	6,560	11,480	16,400
HT	672	2,016	3,360	6,720	11,760	16,800
1959 Jeep Trucks, 2WD						
Utl Wag	616	1,848	3,080	6,160	10,780	15,400
Dly	612	1,836	3,060	6,120	10,710	15,300
1959 Jeep Trucks, 4x4						
Utl Dly	628	1,884	3,140	6,280	10,990	15,700
PU	600	1,800	3,000	6,000	10,500	15,000
Utl Wag	636	1,908	3,180	6,360	11,130	15,900
1959 Forward Control, 4x4						
1/2-Ton PU	648	1,944	3,240	6,480	11,340	16,200
3/4-Ton PU	644	1,932	3,220	6,440	11,270	16,100
NOTE: Add 3 percent for 6-cyl. trucks not available for Jeeps. Add 5 percent for Maverick.						
1960 Jeep Series, 4x4						
CJ-3	708	2,124	3,540	7,080	12,390	17,700
CJ-5	712	2,136	3,560	7,120	12,460	17,800
CJ-6	704	2,112	3,520	7,040	12,320	17,600
1960 Dispatcher Series, 2WD						
Soft Top	656	1,968	3,280	6,560	11,480	16,400
HT	672	2,016	3,360	6,720	11,760	16,800
Surrey	688	2,064	3,440	6,880	12,040	17,200
1960 Jeep Trucks, 2WD						
Economy Dly	588	1,764	2,940	5,880	10,290	14,700
Sta Wag	628	1,884	3,140	6,280	10,990	15,700
Utl Wag	616	1,848	3,080	6,160	10,780	15,400
Utl Dly	608	1,824	3,040	6,080	10,640	15,200

	6	5	4	3	2	1
1960 Jeep Trucks, 4x4						
Utl Wag	628	1,884	3,140	6,280	10,990	15,700
Utl Dly	620	1,860	3,100	6,200	10,850	15,500
1960 Forward Control, 4x4						
1/2-Ton PU	616	1,848	3,080	6,160	10,780	15,400
3/4-Ton PU	624	1,872	3,120	6,240	10,920	15,600
NOTE: Add 3 percent for 6-cyl. trucks. Add 5 percent for custom two-tone trim.						
1961 Jeep Series, 4x4						
CJ-3	708	2,124	3,540	7,080	12,390	17,700
CJ-5	712	2,136	3,560	7,120	12,460	17,800
CJ-6	704	2,112	3,520	7,040	12,320	17,600
1961 Dispatcher Series, 2WD						
Jeep (Open)	660	1,980	3,300	6,600	11,550	16,500
Soft Top	664	1,992	3,320	6,640	11,620	16,600
HT	672	2,016	3,360	6,720	11,760	16,800
1961 Jeep Trucks, 2WD						
Fleetvan	592	1,776	2,960	5,920	10,360	14,800
Economy Dly	588	1,764	2,940	5,880	10,290	14,700
Sta Wag	620	1,860	3,100	6,200	10,850	15,500
Utl Wag	608	1,824	3,040	6,080	10,640	15,200
Utl Dly	604	1,812	3,020	6,040	10,570	15,100
1961 Jeep Trucks, 4x4						
Utl Wag	620	1,860	3,100	6,200	10,850	15,500
Utl Dly	600	1,800	3,000	6,000	10,500	15,000
1-Ton PU	592	1,776	2,960	5,920	10,360	14,800
1961 Forward Control, 4x4						
1/2-Ton PU	600	1,800	3,000	6,000	10,500	15,000
3/4-Ton PU	608	1,824	3,040	6,080	10,640	15,200
NOTE: Add 3 percent for 6-cyl. trucks.						
1962 Jeep Series, 4x4						
CJ-3	708	2,124	3,540	7,080	12,390	17,700
CJ-5	712	2,136	3,560	7,120	12,460	17,800
CJ-6	704	2,112	3,520	7,040	12,320	17,600
1962 Dispatcher Series, 2WD						
Basic Jeep	620	1,860	3,100	6,200	10,850	15,500
Jeep w/Soft Top	624	1,872	3,120	6,240	10,920	15,600
Jeep w/HT	628	1,884	3,140	6,280	10,990	15,700
Surrey	632	1,896	3,160	6,320	11,060	15,800
1962 Jeep Trucks, 2WD						
Fleetvan	552	1,656	2,760	5,520	9,660	13,800
Economy Dly	548	1,644	2,740	5,480	9,590	13,700
Sta Wag	580	1,740	2,900	5,800	10,150	14,500
Utl Wag	568	1,704	2,840	5,680	9,940	14,200
Utl Dly	564	1,692	2,820	5,640	9,870	14,100
1962 Jeep Trucks, 4x4						
Utl Wag	580	1,740	2,900	5,800	10,150	14,500
Utl Dly	560	1,680	2,800	5,600	9,800	14,000
1962 Forward Control, 4x4						
1/2-Ton PU	600	1,800	3,000	6,000	10,500	15,000
3/4-Ton PU	568	1,704	2,840	5,680	9,940	14,200

NOTE: Add 3 percent for 6-cyl. trucks.

KAISER JEEP

	6	5	4	3	2	1
1963 Jeep Universal, 4x4						
CJ-3B Jeep	640	1,920	3,200	6,400	11,200	16,000
CJ-5 Jeep	680	2,040	3,400	6,800	11,900	17,000
CJ-6 Jeep	660	1,980	3,300	6,600	11,550	16,500
1963 Dispatcher, 2WD						
Jeep	544	1,632	2,720	5,440	9,520	13,600
HT	548	1,644	2,740	5,480	9,590	13,700
Soft Top	552	1,656	2,760	5,520	9,660	13,800
1963 "Jeep" Wagons and Trucks, 1/2-Ton						
Sta Wag	520	1,560	2,600	5,200	9,100	13,000
Traveller	528	1,584	2,640	5,280	9,240	13,200
Utl (2WD)	420	1,260	2,100	4,200	7,350	10,500
Utl (4x4)	520	1,560	2,600	5,200	9,100	13,000
Panel (2WD)	408	1,224	2,040	4,080	7,140	10,200
Panel (4x4)	432	1,296	2,160	4,320	7,560	10,800
1963 "Jeep" Wagons and Truck, 1-Ton						
PU (4WD)	392	1,176	1,960	3,920	6,860	9,800
NOTE: Add 3 percent for L-Head 6-cyl. Add 4 percent for OHC 6-cyl.						
1963 Forward-Control, 4x4, 1/2-Ton						
PU	408	1,224	2,040	4,080	7,140	10,200

1966 Willys Jeep Dispatcher

1979 AMC Jeep CJ5 Renegade 4x4

1987 AMC Jeep Comanche Chief half-ton pickup

	6	5	4	3	2	1
1963 Forward-Control, 4x4, 3/4-Ton						
PU	404	1,212	2,020	4,040	7,070	10,100
1963 Forward-Control, 1-Ton						
PU	404	1,212	2,020	4,040	7,070	10,100
Stake	432	1,296	2,160	4,320	7,560	10,800
HD PU	408	1,224	2,040	4,080	7,140	10,200
1963 Gladiator/Wagoneer, 1/2-Ton						
2d Wag	436	1,308	2,180	4,360	7,630	10,900
4d Wag	520	1,560	2,600	5,200	9,100	13,000
2d Cus Wag	520	1,560	2,600	5,200	9,100	13,000
4d Cus Wag	524	1,572	2,620	5,240	9,170	13,100
Panel Dly	332	996	1,660	3,320	5,810	8,300
1963 Gladiator, 1/2-Ton, 120" wb						
Thriftside PU	420	1,260	2,100	4,200	7,350	10,500
Townside PU	428	1,284	2,140	4,280	7,490	10,700
1963 Gladiator, 1/2-Ton, 126" wb						
Thriftside PU	412	1,236	2,060	4,120	7,210	10,300
Townside PU	420	1,260	2,100	4,200	7,350	10,500
1963 Gladiator, 3/4-Ton, 120" wb						
Thriftside PU	404	1,212	2,020	4,040	7,070	10,100
Townside PU	412	1,236	2,060	4,120	7,210	10,300
1963 Gladiator, 1-Ton, 126" wb						
NOTE: Add 5 percent for 4x4.						
1964 Jeep Universal, 4x4						
CJ-3B Jeep	600	1,800	3,000	6,000	10,500	15,000
CJ-5 Jeep	640	1,920	3,200	6,400	11,200	16,000
CJ-5A Tuxedo Park	660	1,980	3,300	6,600	11,550	16,500
CJ-6 Jeep	648	1,944	3,240	6,480	11,340	16,200
CJ-6A Jeep Park	656	1,968	3,280	6,560	11,480	16,400
1964 Dispatcher, 2WD						
Jeep	544	1,632	2,720	5,440	9,520	13,600
HT	548	1,644	2,740	5,480	9,590	13,700
Soft Top	552	1,656	2,760	5,520	9,660	13,800
Surrey	560	1,680	2,800	5,600	9,800	14,000
1964 "Jeep" Wagons and Trucks, 1/2-Ton						
Sta Wag	420	1,260	2,100	4,200	7,350	10,500
Utl (2WD)	412	1,236	2,060	4,120	7,210	10,300
Utl (4x4)	432	1,296	2,160	4,320	7,560	10,800
Traveler (2WD)	428	1,284	2,140	4,280	7,490	10,700
Traveler (4x4)	528	1,584	2,640	5,280	9,240	13,200
Panel (2WD)	404	1,212	2,020	4,040	7,070	10,100
Panel (4x4)	424	1,272	2,120	4,240	7,420	10,600
1964 "Jeep" Wagons and Trucks, 1-Ton, 4x4						
PU	412	1,236	2,060	4,120	7,210	10,300
NOTE: Add 3 percent for L-Head 6-cyl. Add 4 percent for OHC 6-cyl.						
1964 Forward-Control, 1/2-Ton, 4x4						
PU	388	1,164	1,940	3,880	6,790	9,700
1964 Forward-Control, 3/4-Ton, 4x4						
Stake	376	1,128	1,880	3,760	6,580	9,400
PU	384	1,152	1,920	3,840	6,720	9,600
HD PU	388	1,164	1,940	3,880	6,790	9,700
1964 Gladiator/Wagoneer, 1/2-Ton						
2d Wag	436	1,308	2,180	4,360	7,630	10,900
4d Wag	520	1,560	2,600	5,200	9,100	13,000
2d Cus Wag	520	1,560	2,600	5,200	9,100	13,000
4d Cus Wag	524	1,572	2,620	5,240	9,170	13,100
Panel Dly	412	1,236	2,060	4,120	7,210	10,300
1964 Gladiator Pickup Truck, 1/2-Ton, 120" wb						
Thriftside PU	400	1,200	2,000	4,000	7,000	10,000
Townside PU	408	1,224	2,040	4,080	7,140	10,200
1964 Gladiator Pickup Truck, 1/2-Ton, 126" wb						
Thriftside PU	392	1,176	1,960	3,920	6,860	9,800
Townside PU	400	1,200	2,000	4,000	7,000	10,000
1964 Gladiator Pickup Truck, 3/4-Ton, 120" wb						
Thriftside PU	384	1,152	1,920	3,840	6,720	9,600
Townside PU	392	1,176	1,960	3,920	6,860	9,800
1964 Gladiator Pickup Truck, 3/4-Ton, 126" wb						
Thriftside PU	380	1,140	1,900	3,800	6,650	9,500
Townside PU	388	1,164	1,940	3,880	6,790	9,700
1965 Jeep Universal, 4x4						
CJ-3B Jeep	600	1,800	3,000	6,000	10,500	15,000
CJ-5 Jeep	620	1,860	3,100	6,200	10,850	15,500
CJ-5A Tuxedo Park	640	1,920	3,200	6,400	11,200	16,000
CJ-6 Jeep	624	1,872	3,120	6,240	10,920	15,600
CJ-6A Tuxedo Park	632	1,896	3,160	6,320	11,060	15,800

	6	5	4	3	2	1
1965 Dispatcher, 2WD						
DJ-5 Courier	420	1,260	2,100	4,200	7,350	10,500
DJ-6 Courier	424	1,272	2,120	4,240	7,420	10,600
DJ-3A Jeep	388	1,164	1,940	3,880	6,790	9,700
DJ-3A HT	520	1,560	2,600	5,200	9,100	13,000
1965 "Jeep" Wagons and Trucks, 1/2-Ton						
Sta Wag	420	1,260	2,100	4,200	7,350	10,500
Utl Wag (4x4)	432	1,296	2,160	4,320	7,560	10,800
Traveler (4x4)	528	1,584	2,640	5,280	9,240	13,200
Panel (2WD)	404	1,212	2,020	4,040	7,070	10,100
Panel (4x4)	424	1,272	2,120	4,240	7,420	10,600
1965 "Jeep" Wagons and Trucks, 1-Ton, 4x4						
PU	412	1,236	2,060	4,120	7,210	10,300
NOTE: Add 3 percent for L-Head 6-cyl. engine.						
1965 Forward-Control, 4x4, 1/2-Ton						
PU	380	1,140	1,900	3,800	6,650	9,500
1965 Forward-Control, 4x4, 3/4-Ton						
PU	388	1,164	1,940	3,880	6,790	9,700
1965 Gladiator/Wagoneer, 1/2-Ton						
2d Wag	436	1,308	2,180	4,360	7,630	10,900
4d Wag	520	1,560	2,600	5,200	9,100	13,000
2d Cus Wag	520	1,560	2,600	5,200	9,100	13,000
4d Cus Wag	524	1,572	2,620	5,240	9,170	13,100
Panel Dly	412	1,236	2,060	4,120	7,210	10,300
1965 Gladiator Pickup Truck, 1/2-Ton, 120" wb						
Thriftside PU	400	1,200	2,000	4,000	7,000	10,000
Townside PU	408	1,224	2,040	4,080	7,140	10,200
1965 Gladiator Pickup Truck, 1/2-Ton, 126" wb						
Thriftside PU	392	1,176	1,960	3,920	6,860	9,800
Townside PU	400	1,200	2,000	4,000	7,000	10,000
1965 Gladiator Pickup Truck, 3/4-Ton, 120" wb						
Thriftside PU	384	1,152	1,920	3,840	6,720	9,600
Townside PU	392	1,176	1,960	3,920	6,860	9,800
1965 Gladiator Pickup Truck, 3/4-Ton, 126" wb						
Thriftside PU	380	1,140	1,900	3,800	6,650	9,500
Townside PU	388	1,164	1,940	3,880	6,790	9,700
1965 Gladiator Pickup Truck, 3/4-Ton, 120" wb						
NOTE: Add 5 percent for 4x4. Add 5 percent for V-8. For "First Series" 1965 Gladiators, refer to 1964 prices.						
1966 Jeep Universal, 4x4						
CJ-3B Jeep	600	1,800	3,000	6,000	10,500	15,000
CJ-5 Jeep	620	1,860	3,100	6,200	10,850	15,500
CJ-5A Tuxedo Park	640	1,920	3,200	6,400	11,200	16,000
CJ-6 Jeep	624	1,872	3,120	6,240	10,920	15,600
CJ-6A Tuxedo Park	632	1,896	3,160	6,320	11,060	15,800
1966 Dispatcher, 2WD						
DJ-5 Courier	420	1,260	2,100	4,200	7,350	10,500
DJ-6 Courier	424	1,272	2,120	4,240	7,420	10,600
DJ-3A Jeep	428	1,284	2,140	4,280	7,490	10,700
DJ-3A HT	520	1,560	2,600	5,200	9,100	13,000
1966 Forward-Control, 4x4, 1/2-Ton						
PU	380	1,140	1,900	3,800	6,650	9,500
1966 Forward-Control, 4x4, 3/4-Ton						
PU	388	1,164	1,940	3,880	6,790	9,700
1966 Wagoneer, 1/2-Ton						
2d Wag	416	1,248	2,080	4,160	7,280	10,400
4d Wag	420	1,260	2,100	4,200	7,350	10,500
2d Cus Sta Wag	420	1,260	2,100	4,200	7,350	10,500
4d Cus Sta Wag	424	1,272	2,120	4,240	7,420	10,600
Panel Dly	392	1,176	1,960	3,920	6,860	9,800
4d Super Wag	532	1,596	2,660	5,320	9,310	13,300
1966 Gladiator, 1/2-Ton, 120" wb						
Thriftside PU	408	1,224	2,040	4,080	7,140	10,200
Townside PU	420	1,260	2,100	4,200	7,350	10,500
1966 Gladiator, 1/2-Ton, 126" wb						
Thriftside PU	392	1,176	1,960	3,920	6,860	9,800
Townside PU	400	1,200	2,000	4,000	7,000	10,000
1966 Gladiator, 3/4-Ton, 120" wb						
Thriftside PU	384	1,152	1,920	3,840	6,720	9,600
Townside PU	392	1,176	1,960	3,920	6,860	9,800
1966 Gladiator, 3/4-Ton, 126" wb						
Thriftside PU	380	1,140	1,900	3,800	6,650	9,500
Townside PU	388	1,164	1,940	3,880	6,790	9,700

NOTE: Add 5 percent for 4x4. Add 5 percent for V-8.

	6	5	4	3	2	1
1967 Jeep Universal, 4x4						
CJ-5 Jeep	600	1,800	3,000	6,000	10,500	15,000
CJ-5A Jeep	620	1,860	3,100	6,200	10,850	15,500
CJ-6 Jeep	640	1,920	3,200	6,400	11,200	16,000
CJ-6A Jeep	660	1,980	3,300	6,600	11,550	16,500
1967 Dispatcher, 2WD						
DJ-5 Courier	420	1,260	2,100	4,200	7,350	10,500
DJ-6 Courier	428	1,284	2,140	4,280	7,490	10,700
1967 Jeepster Commando, 4x4						
Conv	640	1,920	3,200	6,400	11,200	16,000
Sta Wag	436	1,308	2,180	4,360	7,630	10,900
Cpe-Rds	600	1,800	3,000	6,000	10,500	15,000
PU	420	1,260	2,100	4,200	7,350	10,500
1967 Wagoneer						
2d Wag	416	1,248	2,080	4,160	7,280	10,400
4d Wag	420	1,260	2,100	4,200	7,350	10,500
2d Cus Sta Wag	420	1,260	2,100	4,200	7,350	10,500
4d Cus Sta Wag	424	1,272	2,120	4,240	7,420	10,600
Panel Dly	392	1,176	1,960	3,920	6,860	9,800
4d Sup Wag	432	1,296	2,160	4,320	7,560	10,800
1967 Gladiator, 4x4, 1/2-Ton, 120" wb						
Thriftside PU	404	1,212	2,020	4,040	7,070	10,100
Townside PU	408	1,224	2,040	4,080	7,140	10,200
1967 Gladiator, 3/4-Ton, 120" wb						
Thriftside PU	384	1,152	1,920	3,840	6,720	9,600
Townside PU	388	1,164	1,940	3,880	6,790	9,700
1967 Gladiator, 1/2-Ton, 126" wb						
Thriftside PU	392	1,176	1,960	3,920	6,860	9,800
Townside PU	396	1,188	1,980	3,960	6,930	9,900
1967 Gladiator, 3/4-Ton, 126" wb						
Thriftside PU	384	1,152	1,920	3,840	6,720	9,600
Townside PU	388	1,164	1,940	3,880	6,790	9,700

NOTE: Add 5 percent for V-8 (except Super V-8). Add 5 percent for 2WD (Series 2500 only). Add 4 percent for V-6 engine. Add 5 percent for 4x4.

	6	5	4	3	2	1
1968 Jeep Universal, 4x4						
CJ-5 Jeep	600	1,800	3,000	6,000	10,500	15,000
CJ-5A Jeep	620	1,860	3,100	6,200	10,850	15,500
CJ-6 Jeep	640	1,920	3,200	6,400	11,200	16,000
CJ-6A Jeep	660	1,980	3,300	6,600	11,550	16,500
1968 Dispatcher, 2WD						
DJ-5 Courier	408	1,224	2,040	4,080	7,140	10,200
DJ-6 Courier	412	1,236	2,060	4,120	7,210	10,300

NOTE: Add 4 percent for V-6 engine. Add 5 percent for diesel engine.

	6	5	4	3	2	1
1968 Wagoneer, V-8, 4x4						
4d Sta Wag	428	1,284	2,140	4,280	7,490	10,700
4d Sta Wag Cus	432	1,296	2,160	4,320	7,560	10,800
4d Sta Wag Sup	436	1,308	2,180	4,360	7,630	10,900
1968 Jeepster Commando, 4x4						
Conv	640	1,920	3,200	6,400	11,200	16,000
Sta Wag	436	1,308	2,180	4,360	7,630	10,900
Cpe-Rds	600	1,800	3,000	6,000	10,500	15,000
PU	420	1,260	2,100	4,200	7,350	10,500

NOTE: Add 4 percent for V-6 engine.

	6	5	4	3	2	1
1969 Jeep						
CJ-5 Jeep	600	1,800	3,000	6,000	10,500	15,000
CJ-6 Jeep	620	1,860	3,100	6,200	10,850	15,500
DJ-5 Courier	420	1,260	2,100	4,200	7,350	10,500
1969 Jeepster Commando						
Conv	640	1,920	3,200	6,400	11,200	16,000
Sta Wag	396	1,188	1,980	3,960	6,930	9,900
Cpe-Rds	600	1,800	3,000	6,000	10,500	15,000
PU	380	1,140	1,900	3,800	6,650	9,500
Conv	436	1,308	2,180	4,360	7,630	10,900
1969 Wagoneer						
4d Wag	392	1,176	1,960	3,920	6,860	9,800
4d Cus Wag	396	1,188	1,980	3,960	6,930	9,900
1969 Gladiator, 1/2-Ton, 120" wb						
Thriftside PU	380	1,140	1,900	3,800	6,650	9,500
Townside PU	384	1,152	1,920	3,840	6,720	9,600
1969 Gladiator, 3/4-Ton, 120" wb						
Thriftside PU	316	948	1,580	3,160	5,530	7,900
Townside PU	360	1,080	1,800	3,600	6,300	9,000
1969 Gladiator, 1/2-Ton, 126" wb						
Townside	316	948	1,580	3,160	5,530	7,900

	6	5	4	3	2	1
1969 Gladiator, 3/4-Ton, 126" wb						
Townside	308	924	1,540	3,080	5,390	7,700

NOTE: Add 4 percent for V-6 engine. Add 5 percent for V-8 engine. Add 10 percent for factory Camper Package.

AMC JEEP

	6	5	4	3	2	1
1970-1976 Model J-100, 110" wb						
PU	280	840	1,400	2,800	4,900	7,000
4d Cus Sta Wag	276	828	1,380	2,760	4,830	6,900
1970-1976 Model J-100, 101" wb						
4d Cust Sta Wag	264	792	1,320	2,640	4,620	6,600
1970-1976 Jeepster Commando, 101" wb						
Sta Wag	276	828	1,380	2,760	4,830	6,900
Rds	348	1,044	1,740	3,480	6,090	8,700
1970-1976 Jeepster						
Conv	540	1,620	2,700	5,400	9,450	13,500
Conv Commando	560	1,680	2,800	5,600	9,800	14,000
1970-1976 CJ-5, 1/4-Ton, 81" wb						
Jeep	560	1,680	2,800	5,600	9,800	14,000
1970-1976 CJ-6, 101" wb						
Jeep	540	1,620	2,700	5,400	9,450	13,500
1970-1976 CJ-7, 94" wb						
Jeep	540	1,620	2,700	5,400	9,450	13,500
1970-1976 DJ-5, 1/4-Ton, 81" wb						
Jeep	280	840	1,400	2,800	4,900	7,000
1970-1976 Jeepster, 1/4-Ton, 101" wb						
PU	320	960	1,600	3,200	5,600	8,000
1970-1976 Wagoneer, V-8						
4d Cus Sta Wag	288	864	1,440	2,880	5,040	7,200

NOTE: Deduct 10 percent for 6-cyl.

	6	5	4	3	2	1
1970-1976 Series J-2500						
Thriftside PU	236	708	1,180	2,360	4,130	5,900
Townside PU	240	720	1,200	2,400	4,200	6,000
1970-1976 Series J-2600						
Thriftside PU	228	684	1,140	2,280	3,990	5,700
Townside PU	232	696	1,160	2,320	4,060	5,800
1970-1976 Series J-2700, 3/4-Ton						
Thriftside PU	208	624	1,040	2,080	3,640	5,200
Townside PU	212	636	1,060	2,120	3,710	5,300
1970-1976 Series J-3500, 1/2-Ton						
Townside PU	212	636	1,060	2,120	3,710	5,300
1970-1976 Series J-3600, 1/2-Ton						
Townside PU	208	624	1,040	2,080	3,640	5,200
1970-1976 Series J-3700, 3/4-Ton						
Townside PU	204	612	1,020	2,040	3,570	5,100
1977-1980 Wagoneer, V-8						
4d Sta Wag	284	852	1,420	2,840	4,970	7,100
1977-1980 Cherokee, 6-cyl.						
2d Sta Wag	272	816	1,360	2,720	4,760	6,800
2d "S" Sta Wag	276	828	1,380	2,760	4,830	6,900
4d Sta Wag	272	816	1,360	2,720	4,760	6,800
1977-1980 CJ-5, 1/4-Ton, 84" wb						
Jeep	528	1,584	2,640	5,280	9,240	13,200
1977-1980 CJ-7, 1/4-Ton, 94" wb						
Jeep	520	1,560	2,600	5,200	9,100	13,000
1977-1980 Series J-10, 1/2-Ton, 119" or 131" wb						
Townside PU, SWB	224	672	1,120	2,240	3,920	5,600
Townside PU, LWB	220	660	1,100	2,200	3,850	5,500
1977-1980 Series J-20, 3/4-Ton, 131" wb						
Townside PU	216	648	1,080	2,160	3,780	5,400
1981-1983 Wagoneer, 108.7" wb						
4d Sta Wag	280	840	1,400	2,800	4,900	7,000
4d Brgm Sta Wag	288	864	1,440	2,880	5,040	7,200
4d Ltd Sta Wag	296	888	1,480	2,960	5,180	7,400
1981-1983 Cherokee						
2d Sta Wag	236	708	1,180	2,360	4,130	5,900
2d Sta Wag, Wide Wheels	240	720	1,200	2,400	4,200	6,000
4d Sta Wag	244	732	1,220	2,440	4,270	6,100
1981-1983 Scrambler, 1/2-Ton, 104" wb						
PU	180	540	900	1,800	3,150	4,500

1991 Jeep Cherokee Sport 4x4

1955 Studebaker E12 three-quarter-ton pickup

1960 Studebaker Lark sedan delivery

	6	5	4	3	2	1
1981-1983 CJ-5, 1/4-Ton, 84" wb						
Jeep	200	600	1,000	2,000	3,500	5,000
1981-1983 CJ-7, 1/4-Ton, 94" wb						
Jeep	208	624	1,040	2,080	3,640	5,200
1981-1983 Series J-10, 1/2-Ton, 119" or 131" wb						
Townside PU, SWB	220	660	1,100	2,200	3,850	5,500
Townside PU, LWB	216	648	1,080	2,160	3,780	5,400
1981-1983 Series J-20, 3/4-Ton, 131" wb						
Townside PU	212	636	1,060	2,120	3,710	5,300
1983-1985 Wagoneer, 4-cyl.						
4d Sta Wag	328	984	1,640	3,280	5,740	8,200
4d Ltd Sta Wag	340	1,020	1,700	3,400	5,950	8,500
1983-1985 Wagoneer, 6-cyl.						
4d Sta Wag	336	1,008	1,680	3,360	5,880	8,400
4d Ltd Sta Wag	348	1,044	1,740	3,480	6,090	8,700
1983-1985 Grand Wagoneer, V-8						
4d Sta Wag	352	1,056	1,760	3,520	6,160	8,800
1983-1985 Cherokee, 4-cyl.						
2d Sta Wag	324	972	1,620	3,240	5,670	8,100
4d Sta Wag	320	960	1,600	3,200	5,600	8,000
1983-1985 Cherokee, 6-cyl.						
2d Sta Wag	332	996	1,660	3,320	5,810	8,300
4d Sta Wag	328	984	1,640	3,280	5,740	8,200
1983-1985 Scrambler, 1/2-Ton, 103.4" wb						
PU	216	648	1,080	2,160	3,780	5,400
1983-1985 CJ-7, 1/4-Ton, 93.4" wb						
Jeep	352	1,056	1,760	3,520	6,160	8,800
1983-1985 Series J-10, 1/2-Ton, 119" or 131" wb						
Townside PU	248	744	1,240	2,480	4,340	6,200
1983-1985 Series J-20, 3/4-Ton, 131" wb						
Townside PU	252	756	1,260	2,520	4,410	6,300
1986-1987 Wagoneer						
4d Sta Wag	380	1,140	1,900	3,800	6,650	9,500
4d Ltd Sta Wag	392	1,176	1,960	3,920	6,860	9,800
4d Grand Sta Wag	420	1,260	2,100	4,200	7,350	10,500
1986-1987 Cherokee						
2d Sta Wag 2WD	320	960	1,600	3,200	5,600	8,000
4d Sta Wag 2WD	340	1,020	1,700	3,400	5,950	8,500
2d Sta Wag (4x4)	340	1,020	1,700	3,400	5,950	8,500
4d Sta Wag (4x4)	360	1,080	1,800	3,600	6,300	9,000
1986-1987 Wrangler, 1/4-Ton, 93.4" wb						
Jeep 2WD	340	1,020	1,700	3,400	5,950	8,500
1986-1987 Comanche, 120" wb						
PU	296	888	1,480	2,960	5,180	7,400
1986-1987 CJ-7, 1/4-Ton, 93.5" wb						
Jeep	380	1,140	1,900	3,800	6,650	9,500
1986-1987 Series J-10, 1/2-Ton, 131" wb, 4x4						
Townside PU	320	960	1,600	3,200	5,600	8,000
1986-1987 Series J-20, 3/4-Ton, 131" wb, 4x4						
Townside PU	340	1,020	1,700	3,400	5,950	8,500

CHRYSLER JEEP

	6	5	4	3	2	1
1988 Jeep Wagoneer						
4d Sta Wag Ltd, 6-cyl.	480	1,440	2,400	4,800	8,400	12,000
4d Grand Wagoneer, V-8	540	1,620	2,700	5,400	9,450	13,500
1988 Jeep Cherokee, 6-cyl.						
2d Sta Wag 2WD	280	840	1,400	2,800	4,900	7,000
4d Sta Wag 2WD	300	900	1,500	3,000	5,250	7,500
2d Sta Wag (4x4)	360	1,080	1,800	3,600	6,300	9,000
4d Sta Wag (4x4)	380	1,140	1,900	3,800	6,650	9,500
2d Ltd Sta Wag (4x4)	480	1,440	2,400	4,800	8,400	12,000
4d Ltd Sta Wag (4x4)	540	1,620	2,700	5,400	9,450	13,500
NOTE: Deduct 7 percent for 4-cyl. models.						
1988 Wrangler, 4x4, 93.5" wb						
Jeep	548	1,644	2,740	5,480	9,590	13,700
Jeep S	400	1,200	2,000	4,000	7,000	10,000
1988 Comanche, 113" or 120" wb						
PU (SBx)	352	1,056	1,760	3,520	6,160	8,800
PU (LBx)	368	1,104	1,840	3,680	6,440	9,200
1988 J10, 131" wb						
PU	520	1,560	2,600	5,200	9,100	13,000

	6	5	4	3	2	1
1988 J20, 131" wb						
PU	540	1,620	2,700	5,400	9,450	13,500
1989 Jeep Wagoneer						
4d Sta Wag, V-6	640	1,920	3,200	6,400	11,200	16,000
4d Grand Wagoneer, V-8	600	1,800	3,000	6,000	10,500	15,000
1989 Jeep Cherokee, 4-cyl.						
2d Sta Wag 2WD	400	1,200	2,000	4,000	7,000	10,000
4d Sta Wag 2WD	408	1,224	2,040	4,080	7,140	10,200
2d Sta Wag (4x4)	540	1,620	2,700	5,400	9,450	13,500
4d Sta Wag (4x4)	544	1,632	2,720	5,440	9,520	13,600
1989 Jeep Cherokee, 6-cyl.						
2d Sta Wag 2WD	420	1,260	2,100	4,200	7,350	10,500
4d Sta Wag 2WD	424	1,272	2,120	4,240	7,420	10,600
2d Sta Wag (4x4)	552	1,656	2,760	5,520	9,660	13,800
4d Sta Wag (4x4)	560	1,680	2,800	5,600	9,800	14,000
2d Ltd Sta Wag (4x4)	620	1,860	3,100	6,200	10,850	15,500
4d Ltd Sta Wag (4x4)	628	1,884	3,140	6,280	10,990	15,700
1989 Jeep						
2d Wrangler (4x4)	540	1,620	2,700	5,400	9,450	13,500
2d Laredo Sta Wag (4x4)	580	1,740	2,900	5,800	10,150	14,500
4d Laredo Sta Wag (4x4)	588	1,764	2,940	5,880	10,290	14,700
1990 Wrangler, 6-cyl., 4x4						
Jeep	548	1,644	2,740	5,480	9,590	13,700
Jeep S	564	1,692	2,820	5,640	9,870	14,100
1990 Comanche, 6-cyl.						
PU	428	1,284	2,140	4,280	7,490	10,700
PU (LBx)	432	1,296	2,160	4,320	7,560	10,800
1990 Wagoneer, 6-cyl., 4x4						
4d Sta Wag	660	1,980	3,300	6,600	11,550	16,500
1990 Grand Wagoneer, V-8, 4x4						
4d Sta Wag	700	2,100	3,500	7,000	12,250	17,500
1990 Cherokee, 4-cyl.						
4d Sta Wag (2x4)	620	1,860	3,100	6,200	10,850	15,500
2d Sta Wag (2x4)	600	1,800	3,000	6,000	10,500	15,000
4d Sta Wag (4x4)	680	2,040	3,400	6,800	11,900	17,000
2d Sta Wag, (4x4)	660	1,980	3,300	6,600	11,550	16,500
1990 Cherokee, 6-cyl.						
4d Sta Wag (2x4)	680	2,040	3,400	6,800	11,900	17,000
2d Sta Wag (2x4)	660	1,980	3,300	6,600	11,550	16,500
4d Sta Wag (4x4)	700	2,100	3,500	7,000	12,250	17,500
2d Sta Wag (4x4)	680	2,040	3,400	6,800	11,900	17,000
4d LTD Sta Wag (4x4)	740	2,220	3,700	7,400	12,950	18,500
2d LTD Sta Wag (4x4)	720	2,160	3,600	7,200	12,600	18,000
1991 Wrangler Jeep, 6-cyl.						
2d Jeep	520	1,560	2,600	5,200	9,100	13,000
2d Sahara	560	1,680	2,800	5,600	9,800	14,000
2d Renegade	580	1,740	2,900	5,800	10,150	14,500
NOTE: Deduct 5 percent for 4-cyl.						
1991 Comanche, 6-cyl.						
2d PU	340	1,020	1,700	3,400	5,950	8,500
2d PU (LBx)	352	1,056	1,760	3,520	6,160	8,800
NOTE: Deduct 5 percent for 4-cyl.						
1991 Wagoneer, V-6, 4x4						
4d Ltd Sta Wag	580	1,740	2,900	5,800	10,150	14,500
1991 Grand Wagoneer, V-8, 4x4						
4d Sta Wag	640	1,920	3,200	6,400	11,200	16,000
1991 Cherokee, 4-cyl.						
2d Sta Wag 2WD	320	960	1,600	3,200	5,600	8,000
4d Sta Wag 2WD	320	960	1,600	3,200	5,600	8,000
2d Sta Wag (4x4)	400	1,200	2,000	4,000	7,000	10,000
4d Sta Wag (4x4)	400	1,200	2,000	4,000	7,000	10,000
1991 Cherokee, 6-cyl.						
2d Sta Wag (2x4)	340	1,020	1,700	3,400	5,950	8,500
4d Sta Wag (2x4)	340	1,020	1,700	3,400	5,950	8,500
1991 Cherokee, 4x4						
2d Sta Wag	420	1,260	2,100	4,200	7,350	10,500
4d Sta Wag	420	1,260	2,100	4,200	7,350	10,500
4d Ltd Sta Wag	600	1,800	3,000	6,000	10,500	15,000
4d Briarwood Sta Wag	620	1,860	3,100	6,200	10,850	15,500
1992 Wrangler, 4-cyl.						
Jeep S	520	1,560	2,600	5,200	9,100	13,000
Jeep	540	1,620	2,700	5,400	9,450	13,500

	6	5	4	3	2	1
Jeep, 6-cyl.	600	1,800	3,000	6,000	10,500	15,000
1992 Cherokee, 4-cyl.						
2d SUV	260	780	1,300	2,600	4,550	6,500
4d SUV	280	840	1,400	2,800	4,900	7,000
2d SUV (4x4)	340	1,020	1,700	3,400	5,950	8,500
4d SUV (4x4)	360	1,080	1,800	3,600	6,300	9,000
NOTE: Add 10 percent for 6-cyl. Add 5 percent for Deluxe models.						
1992 Comanche, 6-cyl.						
2d PU (SBx)	360	1,080	1,800	3,600	6,300	9,000
2d PU (LBx)	380	1,140	1,900	3,800	6,650	9,500
NOTE: Add 5 percent for 4x4.						
1993 Wrangler, 6-cyl.						
Jeep	540	1,620	2,700	5,400	9,450	13,500
1993 Cherokee, 6-cyl.						
2d SUV 2WD	272	816	1,360	2,720	4,760	6,800
4d SUV 2WD	276	828	1,380	2,760	4,830	6,900
2d SUV 4x4	352	1,056	1,760	3,520	6,160	8,800
4d SUV 4x4	356	1,068	1,780	3,560	6,230	8,900
1993 Grand Cherokee, V-8						
4d Sta Wag 4x4	600	1,800	3,000	6,000	10,500	15,000
4d Sta Wag 2WD 6-cyl.	540	1,620	2,700	5,400	9,450	13,500
1994 Wrangler 4x4						
2d Jeep S	400	1,200	2,000	4,000	7,000	10,000
2d Jeep Sahara	440	1,320	2,200	4,400	7,700	11,000
2d Jeep Renegade	460	1,380	2,300	4,600	8,050	11,500
1994 Cherokee, 6-cyl.						
2d Sta Wag	320	960	1,600	3,200	5,600	8,000
4d Sta Wag	332	996	1,660	3,320	5,810	8,300
2d Sta Wag 4x4	380	1,140	1,900	3,800	6,650	9,500
4d Sta Wag 4x4	392	1,176	1,960	3,920	6,860	9,800
1994 Grand Cherokee 4x4, V-8						
4d Sta Wag Laredo	560	1,680	2,800	5,600	9,800	14,000
4d Sta Wag Ltd	600	1,800	3,000	6,000	10,500	15,000

MERCURY

	6	5	4	3	2	1
1994 Villager, V-6						
Window Van GS	360	1,080	1,800	3,600	6,300	9,000
Window Van LS	432	1,296	2,160	4,320	7,560	10,800
Window Van Nautica	440	1,320	2,200	4,400	7,700	11,000

OLDSMOBILE

	6	5	4	3	2	1
1994 Bravada, V-6						
4d Utility	440	1,320	2,200	4,400	7,700	11,000
1994 Silhouette, V-6						
Window Van	360	1,080	1,800	3,600	6,300	9,000

PLYMOUTH TRUCKS

	6	5	4	3	2	1
1930-1931 Series 30U						
Commercial Sed	760	2,280	3,800	7,600	13,300	19,000
1935 Series PJ						
Sed Dly	680	2,040	3,400	6,800	11,900	17,000
1936 Series P-1						
Sed Dly	680	2,040	3,400	6,800	11,900	17,000
1937 Series PT-50						
PU	724	2,172	3,620	7,240	12,670	18,100
Sed Dly	680	2,040	3,400	6,800	11,900	17,000
Sta Wag	880	2,640	4,400	8,800	15,400	22,000
1938 Series PT-57						
PU	724	2,172	3,620	7,240	12,670	18,100
Sed Dly	680	2,040	3,400	6,800	11,900	17,000
1939 Series P-81						
PU	724	2,172	3,620	7,240	12,670	18,100
Sed Dly	680	2,040	3,400	6,800	11,900	17,000
1940 Series PT-105						
PU	740	2,220	3,700	7,400	12,950	18,500
1941 Series PT-125						
Sed Dly	700	2,100	3,500	7,000	12,250	17,500
PU	740	2,220	3,700	7,400	12,950	18,500
1974-1991 Scamp (1983 only)						
PU	128	384	640	1,280	2,240	3,200

	6	5	4	3	2	1
1974-1991 Trail Duster, (4x4), 1/2-Ton						
Utl	260	780	1,300	2,600	4,550	6,500
1974-1991 PB-100 Voyager Van, 1/2-Ton, 109" wb						
Wag	240	720	1,200	2,400	4,200	6,000
1984-1991 Voyager, V-6						
Sta Wag	232	696	1,160	2,320	4,060	5,800
Sta Wag SE	236	708	1,180	2,360	4,130	5,900
Sta Wag LE	240	720	1,200	2,400	4,200	6,000
NOTE: Add 5 percent for 4x4.						
1992 Voyager, V-6						
3d Van	228	684	1,140	2,280	3,990	5,700
3d SE Van	232	696	1,160	2,320	4,060	5,800
3d LE Van	236	708	1,180	2,360	4,130	5,900
NOTE: Add 5 percent for Grand package. Add 5 percent for 4x4.						
1993 Voyager, V-6						
Window Van	272	816	1,360	2,720	4,760	6,800
NOTE: Add 5 percent for 4x4.						
1994 Voyager, V-6						
Window Van Voyager	250	800	1,300	2,600	4,550	6,500
Window Van Voyager SE	300	850	1,400	2,800	4,900	7,000
Window Van Voyager LE	300	900	1,500	3,000	5,250	7,500
Window Van Grand Voyager	300	900	1,500	3,000	5,250	7,500
Window Van Grand Voyager SE	300	950	1,600	3,200	5,600	8,000
Window Van Grand Voyager LE	350	1,000	1,700	3,400	5,950	8,500
Window Van Grand Voyager 4x4	400	1,200	2,000	4,000	7,000	10,000
NOTE: Add 5 percent for 4x4.						

PONTIAC TRUCKS

	6	5	4	3	2	1
1949 Streamliner Series 6						
Sed Dly	760	2,280	3,800	7,600	13,300	19,000
1949 Streamliner Series 8						
Sed Dly	800	2,400	4,000	8,000	14,000	20,000
1950 Streamliner Series 6						
Sed Dly	760	2,280	3,800	7,600	13,300	19,000
1950 Streamliner Series 8						
Sed Dly	800	2,400	4,000	8,000	14,000	20,000
1951 Streamliner Series 6						
Sed Dly	780	2,340	3,900	7,800	13,650	19,500
1951 Streamliner Series 8						
Sed Dly	820	2,460	4,100	8,200	14,350	20,500
1952 Chieftain Series 6						
Sed Dly	780	2,340	3,900	7,800	13,650	19,500
1952 Chieftain Series 8						
Sed Dly	820	2,460	4,100	8,200	14,350	20,500
1953 Chieftain Series 6						
Sed Dly	800	2,400	4,000	8,000	14,000	20,000
1953 Chieftain Series 8						
Sed Dly	840	2,520	4,200	8,400	14,700	21,000
1994 V-6						
Window Van SE	360	1,080	1,800	3,600	6,300	9,000

STUDEBAKER TRUCKS

	6	5	4	3	2	1
1937 Model 5A/6A, Dictator Six						
Cpe Exp	780	2,340	3,900	7,800	13,650	19,500
1938 Model 7A, Commander Six						
Cpe Exp	780	2,340	3,900	7,800	13,650	19,500
1939 Model 9A, Commander Six						
Cpe Exp	820	2,460	4,100	8,200	14,350	20,500
1941-1942, 1946-1948 Six-cyl., 113" wb						
1/2-Ton	780	2,340	3,900	7,800	13,650	19,500
1949-1953 Pickup, 1/2-Ton, 6-cyl.						
2R5	792	2,376	3,960	7,920	13,860	19,800
2R6	796	2,388	3,980	7,960	13,930	19,900
1949-1953 Pickup, 3/4-Ton, 6-cyl.						
2R10	772	2,316	3,860	7,720	13,510	19,300
2R11	776	2,328	3,880	7,760	13,580	19,400
1954 Pickup, 1/2-Ton, 6-cyl.						
3R5	792	2,376	3,960	7,920	13,860	19,800

	6	5	4	3	2	1
3R6	796	2,388	3,980	7,960	13,930	19,900
1954 Pickup, 3/4-Ton, 6-cyl.						
3R10	772	2,316	3,860	7,720	13,510	19,300
3R11	776	2,328	3,880	7,760	13,580	19,400
1955 Pickup, 1/2-Ton, 6-cyl.						
E5	800	2,400	4,000	8,000	14,000	20,000
E7	804	2,412	4,020	8,040	14,070	20,100
1955 Pickup, 3/4-Ton, 6-cyl.						
E10	784	2,352	3,920	7,840	13,720	19,600
E12	788	2,364	3,940	7,880	13,790	19,700
NOTE: Add 20 percent for V-8.						
1956-1958 Pickup, 1/2-Ton, 6-cyl.						
2E5 (SWB)	768	2,304	3,840	7,680	13,440	19,200
2E5 (LWB)	760	2,280	3,800	7,600	13,300	19,000
2E7 (SWB)	780	2,340	3,900	7,800	13,650	19,500
2E7 (LWB)	772	2,316	3,860	7,720	13,510	19,300
1956-1958 Pickup, 3/4-Ton, 6-cyl.						
2E12	760	2,280	3,800	7,600	13,300	19,000
NOTE: Add 20 percent for V-8.						
1959-1964 Pickup, 1/2-Ton, 6-cyl.						
4E1 (SWB)	740	2,220	3,700	7,400	12,950	18,500
4E1 (LWB)	740	2,220	3,700	7,400	12,950	18,500
4E5 (SWB)	748	2,244	3,740	7,480	13,090	18,700
4E5 (LWB)	748	2,244	3,740	7,480	13,090	18,700
4E6 (SWB)	752	2,256	3,760	7,520	13,160	18,800
4E6 (LWB)	752	2,256	3,760	7,520	13,160	18,800
4E7 (SWB)	780	2,340	3,900	7,800	13,650	19,500
4E7 (LWB)	780	2,340	3,900	7,800	13,650	19,500
1959-1964 Pickup, 3/4-Ton, 6-cyl.						
4E11	732	2,196	3,660	7,320	12,810	18,300
4E12	752	2,256	3,760	7,520	13,160	18,800

NOTE: Add 20 percent for V-8.

WILLYS OVERLAND TRUCKS (1911-1942)

1911-1912 Overland "37"						
Dly	660	1,980	3,300	6,600	11,550	16,500
Spl Dly	700	2,100	3,500	7,000	12,250	17,500
1911-1912 Overland						
1-Ton Truck	568	1,704	2,840	5,680	9,940	14,200
1911-1912 Gramm						
1-Ton Truck	580	1,740	2,900	5,800	10,150	14,500
1913 Overland						
Open Exp	640	1,920	3,200	6,400	11,200	16,000
Full Panel	660	1,980	3,300	6,600	11,550	16,500
1913 Gramm						
Chassis (1-Ton)	580	1,740	2,900	5,800	10,150	14,500
1913 Willys						
Chassis (3/4-Ton)	620	1,860	3,100	6,200	10,850	15,500
1914 Overland "79"						
Exp	640	1,920	3,200	6,400	11,200	16,000
Panel	660	1,980	3,300	6,600	11,550	16,500
1914 Willys Utility "65"						
Exp	640	1,920	3,200	6,400	11,200	16,000
Panel	652	1,956	3,260	6,520	11,410	16,300
1915 Willys Utility						
3/4-Ton Exp	632	1,896	3,160	6,320	11,060	15,800
1916 Overland "83"						
Exp Dly	660	1,980	3,300	6,600	11,550	16,500
Spl Dly	700	2,100	3,500	7,000	12,250	17,500
Open Exp	640	1,920	3,200	6,400	11,200	16,000
1916 Overland "75"						
Screen	704	2,112	3,520	7,040	12,320	17,600
Panel	708	2,124	3,540	7,080	12,390	17,700
1917 Overland "90"						
Panel	680	2,040	3,400	6,800	11,900	17,000
1918 Overland "90"						
Exp (800 lbs.)	664	1,992	3,320	6,640	11,620	16,600
Panel (800 lbs.)	680	2,040	3,400	6,800	11,900	17,000
Exp (1200 lbs.)	640	1,920	3,200	6,400	11,200	16,000
1919 Overland Light Four						
Exp (800 lbs.)	664	1,992	3,320	6,640	11,620	16,600

	6	5	4	3	2	1
Panel (800 lbs.)	680	2,040	3,400	6,800	11,900	17,000
Exp (1200 lbs.)	640	1,920	3,200	6,400	11,200	16,000
1920 Overland Model 5 - ("Light Four")						
Exp (800 lbs.)	668	2,004	3,340	6,680	11,690	16,700
Panel (800 lbs.)	688	2,064	3,440	6,880	12,040	17,200
Exp (1000 lbs.)	644	1,932	3,220	6,440	11,270	16,100
1921 Overland Model Four						
Exp (800 lbs.)	588	1,764	2,940	5,880	10,290	14,700
Panel (800 lbs.)	608	1,824	3,040	6,080	10,640	15,200
Exp (1000 lbs.)	564	1,692	2,820	5,640	9,870	14,100
1922 Overland Model Four						
Exp (800 lbs.)	668	2,004	3,340	6,680	11,690	16,700
Panel (800 lbs.)	688	2,064	3,440	6,880	12,040	17,200
Exp (1000 lbs.)	644	1,932	3,220	6,440	11,270	16,100
1923 Overland "91CE"						
Exp	668	2,004	3,340	6,680	11,690	16,700
Canopy	708	2,124	3,540	7,080	12,390	17,700
Screen	676	2,028	3,380	6,760	11,830	16,900
Panel	688	2,064	3,440	6,880	12,040	17,200
1924 Overland "91CE"						
Exp	668	2,004	3,340	6,680	11,690	16,700
Canopy	680	2,040	3,400	6,800	11,900	17,000
Screen	676	2,028	3,380	6,760	11,830	16,900
Panel	688	2,064	3,440	6,880	12,040	17,200
1925 Overland "91CE"						
Open Exp	668	2,004	3,340	6,680	11,690	16,700
Canopy	680	2,040	3,400	6,800	11,900	17,000
Screen	676	2,028	3,380	6,760	11,830	16,900
Panel	688	2,064	3,440	6,880	12,040	17,200
NOTE: With aftermarket bodies.						
1926 Overland Model 91						
Open Exp	668	2,004	3,340	6,680	11,690	16,700
Canopy	680	2,040	3,400	6,800	11,900	17,000
Screen	676	2,028	3,380	6,760	11,830	16,900
Panel	688	2,064	3,440	6,880	12,040	17,200
NOTE: With aftermarket bodies.						
1927 Whippet Model 96						
PU	568	1,704	2,840	5,680	9,940	14,200
Canopy	572	1,716	2,860	5,720	10,010	14,300
Screen	576	1,728	2,880	5,760	10,080	14,400
Panel	584	1,752	2,920	5,840	10,220	14,600
Sed Dly	600	1,800	3,000	6,000	10,500	15,000
NOTE: Add 12 percent for 6-cyl. engine.						
1928 Whippet Series 96						
PU	568	1,704	2,840	5,680	9,940	14,200
Canopy	572	1,716	2,860	5,720	10,010	14,300
Screen	576	1,728	2,880	5,760	10,080	14,400
Panel	584	1,752	2,920	5,840	10,220	14,600
Sed Dly	600	1,800	3,000	6,000	10,500	15,000
NOTE: Add 12 percent for 6-cyl. engine.						
1929 Whippet Series 96, 100" wb						
PU	568	1,704	2,840	5,680	9,940	14,200
Screen	572	1,716	2,860	5,720	10,010	14,300
Canopy	576	1,728	2,880	5,760	10,080	14,400
Panel	584	1,752	2,920	5,840	10,220	14,600
Sed Dly	600	1,800	3,000	6,000	10,500	15,000
1929 Whippet Series 96A, 103" wb						
PU	576	1,728	2,880	5,760	10,080	14,400
Canopy	580	1,740	2,900	5,800	10,150	14,500
Screen	584	1,752	2,920	5,840	10,220	14,600
Panel	592	1,776	2,960	5,920	10,360	14,800
Sed Dly	608	1,824	3,040	6,080	10,640	15,200
NOTE: Add 12 percent for Whippet Six.						
1929 Willys Series 98B						
PU	620	1,860	3,100	6,200	10,850	15,500
Canopy	624	1,872	3,120	6,240	10,920	15,600
Screenside	632	1,896	3,160	6,320	11,060	15,800
Panel	640	1,920	3,200	6,400	11,200	16,000
Sed Dly	664	1,992	3,320	6,640	11,620	16,600
1930 Whippet Series 96A						
PU	576	1,728	2,880	5,760	10,080	14,400
Canopy	580	1,740	2,900	5,800	10,150	14,500
Screenside	584	1,752	2,920	5,840	10,220	14,600
Panel	592	1,776	2,960	5,920	10,360	14,800
Screen Dly	608	1,824	3,040	6,080	10,640	15,200

	6	5	4	3	2	1
1931 Whippet Series 96						
PU	576	1,728	2,880	5,760	10,080	14,400
Canopy	580	1,740	2,900	5,800	10,150	14,500
Screenside	584	1,752	2,920	5,840	10,220	14,600
Panel	592	1,776	2,960	5,920	10,360	14,800
Sed Dly	608	1,824	3,040	6,080	10,640	15,200
NOTE: Add 12 percent for Whippet Six.						
1931 Willys Series 98B						
PU	620	1,860	3,100	6,200	10,850	15,500
Canopy	624	1,872	3,120	6,240	10,920	15,600
Screenside	632	1,896	3,160	6,320	11,060	15,800
Panel	640	1,920	3,200	6,400	11,200	16,000
Sed Dly	664	1,992	3,320	6,640	11,620	16,600
1931 Willys Series C-113						
PU	560	1,680	2,800	5,600	9,800	14,000
Canopy	564	1,692	2,820	5,640	9,870	14,100
Screenside	568	1,704	2,840	5,680	9,940	14,200
Panel	576	1,728	2,880	5,760	10,080	14,400
Sed Dly	588	1,764	2,940	5,880	10,290	14,700
1932 Willys Series C-113						
PU	640	1,920	3,200	6,400	11,200	16,000
Canopy	644	1,932	3,220	6,440	11,270	16,100
Screenside	648	1,944	3,240	6,480	11,340	16,200
Panel	656	1,968	3,280	6,560	11,480	16,400
Sed Dly	668	2,004	3,340	6,680	11,690	16,700
1933 Willys "77"						
Panel	672	2,016	3,360	6,720	11,760	16,800
1934 Willys Model 77						
Panel	672	2,016	3,360	6,720	11,760	16,800
1935 Willys Model 77						
PU	660	1,980	3,300	6,600	11,550	16,500
Panel	676	2,028	3,380	6,760	11,830	16,900
1936 Willys Model 77						
PU	660	1,980	3,300	6,600	11,550	16,500
Panel	676	2,028	3,380	6,760	11,830	16,900
1937 Willys Model 77						
PU	644	1,932	3,220	6,440	11,270	16,100
Panel	664	1,992	3,320	6,640	11,620	16,600
1938 Willys Model 38						
PU	644	1,932	3,220	6,440	11,270	16,100
Stake	584	1,752	2,920	5,840	10,220	14,600
Panel	640	1,920	3,200	6,400	11,200	16,000
1939 Willys Model 38						
PU	640	1,920	3,200	6,400	11,200	16,000
Stake	580	1,740	2,900	5,800	10,150	14,500
Panel	648	1,944	3,240	6,480	11,340	16,200
1939 Willys Model 48						
PU	644	1,932	3,220	6,440	11,270	16,100
Stake	584	1,752	2,920	5,840	10,220	14,600
Panel	652	1,956	3,260	6,520	11,410	16,300
1940 Willys Model 440						
PU	660	1,980	3,300	6,600	11,550	16,500
Panel Dly	652	1,956	3,260	6,520	11,410	16,300
1941 Willys Model 441						
PU	668	2,004	3,340	6,680	11,690	16,700

IMPORT TRUCKS

DAIHATSU TRUCKS

	6	5	4	3	2	1
1991 Rocky						
SE 2d Utly Conv	220	660	1,100	2,200	3,850	5,500
SE 2d Utly	232	696	1,160	2,320	4,060	5,800
SX 2d Utly	240	720	1,200	2,400	4,200	6,000
1992 Rocky, 4-cyl.						
SE 2d Utly Conv	220	660	1,100	2,200	3,850	5,500
SE 2d Utly HT	236	708	1,180	2,360	4,130	5,900
SX 2d Utly HT	244	732	1,220	2,440	4,270	6,100

GEO TRUCKS

	6	5	4	3	2	1
1991						
2d Utly 4x4	180	540	900	1,800	3,150	4,500
2d Conv 2x4	220	660	1,100	2,200	3,850	5,500
2d Conv 4x4	228	684	1,140	2,280	3,990	5,700
1992 Geo Tracker, 4-cyl.						
2d Utly Conv 2x4	160	480	800	1,600	2,800	4,000
2d Utly HT 4x4	200	600	1,000	2,000	3,500	5,000
2d Utly Conv 4x4	220	660	1,100	2,200	3,850	5,500
1993 Geo Tracker, 4-cyl.						
2d Utly Conv 2x4	164	492	820	1,640	2,870	4,100
2d Utly HT 4x4	208	624	1,040	2,080	3,640	5,200
2d Utly Conv 4x4	228	684	1,140	2,280	3,990	5,700
1994 Geo Tracker						
2d Utility Conv	200	600	1,000	2,000	3,500	5,000
2d Utility HT 4x4	240	720	1,200	2,400	4,200	6,000
2d Utility Conv 4x4	240	720	1,200	2,400	4,200	6,000

ISUZU TRUCKS

	6	5	4	3	2	1
1981 1/2-Ton						
PU SBx	88	264	440	880	1,540	2,200
PU LBx	96	288	480	960	1,680	2,400
NOTE: Add 10 percent for 4x4. Prices based on deluxe model.						
1982 1/2-Ton						
PU SBx	88	264	440	880	1,540	2,200
PU LBx	96	288	480	960	1,680	2,400
NOTE: Add 10 percent for 4x4. Prices based on deluxe model.						
1983 1/2-Ton						
PU SBx	92	276	460	920	1,610	2,300
PU LBx	100	300	500	1,000	1,750	2,500
NOTE: Add 10 percent for 4x4. Prices based on deluxe model.						
1984 1/2-Ton						
PU SBx	112	336	560	1,120	1,960	2,800
PU LBx	120	360	600	1,200	2,100	3,000
NOTE: Add 10 percent for 4x4. Deduct 5 percent for diesel.						
1984 Trooper II 4x4						
Wag	180	540	900	1,800	3,150	4,500
NOTE: Prices based on deluxe model.						
1985 1/2-Ton						
PU SBx	128	384	640	1,280	2,240	3,200
PU LBx	180	540	900	1,800	3,150	4,500
NOTE: Add 10 percent for 4x4. Deduct 5 percent for diesel.						
1985 Trooper II 4x4						
Wag	212	636	1,060	2,120	3,710	5,300
NOTE: Prices based on deluxe model.						
1986 1/2-Ton						
PU SBx	160	480	800	1,600	2,800	4,000
PU LBx	168	504	840	1,680	2,940	4,200
PU Space Cab	180	540	900	1,800	3,150	4,500
NOTE: Add 10 percent for 4x4. Deduct 5 percent for diesel.						
1986 Trooper II 4x4						
Wag	260	780	1,300	2,600	4,550	6,500
NOTE: Prices based on deluxe model.						
1987 Pickup						
PU	120	360	600	1,200	2,100	3,000
PU LBx	140	420	700	1,400	2,450	3,500

	6	5	4	3	2	1
PU LS	152	456	760	1,520	2,660	3,800
PU MPG (Diesel)	116	348	580	1,160	2,030	2,900
PU LBx (Diesel)	120	360	600	1,200	2,100	3,000
PU Space Cab	140	420	700	1,400	2,450	3,500
PU Space Cab DeL	160	480	800	1,600	2,800	4,000
PU LS Space Cab	180	540	900	1,800	3,150	4,500
PU 4x4	176	528	880	1,760	3,080	4,400
PU LS 4x4	188	564	940	1,880	3,290	4,700
PU LS Space Cab 4x4	188	564	940	1,880	3,290	4,700
PU LBx (4WD)	200	600	1,000	2,000	3,500	5,000
1987 Trooper II 4x4						
2d DeL	260	780	1,300	2,600	4,550	6,500
4d DeL	280	840	1,400	2,800	4,900	7,000
1988 Pickup						
PU S	164	492	820	1,640	2,870	4,100
PU S LBx	172	516	860	1,720	3,010	4,300
1-Ton PU S LBx	180	540	900	1,800	3,150	4,500
PU LS	192	576	960	1,920	3,360	4,800
PU LS Space Cab	212	636	1,060	2,120	3,710	5,300
PU S 4x4	232	696	1,160	2,320	4,060	5,800
PU LS Space Cab 4x4	272	816	1,360	2,720	4,760	6,800
1988 Trooper II 4x4						
2d S	320	960	1,600	3,200	5,600	8,000
4d S	340	1,020	1,700	3,400	5,950	8,500
4d Ltd	540	1,620	2,700	5,400	9,450	13,500
1989 Amigo						
Utly S	260	780	1,300	2,600	4,550	6,500
Utly XS	280	840	1,400	2,800	4,900	7,000
Utly S 4x4	520	1,560	2,600	5,200	9,100	13,000
Utly XS 4x4	520	1,560	2,600	5,200	9,100	13,000
1989 Pickup						
PU S	180	540	900	1,800	3,150	4,500
PU S LBx	200	600	1,000	2,000	3,500	5,000
1-Ton PU S LBx	220	660	1,100	2,200	3,850	5,500
PU LS	220	660	1,100	2,200	3,850	5,500
PU LS Space Cab	240	720	1,200	2,400	4,200	6,000
PU S 4x4	260	780	1,300	2,600	4,550	6,500
PU LS Space Cab 4x4	280	840	1,400	2,800	4,900	7,000
1989 Trooper II 4x4						
2d S	560	1,680	2,800	5,600	9,800	14,000
4d S	540	1,620	2,700	5,400	9,450	13,500
1991 Amigo						
S 2d Utly	260	780	1,300	2,600	4,550	6,500
XS 2d Utly	276	828	1,380	2,760	4,830	6,900
S 2d Utly 4x4	300	900	1,500	3,000	5,250	7,500
XS 2d Utly 4x4	320	960	1,600	3,200	5,600	8,000
1991 Rodeo						
S 4d Utly	320	960	1,600	3,200	5,600	8,000
XS 4d Utly V-6	520	1,560	2,600	5,200	9,100	13,000
LS 4d Utly 2x4	520	1,560	2,600	5,200	9,100	13,000
S 4d Utly 4x4	560	1,680	2,800	5,600	9,800	14,000
XS 4d Utly 4x4	580	1,740	2,900	5,800	10,150	14,500
LS 4d Utly 4x4	600	1,800	3,000	6,000	10,500	15,000
1991 Pickup						
S 2d PU	180	540	900	1,800	3,150	4,500
SLB 2d PU	184	552	920	1,840	3,220	4,600
S 2d PU Space Cab	188	564	940	1,880	3,290	4,700
S 2d PU 4x4	260	780	1,300	2,600	4,550	6,500
LS 2d PU Space Cab 4x4	300	900	1,500	3,000	5,250	7,500
1991 Trooper						
4d Utly 4x4	320	960	1,600	3,200	5,600	8,000
XS 4d Utly V-6 4x4	520	1,560	2,600	5,200	9,100	13,000
SE 4d Utly V-6 4x4	520	1,560	2,600	5,200	9,100	13,000
LS 4d Utly V-6 4x4	528	1,584	2,640	5,280	9,240	13,200
1992 Amigo, 4-cyl.						
S 2d Utly 2x4	260	780	1,300	2,600	4,550	6,500
XS 2d Utly 2x4	272	816	1,360	2,720	4,760	6,800
S 2d Utly 4x4	320	960	1,600	3,200	5,600	8,000
XS 2d Utly 4x4	340	1,020	1,700	3,400	5,950	8,500
1992 Rodeo						
S 4d Utly 4-cyl. 2x4	280	840	1,400	2,800	4,900	7,000
XS 4d Utly 2x4	288	864	1,440	2,880	5,040	7,200
LS 4d Utly 2x4	300	900	1,500	3,000	5,250	7,500
S 4d Utly 4x4	340	1,020	1,700	3,400	5,950	8,500
XS 4d Utly 4x4	348	1,044	1,740	3,480	6,090	8,700
LS 4d Utly 4x4	520	1,560	2,600	5,200	9,100	13,000

	6	5	4	3	2	1
1992 Trooper, V-6						
S 4d Utly 4x4	540	1,620	2,700	5,400	9,450	13,500
LS 4d Utly 4x4	580	1,740	2,900	5,800	10,150	14,500
1992 Pickups, V-6						
S PU	200	600	1,000	2,000	3,500	5,000
S PU LB	208	624	1,040	2,080	3,640	5,200
S PU LS	260	780	1,300	2,600	4,550	6,500
PU LS 4x4	540	1,620	2,700	5,400	9,450	13,500
S PU 4x4	520	1,560	2,600	5,200	9,100	13,000
1993 Amigo 4-cyl.						
2d SUV 2WD	220	660	1,100	2,200	3,850	5,500
2d SUV 4x4	260	780	1,300	2,600	4,550	6,500
1993 Rodeo V-6						
4d SUV 2WD	228	684	1,140	2,280	3,990	5,700
4d SUV 4x4	268	804	1,340	2,680	4,690	6,700
1993 Trooper V-6						
2d SUV 4x4	540	1,620	2,700	5,400	9,450	13,500
4d SUV 4x4	548	1,644	2,740	5,480	9,590	13,700
1993 Pickup 4-cyl.						
2d PU SBx	192	576	960	1,920	3,360	4,800
2d PU LBx	196	588	980	1,960	3,430	4,900
2d PU 4x4	236	708	1,180	2,360	4,130	5,900
1994 Amigo						
2d SUV	280	840	1,400	2,800	4,900	7,000
2d SUV 4x4	440	1,320	2,200	4,400	7,700	11,000
1994 Rodeo, V-6						
4d SUV	440	1,320	2,200	4,400	7,700	11,000
4d SUV 4x4	520	1,560	2,600	5,200	9,100	13,000
1994 Trooper, V-6						
2d SUV 4x4	560	1,680	2,800	5,600	9,800	14,000
4d SUV 4x4	552	1,656	2,760	5,520	9,660	13,800
1994 Pickup 4-cyl.						
2d PU S	220	660	1,100	2,200	3,850	5,500
2d PU LB	224	672	1,120	2,240	3,920	5,600
2d PU Space Cab	280	840	1,400	2,800	4,900	7,000
2d PU 4x4	320	960	1,600	3,200	5,600	8,000

MAZDA TRUCKS

1972 B1600, 1/2-Ton

PU	96	288	480	960	1,680	2,400

NOTE: Deduct 10 percent for rotary engine. Prices based on deluxe model.

1973 B1600, 1/2-Ton

PU	96	288	480	960	1,680	2,400

NOTE: Deduct 10 percent for rotary engine. Prices based on deluxe model.

1974 B1600, 1/2-Ton

PU	96	288	480	960	1,680	2,400

NOTE: Deduct 10 percent for rotary engine. Prices based on deluxe model.

1975 B1600, 1/2-Ton

PU	96	288	480	960	1,680	2,400

NOTE: Deduct 10 percent for rotary engine. Prices based on deluxe model.

1976 B1600, 1/2-Ton

PU	96	288	480	960	1,680	2,400

NOTE: Deduct 10 percent for rotary engine. Prices based on deluxe model.

1977 B1800, 1/2-Ton

PU	96	288	480	960	1,680	2,400

NOTE: Deduct 10 percent for rotary engine. Prices based on deluxe model.

1978 B1800, 1/2-Ton

PU SBx	92	276	460	920	1,610	2,300
PU LBx	96	288	480	960	1,680	2,400

NOTE: Prices based on deluxe model.

1979 B2000, 1/2-Ton

PU SBx	92	276	460	920	1,610	2,300
PU LBx	96	288	480	960	1,680	2,400

NOTE: Prices based on deluxe model.

1980 B2000, 1/2-Ton

PU	88	264	440	880	1,540	2,200
Sundowner PU SBx	96	288	480	960	1,680	2,400
Sundowner PU LBx	100	300	500	1,000	1,750	2,500

NOTE: Prices based on deluxe model.

	6	5	4	3	2	1
1981 B2000, 1/2-Ton						
PU	88	264	440	880	1,540	2,200
Sundowner PU SBx	96	288	480	960	1,680	2,400
Sundowner PU LBx	100	300	500	1,000	1,750	2,500
NOTE: Prices based on deluxe model.						
1982 B2000 Sundowner, 1/2-Ton						
PU SBx	92	276	460	920	1,610	2,300
PU LBx	96	288	480	960	1,680	2,400
NOTE: Deduct 20 percent for diesel. Prices based on deluxe model.						
1983 B2000 Sundowner, 1/2-Ton						
PU SBx	92	276	460	920	1,610	2,300
PU LBx	92	276	460	920	1,610	2,300
NOTE: Deduct 20 percent for diesel. Prices based on deluxe model.						
1984 B2000 Sundowner, 1/2-Ton						
PU SBx	92	276	460	920	1,610	2,300
PU LBx	100	300	500	1,000	1,750	2,500
NOTE: Deduct 20 percent for diesel. Prices based on deluxe model.						
1986 B2000, 1/2-Ton						
PU SBx	96	288	480	960	1,680	2,400
PU LBx	100	300	500	1,000	1,750	2,500
PU Cab Plus	112	336	560	1,120	1,960	2,800
NOTE: Prices based on deluxe model.						
1987 Light Trucks						
PU	100	300	500	1,000	1,750	2,500
PU LBx	104	312	520	1,040	1,820	2,600
PU Cab Plus	112	336	560	1,120	1,960	2,800
1987 LX						
PU	120	360	600	1,200	2,100	3,000
PU LBx	128	384	640	1,280	2,240	3,200
PU Cab Plus	136	408	680	1,360	2,380	3,400
1987 Light Trucks 4x4						
PU	160	480	800	1,600	2,800	4,000
PU LBx	180	540	900	1,800	3,150	4,500
PU Cab Plus	200	600	1,000	2,000	3,500	5,000
1987 LX 4x4						
PU	200	600	1,000	2,000	3,500	5,000
PU LBx	204	612	1,020	2,040	3,570	5,100
PU Cab Plus	208	624	1,040	2,080	3,640	5,200
1988 Light Trucks						
PU	140	420	700	1,400	2,450	3,500
PU LBx	144	432	720	1,440	2,520	3,600
PU Cab Plus	160	480	800	1,600	2,800	4,000
1988 LX						
PU	160	480	800	1,600	2,800	4,000
PU LBx	168	504	840	1,680	2,940	4,200
PU Cab Plus	176	528	880	1,760	3,080	4,400
1988 Light Trucks 4x4						
PU	200	600	1,000	2,000	3,500	5,000
PU LBx	220	660	1,100	2,200	3,850	5,500
PU Cab Plus	240	720	1,200	2,400	4,200	6,000
1988 LX, 4x4						
PU	260	780	1,300	2,600	4,550	6,500
PU LBx	264	792	1,320	2,640	4,620	6,600
PU Cab Plus	268	804	1,340	2,680	4,690	6,700
1989 Light Trucks						
PU	180	540	900	1,800	3,150	4,500
PU LBx	200	600	1,000	2,000	3,500	5,000
PU 4x4	240	720	1,200	2,400	4,200	6,000
1989 LX						
PU Cab Plus	220	660	1,100	2,200	3,850	5,500
PU Cab Plus 4x4	300	900	1,500	3,000	5,250	7,500
1990 Light Trucks						
2d PU	180	540	900	1,800	3,150	4,500
2d PU LBx	188	564	940	1,880	3,290	4,700
2d PU Clb Cab	196	588	980	1,960	3,430	4,900
2d PU 4x4	236	708	1,180	2,360	4,130	5,900
2d PU CLB Cab 4x4	260	780	1,300	2,600	4,550	6,500
1990 MPV						
Cargo Van	260	780	1,300	2,600	4,550	6,500
Mini Van	272	816	1,360	2,720	4,760	6,800
Mini Van V-6 4x4	312	936	1,560	3,120	5,460	7,800
1991 MPV						
3d Cargo Van	240	720	1,200	2,400	4,200	6,000

	6	5	4	3	2	1
3d Sta Wag	340	1,020	1,700	3,400	5,950	8,500
3d Sta Wag V-6 4x4	640	1,920	3,200	6,400	11,200	16,000
1991 Pickup						
2d PU	240	720	1,200	2,400	4,200	6,000
LB 2d PU	260	780	1,300	2,600	4,550	6,500
2d PU Crew Cab	280	840	1,400	2,800	4,900	7,000
2d PU 4x4	320	960	1,600	3,200	5,600	8,000
2d PU Crew Cab 4x4	340	1,020	1,700	3,400	5,950	8,500
1991 Navajo						
2d Utly 4x4	620	1,860	3,100	6,200	10,850	15,500
1992 Navajo, V-6						
2d Utly DX 2x4	240	720	1,200	2,400	4,200	6,000
4d Utly LX 2x4	280	840	1,400	2,800	4,900	7,000
2d Utly DX 4x4	300	900	1,500	3,000	5,250	7,500
4d Utly LX 4x4	340	1,020	1,700	3,400	5,950	8,500
1992 MPV, 4-cyl.						
Van 2x4	240	720	1,200	2,400	4,200	6,000
Wag 2x4	320	960	1,600	3,200	5,600	8,000
Wag V-6 4x4	560	1,680	2,800	5,600	9,800	14,000
1992 Pickups, 4-cyl.						
PU 2x4	220	660	1,100	2,200	3,850	5,500
PU LB 2x4	228	684	1,140	2,280	3,990	5,700
PU 4x4	260	780	1,300	2,600	4,550	6,500
PU LB 4x4	280	840	1,400	2,800	4,900	7,000
1993 Navajo, V-6						
4d SUV 2WD	180	540	900	1,800	3,150	4,500
4d SUV 4x4	220	660	1,100	2,200	3,850	5,500
1993 MPV, 4-cyl.						
4d Sta Wag	240	720	1,200	2,400	4,200	6,000
4d Sta Wag V-6 4x4	280	840	1,400	2,800	4,900	7,000
1993 Pickup						
2d PU SBx	220	660	1,100	2,200	3,850	5,500
2d PU LBx	224	672	1,120	2,240	3,920	5,600
2d PU 4x4	264	792	1,320	2,640	4,620	6,600
1994 Navajo, V-6						
2d Utly DX	260	780	1,300	2,600	4,550	6,500
2d Utly LX	280	840	1,400	2,800	4,900	7,000
2d Utly DX 4x4	400	1,200	2,000	4,000	7,000	10,000
2d Utly LX 4x4	408	1,224	2,040	4,080	7,140	10,200
1994 MPV, 4-cyl.						
Van	320	960	1,600	3,200	5,600	8,000
Wag	340	1,020	1,700	3,400	5,950	8,500
Wag 4x4	440	1,320	2,200	4,400	7,700	11,000
1994 Pickup						
2d PU B2300, 4-cyl.	240	720	1,200	2,400	4,200	6,000
2d PU SE B2300, 4-cyl.	260	780	1,300	2,600	4,550	6,500
2d PU Club Cab B2300, 4-cyl.	280	840	1,400	2,800	4,900	7,000
2d PU SE B3000, V-6	280	840	1,400	2,800	4,900	7,000
2d PU Club Cab B3000, V-6	300	900	1,500	3,000	5,250	7,500
2d PU Club Cab 4x4 B3000, V-6	340	1,020	1,700	3,400	5,950	8,500
2d PU SE LB, V-6	320	960	1,600	3,200	5,600	8,000
2d PU SE Club Cab, V-6	360	1,080	1,800	3,600	6,300	9,000
2d PU LE Club Cab 4x4, V-6	440	1,320	2,200	4,400	7,700	11,000

MITSUBISHI TRUCKS

1983 1/2-Ton						
PU	88	264	440	880	1,540	2,200
NOTE: Add 15 percent for 4x4. Prices based on deluxe model.						
1983 Montero 4x4						
Wag	112	336	560	1,120	1,960	2,800
NOTE: Prices based on deluxe model.						
1984 1/2-Ton						
PU	100	300	500	1,000	1,750	2,500
NOTE: Add 15 percent for 4x4. Prices based on deluxe model.						
1984 Montero, 4x4						
Wag	120	360	600	1,200	2,100	3,000
NOTE: Prices based on deluxe model.						
1985 1/2-Ton						
PU	120	360	600	1,200	2,100	3,000
NOTE: Add 15 percent for 4x4. Prices based on deluxe model.						

1990 Geo Tracker sport utility vehicle 4x4

1984 Isuzu P'UP pickup

1986 Isuzu Trooper II LS station wagon

	6	5	4	3	2	1
1985 Montero, 4x4						
Wag	120	360	600	1,200	2,100	3,000
NOTE: Prices based on deluxe model.						
1986 1/2-Ton						
PU	140	420	700	1,400	2,450	3,500
NOTE: Add 15 percent for 4x4. Prices based on deluxe model.						
1986 Montero, 4x4						
Wag	220	660	1,100	2,200	3,850	5,500
NOTE: Prices based on deluxe model.						
1987 Mighty Max						
PU	100	300	500	1,000	1,750	2,500
1-Ton LBx	108	324	540	1,080	1,890	2,700
Spt	116	348	580	1,160	2,030	2,900
Spt LBx	120	360	600	1,200	2,100	3,000
PU, 4x4	128	384	640	1,280	2,240	3,200
PU LBx 4x4	132	396	660	1,320	2,310	3,300
1987 SPX						
PU	124	372	620	1,240	2,170	3,100
PU 4WD	136	408	680	1,360	2,380	3,400
1987 Montero						
4x4	160	480	800	1,600	2,800	4,000
1988 Mighty Max						
PU	160	480	800	1,600	2,800	4,000
1-Ton LBx	176	528	880	1,760	3,080	4,400
Spt	180	540	900	1,800	3,150	4,500
Spt LBx	184	552	920	1,840	3,220	4,600
Macrocab	180	540	900	1,800	3,150	4,500
PU 4x4	228	684	1,140	2,280	3,990	5,700
Spt LBx 4x4	252	756	1,260	2,520	4,410	6,300
1988 SPX						
Macrocab	208	624	1,040	2,080	3,640	5,200
Macrocab 4x4	276	828	1,380	2,760	4,830	6,900
4x4	256	768	1,280	2,560	4,480	6,400
1988 Montero - Van - Wagon						
SP 4x4	300	900	1,500	3,000	5,250	7,500
Spt 4x4	340	1,020	1,700	3,400	5,950	8,500
Cargo Van	228	684	1,140	2,280	3,990	5,700
Wag	300	900	1,500	3,000	5,250	7,500
1989 Mighty Max						
PU	200	600	1,000	2,000	3,500	5,000
1-Ton LBx	208	624	1,040	2,080	3,640	5,200
Spt	216	648	1,080	2,160	3,780	5,400
Spt LBx	228	684	1,140	2,280	3,990	5,700
Macrocab	224	672	1,120	2,240	3,920	5,600
PU 4x4	240	720	1,200	2,400	4,200	6,000
Spt LBx 4x4	260	780	1,300	2,600	4,550	6,500
1989 SPX						
PU 4x4	280	840	1,400	2,800	4,900	7,000
Macrocab 4x4	292	876	1,460	2,920	5,110	7,300
1989 Montero - Van - Wagon						
SP 4x4	520	1,560	2,600	5,200	9,100	13,000
Spt 4x4	540	1,620	2,700	5,400	9,450	13,500
4d 4x4	560	1,680	2,800	5,600	9,800	14,000
Cargo Van	280	840	1,400	2,800	4,900	7,000
Wag	540	1,620	2,700	5,400	9,450	13,500
1990 Light Trucks						
2d Mighty Max	192	576	960	1,920	3,360	4,800
2d Mighty Max 4x4	232	696	1,160	2,320	4,060	5,800
1990 Montero, 4x4						
2d Std Utly	300	900	1,500	3,000	5,250	7,500
2d Spt Utly	304	912	1,520	3,040	5,320	7,600
4d Std Utly	304	912	1,520	3,040	5,320	7,600
RS 4d Utly	308	924	1,540	3,080	5,390	7,700
1991 Light Trucks						
2d PU	220	660	1,100	2,200	3,850	5,500
2d PU Crew Cab	260	780	1,300	2,600	4,550	6,500
1-Ton 2d PU LBx	228	684	1,140	2,280	3,990	5,700
2d PU V-6 4x4	340	1,020	1,700	3,400	5,950	8,500
1991 Montero						
4d Utly 4x4	520	1,560	2,600	5,200	9,100	13,000
RS 4d Utly 4x4	540	1,620	2,700	5,400	9,450	13,500
LS 4d Utly 4x4	560	1,680	2,800	5,600	9,800	14,000
1992 Montero, V-6						
4d Utly 4x4	600	1,800	3,000	6,000	10,500	15,000
4d Utly RS 4x4	620	1,860	3,100	6,200	10,850	15,500

	6	5	4	3	2	1
4d Utly LS 4x4	660	1,980	3,300	6,600	11,550	16,500
4d Utly SR 4x4	680	2,040	3,400	6,800	11,900	17,000
1992 Pickups, 4-cyl.						
PU Mighty Max	200	600	1,000	2,000	3,500	5,000
PU Mighty Max LB	220	660	1,100	2,200	3,850	5,500
PU Mighty Max 4x4 V-6	300	900	1,500	3,000	5,250	7,500
1993 Montero, V-6						
4d SUV 4x4	600	1,800	3,000	6,000	10,500	15,000
1993 Pickup						
2d PU SBx	228	684	1,140	2,280	3,990	5,700
2d PU LBx	232	696	1,160	2,320	4,060	5,800
2d PU 4x4	272	816	1,360	2,720	4,760	6,800
1994 Montero, V-6						
4d Utly LS 4x4	560	1,680	2,800	5,600	9,800	14,000
4d Utly SR 4x4	640	1,920	3,200	6,400	11,200	16,000
1994 Pickups						
2d PU Mighty Max, 4-cyl.	140	420	700	1,400	2,450	3,500
2d PU Mighty Max Club Cab, 4-cyl.	300	900	1,500	3,000	5,250	7,500
2d PU Mighty Max 4x4, V-6	340	1,020	1,700	3,400	5,950	8,500

NISSAN TRUCKS

1967						
1/2-Ton PU	100	300	500	1,000	1,750	2,500
1968						
1/2-Ton PU	100	300	500	1,000	1,750	2,500
1969						
1/2-Ton PU	100	300	500	1,000	1,750	2,500
1970						
1/2-Ton PU	100	300	500	1,000	1,750	2,500
1971						
1/2-Ton PU	100	300	500	1,000	1,750	2,500
1972						
1/2-Ton PU	100	300	500	1,000	1,750	2,500
1973						
1/2-Ton PU	100	300	500	1,000	1,750	2,500
1974						
1/2-Ton PU	100	300	500	1,000	1,750	2,500
1975 1/2-Ton						
PU SBx	100	300	500	1,000	1,750	2,500
PU LBx	104	312	520	1,040	1,820	2,600
1976 1/2-Ton						
PU SBx	104	312	520	1,040	1,820	2,600
PU LBx	108	324	540	1,080	1,890	2,700
1977 1/2-Ton						
PU SBx	104	312	520	1,040	1,820	2,600
PU LBx	108	324	540	1,080	1,890	2,700
PU King Cab	112	336	560	1,120	1,960	2,800
1978 1/2-Ton						
PU SBx	104	312	520	1,040	1,820	2,600
PU LBx	108	324	540	1,080	1,890	2,700
PU King Cab	112	336	560	1,120	1,960	2,800
1979 1/2-Ton						
PU SBx	108	324	540	1,080	1,890	2,700
PU LBx	112	336	560	1,120	1,960	2,800
PU King Cab	116	348	580	1,160	2,030	2,900
1980 1/2-Ton						
PU SBx	108	324	540	1,080	1,890	2,700
PU LBx	112	336	560	1,120	1,960	2,800
PU King Cab	116	348	580	1,160	2,030	2,900

NOTE: Add 10 percent for 4x4.

1981 1/2-Ton						
PU SBx	92	276	460	920	1,610	2,300
PU LBx	96	288	480	960	1,680	2,400
PU King Cab	128	384	640	1,280	2,240	3,200

NOTE: Add 10 percent for 4x4. Prices based on deluxe model.

1982 1/2-Ton						
PU SBx	100	300	500	1,000	1,750	2,500
PU LBx	108	324	540	1,080	1,890	2,700
PU King Cab	140	420	700	1,400	2,450	3,500

NOTE: Add 10 percent for 4x4. Prices based on deluxe model.

	6	5	4	3	2	1
1983 1/2-Ton						
PU SBx	112	336	560	1,120	1,960	2,800
PU LBx	120	360	600	1,200	2,100	3,000
PU King Cab	160	480	800	1,600	2,800	4,000
NOTE: Add 10 percent for 4x4. Prices based on deluxe model.						
1984 1/2-Ton						
PU SBx	120	360	600	1,200	2,100	3,000
PU LBx	140	420	700	1,400	2,450	3,500
PU King Cab	180	540	900	1,800	3,150	4,500
NOTE: Add 10 percent for 4x4. Prices based on deluxe model.						
1985 1/2-Ton						
PU SBx	140	420	700	1,400	2,450	3,500
PU LBx	152	456	760	1,520	2,660	3,800
PU King Cab	188	564	940	1,880	3,290	4,700
NOTE: Add 10 percent for 4x4. Prices based on deluxe model.						
1986 1/2-Ton						
PU SBx	172	516	860	1,720	3,010	4,300
PU LBx	188	564	940	1,880	3,290	4,700
PU King Cab	248	744	1,240	2,480	4,340	6,200
NOTE: Add 10 percent for 4x4. Deduct 10 percent for diesel where applied. Prices based on deluxe model.						
1987 Light Trucks						
PU Std	180	540	900	1,800	3,150	4,500
PU E	188	564	940	1,880	3,290	4,700
PU SE (6-cyl)	220	660	1,100	2,200	3,850	5,500
PU E LBx	212	636	1,060	2,120	3,710	5,300
PU XE LBx	220	660	1,100	2,200	3,850	5,500
PU E King Cab	220	660	1,100	2,200	3,850	5,500
PU XE King Cab	240	720	1,200	2,400	4,200	6,000
PU SE King Cab (6-cyl)	240	720	1,200	2,400	4,200	6,000
PU E	260	780	1,300	2,600	4,550	6,500
PU SE (6-cyl)	280	840	1,400	2,800	4,900	7,000
PU XE LBx	272	816	1,360	2,720	4,760	6,800
PU XE King Cab	288	864	1,440	2,880	5,040	7,200
PU SE King Cab (6-cyl)	280	840	1,400	2,800	4,900	7,000
1987 Van						
XE	260	780	1,300	2,600	4,550	6,500
1987 Pathfinder 4x4						
E	340	1,020	1,700	3,400	5,950	8,500
XE	520	1,560	2,600	5,200	9,100	13,000
SE (6-cyl)	600	1,800	3,000	6,000	10,500	15,000
1988 Light Trucks						
PU Std	180	540	900	1,800	3,150	4,500
PU E	188	564	940	1,880	3,290	4,700
PU E LBx	192	576	960	1,920	3,360	4,800
PU E King Cab	208	624	1,040	2,080	3,640	5,200
PU XE King Cab	236	708	1,180	2,360	4,130	5,900
PU SE King Cab (6-cyl)	260	780	1,300	2,600	4,550	6,500
PU E	300	900	1,500	3,000	5,250	7,500
PU E (6-cyl)	320	960	1,600	3,200	5,600	8,000
PU SE (6-cyl)	280	840	1,400	2,800	4,900	7,000
PU E King Cab	340	1,020	1,700	3,400	5,950	8,500
PU XE King Cab	520	1,560	2,600	5,200	9,100	13,000
PU SE King Cab (6-cyl)	540	1,620	2,700	5,400	9,450	13,500
1988 Van						
XE	300	900	1,500	3,000	5,250	7,500
1988 Pathfinder 4x4						
XE	600	1,800	3,000	6,000	10,500	15,000
SE	640	1,920	3,200	6,400	11,200	16,000
1989 Light Trucks						
PU Std	220	660	1,100	2,200	3,850	5,500
PU Spl	228	684	1,140	2,280	3,990	5,700
PU LBx (6-cyl)	228	684	1,140	2,280	3,990	5,700
PU Spl LBx (6-cyl)	232	696	1,160	2,320	4,060	5,800
PU King Cab	240	720	1,200	2,400	4,200	6,000
PU Spl King Cab	260	780	1,300	2,600	4,550	6,500
PU SE King Cab (6-cyl)	300	900	1,500	3,000	5,250	7,500
1989 Light Trucks 4x4						
PU	280	840	1,400	2,800	4,900	7,000
PU Spl	340	1,020	1,700	3,400	5,950	8,500
PU (6-cyl)	300	900	1,500	3,000	5,250	7,500
PU Spl (6-cyl)	352	1,056	1,760	3,520	6,160	8,800
PU King Cab	320	960	1,600	3,200	5,600	8,000
PU Spl King Cab	340	1,020	1,700	3,400	5,950	8,500
PU SE King Cab	520	1,560	2,600	5,200	9,100	13,000

	6	5	4	3	2	1
1989 Pathfinder						
XE 2x4	600	1,800	3,000	6,000	10,500	15,000
XE 4x4	680	2,040	3,400	6,800	11,900	17,000
SE 4x4	720	2,160	3,600	7,200	12,600	18,000
1990 Light Trucks						
2d PU	228	684	1,140	2,280	3,990	5,700
2d PU LBx V-6	236	708	1,180	2,360	4,130	5,900
2d PU Clb Cab	232	696	1,160	2,320	4,060	5,800
2d PU Clb Cab SE V-6	240	720	1,200	2,400	4,200	6,000
2d PU 4x4	280	840	1,400	2,800	4,900	7,000
2d PU 4x4 V-6	288	864	1,440	2,880	5,040	7,200
2d PU Clb Cab 4x4	296	888	1,480	2,960	5,180	7,400
2d PU Clb Cab 4x4 V-6	304	912	1,520	3,040	5,320	7,600
1990 Van						
Mini Van XE	264	792	1,320	2,640	4,620	6,600
Mini Van GXE	268	804	1,340	2,680	4,690	6,700
1990 Pathfinder						
4d Spt Utly XE 2WD	620	1,860	3,100	6,200	10,850	15,500
4d Spt Utly XE 4x4	680	2,040	3,400	6,800	11,900	17,000
4d Spt Utly SE 4x4	720	2,160	3,600	7,200	12,600	18,000
2d Spt Utly SE 4x4	700	2,100	3,500	7,000	12,250	17,500
1991 Pathfinder						
XE 4d Utly 2x4	560	1,680	2,800	5,600	9,800	14,000
XE 4d Utly 4x4	680	2,040	3,400	6,800	11,900	17,000
SE 4d Utly 4x4	720	2,160	3,600	7,200	12,600	18,000
1991 Light Trucks						
2d PU	240	720	1,200	2,400	4,200	6,000
LB 2d PU V-6	280	840	1,400	2,800	4,900	7,000
2d PU Crew Cab	300	900	1,500	3,000	5,250	7,500
SE 2d PU Crew Cab V-6	320	960	1,600	3,200	5,600	8,000
2d PU 4x4	520	1,560	2,600	5,200	9,100	13,000
2d PU Crew Cab 4x4	540	1,620	2,700	5,400	9,450	13,500
2d PU Crew Cab V-6 4x4	560	1,680	2,800	5,600	9,800	14,000
1992 Pathfinder, V-6						
XE 4d Utly 2x4	540	1,620	2,700	5,400	9,450	13,500
XE 4d Utly 4x4	600	1,800	3,000	6,000	10,500	15,000
SE 4d Utly 4x4	660	1,980	3,300	6,600	11,550	16,500
1992 Pickups						
PU Std 4x4	340	1,020	1,700	3,400	5,950	8,500
PU LB 4x4	540	1,620	2,700	5,400	9,450	13,500
SE PU 4x4	580	1,740	2,900	5,800	10,150	14,500

NOTE: Add 10 percent for V-6. Deduct 10 percent for 2x4.

	6	5	4	3	2	1
1993 Pathfinder, V-6						
4d SUV 2WD	272	816	1,360	2,720	4,760	6,800
4d SUV 4x4	312	936	1,560	3,120	5,460	7,800
1993 Quest, V-6						
Van	228	684	1,140	2,280	3,990	5,700
1993 Pickup, V-6						
2d PU SBx	216	648	1,080	2,160	3,780	5,400
2d PU LBx	220	660	1,100	2,200	3,850	5,500
2d PU 4x4	260	780	1,300	2,600	4,550	6,500
1994 Pathfinder, V-6						
4d Utly XE	400	1,200	2,000	4,000	7,000	10,000
4d Utly XE 4x4	480	1,440	2,400	4,800	8,400	12,000
1994 Quest, V-6						
Window Van XE	400	1,200	2,000	4,000	7,000	10,000
Window Van GXE	440	1,320	2,200	4,400	7,700	11,000
1994 Pickups						
2d PU XE	280	840	1,400	2,800	4,900	7,000
2d PU LB, V-6	320	960	1,600	3,200	5,600	8,000
2d PU Club Cab	320	960	1,600	3,200	5,600	8,000
2d PU Club Cab, V-6	360	1,080	1,800	3,600	6,300	9,000
2d PU Club Cab 4x4, V-6	480	1,440	2,400	4,800	8,400	12,000

SUBARU TRUCKS

	6	5	4	3	2	1
1978 1/4-Ton 4x4						
Brat PU	100	300	500	1,000	1,750	2,500

NOTE: Prices based on deluxe model.

	6	5	4	3	2	1
1979 1/4-Ton 4x4						
Brat PU	100	300	500	1,000	1,750	2,500

NOTE: Prices based on deluxe model.

	6	5	4	3	2	1
1980 1/4-Ton 4x4						
Brat PU	100	300	500	1,000	1,750	2,500

NOTE: Prices based on deluxe model.

	6	5	4	3	2	1
1981 1/4-Ton 4x4						
Brat PU	100	300	500	1,000	1,750	2,500
NOTE: Prices based on deluxe model.						
1982 1/4-Ton 4x4						
Brat PU	100	300	500	1,000	1,750	2,500
NOTE: Prices based on deluxe model.						
1983 1/4-Ton 4x4						
Brat PU	100	300	500	1,000	1,750	2,500
1984 1/4-Ton 4x4						
Brat PU	120	360	600	1,200	2,100	3,000
1985 1/4-Ton 4x4						
Brat PU	160	480	800	1,600	2,800	4,000
1986 1/4-Ton 4x4						
Brat PU	200	600	1,000	2,000	3,500	5,000
NOTE: Prices based on deluxe model.						
1987 1/4-Ton 4x4						
Brat GL	188	564	940	1,880	3,290	4,700

SUZUKI TRUCKS

1991 Samurai						
JA 2d Utly Conv 2x4	120	360	600	1,200	2,100	3,000
JS 2d Utly Conv 2x4	128	384	640	1,280	2,240	3,200
J4 2d Utly Conv 4x4	180	540	900	1,800	3,150	4,500
1991 Sidekick						
JS 2d Utly Conv 2x4	160	480	800	1,600	2,800	4,000
JL 2d Utly Conv 4x4	200	600	1,000	2,000	3,500	5,000
JX 2d Utly Conv 4x4	260	780	1,300	2,600	4,550	6,500
JX 4d Utly 4x4	240	720	1,200	2,400	4,200	6,000
JLX 4d Utly 4x4	256	768	1,280	2,560	4,480	6,400
1993 Samurai, 4-cyl.						
SUV 2WD	192	576	960	1,920	3,360	4,800
SUV 4x4	232	696	1,160	2,320	4,060	5,800
1993 Sidekick, 4-cyl.						
2d SUV 2WD	192	576	960	1,920	3,360	4,800
4d SUV 2WD	196	588	980	1,960	3,430	4,900
2d SUV 4x4	240	720	1,200	2,400	4,200	6,000
4d SUV 4x4	248	744	1,240	2,480	4,340	6,200
1993 Samurai, 4-cyl.						
2d Utly	180	540	900	1,800	3,150	4,500
1993 Sidekick, 4-cyl.						
2d Utly JS Conv	180	540	900	1,800	3,150	4,500
2d Utly JX Conv 4x4	220	660	1,100	2,200	3,850	5,500
4d Utly JS HT 4x4	220	660	1,100	2,200	3,850	5,500
4d Utly JX HT 4x4	240	720	1,200	2,400	4,200	6,000

TOYOTA TRUCKS

1967 Landcruiser, 4x4						
No Top	140	420	700	1,400	2,450	3,500
Soft-Top	128	384	640	1,280	2,240	3,200
HdTp	156	468	780	1,560	2,730	3,900
NOTE: Prices based on deluxe model.						
1968 1/2-Ton						
PU	100	300	500	1,000	1,750	2,500
1968 Landcruiser, 4x4						
No Top	140	420	700	1,400	2,450	3,500
Soft-Top	148	444	740	1,480	2,590	3,700
HT	156	468	780	1,560	2,730	3,900
NOTE: Prices based on deluxe model.						
1969 1/2-Ton						
PU	100	300	500	1,000	1,750	2,500
1969 Landcruiser, 4x4						
No Top	144	432	720	1,440	2,520	3,600
Soft-Top	152	456	760	1,520	2,660	3,800
HT	160	480	800	1,600	2,800	4,000
NOTE: Prices based on deluxe model.						
1970 1/2-Ton						
PU	100	300	500	1,000	1,750	2,500
1970 Landcruiser, 4x4						
No Top	144	432	720	1,440	2,520	3,600
Soft-Top	152	456	760	1,520	2,660	3,800

1994 Mazda B2600i extended cab pickup

1990 Mitsubishi Montero station wagon

1990 Nissan SE king cab pickup 4x4

	6	5	4	3	2	1
HT	160	480	800	1,600	2,800	4,000
NOTE: Prices based on deluxe model.						
1971 1/2-Ton						
PU	100	300	500	1,000	1,750	2,500
1971 Landcruiser, 4x4						
Soft-Top	148	444	740	1,480	2,590	3,700
HT	156	468	780	1,560	2,730	3,900
Wag	160	480	800	1,600	2,800	4,000
NOTE: Prices based on deluxe model.						
1972 1/2-Ton						
PU	100	300	500	1,000	1,750	2,500
1972 Landcruiser, 4x4						
Soft-Top	156	468	780	1,560	2,730	3,900
HT	160	480	800	1,600	2,800	4,000
Wag	168	504	840	1,680	2,940	4,200
NOTE: Prices based on deluxe model.						
1973 1/2-Ton						
PU	100	300	500	1,000	1,750	2,500
1973 Landcruiser, 4x4						
Soft-Top	156	468	780	1,560	2,730	3,900
HT	164	492	820	1,640	2,870	4,100
Wag	168	504	840	1,680	2,940	4,200
NOTE: Prices based on deluxe model.						
1974 1/2-Ton						
PU SBx	104	312	520	1,040	1,820	2,600
PU LBx	108	324	540	1,080	1,890	2,700
1974 Landcruiser, 4x4						
Soft-Top	160	480	800	1,600	2,800	4,000
HT	172	516	860	1,720	3,010	4,300
Wag	176	528	880	1,760	3,080	4,400
NOTE: Prices based on deluxe model.						
1975 1/2-Ton						
PU SBx	108	324	540	1,080	1,890	2,700
PU LBx	112	336	560	1,120	1,960	2,800
1975 Landcruiser, 4x4						
Soft-Top	164	492	820	1,640	2,870	4,100
HT	180	540	900	1,800	3,150	4,500
Wag	184	552	920	1,840	3,220	4,600
NOTE: Prices based on deluxe model.						
1976 1/2-Ton						
PU SBx	116	348	580	1,160	2,030	2,900
PU LBx	124	372	620	1,240	2,170	3,100
1976 Landcruiser - (4WD)						
HT	176	528	880	1,760	3,080	4,400
Wag	180	540	900	1,800	3,150	4,500
NOTE: Prices based on deluxe model.						
1979 1/2-Ton						
PU SBx	140	420	700	1,400	2,450	3,500
PU LBx	144	432	720	1,440	2,520	3,600
NOTE: Add 15 percent for 4x4.						
1979 Landcruiser, 4x4						
HT	168	504	840	1,680	2,940	4,200
Wag	176	528	880	1,760	3,080	4,400
NOTE: Prices based on deluxe model.						
1980 1/2-Ton						
PU SBx	144	432	720	1,440	2,520	3,600
PU LBx	152	456	760	1,520	2,660	3,800
NOTE: Add 15 percent for 4x4.						
1980 Landcruiser, 4x4						
HT	180	540	900	1,800	3,150	4,500
Wag	188	564	940	1,880	3,290	4,700
NOTE: Prices based on deluxe model.						
1981 1/2-Ton						
PU SBx	152	456	760	1,520	2,660	3,800
PU LBx	156	468	780	1,560	2,730	3,900
NOTE: Add 15 percent for 4x4.						
1981 Landcruiser, 4x4						
HT	188	564	940	1,880	3,290	4,700
Wag	196	588	980	1,960	3,430	4,900
NOTE: Prices based on deluxe model.						

	6	5	4	3	2	1
1982 1/2-Ton						
PU SBx	156	468	780	1,560	2,730	3,900
PU LBx	160	480	800	1,600	2,800	4,000
NOTE: Add 15 percent for 4x4.						
1982 Landcruiser, 4x4						
HT	212	636	1,060	2,120	3,710	5,300
Wag	220	660	1,100	2,200	3,850	5,500
NOTE: Prices based on deluxe model.						
1983 1/2-Ton						
PU SBx	148	444	740	1,480	2,590	3,700
PU LBx	156	468	780	1,560	2,730	3,900
NOTE: Add 15 percent for 4x4.						
1983 Landcruiser, 4x4						
HT	240	720	1,200	2,400	4,200	6,000
Wag	248	744	1,240	2,480	4,340	6,200
NOTE: Prices based on deluxe model.						
1984 1/2-Ton						
PU SBx	156	468	780	1,560	2,730	3,900
PU LBx	164	492	820	1,640	2,870	4,100
PU Xcab	172	516	860	1,720	3,010	4,300
NOTE: Add 15 percent for 4x4.						
1984 4 Runner, 4x4						
Wag	280	840	1,400	2,800	4,900	7,000
1984 Vans						
Cargo	120	360	600	1,200	2,100	3,000
DeL	160	480	800	1,600	2,800	4,000
LE	180	540	900	1,800	3,150	4,500
NOTE: Add 15 percent for 4x4.						
1984 Landcruiser, 4x4						
Wag	300	900	1,500	3,000	5,250	7,500
NOTE: Prices based on deluxe model.						
1985 1/2-Ton						
PU SBx	180	540	900	1,800	3,150	4,500
PU LBx	188	564	940	1,880	3,290	4,700
PU Xcab	192	576	960	1,920	3,360	4,800
NOTE: Add 15 percent for 4x4.						
1985 4 Runner, 4x4						
Wag	340	1,020	1,700	3,400	5,950	8,500
1985 Vans						
Cargo	160	480	800	1,600	2,800	4,000
DeL	168	504	840	1,680	2,940	4,200
LE	172	516	860	1,720	3,010	4,300
1985 Landcruiser, 4x4						
Wag	280	840	1,400	2,800	4,900	7,000
NOTE: Prices based on deluxe model.						
1986 1/2-Ton						
PU SBx	160	480	800	1,600	2,800	4,000
PU LBx	168	504	840	1,680	2,940	4,200
PU Xcab	172	516	860	1,720	3,010	4,300
NOTE: Add 15 percent for 4x4.						
1986 4 Runner						
Wag	320	960	1,600	3,200	5,600	8,000
1986 Vans						
Cargo	160	480	800	1,600	2,800	4,000
DeL	180	540	900	1,800	3,150	4,500
LE	200	600	1,000	2,000	3,500	5,000
1986 Landcruiser, 4x4						
Wag	520	1,560	2,600	5,200	9,100	13,000
NOTE: Prices based on deluxe model.						
1987 Light Trucks						
PU	144	432	720	1,440	2,520	3,600
PU LBx	152	456	760	1,520	2,660	3,800
PU DeL LBx	160	480	800	1,600	2,800	4,000
PU Xcab LBx	164	492	820	1,640	2,870	4,100
PU DeL Xcab LBx	184	552	920	1,840	3,220	4,600
PU SR5 Xcab	192	576	960	1,920	3,360	4,800
PU SR5 Xcab (Turbo)	200	600	1,000	2,000	3,500	5,000
PU 1-Ton LBx	180	540	900	1,800	3,150	4,500
1987 Light Trucks 4x4						
PU Std	200	600	1,000	2,000	3,500	5,000
PU (Turbo)	220	660	1,100	2,200	3,850	5,500

	6	5	4	3	2	1
PU DeL LBx	224	672	1,120	2,240	3,920	5,600
PU DeL Xcab	240	720	1,200	2,400	4,200	6,000
PU SR5	248	744	1,240	2,480	4,340	6,200
PU SR5 Xcab	260	780	1,300	2,600	4,550	6,500
PU SR5 Xcab (Turbo)	280	840	1,400	2,800	4,900	7,000
1987 4 Runner, 4x4						
DeL	320	960	1,600	3,200	5,600	8,000
SR5	520	1,560	2,600	5,200	9,100	13,000
SR5 Wag	540	1,620	2,700	5,400	9,450	13,500
SR5 Wag (Turbo)	560	1,680	2,800	5,600	9,800	14,000
1987 Vans						
Window	140	420	700	1,400	2,450	3,500
Panel	156	468	780	1,560	2,730	3,900
DeL	160	480	800	1,600	2,800	4,000
LE	200	600	1,000	2,000	3,500	5,000
Panel 4x4	180	540	900	1,800	3,150	4,500
LE 4x4	220	660	1,100	2,200	3,850	5,500
1987 Landcruiser 4x4						
Wag	520	1,560	2,600	5,200	9,100	13,000
1988 Light Trucks						
PU	180	540	900	1,800	3,150	4,500
PU LBx	200	600	1,000	2,000	3,500	5,000
PU DeL LBx	220	660	1,100	2,200	3,850	5,500
PU Xcab LBx	236	708	1,180	2,360	4,130	5,900
PU DeL Xcab LBx	248	744	1,240	2,480	4,340	6,200
PU SR5 Xcab	260	780	1,300	2,600	4,550	6,500
PU SR5 Xcab (Turbo)	268	804	1,340	2,680	4,690	6,700
PU 1-Ton LBx	180	540	900	1,800	3,150	4,500
1988 Light Trucks 4x4						
PU Std	240	720	1,200	2,400	4,200	6,000
PU DeL LBx	268	804	1,340	2,680	4,690	6,700
PU DeL Xcab	280	840	1,400	2,800	4,900	7,000
PU SR5	300	900	1,500	3,000	5,250	7,500
PU SR5 Xcab	320	960	1,600	3,200	5,600	8,000
1988 4 Runner 4x4						
DeL	560	1,680	2,800	5,600	9,800	14,000
SR5	600	1,800	3,000	6,000	10,500	15,000
DeL Wag	608	1,824	3,040	6,080	10,640	15,200
SR5 Wag (6-cyl)	640	1,920	3,200	6,400	11,200	16,000
1988 Vans						
Window	208	624	1,040	2,080	3,640	5,200
Panel	200	600	1,000	2,000	3,500	5,000
DeL	240	720	1,200	2,400	4,200	6,000
LE	268	804	1,340	2,680	4,690	6,700
Panel 4x4	272	816	1,360	2,720	4,760	6,800
Panel LE 4x4	320	960	1,600	3,200	5,600	8,000
1988 Landcruiser 4x4						
Wag	620	1,860	3,100	6,200	10,850	15,500
1989 Light Trucks						
PU	220	660	1,100	2,200	3,850	5,500
PU DeL	240	720	1,200	2,400	4,200	6,000
PU DeL LBx	260	780	1,300	2,600	4,550	6,500
PU SR5 LBx	272	816	1,360	2,720	4,760	6,800
PU DeL Xcab	280	840	1,400	2,800	4,900	7,000
PU SR5 Xcab	300	900	1,500	3,000	5,250	7,500
PU DeL 1-Ton LBx (6-cyl)	280	840	1,400	2,800	4,900	7,000
1989 Light Trucks 4x4						
PU DeL	300	900	1,500	3,000	5,250	7,500
PU DeL LBx	320	960	1,600	3,200	5,600	8,000
PU SR5	344	1,032	1,720	3,440	6,020	8,600
PU DeL Xcab	340	1,020	1,700	3,400	5,950	8,500
PU SR5 Xcab	520	1,560	2,600	5,200	9,100	13,000
1989 4 Runner 4x4						
DeL	620	1,860	3,100	6,200	10,850	15,500
DeL Wag	660	1,980	3,300	6,600	11,550	16,500
SR5 Wag	680	2,040	3,400	6,800	11,900	17,000
1989 Vans						
Window	264	792	1,320	2,640	4,620	6,600
Panel	260	780	1,300	2,600	4,550	6,500
DeL	340	1,020	1,700	3,400	5,950	8,500
LE	520	1,560	2,600	5,200	9,100	13,000
Panel 4x4	320	960	1,600	3,200	5,600	8,000
DeL 4x4	520	1,560	2,600	5,200	9,100	13,000
LE 4x4	560	1,680	2,800	5,600	9,800	14,000
1989 Landcruiser 4x4						
Wag	720	2,160	3,600	7,200	12,600	18,000

	6	5	4	3	2	1
1990 Light Trucks						
2d PU	224	672	1,120	2,240	3,920	5,600
2d PU Dlx	228	684	1,140	2,280	3,990	5,700
2d PU SR5	232	696	1,160	2,320	4,060	5,800
2d PU SR5 Clb Cab	236	708	1,180	2,360	4,130	5,900
2d PU Dlx 4x4	264	792	1,320	2,640	4,620	6,600
2d PU Dlx Clb Cab 4x4	272	816	1,360	2,720	4,760	6,800
2d PU SR5 Clb Cab 4x4	276	828	1,380	2,760	4,830	6,900
1990 4 Runner SR5						
2d Spt Utly 4x4	660	1,980	3,300	6,600	11,550	16,500
4d Spt Utly 4x4	680	2,040	3,400	6,800	11,900	17,000
4d Spt Utly 2x4	620	1,860	3,100	6,200	10,850	15,500
1990 Landcruiser						
4d Spt Utly 4x4	760	2,280	3,800	7,600	13,300	19,000
1991 Previa						
DX 3d Van	540	1,620	2,700	5,400	9,450	13,500
LE 3d Van	560	1,680	2,800	5,600	9,800	14,000
DX 3d Van 4x4	600	1,800	3,000	6,000	10,500	15,000
LE 3d Van 4x4	620	1,860	3,100	6,200	10,850	15,500
1991 Light Trucks						
2d PU	260	780	1,300	2,600	4,550	6,500
DX 2d PU	280	840	1,400	2,800	4,900	7,000
DX 2d PU LBx	288	864	1,440	2,880	5,040	7,200
DX 2d PU Crew Cab	300	900	1,500	3,000	5,250	7,500
SR5 2d PU Crew Cab V-6	340	1,020	1,700	3,400	5,950	8,500
1991 Pickup 4x4						
DX 2d PU	320	960	1,600	3,200	5,600	8,000
DX-LB 2d PU	340	1,020	1,700	3,400	5,950	8,500
DX 2d PU Crew Cab	520	1,560	2,600	5,200	9,100	13,000
SR5 2d PU Crew Cab	560	1,680	2,800	5,600	9,800	14,000
1991 4 Runner						
SR5 2d Sta Wag 4x4	720	2,160	3,600	7,200	12,600	18,000
SR5 4d Sta Wag 2x4	560	1,680	2,800	5,600	9,800	14,000
SR5 4d Sta Wag 4x4	728	2,184	3,640	7,280	12,740	18,200
1991 Land Cruiser						
4d Sta Wag 4x4	920	2,760	4,600	9,200	16,100	23,000
1992 4 Runner, V-6						
SR5 2d Sta Wag 4x4	676	2,028	3,380	6,760	11,830	16,900
SR5 4d Sta Wag 2x4	652	1,956	3,260	6,520	11,410	16,300
SR5 4d Sta Wag 4x4	696	2,088	3,480	6,960	12,180	17,400
1992 Land Cruiser, 6-cyl.						
4d Sta Wag 4x4	908	2,724	4,540	9,080	15,890	22,700
1992 Previa						
DX Van	558	1,674	2,790	5,580	9,765	13,950
LE Van	628	1,884	3,140	6,280	10,990	15,700
DX Van 4x4	620	1,860	3,100	6,200	10,850	15,500
LE Van 4x4	692	2,076	3,460	6,920	12,110	17,300
1992 Pickups, 4-cyl.						
DX PU	280	840	1,400	2,800	4,900	7,000
DX PU LB	320	960	1,600	3,200	5,600	8,000
DX PU LB 1-Ton	520	1,560	2,600	5,200	9,100	13,000
SR5 PU	640	1,920	3,200	6,400	11,200	16,000
NOTE: Add 10 percent for 4x4. Add 10 percent for V-6.						
1993 4 Runner, V-6						
4d Sta Wag 2WD	276	828	1,380	2,760	4,830	6,900
4d Sta Wag 4x4	316	948	1,580	3,160	5,530	7,900
1993 Land Cruiser, 6-cyl.						
4d Sta Wag 4x4	580	1,740	2,900	5,800	10,150	14,500
1993 Previa, 4-cyl.						
Window Van	240	720	1,200	2,400	4,200	6,000
1993 Pickup						
2d PU SBx	180	540	900	1,800	3,150	4,500
2d PU LBx	184	552	920	1,840	3,220	4,600
T-100 2d PU V-6 2WD	184	552	920	1,840	3,220	4,600
T-100 2d PU V-6 4x4	224	672	1,120	2,240	3,920	5,600
1994 4 Runner						
4d Utly SR5 2x4, V-6	520	1,560	2,600	5,200	9,100	13,000
4d Utly SR5 4x4, 4-cyl.	560	1,680	2,800	5,600	9,800	14,000
4d Utly SR5 4x4, V-6	600	1,800	3,000	6,000	10,500	15,000
1994 Land Cruiser, 6-cyl.						
4d Utly	960	2,880	4,800	9,600	16,800	24,000
1994 Previa, 4-cyl.						
Window Van DX	480	1,440	2,400	4,800	8,400	12,000
Window Van LE	500	1,500	2,500	5,000	8,750	12,500
Window Van DX 4x4	540	1,620	2,700	5,400	9,450	13,500

	6	5	4	3	2	1
Window Van LE 4x4	560	1,680	2,800	5,600	9,800	14,000

1994 Pickups, 4-cyl.

	6	5	4	3	2	1
2d PU	260	780	1,300	2,600	4,550	6,500
2d PU DX	280	840	1,400	2,800	4,900	7,000
2d PU DX Club Cab	360	1,080	1,800	3,600	6,300	9,000
2d PU SR5 Club Cab, V-6	400	1,200	2,000	4,000	7,000	10,000
2d PU DX 4x4	420	1,260	2,100	4,200	7,350	10,500
2d PU SR5 Club Cab 4x4, V-6	500	1,500	2,500	5,000	8,750	12,500

1994 T100 Pickups

	6	5	4	3	2	1
2d PU, 4-cyl.	280	840	1,400	2,800	4,900	7,000
2d PU DX, V-6	340	1,020	1,700	3,400	5,950	8,500
2d PU SR5, V-6	360	1,080	1,800	3,600	6,300	9,000
2d PU DX 4x4, V-6	440	1,320	2,200	4,400	7,700	11,000
2d PU SR5 4x4, V-6	520	1,560	2,600	5,200	9,100	13,000

VOLKSWAGEN TRUCKS

1950 Transporter, 4-cyl, 94.5" wb, 25 hp

	6	5	4	3	2	1
DeL Van	276	828	1,380	2,760	4,830	6,900
Kombi	256	768	1,280	2,560	4,480	6,400

1951-1952 Transporter, 4-cyl, 94.5" wb, 25 hp

	6	5	4	3	2	1
DeL Van	276	828	1,380	2,760	4,830	6,900
Kombi	256	768	1,280	2,560	4,480	6,400

NOTE: Overdrive is standard equipment.

1952-1953 Transporter, 4-cyl, 94.5" wb, 25 hp

	6	5	4	3	2	1
DeL Van	268	804	1,340	2,680	4,690	6,700
Kombi	248	744	1,240	2,480	4,340	6,200

1953 (Serial Nos. later than March 1953.) Transporter, 4-cyl, 94.5" wb, 25 hp

	6	5	4	3	2	1
DeL Van	260	780	1,300	2,600	4,550	6,500
Kombi	256	768	1,280	2,560	4,480	6,400

1954 Station Wagons, 4-cyl, 94.5" wb, 30 hp

	6	5	4	3	2	1
Microbus	248	744	1,240	2,480	4,340	6,200
Micro DeL	256	768	1,280	2,560	4,480	6,400

NOTE: Microbus 165" overall. DeLuxe Microbus 166.1" overall.

1955 Station Wagons, 4-cyl, 94.5" wb, 36 hp

	6	5	4	3	2	1
Kombi	240	720	1,200	2,400	4,200	6,000
Microbus	248	744	1,240	2,480	4,340	6,200
Micro DeL	256	768	1,280	2,560	4,480	6,400

1956 Station Wagons, 4-cyl, 94.5" wb, 36 hp

	6	5	4	3	2	1
Kombi	232	696	1,160	2,320	4,060	5,800
Microbus	240	720	1,200	2,400	4,200	6,000
Micro DeL	248	744	1,240	2,480	4,340	6,200

1957 Station Wagons, 4-cyl, 94.5" wb, 36 hp

	6	5	4	3	2	1
Kombi	220	660	1,100	2,200	3,850	5,500
Microbus	232	696	1,160	2,320	4,060	5,800
Micro SR DeL	236	708	1,180	2,360	4,130	5,900
Camper	256	768	1,280	2,560	4,480	6,400

1958 Station Wagons, 4-cyl, 94.5" wb, 36 hp

	6	5	4	3	2	1
Kombi	216	648	1,080	2,160	3,780	5,400
Microbus	228	684	1,140	2,280	3,990	5,700
Micro SR DeL	236	708	1,180	2,360	4,130	5,900
Camper	256	768	1,280	2,560	4,480	6,400

1959 Station Wagons, 4-cyl, 94.5" wb, 36 hp

	6	5	4	3	2	1
Kombi	216	648	1,080	2,160	3,780	5,400
Micro	228	684	1,140	2,280	3,990	5,700
Micro SR DeL	236	708	1,180	2,360	4,130	5,900
Camper	256	768	1,280	2,560	4,480	6,400

1960 Station Wagons, 4-cyl, 94.5" wb, 36 hp

	6	5	4	3	2	1
Kombi	212	636	1,060	2,120	3,710	5,300
Micro	224	672	1,120	2,240	3,920	5,600
Micro SR DeL	232	696	1,160	2,320	4,060	5,800
Camper	252	756	1,260	2,520	4,410	6,300

1961 Station Wagons, 4-cyl, 94.5" wb, 40 hp

	6	5	4	3	2	1
Sta Wag	212	636	1,060	2,120	3,710	5,300
Kombi	224	672	1,120	2,240	3,920	5,600
Sta Wag DeL	232	696	1,160	2,320	4,060	5,800
Camper	252	756	1,260	2,520	4,410	6,300

NOTE: Add 5 percent for extra seats sta wag.

1962 Station Wagons, 4-cyl, 94.5" wb, 40 hp

	6	5	4	3	2	1
Sta Wag	224	672	1,120	2,240	3,920	5,600
Kombi	212	636	1,060	2,120	3,710	5,300
Sta Wag DeL	232	696	1,160	2,320	4,060	5,800
Camper	252	756	1,260	2,520	4,410	6,300

1994 Nissan Pathfinder LE sport utility vehicle 4x4

1964 Volkswagen 1500 Series station wagon

1982 Volkswagen (Rabbit-based) pickup

	6	5	4	3	2	1
1963 Station Wagons, 4-cyl, 94.5" wb, 40 hp						
Sta Wag	224	672	1,120	2,240	3,920	5,600
Kombi	212	636	1,060	2,120	3,710	5,300
Sta Wag DeL	232	696	1,160	2,320	4,060	5,800
1964 Station Wagons, 1200 Series, 4-cyl, 94.5" wb, 40 hp						
Wag	224	672	1,120	2,240	3,920	5,600
Kombi w/Seats	212	636	1,060	2,120	3,710	5,300
Sta Wag DeL	232	696	1,160	2,320	4,060	5,800
1964 Station Wagons, 1500 Series, 4-cyl, 94.5" wb, 50 hp						
Wag	180	540	900	1,800	3,150	4,500
Kombi w/Seats	176	528	880	1,760	3,080	4,400
Sta Wag DeL	188	564	940	1,880	3,290	4,700
1965 Station Wagons, 1500 Series, 4-cyl, 94.5" wb, 40 hp						
Sta Wag	224	672	1,120	2,240	3,920	5,600
Kombi w/Seats	212	636	1,060	2,120	3,710	5,300
Sta Wag DeL	232	696	1,160	2,320	4,060	5,800
1965 Commercial, 1500 Series, 4-cyl, 94.5" wb, 40 hp						
Panel	204	612	1,020	2,040	3,570	5,100
PU	232	696	1,160	2,320	4,060	5,800
Dbl Cab PU	224	672	1,120	2,240	3,920	5,600
1966 Station Wagons, 57 hp						
Sta Wag	224	672	1,120	2,240	3,920	5,600
Kombi w/Seats	216	648	1,080	2,160	3,780	5,400
DeL Sta Wag	232	696	1,160	2,320	4,060	5,800
1966 Commercial						
Panel	204	612	1,020	2,040	3,570	5,100
PU	232	696	1,160	2,320	4,060	5,800
Dbl Cab PU	224	672	1,120	2,240	3,920	5,600
1967 Station Wagons, 57 hp						
Sta Wag	224	672	1,120	2,240	3,920	5,600
Kombi w/Seats	216	648	1,080	2,160	3,780	5,400
Sta Wag DeL	232	696	1,160	2,320	4,060	5,800
1967 Commercial						
Panel	204	612	1,020	2,040	3,570	5,100
PU	232	696	1,160	2,320	4,060	5,800
Dbl Cab PU	224	672	1,120	2,240	3,920	5,600
1968 Station Wagons, 57 hp						
Sta Wag	204	612	1,020	2,040	3,570	5,100
Kombi w/Seats	196	588	980	1,960	3,430	4,900
1968 Commercial						
Panel	192	576	960	1,920	3,360	4,800
PU	216	648	1,080	2,160	3,780	5,400
Dbl Cab PU	212	636	1,060	2,120	3,710	5,300
1969 Station Wagons, 57 hp						
Sta Wag	204	612	1,020	2,040	3,570	5,100
Kombi w/Seats	196	588	980	1,960	3,430	4,900
Camper	224	672	1,120	2,240	3,920	5,600
1969 Commercial						
Panel	192	576	960	1,920	3,360	4,800
PU	216	648	1,080	2,160	3,780	5,400
Dbl Cab PU	212	636	1,060	2,120	3,710	5,300
1970 Station Wagons, 60 hp						
Sta Wag	204	612	1,020	2,040	3,570	5,100
Kombi w/Seats	196	588	980	1,960	3,430	4,900
Camper	224	672	1,120	2,240	3,920	5,600
1970 Commercial						
Panel	188	564	940	1,880	3,290	4,700
PU	212	636	1,060	2,120	3,710	5,300
Dbl Cab PU	208	624	1,040	2,080	3,640	5,200
1971 Transporter						
Sta Wag	196	588	980	1,960	3,430	4,900
Kombi w/Seats	188	564	940	1,880	3,290	4,700
Sta Wag SR	200	600	1,000	2,000	3,500	5,000
Campmobile	220	660	1,100	2,200	3,850	5,500
1971 Commercial						
Panel	184	552	920	1,840	3,220	4,600
PU	208	624	1,040	2,080	3,640	5,200
Dbl Cab PU	204	612	1,020	2,040	3,570	5,100
1972 Transporter						
Sta Wag	196	588	980	1,960	3,430	4,900
Kombi	188	564	940	1,880	3,290	4,700
Campmobile	220	660	1,100	2,200	3,850	5,500
1972 Commercial						
Panel	184	552	920	1,840	3,220	4,600

	6	5	4	3	2	1
PU	208	624	1,040	2,080	3,640	5,200
Dbl Cab PU	204	612	1,020	2,040	3,570	5,100
1973 Transporter						
Sta Wag	184	552	920	1,840	3,220	4,600
Kombi	176	528	880	1,760	3,080	4,400
Campmobile	200	600	1,000	2,000	3,500	5,000
1973 Commercial						
Panel	176	528	880	1,760	3,080	4,400
1974 Transporter						
Sta Wag	184	552	920	1,840	3,220	4,600
Kombi	176	528	880	1,760	3,080	4,400
Campmobile	200	600	1,000	2,000	3,500	5,000
1974 Commercial						
Panel	176	528	880	1,760	3,080	4,400
1975 Transporter - Type II						
Sta Wag	184	552	920	1,840	3,220	4,600
Kombi	176	528	880	1,760	3,080	4,400
Campmobile	200	600	1,000	2,000	3,500	5,000
1975 Commercial						
Panel	176	528	880	1,760	3,080	4,400
1976 Transporter						
Sta Wag	192	576	960	1,920	3,360	4,800
Kombi	184	552	920	1,840	3,220	4,600
Campmobile	220	660	1,100	2,200	3,850	5,500
1977 Transporter						
Sta Wag	192	576	960	1,920	3,360	4,800
Kombi	188	564	940	1,880	3,290	4,700
Campmobile	224	672	1,120	2,240	3,920	5,600
1978 Transporter - Type II						
5P Sta Wag	168	504	840	1,680	2,940	4,200
Kombi	168	504	840	1,680	2,940	4,200
7P Sta Wag	172	516	860	1,720	3,010	4,300
Campmobile	200	600	1,000	2,000	3,500	5,000
NOTE: Prices based on deluxe model.						
1979 Transporter - Type II						
5P Sta Wag	168	504	840	1,680	2,940	4,200
Kombi	168	504	840	1,680	2,940	4,200
7P Sta Wag	172	516	860	1,720	3,010	4,300
Campmobile	200	600	1,000	2,000	3,500	5,000
NOTE: Prices based on deluxe model.						
1980 Pickup (FWD)						
Cus PU	104	312	520	1,040	1,820	2,600
LX PU	108	324	540	1,080	1,890	2,700
Spt PU	112	336	560	1,120	1,960	2,800
1980 Vanagon Transporter Type II						
5P Sta Wag	164	492	820	1,640	2,870	4,100
Kombi	164	492	820	1,640	2,870	4,100
7P Sta Wag	168	504	840	1,680	2,940	4,200
Campmobile	196	588	980	1,960	3,430	4,900
NOTE: Prices based on deluxe model.						
1981 Pickup						
PU	104	312	520	1,040	1,820	2,600
LX PU	108	324	540	1,080	1,890	2,700
Spt PU	112	336	560	1,120	1,960	2,800
1981 Vanagon Transporter Type II						
5P Sta Wag	164	492	820	1,640	2,870	4,100
Kombi	164	492	820	1,640	2,870	4,100
7P Sta Wag	168	504	840	1,680	2,940	4,200
Campmobile	196	588	980	1,960	3,430	4,900
NOTE: Deduct 5 percent for diesel. Prices based on deluxe model.						
1982 Pickup, FWD						
PU	104	312	520	1,040	1,820	2,600
LX PU	108	324	540	1,080	1,890	2,700
Spt PU	112	336	560	1,120	1,960	2,800
1982 Vanagon						
5P Sta Wag	164	492	820	1,640	2,870	4,100
7P Sta Wag	168	504	840	1,680	2,940	4,200
Campmobile	196	588	980	1,960	3,430	4,900
NOTE: Deduct 5 percent for diesel. Prices based on deluxe model.						
1983 Pickup, FWD						
PU	104	312	520	1,040	1,820	2,600
LX PU	108	324	540	1,080	1,890	2,700
Spt PU	112	336	560	1,120	1,960	2,800

	6	5	4	3	2	1
1983 Vanagon						
5P Sta Wag	168	504	840	1,680	2,940	4,200
7P Sta Wag	172	516	860	1,720	3,010	4,300
Campmobile	200	600	1,000	2,000	3,500	5,000
NOTE: Deduct 5 percent for diesel. Prices based on deluxe model.						
1984 Vanagon						
Sta Wag	200	600	1,000	2,000	3,500	5,000
Campmobile	300	900	1,500	3,000	5,250	7,500
NOTE: Deduct 5 percent for diesel. Prices based on deluxe model.						
1985 Vanagon						
Sta Wag	220	660	1,100	2,200	3,850	5,500
Campmobile	320	960	1,600	3,200	5,600	8,000
NOTE: Deduct 5 percent for diesel. Prices based on deluxe model.						
1986 Vanagon						
Sta Wag	220	660	1,100	2,200	3,850	5,500
Campmobile	340	1,020	1,700	3,400	5,950	8,500
NOTE: Deduct 5 percent for diesel. Prices based on deluxe model.						
1987 Vanagon						
Sta Wag	200	600	1,000	2,000	3,500	5,000
Sta Wag GL	220	660	1,100	2,200	3,850	5,500
Camper	280	840	1,400	2,800	4,900	7,000
Camper GL	320	960	1,600	3,200	5,600	8,000
1987 Vanagon (4WD)						
Sta Wag GL	260	780	1,300	2,600	4,550	6,500
Camper	320	960	1,600	3,200	5,600	8,000
Camper GL	520	1,560	2,600	5,200	9,100	13,000
1988 Vanagon						
Sta Wag GL	300	900	1,500	3,000	5,250	7,500
Camper GL	600	1,800	3,000	6,000	10,500	15,000
1989 Vanagon						
Sta Wag GL	620	1,860	3,100	6,200	10,850	15,500
Camper GL	740	2,220	3,700	7,400	12,950	18,500
Sta Wag Carat	660	1,980	3,300	6,600	11,550	16,500
1989 Vanagon (4WD)						
Sta Wag GL	680	2,040	3,400	6,800	11,900	17,000
Camper GL	800	2,400	4,000	8,000	14,000	20,000
1990 Vanagon						
Sta Wag	640	1,920	3,200	6,400	11,200	16,000
Sta Wag Syncro	740	2,220	3,700	7,400	12,950	18,500
Sta Wag GL	760	2,280	3,800	7,600	13,300	19,000
Sta Wag Carat	780	2,340	3,900	7,800	13,650	19,500
Camper GL	840	2,520	4,200	8,400	14,700	21,000
Camper GL Syncro	880	2,640	4,400	8,800	15,400	22,000
1991 Vanagon						
3d Van	300	900	1,500	3,000	5,250	7,500
3d Syncro Van	520	1,560	2,600	5,200	9,100	13,000
GL 3d Van	560	1,680	2,800	5,600	9,800	14,000
Carat 3d Van	640	1,920	3,200	6,400	11,200	16,000
GL 3d Camper Van	720	2,160	3,600	7,200	12,600	18,000
GL 3d Syncro Van	600	1,800	3,000	6,000	10,500	15,000
1993 Eurovan, 5-cyl.						
Window Van	272	816	1,360	2,720	4,760	6,800

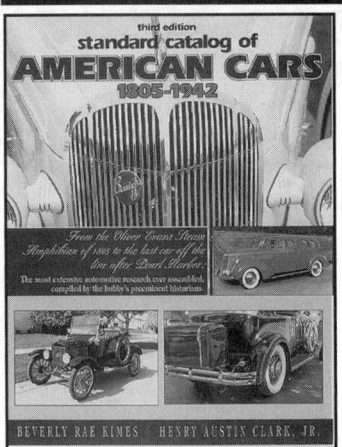

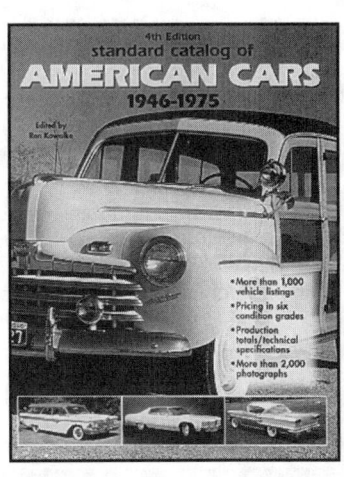

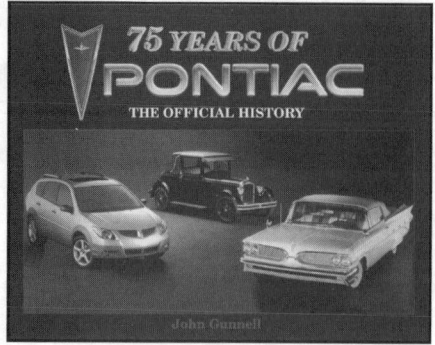

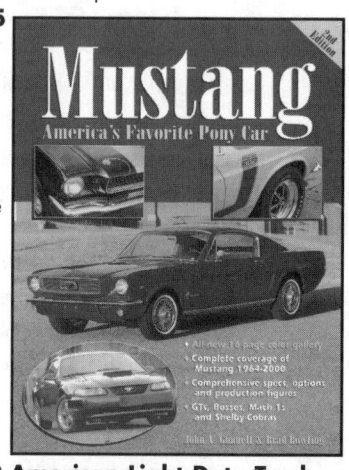

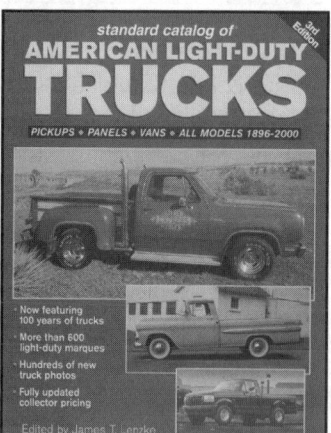